CURSO DE DIREITO CIVIL BRASILEIRO

Direito de Família

5

Sobre a autora

Detentora de inúmeros prêmios desde os tempos de seu bacharelado na PUCSP, a autora tem brilhante carreira acadêmica, com cursos de especialização em Filosofia do Direito, Teoria Geral do Direito, Direito Administrativo, Tributário e Municipal. Fez o Mestrado na Faculdade de Direito da USP e o Doutorado na PUCSP, tendo nesta última obtido os graus de Mestre, Doutora, Livre-docente e Titular, por concurso de provas e títulos.

Maria Helena Diniz é Professora Titular de Direito Civil na PUCSP, onde leciona essa matéria no curso de graduação, e Coordenadora do Núcleo de Pesquisa em Direito Civil Comparado nos cursos de pós-graduação em Direito. Também leciona Direito Civil Comparado, Filosofia do Direito e Teoria Geral do Direito nos cursos de pós-graduação (mestrado e doutorado).

É parecerista e autora de mais de trinta títulos publicados pela Editora Saraiva, além de ter traduzido consagradas obras do direito italiano e escrito mais de oitenta artigos em importantes revistas jurídicas nacionais e internacionais. Todas as suas obras têm alcançado excelente aceitação do grande público profissional e universitário, como a presente coleção *Curso de direito civil brasileiro* (8 volumes), que é maciçamente adotada nas faculdades de Direito de todo o País. Igual caminho têm seguido seus outros títulos:

- *A ciência jurídica*
- *As lacunas no direito*
- *Atualidades jurídicas* (em coordenação — 7 volumes)
- *Código Civil anotado*
- *Código Civil comentado* (em coautoria)
- *Comentários ao Código Civil v. 22*
- *Compêndio de introdução à ciência do direito*
- *Conceito de norma jurídica como problema de essência*
- *Conflito de normas*
- *Dicionário jurídico* (4 volumes)
- *Dicionário jurídico universitário*
- *Lei de Introdução às Normas do Direito Brasileiro interpretada*
- *Lei de Locações de Imóveis Urbanos comentada*
- *Lições de direito empresarial*
- *Manual de direito civil*
- *Norma constitucional e seus efeitos*
- *O estado atual do biodireito*
- *Sistemas de registro de imóveis*
- *Tratado teórico e prático dos contratos* (5 volumes)

É incontestável a importância do trabalho desta autora, sem dúvida uma das maiores civilistas de todos os tempos.

A Editora

Maria Helena Diniz

Mestre e Doutora em Teoria Geral do Direito e Filosofia do Direito pela PUCSP. Livre-docente e Titular de Direito Civil da PUCSP por concurso de títulos e provas. Professora de Direito Civil no curso de graduação da PUCSP. Professora de Filosofia do Direito, de Teoria Geral do Direito e de Direito Civil Comparado nos cursos de pós-graduação (mestrado e doutorado) em Direito da PUCSP. Coordenadora do Núcleo de Pesquisa em Direito Civil Comparado nos cursos de pós-graduação em Direito da PUCSP. Membro da Academia Paulista de Direito (cadeira 62 – patrono Oswaldo Aranha Bandeira de Mello), da Academia Notarial Brasileira (cadeira 16 – patrono Francisco Cavalcanti Pontes de Miranda), do Instituto dos Advogados de São Paulo e do Instituto de Direito Comparado Luso-Brasileiro. Presidente do Instituto Internacional de Direito.

CURSO DE DIREITO CIVIL BRASILEIRO

Direito de Família

5

32ª edição

De acordo com a Lei n. 13.509/2017

2018

saraiva jur

ISBN 978-85-472-2317-5

DADOS INTERNACIONAIS DE CATALOGAÇÃO NA PUBLICAÇÃO (CIP)
ANGÉLICA ILACQUA CRB-8/7057

Diniz, Maria Helena

Curso de direito civil brasileiro, volume 5 : direito de família / Maria Helena Diniz. – 32. ed. – São Paulo : Saraiva Educação, 2018.

De acordo com a Lei n. 13.509/2017.

1. Direito civil - Brasil. 2. Direito de família - Brasil I. Título.

17-1299 CDU 347.6 (81)

Índice para catálogo sistemático:

1. Direito civil : Direito de família 347.6 (81)

SOMOS EDUCAÇÃO | saraiva jur

Av. das Nações Unidas, 7.221, 1º andar, Setor B
Pinheiros – São Paulo – SP – CEP 05425-902

SAC
0800-0117875
De 2ª a 6ª, das 8h às 18h
www.editorasaraiva.com.br/contato

Vice-presidente Claudio Lensing
Diretora editorial Flávia Alves Bravin

Conselho editorial
Consultor acadêmico Murilo Angeli Dias dos Santos

Gerência
Planejamento e novos projetos Renata Pascual Müller
Editorial Roberto Navarro

Edição Bruna Schlindwein Zeni

Produção editorial Ana Cristina Garcia (coord.)
Luciana Cordeiro Shirakawa
Rosana Peroni Fazolari

Arte e digital Mônica Landi (coord.)
Claudirene de Moura Santos Silva
Guilherme H. M. Salvador
Tiago Dela Rosa
Verônica Pivisan Reis

Planejamento e processos Clarissa Boraschi Maria (coord.)
Juliana Bojczuk Fermino
Kelli Priscila Pinto
Marília Cordeiro

Fernando Penteado
Tatiana dos Santos Romão

Novos projetos Laura Paraíso Buldrini Filogônio

Diagramação Fabricando Ideias Design Gráfico
Revisão Amélia Kassis Ward

Comunicação e MKT Carolina Bastos
Elaine Cristina da Silva

Capa Casa de Ideias / Daniel Rampazzo
Produção gráfica Marli Rampim
Impressão e acabamento RR Donnelley

Data de fechamento da edição: 29-12-2017

Dúvidas? Acesse www.editorasaraiva.com.br/direito

CL 604509 CAE 623021

A meu pai querido, pela sua presença constante na jornada de minha vida, com todo meu amor e carinho e enorme e profunda saudade, que é, segundo a poesia popular, "uma palavra doce que traduz tanto amargor, saudade é como se fosse o espinho beijando a flor".

Índice

Prefácio 13

Capítulo I
Introdução ao direito de família

1. *Conceito e conteúdo do direito de família* 17
2. *Objeto do direito de família* 23
3. *Princípios do direito de família* 32
4. *Natureza do direito de família* 43
5. *Importância do direito de família* 46

Capítulo II
Do direito matrimonial

1. *Noções gerais sobre o casamento* 51
   A. Conceito e fins do matrimônio 51
   B. Natureza jurídica do casamento 54
   C. Caracteres do casamento 58
   D. Princípios do direito matrimonial 59
   E. Esponsais ou promessa de casamento 60
   F. Casamento civil e religioso 64
   G. Condições necessárias à existência, validade e regularidade do matrimônio 67
2. *Impedimentos matrimoniais e causas suspensivas* 81
   A. Conceito 81
   B. Enumeração dos impedimentos e das causas suspensivas 83
   C. Impedimentos 84
   D. Causas suspensivas 94
   E. Oposição dos impedimentos matrimoniais e das causas suspensivas 97
3. *Formalidades preliminares à celebração do casamento* 104
4. *Celebração do casamento* 117

A. Formalidades essenciais da cerimônia nupcial 117
B. Casamento por procuração 122
C. Casamento nuncupativo e em caso de moléstia grave 124
D. Casamento perante autoridade diplomática ou consular 127
E. Casamento religioso com efeitos civis 129

5. *Provas do casamento* 135

6. *Efeitos jurídicos do matrimônio* 143

A. Efeitos principais do casamento 143
B. Efeitos sociais do matrimônio 144
C. Efeitos pessoais do casamento 146
c.1. Direitos e deveres de ambos os cônjuges 146
c.2. Igualdade de direitos e obrigações entre marido e mulher 152
c.3. Direitos e deveres dos pais para com os filhos 163
D. Efeitos jurídicos patrimoniais do matrimônio 173
d.1. Direitos e deveres dos cônjuges na ordem patrimonial 173
d.1.1. Relações econômicas subordinadas ao regime matrimonial de bens 173
d.1.1.1. Conceito de regime matrimonial de bens... 173
d.1.1.2. Princípios fundamentais do regime de bens entre marido e mulher 174
d.1.1.3. Regime da comunhão parcial 189
d.1.1.4. Regime da comunhão universal 198
d.1.1.5. Regime de participação final nos aquestos . 204
d.1.1.6. Regime de separação de bens 212
d.1.2. Doações antenupciais 224
d.1.3. Administração da sociedade conjugal 229
d.1.4. Preservação do patrimônio familiar 231
d.1.4.1. Restrições à liberdade de ação dos cônjuges 231
d.1.4.2. Impenhorabilidade do único imóvel residencial da família 242
d.1.4.3. Instituição do bem de família 244
d.1.5. Dever recíproco de socorro 250
d.1.6. Direito sucessório do cônjuge sobrevivente 254
d.2. Relações econômicas entre pais e filhos 257

7. *Dissolução da sociedade e do vínculo conjugal* 268

A. Casos de dissolução da sociedade conjugal e do casamento 268
B. Dissolução pela morte de um dos cônjuges 276

C. Sistema de nulidades do casamento ... 280
c.1. Normas peculiares ao regime de nulidade ou anulabilidade matrimonial ... 280
c.2. Nulidade matrimonial ... 286
c.3. Anulabilidade do casamento ... 288
c.4. Declaração de putatividade do casamento nulo e anulável ... 306
D. Separação judicial e separação extrajudicial ... 310
d.1. Finalidade e espécies de separação judicial ... 310
d.2. Separação judicial consensual ... 312
d.3. Separação judicial litigiosa ... 322
d.4. Efeitos da separação judicial ... 342
d.5. Separação extrajudicial consensual ... 364
E. Divórcio ... 371
e.1. Conceito, objetivo e modalidades de divórcio ... 371
e.2. Divórcio indireto ... 379
e.3. Divórcio direto ... 383
e.4. Efeitos do divórcio ... 394
e.5. Extinção do direito ao divórcio ... 400
F. Mediação familiar ... 402

Capítulo III
Do direito convivencial

1. *Conceito e elementos da união estável* ... 417
2. *Espécies de uniões de fato* ... 446
3. *Direitos vedados à união concubinária* ... 450
4. *Efeitos jurídicos decorrentes da união estável* ... 455

Capítulo IV
Do direito parental

1. *Parentesco* ... 505
A. Conceito e espécies ... 505
B. Contagem de graus de parentesco consanguíneo ... 508
C. Simetria entre afinidade e parentesco natural ... 514
2. *Filiação* ... 517
A. Definição e classificação ... 517

B. Filiação matrimonial 522
b.1. Conceito de filiação matrimonial 522
b.2. Presunção legal *juris tantum* da paternidade 523
b.3. Ação negatória de paternidade e de maternidade 534
b.4. Prova da condição de filho 541
C. Filiação não matrimonial 545
c.1. Conceito e classificação 545
c.2. A questão do reconhecimento de filho 546
c.2.1. Definição e natureza do reconhecimento de filiação.. 546
c.2.2. Possibilidade de reconhecimento de filho 547
c.2.3. Modos de reconhecimento de filho 551
c.2.3.1. Reconhecimento voluntário 551
c.2.3.2. Reconhecimento judicial 559
c.2.3.2.1. Noção geral 559
c.2.3.2.2. Ação de investigação de paternidade 561
c.2.3.2.3. Ação de investigação de maternidade 581
c.2.4. Consequências do reconhecimento de filho 582

3. *Adoção* 591
A. Conceito e finalidade 591
B. Requisitos 595
C. Efeitos pessoais e patrimoniais 615
D. Inexistência, nulidade e anulabilidade 621
E. Extinção 623
F. Adoção de menores brasileiros por estrangeiros 625
f.1. Generalidades 625
f.2. Adoção por estrangeiro no direito pátrio e por brasileiro residente no exterior 626
f.3. Adoção no direito internacional privado 634

4. *Poder familiar* 641
A. Conceito, finalidade e caracteres 641
B. Abrangência do poder familiar 643
C. Conteúdo do poder familiar 646
D. Suspensão do poder familiar 653
E. Casos de sua destituição 655
F. Procedimento da perda e da suspensão do poder familiar 659
G. Extinção do poder familiar 662

5. *Alimentos* 666

A. Conceito e finalidade do instituto jurídico dos alimentos 666
B. Pressupostos essenciais da obrigação de prestar alimentos 672
C. Natureza jurídica do direito aos alimentos 675
D. Caracteres do direito à prestação alimentícia e da obrigação alimentar 676
E. Classificação dos alimentos 689
F. Pessoas obrigadas a prestar alimentos 692
G. Modos de satisfação da obrigação alimentar 706
H. Impossibilidade de restituição 707
I. Providências para garantir o adimplemento da obrigação alimentar 707
J. Causas de extinção 718

Capítulo V
Do direito assistencial

1. *Guarda legal* 723

2. *Tutela* 727

A. Conceito 727
B. Espécies 728
C. Impedimentos para o exercício da tutela 733
D. Escusa ou dispensa dos tutores 734
E. Garantia da tutela 736
F. Exercício da tutela 737
G. Cessação da tutela 745

3. *Curatela* 748

A. Conceito e pressupostos 748
B. Espécies de curatela 751
b.1. Generalidades 751
b.2. Curatela dos adultos incapazes 751
b.3. Curatelas destacadas da disciplina legal do instituto em razão de suas particularidades 758
b.4. Curadorias especiais 759
C. Interdição 761
D. Exercício da curatela 768

4. *Tomada de decisão apoiada* 771

5. *Ausência* 775

A. Conceito 775

B. Fases da ausência 775

C. Efeitos no direito de família 780

6. *Medidas de proteção à criança e ao adolescente* 784

A. Generalidades 784

B. Proteção à vida, à saúde, à liberdade, ao respeito, à dignidade e à convivência familiar 790

C. Direito à educação, à cultura, ao esporte e ao lazer 793

D. Direito à profissionalização e à proteção no trabalho 796

E. Política de atendimento aos direitos do menor 797

F. Medidas específicas de proteção ao menor 804

f.1. Noção 804

f.2. Medidas socioeducativas impostas pela prática de ato infracional pelo menor 807

f.3. Remissão 812

f.4. Medidas aplicáveis aos pais ou responsável 813

f.5. Conselho Tutelar 814

f.6. Acesso à Justiça 815

f.7. Responsabilidade civil por ofensa aos direitos e interesses assegurados à criança e ao adolescente, individuais, difusos e coletivos 820

f.8. Responsabilidade por crimes praticados contra o menor 823

f.9. Responsabilidade por infrações administrativas lesivas ao menor 833

Bibliografia 839

Prefácio

O direito de família, contingente como a vida, está longe de ser estático, o que traria, indubitavelmente, como resultado um imobilismo que contrariaria a evolução da civilização ou da sociedade. Neste volume, por esta razão, salientamos as profundas e importantes alterações que sofreu essa parte do direito civil, principalmente no que concerne à proteção da família e das entidades familiares oriundas da relação estável e da relação monoparental, ao reconhecimento de filhos não matrimoniais, à situação jurídica dos cônjuges e dos companheiros, ao poder familiar, à guarda dos filhos e ao direito de visita em caso de término da convivência conjugal, à adoção, ao reconhecimento de efeitos civis ao casamento religioso, à dissolução do casamento etc.

Procuramos sempre demonstrar que o direito de família, devido a sua singularidade, submete-se a critérios, técnicas e princípios que são estranhos ou tidos como inválidos aos demais ramos do direito civil, desenvolvendo-se, por isso, à margem da sistematização do Código Civil, em razão das mutações por que passou e continua passando.

Apresentamos, nesta obra, noções de direito de família, que pretendem servir de guia aos estudantes, ante tão extensa matéria, fornecendo uma visão panorâmica de seus institutos à luz da legislação em vigor e dos princípios que lhe dão nova feição.

É preciso esclarecer que buscamos escrever um livro didático que contivesse, tão somente, uma escolha do que há de essencial nas instituições pertinentes ao direito de família, colocando, no final da obra, referências bibliográficas que auxiliarão os estudiosos na busca de leituras complementares mais profundas e ricas em investigações científico-jurídicas.

Maria Helena Diniz

CAPÍTULO I
INTRODUÇÃO AO DIREITO DE FAMÍLIA

1. Conceito e conteúdo do direito de família

Constitui o *direito de família* o complexo de normas que regulam a celebração do casamento, sua validade e os efeitos que dele resultam, as relações pessoais e econômicas do matrimônio, a dissolução deste, a união estável, as relações entre pais e filhos, o vínculo do parentesco e os institutos complementares da tutela, curatela e tomada de decisão apoiada[1]. Abrange esse con-

---

1. Clóvis Beviláqua, *Código Civil comentado*, 1. ed., 1954, v. 2, p. 6. Lafayette Rodrigues Pereira ensina-nos que o "direito de família tem por objeto a exposição dos princípios de direito que regem as relações de família, do ponto de vista da influência dessas relações não só sobre as pessoas como sobre os bens" (*Direito de família*, Rio de Janeiro, 1869, § 1º, p. 2). R. Limongi França (Direito de família, in *Enciclopédia Saraiva do Direito*, v. 26, p. 160-1), por sustentar que os "institutos complementares" da tutela e curatela não são objeto do direito de família, apresenta o seguinte conceito para esse ramo do direito civil: "é o complexo das normas que regulam o casamento e as relações recíprocas, de ordem pessoal e econômica, entre cônjuges, entre pais e filhos e entre parentes". *Vide* Francisco dos Santos Amaral Neto, A relação jurídica matrimonial, *Revista de Direito Comparado Luso-Brasileiro, 2*:156-206, 1983; Eduardo de Oliveira Leite, *Temas de direito de família*, São Paulo, Revista dos Tribunais, 1994; San Tiago Dantas, *Direito de família e das sucessões*, Rio de Janeiro, Forense, 1996; Gabino Kruschewsky, Novos aspectos do direito de família, *Ciência Jurídica, 73*:11-8; Arnoldo Wald, *O novo direito de família*, São Paulo, Revista dos Tribunais, 1999; Orlando Gomes, *Direito de família*, 3. ed., Rio de Janeiro, Forense, 1978, p. 11; Rodrigo da Cunha Pereira, *Direito de família — uma abordagem psicanalítica*, Belo Horizonte, Del Rey, 2000; *Novo Código Civil de família*, Porto Alegre, Síntese, 2003; Lourival Serejo, *Direito constitucional da família*, Belo Horizonte, Del Rey, 2000; Eduardo A. Zannoni, *Derecho de familia*, 1998, v. 1 e 2; José Augusto Delgado, Tendências atuais do direito de família, *RDC, 15*:23; Rui Ribeiro de Magalhães, *Direito de família no novo Código Civil brasileiro*, São Paulo, Ed. Juarez de Oliveira, 2002; Edgard de Moura Bittencourt, *Família*, Campinas, Millennium, 2003; Zeno A. B. Veloso, *Código Civil comentado*, São Paulo, Atlas, 2003, v. XVII; Silvio Rodrigues, *Comentários ao Código Civil* (coord. Antônio Junqueira de Azevedo), São Paulo, Saraiva, v. 17, 2003; Ar-

ceito, lapidarmente, todos os institutos do direito de família, regulados pelo Código Civil nos arts. 1.511 a 1.783-A (acrescentado pela Lei n. 13.146/2015).

É, portanto, o ramo do direito civil concernente às relações entre pessoas unidas pelo matrimônio, pela união estável ou pelo parentesco e aos institutos complementares de direito protetivo ou assistencial, pois, embora a tutela e a curatela não advenham de relações familiares, têm, devido a sua finalidade, conexão com o direito de família[2].

Dessa conceituação infere-se que, de conformidade com sua finalidade, tais normas ora regem as *relações pessoais* entre cônjuges ou conviventes, entre pais e filhos, entre parentes, como as que tratam dos efeitos pessoais do matrimônio, da filiação, ou as que autorizam o filho a promover a investigação de sua paternidade etc.; ora regulam as *relações patrimoniais* que surgem, p. ex., entre marido e mulher ou companheiros, entre ascendentes e descendentes, entre tutor e pupilo; ora disciplinam as *relações assistenciais* que existem entre os cônjuges ou conviventes, os filhos perante os pais, o tutelado ante o tutor, o interdito em face do curador e o apoiado em relação aos apoiadores[3].

Porém é preciso deixar bem claro que o direito de família, em qualquer uma de suas partes (direito matrimonial, convivencial, parental ou tutelar), não tem conteúdo econômico, a não ser indiretamente, no que concerne ao regime de bens entre os cônjuges ou conviventes, à obrigação alimentar entre parentes, ao usufruto dos pais sobre os bens dos filhos menores, à admi-

---

naldo Rizzardo, *Direito de família*, Rio de Janeiro, Forense, 2004; Maria Clara O. D. Falavigna e Edna Maria F. H. Costa, *Teoria e prática do direito de família*, Brasília Jurídica, 2004; Arthur J. J. Matias e Luciano R. Sallem, *Prática forense no direito de família*, Millennium, 2003; Silvio Luís Ferreira da Rocha, *Introdução ao direito de família*, São Paulo, Revista dos Tribunais, 2004; Jorge S. Fujita, *Curso de direito civil — direito de família*, São Paulo, Juarez de Oliveira, 2003; Fábio Ulhoa Coelho, *Curso de direito civil*, São Paulo, Saraiva, 2006, v. 5; Belmiro Pedro Welter, A compreensão dos preconceitos no direito de família pela hermenêutica filosófica, *Revista Brasileira de Direito de Família*, *38*:5-25; Ana Paula C. Patiño, *Direito civil — direito de família*, São Paulo, Atlas, 2006; Gediel C. Araujo Jr., *Direito de família*, São Paulo, Atlas, 2006.

2. Lehmann, *Derecho de familia*, p. 11; Orlando Gomes, *Direito de família*, 3. ed., Rio de Janeiro, Forense, 1978, p. 11; Rodrigo da Cunha Pereira, *Direito de família — uma abordagem psicanalítica*, Belo Horizonte, Del Rey, 2000; Lourival Serejo, *Direito constitucional da família*, Belo Horizonte, Del Rey, 2000; Lair da S. Loureiro Filho e Cláudia Regina Magalhães Loureiro, *Direito de família — a lei nos tribunais*, São Paulo, Ed. Juarez de Oliveira, 1999; Guilherme Calmon Nogueira da Gama, *Direito de família brasileiro*, São Paulo, Ed. Juarez de Oliveira, 2001; Válter K. Ishida, *Direito de família e sua interpretação doutrinária e jurisprudencial*, São Paulo, Saraiva, 2003; Euclides Benedito de Oliveira, Direito de família no novo Código Civil, *Revista do Instituto dos Advogados de São Paulo*, *10*:236 a 254; Orlando Soares, *Direito de família*, Rio de Janeiro, Forense, 2003; Olney Queiroz Assis e Márcia Freitas, *Tratado do direito de família*, São Paulo, Primeira Impressão, 2007.

3. Caio M. S. Pereira, *Instituições de direito civil*, Rio de Janeiro, Forense, 1979, v. 5, p. 29.

nistração dos bens dos incapazes, e que apenas aparentemente assume a fisionomia de direito real ou obrigacional. Deveras, ensina-nos Manuel Cabral Machado, com muita propriedade, que "a relação econômica, típica dos direitos patrimoniais, manifesta oposição de interesses, e a lei protege e acentua a bilateralidade para, no conflito, realizar a justiça comutativa e que, quando a relação econômica se revela no seio da comunidade doméstica, o direito de família promove a anulação dos interesses individuais, pois, como doutrina Ruggiero, o ordenamento jurídico opera, nestes casos, fora da esfera corrente do teu e do meu, porque persegue finalidades transcendentes do fim individual e protege interesses superiores, como são os da família como organismo e não os particulares do indivíduo"[4].

Claro está que os temas tratados pelo direito de família são: o casamento, a união estável, as relações de parentesco e os institutos de direito protetivo.

O *casamento* é, ainda, indubitavelmente, o centro de onde irradiam as normas básicas do direito de família[5], que constituem o *direito matrimonial.*

O direito matrimonial abrange normas concernentes à validade do casamento (como as que disciplinam a capacidade matrimonial, os impedimentos matrimoniais e as causas suspensivas, a celebração, prova, nulidade e anulabilidade do casamento); às relações pessoais entre os cônjuges, com a imposição de direitos e deveres recíprocos, bem como as suas relações econômicas, que chegam até a constituir um autêntico instituto, que é o regime de bens entre os cônjuges; e à dissolução da sociedade conjugal e do vínculo matrimonial.

Há relações familiares fora do matrimônio que podem ser pessoais, patrimoniais e assistenciais; que foram ignoradas pelo nosso Código Civil de 1916, que apenas indiretamente as regulava (arts. 248, IV, 1.177 e 1.719, III) com o escopo de fortalecer a família legítima. O diploma legal de 1916 uma única vez fez referência ao *concubinato* no art. 363, I, quando permitia ao investigante da paternidade a vitória na demanda se provasse que ao tempo de sua concepção sua mãe estava concubinada com o suposto pai. Mas a legislação e a jurisprudência evoluíram no sentido de proteger a família não matrimonial e de conferir efeitos ao concubinato ou ao companheirismo (CF/88, art. 226, §§ 3º e 4º; Lei n. 883/49 (ora revogada pela Lei n. 12.004/2009), art. 2º, alterado pela Lei n. 6.515/77; Dec. n. 3.000/99 (art. 10); Dec. n. 3.048/99 (arts. 9º, VII, 16, 17 e 22); Leis n. 8.212/91 (art. 12, VII) e 8.213/91 (arts. 11, VII, 16, 76, 124, VI); CC de 1916, art. 363, I; Leis n. 8.971/94 e 9.278/96; Súmula 380 do STF; *RT, 181*:290, *256*:266, *260*:427, *210*:217, *277*:290, *401*:193, *417*:168, *426*:240,

4. Manuel Cabral Machado, Singularidade do direito de família, *Revista de Direito Civil*, n. 5, p. 50-1, 1978.

5. Caio M. S. Pereira, op. cit., p. 30.

457:71)[6]. O atual Código Civil, seguindo essa esteira, distinguiu o concubinato da união estável, como comprovam os seguintes artigos, dentre outros: 550, 1.618, 1.642, V, 1.694, 1.708, 1.711, 1.723 a 1.727, 1.790, 1.801, III, e 1.844.

As *relações de parentesco* são regidas pelo *direito parental,* que contém normas sobre filiação, adoção, poder familiar e alimentos. Esse direito rege, portanto, relações pessoais entre parentes e relações econômicas, como dever de sustento dos pais, poder familiar quanto à pessoa e aos bens dos filhos e obrigação de prestar alimentos[7].

Os *institutos* de *direito protetivo* são disciplinados pelas normas do *direito assistencial* atinentes às relações que substituem as familiares, ou seja, a guarda, a tutela, a curatela[8] e a tomada de decisão apoiada (CC, art. 1.783-A, §§ 1º a 11, acrescentado pela Lei n. 13.146/2015), e pelas normas alusivas às medidas específicas de proteção ao menor (Lei n. 8.069/90, com as alterações da Lei n. 12.010/2009).

Essas considerações nos levaram a dividir este livro em quatro partes: do direito matrimonial, do direito convivencial, do direito parental e do direito assistencial.

---

6. Silvio Rodrigues, *Direito civil;* direito de família, São Paulo, Saraiva, 1980, v. 6, p. 8 e 261; Caio M. S. Pereira, op. cit., p. 30. *Vide* cap. III deste livro: Do direito convivencial.

7. Orlando Gomes, *Direito de família,* 3. ed., Rio de Janeiro, Forense, 1978, p. 15.

8. Orlando Gomes, op. cit., p. 15; Eduardo de Oliveira Leite, *Temas de direito de família,* São Paulo, Revista dos Tribunais, 1994; Euclides Benedito de Oliveira, Direito de família no novo Código Civil, *Revista Brasileira de Direito de Família, 18*:5-29; Sérgio Gischkow Pereira, Direito de família e o novo Código Civil: alguns aspectos polêmicos ou inovadores, *Revista Brasileira de Direito de Família, 18*:147 e s.; Lydia N. B. Telles Nunes, Marcos teóricos do direito de família na nova lei civil brasileira, *Novo Código Civil* (coord. Giselda Hironaka), Belo Horizonte, Del Rey, 2004, p. 273-324; Fábio V. Figueiredo e Brunno P. Giancoli, *Direito Civil,* Coleção OAB Nacional, São Paulo, Saraiva, 2009, v. 1, p. 191-238; Regina Beatriz T. da Silva e Theodureto de A. Camargo Neto (coords.), *Grandes temas de direito de família e das sucessões,* São Paulo, Saraiva, 2014. A esse respeito o novo Código Civil apresenta uma inovação ao dividir o direito de família em quatro grandes títulos. O primeiro, alusivo ao direito pessoal da família (arts. 1.511 a 1.638); o segundo, ao direito patrimonial da família, disciplinando o regime de bens, o usufruto e administração dos bens dos filhos menores, os alimentos e o bem de família (arts. 1.639 a 1.722); o terceiro, à união estável (arts. 1.723 a 1.727); e o quarto, à tutela, à curatela e à tomada de decisão apoiada (arts. 1.728 a 1.783-A, muitos com alterações da Lei n. 13.146/2015). *Vide*: Lei n. 8.069/90 (com as alterações da Lei n. 12.010/2009), arts. 28, 33 a 38 e (com as alterações da Lei n. 13.509/2017) arts. 19, 19-A, 19-B. No título inicial, trata dos demais temas do direito de família que não têm caráter patrimonial. A Recomendação n. 5/2006 do Conselho Nacional de Justiça, que propõe a criação de varas de família e de Câmaras Especiais ou Preferenciais de Família em Segunda Instância, visa contribuir para melhorar a qualidade da abordagem de temas de direito de família como parentalidade socioafetiva, união homoafetiva, união estável, adoção, guarda etc. e dar celeridade aos julgamentos.

O IBDFAM propôs o Projeto de Lei n. 2.285/2007 (ora apensado ao PL n. 674/2007), que visa a criação do Estatuto das Famílias, contendo normas substantivas e adjetivas mais adequadas à realidade da sociedade brasileira contemporânea.

Quadro Sinótico

CONCEITO E CONTEÚDO DO DIREITO DE FAMÍLIA

<table>
<tr><td>1. CONCEITO</td><td colspan="2">• Direito de família é o complexo de normas que regulam a celebração do casamento, sua validade e os efeitos que dele resultam, as relações pessoais e econômicas do matrimônio, a dissolução deste, a união estável, as relações entre pais e filhos, o vínculo de parentesco e os institutos complementares da tutela, curatela e tomada de decisão apoiada.</td></tr>
<tr><td rowspan="2">2. CONTEÚDO</td><td>• a) Direito matrimonial</td><td>• Disposições gerais (CC, arts. 1.511 a 1.516).
• Capacidade matrimonial (CC, arts. 1.517 a 1.520).
• Impedimentos matrimoniais (CC, arts. 1.521 e 1.522).
• Causas suspensivas (CC, arts. 1.523 e 1.524).
• Processo de habilitação matrimonial (CC, arts. 1.525 a 1.532).
• Celebração do casamento e sua prova (CC, arts. 1.533 a 1.547).
• Nulidade e anulabilidade do casamento (CC, arts. 1.548 a 1.564).
• Efeitos jurídicos do casamento (CC, arts. 1.565 a 1.570).
• Regime de bens entre os cônjuges (CC, arts. 1.639 a 1.688).
• Dissolução do casamento e proteção da pessoa e dos bens dos filhos (Lei n. 6.515/77; CC, arts. 1.571 a 1.590, 1.689 a 1.693, 1.711 a 1.722; CF/88, art. 226, § 6º).</td></tr>
<tr><td>• b) Direito convivencial</td><td>• CC, arts. 550, 1.618, 1.642, V, 1.694, 1.708, 1.711, 1.723 a 1.727, 1.790, 1.801, III, e 1.844; Lei n. 883/49, art. 2º alterado pela Lei n. 6.515/77, ora revogada pela Lei n. 12.004/2009; Leis n. 8.971/94, 9.278/96 e 8.069/90, art. 19, §§ 1º a 4º, com redação das Leis ns. 12.010/2009 e 12.962/2014.
• Decretos n. 3.000/99 (art. 10) e 3.048/99 (arts. 9º, VII, 16, 17 e 22); Leis n. 8.212 (art. 12, VII) e 8.213/91 (arts. 11, VII, 16, 76, 124, VI). Súmula 380 do STF; RT, 181:290, 210:217, 256:266, 260:427, 277:290, 401:193, 417:168, 457:71, 426:240.
• CF, art. 226, § 3º.</td></tr>
</table>

2. CONTEÚDO	• *c*) Direito parental	• Relações de parentesco (CC, arts. 1.591 a 1.595). • Filiação (CC, arts. 1.596 a 1.617; CF, art. 227, § 6º). • Adoção (CC, arts. 1.618 e 1.619, com a redação da Lei n. 12.010/2009; Lei n. 8.069/90, arts. 39 a 52-D, 165, 197, 197-A a 199-E (com as alterações da Lei n. 12.010/2009 e da Lei n. 13.509/2017); Lei n. 12.010/2009, art. 6º; CF, art. 227, § 5º). • Poder familiar (CC, arts. 1.630 a 1.638; Lei n. 8.069/90, arts. 155 a 163). • Alimentos (CC, arts. 1.694 a 1.710; Lei n. 5.478/68; Lei n. 11.804/2008).
	• *d*) Direito assistencial	• Guarda (Lei n. 8.069/90, arts. 33, 34, com alteração das Leis ns. 12.010/2009 e 12.257/2016, e 35). • Tutela (CC, arts. 1.728 a 1.766; Lei n. 8.069/90, arts. 36 a 38 (com alterações da Lei n. 12.010/2009), 164, 165). • Curatela (CC, arts. 1.767 a 1.783; Lei n. 8.069/90, art. 142, parágrafo único). • Tomada de decisão apoiada (CC, art. 1.783-A acrescido pela Lei n. 13.146/2015). • Medidas específicas de proteção ao menor (Lei n. 8.069/90).

2. Objeto do direito de família

O objeto do direito de família é a própria *família,* embora contenha normas concernentes à tutela dos menores que se sujeitam a pessoas que não são seus genitores, à curatela e à tomada de decisão apoiada, que não tem qualquer relação com o parentesco, mas encontra, como pondera Caio Mário da Silva Pereira[9], guarida nessa seara jurídica devido à semelhança ou analogia com o sistema assistencial dos menores, apesar de ter em vista, particularmente, a proteção das pessoas arroladas no art. 4º do CC, por serem relativamente incapazes. A ausência, que é modalidade especial de assistência aos interesses de quem abandona o próprio domicílio, sem que se lhe conheça o paradeiro e sem deixar representante, sai do âmbito do direito de família (arts. 463 a 484 do CC de 1916) e passa no novel Código Civil a ser regida pela parte geral (arts. 22 a 39).

Inúmeros são os sentidos do termo *família*, pois a plurivalência semântica é fenômeno normal no vocabulário jurídico[10]. Urge, portanto, delimitar o sentido dessa palavra.

Na seara jurídica encontram-se três acepções fundamentais do vocábulo *família*: *a*) a amplíssima; *b*) a lata e *c*) a restrita.

---

9. Caio M. S. Pereira, op. cit., p. 31-2.

10. Caio M. S. Pereira, op. cit., p. 17. Interessante é o estudo de Rui Carvalho Piva sobre: A legitimidade da família para tutelar interesses difusos, in *O Código Civil e sua interdisciplinaridade* (coord. Brito Filomeno, Costa Wagner Junior e Renato Afonso Gonçalves), Belo Horizonte, Del Rey, 2004, p. 455-76. *Vide*: Adriana Caldas do Rego Freitas Dabus Maluf, *Novas modalidades de família na pós-modernidade*, São Paulo, Atlas, 2010; Célia Rosenthal Zisman, O novo conceito de família sob a proteção e a responsabilidade do Estado conforme o princípio da dignidade da pessoa humana (2ª parte), *RDC*, *79*:351-84; Mário P. Castro, A ata notarial como meio de prova no direito de família e seu papel na proteção da entidade familiar, *Revista de Direito Notarial*, *5*:41-54; Wilson José Gonçalves, Hermenêutica jurídica da leitura à interpretação do termo família, *Atualidades Jurídicas*, *7*:275 e s.

a) No *sentido amplíssimo* o termo abrange todos os indivíduos que estiverem ligados pelo vínculo da consanguinidade ou da afinidade, chegando a incluir estranhos, como no caso do art. 1.412, § 2º, do Código Civil, em que as necessidades da família do usuário compreendem também as das pessoas de seu serviço doméstico. A Lei n. 8.112/90, Estatuto dos Servidores Públicos Civis da União, no art. 241, considera como família do funcionário, além do cônjuge e prole, quaisquer pessoas que vivam a suas expensas e constem de seu assentamento individual[11].

b) Na *acepção "lata"*, além dos cônjuges ou companheiros, e de seus filhos, abrange os parentes da linha reta ou colateral, bem como os afins (os parentes do outro cônjuge ou companheiro), como a concebem os arts. 1.591 e s. do Código Civil, o Decreto-Lei n. 3.200/41 e a Lei n. 8.069/90, art. 25, parágrafo único, acrescentado pela Lei n. 12.010/2009[12].

c) Na *significação restrita* é a *família* (CF, art. 226, §§ 1º e 2º) o conjunto de pessoas unidas pelos laços do matrimônio e da filiação, ou seja, unicamente os cônjuges e a prole (CC, arts. 1.567 e 1.716)[13], e *entidade familiar* a co-

---

11. W. Barros Monteiro, *Curso de direito civil*; direito de família, 19. ed., São Paulo, Saraiva, 1980, v. 2, p. 3. TFR, Súmula 232: "A pensão do art. 5º, parágrafo único, da Lei n. 3.373/58, ampara com exclusividade as filhas de funcionário público federal".

12. A *família extensa* ou ampliada é a que estende para além da unidade pais e filhos ou da unidade do casal, formada por parentes próximos com os quais a criança ou adolescente convive e mantém vínculos de afinidade e afetividade (Lei n. 8.069/90, art. 25, parágrafo único, acrescentado pela Lei n. 12.010/2009). W. Barros Monteiro (op. cit., p. 3) observa que as Leis n. 2.378/54 e 4.340/64, dispondo sobre concessão de vantagens aos militares da FEB, consideram família do expedicionário: 1) a viúva; 2) os filhos menores e as filhas maiores solteiras, bem como os filhos maiores inválidos que não possam prover os meios de subsistência; 3) as filhas viúvas ou desquitadas (hoje separadas ou divorciadas); 4) a mãe viúva ou solteira, bem como a desquitada (hoje separada ou divorciada), que por ocasião da morte do *de cujus* já se achava legalmente separada; 5) o pai inválido que vivia às expensas do *de cujus*; 6) os irmãos menores e maiores interditos que viviam às expensas do *de cujus,* bem como as irmãs germanas e consanguíneas solteiras; 7) as irmãs germanas viúvas ou desquitadas (hoje separadas ou divorciadas), que por ocasião da morte do *de cujus* já se achavam legalmente separadas. TFR, Súmula 113: "As netas maiores, órfãs de pai e mãe, só terão direito à pensão militar (Lei n. 3.765, de 1960, art. 7º, inciso III) se forem inválidas ou interditas e não puderem prover a própria subsistência". R. Limongi França, op. cit., p. 160; Enneccerus, Kipp e Wolff, *Tratado de derecho civil*; derecho de familia, v. 1, § 1º; Orlando Gomes, op. cit., p. 39; Carbonnier, *Droit civil,* n. 1; Pontes de Miranda, *Tratado de direito de família,* 3. ed., São Paulo, 1947, v. 1, § 1º.

13. Planiol, Ripert e Boulanger, *Traité élémentaire de droit civil,* n. 1.646; R. Limongi França, op. cit., p. 160; Silvio Rodrigues, op. cit., p. 4; Julien Bonnecase, *La philosophie du Code Napoléon*, p. 11 e s.; Mazeaud e Mazeaud, *Leçons de droit civil,* t. 1, n. 694; Eduardo Oliveira Leite, *Famílias monoparentais*, São Paulo, Revista dos Tribunais, 2003; G. Cornu, *La famille unilinéaire*, Paris, Dalloz, 1985; Paulo Luiz Netto Lôbo, Entidades familiares constitucionalizadas: para além do "numerus clausus", *Família e cida-*

munidade formada pelos pais, que vivem em união estável, ou por qualquer dos pais e descendentes, como prescreve o art. 226, §§ 3º e 4º, da Constituição Federal, independentemente de existir o vínculo conjugal, que a originou (*JB*, *166*:277 e 324). Inova, assim, a Constituição de 1988, ao retirar a expressão da antiga Carta (art. 175) de que só seria núcleo familiar o constituído pelo casamento. Assim sendo, a Magna Carta de 1988 e a Lei n. 9.278/96, art. 1º, e o Código Civil, arts. 1.511, 1.513 e 1.723, vieram a reconhecer como *família* a decorrente de matrimônio (art. 226, §§ 1º e 2º, da CF/88) e como *entidade familiar* não só a oriunda de união estável como também a comunidade monoparental (CF/88, art. 226, §§ 3º e 4º) formada por qualquer dos pais e seus descendentes independentemente de existência de vínculo conjugal que a tenha originado (*JB*, *166*:277 e 324). A *família monoparental* ou unilinear desvincula-se da ideia de um casal relacionado com seus filhos, pois estes vivem apenas com um de seus genitores, em razão de viuvez, separação judicial, divórcio, adoção unilateral, não reconhecimento de sua filiação pelo outro genitor, "produção independente" etc. Portanto, a *família natural* é a comunidade formada pelos pais ou qualquer deles e seus descendentes (ECA, art. 25).

A legislação com base nessas acepções emprega a palavra *família* tendo em vista os seguintes critérios: o dos efeitos sucessórios e alimentares, o da autoridade e o das implicações fiscais e previdenciárias[14].

Pelo *critério sucessório* a família abrange os indivíduos chamados por lei a herdar uns dos outros. Compreende todos os parentes da linha reta *ad infinitum* (ascendentes e descendentes), os cônjuges, os companheiros (outrora pelas Leis n. 8.971/94, arts. 2º, I, II e III, e 3º, e n. 9.278/96, art. 7º, parágrafo único, e atualmente CC, art. 1.790) e colaterais até o 4º grau (CC,

---

dania (IBDFAM), Anais do III Congresso Brasileiro de Direito de Família, Belo Horizonte, 2002, p. 89 a 107; Mª Alice Z. Lotufo, O Código Civil e as entidades familiares, *Temas relevantes de direito civil contemporâneo* (coord. G. E. Nanni), São Paulo, Atlas, 2008, p. 571-88; Erik F. Gramstrup, A família nas Constituições brasileiras e nas Constituições do Mercosul, *Temas relevantes*, cit., p. 589-97; Tereza R. Vieira, Valéria S. G. Cardin e Bárbara C. C. B. Brunini, *Famílias* – psicologia e direito, Brasília, ed. Zakarewicz, 2017. A Lei n. 13.146/2015 resguarda, nos arts. 6º, I a V, o direito do portador de deficiência de constituir família.

14. Mazeaud e Mazeaud, op. cit., t. 1, n. 689 e 918; Jorge S. Fujita, Família monoparental, *Direito civil — direito patrimonial e direito existencial* — estudos em homenagem a Giselda Hironaka (coord. Tartuce e Castilho), São Paulo, Método, 2006, p. 679-93; Ana Carolina G. Tercioti, *Famílias monoparentais*, Campinas, Millenium, 2011; Rosa Maria de Andrade Nery. Entidades familiares — Comunidades emocionais — Responsabilidade da doutrina. *Responsabilidade civil — estudos em homenagem a Rui Geraldo Camargo Viana*, São Paulo, Revista dos Tribunais, 2009, p. 533 a 540. Leis n. 8.212/91, art. 3º, e 8.213/91, art. 16; Decreto n. 3.048/99; Leis n. 8.620/93, 8.647/93, 8.870/94 e 9.032/95, que alteram as Leis n. 8.212 e 8.213/91 (em vigor por força do art. 2.043 do CC).

arts. 1.829, IV, 1.839 a 1.843). Para *efeitos alimentares* consideram-se família os ascendentes, os descendentes e os irmãos (CC, arts. 1.694 a 1.697)[15].

Pelo *critério da autoridade* a família restringe-se a pais e filhos menores, pois nela se manifesta o poder familiar, ou seja, as autoridades paterna e materna, que se fazem sentir na criação e educação dos filhos[16].

Pelo *critério fiscal,* em relação ao imposto de renda, a família reduz-se ao marido, à mulher, ao companheiro, aos filhos menores, aos maiores inválidos ou que frequentam a universidade às expensas do pai, até a idade de 24 anos, às filhas enquanto solteiras e ao ascendente inválido que vivam sob a dependência econômica do contribuinte, e aos filhos que morem fora do ambiente doméstico, se pensionados em razão de condenação judicial.

Para efeitos previdenciários a família abrange o casal, os filhos de qualquer condição até 21 anos (desde que não emancipados) ou inválidos ou inválidas, enteados e menores sob tutela (sem bens suficientes para seu sustento e educação), incluindo convivente do trabalhador[17], inclusive em concorrência com os filhos. A maioridade do Código Civil (norma geral) não tem incidência na legislação previdenciária (norma especial), que confere condição de dependente previdenciário às pessoas até 21 anos (*RTJ, 79*:268 a 288).

Urge lembrar que o Projeto de Lei n. 2.053/2003 (ora arquivado) pretendia elevar de 21 anos para 24 anos o limite para que o filho de segurado no Regime Geral de Previdência Social permaneça, como dependente, desde que seja estudante.

---

15. *Vide* Caio M. S. Pereira, op. cit., p. 18.

16. Caio M. S. Pereira, op. cit., p. 18; Guilherme Calmon Nogueira da Gama, Pensões securitárias no direito de família, *Família e cidadania*, cit., p. 505-32; Lásaro de B. L. Viana, A construção da pensão no direito previdenciário e as repercussões no direito civil, *Revista Brasileira de Direito de Família, 17*:36-60.

17. Caio M. S. Pereira, op. cit., p. 19. Sobre o conceito de família para efeito de percepção de pensão *vide* Leis n. 8.112/90, art. 217; 4.069/62, art. 5º; e Decreto n. 58.100/66, art. 10. CLPS, aprovada pelo Decreto n. 89.312/84, art. 10, ora revogado pelo Decreto n. 3.048/99; Decreto n. 6.939/2009, que altera o art. 17, III, *a*, do Regulamento da Previdência Social, aprovado pelo Dec. n. 3.048/99; Lei n. 3.765/60, arts. 7º, 23 e 27, sobre pensão militar; Lei n. 8.213/91, art. 16, I e §§ 1º a 4º, com alterações das Leis n. 9.032/95 e 13.146/2015; ECA, art. 33, § 3º; Lei n. 10.876/2004 (com alteração da Lei n. 13.135/2015, art. 217, IV a VI, e 222, IV, da Lei n. 8.112/90; TFR, Súmula 185: "Filhos solteiros maiores e inválidos, presumida a dependência econômica, têm direito à pensão previdenciária por morte do pai". "A redução do limite etário para a definição da capacidade civil aos 18 anos não altera o disposto no art. 16, I da Lei n. 8.213/91, que rege a específica situação de dependência econômica para fins previdenciários" (Enunciado n. 3 do Centro de Estudos Judiciários do Conselho de Justiça Federal, aprovado nas Jornadas de Direito Civil de 2002).

Nenhum desses critérios, considerados isoladamente, possibilita chegar a um conceito jurídico de família, embora deles se possa inferir seu sentido técnico, entendendo-se como família o grupo fechado de pessoas, composto de pais e filhos, e, para efeitos limitados, de outros parentes, unidos pela convivência e afeto, numa mesma economia e sob a mesma direção[18].

Três são *didaticamente* as espécies de família, conforme sua fonte seja o matrimônio, o companheirismo ou a adoção, pois, juridicamente, pelos arts. 226, § 4º, e 227, § 6º, da Constituição Federal, pelo art. 20 da Lei n. 8.069/90, e pelo art. 1.596 do atual Código Civil, não há mais que se fazer tal discriminação, de modo que para todos os efeitos legais o filho será simplesmente *filho,* seja qual for o tipo de relacionamento de seus genitores. A *família matrimonial* é a que tem por base o casamento[19], sendo o grupo composto pelos cônjuges e prole (CC, arts. 1.597, I a V, e 1.618); a *não matrimonial,* oriunda de relações extraconjugais[20], e a *adotiva,* estabelecida pela adoção[21] (CC, arts. 1.618 e 1.619; Lei n. 8.069/90, com as alterações da Lei n. 12.010/2009, arts. 39 a 52-D, 165, 197, 197-A a 199-E.

Como se vê, o direito não abarca unicamente a família matrimonial, pois protege, como veremos mais adiante, as uniões constituídas fora do casamento, à sua imagem e semelhança[22], bem como os vínculos de filiação estabelecidos pela adoção. E, além disso, a Lei n. 8.069/90, no art. 28, §§ 1º a 6º, acrescentados pela Lei n. 12.010/2009, refere-se à *família substituta,* que se configurará pela guarda, tutela e adoção.

Deve-se, portanto, vislumbrar na *família* uma possibilidade de convivência, marcada pelo afeto e pelo amor, fundada não apenas no casamento, mas também no companheirismo, na adoção e na monoparentalidade. É ela o núcleo ideal do pleno desenvolvimento da pessoa. É o instrumento para a realização integral do ser humano.

---

18. Ferrara, *Trattato di diritto civile italiano,* p. 547 e s.; Orlando Gomes, op. cit., p. 42.
19. Savatier, *Cours de droit civil,* Paris, 1947, v. 1; *Le droit, l'amour et la liberté,* p. 14 e s.; *Les métamorphoses économiques et sociales du droit civil d'aujourd'hui,* n. 110; Une personne morale méconnue: la famille en tant que sujet du droit, *Dalloz Périodique,* 1939, n. 49, onde assevera: "*Une seule famille est complète car elle se fonde, à la fois, sur un acte juridique, le mariage, et sur un fait matériel, la filiation*"; Mazeaud e Mazeaud, op. cit., p. 679.
20. A que Antonio Cicu (*Derecho de familia,* trad. de Santiago Sentís Melendo, p. 110) denomina "família de segunda zona".
21. Sobre as três espécies de família, *vide* Barassi, *La famiglia legittima nel nuovo Codice Civile,* 3. ed., p. 3; Lei n. 8.069/90, art. 25.
22. Orlando Gomes, op. cit., p. 40.

Vários são os *caracteres*[23] da família, a saber:

a) *Caráter biológico,* pois a família é, por excelência, o agrupamento natural. O indivíduo nasce, cresce numa família até casar-se e constituir a sua própria, sujeitando-se a várias relações, como: poder familiar, direito de obter alimentos e obrigação de prestá-los a seus parentes, dever de fidelidade e de assistência em virtude de sua condição de cônjuge[24].

b) *Caráter psicológico,* em razão de possuir a família um elemento espiritual unindo os componentes do grupo, que é o amor familiar.

c) *Caráter econômico,* por ser a família o grupo dentro do qual o homem e a mulher, com o auxílio mútuo e o conforto afetivo, se munem de elementos imprescindíveis à sua realização material, intelectual e espiritual[25].

d) *Caráter religioso,* uma vez que, como instituição, a família é um ser eminentemente ético ou moral, principalmente por influência do Cristianismo[26], não perdendo esse caráter com a laicização do direito[27].

e) *Caráter político,* por ser a família a célula da sociedade[28] (CF, art. 226), dela nasce o Estado, como o diz Ihering: "com o decorrer do tempo a família, baseada no princípio do Estado, se transforma em um Estado, baseado no princípio da família, isto é, a hierarquia e o princípio de autoridade"[29].

---

23. R. Limongi França, op. cit., p. 163-5; José Arías, *Derecho de familia,* 2. ed., Buenos Aires, 1952, p. 35-6.
24. Silvio Rodrigues, op. cit., v. 6, p. 5.
25. Papaterra Limongi, *Economia política,* 5. ed., 1960, e Francesco Vito, *Introduzione all'economia politica,* 9. ed., Milano, apud Limongi França (op. cit., p. 164), explicam que a economia é a ciência da realização dos fins do homem: viver, perpetuar a espécie, realizar as metas de sua vocação. É a ciência da utilização dos meios limitados do universo para a consecução dos rumos ilimitados para os quais o ser humano foi criado.
26. Planiol destaca o Cristianismo como responsável pela formação do novo conceito de família, pois o Cristianismo "*a considéré le groupement familial uniquement au point de vue moral et cette conception a fini par triompher*". Apud Manuel Cabral Machado, op. cit., p. 46.
27. Rotondi, *Istituzioni di diritto privato,* Milano, 1965, p. 603, apud R. Limongi França, op. cit., p. 164.
28. Cícero, *De Republica,* afirmava que: "principium urbis est quasi seminarium reipublicae".
29. Ihering, *O espírito do direito romano,* trad. de Banaion, Rio de Janeiro, 1943, v. 1, p. 135, apud R. Limongi França, op. cit., p. 165; Antonio Junqueira de Azevedo, Retrocesso no direito de família, *Tribuna do Direito, 65*:16; id. L'ordre public dans les relations de famille, *Atualidades Jurídicas,* São Paulo, Saraiva, 1999, p. 51 a 60; Paulo Luiz Netto Lôbo, O ensino do direito de família no Brasil, *Atualidades Jurídicas,* São Paulo, Saraiva, 1999, p. 301-14; Álvaro Villaça Azevedo, Direitos humanos (família, sua constituição e proteção), *Atualidades Jurídicas, 4*:11-26; Águida Arruda Barbosa, O conceito de família no novo Código Civil brasileiro e o princípio da dignidade da pessoa humana, *Atualida-*

A família tem especial proteção do Estado, que assegurará sua assistência na pessoa de cada um dos que a integram, criando mecanismos, por meio de lei ordinária, para coibir a violência no âmbito de suas relações (CF, art. 226, § 8º), impondo sanções aos que transgridem as obrigações impostas ao convívio familiar.

f) Caráter jurídico, por ter a família sua estrutura orgânica regulada por normas jurídicas, cujo conjunto constitui o direito de família[30].

---

des Jurídicas, 4:1-10; Maria Pia Baccari, Persona e famiglia: concetti e principi giuridici contro le astrazioni e l'individualismo, *Revista Brasileira de Direito Comparado, 27*:19-43; Breno V. F. de Medeiros e Raphael V. F. de Medeiros, A família pela óptica psicanalítica, *Direito e Liberdade*, ESMARN, *5*:147:58.

30. R. Limongi França, op. cit., p. 165; Lynn D. Wardle, Questões de direito de família: a importância da estrutura e da integridade familiar, *Família e cidadania*, cit., p. 25-58; Rodrigo da Cunha Pereira, *Novo Código Civil — Da família*, Porto Alegre, Síntese, 2003; Leonardo B. Moreira Alves, O reconhecimento legal do conceito moderno de família: o art. 5º, II, parágrafo único, da Lei n. 11.340/2006 (Lei Maria da Penha), *Revista Brasileira de Direito de Família, 39*:131-53; Guilherme Calmon N. da Gama e Leandro dos S. Guerra, Função social da família, *Revista Brasileira de Direito de Família, 39*:154-69. O direito reconhece que a família é um importante grupo social; embora não lhe dê personalidade jurídica, dispensa-lhe proteção na órbita constitucional, penal (CP, arts. 235 a 249) e civil (CC e leis especiais). O direito positivo disciplina as relações sociais entre os membros da família, ou entre eles e terceiros, dando origem à relação jurídica familiar, objeto de normas especiais, que, em regra, são de ordem pública, de natureza cogente imperativa, limitando ou anulando a autonomia privada. A família é um grupo despersonalizado, constituindo um conjunto de pessoas sem personalidade jurídica e com capacidade processual, mediante representação. Não há interesse em lhe atribuir personalidade jurídica, devido ao fato de que suas atividades jurídicas, patrimoniais ou não, podem ser realizadas sem personalização jurídica.

QUADRO SINÓTICO

OBJETO DO DIREITO DE FAMÍLIA

1. ACEPÇÕES DO TERMO FAMÍLIA	• *a*) Amplíssima	• Abrange todos os indivíduos ligados pelo vínculo de consanguinidade e afinidade, incluindo estranhos (CC, art. 1.412, § 2º; Lei n. 8.112/90, arts. 83 e 241).
	• *b*) *Lata*	• Restringe-se aos cônjuges e seus filhos, parentes da linha reta ou colateral, afins ou naturais (CC, arts. 1.591 e s.; Dec.-Lei n. 3.200/41 e Lei n. 8.069/90, art. 25, parágrafo único, acrescentado pela Lei n. 12.010/2009).
	• *c*) Restrita	• Compreende, unicamente, os cônjuges ou conviventes e a prole (CC, arts. 1.567 e 1.716) ou qualquer dos pais e prole.
2. CRITÉRIOS ADOTADOS PELA LEI	• *a*) Sucessório	• Família abrange os indivíduos que, por lei, herdam uns dos outros: parentes da linha reta *ad infinitum*, cônjuges, companheiros e colaterais até o 4º grau (CC, arts. 1.790, 1.829, IV, 1.839 a 1.843).
	• *b*) Alimentar	• Consideram-se família: ascendentes, descendentes e irmãos (CC, arts. 1.694 e 1.697).
	• *c*) Da autoridade	• Família restringe-se a pais e filhos menores.
	• *d*) Fiscal	• Para efeito de imposto de renda, a família reduz-se aos cônjuges, filhos menores, maiores inválidos ou que frequentam universidade à custa dos pais, até a idade de 24 anos, filhas solteiras e ascendente inválido que vivam sob a dependência do contribuinte, filho ilegítimo que não more com o contribuinte, se pensionado em razão de condenação judicial.
	• *e*) Previdenciário	• A família compreende: o casal, filhos até 21 anos, filhas solteiras e convivente do trabalhador.

3. SENTIDO TÉCNICO DE FAMÍLIA	• Família é o grupo fechado de pessoas, composto dos pais e filhos, e, para efeitos limitados, de outros parentes, unidos pela convivência e afeto numa mesma economia e sob a mesma direção.	
4. ESPÉCIES DE FAMÍLIA	• *a*) Matrimonial	• Baseada no casamento.
	• *b*) Não matrimonial	• Oriunda de relações extraconjugais.
	• *c*) Adotiva	• Estabelecida por adoção, que, juntamente com a guarda e tutela, configurará a família substituta (Lei n. 8.069/90, arts. 28, §§ 1º a 6º, 39 a 52-D, 165, 197, 197-A a 199-E; CC, arts. 1.618 e 1.619).
	• *d*) Monoparenteral	• Formada por um dos genitores e a prole.
5. CARACTERES DE FAMÍLIA	• *a*) Biológico	• A família é o agrupamento natural por excelência, pois o homem nasce, vive e se reproduz nela.
	• *b*) Psicológico	• A família possui um elemento espiritual: o amor familiar.
	• *c*) Econômico	• A família contém condições que possibilitam ao homem obter elementos imprescindíveis à sua realização material, intelectual e espiritual.
	• *d*) Religioso	• A família é uma instituição moral ou ética por influência do Cristianismo.
	• *e*) Político	• A família é a célula da sociedade; dela nasce o Estado.
	• *f*) Jurídico	• A estrutura orgânica da família é regida por normas jurídicas, cujo conjunto constitui o direito de família.

3. Princípios do direito de família

Com o novo milênio surge a esperança de encontrar soluções adequadas aos problemas surgidos na seara do direito de família, marcados por grandes mudanças e inovações, provocadas pela perigosa inversão de valores, pela liberação sexual; pela conquista do poder (*empowerment*) pela mulher, assumindo papel decisivo em vários setores sociais, escolhendo seu próprio caminho; pela proteção aos conviventes; pela alteração dos padrões de conduta social; pela desbiologização da paternidade; pela rápida desvinculação dos filhos do poder familiar etc. Tais alterações foram acolhidas, de modo a atender à preservação da coesão familiar e dos valores culturais, acompanhando a evolução dos costumes, dando-se à família moderna um tratamento legal mais consentâneo à realidade social, atendendo-se às necessidades da prole e de diálogo entre os cônjuges ou companheiros.

O moderno direito de família rege-se pelos seguintes princípios[31]:

---

31. Orlando Gomes, op. cit., p. 31; Francisco dos Santos Amaral Neto, op. cit., p. 160-1; Georgette Nazo, Die familie in der neuen brasilianischen Verfassung, in *FamRZ*, 1990, p. 720-2; Paulo Luiz Netto Lôbo, O ensino no direito de família no Brasil, *Repertório de doutrina sobre direito de família*, São Paulo, Revista dos Tribunais, v. 4, p. 313-6; A repersonalização das relações de família, *Revista Brasileira de Direito de Família*, *24*:136-56; Cláudia Lima Marques, Mª Cláudia Cachapuz e Ana Paula da S. Vitório, Igualdade entre filhos no direito brasileiro atual: direito pós-moderno?, *RT*, *764*:11; José Sebastião de Oliveira, *Fundamentos constitucionais do direito de família*, São Paulo, Revista dos Tribunais, 2002; Carlos Alberto Bittar e Carlos Alberto Bittar Fº, *Direito civil constitucional*, São Paulo, Revista dos Tribunais, 2003, p. 59-99; Edinês Maria S. Garcia, O princípio da dignidade da pessoa humana e a leitura do novo Código Civil em relação à família, *Novo Código Civil — interfaces no ordenamento jurídico* (coord. Giselda Hironaka), Belo Horizonte, Del Rey, 2004, p. 257-72; Rodrigo Toscano de Brito, Situando o direito de família entre os princípios da dignidade humana e da razoável duração do processo, *Família e dignidade humana*, Anais do V Congresso Brasileiro de Direito de Famí-

a) Princípio da "ratio" do matrimônio e da união estável, segundo o qual o fundamento básico do casamento, da vida conjugal e do companheirismo é a *afeição* entre os cônjuges ou conviventes e a necessidade de que perdure completa comunhão de vida, sendo a ruptura da união estável, separação (extrajudicial ou judicial) e o divórcio (CF, art. 226, § 6º (com a redação da EC n. 66/2010); CC, arts. 1.511 e 1.571 a 1.582) uma decorrência da extinção da *affectio,* uma vez que a comunhão espiritual e material de vida entre marido e mulher ou entre conviventes não pode ser mantida ou reconstituída[32]. O afeto é um valor conducente ao reconhecimento da família matrimonial e da entidade familiar, constituindo não só um direito fundamental (individual e social) da pessoa de afeiçoar-se a alguém, como também um direito à integridade da natureza humana, aliado ao dever de ser leal e solidário. E, além disso, vedada está a qualquer pessoa jurídica, seja ela de direito público ou de direito privado, a interferência na comunhão de vida instituída pela família (CC, art. 1.513).

b) Princípio da igualdade jurídica dos cônjuges e dos companheiros, no que atina aos seus direitos e deveres, que revolucionou o governo da família organizada sobre a base patriarcal. Com esse princípio desaparece o poder marital, e a autocracia do chefe de família é substituída por um sistema em que

---

lia (coord. R. Cunha Pereira), São Paulo: IOB Thomson, 2006, p. 819-40; Rodrigo da Cunha Pereira, Uma principiologia para o direito de família, *Família e dignidade humana,* Anais do V Congresso Brasileiro de Direito de Família (coord. R. Cunha Pereira), São Paulo, IOB Thomson, 2006, p. 843; Guilherme G. Chanan, As entidades familiares na Constituição Federal, *Revista Brasileira de Direito de Família, 42*:45-74; Guilherme Calmon N. da Gama, *Princípios constitucionais de direito de família,* São Paulo, Atlas, 2008; Maria Alice Z. Lotufo, Reflexos da Constituição Federal no direito de família, *Fundamentos do direito civil brasileiro* (org. Everaldo A. Cambler), Campinas, Millennium, 2012, p. 239-56.

32. Orlando Gomes, op. cit., p. 33-4; Rodrigo da Cunha Pereira, A vitória da ética sobre a moral, *Revista Jurídica, 8*:5 a 7, Del Rey; João Paulo Cunha, De tanto amar, *Revista Jurídica, 8*:9 e 10, Del Rey; Lourival S. Cavalcanti, A liberdade do casal como valor fundamental na constituição da família, in *Princípios e valores jurídicos da pessoa humana, família e interpretação* (coord. Nascimento, Cavalcanti e Gonçalves), Campo Grande, Mais Saber, 2005, p. 41-67; Antônio Carlos Mathias Coltro, Um valor imprescindível, *Revista Jurídica, 8*:16, Del Rey; Maria Berenice Dias, A estatização do afeto, *Revista Jurídica, 8*:17, Del Rey; Paulo Lins e Silva, A interação do afeto nas relações de família, *Revista Jurídica, 8*:18 e 19, Del Rey; Maria Christina de Almeida, A paternidade socioafetiva e a formação da personalidade, *Revista Jurídica, 8*:24, Del Rey; Denise Duarte Bruno, Família socioafetiva, *Revista Jurídica, 8*:27, Del Rey; Rolf Madaleno, A multa afetiva, *Revista Jurídica, 8*:33, Del Rey; Sérgio Resende de Barros, O direito ao afeto, *Revista Jurídica, 8*:35, Del Rey; Alvaro Villaça Azevedo, Afeto na relação familiar, *Atualidades Jurídicas, 7*:23 a 34. Surge uma questão: poderia a afeição constituir-se em critério jurídico fundante de instituições jurídicas regidas por normas de ordem pública?

as decisões devem ser tomadas de comum acordo entre conviventes ou entre marido e mulher[33], pois os tempos atuais requerem que a mulher e o marido tenham os mesmos direitos e deveres referentes à sociedade convivencial ou conjugal (CF, art. 226, § 5º; e CC, arts. 1.511, *in fine*, 1.565 a 1.570, 1.631, 1.634, 1.643, 1.647, 1.650, 1.651 e 1.724)[34]. O patriarcalismo não mais se coaduna com a época atual, nem atende aos anseios do povo brasileiro; por isso, juridicamente, o poder do marido é substituído pela autoridade conjunta e indivisa, não mais se justificando a submissão legal da mulher[35]. Há uma equivalência de papéis, de modo que a responsabilidade pela família passa a ser dividida igualmente entre o casal.

Outrora o Estatuto da Mulher Casada (Lei n. 4.121/62, ora revogada) (*a*) outorgava à mulher a condição de colaboradora do marido, que ainda mantinha a chefia na direção material e moral da família, tendo em vista o interesse comum do casal e dos filhos; (*b*) estabelecia o exercício conjunto do pátrio poder; (*c*) conferia à mulher o direito de colaborar na administração do patrimônio comum; (*d*) autorizava a mulher a exercer a profissão que quisesse; (*e*) dava à mulher que exercesse profissão fora do lar autonomia eco-

33. Orlando Gomes, op. cit., p. 34; Ferrand, Le droit de la famille et l'égalité des époux en RFA, in *Rev. Internationale de Droit Comparé,* 1986, n. 3, p. 867-95; João Baptista Villela, Sobre a igualdade de direitos entre homem e mulher, in *Direito de família e do menor* (coord. Sálvio de F. Teixeira), Belo Horizonte, Del Rey, 1993, p. 133-54; Gontijo, A igualdade conjugal, in *Direito de família*, cit.,p. 155-72; Carlos Alberto Bittar e Carlos Alberto Bittar Filho, *Direito civil constitucional*, São Paulo, Revista dos Tribunais, 2003, p. 59-67; Paulo Luiz Netto Lôbo, As vicissitudes da igualdade e dos deveres conjugais no direito brasileiro, *Revista Brasileira de Direito de Família, 26*:5-17.

34. Paulo Luiz Netto Lôbo, As vicissitudes da igualdade e dos deveres conjugais no direito brasileiro, *Revista Brasileira de Direito de Família, 26*:5-17. Cosentini, *Droit de famille*; essai de réforme, p. 14. Edward Jenks (*The book of English law,* ed. rev. by D. J. L. L. Davies, 1952, p. 214) salienta as mudanças radicais e bruscas do direito de família, nesse aspecto, na Inglaterra: "*Until recently, the changes at any rate in the case of the wife were so great, that they placed her in that exceptional and inalterable legal position known as a status. By reason of the great changes recently made in the law affecting married women, the legal effects of marriage are so much less striking than formerly, that we no longer regard married women as an exceptional class*". *Consulte*: *RJTJSP, 119*:383; *RJ, 173*:79; *JM, 106*:198 e *108*:206.

35. Orlando Gomes, op. cit., p. 34; Ivone M. C. Coelho de Souza, Alterações nos paradigmas femininos — igualdade entre os cônjuges: uma relação de causa e efeito, *Revista Brasileira de Direito de Família, 17*:61-70. Isso foi uma sábia solução, pois no regime anterior, quando o marido adoecia ou necessitava, por estar desempregado, da assistência de sua mulher, esta, para que pudesse declará-lo como seu dependente, devia preencher um grande número de documentos. Atualmente, como a direção da sociedade conjugal e o poder familiar foram deferidos a ambos, bastará que qualquer um deles comprove seu casamento com o doente para que seja tido como dependente econômico do outro.

nômica e franqueava-lhe constituir um patrimônio reservado, livremente administrado por ela, permitindo-lhe dispor, como bem entendesse, do produto de seu trabalho, podendo até defender a sua parte, no acervo comum, contra credores do marido; (*f*) permitia que a mulher escolhesse o domicílio conjugal de acordo com o marido; (*g*) determinava que a mulher não necessitava da autorização marital para praticar atos que o marido sem a sua outorga pudesse realizar; (*h*) dispunha que a mulher, qualquer que fosse o regime de bens, concorria para o sustento da família; (*i*) prescrevia que a mulher podia administrar os bens dos filhos, se assim fosse deliberado pelo casal[36].

O atual Código Civil dá a ambos os consortes um "poder de decisão", p. ex., no que se refere ao domicílio, que deverá ser fixado pelo casal e não mais unilateralmente pelo marido (art. 1.569). Terá, ainda, qualquer dos cônjuges, o direito de recorrer ao juiz para fazer prevalecer a sua vontade, desde que as questões sejam essenciais ao interesse do casal e dos filhos e não se trate de matéria personalíssima (arts. 1.511 e 1.567, parágrafo único).

Cosentini[37] já observava que estas transformações não são suficientes; outras reivindicações tornam-se necessárias para compor o quadro da equiparação e da autonomia da mulher, quadro este que não se completará sem a dupla regulamentação de relações pessoais e patrimoniais, mediante participação mais direta e intensa nos direitos e obrigações inerentes ao poder familiar, à tutela, e uma ingerência maior na economia doméstica.

A Constituição Federal de 1988, no art. 226, § 5º, estabeleceu a igualdade no *exercício* dos direitos e deveres do homem e da mulher na sociedade conjugal, que deverá servir de parâmetro à legislação ordinária, que não poderá ser antinômica a esse princípio. Os cônjuges devem *exercer* conjuntamente os direitos e deveres relativos à sociedade conjugal, não podendo um cercear o exercício do direito do outro. Por isso, durante a vigência do Código Civil de 1916, que diferenciava direitos e deveres do marido e da mulher, não vislumbrávamos na Constituição Federal, ante o art. 5º, I, que propugna a *igualdade de direitos* e *obrigações entre homens e mulheres,* que é uma norma geral, uma isonomia entre marido e mulher relativa aos seus direitos e deveres, pois o art. 226, § 5º, da Lei Maior, sendo norma especial que prevalece sobre a geral, refere-se ao igual *exercício* dos direitos e deveres do marido e da mulher *na sociedade conjugal,* arrolados no Código Civil de

36. Caio M. S. Pereira, op. cit., p. 10; Orlando Gomes, op. cit., p. 26-8.

37. Cosentini, op. cit., p. 501; Carla Bertucci Barbieri, A situação da mulher na família — aspectos jurídicos, *Revista de Direito Privado*, n. 3, p. 42-94.

1916, arts. 233 e s. e 240 e s. Logo, não nos parecia que tais normas contidas no nosso Código Civil de 1916 tivessem perdido o seu sentido, fazendo, p. ex., com que não houvesse diferença na idade núbil (TJRS, Ap. 589007053, 1ª Câm. Civ., j. 18-4-1989); com que o marido passasse a ter direito de adotar os apelidos de sua mulher (*Bol. AASP, 1.839*:90); com que a mulher perdesse a reserva de bens (*Ciência Jurídica, 61*:122). Ante o caráter de especialidade do preceito constitucional (art. 226, § 5º), não se poderia afirmar, entendíamos, em que pesassem opiniões em contrário, que não mais havia discriminação em separado dos direitos e deveres da mulher e do marido, visto que a Carta Magna não os havia igualado em direitos e deveres, mas sim no *exercício* desses direitos e deveres, pois que tão somente proclama que na sociedade conjugal os direitos e deveres de cada um, contidos no Código Civil de 1916 (norma especial), p. ex., serão exercidos igualmente, ou seja, sem interferências, sem oposições, ou até mesmo conjuntamente, de sorte que, havendo divergências, qualquer deles poderia recorrer ao Judiciário.

Hodiernamente, com a quebra do patriarcalismo e da hegemonia do poder marital e paterno, não há mais, diante do atual Código Civil, qualquer desigualdade de direitos e deveres do marido e da mulher ou dos companheiros, pois em seus artigos não mais existem quaisquer diferenciações relativamente àqueles direitos e deveres. Esta é a principal inovação do atual Código Civil: a instituição material da completa paridade dos cônjuges ou conviventes tanto nas relações pessoais como nas patrimoniais, visto que igualou seus direitos e deveres e também seu exercício na sociedade conjugal ou convivencial. Consagrados estão o princípio do respeito à dignidade dos companheiros e das pessoas casadas (CF/88, art. 1º, III) e o da igualdade jurídica entre conviventes ou entre marido e mulher (CF/88, arts. 5º, I, e 226, § 5º).

c) Princípio da igualdade jurídica de todos os filhos (CF, art. 227, § 6º, e CC, arts. 1.596 a 1.619), acatado pelo nosso direito positivo, que (*a*) nenhuma distinção faz entre filhos legítimos, naturais e adotivos, quanto ao nome, direitos, poder familiar, alimentos e sucessão; (*b*) permite o reconhecimento de filhos havidos fora do casamento; (*c*) proíbe que se revele no assento do nascimento a ilegitimidade simples ou espuriedade[38] e (*d*) veda designações

---

38. Orlando Gomes, op. cit., p. 37; Harry D. Krause, *Family law*, 1986, p. 193 e s.; Belmiro Pedro Welter, *Igualdade entre as filiações biológica e socioafetiva*, São Paulo, Revista dos Tribunais, 2003; Liliane C. de Oliveira e Lucas J. da C. Frank, Reflexões sobre a paternidade socioafetiva, *Anais do II Fórum Jurídico-Social* (2004), da Faculdade de Direito de Passos, p. 245-53; Rúbia Palma, *Famílias monoparentais*, Rio de Janeiro, Forense, 2005. A família anaparental é a formada por descendentes privados de ambos os pais.

discriminatórias relativas à filiação. De modo que a única diferença entre as categorias de filiação seria o ingresso, ou não, no mundo jurídico, por meio do reconhecimento; logo só se poderia falar em filho, didaticamente, matrimonial ou não matrimonial reconhecido e não reconhecido.

d) *Princípio do pluralismo familiar*, uma vez que a norma constitucional abrange a família matrimonial e as entidades familiares (união estável e família monoparental). Todavia, o Código Civil vigente, apesar de em poucos artigos contemplar a união estável, outorgando-lhe alguns efeitos jurídicos, não contém qualquer norma disciplinadora da família monoparental, composta por um dos genitores e a prole, olvidando que 26% de brasileiros, aproximadamente, vivem nessa modalidade de entidade familiar.

e) *Princípio da consagração do poder familiar*, substituindo o marital e o paterno, no seio da família. O poder familiar é considerado como um poder-dever (CC, arts. 1.630 a 1.638). Com isso segue os passos da lei francesa de 1970, que preferiu falar em *autoridade parental*, abandonando a locução *pátrio poder*, por ser aquela mais consentânea à sociedade conjugal dos tempos modernos, que é paritária, e ao poder-dever por ela exercido e das normas dos EUA, que adotam a *parental authority*, como ensina Krause.

f) *Princípio da liberdade*, fundado, como observa Paulo Luiz Netto Lôbo, no livre poder de constituir uma comunhão de vida familiar por meio de casamento ou união estável, sem qualquer imposição ou restrição de pessoa jurídica de direito público ou privado (CC, art. 1.513); na decisão livre do casal, unido pelo casamento ou pela união estável, no planejamento familiar (CF, art. 226, § 7º; CC, art. 1.565, § 2º; Lei n. 9.656/98, art. 35-C, III, inserido pela Lei n. 11.935/2009; Lei n. 13.146/2015, art. 6º, III; Enunciado n. 99, aprovado nas Jornadas de Direito Civil, promovidas pelo Conselho de Justiça Federal), intervindo o Estado apenas em sua competência de propiciar recursos educacionais e científicos ao exercício desse direito; na convivência conjugal; na livre aquisição e administração do patrimônio familiar (CC, arts. 1.642 e 1.643) e opção pelo regime matrimonial mais conveniente (CC, art. 1.639); na liberdade de escolha pelo modelo de formação educacional, cultural e religiosa da prole (CC, art. 1.634); e na livre conduta, respeitando-se a integridade físico-psíquica e moral dos componentes da família.

g) *Princípio do respeito da dignidade da pessoa humana* (CF, art. 1º, III), que constitui base da comunidade familiar (biológica ou socioafetiva), garantindo, tendo por parâmetro a afetividade, o pleno desenvolvimento e a realização de todos os seus membros, principalmente da criança e do adolescente (CF, art. 227).

h) *Princípio do superior interesse da criança e do adolescente*, que permite o integral desenvolvimento de sua personalidade e é diretriz solucionadora de questões conflitivas advindas da separação judicial ou divórcio dos genitores, relativas à guarda, ao direito de visita etc.

i) *Princípio da afetividade*, corolário do respeito da dignidade da pessoa humana, como norteador das relações familiares e da solidariedade familiar.

Lévy-Bruhl chega até a dizer que o traço dominante da evolução da família é a sua tendência em tornar o grupo familiar cada vez menos organizado e hierarquizado, fundando-se cada vez mais na afeição mútua[39], que estabelece plena comunhão de vida.

Juristas há que ante a nova concepção de família falam em "crise da família"[40], proclamando sua desagregação e desprestígio devido (*a*) ao desaparecimento da organização patriarcal que vigorou no Brasil por todo o século passado; (*b*) à substituição da autoridade parental pela estatal, que intervém, cada vez mais, na família, protegendo-a, na medida em que os poderes privados declinam. Tal ocorre porque a força do Estado depende da solidez do núcleo familiar. O Estado não pode, por isso, entregar a sorte da família à pessoa. Os efeitos do casamento e da união estável e a extensão do poder familiar, por exemplo, não podem ficar ao arbítrio individual, devendo estar preestabelecidos em lei; (*c*) à relação numérica do grupo familiar em razão do controle da natalidade (sobre isso, prescreve a CF, art. 226, § 7º, que, "fundado nos princípios da dignidade da pessoa humana e da paternidade responsável, o planejamento familiar é livre decisão do casal, competindo ao Estado propiciar recursos educacionais e científicos para o exercício desse direito, vedada qualquer forma coercitiva por parte de instituições oficiais ou privadas". Com isso o Constituinte veio a garantir a democratização do planejamento familiar, dando ao casal a livre decisão sobre o assunto, coibindo interferências de qualquer entidade, inclusive religiosa; (*d*) ao enfraquecimento da direção interna da família, ante a necessidade econômica que leva a

---

39. Apud Orlando Gomes, op. cit., p. 31; Romualdo B. dos Santos, *A tutela jurídica da afetividade*, Curitiba, Juruá, 2011; Adriana C. do R. F. Dabus Maluf, *Direito das famílias — Amor e bioética*, Rio de Janeiro, Elsevier, 2012.

40. Friedmann (*Law in a changing society*, Preface, p. XI) escreve: "*the chapter on family law brings together matters usually dealt with under different headings, such as marriage and divorce, the treatment of the right to life in criminal law, and the place of the family in the modern State. This includes such matters as the problem of indissolubility of marriage and divorce, the various attitudes towards the legitimacy of birth control, abortion, and artificial insemination and the profound changes in the social and legal position of married women and children*".

mulher a exercer atividades fora do lar; (*e*) à diminuição da coesão familiar, em virtude da maior independência do menor, que muito cedo começa a trabalhar, nos meios menos favorecidos pela fortuna; (*f*) à instituição do divórcio sem exigência de qualquer prazo, que abala a estrutura essencial do matrimônio[41]; (*g*) a tutela funcionalizada da entidade familiar. Essa situação de fato é recepcionada pelo direito para produção de efeitos, mas, por faltar-lhe um ato gerador para que possa ser enquadrada como instituição jurídica, precisará ser primeiro provada para depois surtir as consequências jurídicas, previstas legalmente. Na realidade tal não ocorre; a tão falada crise é mais aparente que real. O que realmente ocorre é uma mudança nos conceitos básicos, imprimindo uma feição moderna à família, mudança esta que atende às exigências da época atual, indubitavelmente diferente das de outrora[42], revelando a necessidade de um questionamento e de uma abertura para pensar e repensar todos esses fatos.

Deveras, a família está passando por profundas modificações, mas como organismo natural ela não se acaba e como organismo jurídico está sofrendo uma nova organização; logo não há desagregação ou crise[43]. Nenhuma dessas mudanças legislativas abalará a estrutura essencial da família e do matrimônio, que é sua pedra angular. O casamento sobrevive sem a conotação de "instituição em decadência", como tem ocorrido em todas as ordens jurídicas, entre elas a civil, em que temporariamente sofre algum eclipse[44], como o provocado por dois fenômenos de construção histórico-políti-

---

41. Planiol, Ripert e Boulanger, op. cit., v. 1, n. 1.654; Caio M. S. Pereira, op. cit., p. 25-6.
42. De Page, *Traité élémentaire de droit civil belge*, v. 1, n. 538; Caio M. S. Pereira, op. cit., p. 25.
43. Caio M. S. Pereira, op. cit., p. 26.
44. Observações de Caio M. S. Pereira, op. cit., p. 13. Sobre as reformas sofridas pelo direito de família com a promulgação da Constituição Federal de 1988, consulte: Carlos Alberto Bittar e outros, *O direito de família e a Constituição de 1988*, São Paulo, Saraiva, 1989; Georgette N. Nazo, Igualdade de direitos nas relações familiares: lei e a prática no Brasil. Instituto Tancredo Neves, *Cadernos liberais*, 95/90, em homenagem a Washington de Barros Monteiro, 1990, p. 35-55; id., Die familie in der neuen brasilianischen Verfassung, in *FamRZ*, 1990, p. 720-2; Diogo Leite de Campos, Ascensão e declínio da instituição jurídica do matrimônio, *Revista Brasileira de Direito Comparado*, *8*:39-56; Munir Karam, A família, o direito e o Estado no limiar do século XXI, *JB*, *164*:51-64; Mª Celina B. M. Tepedino, A caminho de um direito civil constitucional, *Revista de Direito Civil*, São Paulo, v. 65, p. 24; Maria Garcia, O direito à família, *Estudos de direito público em homenagem a Celso Antônio Bandeira de Mello*, coords.: Marcelo Figueiredo e Valmir Pontes Filho, São Paulo: Malheiros, 2006, p. 445-66; Maria Helena Diniz, Prescrição e decadência no novo direito de família: alguns aspectos relevantes, in Mirna Cianci (coord.), *Prescrição no Novo Código Civil*, São Paulo, Saraiva, 2005, p. 78-111.

ca: *a*) descodificação do direito civil, trazendo incerteza ou insegurança por gerar novas questões que reclamam soluções que estariam no conjunto de leis especiais, que regem muitos campos da vida civil. Mesmo com o atual Código Civil há a fragmentação do seu sistema unitário, diante de um polissistema ou de microssistemas que giram em torno da Constituição Federal. Com isso, o Código Civil é uma norma aplicável onde não se tiver legislação específica como a Lei das Locações Prediais Urbanas, o Código de Defesa do Consumidor etc.; *b*) constitucionalização do direito civil em razão da função social do contrato e da propriedade e da crescente intervenção estatal na vida privada. Com isso, esvaziou-se o Código Civil, passando seus institutos a ter seus parâmetros dispostos em norma constitucional. Por que isso se deu? Diante das transformações sociais, juristas e juízes passaram a interpretar extensivamente normas de ordem pública e até mesmo a própria Constituição Federal, dando azo a um fenômeno eficacial no qual há incidência normativa, geradora de efeitos, privilegiando a pessoa e a realização, no seio da comunidade familiar, de seus interesses afetivos, transformando a ordem jurídico-positivo-formal numa ordem jurídica personalista. Tais fenômenos são conducentes a uma releitura de todo ordenamento jurídico-positivo, baseada na prudência objetiva, levando em consideração os valores positivados na Constituição Federal, a exaltação de uma reforma do direito civil e o respeito à dignidade da pessoa humana. Isto é assim porque será preciso acatar as causas da transformação do direito de família, visto que são irreversíveis, procurando atenuar seus excessos, apontando soluções viáveis para que a prole possa ter pleno desenvolvimento educacional e para que os consortes ou conviventes tenham uma relação firme, que integre respeito, tolerância, diálogo, troca enriquecedora de experiência de vida etc., sempre tendo em vista que, com o passar dos anos, as pessoas mudam. É preciso que no seio da família haja uma renovação do amor e sucessivos recasamentos, para que ela possa manter-se, numa época como a atual, marcada pela disputa, pelo egoísmo e pelo desrespeito. A família continua e deve sobreviver feliz. Este é o desafio para o século XXI.

QUADRO SINÓTICO

PRINCÍPIOS DO DIREITO DE FAMÍLIA

1. **PRINCÍPIO DA "RATIO" DO MATRIMÔNIO**	• Segundo esse princípio, o fundamento básico do casamento e da vida conjugal é a afeição entre os cônjuges e a necessidade de que perdure completa comunhão de vida.
2. **PRINCÍPIO DA IGUALDADE JURÍDICA DOS CÔNJUGES E DOS COMPANHEIROS**	• Com esse princípio desaparece o poder marital, e a autocracia do chefe de família é substituída por um sistema em que as decisões devem ser tomadas de comum acordo entre marido e mulher ou conviventes, pois os tempos atuais requerem que a mulher seja a colaboradora do homem e não sua subordinada e que haja paridade de direitos e deveres entre cônjuges e companheiros.
3. **PRINCÍPIO DA IGUALDADE JURÍDICA DE TODOS OS FILHOS**	• Com base nesse princípio, não se faz distinção entre filho matrimonial, não matrimonial ou adotivo quanto ao poder familiar, nome e sucessão; permite-se o reconhecimento de filhos extramatrimoniais e proíbe-se que se revele no assento de nascimento a ilegitimidade simples ou espuriedade.
4. **PRINCÍPIO DO PLURALISMO FAMILIAR**	• Reconhecimento da família matrimonial e de entidades familiares.
5. **PRINCÍPIO DA CONSAGRAÇÃO DO PODER FAMILIAR**	• O poder-dever de dirigir a família é exercido conjuntamente por ambos os genitores, desaparecendo o poder marital e paterno.
6. **PRINCÍPIO DA LIBERDADE**	• Livre poder de formar uma comunhão de vida. • Livre decisão do casal no planejamento familiar. • Livre escolha do regime matrimonial de bens. • Livre aquisição e administração do patrimônio familiar. • Livre opção pelo modelo de formação educacional, cultural e religiosa da prole.

7. PRINCÍPIO DO RESPEITO DA DIGNIDADE DA PESSOA HUMANA	• Garantia do pleno desenvolvimento dos membros da comunidade familiar.
8. PRINCÍPIO DO SUPERIOR INTERESSE DA CRIANÇA E DO ADOLESCENTE	• Garantia do desenvolvimento pleno dos direitos da personalidade do menor e diretriz solucionadora de questões conflitivas oriundas da separação judicial ou divórcio dos genitores.
9. PRINCÍPIO DA AFETIVIDADE	• Base do respeito à dignidade humana, norteador das relações familiares e da solidariedade familiar.

4. Natureza do direito de família

O direito de família é, como vimos, o direito das pessoas projetado no grupo doméstico, tendo aspectos patrimoniais que se encontram em função dos interesses pessoais e familiares[45], uma vez que se organiza em razão de seus membros e opera através da atuação deles, individualmente considerados[46], tendo sempre em vista o interesse do Estado.

Por ser um direito extrapatrimonial, portanto personalíssimo, é irrenunciável, intransmissível, não admitindo condição ou termo ou o seu exercício por meio de procurador[47].

Apesar disso é o ramo do direito civil menos individualista, dado o reduzido e limitado papel da vontade, pois as normas jurídicas fixam-lhe todos os efeitos, salvo nas raras exceções em que se apresentam como normas permissivas ou supletivas, em matéria de regime de bens, deixando margem à autonomia da vontade.

As instituições como o matrimônio, a união estável, a filiação e o parentesco estão delimitadas, de modo rigoroso, por normas, que as organizam e regulamentam; logo, reduzida é a esfera deixada à vontade humana[48].

45. R. Limongi França, op. cit., p. 165.

46. Caio M. S. Pereira, op. cit., p. 20.

47. W. Barros Monteiro, op. cit., p. 3; Orlando Gomes, op. cit., p. 21; Silvio Rodrigues, op. cit., p. 12. Logo, devido à natureza personalíssima do direito de família, "ninguém pode transferir ou renunciar sua condição de filho legítimo; o marido não pode transmitir seu direito de contestar a paternidade do filho havido por sua mulher; ninguém pode ceder seu direito de pleitear alimentos, ou a prerrogativa de demandar o reconhecimento de sua filiação ilegítima".

48. José Augusto César, *Ensaio sobre os atos jurídicos*, p. 32, apud W. Barros Monteiro, op. cit., p. 4.

Assim, no direito de família a regra é o princípio estatutário e a exceção, a autonomia da vontade, porque o interesse individual está sujeito ao da família. Como pontifica Ruggiero, "através do interesse familiar exige e recebe proteção um interesse mais alto: o do Estado, cuja força de desenvolvimento e de vitalidade depende da solidez do núcleo familiar". Consequentemente, o Estado, consciente de seus objetivos, não pode entregar ao indivíduo a sorte da família. Logo, os efeitos do matrimônio, do companheirismo e da filiação, a extensão do poder familiar e do poder tutelar não podem submeter-se ao arbítrio individual[49], por manifestarem um interesse da comunidade política, já que a sólida organização da família, segurança das relações humanas, constitui a base ou alicerce de toda a estrutura da sociedade e da preservação e fortalecimento do Estado[50].

Em virtude disso a maioria das normas do direito de família são cogentes ou de ordem pública, insuscetíveis de serem derrogadas pelo simples arbítrio do sujeito, devendo ser, por isso, interpretadas restritivamente[51]. Convém esclarecer que as relações jurídicas, como o casamento, a união estável, a adoção, o reconhecimento de filho, nascem de atos voluntários, que se submetem às normas regentes dos atos jurídicos, mas a vontade só se manifesta na sua realização, uma vez que seus efeitos já estão preestabelecidos na lei[52].

Como pondera Ruggiero, "todo direito de família repousa nesta ideia: os vínculos se estabelecem e os poderes se outorgam não tanto para criar direitos, como para impor deveres". De forma que o poder familiar, a tutela, a curatela não são direitos, mas direitos-deveres, ou melhor, poderes-deveres[53]. Devido à grande intervenção do Estado no direito de família, juristas há[54] que o consideram parte do direito público. P. ex.: a Constituição Federal, art. 226, §§ 4º e 6º (com a redação da EC n. 66/2010), prescreve que a entidade familiar é a comunidade formada por qualquer dos pais e seus descendentes, sendo que o casamento civil pode ser dissolvido pelo divórcio. Ainda a Constituição Federal, no art. 226, § 8º, trata da assistência estatal à família; o Decreto-Lei n. 3.200/41 dispõe sobre a organização e proteção da família; o Decreto n. 12.299/43, ora revogado pelo Decreto s/n. de 10-5-1991,

---

49. Manuel Cabral Machado, op. cit., p. 48-9.
50. *Vide* Silvio Rodrigues, op. cit., p. 5; Pontes de Miranda, op. cit., § 3º.
51. Salvat, *Tratado de derecho civil argentino*, v. 11, p. 4; Von Tuhr, *Teoría general del derecho civil alemán*, t. 1, p. 182.
52. Planiol, Ripert e Boulanger, op. cit., v. 1, n. 1.651.
53. Apud Manuel Cabral Machado, op. cit., p. 50.
54. Cicu, op. cit., p. 13 e s.; Ruggiero, *Instituições de direito civil*, trad. Ari dos Santos, v. 2, p. 16.

amparou as famílias de prole numerosa; a Constituição Federal, art. 226, § 1º, democratiza o planejamento familiar; a Lei n. 8.112/90 proclama a preferência de nomeação ou promoção de funcionário público para os chefes de família numerosa; o Decreto-Lei n. 1.764/39 criou a Comissão Nacional de Proteção à Família; as Leis n. 4.266/63 e 5.559/68 dispõem sobre salário-família[55]; o Código Civil, art. 1.596, a Constituição Federal de 1988, art. 227, § 6º, a Lei n. 8.069/90, art. 20, e a Lei n. 8.560/92 reconhecem os mesmos direitos aos filhos havidos ou não do matrimônio, ou por adoção, proibindo designações discriminatórias relativas à filiação.

Essa intervenção protetora do Estado é um fato universal, pois o poder público de todas as nações pretende garantir a família, protegendo-a, evitando abusos, propiciando melhores condições de vida às novas gerações, ajudando-a a exercer beneficamente seus poderes, criando órgãos sociais que a tutelam, como os Conselhos de Família e de Tutela, o Ministério Público, o Juizado da Infância e da Juventude etc.[56]. Porém não se deve inserir o direito de família na seara juspublicística, pois isso "implicaria admitir excessiva e nefasta ingerência do Estado no grupo familiar"[57] e, além do mais, como escreve Orlando Gomes, pelos sujeitos das relações que disciplina, pelo conteúdo dessas relações, pelos fins de seu ordenamento e pelas formas de atuação, o direito de família é direito privado e parte integrante do direito civil[58].

Quadro Sinótico

NATUREZA DO DIREITO DE FAMÍLIA	• É direito extrapatrimonial ou personalíssimo (irrenunciável, intransmissível, não admitindo condição ou termo ou exercício por meio de procurador). • Suas normas são cogentes ou de ordem pública. • Suas instituições jurídicas são direitos-deveres. • É ramo do direito privado, apesar de sofrer intervenção estatal, devido à importância social da família.

55. W. Barros Monteiro, op. cit., p. 5.
56. Manuel Cabral Machado, op. cit., p. 51.
57. R. Limongi França, op. cit., p. 165.
58. Orlando Gomes, op. cit., p. 19; Luiz Edson Fachin, *Elementos críticos do direito de família*, Rio de Janeiro, Renovar, 1999.

5. Importância do direito de família

Grande é a importância do direito de família pela influência que exerce sobre todos os ramos do direito público e privado, como tão bem observam Washington de Barros Monteiro e R. Limongi França, cujas lições aqui reproduzimos.

No âmbito do *direito civil*, p. ex.: *a*) o *direito das obrigações* contém normas que se fundam em princípios do direito de família, como as que prescrevem a necessidade de outorga uxória ou marital para alienar bens imóveis ou direitos reais sobre coisas alheias (CC, art. 1.647); as alusivas à doação (CC, arts. 544, 546, 550 e 551, parágrafo único); as relativas à venda de ascendente a descendente (CC, art. 496), e à reparação de dano (CC, art. 932, I e II); *b*) o *direito das coisas* apresenta disposições normativas que sofrem influência do direito de família, como as concernentes à hipoteca legal dos filhos sobre os bens imóveis do genitor que convolar núpcias sem fazer o inventário do casal anterior (CC, art. 1.489); *c*) o *direito das sucessões,* que na sua maior parte, relativa à sucessão legítima, é aspecto patrimonial *post mortem* do direito de família[59].

Na seara do *direito público,* exemplificativamente: *a*) o *direito constitucional* abebera-se no direito de família sobre normas que regem a família, a educação e a cultura (CF, arts. 205 a 214 e 226 a 230); *b*) o *direito tributário* mostra a influência desse ramo do direito civil nas isenções tributárias relativas a cônjuges ou companheiros, filhos e dependentes, pois na arrecadação do imposto de renda há deduções atinentes aos encargos de família; *c*) o *direi-*

59. É o que nos ensinam: R. Limongi França, op. cit., p. 166; W. Barros Monteiro, op. cit., p. 6.

to administrativo demonstra sofrer a projeção do direito familiar ao prescrever o direito à "união de cônjuges", em matéria de preferência para remoção de cargos públicos; *d*) o *direito previdenciário,* no que concerne às pensões alimentícias a que têm direito viúvos ou ex-conviventes, filhos e dependentes, não se mostra, igualmente, imune aos princípios do direito de família; *e*) o *direito processual* recebe muitos subsídios do direito de família, principalmente na suspeição de juiz e de serventuário da Justiça em razão de parentesco com as partes litigantes (CPC, arts. 145, III, 146, 147 e 148; CPP, arts. 254, 255 e 258); no impedimento de testemunha (CPC, art. 447 c/c o art. 228 do CC); na remição e na execução; *f*) o *direito penal* mostra-nos a preocupação do elaborador da norma penal em proteger a família, ao reprimir os crimes contra o casamento (CP, arts. 235 a 239); estado de filiação (CP, arts. 241 a 243); assistência familiar (CP, arts. 244 a 247); poder familiar, tutela e curatela (CP, arts. 248 e 249)[60].

60. W. Barros Monteiro, op. cit., p. 7; R. Limongi França, op. cit., p. 166. Giselda Mª F. Novaes Hironaka, Família e casamento em evolução, in *Direito civil — estudos*, Belo Horizonte, Del Rey, 2000, p. 17-32; Álvaro Villaça Azevedo, O direito civil na Constituição, *Revista Juris da FAAP*, n. 7, p. 9-13. *Vide* Lei n. 8.069/90, arts. 225 a 258, 263 e 264. A Lei n. 10.836/2004 cria o Programa Bolsa Família, que tem por finalidade a unificação dos procedimentos de gestão e execução das ações de transferência de renda do Governo Federal, especialmente as do Programa Nacional de Renda Mínima vinculado à Educação — Bolsa Escola, do Programa Nacional de Acesso à Alimentação, do Programa Nacional de Renda Mínima vinculado à Saúde — Bolsa Alimentação, do Programa Auxílio-Gás e do Cadastramento Único do Governo Federal.

Constituem benefícios financeiros do Programa:

a) o benefício básico, destinado a unidades familiares que se encontrem em situação de extrema pobreza;

b) o benefício variável, destinado a unidades familiares que se encontrem em situação de pobreza e extrema pobreza e que tenham em sua composição gestantes, nutrizes, crianças entre zero e 12 anos ou adolescentes até 15 anos.

Quadro Sinótico

IMPORTÂNCIA DO DIREITO DE FAMÍLIA

1. NO DIREITO CIVIL	• Direito das obrigações	• CC, arts. 1.647, 544, 546, 550, 551, parágrafo único, 496 e 932, I e II.
	• Direito das coisas	• Nas normas referentes à hipoteca legal (CC, art. 1.489) percebe-se a influência do direito de família.
	• Direito das sucessões	• Nas normas concernentes à sucessão legítima encontra-se o aspecto patrimonial *post mortem* do direito de família.
2. NO DIREITO PÚBLICO	• Direito constitucional	• CF, arts. 205 a 214 e 226 a 230.
	• Direito tributário	• Nas isenções tributárias relativas a cônjuges, prole e dependentes, recebe subsídios do direito de família.
	• Direito administrativo	• Sofre a projeção do direito de família ao prescrever, p. ex., o direito à "união de cônjuges" em matéria de preferência para remoção de cargos públicos.
	• Direito previdenciário	• Nas suas normas alusivas às pensões alimentícias a que têm direito viúvos, filhos e dependentes, não se mostra imune aos princípios do direito de família.
	• Direito processual	• CPC, arts. 145, III, 146, 147 e 148; 447 c/c o art. 228 do CC; CPP, arts. 254, 255 e 258.
	• Direito penal	• CP, arts. 235 a 246 (título VII — crimes contra a família); 247 e 249.

CAPÍTULO II
Do Direito Matrimonial

1. Noções gerais sobre o casamento

A. Conceito e fins do matrimônio

É o casamento a mais importante e poderosa de todas as instituições de direito privado, por ser uma das bases da família, que é a pedra angular da sociedade. Logo, o matrimônio é a peça-chave de todo sistema social, constituindo o pilar do esquema moral, social e cultural do país[1]. Deveras, Laurent chega até a afirmar que ele é o "fundamento da sociedade, base da moralidade pública e privada"[2].

O casamento é, legal e tecnicamente, o vínculo jurídico entre o homem e a mulher (em contrário — Res. CNJ n. 175/2013) que visa o auxílio mútuo material e espiritual, de modo que haja uma integração fisiopsíquica e a constituição de uma família[3].

---

1. E. Espínola, *A família no direito civil brasileiro*, p. 239; Nelson Bassil Dower, *Curso renovado de direito civil*, São Paulo, Nelpa, v. 4, p. 16; Silvio Luís Ferreira da Rocha, *Introdução*, cit., p. 22-48.
2. Laurent, *Principes de droit civil français*, 5. ed., Paris, v. 2, p. 527; Luiz Edson Fachin e Carlos E. P. Ruzyck, *Código Civil comentado*, São Paulo, Atlas, 2003, v. XV; Carlos Aurélio Mota de Souza, O casamento, *O novo Código Civil — estudos em homenagem a Miguel Reale*, São Paulo, LTr, 2002, p. 1102-39.
3. Conceito baseado em: Gangi, *Il matrimonio*, Milano, 1947, p. 5; Orlando Gomes, *Direito de família*, 3. ed., Rio de Janeiro, Forense, 1978; Caio M. S. Pereira, *Instituições de direito civil*, 3. ed., Rio de Janeiro, Forense, 1979, v. 5; R. Limongi França, Do matrimônio como fato jurídico, *RT*, *389*:21, n. 6; Carlos Dias Mota, *Direito matrimonial*, São Paulo, Revista dos Tribunais, 2009; Álvaro V. Azevedo. A evolução do casamento até o presente, *Revista Síntese — Direito de Família*, *86*:86 a 98; Ivo Miguel Barroso. A heterossexualidade como característica *sine qua non* do conceito de casamento à luz do *ius cogens*. *Revista de Direito de Família e das Sucessões*. RDFAS, *3*:173-206; Renata S. Duarte e Julio P. Faro. Reflexões sobre a constituição da família homoafetiva, *Revista Síntese —*

Desse conceito depreende-se que o matrimônio não é apenas a formalização ou legalização da união sexual, como pretendem Jemolo e Kant[4], mas a conjunção de matéria e espírito de dois seres de sexo diferente para atingirem a plenitude do desenvolvimento de sua personalidade, através do companheirismo e do amor[5]. Afigura-se como uma relação dinâmica e progressiva entre marido e mulher, onde cada cônjuge reconhece e pratica a necessidade de vida em comum[6], para, como diz Portalis, ajudar-se, socorrer-se mutuamente, suportar o peso da vida, compartilhar o mesmo destino e perpetuar sua espécie. Ou, como escreve Wetter[7], o "casamento é a união do homem e da mulher com o fim de criar uma comunidade de existência". Reforça essas ideias a clássica definição de Clóvis Beviláqua[8]: "o casamento é um contrato bilateral e solene, pelo qual um homem e uma mulher se unem indissoluvelmente, legitimando por ele suas relações sexuais; estabelecendo a mais estreita comunhão de vida e de interesses e comprometendo-se a criar e educar a prole que de ambos nascer".

Todavia, o CNJ, Res. n. 175/2013, tem admitido habilitação, celebração de casamento civil, ou de conversão da união estável em casamento, entre

---

Direito de Família, 86:112 a 129; Camilo de Lelis Colani Barbosa, *Casamento*, Rio de Janeiro, Forense, 2006. Dentre todas as definições, as mais célebres são (*a*) a de Modestino, do século II, que assim diz: "*Nuptiae sunt conjunctio maris et feminae, consortium omnis vitae, divini et humani iuris communicatio*" (Dig. lib. 23, tit. II, fr. 1), e (*b*) a de Ulpiano, consagrada nas *Institutas* (lib. I, tit. IX, § 1º) de Justiniano, e adotada pelo direito canônico: "*Nuptiae autem sive matrimonium est viri et mulieris conjunctio individuam vitae consuetudinem continens*". *Vide* Francesco Finocchiaro, *Del matrimonio*, Roma, 1971; Francisco dos Santos Amaral Neto, A relação jurídica matrimonial, *Rev. de Direito Comparado Luso-Brasileiro, 2*:166 e s., 1983; José Lamartine Corrêa de Oliveira e Francisco José Ferreira Muniz, *Direito de família: direito matrimonial*, 1990; Carlos Celso Orcesi da Costa, *Tratado do casamento e do divórcio*, São Paulo, Saraiva, 1987, v. 1 e 2.

4. Jemolo, *Il matrimonio*, p. 3. Kant chega a afirmar que o casamento seria uma união para a posse recíproca das qualidades sexuais dos cônjuges, durante a vida (Die Metaphysik der Sitten, in *Kant's desammelt Schriften*, v. 6, p. 277).

5. Domingos Sávio Brandão Lima, *Desquite amigável*; doutrina, legislação e jurisprudência, 2. ed., Rio de Janeiro, Borsoi, 1972, p. 21.

6. Domingos S. Lima, Casamento, in *Enciclopédia Saraiva do Direito*, v. 13, p. 376 e 383.

7. Wetter, *Pandectes*, v. 5, p. 2. No mesmo sentido a definição de Lafayette Rodrigues Pereira (*Direito de família*, 5. ed., Rio de Janeiro, Freitas Bastos, 1956, § 8º): "O casamento é um ato solene pelo qual duas pessoas de sexo diferente se unem para sempre, sob promessa recíproca de fidelidade no amor e da mais estreita comunhão de vida".

8. Clóvis Beviláqua, *Direito de família*, § 6º. Todavia, já houve decisão do STJ admitindo casamento entre pessoas do mesmo sexo (REsp 1.183.378, 4ª Turma, rel. Min. Luis Felipe Salomão).

pessoas do mesmo sexo, contrariando comando constitucional e o Código Civil. Teria uma resolução força para sobrepor-se à CF e ao CC?

Assim dentre os *fins* do matrimônio temos:

a) A *instituição da família matrimonial,* que é, segundo a expressão de Besselaar[9], uma unidade originada pelo casamento e pelas inter-relações existentes entre marido e mulher e entre pais e filhos (CC, art. 1.513).

b) A *procriação dos filhos,* que é uma consequência lógico-natural e não essencial do matrimônio (CF/88, art. 226, § 7º; Lei n. 9.263/96). A falta de filhos não afeta o casamento, uma vez que não são raros os casais sem filhos. A lei permite uniões de pessoas que, pela idade avançada ou por questões de saúde, não têm condições de procriar. Se se aceitar a procriação como fim essencial do casamento, ter-se-á de anular todos os matrimônios de que não advenha prole, o que perturbaria a estabilidade e a segurança do lar[10]. Mas, esclarece Orlando Gomes, a norma, por outro lado, requer a aptidão física dos nubentes, já que só permite o casamento dos púberes e admite sua anulação se um dos cônjuges for impotente para a prática do ato sexual[11].

c) A *legalização das relações sexuais* entre os cônjuges, pois dentro do casamento a satisfação do desejo sexual, que é normal e inerente à natureza humana, apazigua a concupiscência; a aproximação dos sexos e o convívio natural entre marido e mulher desenvolvem sentimentos afetivos recíprocos[12]. Com muita propriedade, pondera Domingos Sávio Brandão Lima[13], a comunicação sexual dos cônjuges é o prazer, a comparticipação, prólogo e seguimento de uma vida a dois, plenificação suprema de dois seres que se necessitam, interação dinâmica entre marido e mulher, pois casamento é amor.

d) A *prestação do auxílio mútuo,* que é corolário do convívio entre os cônjuges. O matrimônio é uma união entre marido e mulher para enfrentar a realidade e as expectativas da vida em constante mutação; há, então, um complemento de duas personalidades reciprocamente atraídas pela força do sen-

---

9. José van den Besselaar, *Introdução aos estudos históricos,* São Paulo, Herder, 1968, p. 64.

10. Letelier, *De la disolución del matrimonio,* Santiago, Ed. Jurídica de Chile, 1973, p. 36; Caio M. S. Pereira, op. cit., p. 46. No mesmo sentido: Dusi, *Istituzioni di diritto civile,* 5. ed., v. 1, p. 175; W. Barros Monteiro, *Curso de direito civil*; direito de família, 19. ed., São Paulo, Saraiva, 1980, v. 2, p. 11-2.

11. Orlando Gomes, *Direito,* cit., p. 69.

12. É o que nos ensina Silvio Rodrigues, *Direito civil*; direito de família, São Paulo, Saraiva, 1980, v. 6, p. 20.

13. Domingos S. B. Lima, Casamento, in *Enciclopédia Saraiva do Direito,* v. 13, p. 394.

timento e do instinto[14] que se ajudam mutuamente, estabelecendo-se entre elas uma comunhão de vida e de interesses tanto na dor como na alegria[15].

e) O *estabelecimento de deveres* patrimoniais ou não entre os cônjuges, como consequência necessária desse auxílio mútuo e recíproco. P. ex.: o dever legal de caráter patrimonial que têm os cônjuges de prover na proporção dos rendimentos do seu trabalho e de seus bens a manutenção da família (CC, art. 1.568) e o não patrimonial, que eles têm de fidelidade recíproca, respeito e consideração mútuos (CC, art. 1.566, I e V)[16].

f) A *educação da prole,* pois no matrimônio não existe apenas o dever de gerar filhos, mas também de criá-los e educá-los para a vida, impondo aos pais a obrigação de lhes dar assistência (CC, art. 1.634, e Lei n. 8.069/90, art. 22).

g) A *atribuição do nome* ao cônjuge (CC, art. 1.565, § 1º) e aos filhos; a *reparação de erros* do *passado* recente ou não; a *regularização* de *relações econômicas*; a *legalização de estados de fato*[17].

A respeito, expressivas são as palavras de Filomusi-Guelfi[18]: "o matrimônio é a plena e íntima união do homem e da mulher... Logo, não é a procriação dos filhos a única finalidade do casamento, nem mesmo a purificação dos prazeres sexuais, mas a realização da união mais perfeita entre o homem e a mulher em todas as várias esferas dentro das quais se cumpre o destino humano".

B. Natureza jurídica do casamento

Bastante polêmica é a questão da natureza jurídica do casamento: contrato ou instituição?[19].

A *concepção contratualista* originária do direito canônico[20] — que colocava em primeiro plano o consentimento dos nubentes, deixando a inter-

14. Domingos S. B. Lima, Casamento, cit., p. 394 e 83.
15. Caio M. S. Pereira, op. cit., p. 46.
16. Bassil Dower, op. cit., p. 17.
17. Caio M. S. Pereira, op. cit., p. 46.
18. Filomusi-Guelfi (*Enciclopedia giuridica,* 7. ed., 1917, § 82) apud Calogero Gangi, *Il matrimonio,* cit., p. 5, n. 4, nota 1.
19. *Vide* Vassali, *Lezione di diritto matrimoniale,* v. 1, ns. 27 a 36; Giselda Mª F. Novaes Hironaka, Casamento, in *Direito civil — estudos,* cit., p. 33-56; José A. Nascimento, Natureza jurídica do casamento, *RDC, 10*:123.
20. Como se vê no Cânon 1.012: "*Christus Dominus ad sacramenti dignitatem evexit ipsum contractum matrimonialem inter baptizatos*".

venção do sacerdote, na formação do vínculo, em posição secundária[21] — foi aceita pelo racionalismo jusnaturalista do século XVIII e penetrou, com o advento da Revolução Francesa, no Código francês de 1804, influenciando a Escola Exegética do século XIX e sobrevivendo até nossos dias na doutrina civilista[22].

Para essa corrente, o matrimônio é um *contrato civil,* regido pelas normas comuns a todos os contratos, ultimando-se e aperfeiçoando-se apenas pelo simples consentimento dos nubentes, que há de ser recíproco e manifesto por sinais exteriores[23]. Esta concepção sofreu algumas variações, pois civilistas há que vislumbram no casamento um *contrato especial* ou *sui generis,* pois, em razão de seus efeitos peculiares e das relações específicas que cria, não se lhe aplicam, como pondera Degni, os dispositivos legais dos negócios de direito patrimonial, concernentes à capacidade dos contraentes, aos vícios de consentimento e aos efeitos, embora as normas de interpretação dos contratos de direito privado possam ser aplicadas à relação matrimonial[24].

A *concepção institucionalista* vê no matrimônio um estado em que os nubentes ingressam. O casamento é tido como uma grande *instituição social,* refletindo uma situação jurídica que surge da vontade dos contraentes, mas cujas normas, efeitos e forma encontram-se preestabelecidos pela lei. As partes são livres, podendo cada uma escolher o seu cônjuge e decidir se vai casar ou não; uma vez acertada a realização do matrimônio, não lhes é permitido discutir o conteúdo de seus direitos e deveres, o modo pelo qual se dará a resolubilidade do vínculo conjugal ou as condições de matrimonialidade da prole, porque não lhes é possível modificar a disciplina legal de suas relações[25]; tendo uma vez aderido ao estado matrimonial, a vontade dos nu-

---

21. Orlando Gomes, *Direito,* cit., p. 60.
22. Caio M. S. Pereira, op. cit., p. 40; Domingos S. B. Lima, Casamento, cit., p. 389; Silvio Rodrigues, *Direito,* cit., v. 2, p. 15.
23. *Vide* Giménez Fernández, *La institución matrimonial según el derecho de la Iglesia Católica,* Madrid, 1943, p. 46 e 116; Lorenzo Miguelez Dominguez, Sabino Alonso Morán e Marcelino Cabreros de Anta, *Código de Derecho Canónico,* Madrid, Ed. Biblioteca de Autores Cristianos, 1949, p. 372, nota 1.012.
24. São adeptos da natureza contratual do matrimônio, por considerá-lo um *contrato de direito de família*: Caio M. S. Pereira, op. cit., p. 40-1; Degni, *Il diritto di famiglia,* p. 14; Espínola, A família, cit., n. 12, p. 40; Orlando Gomes, *Direito,* cit., p. 63; Venzi, *Manuale di diritto civile italiano,* 7. ed., p. 557; Paulo Lins e Silva, O casamento como contrato de adesão e o regime legal de separação de bens, *Família e cidadania,* cit., p. 353-60.
25. Defendem essa concepção: Cicu, *El derecho de familia,* p. 48; Hauriou, *Principes de droit publique,* p. 203; Bonnecase, *Traité de droit civil, de Baudry-Lacantinerie,* Supplement, v.

bentes é impotente, sendo automáticos os efeitos da instituição por serem de ordem pública ou cogentes as normas que a regem, portanto iniludíveis por simples acordo dos cônjuges. O estado matrimonial é, portanto, um estatuto imperativo preestabelecido, ao qual os nubentes aderem. Convém explicar que esse ato de adesão dos que contraem matrimônio não é um contrato, uma vez que, na realidade, é a aceitação de um estatuto tal como ele é, sem qualquer liberdade de adotar outras normas[26].

Nesta controvérsia não faltou uma *doutrina eclética* ou *mista*[27], que une o elemento volitivo ao elemento institucional, tornando o casamento, como pontifica Rouast[28], um *ato complexo*, ou seja, concomitantemente contrato (na formação) e instituição (no conteúdo), sendo bem mais do que um contrato, embora não deixe de ser também um contrato.

Por ser o matrimônio a mais importante das transações humanas, uma das bases de toda constituição da sociedade civilizada, filiamo-nos à teoria institucionalista, que o considera como uma *instituição social*. Para melhor elucidar nossa opinião será preciso destacar, como o fez Guillermo Borda[29], as notas diferenciais entre contrato e instituição: *a*) o contrato é uma especulação (o vendedor procura o preço mais alto e o comprador, o mais baixo); a instituição, um *consortium*, onde os interesses são coincidentes; *b*) o contrato rege-se pela igualdade; a instituição, pela disciplina; *c*) o contrato é uma mera relação, produzindo efeitos somente entre as partes; a instituição, uma entidade que se impõe tanto às partes como a terceiros; *d*) o contrato é uma relação exterior aos contratantes, é um laço obrigacional; a ins-

4, n. 366 e s.; *La philosophie du Code Napoléon appliquée au droit de famille*, p. 260; Carbonnier, *Droit civil*, v. 2, p. 12; Salvat, *Tratado de derecho civil argentino*, v. 11, p. 12.

26. Assim resume Orlando Gomes esta teoria (*Direito*, cit., p. 63-4).

27. Nesse sentido ponderam Planiol e Ripert (*Traité pratique de droit civil français*, Paris, 1926, t. 2, p. 56, n. 69, notas 2 e 3): "*La seule conception qui corresponde à la réalité des choses est une conception mixte: le mariage est un acte complexe, à la fois contrat et institution, de même que dans notre ancien droit, il était considéré par nos anciens auteurs comme étant à la fois un contrat et un sacrément*"; Vassali, *Del matrimonio*, p. 88; Trabucchi, *Istituzioni di diritto civile*, n. 107; George Clark, *Summary of American law*, v. 1, p. 140; Aubry e Rau, *Cours de droit civil*, v. 7, p. 450; Herbert Goodrich, *Handbook of conflicts of laws*, p. 348; Silvio Rodrigues, *Direito*, cit., p. 17; Marty e Rayneaud, *Droit civil*, v. 1, p. 540; Mazeaud e Mazeaud, *Leçons de droit civil*, v. 1, p. 718; Ruggiero, *Instituciones de derecho civil*, Madrid, Reus, v. 2.

28. Planiol e Ripert, op. cit., t. 2, p. 56.

29. Borda, *Tratado de derecho civil argentino*, Buenos Aires, Abeledo-Perrot, 1969, v. 1, p. 53, n. 55.

tituição, uma interiorização; *e*) o contrato representa uma trégua na batalha dos direitos individuais, sendo produto da concorrência; a instituição, um corpo cujo destino é ser compartido por seus membros, portanto produto da comunicação; *f*) o contrato é precário, desata-se como foi formado, extinguindo-se com o pagamento; a instituição é feita para durar; *g*) o contrato é uma relação subjetiva de pessoa a pessoa; as relações institucionais são objetivas e estatutárias.

A ideia de matrimônio é, ante essas considerações, oposta à de contrato. Considerá-lo como um contrato é equipará-lo a uma venda ou a uma sociedade, colocando em plano secundário seus nobres fins[30]. Deveras, difere o casamento, profundamente, do contrato em sua constituição, modo de ser, alcance de seus efeitos e duração[31].

O contrato tem no acordo de vontade dos contraentes seu principal elemento, ao passo que, no matrimônio, a simples vontade dos nubentes não tem o condão de constituí-lo; requer, necessariamente, a intervenção da autoridade eclesiástica ou civil para sancionar e homologar tal acordo[32]. No contrato, as partes estipulam livremente condições e termos, o que não se dá no casamento, porque as normas que o regulam não só limitam como chegam até a aniquilar toda autonomia da vontade; logo, os consortes não podem, de modo algum, adicionar cláusulas, disciplinar as relações conjugais e familiares de forma contrária à estabelecida em lei, salvo no que concerne aos interesses patrimoniais, embora limitadamente. São de ordem pública as normas que o regem, porque o casamento domina todo o sistema social, pois confere o estado, os direitos e deveres dos cônjuges; o estado e a legitimidade dos filhos que nascem, os direitos, obrigações, relações e privilégios que decorrem desse estado; dá origem às relações de consanguinidade e afinidade. Além disso não pode ser dissolvido por mútuo consentimento ou pelo distrato, como ocorre no contrato; somente poderá ser resolvido nos casos expressos em lei (CF, art. 226, § 6º, com a redação da EC n. 66/2010 e CC, arts. 1.571 a 1.582). Logo, o casamento é um estado matrimonial, cujas relações são reguladas por norma jurídica[33].

---

30. W. Barros Monteiro, op. cit., p. 10.
31. Lafayette Rodrigues Pereira, op. cit., § 8º, p. 34.
32. W. Barros Monteiro, op. cit., p. 10-1.
33. Domingos S. B. Lima, Casamento, cit., p. 389-91; Antonio José M. Feu Rosa, Casamento, *Consulex*, *27*:10.

C. Caracteres do casamento

Dentre os seus caracteres[34] temos:

a) A *liberdade na escolha do nubente,* por ser o matrimônio um ato pessoal. A liberdade de escolher pessoa do sexo oposto é elemento natural do ato nupcial, que requer por força de norma constitucional e legal, diversidade de sexos, sem embargo do disposto na Res. do CNJ, n. 175/2013, que admite casamento entre pessoas do mesmo sexo. A interferência da família restringe-se tão somente à orientação, mediante conselhos, salvo nos casos em que a legislação exige o consentimento dos pais.

b) A *solenidade do ato nupcial,* uma vez que a norma jurídica reveste-o de formalidades que garantem a manifestação do consentimento dos nubentes, a sua publicidade e validade. Não basta a simples união do homem e da mulher, com a intenção de permanecerem juntos e gerarem filhos; é imprescindível que o casamento tenha sido celebrado, conforme a lei que o ampara e rege.

c) O fato de ser a *legislação matrimonial* de *ordem pública,* por estar acima das convenções dos nubentes.

d) A *união permanente,* indispensável para a realização dos valores básicos da sociedade civilizada. A ideia da plena comunidade de vida — ensina Lehmann — exige que a durabilidade do casamento vá além das alterações das circunstâncias e independa da vontade das partes, em particular quando houver descendentes, cuja educação pode ficar prejudicada em virtude da destruição do lar paterno. Só à lei cabe questionar a admissibilidade da ruptura da sociedade ou vínculo conjugal, ao arrolar supostos casos excepcionais que deverão ser devidamente comprovados administrativa ou judicialmente. Este caráter é apanágio de todos os países que admitem a dissolução do vínculo por mútuo consentimento. Se duas pessoas contraem ma-

---

34. Sobre os caracteres do matrimônio, *vide* as lições de: Marty e Rayneaud, op. cit., p. 533; Caio M. S. Pereira, op. cit., p. 42-5; Planiol, Ripert e Boulanger, *Traité élémentaire de droit civil,* v. 1, n. 741; Orlando Gomes, *Direito,* cit., p. 64; Sá Pereira, *Lições de direito de família*, p. 74; W. Barros Monteiro, op. cit., p. 9; Domingos S. B. Lima, Casamento, cit., p. 385-6; Spencer Vampré, *Manual de direito civil brasileiro,* Rio de Janeiro, Briquet, 1920, v. 1, p. 169, § 98; Francisco Bonet Ramón, *Compendio de derecho civil,* Madrid, Rev. de Derecho Privado, 1960, t. 4, p. 59-60, n. 12; Lehmann, *Derecho de familia,* Madrid, Rev. de Derecho Privado, 1953, v. 4, p. 47, § 5, III, n. 4; Roberto de Ruggiero, *Instituciones de derecho civil,* Madrid, Reus, v. 2, t. 2, p. 59, § 106; Cândido de Oliveira, Direito de família, cit., p. 267, § 124; Yussef Said Cahali, *Divórcio e separação,* 2. ed., Revista dos Tribunais, 1981, p. 53.

trimônio, não o fazem por tempo determinado, mas por toda a vida; mesmo que venham a separar-se ou divorciar-se e tornem a se casar novamente existe sempre, em regra, um desejo íntimo de perpetuidade, ou seja, de permanência da ordem conjugal e familiar.

e) A *união exclusiva,* tanto que, até o advento da Lei n. 11.106, de 28 de março de 2005, em determinadas circunstâncias, tinha-se o crime de adultério, que constituía violação dessa norma (CP, art. 240 ora revogado). O adultério, apesar de não ser mais delito penal, continua sendo ilícito civil, por ser uma das causas de separação civil por dano moral e de separação judicial (CC, art. 1.573, I), pois a fidelidade conjugal é exigida por lei (CC, art. 1.566, I), por ser o mais importante dos deveres conjugais, uma vez que é a pedra angular da instituição, pois a vida em comum entre marido e mulher só será perfeita com a recíproca e exclusiva entrega dos corpos. Proibida está qualquer relação sexual estranha. Por ser da essência do casamento, o dever de fidelidade não pode ser afastado mediante pacto antenupcial ou convenção posterior ao matrimônio, tendente a liberar qualquer dos cônjuges, por ofender a lei e os bons costumes.

D. Princípios do direito matrimonial

Para Orlando Gomes[35], três são os princípios que regem o casamento:

a) A *livre união* dos *futuros cônjuges,* pois o casamento advém do consentimento dos próprios nubentes, que devem ser capazes para manifestá-lo. Impossível é a substituição do consentimento dos contraentes, bem como a autolimitação de suas vontades pela condição ou por termo.

b) A *monogamia,* pois, embora alguns povos admitam a poliandria e a poligamia, a grande maioria dos países adota o regime da singularidade, por entender que a entrega mútua só é possível no matrimônio monogâmico, que não permite a existência simultânea de dois ou mais vínculos matrimoniais contraídos pela mesma pessoa, punindo severamente a bigamia. P. ex., o nosso Código Civil, art. 1.521, VI, estatui: "Não podem casar as pessoas casadas"; com a violação dessa disposição legal, autoriza a norma que se decrete a nulidade do casamento. Realmente, estabelece o Código Civil no art. 1.548, II, que "é nulo o casamento contraído por infringência de impedimento", e que se aplique uma pena ao transgressor, como dispõe o Código

35. *Vide* Orlando Gomes, *Direito,* cit., p. 65; Domingos S. B. Lima, Casamento, cit., p. 386.

Penal no seu art. 235, *caput*: "Contrair alguém, sendo casado, novo casamento. Pena: reclusão de 2 a 6 anos". Com isso, nossa ordem jurídica consagra a monogamia, cuja violação autoriza a aplicação de duas sanções: a nulidade do ato praticado e a pena ao violador.

c) A *comunhão indivisa,* que valoriza o aspecto moral da união sexual de dois seres, visto ter o matrimônio por objetivo criar uma plena comunhão de vida entre os cônjuges, que pretendem passar juntos as alegrias e os dissabores da existência (CC, art. 1.511).

E. Esponsais ou promessa de casamento

O matrimônio, em regra, é precedido de noivado, esponsais ou promessa recíproca, que fazem um homem e uma mulher, de futuramente se casarem. Logo, os esponsais consistem num compromisso de casamento entre duas pessoas desimpedidas, de sexo diferente, com o escopo de possibilitar que se conheçam melhor, que aquilatem suas afinidades e gostos[36]. Pretende, como salienta Fernando Fueyo Laneri[37], a promessa recíproca de casamento facilitar a passagem da posição de estranhos à de cônjuges e justificar à sociedade a convivência mais contínua e íntima dos noivos, sendo, simplesmente, um ato preparatório do matrimônio.

Hodiernamente, ante o conceito de liberdade matrimonial, a promessa de casamento é pouco mais, na expressão de Guy Raymond[38], que um "idílio sem consequência jurídica", por não ter qualquer obrigatoriedade, podendo ser rompido a qualquer tempo pelos noivos, até mesmo por ocasião da cerimônia nupcial.

Não há qualquer obrigação legal de se cumprirem os esponsais e muito menos autorização normativa para propor qualquer ação para cobrança de multas contratuais em caso de sua inexecução. Nada há que obrigue um promitente a respeitar seu comprometimento matrimonial.

Em nosso antigo ordenamento jurídico os esponsais tinham natureza contratual, cujo inadimplemento resolvia-se em perdas e danos[39]. Com a Lei

---

36. Antônio Chaves, Esponsais, in *Enciclopédia Saraiva do Direito*, v. 33, p. 312-3.
37. Fernando Fueyo Laneri, *Derecho de familia,* Valparaiso, Ed. Universo, 1959, p. 70.
38. Guy Raymond, *Le consentement des époux au mariage*, p. 11, apud Caio M. S. Pereira, op. cit., p. 49.
39. Lafayette Rodrigues Pereira (op. cit., p. 29) ao comentar a Lei de 6-10-1784 escreve: "1) o contrato esponsalício deve ser reduzido à escritura pública, lavrada pelo tabelião do

de Casamento Civil de 1890, o Código Civil de 1916 e o novo diploma legal deixou tal promessa de ser regulamentada, surgindo então dúvidas sobre a sua validade, sobre os casos em que se admite sua ruptura, sobre a questão de saber se seu rompimento acarreta ou não reparação de danos, sobre o prazo de prescrição de sua cobrança etc.

A grande maioria dos civilistas, dentre eles Barassi, Bianchi, De Ruggiero, Cicu, Jemolo, Lopez Herrera, entende que no moderno direito civil a promessa esponsalícia não cria nenhum vínculo de parentesco nem de família entre os noivos, nem entre cada um deles e os consanguíneos do outro, nem mesmo faz surgir impedimentos matrimoniais, tendo, unicamente, o efeito de acarretar responsabilidade extracontratual, dando lugar a uma ação de indenização por ruptura injustificada. Pois, como pondera Jemolo, a atitude imprudente, tola ou malvada, de estabelecer esponsais, despertando a confiança de um próximo matrimônio a tal ponto que uma pessoa realize despesas com vistas a esse fim, e de retirar-se depois sem motivo plausível, caracteriza uma atitude culposa e causadora de prejuízos; daí a obrigação da reparação[40].

Na sistemática de nosso Código Civil poder-se-á falar em semelhante responsabilidade em virtude do seu art. 186, segundo o qual fica obrigado a ressarcir aquele que por ação ou omissão voluntária, negligência ou imprudência, violar direito ou causar prejuízo, inclusive moral, a outrem (*RT, 542*:55).

Para que se configure tal responsabilidade é preciso a ocorrência dos seguintes requisitos:

a) Que a *promessa de casamento tenha sido feita, livremente, pelos noivos* e não por seus pais. Não mais se exige escritura pública ou particular, como outrora, ou publicação de editais de proclamas, permitindo-se quaisquer meios de prova admitidos por lei: confissão, correspondência, convites para o casamento, prova testemunhal etc.[41].

---

lugar; 2) a escritura pública deve ser assinada pelos contraentes, por seus pais e, na falta destes, pelos tutores ou curadores, e por 2 testemunhas ao menos; 3) todavia, residindo o tabelião a mais de 2 léguas do lugar da habitação dos contraentes, pode o contrato fazer-se por escrito particular, assinando, além das pessoas referidas, 4 testemunhas. O escrito particular, não sendo reduzido à escritura pública dentro de um mês, deixa de valer".

40. Antônio Chaves, Esponsais, cit., p. 323-4; Lopez Herrera, *Anotaciones sobre derecho de familia,* Caracas, Sucre, 1970; Jemolo, *Il matrimonio,* Torino, UTET, 1961.

41. Antônio Chaves, Esponsais, cit., p. 324. Cunha Gonçalves esclarece-nos (*Tratado de direito civil,* São Paulo, Max Limonad, 1957, v. 6, t. 1, p. 128) que não se pode duvidar

b) Que tenha havido *recusa de cumprir a promessa esponsalícia* por parte do noivo arrependido e não de seus genitores, desde que esta tenha chegado ao conhecimento da outra parte. Tal ruptura deverá ser clara e expressa, embora nada impeça que seja tácita, quando o comportamento do noivo seja de tal monta que leve a noiva a crer que há vontade de romper o compromisso. P. ex.: contrair outro noivado; viajar, por longo tempo, sem dar notícias[42].

c) Que *haja ausência* de *motivo justo*[43], dando ensejo à indenização do dano, uma vez que, neste caso, não há responsabilidade alguma se não houver culpa. Esta pode ser *grave* (erro essencial, infidelidade, sevícia, injúria grave ou abandono); *leve* (prodigalidade, condenação por crime desonroso, situação econômica ou social diversa da apresentada, aversão ao trabalho, falta de honestidade, excessiva irritabilidade etc.); *levíssima* (mudança de religião, grave enfermidade, ruína econômica que ponha em risco a estabilidade matrimonial, constatação de impedimentos ignorados pelos noivos etc.).

O magistrado deverá examinar cada caso de conformidade com os fatos, para decidir qual a causa justa que dará lugar à indenização.

d) Que exista *dano*[44], pois, comumente, o desfazimento dos esponsais traz repercussões psicológicas, pecuniárias e morais[45]. É perfeitamente possível que o noivo venha a sofrer prejuízo com a quebra do compromisso se cair, em razão do vexame ou constrangimento sofrido, em estado de depressão ou se fez gastos com o preparo de documentos, com a preparação da cerimônia, com a viagem de núpcias, com a aquisição de moradia ou de objetos destinados a servir somente por ocasião do casamento etc. Assiste ao prejudicado obter judicialmente o ressarcimento desses danos morais e prejuízos decorrentes das despesas feitas e das obrigações contraídas ao tempo de noivado e com vistas ao matrimônio, desde que prove a culpa do arrependido e a ausência de razão justa[46].

---

da promessa de casamento quando houve a cerimônia do pedido da mão da noiva aos seus pais ou tutor. A solenidade de que se revestiu o ato, no caso de consulta, dispensa ulteriores considerações.

42. Giampaolo Novara, *La promessa di matrimonio,* Genova, LUPA, 1950.

43. Antônio Chaves, Esponsais, cit., p. 325-6; Promessa di matrimonio, in *Nuovo Digesto Italiano; RT, 506*:256.

44. W. Barros Monteiro, op. cit., p. 34-5.

45. Antônio Chaves, Esponsais, cit., p. 326.

46. Antônio Chaves, Esponsais, cit., p. 328-9; W. Barros Monteiro, op. cit., p. 34; *RT, 461*:214, *473*:213, *567*:174.

O inadimplemento doloso ou culposo dos esponsais por parte de um dos noivos acarreta:

a) Efeitos comuns ao simples desfazimento, ou seja, devolução dos presentes trocados, das cartas e dos retratos. Antônio Chaves[47] chegou à conclusão da obrigatoriedade da devolução dos presentes de noivado ao dar parecer sobre o caso de um brasileiro de nascimento, porém de origem armênia, que se tornou noivo de uma moça dessa mesma origem, perante a autoridade eclesiástica da Igreja Armênia, na qual chegou a ser registrado o ato. De acordo com a tradição armênia, presenteou sua noiva com joias de alto valor. Algum tempo depois deu-se o rompimento do noivado, por questões particulares, e a noiva recusou-se a restituir aquelas joias a pretexto de "ter perdido tempo" e a título de indenização. Para justificar sua conclusão, esse renomado jurista assim se expressou: "tal devolução tem apoio na lei, na tradição e na moral, justificando-se humanamente com a circunstância inteiramente compreensível de não desejar o noivo rever sua ex-noiva levada pelo braço de outro homem, com quem em seguida veio a noiva a casar-se, ostentando o anel que era símbolo de seu compromisso".

A esse respeito seria de bom alvitre fazer menção ao art. 546 do Código Civil, que dispõe: se tiver havido doação feita em contemplação de casamento futuro, só ficará sem efeito se o casamento não se realizar. Presentes oferecidos em consequência de noivado são regulados por esta norma (*RT, 298*:513). Da mesma forma, a instituição de beneficiária de seguro, feito em vista de casamento futuro, cessa se este não se efetiva (*RT, 195*:245).

b) A indenização por danos patrimoniais e morais pois realmente são ressarcíveis não só os dispêndios feitos pelo noivo repudiado, mas também qualquer prejuízo moral, oriundo da quebra unilateral da promessa esponsalícia. P. ex.: se a noiva foi obrigada pelo noivo a renunciar uma herança ou doação; a demitir-se do emprego tendo em vista o próximo matrimônio; a não ter ocupação remunerada; a ter uma condição de vida que lhe ocasione prejuízo moral (CC, art. 186)[48]. Da mesma forma há casos de ressarcimen-

---

47. Antônio Chaves, Esponsais, cit., p. 327, e Promessa de casamento, Parecer, *RT, 398*:33, 1968, citado por Bassil Dower, *Curso renovado de direito civil,* São Paulo, Nelpa, p. 26-7.

48. Antônio Chaves, Esponsais, cit., p. 327, 329-30; W. Barros Monteiro, op. cit., p. 35; Azzariti Martinez, *Diritto civile italiano,* 2. ed., v. 1, p. 443; *RT, 461*:214, *323*:229: "Noivo que constrói em terreno de noiva. Rompimento do noivado acarreta perda da construção em favor daquela, com ressalva de indenização"; CC alemão, art. 1.300; CC suíço, art. 93; CC mexicano, art. 143, concedem indenização por prejuízo moral.

to de dano se a noiva, p. ex., foi abandonada com declarações ofensivas[49]. Para melhor esclarecer esta questão convém trazer à colação o fato lembrado por Edgard de Moura Bittencourt, ocorrido em León, Espanha, em que um rapaz, ao ser interrogado se era de sua livre e espontânea vontade receber a noiva como legítima esposa, disse: "Bem, para ser franco, não!". Assim respondeu e retirou-se da igreja, deixando a moça desmaiada, e atônita a alta sociedade que se comprimia no templo. Essa noiva veio a sofrer, além da perda do noivo, uma humilhação pública. Para Moura Bittencourt o noivo não seria punido civilmente pelo rompimento da promessa, mas pelo dano moral quando este se converte em prejuízos materiais. É direito seu reconsiderar a escolha da esposa, mas é obrigação fazê-lo de forma discreta, sem ofensa, nem injúria. Por agir de modo cruel, continua ele, e abusivo, por isso e não pelo arrependimento, é que deverá pagar[50].

F. Casamento civil e religioso

Desde a era romana o matrimônio já interessava ao direito.

Pela *conventio in manum* a mulher e seu patrimônio passavam para a *manus maritalis,* mediante (*a*) a *confarreatio,* que era o casamento religioso, da classe patrícia, caracterizando-se pela oferta aos deuses de um pão de trigo, sendo que somente os filhos nascidos desta forma de matrimônio é que podiam ocupar certos cargos sacerdotais; (*b*) a *coemptio,* reservada à plebe, consistindo numa espécie de casamento civil celebrado pela venda fictícia, do pai

---

49. Antônio Chaves, Esponsais, cit., p. 329.

50. Edgard de Moura Bittencourt, *Família,* Rio de Janeiro, Ed. Alba, 1970, apud Antônio Chaves, Esponsais, cit., p. 329. *Vide* ainda as lições de Degni, *Il diritto di famiglia nel nuovo Codice Civile italiano*, Padova, CEDAM, 1943; Marcelo Truzzi Otero, A quebra dos esponsais e o dever de indenizar dano material e dano moral, *RT, 639*:58; *779*:376, *766*:100; *RF, 277*:191; TJSP-AC 89.944-4, 6ª CDPriv., rel. Des. Munhoz Soares, j. 16-032000; TAMG-AP 0382351-0-68228, Belo Horizonte, 2ª CCív., rel. Alberto A. P. de Andrade, j. 20-05-2003; *Lex-JTJ*, *178*:100, *180*:113. Em decisão proferida em 22 de novembro de 2005, a 9ª Câmara de Direito Privado do Tribunal de Justiça de São Paulo assentou que o rompimento de namoro, noivado ou união de fato é um direito do cidadão e não gera responsabilidade por dano moral ou patrimonial (Apelação Cível n. 197.299-4/1-00, de que foi Relator o Desembargador Jayme Martins de Oliveira Neto), visto que o casamento baseia-se na plena liberdade dos nubentes, pois ninguém pode ser obrigado a contraí-lo contra sua vontade, tendo o direito de arrepender-se. Mas haverá aquela responsabilidade pelo abuso no exercício do direito de rompimento do noivado, p. ex., se o noivo abandonar a noiva no altar, estando presentes os convidados para a cerimônia, causando grande constrangimento e emoção.

para o marido, do poder sobre a mulher; (*c*) o *usus,* espécie de usucapião, em que o marido adquiria sua mulher pela posse, consistente na vida em comum durante um ano. Pela *conventio sine manus* a mulher continuava a pertencer ao lar paterno. E finalmente, em Roma, após uma longa evolução, surgiu a *justae nuptiae,* ou seja, o matrimônio livre, cujos requisitos eram: capacidade e consentimento dos cônjuges e ausência de impedimentos[51].

Instrui Washington de Barros Monteiro que, nos dias atuais, a legislação universal sobre o matrimônio subdivide-se em quatro grupos: 1º) países em que só o casamento civil é válido, ressalvada aos contraentes, porém, a celebração do matrimônio religioso (Brasil, quase todas as legislações sul-americanas, Alemanha, Suíça, antiga Tchecoslováquia); 2º) países que concedem aos nubentes liberdade de opção entre o matrimônio civil e o religioso, em ambos reconhecendo o mesmo valor legal (Inglaterra, EUA); 3º) países em que se mantém a preeminência do casamento religioso, sendo o civil acessível apenas às pessoas de outra religião que não a oficial (Espanha e Escandinávia); 4º) e países em que subsiste apenas o casamento religioso (Líbano e Grécia)[52]. O primeiro sistema, ou seja, o da secularização do matrimônio, é o que predomina, pois, embora dê valor apenas ao casamento civil, não impede que os noivos celebrem o matrimônio religioso de sua preferência, como decorrência lógica da liberdade de consciência e de culto[53].

Aqui no Brasil, por muito tempo, a Igreja Católica foi titular quase que absoluta dos direitos matrimoniais; pelo Decreto de 3 de novembro de 1827 os princípios do direito canônico regiam todo e qualquer ato nupcial, com base nas disposições do Concílio Tridentino e da Constituição do Arcebispado da Bahia.

Com a imigração, novas crenças foram introduzidas em nosso país. Assim, em 19 de julho de 1858, Diogo de Vasconcelos, Ministro da Justiça, apresentou um projeto de lei, com o objetivo de estabelecer que os casamentos entre pessoas não católicas fossem realizados de conformidade com as

---

51. Serafini, *Istituzioni di diritto romano,* 10. ed., v. 1, p. 205; Yussef Said Cahali, Casamento religioso com efeitos civis, in *Enciclopédia Saraiva do Direito,* v. 13, p. 456; W. Barros Monteiro, op. cit., p. 12; Jeronymo Crepaldi Jr., Casamento religioso: modalidades e formas de registro para efeitos civis, *Justitia, 162*:35.

52. W. Barros Monteiro, op. cit., p. 14; *vide,* ainda, Planiol e Ripert, op. cit., v. 2, p. 52, e Georgette N. Nazo, Casamento confessional, in *Enciclopédia Saraiva do Direito,* v. 13, p. 415; Orlando Gomes, *Direito,* cit., p. 66.

53. Domingos S. B. Lima, Casamento, cit., p. 401.

prescrições de sua respectiva religião. Esse projeto, em 1861, transformou-se no Decreto n. 1.144, regulamentado pelo Decreto de 17 de abril de 1863, dando um grande impulso à instituição do casamento civil. Praticavam-se, então, três tipos de ato nupcial: o *católico,* celebrado segundo normas do Concílio de Trento, de 1563, e das Constituições do Arcebispado baiano; o *misto,* entre católico e acatólico, sob a égide do direito canônico; e o *acatólico,* que unia pessoas de seitas dissidentes, de conformidade com os preceitos das respectivas crenças. Em 1889 o Visconde de Ouro Preto anunciou ao Parlamento o breve envio de um projeto de casamento civil facultativo, organizado pelo Barão de Loreto, em seguida aprovado pelo Conselho de Ministros e aceito por D. Pedro II, que não chegou a se converter em lei, em razão da Revolução de 15 de novembro desse mesmo ano, que derrubou o Império.

Com o advento da República, o poder temporal foi separado do poder espiritual, e o casamento veio a perder seu caráter confessional; com o Decreto n. 181, de 24 de janeiro de 1890, que instituiu o casamento civil em nosso país, no seu art. 108, não mais era atribuído qualquer valor jurídico ao matrimônio religioso. Uma circular do Ministério da Justiça, de 11 de junho de 1890, chegou até a determinar que "nenhuma solenidade religiosa, ainda que sob a forma de sacramento do matrimônio, celebrada nos Estados Unidos do Brasil, constituiria, perante a lei civil, vínculo conjugal ou impedimento para livremente casarem com outra pessoa os que houverem daquela data em diante recebido esse ou outro sacramento, enquanto não fosse celebrado o casamento civil". Houve até um decreto que estatuiu a precedência do casamento civil, punindo com 6 meses de prisão e multa correspondente à metade do tempo o ministro de qualquer religião que celebrasse cerimônia religiosa antes do ato nupcial civil (Dec. n. 521, de 26-6-1890, ora revogado pelo Decreto n. 11, de 18-1-1991).

A Constituição de 24 de fevereiro de 1891, no seu art. 72, § 4º, estatuía: "A República só reconhece o casamento civil, cuja celebração será gratuita", constituindo o religioso apenas um interesse da consciência individual de cada um. Deu-se, então, a generalização do casamento civil, celebrado paralelamente ao religioso, hábito social que perdura até hoje.

O Código Civil de 1916 consolidou e regulamentou o casamento civil, sem fazer qualquer menção ao religioso, que, na seara juscivilística, é inexistente juridicamente, sendo as relações entre os participantes desse vínculo mero concubinato.

Considerando desaconselháveis as duplas núpcias, a Constituição de 34, em seu art. 146, possibilitou que se atribuísse ao casamento religioso efeitos civis desde que observadas as prescrições legais. A Lei n. 379/37, que regulamentava a matéria, foi mais tarde parcialmente modificada pelo Decreto-Lei n. 3.200/41, arts. 4º e 5º.

A Constituição de 46, no art. 163, § 1º, com a redemocratização do país, manteve a concessão anterior, condicionando-a à observância dos impedimentos e às prescrições da lei, se assim o requeresse o celebrante ou qualquer interessado, com inscrição do ato no Registro Público. Em seguida, a Lei n. 1.110, de 23 de maio de 1950, regulamentou por completo o reconhecimento dos efeitos civis ao casamento religioso, quando os nubentes requeressem sua inscrição no Registro após sua realização, revogando a Lei n. 379 por inteiro.

A Constituição Federal de 24 de janeiro de 1967, com a redação da Emenda Constitucional n. 1/69, no art. 175, §§ 2º e 3º, manteve o casamento religioso com efeitos civis, e pela Emenda Constitucional n. 9/77 quebrou a indissolubilidade do matrimônio (art. 175, § 1º), prevendo sua dissolução nos casos expressos em lei.

A Constituição de 1988, no art. 226, § 1º, estatui que o casamento é civil e gratuita a celebração, acrescentando, no § 2º, que o religioso tem efeito civil, nos termos da lei.

A matéria do registro do casamento religioso para efeitos civis estava disciplinada nos arts. 71 a 75 da Lei n. 6.015, de 31 de dezembro de 1973, regendo-se, hoje, pelos arts. 1.515 e 1.516 do Código Civil.

Apesar disso o povo brasileiro insiste em continuar com os dois casamentos — civil e religioso — sendo raros, embora crescentes, os casos em que se usa o matrimônio religioso nos dois efeitos: eclesiástico e civil[54].

G. Condições necessárias à existência, validade e regularidade do matrimônio

Para que o ato nupcial seja válido e eficaz, precisa preencher certas

54. Sobre a história do casamento no Brasil *vide*: Domingos S. B. Lima, Casamento religioso, cit., p. 401-3; Teixeira de Freitas, *Consolidação das leis civis*, art. 95; Lafayette Rodrigues Pereira, op. cit., n. 31, p. 50; Manoel do Monte, *Direito eclesiástico*, v. 2, § 942, p. 232; Yussef S. Cahali, Casamento religioso, cit., p. 457; W. Barros Monteiro, op. cit., p. 13; Caio M. S. Pereira, op. cit., p. 46-8; Cândido de Oliveira, Direito de família, in *Manual do Código Civil brasileiro*, de Paulo de Lacerda, v. 5, § 5º, p. 16; Walter Ceneviva, *Lei dos Registros Públicos comentada*, São Paulo, Saraiva, 1979, p. 165; Pontes de Miranda, *Tratado de direito privado*, 1955, v. 7, p. 338. O Projeto de Lei n. 699/2011 propõe a seguinte redação para o art. 1.512 do Código Civil: "O casamento é civil ou religioso e gratuita a sua celebração".

condições imprescindíveis a sua existência jurídica, a sua validade e a sua regularidade[55].

O Código Civil não trata, expressamente, das *condições indispensáveis* à *existência jurídica* do *casamento,* por entender desnecessária a sua enumeração uma vez que concernem aos elementos naturais do matrimônio que, de per si, já são evidentes.

A teoria do casamento inexistente formou-se em torno do Código de Napoleão, através dos comentários feitos pelo alemão Zachariae em 1808, traduzidos, em 1839, por Aubry e Rau[56], tomando corpo na obra de Saleilles[57]. Convém lembrar, como o fizeram Planiol e Ripert, que o conceito de casamento inexistente apareceu na França, em razão do princípio de que não pode haver nulidade de casamento sem expressa disposição legal, rejeitando assim as nulidades virtuais em matéria matrimonial, considerando-se apenas as nulidades textuais. Com isso a nulidade do ato nupcial só pode ser pronunciada sobre um texto normativo. Essa doutrina aponta três requisitos essenciais ao casamento, cuja inobservância faz com que careça de valor jurídico, reputando-se inexistente: diversidade de sexo, celebração e consentimento[58].

O casamento tem como pilar o pressuposto fático da diversidade de sexo dos nubentes (CC, arts. 1.514, 1.517, 1.565; CF, art. 226, § 5º). Se duas pessoas do mesmo sexo, como aconteceu com Nero e Sporus[59], convolarem

55. Sobre todas essas condições, *vide* Orlando Gomes, *Direito,* cit., cap. 6º, p. 83-97.

56. Caio M. S. Pereira, op. cit., p. 93-4; Zachariae, partindo do art. 146 do Código de Napoleão, proclama: "*Il n'y a pas de mariage lorsqu'il n'y a point de consentement*", raciocinou que a ausência absoluta de consentimento (não é o caso do consentimento defeituoso) obsta à formação do casamento, e, consequentemente, deve-se proclamar a sua inexistência e não a sua nulidade.

57. Saleilles, La distinction entre l'inexistence et la nullité du mariage, *Bulletin de la Société d'Études Législatives,* 1911, p. 351.

58. Planiol, Ripert e Boulanger, op. cit., v. 1, n. 788; Planiol e Ripert (op. cit., Paris, 1926, t. 2, n. 252) ensinam que: "*La théorie des mariages inexistants fut un complément du principe qu'il n'y a pas de cas de nullité de mariage en dehors du chapitre IV. Il eut toutefois quelque flottement lorsqu'il fallut préciser les cas d'inexistence. La majorité de la doctrine n'admit que les trois cas suivants: défaut absolu de consentement, identité de sexe, défaut des formes et incompétence du célébrant. Il y aurait inexistence du mariage dans ces trois cas parce que le mariage manquerait d'un élément essentiel à son existence, naturel dans les deux premiers cas, légal dans le troisième*".

59. Suetônio, *Le vite dei Cesari,* aos cuidados de Italo Lana, p. 385; Júlio P. Faro e Jackelline F. Pessanha, Uma teoria sobre o casamento civil homoafetivo. *Revista Síntese — Direito de Família, 81*:82-105.

núpcias, ter-se-á casamento inexistente, uma farsa. Absurdo seria admitir, no estado atual do direito, que o matrimônio de duas mulheres ou de dois homens tivesse qualquer efeito jurídico, devendo ser invalidado por sentença judicial. Se, porventura, o magistrado deparar com caso dessa espécie, deverá tão somente pronunciar sua inexistência, negando a tal união o caráter matrimonial. Deve, é óbvio, distinguir prudentemente a identidade do sexo dos vícios congênitos de conformação, da dubiedade de sexo, da malformação dos órgãos genitais ou da disfunção sexual, que apenas acarretam anulabilidade[60]. Apesar disso, o CNJ, Res. n. 175/2013, com base nos acórdãos do STF prolatados em julgamento da ADPF 132/RJ e ADI 4277/DF, reconheceu a possibilidade de casamento entre pessoas do mesmo sexo. Não estaria tal Resolução (norma inferior) diante da CF e do CC (normas superiores) eivada de inconstitucionalidade e ilegalidade? O caminho normativo correto, para tanto, não seria uma Emenda Constitucional?

Igualmente ter-se-á casamento inexistente, se não houver celebração (CC, arts. 1.533 a 1.535) na forma prevista em lei. P. ex.: se duas pessoas se declaram casadas redigindo um instrumento particular temporário; se o ato nupcial se der perante um simples particular, que se apresenta sob a falsa condição de juiz (CP, art. 238); se o oficial do Registro lavrar um assento matrimonial sob forte coação ou de má-fé sem que tenha havido qualquer cerimônia. Dever-se-á atentar para a boa-fé de ambos os cônjuges ou de um deles, caso em que se tem casamento putativo, sobre o qual falaremos adiante, e cujos efeitos são, de certa forma, reconhecidos pela ordem jurídica[61].

Como o matrimônio repousa no mútuo consenso dos interessados, se houver ausência total de consentimento ter-se-á ato inexistente. Exemplificativamente: se um dos nubentes conservar-se indiferente à indagação

60. Caio M. S. Pereira, op. cit., p. 95-6; Planiol, Ripert e Boulanger, op. cit., v. 1, n. 984. Recentemente o TJMG admitiu a inexistência de casamento de duas pessoas do sexo feminino (*RT, 572*:189, *615*:47).

61. W. Barros Monteiro, op. cit., p. 73; Caio M. S. Pereira, op. cit., p. 96; Planiol, Ripert e Boulanger, op. cit., v. 1, n. 985; Eduardo Espínola, op. cit., p. 149. Observa Caio M. S. Pereira (op. cit., p. 97) que "alguns autores apontam como de inexistência o casamento celebrado por autoridade incompetente *ex ratione materiae,* isto é, na presidência do ato uma pessoa que não tenha competência para casar, em hipótese alguma (autoridade policial, funcionário administrativo, juiz de uma das varas criminais etc.). Em princípio, o caso é de nulidade relativa por incompetência da autoridade (CC, art. 1.550, VI) e não da inexistência, já que a lei não distingue a autoridade incompetente *ratione materiae* da que o seja *ratione loci.* Vai a hipótese abranger-se na teoria da inexistência quando se configura como ausência de celebração".

do juiz; se um procurador investido de poderes gerais *ad judicia* ou *ad negotia*, mas sem os especiais para receber, em nome do outorgante, o outro cônjuge em matrimônio, comparece à cerimônia (em sentido contrário: *RT, 420*:167, que proclama nulidade do casamento realizado em tais condições); se a celebração se efetiva apesar de ter havido declaração negativa de um dos noivos; se a embriaguez de um dos consortes lhe tira totalmente a consciência, não mais sabendo o que diz; se um dos noivos estiver sob hipnose, dado que não é consciente a resposta afirmativa ao juiz, pois diz o que o hipnotizador manda dizer[62]. Com muita propriedade, pontifica Caio Mário da Silva Pereira que não se trata de declaração de vontade defeituosa, eivada de erro ou coação, nem de pessoa incapaz de consentir, permanente ou eventualmente, mas sim de ausência absoluta de consenso[63].

Casamento em que se tem identidade de sexos, falta de celebração e de consentimento não é matrimônio, na nossa opinião, diante do texto constitucional, trata-se de um nada, por ser inexistente (*RT, 615*:47), como o ato nupcial realizado na ribalta entre atores, desempenhando um papel, sendo lícito a qualquer pessoa desconhecer de direito e de fato tal vínculo, que inexistente nenhum efeito produz, mesmo provisório. Não é casamento nulo, nem anulável, pois nem mesmo chega a ser um matrimônio. Não é necessário que sua ineficácia seja declarada por decisão judicial porque nunca existiu juridicamente. Como destruir o que não existe?[64] Porém, como pondera Carvalho Santos[65], se o fato alegado depende de provas, como, p. ex., a ausência de consenso de um dos nubentes, necessário será o processo judicial. Venzi[66] esclarece-nos, ainda, que o casamento inexistente não pode sanar-se pela ratificação ou prescrição, porque não se pode reconhecer, confirmar ou dar vida ao que não existe.

---

62. W. Barros Monteiro, op. cit., p. 73; Mário Guimarães, *Estudos de direito civil*, p. 69; Planiol, Ripert e Boulanger, op. cit., v. 1, n. 982; Caio M. S. Pereira, op. cit., p. 96; Orlando Gomes, *Direito*, cit., p. 86; De Page, *Traité pratique de droit civil belge*, t. 1, p. 647.

63. Caio M. S. Pereira, op. cit., p. 96.

64. Silvio Rodrigues, *Direito*, cit., p. 82; Savigny, *Vom Beruf unserer Zeit für Gesetzgebund und Rechtswissenschaft*, cap. VI, p. 96, da trad. argentina de Adolfo Posada; Rossel e Mentha, *Manuel de droit civil suisse*, v. 1, n. 346; Ruggiero e Maroi, *Istituzioni di diritto privato*, v. 1, § 55; Cohendy, Des intérêts de la distinction entre l'inexistence et la nullité d'ordre public, *Revue Trimestrielle de Droit Civil*, 1911, p. 33; Dusi, *Istituzioni di diritto civile*, 5. ed., v. 1, p. 182; W. Barros Monteiro, op. cit., p. 73. Em alguns países como a Alemanha (desde 30 de junho de 2017) existe legalização de casamento *gay*.

65. Carvalho Santos, *Código Civil interpretado*, v. 4, p. 270.

66. Venzi, *Manuale di diritto civile*, p. 573, apud W. Barros Monteiro, op. cit., p. 74.

Silvio Rodrigues[67] aponta que a ideia de inexistência, no âmbito matrimonial, acarreta relevantes consequências como:

a) Para a ação de nulidade do casamento a norma exige processo (CPC, arts. 693 a 699), enquanto no matrimônio inexistente não há necessidade de qualquer ato judicial que declare sua ineficácia ou pelo menos não se requerem os rigores e solenidades da ação anulatória. Neste sentido Pontes de Miranda[68] proclama que os princípios que regem as nulidades não são aplicáveis aos casamentos inexistentes que não requerem ação de nulidade propriamente dita, embora o interessado possa pedir ao órgão judicante que, examinando o título e a situação de fato, declare se o ato nupcial tem ou não existência legal. O juiz, que recebe tal requerimento, fará seu pronunciamento em simples despacho na petição, pois não se trata de ação, mas de mera diligência com fim exclusivamente declaratório, que dispensa, obviamente, os rigores do processo contencioso.

b) O casamento nulo ou anulável pode ser declarado putativo se ambos os cônjuges ou um deles o contraiu de boa-fé (CC, art. 1.561); já o mesmo não se dá com o inexistente, que por ser o nada não comporta declaração de putatividade[69].

c) No casamento inexistente os pseudocônjuges podem convolar novas núpcias sem fazer anular a precedente, dado que seu primeiro matrimônio inexiste[70]. Como se vê, perigosa é a admissão do casamento inexistente, pois abrem-se as portas da bigamia, visto ser fácil alguém escusar-se desse crime, sustentando a persuasão de ter estado ligado a um matrimônio sem existência jurídica.

---

67. Silvio Rodrigues, *Direito*, cit., v. 2, p. 81-3.

68. Pontes de Miranda (*Tratado de direito de família*, 3. ed., São Paulo, 1947, v. 1, § 60), no que foi criticado por Silvio Rodrigues (*Direito*, cit., v. 2, p. 82), que assevera: Se foi lavrado o assento de casamento não importa que os nubentes tenham o mesmo sexo, que a celebração tenha sido presidida por pessoa incompetente ou não haja um dos nubentes manifestado seu consentimento. Trata-se de um fato que existe perante o direito. Ora, para se cancelar aquele registro exige a lei uma ação ordinária, revestida de todas as solenidades reclamadas para a ação de nulidade do casamento, resguardando-se os interesses das partes e da sociedade, pela presença do Ministério Público e do defensor do vínculo. É errôneo dizer que se pode cancelar um registro de casamento por mero despacho judicial, exarado no requerimento inicial de uma das partes, sem audiência da outra e fora de processo ordinário regular. Tal registro só se cancelará após a sentença, com trânsito em julgado, proclamando a nulidade do casamento.

69. *Vide* lições de Planiol e Ripert, op. cit., t. 2, n. 254.

70. Planiol e Ripert, op. cit., t. 2, n. 254.

Por derradeiro cabe mencionar o fato de que nem todos aceitam a doutrina do casamento inexistente, pois Almacchio Diniz, Colin e Capitant, Silvio Rodrigues, Sá Pereira, irmãos Mazeaud etc. proclamam que basta a teoria das nulidades para a solução dessas questões, afastando-se o preconceito de que não há nulidade sem texto[71].

As condições *necessárias à validade do ato nupcial,* cuja inobservância acarreta sua nulidade ou anulabilidade, referem-se à capacidade matrimonial dos nubentes, ao seu *status* familiar e à sua situação sob o prisma da moralidade pública[72]. Classificam-se em dois grupos:

1) *O das condições naturais de aptidão física e intelectual*

Dentre as condições de aptidão física têm-se:

a) A puberdade — ante a impossibilidade de ser determinada em cada caso, a norma jurídica estabelece um limite de idade, no qual se presume que todos se tornam púberes, aptos para procriar; assim proíbe o matrimônio das mulheres e dos homens menores de 16 anos, sob pena de ser anulado (CC, art. 1.550, I), se isso for requerido pelo próprio cônjuge menor, por seus representantes legais, pelos seus ascendentes, salvo se desse casamento resultar gravidez (CC, art. 1.551). Permite-se que se contraia matrimônio antes da idade legal ou em caso de gravidez para evitar a imposição de medidas previstas no ECA (CC, art. 1.520)[73].

b) A potência — embora a ordem jurídica não impeça a realização de casamento entre pessoas idosas ou à beira da morte, inaptas a praticar relações sexuais, entende-se que, normalmente, os nubentes devem ser capazes de efetivar a conjunção carnal, admitindo-se a anulação do casamento nos casos de *impotentia coeundi,* desde que interesse ao cônjuge que antes do casamento ignorava esse defeito físico irremediável (CC, art. 1.557, III). Já a *impotentia generandi* ou esterilidade não dá lugar à invalidade do casamento, pois a aptidão para procriar não está incluída entre as condições essenciais à sua validade[74].

---

71. Almacchio Diniz, *Nulidades e anulações de casamento*; Silvio Rodrigues, *Direito,* cit., p. 82-3; Caio M. S. Pereira critica, com veemência, os adversários da inexistência jurídica do casamento (op. cit., p. 94).

72. Dusi, op. cit., v. 1, p. 182.

73. Orlando Gomes, *Direito,* cit., p. 88; Inácio de Carvalho Neto, A idade mínima para casamento, *Revista Brasileira de Direito Comparado, 20*:195.

74. Orlando Gomes, *Direito,* cit., p. 88.

c) A sanidade física — pois a existência de defeito físico irremediável, que não caracteriza deficiência — ou de doença grave contagiosa ou transmissível, por contágio ou por herança, capaz de pôr em risco a saúde do outro cônjuge ou de sua descendência, anterior ao matrimônio, constitui erro essencial (CC, art. 1.557, III), desde que desconhecida pelo outro nubente, possibilitando a anulação do casamento. Prova-se tal moléstia pelo exame pré-nupcial, mas em nosso ordenamento jurídico não é ele exigido para a habilitação matrimonial, com exceção do casamento entre parentes colaterais do terceiro grau, caso em que deve ser feito perante dois médicos, nomeados pelo juiz, que atestem a sanidade dos noivos, afirmando que a realização do ato nupcial não porá em risco a saúde de nenhum deles e da prole. O grau de maturidade intelectual e sanidade mental dos nubentes, que os faça compreender o grande significado do casamento, permitindo que tragam para um ato tão importante um consentimento livre e refletido[75], não são mais exigidos ante a revogação pela Lei n. 13.146/2015 dos arts. 1.548, I, e 1.557, IV, do Código Civil. Pelo art. 1.550, § 2º, a pessoa com deficiência mental ou intelectual em idade núbil poderá contrair matrimônio (art. 6º, I, da Lei n. 13.146/2015), expressando sua vontade diretamente ou por meio de seu responsável ou curador (acrescentado pela Lei n. 13.146/2015).

É condição de aptidão intelectual: O consentimento íntegro, isento de vícios. Assim, anulam o matrimônio o erro e a coação (CC, arts. 1.550, III, 1.556, 1.557, I a III, 1.558 e 1.559). O mesmo não se dá com o dolo, pois, como assevera Loysel, no casamento, engana quem pode, embora, como bem observa Orlando Gomes, possa acarretar a anulação do ato nupcial, se for causa de um erro que vicie o consentimento[76], p. ex., a ocultação dolosa por um dos nubentes de moléstia que torne insuportável a vida em comum é suscetível de nulidade relativa, em razão do descumprimento do dever de boa-fé, mediante ato omissivo.

Hábil para invalidar o matrimônio é o erro que incidir em um fato que repercuta na convivência conjugal, tornando insuportável a vida em comum, por dizer respeito às qualidades substanciais, morais ou pessoais, e à identidade civil ou social do nubente[77], uma vez que o exato conhecimento do defeito teria evitado o casamento, pois o consentimento não teria sido dado.

---

75. Jemolo, op. cit., p. 83; Antônio Chaves, Impedimentos matrimoniais, in *Enciclopédia Saraiva do Direito*, v. 42, p. 273.

76. Orlando Gomes, *Direito*, cit., p. 91; Decreto n. 66.605/70.

77. Sobre isso: Colin e Capitant, *Cours élémentaire de droit civil français*, t. 1, p. 169; Kipp e Wolff, *Tratado de derecho civil*, t. 4, p. 146; Código Civil suíço, art. 124.

O nosso Código Civil (art. 1.557) considera o erro essencial sobre a pessoa do outro cônjuge idôneo para anular o matrimônio: o concernente à identidade civil, honra e boa fama; a ignorância de crime, anterior ao casamento; o desconhecimento, anterior ao matrimônio, de defeito físico irremediável, que não caracterize deficiência, ou de moléstia grave e transmissível por contágio ou herança, capaz de pôr em risco a saúde do outro cônjuge ou de sua descendência.

Em matéria matrimonial a coação inclui-se no rol dos vícios de consentimento capazes de acarretar a anulabilidade das núpcias (CC, art. 1.558). Não deve casar a pessoa por qualquer razão coacta, desde que o consentimento tenha sido captado, mediante fundado temor de mal considerável e iminente para a vida, saúde e a honra, sua ou de seus familiares. Mas, se, apesar da proibição, houver casamento, o que sofreu coação está legitimado a propor ação de anulação (CC, art. 1.559), pouco importando que o constrangimento tenha sido obra de outro cônjuge ou de terceiro[78].

O casamento simulado, fictício ou fiduciário[79] coloca-se no plano da validade do vínculo matrimonial, estatuído à sombra da norma jurídica, produzindo efeitos de direito que não são os queridos pelos nubentes. De forma que temos aqui a teoria geral da simulação aplicada a relações familiares, surgida no século XX, por ocasião da I Guerra Mundial, quando a política levou alguns indivíduos e organizações internacionais a ver no casamento um meio de permitir à mulher a aquisição de um *status* ao qual não se aplicavam as normas atinentes à expulsão de estrangeiros. Essa modalidade de matrimônio possibilitava aos cônjuges ilidir perseguições raciais ou políticas, subtrair-se ao trabalho obrigatório, obter passaporte, adquirindo com isso um nubente a nacionalidade ou a cidadania do outro, sem que em momento algum tivessem vivido como marido e mulher[80].

---

78. Orlando Gomes, *Direito*, cit., p. 91.

79. Yussef S. Cahali, Casamento fiduciário, fictício ou simulado, in *Enciclopédia Saraiva do Direito*, v. 13, p. 419-21; Trabucchi, *Istituzioni di diritto civile*, Padova, CEDAM, n. 70, p. 154; De Page (in *Traité de droit civil belge*, v. 1, n. 659, p. 715) define-o: "*celui qui n'est contracté, de commun accord, qu'en vue d'atteindre un but essentiellement différent de celui du mariage, en telle sorte que le mariage n'existe, entre les parties qui le contractent, qu'en apparence et aux seules fins d'atteindre le but poursuivi par elles, et qu'il ne correspond, pour le surplus, en tant qu'institution, à aucune réalité*". *Vide*, ainda, o que diz sobre o assunto Espínola, op. cit., n. 20, p. 73. Consulte o Código Penal, art. 239.

80. Cahali, Casamento fiduciário, cit., p. 420. O Código Civil suíço teve inciso do art. 129 acrescentado pela Lei de 29-9-1952 para estabelecer como causa de nulidade do casamento, "*lorsque la femme n'entend pas fonder une communauté conjugale, mais veut éluder des règles sur la naturalisation*". Linneu Rodrigues de Carvalho Sobrinho (Do casa-

Ante o silêncio do nosso Código Civil de 1916, o Projeto de Reforma Orlando Gomes, no art. 6º, parágrafo único, estatuía: "Entretanto, se uma das partes, ou as duas, por ato positivo de sua vontade, excluem o casamento mesmo, ou todo direito ao ato conjugal, ou alguma propriedade essencial do casamento, contraem-no invalidamente".

Devido à omissão da maioria das legislações, a doutrina tem entendido como válido esse casamento — em que os consortes, voluntariamente, contraem matrimônio não para fundar uma comunidade conjugal, mas para atingir a consecução daqueles fins acima mencionados — repelindo as ações anulatórias e salientando a seriedade da instituição social, a necessidade de se defender a família e os aspectos morais ínsitos na questão[81]. É o que nos parece mais acertado, embora, recentemente, tenha havido pareceres em sentido contrário, preconizando a nulidade do casamento simulado, por ser ele uma fraude à lei e à ordem pública, afetando a seriedade com que deve revestir-se a vontade dos futuros esposos (Carbonnier, Jemolo, Grasetti, De Page, García Cantero, Consoli, Borda)[82]. Sendo declarada a simulação, os seus efeitos retroagirão à data do casamento (eficácia *ex tunc*).

2) *O das condições de ordem social e moral*

Como condições de ordem social temos:

---

mento realizado com reserva mental, simulação ou impedimento, *Estudos em homenagem ao acadêmico Min. Sydney Sanches*, São Paulo, Fiuza, APM, 2003, p. 227-45) observa que pode haver simulação no casamento, quando com ele se pretende apenas a herança, a meação, a pensão etc. (p. 236).

81. Cahali, Casamento fiduciário, cit., p. 421; Gangi, op. cit., n. 49; Del Bono, *Rivista Trim. di Diritto*, 1951, p. 563; Foulon Piganiol, *Revue Trimestrielle*, abr.-jun., 1960, p. 217; Antonio Cicu (in *Il diritto di famiglia*, p. 237) chega a afirmar que: "*la dottrina è concorde nel ritenere che la simulazione fra gli sposi non possa in nessun modo pregiudicare l'efficacia e la validità del matrimonio. La ragione che se ne suoi dare è questa: non che la simulazione non produca qui i suoi effetti, ma essa non è neppur possibile, perchè nel matrimonio interviene come cooperatore, come parte, l'ufficiale de s.c., si potrà quindi avere una riserva mentale degli sposi di fronte all'ufficiale, ma non una simulazione*".

82. Carbonnier, op. cit., v. 1, n. 96, p. 309; Grasetti, *Il matrimonio fiduciario,* Temi, 1951, p. 331; Jemolo, op. cit., p. 74, nota 1; De Page, op. cit., 2. ed., Bruxelles, Bruylant, 1948, p. 715; García Cantero, *El vínculo de matrimonio civil*, p. 174, nota 18; Consoli, La simulazione assoluta nell'ordinamento matrimoniale italiano, *Rivista del Diritto Matrimoniale,* v. 1, p. 23, 1958; Borda, *Tratado e derecho civil argentino*, Buenos Aires, Abeledo-Perrot, 1969, p. 159. Lembra Linneu Rodrigues de Carvalho Sobrinho (Do casamento, cit., p. 238 e s.) que o casamento pode celebrar-se com reserva mental bilateral, se os nubentes manifestam suas vontades de forma diversa da que têm em mente, com o escopo de enganar um ao outro. P. ex., um senhor doente pede sua governanta em casamento para que ela o proteja (reserva mental) e esta, por sua vez, aceita o pedido para obter pensão ou herança (reserva mental). Nenhum pretendia realizar os fins do casamento.

a) Repressão à bigamia. Nulo será o matrimônio de pessoa casada (CC, arts. 1.521, VI, e 1.548, II), pois do princípio da monogamia decorre a proibição de segundo casamento, enquanto o primeiro não se dissolver; logo, é condição necessária à validade do casamento que os nubentes sejam solteiros, viúvos ou divorciados.

b) Prazo de viuvez (CC, art. 1.523, I e II).

c) Idade militar (Dec.-Lei n. 1.029/69, que revogou o Dec.-Lei n. 9.698/46, arts. 101-106, ora revogado pela Lei n. 5.774/71).

d) Casamento de funcionários diplomáticos e consulares brasileiros (Lei n. 7.501/86, que revogou a Lei n. 3.917/61, que reorganizava o Ministério das Relações Exteriores, art. 36).

e) Tutela e curatela enquanto não cessadas e não saldadas as contas (CC, art. 1.523, IV).

São condições de ordem moral:

a) A proibição do casamento em virtude de parentesco ou de afinidade — tem-se em vista razão de ordem fisiológica, já que matrimônio entre parentes próximos é desfavorável à melhoria da raça, e de ordem moral, já que produz graves inconvenientes o casamento entre pessoas que vivem constantemente juntas. Eivado de nulidade está o matrimônio contraído por parentes de linha reta ou colateral até determinado grau e por pessoas vinculadas pela adoção (CC, art. 1.521, I a V).

b) A proibição do matrimônio por homicídio ou tentativa de homicídio — assim, nulo é o do cônjuge com o condenado como delinquente no homicídio, ou tentativa de homicídio, contra o consorte (CC, arts. 1.521, VII, e 1.548, II).

c) O consentimento dos ascendentes ou representantes legais — pois como o casamento é um ato essencialmente pessoal o menor não será representado por seus pais ou tutor, mas estará autorizado a contraí-lo (CC, arts. 1.517, 1.518 e 1.550, II), embora o art. 1.519 do Código Civil admita o suprimento pelo juiz da denegação injusta do consentimento[83].

As condições *necessárias à regularidade do matrimônio* são condizentes com sua celebração, por ser solene o ato nupcial. Além de ser celebrado por autoridade competente, devem ser observadas certas formalidades legais, sob pena de nulidade[84].

Graficamente temos:

---

83. Orlando Gomes, *Direito*, cit., p. 96; Antônio Chaves, Impedimentos, cit., p. 274.

84. Orlando Gomes, *Direito*, cit., p. 96; Sebastião José Roque, *Direito de família*, São Paulo, Ícone, 1994, p. 21-6.

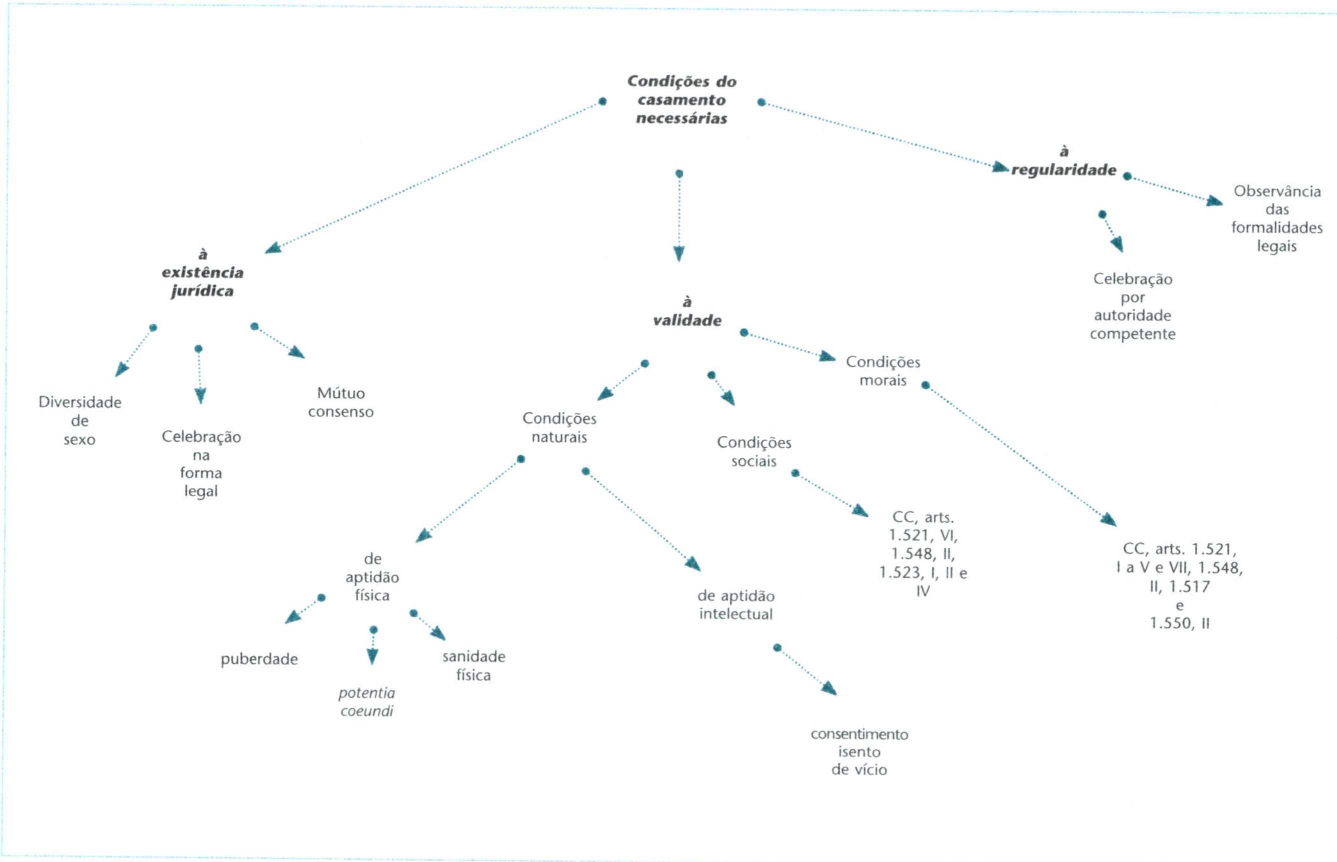

Condições do casamento necessárias
à existência jurídica
Diversidade de sexo
Celebração na forma legal
Mútuo consenso
à validade
Condições naturais
de aptidão física
puberdade
potentia coeundi
sanidade física
de aptidão intelectual
consentimento isento de vício
Condições sociais
CC, arts. 1.521, VI, 1.548, II, 1.523, I, II e IV
Condições morais
CC, arts. 1.521, I a V e VII, 1.548, II, 1.517 e 1.550, II
à regularidade
Celebração por autoridade competente
Observância das formalidades legais

QUADRO SINÓTICO

NOÇÕES GERAIS SOBRE O CASAMENTO

<table>
<tr><td>1. CONCEITO DE CASAMENTO</td><td colspan="2">• O casamento é o vínculo jurídico entre o homem e a mulher (ou entre pessoas do mesmo sexo — Res. do CNJ n. 175/2013) que visa o auxílio mútuo material ou espiritual, de modo que haja uma integração fisiopsíquica e a constituição de uma família.</td></tr>
<tr><td>2. FINS DO MATRIMÔNIO</td><td colspan="2">• a) Instituição da família matrimonial.
• b) Procriação dos filhos.
• c) Legalização das relações sexuais.
• d) Prestação de auxílio mútuo.
• e) Estabelecimento de deveres entre os cônjuges.
• f) Educação da prole.
• g) Atribuição do nome ao cônjuge e aos filhos.
• h) Reparação de erros do passado.
• i) Regularização de relações econômicas.
• j) Legalização de estados de fato.</td></tr>
<tr><td rowspan="3">3. NATUREZA JURÍDICA DO CASAMENTO</td><td>• a) Teoria contratualista</td><td>• O matrimônio é um contrato civil, regido pelas normas comuns a todos os contratos, aperfeiçoando-se apenas pelo simples consentimento dos nubentes. Essa concepção sofreu algumas variações, pois há os que nele veem um contrato especial; em razão de seus efeitos peculiares não se lhe aplicam os dispositivos legais dos negócios jurídicos relativos à capacidade das partes e vícios de consentimento.</td></tr>
<tr><td>• b) Concepção institucionalista</td><td>• O casamento é uma instituição social, refletindo uma situação jurídica que surge da vontade dos contraentes, mas cujas normas, efeitos e forma encontram-se preestabelecidos em lei.
• Esta teoria é por nós adotada.</td></tr>
<tr><td>• c) Doutrina eclética ou mista</td><td>• O casamento é um ato complexo, ou seja, é concomitantemente contrato (na formação) e instituição (no conteúdo).</td></tr>
</table>

4. CARACTERES DO MATRIMÔNIO	• *a*) Liberdade na escolha do nubente. • *b*) Solenidade do ato nupcial. • *c*) Legislação matrimonial é de ordem pública. • *d*) União permanente. • *e*) União exclusiva.		
5. PRINCÍPIOS DO DIREITO MATRIMONIAL	• *a*) Livre união dos futuros cônjuges. • *b*) Monogamia. • *c*) Comunhão indivisa.		
6. ESPONSAIS	• *a*) Conceito	• Segundo Antônio Chaves, os esponsais consistem num compromisso de casamento entre duas pessoas desimpedidas, de sexo diferente, com o escopo de possibilitar que se conheçam melhor, que se aquilatem mutuamente suas afinidades e gostos.	
	• *b*) Requisitos para haver responsabilidade pela ruptura de promessa de casamento	• Que a promessa de casamento tenha sido feita livremente pelos noivos. • Que tenha havido recusa de cumprir a promessa esponsalícia por parte do noivo arrependido e não de seus pais. • Que haja ausência de motivo justo. • Que acarrete dano patrimonial ou moral.	
	• *c*) Consequências do inadimplemento culposo ou doloso dos esponsais	• Devolução dos presentes trocados, cartas e retratos. • Indenização dos danos patrimoniais e morais.	
7. CASAMENTO CIVIL E RELIGIOSO	• *a*) Direito romano	• *Conventio in manum*	• *Confarreatio* (casamento religioso, da classe patrícia). • *Coemptio* (casamento civil, da plebe).
		• *Conventio sine manus* • *Usus*	
	• *b*) Direito brasileiro	• Casamento religioso até 1889	• Católico. • Misto. • Acatólico.

7. **CASAMENTO CIVIL E RELIGIOSO**	• *b*) Direito brasileiro	• Casamento civil	• Decreto n. 181, de 24-1-1890, ora revogado pelo Decreto n. 11/91; • Decreto n. 521, de 26-6-1890, ora revogado pelo Decreto n. 11/91; CF de 1891, art. 72, § 4º; CC de 2002, art. 1.512.
		• Casamento civil ou religioso com efeitos civis (CF de 1934, art. 146; Lei n. 379/37, parcialmente modificada pelo Dec.-Lei n. 3.200/41 e revogada pela Lei n. 1.110/50, arts. 4º e 5º; CF de 1946, art. 163, § 1º; Lei n. 1.110/50, que revogou a Lei n. 379/37; matéria disciplinada pela CF/88, art. 226, §§ 1º e 2º; e CC, arts. 1.515 e 1.516).	
8. **CONDIÇÕES NECESSÁRIAS À EXISTÊNCIA, VALIDADE E REGULARIDADE DO CASAMENTO**	• *a*) Condições indispensáveis à existência jurídica do casamento	• Diversidade de sexos (em contrário, STF — REsp 1.183.378 e Res. n. 175/2013 do CNJ, que admite casamento entre pessoas do mesmo sexo). • Celebração na forma prevista em lei. • Consentimento.	
	• *b*) Condições necessárias à validade do ato nupcial	• Condições naturais de aptidão física (puberdade, potência) e intelectual (consentimento íntegro). • Condições de ordem moral e social (CC, arts. 1.521, I a VII, 1.548, II, 1.523, I, II e IV, 1.517, 1.519 e 1.550, II).	
	• *c*) Condições essenciais à regularidade do matrimônio	• Celebração por autoridade competente. • Observância de formalidades legais.	

2. Impedimentos matrimoniais e causas suspensivas

A. Conceito

A Parte Especial do Código Civil, no seu Liv. IV, Tít. I, Caps. III e IV, subordina o matrimônio a certos requisitos, proibindo quem não se encontrar nas condições nele arroladas de convolar núpcias[85]. Trata desse tema sob o *nomen juris* de impedimento e de causa suspensiva, sem contudo defini-los.

Da leitura dessa parte do Código Civil percebe-se que o objetivo do nosso legislador foi evitar uniões que afetem a prole, a ordem moral ou pública, por representarem um agravo ao direito dos nubentes, ou aos interesses de terceiros, tal a influência que exerce o matrimônio nas relações familiares e em toda esfera social. Determina, por isso, circunstâncias cuja verificação tem como consequência impedir a celebração do casamento[86]. Daí dizer-se que o *impedimento matrimonial* é a ausência de requisitos para o casa-

85. Silvio Rodrigues, *Direito,* cit., p. 33.

86. Caio M. S. Pereira, op. cit., p. 59; Silvio Luís Ferreira da Rocha, *Introdução*, cit., p. 48-64. Tem pois razão Jorge A. Frias, quando afirma (*El matrimonio; sus impedimentos y nulidades*, Córdoba, Ateneo, 1941, p. 90) ser necessário que a família se organize sobre sólidas bases, naturais e morais, que assegurem sua coesão e permanência: "*Así como no hay tan absoluto que no sea necesario regular su ejercicio, el matrimonio no se sustrae a esta regla universal. Y como el matrimonio es, de las instituciones humanas, la que tiene una más sólida raigambre natural, la misma naturaleza insinua los primeros y más importantes impedimentos matrimoniales... También la ley positiva impone otros que contemplan los diversos intereses comprometidos en el matrimonio y que hacen de éste la primera institución social*". Nesse mesmo sentido, Silvio Rodrigues, *Direito,* cit., v. 2, p. 33.

mento. Impede, portanto, a realização de casamento válido[87]. Se alguém, que careça de alguma das condições exigidas por lei, contrair matrimônio proibido, a norma fulminará de nulidade tal união[88].

Assim, poder-se-á dizer, com Carlo Tributtati[89], que "constituem impedimentos aquelas condições positivas ou negativas, de fato ou de direito, físicas ou jurídicas, expressamente especificadas pela lei, as quais, permanente ou temporariamente, proíbem o casamento ou um novo casamento ou um determinado casamento".

Urge não confundir incapacidade para o matrimônio com impedimento matrimonial[90], pois o impedido de casar não é incapaz de contrair casamento. A incapacidade constitui pressuposto material da realização do casamento, sendo, por isso, relativa à vontade e à idade núbil (CC, arts. 1.517 a 1.520). P. ex., o irmão está impedido de casar com sua irmã, mas tem capacidade para se casar com outra moça; privado está de convolar núpcias com sua irmã em razão de laço de parentesco. O irmão é capaz, estando somente proibido de casar com sua irmã, por impedimento legal. Já o menor de dez anos de idade não tem aptidão para se casar com pessoa alguma, sendo, portanto, incapaz. Infere-se que a incapacidade é geral e o impedimento, circunstancial. No impedimento, ensina-nos Orlando Gomes, "consubstancia-se uma proibição que atinge uma pessoa em relação a outra ou a outras. Tal pessoa não é incapaz; tem capacidade para praticar o ato jurídico, apenas não se lhe permite que escolha certa pessoa para, com ela, constituir vínculo matrimonial. Tecnicamente, pois, não está legitimada a contrair núpcias com certas pessoas, mas é livre de fazê-lo com todas as outras que não se achem compreendidas na proibição. Numa palavra, é impedida de casar com determinada pessoa mas não é incapaz para o casamento". *Impedimento* é falta de legitimação, logo, não é incapacidade, mas *ilegitimidade*[91].

---

87. Caio M. S. Pereira, op. cit., p. 59; Clóvis Beviláqua, *Direito de família*, § 12; Pontes de Miranda, *Tratado de direito de família*, cit., v. 1, § 16, n. 1.

88. Silvio Rodrigues, *Direito*, cit., p. 33.

89. Tributtati, *Digesto italiano*, p. 263, apud Antônio Chaves, Impedimentos, cit., in *Enciclopédia Saraiva do Direito*, v. 42, p. 270-1.

90. Cândido de Oliveira, Direito de família, in *Manual do Código Civil brasileiro*, de Paulo Lacerda, Rio de Janeiro, 1918, v. 5, § 2º; Inacio de Carvalho Neto, Incapacidades e impedimentos matrimoniais no novo Código Civil, in *Introdução crítica ao Código Civil* (org. Lucas A. Barroso), Rio de Janeiro, Forense, 2006, p. 413-48.

91. Orlando Gomes, *Direito*, cit., p. 99-100, e *Memória justificativa do Anteprojeto de Reforma do Código Civil*, Rio de Janeiro, 1963, p. 51. Jemolo também distingue a incapacidade do impedimento, in *El matrimonio*, p. 103.

A *causa suspensiva* da celebração do matrimônio é denominada por alguns autores de impedimento impediente ou meramente proibitivo ou, ainda, de impedimento suspensivo. Mas, na verdade, não se trata de impedimento, visto ser fato suspensivo do processo de celebração. Tal suspensividade operar-se-á tão somente quando certas pessoas legitimadas para sua oposição a arguirem antes da cerimônia nupcial, daí não possuir estrutura de real impedimento. Não proíbe o casamento, apenas adverte os nubentes que não devem casar-se, sob pena de sofrer sanção (CC, arts. 1.641, I, e 1.489, II).

O Código Civil apresenta, nitidamente, essa distinção ao tratar nos arts. 1.517 a 1.520 da capacidade matrimonial, onde estabelece a idade nupcial e de seu suprimento; nos arts. 1.521 e 1.522, dos impedimentos propriamente ditos, denominados absolutamente dirimentes; e nos arts. 1.523 e 1.524, das causas suspensivas, ou seja, dos impedimentos impedientes[92] ou suspensivos.

B. Enumeração dos impedimentos e das causas suspensivas

Os impedimentos matrimoniais, devido a sua grande importância como medida preventiva contra as anomalias que possam se apresentar na vida familiar, não podem ser enumerados pela doutrina. Cabe ao legislador proceder com precisão e clareza a sua enumeração, ou melhor, classificação, para que possam ser distribuídos por categorias, que terão peso diverso no que concerne às sanções cabíveis no caso de sua violação[93].

Nosso Código Civil, no art. 1.521, trata dos *impedimentos dirimentes públicos ou absolutos* (ns. I a VII) mencionados pelo Código Civil de 1916, que, por razões éticas, baseadas no interesse público, envolvem causas atinentes à instituição da família e à estabilidade social, podendo ser levantados por qualquer interessado e pelo Ministério Público, na qualidade de representante da sociedade, acarretando a *nulidade* do matrimônio realizado com a inobservância da proibição (CC, arts. 1.548, II, e 1.549)[94].

---

92. Silvio Rodrigues, *Direito*, cit., p. 36.
93. Antônio Chaves, Impedimentos, cit., p. 275; Virgílio de Sá Pereira, *Direito de família*, 2. ed., Rio de Janeiro, Freitas Bastos, 1959, p. 129; Sebastião José Roque, *Direito de família*, cit., p. 31-40; Giselda Mª F. N. Hironaka, Casamento: conceito e natureza jurídica, impedimentos e nulidades matrimoniais, *RDC*, *54*:7; Inacio de Carvalho Neto, Incapacidades e impedimentos matrimoniais no novo Código Civil; Delgado e Figueirêdo Alves (coord.), *Novo Código Civil — questões controvertidas*, São Paulo, Método, v. 3, 2005, p. 17-50.
94. Espínola, op. cit., n. 21, nota 69; Caio M. S. Pereira, op. cit., p. 60-1.

Os antigos *impedimentos dirimentes privados ou relativos* do Código Civil de 1916, art. 183, n. IX a XII, estatuídos no interesse de um dos nubentes, que procurava "preservar tão somente a incolumidade do consentimento livre, no pressuposto da capacidade do nubente para prestá-lo validamente"[95], passaram a ser tidos como *causas de anulabilidade do casamento* (CC, art. 1.550).

Podem demandar a anulação o cônjuge prejudicado, representante legal ou ascendente. Todavia, se as partes preferirem silenciar ou se mantiverem inertes, deixando escoar os prazos decadenciais, o casamento se convalida do vício de que era portador (CC, arts. 1.552, 1.555, 1.559 e 1.560)[96].

Os *impedimentos impedientes, suspensivos ou proibitivos* do Código Civil de 1916 são as atuais *causas suspensivas* (CC de 2002, art. 1.523, I a IV) que desaconselham o ato nupcial, sem contudo acarretar a sua invalidação, mas sujeitam os infratores a determinadas sanções de ordem econômica (CC, arts. 1.641, I, e 1.489), principalmente a imposição do regime obrigatório da separação de bens, para obstar o mal que pretendiam evitar[97].

Pelo art. 7º, § 1º, da LINDB, realizando-se o matrimônio de estrangeiros no Brasil aplica-se a norma brasileira, quanto aos impedimentos dirimentes e às formalidades da celebração; no que concerne aos impedientes levar-se-á em conta o estatuto pessoal. P. ex., não se aplicará a obrigatoriedade da separação de bens, se se tratar de cônjuge estrangeiro, cuja lei nacional não prescreve tal sanção (*RT, 167*:195 e *297*:275).

C. Impedimentos

Os impedimentos matrimoniais distribuem-se em três categorias:

1) *Impedimentos resultantes de parentesco* (CC, art. 1.521, I a V), que se subdividem em:

a) *Impedimento de consanguinidade* (*impedimentum consanguinitatis*), que se funda em razões morais (para impedir núpcias incestuosas[98] e a concu-

---

95. Cahali, Casamento civil, in *Enciclopédia Saraiva do Direito*, v. 13, p. 408.

96. Silvio Rodrigues, *Direito*, cit., p. 37.

97. Caio M. S. Pereira, op. cit., p. 60 e 72; Antônio Chaves, Impedimentos, cit., p. 276.

98. Troplong (*Des donations entre-vifs et des testaments*, 3. ed., v. 1, p. 268) afirma que "as núpcias incestuosas representam um dos maiores escândalos que possam afligir qualquer sociedade bem organizada". No mesmo sentido: Carbonnier, op. cit., v. 2, n. 12, p. 50.

piscência no ambiente familiar) e biológicas ou eugênicas (para preservar a prole de taras fisiológicas, malformações somáticas, defeitos psíquicos)[99].

Assim, pelo art. 1.521, I, "não podem casar: os ascendentes com os descendentes, seja o parentesco natural ou civil".

Logo, pela 1ª parte deste dispositivo legal, não podem contrair matrimônio, p. ex., pai com filha, avô e neta, bisavô e bisneta, uma vez que na linha reta o impedimento vai, teoricamente, até o infinito, por ser caso nunca visto viverem mais de cinco gerações ao mesmo tempo...[100]. Portanto o impedimento abrange todo e qualquer grau de parentesco da linha reta, quer seja ele matrimonial, decorrente de justas núpcias, quer natural (CC, art. 1.593), proveniente de relações convivenciais, concubinárias ou esporádicas[101].

Luiz da Cunha Gonçalves[102] indaga se é sempre necessário demonstrar o parentesco com a certidão de registro civil e, se não houver essa prova livre, o casamento será incestuoso.

Sem dúvida, responde ele, quando for impossível demonstrar o parentesco natural, forçosa será a consumação do incesto. Mas, continua esse jurista, quando o parentesco natural for denunciado após a publicação dos editais, ou se o próprio oficial do registro civil dele tiver conhecimento e provas, deverá recusar-se à celebração do casamento até que o impedimento seja julgado infundado. Com maior razão assim deve ser quando exista uma perfilhação secreta, pois este segredo não obsta a que o parentesco seja provado por outros meios. Para a prova de parentesco admitem-se, a critério do magistrado, todos os meios de prova reconhecidos em direito (CC, art. 212, e CPC, art. 369)[103].

A proibição do matrimônio por consanguinidade abrange os irmãos, unilaterais ou bilaterais, e os demais colaterais até o 3º grau inclusive (CC, art. 1.521, IV).

---

99. Cândido de Oliveira (apud Antônio Chaves, Impedimentos, cit., in *Enciclopédia Saraiva do Direito*, v. 42, p. 286) aponta esse duplo motivo na proibição do Código ao escrever: "Segundo a fisiologia, nas uniões entre parentes a raça se enfraquece; os filhos são muitas vezes surdos, loucos, epiléticos ou idiotas quando sobrevivem. A mistura do sangue é, pois, regra fisiológica, que cumpre ser observada. Por outro lado, entre parentes próximos a existência é muitas vezes íntima; a vida de família os reúne debaixo do mesmo teto, a perspectiva de um casamento possível traria a desordem no centro familiar".

100. Luiz da Cunha Gonçalves, *Tratado de direito civil*, v. 6, t. 1, p. 183.

101. Caio M. S. Pereira, op. cit., p. 61; Silvio Rodrigues, *Direito*, cit., p. 38.

102. Cunha Gonçalves, op. cit., t. 1, p. 183.

103. W. Barros Monteiro, op. cit., p. 38.

Os colaterais são parentes que descendem de um tronco comum, sem descenderem uns dos outros. Explica-nos Silvio Rodrigues[104] que o parentesco colateral se conta por gerações, partindo de uma pessoa até o ancestral comum e dele descendo até o parente que se tem em vista. Cada geração é representada por um grau. Assim, irmãos são parentes em 2º grau, pois para contar os graus sobe-se até o pai (um grau) e desce-se ao irmão (outro grau). Colaterais em 3º grau são os tios e sobrinhos, pois, para contar os graus deste parentesco, parte-se, p. ex., do sobrinho ao seu pai (um grau), vai-se ao avô (dois graus) e desce-se ao tio (três graus).

O impedimento matrimonial que decorre do parentesco colateral em 2º grau é absolutamente dirimente; compreende os irmãos nascidos ou não de justas núpcias, os germanos ou *bilaterais* (que têm o mesmo pai e a mesma mãe), os *unilaterais*, sejam eles consanguíneos (nascidos do mesmo pai e de mães diversas) ou uterinos (que nasceram da mesma mãe e de pais diversos)[105].

Todavia o impedimento entre colaterais de 3º grau, isto é, entre tios e sobrinhas, não é mais invencível[106] ante os termos dos arts. 1º a 3º do Decreto-Lei n. 3.200, de 19 de abril de 1941, norma especial, que dispõe sobre a organização e proteção da família, e, por isso, recepcionada pelo Código Civil, apesar de anterior a ele. Conforme o art. 2º desse Decreto-Lei, os parentes de 3º grau poderão casar-se se dois médicos que os examinarem atestarem-lhes a sanidade, afirmando não ser inconveniente, sob o ponto de vista da saúde de qualquer deles e da prole, a realização do casamento. Esse certificado pré-nupcial equivale à dispensa. Vigora, portanto, o impedimento do art. 1.521, IV, apenas se houver conclusão médica desfavorável (Dec.-Lei n. 3.200, art. 2º, §§ 4º e 7º), ressalvando-se o disposto na Lei n. 5.891, de 12 de junho de 1973[107]. Nesse mesmo teor de ideias: *a*) o Enunciado n. 98 (apro-

---

104. Silvio Rodrigues, *Direito*, cit., p. 40.

105. Alves Moreira, *Instituições de direito civil português*, v. 1, p. 189.

106. Orlando Gomes, *Direito*, cit., p. 105. Essas uniões entre tio e sobrinha (casamento avuncular) são comuns no interior do Brasil, por isso é necessário admiti-las, mediante exame médico pré-nupcial.

Vide: *Bol. AASP*, *2.649*:1746.

Sobre casamento avuncular: CC italiano, art. 87, item 3; CC grego, art. 1356; CC colombiano, art. 140, 9º; CC espanhol, arts. 47, 2º e 48; BGB, art. 1307; CC argentino, art. 166, 2º; CC belga, art. 163; CC chileno, art. 5º, item 2º; CC francês, art. 163; CC japonês, art. 7341; CC peruano, art. 241, item 2; CC uruguaio, art. 91, 5º; CC português, art. 1602, "c" e CC suíço, art. 100, I.

107. O atestado médico de sanidade física e mental dos nubentes e a obrigatoriedade do exame pré-nupcial não só evitarão nascimento de filho deformado ou doente, a pro-

vado nas Jornadas de Direito Civil, promovidas em 2002 pelo Conselho de Justiça Federal), que assim dispõe: "o inc. IV do art. 1.521 do Código Civil deve ser interpretado à luz do Decreto-Lei n. 3.200/41, no que se refere à possibilidade do casamento entre colaterais de 3º grau", e *b*) o parágrafo único a ser acrescentado ao art. 1.521 pelo Projeto de Lei n. 699/2011: "Poderá o juiz, excepcionalmente, autorizar o casamento dos colaterais de terceiro grau, quando apresentado laudo médico que assegure inexistir risco à saúde dos filhos que venham a ser concebidos". O Parecer Vicente Arruda acatou a proposta já contida no Projeto de Lei n. 6.960/2002 (substituído pelo PL n. 699/2011), pois "possibilita o casamento de colaterais de terceiro grau, como era praxe em face do CC anterior. A modificação procede".

Convém esclarecer que a moderna teoria tem entendido que a consanguinidade é, em si, inofensiva, porquanto, se é verdade que os parentes próximos transmitem aos descendentes as suas taras e defeitos, também o é que lhes transmitem as boas qualidades. Oportuna é a afirmação de Vacher de Lapouge de que "a consanguinidade, como as demais uniões, dá bons produtos quando os autores são bons; maus, quando são maus"[108].

O geneticista Oswaldo Frota Pessoa afirma que, realmente, essas uniões não determinam de modo fatal o aparecimento de anormalidades na prole, apenas aumentam a probabilidade de surgirem certas anomalias hereditárias, chamadas recessivas, que também podem ocorrer nos filhos de qualquer casal. Entretanto, o risco é tanto maior quanto mais próximo é o parentesco entre marido e mulher. P. ex., é mais provável nascer um filho surdo-mudo de um casal de primos em 1º grau do que de primos em 2º ou 3º graus. No caso de uniões entre irmãos a probabilidade é cerca de quatro vezes maior do que no caso de primos em 1º grau e vinte e cinco vezes maior do que no caso de pais não aparentados. Cada filho que nasce de um casal de irmãos tem uma chance em quatro, mais ou menos, de ter algum defei-

---

pagação de doenças infectocontagiosas e a transmissão de taras congênitas, como também reduzirão o índice de mortalidade infantil. Silvio Rodrigues, *Direito,* cit., p. 41; Orlando Gomes, *Direito,* cit., p. 105; W. Barros Monteiro, op. cit., p. 39; Euclides de Oliveira, Casamento avuncular: dispensa de impedimento ou a quebra do tabu do incesto, *Revista Brasileira de Direito de Família*, *41*:91 a 99; *RT, 132*:390, *452*:496; *RJTJSP, 25*:663; *RF, 86*:735, *88*:318, *243*:414; TSJP, Ap. s/ rev. n. 414.053.4/0, rel. Francisco Casconi, j. 26-4-2006.

Sobre casamento avuncular: Código Civil espanhol, art. 918.3; Código Civil francês, arts. 162 a 164; Código Civil português, arts. 1.602, *b*, 1.604, *c*, 1.609, 1-*a* e 2.

108. Antônio Chaves, Impedimentos, cit., p. 290.

to hereditário recessivo. Para filhos de casais não consanguíneos essa chance é aproximadamente de uma em cem[109].

b) Impedimento de afinidade (*impedimentum affinitatis*), pois o Código Civil, art. 1.521, II, reza: "Não podem casar os afins em linha reta". Parentesco por afinidade é aquele que se estabelece em virtude de casamento, ou união estável, entre um dos cônjuges, ou entre um dos companheiros, e os parentes do outro. P. ex., o pai do cônjuge é parente por afinidade do outro cônjuge (sogro e nora); o irmão do cônjuge é parente afim do irmão do outro cônjuge (cunhados)[110] (CC, art. 1.595, § 1º).

A afinidade só é impedimento matrimonial quando em linha reta, logo não podem convolar núpcias sogra e genro, sogro e nora, padrasto e enteada, madrasta e enteado ou qualquer outro descendente do marido (neto, bisneto) nascido de outra união, embora tenha sido dissolvido o casamento (ou companheirismo) que originou a afinidade[111]. Tal ocorre porque pelo Código Civil, art. 1.595, § 2º, "na linha reta, a afinidade não se extingue com a dissolução do casamento ou da união estável". Assim, não pode o viúvo casar com a mãe ou filha de sua falecida mulher; da mesma forma o filho não pode casar com a mulher de seu pai[112].

Discutia-se, outrora, se, p. ex., o filho podia consorciar-se com a companheira ou concubina de seu pai.

---

109. Citação de Bassil Dower (op. cit., p. 42-3), que também transcreve a situação de determinada família residente nas proximidades de Brasília, descoberta pela revista *O Cruzeiro,* de 15 abr. 1961. Trata-se de uma união entre irmãos, da qual nasceram onze filhos, todos desajustados mentais, sendo que cinco deles estão mortos. Dos sobreviventes, dois deles são autênticos animais com formas que se assemelham às dos humanos. Ora se arrastam como répteis, ora de quatro pés, não falam nem ouvem e andam completamente nus. Trata-se, realmente, de um quadro chocante, que fere todos os princípios da dignidade humana.

110. Antônio Chaves, Impedimentos, cit., p. 287; Bassil Dower, op. cit., p. 44; W. Barros Monteiro, op. cit., p. 39; Barassi, *La famiglia legittima nel nuovo Codice italiano,* p. 74.

111. Antônio Chaves, Impedimentos, cit., p. 287; *RF, 103*:493; W. Barros Monteiro, op. cit., p. 39.

112. Carvalho Santos, *Código Civil brasileiro interpretado,* v. 4, p. 38. Observa Horácio V. N. Pithan (*Ação de anulação de casamento,* Coleção Saraiva de Prática do Direito, n. 12, 1986, p. 16) que "não se deve confundir a afinidade em graus diversos com a *affinitas secundi generis,* que é a relação entre os parentes naturais de um cônjuge com os afins deste. Entre esses parentes não há relação alguma de ordem jurídica, muito menos impedimentos matrimoniais. Em consequência, os filhos anteriores de um dos cônjuges podem casar com os anteriores do outro, ou mesmo com os antecedentes deste, sem infringência da norma impeditiva".

Pontes de Miranda[113] afirmava que "*A* não pode casar com a filha, a neta ou a mãe ou a avó da mulher que foi sua amante; nem *B* com o filho, o neto, o pai, o avô de seu amante etc.". Nesse mesmo teor de ideias manifestava-se Orlando Gomes ao escrever: "permitido não é o casamento de um homem com a filha ou mãe de sua concubina ou com a própria de seu pai ou de seu filho. Necessária, porém, a existência de concubinato, não bastando simples relações sexuais"[114].

Todavia, em que pesassem as opiniões desses civilistas, parecia-nos que a razão estava, sem dúvida, com Washington de Barros Monteiro, Astolfo Rezende, Silvio Rodrigues e Antônio Chaves[115], ao asseverarem que o companheirismo, o concubinato ou o adultério não produziam afinidade. Hoje, o atual Código Civil, no art. 1.595, *caput*, ao prescrever que: "cada cônjuge ou companheiro é aliado aos parentes do outro pelo vínculo de afinidade", dissipa essa dúvida.

O impedimento de afinidade tem fundamento moral, extinguindo-se na linha colateral, de sorte que o cunhadio desaparece com o desfazimento do vínculo conjugal[116]; portanto nada impede, p. ex., que o viúvo se case com a irmã de sua finada mulher[117], uma vez que os afins em linha colateral ficam excluídos pelo Código Civil da proibição, nenhum impedimento matrimonial havendo na linha colateral afim.

c) Impedimento de adoção (*impedimentum cognationis legalis*), para velar, como o diz Saravia[118], pela legitimidade das relações familiares e pela moral do lar, evitando-se que a comunidade se veja empanada pelo surto de paixões que forçosamente determinariam um relaxamento moral nas relações de pessoas que coabitam. Esse impedimento é uma decorrência natural do respeito e da confiança que deve haver na família[119]. Nosso Código Civil, em seu art. 1.521, estabelece em três incisos (I, III e V) os impedimentos para o casamento concernentes à adoção.

---

113. Pontes de Miranda, *Tratado de direito de família*, cit., v. 1, § 17, n. 4.

114. Orlando Gomes, *Direito*, cit., p. 106.

115. W. Barros Monteiro, op. cit., p. 40; Astolfo Rezende, *RF*, *78*:268; Antônio Chaves, Impedimentos, cit., p. 288; Silvio Rodrigues, *Direito*, cit., v. 2, p. 40.

116. Silvio Rodrigues, *Direito*, cit., p. 39.

117. W. Barros Monteiro, op. cit., p. 39.

118. Apud Antônio Chaves, Impedimentos, cit., p. 289; Lei n. 8.069/90, art. 41.

119. W. Barros Monteiro, op. cit., p. 40. *Vide* o que dizem Cândido de Oliveira, op. cit., v. 5, § 26, p. 46, e Espínola, op. cit., n. 23, nota 79.

Pelo art. 1.521, I, não podem casar os ascendentes com os descendentes de vínculo ou parentesco civil (CC, art. 1.593); logo, o adotante não pode contrair matrimônio com a adotada e vice-versa. O art. 1.626, parágrafo único, do Código Civil já prescrevia: "A adoção atribui a situação de filho ao adotado, desligando-o de qualquer vínculo com os pais e parentes consanguíneos, salvo quanto aos impedimentos para o casamento. Se um dos cônjuges ou companheiros adota o filho do outro, mantêm-se os vínculos de filiação entre o adotado e o cônjuge ou companheiro do adotante e os respectivos parentes". Nesse mesmo sentido reza o ECA, art. 41.

Pelo art. 1.521, III, do Código Civil, não podem convolar núpcias o adotante com quem foi cônjuge do adotado e o adotado com quem foi cônjuge do adotante, não em virtude de parentesco civil, que no caso inexiste, mas por razões morais, porque, como nos ensina Silvio Rodrigues, a adoção procura imitar a natureza, figurando o adotante, em face da viúva do adotado, como se fora seu sogro; e a viúva do adotante, ante o adotado, como sua mãe[120].

Pelo art. 1.521, V, proíbe-se casamento do adotado com o filho do adotante, que terá, na família, a posição de irmão do adotado[121], preservando-se, assim, a moralidade familiar[122], que não está adstrita ao tempo da filiação (LINDB, art. 5º)[123].

2) *Impedimento de vínculo* (*impedimentum ligamis seu vinculis*), que deriva da proibição da bigamia[124], por ter a família base monogâmica. A monogamia é a forma natural e mais apropriada de aproximação sexual da raça humana[125], ao passo que a poligamia, como pondera Savigny, é o estágio menos avançado da moral[126].

---

120. Silvio Rodrigues, *Direito,* cit., p. 40; Bassil Dower, op. cit., p. 45.

121. Silvio Rodrigues, *Direito,* cit., p. 41.

122. Observa W. Barros Monteiro (op. cit., p. 40) que o impedimento de adoção varia de legislação em legislação. P. ex.: o Código austríaco o desconhece, o francês o estende amplamente, o alemão o contempla, preservando, porém, que, se não obstante o casamento se realizar, roto ficará o vínculo da adoção sem prejuízo do ato matrimonial (art. 1.771).

123. W. Barros Monteiro, op. cit., p. 40.

124. Orlando Gomes, *Direito,* cit., p. 102 e 107; *RT*, *642*:112, *677*:105, *588*:175, *760*:232; *RTJ*, *51*:309; *RJTJSP*, *37*:118.

125. Collins, *Résumé de la philosophie de Herbert Spencer,* n. 314, apud W. Barros Monteiro, op. cit., p. 41.

126. Savigny, *Traité de droit romain,* v. 1, p. 336, apud W. Barros Monteiro, op. cit., p. 41.

Proibida está de se casar pessoa vinculada a matrimônio anterior válido (CC, art. 1.521, VI). É óbvio que não é o fato de já se ter antes casado qualquer dos consortes, mas o de ser casado[127]. Subsistindo o primeiro casamento válido, não se pode contrair um segundo. Assim, se alguém estiver unido a outra pessoa por laço matrimonial e quiser contrair outro casamento, deverá apresentar ao oficial do registro incumbido de processar as formalidades preliminares: (*a*) a certidão de óbito do cônjuge falecido, ou a certidão de nulidade ou anulação do casamento anterior (*RJTJSP, 37*:118, *40*:45), (*b*) o registro da sentença ou da escritura pública do divórcio (CF, art. 226, § 6º, e CC, art. 1.571, § 1º, Lei n. 11.441/2007), para não sofrer a pena de 2 a 6 anos de reclusão prevista no art. 235 do Código Penal, imposta ao crime de bigamia, e para que o novo matrimônio não seja nulo (CC, art. 1.548, II)[128].

Portanto, eivado de nulidade estará o segundo casamento se o precedente ainda não estiver dissolvido por qualquer um dos meios acima mencionados, mesmo que haja decretação posterior de sua nulidade.

Deveras, o fato de vir o primeiro a ser dissolvido, posteriormente, não convalida o segundo, porque sua realização operou-se quando havia o impedimento matrimonial[129]. O Tribunal de Justiça de São Paulo (*RT, 393*:167) decidiu até que "é viável a ação objetivando a anulação do segundo casamento contraído por bígamo, não obstante já falecido este"[130].

Do exposto percebe-se que os separados extrajudicial ou judicialmente, antes de obterem o divórcio, não poderão convolar novas núpcias. Outrora, igualmente, o cônjuge do ausente não podia consorciar-se novamente, uma vez que a presunção de óbito, no caso de ausência, autorizada em matéria sucessória era inoperante para fins matrimoniais (*RT, 190*:709)[131]. Logo, o cônjuge do ausente não podia casar novamente, sem provar a morte daquele[132] e sem promover a ação judicial de dissolução do vínculo.

---

127. Caio M. S. Pereira, op. cit., p. 64.

128. *Vide* Antônio Chaves, Impedimentos, cit., p. 291.

129. Orlando Gomes, *Direito,* cit., p. 107.

130. Bassil Dower, op. cit., p. 47; *RT, 760*:232, *755*:333, *588*:175, *528*:108, *557*:301, *541*:84; TJES, *Adcoas,* 1983, n. 90.808: "Reconhecida a bigamia no processo penal com trânsito em julgado, igual solução há que ser dada na ação cível, a fim de se anular o casamento, sem prejuízo da sua putatividade, pela boa-fé do cônjuge enganado". E há decisão permitindo indenização por danos morais à segunda mulher, por lesão à sua honra objetiva e subjetiva (TJRJ). Disponível em: <http://www.folhauol.com.br/folhacotidiano/ult.95u347519.shtml>.

131. É o que nos ensina W. Barros Monteiro, op. cit., p. 41.

132. Antônio Chaves, Impedimentos, cit., p. 292.

Hodiernamente, por força do § 1º do art. 1.571 do Código Civil, o casamento dissolve-se em caso de presunção de óbito do ausente.

Convém ainda lembrar que não constitui impedimento existência de casamento religioso não inscrito no registro civil (CC, art. 1.515). Assim o que for casado apenas no religioso poderá consorciar-se novamente[133].

Finalmente, pelo Código Civil, art. 1.545, quando as pessoas falecerem, na posse do estado de casados, não pode ser-lhes contestado o casamento em prejuízo da prole comum, salvo se do registro civil se constatar que um só dos pretensos cônjuges estava, ainda, ligado a outrem por vínculo matrimonial.

3) *Impedimento de crime* (*impedimentum criminis*), pois, pelo art. 1.521, VII, não pode casar o cônjuge sobrevivente com o condenado por homicídio ou tentativa de homicídio contra o seu consorte.

O homicídio ou tentativa de homicídio cometido contra um dos cônjuges constitui impedimento à união matrimonial entre o criminoso e o outro cônjuge, por razão de ordem moral, pois como pontifica Clóvis Beviláqua[134]: "O homicídio ou tentativa de homicídio contra a pessoa de um dos cônjuges deve criar uma invencível incompatibilidade entre o outro cônjuge e o criminoso, que lhe destruiu o lar e afeições, que deveriam ser muito caras. Se esta repugnância não surge espontânea, é de supor conivência no crime. Poderá ser ausência de sentimentos de piedade para com o morto, ou estima para consigo mesmo, mas em grau tão subido que, se a cumplicidade não existiu, houve a aprovação do crime, igualmente imoral. E, nesta hi-

---

133. W. Barros Monteiro, op. cit., p. 41 e 42. O Projeto do Código Civil, art. 1.518, VIII, havia incluído um novo fato impeditivo, o das pessoas casadas no religioso, uma vez requerida a inscrição no registro civil. Com isso viria a aumentar a esfera de eficácia do casamento religioso, pois, no caso de habilitação civil posterior à sua realização, o início deste processo já constituiria impedimento à celebração de casamento civil, em que participasse um dos figurantes (Clóvis do Couto e Silva, Exposição de Motivos). O casado no religioso, tendo sido seu casamento inscrito no registro civil, cairá, por força do art. 1.515 do CC, na proibição do art. 1.521, VI. Há quem ache, como Carlos Eduardo N. Camillo (*Comentários ao Código Civil* (coord. Camillo, Talavera, Fujita e Scavone Jr.), São Paulo, Revista dos Tribunais, 2006, p. 1103), que a constatação de união estável poderá impedir concretização de casamento com outra pessoa, a menos que tenha sido desfeita pela morte ou separação definitiva, porque trata-se de instituição reconhecida e protegida pelo Estado.

134. Apud Antônio Chaves, Impedimentos, cit., p. 294. O Código Civil de 1916 qualificava, no art. 183, VII, como impedimento não a simples infidelidade, mas a condenação em crime de adultério (CP, art. 240, ora revogado pela Lei n. 11.106/2005). Hoje há a exclusão do adultério, em razão de sua descriminalização, como causa de impedimento do matrimônio do cônjuge adúltero com o seu corréu por tal condenado.

pótese, a lei não ferirá um inocente, quer haja codelinquência, quer simples aprovação do ato criminoso".

Tal impedimento só diz respeito ao homicídio doloso, já que no culposo não há intenção alguma de matar um consorte para casar com o outro. Requer, ainda, a norma jurídica que o delinquente tenha sido condenado pelo crime de homicídio ou pela sua tentativa; se foi absolvido ou se o delito prescreveu, extinguindo-se a punibilidade, não há qualquer impedimento matrimonial[135]. Todavia, anistia, graça ou perdão não têm o condão de fazer desaparecer esse impedimento[136].

Daí a representação gráfica:

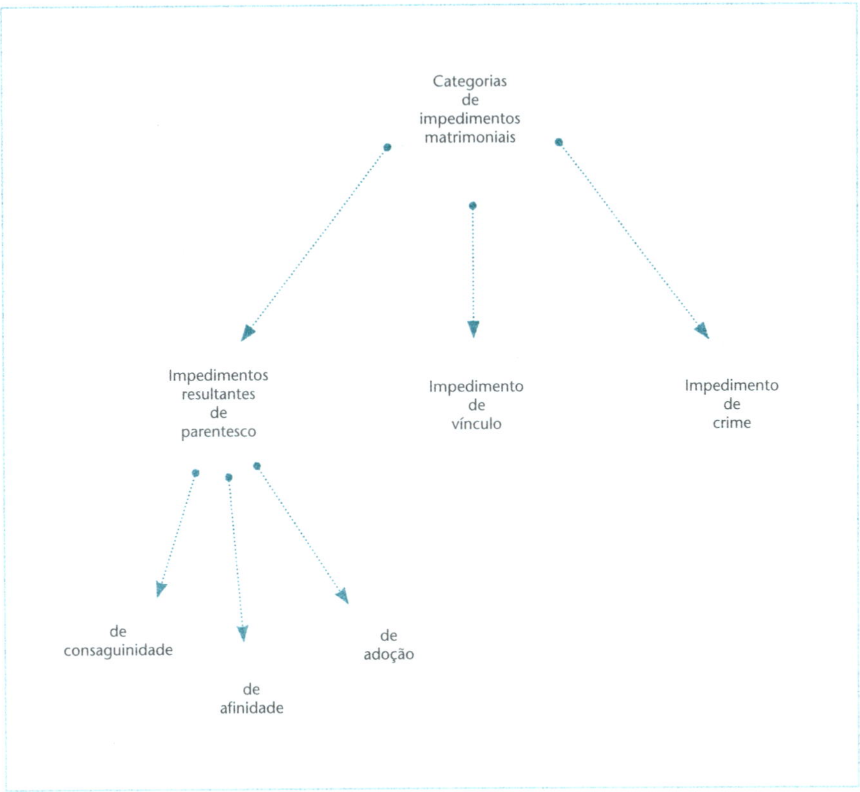

135. Silvio Rodrigues, *Direito,* cit., p. 46; Orlando Gomes, *Direito,* cit., p. 109.

136. W. Barros Monteiro, op. cit., p. 43. É crime contrair casamento conhecendo a existência de impedimento que lhe cause nulidade absoluta (CP, art. 237).

D. Causas suspensivas

A violação das causas suspensivas da celebração do casamento, também designadas impedimentos impedientes, suspensivos ou proibitivos, não desfaz o matrimônio, visto que não é nulo, nem anulável, apenas acarreta a aplicação de sanções previstas em lei. Essas causas suspensivas são estabelecidas no interesse da prole do leito anterior; no intuito de evitar a *confusio sanguinis* e a confusão de patrimônios, na hipótese de segundas núpcias; ou no interesse do nubente, presumivelmente influenciado pelo outro[137].

Para evitar a confusão de patrimônios, pelo nosso Código Civil, art. 1.523, I, não deve ser celebrado o casamento de viúvo ou viúva que tiver filho do cônjuge falecido, enquanto não fizer o inventário dos bens do casal e der partilha aos herdeiros (*RT, 167*:195, *629*:259 e *647*:100 e 101). Viúvo ou viúva que violar esse preceito, convolando as segundas núpcias sem antes inventariar os bens deixados pelo finado, sofrerá, a não ser que prove inexistência de prejuízo aos herdeiros (CC, art. 1.523, parágrafo único), as seguintes sanções: celebração do segundo casamento sob o regime de separação de bens (CC, art. 1.641, I)[138] e hipoteca legal de seus imóveis em favor dos filhos (CC, art. 1.489, II).

O objetivo do legislador ao fazer tal recomendação foi evitar que o acervo patrimonial, em que são interessados os filhos do primeiro leito, se confunda com o da nova sociedade conjugal, obstando a que as novas afeições e criação da nova prole influenciem o bínubo no sentido de prejudicar os filhos do antigo casal[139]. De forma que, com a exigência do inventário e partilha dos bens do primeiro casal, apura-se o que pertence à prole do casamento anterior[140].

Para que não haja confusão de sangue (*turbatio sanguinis*), gerando um conflito de paternidade[141], pelo nosso Código Civil, art. 1.523, II, não deve

---

137. É a lição de Silvio Rodrigues, *Direito*, cit., p. 50; Jones F. Alves e Mário L. Delgado, *Código*, cit., p. 769.

138. *RT, 141*:177, *143*:312, *155*:815, *141*:609, *158*:797, *188*:884, *182*:676, *261*:132; *743*:224, *719*:261, *647*:100; *AJ*, *107*:191; *RSTJ*, *95*:297.

139. Caio M. S. Pereira, op. cit., p. 72. Casamento que violar causa suspensiva (CC, art. 1.523, I a IV) é, tão somente, irregular.

140. Silvio Rodrigues, *Direito*, cit., p. 50; Luiz Paulo Cotrim Guimarães, Causas suspensivas do casamento no novo Código Civil, *Consulex*, *142*:39 e 40.

141. Cahali, Casamento civil, cit., p. 408.

ser contraído o casamento de viúva ou de mulher cujo matrimônio se desfez por ser nulo ou por ter sido anulado, até 10 meses depois do começo de viuvez, ou da dissolução da sociedade e do vínculo conjugal, salvo se antes de findo esse prazo der à luz algum filho ou provar inexistência da gravidez (CC, art. 1.523, parágrafo único). A lei aconselha que a viúva ou a mulher nas condições acima mencionadas, sob pena de ter de casar no regime de separação de bens (CC, art. 1.641, I), aguarde a expiração daquele prazo antes de contrair novo casamento, pois incerta seria a paternidade do filho nascido no sétimo mês do segundo casamento, realizado três meses após a morte do primeiro marido. O recém-nascido poderia ser filho tanto do primeiro como do segundo cônjuge[142] (CC, art. 1.598). Por isso dispensa-a da exigência do art. 1.523, II, do Código Civil, se provar que não está grávida ou que teve filho antes da fluência do prazo legal, pois nestas hipóteses não haverá dúvida quanto à paternidade. O novo casamento, então, deverá ser celebrado, mesmo sem a decorrência do lapso temporal exigido legalmente, uma vez que *cessante causa, tollitur effectus*. Logo, poderá convolar novas núpcias antes do termo legal, sem sofrer a sanção do art. 1.641, I, do Código Civil, se antes dele der à luz algum filho ou se por processos científicos irrecusáveis se provar que não se encontra grávida[143]; se seu casamento foi anulado por *impotentia coeundi* absoluta e anterior ao casamento; se, como ensinam Ruggiero, Maroi, Planiol, Ripert e Boulanger, se apresentarem circunstâncias que demonstrem e provem a impossibilidade física de coabitação entre ela e seu primeiro marido. P. ex.: se este esteve ausente durante todo o ano que precedeu a sua morte; se ele ou ela estiveram recolhidos, gravemente enfermos, por um ano em hospital[144].

Embora a causa suspensiva se baseie na ideia de impedir a *turbatio sanguinis*, convém não ampliar a única exceção admitida pelo nosso Código Civil[145], a fim de evitar riscos e errônea atribuição de paternidade.

Também para evitar a confusão de patrimônio da antiga com o da nova sociedade conjugal, não deve casar o divorciado enquanto não houver sido

---

142. W. Barros Monteiro, op. cit., p. 48.
143. W. Barros Monteiro, op. cit., p. 48, e em sentido contrário: *RT, 224*:175. Com o exame de DNA fácil seria comprovar se a criança é filha, ou não, do primeiro marido, descartando a possibilidade de confusão de sangue.
144. Caio M. S. Pereira, op. cit., p. 73; Planiol, Ripert e Boulanger, op. cit., v. 1, n. 829; Ruggiero e Maroi, *Istituzioni di diritto privato*, v. 1, § 53.
145. Antônio Chaves, Impedimentos, cit., p. 299.

homologada ou decidida a partilha dos bens do casal (CC, art. 1.523, III), sob pena de ter de adotar o regime obrigatório de separação de bens (CC, art. 1.641, I), exceto se demonstrar que não haverá qualquer dano ao ex-cônjuge (CC, art. 1.523, parágrafo único). O divórcio pode ser concedido sem que haja partilha de bens (CC, art. 1.581), mas o art. 1.523, III, sujeita o divorciado àquela causa suspensiva para efeito de convolar novas núpcias, enquanto pendente a partilha, a não ser que comprove ausência de qualquer prejuízo ao ex-consorte (CC, art. 1.523, parágrafo único).

Com o escopo de desaconselhar matrimônio de pessoas que se acham em poder de outrem, que poderia por isso conseguir um consentimento não espontâneo, preceitua o Código Civil, no art. 1.523, IV, que não devem casar "o tutor ou curador e os seus descendentes, ascendentes, irmãos, cunhados ou sobrinhos, com a pessoa tutelada ou curatelada, enquanto não cessar a tutela ou curatela, e não estiverem saldadas as respectivas contas". Isto é assim porque o administrador dos bens da incapaz poderia procurar no matrimônio um meio de se ver livre da prestação de contas *in iudicio*[146], se zelou mal pelos haveres da pupila.

A violação desse preceito acarreta a obrigatoriedade do regime de separação de bens (CC, art. 1.641, I), salvo se se provar inexistência de prejuízo para o tutelado ou curatelado (CC, art. 1.523, parágrafo único).

Pelo art. 183, XVI, do Código Civil de 1916 não podiam casar "o juiz, ou escrivão e seus descendentes, ascendentes, irmãos, cunhados ou sobrinhos, com órfão ou viúva, da circunscrição territorial onde um ou outro tiver exercício, salvo licença especial da autoridade judiciária superior", ou seja, do presidente do Tribunal de Justiça, sob pena de ter de adotar o regime de separação de bens, pois o objetivo desse dispositivo legal era pôr freio à cobiça, proteger os mais fracos e afastar a coação moral, dado que tais autoridades exercem influência sobre o ânimo daquelas pessoas. O atual Código Civil não mais arrola essa causa suspensiva.

Além dessas causas, cabe fazer menção às referentes a determinadas pessoas que para se casar precisam de autorização de terceiros, sob pena de sofrerem sanções de ordem administrativa, imposta por seus superiores, sem afetar a validade do matrimônio. Assim, pelo Decreto-Lei n. 9.698/46 (revogado pelo Dec.-Lei n. 1.029/69), arts. 101 a 106; pelo Decreto-Lei n. 3.864/41,

146. Caio M. S. Pereira, op. cit., p. 74; W. Barros Monteiro, op. cit., p. 44; Antônio Chaves, Impedimentos, cit., p. 278.

arts. 110 a 115; pela Lei n. 5.467-A/68, que alterou o art. 102 do revogado Decreto-Lei n. 9.698/46, e pela Lei n. 6.880/80, que revogou a Lei n. 5.774/71, os militares da ativa ou da reserva convocados só podem contrair matrimônio com licença de seu superior e, se quiserem se casar com estrangeira, precisam de autorização do Comandante da Força Armada a que pertencerem.

Os funcionários diplomáticos e consulares dependem de autorização para casar, em razão de disciplina imposta pela carreira (Lei n. 7.501/86 — revogada pela Lei n. 11.440/2006), e pela Lei n. 1.542/52, art. 1º, Decreto do Conselho de Ministros n. 2/61, art. 45, não poderão casar-se com estrangeira, salvo com licença do Ministro de Estado, sendo que se a estrangeira se naturalizar cidadã brasileira não haverá restrição alguma. A fim de resguardar o interesse do serviço público, a servidora pública que se casar com diplomata deverá exonerar-se do cargo (Dec.-Lei n. 9.202/46; *RT, 205*:585)[147]. Além disso, o funcionário do serviço exterior do Ministério das Relações Exteriores deve pedir autorização ao Presidente da República para casar com pessoa empregada de governo estrangeiro ou que dele receba comissão ou pensão. O casamento de funcionários diplomáticos e militares é regido pela Lei n. 11.440/2006, pelo Decreto n. 93.325/86 (arts. 48 a 50) e pela Lei n. 6.880/80 (arts. 144 e 145), respectivamente.

E. Oposição dos impedimentos matrimoniais e das causas suspensivas

A oposição dos impedimentos matrimoniais, ou das causas suspensivas, é o ato praticado por pessoa legitimada que, até o momento da realização do casamento, leva ao conhecimento do oficial, perante quem se processa a habilitação, ou do juiz que celebra a solenidade, a existência de um dos impedimentos, ou causas suspensivas, previstos nos arts. 1.521 e 1.523 do Código Civil, entre as pessoas que pretendem convolar núpcias[148].

Para De Page[149] constitui uma *sanção civil preventiva*.

147. Sobre o assunto: W. Barros Monteiro, op. cit., p. 45; Antônio Chaves, Impedimentos, cit., p. 301. *Vide* Decreto n. 23.806/34; *RF, 294*:528, *296*:527.

148. *Vide* Orlando Gomes, *Direito,* cit., p. 112; Bassil Dower, op. cit., p. 53; e Silvio Rodrigues, *Direito,* cit., p. 52. Por analogia, ao procedimento da arguição aplica-se as mesmas normas da oposição de impedimentos.

149. De Page, op. cit., t. 4, p. 687.

Observa Caio Mário da Silva Pereira que a sociedade tem interesse em que não se realize o casamento de pessoas impedidas, mas, se ele for celebrado, a conveniência social reside na sua conservação, salvo o desfazimento daqueles infringentes de normas condizentes com a paz civil e doméstica. Daí ocorrer este contraste: não são as mesmas pessoas credenciadas a pedir a nulidade ou a anulação as que podem acusar o impedimento, que são em maior número[150].

Da leitura do Código Civil percebe-se que o direito de oposição sofre restrições de ordem pessoal e formal, a fim de evitar abusos, imputações caluniosas ou levianas, uma vez que há sanções para quem exercê-lo arbitrariamente[151].

As *limitações concernentes às pessoas* variam de acordo com os impedimentos ou causas suspensivas que se opõem. Assim:

1) Os *impedimentos matrimoniais* (CC, art. 1.521, I a VII), por interessarem à coletividade, devem ser opostos, obrigatoriamente, *ex officio*: pelo oficial do registro civil; pelo juiz ou por quem presidir à celebração do casamento, pois se tiverem conhecimento de algum impedimento serão obrigados a declará-lo (CC, art. 1.522, parágrafo único), sob pena de responsabilidade civil, penal e administrativa.

Qualquer pessoa capaz poderá, até o momento da celebração do casamento, sob sua assinatura, apresentar declaração escrita, instruída com as provas do fato que alegar (CC, arts. 1.522 e 1.529). Se o oponente não puder instruir a oposição com as provas, deverá precisar o lugar onde existam ou possam ser obtidas (CC, art. 1.529, *in fine*).

Espínola e Caio Mário da Silva Pereira incluem o representante do Ministério Público, quando este tiver conhecimento do impedimento, pois, se a qualquer do povo é lícito opô-lo, com mais razão o é ao órgão que representa a sociedade e que, funcionalmente, é o defensor do direito objetivo[152] (LRP, art. 67, § 2º; CF/88, art. 127). Há, portanto, interesse do Estado na regularidade dos casamentos e na fé pública do registro civil.

2) As *causas suspensivas* da celebração do matrimônio (CC, art. 1.523, I a IV), por interessarem exclusivamente à família, só poderão ser arguidas: *a*)

---

150. Caio M. S. Pereira, op. cit., p. 75-6.

151. Orlando Gomes, *Direito*, cit., p. 112.

152. Espínola, op. cit., n. 28, nota 95, e Caio M. S. Pereira, op. cit., p. 76. Já Sá Pereira (*Lições de direito de família*, p. 98) sustenta que o órgão do Ministério Público não pode opor o impedimento, porque não recebeu esta competência, e, como competência não se presume, falece-lhe a atribuição específica.

pelos parentes, em linha reta (ascendentes ou descendentes), de um dos nubentes, sejam consanguíneos ou afins; *b*) pelos colaterais, em segundo grau, sejam consanguíneos (irmãos) ou afins (cunhados) (CC, art. 1.524; *RF, 117*:473). Nesse mesmo sentido o Enunciado n. 330 do Conselho de Justiça Federal (aprovado na IV Jornada de Direito Civil): "As causas suspensivas da celebração do casamento poderão ser arguidas inclusive pelos parentes em linha reta de um dos nubentes e pelos colaterais em segundo grau, por vínculo decorrente de parentesco civil". A esse respeito salienta Espínola que, se a dissolução do matrimônio se deu por sentença, o ex-marido tem interesse em evitar a confusão de sangue, embora a lei não o diga, podendo opor causa suspensiva do Código Civil, art. 1.523, II.

Se descumpridas, tais causas suspensivas podem gerar oposição ao pedido de casamento, que, sendo acatado, impedirá a expedição do certificado de habilitação (CC, art. 1.529), resultando a proibição da celebração do ato nupcial. Se tal se der, o nubente deverá comprovar que seu casamento não trará prejuízo a herdeiro, a ex-cônjuge, a tutelado ou curatelado[153].

As *restrições que concernem à forma da oposição* são relativas:

1) À *oportunidade*, que se liga ao processo de habilitação, pois, com a publicação dos proclamas, os interessados podem opor as causas do art. 1.523, dentro do prazo de 15 dias (CC, art. 1.527), e os impedimentos arrolados no art. 1.521 do Código Civil, até o momento da celebração das núpcias (CC, art. 1.522), caso em que a autoridade, que preside ao ato, suspende-o, de imediato, sem examinar se a oposição é regular ou irregular e se o impedimento é procedente ou não (*RF, 142*:236)[154].

2) Ao *oponente*, que (*a*) não poderá ficar no anonimato, devendo apresentar uma declaração, sob sua assinatura; (*b*) deverá provar que é pessoa maior e capaz (CC, art. 1.522); (*c*) alegará o impedimento ou causa suspensiva por escrito, provando-o (CC, art. 212); se isso for impossível, deverá observar o disposto no Código Civil, art. 1.529, ou seja, indicar o local onde a prova do alegado possa ser obtida; (*d*) provará, em caso de oposição de causa suspensiva, o seu grau de parentesco com o nubente (CC, art. 1.524)[155].

---

153. Espínola, op. cit., n. 28, nota 96; no mesmo sentido: Pontes de Miranda, *Tratado de direito de família*, cit., v. 1, § 25, n. 4; Silvio Luís Ferreira da Rocha, *Introdução*, cit., p. 60.

154. W. Barros Monteiro, op. cit., p. 51; Silvio Luís Ferreira da Rocha (*Introdução*, cit., p. 61) entende que a autoridade, ante a oposição de impedimento, deve averiguar se ela preenche as exigências legais quanto à forma, competência e motivo.

155. Caio M. S. Pereira, op. cit., p. 77.

3) Ao *oficial do Registro Civil*, que (*a*) receberá a declaração escrita do impedimento ou causa suspensiva, verificando se foi apresentada com os requisitos legais; (*b*) dará ciência do fato alegado, mediante nota de oposição, aos nubentes, ou a seus representantes, indicando os fundamentos, as provas e o nome do oponente (CC, art. 1.530), para que requeiram prazo razoável para fazer a prova contrária ao fato alegado e promover as ações civis e criminais contra o oponente de má-fé (CC, art. 1.530, parágrafo único); (*c*) remeterá os autos a juízo, pois, produzidas as provas pelo oponente e pelos nubentes, no prazo de 10 dias, com ciência do Ministério Público, e ouvidos os interessados e o órgão do Ministério Público em 5 dias, o juiz decidirá em igual prazo se a oposição procede ou não (Lei n. 6.015/73, art. 67, § 5º)[156].

Se não se observarem tais formalidades, nula será a oposição[157].

Se pendente a oposição, ela tem por efeito adiar o casamento, impossibilitando os nubentes de obter o certificado de habilitação. Se improcedente a oposição, levanta-se a suspensão e o ato nupcial realiza-se; se provado o impedimento, não se poderá celebrar o matrimônio, enquanto subsistir a razão impeditiva. Se, contudo, durante o processo que examina a oposição, foi realizado o casamento, será este válido; se improcedente a oposição, caso contrário não o será[158]. É preciso, ainda, salientar que a decisão no processo de habilitação não faz coisa julgada, logo, não obsta à propositura da ação de nulidade baseada no mesmo impedimento arguido[159].

Pelo art. 1.530, parágrafo único, do Código Civil, o oponente poderá sofrer ações civis ou criminais, se estiver de má-fé, devendo reparar os danos morais ou patrimoniais que causou com seu comportamento abusivo, doloso ou culposo (CC, art. 186)[160].

---

156. Orlando Gomes, *Direito*, cit., p. 113; W. Barros Monteiro, op. cit., p. 52. Se a oposição for feita *ex officio* pelo oficial do registro, que lavrará sua declaração, indicando o impedimento ou causa suspensiva constatada, que constará dos autos de habilitação. Se o juiz de casamento deparar com impedimento durante a celebração do ato nupcial, deverá reduzir a termo sua declaração e assiná-la. Sobre isso Carlos Eduardo N. Camillo, *Comentários do Código Civil* (coord. Camillo, Talavera, Fujita e Scavone Jr.), São Paulo, RT, 2006, p. 1110.

157. Orlando Gomes, *Direito*, cit., p. 113.

158. Orlando Gomes, *Direito*, cit., p. 113.

159. Caio M. S. Pereira, op. cit., p. 78.

160. *Vide* Jemolo, op. cit., n. 52; Planiol, Ripert e Boulanger, op. cit., v. 1, n. 957.

QUADRO SINÓTICO

IMPEDIMENTOS MATRIMONIAIS E CAUSAS SUSPENSIVAS

1. CONCEITO	• Segundo Carlo Tributtati, os impedimentos matrimoniais são "condições positivas ou negativas, de fato ou de direito, físicas ou jurídicas, expressamente especificadas pela lei, que, permanente ou temporariamente, proíbem o casamento ou um novo casamento ou um determinado casamento". A causa suspensiva é um fato que suspende o processo de celebração do casamento a ser realizado, se arguida antes das núpcias.	
2. IMPEDIMENTOS	• CC, art. 1.521, I a VII.	
3. CAUSAS SUSPENSIVAS	• CC, art. 1.523, I a IV.	
4. CLASSIFICAÇÃO DOS IMPEDIMENTOS	• Impedimentos resultantes de parentesco	• *a*) Impedimento de consanguinidade (CC, art. 1.521, I e IV; Decreto-Lei n. 3.200/41, arts. 1º a 3º). • *b*) Impedimento de afinidade (CC, arts. 1.521, II, e 1.595, §§ 1º e 2º; Lei n. 6.015/73, art. 59). • *c*) Impedimento de adoção (CC, art. 1.521, I, III e V).
	• Impedimento de vínculo	• CC, arts. 1.521, VI, 1.548 e 1.549; CP, art. 235; CF, art. 226, § 6º; Lei n. 6.515/77, art. 2º, parágrafo único; *RJTJSP, 37*:118, *40*:45; *RT, 393*:167, *190*:790.
	• Impedimento de crime	• CC, art. 1.521, VII.

5. **CASOS DE CAUSAS SUSPENSIVAS**	• Para impedir confusão de patrimônios (CC, arts. 1.523, I, III e parágrafo único, 1.641, I, e 1.489, II; *RT, 167*:195). • Para evitar *turbatio sanguinis* (CC, arts. 1.523, II e parágrafo único, e 1.641, I). • Para impedir matrimônio de pessoas que se acham em poder de outrem, que poderia, por isso, conseguir um consentimento não espontâneo (CC, arts. 1.523, IV e parágrafo único, e 1.641, I). • Para evitar que certas pessoas se casem sem autorização de seus superiores (Dec.-Lei n. 9.698/46 — revogado pelo Dec.-Lei n. 1.029/69 —, arts. 101 a 106; Dec.-Lei n. 3.864/41; Lei n. 5.467-A/68; Lei n. 6.880/80; Lei n. 11.440/2006; Lei n. 1.542/52, art. 1º; Decreto do Conselho de Ministros n. 2/61, art. 45; Dec.-Lei n. 9.202/46; *RT, 205*:585).		
6. **OPOSIÇÃO DOS IMPEDIMENTOS E DAS CAUSAS SUSPENSIVAS**	• Conceito	• Oposição é o ato praticado por pessoa legitimada que, antes da realização do casamento, leva ao conhecimento do oficial perante quem se processa a habilitação, ou do juiz que celebra a solenidade, a existência de um dos impedimentos ou de uma das causas suspensivas previstos nos arts. 1.521 e 1.523 do Código Civil, entre pessoas que pretendem convolar núpcias.	
	• Limitações	• *a*) Pessoais	• Os impedimentos podem ser opostos, *ex officio*, pelas pessoas arroladas no CC, art. 1.522. • As causas suspensivas só podem ser arguidas pelas pessoas do art. 1.524 do CC.
		• *b*) Formais	• Quanto à *oportunidade*: os impedimentos do art. 1.521 do CC podem ser arguidos até a celebração do casamento, e as causas suspensivas do art. 1.523, dentro do prazo de 15 dias (CC, art. 1.527) da publicação dos proclamas.

6. OPOSIÇÃO DOS IMPEDIMENTOS E DAS CAUSAS SUSPENSIVAS	• Limitações	• *b*) Formais	• Quanto ao *oponente*: não poderá ficar no anonimato; deverá ser capaz (CC, art. 1.522); alegará o impedimento por escrito, provando-o, com a observância do CC, art. 1.529; provará, em caso de oposição de causa suspensiva, o seu grau de parentesco com o nubente. • Quanto ao *oficial do Registro Civil*: receberá a declaração, verificando se apresenta os requisitos legais; dará ciência aos nubentes (CC, art. 1.530); remeterá os autos a juízo (Lei n. 6.015/73, art. 67, § 5º).
	• Efeitos	• Impossibilitar a obtenção do certificado de habilitação. • Adiar o casamento.	
	• Sanções ao oponente de má-fé	• Poderá sofrer ações civis ou criminais (CC, art. 1.530, parágrafo único) movidas pelos nubentes. • Deverá reparar dano moral ou patrimonial que causou com sua conduta dolosa ou culposa (CC, art. 186).	

3. Formalidades preliminares à celebração do casamento

Ante a importância social do matrimônio e dos efeitos por ele produzidos, a lei prevê certas formalidades que o devem preceder, com o escopo de verificar a inexistência de impedimentos, de causas suspensivas e de demonstrar que os nubentes estão em condições de convolar núpcias, evitando assim a realização de casamento com infração às normas jurídicas vigentes, principalmente às do Código Civil, arts. 1.521 a 1.524, ou com a inobservância de requisitos essenciais à sua celebração[161]. Por isso é o casamento um ato eminentemente formal[162], uma vez que deve ater-se às prescrições formais de ordem pública, que demonstram a capacidade nupcial ou a habilitação dos nubentes[163].

Nesse período preparatório do matrimônio temos o processo de habilitação (Lei n. 6.015/73, arts. 67 a 69). Na *habilitação para o casamento* os nubentes deverão demonstrar que estão legalmente habilitados para o ato nupcial[164], por meio de processo que corre perante o Oficial de Registro Civil do

---

161. W. Barros Monteiro, op. cit., p. 22; Silvio Rodrigues, *Direito,* cit., p. 23.

162. Orlando Gomes, *Direito,* cit., p. 115.

163. Caio M. S. Pereira, op. cit., p. 52; Sebastião José Roque, *Direito de família*, cit., p. 30, 41-50. Observa Silvio Rodrigues (*Comentários*, cit., v. 17, p. 39) que o Estado assume, em face do nubente, duas atitudes: *a*) a *preventiva*, manifestada no processo de habilitação, no qual, demonstrada a existência de impedimento, proíbe-se a realização do casamento; e *b*) a *repressiva*, se, a despeito da existência de um impedimento, celebrarem-se as núpcias.

164. Espínola, op. cit., p. 47. Habilitação para casamento: Provimento n. 25/2005 da CGJSP, arts. 52 a 74.

domicílio dos noivos; se domiciliados em distritos diferentes, processar-se-á no Cartório do Registro Civil de qualquer deles, sob pena de nulidade relativa do ato (CC, arts. 1.525, 1.550, IV, 1.560, II, e 1.554)[165]. Para tanto deverão apresentar um requerimento (feito por meio eletrônico ou mecânico) subscrito (de próprio punho) por eles, ou, a seu pedido, por procurador (CC, art. 1.525). Se um, ou ambos, for analfabeto, será assinado a rogo, com duas testemunhas (*RT, 183*:835)[166]. Este requerimento deverá estar acompanhado dos seguintes documentos (CC, art. 1.525, I a V):

a) *Certidão de nascimento ou documento equivalente* — além de identificar os nubentes, pela demonstração do local e data do nascimento, filiação comprovando parentesco (impedindo infração ao CC, art. 1.521, I a V), possibilita verificar se têm idade suficiente para o ato nupcial ou se estão sujeitos ao poder familiar, tutela ou curatela (evitando que se viole o CC, arts. 1.517 e 1.523, IV) ou se devem sofrer as limitações legais do art. 1.641, II, com a redação da Lei n. 12.344/2010, do Código Civil, por ser o contraente ou a contraente maior de 70 anos. Essa prova é feita pela apresentação da certidão do termo de nascimento dos nubentes[167]. Todavia, para os que nasceram antes da Lei dos Registros Públicos, permitia nosso Código Civil de 1916 (art. 180, I, 2ª parte) que se provasse a idade pela certidão batismal, extraída de livros eclesiásticos, e que, hodiernamente, perdeu toda a importância, pois tal lei já conta com mais de 70 anos[168]. Na vigência do Decreto n. 773, de 20 de setembro de 1890 (ora revogado pelo Dec. n. 11/91), no termo "prova equivalente", devido à impossibilidade de apresentar a certidão de nascimento e a de batismo, admitiam-se as justificações de idade por meio (*a*) do depoimento de duas testemunhas, perante qualquer juiz do civil, de casamento ou de paz; (*b*) de certidão que prove nomeação ou posse de cargo público para que a lei exija maioridade; (*c*) de matrícula, assento oficial de que conste a idade; (*d*) de atestado dos pais ou tutores, desde que não contestados; (*e*) de atestado de qualquer autoridade que, em razão do ofício, tenha perfeito conhecimento da pessoa, não estando ela sob o poder ou administração de outra; (*f*) de exame de peritos nomeados por juiz competente para conhecer a capacidade dos pretendentes. Essas justificações de idade não mais foram permitidas após a Lei n. 765/49, que possibilitou a lavratura dos

165. W. Barros Monteiro, op. cit., p. 22.
166. W. Barros Monteiro, op. cit., p. 22.
167. *Vide* Laurent, op. cit., 5. ed., v. 2, p. 63.
168. Silvio Rodrigues, *Direito,* cit., p. 25.

termos de pessoas ainda não registradas, embora outrora continuassem a ser utilizadas com base no art. 87 do Decreto n. 4.857/39, revogado pelo Decreto n. 7.270/41, que, por sua vez, perdeu sua vigência por força do Decreto n. 11, de 18-1-1991. Hoje, as justificações de fato necessário à habilitação para o casamento regem-se pela Lei n. 6.015/73, art. 68[169].

Podem comprovar a idade documentos oficialmente reconhecidos, na falta de certidão de nascimento, como carteira de identidade, carteira profissional, título de eleitor etc.

b) Autorização das pessoas sob cuja dependência legal estiverem, ou ato judicial que a supra (arts. 1.517, 1.519, 1.550, II, e § 2º, acrescentado pela Lei n. 13.146/2015, e 1.537) — os incapazes não podem casar-se sem o consentimento por escrito dos pais ou representante legal. Logo, o processo de habilitação de pessoas que não têm 18 anos deve conter a prova de emancipação ou a da anuência de seus pais ou tutor[170]. Deveras, "o art. 1.517 do Código Civil, que exige autorização dos pais ou responsáveis para casamento, enquanto não atingida a maioridade civil, não se aplica ao emancipado" (Enunciado n. 512 do Conselho da Justiça Federal, aprovado na V Jornada de Direito Civil).

Conforme o Código Civil, art. 1.517, requer-se a autorização de ambos os pais, ou de seus representantes legais, para que se realize o casamento do filho, que, em regra, deve ser escrita com reconhecimento de firma para assegurar sua autenticidade e transcrita em escritura antenupcial (CC, art. 1.537), embora, no nosso entender, melhor seria sua transcrição no assento do casamento. Se analfabetos os genitores, exige-se, ainda assim, a declaração de sua anuência, assinada a rogo, na presença de duas testemunhas (*RT, 183*:835). Se houver divergência entre os pais, qualquer deles poderá recorrer ao juiz para a solução do desacordo (CC, arts. 1.517, parágrafo único, 1.631 e 1.632). O órgão judicante deverá agir com prudência objetiva e, após ouvir as razões de ambos os genitores, deverá decidir pela realização do casamento, se a recusa de um deles for, realmente, injusta, ordenando a expedição de um alvará autorizando a celebração do ato nupcial.

Se, p. ex., se comprovar que o marido se ausenta do lar por vários anos, a mulher poderá dar, sozinha, o consentimento para o casamento do filho menor (CC, art. 1.570; *RT, 265*:804, *482*:110)[171]. Se o menor foi entregue pe-

169. W. Barros Monteiro, op. cit., p. 23; Silvio Rodrigues, *Direito*, cit., p. 25-6; Matiello, *Código Civil comentado*, São Paulo, LTr, 2004, p. 988.

170. Silvio Rodrigues, *Direito*, cit., p. 27.

171. W. Barros Monteiro, op. cit., p. 25.

los pais a outrem, a autorização para contrair casamento pode ser concedida pela pessoa a quem se fez tal entrega, se for impossível obter a anuência paterna e materna (*RT, 328*:319).

Se se tratar de filho não matrimonial, bastará o consentimento do genitor que o reconheceu, ou, se este não for reconhecido pelo pai, a autorização materna (CC, art. 1.633).

Se o casamento for de pessoa menor sob tutela, requer-se o consentimento do tutor (CC, arts. 1.633, *in fine*, e 1.728). Se o nubente for um incapaz sob curatela (CC, art. 1.767), como, p. ex., o pródigo, embora tenha capacidade nupcial, não está sujeito à autorização do curador[172] (CC, art. 1.518, com a redação da Lei n. 13.146/2015). Quanto ao surdo-mudo, ensina-nos Washington de Barros Monteiro[173], é preciso verificar se ele pode ou não dar o seu consentimento de modo inequívoco (CC, art. 1.550, IV). Se puder externar sua vontade, poderá contrair casamento (CC, arts. 4º, IV, e 1.767, I, com a redação da Lei n. 13.146/2015); se não puder, não poderá casar-se (CC, art. 1.550, IV), a não ser que expresse sua vontade por meio de seu responsável ou curador (CC, art. 1.550, § 2º, acrescentado pela Lei n. 13.146/2015), sob pena de anulabilidade do casamento (CC, art. 1.550, IV).

Como para o casamento de incapaz (sob poder familiar ou tutela) a lei requer o consenso de seu representante legal, permitirá, se for dado, que seja revogado, tendo em vista o interesse do incapaz, até a celebração do casamento (CC, art. 1.518). Tal revogação, que será entregue ao oficial do registro, deverá ser feita por escrito, indicando o motivo justo e superveniente à anuência anteriormente dada, constatando o erro que o levou a consentir. Se, no entanto, essa revogação se der no instante da celebração do ato nupcial, poderá, então, ser feita verbalmente, constando do termo do casamento, que deverá ser assinado pelo juiz, pelos nubentes, pelo representante legal (pais ou tutor) que se retratou, pelas testemunhas e pelo oficial do registro.

Se os pais ou tutor, que deram a autorização para o casamento do incapaz, vierem a falecer antes da cerimônia nupcial, aqueles que o sucederem (o tutor ou o novo tutor), tendo ciência de algum fato que torne inconveniente o casamento, poderão revogar aquele consenso. Pelo art. 1.518 do CC (com a redação da Lei n. 13.146/2015), "até a celebração do casamento podem os pais ou tutor revogar a autorização". Já o curador não o poderá, porque sua

172. Cunha Gonçalves, op. cit., v. 6, p. 120.

173. W. Barros Monteiro, op. cit., p. 25-6 ; Mª Helena Diniz, A nova teoria das incapacidades, *Revista Thesis Juris*, v. 5, n. 2, 2016, p. 271 e 272.

função é reger patrimônio, logo não pode permitir nem revogar atos pertinentes ao direito de casar e de constituir família.

Quando o representante do incapaz revogar ou negar, injustamente (p. ex., por preconceito racial ou religioso, mero capricho, vingança pessoal), o consentimento, permite o Código Civil, art. 1.519, que tal denegação seja suprida pelo juiz. Como nosso legislador não declara quais os casos em que se tem por injusta essa denegação do consentimento, compete ao magistrado verificar a relevância ou irrelevância dos motivos invocados pelos representantes legais (*RF, 70*:557), apreciando caso por caso. A propósito, afirma Washington de Barros Monteiro[174] que a jurisprudência entendeu ser justo o motivo para a recusa de autorização nos seguintes casos: *a*) costumes desregrados ou mau proceder por parte do pretendente; *b*) não ter este aptidão para sustentar a família; *c*) existência de impedimento legal; *d*) grave risco de saúde para o incapaz; *e*) rapto e condução da menor, em seguida, para casa de tolerância. Observa ainda, esse ilustre civilista, que preconceitos raciais ou religiosos não constituem motivos justos para negar consentimento.

Àquele que se recusa a dar a anuência compete o ônus de justificar os motivos de sua oposição ao ato (*RT, 263*:195), sendo que, pelo art. 1.518 (com a redação da Lei n. 13.146/2015) do Código Civil, podem os pais ou tutores, até a celebração do casamento, revogar a autorização.

O nubente, que não obteve autorização de seu representante, em ação ordinária, pede a citação do recusante, que terá 5 dias para apresentar suas justificativas, sob pena de, a sua revelia, ter-se o suprimento judicial do seu consentimento. Com a apresentação dos motivos e provas do representante relutante, o juiz designará audiência de instrução e julgamento, proferindo, logo a seguir, a sentença. Ao suprir o consentimento, o magistrado mandará passar o competente alvará, transcrevendo nele sua decisão[175], da qual caberá recurso voluntário para instância superior[176]. Esse recurso voluntário, que é a apelação (CPC, art. 1.009 c/c o art. 203, § 1º), processa-se no domicílio do representante relutante, por ser da competência do juiz de uma das Varas da Família, mas, se se tratar de menor, a competência é da Justiça da Infância e da Juventude (Lei n. 8.069/90, art. 148, parágrafo único, *c*).

Observa Silvio Rodrigues[177] que a possibilidade desse recurso é inócua, pois, devido à morosidade da justiça, a simples interposição do recurso pelo

174. W. Barros Monteiro, op. cit., p. 27-8.

175. Silvio Rodrigues, *Direito*, cit., p. 28.

176. *RT, 23*:35, *46*:492, *102*:716, *181*:305, *185*:267, *221*:447, *239*:222, *276*:742.

177. Silvio Rodrigues, *Direito*, cit., p. 29.

representante vencido faz com que a permissão judicial possa se atrasar por um ou dois anos, de modo que, em regra, quando o menor obtiver o suprimento do consentimento, este será inútil, pois já terá alcançado a idade de 18 anos, em que a autorização paterna se dispensa.

Esse suprimento judicial é uma tutela provisória de urgência de natureza cautelar (CPC, art. 297) e preparatória do processo de habilitação matrimonial. Obtido tal suprimento, em procedimento de jurisdição voluntária (CPC, arts. 719 a 725; Lei de Registros Públicos, art. 68), celebrar-se-á o casamento no regime de separação de bens (CC, art. 1.641, III).

Relembramos, ainda, que o Código Civil, art. 1.537, dispõe que o instrumento da autorização para casar deve ser, integralmente, transcrito na escritura antenupcial. Essa norma não se justifica, uma vez que bastará a assistência e a assinatura do representante legal na escritura antenupcial para que se tenha a certeza de sua anuência à realização do casamento. Parece-nos que, como já dissemos, o instrumento (público ou particular) de autorização deverá ser transcrito, por inteiro, no assento do casamento e não na escritura antenupcial, para dar maior publicidade ao ato.

c) Declaração de duas testemunhas maiores, parentes ou não, que atestem conhecer os nubentes e afirmem não existir impedimento que os iniba de casar (CC, art. 1.525, III, e Lei n. 6.015/73, art. 42) — esse documento procura atestar a idoneidade dos nubentes e confirmar, pelo testemunho de pelo menos duas pessoas, que inexiste entre eles qualquer impedimento matrimonial. Não obstante, seu valor probatório é limitado, pois pode ser obtido de favor[178].

d) Declaração do estado civil, do domicílio e da residência atual dos contraentes e de seus pais, se forem conhecidos — trata-se do memorial que é apresentado por escrito e assinado, conjunta ou separadamente, pelos nubentes. Verifica-se por esse documento se os noivos são solteiros divorciados ou viúvos; se residem, ou não, em diferentes circunscrições do registro civil, pois nesta última hipótese o oficial público ordenará que os editais de casamento sejam publicados numa e noutra (CC, art. 1.527).

Se o exigisse o Ministério Público, deveriam os contraentes juntar atestado de residência firmado pela autoridade policial, conforme o art. 742 do Código de Processo Civil/39, que continuou em vigor ante o disposto no Código de Processo Civil/73, art. 1.218, IX, com o objetivo de impedir a fraude de fazer constar domicílio diverso do verdadeiro, para evitar a oposição de

---

178. *Vide* Bassil Dower, op. cit., p. 37, e Silvio Rodrigues, *Direito,* cit., p. 30.

impedimentos, ou a necessidade de fazer correr proclamas em duas comarcas diversas, quando ambos os contraentes não residam na mesma[179]. Ante a omissão do CPC/2015 não há mais tal exigência.

e) Certidão de óbito do cônjuge falecido, da sentença declaratória de nulidade ou de anulação do casamento anterior, transitada em julgado, ou do registro da sentença ou da escritura pública de divórcio (CC, art. 1.525, V; CPC, art. 733) — com o intuito de evitar infração ao Código Civil, art. 1.521, VI, que proíbe casamento de pessoas já casadas. Será de bom alvitre a apresentação da *certidão da sentença de divórcio proferida no estrangeiro, com a devida homologação pelo nosso STJ* para que um dos nubentes, sendo estrangeiro ou apátrida (*AJ, 119*:123), divorciado em seu país de origem, possa se casar novamente no Brasil (CPC, arts. 960 a 965; *RT, 538*:258)[180]. O divórcio de brasileiro, realizado no estrangeiro, será reconhecido no Brasil mesmo sem o decurso do prazo de um ano da data da sentença, e sem ter sido antecedido de separação judicial por prazo idêntico, hipótese em que a homologação terá efeito imediato, desde que se obedeçam às condições estabelecidas para a eficácia das sentenças estrangeiras no país (Lei n. 6.515/77, art. 49; CF, art. 226, § 6º — com a redação da EC n. 66/2010; LINDB, art. 7º, § 6º, com a redação da Lei n. 12.036/2009)[181].

Esclarece-nos, ainda, Washington de Barros Monteiro[182] que a homologação pode ser negada quando estrangeiros aqui domiciliados se dirigem à Justiça de outro país para obter sentença de divórcio, burlando a soberania nacional; tolera-se isso apenas se o divórcio foi pronunciado no foro da nacionalidade dos cônjuges. Mas, continua o eminente civilista, se a sentença promana de país em que os cônjuges jamais residiram ou de onde não são

---

179. Jorge Americano, *Comentários ao Código de Processo Civil brasileiro*, 2. ed., v. 3, p. 136.

180. *RT, 200*:655, *299*:645, *321*:163, *334*:197, *338*:573, *367*:86, *442*:85; *RJTJSP, 73*:40, que contêm julgados que entendem ser nulo o matrimônio de estrangeiro divorciado, aqui celebrado, sem a prévia homologação do Supremo Tribunal Federal (hoje STJ). Em sentido contrário: *RT, 254*:142, *279*:860; *RF, 241*:156; *Rev. Trim. Jur., 48*:612. Pela Súmula 381 do STF não se homologa sentença de divórcio obtida por procuração em país de que os cônjuges não eram nacionais. *Vide* Súmula 420 do STF e o art. 218, parágrafo único, do Código Civil de 1916 (suprimido pela Emenda Regimental n. 1/81) do Regimento Interno do STF, de 27-10-1980.

181. W. Barros Monteiro, op. cit., p. 30; M. Helena Diniz, *Lei de Introdução ao Código Civil brasileiro interpretada*, São Paulo, Saraiva, 2004, p. 246-50; *AJ, 113*:102, *114*:81; LINDB, art. 7º, § 6º.

182. Sobre o assunto: W. Barros Monteiro, op. cit., p. 30; Súmula 381 do STF; *AJ, 116*:190, *112*:577, *114*:82, *328*:117.

naturais, a homologação tem sido denegada, podendo ser concedida, com restrições, somente para fins patrimoniais.

f) Certificado do exame pré-nupcial — se se tratar de casamento de colaterais do 3º grau, ou seja, de tio com sobrinha e de tia com sobrinho (Dec.-Lei n. 3.200/41), pois tais parentes deverão requerer ao juiz competente para a habilitação, sob pena de nulidade do casamento, a nomeação de dois médicos, isentos de suspeição, para examiná-los e atestar-lhes a sanidade, afirmando que a realização do ato nupcial não será prejudicial aos nubentes e à eventual prole (*RF, 188*:233, *92*:595; Lei n. 5.891/73). O certificado pré-nupcial é um atestado de que os nubentes se submeteram ao exame médico[183].

Uma vez apresentados tais documentos pelos nubentes, ou procurador, o oficial do Registro Civil do domicílio de qualquer deles verificará se estão em ordem e lavrará os *proclamas do casamento*, mediante edital que será afixado, durante 15 dias, nas circunscrições do Registro Civil de ambos os nubentes, e se publicará na imprensa local, onde houver (CC, art. 1.527; Lei n. 6.015/73, art. 68 e parágrafos), com o fim de anunciar ao público a intenção dos nubentes, pois com essa publicação dos proclamas possibilita-se a oposição dos impedimentos matrimoniais. Convém lembrar que "o juiz não pode dispensar, mesmo fundamentadamente, a publicação do edital de proclamas do casamento, mas sim o decurso do prazo" (Enunciado n. 513 do Conselho da Justiça Federal, aprovado na V Jornada de Direito Civil).

Se o Projeto de Lei n. 2.118/2003 (ora arquivado) fosse aprovado, extinguir-se-ia a obrigatoriedade da publicação de editais de proclamas para casamento.

Trata-se de uma convocação para que qualquer do povo aponte o fato idôneo, de que tiver ciência, a impedir o projetado matrimônio. Tanto os impedimentos matrimoniais como as causas suspensivas deverão ser opostos em declaração escrita e assinada pelo opoente, acompanhada de prova ou com a indicação do local onde se possa comprovar a alegação feita (CC, art. 1.529).

Convém, ainda, repetir que os editais devem ser publicados na comarca onde residirem os pretendentes. Se os nubentes residirem em diversas circunscrições do Registro Civil, em uma e em outra se publicarão os editais (CC, art. 1.527). Essa publicação é feita no *Diário Oficial do Estado* e, facultativamente, num jornal de grande circulação[184].

---

183. A respeito do exame pré-nupcial consulte Carbonnier, op. cit., p. 307 e s.; Orlando Gomes, *Direito*, cit., p. 89 e 90; Almeida Júnior, *O exame médico pré-nupcial*, p. 40; W. Barros Monteiro, op. cit., p. 32-3.

184. Orlando Gomes, *Direito*, cit., p. 117.

Todavia, se se comprovar a urgência (grave enfermidade, parto iminente, viagem inadiável etc.) para a celebração do casamento, o juiz de direito da comarca onde tramita a habilitação poderá, após ouvir o Ministério Público, desde que se apresentem os documentos exigidos pelo art. 1.525 do Código Civil, dispensar a publicação do edital (CC, art. 1.527, parágrafo único; Lei n. 6.015/73, art. 70; CPC, art. 1.046, § 3º)[185]. Com isso, agilizar-se-á a celebração das núpcias.

Se aparecer alguém opondo impedimento ou causa suspensiva, o oficial do registro deverá dar aos nubentes, ou a seus representantes, nota da oposição, indicando os fundamentos, as provas e o nome da pessoa que a ofereceu, para que possam requerer um prazo razoável para comprovação da inveracidade dos fatos alegados e promover as ações civis e criminais contra o oponente de má-fé (CC, art. 1.530). O oficial do Registro Civil deverá: *a*) receber a declaração escrita do impedimento, averiguando se foi apresentada com os requisitos legais; *b*) dar ciência do fato alegado, ou melhor, da nota da oposição aos nubentes, ou a seus representantes, indicando os fundamentos e as provas e o nome do oponente, para que possam requerer prazo razoável para a realização da prova que pretendam produzir, pois fica salvo aos nubentes fazer prova contrária ao impedimento ou à causa suspensiva e promover, se improcedente a oposição, as ações civis e criminais contra o oponente de má-fé, seja ele quem for (pai, tutor, curador, oficial do registro civil, autoridade celebrante ou Ministério Público), para obter a reparação dos danos morais e patrimoniais causados por aquele comportamento abusivo, doloso ou culposo (Súmula 37 do STJ).

Se, decorrido o prazo de 15 dias, ninguém aparecer para opor impedimento ou causa suspensiva, e se o oficial não constatar nos documentos que lhe foram apresentados pelos nubentes nenhum impedimento que lhe caiba declarar de ofício, deverá, uma vez homologada pelo juiz e cumpridas as formalidades dos arts. 1.526 e 1.527, passar uma *certidão*, declarando que os pretendentes estão habilitados para casar dentro de noventa dias contados da data em que tal certidão foi extraída (CC, arts. 1.531 e 1.532). Se os nubentes não convolarem núpcias nesse período, terão de renovar o processo de habilitação, com a publicação de novos proclamas e nova certidão, por se tratar de prazo de caducidade[186], visto que poderá surgir algum fato que

185. Caio M. S. Pereira, op. cit., p. 57; W. Barros Monteiro, op. cit., p. 31; De Page, op. cit., p. 675; Silvio Rodrigues, *Direito*, cit., p. 31.

186. *Vide* Orlando Gomes, *Direito*, cit., p. 117; Caio M. S. Pereira, op. cit., p. 57; Silvio Rodrigues, *Direito*, cit., p. 31; Bassil Dower, op. cit., p. 38.

não existia por ocasião da expedição daquela certidão de habilitação, que possa alterar a situação dos noivos no que atina à sua capacidade nupcial ou ao impedimento matrimonial.

Com o escopo de conservar a prova dos proclamas, tendo em vista o interesse social, exige nosso Código Civil, arts. 1.527 e 1.531, que se complete o processo de habilitação com o *registro dos editais* no cartório do oficial que os publicou, fornecendo-se certidão deles a quem os pedir.

Urge lembrar que, após a decorrência do prazo para oposição de impedimentos, o oficial cartorário remeterá os autos ao Ministério Público, que verificará se todos os pressupostos legais foram acatados.

Cabe ao representante do Ministério Público a fiscalização das habilitações, pois pelo art. 1.526 (com a redação da Lei n. 12.133/2009) do Código Civil "a habilitação será feita pessoalmente perante o oficial do Registro Civil com a audiência do Ministério Público". Haverá necessidade de homologação, apenas excepcionalmente, da habilitação para o casamento. Tal habilitação deverá ser feita pelo juiz de casamento (Lei n. 6.015/73, art. 67, § 2º), e, somente havendo impugnação do oficial, do promotor de justiça ou de terceiro, os autos deverão ser remetidos ao juiz de direito para exame dos impedimentos e solução do caso (art. 1.526, parágrafo único, do CC, acrescentado pela Lei n. 12.133/2009) e para a devida homologação. O magistrado, analisando a habilitação e os fatos, decidirá sem recurso. Alexandre Guedes Alcoforado Assunção, antes da alteração do art. 1.526 pela Lei n. 12.133/2009, já dizia que "a necessidade de homologação pelo juiz é medida burocratizante e sem qualquer justificativa na sistemática do Código. Atualmente, não havendo impugnações, o oficial do Registro Civil lavra certidão de habilitação. É imperativa a simplificação do procedimento com a extinção da fase de homologação pelo juiz. A atuação do magistrado deverá ocorrer, apenas, em caso de impugnação". Deveras, a exigência de homologação judicial para o processo de habilitação matrimonial era despropositada e poderia vir a entulhar o Judiciário. Por isso, o Projeto de Lei n. 699/2011 visa alterar o art. 1.526, retirando um elemento complicador do processo de habilitação do casamento, propondo que a intervenção do magistrado se dê somente na hipótese de o pedido ser impugnado pelo Ministério Público ou de irregularidade da documentação, seguindo a esteira do art. 67, § 1º, da Lei dos Registros Públicos. Nestes casos os autos deverão ser encaminhados ao juiz, que decidirá sem recurso. O Parecer Vicente Arruda aprovou tal proposta já inserida no Projeto de Lei n. 6.960/2002 (atual PL n. 699/2011), porque "visa dispensar a homologação judicial do procedimento de habilitação para o casamento. Realmente a exigência é descabida e só atulhará ainda mais a já tão sobrecarregada máquina judiciária", propondo a seguinte redação para o art. 1.526: "A habilitação será feita perante o oficial de Registro Civil e, se o órgão do Ministério Público impugnar o pedido ou a documentação, os autos serão encaminhados ao juiz, que decidirá sem recurso". E, hodiernamente, a Lei n. 12.133/2009, ao modificar o art. 1.526, acrescentando o parágrafo único veio resolver a questão, desjudicializando o procedimento de habilitação, simplificando-o.

Se houver qualquer irregularidade no processo de habilitação nem por isso o casamento será nulo (*RT*, *309*:318)[187]. Pelo art. 28 da Lei n. 6.015/73, o oficial do Registro que não cumprir suas obrigações funcionais e legais, p. ex., deixando de esclarecer os nubentes a respeito dos fatos ou dos impedimentos que podem ocasionar a invalidade do casamento (CC, arts. 1.548 a 1.564), tutelando a validade do casamento, bem como sobre os diversos regimes de bens (CC, art. 1.528) apontando seus efeitos jurídicos para que os nubentes possam fazer, conscientemente, sua opção, dando certidão antes de apresentados os documentos exigidos ou não declarando os impedimentos, cuja oposição se lhe fizer (CC, art. 1.522, parágrafo único), deverá sofrer, além da responsabilidade penal, imposição de sanção de natureza civil, pelos prejuízos causados aos nubentes (CC, art. 186). Observa Jones Figueirêdo Alves, ainda, que, ante a omissão do dever de informação sobre os vários regimes de bens, os cônjuges, que optaram por um regime, poderão alterá-lo, justificadamente, por não terem tido, por ocasião das núpcias, pleno conhecimento das repercussões jurídicas do regime escolhido (CC, art. 1.639, § 2º).

Urge não olvidar, ainda, que pela Resolução do Conselho Nacional de Justiça n. 175/2013 (arts. 1º e 2º) está proibida às autoridades competentes a recusa de habilitação de casamento civil entre pessoas do mesmo sexo. Tal recusa implicará a imediata comunicação ao respectivo juiz corregedor

---

187. W. Barros Monteiro, op. cit., p. 32; Alexandre G. A. Assunção, *Novo Código Civil comentado*, coord. Fiuza, São Paulo, Saraiva, 2002, p. 1326; Jones Figueirêdo Alves, Algumas questões controvertidas no novo direito de família, *Novo Código Civil: questões controvertidas* (coord. Mário Luiz Delgado e Jones Figueirêdo Alves), São Paulo, Método, 2003, p. 325-6; Ricardo A. Gregório, Algumas questões relevantes sobre o direito de família no novo Código Civil, in *Contribuições ao estudo do novo direito civil*, Campinas, Millennium, 2004, p. 160; Mário de C. Camargo Neto, Lei n. 12.133/2009 — desjudicialização do procedimento de habilitação para o casamento e registro civil, *Revista Síntese de Direito de Família*, *61*:86-99. O Projeto de Lei n. 1.578/2003 (apensado ao PL n. 3.350/2000, que, por sua vez, foi apensado ao PL n. 407/99, que segue em tramitação) visa tornar gratuita a certidão de casamento, alterando o art. 30 da Lei n. 6.015/73. O processo de habilitação matrimonial, por força do art. 1.046, § 3º, do atual CPC, submete-se ao procedimento comum (CPC, art. 319 e s.).

para as providências cabíveis. Teria tal Resolução (norma inferior) força para derrubar norma constitucional e dispositivos do Código Civil (normas superiores)?

Convém lembrar, ainda, que a habilitação para o casamento, o registro e a primeira certidão serão isentos de selos, emolumentos e custas, para as pessoas cuja pobreza for declarada. Concede-se um benefício aos menos afortunados, incentivando-os a convolar núpcias, exonerando-os de quaisquer ônus econômicos e sujeitando-os, na hipótese de falsa declaração de pobreza, às penalidades legais (CC, art. 1.512, parágrafo único). Ante a omissão do novel Código Civil relativamente às condições exigidas para que possa conceder o benefício da gratuidade, alguns autores como Giselda Maria F. N. Hironaka e Euclides de Oliveira aplicam, por analogia (LINDB, art. 4º), a Lei n. 1.060/50; com isso os nubentes deverão apresentar declaração de que não podem pagar aquelas despesas sem prejuízo de sua subsistência. Outros, como Ricardo Algarve Gregório, já entendem que, para suprir tal lacuna, dever-se-á fazer uso da Lei n. 6.015/73, art. 30. Para obter o benefício legal, ao se apresentar a documentação exigida para o procedimento de habilitação, dever-se-á juntar requerimento de gratuidade integral do casamento, comprovando, com todos os documentos (p. ex. apresentação de holerite, demonstração de ausência de bens imóveis ou de rendimentos), a hipossuficiência dos nubentes. Deferido o pedido, nenhum pagamento deverá ser feito pela habilitação, nem se deverá pagar qualquer verba registrária ou de expedição da primeira certidão de casamento.

Quadro Sinótico

FORMALIDADES PRELIMINARES À CELEBRAÇÃO DO CASAMENTO

1. HABILITAÇÃO MATRIMONIAL	• Conceito	• Processo que corre perante o oficial do Registro Civil para demonstrar que os nubentes estão legalmente habilitados para o ato nupcial.
	• Documentos (CC, art. 1.525)	• Certidão de nascimento ou documento equivalente. • Declaração do estado civil, do domicílio e da residência atual dos contraentes e de seus pais, se forem conhecidos. • Autorização das pessoas sob cuja dependência legal estiverem, ou ato judicial que a supra. • Declaração de duas testemunhas maiores, parentes, ou não, que atestem conhecer os nubentes e afirmem não existir impedimento que os iniba de casar. • Certidão de óbito do cônjuge falecido, da sentença declaratória de nulidade ou da anulação do casamento anterior, transitada em julgado, ou do registro da escritura pública ou da sentença de divórcio. • Certidão da sentença do divórcio proferida no estrangeiro, com a devida homologação pelo nosso STJ (CPC, arts. 960 a 965; *RT*, *538*:258; Lei n. 6.515/77, art. 49). • Certificado de exame pré-nupcial, se se tratar de casamento de colaterais do 3º grau (Dec.-Lei n. 3.200/41).
2. PUBLICIDADE NOS ÓRGÃOS LOCAIS	• O oficial do Registro Civil lavrará os proclamas do casamento, mediante edital que será afixado durante 15 dias em lugar ostensivo do edifício onde se celebram os casamentos e publicado pela imprensa (Lei n. 6.015/73, art. 68 e parágrafos; CC, art. 1.527 e parágrafo único).	
3. AUTORIZAÇÃO PARA A CELEBRAÇÃO DO CASAMENTO	• Se após o prazo de 15 dias não houver oposição de impedimentos matrimoniais, o oficial do Registro deverá passar uma certidão declarando que os nubentes estão habilitados para casar dentro dos noventa dias imediatos (CC, arts. 1.531 e 1.532).	

4. Celebração do casamento

A. Formalidades essenciais da cerimônia nupcial

A norma jurídica, devido à grande importância social do matrimônio e para garantir a integridade do consentimento dos nubentes, reveste a cerimônia nupcial de solenidades especiais dando-lhe a devida publicidade[188].

Preenchidos todos os requisitos do processo de habilitação, os contraentes, de posse da certidão passada pelo Registro Civil, requererão mediante petição à autoridade competente a designação de dia, hora e local para a celebração do casamento (CC, art. 1.533). Entretanto, costumeiramente, a data e o horário não são marcados pelo juiz, pois os nubentes declaram na petição o dia e a hora em que pretendem casar, limitando-se o juiz a deferir-lhes o requerimento[189], apesar de não estar obrigado a acatar a sugestão da data nele contida.

---

188. Orlando Gomes, *Direito,* cit., p. 118; Caio M. S. Pereira, op. cit., p. 80. Celebração do casamento: Provimento n. 25/2005 da CGJSP, art. 75 a 84.1 (normas de serviço da Corregedoria-Geral da Justiça). Sobre conversão da união estável em casamento (CF/88, art. 226, § 3º, e Lei n. 9.278/96, art. 8º).

189. W. Barros Monteiro, op. cit., p. 53. No Estado de São Paulo, a autoridade competente para celebrar o ato nupcial é o Juiz de Casamentos (Dec.-Lei n. 13.375/47, ora revogado pela Lei n. 12.392/2006; Res. SJDC, *26*:97), até que se elabore lei para criar a Justiça de Paz (Constituição do Estado de São Paulo, 1989, art. 89, e Disposições Transitórias, art. 16). Tal juiz, cuja função não é remunerada, é nomeado pelo secretário da Justiça. Cada município tem dois suplentes para o juiz de casamento, que o substituirão em caso de impedimento; no Estado do Rio de Janeiro, era o Juiz do Registro Civil (Dec.-Lei n. 8.527/45, art. 67, I) e hoje é o juiz de paz (Constituição Estadual, art. 168, e Res. n. 6/97 do CSM); no Estado do Paraná, o Juiz de Direito (Lei Estadual n. 4.667/62, art. 83, VIII, *c*). Na maioria das unidades federativas, o juiz de paz é a autoridade competente, determinada pelas respectivas leis de organização judiciária. Lei Orgânica da Magistratura, arts. 112, §§ 1º a 3º, e 113, e Código Penal, art. 238. Dispõe a Constituição Federal, no art. 98, II, que a União, no Distrito Federal e nos Territórios,

A celebração do ato nupcial é da competência do juiz do lugar em que se processou a habilitação e é gratuita (CC, art. 1.512). O Projeto de Lei n. 699/2011 pretende acrescentar § 1º ao art. 1.512, que terá a seguinte redação:

"§ 1º A habilitação para o casamento civil, o registro e a primeira certidão serão isentos de selos, emolumentos e custas, para as pessoas cuja pobreza for declarada, sob as penas da lei".

O casamento pode realizar-se em qualquer dia da semana, inclusive domingos e feriados (Lei n. 1.408/51, art. 5º, parágrafo único), "na sede do cartório, com toda publicidade, a portas abertas, presentes pelo menos duas testemunhas, parentes ou não dos contraentes, ou, querendo as partes e consentindo a autoridade celebrante, noutro edifício público ou particular" (CC, art. 1.534). Serão quatro as testemunhas, para dar maior segurança ao ato, se for celebrado em edifício particular, que deverá ficar de portas abertas durante o ato, e se algum dos contraentes não souber, em razão de analfabetismo, ou não puder, em virtude de enfermidade ou lesão, escrever (CC, art. 1.534, §§ 1º e 2º).

Como se vê, a publicidade do ato nupcial é de ordem pública, pois exige nosso legislador que durante a cerimônia as portas fiquem abertas, sob pena de o casamento sofrer impugnações ou de ser considerado clandestino[190]. Não pode haver, portanto, restrição ao acesso de pessoas ao recinto para presenciar a celebração nupcial. Só assim é que se poderá permitir o livre ingresso, no local, de qualquer pessoa interessada em opor algum impedimento e afastar os riscos de intimidação ou falseamento da vontade[191].

É essencial para a celebração a presença real e simultânea dos contraentes, não se tolerando o comparecimento consecutivo, em momentos diversos, e muito menos por meio de telefone, telegrama, carta, rádio ou televisão, embora se admita que o casamento possa realizar-se com a presença de um procurador especial, em casos excepcionais[192].

---

e os Estados criarão justiça de paz remunerada, composta de cidadãos eleitos pelo voto direto, universal e secreto, com mandato de 4 anos e competência para, na forma da lei, celebrar casamentos, verificar, de ofício ou em face de impugnação apresentada, o processo de habilitação e exercer atribuições conciliatórias, sem caráter jurisdicional, além de outras previstas na legislação. E acrescenta, no art. 30 das Disp. Transitórias, que a legislação que criar a justiça de paz manterá os atuais juízes de paz até a posse dos novos titulares, assegurando-lhes os direitos e atribuições conferidos a estes e designará o dia para a eleição prevista no art. 98, II, da Constituição Federal.

190. Beudant, *Cours de droit civil français*, v. 1, p. 355; W. Barros Monteiro, op. cit., p. 54.

191. Caio M. S. Pereira, op. cit., p. 81.

192. W. Barros Monteiro, op. cit., p. 55; Orlando Gomes, *Direito*, cit., p. 118; Espínola, op. cit., p. 108.

Presentes os nubentes, em pessoa ou por procurador especial (CC, art. 1.535), as testemunhas (parentes ou estranhos, Lei n. 6.015/73, art. 42) e o oficial do Registro (que funciona como escrivão), o presidente do ato ou juiz[193] perguntará, sucessivamente, ao futuro marido e à futura mulher se pretendem se casar por livre e espontânea vontade.

A lei não exige fórmulas sacramentais para a manifestação verbal do consentimento, desde que este seja claro e feito de forma a não se duvidar do seu conteúdo, ou de sua espontaneidade, de modo que não se tolerará mero silêncio. A cerimônia nupcial é formal e solene, não admitindo arrependimento, gracejo, subterfúgio, dubitação volitiva. O matrimônio não se efetivará, sendo sua celebração suspensa, se um dos nubentes recusar a solene afirmação de sua vontade, declarar que esta não é livre e espontânea ou manifestar-se arrependido (CC, art. 1.538, I, II e III). O nubente que der causa à suspensão do ato não poderá retratar-se no mesmo dia; mesmo que declare tratar-se de pilhéria e afirme sua intenção de reiniciar a cerimônia suspensa, esta só poderá ser celebrada nas próximas 24 horas (CC, art. 1.538, parágrafo único; *RF*, *66*:308) ou dentro de um prazo razoável para reflexão. A autoridade celebrante designará nova data para as núpcias, desde que exista pedido feito pelo nubente, que suspendeu a cerimônia, sem que haja, contudo, necessidade de renovar os atos anteriores validamente efetivados. Igualmente, suspende-se o ato se houver oposição séria de impedimento ou retratação do consentimento dos pais ou tutor, cuja autorização for necessária (CC, arts. 1.518 e 1.522). Neste último caso o juiz decretará o suprimento de consentimento (CC, art. 1.519), e a cerimônia se renovará, com a autorização suprida, fato que deverá ser mencionado no processo[194].

Obtendo resposta afirmativa, pura e simples, sem qualquer condição ou termo[195], o celebrante declara contraído o matrimônio, ao pronunciar as seguintes palavras: "De acordo com a vontade que ambos acabais de afirmar perante mim, de vos receberdes por marido e mulher, eu, em nome da lei, vos declaro casados" (CC, art. 1.535, parte final).

---

193. Os nubentes, testemunhas, escrivão e celebrante deverão estar decentemente trajados, para maior decoro do ato, segundo recomendação da Corregedoria Geral da Justiça do Estado de São Paulo, baixada pela Portaria n. 10, de 20 de agosto de 1956.

194. Orlando Gomes, *Direito,* cit., p. 118; De Page, op. cit., v. 1, p. 630; Darcy Arruda Miranda, *Anotações ao Código Civil brasileiro,* São Paulo, Saraiva, 1981, v. 1; Matiello, *Código*, cit., p. 996.

195. Enneccerus, Kipp e Wolff, *Derecho de familia,* v. 1, § 21; Venzi, op. cit., p. 570. Admite-se a afirmação por meio de palavras, gestos ou documento escrito, pois o silêncio não pode ser considerado como manifestação da vontade.

Daí se infere ser essencial à celebração da cerimônia nupcial a coparticipação da autoridade competente, pois é ela que declara os contraentes casados, concorrendo para a constituição do vínculo matrimonial, ao pronunciar a fórmula sacramental acima indicada. O matrimônio só existe quando o juiz, após a manifestação da vontade dos nubentes de estabelecer o vínculo conjugal, pronuncia essa fórmula, declarando os nubentes casados (CC, art. 1.514), de modo que, se qualquer deles vier a se arrepender após tal declaração, o casamento já estará efetuado; logo, o arrependimento não produzirá nenhum efeito. Por outro lado, se o celebrante, após ter recebido a afirmação sucessiva dos nubentes de que persistem no propósito de casar, vier a falecer, subitamente, antes de exarar a fórmula vinculatória, o matrimônio não se realizou[196]. Ante o art. 1.514, clara está a função constitutiva do celebrante, pois o casamento só se realizará no instante em que homem e mulher manifestarem, na sua presença, a vontade de estabelecer vínculo conjugal, ocasião em que os declarará casados.

Tamanha é a importância do celebrante que o Código Civil, art. 1.550, VI, estatui: "É anulável o casamento por incompetência da autoridade celebrante", acrescentando, porém, no art. 1.554 que: "subsiste o casamento celebrado por aquele que, sem possuir a competência exigida na lei, exercer publicamente as funções de juiz de casamentos e, nessa qualidade, tiver registrado o ato no Registro Civil".

É preciso lembrar que, pela Resolução do CNJ n. 175/2013 (arts. 1º e 2º), é vedada à autoridade competente a recusa de celebração de casamento civil entre pessoas do mesmo sexo; se isso ocorrer, a Corregedoria do Tribunal de Justiça local deverá ser informada para providências cabíveis. Teria ela eficácia jurídica, sendo norma inferior, por contrariar comando constitucional e legal?

Para completar o ciclo formal do casamento, que se inicia com a habilitação e prossegue com a cerimônia solene, dever-se-á lavrar no livro de registro, para perpetuar o ato e servir de prova[197], o assento do matrimônio, assinado pelo presidente do ato, cônjuges[198], testemunhas e oficial, conten-

---

196. Barassi, *La famiglia legittima nel nuovo Codice italiano*, p. 89 e 91; Cicu, *Derecho de familia*, p. 47; Orlando Gomes, *Direito*, cit., p. 122; W. Barros Monteiro, op. cit., p. 57.

197. Caio M. S. Pereira, op. cit., p. 84. *Vide* art. 29 (com relação do Dec. n. 6.828/2009) da Lei n. 6.015/73.

198. Observa W. Barros Monteiro (op. cit., p. 57) que como o assento é apenas *ad probationem* ao ser assinado já existe casamento, logo a contraente deverá assiná-lo com o nome de casada. *Vide*: Yussef Said Cahali, Adoção do nome de família da mulher pelo marido, *Livro de Estudos Jurídicos*, *8*:416-21, e as observações que fazemos sobre o assunto nesta nossa obra.

do, conforme o art. 1.536, I a VII, do Código Civil: 1º) os prenomes, sobrenomes, data e lugar do nascimento, profissão, domicílio e residência atual dos cônjuges; 2º) os prenomes, sobrenomes, data de nascimento ou de morte, domicílio e residência atual dos pais; 3º) o prenome e sobrenome do cônjuge precedente e a data da dissolução do casamento anterior, quando for o caso, procurando-se, com isso, evitar a bigamia; 4º) a data da publicação dos proclamas e da celebração do casamento, visto ser esta o termo inicial de seus efeitos jurídicos; 5º) a relação dos documentos apresentados ao oficial do Registro; 6º) os prenomes, sobrenomes, profissão, domicílio e residência atual das testemunhas; 7º) o regime de casamento, com declaração da data e do cartório em cujas notas foi lavrada a escritura antenupcial, quando o regime não for o da comunhão parcial ou o obrigatoriamente estabelecido; 8º) o nome que passa a ter o cônjuge em virtude do casamento (CC, art. 1.565, § 1º); 9º) os nomes e as idades dos filhos havidos de matrimônio anterior; 10º) à margem do termo, a impressão digital do contraente que não souber assinar o nome (Lei n. 6.015/73, art. 70).

Cândido de Oliveira[199] assevera que a falta de lavratura do assento não macula a validade do casamento nem pesa como falha na celebração, mesmo quando houver dolo ou culpa do oficial, caso em que se provará o matrimônio por outros meios (CC, art. 1.543, parágrafo único). Todavia, na prática, muito dificilmente haverá tal omissão porque o assento é lavrado imediatamente após a cerimônia nupcial, para a assinatura do juiz, cônjuges e testemunhas e porque, em regra, o oficial o prepara antes da celebração do casamento para facilitá-la[200].

Se o juiz de casamentos violar certos preceitos relativos ao ato nupcial, poderá sofrer sanções de ordem civil (CC, art. 186) ou penal (CP, arts. 314, 316, § 1º, 319 etc., concernentes aos crimes contra a administração pública): se celebrar casamento antes de levantados os impedimentos opostos contra algum dos contraentes; se deixar de recebê-los, quando oportunamente opostos; se se abstiver de opô-los, quando lhe constarem, e forem dos que se opõem *ex officio* (CC, art. 1.522, parágrafo único) etc.

---

199. Cândido de Oliveira, op. cit., v. 5, § 68, p. 143.

200. Orlando Gomes, *Direito*, cit., p. 120.

Retificação no assento de registro de casamento. Profissão diversa da constante. Fim meramente previdenciário. Evidenciando-se que o pedido de alteração de registro de casamento, para fazer constar profissão diversa daquela em que se lê no documento, possui caráter meramente previdenciário (para fazer prova para pleito previdenciário), carece a autora de interesse processual. Desproveram. Unânime (TJRS, AC 70005336326, 7ª CCív., Rel. Des. Luiz Felipe Brasil Santos, 2002).

B. Casamento por procuração

Embora seja imprescindível a presença real e simultânea dos contraentes para que se realize o casamento, permite nosso Código Civil que, se um deles (ou ambos) não puder estar presente ao ato nupcial, se celebre o matrimônio por procuração cuja eficácia não ultrapassará noventa dias (CC, art. 1.542, § 3º), desde que o nubente outorgue poderes especiais a alguém, com capacidade civil, para comparecer em seu lugar e receber, em seu nome, o outro contraente (CC, art. 1.542), indicando o nome deste, individuando-o de modo preciso, uma vez que ninguém pode conferir poderes para o procurador casar com quem quiser. Orlando Gomes[201] esclarecia-nos que, embora a forma da procuração não estivesse determinada pelo Código de 1916, seria de bom alvitre fazê-la por instrumento público, por ser o casamento um ato solene. Hodiernamente, por força do art. 1.542, *in fine*, do Código Civil, imprescindível será a escritura pública para sua validade. Essa procuração poderia mencionar o regime matrimonial de bens, prevalecendo no seu silêncio o da comunhão parcial, a não ser que, no caso, fosse obrigatório o da separação.

É preciso lembrar que a procuração é um ato eminentemente revogável até o momento da celebração do ato nupcial[202]. Se o celebrante tiver conhecimento de declaração de vontade do mandante contrária ao casamento, extinta estará a procuração[203]; deve-se, então, suspender a cerimônia, sendo que, para a realização do matrimônio, imprescindível será outra procuração ou o comparecimento pessoal dos nubentes[204].

A revogação do mandato não precisará chegar ao conhecimento do mandatário, mas, se o casamento for celebrado sem que o procurador ou o outro contraente tenha ciência da revogação, o mandante deverá responder por perdas e danos (art. 1.542, § 1º, do Código Civil) causados à pessoa com quem se casaria, incluindo-se em tal indenização a reparação de danos morais, por lesão à honra, fruto do vexame sofrido, ou de danos patrimoniais, alusivos, p. ex., a gastos feitos com preparativos, recepção etc., visto que as núpcias poderão ser anuladas (CC, art. 1.550, V e parágrafo único). Tal revogação só pode dar-se por meio de instrumento público (CC, art. 1.542, § 4º). Mas nosso atual Código Civil não resolve a questão do casamento rea-

---

201. Orlando Gomes, *Direito*, cit., p. 125-6. Igualmente: Bassil Dower, op. cit., p. 62.
202. Orlando Gomes, *Direito*, cit., p. 125.
203. Espínola, op. cit., p. 112.
204. Caio M. S. Pereira, op. cit., p. 87; Matiello, *Código*, cit., p. 1000.

lizado após a extinção do mandato por morte do mandante, estando de boa-fé o mandatário, por ignorar o fato e o outro cônjuge.

Pelo art. 689 do Código Civil, é válido ato contraído por procurador enquanto ignorar a extinção do mandato por morte do mandante ou por qualquer outra causa, mas urge lembrar que essa norma apenas é aplicável a atos patrimoniais e não ao casamento, que pressupõe existência dos dois nubentes.

Pelo art. 1.628 do Código Civil português, esse matrimônio deverá ser considerado inexistente. Mas, pelo art. 1.550, V, parágrafo único, do Código Civil brasileiro em vigor, será anulável dentro de 180 dias, contados da data em que o mandante soube do casamento (CC, art. 1.560, § 2º), o casamento realizado pelo mandatário, sem que ele ou o outro contraente soubesse da invalidade ou da revogação do mandato, e não sobrevindo coabitação entre os cônjuges. Seria esse artigo aplicável, analogicamente, em caso de extinção do mandato por morte do nubente-mandante?

Parece-nos que não, porque a morte do mandante antes das núpcias extingue o mandato e não o revoga; logo, haverá ausência de consentimento e *ato inexistente*. Como seria possível haver casamento com a manifestação da vontade de um só nubente?

Mas é preciso ressaltar, ainda, que se o procurador já sabia da revogação e, mesmo assim, participa da cerimônia nupcial, ele, e não o mandante, deverá responder por perdas e danos causados ao nubente. E se este, por sua vez, sabedor da revogação, vier a contrair núpcias inválidas, nada poderá exigir daquele que revogou o mandato, nem do mandatário de boa-fé, que ignorava aquela revogação.

Por este meio possibilita-se casamento de nubente que esteja materialmente impossibilitado de comparecer à cerimônia nupcial, p. ex., se residir em local diverso do outro e não puder deslocar-se por razões justas ou se se encontrar no estrangeiro em trabalho ou em cumprimento de bolsa de estudo que não pode interromper[205]. Assim pode casar-se por procuração aquele cuja profissão, exercida no exterior, não lhe permita comparecer em pessoa à cerimônia nupcial. Ensina-nos Washington de Barros Monteiro[206] que, outrora, sob a égide da antiga Lei de Introdução, se estrangeiro um dos nu-

---

205. Caio M. S. Pereira, op. cit., p. 86. Poderá casar-se por procuração o nubente muito doente, mas não em iminente risco de vida. Logo, há quem ache, nada obsta que se faça representar em casamento nuncupativo.

206. W. Barros Monteiro, op. cit., p. 55-6.

bentes, não poderia casar por procuração se não lho permitisse o respectivo estatuto pessoal, e que, hodiernamente, ante o art. 7º, § 1º, da nova Lei de Introdução, qualquer estrangeiro pode casar por procuração, ainda que sua lei nacional seja omissa ou contrária a esse casamento.

O casamento por procuração não dispensa a cerimônia pública, que se efetivará com a presença do contraente e do procurador do outro, munido com poderes especiais, pois é inadmissível que ambos os nubentes se façam representar por mandatários, já que, sem a presença de um deles, o ato nupcial perde os caracteres cerimoniais peculiares. Pronunciada a fórmula legal pelo celebrante ter-se-á o vínculo matrimonial; deve-se lavrar o assento, constando a circunstância da representação, arquivando-se em cartório, juntamente com os demais documentos apresentados, o instrumento do mandato[207].

C. Casamento nuncupativo e em caso de moléstia grave

O casamento nuncupativo ou *in extremis vitae momentis*, ou *in articulo mortis*, é uma forma especial de celebração de casamento em que, ante a urgência do caso e por falta de tempo, não se cumprem todas as formalidades estabelecidas nos arts. 1.533 e s. do Código Civil.

Possibilita o Código Civil, art. 1.540, que, quando um dos contraentes se encontrar em iminente risco de vida (p. ex., por força de doença terminal, crime contra a vida, ato de terrorismo etc.) e precisar casar-se para obter os efeitos civis do matrimônio (p. ex.: dignificação da companheira), o oficial do Registro Civil, mediante despacho da autoridade competente, à vista dos documentos exigidos no art. 1.525 e independentemente de edital de proclamas (art. 1.527, parágrafo único), dará a certidão de habilitação, dispensando o processo regular. Chega-se até mesmo a dispensar a autoridade competente para presidir o ato, se os contraentes não lograram obter sua presença, bem como a de seu substituto. Nesse caso os nubentes figurarão como celebrantes e realizarão oralmente o casamento, declarando, de viva

207. É o que nos ensina Caio M. S. Pereira, op. cit., p. 86. Já se tem celebrado casamento "via Internet", transmitido por webcam, via Skype, e o mais recente foi registrado em abril de 2008 no 1º Cartório de Osasco-SP, na presença dos padrinhos e dos pais do noivo, que se encontrava em Xangai (China). A noiva estava em Nice (França) e seus pais acompanharam a cerimônia, virtualmente, em Barcelona (Espanha). Os procuradores dos noivos deram o "sim" e assinaram o ato e os noivos, *on-line*, com autorização do juiz de paz, anuíram também. Trata-se, na verdade, de casamento por procuração, em que os noivos assisitiram e participaram da cerimônia.

voz, que — livre e espontaneamente — querem receber-se por marido e mulher (*RT, 475*:58), perante seis testemunhas, que com eles não tenham parentesco em linha reta, ou, na colateral, em 2º grau (CC, art. 1.540; Lei n. 6.015/73, art. 76). Convém lembrar, ainda, que o nubente, que não estiver em iminente risco de vida, poderá fazer-se representar (CC, art. 1.542, § 2º), mediante procuração, por instrumento público, com poderes especiais; porém o outro, ante a precariedade de seu estado de saúde, deverá participar do ato pessoalmente, para que o celebrante e testemunhas possam atestar não só a existência do risco de vida, mas também o seu estado mental e se houve consentimento livre e espontâneo.

As testemunhas presenciais deverão comparecer, dentro de 10 dias, ante a autoridade judicial mais próxima, para pedir que se lhes tomem por termo as seguintes declarações: que foram convocadas por parte do enfermo; que este parecia em perigo de vida, mas em seu juízo; e que em sua presença declararam os contraentes livre e espontaneamente receber-se por marido e mulher (CC, art. 1.541, I, II e III; *RT, 526*:103).

Se qualquer das testemunhas não comparecer, voluntariamente, o interessado poderá requerer sua intimação[208] para que venha depor sobre o casamento a que assistiu.

A autoridade judiciária competente (a mais próxima do lugar em que se realizou o casamento)[209], autuado o pedido e tomadas as declarações, procederá às diligências necessárias para verificar se os contraentes poderiam ter-se habilitado para o casamento, na forma ordinária, ouvidos o órgão do Ministério Público e os interessados que o requererem, dentro de 15 dias. Verificada a inexistência de impedimento matrimonial e a idoneidade dos cônjuges para o casamento assim o decidirá a autoridade competente, com recurso voluntário às partes (CC, art. 1.541, §§ 1º e 2º; e Lei n. 6.015/73, art. 76, §§ 1º a 5º). O juiz, como dissemos, verificando que os nubentes preen-

---

208. Cahali, Casamento nuncupativo, in *Enciclopédia Saraiva do Direito*, v. 13, p. 424; W. Barros Monteiro, op. cit., p. 61. *Vide*: *RT, 647*:89; *798*:385; *RJM, 33*:81; *RJTJSP, 119*:45; *JTJ, Lex*, 226:*21*.

209. Se o juiz mais próximo do lugar em que se realizou o casamento não for o competente, *ratione materiae* ou *ratione personae*, remeterá o processo para julgamento da autoridade competente, segundo a lei de organização judiciária. Na capital de São Paulo, o juiz competente para a homologação do casamento *in extremis* é o de uma das Varas da Família e Sucessões (Cód. Jud. do Estado, art. 37, I, *a*). É o que pontifica W. Barros Monteiro, op. cit., p. 62, nota 23.

chem os requisitos legais, prolatará sentença reconhecendo sua idoneidade para o casamento. Essa decisão poderá ser objeto de recurso de apelação interposto, no prazo de 15 dias, por quem tiver legitimidade para agir. Se da decisão não se tiver recorrido, ou se ela transitar em julgado, apesar dos recursos interpostos, o juiz mandará registrá-la no livro do Registro dos Casamentos (CC, art. 1.541, § 3º). O assento assim lavrado retrotrairá os efeitos do casamento, quanto ao estado dos cônjuges, à data da celebração (CC, art. 1.541, § 4º). Quanto aos filhos comuns não há mais, pelo Código Civil atual, retroação à data do nascimento, pois proclamada está pela Constituição Federal a igualdade de todos os filhos, pouco importando se advindos de laços matrimoniais de seus pais, ou não.

Tais formalidades homologatórias serão dispensadas se o enfermo convalescer e puder ratificar o casamento em presença da autoridade competente e do oficial do registro (CC, art. 1.541, § 5º). Não se exige, é óbvio, novo casamento, bastando a simples declaração confirmatória da vontade nupcial reduzida a termo. Se não houver essa ratificação, após a convalescença, o casamento nenhum valor terá[210]. Claro está que, se o doente só se restabelecer depois da transcrição no Registro Civil da decisão que entendeu ser o casamento regular, não é preciso que se ratifique o matrimônio, que é plenamente eficaz.

Como se percebe, trata-se de um casamento subordinado à habilitação *a posteriori* e homologação judicial[211], sendo que se requer uma certa cautela do órgão judicante ao apreciar esse casamento, que pode proteger unicamente interesses individuais de um aventureiro, despojando os sucessores do enfermo de direitos hereditários. Se, porventura, alguma das testemunhas vier a negar o cumprimento dos requisitos arrolados no art. 1.541, I, II e III, o magistrado não poderá reconhecer a existência daquele casamento, devendo decidir, ante depoimentos contraditórios, conforme as provas obtidas[212].

Orlando Gomes, acertadamente, distingue o casamento *in extremis* do *casamento em caso de moléstia grave,* que tem por pressuposto basilar o esta-

---

210. Sá Pereira, *Lições de direito de família*, p. 114; Espínola, op. cit., p. 129.

211. Sá Pereira, op. cit., p. 107.

212. Silvio Rodrigues (*Direito*, cit., p. 61), por tais razões, chega a defender a abolição dessa modalidade de casamento; W. Barros Monteiro, op. cit., p. 62; Matiello, *Código*, cit., p. 998; *AJ*, *92*:107; *RT*, *300*:247, *465*:207; *RJTJSP*, *29*:128. "A sentença estrangeira de divórcio, que tenha efeito meramente probatório, não precisa ser homologada pelo STF, para fins de homologação de casamento nuncupativo, ficando afastada a carência da ação, em virtude das peculiaridades do caso" (*JB*, *156*:242).

do de saúde de um dos nubentes, cuja gravidade o impeça de locomover-se e de adiar a cerimônia. Nessa hipótese poderá solicitar a presença do celebrante e do oficial em sua casa ou onde estiver, inclusive no hospital, mesmo à noite, para realizar o ato nupcial, desde que haja cumprimento das formalidades preliminares (CC, art. 1.531), perante duas testemunhas, que saibam ler e escrever (CC, art. 1.539). Como a urgência de sua celebração não permite, às vezes, que a autoridade atenda ao chamado, nesse caso a cerimônia poderá ser levada a efeito por qualquer dos substitutos legais do juiz. E, se o oficial do Registro também não puder comparecer ao ato, será substituído por uma pessoa nomeada *ad hoc* pelo presidente do ato (CC, art. 1.539, § 1º). O termo avulso, que o oficial *ad hoc* lavrar, será levado a assento no respectivo registro em cinco dias, contados da celebração do ato nupcial, perante duas testemunhas, ficando arquivado (CC, art. 1.539, § 2º).

Essa forma especial de matrimônio, que requer existência do processo de habilitação e reclama a presença de duas testemunhas, não só é admitida em caso de doença grave, mas também se ocorrer outro motivo muito urgente (acidente, p. ex.) que justifique, excepcionalmente, a imediata celebração do casamento (CC, art. 1.539) sem o cumprimento total das formalidades preliminares, mesmo que um dos nubentes não esteja agonizando.

Além disso, a prova do casamento urgente obtém-se com a certidão de termo avulso transcrito no registro e a do nuncupativo, com a certidão da transcrição da sentença que o homologou[213].

D. Casamento perante autoridade diplomática ou consular

Segundo o art. 7º, § 2º, da Lei de Introdução às Normas do Direito Brasileiro, com a redação da Lei n. 3.238/57, "o casamento de estrangeiros poderá celebrar-se perante autoridades diplomáticas ou consulares do país de ambos os nubentes", no próprio consulado ou fora dele (*AJ*, *80*:166). Assim sendo, o cônsul estrangeiro só poderá realizar matrimônio quando ambos os contraentes forem conacionais, cessando sua competência se um deles for

213. Sobre o casamento em caso de moléstia grave, consulte Orlando Gomes, *Direito*, cit., p. 123, 124 e 126; Milton Paulo de Carvalho Filho, *Código Civil comentado* (coord. Peluso), Barueri, Manole, 2008, p. 1604; Luiz Edson Fachin (*Código Civil comentado*, São Paulo, Atlas, 2003, v. XV, com. ao art. 1.539) esclarece que moléstia grave é a que inviabiliza a remoção do paciente sem agravar seu quadro e que é suscetível de levá-lo à morte em breve tempo, embora o óbito possa não acontecer, fato que não invalidará o casamento.

de nacionalidade diversa[214]. É preciso deixar bem claro que o casamento de estrangeiros perante cônsul de seu país só é celebrado conforme o direito alienígena, no que concerne à forma do ato, pois seus efeitos materiais são apreciados de acordo com a lei brasileira (*RT, 200*:653)[215]. Entretanto, não será possível a transcrição de assento de casamento de estrangeiro, realizado no Brasil, em consulado de seu país, no Cartório do Registro Civil do respectivo domicílio (*RT, 185*:285).

Nossa Lei de Introdução, art. 18, com a alteração da Lei n. 3.238/57, art. 3º, permite que brasileiros convolem núpcias, no exterior, perante nosso cônsul de carreira, visto que cônsul honorário não pode celebrar casamentos (Dec. n. 23.102/47, art. 15, VII). Acrescenta o Decreto n. 24.113/34, art. 13, parágrafo único, que "os cônsules de carreira só poderão celebrar casamentos quando ambos os nubentes forem brasileiros e a legislação local reconhecer efeitos civis aos casamentos assim celebrados". Todavia esse casamento deve ser registrado no Brasil, pois a Lei n. 6.015/73, no seu art. 32, *caput* e § 1º, e o Código Civil, no art. 1.544, dispõem: os assentos de casamento de brasileiros em país estrangeiro, perante autoridades ou cônsules brasileiros, serão considerados autênticos, nos termos da lei do lugar em que forem feitos, legalizadas as certidões pelos cônsules ou, quando por estes tomados, nos termos do regulamento consular. Deverão ser registrados em 180 dias contados da volta de um ou de ambos os cônjuges ao Brasil, no cartório de seu respectivo domicílio, ou, em sua falta, no 1º Ofício da Capital do Estado em que passarem a residir. Desses registros extraem-se as certidões. Os assentos, portanto, deverão ser trasladados no 1º Ofício do Estado em que passarem a residir, em falta de domicílio conhecido de um ou de ambos os cônjuges[216], quando tiverem de produzir efeito no Brasil, ou, antes, por meio de segunda via, que o cônsul será obrigado a remeter por intermédio do Ministério das Relações Exteriores.

---

214. W. Barros Monteiro, op. cit., p. 59.

215. W. Barros Monteiro, op. cit., p. 59.

216. *Vide*, sobre o assunto, Silvio Rodrigues, *Direito*, cit., p. 57-8; José Russo, Casamento perante autoridade consular, *Revista Brasileira de Direito de Família*, *23*:55-65. *Vide* art. 477 da Consolidação dos Regulamentos Consulares, aprovada pelo Decreto n. 360/35; *RJTJSP*, *31*:103, *30*:81, *28*:64, *41*:42, *40*:49; *RTJ*, *71*:241; *RT*, *482*:250, *483*:87, *488*:94, *483*:80, *465*:107, *490*:83, *98*:768, *468*:55, *580*:128 e *622*:79. O Decreto s/n. de 30 de março de 1998 delega competência ao Ministro de Estado de Relações Exteriores para autorizar casamento de servidor das carreiras do Serviço Exterior com pessoa empregada de governo estrangeiro ou que dele receba comissão ou pensão.

E. Casamento religioso com efeitos civis

Como pudemos apontar em páginas anteriores[217], o casamento é civil, mas é perfeitamente válido que os nubentes se casem no religioso, atribuindo-lhe efeitos civis desde que haja habilitação prévia ou não. Logo, o casamento religioso terá efeito civil se, observados os impedimentos, as causas suspensivas (CC, arts. 1.521 a 1.524), a capacidade matrimonial (CC, art. 1.516) e as prescrições da lei, assim o requerer o celebrante ou qualquer interessado, contanto que seja o ato inscrito no registro público. O casamento religioso celebrado sem as formalidades exigidas pelo Código Civil terá efeitos civis se, a requerimento do casal, for inscrito no registro público, mediante prévia habilitação perante a autoridade competente (CF, art. 226, § 2º).

A Lei n. 1.110/50 (ratificada pelo Dec.-Lei n. 1.000/69 e Lei n. 6.015/73, arts. 71 a 75), que primeiro disciplinou o reconhecimento dos efeitos civis do matrimônio religioso — celebrado por ministro católico, protestante, ortodoxo, israelita etc., jamais presidente de centro espírita[218] —, distinguiu as hipóteses de habilitação prévia e habilitação posterior. Nosso Código Civil contempla-o no art. 1.516, §§ 1º a 3º. Têm-se assim duas modalidades de casamento religioso com efeito civil:

1) *O casamento religioso precedido de habilitação civil* (Lei n. 6.015/73, art. 71, ora revogado pelo CC, art. 1.516, § 1º), caso em que os nubentes processam a habilitação matrimonial perante o oficial do Registro Civil, observando os arts. 1.525, 1.526, 1.527 e 1.531 do Código Civil, pedindo-lhe que lhes forneça a respectiva certidão, para se casarem perante ministro religioso, nela mencionando o prazo legal de validade da habilitação, ou seja, o de 90 dias (CC, art. 1.532). O oficial expedirá certidão, dela fazendo constar seu fim específico e a entregará a um dos contraentes, mediante recibo que ficará nos autos da habilitação[219]. Essa certidão será entregue à autoridade eclesiástica, que a arquivará, realizando, então, o ato nupcial. Dentro de outro prazo decadencial de 90 dias, contado da celebração do casamento, o ministro religioso ou qualquer interessado deverá requerer seu assento no Registro Civil (CC, art. 1.516, § 1º). Esgotado aquele prazo de 90 dias sem que se tenha promovido tal registro, é sinal de que os nubentes desinteressaram-se pela produti-

217. *Vide* cap. II, item 1, letra *f*, deste livro. Alvaro Villaça Azevedo, Casamento religioso autônomo (resgate histórico), *Revista FAAP*, *9*:11-13, 2013.

218. O Tribunal de Justiça do ex-Estado da Guanabara decidiu: "Não sendo considerado religião, o espiritismo, é insuscetível de registro civil a união conjugal realizada em qualquer de seus centros" (*RF*, *232*:172).

219. É o que nos ensina Walter Ceneviva, op. cit., p. 166.

vidade de efeitos civis desse matrimônio, de maneira que os pretendentes, se o quiserem, terão de se habilitar novamente e, querendo casar-se, cumprir todas as formalidades civis, porque o oficial não poderá registrar o anterior[220].

2) *Casamento religioso não precedido de habilitação civil* perante o oficial do Registro Civil poderá ser registrado a qualquer tempo, desde que os nubentes, juntamente com o requerimento de registro, apresentem a prova do ato religioso e os documentos exigidos pelo art. 1.525 do Código Civil, e supram, à requisição do oficial, eventual falta de requisitos no termo da celebração religiosa. Processada a habilitação com a publicação dos editais, certificando-se o oficial da ausência de impedimentos matrimoniais e de causas suspensivas, fará o registro do casamento religioso observando o prazo do art. 1.532 do Código Civil e de acordo com a prova do ato e os dados constantes do processo (CC, art. 1.516, § 2º).

O Projeto de Lei n. 699/2011: a) acrescentará § 2º ao art. 1.512, que assim disporá:

"O casamento religioso, atendidos os princípios indicados no art. 1.515, equipara-se ao civil desde que celebrado e registrado por entidade religiosa, devidamente habilitada junto à Corregedoria Geral de Justiça de cada Estado ou do Distrito Federal", e b) alterará os arts. 1.515 e 1.516, que passarão a ter a seguinte redação: "O casamento religioso, celebrado e registrado na forma do § 2º do art. 1.512, e não atentando contra a monogamia, contra os princípios da legislação brasileira, contra a ordem pública e contra os bons costumes, poderá ser registrado pelos cônjuges no Registro Civil, em que for, pela primeira vez, domiciliado o casal" (CC, art. 1.515). "O registro do casamento religioso no Registro Civil será feito a pedido dos cônjuges, com a apresentação da certidão de casamento, extraída do registro feito junto à entidade religiosa" (CC, art. 1.516). O Parecer Vicente Arruda rejeitou tal proposta, também contida no Projeto de Lei n. 6.960/2002 (atual PL n. 699/2011), alegando que os "arts. 1.512, 1.515 e 1.516 estabelecem a validade do casamento religioso, criando normas para sua efetivação. Não se vislumbra nenhuma vantagem em criar novas regras a respeito, nem um registro de igrejas autorizadas ou não a celebrar casamentos, porque o Estado é laico e deve ser a regra geral o casamento civil. Nenhum costume do povo brasileiro indica a necessidade de se dar maior amplitude de validade ao casamento religioso".

---

220. Walter Ceneviva, op. cit., p. 169. Se um dos nubentes vier a falecer, o pedido poderá ser feito dentro do referido prazo de decadência.

Se, porventura, um dos contraentes vier a falecer antes do assento do casamento religioso, por ele requerido, tal fato não obsta sua concessão (*RF, 117*:447)[221]. E, além disso, será preciso não olvidar que será nulo o registro civil do casamento religioso se, antes dele, qualquer dos consorciados houver contraído com outrem casamento civil (CC, art. 1.516, § 3º).

Pelo art. 1.515, *in fine*, do Código Civil: O registro produzirá efeitos jurídicos a contar da celebração do casamento. A esse respeito escreve Walter Ceneviva[222]: "Não é que o registro produza efeitos a contar da celebração. Os fins do registro são alcançados a contar da data em que o assentamento é formalizado, o que, por sua vez, faz retornar os efeitos jurídicos do casamento à data da celebração. Omitido o registro, o matrimônio é só religioso. A relação entre os nubentes é, para fins civis, concubinária, sendo seu estado civil até o registro aquele que tinham antes de se consorciarem. Feito o registro, o estado civil passa a ser o de casados, desde a data da solenidade religiosa".

Portanto, esse registro não é meramente probatório, constituindo ato essencial para a atribuição de efeitos civis e penais, pois sem ele ter-se-á tão somente um ato religioso; daí poder o casado, no religioso, contrair o casamento civil válido, sob os olhos complacentes do direito, sem cometer o crime de bigamia previsto no Código Penal. Logo, como nos diz Pontes de Miranda, não constitui, antes da inscrição, impedimento para a celebração de casamento civil, nem para a aquisição dos efeitos civis por parte de um segundo casamento religioso[223]. Da mesma forma antes de seu registro não cabe ação civil para declarar nulidade ou anulação de casamento religioso (*RT, 427*:238).

Todavia, observa Edgard Moura Bittencourt[224], ante a evolução da política legislativa, principalmente na área da previdência social, o nosso legislador tem tomado uma posição mais determinada, pois o Decreto n. 53.154/63, art. 2º, § 1º (Regulamento da Previdência Social Rural), ora revogado pelo Decreto s/n. de 10-5-1991, considera, para efeito da qualificação de dependentes, o vínculo resultante de matrimônio religioso. A Lei Orgânica da Previ-

---

221. W. Barros Monteiro, op. cit., p. 65. O certificado de habilitação convalida o casamento religioso com efeito civil, por ser providência indispensável e prévia ao registro.

222. Walter Ceneviva, op. cit., p. 172. *Vide,* nesse sentido, Cahali, Casamento religioso, cit., in *Enciclopédia Saraiva do Direito,* v. 13, p. 457.

223. Antônio Chaves, Casamento religioso, in *Enciclopédia Saraiva do Direito,* v. 13, p. 453; Pontes de Miranda, *Tratado de direito privado,* v. 7, § 767, p. 230.

224. Edgard Moura Bittencourt, *O concubinato no direito,* 2. ed., Rio de Janeiro, Ed. Jurídica e Universitária, 1969, v. 1, p. 72.

dência Social — LOPS, com a alteração de 1966, criou uma situação especial ao casamento eclesiástico, ao considerar esposa a mulher assim unida ao segurado, para o efeito de serem presumidas sua declaração e inscrição como dependente daquele (art. 11, § 3º).

Com exceção dessas normas, o casamento religioso sem o registro civil é mera união estável, embora seja constrangedor afirmar que grande parte de nossa população interiorana, de costumes austeros e morais, trabalhando de maneira construtiva e cristã, viva em permanente companheirismo[225].

O registro civil, além de ser condição da eficácia desse casamento, teria também valor probatório. Deveras, pelo Código Civil, art. 1.515: "o casamento religioso, que atender às exigências da lei para a validade do casamento civil, equipara-se a este, desde que registrado no registro próprio, produzindo efeitos a partir da data de sua celebração".

É preciso, ainda, deixar bem claro que não há nenhuma substituição do direito canônico ao direito civil matrimonial, que permanece íntegro, tendo-se, tão somente, um reconhecimento do matrimônio eclesiástico para produzir efeitos jurídicos idênticos aos do casamento civil, sendo necessário que (*a*) o ato nupcial celebrado por ministro religioso seja válido de acordo com as normas canônicas; (*b*) os nubentes possam constituir vínculo matrimonial civil conforme o ordenamento jurídico brasileiro; (*c*) os pretendentes queiram, além de selar sua união com a bênção divina, tornar-se marido e mulher de acordo com o valor atribuído a essas expressões pelo Código Civil; (*d*) a vontade dos nubentes tenha sido manifestada no momento da celebração, pura e simples, não estando submetida a termo ou condição; (*e*) a celebração do casamento pelo ritual religioso obedeça às prescrições equivalentes da legislação civil no que concerne à habilitação, à capacidade matrimonial, às causas suspensivas da celebração das núpcias, aos impedimentos e sua oposição (CC, arts. 1.525 a 1.532); à celebração (intervenção

---

225. Antônio Chaves, Casamento religioso, cit., p. 452. *Vide* Provimento n. 25/2005 da CGJSP — arts. 85 a 86.2 — sobre registro do casamento religioso para efeitos civis. Urge lembrar que pelo Decreto n. 6.906/2009 é obrigatória a apresentação de declaração acerca da existência de vínculo matrimonial, não só com ocupantes de cargos em comissão ou funções de confiança no âmbito do Poder Executivo Federal, como também com estagiário, terceirizado ou consultor contratado por organismo internacional que prestem serviços para entidade de administração pública direta, pelos agentes públicos que sejam: Ministro de Estado; ocupante de cargo de natureza especial e ocupante de cargo do Grupo-Direção e Assessoramento Superiores. Com isso será possível evitar nepotismo.

do celebrante, local, presença dos nubentes e testemunhas ao ato nupcial); às provas do casamento e à inscrição do casamento no Registro Civil[226].

Apesar de ser simples o processo de reconhecimento dos efeitos civis do casamento eclesiástico, os brasileiros insistem em realizar as duas cerimônias: a civil e a religiosa. Os raros casos de registro civil de casamento religioso são aqueles efetuados *in extremis* por autoridades eclesiásticas[227].

Quadro Sinótico

Celebração do Casamento

1. FORMALIDADES ESSENCIAIS DA CERIMÔNIA NUPCIAL	• *a*) Requerimento à autoridade competente para designar dia, hora e local da celebração do matrimônio (CC, art. 1.533). • *b*) Publicidade do ato nupcial (CC, art. 1.534 e parágrafo único). • *c*) Presença real e simultânea dos contraentes ou de procurador especial, em casos excepcionais (CC, arts. 1.535 e 1.542); das testemunhas (CC, art. 1.534, §§ 1º e 2º; Lei n. 6.015/73, art. 42); do oficial do registro e do juiz de casamento.

226. Antônio Chaves, Casamento religioso, cit., p. 441-2. Sobre o assunto, consulte Massimo Franzi, *Trascrivibilità e trascrizione del matrimonio commodatario,* Napoli, Jovene, 1951, p. 60; Arnaldo Bertola, *Il matrimonio religioso nel diritto canonico e nell'ordinamento concordatario italiano,* Torino, UTET, 1966; Raymundo Candido, Das relações interjurisdicionais no casamento religioso com efeitos civis, *Revista do Curso de Direito da Universidade Federal de Uberlândia, 14*:187-97; Waldemar Ferreira, *O casamento religioso com efeitos civis,* 1935; Jeronymo Crepaldi Jr., Casamento religioso: modalidades e formas de registro para efeitos civis, *Justitia, 162*:35. *Bol. AASP, 2.841*:9: "Direito Civil e Família. Casamento religioso. Atribuição. Efeitos civis. Impossibilidade. Impedimento. Varão. Casamento anterior. Reconhecimento. União estável. Manutenção. Fixação de regime de bens. Inadmissibilidade. Inovação recursal. Sentença mantida. 1. São dois os requisitos para obter a atribuição dos efeitos civis ao casamento religioso: a necessidade que ambos os cônjuges postulem a atribuição de efeitos civis ao casamento religioso, submetendo-se à prévia habilitação e inexistência de qualquer impedimento para o casamento civil. 2. Assim, não demonstrada a vontade dos nubentes na atribuição dos efeitos civis ao casamento religioso com a habilitação, e comprovado o impedimento do varão à época da celebração do casamento religioso, o pedido de atribuição dos efeitos cíveis ao casamento religioso não pode ser deferido. 3. É defeso pelo ordenamento jurídico suscitar tese não articulada no momento oportuno (CPC, art. 517 — atual art. 1.014), por se tratar de inovação em sede recursal, sob pena de configuração de supressão de instância e violação ao princípio do duplo grau de jurisdição. 4. Sentença mantida" (TJDFT, 1ª Turma Cível, ApC 20090111992026-DF, Rel. Des. Leila Arlanch, j. 18-4-2012, v.u.)

227. W. Barros Monteiro, op. cit., p. 65. *Vide,* ainda, *RTJ, 68*:160.

1. FORMALIDADES ESSENCIAIS DA CERIMÔNIA NUPCIAL	• *d*) Declaração dos nubentes de que pretendem casar-se por livre e espontânea vontade, sob pena de ser a cerimônia suspensa (CC, art. 1.538 e parágrafo único; *RF*, *66*:308). • *e*) Coparticipação do celebrante que pronuncia a fórmula sacramental, constituindo o vínculo matrimonial (CC, art. 1.535). • *f*) Lavratura do assento do matrimônio no livro de registro (Lei n. 6.015/73, art. 70).

2. CASAMENTO POR PROCURAÇÃO	• Permite nosso CC, art. 1.542, §§ 1º a 4º, que, se um dos contraentes não puder estar presente ao ato nupcial, se celebre o matrimônio por procuração, desde que o nubente outorgue poderes especiais a alguém para comparecer em seu lugar e receber, em seu nome, o outro contraente, indicando o nome deste, individuando-o de modo preciso, mencionando o regime de bens (LINDB, art. 7º, § 1º).

3. CASAMENTO NUNCUPATIVO	• O casamento nuncupativo ou *in extremis* é uma forma excepcional de celebração do ato nupcial em que o CC, art. 1.540, possibilita que, quando um dos nubentes se encontrar em iminente risco de vida, ante a urgência do caso, não se cumpram as formalidades dos arts. 1.533 e s. do CC, de modo que o oficial do Registro, mediante despacho da autoridade competente, à vista dos documentos exigidos no art. 1.525, independentemente de edital de proclamas, dará certidão de habilitação. Chega-se até mesmo a dispensar a autoridade competente, se impossível sua presença e a de seu substituto, caso em que os nubentes figurarão como celebrantes, declarando que querem receber-se por marido e mulher, perante seis testemunhas, que com eles não tenham parentesco em linha reta ou na colateral em 2º grau (CC, art. 1.540; Lei n. 6.015/73, art. 76). Todavia requer esse casamento habilitação *a posteriori* e homologação judicial (CC, art. 1.541, I, II e III; Lei n. 6.015/73, art. 76, §§ 1º a 5º; e CC, art. 1.541, §§ 1º, 2º, 3º, 4º e 5º) e não se confunde com o casamento em caso de moléstia grave (CC, art. 1.539, §§ 1º e 2º).

4. CASAMENTO PERANTE AUTORIDADE DIPLOMÁTICA OU CONSULAR	• Consultem-se: LINDB, arts. 7º, § 2º, e 18, com redação da Lei n. 3.238/57; Decreto n. 24.113/34, art. 13 e parágrafo único; Lei n. 6.015/73, art. 32, § 1º; *AJ*, *80*:166; *RT*, *185*:285, *200*:653.

5. CASAMENTO RELIGIOSO COM EFEITOS CIVIS (CF, ART. 226, § 2º)	• Casamento religioso precedido de habilitação civil (CC, art. 1.516, § 1º). • Casamento religioso não precedido de habilitação civil (CC, art. 1.516, § 2º). • Efeitos jurídicos (CC, art. 1.515; *RT*, *427*:238).

5. Provas do casamento

Por produzir o matrimônio relevantes efeitos — a legitimidade da prole; o estabelecimento do regime matrimonial; a condição de herdeiro legítimo de um cônjuge, chamado à sucessão do outro, se não houver descendente ou ascendente; a nulidade de outros enlaces posteriores[228] —, é preciso que se ateste, rigorosamente, sua existência, por meio de prova direta ou indireta.

Comprova-se *diretamente* o matrimônio celebrado no Brasil pela *certidão do registro* feito ao tempo de sua celebração (CC, art. 1.543 c/c o art. 1.536). Esta é a *prova específica* do casamento, uma vez que, logo depois de celebrado, o oficial lavra o seu assento no livro de registro, contendo as especificações do Código Civil, art. 1.536, e da Lei n. 6.015/73, art. 70, com a alteração da Lei n. 6.515/77, art. 50, IV, emitindo uma certidão do registro, que nada mais é senão a cópia do ato lavrado. Constitui tal prova presunção jurídica da veracidade do ato nupcial, prevalecendo até que se prove o contrário[229]. De forma que quem invocar a sua qualidade de cônjuge deve apresentar a certidão do registro civil do casamento[230], que é, indubitavelmente, o melhor meio de evidenciar a celebração do matrimônio.

Embora seja a certidão de registro a prova direta específica do casamento, não é ela a única, pois o ato nupcial pode ser demonstrado por outras *provas diretas supletórias* (*RT, 226*:265), já que hipóteses há em que é impossível provar a existência do matrimônio por meio da certidão do registro.

228. Silvio Rodrigues, *Direito,* cit., p. 65.

229. W. Barros Monteiro, op. cit., p. 66.

230. Espínola, op. cit., p. 131. Decreto n. 8.270/2014 cria o Sistema Nacional de Informações do Registro Civil (SIRC), que disponibiliza informações sobre registros de casamento.

P. ex., quando houver destruição ou perda dos livros do registro ou mesmo falta de registro por ato culposo ou não do oficial. Enquanto não se provar a perda ou falta do assento do registro civil, nenhuma outra prova poderá substituir aquela certidão[231]. É o que dispõe o parágrafo único do art. 1.543 do Código Civil, nos seguintes termos: "Justificada a falta ou perda do registro civil, é admissível qualquer outra espécie de prova".

O registro não é, portanto, formalidade essencial à validade do casamento. Se faltar, em virtude do fato de o oficial não ter lavrado o termo por desleixo ou má-fé[232], ou se se perder, pela destruição do próprio livro ou cartório, em razão de incêndio, guerra, revolução etc., admitem-se meios subsidiários de prova (passaporte — *RT, 222*:90; testemunhas do ato; certidão dos proclamas; documentos públicos que mencionem o estado civil etc.), mediante justificação requerida ao juiz competente[233]. P. ex.: ao cuidar da prova do casamento produzida por quem se dizia esposa do acidentado, para obter o seguro, nosso tribunal (*RT, 161*:102) admitiu a prova que se fez com a certidão de óbito do acidentado, consignando que era casado, com a certidão de casamento de sua filha, dando a filiação como sendo da autora e do *de cujus,* com o depoimento de testemunhas e com a posse do estado de casado. Deve haver, como pondera Silvio Rodrigues, dois momentos distintos: um inicial, em que se deve justificar a falta ou perda do registro, e um subsequente, em que, após aquela demonstração, se permite evidenciar o ato nupcial por meio de documentos, testemunhas etc.[234].

Planiol, Ripert e Boulanger fazem uma distinção a esse respeito: quando o interessado pretende provar o casamento, reclamando em proveito próprio os seus efeitos, deve dar prova cabal das núpcias; mas, se se trata de prová-lo para qualquer outro fim, aceitam-se todos os meios ordinários de prova[235].

O casamento realizado no exterior prova-se de acordo com a lei do país em que se celebrou, em aplicação do princípio de direito internacional pri-

231. Bassil Dower, op. cit., p. 64; W. Barros Monteiro, op. cit., p. 66; Cunha Gonçalves, op. cit., v. 6; *RT, 133*:180, *190*:274, *301*:200.

232. Caio M. S. Pereira, op. cit., p. 89.

233. Espínola, op. cit., p. 131, nota 17; Orlando Gomes, *Direito,* cit., p. 126. O Supremo Tribunal Federal decidiu ser inadmissível que se comprove o casamento, exclusivamente pelo silêncio da parte contrária (*RF, 150*:120). Já se admitiu, como prova de casamento, a certidão de nascimento do filho do casal (*RT, 226*:265).

234. Silvio Rodrigues, *Direito,* cit., p. 67-8.

235. Planiol, Ripert e Boulanger, op. cit., v. 1, n. 911.

vado *locus regit actum*, ou seja, de que a lei local rege os atos ali cumpridos (LINDB, arts. 13 e 14; *RT, 197*:495; *RF, 100*:495)[236]. Porém, para que esse documento estrangeiro possa produzir efeitos no Brasil, deverá ser autenticado, segundo as leis consulares, isto é, deverá ser legalizado pelo cônsul brasileiro do lugar, cuja firma deverá ser reconhecida no Ministério das Relações Exteriores ou nas repartições fiscais da União (*RT, 180*:750, *186*:312, *193*:280, *356*:149), dispensando-se tal formalidade se, além de não contar o Brasil com representação diplomática no lugar em que foi celebrado o matrimônio, se acha este corroborado por vários elementos probatórios (*RT, 217*:303)[237]. Se, todavia, o casamento de brasileiro foi contraído no exterior perante agente consular, será provado por certidão do assento no registro do consulado (CC, art. 1.544; *RT, 207*:386), que faz as vezes do Cartório do Registro Civil. E se, nessa hipótese, um ou ambos os cônjuges vierem para o Brasil, o assento de casamento, para produzir efeitos entre nós, deverá ser trasladado no cartório do domicílio do registrado ou, em sua falta, no 1º Ofício da capital do Estado em que passarem a residir (CC, art. 1.544).

Assim temos:

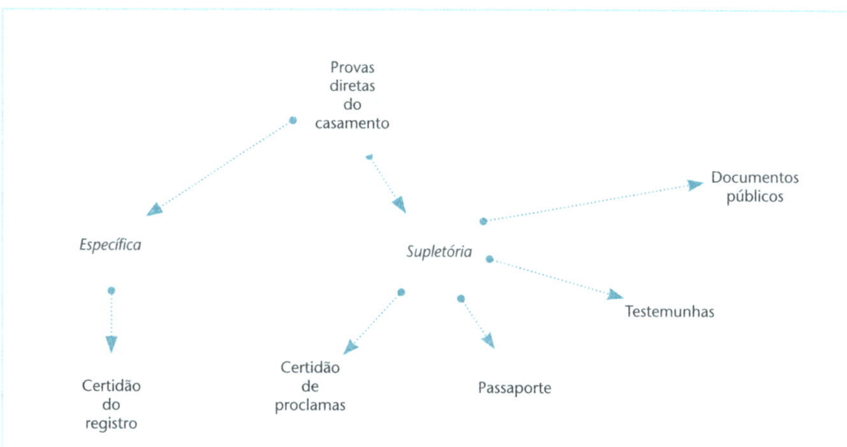

236. Caio M. S. Pereira, op. cit., p. 89; Narciso Orlandi, Casamento celebrado no exterior e traslado do assento, *Família e casamento*, p. 454. Cônsules honorários são proibidos de celebrar casamentos: Decreto n. 23.102/47, ora revogado pelo Decreto n. 11, de 18-1-1991, art. 15, VII. Sobre funções consulares, *vide* o Decreto n. 3.259, de 1889, arts. 212, 412 e 423; Decreto n. 360/35, ora revogado pelo Decreto n. 11, de 18-1-1991, arts. 534 a 637. *Vide*, ainda, *RT, 253*:38-41, *482*:250, *488*:94, *490*:83, *498*:57, *499*:90, *534*:113, *541*:103, *561*:71, *778*:361; *RJTJSP, 124*:92, *28*:64, *41*:167, *44*:291 e *58*:168.

237. W. Barros Monteiro, op. cit., p. 68.

Além desses meios probatórios, nosso Código Civil, restrita e excepcionalmente, permite uma *prova indireta*: a *posse do estado de casado*, ou seja, a situação em que se encontram aquelas pessoas de sexo diverso, que vivam notória e publicamente como marido e mulher, isto é, "coabitando, apresentando-se juntos, nas relações públicas e privadas, como esposos legítimos, tendo casa e economia comuns, e sendo havidos nesta qualidade pelo público"[238]. Daí exigir tal situação os seguintes requisitos: *a*) *nomen*, a mulher deve usar o nome do marido; *b*) *tractatus*, ambos devem tratar-se, ostensivamente, como casados; e *c*) *fama*, a sociedade deve reconhecer sua condição de cônjuges[239].

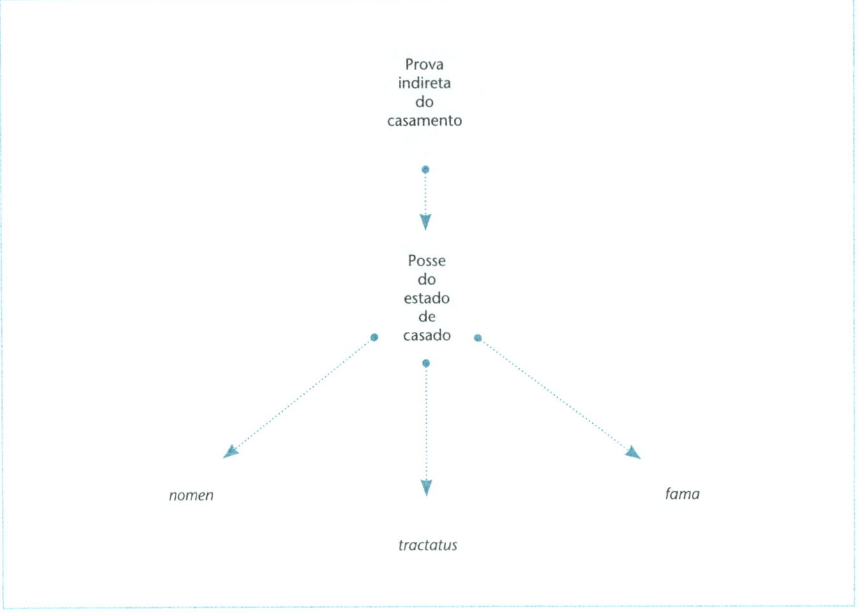

Caio Mário da Silva Pereira esclarece-nos, magistralmente, que, a rigor, a posse do estado de casado não constitui propriamente uma prova do casamento, uma vez que matrimônio não se presume[240]. Deveras, não se pode, pura e simplesmente, admitir a existência de um estado matrimonial pelo fato de conviverem e coabitarem duas pessoas e até de terem filhos, caso em

238. Cunha Gonçalves (op. cit., p. 804), que nessa mesma página apresenta o adágio de Loysel: "*Boire, manger, coucher ensemble, c'est mariage, ça me semble*". Decreto-Lei n. 7.485/45.

239. Lafayette, op. cit., § 108; W. Barros Monteiro, op. cit., p. 69.

240. Caio M. S. Pereira, op. cit., p. 90; nesse mesmo sentido, Trabucchi, op. cit., n. 112.

que haveria o perigo de se reconhecer juridicamente a condição de esposos legítimos de pessoas que apenas vivem em concubinato, comprometendo assim a ordem das famílias e a instituição matrimonial (*RT, 263*:338)[241].

Vale, porém, excepcionalmente, a prova do estado de casado para comprovar indiretamente casamento de pessoas falecidas, em benefício da prole; para eliminar dúvidas entre provas a favor ou contra o matrimônio e para sanar eventuais falhas de forma no respectivo assento[242].

A posse do estado de casado constitui *prova do casamento de pessoas falecidas* nessa situação, pois o Código Civil, art. 1.545, proíbe que se conteste o casamento de pessoas que não possam manifestar sua vontade ou que faleceram na posse do estado de casadas em benefício da prole comum. Os filhos só poderão invocar a posse de estado de casados se seus pais já faleceram ou se, embora vivos, sofrem de alguma doença mental, ou se, ainda, foram declarados ausentes por sentença, uma vez que, nessas hipóteses, não poderão dar informações necessárias que possibilitem indicar o local do casamento ou averiguar o cartório em que foi celebrado o ato nupcial. Pois, se um dos genitores estiver vivo ou gozar de saúde mental, poderá declarar o lugar em que se obteria a prova direta, isto é, a certidão comprovadora do casamento ou, em sua falta, as provas supletórias permitidas por lei[243].

A única prova que poderá destruir a presunção favorável da existência do casamento em favor da prole é a certidão do registro civil que comprova que um dos pais já era casado com outra pessoa quando contraiu o matrimônio impugnado (CC, art. 1.545, 2ª parte), porque, então, a união existente é um mero concubinato que, por mais notório e prolongado, jamais será convertido em matrimônio[244].

Fácil é perceber que a prova do casamento dos genitores pela "posse do estado de casados" tem por objetivo precípuo beneficiar os filhos comuns, que, sem outro meio de demonstrar seu *status*, invocam-na, afastando qualquer contestação à sua condição de filhos matrimoniais[245].

Esse favor é, portanto, concedido para proteger a filiação matrimonial, sendo, por isso, necessário, para que prevaleça a presunção do art. 203 como

---

241. W. Barros Monteiro, op. cit., p. 69.
242. Silvio Rodrigues, *Direito*, cit., p. 69.
243. Pontes de Miranda, *Tratado de direito de família*, cit., § 32; W. Barros Monteiro, op. cit., p. 69; Silvio Rodrigues, *Direito*, cit., p. 71.
244. Caio M. S. Pereira, op. cit., p. 91.
245. Caio M. S. Pereira, op. cit., p. 90.

prova do casamento, que ambos os genitores sejam falecidos, doentes mentais ou declarados ausentes por sentença judicial; que tenham vivido, até o momento do óbito de um deles, na posse do estado de casados; que a prole comum prove que o é e que se não apresente certidão do Registro Civil provando o casamento de um deles, em detrimento da alegada posse de casados. Apurados esses elementos, passa-se a admitir o estado de fato como um estado de direito[246].

Pelo art. 1.547 do Código Civil, *havendo dúvida entre as provas favoráveis e contrárias ao casamento,* que se apresentam contraditórias ou conflitantes, deve-se inclinar pela sua existência (*RT, 197*:219, *132*:171; *RF, 71*:300), se os cônjuges cujo casamento se impugna vivem ou viveram na posse do estado de casados[247]. Decidir-se-á, portanto, *in favore matrimonii,* atendendo-se à política social e ao brocardo "*in se dubia, benigniorem interpretationem segui non minus justius*" (na dúvida, segue-se o que for mais benigno). Trata-se da regra *in dubio pro matrimonium,* sendo que a dúvida, a que se refere nosso diploma legal, é relativa à celebração do casamento (se foi ou não celebrado, se há falta ou perda do registro), ou seja, à existência do ato constitutivo do vínculo conjugal e não à validade do matrimônio[248]. Portanto, essa regra não é idônea para convalescer o vício que, porventura, invalidar o ato nupcial[249].

Acrescenta o art. 1.546 do Código Civil que, "quando a prova da celebração legal do casamento resultar de processo judicial, o registro da sentença no livro do Registro Civil produzirá, tanto no que toca aos cônjuges como no que respeita aos filhos, todos os efeitos civis desde a data do casamento", e não apenas a partir do registro. Retrotrai seus efeitos probatórios não só relativamente aos cônjuges, quanto ao regime de bens, direitos e obrigações, mas também em relação aos filhos, para, p. ex., considerar sua filiação matrimonial e os direitos dela decorrentes[250]. Poder-se-á proclamar a existência de matrimônio, cujo registro se extraviou, por meio de ação declaratória (*RF, 140*:295).

---

246. Orlando Gomes, *Direito,* cit., p. 127; Bassil Dower, op. cit., p. 66; Caio M. S. Pereira, op. cit., p. 91.

247. Dimas Rodrigues de Almeida, *Repertório de Jurisprudência do Código Civil* — direito de família, São Paulo, 1954, v. 1, Julgados ns. 45, 46 e 47. *Vide* Decreto-Lei n. 7.485/45, sobre prova de casamento nas habilitações dos benefícios do seguro social.

248. Orlando Gomes, *Direito,* cit., p. 128-9; Clóvis Beviláqua, *Código Civil dos Estados Unidos do Brasil comentado,* Rio de Janeiro, 1917, v. 2, p. 64.

249. Degni, op. cit., p. 193.

250. Caio M. S. Pereira, op. cit., p. 91; Código Civil francês, art. 198 e Código Civil italiano, art. 133.

Ensina-nos Washington de Barros Monteiro[251] que em nosso direito admite-se a posse do estado de cônjuges como meio de prova, nos processos de habilitação aos benefícios do seguro social (Dec.-Lei n. 7.485/45), mediante sua justificação em juízo, com ciência do Ministério Público; porém tal prova poderá ser ilidida se houver certidão de registro civil que conste que um dos pretendidos cônjuges já era casado ao contrair o matrimônio que se deseja comprovar.

Muitos autores, dentre eles Planiol, Ripert, Demolombe, entendem ser a posse do estado de cônjuges um *elemento saneador de eventuais defeitos de forma do casamento*. Assim negam aos consortes ação de nulidade de casamento quando há posse do estado de casados, a par de um ato de celebração do matrimônio, pois a posse do estado sana qualquer vício na celebração do ato nupcial, posto que este não mais pode ser invalidado. A esse respeito observa Silvio Rodrigues[252] que "a adoção legislativa deste critério, apregoada no Anteprojeto de Código Civil de Orlando Gomes, se apresentava como medida menos audaz do que a constante do art. 206 do diploma vigente. O Projeto de 1975 [hoje Lei n. 10.406/2002] consignou a regra de forma semelhante ao Código de 1916".

251. W. Barros Monteiro, op. cit., v. 2, p. 70.

252. Silvio Rodrigues, *Direito*, cit., p. 72-3; Planiol e Ripert (op. cit., t. 2, n. 220) escrevem: "*Lorsque l'acte d'état civil est irrégulier, la possession d'état couvre les vices du titre*"; Aubry e Rau, *Cours de droit civil français*, 4. ed., Paris, 1869, v. 5, § 467; Sebastião José Roque, *Direito de família*, cit., p. 51-6.

Quadro Sinótico

PROVAS DO CASAMENTO

1. PROVAS DIRETAS	• Específicas	• Do casamento celebrado no Brasil: certidão do registro civil do casamento (CC, art. 1.543). • Do casamento realizado no exterior: CC, art. 1.544; *RT, 197*:495, *356*:149, *217*:303, *207*:386; Lei n. 6.015/73, art. 32, § 1º.
	• Supletórias	• Certidão de proclamas, passaporte, testemunhas do ato, documentos públicos etc. (CC, art. 1.543, parágrafo único; *RT, 226*:265, *222*:90, *161*:102).
2. PROVA INDIRETA (A POSSE DO ESTADO DE CASADOS)	• Conceito	• A posse do estado de casados é a situação em que se encontram pessoas de sexo diverso, que vivem notória e publicamente como marido e mulher.
	• Requisitos	• *Nomen.* • *Tractatus.* • *Fama.*
	• Casos de sua aplicação	• Para provar casamento de pessoas falecidas, em benefício da prole (CC, art. 1.545), ante a impossibilidade de se obter prova direta. • Para eliminar dúvidas entre provas a favor ou contra o casamento (CC, arts. 1.546 e 1.547; *RT, 197*:219, *132*:171, *140*:295). • Para sanar eventuais defeitos de forma do casamento.

6. Efeitos jurídicos do matrimônio

A. Efeitos principais do casamento

O casamento produz várias consequências que se projetam no ambiente social, nas relações pessoais e econômicas dos cônjuges e nas relações pessoais e patrimoniais entre pais e filhos, dando origem a direitos e deveres que são disciplinados por normas jurídicas.

Esses direitos e deveres constituem os efeitos do matrimônio por vincularem os esposos nas suas mútuas relações, demonstrando que o casamento não significa simples convivência conjugal, mas uma plena comunhão de vida ou uma união de índole física e espiritual[253].

Distribuem-se os principais efeitos jurídicos do casamento em três classes: social, pessoal e patrimonial[254].

A primeira proclama que o matrimônio cria a família matrimonial, estabelece o vínculo de afinidade entre cada cônjuge e os parentes do outro e emancipa o consorte de menor idade (CC, art. 5º, parágrafo único, II)[255]. A segunda, de ordem pessoal, apresenta o rol dos direitos e deveres dos cônjuges e o dos pais em relação aos filhos. A terceira, alusiva aos efeitos econômicos, fixa o dever de sustento da família, a obrigação alimentar e o termo inicial da vigência do regime de bens, pois este começa a vigorar desde a data do casamento e é alterável (CC, art. 1.639, §§ 1º e 2º); dispõe, com o intuito de preservar o patrimônio da entidade familiar, sobre a instituição do bem de família (CC, arts. 1.711 a 1.722), sobre os atos que não podem ser prati-

253. Bassil Dower, op. cit., p. 88; Orlando Gomes, *Direito,* cit., p. 147-8; Sebastião José Roque, *Direito de família*, cit., p. 75-82.

254. Caio M. S. Pereira, op. cit., p. 118.

255. Orlando Gomes, *Direito,* cit., p. 147.

cados por um dos cônjuges sem a anuência do outro (CC, art. 1.647) e, ainda, confere direito legitimário e sucessório ao cônjuge sobrevivente, além de algumas prerrogativas na sucessão aberta (CC, arts. 1.829, I, II e III, 1.830, 1.831, 1.832 e 1.838)[256] etc. O matrimônio cria para os consortes, portanto, ao lado das relações pessoais, vínculos econômicos objetivados nos regimes matrimoniais de bens, nas doações recíprocas, no direito sucessório etc.

Quadro Sinótico

Efeitos principais do casamento

1. CONCEITO DOS EFEITOS JURÍDICOS DO CASAMENTO	• São consequências que se projetam no ambiente social, nas relações pessoais e econômicas dos cônjuges, nas relações pessoais e patrimoniais entre pais e filhos, dando origem a direitos e deveres, disciplinados por normas jurídicas.
2. CLASSES DOS EFEITOS JURÍDICOS DO MATRIMÔNIO	• Efeitos sociais. • Efeitos pessoais. • Efeitos patrimoniais.

B. Efeitos sociais do matrimônio

Devido a sua grande importância, o casamento gera efeitos que atingem toda a sociedade, sendo o principal deles a constituição da família matrimonial (CF, art. 226, §§ 1º e 2º), pois o planejamento familiar é de livre decisão do casal (CC, art. 1.565, § 2º, 2ª parte) e o nosso Código Civil, art. 1.513, apregoa: "É defeso a qualquer pessoa, de direito público ou privado, interferir na comunhão de vida instituída pela família", continuando, no art. 1.565, § 2º, 2ª parte, que compete ao Estado apenas "propiciar recursos educacionais e financeiros para o exercício desse direito, vedado qualquer tipo de coerção por parte de instituições privadas ou públicas". E a concepção presumida da filiação na constância do casamento é estabelecida em função do termo inicial da convivência conjugal e final da dissolução da sociedade conjugal (CC, arts. 1.597 e 1.598)[257].

---

256. Cahali, Casamento civil, in *Enciclopédia Saraiva do Direito*, v. 13, p. 411.

257. Biagio Brugi, *Istituzioni di diritto civile italiano*, p. 645; Caio M. S. Pereira, op. cit., p. 118.

A *família legítima* desfrutava, outrora, na legislação e jurisprudência, de uma posição privilegiada: por ser o esteio da sociedade, por ser mais durável e oferecer maior segurança aos que vivem em seu seio[258]. Sem dúvida, a família oriunda do matrimônio é moral, social e espiritualmente mais sólida do que a proveniente de união estável, de frágil estrutura, dado não existir nenhum compromisso entre o homem e a mulher[259] (ou entre pessoas do mesmo sexo — STF acórdãos prolatados em julgamento da ADPF 132/RJ e da ADI 4277/DF; Res. CNJ n. 175/2013), mas, pela Constituição Federal, art. 226, § 3º, "para efeito da proteção do Estado, é reconhecida a união estável entre o homem e a mulher como entidade familiar, devendo a lei facilitar sua conversão em casamento".

Além da criação da família, considerada como o primeiro e principal efeito matrimonial, o casamento produz a *emancipação* do cônjuge menor de idade, tornando-o plenamente capaz, como se houvesse atingido a maioridade (CC, art. 5º, parágrafo único, II), e estabelece, ainda, o *vínculo de afinidade* entre cada consorte e os parentes do outro (CC, art. 1.595, §§ 1º e 2º).

Não se deve olvidar que as núpcias conferem aos cônjuges um *status*, o *estado de casados*, que é um fator de identificação na sociedade[260], por ser a sociedade conjugal o núcleo básico da família. Assim, com o "casamento, homem e mulher assumem mutuamente a condição de consortes, companheiros e responsáveis pelos encargos da família" (CC, art. 1.565, *caput*).

Como se vê, o ato nupcial esboça um complexo de princípios atinentes à vida social[261].

QUADRO SINÓTICO

EFEITOS SOCIAIS DO CASAMENTO	• Criação da família matrimonial (CF, art. 226, §§ 1º e 2º; CC, art. 1.513). • Estabelecimento do vínculo de afinidade entre cada cônjuge e os parentes do outro (CC, art. 1.595, §§ 1º e 2º). • Emancipação do consorte de menor idade (CC, art. 5º, parágrafo único, II). • Constituição do estado de casado.

258. É o que nos ensina Silvio Rodrigues, *Direito*, cit., p. 122.
259. W. Barros Monteiro, op. cit., v. 2, p. 107; Cahali, *Divórcio*, cit., p. 58.
260. Caio M. S. Pereira, op. cit., p. 119.
261. Caio M. S. Pereira, op. cit., p. 118.

C. Efeitos pessoais do casamento

c.1. Direitos e deveres de ambos os cônjuges

Com o ato matrimonial nascem, automaticamente, para os consortes, situações jurídicas que impõem direitos e deveres recíprocos, reclamados pela ordem pública e interesse social, e que não se medem em valores pecuniários[262], tais como: fidelidade recíproca, vida em comum no domicílio conjugal, assistência, respeito e consideração mútuos (CC, art. 1.566, I a IV).

O dever moral e jurídico de *fidelidade mútua* decorre do caráter monogâmico do casamento e dos interesses superiores da sociedade, pois constitui um dos alicerces da vida conjugal e da família matrimonial.

Consiste o dever de fidelidade em abster-se cada consorte de praticar relações sexuais com terceiro. Fernando Santosuosso alude à exclusividade das prestações sexuais pelos cônjuges, definindo o matrimônio como "a voluntária união, pela vida, de um homem e de uma mulher, com exclusão de todas as outras" (em contrário – Res. CNJ n. 175/2013). Com isso a liberdade sexual dos consortes fica restrita ao casamento. A infração desse dever constitui adultério (ilícito civil), indicando falência da moral familiar[263], desagregando toda a vida da família[264], além de agravar a honra do outro cônjuge, injuriando-o gravemente[265]. Para que se configure o adultério (ilícito civil) basta uma só transgressão ao dever de fidelidade por parte do marido ou da mulher (*RT, 181*:221); não se exige, portanto, a continuidade de relações carnais com terceiro. Até o advento da Lei n. 11.106, de 28 de março de 2005, o *adultério* era, concomitantemente, delito penal (CP, art. 240 ora revogado) e civil, uma vez que constituía uma das causas de separação judicial (CC,

---

262. Caio M. S. Pereira, op. cit., p. 119; W. Barros Monteiro, op. cit., p. 108; Grassi, *La legge sul divorzio,* Napoli, Jovene, 1970, p. 28, escreve que "o matrimônio desencadeia uma série de obrigações de *agere,* de *non agere,* de *pati* (assistência, fidelidade, *ius in corpus,* convivência, respeito, tolerância, compreensão etc.), estritamente pessoais e infungíveis, e cuja observância é necessária para que se possam realizar a finalidade e os efeitos do negócio".

263. Duprat, *Le lien familial,* p. 138; Santosuosso, Il matrimonio e il regime patrimoniale della famiglia, in *Giurisprudenza sistematica civile e commerciale,* Torino, UTET, 1965, p. 328-9.

264. Beudant, op. cit., v. 1, p. 427.

265. Orlando Gomes, *Direito,* cit., p. 152; Carbonnier, op. cit., v. 2, n. 20, p. 66. Para Regina Beatriz Tavares da Silva (Responsabilidade civil dos cônjuges, *A família na travessia do milênio,* IBDFAM, Belo Horizonte, Del Rey, 2000, p. 128), a fidelidade é o dever de lealdade, sob o aspecto físico e moral, de um dos cônjuges para com o outro, quanto à manutenção de relações que visem à satisfação do instinto sexual dentro da sociedade conjugal.

art. 1.573, I) e, além disso, proibia a lei o reconhecimento de filho adulterino, salvo depois do término da sociedade conjugal ou por testamento cerrado (Lei n. 883/49 - ora revogada - art. 1º, § 1º, com a redação da Lei n. 6.515/77). Atualmente, não há mais tal proibição, pois ante o disposto na CF/88, art. 227, § 6º, surgiram normas como a Lei n. 7.841/89, art. 1º, a Lei n. 8.069/90, art. 26, parágrafo único, e a Lei n. 8.560/92, admitindo o reconhecimento de filho decorrente de relação extramatrimonial sem qualquer restrição legal, o que foi consagrado pelo atual Código Civil (arts. 1.607 a 1.612).

Antes mesmo da revogação do art. 240 do Código Penal, relativo ao crime de adultério, Espínola[266] já ponderava que havia uma nítida tendência mundial em abolir o delito de adultério no Código Penal, porque as causas da infidelidade masculina ou feminina são variadas: mudança de personalidade, desejo de vingança, monotonia, compensação para as decepções sofridas, inadequado relacionamento sexual, culpa do parceiro traído etc. Se o casal tivesse construído uma relação amorosa adulta, dizia Bassil Dower, baseada *na compreensão mútua,* onde os atritos e tensões fossem continuamente superados, dificilmente surgiria oportunidade para o adultério. A sanção civil, porém, deveria ser mantida, pois quando um dos consortes pratica adultério é sinal de que o casamento está enfraquecido e o adultério constituirá a *causa mortis* do matrimônio[267].

Convém salientar que, sob o prisma psicológico e social, o adultério da mulher é mais grave que o do marido, uma vez que ela pode engravidar de suas relações sexuais extramatrimoniais, introduzindo prole alheia dentro da família ante a presunção da concepção de filho na constância do casamento prevista no art. 1.597 do Código Civil, transmitindo ao marido enganado o encargo de alimentar o fruto de seus amores. E, além disso, pelo art. 1.600 do Código Civil "não basta o adultério da mulher, ainda que confessado, para ilidir a presunção legal da paternidade". Tal fato demonstra estarem rotos os laços afetivos que a prendiam ao cônjuge, visto que essa ligação, embora passageira, em regra tem, para a mulher, significação sentimental. Já em relação

---

266. Espínola, op. cit., p. 212. *Vide* o que diz sobre o assunto Bassil Dower, op. cit., p. 90-1.

267. Carbonnier, op. cit., n. 19, p. 63; Bassil Dower, op. cit., p. 91. Para alguns autores o casamento tinha por elemento o dever de fidelidade, e, atualmente, deve basear-se na lealdade dos cônjuges, isto porque a obrigação de não trair sexualmente vem decaindo, destacando-se a de manter um relacionamento moldado na afeição e respeito. Ora, infidelidade sexual não seria deslealdade e desrespeito? Fábio Ulhoa Coelho (*Curso*, cit., v. 5, p. 53-4) observa que "em vários casamentos, os cônjuges não dão à exclusividade sexual a menor importância. São chamados de *casamentos abertos*, em que os cônjuges concordam não ser o caso de limitarem suas vivências sexuais às relações entre eles. Para os que não conseguem se satisfazer sexualmente sem a variação de parceiros, o dever de fidelidade pode representar pesado entrave na busca da felicidade".

ao adultério do marido, os filhos que este tiver com sua amante ficarão sob os cuidados desta e não da esposa, e, além disso, pode ocorrer que a infidelidade do homem seja um desejo momentâneo ou mero capricho, sem afetar o amor que sente pela sua mulher. Todavia sob o ponto de vista moral e jurídico, merecem reprovação tanto a infidelidade do marido como a da mulher, por ser fator de perturbação da estabilidade do lar e da família[268].

É preciso não olvidar que não é só o adultério (ilícito civil) que viola o dever de fidelidade recíproca, mas também atos injuriosos, que, pela sua licenciosidade, com acentuação sexual, quebram a fé conjugal, p. ex.: relacionamento homossexual, namoro virtual, inseminação artificial heteróloga não consentida etc.

Esse dever de fidelidade, ensina-nos Washington de Barros Monteiro[269], perdura enquanto subsistir a sociedade conjugal, ainda que os cônjuges estejam separados de fato, terminando apenas com a morte, nulidade, anulação do matrimônio, separação (extrajudicial e judicial) e divórcio, hipóteses em que o consorte readquire, juridicamente, plena liberdade sexual. Todavia, o Código Civil, no art. 1.723, § 1º, admite a união estável entre separados de fato, seguindo a esteira de alguns julgados que entendiam que, em caso de separação de fato, não haveria mais o dever de fidelidade (*RT*, *445*:92, *433*:87) e que o *animus* de terminar com uma vida conjugal bastaria para fazer cessar a adulterinidade.

As núpcias instauram entre os cônjuges a *vida em comum no domicílio conjugal*, pois o matrimônio requer coabitação, e esta, por sua vez, exige comunidade de existência[270] (CC, arts. 1.511 e 1.566, II).

A coabitação é o estado de pessoas de sexo diferente (ou do mesmo sexo – Res. CNJ n. 175/2013) que vivem juntas na mesma casa, convivendo sexualmente. Com arrimo em Lopez Herrera, Antônio Chaves[271] distingue, no dever de coabitação, dois aspectos fundamentais: o imperativo de viverem juntos os consortes e o de prestarem, mutuamente, o débito conjugal, entendido este como o "direito-dever do marido e de sua mulher de realizarem entre si o ato sexual". Um cônjuge tem o direito sobre o corpo do outro e vice-versa,

268. Silvio Rodrigues, *Direito*, cit., p. 126; W. Barros Monteiro, op. cit., p. 110. Hoje o adultério com a extinção da separação judicial de um ano como requisito para o divórcio pela EC n. 66/2010, que deu nova redação ao art. 226, § 6º, pode ser motivo para pleitear indenização civil por dano moral, havendo pedido de divórcio direto.

269. W. Barros Monteiro, op. cit., p. 110. *Vide* nossos comentários a respeito no capítulo alusivo ao direito convivencial.

270. Caio M. S. Pereira, op. cit., p. 123; Flávio Tartuce, O princípio da boa-fé objetiva no direito de família, *Revista Brasileira de Direito de Família*, *35*:5-32.

271. Antônio Chaves, *Lições de direito civil*, São Paulo, Revista dos Tribunais, 1975, v. 2, p. 11-3.

daí os correspondentes deveres de ambos, de cederem seu corpo ao normal atendimento dessas relações íntimas, não podendo, portanto, inexistir o exercício sexual, sob pena de restar inatendida essa necessidade fisiológica primária, comprometendo seriamente a estabilidade da família[272]. Sendo recíproco o dever de coabitação, ambos são devedores dessa prestação, podendo um exigir do outro seu cumprimento. Cada consorte é devedor da coabitação e credor da do outro. Daí sentir-se, mais, nesse direito-dever o caráter ético, extrapatrimonial e absoluto, sendo, assim, intransponível, irrenunciável, imprescritível[273]. É, como diz Laurent[274], um dever de ordem pública, pois não há casamento se não mais existir vida em comum. Impossível é a renúncia ao direito de exigi-lo ou convenção que o pretenda abolido.

Contudo não é tal dever da essência do matrimônio, uma vez que a própria legislação permite o casamento *in extremis* e o de pessoas idosas, que não estão em condições de prestar o débito conjugal[275]. Além do mais, o dever de vida em comum dos consortes sob o mesmo domicílio conjugal não é absoluto, pois casos existem que impedem a coabitação física: grave enfermidade de um dos cônjuges, que se recolhe a um hospital; voto de castidade feito, solenemente, pelo casal após anos de convivência normal; exercício de profissão em outra localidade, como ocorre com viajante, oficial da marinha, marujo ou funcionário[276]. Nestas hipóteses a comunhão de vida é, predominantemente, espiritual[277], não havendo quebra do dever de vida em comum, por se tratar de exceções impostas no interesse próprio do casal e da prole[278].

Devem marido e mulher conviver na mesma casa, denominada, pela lei, *domicílio conjugal*. Competia ao marido fixar o domicílio, devendo sua

---

272. Álvaro Villaça Azevedo, Dever de coabitação, in *Enciclopédia Saraiva do Direito*, v. 24, p. 371. Nesse mesmo sentido, consulte Giambattista Nappi, *Trattato di diritto matrimoniale concordatario e civile*, Milano, Ed. Libreria, 1940, v. 2, p. 593; Francesco Scardulla, *La separazione personale dei coniugi*, Milano, Giuffrè, 1967, p. 5; Orlando Gomes, *Direito*, cit., p. 150; Cláudia Haidamus Perri, Direito ao débito conjugal, in *O direito de família após a Constituição Federal de 1988* (coord. Coltro), São Paulo, Celso Bastos ed., 2000, p. 161-86.

273. É o que diz Álvaro Villaça Azevedo, op. cit., p. 366 e 377. Sobre o caráter fundamentalmente ético desse direito-dever, *vide* Federico Puig Peña, *Compendio de derecho civil español*, 2. ed., Pamplona, Ed. Aranzadi, 1972, t. 5, p. 125-7.

274. Laurent, op. cit., v. 3, p. 79.

275. Caio M. S. Pereira, op. cit., p. 123.

276. Clóvis Beviláqua, *Código Civil comentado*, 11. ed., Rio de Janeiro, Francisco Alves, 1956, v. 2, p. 87; Carvalho Santos, *Código Civil brasileiro interpretado*, 3. ed., Rio de Janeiro, Freitas Bastos, 1942, v. 4, p. 324-5; Caio M. S. Pereira, op. cit., p. 123-4; W. Barros Monteiro, op. cit., p. 112.

277. Espínola, op. cit., p. 208.

278. W. Barros Monteiro, op. cit., p. 112.

esposa segui-lo, mas ante o art. 226, § 5º, da Constituição Federal de 1988 e o Código Civil, art. 1.569, ao estatuir que o domicílio do casal será escolhido por ambos os cônjuges, mas um e outro podem ausentar-se, temporariamente, do domicílio conjugal para atender a encargos públicos (p. ex., prestação de serviço ao Brasil, no exterior), ao exercício de sua profissão (p. ex., comandante de aeronave ou navio mercante; juiz de direito ou promotor de justiça, para cumprir sua função na comarca designada; trabalhador de plataforma de exploração petrolífera; guia de turismo etc.) ou a interesses particulares relevantes (p. ex., para poder cursar mestrado no exterior ou em outra cidade do Brasil; prestar assistência a pais ou a filhos residentes em outra nação etc.). Assim, p. ex., havendo justa causa, a mulher pode afastar-se do domicílio conjugal se (*a*) o marido não a tratar com o devido respeito e consideração; (*b*) o consorte pretender que ela o acompanhe em sua vida errante ou que ela emigre com ele para subtrair-se a condenação criminal[279]; (*c*) o cônjuge, por capricho ou hostilidade, muda-se para lugar inóspito, insalubre ou desconfortável[280]; (*d*) tiver de atender a reclamos de sua vida profissional e interesses particulares importantes. A lei apenas requer que haja presença regular no domicílio do casal, pois tem por escopo manter a comunhão de vida.

A infração do dever de coabitação pela recusa injustificada à satisfação do débito conjugal constitui injúria grave, implicando ofensa à honra, à respeitabilidade, à dignidade do outro consorte, e podendo levar à ação de reparação civil por dano moral e à separação judicial (CC, art. 1.573, III)[281]. Da mesma forma o abandono voluntário do lar, sem justo motivo durante um ano contínuo, reveste-se de caráter injurioso[282], autorizando, por isso, o pedido de indenização por dano moral e de separação judicial (CC, art. 1.573, IV), pois não se pode recorrer à força policial para coagir o cônjuge faltoso a retornar à habitação conjugal. O cônjuge abandonado poderá se quiser dirigir interpelação judicial ou extrajudicial ao outro consorte, convidando-o a retornar ao lar sob pena de incorrer nas sanções legais[283].

---

279. É a lição de W. Barros Monteiro, op. cit., p. 112. Consulte: Matiello, *Código*, cit., p. 1021.
280. Caio M. S. Pereira, op. cit., p. 124. *Vide RT*, *410*:175.
281. Azzolina, *La separazione personale dei coniugi*, p. 87; *RTJ*, *67*:449; Silvio Rodrigues, *Direito*, cit., p. 126; De Page, op. cit., v. 1, n. 869.
282. A este propósito o Tribunal de Justiça de São Paulo já decidiu que "comete injúria grave e abandono do lar a mulher casada que viaja para o exterior contrariando o marido e na polícia declara-se solteira" (*RT*, *407*:142).
283. É o que escreve W. Barros Monteiro, op. cit., p. 111.

É mister ressaltar, a título ilustrativo, que o injustificado abandono do lar, por parte da mulher, acarretava maior número de sanções, cessando, para o marido, a obrigação de sustentá-la; podia o magistrado, segundo as circunstâncias, ordenar, em proveito do marido e dos filhos, o sequestro temporário de parte dos rendimentos particulares da mulher (CC de 1916, art. 234; STF, Súmula 379). E, atualmente, se um dos cônjuges ou companheiro não vivia com o consorte, ao tempo da morte deste, não pode administrar a herança, nem ser nomeado inventariante (CC, art. 1.797, I; CPC, art. 617, I), ou ficar na posse da herança até a partilha, como poderia se com ele coabitasse[284]. Havendo recusa de viver em comum, o abandonado poderá pleitear indenização por dano moral e requerer a separação judicial, mas o cônjuge faltoso continuará obrigado a sustentá-lo, se necessitar de alimentos para viver de modo compatível com sua condição social (CC, art. 1.694)[285].

Além dessas sanções econômicas, não se admitem sanções compensatórias sob a forma de multa e muito menos sanções coercitivas para o restabelecimento dos direitos conjugais[286].

Como observam Kipp e Wolff[287], deve haver entre os consortes uma atenção às suas características espirituais, o que requer os deveres de cuidado, assistência e participação nos interesses do outro cônjuge. Trata-se do dever de *mútua assistência*, que, segundo Beviláqua, se circunscreve aos cuidados pessoais nas moléstias, ao socorro nas desventuras, ao apoio na adversidade e ao auxílio constante em todas as vicissitudes da vida[288], não se concretizando, portanto, no fornecimento de elementos materiais de alimentação, vestuário, transporte, diversões e medicamentos conforme as posses e educação de um e de outro[289]. Jemolo e Carbonnier[290] vislumbram nesta obrigação assistencial deveres implícitos como o *respeito* e *consideração mútuos*, que abrangem o de sinceridade, o de zelo pela honra e dignidade do cônjuge e da família, o de não expor, p. ex., o outro consorte a companhias degradantes, o de não conduzir a esposa a ambientes de baixa moral, o de acatar a liberdade de correspondência epistolar ou eletrônica e de comuni-

284. Silvio Rodrigues, *Direito*, cit., p. 127.
285. Orlando Gomes, *Direito*, cit., p. 151.
286. Orlando Gomes, *Direito*, cit., p. 151.
287. Enneccerus, Kipp e Wolff, *Tratado de derecho civil*; derecho de familia, v. 1, t. 4, p. 191.
288. Beviláqua, op. cit., obs. 3 ao art. 231.
289. Jemolo, op. cit., p. 458; Caio M. S. Pereira, op. cit., p. 125.
290. Jemolo, op. cit., p. 463; Carbonnier, op. cit., n. 20, p. 67.

cação telefônica ou a privacidade do outro etc. Na apreciação desses deveres, ante a amplitude da fórmula legal, dever-se-ão também levar em conta as condições e ambiente de vida do casal, bem como a educação dos consortes e circunstâncias de cada caso[291].

A violação do dever de assistência e do de respeito e consideração mútuos constitui injúria grave, que pode dar origem à ação de separação judicial (CC, art. 1.573, III) e de responsabilidade civil por dano moral.

É preciso ressaltar que, com a reforma substancial provocada pela EC n. 66/2010, abolindo o prazo de um ano de separação judicial e o de 2 anos de separação de fato, e a perquirição da culpabilidade como requisito para o exercício do direito do divórcio (mas não dos efeitos), este sofre limitação requerendo lisura, conduta de boa-fé e preservação da incolumidade físico-psíquica dos cônjuges em desafeto. Isto porque se um deles, durante a convivência conjugal, vier a lesar direito da personalidade do outro, poderá ser responsabilizado civilmente por dano moral. Por isso entendemos que o art. 1.573 servirá de parâmetro, havendo divórcio direto, à ação de responsabilidade civil por dano moral, movida pelo lesado, por afronta ao seu direito da personalidade.

c.2. Igualdade de direitos e obrigações entre marido e mulher

Do casamento decorrem certos direitos e deveres. Os cônjuges são os titulares deles, em virtude de lei, e devem exercê-los conjuntamente. O *exercício* desses direitos e deveres pertence, igualmente, a ambos (CF, art. 226, § 5º).

Da situação conjugal decorrem certos poderes para os consortes, principalmente o de dirigir a sociedade conjugal, uma vez que todo grupo social requer uma direção unificada para evitar instabilidade[292] e para que os proble-

---

291. Caio M. S. Pereira, op. cit., p. 127; Regina Beatriz Tavares da Silva, *Dever de assistência imaterial entre cônjuges*, Rio de Janeiro, Forense Universitária, 1990, p. 71 a 111; Ricardo A. Gregorio, Dever de assistência imaterial entre cônjuges, *Revista do IASP*, *17*:221-240; José de Oliveira Ascensão, A reserva da intimidade da vida privada e familiar, *O direito civil no século XXI*, Diniz e Senise Lisboa (coord.), São Paulo, Saraiva, 2003, p. 317-34; Cláudio Luiz Bueno de Godoy, O direito à privacidade nas relações familiares, *Direito à privacidade*, Silva Martins e Pereira Jr. (coord.), Ideias e Letras, 2005, p. 119-48; Irma P. Maceira, *A proteção do direito à privacidade familiar na internet*, Rio de Janeiro, Lumen Juris, 2015.

292. Bassil Dower, op. cit., p. 99.

mas cotidianos possam ser resolvidos pela conjugação da vontade de ambos os consortes[293]. Por isso o Código Civil, art. 1.567, ao conferir o exercício da *direção da sociedade conjugal* a ambos, independentemente do regime matrimonial de bens, não colocando qualquer dos cônjuges em posição inferior, teve tão somente a preocupação de harmonizar o interesse comum da família[294], pois acrescenta que a função de dirigir a sociedade conjugal deve ser exercida, em colaboração, pelo marido e pela mulher, no interesse comum do casal e dos filhos, procurando atingir o bem-estar de toda a família.

Desaparece, assim, a ideia de chefe de família, preconizada pelo art. 233 do Código Civil de 1916, que colocava a mulher em posição subalterna, que só foi atenuada pelo art. 240 do mesmo Código Civil, com redação da Lei n. 6.515/77, pelo qual a mulher passava a ser, com o casamento, companheira, consorte e colaboradora do marido nos encargos de família, cumprindo-lhe velar pela direção material e moral desta. Com isso a esposa passou a ter condição de sócia, e não de submissa, com direitos e deveres iguais, em tudo que não prejudique a unidade de direção, necessária à sociedade familiar, sendo colaboradora, em todos os sentidos, na chefia da sociedade conjugal. Havia, ainda, o corretivo da intervenção judiciária em quaisquer casos de abuso do poder[295], embora houvesse uma tendência moderna nos sistemas jurídicos de *Common Law,* nos sistemas escandinavo, russo, mexicano e uruguaio, bem como em nossa Carta Magna e em nosso direito projetado, no sentido de simetrização entre homem e mulher, instituindo uma espécie de cogestão, sem a predominância marital.

O Código Civil, ao outorgar à esposa o direito de decidir conjuntamente com o marido sobre questões essenciais, substituindo-se o poder decisório do marido pela autoridade conjunta e indivisa dos cônjuges, veio a instaurar efetivamente uma cogestão e a *isonomia conjugal* tanto nos direitos e deveres do marido e da mulher como no exercício daqueles direitos. Eliminou-se o sistema de privilégios atribuídos por leis especiais à mulher casada, por força do critério da especialidade, que visava tratar desigualmente os desiguais, bem como os direitos e deveres próprios do marido e da mulher. Havendo divergência entre ambos, a qualquer dos cônjuges é ressalvado o direito de recorrer ao juiz, desde que se trate de assunto voltado ao interesse do casal e dos filhos (CC, art. 1.567, parágrafo único)[296].

---

293. Silvio Rodrigues, *Direito,* cit., p. 133.

294. Silvio Rodrigues, *Direito,* cit., p. 133; Caio M. S. Pereira, op. cit., p. 158; Sebastião José Roque, *Direito de família,* cit., p. 83-90. *Vide*: Código Civil mexicano, arts. 164 e 167.

295. Espínola, op. cit., p. 313.

296. Sobre esse assunto, *vide* Artur Oscar de Oliveira Deda, Direito matrimonial, in *Enci-*

Em nosso sistema jurídico, nenhum cônjuge exerce sozinho a direção da família; mediante o poder de decisão no que concerne aos assuntos conjugais comuns e as questões sobre convivência familiar, que surgem dia a dia, um deverá ouvir sempre o outro, antes de tomar uma deliberação. Se o direito decisório de um dos cônjuges apresentar-se de modo abusivo, perverso, mesquinho ou nocivo ao outro, este poderá reclamar a intervenção judicial, caso em que a decisão tomada, no entender de Planiol e Ripert[297], ficará suspensa até que o órgão judicante resolva a divergência, considerando os interesses do casal e dos filhos.

Ensinam-nos Enneccerus, Kipp e Wolff[298] que entre os poderes de direção da sociedade conjugal não estão incluídos os de intervir nos assuntos particulares do cônjuge, sendo vedado a qualquer deles, por exemplo, não só impor ao outro certas leituras, vestimentas, penteados, bem como proibi-lo de visitar seus parentes, de fumar ou, ainda, abrir-lhe a correspondência. Os poderes dos cônjuges não são discricionários; a lei os prescreve e regulamenta.

Cabe, ainda, ressaltar que se qualquer dos cônjuges estiver em lugar remoto ou não sabido, preso por mais de cento e oitenta dias, interditado judicialmente ou privado, temporariamente, de consciência, em razão de moléstia ou acidente, o outro, então, exercerá com exclusividade a direção da família, cabendo-lhe a administração dos bens (CC, art. 1.570) comuns, dos seus e dos do outro, se não houver procurador nomeado para tanto.

Pelo Código Civil compete a qualquer dos consortes a *representação legal da família,* por motivos práticos, pois seria inconveniente faltar alguém que defendesse os direitos e interesses comuns na órbita cível ou criminal[299]. Convém deixar bem claro que o cônjuge é representante legal da unidade familiar, mas não de seu consorte; para tanto seria imprescindível um mandato regular[300]. Em razão de se encontrarem no exercício do poder familiar (arts. 1.634, V, e 1.690), representarão os filhos menores até 16 anos de idade nos atos da vida civil e assisti-los-ão, após essa idade até os 18 anos, nos atos em que forem partes, suprindo-lhes o consentimento.

Cabe-lhes, ainda, fixar, como vimos alhures, o *domicílio da família,* ressalvada a possibilidade de qualquer deles recorrer ao juiz, no caso de delibe-

---

clopédia Saraiva do Direito, v. 27, p. 278; Espínola, op. cit., p. 233.

297. Planiol e Ripert, op. cit., v. 2, p. 321.

298. Enneccerus, Kipp e Wolff, op. cit., v. 1, § 31.

299. Pontes de Miranda, *Tratado de direito de família,* cit., v. 2, p. 35; *RT, 141*:211.

300. *RT, 176*:708.

ração que o prejudique (CC, arts. 1.569 e 1.567, parágrafo único) ou aos filhos, trazendo riscos de ordem física ou moral[301]. Não é permitido ao juiz obrigar o marido a revogar sua decisão, mas apenas autorizar a mulher a residir, com os filhos, em outro lugar, sem dispensa, é óbvio, dos deveres conjugais[302].

Outrora o domicílio conjugal era fixado, soberanamente, pelo marido. Nos dias atuais, quanto à fixação e mudança de domicílio, qualquer dos consortes tem assegurado o *direito de se opor* a determinações abusivas do outro, recorrendo à decisão judicial, pois, por lei, o domicílio conjugal deverá ser escolhido por ambos (CC, arts. 1.569 e 1.567, parágrafo único).

Tem o consorte obrigações para com o outro, como o de protegê-lo na sua *integridade física ou moral*[303].

No Brasil, a mulher casada, durante muito tempo, sofreu tratamento diferenciado. Seus direitos e deveres passaram por sensíveis e grandes modificações, principalmente ante as disposições estatuídas nas Leis ns. 4.121/62 (Estatuto da Mulher Casada) e 6.515/77[304], no sentido de emancipá-la dentro do lar, pois o nosso Código Civil de 1916 continha preceitos que a discriminavam, dentre eles o do art. 6º, que a considerava relativamente incapaz. Todavia, é bom esclarecer que tal incapacidade vigorou em função do matrimônio e não do sexo, sendo defendida em razão da necessidade de ter a sociedade conjugal uma chefia, e, como esta competia ao homem, a mulher passou a ser tida como incapaz; contudo esta incapacidade cobria-se pela autorização e não pela assistência, o que nos mostra, nitidamente, a confusão feita pelo legislador pátrio entre incapacidade e falta de legitimação. De forma que, como observa Silvio Rodrigues[305], se o próprio art. 6º do Código Civil de 1916, ao declarar incapazes as pessoas nele enumeradas, ressalvava que tal incapacidade se circunscrevia a certos atos, ou à maneira de os praticar, e se, quanto a determinados atos, tanto a mulher casada como o homem casado não tinham legitimação para os praticar sem consentimen-

---

301. Carbonnier, op. cit., v. 1, p. 343.

302. Orlando Gomes, *Direito,* cit., p. 159; Súmulas 1 e 421 do STF.

303. Orlando Gomes, *Direito,* cit., p. 162.

304. No direito francês, a autonomia da mulher casada vem das Leis de 18 de fevereiro de 1938 e de 22 de setembro de 1942: Solus, Mari et femme selon la Loi du 22 septembre 1942, *Revue Trimestrielle de Droit Civil,* 1943, p. 81; Marc Ancel, *Les droits et les devoirs des époux selon la Loi du 22 septembre 1942*; Sebastião José Roque, *Direito de família*, cit., p. 90-100.

305. Silvio Rodrigues, *Direito,* cit., p. 150.

to de seu consorte e se, obtida tal anuência, podia o cônjuge praticar o ato sem qualquer restrição, visto que o assentimento de um consorte conferia ao outro legitimação para agir, a expressão *incapaz,* com seu possível sentido pejorativo, se mostrava inadequada e, se fosse valedora, deveria abranger, por igual, o marido. Daí se infere que essa incapacidade relativa da mulher casada era uma incoerência e uma ilogicidade, pois a própria lei impunha a necessidade da aquiescência da mulher para que o marido pudesse praticar determinados negócios jurídicos. A Lei n. 4.121/62 aboliu essa injustificada incapacidade relativa da mulher casada. A Constituição Federal e o Código Civil atual acabaram instituindo a igualdade jurídica dos consortes, proclamada na Declaração Universal dos Direitos do Homem (Paris, 1948), na Declaração de Princípios Sociais da América (México, 1945), na Declaração Americana dos Direitos e Deveres do Homem (Bogotá, 1948)[306], e entre nós promulgada pelo Decreto n. 31.643/52. A mesma equiparação deu-se quanto aos direitos políticos, na VII Sessão da Assembleia Geral das Nações Unidas, sancionada, no Brasil, pelo Decreto n. 52.476/63[307].

Assim, hodiernamente, não há que se falar em poder marital, dever de obediência e fragilidade de sexo. Embora caiba a ambos os cônjuges a direção da sociedade conjugal relativamente aos assuntos domésticos, para manter a unidade diretiva ou uniformidade de orientação, tal unidade não ficará prejudicada, em absoluto, com o nivelamento jurídico da mulher e do marido no plano da capacidade civil, dado que o juiz poderá dirimir conflitos que, porventura, surgirem na seara familiar[308].

A mulher, com as núpcias, passa a ter a condição de companheira, consorte, responsável e *colaboradora do marido nos encargos de família,* devendo *velar pela sua direção moral e material,* não mais estando sob a autoridade marital. Assim, a ideia de colaboração substitui a de subordinação, de forma que o marido perdeu a autoridade e controle que exercia sobre sua mulher e que se estendia aos mais simples atos de sua conduta, p. ex., fiscalização das relações pessoais e da correspondência; controle de suas visitas etc.[309].

Percebe-se que os arts. 1.565, 1.567 e 1.568 do Código Civil não apresentam uma divisão de tarefas dentro do lar, cabendo aos cônjuges prover,

---

306. *Vide* Caio M. S. Pereira, op. cit., p. 132; Madeleine Gevers, Droits et devoirs respectifs des époux, *Revue Critique de Législation et de Jurisprudence,* 54:60.

307. W. Barros Monteiro, op. cit., p. 132.

308. Esta é a lição de W. Barros Monteiro, op. cit., p. 132.

309. Orlando Gomes, *Direito,* cit., p. 170.

na proporção de seus bens e rendimentos do trabalho, a manutenção da família, velar pela direção do lar, atendendo ao seu funcionamento material, cuidando da educação dos filhos e do padrão moral da vida familiar[310], qualquer que seja o regime patrimonial. Cada consorte deve ainda consultar o outro antes de usar de seu poder na direção da sociedade conjugal; além disso, esse seu poder de decisão deve atender aos interesses do casal e da prole (CC, art. 1.567), podendo, em caso de divergência, qualquer dos cônjuges recorrer ao magistrado (CC, art. 1.567, parágrafo único) para obter decisão diversa da tomada pelo outro, caso em que o órgão judicante deverá considerar o interesse do casal e dos filhos. Daí se infere que cada consorte exerce, como colaborador, função diretiva atinente aos assuntos que interessam ao casal, nas suas relações externas e pessoais, e à criação e educação dos filhos[311].

Cabe a ambos os cônjuges o *poder doméstico*, colaborando um com o outro no atendimento dos encargos familiares na proporção de seus bens e rendimentos individuais, qualquer que seja o regime de bens, salvo estipulação em contrário em pacto antenupcial, inclusive se o regime for o de separação de bens (CC, arts. 1.688, 1.643, 1.565 e 1.568). Logo, compete a cada um deles a função de administrar a comunidade doméstica, prestando ou dirigindo serviços domésticos. Este seu poder de gerir os negócios do lar abrange o de realizar atos imprescindíveis à direção da casa, como admissão e demissão de criados, aquisição de víveres, vestuário, utensílios domésticos etc.[312]. O marido só poderá, p. ex., retirar esse poder, para atender ao interesse da família, em casos excepcionais, por motivos justos, como, p. ex., desregramentos ou condutas abusivas da mulher. Assegura-se à esposa o direito de recorrer ao juiz para obter a restauração desse poder, se o marido, injustificadamente, o cassou, provando ela que o exercia conforme o interesse do casal e da família[313]. Cada cônjuge é responsável pelas consequências dos atos praticados no exercício regular do poder doméstico, por lhe competir, em princípio, o sustento da família, pois deve concorrer para as despesas familiares. Os credores dirigir-se-ão, contra qualquer deles[314],

310. Silvio Rodrigues, *Direito,* cit., p. 153.
311. Orlando Gomes, *Direito,* cit., p. 172.
312. Carbonnier, op. cit., v. 2, n. 24, p. 75; Lehmann, *Derecho de familia,* p. 103-6; De Page, op. cit., v. 1, p. 816.
313. Orlando Gomes, *Direito,* cit., p. 174; Carbonnier, op. cit., p. 351.
314. Orlando Gomes, *Direito,* cit., p. 175; *RT, 397*:217.

pois os empréstimos e dívidas contraídos para a aquisição de coisas necessárias à economia doméstica obrigam solidariamente a ambos os cônjuges (CC, art. 1.644).

No regime anterior não podia a mulher, sem o consentimento marital, exercer qualquer profissão, e, se tivesse havido tal anuência, a revogação poderia ocorrer a qualquer tempo, sem que a esposa pudesse recorrer à justiça. Com o advento do Estatuto da Mulher Casada assegurou-se-lhe o *direito de exercer, livremente, qualquer profissão lucrativa,* sem depender da outorga marital[315], praticando todos os atos inerentes ao seu exercício e à sua defesa, p. ex., fazer contrato de locação, assinar títulos, cobrar créditos etc.[316], desde que as obrigações por ela contraídas não importassem em alienação dos bens do casal; se, porventura, assumisse tais obrigações, seriam elas válidas, respondendo para tanto os seus bens particulares e os que se comportassem nos limites de sua respectiva meação, se casada sob o regime de comunhão universal (Lei n. 4.121/62, art. 3º, e *RT, 399*:215).

Os cônjuges têm, hoje, a obrigação de contribuir na proporção de seus bens e do rendimento ou produto do trabalho (remuneração direta: salário, vencimentos, honorários, comissões; lucros complementares imediatos: prêmios, gratificações, conversão de licença-prêmio em pecúnia; e lucros complementares mediatos: aposentadoria, pensão e outros benefícios sociais) para o sustento da família e educação da prole (CC, art. 1.568), respondendo solidariamente pelas dívidas, exceto as contraídas em benefício da família (CC, arts. 1.643 e 1.644)[317].

Qualquer dos nubentes poderá, se quiser, *adotar o sobrenome do outro,* bem como, se o desejar, conquanto casado, conservar seu nome de solteiro (CC, art. 1.565, § 1º). Todavia, não lhe é permitido, ao casar-se, tomar o patronímico de seu consorte, abandonando os próprios, uma vez que somente está autorizado a acrescentar, optativamente, ao seu o nome de fa-

---

315. Artur O. de Oliveira Deda, op. cit., p. 276; Ruth Bueno, *Regime jurídico da mulher casada*, p. 31-2; Consolidação das Leis do Trabalho, art. 446, ora revogado pela Lei n. 7.855/89; Código Civil de 1916, art. 246, sem correspondente no atual Código Civil.
316. W. Barros Monteiro, op. cit., p. 135.
317. W. Barros Monteiro, op. cit., p. 135.
A Lei n. 13.014/2014 estabelece que benefícios monetários relativos à assistência social previstos nas Leis n. 8.742/1993 (nascimento, morte, calamidade pública) e n. 12.512/2011 (recursos à conservação ambiental e produção rural) serão pagos preferencialmente às mulheres responsáveis pelo sustento familiar.

mília do outro[318]. Cada nubente tem o direito subjetivo de, ao convolar núpcias, manter seu próprio apelido de família ou acrescentar o do outro, devendo tal opção ser consignada na certidão de casamento, pois para que haja segurança negocial com terceiro será preciso saber qual foi a decisão tomada, sanando qualquer dúvida sobre sua identidade. O fato de um consorte adquirir o nome do outro não importa em ficar a sua personalidade absorvida. Esta adoção de nome é um costume, a que a norma jurídica deu guarida, e deve ser compreendida como expressão da comunhão de vida (CC, art. 1.511) ou da transfusão das almas dos consortes (*Lex, 81*:211).

O cônjuge declarado culpado na ação de separação judicial voltará a usar o sobrenome de solteiro, se isso for expressamente requerido pelo cônjuge inocente e se a alteração não acarretar: prejuízo para sua identificação, manifesta distinção entre o seu nome de família e o dos filhos havidos da união dissolvida, e dano grave reconhecido na sentença judicial (CC, art. 1.578, I, II e III), sendo que, nos demais casos, poderá optar pela conservação do nome de casado (CC, art. 1.578, § 2º). Se for vencedor na ação de separação judicial poderá renunciar, a qualquer momento, ao direito de usar o nome do outro.

Dissolvido o casamento pelo divórcio, judicial ou extrajudicial, o ex-cônjuge poderá manter o nome de casado, exceto se o contrário estiver disposto na sentença ou na escritura pública (CC, art. 1.571, § 2º c/c CF, art. 226, § 6º, com a redação da EC n. 66/2010; CPC, art. 733).

Pelo Código Civil, art. 1.642, VI, tanto o marido como a mulher podem livremente *praticar qualquer ato não vedado expressamente por lei.*

---

318. Silvio Rodrigues, *Direito,* cit., p. 152; W. Barros Monteiro, op. cit., p. 133; *RT, 301*:475; Spencer Vampré, *Do nome civil,* p. 126; Clóvis Beviláqua, *Código Civil comentado,* 1941, p. 125; Silmara J. de A. Chinelato e Almeida, *Do nome da mulher casada,* Rio de Janeiro, Forense Universitária, 2001; Do nome da mulher casada: direito de família e direitos da personalidade, in *Família e cidadania,* Rodrigo da Cunha Pereira (coord.), Belo Horizonte, Del Rey, 2002, p. 293-300; *RT, 785*:345, *577*:119, *547*:64, *515*:76, *567*:168; *RJTJSP, 81*:211. Havia uma corrente outorgando ao marido o direito ao patronímico da mulher (*Bol. AASP, 1.839*:90), à qual não nos filiávamos.

Quem, com o casamento, vier a acrescentar o apelido do outro cônjuge, deverá atualizar cadastros (RG, CPF, DETRAN, Cartório Eleitoral etc.). A jurisprudência tem admitido que, por sentença judicial, o cônjuge inclua no seu nome o sobrenome do outro, ainda que após a data da celebração do casamento (cf. STJ, REsp 910.094-SC, j. em 4-9-2012). Segundo levantamento da Arpen-SP, no ano de 2012, 25% dos homens que se casaram no civil adotaram o sobrenome das mulheres. *Vide* Fábio Ulhoa Coelho, *Curso,* cit., v. 5, p. 49.

Logo, pode um cônjuge, sem autorização do outro, *litigar em juízo cível ou comercial,* como autor ou réu, salvo se a causa versar sobre direitos reais imobiliários (CPC, art. 73, e CC, art. 1.647, II). Pode também: propor a separação judicial e o divórcio; contratar advogado para a ação de separação e de divórcio; requerer interdição do cônjuge (CPC, art. 747, I); promover a declaração de ausência de seu consorte (CC, arts. 22 e 27, I); reconhecer filho havido fora do casamento (CC, art. 1.607; mas não poderá levá-lo ao lar conjugal sem o consenso do outro, CC, art. 1.611). Sem autorização marital ou uxória pode praticar atos relativos à tutela e curatela; aceitar ou repudiar, segundo alguns autores, herança ou legado; aceitar mandato. Na *justiça trabalhista* pode pleitear seus direitos sem estar assistido pelo cônjuge (CLT, art. 792); na *justiça eleitoral* pode requerer seu alistamento (Lei n. 4.737/65, art. 43) e na *criminal,* exercer o direito de defesa, sem anuência marital ou uxória[319].

Com o matrimônio *não perde a mulher sua nacionalidade,* consequentemente não adquire a de seu marido; mas em seu benefício, p. ex., se se tratar de uma estrangeira casada com brasileiro, se aplica a lei pátria na ordem de vocação hereditária para que ela possa herdar os bens do marido situados no país, sempre que a lei do domicílio não lhe for mais favorável[320]. O marido também terá igual direito, visto que, pelo art. 10, § 1º, da LINDB: "A sucessão de bens de estrangeiros, situados no País, será regulada pela lei brasileira em benefício do cônjuge ou dos filhos brasileiros, ou de quem os represente, sempre que não lhes seja mais favorável a lei pessoal do *de cujus*".

Cabe, para finalizar este item, fazer rápida menção à situação dos cônjuges após a dissolução da sociedade conjugal. Com o desfazimento da sociedade (separação extrajudicial ou judicial) ou do vínculo conjugal (morte, nulidade, anulação do casamento e divórcio) readquirem plena liberdade de ação, principalmente no que concerne aos bens e aos direitos e deveres recíprocos, embora sofram alguns efeitos que afetam sua situação pessoal.

Com a *morte* de um dos consortes tem-se não só a dissolução da sociedade conjugal, mas também o rompimento do vínculo matrimonial, perdendo o outro o estado de casado, passando ao de viuvez. Não fica impedido de contrair novas núpcias, embora deva sujeitar-se a algumas restrições legais, em seu próprio benefício e para resguardar interesses dos filhos

---

319. W. Barros Monteiro, op. cit., p. 134 e 137; Edgard de Moura Bittencourt, *Família,* p. 28-9. Sobre os direitos da mulher casada no usucapião: *RJTJSP, 61*:168, *63*:199.

320. Orlando Gomes, *Direito,* cit., p. 171; Caio M. S. Pereira, op. cit., p. 131. A respeito da nacionalidade da mulher casada, consulte o Decreto n. 64.216/69.

do primeiro leito, tais como: *a proibição de a viúva convolar novo casamento, antes de decorridos 10 meses contados da viuvez* (exceto se, antes do término desse prazo, der à luz algum filho ou comprovar inexistência de gravidez), para evitar *turbatio sanguinis*, sob pena de o novo casamento ficar sob o regime obrigatório da separação de bens (CC, arts. 1.523, II, e parágrafo único, 1.641, I); o mesmo ocorrerá para a mulher que teve seu casamento invalidado; *a proibição de se casar novamente enquanto não fizer o inventário dos bens do casamento e der partilha aos filhos herdeiros*, sob pena de ter de casar-se sob regime de separação de bens (CC, art. 1.641, I), de seus imóveis ficarem hipotecados em favor daqueles filhos (CC, art. 1.489, II), exceto se provar ausência de dano àqueles herdeiros (CC, art. 1.523, I, e parágrafo único); *a proibição, sob pena de nulidade do segundo matrimônio, de contrair núpcias com a pessoa condenada como delinquente no homicídio ou tentativa de homicídio contra seu consorte.*

Com o divórcio, o divorciado não deverá casar-se novamente se a partilha dos bens do antigo casal não houver sido homologada ou decidida, sob pena de ter de convolar núpcias sob o regime obrigatório de separação de bens, salvo se comprovar inexistência de qualquer prejuízo para o ex-cônjuge (CC, arts. 1.523, III e parágrafo único, e 1.641, I). Os efeitos sobre sua condição pessoal dependerão da sentença que o decretar, se judicial, ou do acordo que fizerem, mediante escritura pública, se extrajudicial[321].

Se a dissolução da sociedade conjugal se deu pela *separação*, os consortes poderão convolar novas núpcias, desde que, a qualquer tempo, pleiteiem o divórcio (CF, art. 226, § 6º, com a redação da EC n. 66/2010).

Além disso, é preciso lembrar que "o *planejamento familiar* é de livre decisão do casal, competindo ao Estado propiciar recursos educacionais e financeiros para o exercício desse direito, vedado qualquer tipo de coerção por parte de instituições privadas ou públicas" (CC, art. 1.565, § 2º; CF, art. 226, § 7º; Leis ns. 9.263/96, 9.029/95 e 9.799/99). O casal passa a ser responsável pelo número de filhos, assim como por seu desenvolvimento físico e moral, educação, saúde e proteção. O planejamento familiar não se volta ao problema do aborto ou da eugenia, nem ao controle demográfico para evitar ameaças econômicas e políticas e muito menos ao fato de a mulher estar no mercado de trabalho, mas está fundado no direito à saúde e à

321. Orlando Gomes, *Direito*, cit., p. 191-3; Regina Beatriz T. da Silva Papa dos Santos, *Dever de assistência imaterial entre cônjuges*, Rio de Janeiro, Forense Universitária, 1990; *RT*, *337*:343.

liberdade e na autonomia do casal na definição do tamanho de sua prole e na escolha da oportunidade que entender mais apropriada para ter filhos. A responsabilidade pela paternidade é do casal e não do Estado. É direito básico do casal decidir livre e responsavelmente o número de filhos, o intervalo entre os nascimentos, os meios de contracepção, dispor das informações para tanto e alcançar o nível mais elevado de saúde sexual e reprodutiva. A promoção do exercício responsável desses direitos deve ser a base principal das políticas e programas estatais e comunitários na esfera da saúde reprodutiva (Conferência Internacional de Beijing de 1995). O casal é o titular do direito reprodutivo, cabendo a ele, ante o princípio da liberdade de decisão, planejar sua família, no que atina ao fato de ter ou não filhos, ao número destes e ao espaçamento entre as gestações, cabendo ao Estado tão somente propiciar meios educacionais (p. ex., campanha de informação, educação sexual nas escolas), financeiros e científicos (p. ex., distribuição de contraceptivos e atendimento ginecológico nos centros de saúde) para o exercício desse direito, não podendo haver controle público ou privado (CC, art. 1.513) da natalidade. Ao Estado compete, portanto, estabelecer uma política de reprodução humana que respeite os direitos fundamentais, garantindo a todos a saúde. O planejamento familiar não é planejamento populacional, porque não se deve induzir o comportamento social ou sexual, nem deliberar o número de filhos do casal. Só é admitida a oferta de serviços de aconselhamento realizados por meio de instituições públicas ou privadas, submetidas ao Sistema Único de Saúde[322].

Como se pôde verificar há, nos dias de hoje, a mais absoluta paridade de direitos e deveres entre os cônjuges (CC, art. 1.511, *in fine*).

---

322. M. H. Diniz, *O estado atual do biodireito*, São Paulo, Saraiva, 2001, p. 105-17, 128-41; *Curso*, cit., v. 5, p. 35-6; Paulo A. L. Machado, Maria Regina M. Perrotti e Marcos Antonio Perrotti, Direito do planejamento familiar, *Revista APMP, 25*:36-44; Freedman e Isaacs, Human rights and reproductive choice, in *Studies in family planning*, 1993, p. 24; Caio M. S. Pereira, *Instituições*, cit., v. 5, p. 46; Paulo Luiz Netto Lôbo, O ensino do direito de família no Brasil, in *Repertório de doutrina sobre direito de família*, São Paulo, Revista dos Tribunais, v. 4, p. 313-6; Nadeje de S. Domingues, *Planejamento familiar — uma legislação específica*, Trabalho apresentado no I Congresso Nacional da Mulher Advogada, em Salvador, Bahia, 1990; Gerard Zatuchini, International Postpartum Family Planning Program, in *Report on the First Year Studies in Family Planning*, n. 22, 1967; Ana Maria Costa, Planejamento familiar no Brasil, *Bioética, 4*:209 e s.; Maine, *Family planning: its impact on the health of women and children*, New York, 1981; Dusi, *Istituzioni di diritto civile*, 5. ed., v. 1, p. 175; Orlando Gomes, *Direito de família*, cit., p. 69. O PL n. 3.343/2008 (consolidação da legislação federal em saúde), nos arts. 551 a 564 e 635 a 642, traça normas sobre planejamento familiar e foi apensado ao PL n. 4.247/2008.

c.3. Direitos e deveres dos pais para com os filhos

Com o casamento surge a família matrimonial; consequentemente um dos principais efeitos do matrimônio é o *dever dos pais de sustentar, guardar e educar os filhos* (CC, art. 1.566, IV), preparando-os para a vida de acordo com suas possibilidades. Tanto o pai como a mãe têm o ônus de contribuir para as despesas de educação do filho, na proporção de seus bens e rendimentos do trabalho, qualquer que seja o regime matrimonial de bens (CC, art. 1.568), inclusive se for o de separação de bens, salvo estipulação em contrário no pacto antenupcial (CC, art. 1.688). E se apenas um deles tiver condições, por ter patrimônio e por exercer atividade remunerada, deverá manter sozinho a família, por força dos deveres de mútua assistência e sustento da prole.

Têm, portanto, o dever de assistir, criar e educar os filhos menores (CF, arts. 227 e 229; CC, arts. 1.566, IV, e 1.568; e Lei n. 8.069/90, arts. 19 e 22 e parágrafo único), responsabilizando-se pelos atos lesivos por eles praticados (CC, arts. 932, I, 933, 934 e 942, parágrafo único).

A cada um dos consortes e a ambos simultaneamente incumbe zelar pelos filhos, sustentando-os ao prover sua subsistência material ou ao fornecer-lhes alimentação, vestuário, medicamentos etc.; guardando-os ao tê-los em sua companhia, vigiando-os[323], embora possam interná-los em colégio ou pensionato, tendo em vista o interesse do próprio descendente (*RT, 423*:85), e educando-os moral, intelectual e fisicamente, de acordo com suas condições sociais e econômicas (*RT, 181*:691, *184*:652)[324]. Reforça esta ideia o art. 1.634, I a IX, do Código Civil, ao estatuir que compete aos pais, quanto às pessoas dos filhos menores: dirigir-lhes a criação e educação e tê-los em sua companhia e guarda; exercer a guarda unilateral ou compartilhada, nos termos do art. 1.584; conceder-lhes, ou não, consentimento para casarem; con-

---

323. Espínola, op. cit., p. 227; Caio M. S. Pereira, op. cit., p. 126; Flávio Luís de Oliveira, O caráter não patrimonial do dever do sustento na perspectiva constitucional, *Revista Brasileira de Direito de Família, 22*:5-18. *Bol. AASP, 2.851*:12: "Autor que pretende ser ressarcido pela ex-cônjuge, em 50% do valor referente ao acordo firmado com o hospital em razão de despesas com a internação do filho comum, logo após o seu nascimento. Poder familiar. Dever de prover sustento dos filhos. Art. 1.566 do CC. Casamento que traduz comunhão plena de vida. Respnsabilidade de ambos os consortes pelos encargos da família, em amparo material recíproco. Art. 1.565 do Código Civil. Matéria que deve ser analisada à luz do princípio da solidariedade familiar. Obrigação que se revela juridicamente inexigível. Irrepetibilidade. Além disso, impossível reavivar questão pecuniária pertinente ao casamento, porquanto extinto há mais de década. Sentença de improcedência mantida. Recurso desprovido".

324. Caio M. S. Pereira, op. cit., p. 126; Espínola, op. cit., p. 229.

ceder-lhes ou negar-lhes consentimento para viajarem ao exterior e para mudarem sua residência permanente para outro município; nomear-lhes tutor, por testamento ou documento autêntico, se o outro já for falecido ou não puder exercer o poder familiar; representá-los judicial ou extrajudicialmente até os 16 anos, ou assisti-los após essa idade nos atos da vida civil; reclamá-los de quem ilegalmente os detenha ou exigir que lhes prestem obediência, respeito e os serviços próprios de sua idade e condição. Este encargo, imposto pela lei aos pais, deve ser levado a efeito com amor, carinho e dedicação. Todavia, esse dever é, concomitantemente, um direito de que os cônjuges só podem ser privados, excepcionalmente[325], por sentença judicial e em atenção aos interesses dos menores. Convém esclarecer que o *poder familiar* compete conjuntamente a ambos os cônjuges, o marido não mais o exerce com exclusividade, mas com a colaboração da mulher, pois apenas na falta ou impedimento de um deles o outro o exercerá com exclusividade (CC, art. 1.631); havendo divergência é assegurado a qualquer deles recorrer ao juiz para a solução do desacordo (CC, arts. 1.631 e parágrafo único e 1.690 e parágrafo único), uma vez que o poder decisório está sujeito ao controle judicial[326].

A violação das obrigações, principalmente no que concerne aos filhos menores e não emancipados, acarreta suspensão ou destituição do poder familiar (CC, arts. 1.637 e 1.638), remediando-se o mal pela ação de alimentos em que o inadimplente será condenado a pagar uma pensão alimentícia (CC, art. 1.696)[327].

A infração desses deveres, além de gerar responsabilidade civil por dano moral, constitui crime de abandono de família — CP, art. 244 (abandono material, deixar de prover subsistência ao filho menor sem justa causa); art. 246 (abandono intelectual, deixar injustificadamente de dar instrução a filho em idade escolar); art. 247 (abandono moral, se deixar, p. ex., que menor frequente casa mal-afamada; que conviva com pessoa de má vida; que resida ou trabalhe em casa de prostituição); art. 245 (abandono material e moral ao mesmo tempo, p. ex., entregar filho menor de 18 anos a pessoa com a qual saiba ou deva saber que fica moral ou materialmente em peri-

---

325. Orlando Gomes, *Direito,* cit., p. 156.

326. Silvio Rodrigues, *Direito,* cit., p. 128; Orlando Gomes, *Direito,* cit., p. 171.

327. *Vide* Bassil Dower, op. cit., p. 96; Silvio Rodrigues, *Direito,* cit., p. 127; Giselda M. F. N. Hironaka, Responsabilidade civil na relação paterno-filial, *Revista Jurídica,* Del Rey, *8*:28. *Vide* Lei n. 8.069/90, arts. 4º, 13, 22, 24, 55, 129, X, 155 a 163 e 264.

go) — sujeitando o faltoso a todas as penalidades previstas a respeito no estatuto repressivo, que contribui, em complemento às medidas civis que se revelarem insuficientes, para a proteção da família. Assim a lei penal sanciona a sonegação de atos humanamente exigíveis e cuja ausência representa formação moral deplorável, principalmente se encarada sob o prisma dos deveres familiares[328].

A dissolução do casamento afeta os filhos do casal, uma vez que poderá provocar uma disputa entre os pais a respeito da guarda dos filhos menores, pois, na hipótese de separação de fato do casal, o pai não tem nenhum direito de reclamar entrega de filho menor em poder da mãe, salvo se ocorrer motivo grave, a critério do magistrado[329]. Se na separação judicial ou divórcio judicial os consortes estiverem de comum acordo, deliberarão a respeito da visita e da guarda dos filhos (CC, arts. 1.584, I, e 1.583, c/c o art. 731, III, do CPC); e, se houver ausência de acordo, encontrando-se ambos os genitores aptos a exercer o poder familiar, os filhos menores ficarão sob guarda compartilhada, salvo se um dos genitores declarar ao magistrado que não deseja a guarda da prole (CC, arts. 1.583, § 2º, e 1.584, § 2º). Se não for possível a guarda compartilhada, ter-se-á a guarda unilateral (CC, art. 1.583, § 5º). Excepcionalmente o órgão judicante admitirá que sua guarda seja confiada a pessoa notoriamente idônea, que revele compatibilidade com a natureza da medida, levando-se em conta o grau de parentesco e a relação de afinidade e afetividade (CC, art. 1.584, § 5º), se entender que não devem permanecer em poder da mãe nem do pai (Lei n. 8.069/90, arts. 33 a 35), assegurando, em qualquer hipótese, aos pais direito de visi-

---

328. João Bernardino Gonzaga, Do crime de abandono de família, *Revista da PUCSP, 30*:18 e s., 1966; Helena C. Moysés, O abandono afetivo dos filhos e a possibilidade de compensação por danos morais, *Revista Jurídica De Jure, 19*:262-75. TAMG: "Indenização de danos morais — Relação paterno-filial — Princípio da dignidade da pessoa humana — Princípio da afetividade. A dor sofrida pelo filho, em virtude do abandono paterno, que o privou do direito à convivência, ao amparo afetivo, moral e psíquico, deve ser indenizável, com fulcro no princípio da dignidade da pessoa humana" (AC 408.550-5 da Comarca de Belo Horizonte, 7ª CCív., Rel. Unias Silva. O voto proferido pelo Juiz Relator foi acompanhado, na íntegra, pelos demais componentes da Turma Julgadora, j. em 1º-4-2004.

Álvaro Villaça Azevedo (Abandono moral, *Jornal do Advogado, 289*:14-5) ensina que: não basta que pai e mãe separados paguem pensão alimentícia; é preciso que estejam presentes na vida de seus filhos. O descaso entre pais e filhos merece punição por ser abandono moral grave, gerando responsabilidade civil por dano moral, visto que pode acarretar trauma da rejeição e complexo de inferioridade.

329. W. Barros Monteiro, op. cit., p. 115.

ta e fiscalização (CC, art. 1.589), considerando-se que será imprescindível assegurar à criança ou ao adolescente e ao genitor o direito de visitação, salvo nos casos em que houver prejuízo à integridade física ou psíquica da prole, para que haja preservação da convivência familiar. Por tal razão a Lei n. 12.318/2010 veio a punir a *alienação parental*, ou seja, qualquer interferência na formação psicológica da criança ou do adolescente, promovida, sem qualquer justificativa plausível, por um dos pais, pelos avós ou por aqueles que os tenham sob sua vigilância (alienador), para que estes repudiem um dos genitores — que é o alienado — (art. 2º), ferindo o direito fundamental à convivência familiar saudável e prejudicando a afetividade nas relações com o grupo familiar (art. 3º). O aplicador do direito não pode admitir qualquer conduta que reduza o menor à condição de coisa como a da *alienação parental*, consistente na implantação de falsas ideias, que, segundo François Podevyn, seria o ato de programar uma criança para que venha a odiar, injustificadamente, um dos pais, praticado pelo outro ou por parente próximo, ou ainda por pessoa que a tenha sob sua autoridade, guarda ou vigilância. A alienação parental é um ato comportamental repetido, em que se denota uma agressão psíquica, que se apresenta sob forma difamatória ou desmoralizante por parte do alienador, provocando sérias sequelas na criança ou adolescente, em virtude de seu afastamento do alienado, motivado por uma reação de medo e ódio, interferindo assim em sua formação psicológica. Há por parte do alienador uma doentia interferência na vida do menor, controlando seus atos, ou até mesmo ameaçando-o de punição se procurar qualquer comunicação com o outro genitor (alienado). A criança passa a apresentar *síndrome de alienação parental* (síndrome de *bullying* familiar), pois, sob o efeito da lavagem cerebral conducente à hostilidade relativamente ao genitor não guardião e seus familiares, torna-se cúmplice do alienador (colaborando na desmoralização do alienado ao praticar, p. ex., atos difamatórios contra ele, visando a aprovação do alienador com medo de sofrer algum castigo) e pode apresentar transtornos psicológicos muito sérios como: indiferença a tudo, isolamento ou introspecção; depressão crônica; baixo rendimento escolar; instabilidade emocional; rebeldia; conduta antissocial; agressividade; crises de asma; gravidez e aborto na adolescência; sentimento de culpa; prática de infrações; tentativa de suicídio; tabagismo; alcoolismo; uso de drogas; dificuldade de concentração; gagueira; perda da virgindade antes da adolescência; falta de autoestima; irregularidades hormonais; transtornos de identidade etc. Fácil é perceber que a alienação parental viola, frontalmente, os direitos fundamentais e os princípios protetivos do menor que, ao sofrer assédio moral, tem sua estrutura psíquica destruída pelo alienador (dominado por um sentimento de vingança), apesar de o verdadeiro alvo dos ataques ser o alienado. Exemplificativamente são formas de alienação parental, além dos atos declarados pelo juiz ou constatados por perícia (psicológica ou biopsicossocial): *a*) realização de campanha, desqualificando a conduta do genitor no exercício da maternidade ou paternidade; *b*) colocação de obstáculos ao exercício da autoridade parental, ao contato da prole com o genitor, deixando de repassar recados (p. ex., alterando número de telefone), à visitação (*Bol. AASP, 2.719*:1963-11); *c*) omissão deliberada a genitor de informações pessoais relativas aos filhos; *d*) apresentação de falsa denúncia contra genitor ou contra pessoas da família deste para impedir convivência familiar (ex.: simulação de lesão corporal, imputando-a à falsa agressão ou acusação mentirosa de abuso sexual); *e*) mudança de domicílio para local distante, sem qualquer justificativa, para que não haja convivência do menor com um dos pais ou avós (art. 2º, parágrafo único, I a VII). Ante a gravidade dos atos de alienação parental, a lei, no art. 4º, aceita simples *indícios* dela (p. ex., indução do menor a optar entre mãe ou pai; apresentação de companheiro a menor como seu novo genitor; comentários malévolos sobre presentes dados pelo outro; crítica sobre idoneidade financeira ou capacidade profissional do ex-cônjuge) para que o juiz determine, a requerimento do alienado ou do Ministério Público ou de ofício, provisoriamente, as medidas processuais de urgência cabíveis para preservar a integridade psíquica do menor e tornar possível a sua reaproximação com o genitor-visitante. Tais providências têm natureza cautelar, antecipatória e satisfativa, podendo o magistrado agir liminarmente ou de ofício (CPC, arts. 294 e 305, parágrafo único). Havendo alienação parental, em ação autônoma ou incidental, o juiz determinará perícia psicológica ou biopsicossocial feita por pessoa de sua confiança, ou mais de uma, se houver complexidade (CPC, art. 475, e Lei n. 12.318/2010, art. 5º), e poderá, cumulativamente ou não, sem prejuízo de responsabilidade civil ou criminal (ECA, arts. 3º, 5º, 232 e 236; CF, art. 5º) e da utilização de meios processuais para inibir ou atenuar seus efeitos, segundo a gravidade do caso: advertir o alienador; ampliar o regime de convivência familiar em favor do genitor alienado; multar o alienador (*BAASP, 2.719*:1963-11); determinar acompanhamento psicológico (feito por psicólogo) ou biopsicossocial, realizado por equipe multidisciplinar, formada por assistente social, médico, psicólogo ou outros profissionais que forem necessários. Em se tratando de alienação parental, o juiz, para tomar depoimento do menor, deverá estar acompanhado por um especialista, ante a sua fragilidade, por estar sofrendo abuso de ordem psíquica (CPC, art. 699);

alterar a guarda para guarda compartilhada ou sua inversão; determinar a fixação cautelar do domicílio do menor; suspender a autoridade parental (art. 6º, I a VII), ou até mesmo decretar sua perda, se configurado o abuso moral (CC, art. 1.638 c/c Lei n. 12.318/2010, art. 3º)[330].

---

330. *Bol. AASP, 2.719*:1963-11: Suspensão de visitas e modificação de guarda. Beligerância notória entre os genitores do menor. Estudos psicológico e social não identificaram comportamento inadequado do pai. Mãe habitualmente apresenta obstáculos para a realização das visitas paternas. Interesse do menor impossibilita, por ora, a modificação de guarda. Visitas estipuladas na sentença aptas a sobressair. Em caso de impedimento por parte da genitora, a multa cominada, e ora ampliada, se apresenta adequada, pois visa ao efetivo cumprimento do julgado. Apelo da mãe desprovido. Recurso adesivo do pai provido em parte, com observação (TJSP — 4ª Câm. de Direito Privado; ApC n. 994.09.285280-8-SP, Rel. Des. Natan Zelinschi de Arruda, j. 8-4-2010, v. u.). *BAASP, 3014*:11 e 12. Agravo de Instrumento — Guarda — Alienação parental — Alteração — Cabimento. 1 — Em regra, as alterações de guarda são prejudiciais para a criança, devendo ser mantida a infante onde se encontra mais bem cuidada, pois o interesse da criança é que deve ser protegido e privilegiado. 2 — A alteração de guarda reclama a máxima cautela por ser fato em si mesmo traumático, somente se justificando quando provada situação de risco atual ou iminente, o que ocorre na espécie. 3 — Considera-se que a infante estava em situação de risco com sua genitora, quando demonstrado que ela vinha praticando alienação parental em relação ao genitor, o que justifica a alteração da guarda. 4 — A decisão é provisória e poderá ser revista no curso do processo, caso venham aos autos elementos de convicção que sugiram a revisão. Recurso provido. *Bol. AASP, 2.705*:1919-08: Em ação que objetiva a modificação da guarda de criança, será sempre priorizado o melhor interesse do menor. Se a prova dos autos não atesta a incapacidade da mãe de prover a assistência material e moral aos filhos, não se modifica a guarda em favor do pai que, na curta convivência com 1 dos infantes, aparentemente desenvolveu conduta objetivando denegrir a imagem da mãe (TJMG, 1ª Câm. Cível; AI Cível 1.0148.10.000301-8/001-Lagoa Santa-MG, Rel. Des. Alberto Vilas Boas, j. 25-5-2010, v. u.). *Vide* Marcos Duarte, Alienação parental — Comentários iniciais à Lei n. 12.318/2010. *Revista Síntese — Direito de Família, 62*:40-52; Analdino R. Paulino (org.). *Síndrome da alienação parental e a tirania do guardião: aspectos psicológicos, sociais e jurídicos,* Porto Alegre, Equilíbrio, 2008; Luiz Carlos F. Vieira Segundo. Síndrome de alienação parental: o *bullying* nas relações familiares. *Revista Síntese — Direito de Família, 62*:99 a 100; Podevyn, Síndrome de alienação parental: <http://www.apase.org.br./94001-sindrome.htm>; Alessandra Cristina Furlan e Daniela B. Paiano, Nova Lei de Adoção — principais alterações. *Revista Síntese — Direito de Família, 62*:104-20; Caetano Lagrasta Neto, Alienação parental e reflexos na guarda compartilhada, *Grandes temas de direito de família e das sucessões* (coord. Regina B. Tavares da Silva e Theodureto de A. Camargo Neto), São Paulo, Saraiva, 2011, p. 47-63; Marco Antônio G. Pinho, Lei n. 12.318/2010 — alienação parental: órfãos de pais vivos, *Revista Síntese — Direito de Família, 75*:33-59; Cleber A. Angeluci e Daiani Delajustina, Considerações acerca da alienação parental: para um novo olhar das relações de família, *Revista Síntese — Direito de Família, 75*:79-97; Rafael Selonk e Fernanda Oltramari, Síndrome da alienação parental e a mediação como um caminho possível, *Revista Síntese — Direito de Família, 75*:98-105; Gabriela C. Amato, A alienação parental enquanto elemento violador dos direitos fundamentais e dos princípios de proteção à criança e ao adolescente, *Revista Síntese — Direito de Família,*

Como se vê, a Lei de alienação parental tem por escopo garantir a proteção à criança e ao adolescente, a exaltação da convivência familiar e da ideia de paternidade e maternidade responsáveis.

É importante a preservação do direito à convivência familiar harmônica e saudável, ou seja, do direito de a prole viver e crescer em ambiente familiar digno (*BAASP*, *2.701*:1.906-07), livre de quaisquer atos de alienação parental e repleto de afeto.

75:60-78; Claudia M. de A. R. Viegas e César Leandro de A. Rabelo, Aspectos materiais e processuais da alienação parental, *Revista Síntese — Direito de Família, 75*:9-32; Claudia M. de A. R. Viegas e Leonardo M. Poli, Os efeitos do abandono afetivo e a mediação como forma de solução de conflitos paternos — filiais, *Revista Síntese — Direito de Família, 77*:69-94; Mônica Aguiar, A síndrome de alienação parental e o mito de Deméter, *Estado de Direito, 41*:29; Antonio B. Gonçalves, Síndrome de alienação parental, *Revista Síntese — Direito de Família, 80*:118-149; Pietro N. Dellova, Acerca da alienação parental cotidiana ou entre violinos e porradas, *Estado de Direito, 40*:18; Daniela B. Paiano, Guilherme Francisco e Gabriel Francisco, Alienação parental de acordo com a Lei n. 12.318/2010, *Revista Síntese — Direito de Família, 84*:95-116; Eduardo de Oliveira Leite, A Lei de Alienação Parental e a responsabilidade do poder judiciário, *Revista de Direito de Família e das Sucessões*, RDFAS n. 3, 39 a 56; *Alienação parental do mito à realidade*, São Paulo, RT, 2015; Eriton G. Vieira e Newton T. Carvalho, A alienação parental e seus efeitos no núcleo familiar, *Revista Síntese — Direito de Família, 90*:96-18; Nicolau E. B. Crispino e José Carlos F. Menezes, Responsabilidade civil do genitor na alienação parental, *Revista Brasileira de Direito Comparado, 47*:185-208; Maria Gorete Tavares, Alienação parental: a questão legal e o vínculo afetivo, *Revista Síntese — Direito de Família, 97*: 79 a 83; Cláudia M. de A. R. Viegas e César Leandro de A. Rabelo, Aspectos materiais e processuais da alienação parental, *Revista Síntese — Direito de Família, 75*: 9-32; Marco Antônio G. de Pinho, Lei n. 12.318/2010. Alienação parental: órfãos de pais vivos, *Revista Síntese — Direito de Família, 75*:33-59; Gabriela C. Amato, A alienação parental enquanto elemento violador dos direitos fundamentais e dos princípios de proteção à criança e ao adolescente, *Revista Síntese — Direito de Família, 75*:60-78; Cleber A. Angeluci e Daiani Delajustina, Considerações acerca da alienação parental: para um novo olhar das relações de família, *Revista Síntese — Direito de Família, 75*:79 a 96; Rafael Selonk e Fernanda Oltramari, Síndrome da alienação parental e a mediação como caminho possível, *Revista Síntese — Direito de Família, 75*:97 a 105; Bruna B. Waquim, Criminalizar a alienação parental é a melhor solução? Reflexões sobre o Projeto de Lei n. 4.488/2016, *Revista Síntese — Direito de Família, 100*:9-35; Paulo Akiyama, Alienação parental poderá ser tratada como crime, *Revista Síntese — Direito de Família, 100*:36-38; Gladys M. Chamma, A criminalização da alienação parental, *Revista Síntese — Direito de Família, 100*:39-41; Ivan Leão, Alienação parental é crime!, *Revista Síntese — Direito de Família, 100*:42-43; Maria Helena Diniz, A importância da Lei n. 12.318/2010 para a convivência familiar, *Fórum Jurídico*, n. 6, 2014, p. 76 a 79. PL n. 19/2016, sobre prioridade na tramitação de processo sobre acusação de alienação parental. *Vide*: Lei n. 13.431/2017, art. 4º, II, *b*, admite a alienação parental como forma de violência psicológica promovida ou induzida por um dos genitores, pelos avós ou por quem tenha o menor sob sua autoridade, guarda ou vigilância, que leve ao repúdio de genitor ou que cause prejuízo ao estabelecimento ou à manutenção de vínculo com este.

Havendo separação judicial ou divórcio, cada genitor contribuirá com uma quota para criação e educação dos filhos. Observa Washington de Barros Monteiro[331] que tal é a relevância desse dever que, sistematicamente, nega-se homologação à separação consensual, caso os consortes não tenham convencionado, como de lei, a importância ajustada para o mesmo objetivo (CPC, art. 731, IV).

A separação judicial, consensual ou litigiosa, e o divórcio em nada alteram os direitos e deveres dos pais em relação aos filhos. Existem as figuras de ex-marido e de ex-mulher, mas as de ex-pai e ex-mãe jamais existirão (CC, art. 1.579). Por isso para a manutenção dos filhos cada ex-cônjuge contribuirá na proporção de seus recursos (CC, art. 1.703).

Atualmente eliminou-se uma restrição que vigorava contra a viúva que convolasse novas núpcias. Pois, antes da atual legislação, a bínuba perdia o direito de administrar os bens dos filhos menores do leito anterior, bem como o de usufruto desses mesmos bens. A lei modificadora (Lei n. 4.121/62) eliminou a discriminação ao alterar a redação do art. 393 do Código Civil de 1916, que assim rezava: "A mãe que contrai novas núpcias não perde, quanto aos filhos de leito anterior, os direitos ao pátrio poder, exercendo-os sem qualquer interferência do marido". Fortalecia este artigo o disposto no Código Civil de 1916, art. 248, I: "A mulher casada pode livremente exercer o direito que lhe competir sobre as pessoas e os bens dos filhos do leito anterior", podendo, obviamente, tê-los em sua companhia e guarda, velar pela sua educação física, intelectual, espiritual e moral, sem interferência do novo marido, que, por ser um estranho, não poderia exercer, por isso, qualquer autoridade sobre os enteados[332]. O Código Civil de 2002, arts. 1.558 e 1.636 e parágrafo único, mantém tal entendimento, pois o casamento ou novo casamento de qualquer dos pais ou de ambos não implicará restrição alguma aos seus direitos e deveres em relação aos filhos decorrentes do poder familiar, exercendo-os sem qualquer interferência do novo cônjuge. O pai, ou a mãe, que contrair novas núpcias, não perde o direito de ter consigo os filhos, que só lhe poderão ser retirados por mandado judicial, provado que qualquer deles não os trata convenientemente.

331. W. Barros Monteiro, op. cit., p. 114.

332. Artur O. de Oliveira Deda, op. cit., p. 276; W. Barros Monteiro, op. cit., p. 136; Bassil Dower, op. cit., p. 128; Silvio Rodrigues, *Direito,* cit., p. 159-60; Caio M. S. Pereira, op. cit., p. 136.

Pessoa deficiente separada ou divorciada tem direito à guarda (Lei n. 13.146/2015, art. 6º, VI).

QUADRO SINÓTICO

EFEITOS PESSOAIS DO CASAMENTO	• Direitos e deveres de ambos os consortes	• Fidelidade mútua	• (CC, arts. 1.566, I, e 1.573, I).
		• Coabitação	• (CC, arts. 1.566, II, 1.511, 1.797). • (CPC, art. 617, I).
		• Mútua assistência	• (CC, arts. 1.566, III, e 1.573, III).
		• Respeito e consideração mútuos	• (CC, arts. 1.566, V, e 1.573, III).
	• Igualdade de direitos e deveres entre marido e mulher (CC, art. 1.511; CF, art. 226, § 5º)	• Exercer a direção da sociedade conjugal (CC, arts. 1.567 e 1.570). • Representar legalmente a família (CC, arts. 1.634, V, e 1.690). • Fixar o domicílio da família (CC, arts. 1.569 e 1.567, parágrafo único). • Proteger o consorte na sua integridade física ou moral. • Colaborar nos encargos (CC, arts. 1.565, 1.567 e 1.568). • Velar pela direção moral e material da família (CC, art. 1.568). • Dirigir a comunidade doméstica (CC, arts. 1.643, 1.644, 1.565 e 1.568). • Adotar, se quiser, os apelidos do consorte (CC, art. 1.565, § 1º). • Direito de se opor à fixação ou mudança do domicílio determinada por um deles (CC, arts. 1.569 e 1.567, parágrafo único). • Direito de exercer livremente qualquer profissão lucrativa. • Praticar qualquer ato não vedado por lei (CC, art. 1.642, VI). • Litigar em juízo cível ou comercial, salvo se a causa versar sobre direitos reais imobiliários (CPC, art. 73; CC, art. 1.647, II), podendo: propor separação judicial e divórcio; contratar advogado; requerer interdição do consorte (CPC, 747, I); promover a declaração de ausência de seu consorte; reconhecer filho; praticar atos relativos a tutela ou curatela; aceitar mandato; aceitar ou repudiar herança ou legado.	

EFEITOS PESSOAIS DO CASAMENTO	• Igualdade de direitos e deveres entre marido e mulher (CC, art. 1.511; CF, art. 226, § 5º)	• Pleitear seus direitos na Justiça Trabalhista (CLT, art. 792). • Requerer na Justiça Eleitoral alistamento (Lei n. 4.737/65, art. 43). • Exercer o direito de defesa, na Justiça Criminal, sem anuência do cônjuge. • Não perder sua nacionalidade se se casar com estrangeiro. • Aplicar-se a lei brasileira na ordem da vocação hereditária, se estrangeiro se casar com brasileiro (LINDB, art. 10, § 1º). • Não poder casar-se novamente aquela que teve casamento anulado ou a viúva antes de decorridos 10 meses de viuvez, salvo se antes do término desse prazo der à luz um filho. • Não poder casar-se o viúvo enquanto não fizer o inventário dos bens do casal e deles der partilha aos filhos. • Não poder convolar novas núpcias, senão passado 1 ano da sentença que decretou a separação judicial, pleiteando-se sua conversão em divórcio. • Poder de decisão sobre planejamento familiar (CC, arts. 1.565, § 2º, e 1.513; e CF/88, art. 226, § 7º).
	• Direitos e deveres dos pais para com os filhos (CF, arts. 227 e 229; Lei n. 8.069/90 e Lei n. 12.318/2010)	• Sustentar, guardar e educar os filhos (CC, arts. 1.566, IV, 1.568, 1.634, I a IX; CP, arts. 244, 245, 246, 247). • Poder familiar (CC, arts. 1.631 e parágrafo único, 1.690 e parágrafo único, 1.637, 1.638 e 1.696). • Não poder o pai, na separação de fato, reclamar filho menor que está em poder da mãe, salvo por motivo grave. • Deliberarem, ambos os pais, na separação judicial, consensual e no divórcio judicial, a respeito da visita e da guarda dos filhos (CC, art. 1.583; CPC, art. 731, III e IV), e não havendo acordo dos genitores observar-se o disposto no CC, arts. 1.584, § 2º, 1.589, 1.579 e 1.703, e evitar alienação parental. • Não perder o genitor que contrai novas núpcias o direito ao poder familiar quanto aos filhos menores do leito anterior (CC, arts. 1.588 e 1.636, parágrafo único).

D. Efeitos jurídicos patrimoniais do matrimônio

d.1. Direitos e deveres dos cônjuges na ordem patrimonial

d.1.1. Relações econômicas subordinadas ao regime matrimonial de bens

d.1.1.1. Conceito de regime matrimonial de bens

Como pudemos apontar alhures, uma vez realizado o matrimônio, surgem direitos e obrigações em relação à pessoa e aos bens patrimoniais dos cônjuges. A essência das relações econômicas entre os consortes reside, indubitavelmente, no regime matrimonial de bens, que está submetido a normas especiais disciplinadoras de seus efeitos.

De forma que o regime matrimonial de bens é o conjunto de normas aplicáveis às relações e interesses econômicos resultantes do casamento. É constituído, portanto, por normas que regem as relações patrimoniais entre marido e mulher, durante o matrimônio. Consiste nas disposições normativas aplicáveis à sociedade conjugal no que concerne aos seus interesses pecuniários. Logo, trata-se do estatuto patrimonial dos consortes[333], que

333. Sobre o conceito de regime de bens consulte: Ernest Roguin, *Traité de droit civil comparé*; le régime matrimonial, p. 3, ns. 19 e s.; Orlando Gomes, *Direito,* cit., p. 195; Caio M. S. Pereira, op. cit., p. 139; Sebastião José Roque, *Direito de família*, cit., p. 101-12; Silvio Rodrigues, *Direito,* cit., p. 167; W. Barros Monteiro, op. cit., p. 143; Carlos Taquini, *Regimen de bienes y el matrimonio*, 1990; Denise W. Gonçalves, Regime de bens no Código Civil brasileiro vigente, *Revista Brasileira de Direito de Família, 22*:109-27; Walter Cruz Swensson, Regime de bens, *RDC, 33*:167; Cesar Asfor Rocha, Direito patrimonial no direito de família, *O novo Código Civil — estudos em homenagem a Miguel Reale*, São Paulo, LTr, 2003, p. 1319 e 1333; José Antonio E. Manfré, *Regime matrimonial de bens no novo Código Civil*, São Paulo, Juarez de Oliveira, 2003; Carlos A. Dabus Maluf e Adriana C. R. F. Dabus Maluf, Do regime jurídico do casamento — do regime de bens entre os cônjuges, *RIASP, 31*:109-42; Fernanda F. Galluci, Regimes de bens do casamento e possibilidade de arbitramento de aluguel entre cônjuges. *Revista de Direito de Família e Sucessões*, RDFAS, n. *3*:113-124; Yara D. Brasil Chaves, Regimes de bens: noções gerais, *Revista de Direito Notarial, 6*:55-66; *RJTJSP, 36*:67. Pelo art. 2.039 do Código Civil: "o regime de bens nos casamentos celebrados na vigência do Código Civil anterior, Lei n. 3.071, de 1º de janeiro de 1916, é o por ele estabelecido". A essência das relações econômicas entre marido e mulher está, sem dúvida, no regime matrimonial de bens, sujeito às *normas vigentes por ocasião da celebração do ato nupcial*. Assim sendo, o Código Civil de 1916 continuará, apesar de, passando a *vacatio legis*, estar revogado, a produzir efeitos jurídicos, tendo eficácia sem, contudo, ter vigência. Irradiará seus efeitos aplicando-se ao regime matrimonial de bens dos casamentos celebrados durante sua vigência, inclusive na *vacatio legis*, respeitando, dessa forma, as situações jurídicas definitivamente já constituídas (CF/88, art. 5º, XXXVI, e LINDB, art. 6º). Daí a eficácia residual dos arts. 256 a 314 do Código Civil de 1916, que cerceia a do Código Civil vigente, repelindo-a para tutelar re-

começa a vigorar desde a data do casamento (CC, art. 1.639, § 1º) por ser o matrimônio o termo inicial do regime de bens, decorrendo ele da lei ou de pacto; logo, nenhum regime matrimonial pode ter início em data anterior ou posterior ao ato nupcial, pois começa, por imposição legal, a vigorar *desde a data do casamento.*

d.1.1.2. Princípios fundamentais do regime de bens entre marido e mulher

Quatro são os princípios fundamentais a que, hodiernamente, se subordina a organização do regime matrimonial de bens. São eles:

1) *O da variedade de regime de bens,* visto que a norma não impõe um só regime matrimonial aos nubentes, pois oferece-lhes quatro tipos diferentes: o da comunhão universal; o da comunhão parcial; o da separação; e o da participação final dos aquestos. Este último substituiu o antigo regime dotal, que, como ensinava Orlando Gomes, era não comunitário apenas no que concernia à parte relativa aos bens constitutivos do dote, porém nada impedia que os bens extradotais pertencessem em comum aos consortes; todavia, era totalmente separatório, se referidos bens pertencessem, com exclusividade, ao consorte que os houvesse adquirido[334]. Daí se infere que, relativamente ao objeto das relações patrimoniais entre cônju-

---

gimes de casamentos efetuados sob a égide da lei anterior, pouco importando que haja colisão com o disposto nos arts. 1.639 a 1.688 do novo Código Civil. Assim sendo, os arts. 256 a 314 do CC de 1916 continuam a ser vinculantes, tendo vigor para os matrimônios anteriores à vigência do atual Código Civil, visto que o seu art. 2.039 dá-lhes aptidão para produzir efeitos jurídicos concretos mesmo depois de revogados.

Vide: Miguel Reale, *Filosofia do direito*, São Paulo, Saraiva, 1982, p. 514 e s.; M. H. Diniz, *Norma constitucional e seus efeitos*, São Paulo, Saraiva, 2001, p. 56 e 57; *Lei de Introdução ao Código Civil brasileiro comentada*, São Paulo, Saraiva, 2001, p. 176-201; Rolf Madaleno, Do regime de bens entre cônjuges, in *Direito de família e o novo Código Civil*, Belo Horizonte, Del Rey, 2003, p. 191-224; Marilene Silveira Guimarães, Família e empresa — questões controvertidas, *Novo Código Civil: questões controvertidas* (coord. Mário Luiz Delgado e Jones Figueirêdo Alves), São Paulo, Método, 2003, p. 297-309; Silvio Luís Ferreira da Rocha, *Introdução*, cit., p. 101-20; João F. Moreira Viegas, Direito patrimonial conjugal, in *Questões de direito civil e o novo Código Civil*, Procuradoria-Geral do Estado de São Paulo, 2004, p. 193-215; Luiz Guilherme Loureiro, A atividade empresarial do cônjuge no novo Código Civil, in *Novo Código Civil — questões controvertidas* (coord. Delgado e F. Jones), São Paulo, Método, 2004, v. 2, p. 233-64; Luciano Amaral Jr., A sociedade entre marido e mulher e o novo Código Civil, *CDT Boletim*, *34*:139.

O Projeto de Lei n. 3.159/2004 (ora arquivado) pretendia dar nova redação ao art. 977 do Código Civil, assegurando aos cônjuges o direito de contratar sociedade independentemente do regime de casamento.

334. Orlando Gomes, *Direito*, cit., p. 195, 198-9.

ges, prevalece o critério da comunicação ou o da separação dos seus patrimônios[335].

2) *O da liberdade dos pactos antenupciais,* que decorre do primeiro, pois permite-se aos nubentes a livre escolha do regime que lhes convier, para regulamentar os interesses econômicos decorrentes do ato nupcial, já que, como não estão adstritos à adoção de um daqueles tipos, acima mencionados, tal como se encontram definidos em lei, podem combiná-los formando um regime misto ou especial, sendo-lhes lícito, ainda, estipular cláusulas, desde que respeitados os princípios de ordem pública, os fins e a natureza do matrimônio. É o que determina o art. 1.639 do Código Civil ao estatuir: "É lícito aos nubentes, antes de celebrado o casamento, estipular, quanto aos seus bens, o que lhes aprouver". Reza, ainda, o parágrafo único do art. 1.640 do Código Civil que "poderão os nubentes, no processo de habilitação, optar por qualquer dos regimes que este Código regula". Necessário se torna, porém, que estipulem, mediante pacto antenupcial (CC, arts. 1.653 a 1.657), o regime de suas preferências[336].

Segundo Silvio Rodrigues[337], o *pacto antenupcial* é um contrato solene, realizado antes do casamento, por meio do qual as partes dispõem sobre o regime de bens que vigorará entre elas desde a data do matrimônio (CC, art. 1.639, § 1º).

---

335. Espínola, op. cit., n. 61, p. 303.

336. Lafayette Rodrigues Pereira, op. cit., § 50; Orlando Gomes, *Direito,* cit., p. 195; Vicente L. Plantullo, Do regime de bens entre os cônjuges: o pacto antenupcial, in *Temas de direito em debate* (coord. Plantullo), Curitiba, Ed. Juruá, 2004, p. 131-6; Erica V. Oliveira Canuto, Liberdade de contratar o regime patrimonial de bens no casamento, *Regimes mistos, família e dignidade humana,* Anais do V Congresso Brasileiro de Direito de Família (coord. R. Cunha Pereira), São Paulo, IOB Thomson, 2006, p. 285-314; Priscila M. P. Corrêa da Fonseca, Planejamento matrimonial: a nem sempre fácil escolha do regime de bens, *Revista Síntese — Direito de Família, 79*:143-155. No mesmo sentido o Código Civil francês, art. 1.387, o português, art. 1.096, e o espanhol, art. 1.315. Em sentido contrário: o suíço, art. 179, 2ª alínea, e o mexicano, arts. 178 e 179, em que a liberdade concedida aos nubentes se limita à autorização para escolherem entre os vários regimes previstos no Código Civil. Para ilustrar, transcrevemos o art. 179, 2ª alínea, do Código Civil suíço, que assim reza: "*Les parties sont tenues d'adopter dans leur contrat l'un des régimes prévus par la présente loi*".

Aprovou-se, na IV Jornada de Direito Civil, o Enunciado n. 331 do Conselho da Justiça Federal, que reza: "O estatuto patrimonial do casal pode ser definido por escolha de regime de bens distinto daqueles tipificados no Código Civil (art. 1.639 e parágrafo único do art. 1.640), e, para efeito de fiel observância do disposto no art. 1.528 do Código Civil, cumpre certificação a respeito, nos autos do processo de habilitação matrimonial".

337. Silvio Rodrigues, *Direito,* cit., p. 167-8.

É preciso deixar bem claro que o pacto antenupcial é firmado pelos nubentes, que são os interessados no seu regime de bens e considerados aptos a estipulá-lo, desde que tenham habilitação matrimonial. Como se admite em nosso direito, o casamento por procuração poderá ser firmado pelo mandatário, que, obviamente, se sujeitará ao estabelecido pelo mandante, pois, se foi investido de poderes especiais para o casamento sob o regime comunitário, não poderá adotar, mediante pacto, outro diverso[338]. E, se um dos nubentes for menor de idade, a eficácia do pacto ficará condicionada à aprovação de seu representante legal, salvo nos casos de regime obrigatório de separação de bens (CC, art. 1.654). O representante legal deverá, portanto, assistir o menor no ato da lavratura do pacto antenupcial, mas tal intervenção do representante legal apenas poderá dar-se a título de aprovação. Além disso, pelo Código Civil, art. 1.537, "o instrumento da autorização para casar transcrever-se-á integralmente na escritura antenupcial". Todavia, entendemos que tal instrumento deverá ser transcrito no assento do casamento e não na escritura antenupcial.

O Código Civil, art. 1.653, prescreve que será nulo o pacto antenupcial que não se fizer por escritura pública (*RJTJSP, 132*:53 a 55). É, portanto, da substância do ato a escritura pública nos pactos antenupciais (CC, art. 108), logo, a inobservância desse preceito acarreta sua nulidade (CC, art. 166, IV). Desta forma, a convenção antenupcial é solene, não podendo ser estipulada por simples instrumento particular ou no termo que se lavra, logo depois de celebrado o casamento[339]. Tal pacto, para valer contra terceiros, deverá ser assentado, após o casamento, em livro especial no Registro de Imóveis do domicílio dos cônjuges, pois somente assim terá publicidade e será conhecido de terceiros (CC, art. 1.657; Lei n. 6.015/73, art. 167, I, n. 12, e II, n. 1). Pelo art. 979 do Código Civil, além do assento no Registro Civil, será arquivado e averbado, no Registro Público de Empresas Mercantis, o pacto antenupcial do nubente que for empresário. Entretanto, a falta desse assento não torna nulo o ato, que subsiste nas relações entre os cônjuges e herdeiros, embora não tenha validade *erga omnes* (*RT, 783*:255 e *475*:208)[340]. Ou

338. Caio M. S. Pereira, op. cit., p. 144-5.

339. W. Barros Monteiro, op. cit., p. 148; Ação ordinária de anulação de pacto antenupcial: comunhão universal — cônjuge maior de 50 anos: casamento precedido de concubinato, *CJ, 13*:239; Maércio F. de Abreu Sampaio, Nulidade de pacto antenupcial, *RDC, 47*:164; Ruggiero e Maroi, op. cit., § 57.

340. W. Barros Monteiro, op. cit., p. 153 e 154; Enneccerus, Kipp e Wolff, op. cit., § 42; Jemolo, op. cit., p. 475.

seja, o pacto não é inválido, somente não se opõe a terceiros, pois só opera *erga omnes* a partir do referido registro.

Se nulo for, vigorará o regime legal, ou seja, o da comunhão parcial de bens.

Serão, ainda, ineficazes as convenções antenupciais se o casamento não lhes seguir (CC, art. 1.653, *in fine*); uma vez que têm por escopo disciplinar o regime de bens durante o matrimônio, a celebração deste é, indubitavelmente, condição legal dessas convenções[341]. A vinculação estreita ao ato nupcial é uma das particularidades do pacto antenupcial, a tal ponto que o Código Civil o considera ineficaz se a ele não se seguir; logo, o casamento é condição suspensiva do pacto, cujos efeitos começam com a sua celebração e não se produzem enquanto os nubentes não se casarem[342]. Deveras, pontifica Caio Mário da Silva Pereira, o pacto caducará, sem necessidade de qualquer pronunciamento judicial, se, porventura, um dos nubentes vier a falecer ou casar com outra pessoa, pois em tais hipóteses falta o requisito essencial à sua perfeição[343]. A eficácia do pacto antenupcial subordina-se à ocorrência das núpcias.

O pacto antenupcial deve conter tão somente estipulações atinentes às relações econômicas dos cônjuges. Considerar-se-ão nulas as cláusulas nele contidas que contravenham disposição legal absoluta, prejudiciais aos direitos conjugais, paternos, maternos etc. (CC, art. 1.655). Igualmente não se admitem cláusulas que ofendam os bons costumes e a ordem pública. Exemplificativamente, nulas serão as cláusulas, e não o pacto, que (*a*) dispensem os consortes dos deveres de fidelidade, coabitação e mútua assistência; (*b*) privem a mãe do poder familiar ou de assumir a direção da família, ficando submissa ao marido; (*c*) alterem a ordem de vocação hereditária; (*d*) ajustem a comunhão de bens, quando o casamento só podia realizar-se pelo regime obrigatório da separação; (*e*) estabeleçam que o marido, mesmo que o regime matrimonial de bens não seja o de separação, pode vender imóveis sem outorga uxória (*RT, 166*:646)[344].

O nubente, que optar pelo regime de participação final nos aquestos (CC, arts. 1.672 a 1.686), poderá, se quiser, inserir, no pacto antenupcial,

341. Caio M. S. Pereira, op. cit., p. 143.

342. Orlando Gomes, *Direito*, cit., p. 199-200.

343. Caio M. S. Pereira, op. cit., p. 143; Antonio B. de Figueiredo, Conteúdo do pacto antenupcial, *Revista Síntese — Direito de Família, 70*:116-23.

344. W. Barros Monteiro, op. cit., p. 151; Bassil Dower, op. cit., p. 145; Silvio Rodrigues, *Direito*, cit., p. 169-70.

cláusula admitindo a livre disposição de bens imóveis, desde que sejam particulares do alienante. Trata-se de medida excepcional, admitida por lei (CC, art. 1.656).

O pacto antenupcial é negócio dispositivo que só pode ter conteúdo patrimonial, não admitindo estipulações alusivas às relações pessoais dos consortes, nem mesmo as de caráter pecuniário que não digam respeito ao regime de bens ou que contravenham preceito legal[345].

Conforme a lição de Carbonnier[346], embora o pacto antenupcial seja um negócio de conteúdo patrimonial, não é um contrato idêntico aos disciplinados no Livro das Obrigações, dada sua natureza institucional, porque uma vez realizado o matrimônio, que é a condição que subordina o início de sua eficácia jurídica, os nubentes não mais podem alterá-lo a seu bel-prazer, conservando-se até a dissolução da sociedade conjugal, a fim de proteger interesse da família ou de terceiro que venha a se relacionar economicamente com os cônjuges, salvo se houver autorização judicial para sua alteração, baseada em pedido motivado de ambos os cônjuges e mediante apuração da procedência dos motivos invocados, ressalvando-se, porém, direitos de terceiros (CC, art. 1.639, § 2º). A esse respeito observava Washington de Barros Monteiro que, outrora, lavrada a escritura antenupcial estabelecendo determinado regime, não podia ser este modificado ou revogado no termo de casamento. Só mediante novo pacto se permitia alterar estipulação anterior (*RF, 132*:94; *AJ, 114*:556)[347]. Todavia, ponderava Pontes de Miranda[348], podia ser ratificado se anulável, retrotraindo à data do casamento, porém se nulo jamais poderia ser revalidado, prevalecendo o regime legal. Além do mais, continuava esse jurista, o pacto vivia a sorte do matrimônio; anulado este invalidava-se aquele. Separados judicialmente os cônjuges, resolvia-se a convenção antenupcial. Mas, enquanto subsistisse o casamento, era irrevogável. Porém a recíproca não era verdadeira, já que a nulidade da convenção não atingia a validade das núpcias[349].

Apesar de haver liberdade dos nubentes na escolha do regime de bens que lhes aprouver, a lei, por precaução ou para puni-los, impõe, em certos

345. Lehmann, op. cit., p. 124; Orlando Gomes, *Direito,* cit., p. 200; Fabiana D. Cardoso, *Regime de bens e pacto antenupcial*, São Paulo, Método, 2010; Débora Gozzo, *Pacto antenupcial*, 1992. Consulte *JTACSP, 140*:126; *RJTJSP, 132*:53.

346. Carbonnier, op. cit., t. 1, p. 364; Planiol, Ripert e Boulanger, op. cit., v. 3, n. 4.

347. Orlando Gomes, *Direito,* cit., p. 199; W. Barros Monteiro, op. cit., p. 153.

348. Pontes de Miranda, *Tratado de direito de família,* cit., §§ 68 e 67.

349. *Vide* Caio M. S. Pereira, op. cit., p. 144.

casos, um regime *obrigatório*. Entre nós, o regime obrigatório é o da separação de bens, necessário em hipóteses excepcionais (CC, art. 1.641, I a III), quando perdem os noivos a liberdade de escolher o regime matrimonial de sua preferência. Se apesar da proibição legal eles regularem diferentemente seus interesses econômicos, nula será tal convenção, prevalecendo a determinação legal[350] (CC, art. 1.655).

Embora nosso Código Civil acolha o princípio da variedade dos regimes matrimoniais de bens e assegure aos nubentes o direito de estipularem, quanto a seus bens, o que lhes for conveniente, prefere um tipo de regime estabelecendo que, se os noivos não escolherem o regime de bens ou se sua liberdade de escolha for exercida de modo defeituoso, vigorará o regime que indica. Daí a denominação *regime legal* ao que prevalece quando não se tem pacto antenupcial ou quando este for ineficaz ou eivado de nulidade[351]. Com o advento da Lei n. 6.515/77, art. 50, VII, que substituiu o regime legal da comunhão universal de bens pelo da comunhão dos aquestos ou comunhão parcial, que, também acatado pelo Código Civil de 2002 (art. 1.640), é um regime misto, formado em parte pelo da comunhão universal (quanto ao futuro) e em parte pelo da separação (quanto ao passado), tendo por característica a comunhão dos bens adquiridos na constância do casamento.

O Código Civil, no parágrafo único do art. 1.640, *in fine*, acrescenta, ainda, que, "quanto à forma, reduzir-se-á a termo a opção pela comunhão parcial, fazendo-se o pacto antenupcial por escritura pública, nas demais escolhas".

Infere-se daí que o pacto antenupcial é facultativo, porém necessário se os nubentes quiserem adotar regime matrimonial diverso do legal. Os que preferirem o regime legal não precisarão estipulá-lo, pois sua falta revela que aceitaram o regime da comunhão parcial[352]. Há uma presunção de que o querem, pois caso contrário teriam feito pacto antenupcial. Se o escolherem, bastará que se reduza a termo tal opção (CC, art. 1.640, parágrafo único, 2ª parte), nos autos do processo de habilitação matrimonial. Assim, não havendo convenção, ou sendo nula ou ineficaz, vigorará quanto aos bens o regime da comunhão parcial (CC, art. 1.640).

3) *O da mutabilidade justificada do regime adotado* (CC, art. 1.639, § 2º) no curso do casamento e *dependente de autorização judicial*, em substituição

---

350. Orlando Gomes, *Direito*, cit., p. 197.
351. Orlando Gomes, *Direito*, cit., p. 197.
352. Orlando Gomes, *Direito*, cit., p. 200.

ao da *imutabilidade do regime matrimonial* (CC de 1916), pelo qual toda e qualquer modificação do regime matrimonial, após a celebração do ato nupcial, estava proibida, para dar segurança aos consortes e terceiros. Realmente, prescrevia o Código Civil de 1916, art. 230, que "o regime de bens entre cônjuges começa a vigorar desde a data do casamento e é irrevogável". Daí por que descabia a colocação de qualquer condição suspensiva ou resolutiva no que concernia ao regime de bens, por ser incompatível com o princípio de sua irrevogabilidade[353]. Uma vez celebrado o casamento não mais se permitia aos cônjuges adotar outro ou alterar total ou parcialmente aquele sob o qual estavam vivendo. Até a dissolução da sociedade conjugal inalterável era o regime adotado[354].

---

353. Clóvis Beviláqua, *Direito de família*, § 32; Mazeaud e Mazeaud, op. cit., v. 1, n. 1.104.

354. *RT, 485*:167; Orlando Gomes, *Direito*, cit., p. 196; Euclides de Oliveira, Alteração do regime de bens no casamento, in *Novo Código Civil — questões controvertidas* (coord. Mário Luiz Delgado e Jones Figueirêdo Alves), São Paulo, Método, 2003, p. 389-404; Daniela de C. M. Restiffe, A alteração do regime de bens no novo Código Civil, in *Contribuições ao estudo do novo direito civil* (org. Paschoal e Simão), Campinas, Millennium, 2003, p. 275-93; Flávio Tartuce, As regras gerais das ações de direito de família e o tratamento processual da ação de alteração de regime de bens, *O novo CPC e o direito civil* — São Paulo, Método, 2015, p. 339 a 366; Marco Túlio M. Garcia, O pacto da maturidade. Da alteração do regime de bens na constância da sociedade conjugal, *Família e dignidade humana*, Anais do V Congresso Brasileiro de Direito de Família (coord. R. Cunha Pereira), São Paulo, IOB Thomson, 2006, p. 577; Leonardo A. P. Silva, O direito adquirido e a possibilidade de alteração do regime de bens no Código Civil de 1916 e no de 2002, *Revista Jurídica Consulex, 247*:58 a 60; Luis Paulo Cotrim Guimarães, Regime de bens e o direito intertemporal: do casamento à união estável, *Fundamentos do direito civil brasileiro* (org. Everaldo A. Cambler), Campinas, Millennium, 2012, p. 221-38. TJMG, 4ª Turma, AC 1.0000.00.347688-4/000 — Inhapim, rel. Des. Audebert Delage: modificação de regime de bens — Casamento celebrado na vigência do Código Civil anterior — Impossibilidade jurídica do pedido. Já se decidiu também que: "Casamento realizado sob a égide do CC anterior. Irrelevância. Possibilidade prevista pelo § 2º do art. 1.639 do atual CC. Motivo plausível e relevante. Hipótese em que as certidões juntadas aos autos afastam a possibilidade de objetivo ilícito dos requerentes. Pedido deferido. Recurso provido" (TJSP — 1ª Câm. de Direito Privado; Ap. n. 994.08.061858-3-São Bernardo do Campo-SP, Rel. Des. Rui Cascaldi, j. 29-6-2010 — *Bol. AASP, 2.731*:1999-11). Na França há possibilidade de os cônjuges efetuarem novo pacto antenupcial, apresentando-o em juízo para homologação (Cass. 1. er. civ. 21 janv. 1992, JCP 92 éd. v. II, p. 268, *apud* Jean Maury e outros, *Les regimes matrimoniaux*, p. 554).

Vide CC italiano, art. 163, e CC espanhol, art. 1.317, que admitem a modificação da convenção matrimonial.

Observa Regina Beatriz Tavares da Silva (*Código Civil comentado*, São Paulo: Saraiva, 2011), ao comentar o art. 1.639, § 2º, que: "É importante, contudo, salientar que a modificação do regime de bens é instituto diverso à pretensão de retificação do regime de bens, em caso de erro ou outro vício de manifestação da vontade. Não podem os nubentes, sob a alegação de que querem modificar o regime de bens, obter

Todavia esse princípio não era aceito por algumas legislações, como a suíça, a alemã e a austríaca. Segundo alguns autores, essa rejeição merecia ser aplaudida, desde que o *jus variandi* fosse limitado, a fim de que se evitassem abusos, subordinando-se-o a certas condições, como: a alteração do regime matrimonial só deveria ser autorizada se requerida por ambos os cônjuges, acompanhada de justificativas, e seu acolhimento deveria depender de decisão judicial, verificando o órgão judicante se o pedido fora manifestado livremente, se motivos plausíveis aconselhavam seu deferimento e se não prejudicasse tal modificação direitos de terceiros[355]. Neste sentido escrevia Carvalho Santos[356] que, realmente, não se justificava o princípio da irrevogabilidade do regime matrimonial, já que o interesse dos consortes, em certos casos, permitia aconselhar-lhe a modificação, e que, no tocante a terceiros, seus direitos podiam ser ressalvados, sem que houvesse necessidade de se acolher inflexivelmente o princípio da imutabilidade, imposto pela legislação.

Deveras, se bem que a lei prescrevesse a imutabilidade absoluta do regime matrimonial de bens, exceções existiam a essa regra. A jurisprudência admitia a comunicação de bens adquiridos na constância do casamento, pelo esforço comum de ambos os consortes, mesmo se casados no estrangeiro pelo regime de separação de bens, pois justo não seria que esse patrimônio, fruto do mútuo labor, só pertencesse ao marido apenas porque, em seu nome, se fez a respectiva aquisição[357].

O Supremo Tribunal Federal (*RF, 124*:105) passou a entender que o princípio da inalterabilidade do regime matrimonial de bens não era ofendido por pacto antenupcial que estipulasse que, na hipótese de superveniência de filhos, o casamento com separação se convertesse em casamento com comunhão. E, na Súmula 377, admite a comunicação de bem adquirido durante o casamento pelo esforço comum, mesmo que o regime fosse o da separação de bens, evitando enriquecimento indevido, com a dissolução do casamento.

---

verdadeira reconsideração da manifestação de suas vontades à época do casamento, inclusive com imediatos efeitos retroativos. Por exemplo, não se pode pleitear modificação de regime de bens com o fundamento de que houve coação para a celebração de pacto antenupcial com regime da comunhão parcial de bens. Nesse caso, há que se pleitear a anulação do ato por vício na manifestação da vontade".

355. Orlando Gomes, *Direito*, cit., p. 196; W. Barros Monteiro, op. cit., p. 145.

356. Carvalho Santos, op. cit., v. 4, p. 316.

357. W. Barros Monteiro, op. cit., p. 146; Clayton Reis, A mudança do regime de bens no casamento em face do novo Código Civil brasileiro, *Revista Brasileira de Direito de Família, 20*:5-19; *RJTJSP, 111*:232 e *118*:271. O PLS n. 470/2013 propõe alteração administrativa do regime de bens, por meio de escritura pública.

Igualmente não violava a imutabilidade do regime adotado a circunstância de um dos consortes, casado pela separação, constituir o outro procurador para administrar e dispor de seus bens (*RT, 93*:46)[358].

---

358. W. Barros Monteiro, op. cit., p. 147; Paulo V. Jacobina, A alteração do regime de bens na constância do casamento, *Revista do Ministério Público do Estado da Bahia, 3*:19-30; *Adcoas*, 1983, n. 90.289; Paulo Luiz Netto Lôbo, *Código Civil comentado*, p. 234-5; Ricardo Algarve Gregório, *Algumas questões*, cit., p. 173; M. H. Diniz, *Código Civil anotado*, São Paulo, Saraiva, 2004, p. 1505-8; *Norma constitucional e seus efeitos*, São Paulo, Saraiva, 2001, p. 56 e 57; *Lei de Introdução ao Código Civil brasileiro interpretada*, São Paulo, Saraiva, 2001, p. 176-201; *Dicionário jurídico*, São Paulo, Saraiva, 1998, v. 2, verbete "eficácia residual", p. 276; *Comentários ao Código Civil*, coord. Antônio Junqueira de Azevedo, São Paulo, Saraiva, 2003, v. 22, p. 319-20; Marilene Silveira Guimarães, Família e empresa, in *Novo Código Civil — questões controvertidas*, coord. Mário Luiz Delgado e Jones Figueirêdo Alves, São Paulo, Método, 2003; Luiz Felipe Brasil Santos, A mutabilidade dos regimes de bens. http://www.migalhas.com.br./mostra.notícia.articuladas. aspx?cod = 229>; Euclides de Oliveira, Alteração do regime de bens no casamento, in *Novo Código Civil — questões controvertidas*, São Paulo, Método, 2003, p. 394-6; Mário Luiz Delgado, Problemas de direito intertemporal: breves considerações sobre as disposições finais e transitórias do novo Código Civil brasileiro, in *Novo Código Civil — questões controvertidas*, São Paulo, Método, 2003, p. 505-8; Sérgio Gischkow Pereira, Observações sobre o regime de bens e o novo Código Civil, *Revista Brasileira de Direito de Família, 30*:5-25; Heloísa de Barros Penteado, *Possibilidade de alteração do regime de bens na constância do casamento*, dissertação de mestrado apresentada na PUCSP, 2005. Permitem a alteração de regime de bens pós-casamento: CC espanhol, art. 317, e CC italiano, art. 163. E, também, acatam a mutabilidade do regime França, Portugal, Holanda e Bélgica. Pode haver retificação de erro em registro civil de casamento anterior ao novo Código Civil (TJMG, 2ª Câm., AC 10000.00.337362-8/000, Des. Caetano L. Lopes, j. 26-8-2003).

O Provimento n. 024/03-CGJ(RS) estabelece diretrizes para a modificação do regime de bens do casamento, nos termos da Lei n. 10.406, de 10 de janeiro de 2002.

O Excelentíssimo Senhor Desembargador Marcelo Bandeira Pereira, Corregedor-Geral da Justiça, no uso de suas atribuições legais,

Considerando que a Lei n. 10.406 de 10 de janeiro de 2002 (Código Civil brasileiro) admite, em seu art. 1.639, § 2º, a alteração do regime de bens do casamento, mediante autorização judicial, em pedido motivado de ambos os cônjuges, apurada a procedência das razões invocadas e ressalvados os direitos de terceiros;

Considerando a necessidade de uniformizar-se o procedimento judicial visando à modificação de regime de bens, para que não haja prejuízo ao princípio da segurança jurídica;

Resolve prover:

Art. 1º A modificação do regime de bens do casamento decorrerá de pedido manifestado por ambos os cônjuges, em procedimento de jurisdição voluntária, devendo o juízo competente publicar edital com prazo de trinta (30) dias, a fim de imprimir a devida publicidade à mudança, visando resguardar direitos de terceiros.

Art. 2º A intervenção do Ministério Público é necessária para a validade da mudança.

Art. 3º Após o trânsito em julgado da sentença, serão expedidos mandados de averbação aos cartórios de registro civil e de imóveis, e, caso qualquer dos cônjuges seja empresário, ao registro público das empresas mercantis.

Art. 4º A modificação do regime de bens é da competência do juízo da vara de família da respectiva comarca onde se processar a mudança.

Art. 5º Este Provimento entrará em vigor na data de sua publicação, revogadas as disposições em contrário.

Publique-se. Cumpra-se. Porto Alegre, 10 de setembro de 2003.

Já se decidiu (TJMG, 2ª Câm. Cível, AC 1.0394.03.034395-5/001, rel. Des. Nilson Reis, j. 3-5-2005) que as disposições do art. 1.639 sobre alteração de regime de bens não alcançam o casamento celebrado sob o regime obrigatório da separação de bens.

Essa mutabilidade justificada de bens, para alguns autores, fere o direito à privacidade (CF, art. 5º, X), por obrigar os cônjuges a revelar as razões da pretendida alteração do regime, pois se não se exige a declaração do motivo que os levou, por ocasião das núpcias, a optar por um dado regime, por que deveriam comprovar as razões pelas quais o querem alterar? Se diz respeito a patrimônio, e diante da disponibilidade deste, por que exigir a comprovação do motivo para o exercício do direito de dispor do que lhe pertence? Seria para evitar fraude contra credores? Se alteração é ato jurídico e pode ser anulada por vício de consentimento ou social, para que exigir aquela justificação? Sobre isso consulte: Érica Verícia de O. Canuto, Mutabilidade do regime patrimonial de bens no casamento e na união estável — conflito de normas, *Revista Brasileira de Direito de Família, 22*:151-65.

Proíbe-se a sociedade empresária entre marido e mulher se o regime for o da comunhão universal ou o da separação obrigatória (CC, art. 977), e o art. 2.031 com a alteração da Lei n. 11.127/2005 impõe aos sócios casados que adaptem os quadros societários dentro de 4 anos, contados da entrada em vigor do Código Civil de 2002. Daí alguns autores admitirem para os casados em comunhão universal de bens, em razão de lacuna axiológica, sem embargo do disposto no art. 2.039, a alteração daquele regime (CC, art. 1.639, § 2º). Observa Wilson Gianulo (O regime de casamento e o direito societário no novo Código Civil, *Revista Literária de Direito, 47*:3) que: "Situação diversa se apresenta quanto ao regime de separação obrigatória, cuja instituição se impõe para o fim de preservar certas situações de ordem patrimonial. Todavia, o que se vê é que a sociedade preexistia à vigência do novo Código Civil, presumindo-se que, no caso de sociedade de capital partido em quotas, por exemplo, os patrimônios continuam em separação, uma vez que sua constituição resultou da aplicação presumida do monte de bens de cada um dos cônjuges, não havendo motivo para que se duvide da manutenção do isolamento dos bens de um em relação ao outro cônjuge. Ademais a constituição difere, à evidência, do giro da sociedade e no caso do regime de separação obrigatória, mantendo-se suas regras no momento da constituição, presume-se sua manutenção, pois os resultados da empresa têm paradigma nas quotas societárias. Por outro lado, o art. 977 tem aplicação imediata, como se disse acima, entretanto seu conteúdo mostra que está vedada a formação de sociedades entre marido e mulher casados sob o regime de separação obrigatória de bens. A constituição preexistente revela que mantido esteve o isolamento dos patrimônios, o que a proibição visa sustentar. Assim, razão haverá para a vedação apenas da constituição de sociedades a partir da vigência do Código Civil, preservando-se as formações societárias havidas antes da entrada em vigor da lei civil vigente. Nem se argumente que o que se aplica ao regime de separação obrigatória é, por seu turno, aplicável ao regime de comunhão universal, porque estruturalmente são diversos, mas o ponto mais saliente repousa na inversão da situação patrimonial, pois, enquanto no regime de separação os patrimônios não devem misturar-se, no de comunhão os bens anteriores e posteriores ao enlace matrimonial comunicar-se-ão. De fato, se a proibição visa manter o *status* patrimonial inalterado e presumindo-se essa inalterabilidade em razão de à época de sua constituição não haver nenhuma vedação nesse sentido, o dispositivo legal restou atendido, a partir de sua vigência, não podendo alcançar sociedade regularmente formada em momento anterior e nem incidindo a partir daí, porque a situação fática restou definitivamente resolvida, divergentemente da união total que se protrai no tempo sendo atingida pelo novo dispositivo legal. Em uma palavra, a separação de bens mantém-se, porque mantida estava à época da constituição societária, não havendo risco de que venha a subsistência desta burlar a lei, desnecessária em consequência qualquer alteração societária por inincidência da lei nova".

Mudança no regime de bens — (...) Divergência quanto à constituição de sociedade empresária por um dos cônjuges. Receio de comprometimento do patrimônio da esposa. Motivo, em princípio, hábil a autorizar a modificação do regime. Ressalva de direitos de terceiros. 1. O casamento há de ser visto como uma manifestação vicejante da liberdade dos consortes na escolha do modo pelo qual será conduzida a vida em comum, liberdade essa que se harmoniza com o fato de que a intimidade e a vida privada são invioláveis e exercidas, na generalidade das vezes, em um recôndito espaço privado também erguido pelo ordenamento jurídico à condição de "asilo inviolável". 2. Assim, a melhor interpretação que se deve conferir ao art. 1.639, § 2º, do CC/2002 é a que não exige dos cônjuges justificativas exageradas ou provas concretas do prejuízo na manutenção do regime de bens originário, sob pena de se esquadrinhar indevidamente a própria intimidade e a vida privada dos consortes. 3. No caso em exame, foi pleiteada a alteração do regime de bens do casamento dos ora recorrentes, manifestando eles como justificativa a constituição de sociedade de responsabilidade limitada entre o cônjuge varão e terceiro, providência que é acauteladora de eventual comprometimento do patrimônio da esposa com a empreitada do marido. A divergência conjugal quanto à condução da vida financeira da família é justificativa, em tese, plausível à alteração do regime de bens, divergência essa que, em não raras vezes, se manifesta ou se intensifica quando um dos cônjuges ambiciona enveredar-se por uma nova carreira empresarial, fundando, como no caso em apreço, sociedade com terceiros na qual algum aporte patrimonial haverá de ser feito, e do qual pode resultar impacto ao patrimônio comum do casal. 4. Portanto, necessária se faz a aferição da situação financeira atual dos cônjuges, com a investigação acerca de eventuais dívidas e interesses de terceiros potencialmente atingidos, de tudo se dando publicidade (Enunciado n. 113 da I Jornada de Direito Civil CJF/STJ) 5. Recurso especial parcialmente provido (STJ, REsp 1119462-MG, rel. Min. Luis Felipe Salomão, 4ª Turma, pub. 12-3-2013).

Consulte M. H. Diniz, *Curso*, cit., v. 8. p. 97 a 110, sobre *empresário casado*.

TJMG: Direito de família — Casamento — Regime de bens — Alterabilidade — Lei nova *versus* Lei antiga — Princípio da igualdade. Não obstante celebrado sob a égide do Código Civil de 1916, o casamento poderá ter seu regime de bens alterado, desde que satisfeitos os requisitos do § 2º do artigo 1.639 do atual Código Civil, na medida em que ali não se excepcionou os casamentos anteriores, também não o fazendo o artigo 2.039, salvo no tocante à ressalva da inalterabilidade automática do regime. — Desaparecendo a motivação que impedia a alteração do regime de bens do casamento, não se justifica a distinção entre casamentos novos e antigos, uma vez que o instituto é único e, em se tratando de situação que exige requerimento conjunto, não haverá prejuízo para os cônjuges (ApC 1.0518.03.038304-7/001, Comarca de Poços de Caldas, j. em 20-5-2004, rel. Des. Moreira Diniz). Este tem sido o posiciona-

Diante disso, o Código Civil vigente, no art. 1.639, § 2º, veio a admitir a alteração do regime matrimonial adotado, desde que haja, em jurisdição voluntária (CJTRS, Provimento n. 024/03; CPC, arts. 719 a 770), autorização judicial, atendendo a um pedido motivado de ambos os cônjuges, após a verificação da procedência das razões por eles invocadas e da certeza de que tal modificação não causará qualquer gravame a direitos de terceiros (*BAASP*, *2.674*:1822-06). Para tanto, seria conveniente que os interessados juntem certidões negativas do fisco, de protesto e de distribuições de ações. Em relação a

---

mento da maioria dos doutrinadores e dos tribunais, para os quais é possível a mutabilidade do regime de bens de casamento realizado na vigência do CC de 1916 ou do CC de 2002, pois o que importa é a vontade dos cônjuges, baseada em justa causa, manifestada na presença do Juiz da Vara de Família, desde que não se prejudique terceiro. "Ação de retificação de registro de casamento — Casamento realizado em 19 de setembro de 1997 — Alteração de regime de bens — Possibilidade — A alteração do regime de bens, faculdade trazida pelo novo Código Civil, não se restringe aos casamentos celebrados após sua vigência, mas abrange também aqueles realizados sob a égide do diploma de 1916. É admissível alteração do regime de bens, mediante autorização judicial em pedido motivado de ambos os cônjuges, apurada a procedência das razões invocadas e ressalvados os direitos de terceiros. Inteligência do art. 1.639, § 2º, do Código Civil em vigor. É admissível a pretendida alteração ante a existência de razões justificáveis. Provimento do recurso para deferir o pedido de alteração de bens conforme requerido" (TJRJ, AC 2006.001.25625, 7ª Câm. Cív., rel. Desa. Maria Henriqueta Lobo, *DOERJ*, 1º-8-2006). No mesmo sentido: STJ, 3ª Turma, REsp 1112123, j. 24-7-2009, relator: Sidnei Beneti.

TJMG: Direito Civil — Alteração do regime de bens — Casamento celebrado na vigência do Código Civil de 1916 — Impossibilidade jurídica do pedido. Se à época do casamento adotava-se o princípio da imutabilidade do regime de bens no casamento, de acordo com o ordenamento jurídico vigente, não se pode pretender, em razão da ressalva expressa do art. 2.039 do novo Código Civil, que o disposto no art. 1.639, § 2º, do mesmo diploma legal, alcance as relações patrimoniais relativas aos casamentos celebrados em data anterior à sua vigência (ApC 1.0024.03.182864-3/001, Comarca de Belo Horizonte, 7ª CCív., Rel. Des. Wander Marotta, j. 24-8-2004, pub. 20-10-2004).

"Alteração de regime de casamento. Improcedência. Inconformismo. Desacolhimento. Casamento habilitado antes e realizado depois da vigência da Lei n. 6.515/77. Não comprovação de que houve erro quanto à manifestação de vontade das partes sobre o regime adotado. Pretensão que se volta à retificação e não propriamente à alteração prevista pelo Código Civil. Sentença mantida. Recurso desprovido" (TJSP, Ap 575.685-4/9-00, 9ª Câm. de Direito Privado, Rel. Des. Grava Brazil, j. 10-3-2009).

"Casamento. Alteração do regime de bens. 1. Não é possível alterar o regime de bens vinte anos após a realização do casamento e cerca de seis anos após a separação consensual quando não existe, nas instâncias ordinárias, a evidência de que, efetivamente, houve equívoco, ainda mais considerando que o regime que se pretende modificar foi expressamente confirmado quando da celebração da cerimônia religiosa com efeitos civis. 2. Recurso especial não conhecido" (REsp 279.834/RJ, 3ª T., Rel. Min. Carlos Alberto Menezes Direito, j. 21-6-2001).

terceiros, a alteração do regime produzirá efeito *ex nunc*. Claro está, ainda, que pela interpretação sistemática, vedada está tal mutabilidade àqueles casados sob o regime de separação obrigatória de bens, por ser uma imposição legal de ordem pública. A intervenção do Ministério Público será cabível no processo. E enorme será a tarefa judicial, pois, além da análise da procedência, ou não, dos motivos alegados pelo casal, deverá, com prudência objetiva, averiguar se, com a concessão da modificação do regime matrimonial, haverá, ou não, possibilidade de fraude ou de dano a terceiro. Será mister, ainda, para evitar não só a insegurança nas negociações imobiliárias feitas pelos cônjuges mas também prejuízos a direitos de terceiros e para tornar eficaz *erga omnes* a alteração do regime de bens, que haja sua averbação no Registro Civil e seu assento na circunscrição imobiliária do domicílio conjugal (CC, art. 1.657, c/c a Lei n. 6.015/73, arts. 29, § 1º, *a*, 167, I, n. 12, e 167, II, ns. 1, 5 e 14) e no Registro Público das Empresas Mercantis (CC, arts. 979 e 980), se um dos cônjuges for empresário. Nas relações entre cônjuges, a sentença homologatória da alteração do regime terá, após o trânsito em julgado, para alguns autores, efeito *ex nunc*. Mas entendemos que seria *ex tunc*, consequentemente o novo regime retroagirá à data das núpcias, a não ser que haja disposição em contrário dos consortes, mas seu efeito em relação a terceiros é *ex nunc*, visto que poderá prejudicar credores, que, então, arguirão fraude na execução.

O CPC de 2015, art. 734, §§ 1º a 3º, rege a alteração do regime de bens, observados os requisitos legais, desde que motivada (p. ex., dificuldade ante o fato de o regime ser o da comunhão parcial de obtenção de financiamento para aquisição de casa própria, em razão de débitos contraídos pelo marido — TJSP, Ap. c/ Rev. - 600.593.4/4 — acórdão 4048973, São Paulo, 1ª Câmara de Direito Privado, rel. Des. Luiz Antonio de Godoy, j. 8-9-2009 — sendo melhor alterar para o regime de separação total de bens), em petição assinada por ambos os cônjuges, na qual serão expostas as razões da pretendida alteração, ressalvados os direitos de terceiros. Pelo art. 734, § 2º do CPC/2015, "os cônjuges, na petição inicial ou em petição avulsa, podem propor ao juiz meio alternativo de divulgação da alteração do regime de bens, a fim de resguardar direitos de terceiros". Esse meio alternativo de divulgação poderá ser, p. ex., o uso de jornal local ou de *site*. Recebida tal petição, o magistrado intimará o Ministério Público (mesmo que não haja interesse de incapaz), em virtude de o fato atingir interesses de terceiros, e ordenará a publicação de edital, decidindo após 30 dias dessa publicação. Após o trânsito em julgado da sentença, expedir-se-ão mandados de averbação aos cartórios de registro civil e de imóveis, e se algum dos cônjuges for empresário, ao Registro Público de Empresas Mercantis e atividades afins, para evitar fraude a credores e proteger direitos alheios.

O regime de bens que era inalterável, afora pequenas exceções introduzidas jurisprudencialmente, pode hoje ser modificado mediante decisão judicial, a requerimento de ambos os consortes, acatando-se as razões por eles apresentadas no pedido, ressalvados os direitos de terceiros. Louvável foi essa medida legislativa, pois os nubentes poderão, com sua inexperiência, escolher mal o regime e depois, com o tempo e a convivência conjugal, vão percebendo que outro seria mais adequado aos seus interesses. Todavia, poderá a mutabilidade do regime acarretar o ludibrio de um dos cônjuges pelo outro, que, acreditando nas vantagens por ele apontadas, vem a ser, posteriormente, surpreendido com um pedido de separação judicial e de meação de bens que outrora inexistia.

Pelo Enunciado n. 113 do Conselho de Justiça Federal, aprovado na Jornada de Direito Civil de 2002:

"É admissível alteração do regime de bens entre os cônjuges, quando então o pedido, devidamente motivado e assinado por ambos os cônjuges, será objeto de autorização judicial, com ressalva dos direitos de terceiros, inclusive dos entes públicos, após perquirição de inexistência de dívida de qualquer natureza, exigida ampla publicidade".

Todavia, a esse respeito será preciso ressaltar que pelo art. 2.039 do novel Código (norma especial) os casamentos realizados antes da sua entrada em vigor, em relação ao regime de bens, seguem o disposto no Código Civil de 1916.

O art. 1.639, § 2º, estaria conflitando com o art. 2.039 (norma de direito intertemporal)? Seria possível que, no casamento convolado na égide do Código Civil de 1916, regido pelo princípio da imutabilidade do regime de bens (art. 230), se altere o regime, mesmo diante do disposto no art. 2.039? Há quem entenda que o art. 2.039 apenas determina a aplicabilidade das normas do velho Código no que atina à partilha do patrimônio do casal, alusivas e específicas a cada regime, ou seja, aos arts. 262 a 314, excluindo os arts. 256 a 261; logo as normas gerais comuns a todos os regimes contidas no novel Código Civil aplicáveis serão aos casamentos anteriores a ele, visto que prescrevem princípios concernentes à sociedade conjugal no que diz respeito aos seus interesses patrimoniais. Consequentemente, para essa corrente doutrinária, o art. 1.639, § 2º, é norma geral de efeito imediato, que alcança todos os casamentos anteriores ou posteriores à entrada em vigor do atual Código Civil.

No âmbito do direito intertemporal, a maioria dos autores acata o seguinte critério norteador: as leis sobre direito de família são irretroativas, exceto as alusivas ao direito pessoal. Se assim é, são *irretroativas* as seguintes normas do Código Civil de 2002, por dizerem respeito aos *direitos patrimo-*

niais dos cônjuges cujas núpcias se deram antes de sua entrada em vigor: arts. 1.639, 1.640, 1.641, 1.653 a 1.688. Mas serão *retroativas*, por serem atinentes a *direitos pessoais puros* e a *direitos pessoais patrimoniais* (os de crédito e os obrigacionais), as constantes, p. ex., nos arts. 1.565 a 1.570, 1.642, 1.643 a 1.652. Consequentemente, no nosso entender, por força do art. 2.039, terão *eficácia residual* os seguintes artigos do Código Civil de 1916, por serem alusivos aos *direitos patrimoniais* do casal, cujo casamento se deu durante sua vigência: arts. 230, 256 a 314. Para os regimes de casamentos realizados sob a égide do revogado Código, aplicar-se-ão as normas por ele estabelecidas para a partilha nas hipóteses de dissolução da sociedade e do vínculo conjugal e todas aquelas (como a do art. 230) que tenham repercussões patrimoniais; e, quanto aos direitos pessoais (puros ou creditórios), cabível será a incidência das disposições do Código Civil de 2002, contidas nos arts. 1.565 a 1.570, 1.642, 1.643 a 1.652.

Todavia, se o art. 1.639, § 2º, contém um princípio, pelo art. 4º da Lei de Introdução às Normas do Direito Brasileiro, poderá ser invocado, em caso de lacuna, nos casamentos que se deram antes do atual Código Civil, visto que os pactos antenupciais (contratos em curso de execução) regem-se pela lei sob cuja vigência foram estabelecidos (CC, art. 2.035 c/c o art. 2.039).

O art. 2.035 do Código Civil vigente (norma geral) prescreve: "A validade dos negócios e demais atos jurídicos, constituídos antes da entrada em vigor deste Código, obedece ao disposto nas leis anteriores, referidas no art. 2.045, mas os seus efeitos, produzidos após a vigência deste Código, aos preceitos dele se subordinam, salvo se houver sido prevista pelas partes determinada forma de execução". E acrescenta no parágrafo único que: "Nenhuma convenção prevalecerá se contrariar preceitos de ordem pública, tais como os estabelecidos por este Código para assegurar a função social da propriedade e dos contratos". Aquele mesmo diploma legal no art. 2.045 reza: "Revogam-se a Lei n. 3.071, de 1º de janeiro de 1916 — Código Civil e a Parte Primeira do Código Comercial, Lei n. 556, de 25 de junho de 1850". O art. 2.035 (norma geral) é alusivo a atos negociais, anteriores ao Código Civil de 2002, que também se regem pelo Código Civil de 1916 (art. 2.045) e serão tidos como válidos se atendidos os pressupostos legais. O Código Civil atual não alcança os atos pretéritos iniciados e findos antes da data de seu início, mas tão somente os futuros. E os contratos em curso de execução, como, p. ex., os pactos antenupciais, são regidos pela lei sob cuja vigência foram estabelecidos. Logo, o art. 2.039 (norma de direito intertemporal, de ordem pública e especial), é o aplicável ao regime matrimonial de bens, que, portanto, será imutável, se o casamento se deu sob a égide do Código de 1916, salvo as exceções admitidas pela jurisprudência, durante a sua vigência. Portanto, nada obsta a que se aplique o art. 1.639, § 2º, do atual Código, excepcionalmente, se o magistrado assim o entender, aplicando os arts. 4º e 5º da LINDB, para sanar *lacuna axiológica* que, provavelmente, se instauraria por gerar uma situação em que se teria a não correspondência da norma do Código Civil de 1916 com os valores vigentes na sociedade, acarretando injustiça. Realmente, diante disso, alguns autores, como Ricardo Algarve Gregório, passaram a achar possível a alteração do regime para casamentos celebrados durante a vigência do Código anterior, ante a modificação na ordem da vocação hereditária (CC, art. 1.829) ou a proibição de sociedade entre marido e mulher (CC, art. 977). Pelo art. 977 do atual Código Civil veda-se sociedade entre cônjuges se o regime matrimonial for o de comunhão universal de bens (art. 1.667) ou da separação obrigatória de bens (art. 1.641). Diante do disposto nos arts. 2.031 e 2.039 do atual Código Civil, surge o problema: como ficam as sociedades entre marido e mulher e entre estes e terceiros, já existentes antes do novel Código, se o regime de bens for um dos acima mencionados? Seria necessário alterar o estatuto social, mudando um dos sócios (CC, art. 2.031), ante a impossibilidade de modificar o regime de casamento (CC, art. 2.039)? Ou seria possível alterar o regime matrimonial, em razão de lacuna axiológica instaurada pelo art. 2.039, aplicando-se o princípio de mutabilidade justificada do regime? Tentando solucionar o impasse, o Parecer Jurídico DNRC/COJUR n. 125/2003 entendeu que "em respeito ao ato jurídico perfeito essa proibição não atinge as sociedades entre cônjuges já constituídas quando da entrada em vigor do Código, alcançando, tão somente, as que viessem a ser constituídas posteriormente. Desse modo, não há necessidade de se promover alteração do quadro societário ou mesmo da modificação do regime de casamento dos sócios-cônjuges, em tal hipótese".

4) *O da imediata vigência do regime de bens*, na data da celebração do casamento (CC, art. 1.639, § 1º). Nenhum regime matrimonial poderá iniciar-se em data anterior ou posterior à do ato nupcial, pois, como já dissemos, por imposição legal, começa a vigorar a partir do dia das núpcias.

d.1.1.3. Regime da comunhão parcial

O regime legal da comunhão de aquestos é, como vimos, o que advém da falta, ineficácia ou nulidade de pacto antenupcial, que determina o regime preferencial dos nubentes, caso em que a lei intervém, fazendo prevalecer a sua vontade (CC, art. 1.640). Assim, o regime de comunhão parcial será um efeito legal do matrimônio.

O regime da comunhão parcial de bens é, segundo Silvio Rodrigues, aquele que, basicamente, exclui da comunhão os bens que os consortes possuem ao casar ou que venham a adquirir por causa anterior e alheia ao casamento, e que inclui na comunhão os bens adquiridos posteriormente[359].

Esse regime, ao prescrever a comunhão dos aquestos, estabelece uma solidariedade entre os cônjuges, unindo-os materialmente, pois ao menos parcialmente seus interesses são comuns, permitindo, por outro lado, que cada um conserve como seu aquilo que já lhe pertencia no momento da realização do ato nupcial. Assim, esse regime, além de frear a dissolução da sociedade conjugal, torna mais justa a divisão dos bens por ocasião da separação judicial[360]. Segundo Ripert, este é o regime que melhor atende ao espírito da sociedade conjugal; os bens adquiridos na constância do casamento devem ser comuns por serem fruto da estreita colaboração que se estabelece entre marido e mulher, permanecendo incomunicáveis os adquiridos por motivos anteriores ou alheios ao matrimônio[361] (CC, art. 1.658).

Os *bens incomunicáveis*, que constituem o patrimônio pessoal da mulher ou do marido, segundo o Código Civil, art. 1.659, são:

1) *Os que cada cônjuge possuir ao casar e os que lhe sobrevierem, na constância do matrimônio, por doação ou sucessão e os sub-rogados em seu lugar*. Claro está que se o doador ou testador quisesse que a liberalidade beneficiasse o casal e não apenas um dos consortes, teria feito a doação ou legado em favor do casal. Se o nubente é herdeiro necessário, mas seu pai está vivo por ocasião do casamento, tem, obviamente, expectativa de direito, uma vez que só terá direito à legítima por morte do ascendente; como se trata de causa de ganho anterior às núpcias, seu consorte não adquirirá os bens herdados (*RT, 271*:399). Quem for casado sob o regime de comunhão parcial não tem legítimo interesse para integrar processo de inventário dos bens do espólio de genitor de seu cônjuge, pois a herança não se lhe comunica (TJAC, MS 2007.002556-0, rel. Miracele Lopes, *DJAC*, 29-10-2007). O mesmo se diga em relação aos sub-rogados em lugar dos doados e dos herdados.

359. Silvio Rodrigues, *Direito*, cit., p. 195; *RJTJSP*, *62*:291, *75*:147; *RT*, *622*:84.

360. Silvio Rodrigues, *Direito*, cit., p. 172.

361. *Vide* Orlando Gomes, *Direito*, cit., p. 204; Planiol e Ripert, op. cit., t. 9; Angela M. da Motta Pacheco, Regime de comunhão parcial, comunicabilidade de frutos de bens particulares dos cônjuges, especificamente dos frutos civis: dividendos e ações bonificadas, *Revista da Associação dos Pós-Graduandos da PUCSP*, *3*:5-17; Maércio F. de Abreu Sampaio, O novo regime legal de bens e o princípio igualitário entre os cônjuges, *RJTJSP*, *60*:17; Christiano José de Andrade, Do regime de comunhão parcial de bens, *Justitia*, *139*:47.

2) *Os adquiridos com valores exclusivamente pertencentes a um dos cônjuges, em sub-rogação dos bens particulares* (*RT, 174*:219). Se os bens possuídos por ocasião do ato nupcial não se comunicam, é óbvio que também não devem comunicar-se os adquiridos com o produto da venda dos primeiros. Se o nubente ao convolar núpcias tinha um terreno, vendendo-o posteriormente, e adquirindo uma casa com o produto dessa venda, o imóvel comprado continua a lhe pertencer com exclusividade. Tem-se uma sub-rogação real.

3) *As obrigações anteriores ao casamento*, hipótese em que a responsabilidade será pessoal daquele que as contraiu, que responderá, exclusivamente, com seus bens particulares ou com os que trouxe para a sociedade conjugal.

4) *As obrigações provenientes de atos ilícitos, salvo reversão em proveito do casal*. O cônjuge faltoso será o responsável pelo ato eivado de ilicitude que praticar; mas, se se comprovar que ambos tiraram proveito, lícito será responsabilizar um e outro pelas obrigações oriundas de ato ilícito, devendo o *quantum* indenizatório recair sobre bens comuns do casal. Pelo STJ (Súmula n. 251): "a meação só responde pelo ato ilícito quando o credor, na execução fiscal, provar que o enriquecimento dele resultante aproveitou ao casal".

5) *Os bens de uso pessoal, os livros e instrumentos de profissão*. Devido ao seu cunho nitidamente pessoal (*RT, 94*:437, *328*:72), não há como comunicar bens de uso pessoal, como roupas, sapatos etc. Quanto aos livros, convém lembrar que, se forem destinados a negócios ou se constituírem, por sua grande quantidade, parcela apreciável do ativo, deverão ser comunicáveis (*JTJ, 171*:197). Excluídos estão da comunhão os livros usados para o exercício da profissão (obras de biblioteca de um advogado ou juiz, p. ex.), instrumentos profissionais (violino de um concertista, equipamentos de um arquiteto ou aparelhos de um cirurgião, p. ex.), de cada consorte, pois deles dependerá sua sobrevivência.

6) *Os proventos do trabalho pessoal de cada cônjuge*. O produto do trabalho (salários, vencimentos, aposentadoria, FGTS, PIS, participação nos lucros) dos consortes e os bens com ele adquiridos, em regra, não se comunicariam (CC, art. 1.659, II). Sobre eles teriam os cônjuges todos os poderes de gozo, disposição e administração, exceto no que concerne aos imóveis, cuja alienação requer outorga marital ou uxória. Deveras, há posicionamento privilegiando o cônjuge que, somente, fizer reservas da contraprestação pecuniária advinda de seu trabalho, nada despendendo; hipótese em que tais valores serão próprios e incomunicáveis. Entretanto, entendemos que a incomunicabilidade seria só do *direito à percepção dos proventos*, que, uma vez percebidos, integrarão o patrimônio do casal, passando a ser coisa comum, pois, na atualidade, marido e mulher vivem de seus proventos, contribuindo, pro-

porcionalmente, para a mantença da família, e, consequentemente, usam dos seus rendimentos. Parece-nos que há comunicabilidade dos bens adquiridos onerosamente com os frutos civis do trabalho (CC, art. 1.660, V) e com os proventos, ainda que em nome de um deles (nesse teor: STJ, REsp 646.529/SP, 3ª T., rel. Nancy Andrighi, j. 21-6-2005). Logo, o art. 1.659, VI, deve ser interpretado em consonância com o art. 1.660, V, prestigiando o esforço comum na aquisição de bens na constância do casamento. Daí a proposta do Projeto de Lei n. 699/2011 visando à supressão do inciso VI do art. 1.659, acatando a seguinte sugestão de Alexandre Guedes Alcoforado Assunção: "Realmente, há necessidade de exclusão do inciso VI do artigo 1.659, pois os proventos do trabalho são, via de regra, aqueles que servem à aquisição de bens, sendo que, se continuarem a ser incomunicáveis, todos os bens sub-rogados em seu lugar serão havidos como incomunicáveis no regime da comunhão universal e da comunhão parcial, o que não faz qualquer sentido". O Parecer Vicente Arruda não acatou essa sugestão, também contida no Projeto de Lei n. 6.960/2002, substituído pelo Projeto de Lei n. 699/2011, entendendo que o salário, retribuição prestada pelo trabalho, é eminentemente pessoal. "Nada justifica que um cônjuge tenha ingerência sobre o salário do outro, mesmo porque possibilitaria, em caso de dissolução de casamento, ao outro cônjuge, pleitear a sua meação. Outra coisa são os bens comprados com o salário: esses, sim, entram na meação, como dispõe o inciso I dos arts. 1.660, na comunhão parcial, e 1.667, na comunhão universal."

7) *As pensões, meio-soldos, montepios e outras rendas semelhantes*, por serem bens personalíssimos, pois a *pensão* é o *quantum* pago, periodicamente, por força de lei, sentença judicial, ato *inter vivos* ou *causa mortis*, a uma pessoa, com a finalidade de prover sua subsistência, o *meio-soldo* é a metade do soldo paga pelo Estado a militar reformado (Dec.-Lei n. 1.029/69), o *montepio* é a pensão que o Estado paga aos herdeiros de funcionário falecido, em atividade ou não. Assim, se alguém, sendo beneficiário de montepio, vier a casar-se, essa vantagem pecuniária não se comunicará ao seu cônjuge, por ser uma renda pessoal. Apesar da omissão legal, incluímos, como rendas semelhantes, as tenças, que são pensões periodicamente recebidas do Estado ou de pessoa de direito público ou privado, ou, até mesmo, de um particular, para subsistência do beneficiário, e os bens adquiridos em sua maior parte com o produto do levantamento do FGTS de um dos cônjuges (*RT*, *852*:342).

Convém lembrar, ainda, que pelo art. 39 da Lei n. 9.610/98 (norma especial), "os *direitos patrimoniais do autor*, excetuados os rendimentos resultantes de sua exploração, *não se comunicam*, salvo pacto antenupcial em contrário" (grifos nossos).

O Código Civil, art. 1.661, prescreve a *incomunicabilidade de bens cuja aquisição tiver por título uma causa anterior ao casamento*. P. ex., se moça solteira vender a crédito um imóvel de sua propriedade, cujo valor só lhe é pago quando casada, sob o regime da comunhão de aquestos, não se comunica ao marido, pois o recebimento do preço se prende a causa anterior às núpcias. O mesmo se diga de aquisição a título oneroso subordinada a condição, quando o contrato é celebrado antes do casamento e a condição se verifica depois do matrimônio. Identicamente o mesmo se dá (*a*) na ação reivindicatória iniciada antes do casamento do autor; se julgada procedente, quando este já estiver casado, o imóvel é só dele, (*b*) na hipótese de domínio útil preexistente, em que venha a se consolidar o direito de propriedade quando já casado o enfiteuta[362].

---

362. Sobre os bens incomunicáveis, *vide* Silvio Rodrigues, *Direito*, cit., p. 188, 193, 198-99; W. Barros Monteiro, op. cit., p. 159, 160, 164, 169-70; Fernando Malheiros, Da incomunicabilidade dos bens sub-rogados no regime da comunhão parcial de bens, *RT*, *694*:253; Homero A. Dutra e Beatriz H. Braganholo, A incomunicabilidade dos proventos do trabalho pessoal de cada cônjuge nos regimes de comunhão; *Revista IOB de Direito de Família*, *58*:75-103. Observa Fábio Ulhoa Coelho (*Curso*, cit., v. 5, p. 756) que os direitos que cada cônjuge passa a titularizar em razão de seu trabalho são incomunicáveis. Tal exclusão aplica-se a qualquer tipo de trabalho, seja o despendido sob vínculo empregatício, na condição de profissional liberal autônomo, administrador de empresa, empreitada, prestação de serviço etc. Na constância do casamento, o dinheiro recebido a qualquer título em contraprestação ao trabalho ingressa no patrimônio do trabalhador e também na comunhão. P. ex., saldo do FGTS sendo liberado em favor do empregado, por extinção do contrato de trabalho por dispensa sem justa causa, aposentadoria, desemprego após certo período etc. (Lei n. 8.036/90, art. 20), antes da sua separação judicial, o dinheiro passa a integrar o patrimônio comum. Se o trabalhador receber o levantamento do FGTS, depois de sua separação judicial, o ex-cônjuge nenhum direito terá sobre esse saldo, nem mesmo proporcional ao tempo em que estavam casados. O mesmo critério deverá ser adotado no que disser respeito a honorários médicos ou advocatícios, assim se percebidos quando finda a sociedade conjugal, o ex-cônjuge nenhum direito terá sobre eles. Sobre FGTS: TJMG, 7ª Câm. Cível, Ap. Cível 1.0702.06.275615-1/001, rel. Des. Heloísa Combat, j. 30-10-2007; TJRJ, 2ª Câm. Cível, Ap. Cível 2007.001.38261, rel. Des. Carlos Eduardo Passos, j. 29-8-2007. Valores do FGTS e da Previdência Privada (PGBL ou VGBL) sacados por um dos cônjuges e depositados em conta bancária integram o patrimônio comum do casal, se o casamento for o da comunhão parcial: *Bol AASP*, *2.480*:3969. TJRS, Ap. Cível 700.20603494, 7ª Câm. Cível, rel. Vasconcellos Chaves, j. 26-9-2007, em contrário: TJSP, Ap. Cível 409.104.411-00, rel. Ribeiro da Silva — 8ª Câm. de Direito Privado, j. 27-3-2008; TJSP, AgIn — 548.039-4/9, rel. Benedito Silverio, 5ª Turma de Direito Privado, j. 9-4-2008. A questão é polêmica. Pelo art. 2.038 do atual Código Civil permanecem as enfiteuses já existentes até sua extinção, regendo-se pelas normas do Código Civil de 1916 e pelo art. 22, parágrafo único, do Decreto-Lei n. 911/69, com a alteração da Lei n. 10.931/2004. O STJ (3ª T., REsp 707.092-DF, in *DJ*,

Os bens que entram para a comunhão integram o patrimônio comum. Pelo art. 1.660 do Código Civil, são *comunicáveis*:

1) *Os bens adquiridos na constância do casamento por título oneroso* (troca, venda etc.), *ainda que só em nome de um dos cônjuges*, sendo que os bens móveis presumir-se-ão adquiridos na vigência do matrimônio, se não se puder comprovar, por qualquer meio admitido juridicamente, que o foram em data anterior (CC, art. 1.662). Se se tratar de bem imóvel, fácil será constatar, na falta de pacto antenupcial, se foi adquirido antes ou depois do matrimônio, verificando se entra ou não na comunhão, bastando, para tanto, colher dados no Registro Imobiliário ou no processo de inventário. Quanto aos bens móveis, no regime de comunhão parcial, há presunção legal *juris tantum* de que foram adquiridos durante o casamento se não se puder comprovar, mediante documento autêntico (fatura, duplicata, nota fiscal), ou por qualquer outro meio admitido em direito, que o foram em data anterior ao ato nupcial. Se houver convenção antenupcial relacionando os móveis de cada cônjuge, haverá também incomunicabilidade desses bens.

2) *Os adquiridos por fato eventual* (jogo, aposta, rifa, loteria etc.), *com ou sem o concurso de trabalho ou despesa anterior*. Se um dos cônjuges comprar o bilhete lotérico sorteado, os bens advindos do sorteio integrar-se-ão ao patrimônio comum do casal.

3) *Os adquiridos por doação, herança ou legado, em favor de ambos os cônjuges.*

4) *As benfeitorias em bens particulares de cada cônjuge,* desde que haja presunção de que foram feitas com o produto do esforço comum, sendo justo, então, que seu valor se incorpore ao patrimônio comum. Com isso evita-se que haja enriquecimento indevido. O mesmo se diga das acessões (semeadura, plantação e construção) que também são acréscimos (alteração da redação do inciso IV do art. 1.660 a ser feita pelo PL n. 699/2011 — tal proposta, enquanto contida no PL n. 6.960/2002 — atual PL n. 699/2011 —, foi rejeitada porque "a acessão já está prevista no inciso II do mesmo artigo, quando diz que entram na comunhão os bens adquiridos por fato eventual, com ou sem concurso de trabalho ou despesa anterior").

1º-8-2005) decidiu que, se a compra de imóvel se deu antes do casamento, o bem não entra para a comunhão parcial, continuando no patrimônio particular do cônjuge-comprador, mesmo que o registro imobiliário da referida compra tenha sido feito após o matrimônio.

5) *Os frutos (civis ou naturais) dos bens comuns ou dos particulares de cada cônjuge, percebidos na constância do casamento, ou pendentes ao tempo de cessar a comunhão,* por serem ganhos posteriores ao casamento, uma vez que o que caracteriza esse regime é a composição de uma sociedade, cuja técnica se encontra na constituição de um patrimônio comum produzido após o casamento[363].

6) *Os rendimentos resultantes da exploração dos direitos patrimoniais do autor* (Lei n. 9.610/98, art. 39).

Sinteticamente, esse regime caracteriza-se pela coexistência de três patrimônios: o patrimônio comum, o patrimônio pessoal do marido e o patrimônio pessoal da mulher.

---

363. Silvio Rodrigues, *Direito,* cit., p. 200. Frutos de bens particulares se comunicam. Assim sendo, p. ex., em uma sociedade anônima, havendo participação de um dos cônjuges (acionista) nos lucros sociais, oriunda de um investimento realizado com vista à remuneração periódica do capital empregado, mediante atribuição dos dividendos, pois tem direito de crédito eventual ao dividendo ou à parcela do lucro líquido, cuja concretização dependerá da existência daquele lucro, devidamente apurado e que lhe será distribuído em moeda. Como tais dividendos são frutos civis, resultantes do capital investido em empreendimento, entrarão para o patrimônio comum do casal, comunicando-se, portanto, ao outro cônjuge (não acionista). Porém, poder-se-á deliberar em Assembleia que haja retenção do lucro. Hipótese em que o lucro retido, quando capitalizado, transformar-se-á em ações bonificadas, que constituirão o lucro distribuído ao acionista em espécie, na proporção do número de ações que possuir. As ações bonificadas de ações que não estejam gravadas de usufruto, inalienabilidade e incomunicabilidade, por ato de terceiro (doador ou testador), pertencerão ao proprietário das ações originais. E se este for, p. ex., casado sob o regime de comunhão parcial, as ações novas originárias das demais, como os dividendos, são frutos civis, portanto, comunicam-se ao outro cônjuge, por força de disposição legal. Os frutos civis deverão ser distribuídos ao acionista e partilhados com seu cônjuge sob a forma de: dividendos (em dinheiro) ou de ações bonificadas, resultantes de aumento de capital com capitalização de reservas (parcelas de lucro), de retenção de lucros e de lucros acumulados. É a lição de Angela M. da Motta Pacheco, Regime de comunhão parcial, comunicabilidade de frutos de bens particulares dos cônjuges especificamente dos frutos civis: dividendos e ações bonificadas, *Revista da Associação dos Pós-Graduandos da PUCSP, 3*:5-18. Consulte: José A. Tavares Guerreiro, Das sociedades anônimas, in *Direito brasileiro,* 1979, v. 2, p. 586; Edenilza Gobbo e Lucíola F. Lopes Nerillo, Intersecções necessárias entre o direito de família e o direito comercial: as quotas da sociedade limitada na dissolução do casamento, da união estável e na sucessão, *Revista Brasileira de Direito de Família, 27*:5-28. São comunicáveis as quotas sociais adquiridas onerosamente durante o casamento ainda que em nome do varão. Já houve decisão: se na escritura da propriedade adquirida em condomínio pelo casal com rendimentos do trabalho de cada um ficar convencionada a proporção com que cada um concorre para a aquisição do bem (2/3 para a mulher e 1/3 para o marido), ela será respeitada (*JTJ, 162*:13); *Bol. AASP, 2.680*:1843-11: Quotas adquiridas onerosamente, com o saldo do FGTS, constituído pelos depósitos efetuados durante o casamento, sendo o regime de comunhão parcial, devem ser partilhadas.

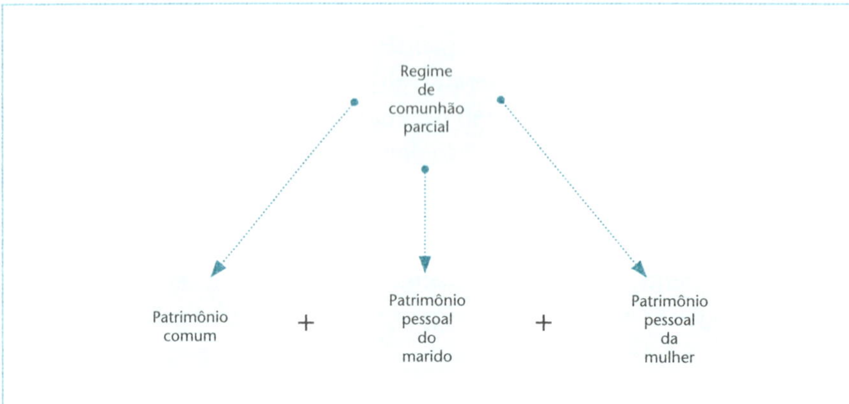

No tocante ao *passivo* devem-se considerar duas circunstâncias especiais, devido à natureza desse regime: a época em que as dívidas foram contraídas e a sua causa ou finalidade. Assim cada consorte responde pelos próprios débitos, desde que anteriores ao casamento, pelo fato de os patrimônios conservarem-se separados (CC, art. 1.659, III). Quanto às dívidas subsequentes ao matrimônio, contraídas no exercício da administração do patrimônio comum, obrigam aos bens comuns e aos particulares do cônjuge que o administra e aos do outro na proporção do proveito que houver auferido (CC, art. 1.663, § 1º). Já os débitos contraídos por qualquer dos consortes na administração de seus bens particulares e em benefício destes não obrigam os bens comuns (CC, art. 1.666). Os bens comuns, com o escopo de resguardar direitos dos credores, responderão pelos débitos contraídos por qualquer dos cônjuges para atender aos encargos da família (contas de telefone, luz, água; alimentação etc.), às despesas de administração (reparações para conservação do bem: anúncios imobiliários, benfeitorias) e às decorrentes de imposição legal (p. ex., tributos) (CC, art. 1.664). Se o débito não se deu para atender às necessidades da família, o consorte lesado poderá defender, havendo cobrança dos credores, a sua meação.

Nesse regime, a *administração* dos bens comuns cabe naturalmente a qualquer dos cônjuges, mas será necessária a anuência de ambos para a prática de atos que impliquem, a título gratuito, a cessão do uso ou gozo dos bens comuns (CC, art. 1.663, § 2º), pois, poderá tal cessão repercutir negativamente no patrimônio do casal, evitando-se, assim, algum dano ao outro, advindo da gerência de um deles, diminuindo os riscos de negócio feito gratuitamente. Por isso, se ambos anuírem na cessão gratuita, suportarão juntos, e com consciência, os eventuais prejuízos. E, se houver prova de malversação dos bens do patrimônio comum do casal, o magistrado poderá atribuir a administração a apenas um dos cônjuges (CC, art. 1.663, § 3º), ou seja, ao que foi prejudicado e que, por isso, a solicitou. Com o deferimento judicial da gerência a um deles, os atos que o outro, porventura, vier a praticar, relativamente ao patrimônio comum, serão nulos. A administração e a disposição dos bens constitutivos do patrimônio particular competirão ao cônjuge proprietário, exceto convenção em sentido contrário estabelecida em pacto antenupcial (CC, art. 1.665), mas, para alienar imóvel, precisará da anuência do outro (CC, art. 1.647, I). Nada impede que se convencione, p. ex., em pacto antenupcial (CC, art. 1.639), que ao marido caiba a gerência dos bens próprios de sua mulher, agindo como seu representante. Por isso, o Projeto de Lei n. 699/2011 pretende alterar a redação do art. 1.665, propondo a retirada da locução "e a disposição" (o Parecer Vicente Arruda não acatou a sugestão por entender que: "art. 1.665 — está correto o dispositivo, tendo em vista que o art. 1.647 estipula que no regime de separação absoluta de bens o cônjuge pode alienar ou gravar os bens imóveis e no caso da separação parcial pode fazê-lo apenas em relação aos bens particulares. Como determina o artigo ora em estudo. E não poderia ser de outro modo, pois pelo regime da comunhão parcial não se comunicam os bens havidos antes do casamento"). Logo, convém repetir, nada obsta que se estipule em pacto antenupcial que ao marido caiba a administração dos próprios bens e dos da mulher. É preciso deixar bem claro que o marido, ao administrar os bens de sua mulher, age como seu representante, pois sua esposa tem o domínio e a posse do que lhe pertence[364].

A *dissolução* desse regime dá-se pela morte de um dos cônjuges, separação, divórcio, nulidade ou anulação de casamento.

Dissolvido o casamento pela morte de um dos consortes, os bens que eram de sua propriedade são entregues aos seus herdeiros. Havendo dissolução pela separação, divórcio ou anulação, os bens que constituem patrimônio comum, existentes no momento da ruptura da vida conjugal (*BAASP, 2741*: 2031-11, *2945*:11), serão partilhados; quanto aos incomunicáveis cada cônjuge

364. Caio M. S. Pereira, op. cit., p. 153-4; Pontes de Miranda, *Tratado de direito de família*, cit., § 83; Silvio Rodrigues, *Direito*, cit., p. 201; Orlando Gomes, *Direito*, cit., p. 205; Matiello, *Código*, cit., p. 1089 e 1090. *Vide* Súmula STJ n. 251. Pelo STJ (Súmula n. 134): "Embora intimado da penhora em imóvel do casal, o cônjuge do executado pode opor embargo de terceiro para defesa de sua meação".

retira o que lhe pertence. Não são, portanto, meeiros, visto que não têm carta de ametade como no regime de comunhão universal de bens[365].

d.1.1.4. Regime da comunhão universal

Por meio do pacto antenupcial os nubentes podem estipular que o regime matrimonial de bens será o da *comunhão universal,* pelo qual não só todos os seus bens presentes ou futuros, adquiridos antes ou depois do matrimônio, mas também as dívidas passivas tornam-se comuns, constituindo uma só massa. Instaura-se o estado de indivisão, passando a ter cada cônjuge o direito à metade ideal do patrimônio comum, logo, nem mesmo poderão formar, se quiserem contratar, sociedade entre si (CC, art. 977).

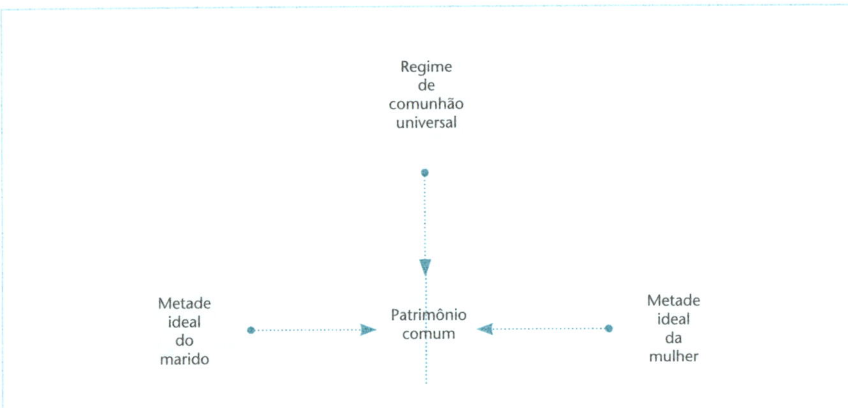

Antes da dissolução e partilha não há meação, mas tão somente metade ideal de bens e dívidas comuns (CC, art. 1.667). Há comunicação do ativo e do passivo, pois há na comunhão universal de bens uma espécie de sociedade (*Lex, 62*:237), disciplinada por normas próprias e peculiares. Logo, nenhum dos consortes tem a metade de cada bem, enquanto durar a sociedade conjugal, e muito menos a propriedade exclusiva de bens discrimina-

365. Sobre o tema, *vide* Orlando Gomes, Direito, cit., p. 205-6; Caio M. S. Pereira, op. cit., p. 154; W. Barros Monteiro, op. cit., p. 171.

Bol. AASP, 2.718:5893: Família. Separação. Partilha. FGTS, verbas rescisórias e dívidas. Alimentos. Redução. Casamento celebrado pelo regime da comunhão parcial

dos, avaliados na metade do acervo do casal[366]. Esses bens compenetram-se de tal maneira que, com a dissolução da sociedade conjugal, não se reintegram ao patrimônio daquele que os trouxe ou os adquiriu[367].

Segundo Lafayette Rodrigues Pereira[368], os *princípios* que regem a comunhão universal de bens são:

1) Em regra, tudo o que entra para o acervo dos bens do casal fica subordinado à lei da comunhão.

2) Torna-se comum tudo o que cada consorte adquire, no momento em que se opera a aquisição.

3) Os cônjuges são meeiros em todos os bens do casal, embora um deles nada trouxesse ou nada adquirisse na constância do matrimônio.

Apesar de implicar a comunicabilidade de todos os bens presentes e futuros (CC, art. 1.667, *in fine*), admite esse regime, excepcionalmente, a exclusão de alguns, por terem efeitos personalíssimos ou devido a sua própria natureza.

São *excluídos da comunhão* (CC, art. 1.668):

1) *Os bens doados ou herdados com a cláusula de incomunicabilidade e os sub-rogados em seu lugar*; assim se um imóvel doado com cláusula de incomunicabilidade vier a ser desapropriado, a indenização é paga pelo poder público (Dec.-Lei n. 3.365/41, art. 31) ao donatário, em razão de sub-rogação real, não se comunicando ao seu cônjuge. A esse respeito é mister trazer

---

de bens, partilha que deve excluir os valores a ser recebidos pelo demandado em decorrência de reclamatória trabalhista e FGTS, porquanto constituem frutos civis do seu trabalho. Dívidas contraídas no decorrer do casamento presumem-se em prol da entidade familiar, devendo ser de responsabilidade de ambos os cônjuges, à razão de 50% para cada um. Em atenção ao binômio necessidade/possibilidade, razoável a redução da pensão alimentícia em face da situação de desemprego do alimentante. Apelação e Recurso Adesivo parcialmente providos" (TJRS — 8ª Câm. Cível; ApC 70036134369-Cruz Alta-RS, Rel. Des. Luiz Ari Azambuja Ramos, j. 24-6-2010, v. u.).

366. Espínola, op. cit., § 70; Orlando Gomes, *Direito,* cit., p. 219, 212 e 213. Sobre a natureza do regime de comunhão universal, consulte W. Barros Monteiro, op. cit., p. 157-9; *RT, 823*:164, *797*:245, *704*:171, *703*:82, *554*:84, *568*:40; *RTJ, 103*:1236; *EJSTJ, 13*:61; *RJ, 34*:31; *RJTJSP, 125*:50.

367. Orlando Gomes, *Direito,* cit., p. 219. Há decisão de que: "integra a comunhão a verba de indenização trabalhista correspondente a direitos adquiridos durante o tempo de casamento sob o regime da comunhão universal" (STJ, REsp 421.801/RS, rel. Min. Carlos Alberto Menezes Direito, 3ª T, j. 15-3-2007, *DJ*, 2-4-2007, p. 268).

368. Lafayette Rodrigues Pereira, op. cit., § 55.

à colação o pensamento de Washington de Barros Monteiro[369], de que, embora omissa a lei, são também incomunicáveis: *a*) os bens doados com cláusula de reversão (CC, art. 547), ou seja, com a morte do donatário, o bem doado retorna ao patrimônio do doador que lhe sobrevive, não se comunicando ao cônjuge do falecido, e *b*) os bens doados, legados ou herdados com cláusula de inalienabilidade, pois comunicação é alienação (Súmula 49 do STF; *RSTJ*, *121*:151; *RT*, *190*:486, *236*:385; *RF*, *142*:305, *145*:337; *AJ*, *92*:38, *94*:88).

2) *Os bens gravados de fideicomisso e o direito do herdeiro fideicomissário, antes de realizada a condição suspensiva*, pois a propriedade do fiduciário é resolúvel, contrariando o princípio da imutabilidade do regime matrimonial. Com o implemento da condição cessa a resolubilidade, operando sua entrada na comunhão[370], logo, esses bens não podem comunicar-se antes da condição suspensiva. O fideicomisso é, portanto, uma situação em que o testador (fideicomitente) determina que o fiduciário deve, por sua morte ou a certo tempo, ou condição, transmitir o bem ao fideicomissário. Claro está que essa propriedade tem de ser incomunicável para que o fiduciário possa cumprir a fidúcia, ou seja, a obrigação de transmitir a coisa. Percebe-se que o fiduciário é o titular de um domínio resolúvel e o fideicomissário, de um direito eventual, que, enquanto não se der a condição, não se transmite ao seu cônjuge, pois se o fideicomissário falecer antes do fiduciário caduca o fideicomisso, consolidando-se a propriedade nas mãos do fiduciário (CC, art. 1.958). O direito do fideicomissário não se comunica enquanto não se realizar a condição suspensiva, pois tem apenas um direito eventual, só adquire o domínio se advier a condição[371].

3) *As dívidas anteriores ao casamento, salvo se provierem de despesas com seus aprestos, ou reverterem em proveito comum.* Pelos débitos anteriores ao matrimônio, que não se comunicam, responde, exclusivamente, o devedor com os seus bens particulares ou com os bens que ele trouxe para a comunhão conjugal. Só com a dissolução do casamento, a meação do devedor responde pelos seus débitos contraídos antes das núpcias. Se o credor provar que as dívidas são oriundas de despesas com os aprestos do casamento, como aquisição de móveis, enxoval ou festa, ou que reverteram em provei-

---

369. W. Barros Monteiro, op. cit., p. 160-1. Em sentido contrário: *RT*, *160*:157, *175*:369.
370. Pontes de Miranda, *Tratado de direito de família*, cit., § 72.
371. Bassil Dower, op. cit., p. 149; Silvio Rodrigues, *Direito*, cit., p. 190; W. Barros Monteiro, op. cit., p. 161.

to de ambos os consortes, como o dinheiro emprestado para comprar imóvel destinado à residência do futuro casal ou para a viagem de núpcias, ter-se-á a comunicabilidade[372].

4) *As doações antenupciais feitas por um dos cônjuges ao outro com cláusula de incomunicabilidade,* a fim de proteger o donatário ainda que o doador seja o outro consorte[373].

5) *Os bens de uso pessoal, os livros e instrumentos de profissão,* devido a seu cunho nitidamente pessoal (*RT, 94*:437, *328*:72).

6) *Os proventos do trabalho pessoal de cada consorte* (*RT, 843*:261) não se comunicam apesar do regime ser o da comunhão universal. Mas o Projeto de Lei n. 699/2011 pretende modificar o art. 1.668, alterando o inciso V, retirando os proventos do rol dos bens incomunicáveis, acatando a lição de Alexandre Guedes de Alcoforado Assunção de que "o regime da comunhão universal de bens caracteriza-se pela comunhão dos bens presentes e futuros dos cônjuges. Não faz sentido a exclusão dos rendimentos do trabalho porque implicaria a exclusão de todos os bens adquiridos com estes rendimentos ante a sub-rogação. Acatada a exclusão do inciso VI do art. 1.659 e procedendo-se com a renumeração respectiva, é necessário excluir sua referência no dispositivo em análise". O Parecer Vicente Arruda rejeitou tal proposta quando inserida no Projeto de Lei n. 6.960/2002 (atual PL n. 699/2011) pelas mesmas razões com que não aceitou a alteração do art. 1.659.

7) *As pensões, meio-soldos, montepios e outras rendas semelhantes,* por se tratarem de bens personalíssimos, pois, como vimos, a *pensão* é a quantia que se paga, periodicamente, em virtude de lei (Lei n. 8.255/64), decisão judicial, ato *inter vivos* (CC, art. 803) ou *causa mortis,* a alguém, visando sua subsistência; o *meio-soldo* é a metade do soldo que o Estado paga a militar reformado (Dec.-Lei n. 1.029/69); e o *montepio* é a pensão que o Estado paga aos herdeiros de funcionário falecido, em atividade ou não. O mesmo se pode dizer da *tença,* que é a pensão alimentícia, geralmente em dinheiro, paga periodicamente, pelo Estado, por pessoa de direito público ou privado ou até mesmo por particular, para assegurar a subsistência de alguém[374].

---

372. Caio M. S. Pereira, op. cit., p. 150; W. Barros Monteiro, op. cit., p. 163. Pela Súmula 251 do STJ: "A meação só responde pelo ato ilícito quando o credor, na execução fiscal, provar que o enriquecimento dele resultante aproveitou ao casal".

373. Silvio Rodrigues, *Direito,* cit., p. 193; W. Barros Monteiro, op. cit., p. 163.

374. W. Barros Monteiro, op. cit., p. 159-60; Silvio Rodrigues, *Direito,* cit., p. 188; Pontes

Incomunicável também é, segundo Enneccerus, Kipp e Wolff, o usufruto de certos bens oriundos de doação ou deixa testamentária[375].

8) *Os bens de herança necessária a que se impuser a cláusula de incomunicabilidade*, logo, pelo art. 1.848 a legítima de um consorte não se comunica ao outro.

9) *Os direitos patrimoniais do autor, excetuados os rendimentos resultantes de sua exploração, salvo pacto antenupcial em contrário* (Lei n. 9.610/98, art. 39).

Pelo art. 1.669 do Código Civil, a incomunicabilidade dos bens arrolados no art. 1.668 não se estende aos frutos (civis, naturais ou industriais), quando se percebem ou se vencem durante o matrimônio. P. ex., se um dos nubentes, antes de se casar, tinha direito a uma pensão, esse direito não se comunica pelo casamento. Porém, o dinheiro que receber, após as núpcias, se comunica, a partir do vencimento da prestação, isto é, recebida a pensão, o valor assim obtido entra no patrimônio do casal, bem como os bens adquiridos com ela. Faltando estipulação em contrário, comunicam-se esses frutos auferidos na constância do matrimônio[376], tendo cada cônjuge direito à metade ideal deles.

Na constância da sociedade conjugal, a propriedade e posse dos bens é comum, mas, como a direção da sociedade conjugal é de ambos os consortes, compete-lhes a *administração* desses bens. Tal administração segue as diretrizes legais impostas pelos arts. 1.663, 1.665 e 1.666 (CC, art. 1.670).

Qualquer dos cônjuges poderá administrar o patrimônio comum, sendo que pelas dívidas contraídas na gestão respondem os bens comuns e os particulares do cônjuge administrador. Os bens do outro consorte apenas responderão se se provar que este obteve algum lucro. Para que se ceda, gratuitamente, o uso e gozo de bens comuns, será imprescindível a anuência de ambos os cônjuges. Se houver malversação, dilapidação ou desvio dos bens, o órgão judicante atribuirá a administração do patrimônio comum a um dos consortes. A administração e disposição dos bens excluídos da comunhão competirá ao cônjuge proprietário, a não ser que haja disposição em sentido contrário em pacto antenupcial. Além disso, é conveniente não olvidar que pelos débitos assumidos por qualquer dos cônjuges na administração

---

de Miranda, *Tratado de direito de família,* cit., v. 2, p. 215. *Vide*: CPC, art. 649, VII.

375. W. Barros Monteiro, op. cit., p. 160; Enneccerus, Kipp e Wolff, op. cit., v. 1, § 160; *AJ*, *118*:180.

376. Silvio Rodrigues, *Direito,* cit., p. 188-9; W. Barros Monteiro, op. cit., p. 167; *RT, 188*:640.

de seus bens particulares, e em benefício destes, não responderão os bens comuns (CC, arts. 1.670, 1.663, 1.665 e 1.666). Consequentemente, a responsabilidade civil pelas obrigações ilícitas não poderá recair sobre bens comuns do casal, salvo se o cônjuge que não cometeu a falta obteve lucro com o produto do ilícito perpetrado pelo outro (*RT*, *182*:131, *414*:344). A indenização deverá ser paga com os bens que compõem a meação do culpado ou com seus bens particulares excluídos da comunhão. Entretanto, não se poderá onerar a meação do responsável, enquanto a sociedade conjugal não se dissolver, por se tratar de meação indivisa e ideal (*RT, 151*:131, *465*:203)[377].

Dá-se a *extinção* da comunhão universal com a dissolução da sociedade conjugal pela morte de um dos cônjuges, pela sentença de nulidade ou anulação do casamento, pela separação e pelo divórcio.

A verificação de um desses fatos não põe fim, de imediato, ao estado de indivisão dos bens, uma vez que a comunhão termina de direito, embora os bens permaneçam indivisos até a partilha[378].

Havendo morte de um dos consortes, o cônjuge sobrevivente, que continua na posse dos bens, administra-os, até a partilha entre ele e os herdeiros do falecido (CPC, art. 613), incluindo nela os frutos, produtos, acessões e rendimentos desses bens, excluindo-se, porém, os aumentos devidos à indústria, trabalho ou herança do supérstite[379]. O sobrevivente só poderá ser inventariante se convivia com o falecido. Procede-se ao inventário dos bens para a partilha. Reparte-se o acervo em duas meações, ficando uma com o cônjuge sobrevivente e a outra com os sucessores do *de cujus*; obviamente, os bens incomunicáveis não serão partilhados[380].

Se houve declaração de nulidade do casamento, não se tem comunhão de bens, em razão do fato de se não ter casamento, logo, não há partilha do acervo em duas metades, pois cada consorte retirará tão somente o que trouxe para a massa[381]. O mesmo ocorre com o casamento anulável, mas, se a sentença judicial considerá-lo putativo, por reconhecer a boa-fé de um ou

---

377. W. Barros Monteiro, op. cit., p. 162; Arnoldo Medeiros da Fonseca, A incomunicabilidade das obrigações por ato ilícito no regime da comunhão universal de bens, *RF*, *77*:232; Carvalho Santos, op. cit., v. 5, p. 68, n. 7; *RT*, *146*:209; Pontes de Miranda, *Tratado de direito de família*, cit., § 74.

378. Orlando Gomes, *Direito*, cit., p. 222. Incomunicabilidade de bens adquiridos durante a separação de fato: *RT*, *716*:148.

379. Clóvis Beviláqua, op. cit., § 40; Lafayette Rodrigues Pereira, op. cit., p. 190.

380. W. Barros Monteiro, op. cit., p. 166; Orlando Gomes, *Direito*, cit., p. 223.

381. W. Barros Monteiro, op. cit., p. 166.

de ambos os consortes, aplicar-se-ão as normas concernentes à separação judicial, partilhando-se os bens em duas meações. Se um deles for inocente, o culpado perderá todas as vantagens patrimoniais oriundas do casamento, não podendo requerer a meação do patrimônio com que o cônjuge inocente entrou para a comunhão. Todavia o inocente terá todo direito de pretender a meação relativa aos bens que o culpado trouxe à comunhão[382].

Dissolve-se a comunhão a partir da data da sentença ou da escritura pública da separação ou do divórcio direto; os bens serão repartidos em duas partes iguais, uma para cada consorte, não havendo nenhuma sanção de perda de bens para o culpado (*RT, 177*:284) e restabelecendo-se a comunhão se porventura o casal se reconciliar[383].

Terminando o estado de indivisão, o consorte, ante a presunção *iuris et de iure* de que sempre foi o titular de sua meação, imite-se na posse dos bens que a compõem, passando a ter uso, gozo e disposição[384].

Extinta a comunhão e efetuada a divisão do ativo e passivo, cessará a responsabilidade de cada um dos cônjuges para com os credores do outro por dívidas que este houver contraído (CC, art. 1.671).

d.1.1.5. Regime de participação final nos aquestos

O atual Código Civil não faz menção ao regime dotal, no que andou bem, e refere-se, nos arts. 1.672 a 1.686, a um novo regime de bens: o da *participação final dos aquestos*, tendo por *ratio legis* distingui-lo do da comunhão parcial, que implica aquela participação desde o instante da celebração das núpcias.

Esse novo regime de bens, como se verifica nas nações mais desenvolvidas (p. ex., Alemanha, Suécia, França e Dinamarca), tem sido frequente, principalmente, nas hipóteses em que os cônjuges exercem atividades em-

---

382. *RT, 157*:163; W. Barros Monteiro, op. cit., p. 167; Espínola, op. cit., n. 73. Em sentido contrário: *RT, 462*:116 — "A anulação do casamento não traz como consequência o direito do cônjuge de retirar-se com todos os bens que trouxe para o casal, hipótese a verificar-se apenas no casamento nulo. No casamento anulado opera-se a partilha dos bens do casal conforme o regime adotado".

383. Caio M. S. Pereira, op. cit., p. 151; W. Barros Monteiro, op. cit., p. 167.

384. *Vide* Caio M. S. Pereira, op. cit., p. 151. Sobre regime de comunhão universal, *vide*: *RT, 456*:260, *505*:127, *516*:129, *528*:229, *529*:174, *536*:74, *554*:84, *568*:40; *RTJ, 103*:1236.

presariais distintas, para que possam manusear com maior liberdade seus pertences, levando adiante seus negócios profissionais. Esse regime matrimonial será útil a cônjuges que exerçam atividade empresarial ou que tenham considerável patrimônio ao convolarem as núpcias, dando-lhes maior liberdade de ação no mundo negocial.

Neste novo regime de bens há formação de massas de bens particulares incomunicáveis durante o casamento, mas que se tornam comuns no momento da dissolução do matrimônio. Na constância do casamento os cônjuges têm a expectativa de direito à meação, pois cada um só será credor da metade do que o outro adquiriu, a título oneroso durante o matrimônio (CC, art. 1.672), se houver dissolução da sociedade conjugal.

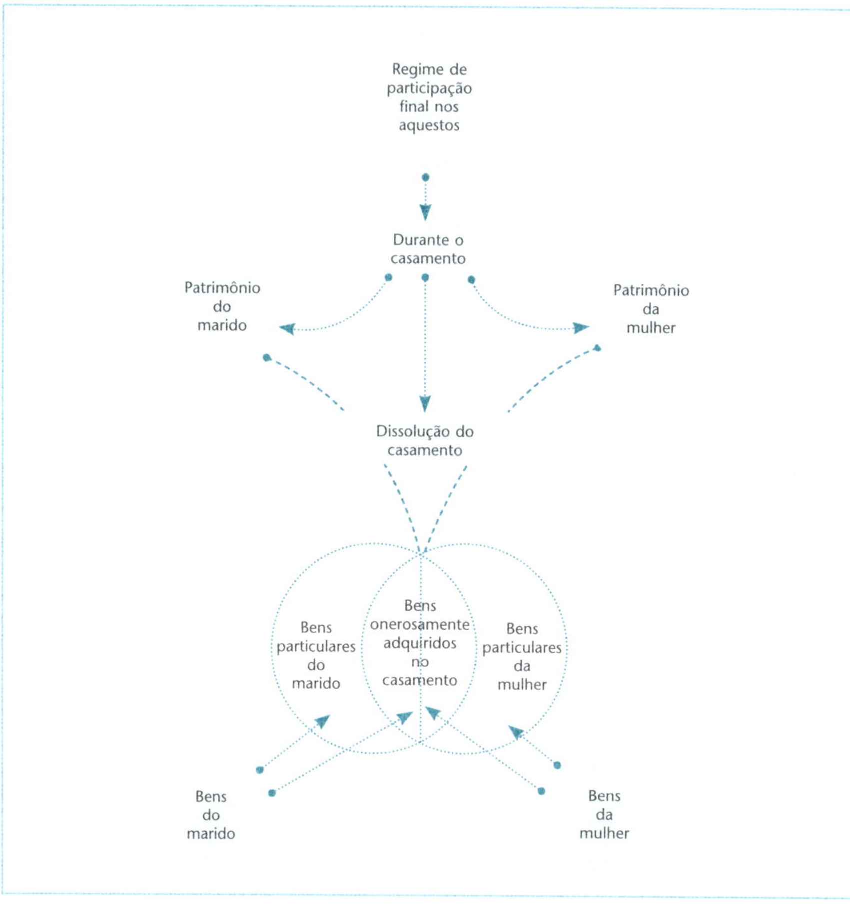

Há, portanto, dois patrimônios, o *inicial*, que é o conjunto dos bens que possuía cada cônjuge à data das núpcias e os que foram por ele adquiridos, a qualquer título, oneroso (compra e venda, p. ex.) ou gratuito (doação, legado etc.) durante a vigência matrimonial (CC, art. 1.673), e o *final*, verificável no momento da dissolução do casamento (CC, art. 1.674). É um regime misto que, na vigência do casamento, é similar ao da separação de bens, e, na dissolução da sociedade conjugal, ao da comunhão parcial.

A *administração* do patrimônio inicial é exclusiva de cada cônjuge, que, então, administrará os bens que possuía ao casar, os adquiridos por doação e herança e os obtidos onerosamente, durante a constância do casamento, podendo aliená-los livremente, se forem móveis (CC, art. 1.673, parágrafo único). No pacto antenupcial que adotar esse regime poder-se-á convencionar a livre disposição dos bens imóveis, desde que particulares do alienante (CC, art. 1.656). Se não houver convenção antenupcial nesse sentido, nenhum dos cônjuges poderá alienar ou gravar de ônus os bens imóveis (CC, art. 1.647, I) sem a autorização do outro. Nem poderão, sem a anuência um do outro, fazer doação de imóveis e dos que possam integrar futura meação (art. 1.647, IV). Há o direito de cada um de administrar livremente o que é seu, mas o outro, como diz Deise Maria G. Parada, permanece na qualidade de "fiscal da família", quanto à disposição dos bens de raiz.

Os débitos pessoais, convém repetir, de cada cônjuge-devedor oneram seus bens particulares e não comprometem os do outro (CC, art. 1.677); apenas o cônjuge que os contraiu responderá por eles. Quanto aos *débitos* posteriores ao casamento, contraídos por um dos consortes, apenas este responderá, com seu patrimônio, por eles, a não ser que haja prova cabal de que reverteram, total ou parcialmente, em proveito do outro (CC, art. 1.677) que, nesse caso, terá responsabilidade na proporção da vantagem auferida. É o que, p. ex., ocorre no caso de pagamento de financiamento para aquisição de moradia da família. Se um dos cônjuges vier a pagar dívida do outro, utilizando bens de seu patrimônio, o valor desse pagamento deverá ser atualizado e imputado, na data da dissolução, à meação do outro consorte (CC, art. 1.678); aquele que, sem estar obrigado, vier a solver dívida do outro, tem, por isso, direito a uma compensação. O art. 1.678 constitui, na lição de Matiello, um incentivo à efetivação de pagamento de débito assumido por um dos cônjuges pelo outro, facilitando a liberação do consorte-devedor, agilizando o resgate de créditos e contribuindo para a conservação do vínculo familiar. Nas relações entre cônjuges inúmeras operações contábeis deverão ser feitas, registrando gastos com a mantença da família, débitos pessoais, pagamentos de dívidas de um feitos pelo outro, passíveis de atualização monetária e compensáveis por ocasião da separação do casal. As dívidas pós-matrimoniais de um dos cônjuges, quando superiores à sua meação, não obrigam o outro, ou a seus herdeiros (CC, art. 1.686). O consorte não devedor não tem obrigação de pagar, com sua metade, os credores do outro, e os herdeiros só respondem por encargos não superiores às forças da herança. Logo, os credores do *de cujus* só poderão obter a satisfação dos seus créditos no acervo hereditário, composto pela antiga meação do falecido e pelos seus bens particulares.

Com a *dissolução da sociedade conjugal* em razão de morte, invalidade, separação ou divórcio, apurar-se-á o montante dos aquestos, excluindo-se da soma dos patrimônios próprios: os bens anteriores ao casamento e os sub-rogados em seu lugar; os obtidos por cada cônjuge por herança, legado ou doação; e os débitos (tributos, financiamentos etc.) relativos a esses bens vencidos e a vencer (CC, art. 1.674, I, II e III). Mas os frutos dos bens particulares e os que forem com eles obtidos formarão o monte partível. Há presunção *juris tantum* de que os bens móveis, salvo prova em contrário (p. ex., fatura, contrato, nota fiscal, recibo etc., em nome de um deles), foram adquiridos durante o casamento. E, para proteção de terceiros de boa-fé, presume-se que os bens móveis são da propriedade do cônjuge-devedor, exceto se forem de uso pessoal do outro ou adquiridos antes do casamento pelo cônjuge não devedor (CC, arts. 1.674, parágrafo único, e 1.680). Há, portanto, presunção *juris tantum* de que, perante terceiros, os móveis encontrados em poder do casal sejam da propriedade do cônjuge-devedor, para facilitar a execução do crédito por aqueles credores. Mas, se se provar, convém ressaltar, que tais móveis são de uso pessoal do cônjuge não devedor, eles não poderão ser penhorados, para que com o produto da venda se efetive o pagamento do débito. Já os imóveis são considerados de propriedade do consorte cujo nome constar no registro. E, se tal titularidade for impugnada, caberá ao cônjuge proprietário a prova da aquisição regular daqueles bens de raiz (CC, art. 1.681 e parágrafo único). Fácil é perceber que os imóveis têm a seu favor a presunção *juris tantum* de domínio constante do Registro Imobiliário, mas, como pode ocorrer, p. ex., que o imóvel esteja registrado em nome do cônjuge, que não o adquiriu, prevê a lei que, em caso de impugnação da titularidade, o demandado deverá comprovar (por meio de recibos, instrumento de promessa de compra e venda etc.) a causa da aquisição e a possibilidade de havê-la obtido com o fruto de seus bens. Caso contrário, ter-se-ia doação entre cônjuges, ineficaz perante terceiros.

Se os bens forem adquiridos pelo trabalho conjunto, cada um dos cônjuges terá direito a uma quota igual no condomínio ou no crédito (aquisição de quota de consórcio de automóvel, cujas prestações serão pagas em porções idênticas pelo marido e pela mulher) por aquele modo estabelecido (CC, art. 1.679). Se, p. ex., uma casa for construída, com esforço comum, em terreno de um deles, pelo CC, arts. 1.248, V, e 81, I, ela pertencerá ao dono do solo, o outro apenas terá direito de crédito, visto que se operou a acessão artificial. Tal fato deverá ser, por ocasião da dissolução da sociedade conjugal, consignado na partilha, retirando cada um sua meação. Se assim não fosse, ter-se-ia de comprovar uma sociedade de fato entre os cônjuges dos bens amealhados pelo esforço comum durante o casamento, sob pena de haver locupletamento ilícito. Não há aqui aplicação do regime de comunhão parcial, pois neste se comunicam quaisquer bens adquiridos onerosamente durante o casamento, e o art. 1.679 apenas está pretendendo a comunicabilidade dos advindos do trabalho comum dos consortes, não ferindo o espírito da lei, por ser razoável e consentâneo com o ordenamento jurídico brasileiro que proíbe o enriquecimento ilícito. O art. 1.679 estabelece o condomínio de bens e créditos adquiridos por esforço comum.

Ao determinar o montante dos aquestos, computar-se-á o valor das doações feitas por um dos cônjuges sem a necessária autorização do outro (CC, art. 1.647, IV), hipótese em que o bem poderá ser reivindicado pelo consorte lesado ou por seus herdeiros, ou declarado no monte partilhável, por valor equivalente ao da época da dissolução (CC, art. 1.675). Portanto, o art. 1.675 garante ao lesado a possibilidade de reivindicação do bem desviado ou de inclusão de seu valor no monte partilhável. Ao comentarem o art. 1.675 do Código Civil, observam Nelson Nery Jr. e Rosa Maria de Andrade Nery que o referido preceito legal não explicita quando é possível a reivindicação do bem: se logo depois da doação feita ou se apenas após a dissolução da sociedade conjugal. A conjugação sistemática dos arts. 1.647, IV, 171, I, 176, 179 e 1.649, parágrafo único, possibilita concluir que: *a*) a doação procedida sem a anuência conjugal entender-se-á realizada sem integração da capacidade de alienação do doador; *b*) o ato, por isso, é anulável, mas suscetível de convalidação (CC, art. 176); *c*) a anulabilidade da doação poderá ser invocada dentro do prazo decadencial de 2 anos, contado da data da conclusão do negócio (CC, art. 179). Se o cônjuge prejudicado, ou seus herdeiros, não pretender anular aquele negócio por ação própria, o bem não mais poderá ser reivindicado, devendo ser ultimada a partilha nos termos dos arts. 1.675, *in fine*, e 1.676 do Código Civil. Além disso, incorpora-se ao monte o valor dos bens alienados em detrimento da meação, se não houver preferência do cônjuge prejudicado, ou de seus herdeiros, de os reivindicar (CC, art. 1.676). Há, portanto, uma opção: desfazer o ato lesivo, reivindicando o bem alienado indevidamente ou fazer integrar o valor dele nos aquestos a serem partilhados. Tutela-se, assim, a exatidão da partilha, acatando-se o princípio da eticidade e o da vedação do enriquecimento indevido. Assim sendo, havendo burla à meação (p. ex., venda simulada), para a obtenção da compensação a que faz jus, o cônjuge lesado, ou seu herdeiro, poderá requerer a inclusão do valor real e atualizado daqueles bens alienados, ou melhor, doados, no monte partilhável. Qual o índice mais apropriado para tal atualização diante da inflação? O órgão judicante terá de ser prudente para que se alcance uma solução justa. Observa Rolf Madaleno que, para assegurar tal compensação ou a recompensa pelo valor equivalente do patrimônio desviado (CC, arts. 1.675 e 1.676), ao iniciar o processo de separação ou de divórcio será necessário requerer medidas cautelares (p. ex., arrolamento de bens; trancamento registral de imóveis, telefones, automóveis, quotas sociais, barcos ou aviões; bloqueio judicial de economias etc.) para evitar a dissipação de bens comunicáveis e assegurar uma justa divisão final dos aquestos.

Na dissolução do regime de bens por separação ou por divórcio, verificar-se-á o montante dos aquestos à data em que cessou a convivência (CC, art. 1.683). Consequentemente, os bens adquiridos durante a separação de fato ou na pendência da ação de separação judicial ou de divórcio não entrarão na partilha, salvo se tal ação não chegar a seu termo, em razão, p. ex., de reconciliação, hipótese em que, como observa Matiello, a disciplina econômica do casamento continuará vigorando.

Fácil é perceber quão difícil será a contabilidade, pois prestações de contas deverão ser feitas e, além disso, pode ocorrer procedimento judicial, declarando comunicáveis, ou não, os débitos feitos pelos cônjuges.

Trata-se de um regime misto, pois durante a vigência do matrimônio aplicam-se-lhe as normas da separação de bens, pelas quais cada cônjuge possui seu próprio patrimônio, tendo a titularidade do direito de propriedade sobre os bens adquiridos, que comporão uma massa incomunicável de bens particulares. Todavia, durante o casamento, os cônjuges têm expectativa de direito à meação, de maneira que a partilha, como vimos, em caso de dissolução do casamento, obedece a uma precisa e rigorosa verificação contábil, comparando-se o patrimônio existente por ocasião das núpcias com o final. Ao confrontar, posteriormente, o patrimônio de um dos cônjuges com o do outro, verificando-se que um adquiriu mais do que o outro durante o matrimônio, este deverá atribuir àquele metade da diferença. Cada cônjuge tem um crédito sobre a parte do que o outro adquiriu, a título oneroso na constância do casamento, pois, se contribuíram, cada um a seu modo, para a formação do patrimônio familiar, será justo que, havendo dissolução da sociedade conjugal, possam dividir ao meio o que adquiriram onerosamente e o que obtiveram em conjunto, com o esforço comum.

Com o fim do casamento, efetuar-se-á a partilha conferindo-se a cada consorte a metade dos bens amealhados pelo casal, a título oneroso, como ocorre no regime de comunhão parcial. Esse direito à meação é irrenunciável, incessível ou impenhorável na vigência do regime matrimonial (CC, art. 1.682), protegendo-se assim o patrimônio da família e do cônjuge, pois seu *quantum* apenas será apurado ao término do casamento. Para tal apuração e para assegurar a compensação de bens ou reposição pecuniária dos alienados em prejuízo da meação, cabível será, como já dissemos, requerer provimentos cautelares, principalmente o arrolamento. O direito à participação final nos aquestos restringe-se ao valor de eventual saldo, após a compensação dos acréscimos de ambos os cônjuges. Nada obsta a que, depois de ter sido adjudicada a meação a que faz jus o ex-cônjuge, ele a doe, ou ceda, desde que não lese a legítima dos herdeiros (CC, art. 549).

Surge a questão de saber se tal direito à meação dos consortes situa-se na seara do direito real ou na do direito obrigacional. Se cada cônjuge, na meação, tiver uma pretensão à separação *in natura* dos bens, aquele direito será real. Mas, se for impossível ou inconveniente a divisão de todos os bens em natureza, calcular-se-á o valor de alguns ou de todos para reposição em dinheiro ao ex-cônjuge não proprietário. Assim, o dono do imóvel edificado ou de um veículo com ele ficará, cabendo ao outro a metade do valor correspondente àquele bem. E, se não se puder realizar a reposição pecuniária, ante os poucos recursos financeiros do cônjuge proprietário, serão os bens avaliados e, mediante autorização judicial, alienados tantos bens quantos bastarem para perfazer a meação a que faz jus o outro ex-cônjuge (art. 1.684 e parágrafo único do CC). Realmente, de boa política legislativa é esse artigo, porque, às vezes, a partilha *in natura* poderá acarretar a destruição de valores unitários, pois determinados bens têm maior valor quando não divididos, como p. ex. o conjunto de ações que conferem ao seu titular a maioria numa empresa. E se a partilha prejudicar patrimonialmente os ex-consortes, ambos poderão pleitear avaliação para fins de reposição pecuniária no valor da meação que lhes é cabível.

Comprovada a sociedade entre os cônjuges (CC, art. 977), bem como a sociedade de fato (*RT, 715*:268), o patrimônio comum adquirido será apurado e dividido, como se dissolve uma sociedade instituída, para não haver locupletamento indevido. Mas poderá abrir espaço para "fraude conjugal" e dissipação dos bens anteriormente à dissolução para que pouco seja partilhado com o cônjuge enganado.

As mesmas normas deverão ser seguidas na hipótese de dissolução do casamento por morte para apurar a meação do viúvo, verificando-se o monte dos aquestos para partilhá-lo em duas partes iguais, entregando-se a meação ao cônjuge sobrevivente e deferindo-se a herança aos herdeiros do cônjuge falecido (CC, art. 1.685 c/c arts. 1.829, I, II e III, 1.830, 1.831, 1.832, 1.836, 1.837 e 1.838)[385].

---

385. Merzbacher, Die Zugewinngemeinschaft, *Archiv für die Civilistische Praxis*, 1957, v. 156, p. 3 e 17; Nelson Nery Jr. e Rosa Mª A. Nery, *Novo Código Civil e legislação extravagante anotados*, São Paulo, Revista dos Tribunais, 2002, p. 564 e 565; Antunes Varela, *Direito de família*, Lisboa, Petrony, 1987, p. 434-5; Robert Battes e Hermann L. Verlag, *Sentido e limites da comunhão de aquestos*, Porto Alegre, Fabris, 2000, p. 21-2; Mário R. C. de Faria, O regime de participação final nos aquestos previsto no novo Código Civil, *BADCOAS*, *9*:323; Deise Maria G. Parada, Participação final nos aquestos, *Tribuna do Direito*, jun. 2004, p. 12; Carlos Eduardo N. Camillo, *Comentários*, cit., p. 1212. É admitido na França, Portugal, Argentina, Escandinávia, Espanha. *Vide*: Código Civil espanhol, arts. 1.411 a 1.415. É o regime legal supletivo na Alemanha (*Zugewinngemeinschaft*) o da comunidade dos aquestos, pois pelo BGB, art. 1.363: "O patrimônio do marido e o da mulher não se tornam patrimônio comum dos cônjuges; isto se aplica também ao patrimônio que um cônjuge adquire após o casamento; os bens adquiridos durante o casamento são, entretanto, compensados quando terminar a comunhão dos adquiridos. Não há patrimônio comum, mas tão somente o direito de aquinhoar após a dissolução do casamento, nos bens particulares adquiridos pelo outro cônjuge na vigência do casamento"; Rolf Madaleno, *Do regime de bens entre cônjuges*, cit., p. 219. Esse regime conduzirá à análise das experiências argentina, francesa e alemã. *Aquestos* são os bens adquiridos onerosamente durante a vigência do casamento. Observa Deise Maria G. Parada (*Participação*, cit., p. 12) que: "A doutrina alemã, em grande parte, como em qualquer outra divisão do ganho conjugal e não apenas neste regime, considera a compensação dos aquestos, na proporção de um a um, uma forma injusta de divisão. O argumento apresentado é que, na forma esquemática de divisão, não se leva em consideração as infinitas figuras da sociedade conjugal. Tal fato é encontrado na sociedade conjugal em que ambos os cônjuges trabalham em tempo integral e um gasta todas as suas sobras enquanto o outro economiza. A divisão um a um, por ocasião da dissolução do regime de bens, mostra-se completamente injusta, pois, desta forma, estaremos punindo aquele que economizou". Fábio Ulhoa Coelho (*Curso*, cit., v. 5, p. 84-5) exemplifica: "Considere-se que na separação de casal, casado em regime de participação final nos aquestos, o patrimônio em nome dele é avaliado em R$ 300.000,00, e o em nome dela, em R$ 500.000,00. Ultrapassada a primeira etapa dos cálculos, avalia-se que os bens indubitavelmente excluídos da meação correspondem, no patrimônio dele, a R$ 200.000,00 e, no dela, a R$ 100.000,00. Na segunda etapa, resta provado que um

d.1.1.6. Regime de separação de bens

O regime de separação de bens (CC, art. 1.687) vem a ser aquele em que cada consorte conserva, com exclusividade, o domínio, posse e administração de seus bens presentes e futuros e a responsabilidade pelos débitos anteriores e posteriores ao matrimônio[386]. Portanto, existem dois patrimônios perfeitamente separados e distintos: o do marido e o da mulher.

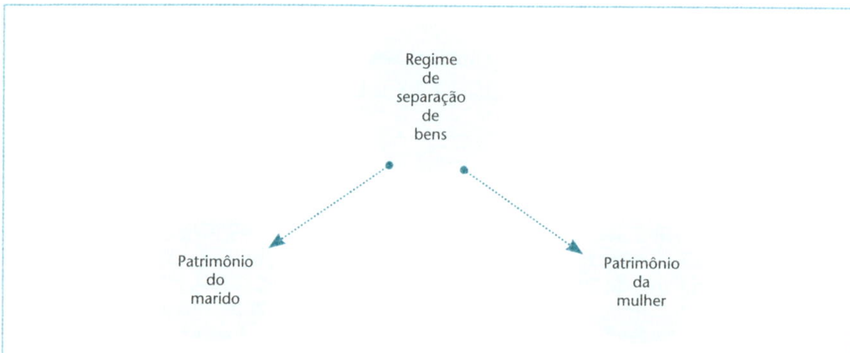

Há incomunicabilidade não só dos bens que cada qual possuía ao se casar, mas também dos que veio a adquirir na constância do casamento, ha-

imóvel em nome da mulher foi adquirido com dinheiro proveniente exclusivamente do trabalho dela, e que seu valor é R$ 200.000,00. Na terceira etapa, apura-se que o marido pagou, com seus recursos, uma dívida da mulher, correspondente a R$ 30.000,00. Feitas as contas, os aquestos montam R$ 300.000,00, dos quais ele terá direito a R$ 180.000,00, e ela, a R$ 120.000,00". Visto que "do valor do patrimônio do marido deve-se deduzir o dos bens indubitavelmente excluídos da meação (R$ 300.000,00 – R$ 200.000,00 = R$ 100.000,00) para alcançar o dos aquestos, que se encontram no nome dele. Já do valor do patrimônio da mulher, para apurar os aquestos nele alocados, devem-se deduzir o destes bens e também o do que restou provado ter sido adquirido apenas com os recursos dela (R$ 500.000,00 – R$ 100.000,00 – R$ 200.000,00 = R$ 200.000,00). Soma-se, então, o valor dos aquestos em nome de cada um dos cônjuges (R$ 100.000,00 + R$ 200.000,00 = R$ 300.000,00). Ele seria simplesmente dividido pela metade, não fosse a necessidade do ajuste relativo à dívida dela paga por ele. Ajustado o cálculo, apura-se o direito do marido em R$ 180.000,00 (R$ 300.000,00 ÷ 2 = R$ 150.000,00 + R$ 30.000,00 = R$ 180.000,00), e o direito da mulher em R$ 120.000,00 (R$ 300.000,00 ÷ 2 = R$ 150.000,00; R$ 150.000,00 – R$ 30.000,00 = R$120.000,00).

386. Conceito de Silvio Rodrigues, *Direito,* cit., p. 202; Pontes de Miranda, *Tratado de direito de família*, § 85. *Vide*: *RT, 620*:163, *630*:77, *663*:69, *694*:70, *691*:194, *710*:66, *696*:217, *763*:328; *JTJ, 210*:22; *RJTJSP, 129*:49, *132*:53, *140*:193, *143*:93, *163*:52.

vendo uma completa separação de patrimônio dos dois cônjuges[387]. Assim, esse regime em nada influi na esfera pecuniária dos consortes. Não há proibição de gravar de ônus real ou alienar bens, inclusive imóveis, sem o assentimento do outro cônjuge. Qualquer dos consortes poderá, sem autorização do outro, pleitear, como autor ou réu, acerca de bens ou direitos imobiliários, prestar fiança ou aval e fazer doação, não sendo remuneratória (CC, art. 1.647). Como o ativo, o passivo dos cônjuges também é separado, não se comunicando os débitos anteriores ou posteriores ao casamento, pelos quais responde o consorte que os contraiu, isoladamente, e, se créditos houver entre marido e mulher, regular-se-ão pelas normas atinentes às obrigações entre pessoas estranhas[388]. Mas ambos os cônjuges são obrigados a contribuir para as despesas do casal na proporção dos rendimentos de seu trabalho e de seus bens, exceto se houver estipulação em contrário no pacto antenupcial, impondo, p. ex., ao marido o dever de assumir sozinho os encargos da família, pagando as despesas com seu patrimônio particular.

Esse regime matrimonial poderá provir de lei ou de convenção.

Deveras, em certas circunstâncias a *lei o impõe,* caso em que esse regime é obrigatório por razões de ordem pública, visando proteger nubente ou terceiro ou por ser exigido como sanção. É assim, em virtude do Código Civil, art. 1.641, o regime obrigatório do casamento (*RT, 561*:70, *691*:194):

1) Das pessoas que celebrarem o casamento com infração das causas suspensivas, ou seja, do viúvo ou viúva que tiver filho do cônjuge falecido (*RJTJSP, 29*:57; *RT, 554*:147; *RTJ, 74*:124), enquanto não fizer inventário dos bens do casal e der partilha aos herdeiros (CC, art. 1.523, I); porém, na falta de bens a inventariar, não há que se falar em separação de bens (*RJTJSP, 39*:27)[389]; o mesmo se diga se se demonstrar que não haverá prejuízo para o herdeiro (CC, art. 1.523, parágrafo único); da viúva, ou da mulher cujo casamento se desfez por ser nulo ou ter sido anulado, até dez meses depois do começo da viuvez, ou da dissolução do casamento, salvo se antes de findo esse prazo der à luz algum filho ou provar inexistência de gravidez (CC, art.

387. W. Barros Monteiro, op. cit., p. 172; Carlos Alberto Bittar Filho, Do regime de separação de bens no direito brasileiro atual, *RT, 688*:7; Fernando Malheiros Filho e Maria Lúcia Costa Malheiros, O regime da separação de bens, *RT, 780*:59; Regina Beatriz Tavares da Silva, Regime de separação de bens convencional e obrigatória, in *Novo Código Civil — questões controvertidas*, cit., v. 2, p. 331-56.

388. Orlando Gomes, *Direito*, cit., p. 226.

389. *RT, 141*:177, *143*:312, *155*:815; *RF, 66*:78; *AJ, 107*:191; *EJSTJ, 12*:63.

1.523, II e parágrafo único); do divorciado, enquanto não houver sido homologada ou decidida a partilha dos bens do casal, exceto se se provar a inexistência de dano patrimonial para o ex-cônjuge (CC, art. 1.523, III e parágrafo único); do tutor ou curador e dos seus descendentes, ascendentes, irmãos, cunhados ou sobrinhos, com a pessoa tutelada ou curatelada, enquanto não cessar a tutela ou curatela, e não estiverem saldadas as respectivas contas, salvo se houver comprovação de ausência de qualquer prejuízo para a pessoa tutelada ou curatelada (CC, art. 1.523, IV e parágrafo único).

2) Da pessoa maior de 70 anos (Lei n. 12.344/2010, que alterou o inciso II do art. 1.641, ante a elevação da expectativa de vida do povo brasileiro; mas o Parecer Vicente Arruda, ao comentar o PL n. 6.960/2002 — substituído, hoje, pelo PL n. 699/2011 —, propôs a alteração para 65 anos). Porém, se, nessa hipótese, suceder união estável de mais de dez anos consecutivos ou da qual tenham nascido filhos, não se aplicaria a regra, podendo os nubentes, de acordo com o art. 45 da Lei n. 6.515/77, escolher livremente o regime matrimonial de bens?[390]. E se os nubentes já viviam há muitos anos em união estável ou se esta, tendo-se iniciado sob a égide da Lei n. 9.278/96, foi convertida em casamento, seria viável, ou não, tal separação obrigatória de bens? Pelo Enunciado n. 261 do Conselho da Justiça Federal, aprovado na III Jornada de Direito Civil: "A obrigatoriedade do regime da separação de bens não se aplica a pessoa maior de sessenta anos (hoje setenta anos), quando o casamento for precedido de união estável iniciada antes dessa idade". Se se impõe, por lei, o regime de separação para evitar que o casamento se dê por interesse econômico, logo, por isso, parece-nos que, nas hipóteses acima mencionadas, pelos arts. 4º e 5º da Lei de Introdução às Normas do Direito Brasileiro, poder-se-ia, ante a omissão do Código Civil atual, para evitar a lacuna axiológica que se instauraria no sistema, mediante a imposição do art. 1.641, admitir a comunhão parcial (Lei n. 9.278/96, art. 5º; CC, art. 1.725, 2ª parte), que já regia as relações patrimoniais do casal ou, então, o regime escolhido por eles, anteriormente em pacto anteconcubinário ou de convivência, respeitando-se, assim, ato jurídico perfeito.

---

390. *RT, 784*:235, *133*:190; *RF, 129*:401; Euclides Benedito de Oliveira, Efeitos materiais da separação judicial e do divórcio, *Rev. do Instituto dos Advogados de São Paulo*, n. 5, p. 142-59; Silvio Rodrigues, *Direito*, cit., v. 6, p. 182-3; Jones Figueirêdo Alves, As uniões septuagenárias e a separação absoluta de bens por pacto antenupcial com superação da Súmula 377 do STF, *Manual de direito de família* (coord. Silvio N. Baptista), Recife, Bagaço 2016, p. 441 e s. O PL n. 760/2015 visa revogar a obrigatoriedade de separação de bens nas núpcias de maior de 70 anos.

Mas não se pode olvidar que o nubente, que sofre tal *capitis diminutio* imposta pelo Estado, tem maturidade suficiente para tomar uma decisão relativamente aos seus bens e é plenamente capaz de exercer atos na vida civil, logo, parece-nos que, juridicamente, não teria sentido essa restrição legal em função de idade avançada do nubente, salvo o fato de se tornar mais vulnerável psicológica ou emocionalmente, podendo, por isso, ser alvo fácil do famoso chamado "golpe do baú".

A esse respeito observava, outrora, Silvio Rodrigues que: "É verdade que a proibição não se circunscreve apenas ao casamento de mancebo com sexagenária (hoje septuagenária), ou ao casamento de sexagenário (hoje septuagenário) com mulher jovem, casamentos esses em que, mais frequentemente, a busca de vantagem material se manifesta, porém abrange o casamento da mulher e do homem com mais de 60 anos (hoje 70 anos). Aliás, talvez se possa dizer que uma das vantagens da fortuna consiste em aumentar os atrativos matrimoniais de quem a detém. Não há inconveniente social de qualquer espécie em permitir que um sexagenário ou uma quinquagenária ricos se casem pelo regime da comunhão, se assim lhes aprouver".

3) De todos os que dependerem, para casar, de suprimento judicial (CC, arts. 1.517, 1.519, 1.634, III, 1.747, I, e 1.774)[391].

Os cônjuges que tiverem de se casar sob o regime obrigatório de separação de bens não poderão contratar sociedade entre si (CC, art. 977).

Fora desses casos, os nubentes que o quiserem adotar deverão instituí-lo numa *convenção* antenupcial (CC, art. 1.639), caso em que se tem a separação convencional[392]. Na separação de natureza convencional poder-se-á: estipular que alguns bens, eventualmente, se comuniquem; traçar normas atinentes à administração, à quota de contribuição da mulher ou do marido para as despesas do casal ou do lar ou, ainda, com a educação dos filhos etc.; estabelecer a dispensa dessa colaboração da mulher etc.[393] (CC, art. 1.688); contratar sociedade entre si (CC, art. 977).

Logo, esse tipo de separação de bens pode apresentar-se como pura ou absoluta e limitada ou relativa. A separação pura ou absoluta é a que esta-

391. Esclarece o Enunciado n. 262 do Conselho da Justiça Federal, aprovado na III Jornada de Direito Civil: "A obrigatoriedade da separação de bens, nas hipóteses previstas nos incs. I e III do art. 1.641 do Código Civil, não impede a alteração do regime, desde que superada a causa que o impôs".

392. Pontes de Miranda, *Tratado de direito de família*, cit., § 85.

393. Caio M. S. Pereira, op. cit., p. 156.

belece a incomunicabilidade de todos os bens adquiridos antes e depois do matrimônio, inclusive frutos e rendimentos (*EJSTJ*, *12*:62; *RT*, *715*:268, *776*:176). A limitada ou relativa circunscreve-se aos bens presentes, comunicando-se os frutos e rendimentos futuros. De forma que os nubentes disporão na escritura antenupcial acerca dos aquestos como bem lhes aprouver, impondo-lhes a comunicabilidade ou incomunicabilidade[394]. A jurisprudência tem, ainda, admitido a comunhão de aquestos no regime convencional da separação de bens, para evitar enriquecimento de um deles, em detrimento do outro (*RT*, *449*:90, *776*:176), tenham ou não os cônjuges, no pacto antenupcial, acordado a não comunicação dos bens que cada um vier a adquirir na constância do casamento.

Questão bastante controvertida, prenhe de múltiplos dissídios doutrinários e jurisprudenciais, é a de se saber se no regime de separação de bens, oriundo de imperativo legal, pode haver comunicabilidade de bens havidos na constância do matrimônio, por mútuo esforço dos cônjuges. A esse respeito alguns de nossos civilistas têm sustentado que a separação é absoluta, dentre eles: Clóvis Beviláqua, Caio Mário da Silva Pereira, Pontes de Miranda, Carvalho Santos, ao passo que outros, como Espínola, Washington de Barros Monteiro, Vicente Ráo, Orlando Gomes, Philadelpho Azevedo, Cândido de Oliveira etc., opinam pela separação limitada. Por outro lado, há inúmeros julgados que preconizam a incomunicabilidade dos aquestos no regime obrigatório, fundamentando-se no fato de que o art. 259 do Código Civil de 1916 referia-se tão somente aos casos de silêncio do contrato, tendo em vista única e exclusivamente a separação de bens convencional (*RT*, *237*:596, *244*:262, *295*:702, *308*:415, *316*:276; *RF*, *128*:97, *199*:124, *206*:192; *AJ*, *112*:256), e, além disso, proibida estava a doação de um cônjuge a outro, revelando o intuito de querer uma separação pura de patrimônio; deveras sobre o assunto o STF (*RT*, *470*:267-8) decidiu que "os efeitos da obrigatória separação de bens não podem ser contornados mediante doação de um nubente ao outro em escritura especial que corresponda, nesse particular, ao pacto antenupcial previsto no art. 312 do Código Civil" de 1916. Todavia,

---

394. Sobre essas espécies de separação de bens convencional, consulte W. Barros Monteiro, op. cit., p. 174; Caio M. S. Pereira, op. cit., p. 156; Silvio Rodrigues, *Direito*, cit., p. 203; Orlando Gomes, *Direito*, cit., p. 226.

"A cláusula do pacto antenupcial que exclui a comunicação dos aquestos impede o reconhecimento de uma sociedade de fato entre marido e mulher para o efeito de dividir os bens adquiridos depois do casamento. Precedentes" (STJ, REsp 404.088/RS, rel. Min. Castro Filho, rel. p/ Acórdão Min. Humberto Gomes de Barros, Terceira Turma, j. 17-4-2007, *DJ*, 28-5-2007, p. 320).

sem embargo dessas decisões, a jurisprudência procurou quebrar a rigidez do princípio da incomunicabilidade futura, admitindo a comunicação de bens adquiridos na constância do casamento, embora sob o regime da separação, mesmo na hipótese de ser obrigatório esse regime (Súmula 377 do STF; *RT, 395*:147, *542*:184, *459*:205)[395].

O Projeto do Código Civil, no art. 1.641, *caput, in fine*, viria a dissipar essa dúvida por prescrever expressamente que no regime obrigatório de separação de bens no casamento não haveria comunhão de aquestos. Contudo, essa parte final não foi mantida na redação final do referido artigo, que tão somente dispõe: "É obrigatório o regime de separação de bens no casamento". Com isso, perdura o problema de se saber se deve haver, ou não, a comunicabilidade dos aquestos.

Parece-nos que a razão está com os que admitem a comunicabilidade dos bens futuros, no regime de separação obrigatória, para evitar enriquecimento indevido (CC, arts. 884 e 886) desde que sejam produto do esforço comum do trabalho e da economia de ambos, ante o princípio de que entre os consortes se constitui uma sociedade de fato por haver comunhão de interesses[396]. Todavia, não há necessidade de se comprovar o concurso de esforços dos cônjuges para a aquisição daqueles bens (*JTJ, 143*:93). Deveras, o STF, na Súmula 377, assim decidiu: "No regime de separação legal de bens, comunicam-se os adquiridos na constância do casamento", desde que tal aquisição seja onerosa e resulte de esforço comum, como reconhecimento de uma verdadeira sociedade de fato (*RSTJ, 39*:413; *RT, 691*:194; *JTJ, 238*:5258). Não se comunicam os adquiridos a título gratuito ou com o produto de alienação de bens existentes anteriormente ao casamento (*RT, 542*:184).

---

395. *RT, 155*:815, *164*:712, *167*:655, *178*:394, *234*:435, *256*:230, *257*:236, *261*:171, *265*:382, *269*:23, *270*:291, *274*:486, *278*:216, *294*:714, *297*:841, *310*:745, *324*:366, *449*:90, *480*:193; *RF, 75*:330, *128*:143, *145*:253, *181*:217, *185*:213, *209*:194; *AJ, 92*:203, *104*:231, *106*:187, *109*:325, *117*:144. A irrevogabilidade da separação de bens absoluta resultante do pacto antenupcial é óbice ao reconhecimento de sociedade de fato entre os cônjuges. Recurso Especial não atendido. Unânime (STJ, 4ª T., REsp 15.636-0-RJ; Rel. Min. Fontes de Alencar; j. 16-2-1993; v. u.; *DJU*, 12 abr. 1993, p. 6071, Seção I, ementa). Sobre nulidade da doação entre cônjuges, em se tratando de regime de separação obrigatória: *RT, 710*:66.

396. *Vide* W. Barros Monteiro, op. cit., p. 175; Orlando Gomes, *Direito*, cit., p. 227 e nota 2; Paulo Oriente Franciulli, Comunhão de aquestos no regime de separação legal de bens, *Revista Literária de Direito, 15*:15-6. *Consulte*: *RT, 155*:825, *160*:747, *181*:661, *156*:284, *203*:270, *236*:182. A sociedade de fato é a sociedade em comum regida pelo Código Civil, arts. 986 a 990.

Como os bens, as dívidas anteriores ao casamento e as contraídas na sua vigência também não se comunicam, respondendo cada consorte pelos seus próprios débitos, o credor do marido não pode penhorar os bens da mulher e vice-versa. Se o fizer, o cônjuge prejudicado pode lançar mão do remédio processual dos embargos de terceiro para obter o levantamento da penhora (CPC, art. 674, § 2º, I). Mas as dívidas contraídas sem autorização marital ou uxória pelo cônjuge comunicar-se-ão ao outro se efetuadas para aquisição de coisas necessárias à economia doméstica, para obter, por empréstimo, as quantias que a aquisição daquelas possa exigir, pois ambos devem contribuir para as despesas do casal na proporção do rendimento do seu trabalho e de seus bens[397] (CC, arts. 1.643 e 1.688).

O art. 1.688 do Código Civil, como vimos, impõe a ambos o dever de prover à mantença da família, com os rendimentos de seu trabalho e de seus bens, na proporção de seu valor, salvo estipulação em contrário no contrato antenupcial. Deveras, num regime em que, em regra, há incomunicabilidade de bens, nada mais justo que o consorte que possui haveres concorra com seus rendimentos para atender aos encargos de família. Como essa disposição legal determina que a quota de cada cônjuge para tais despesas seja na proporção do valor de suas rendas, pode suceder que um deles contribua com importância mais elevada do que a de seu consorte para manter a família (*RT, 82*:140); por isso, nesse campo, é conveniente estipular pacto antenupcial[398]. Se a mulher, p. ex., entregar ao marido sua quota para os encargos domésticos (CC, art. 1.643, I), os credores por suprimentos feitos à residência do casal têm ação contra qualquer deles para cobrança de seus créditos, porque tais dívidas os obrigam solidariamente (CC, art. 1.644)[399].

Adotado o regime de separação de bens, por lei ou por convenção, conserva cada consorte a integral e exclusiva administração e fruição do que lhe pertence, sendo que nem dependerá da anuência do outro cônjuge para alienar bens imóveis ou gravá-los de ônus real (CC, arts. 1.687, 1.647, I). Porém

397. W. Barros Monteiro, op. cit., p. 177; *RT, 139*:145; Pontes de Miranda, *Tratado de direito de família*, cit., § 87; Paulo Lins e Silva, O casamento como contrato de adesão e o regime legal da separação de bens, in *Família e cidadania* (coord. Rodrigo da Cunha Pereira), Belo Horizonte, Del Rey, 2002, p. 353-60.

398. Silvio Rodrigues, *Direito*, cit., p. 204.

399. W. Barros Monteiro, op. cit., p. 177; *RT, 528*:194. Já se decidiu que: "As dívidas contraídas por pessoa casada, sem destinação específica, até prova em contrário, são entendidas como assumidas em benefício do casal. Recurso não conhecido" (STJ, REsp 833.340/RS, rel. Min. Castro Filho, Terceira Turma, j. 7-12-2006, *DJ*, 26-2-2007, p. 588).

nada impede que no pacto antenupcial se estipule a competência do marido para administrar os bens da mulher (CC, arts. 1.639 e 1.688), mas a esposa, pelo Código Civil vigente, não mais terá direito à hipoteca legal sobre os imóveis do marido, para garantir os bens sujeitos à gestão marital (CC, art. 1.489, I). P. ex., se o quiser, pode, ainda, constituir procurador o marido (CC, art. 1.652, II), para que ele administre e disponha de seus bens, desde que preste contas (*AJ*, *94*:437; *RT, 93*:46)[400]. O cônjuge que nomear o outro seu mandatário poderá revogar procuração que der[401]. Enneccerus, Kipp e Wolff[402] vislumbram na administração dos bens da mulher pelo marido um contrato de prestação de serviços, em que se admite até que seja estipulada remuneração.

Na vigência da sociedade conjugal o consorte que estiver na posse dos bens do outro será responsável como depositário, se não for seu usufrutuário (CC, art. 1.652, I), nem administrador (CC, art. 1.652, III), incumbindo-lhe, com relação a eles, proceder com diligência necessária à sua guarda e conservação, restituindo-os ao seu cônjuge quando este o exigir ou a seus herdeiros após o óbito dele, com todos os frutos e acrescidos. É-lhe lícito reembolsar-se das despesas de conservação e de indenizar-se pelos prejuízos que delas lhe advierem, tendo direito de retenção até reembolsar-se efetivamente[403].

Washington de Barros Monteiro[404] observa que sobre o regime da separação existem ainda outras normas gerais: *a*) a falência de um dos cônjuges atinge os bens particulares do outro; *b*) ainda que o regime matrimonial seja de separação, a mulher, p. ex., tem direito a alimentos (*RT, 188*:640, *196*:283); *c*) a vocação para suceder em bens de estrangeiros situados no País será regulada pela lei brasileira em benefício do cônjuge ou dos filhos brasileiros, ou de quem os represente, sempre que não lhes seja mais favorável a lei pessoal do *de cujus* (LINDB, art. 10, § 1º); *d*) o estrangeiro casado, que se naturalizar brasileiro, pode, mediante expressa anuência de seu cônjuge, requerer ao juiz, no ato de entrega do decreto de naturalização, se apostile ao mesmo a adoção do regime de comunhão parcial de bens, respeitados os direitos de terceiros e dada esta adoção ao competente registro (LINDB, art. 7º, § 5º, com redação da Lei n. 6.515/77, art. 43).

---

400. W. Barros Monteiro, op. cit., p. 178.
401. Caio M. S. Pereira, op. cit., p. 155.
402. Enneccerus, Kipp e Wolff, op. cit., v. 1, § 59.
403. Pontes de Miranda, *Tratado de direito de família*, cit., § 89.
404. W. Barros Monteiro, op. cit., p. 178-9.

Com a *dissolução* da sociedade conjugal, cada um dos consortes retira o seu patrimônio. Havendo óbito de um deles, o sobrevivente entrega aos herdeiros do falecido a parte deste, e, se houver bens comuns, o administrará até a partilha[405].

---

405. Caio M. S. Pereira, op. cit., p. 158.

Quanto à *supressão do regime dotal*:

Pode-se *conceituar* como regime dotal que, outrora, vigorava aquele em que um conjunto de bens, designado dote, era transferido pela mulher, ou alguém por ela, ao marido, para que este, dos frutos e rendimentos desse patrimônio, retirasse o que fosse necessário para fazer frente aos encargos da vida conjugal, sob a condição de devolvê-lo com o término da sociedade conjugal.

Tinha *destinação específica,* daí a incomunicabilidade desse patrimônio, podendo o marido tão somente administrá-lo, tendo por escopo a obtenção de recursos indispensáveis à subsistência da família; impunha-se, ainda, sua restituição à mulher ou ao dotador, com o fim da sociedade conjugal.

O dote podia ser *constituído* por um ou mais bens determinados, descritos e estimados na convenção antenupcial, para que se fixasse o seu valor ou se determinasse o preço que o marido deveria pagar por ocasião da dissolução da sociedade conjugal, acrescendo-se, ainda, a expressa declaração de que tais bens ficariam sujeitos ao regime dotal.

Admitia-se sua constituição com bens presentes e futuros da mulher (CC de 1916, art. 280), mas no que concernia a estes últimos somente se adquiridos gratuitamente, ou seja, se decorrentes de uma liberalidade. Isto porque dominava o princípio da impossibilidade, para o casal, de aumentar ou diminuir esse patrimônio dotal (CC de 1916, art. 281). Porém, há exceções a essa regra, pois:

1) eram dotais os aumentos advindos de acessão natural, como aluvião, formação de ilhas; a valorização da coisa em virtude de obras públicas ou benfeitorias; as construções que se erguessem no terreno dotal; as doações à mulher;

2) o patrimônio dotal sofria reduções em razão de fatos naturais que diminuíssem o imóvel, de dívidas da mulher anteriores ao matrimônio, necessidade de venda para sustentar a família, além das hipóteses arroladas no art. 293 do Código Civil de 1916.

Podiam integrar o dote bens móveis ou imóveis, direitos e obrigações, devidamente formalizados mediante escritura pública, que devia ser levada a registro. Era comum estipular que parte dos frutos se reservasse à mulher para fazer face a pequenas despesas e que ao lado do bem dotal houvesse outros bens submetidos a regimes diversos (CC de 1916, art. 287, I e II); faltando declaração expressa quanto aos bens extradotais, prevalecia o da comunhão.

O dote podia ser constituído pela própria nubente, por seus ascendentes e por terceiro.

Se constituído pela própria nubente podia abranger a totalidade ou parte de seus bens, pois, mediante pacto antenupcial, tais bens separados de seu patrimônio para essa finalidade não eram transferidos ao marido, mudavam somente de condição, passando a ser indispensáveis com destinação específica. Formava-se, assim, entre marido e mulher um autêntico contrato sinalagmático.

Se fosse instituído pelos ascendentes da mulher ou por terceiro, tinha-se transferência de propriedade. Sendo dado o dote pelos pais da mulher, conjunta ou separadamente, este passava a ter a denominação de dote profectício, uma vez que era considerado como adiantamento da legítima, sujeito, portanto, a colação, de conformidade com o disposto no art. 1.786 do Código Civil de 1916 (correspondente ao art. 2.002 do novo CC), salvo o caso do art. 1.788 (similar ao art. 2.005 do novo CC). Se o dote fosse prometido por ambos os ascendentes, sem especificação de quotas, entendia-se que cada um deles se obrigara pela metade (CC de 1916, art. 284). Falecendo um deles, o dote devia ser conferido no respectivo inventário, pela metade, pois, como já dissemos, dote de pai a filha era adiantamento da legítima, sendo sujeito à colação (CC de 1916, art. 1.171 — *Vide* arts. 544, 2.002 e 2.003 do novo CC). Esclarecia Washington de Barros Monteiro que, no que concerne ao dote instituído pelos genitores, a responsabilidade pela evicção era ampla; se o dote viesse a perder-se, o marido podia intentar ação de garantia cabível; se a sociedade conjugal se encontrasse dissolvida, cabia à mulher mover tal ação, pessoalmente, porque o dote era elemento integrante de seu patrimônio.

Se o dote fosse dado por terceiro, tinha-se uma autêntica doação, não podendo seu valor ser superior aos limites estabelecidos pelo art. 1.176 do Código Civil de 1916 (correspondente ao art. 549 do novo CC). Em regra, terceiro que constituía dote não respondia pela evicção, salvo se havia procedido de má-fé, mas poderia obrigar-se formal e expressamente por ela (CC de 1916, art. 285).

Ao se constituir o dote, permitia-se que se colocasse no pacto antenupcial *cláusula de reversão,* que estabelecia que os bens deveriam ser restituídos ao dotador com a dissolução da sociedade conjugal, hipótese em que a mulher teria propriedade restrita e resolúvel desse patrimônio. Orlando Gomes ponderava que a "existência da cláusula de reversão constitui obstáculo à constituição do dote com bens fungíveis ou consumíveis, mas a obrigação de restituir pode ser cumprida mediante a entrega de outros bens da mesma qualidade, ou de seu valor, uma vez que devem ser descritos e estimados. Assim ao lado do dote em espécie, admite-se o dote em quantidade". Porém, tal cláusula só tinha utilidade prática no caso de dote fornecido por terceiro. Isto porque se o dotador fosse o pai ou a mãe, só devia volver a quota do dote que excedesse a legítima. Dissolvida a sociedade conjugal por morte da mulher dotada, seus filhos ficavam com o dote; porém quando estes fossem chamados à sucessão do ascendente que o constituíra, tinham de proceder à sua colação (CC de 1916, art. 1.786). Se a mulher dotada não tivesse filhos, o patrimônio dotal passava ao seu ascendente, não em virtude da cláusula de reversão, mas devido ao direito hereditário. Se o casamento terminasse por separação judicial ou divórcio, a mulher conservaria os bens dotais, porque só no momento do óbito do ascendente dotador ela poderia saber qual a legítima que lhe cabia e se houvera ou não excesso na constituição do dote.

Washington de Barros Monteiro, seguindo a esteira de Clóvis Beviláqua, escrevia, com muita propriedade, que, uma vez estabelecido o regime dotal, os bens dos cônjuges, ante o art. 287 do Código Civil de 1916, podiam ser distribuídos em várias *classes*: *a*) os *bens dotais,* que pertencem exclusivamente à mulher, embora entregues à administração do marido; *b*) os *bens parafernais* (CC de 1916, art. 310), ou seja, os próprios da mulher, além dos objetivados no contrato dotal; *c*) os *bens comuns,* adquiridos por ambos os consortes, gratuita e onerosamente, na constância do casamento; *d*) os *bens particulares do marido,* que os havia trazido para o casamento gravados com a cláusula de incomunicabilidade. Portanto, quatro eram as *classes de bens* no regime dotal. Continuava esse eminente civilista: "se não houver estipulação em contrário no pacto dotal, todos os bens extradotais são comuns; na falta de estipulação em contrário, o regime matrimonial é o da comunhão, em que apenas se destacam os bens constituídos em dote, destinados a prover às necessidades da família. Comunicar-se-ão, de tal arte, todos os outros bens que cada cônjuge trouxer para o casamento, bem como os adquiridos na constância do casamento (excetuados, naturalmente, os particulares de cada cônjuge). Não é outro o sentido do art. 288 do Código Civil, que manda aplicar ao regime dotal, no tocante aos adquiridos, os mesmos princípios que regem a comunhão parcial, isto é, comunicação dos aquestos na constância do casamento, dos adquiridos por fato eventual, com o produto do trabalho de ambos os cônjuges etc.; só não se comunicam os bens provenientes de doação ou herança adquiridos na constância do casamento".

Havia *direitos e obrigações do marido* quanto ao dote.

O marido tinha o direito de administrar o patrimônio dotal, perceber seus frutos, usar das ações judiciais a que dessem lugar (CC de 1916, art. 289). A falência não atingia a administração dos bens dotais e dos particulares da mulher e dos filhos do devedor (Dec.-Lei n. 7.661/45, art. 42).

O direito de propriedade dos bens dotais era, em regra, da mulher, sendo seu marido mero usufrutuário especial. Quanto ao domínio dos bens dotais, distinguia-se conforme sua natureza: se imóveis, presumia-se não transferido o domínio, a menos que houvesse cláusula expressa em contrário; se se tratasse de móveis, presumida estaria tal transferência, salvo cláusula em contrário (CC de 1916, art. 290).

Sendo o dote, por sua própria destinação, temporário, subsistindo enquanto durasse o casamento, devia ser restituído pelo marido à mulher ou aos herdeiros desta, dentro de um mês a contar da dissolução do matrimônio, se não o pudesse ser imediatamente (CC de 1916, art. 300). Mas esse prazo poderia ser ampliado para 6 meses (CC de 1916, art. 301) para a entrega do valor, se o bem dotal fosse legalmente alienado, se outra coisa não se havia convencionado no pacto antenupcial, dado o princípio da liberdade das partes na constituição do regime matrimonial. Lembrava-nos Orlando Gomes que, como a obrigação de restituir não era imediatamente exigível, estabelecia a lei que os frutos dotais correspondentes ao ano durante o qual se vencesse fossem divididos entre os dois consortes ou entre um e os herdeiros do outro, proporcionalmente à duração do matrimônio.

A fim de garantir a restituição a lei outorgava à mulher hipoteca legal sobre os bens particulares do marido (CC de 1916, art. 827, I) e, na falta de bens imóveis para a hipoteca, concedia-se a estipulação de caução ou fiança (CC de 1916, art. 297).

A restituição operava-se conforme a natureza dos bens. Daí a razão da exigência da estimação do dote, para que o marido pudesse, dissolvida a sociedade conjugal, restituir o respectivo preço. Se se tratasse de dote de espécie, seriam restituídos os próprios bens, já que não se havia transferido o domínio ao marido, como acontecia com os bens móveis; o marido era devedor de seu preço e não dos bens em substância. No dote de quantidade, impossível se tornava a restituição em espécie. Se se tratasse, ensinava Orlando Gomes, de bens fungíveis, o marido restituiria o valor correspondente. Se alienáveis, o do preço da alienação. Se consumidos por uso ordinário, não teria de devolvê-los; se apenas deteriorados pelo uso, restituí-los-ia no estado em que se encontravam por ocasião da dissolução da sociedade conjugal.

Não respondia o marido pela perda ou deterioração ocasionada por caso fortuito ou força maior e tinha direito à indenização das benfeitorias necessárias e úteis.

Relativamente aos imóveis, como o domínio não era transferido ao marido, este devia devolvê-los *in natura* e não pela sua estimação. Se, porventura, a mulher mediante cláusula havia transferido também ao marido o domínio do imóvel, este poderia ser alienado, restringindo-se, dizia Washington de Barros Monteiro, à restituição do seu preço. Comentava, ainda, esse ilustre jurista que os imóveis dotais, em regra, não podiam ser alienados, sob pena de nulidade, salvo as seguintes exceções: *a*) se, de acordo, marido e mulher quisessem dotar suas filhas comuns; *b*) em caso de extrema necessidade, por faltarem outros recursos para a subsistência da família; *c*) nos casos de dívidas da mulher, anteriores ao casamento; *d*) para os reparos indispensáveis à conservação de outro imóvel dotal; *e*) quando se achassem indivisos com terceiros, e a divisão fosse impossível ou prejudicial; *f*) no caso de desapropriação por necessidade ou utilidade pública; *g*) quando estivessem situados em lugar distante do domicílio conjugal, e por isso fosse manifesta a conveniência de vendê-los (CC de 1916, art. 293). Nos três últimos casos o preço seria aplicado em outros bens, nos quais ficaria sub-rogado (CC de 1916, art. 293, parágrafo único, e Dec.-Lei n. 6.777/44).

Era ainda imprescindível a autorização judicial para a alienação e oneração dos imóveis dotais (CPC/73, arts. 1.112 a 1.119), exceto nas hipóteses de desapropriação ou de execução por dívidas da mulher, anteriores ao casamento, porque nesses casos a alienação era imposta por lei. Além disso exigia-se, para sua alienação, hasta pública, pois só poderiam ser vendidos em leilão, depois de anunciada a sua venda por editais. Dispensava-se tal formalidade nas desapropriações.

Se não fosse obtida a anuência judicial, essa venda seria nula, mediante ação, que prescrevia em 4 anos (CC de 1916, art. 178, § 9º, III), proposta pela mulher e seus herdeiros, respondendo, todavia, o marido pelas perdas e danos perante terceiros prejudicados, se não se especificasse no contrato a natureza dotal do imóvel vendido (CC de 1916, art. 296).

Cabia, como vimos, ao marido a *administração* dos bens dotais, mas se ele os administrasse mal, fazendo gastos imoderados, conduzindo desordenadamente os seus negócios, a lei autorizava que a mulher requeresse a *separação do dote,* ressalvando-se, porém, aos credores o direito de se oporem a essa separação, quando fraudulenta. A ação contra o marido era privativa da mulher; nem seus herdeiros nem o dotador podiam exercê-la. A separação se dava por decreto judicial, devendo ser a sentença, para produzir efeitos em relação a terceiros, averbada no Registro de Imóveis competente (Lei n. 6.015/73, art. 167, II, n. 9). Separado o dote, a mulher passava a administrá-lo, sem contudo poder aliená-lo, pois ele continuaria sujeito à obrigação de ser empregado para sua finalidade específica (*onera matrimonii*); logo, a mulher devia destinar seus rendimentos à finalidade particular de fazer frente aos encargos domésticos.

O regime dotal era um *transplante jurídico inadequado à cultura brasileira,* pois não teve a menor aceitação entre nós, diz Silvio Rodrigues, sendo nula sua repercussão em nossa vida. Com efeito, escrevia Washington de Barros Monteiro: "O regime dotal constitui em nosso direito positivo verdadeira superfetação, porque não entrou absolutamente em nossos hábitos e costumes... Sem nenhum inconveniente poderia tal capítulo ser cancelado do Código, que se despojaria de excrescência inteiramente inútil".

Deveras, o que se verificava era um desajustamento entre a realidade material dos fatos e a realidade formal das normas jurídicas. Isto porque a marcha de nossa legislação civil tem acompanhado em suas linhas gerais a evolução do direito alienígena, de modo que, no que dizia respeito ao dote, podemos afirmar, com justeza, que esse instituto era um exemplo de transplante jurídico inadequado à realidade nacional, sendo mais peculiar ao povo europeu, que tão largamente o aplica.

d.1.2. Doações antenupciais

Nada obsta (CC, arts. 546 e 1.668, IV) as doações recíprocas ou de um ao outro nubente ou por terceiro, mesmo feitas por pacto antenupcial, mediante escritura pública, desde que não excedam à metade dos bens do doador, com exceção dos casos de separação obrigatória de bens arrolados no art. 1.641 do Código Civil. Claro está que se o regime for o da comunhão os bens doados serão incomunicáveis (CC, art. 1.668, IV), pois caso contrário ociosa seria a doação[406]. Mas tal incomunicabilidade não se estenderá aos frutos, quando percebidos ou vencidos na constância do casamento (CC, art. 1.669)[407].

A eficácia das doações antenupciais subordina-se à realização de evento futuro e incerto, ou seja, do casamento, que funciona como condição suspensiva, uma vez que, em não se efetivando, não se tem liberalidade alguma, sendo, portanto, negócios jurídicos condicionais e solenes[408]. Perde a doação todo o valor se um dos nubentes falecer ou se casar com outra pessoa[409]. Claro é a respeito o disposto no art. 546 do Código Civil: "A doação feita em contemplação de casamento futuro com certa e determinada pessoa, quer pelos nubentes entre si, quer por terceiro a um deles, a ambos, ou

---

O assunto era bastante grave, pois isto traz, conforme lição de André Franco Montoro, "como consequência a ineficácia da norma transplantada, que permanece apenas como letra morta. A norma pode ter 'vigência' legal, mas não tem 'eficácia' real ou social, porque esta depende do comportamento dos membros da sociedade". Além disso, o que era muito mais grave, o transplante introduziria em nosso meio um elemento cujo sentido ou finalidade não corresponderia aos interesses nacionais.

É bom ressaltar que não se devem desprezar as contribuições alienígenas, mas recebê-las com espírito crítico, integrá-las em nosso meio, adaptando-as à realidade social e às condições existenciais da vida brasileira. Por isso andou bem o Código Civil atual em não contemplar o regime dotal, retirando-o do nosso ordenamento jurídico.

Sobre o regime dotal, *vide* Clóvis Beviláqua, *Código Civil comentado*, v. 2, p. 222; Pontes de Miranda, *Tratado de direito de família*, cit., v. 2, p. 293; Caio M. S. Pereira, op. cit., p. 158-64; Depenay, *Le régime dotal*, p. 199 e s.; Silvio Rodrigues, *Direito*, cit., p. 204; W. Barros Monteiro, op. cit., p. 180 e s.; Orlando Gomes, *Direito*, cit., p. 228-30; M. Helena Diniz, *Conceito de norma jurídica como problema de essência*, São Paulo, Revista dos Tribunais, 1977; Franco Montoro, Filosofia do direito e colonialismo cultural, in *Congresso Interamericano de Filosofia*, Brasília, 1972; Espínola, op. cit., n. 87, p. 350; Lafayette Rodrigues Pereira, op. cit., § 73; Ruggiero e Maroi, op. cit., v. 1, § 59.

406. W. Barros Monteiro, op. cit., p. 191. Sobre doação *causa mortis*: *RJ*, *130*:688.

407. Silvio Rodrigues, *Direito*, cit., p. 205; Cândido de Oliveira, op. cit., § 229.

408. Georgette N. Nazo, Doações antenupciais, in *Enciclopédia Saraiva do Direito*, v. 29, p. 186; Silvio Rodrigues, *Direito*, cit., p. 206.

409. Caio M. S. Pereira, op. cit., p. 166.

aos filhos que, de futuro, houverem um do outro, não pode ser impugnada por falta de aceitação, e só ficará sem efeito se o casamento não se realizar". Tal doação não precisa ser feita em pacto antenupcial, pode sê-lo por escritura pública se se referir a imóvel, por instrumento particular, se a bem móvel e até mesmo por via verbal, se relativa a coisa móvel de pouco valor, seguindo-lhe a tradição (CC, art. 541 e parágrafo único).

As doações antenupciais não precisam, para valer, de aceitação expressa do donatário, já que a própria realização do matrimônio implica aceitação e, consequentemente, como são feitas *propter nuptias,* não se revogam por ingratidão (CC, art. 564, IV)[410].

Georgette N. Nazo[411] observa que, se se trata "de doações com vistas ao casamento, há que se ter presente, por derradeiro, que este possa, de futuro, ser anulado. Nesta hipótese, tais doações seguirão o disposto nos arts. 221 e 223, II, do CC [de 1916]". Ou melhor: até o trânsito em julgado da decisão que decretou a nulidade ou a anulação de um casamento, todos os efeitos civis se produzem prevalecendo até aquela data o convencionado antes de sua celebração. Somente após o trânsito em julgado de semelhantes decisões é que cessam os efeitos do ajustado antes do que se desenrolou durante a vigência desse casamento. Proferida a decisão anulatória de um casamento, por culpa de um dos cônjuges, responderá o vencido pelas promessas feitas ao outro no contrato antenupcial.

Nosso diploma legal refere-se às doações antenupciais, mas também são lícitas as doações entre consortes, na constância do matrimônio, importando adiantamento do que lhe couber por herança (CC, arts. 544 e 1.845), salvo: se o regime de bens for o de separação obrigatória; se for de comunhão universal, por constituírem num único patrimônio os bens do marido e da mulher (CC, art. 1.829, I); e se prejudicar a legítima do herdeiro necessário[412] (CC, arts. 549, 1.845 e 1.846).

Nula será a doação entre cônjuges que se encontrem sob o regime de separação de bens obrigatório, embora essa nulidade não alcance a aquisição dos bens com o dinheiro doado, determinando apenas a reposição desse valor (*RF, 112*:460). E, se um dos consortes fizer ao outro doação ilegal e

---

410. Georgette N. Nazo, Doações, cit., p. 186.

411. Georgette N. Nazo, Doações, cit., p. 187. Os arts. 221 e 223, II, do Código Civil de 1916, correspondem aos dispositivos 1.561 e 1.564 do Código Civil de 2002.

412. Clóvis Beviláqua, *Código Civil comentado*, v. 2, art. 312; Caio M. S. Pereira, op. cit., p. 165.

depois confirmá-la por testamento, ter-se-á um legado, a descontar-se na meação disponível do testador (*RT, 174*:679)[413]. São válidas todas as doações nupciais feitas pelos pais aos filhos quando casarem ou estabelecerem economia separada (CC, art. 1.647, parágrafo único).

Outrora podia ocorrer que as doações, mesmo realizadas em convenção antenupcial, ficassem subordinadas não só à celebração do casamento, mas também à condição de valerem após a morte do doador (CC de 1916, art. 314; *RT, 114*:690); tratava-se das doações *causa mortis*. Se o donatário falecesse antes do doador, os bens doados aproveitariam aos filhos do donatário. Mas, se o doador sobrevivesse a todos os filhos do donatário, caducava a doação (CC de 1916, art. 314, parágrafo único), pois esta visava, exclusivamente, beneficiar a prole eventual do donatário[414]. Isto não é mais admitido, sendo consentâneo com o disposto no art. 426 do Código Civil que não pode ser objeto de contrato herança de pessoa viva, apesar de o art. 1.799, I, acatar a capacidade sucessória de prole eventual da pessoa indicada pelo testador. Aplaudimos o Código Civil atual nesse sentido, não mais admitindo esse tipo de doação *causa mortis*, diante do disposto no seu art. 1.655 de que é nula convenção que contrarie disposição absoluta de lei[415].

---

413. W. Barros Monteiro, op. cit., p. 192.

414. Silvio Rodrigues, *Direito*, cit., p. 207.

415. *A polêmica dos bens reservados da mulher no direito anterior:*

A Lei n. 4.121/62, com o escopo de assegurar à mulher casada, em qualquer regime matrimonial de bens, a formação de um patrimônio autônomo, criou a figura jurídica dos *bens reservados*. Diz Carbonnier que os bens reservados tinham condição jurídica especial, por ficarem submetidos à administração e ao gozo exclusivo da mulher casada, qualquer que fosse o regime de bens do casamento. Constituíam um patrimônio separado, pertencente à mulher, sendo, portanto, incomunicáveis, não se incorporando ao patrimônio do casal, passando, com o falecimento da mulher, aos seus herdeiros. Apesar de ter a mulher a livre disposição desses bens, os imóveis não podiam ser alienados sem autorização do marido (CC de 1916, art. 242, II e III).

A esse respeito prescrevia o Código Civil de 1916, art. 246, com a redação dada pela Lei n. 4.121/62: "A mulher que exercer profissão lucrativa, distinta da do marido, terá direito de praticar todos os atos inerentes ao seu exercício e à sua defesa. O produto do seu trabalho assim auferido e os bens com ele adquiridos constituem, salvo estipulação diversa em pacto antenupcial, bens reservados, dos quais poderá dispor livremente com observância, porém, do preceituado na parte final do art. 240 e nos ns. II e III do art. 242".

A existência de bens reservados da mulher requeria:

1) *O exercício de profissão lucrativa pela mulher,* separadamente do marido. Claro estava que o art. 246 do Código Civil de 1916, ao se referir à profissão *distinta,* não se ateve à *qualificação profissional,* que podia ser a mesma do marido, mas sim à exploração independente de um negócio, pessoalmente ou em seu nome, compreendidos

os lucros, instalações, créditos etc., ou seja, à atividade profissional independente em relação ao marido. Assim nada impedia, para que a mulher possuísse bens reservados, que ela exercesse, como seu marido, a medicina, em consultório ou especialidade diversa.

2) *A percepção de rendimento, provento ou salário* distinto do do marido, pois se trabalhassem com economia comum, associados na mesma profissão, os rendimentos também seriam comuns.

3) *A utilização ou investimento autônomo,* uma vez que se ambos os consortes colocassem suas economias num negócio comum, não haveria autonomia do patrimônio uxório, não se destacando os bens reservados.

4) *O regime de comunhão universal ou parcial,* caso em que os bens reservados constituiriam aquestos incomunicáveis, sobre os quais a mulher teria domínio exclusivo, uso, gozo, administração e disposição, não podendo apenas alienar ou gravar de ônus real os imóveis, sem outorga marital. Se o regime fosse o de separação de bens, os acervos patrimoniais eram incomunicáveis, de modo que a instituição dos bens reservados só funcionava se os cônjuges não estendessem esse regime, expressamente, aos aquestos.

Esse patrimônio autônomo da mulher constituía-se não só dos frutos de seu trabalho pelo exercício de uma profissão lucrativa, mas também dos aquestos obtidos com a aplicação das economias provenientes do produto de sua atividade profissional, bem como dos adquiridos em substituição indenizatória de bens reservados destruídos e dos resultantes de negócio jurídico a eles relativo, como a sua venda; portanto, tratava-se de bens reservados em virtude de sub-rogação. Entretanto, para que o imóvel adquirido pela mulher fosse considerado como bem reservado, era preciso que se declarasse no ato de aquisição que tinha essa natureza, para a competente averbação no Registro Imobiliário. Em se tratando de aquisição de bem móvel, a comprovação da reserva só podia ser feita havendo controvérsia, *a posteriori,* pelos meios de prova permitidos em direito, com exceção dos que pudessem ser individualizados, como, p. ex., um automóvel. Tal identificação dos bens que integravam o patrimônio reservado era de suma importância, não só porque a mulher tinha sobre eles a livre disposição, mas também porque respondiam pelas dívidas que contraísse por títulos de qualquer natureza, e precisavam ser destacados do patrimônio comum do casal, por ocasião da dissolução da sociedade conjugal.

Os bens reservados não respondiam pelas dívidas do marido, exceto as contraídas em benefício da família (CC de 1916, art. 246, parágrafo único; *RT, 390*:231). Os bens reservados podem ser penhorados se a mulher for acionada por débitos pessoais, sendo permitido ao marido opor-se, provando a existência de acervo autônomo de sua esposa, a que respondam os bens comuns.

Pelo art. 241 do Código Civil de 1916, o marido poderia recobrar da mulher as despesas que teve com a defesa dos bens e direitos particulares desta.

Com a entrada em vigor da CF/88, art. 226, § 5º, muitos doutrinadores e até mesmo a jurisprudência passaram a entender que o art. 246 do Código Civil de 1916 estaria revogado, visto que os direitos e deveres referentes à sociedade conjugal são exercidos igualmente pelo marido e pela mulher; logo, por ferir o princípio da isonomia não foi recepcionado pela Carta Magna. Ora, pareceu-nos que o referido comando constitucional não está igualando os cônjuges nos direitos, mas no exercício dos mesmos. Assim sendo, se o art. 226, § 5º, da CF e o art. 246 do CC de 1916, por fazer menção a um direito exclusivo da mulher, são *normas especiais* e, por isso, não estariam ferindo o princípio da isonomia, que abrange o da especialidade, ao enunciar que se deve tratar desigualmente os desiguais, logo os bens adquiridos pela mulher com o produto de seu trabalho, salvo estipulação expressa no pacto antenupcial, pertenciam a ela, excluindo-se do regime de comunhão (CC de 1916, art. 263, XII). O Tribunal de Justiça de São Paulo (*RJTJSP, 166*:160) entendeu que não. Como não se podia dar direito semelhante ao marido, aplicou, analogicamente, as normas alusivas aos bens reservados ao casal separado de fato, para que não se comunicassem os bens adquiridos individualmente e com o esforço próprio pelos cônjuges. Ora, se foi revogado o instituto, como se pôde estendê-lo também ao marido, separado de fato para evitar enriquecimento ilícito?

Muitas dúvidas surgiram, exigindo uma nova norma que as solucionasse. Com o novel Código Civil, desaparece o instituto por imposição legal.

O Código Civil de 2002 (arts. 1.668, V, 1.659, VI, e 1.669) não se refere aos bens reservados da mulher, isto é, ao fato de que o produto de seu trabalho seja, por força de lei, incomunicável, no regime de comunhão, preferindo uma solução intermediária, pois tudo o que o cônjuge obtiver com seu trabalho é de sua propriedade, mas os bens havidos com a aplicação de seus vencimentos tornar-se-ão comuns. Para caracterizar-se como bem reservado será necessária estipulação expressa no pacto antenupcial.

Vide Carbonnier, op. cit., p. 374; Silvio Rodrigues, *Direito,* cit., p. 163; BGB, art. 1.367, e Código suíço, art. 191.3; Enneccerus, Kipp e Wolff, op. cit., v. 1, p. 335; Orlando Gomes, *Direito,* cit., p. 208 a 210; Vicente Ráo, *Direito da mulher casada sobre o produto de seu trabalho,* p. 27; Caio M. S. Pereira, op. cit., p. 133 e 134; Milton Fernandes, A família na Constituição de 1988, *RT, 654*:16; Natal Nader, O direito de família na Constituição de 1988, *RF, 305*:343; *BAASP, 1.856*:85; *RT, 704*:8, *674*:111, *668*:99; *RJ, 169*:78; *RJTJSP, 150*:195.

Sobre bens reservados, *RT, 526*:192; *Ciência Jurídica, 74*:98, *61*:122 e *54*:140. Até mesmo já houve quem estendesse o princípio da reserva de bens em favor dos homens: *Rev. Jur., 169*:78: "Face a igualdade existente entre homem e mulher em direitos e obrigações referentes à sociedade conjugal, instituída pela Lei Maior, é inegável que o item XII do art. 263 do Código Civil de 1916 se aplica tanto em favor da mulher como do homem, permitindo que os bens por este adquiridos, exclusivamente com seu esforço, sejam considerados reservados, excluídos da partilha no caso de separação ou divórcio" (Ap. Cív. 83.310/1 — Juiz de Fora, Rel. Des. Lúcio Urbano). *Vide* o que dizemos nas p. 18 a 21 deste volume sobre o art. 226, § 5º, da CF/88 e a reserva de bens; opinião contrária à nossa era a de Marcelo Ribeiro de Oliveira, Os bens reservados e a Constituição de 1988, *JB, 167*:45-48. W. Barros Monteiro, op. cit., p. 164. *RT, 455*:227, *390*:231. "Para que um imóvel seja considerado bem reservado do cônjuge mulher, sob regime de comunhão de bens, na ausência de tal condição no título aquisitivo, é necessária a plena demonstração de que a compra tenha sido realizada com o produto exclusivo de seu trabalho" (TJSP, *Adcoas,* 1982, n. 83.173). *Vide Ciência Jurídica, 74*:98. Após o advento da Constituição Federal de 1988, entendeu-se que o art. 246 do Código Civil de 1916 não foi por ela recepcionado, ante o fato de a norma constitucional (art. 226, § 5º) ter revogado todos os privilégios da mulher casada, colocando-a em pé de igualdade com o marido (TJDF, AC 50.424/98, j. 4-8-1999). Já se decidiu pela inadmissibilidade do bem reservado, como se pode ver pela seguinte ementa: "Bem reservado — Casamento celebrado sob a égide da Constitui-

d.1.3. Administração da sociedade conjugal

Compete aos cônjuges, durante a constância do casamento, administrar os bens comuns e certos bens particulares (CC, art. 1.642, II), em virtude do regime matrimonial adotado ou de pacto antenupcial (CC, art. 1.567). Cabe-lhes, portanto, gerir o patrimônio comum do casal, bem como os incomunicáveis. Assim, p. ex., se o regime for o da comunhão universal, ambos poderão gerir o patrimônio comum; se for o da separação absoluta, cada um responderá pela gestão do que é seu. Como a relação conjugal é pautada pelo dever de mútua assistência, ocorrendo incapacidade ou impedimento de um deles, tornando impossível o exercício da administração patrimonial, conforme o disposto em lei para cada regime de bens, o outro assumirá sozinho tal gestão. E, assim, se um deles não puder exercer a administração dos bens que, segundo o regime de bens, lhe incumbir, o outro poderá: gerir os bens comuns e os do consorte, praticando atos de mera administração, e alienar os bens móveis comuns (JTJ, *191*:147), e somente com autorização judicial poderá alienar os imóveis comuns e os móveis ou imóveis do consorte (CC, art. 1.651)[416].

O cônjuge, se o regime não for o da separação de bens, pode praticar todos os atos de mera administração, excluídos apenas os de alienação e disposição de bens imóveis[417] (CC, art. 1.647).

Casos há em que um dos consortes assume sozinho a direção da sociedade conjugal, passando a ter a administração do casal. Tal ocorre quando o outro (CC, art. 1.570):

ção Federal de 1988 — Inadmissibilidade — Inteligência do art. 246 do Código Civil [de 1916] em face da regra hospedada no art. 226, § 5º, da Carta Política. Se o casamento foi celebrado sob a égide da Constituição Federal de 5 de outubro de 1988 não há que se falar em reserva de bem adquirido na sua constância, eis que o art. 246 do Código Civil [de 1916] há de ceder em face da regra hospedada no art. 226, § 5º, da Carta Política vigente" (TJDF, 5ª TC, Ac. 91.383, Rel. Des. Romão C. Oliveira, *DJ*, 17-2-1997, p. 1700). É o que nos ensina Clóvis Couto e Silva na Exposição de Motivos do Projeto do Código Civil (atual CC).

416. Bassil Dower, op. cit., p. 105.

417. W. Barros Monteiro, op. cit., p. 118. Pelo Código Civil, arts. 1.567 a 1.570, ambos os cônjuges deverão administrar os bens. No regime de comunhão parcial e universal (arts. 1.658 a 1.671) a administração do patrimônio comum compete a qualquer dos cônjuges e a do particular compete ao consorte proprietário, salvo disposição contrária no pacto antenupcial. No regime de participação final nos aquestos, cada cônjuge administra seus próprios bens e os poderá livremente alienar, se forem móveis (art. 1.673, parágrafo único). No regime de separação de bens, estes permanecerão sob a administração exclusiva de cada um dos cônjuges, que os poderá livremente alienar, hipotecar, gravar de ônus real, sejam móveis ou imóveis (arts. 1.647, 1.687 e 1.688).

1) Estiver em lugar remoto ou não sabido, independentemente de instauração do processo de ausência, previsto no art. 22 do Código Civil (*RT, 281*:385, *390*:148).

2) Recolher-se à prisão por mais de 180 dias, em virtude de sentença condenatória. Cabe aqui uma observação: cumprida a pena, recupera o cônjuge a posição primitiva, salvo em razão de motivo justo e grave, p. ex., se foi condenado por lenocínio contra a mulher, caso em que perderá permanentemente a autoridade marital[418].

3) For declarado, judicialmente, interdito, por doença mental ou acidente, que o privou episodicamente da consciência, caso em que o outro passa a ter a função de curador do incapaz (CC, art. 1.775), investindo-se, nessa qualidade, na gestão da sociedade doméstica[419].

Ocorrendo uma dessas hipóteses excepcionais, compete ao outro cônjuge assumir a direção e administração do casal, substituindo, automaticamente, seu marido ou sua mulher, de preferência a um estranho, para que não haja solução de continuidade no governo da família, sem restrição em sua capacidade, salvo intervenção de curador à lide e do representante do Ministério Público[420]. Incumbe-lhe, então (CC, art. 1.651, I, II e III), administrar os bens comuns e os do consorte; dispor dos particulares e alienar os móveis comuns. Todavia, só poderá alienar os imóveis comuns e os móveis ou imóveis do cônjuge, mediante autorização especial do juiz. Exerce, ainda, sozinho o poder familiar[421], passando, portanto, de cooperador do consorte a administrador do casal, ou seja, à chefia da família[422].

E, pelo art. 1.652, I, II e III, do Código Civil, o cônjuge que estiver na posse dos bens particulares do outro será para com este e seus herdeiros responsável: como usufrutuário, se o rendimento for comum em virtude do regime de bens, como o da comunhão parcial, devendo zelar, nessa qualidade, pela conservação da coisa frutuária, dela retirando os frutos que lhe pertencem, entregando o remanescente a quem de direito; como procurador, se tiver mandato expresso ou tácito para os administrar, devendo prestar contas e responder pelas perdas e danos, que vier a causar; e como deposi-

418. W. Barros Monteiro, op. cit., p. 139.
419. W. Barros Monteiro, op. cit., p. 139.
420. *RT, 290*:594; *RF, 154*:270; W. Barros Monteiro, op. cit., p. 140.
421. *Vide* Caio M. S. Pereira, op. cit., p. 176.
422. Carbonnier, op. cit., v. 2, p. 76; Matiello, *Código*, cit., p. 1080-81.

tário se não for usufrutuário, nem administrador, caso em que tem a incumbência de zelar pelo bom estado dos bens, não podendo usá-los, nem deles retirar frutos, tendo, então, de devolver os bens quando reclamados pelo consorte, com todos os frutos e acrescidos, respondendo, ainda, pelos danos que vier a causar, por negligência, na sua conservação.

Realmente, tanto o marido como a mulher passaram a ter o dever de velar pela direção material da família (CC, art. 1.565). Qualquer deles está autorizado a promover a anulação dos atos que o outro praticar (CC, arts. 1.649 e 1.650), abusando ou desviando-se do seu poder de administrar (*RT, 414*:134); podendo, portanto, recorrer à justiça contra a administração ruinosa do seu consorte e obter que ele seja privado do seu exercício[423]. Portanto, qualquer dos cônjuges poderá livremente promover os meios assecuratórios e as ações para defender bens da má administração do outro. Logo, não precisará de autorização marital ou uxória para recorrer aos meios processuais destinados a defender seus interesses contra ato praticado em seu prejuízo. Se o ato praticado por um deles for anulável em razão da falta de autorização marital ou uxória, não suprida pelo juiz, o outro poderá pleitear a anulação, até dois anos depois do término da sociedade conjugal. Mas, se o aprovar, validará o ato, desde que tal aprovação se faça por instrumento autenticado, seja ele público ou privado (CC, art. 1.649, parágrafo único). Urge lembrar, ainda, que a decretação de invalidade dos atos praticados sem outorga, sem consentimento ou sem suprimento judicial somente poderá ser demandada pelo cônjuge a quem cabia concedê-la, ou, se já falecido, por seus herdeiros (CC, art. 1.650) porque estão investidos da titularidade do acervo hereditário.

d.1.4. Preservação do patrimônio familiar

d.1.4.1. Restrições à liberdade de ação dos cônjuges

Nosso Código Civil estabelece limitações ao poder de administração dos cônjuges, pois, embora tenham a direção da sociedade conjugal (CC, arts. 1.565 e 1.567), para praticar certos atos de conteúdo patrimonial, necessitam de outorga do outro, sem a qual não se encontrará legitimado para efetivá-los. O objetivo do nosso diploma legal foi assegurar não só a harmonia e segurança da vida conjugal, mas também preservar o patrimônio familiar, forçando os consortes a manter o acervo familiar, porque a renda para ma-

423. Orlando Gomes, *Direito*, cit., p. 160.

nutenção da família, geralmente, advém desse, e, assim, evita-se a dissipação, garantindo, consequentemente, uma certa receita[424].

No interesse da família, a fim de que não se comprometa a estabilidade econômica do lar[425], exceto no regime de separação absoluta (convencional ou obrigatória) de bens, tanto o marido como a mulher, sem a devida autorização, não podem:

1) *Alienar, onerosa ou gratuitamente, ou gravar de ônus real os bens imóveis* (art. 1.647, I), isto porque "os imóveis podem oferecer uma base mais segura ao bem-estar da família ou, pelo menos, lhe proporcionarão um abrigo na desventura"[426]. Quanto aos bens móveis comuns, o marido ou a mulher podem aliená-los sem consultar um ao outro (CC, art. 1.651, II). Mas se um deles não puder exercer a administração dos seus bens particulares (móveis ou imóveis), o outro poderá vendê-los apenas mediante autorização judicial (CC, art. 1.651, III, 2ª parte). Se um dos cônjuges for o administrador, em

---

424. Silvio Rodrigues, *Direito*, cit., p. 142-3 e 153-4; Bassil Dower, op. cit., p. 105; Mª Rita A. da G. L. Xavier, *Limites à autonomia privada na disciplina das relações patrimoniais entre cônjuges*, Coimbra, Almedina, 2000.

425. W. Barros Monteiro, op. cit., p. 120; Marilene Silveira Guimarães, A necessidade de outorga para alienação de bens imóveis no casamento e na união estável, segundo o Código Civil de 2002, in *Novo Código Civil — questões controvertidas*, cit., v. 2, 2004, p. 283-302.

Observa Regina Beatriz Tavares da Silva (*Código Civil comentado*, São Paulo, Saraiva, 2011, p. 1649) que: "O Superior Tribunal de Justiça já entendeu que, no caso do regime legal ou obrigatório da separação de bens, não está dispensada a outorga uxória para a prática dos atos indicados no art. 1.647 do Código Civil. O entendimento é de que, por força da Súmula n. 377/STF ('No regime de separação legal de bens, comunicam-se os adquiridos na constância do casamento'), possuem os cônjuges casados pela separação obrigatória de bens o interesse pelos bens adquiridos onerosamente ao longo do casamento. Nosso entendimento, contudo, é que o regime obrigatório da separação de bens tem relevante papel social e, por isso, não deve ter os mesmos efeitos do regime da comunhão parcial de bens, inclusive em respeito aos precedentes da Súmula 377/STF".

426. "Não tem o marido legitimidade para recorrer da decisão homologatória de acordo quanto à rescisão de promessa de compra e venda firmado pela sua esposa e terceiro, dado que se trata de litígio concernente a direitos pessoais quando o casamento foi celebrado em regime de separação de bens" (*JB*, *156*:112). "No regime da comunhão parcial de bens é sempre indispensável a autorização do cônjuge, ou seu suprimento judicial, para atos de disposição sobre bens imóveis" (Enunciado n. 340 do CJF, aprovado na IV Jornada de Direito Civil). Clóvis Beviláqua, *Código Civil comentado*, cit., obs. 1 ao art. 235 do CC de 1916. O penhor agrícola e o pecuário independem de outorga uxória ou marital (Lei n. 492/37, art. 11, parágrafo único; CC, arts. 1.438 e s.), o mesmo ocorrendo com a emissão e o endosso de cédula hipotecária (Dec.-Lei n. 70/66, art. 17, § 2º).

Consulte: Ricardo G. Kollet, A outorga conjugal nos atos de alienação ou oneração de bens imóveis, *Revista Síntese — Direito de Família*, *99*:123-126.

razão de impossibilidade do outro, os imóveis comuns somente poderão ser alienados se o órgão judicante o autorizar (CC, art. 1.651, III, 1ª parte).

Anulável será a alienação de imóvel, durante a vigência do casamento, sem o devido assentimento (*RT, 239*:495), seja ele pertencente ao casal ou a um dos consortes (*RT, 306*:771). Nula será qualquer cláusula inserta em pacto antenupcial que dispense a intervenção da mulher nos atos de alienação de imóvel da propriedade do marido (*RT, 166*:646). Igualmente, convém que os compromissos de compra e venda de imóvel feitos por um dos cônjuges sejam acompanhados do consentimento do outro (*RT, 455*:73, *476*:103, *494*:138).

Dispensa-se a intervenção da mulher se se tratar de venda de bens pertencentes à firma de que faça parte o marido (*RT, 135*:437). O art. 978 do Código Civil reza, ainda, que: "o empresário casado pode, sem necessidade de outorga conjugal, qualquer que seja o regime de bens, alienar os imóveis que integrem o patrimônio da empresa ou gravá-los de ônus real".

E, se o regime for o de participação final nos aquestos, havendo menção expressa no pacto antenupcial, qualquer um dos cônjuges poderá alienar, sem a outorga do outro, imóvel de sua propriedade (CC, art. 1.656).

Se o imóvel pertence ao espólio e vai ser alienado para solução do passivo, embora casado o inventariante, que é herdeiro único, prescinde-se da intervenção de sua esposa (*RT, 110*:65)[427].

Mas, pelo art. 73-A da Lei n. 11.977/2009, com a alteração da Lei n. 12.693/2012, excetuados os casos que envolvam recursos do FGTS, os contratos em que o beneficiário final seja a mulher chefe de família, no âmbito do PMCMV, ou em programas de regularização fundiária de interesse social promovidos pela União, Estados, Distrito Federal ou Municípios, poderão ser firmados independentemente da outorga do cônjuge, afastando o disposto nos arts. 1.647 a 1.649 do Código Civil, permitindo não só assento no Registro de Imóveis, sem a exigência de documentos relativos a eventual cônjuge, como também a resolução em perdas e danos dos prejuízos sofridos pelo cônjuge oriundos da aplicação deste dispositivo legal.

2) *Pleitear, como autor ou réu, acerca de bens ou direitos imobiliários* (CC, art. 1.647, II; CPC, arts. 73, § 1º, IV e § 2º; *RT, 505*:237). Para propor ação o

427. W. Barros Monteiro, op. cit., p. 121-2. Pelo art. 499 do Código Civil é lícita a compra e venda entre cônjuges, com relação a bens excluídos da comunhão, e pelo art. 533, I, será anulável a troca de valores desiguais entre ascendentes e descendentes, sem o consenso dos demais descendentes e do cônjuge do alienante.

consorte deve conseguir a anuência do outro, mediante procuração, e, se for chamado a juízo para litigar sobre tais bens ou direitos imobiliários, não basta sua citação, imprescindível, sob pena de anulabilidade (*RT, 187*:678) do processo, que o outro seja também citado. Convém que ambos os cônjuges sejam chamados a juízo para fazer valer seus direitos reais, porque a sentença proferida poderá importar perda de domínio. Se se tratar de desapropriação por utilidade pública (Dec.-Lei n. 3.365/41, art. 16), ou de executivo fiscal (Lei n. 6.830/80, art. 12, § 2º), a citação do marido dispensa a da mulher, mas, em se tratando de penhora que recaia sobre bem imóvel, o outro cônjuge precisa ser cientificado através de intimação. Washington de Barros Monteiro entende ser dispensável a outorga do outro consorte se a ação é de índole pessoal, embora relativa a imóveis, como a de: despejo (*RT, 235*:442); consignação em pagamento, renovatória de contrato de locação; imissão de posse, executivo hipotecário (*RT, 297*:289); cobrança de aluguéis atrasados. Se assim é, o locador poderá acionar apenas o cônjuge, que, no contrato *ex locato*, figurar como inquilino, pedindo, p. ex., retomada do imóvel alugado. Inútil é essa autorização em ações estritamente pessoais, como investigação de paternidade e indenização por ato ilícito (*RT, 306*:228)[428].

3) *Prestar fiança ou aval* (CC, art. 1.647, III), pois anulável será o que foi prestado sem o consentimento do cônjuge, por ser suscetível de colocar em risco os bens da família. Convém lembrar que a Súmula 549 do STJ estabelece, ainda, que: "É válida a penhora de bem de família pertencente a fiador de contrato de locação". Só tem legitimação para propor ação anulatória o consorte prejudicado que não deu aquela autorização ou seus herdeiros. Pelo STJ, Súm. 332: "A fiança prestada sem autorização de um dos cônjuges implica a ineficácia total da garantia". A fiança (*RT, 806*:213, *803*:266, *799*:387, *779*:320), ou aval (*RT, 799*:320, *784*:301, *733*:261, *718*:179, *721*:185), prestado por um dos cônjuges sem a outorga do outro (*RT, 757*:122, *749*:324, *717*:189), é anulável e acarreta responsabilidade pessoal do faltoso, pois os bens comuns, segundo alguns autores, não respondem

428. Orlando Gomes, *Direito*, cit., p. 164; W. Barros Monteiro, op. cit., p. 123; Código de Processo Penal, art. 35. A pessoa casada que queira propor ação possessória deve obter anuência do outro cônjuge (*RT, 491*:71); em contrário: *RT, 468*:83, *518*:107 e *JTACSP, 79*:233. A Turma reafirmou, de acordo com a jurisprudência firmada, que, na penhora sobre bem imóvel do casal, é imprescindível a intimação de ambos os cônjuges; sua ausência gera nulidade. Precedentes citados: REsp 470.878-RS, *DJ*, 1º-9-2003; REsp 256.187-SP, *DJ*, 7-11-2005; REsp 252.854-RJ, *DJ*, 11-9-2000; REsp 44.459-GO, *DJ*, 2-5-1994, e REsp 706.284-RS, *DJ*, 10-10-2005 (STJ, REsp 685.714-RO, rel. Min. Carlos Alberto Menezes Direito, j. 21-11-2006).

pelo seu montante, só podendo o cônjuge fiador contar com sua meação depois de terminada a sociedade conjugal, devendo, então, responder com seus bens particulares. Esta disposição do Código Civil merece encômios, por parte de alguns juristas, por incluir o aval, pois, como o Código Civil de 1916 (art. 235, III) somente fizesse menção à fiança civil ou comercial, Orlando Gomes entendia ser inócua essa proibição, sob o prisma prático, porque não se estendia ao aval garantia especial dos títulos cambiais, cujas consequências eram bem mais graves[429]. O marido podia avalizar títulos sem o assentimento da consorte, desfalcando o patrimônio comum (*RT, 567*:126, *235*:484), ressalvando-se o disposto no art. 3º da Lei n. 4.121/62. Hodiernamente, tanto a fiança (*RT, 689*:234) como o aval requerem outorga do consorte, se prestados pelo outro, sob pena de nulidade relativa do negócio jurídico. Sem embargo, na Jornada de Direito Civil levada a efeito pelo Conselho da Justiça Federal, em Brasília, no período de 11 a 13 de setembro de 2002, foi, por unanimidade, aprovado o Enunciado n. 114: "O aval não pode ser anulado por falta de vênia conjugal, de modo que o inciso III do artigo 1.647 apenas caracteriza a inoponibilidade do título ao cônjuge que não assentiu" (nesse sentido: TJSP, Ap. Cív. 7.151.638-2, rel. Irineu Fava,

429. Orlando Gomes, *Direito*, cit., p. 164; Caio M. S. Pereira, op. cit., p. 123; W. Barros Monteiro, op. cit., p. 125; Marcello P. Iacomini, O desaparecimento do aval, *Tribuna do Direito*, maio 2004, p. 27; Aclibes Burgarelli, O aval no direito de família?, in *Contribuições ao estudo do novo direito civil* (org. Paschoal e Simão), Campinas, Millennium, 2003, p. 295-99; Decreto n. 2.044, de 1908, art. 42; *RT, 518*:225, *527*:229, *530*:133. "Recaindo a penhora sobre bem de raiz, a intimação do cônjuge, ressalvada a hipótese de comparecimento espontâneo, é imprescindível, sob pena de anular-se a execução a partir da penhora, exclusive" (STJ, REsp 454, *JB, 52*:202). Pelo STJ, Súmula 134: "Embora intimado da penhora em imóvel do casal, o cônjuge do executado pode opor embargos de terceiro para defesa de sua meação". É inválida fiança prestada por cônjuge, em contrato de locação, sem anuência do outro (STJ, 5ª Turma, REsp 860795). Esclarece Fábio Ulhoa Coelho (*Curso*, cit., v. 5, p. 68-9) que fiança e aval são garantias fidejussórias. A *fiança* corresponde a contrato gratuito, em que o fiador assume, perante credor, a obrigação de pagar o devido pelo afiançado, caso não venha a entregar a prestação a que se obrigou. O *aval* é ato cambiário pelo qual o avalista se obriga a pagar título de crédito em favor de outro obrigado, que é o avalizado.

Já se decidiu que: "não se pode conferir, ao cônjuge que concedeu a referida garantia fidejussória (fiança) sem a outorga uxória, legitimidade para arguir a sua invalidade, permitindo apenas ao outro cônjuge que a suscite, nos termos do art. 1.650 do atual Código Civil" (STJ, REsp 832.669/SP, rel. Min. Maria Thereza de Assis Moura, 6ª T., j. 17-5-2007, *DJ*, 4-6-2007, p. 437).

Bol. AASP, 2.817: Fiança — Ausência de outorga uxória — Nulidade total da garantia — Configuração. Considerando que a finalidade da outorga uxória é a preservação da estabilidade financeira da família, é nula a fiança prestada por um cônjuge sem a participação do outro. Apelação provida, com observação.

j. 3-10-2007; TJRS, AI 70.020.350.492, 12ª Câm. Cível, rel. Helmann Júnior, j. 28-6-2007). E há, ainda, quem ache, como Iacomini, que, sendo o aval uma declaração unilateral de garantia, aposta no título de crédito para que não perca sua circulabilidade, a autorização de cônjuge, para a validade do aval, dificultará a livre transmissão da cambial, gerando um novo aval, que aumentaria os riscos para o credor, que, então, para garantir seu crédito, procurará outras alternativas, como elevação da taxa de juros, como já observaram Rachel Sztajn e Haroldo M. D. Verçosa (*RDM, 128*:33). Diante disso, propõe Iacomini que só se poderia exigir a necessidade da outorga conjugal para os títulos de créditos atípicos (CC, arts. 887 e s.), dela liberando os previstos em leis especiais (cheque, duplicata etc.), tendo-se em vista, como nos ensina Norberto Bobbio, que *lex posterior generalis* (CC) *non derogat priori specialis* (normas cambiárias).

E o Projeto de Lei n. 7.312/2002 (apensado ao PL n. 6.960/2002 — atual PL n. 699/2011), por sua vez, pretende excluir, do inciso III do art. 1.647, o aval, entendendo que não requer o consenso do outro cônjuge para ser prestado.

4) *Fazer doação, não sendo remuneratória, de bens comuns ou dos que possam integrar futura meação* (CC, art. 1.647, IV). Logo, não se proíbe que um dos cônjuges faça, sem anuência do outro:

a) doações remuneratórias de bens móveis, uma vez que objetivam pagar um serviço recebido, não constituindo propriamente liberalidades;

b) doações módicas ou de pequeno valor, por não prejudicarem o patrimônio da família e por não integrarem a futura meação;

c) doações *propter nuptias* de bens móveis, ou, até mesmo, de imóveis, como admitem alguns autores, feitas às filhas e filhos por ocasião de seu casamento, ou para que possam estabelecer-se com economia separada (CC, art. 1.647, parágrafo único)[430], devendo tais bens doados sair da meação do doador, não ultrapassando o que poderia livremente dispor por ato de última vontade, sob pena de inoficiosidade.

5) Além disso a Lei n. 8.245/91, que regula a locação predial urbana, exige, no art. 3º, a vênia conjugal se o contrato, feito pelo outro consorte, que é o locador, se prolongar por prazo igual ou superior a dez anos. Isto é assim, pois, em razão da longa duração do contrato, poderá causar dano ao patrimônio da família do locador. A Lei do Inquilinato é norma especial, e além disso o art. 2.036 (norma de ordem pública e norma especial) do Có-

430. João Luis Alves, *Código Civil*, v. 1, p. 266; Matiello, *Código*, cit., p. 1078; *Adcoas*, 1980, n. 73.011, TJRJ.

digo Civil prescreve que a disciplina jurídica da locação predial urbana continua sendo a da Lei n. 8.245/91. Logo, o art. 3º da mencionada norma, por ser especial, prevalecerá sobre o Código Civil (norma geral), art. 1.647, I, que permite alienação e hipoteca de imóvel sem que seja necessária a outorga uxória ou marital, se o regime for o da separação total de bens[431].

Outrora, havia uma restrição que alcançava apenas a mulher; tratava-se da que a proibia de contrair obrigações que pudessem importar em alheação dos bens do casal. Essa proibição não atingia o marido porque era ele quem administrava os bens do casal e porque a sua atividade profissional fora do lar implicava, obviamente, a obtenção de crédito, sendo, por isso, bastante constrangedor forçá-lo a conseguir a outorga uxória toda vez que tivesse de assinar um contrato de abertura de crédito, aceitar uma letra de câmbio, emitir uma duplicata ou nota promissória. Todavia, se a mulher exercia profissão lucrativa, diversa da do marido, tinha direito de praticar todos os atos inerentes ao exercício e defesa de seu trabalho, não a abrangendo, então, aquela proibição (CC de 1916, art. 246). O disposto no art. 242, IV, do Código Civil de 1916 vinha perdendo sua importância ante o art. 3º da Lei n. 4.121/62, que prescrevia que os bens da mulher não respondiam pelos débitos do marido e vice-versa[432].

A autorização de um cônjuge a outro, para a prática dos atos mencionados no art. 1.647 do atual Código Civil, deve ser escrita e expressa. Se se referir a bens imóveis (CC, art. 108) deverá constar de instrumento público. Se se tratar de bens imóveis de valor superior a 30 vezes o maior salário mínimo vigente no País, ou de móveis, bastará que seja dada por instrumento particular, com assinatura autenticada. A autorização deve, pondera Orlando Gomes, indicar a natureza, o objeto e o número dos atos consentidos, sendo necessária tal especificação porque se a anuência for genérica será ilusória a proteção ao patrimônio, embora possa ser concedida para a prática de ato deixado a critério do consorte: alienação, hipoteca, venda de um bem ou de outro etc.[433]. Essa autorização pode ser geral ou especial. Será geral quando, por escritura pública, o cônjuge declarar que o outro está autorizado a alienar bens imóveis de sua propriedade, dando, naquele instrumento,

---

431. Todavia, alguns autores entendem que, pela análise do art. 1.647, I, do Código Civil e do art. 3º da Lei n. 8.245/91, a outorga conjugal, em caso de locação predial urbana por prazo igual ou superior a dez anos, somente estará dispensada se o locador for casado sob o regime de separação absoluta de bens (convencional ou obrigatório).

432. Silvio Rodrigues, *Direito*, cit., p. 154-5.

433. Clóvis Beviláqua, *Código Civil comentado*, cit., obs. ao art. 243; W. Barros Monteiro, op. cit., p. 126; Orlando Gomes, *Direito*, cit., p. 163.

procuração com poderes bastantes. Será especial se apenas consentir que o outro consorte emita, em favor do credor, uma nota promissória[434].

Prevalece a esse respeito o art. 220 do Código Civil, que reza: "A anuência ou a autorização de outrem, necessária à validade de um ato, provar-se-á do mesmo modo que este, e constará, sempre que se possa, do próprio instrumento".

A autorização deve preceder o ato; nada impede que seja dada no momento em que o ato vai ser praticado, se, p. ex., o consorte que a dará participar do ato, mas, se for dada posteriormente, revalida o negócio, desde que tal aprovação ou ratificação seja provada por instrumento público ou particular devidamente autenticado (CC, art. 1.649, parágrafo único). Essa ratificação poderá dar-se antes da anulação do ato negocial por sentença transitada em julgado e antes do decurso do prazo decadencial de dois anos, contado do término da sociedade conjugal, para sua anulação (CC, art. 1.649, *caput*), pois nesta última hipótese, seria desnecessária, visto que o negócio, ante a inércia do consorte prejudicado ou de seus herdeiros, revalidar-se-ia, passando, então, a irradiar efeitos jurídicos. Igualmente, prescreve os arts. 351 e 352 do Código de Processo Civil que, se se tratar de demanda proposta por um cônjuge sem o assentimento do outro, o suprimento deste, mesmo subsequente, revalida o processo.

Pode o cônjuge negar autorização se se apresentar alguma razão plausível. Entretanto, o consorte que praticou o ato, p. ex., com o escopo de obter recursos para pagar tratamento médico pode recorrer ao magistrado contra a denegação injusta da outorga, pedindo o suprimento da autorização. Se houve abuso no direito de não autorizar, o juiz concede o suprimento judicial, por não haver qualquer motivo justo que a justifique. Caberá ao magistrado, nos casos do art. 1.647, suprir a outorga, quando um dos cônjuges a denegar sem razão justa, ou lhe for impossível concedê-la (CC, art. 1.648), por estar, p. ex., doente mentalmente, viajando etc.

Quando um dos consortes denegar injustificadamente a autorização ou não puder dar seu consentimento (como no caso de interdição por incapacidade, de ausência), para que o outro possa praticar um daqueles atos supramencionados, cabe a este requerer o suprimento judicial da autorização, de acordo com o art. 74 do Código de Processo Civil, e arts. 1.647 e 1.648 do Código Civil[435]. Tal suprimento judicial da autorização valida os atos do consorte.

---

434. Silvio Rodrigues, *Direito*, cit., p. 155; Vicente Ráo, op. cit., p. 115.
435. Clóvis Beviláqua, *Código Civil comentado*, cit., v. 2, p. 158.

Cabe ao magistrado verificar se é justa ou não a recusa de um dos consortes a dar sua autorização para que o outro pratique determinados atos, ponderando as peculiaridades de cada caso. A jurisprudência entendeu ser justa a recusa quando:

1) o marido pretende vender, sem necessidade, o único prédio do casal, que serve de residência à família (*RT, 163*:219);

2) o consorte não prova ser necessária a venda (*RT, 107*:79);

3) o casal se encontra separado de fato e a mulher não conta com suficientes garantias para receber sua meação (*RT, 159*:797);

4) o cônjuge pretende vender o imóvel por preço irrisório, caso em que se impõe sua avaliação (*RT, 164*:641);

5) o marido quer vender o bem para despender o produto com seu exclusivo sustento e o da concubina (*RT, 145*:316)[436].

Claro está que abusiva, injusta e arbitrária será, p. ex., a denegação de outorga uxória se o marido necessitar, com urgência, vender um imóvel do casal, para evitar falência do seu negócio, base do sustento da família[437]. Examinando o caso, concede-se o suprimento judicial mediante alvará, que autoriza o marido a praticar a venda impugnada por sua mulher[438].

O ato praticado pelo cônjuge sem estar legitimado pelo outro ou sem o suprimento judicial é anulável e pode lesar os interesses do consorte que não o consentiu por não ter sido consultado ou por não ter, por alguma razão, concordado com sua efetivação. A anulação do ato, por isso, só pode ser demandada pelo cônjuge lesado, que negou o consentimento ou, se já falecido, por seus herdeiros (CC, art. 1.650; *RT, 505*:237; *Bol. AASP, 2.653*:1759-09) até dois anos depois de terminada a sociedade conjugal (CC, art. 1.649), em razão de morte, separação ou divórcio.

Anulada uma venda, efetuada sem a devida outorga uxória ou marital, reintegra-se o bem alienado no patrimônio do casal, ressalvando-se ao terceiro prejudicado com o fato o direito de ressarcir-se de seus prejuízos, mediante ação reversiva contra o cônjuge culpado ou seus herdeiros[439].

A sentença que decretar a anulabilidade terá eficácia *ex nunc*, pois os efeitos já produzidos pelo negócio deverão ser respeitados.

---

436. W. Barros Monteiro, op. cit., p. 127.

437. Bassil Dower, op. cit., p. 108.

438. Orlando Gomes, *Direito,* cit., p. 165; Vicente Ráo, op. cit., p. 122.

439. W. Barros Monteiro, op. cit., p. 138.

E, se aquele prazo transcorrer *in albis*, o negócio viciado convalescer-se-á.

Há atos patrimoniais que cônjuges podem praticar independentemente de autorização marital ou uxória, qualquer que seja o regime de bens como:

1) Praticar todos os atos de disposição e de administração imprescindíveis para o exercício de sua profissão, com as restrições do art. 1.647, I, do Código Civil, pois se precisar alienar ou gravar de ônus real os bens imóveis, não sendo casado sob o regime de separação absoluta, deverá obter autorização de seu consorte. Nada obsta que um dos cônjuges contraia obrigações concernentes à indústria ou profissão que exercer, sem autorização marital ou uxória; logo, p. ex., se a mulher casada for empresária, poderá alugar um prédio para instalar sua empresa, contratar ou despedir empregados, comprar mercadorias, emitir títulos cambiais, requerer falência, demandar e ser demandada por fatos alusivos ao exercício da atividade empresarial[440] (CC, art. 1.642, I).

2) Administrar bens próprios mediante atos de mera administração, gerenciando-os ou conservando-os (p. ex. locação, arrendamento, realização de reparos etc.) (CC, art. 1.642, II).

3) Desobrigar ou reivindicar os imóveis do casal que um dos consortes tenha gravado ou alienado sem outorga do outro ou suprimento judicial (CC, arts. 1.642, III, e 1.645), sendo que o terceiro, prejudicado com a sentença favorável ao autor, terá direito regressivo contra o cônjuge infrator que realizou o negócio jurídico, ou seus herdeiros, para recuperar os valores dispendidos e obter o ressarcimento dos danos sofridos, devidamente comprovados (CC, art. 1.646).

4) Demandar rescisão dos contratos de fiança e doação (não remuneratória nem módica) ou a invalidação do aval feitas pelo outro com infração do disposto nos n. III e IV do art. 1.647 (CC, arts. 1.642, IV, e 1.645), caso em que terceiro, lesado com a decisão favorável ao autor, terá direito de regresso contra o consorte faltoso ou, se já falecido, seus herdeiros (CC, art.

---

440. É a lição de W. Barros Monteiro, op. cit., p. 141; *RT, 524*:207, *508*:81, *516*:214; *Bol. AASP, 1.877*:146 — "Dívida contraída por mulher casada — Meação do marido — Pretensão de excluí-la da penhora — Julgamento antecipado — É permitido ao Juiz de Direito proferir o julgamento antecipado da lide quando, cuidando-se de questão de direito e de fato, não houver necessidade de produzir-se prova em audiência. Sendo sócios marido e mulher em sociedade tida como de caráter familiar, àquele incumbe demonstrar que as obrigações contraídas pela consorte não vieram em benefício do casal. Presume-se o favorecimento da família, quando se tratar de aval prestado pela mulher em título emitido por sociedade dessa natureza. Recurso Especial não conhecido (STJ)"; Consolidação das Leis do Trabalho, art. 792.

1.646), podendo pleitear indenização pelas perdas e danos. Já há decisão de que garantia prestada sem outorga conjugal produz efeitos apenas em relação à meação do cônjuge que a prestou (*RT, 810*:284, *803*:266, *799*:387, *763*:319). A anulabilidade de garantia prestada sem outorga uxória ou marital depende de provocação do cônjuge que não assentiu ou de seus herdeiros (*RT, 749*:324).

5) Reivindicar os bens comuns, móveis ou imóveis, doados ou transferidos pelo outro cônjuge ao concubino, desde que prove que os bens não foram adquiridos pelo esforço comum destes, se o casal estiver separado de fato por mais de cinco anos (CC, arts. 1.642, V, e 1.645). O Projeto de Lei n. 699/2011 pretende alterar o art. 1.642, V, para permitir a reivindicação de bem comum transferido por um dos cônjuges ao companheiro, podendo este provar que os bens foram adquiridos pelo seu esforço, não mais exigindo prévia separação de fato por mais de cinco anos, no que foi aprovado, por ocasião da análise do Projeto de Lei n. 6.960/2002 (ora substituído pelo PL n. 699/2011), pelo Parecer Vicente Arruda. O Código Civil, no art. 550, estatui que a doação do cônjuge adúltero ao seu cúmplice pode ser anulada pelo outro consorte ou por seus herdeiros necessários, até 2 anos depois de dissolvido o casamento. Este direito prevalece, ainda que a doação se dissimule em venda ou outro contrato (*RF, 151*:252). A concubina ou concubino que se beneficiou com a doação, que foi anulada, não terá direito à composição do prejuízo que sofreu com a anulação, devido à imoralidade de que se impregna a aquisição de bem doado (CC, art. 1.646), que se deu em razão de uma relação amorosa adúltera, contrária aos interesses da família, por ser fator de sua desintegração. Como ninguém pode invocar em juízo a própria torpeza, não tem a concubina ou o concubino direito regressivo contra seu amante ou seus herdeiros.

6) Dispor dos bens móveis que possuir, pois quanto aos imóveis somente se casado sob o regime de separação absoluta (CC, art. 1.647, I).

7) Praticar quaisquer outros atos não vedados por lei (CC, art. 1.642, VI), p. ex., pedir alimentos, quando lhe couberem, contratar advogado para mover ação de divórcio ou separação judicial ou para dar assistência na separação ou divórcio extrajudicial etc.

Com o escopo de restabelecer o patrimônio do casal desfalcado por ato de um dos cônjuges, apenas o consorte lesado, ou, na hipótese de seu óbito, seus herdeiros poderão ajuizar as ações fundadas nos incisos III, IV e V do art. 1.642.

Há, ainda, hipóteses em que a lei dispensa a autorização de um cônjuge a outro para: *a*) comprar, ainda que a crédito, coisas necessárias à economia doméstica, uma vez que compete a qualquer deles dirigir internamente a casa, podendo praticar atos indispensáveis à vida doméstica, livremente, de acordo com a situação social e econômica da família (*AJ*, *91*:369). Lícita é a aquisição de produtos e serviços essenciais à economia doméstica, de gêneros alimentícios ou utilidades domésticas, a crédito (*RJTJRS*, *72*:697), assinando títulos correspondentes, desde que não exceda às necessidades do lar (*RT*, *397*:217), sendo, portanto, proporcional aos recursos do casal[441]; *b*) obter, por empréstimo, as quantias que a aquisição dessas coisas possa exigir (CC, art. 1.643, I e II). Não havendo recursos para fazer frente às despesas com economia doméstica, qualquer cônjuge poderá obtê-los junto a particulares ou instituições financeiras, mediante contrato de mútuo.

Os débitos contraídos por um deles para tais fins, atendendo aos interesses da família, obrigam solidariamente ambos os cônjuges (CC, art. 1.644), podendo o credor acionar qualquer deles para obter o *quantum* emprestado (CC, arts. 275 a 285). Em caso de dívida fiscal, para haver exclusão da meação de um deles em penhora realizada sobre os bens do casal, dever-se-á comprovar que tal débito contraído pelo outro não reverteu em benefício da família (*RT*, *780*:223).

Podem os cônjuges contratar sociedade entre si ou com terceiros, desde que não tenham se casado sob o regime de comunhão universal de bens ou no de separação obrigatória (CC, art. 977).

d.1.4.2. Impenhorabilidade do único imóvel residencial da família

A Lei n. 8.009/90, instituindo o bem de família legal ou involuntário, estabelece, com intuito de preservar o patrimônio familiar, a impenhorabilidade não só do único imóvel rural ou urbano da família, destinado para moradia permanente, excluindo as casas de campo ou de praia, abrangendo a construção, plantação e benfeitorias, mas também o box-garagem não matriculado no Registro de Imóveis (STJ, 4ª Turma, REsp 582.044, Rel. Min. Aldir Passarinho), os equipamentos de uso profissional e os móveis que o guarnecerem, desde que quitados. Tais bens não responderão por débito civil, comercial, fiscal ou previdenciário contraído pela entidade familiar. Logo, devedor solteiro que more sozinho não terá o benefício dessa lei, que tem por destinatário imóvel residencial de casal ou de família (*RT*, *726*:203 —

441. W. Barros Monteiro, op. cit., p. 138 e 140; Silvio Rodrigues, *Direito*, cit., p. 158.

em contrário: STJ, 4ª Turma, REsp 403.314, j. 10-4-2002). É uma norma protetiva da família e não do devedor. Mas, em caso de fiança, haverá penhorabilidade da única residência do fiador (Lei n. 8.245/91, art. 82, e Lei n. 8.009/90, art. 3º, VII)[442]. Todavia essa lei excluiu da impenhorabilidade os veículos de transporte, obras de arte e adornos suntuosos, que poderão, assim, ser objeto de penhora para garantir a execução das dívidas contraídas pelos pais ou pelos filhos. Se a entidade familiar possuir vários imóveis utilizados como residência, a impenhorabilidade recairá sobre o de menor valor, salvo se outro tiver sido registrado, para essa finalidade, na circunscrição imobiliária e na forma dos arts. 1.711 e s. do Código Civil, alusivos ao bem de família (arts. 1º, parágrafo único, 2º, 5º, parágrafo único, e 4º, § 2º).

Não poderá ser beneficiado, por esta lei, que visa proteger o patrimônio familiar, aquele que, sabendo-se insolvente, vier a adquirir de má-fé imóvel mais valioso para transferir a residência familiar, desfazendo-se ou não da antiga moradia. Assim, se ocorrer tal fato, o magistrado poderá transferir a impenhorabilidade para a moradia familiar anterior, ou anular-lhe a venda, liberando a mais valiosa para execução ou concurso de credores (art. 4º, § 1º).

Se, porventura, a família residir em imóvel alugado, haverá impenhorabilidade apenas dos bens móveis quitados que guarneçam a residência, desde que pertencentes ao locatário (art. 2º, parágrafo único).

Apesar disso, pelo art. 3º, n. I a VI, casos haverá em que a penhora recairá não só sobre o único imóvel da família, como também sobre os móveis quitados, se o processo de execução: *a*) decorrer de créditos trabalhistas de empregados daquela residência, abrangendo as respectivas contribuições previdenciárias; *b*) for movido pelo titular do crédito decorrente de contrato de financiamento destinado à construção ou à aquisição do imóvel, no limite dos créditos e acréscimos constituídos em função daquele contrato; *c*) se referir a créditos de pensão alimentícia. A Lei n. 13.144/2015 altera o art. 3º, III, da Lei n. 8.009/90 para assegurar proteção ao patrimônio do novo cônjuge do devedor de pensão alimentícia, havendo execução pelo credor de alimentos, mantendo a impenhorabilidade do bem de família legal; *d*) se der para cobrança de impostos, predial ou territorial, taxas e contribuições devidas em função do imóvel familiar; *e*) disser respeito à hipoteca que re-

---

442. Interessante é o artigo de Álvaro Villaça Azevedo, Bem de família (Penhora em fiança locatícia e direito de moradia), *Responsabilidade civil — estudos em homenagem ao professor Rui Geraldo Camargo Viana*, São Paulo, Revista dos Tribunais, 2009, p. 62 a 80.

caia sobre o bem imóvel oferecido como garantia real pela entidade familiar ou pelo casal; *f*) for movido por ter sido aquele imóvel adquirido com produto de crime; e *g*) advier em razão de sentença penal condenatória para ressarcimento, indenização ou perda de bens (*Ciência Jurídica*, *51*:93 e 127, *50*:103, *43*:171, *52*:75 e 125, *48*:127, *55*:107, *57*:85, *59*:182; *Bol. AASP*, *1.889*:3, *1.833*:5 e 18, *1.867*:116, *1.828*:4, *1.832*:2; *RJE*, *3*:16 e 22, *4*:26; *EJSTJ*, *6*:80 e *8*:71).

d.1.4.3. Instituição do bem de família

O *bem de família voluntário* é um instituto originário dos Estados Unidos ou, melhor, do Texas, onde, em 1839, editou-se o *Homestead Exemption Act*, e tem por escopo assegurar um lar à família ou meios para seu sustento, pondo-a ao abrigo de penhoras por débitos posteriores à instituição, salvo as que provierem de tributos relativos ao prédio (IPTU ou ITR, p. ex.), ou de despesas condominiais, visto que, pela sua natureza de obrigações *propter rem*, decorrem da titularidade do domínio ou da posse sobre a coisa, não podendo deixar de ser pagas, sob pena de execução do bem que as gerou, mesmo que seja bem de família. Na execução do bem para pagamento desses débitos o saldo existente será aplicado em outro prédio, como bem de família, ou, se tal saldo for insuficiente para a aquisição de imóvel, em títulos da dívida pública para a mantença da família, exceto se razões relevantes aconselharem outra solução, a critério do juiz (CC, art. 1.715, parágrafo único). Deveras, se nenhuma dessas alternativas for viável, observa Matiello, o magistrado, com prudência, poderá determinar que o montante apurado seja depositado em caderneta de poupança, movimentada por ordem judicial, no interesse da família, originalmente, beneficiada pela instituição.

Tal isenção perdurará enquanto viver um dos cônjuges ou companheiros (na nova redação proposta pelo Projeto de Lei n. 7.312/2002 — apensado ao PL n. 6.960/2002, atual PL n. 699/2011 — ao art. 1.716), ou, na falta destes, até que os filhos atinjam a maioridade (CC, arts. 1.715 e 1.716). O óbito dos cônjuges, ou companheiros, e a maioridade da prole extinguem aquela isenção, logo o prédio será levado a inventário e partilha, sendo entregue a quem de direito (herdeiro legítimo, herdeiro testamentário e legatário) somente quando a cláusula for eliminada, ficando sujeito ao pagamento dos credores do *de cujus*.

Não há que se preocupar com os credores, pois o bem de família somente fica isento das dívidas posteriores à sua constituição, visto que o estado de solvência do seu instituidor é requisito essencial para o exercício do direito de formar um bem de família. Por isso já se decidiu que "não se anula instituição de bem de família mesmo que apareça título de dívida anterior, se a esse tempo não era insolvente o instituidor (*RT*, *126*:631, *165*:318, *579*:209). Deveras, pelo art. 1.711 do Código Civil, os cônjuges, ou a entidade familiar, podem destinar parte de seu patrimônio para instituir bem de família, desde que não ultrapasse um terço do patrimônio líquido existente ao tempo da instituição, mantidas as regras sobre a impenhorabilidade do imóvel residencial estabelecida em lei especial (Lei de Registros Públicos, arts. 261, 264 e §§ 2º e 3º). Interessante e elucidativo a respeito é o exemplo dado por Fábio Ulhoa Coelho: alguém, com patrimônio de R$ 1.000.000,00, abrangendo quatro imóveis (A, B, C e D), no valor de R$ 200.000,00 cada, e móveis que, no todo, valem R$ 200.000,00, mora com sua família no imóvel A e é devedor de R$ 400.000,00. Seu patrimônio líquido é, portanto, de R$ 600.000,00, logo poderá instituir como bem de família qualquer um dos imóveis em que não reside, já que o valor dele corresponde a 1/3 do patrimônio líquido (R$ 600.000,00 ÷ 3 = R$ 200.000,00). Continua o autor, não compensa que clausule o imóvel, onde reside, pois este, pela Lei n. 8.009/90, está salvo de penhora. Se veio a instituir o imóvel B como bem de família, seus credores só poderão requerer a constrição judicial incidente sobre os outros dois imóveis (C e D) ou sobre os bens móveis do devedor. Se cônjuges ou companheiros o instituírem por testamento, com o óbito, os filhos serão beneficiados com a herança, mas os credores dos falecidos poderão habilitar-se no inventário para receber o crédito, anterior à constituição do bem de família, que só se deu com a abertura da sucessão e não por ocasião da efetivação daquele testamento. Por essa razão, mais conveniente será que a constituição do bem de família se dê por escritura pública. Com isso, o patrimônio do instituidor, apesar de desfalcado do objeto do bem de família, que ficará isento de execução, deverá ter condições de assegurar a satisfação integral de todas as dívidas do instituidor. Fácil é perceber que somente os mais favorecidos economicamente poderão fazer uso desse instituto para garantia de suas famílias, visto que o seu objeto não pode ultrapassar um terço do patrimônio. Evitar-se-á, assim, a imobilização de grande parte ou de todo o patrimônio familiar, retirando a possibilidade de sua alienação, o que, sem dúvida, lesaria credores ou conduziria a fraudes. Trata-se de medida legal protetiva dos credores, ante a possibilidade de má-fé do instituidor. Logo, quem possuir apenas um imóvel não poderá instituí-lo convencionalmente, visto que, pela Lei n. 8.009/90 (com alteração da Lei n. 13.144/2015), ter-se-á o bem de família legal; quem tiver dois de valor equivalente e quem for proprietário de três imóveis não poderá instituir como bem de família o de maior valor, salvo se possuir valores mobiliários. Ora, se esse instituto tem por finalidade a proteção da família na adversidade, garantindo abrigo aos seus membros, justo seria, observa Zeno Veloso, estipular um valor máximo para o prédio, mas injusto seria prescrever que não poderá passar de um terço do patrimônio líquido, diminuindo, sensivelmente, o número de famílias que dele poderiam socorrer-se.

Nem terá eficácia para fraudar credores, mediante inadimplemento de dívidas anteriores a ele (*RT, 126*:631). Neste caso impera a norma de que o patrimônio do devedor responde por suas dívidas.

O bem de família poderá ser instituído pelos cônjuges, companheiros, integrante-chefe de família monoparental (na nova redação proposta ao art. 1.714 pelo Projeto de Lei n. 7.312/2002 — apensado ao PL n. 6.960/2002, atual PL n. 699/2011) ou por terceiro, por ato *inter vivos* ou *causa mortis*, desde que ambos os cônjuges beneficiados, ou membros da entidade familiar contemplada, aceitem expressamente a liberalidade (CC, art. 1.711, parágrafo único) e haja seu assento no Registro de Imóveis (CC, art. 1.714; *JTJ, 213*:346) para que tenha oponibilidade *erga omnes*. Terceiro não poderá apor cláusula de reversão, para que os bens voltem ao seu patrimônio em caso de, p. ex., dissolução conjugal e maioridade da prole (CC, art. 547, parágrafo único).

O bem de família pode consistir em prédio residencial, urbano ou rural, que os cônjuges, conviventes ou integrante-chefe de família monoparental (tutores, curadores ou avós não podem constituí-lo) destinam para abrigo ou domicílio familiar, incluindo suas pertenças (CC, art. 93) e acessórios (CC, art. 92), p. ex., mobília, utensílios de uso doméstico, gado e instrumentos de trabalho, com a cláusula de ficar isento da execução por dívidas futuras.

Essa cláusula de bem de família poderá abranger valores mobiliários cuja renda será aplicada na conservação do imóvel e no sustento da família (CC, art. 1.712). Tais valores mobiliários (créditos pecuniários, bens móveis, veículos automotores, obrigações, bônus de subscrição, aplicações financeiras, ações de sociedades empresárias, *commercial papers*, títulos de dívida pública, debêntures, títulos de crédito negociáveis, títulos de Bolsa etc.) não poderão exceder o valor do prédio instituído em bem de família à época de sua instituição e deverão ser devidamente individualizados no instrumento de instituição do bem de família. Se se tratar de títulos nominativos, a sua instituição como bem de família deverá constar dos respectivos livros de registro. Com isso, vincular-se-ão como bem de família, preservando-se de incursões creditórias ou da penhora por dívidas posteriores à sua instituição. O instituidor poderá não só determinar que a administração dos valores mobiliários seja confiada a instituição financeira, em razão da complexidade das operações, como também disciplinar a forma de pagamento da respectiva renda dos beneficiários que, em regra, corresponde a 12% ao ano da retribuição do capital, hipótese em que a responsabilidade dos administradores obedecerá às normas do contrato de depósito (CC, arts. 1.713, §§ 1º a 3º, e 627 a 646), devendo devolver aqueles valores e os seus rendimentos assim que lhes for exigido, sob pena de prisão civil. Se houver liquidação da entidade administradora, esta não atingirá os valores a ela confiados ordenando o juiz a sua transferência para outra instituição similar, obedecendo-se, na hipótese de falência (Lei n. 11.101/2005, arts. 85 a 93; Súmula 417 do STF), ao disposto sobre pedido de restituição (CC, art. 1.718). Com a falência da entidade financeira, os valores mobiliários por ela geridos não se sujeitarão a riscos, pois o juiz ordenará sua restituição e transferência para órgão similar. A nova administradora continuará com as operações financeiras relativas aos valores transferidos.

O prédio e os valores mobiliários, constituídos como bem de família, formam um patrimônio familiar separado, cuja renda destina-se à salvaguarda da família (CC, art. 1.712), por isso só podem ser alienados com o consentimento dos interessados ou de seus representantes legais, ouvido o Ministério Público (CC, art. 1.717). Falecendo ambos os genitores, deixando filhos menores, o tutor destes terá o dever de gerir o bem de família, e se sua alienação for necessária deverá pedir autorização para tanto, que só será dada após manifestação do Ministério Público. Se houver desvio de finalidade, terceiro interessado (p. ex., credor) poderá, se comprovar suas alegações, pleitear a eliminação da cláusula do bem de família.

O Projeto de Lei n. 699/2011 visa suprimir a 2ª parte do art. 1.717, por haver entendimento doutrinário de que: "A exegese da parte final do texto legal que dispõe: 'ou serem alienados sem o consentimento dos interessados e seus representantes legais, ouvido o Ministério Público', induz que a alienação do bem de família pode ser realizada sem autorização judicial, o que não parece ser a melhor solução. Se o artigo 1.719 prevê a necessidade de autorização judicial para a extinção ou sub-rogação dos bens que constituem o bem de família em outros, como a alienação, que implica necessariamente a extinção do bem de família, poderia prescindir de pronunciamento judicial? Aliás, a referência à alienação ficaria melhor no artigo 1.719. Daí por que propõe-se, para este artigo, um ponto final após a referência do artigo 1.712".

Tal sugestão, já contida no PL n. 6.960/2002 (substituído pelo PL n. 699/2011), não foi acatada pelo Parecer Vicente Arruda, segundo o qual: "É de ser mantido o dispositivo, pois a alteração proposta torna o prédio e os valores mobiliários constituídos como bem de família inalienáveis, pelos interessados. A lei deve possibilitar a alienação, desde que os interessados, sendo maiores, queiram fazê-lo se as circunstâncias supervenientes não mais justificam sua manutenção como bem de família, ouvido sempre o Ministério Público".

Terceiros não poderão pretender que esses bens integrem a massa creditícia, nem mesmo em caso de insucesso da entidade administradora.

Se se comprovar a impossibilidade da manutenção do bem de família nas condições em que foi instituído, em razão, p. ex., da necessidade de pagar despesas com internação em UTI, poderá o magistrado, a requerimento dos interessados (instituidores ou filhos menores, devidamente representados ou assistidos), extingui-lo, permitindo, sob sua fiscalização, p. ex., a sua venda, no valor mercadológico, liberando o preço depositado para pagamento daquela dívida hospitalar, ou autorizar, sempre que possível, a sub-rogação dos bens que o constituem em outros, que passarão a ter a mesma finalidade, constituindo novo bem de família, ouvidos o instituidor (se não foi o requerente) e o Ministério Público (CC, art. 1.719). "Como este dispositivo trata de modificação no bem de família, pela impossibilidade de sua manutenção nas condições em que foi instituído, melhor ficaria aqui tratada a possibilidade de alienação", daí o Projeto de Lei n. 699/2011 inseri-la no art. 1.719, com o escopo de alterá-lo. Mas, rejeitando a proposta inserida no Projeto de Lei n. 6.960/2002 (ora substituído pelo PL n. 699/2011), o Parecer Vicente Arruda assim argumentou: "A situação aqui disciplinada é diferente da prevista no art. 1.719. No caso em questão é imprescindível a autorização judicial, ou porque há menores interessados ou porque o próprio bem já não atende, comprovadamente, os fins a que se destinou; sendo lícito aos interessados requerer ao juiz autorizar sua extinção ou sub-rogação em outros bens".

Salvo disposição em contrário do ato de instituição, a administração do bem de família competirá, em igualdade de condições, a ambos os cônjuges, e também aos companheiros (nova redação proposta ao art. 1.720 pelo Projeto de Lei n. 7.312/2002 — apensado ao PL n. 6.960/2002, atual PL n. 699/2011), resolvendo o juiz as divergências havidas entre eles (CC, art. 1.720). Se o prédio solenemente destinado pela família solvente como domicílio desta não puder ter outro destino, isso deverá ser levado em conta em sua administração. Se, porventura, os cônjuges precisarem ou quiserem vendê-lo, seus filhos menores consentirão por meio de curador especial, ouvindo-se o órgão do Ministério Público. A cláusula de bem de família somente poderá ser levantada por mandado judicial, se isso for requerido pelos interessados que provarem, p. ex., desvio em sua destinação ou qualquer outro motivo justo e relevante. Se na família houver menores impúberes, não poderá ser eliminada a cláusula de alienação do imóvel, salvo se houver sub-rogação em outro imóvel para a habitação da família, desde que razoavelmente justificada (*RT, 438*:249, *418*:171). Como se vê, na administração, não há poderes absolutos. Se ambos os cônjuges, ou companheiros (na alteração proposta pelo Projeto de Lei n. 7.312/2002 — apensado ao PL n. 6.960/2002, atual PL n. 699/2011), falecerem, a administração passará ao filho mais velho, se for maior, e, se for menor, a seu tutor (CC, art. 1.720, parágrafo único), que, então, zelará pelos seus interesses, até que atinja a maioridade.

Contudo, a inalienabilidade do bem de família é relativa, somente subsiste enquanto viverem os cônjuges ou companheiros (alteração proposta pelo PL n. 699/2011 e aprovada pelo Parecer Vicente Arruda) e até que seus filhos atinjam a maioridade, desde que não sujeitos à curatela (CC, art. 1.722). Se os filhos estiverem sujeitos à curatela, a cláusula não será eliminada, até que seja superada a causa da incapacidade ou enquanto viverem. O bem de família, nesta hipótese, será administrado pelo curador dos beneficiários incapazes. Se um dos cônjuges falecer, o prédio não entrará em inventário, nem será partilhado enquanto viver o outro, mas, se este se mudar do prédio, e se nele não ficar residindo filho menor, a cláusula será eliminada e o imóvel partilhado; se ambos falecerem, dever-se-á esperar a maioridade de todos os filhos. O prédio entrará em inventário para ser partilhado somente quando a cláusula for eliminada. Poderá ocorrer que haja dissolução do matrimônio pela morte de um dos cônjuges, caso em que o supérstite passará a ser o seu administrador, mas só poderá pedir a extinção do bem de família, se for o único bem do casal (CC, art. 1.721, parágrafo único). O mesmo se deveria dizer em caso de dissolução da união estável; por essa razão, o Projeto de Lei n. 699/2011 procurará incluí-la no art. 1.721, parágrafo único, o que foi aprovado pelo Parecer Vicente Arruda ao efetuar a análise do Projeto de Lei n. 6.960/2002 (atual PL n. 699/2011).

O Código Civil procurou disciplinar o bem de família de modo a torná-lo suscetível de realizar, com efetividade, a sua função social, conjugando a destinação de um imóvel para residência familiar com uma reserva de recursos para fins de manutenção, inclusive mediante intervenção de entidade financeira[443].

---

443. Tedeschi, *Il regime patrimoniale della famiglia*, Torino, 1956, p. 67 e s.; Vernier, *American family laws*, 1995, v. III, p. 229; Carvalho Santos, *Código Civil comentado*, 1952, v. II, p. 198; Zeno Veloso, *Emendas ao Projeto de Código Civil*, Belém, 1985, p. 103-6; Álvaro Villaça Azevedo, *Comentários ao Código Civil*, São Paulo, Saraiva, 2003, v. 19, p. 1-249; *Bem de família*, São Paulo, Bushatsky, 1974, p. 141-7; Do bem de família, in *Direito de família e o novo Código Civil* (coord. Mª Berenice Dias e Rodrigo da Cunha Pereira), Belo Horizonte, Del Rey, 2003, p. 239-55; Yone Frediani, Bem de família, *Revista do Advogado, 70*:84 e s.; Mª Cláudia Cachapuz, Bem de família: uma análise contemporânea, *RT, 770* (1999); Ernest Lehr, *Droit Civil des États Unis*, 1906, p. 74-7; Aída K. de Carlucci, *Protección jurídica de la vivienda familiar*, Buenos Aires, Depalma, 1995, p. 59-106; Dyvandre, *Le bien de famille*, Paris, 1911; Rita de C. Corrêa de Vas-

d.1.5. Dever recíproco de socorro

O dever de socorro (CC, art. 1.566, III) é o que incumbe a cada consorte em relação ao outro de ajudá-lo economicamente[444], ou seja, consiste na assis-

---

concelos, *A impenhorabilidade do bem de família*, São Paulo, Revista dos Tribunais, 2002; Elizete Antoniuk, *A proteção do bem de família*, Porto Alegre, Sérgio A. Fabris, Editor, 2002; Matiello, *Código*, cit., p. 1122; Marcione Pereira dos Santos, *Bem de família — voluntário e legal*, São Paulo, Saraiva, 2003; Ricardo A. Credie, *Bem de família — Teoria e Prática*, São Paulo, Saraiva, 2004. Josiane Dalla Vechia, Instituição voluntária do bem de família conforme o novo Código Civil, *Revista Síntese de Direito Civil e Processual Civil, 32*:75-80; Marcione P. dos Santos, *Bem de família: voluntário e legal*, São Paulo, Saraiva, 2003; Reinaldo Antônio Aleixo, Do bem de família, *Novo Código Civil* (coord. Giselda Hironaka), cit., p. 479 a 502; Fábio Ulhoa Coelho, *Curso*, cit., v. 5, p. 19; Márcia Maria Menin. Do bem de família voluntário, *Direito civil — direito patrimonial* e *direito existencial*, cit., p. 843-60; Guilherme C. N. da Gama e Thais B. Marçal, Penhorabilidade do bem de família "luxuoso" na perspectiva civil-constitucional, *Revista Síntese — Direito de Família, 84*:30-46; Adriane M. Toaldo e Bibiana L. Sauthier, Penhorabilidade do bem de família suntuoso: garantia do direito à moradia x satisfação do direito do credor, *Revista Síntese — Direito de Família, 84*:9-29. Sobre bem de família convencional: *RJ, 183*:87. Trata o Código Civil, convém repetir, do bem de família convencional e não do bem de família legal, previsto na Lei n. 8.009/90. Há decisão do STF protegendo bem de família legal mesmo na hipótese de fiança em locação, entendendo inconstitucional o inciso VII do art. 3º da Lei n. 8.009, de 29-3-1990, porque não recepcionado pela Emenda Constitucional n. 26, de 14-2-2000, que incluiu o direito à moradia entre os direitos sociais fundamentais, amparados pelo art. 6º da Constituição. Como não existe direito adquirido contra a ordem pública e sendo a norma constitucional aplicável às situações existentes sob sua égide, ainda que iniciadas no regime antecedente, subsiste, assim, a regra da impenhorabilidade do bem de família, mesmo no caso de fiança em contrato locatício (REsp 352.940/4, j. 20-4-2005). Mas, no dia 8 de fevereiro de 2006, em sessão plenária, o STF, por sete votos contra três, acabou consagrando a tese da penhora do único imóvel residencial do fiador, para garantia da execução de dívida locatícia. A maioria acompanhou o voto do Min. Cézar Peluso (relator), segundo o qual o cidadão tem liberdade de escolher se deve ou não afiançar um contrato de locação, assumindo os riscos oriundos da fiança e, além disso, o direito à moradia não é exercido somente sobre imóvel próprio, mas também sobre imóvel locado, cujo contrato teria sua garantia enfraquecida, se prevalecesse a impenhorabilidade do único imóvel residencial do fiador (RE n. 407.688). Já houve decisão de que: "1 — Empresta-se efeito suspensivo a recurso que visa modificar ato judicial que denegou sustação dos efeitos de leilão de bem de família, quando há prova de que o proprietário executado não foi intimado. 2 — Suspensão dos efeitos até que seja resolvida a ação de nulidade do leilão que a parte interessada intentou. 3 — Homenagem aos princípios de proteção à família e de guarda do direito à habitação. 4 — Recurso provido" (STJ, 1ª T., REsp 715.804-RS, rel. Min. José Delgado, j. 17-5-2005, v.u.).

Se o afastamento da residência é determinado pela necessidade de subsistência, o imóvel desocupado não perde a proteção dada ao bem de família. A decisão é da 3ª Turma do Superior Tribunal de Justiça (REsp 140.034-2, rel. Nancy Andrighi).

Súmula 449 do STJ: "A vaga de garagem que possui matrícula própria no registro de imóveis não constitui bem de família para efeito de penhora".

444. Orlando Gomes, *Direito,* cit., p. 155.

tência pecuniária de um a outro consorte[445]. Trata-se de uma obrigação de dar, abrangendo o sustento e outras prestações econômicas, inclusive a prestação de alimentos[446] (CC, arts. 1.694, 1.695, 1.699, 1.702, 1.704, 1.708 e 1.709).

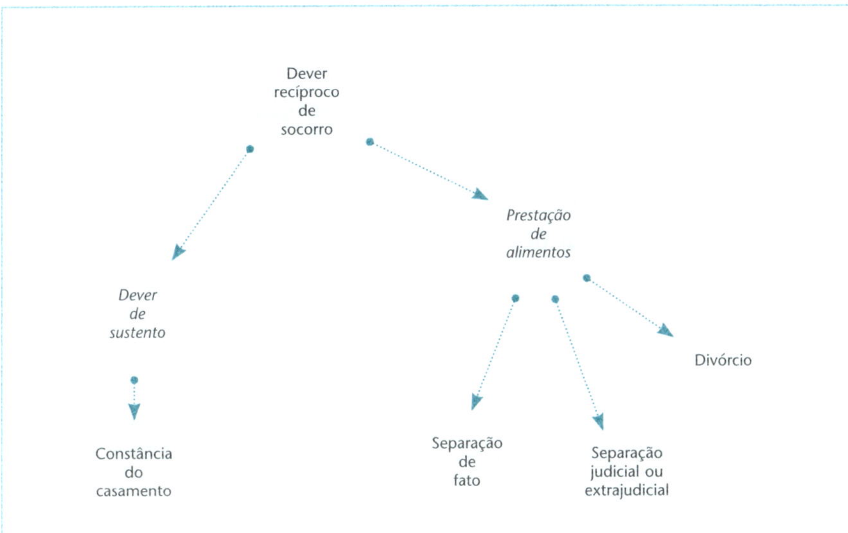

O dever de sustento cabe a ambos os cônjuges (CC, arts. 1.565 e 1.568), que são obrigados a contribuir para as despesas do casal ou da família na proporção do rendimento de seus bens, se o regime for o da separação de bens, salvo estipulação em contrário no pacto antenupcial (CC, art. 1.688).

A Lei n. 4.121/62, em razão do fato de o dever de sustento caber, pelo CC de 1916, art. 233, IV, ao marido, sujeitou a mulher a concorrer com seus bens, para a mantença da família, quando contraísse dívidas autorizadas pelo marido ou nos casos em que se presumisse essa autorização (CC de 1916, art. 275). O Estatuto da Mulher Casada, no seu art. 2º, estabelecia que a mulher deveria contribuir para as despesas de família, com a renda de seus bens, como se o regime fosse de separação, se os bens comuns fossem insuficientes para atendê-las. Com isso tornava-se a mulher coobrigada, qualquer que fosse o regime de bens, na mantença da família, desde que possuísse bens reservados, rendimentos próprios, abrangendo os frutos do trabalho, e os bens

445. Caio M. S. Pereira, op. cit., p. 121. *Vide*, sobre o assunto, De Page, op. cit., v. 1, n. 707.
446. Orlando Gomes, *Direito*, cit., p. 154; Código Penal, art. 244.

comuns fossem insuficientes para atender às despesas da família (CC de 1916, art. 246, parágrafo único). Continuava o marido a suportar os encargos de família, porém a colaboração de sua mulher devia ser proporcional aos recursos de que dispunha. Se o marido não pudesse manter a família, incumbia à mulher fazê-lo. Se, por outro lado, ele possuísse rendimentos suficientes para a mantença da família, a mulher estava isenta dessa obrigatoriedade, mesmo que possuísse rendimentos próprios[447]. O dever de sustentar a mulher cessava, para o marido, quando ela abandonasse sem justo motivo a habitação conjugal e a esta se recusasse a voltar (CC de 1916, art. 234). Podia o juiz, conforme o caso, ordenar em proveito do marido e dos filhos o sequestro temporário de parte dos rendimentos particulares da mulher[448].

O atual Código Civil (arts. 1.565 e 1.568), que preconiza a absoluta igualdade de direitos e obrigações do marido e da mulher, inovou a respeito, impondo a ambos os consortes o ônus de manter a família, não só com a renda de seus bens como também com o produto de seu trabalho, qualquer que seja o regime matrimonial.

Portanto, os cônjuges devem ajudar-se mutuamente, concorrendo com seus bens e trabalho para cumprir o dever de sustento da família, exigível independentemente da situação econômica de cada qual[449].

O dever de sustento reveste a forma de alimentos quando houver separação de fato (*RJ, 3*:121), como no caso do abandono, separação ou divórcio extrajudicial ou judicial, não se confundindo com o dever de mantença, propriamente dito, que supõe que os cônjuges vivam sob o mesmo teto.

Na constância da coabitação não se destaca a obrigação alimentar, porque há o corolário de se assistirem os cônjuges; logo, se o casal vive sob o mesmo teto e o cônjuge cumpre sua obrigação de sustentar a família, não pode ser compelido a prestar alimentos ao outro (*RT, 455*:99). Se, p. ex., o marido se omitir ao dever de sustento, tem-se uma injúria grave que autoriza a reparação civil por dano moral e a dissolução da sociedade conjugal. Todavia, o marido poderá ser exonerado do dever de socorro sob a forma de pensão alimentícia, após a separação judicial ou o divórcio, se a mulher tiver meios de subsistência ou agiu culposamente[450] (Lei n. 6.515/77, art. 19; CC, arts.

---

447. Silvio Rodrigues, *Direito,* cit., p. 139; Orlando Gomes, *Direito,* cit., p. 159-60; Bassil Dower, op. cit., p. 134; Lehmann, op. cit., § 11, p. 109.

448. Caio M. S. Pereira, op. cit., p. 129.

449. *Vide* Orlando Gomes, *Direito,* cit., p. 149.

450. Orlando Gomes, *Direito,* cit., p. 155-60; Diana Amato, *Alimenti*, p. 113. Quanto à culpa do § 2º do art. 1.694 do CC/2002, o Enunciado n. 1 do IBDFAM afasta sua perquirição tanto na dissolução do casamento como na quantificação dos alimentos.

1.694, §§ 1º e 2º, e 1.702). Se um dos cônjuges, separado judicialmente, precisar de alimentos, o outro terá o dever de prestá-los mediante pensão estabelecida pelo juiz, caso não tenha sido declarado culpado na ação de separação judicial. E, se o culpado vier a necessitar de alimentos, não tendo parente em condição de prestá-los, nem aptidão para o trabalho, o ex-cônjuge será obrigado a assegurá-los, fixando o juiz o valor indispensável à sobrevivência (CC, art. 1.704 e parágrafo único). Mas se o credor de alimentos tiver procedimento indigno em relação ao devedor, vier a casar-se, a viver em concubinato ou a constituir união estável, cessará para o devedor a obrigação de prestar-lhe a pensão alimentícia (CC, art. 1.708 e parágrafo único). O novo casamento do ex-cônjuge devedor não extinguirá a obrigação de prestar alimentos, constante da sentença de divórcio (CC, art. 1.709). Esse dever de pagar pensão alimentícia ao ex-cônjuge é efeito jurídico patrimonial do casamento, mesmo sob o regime de separação de bens, e não de parentesco[451].

Convém lembrar que há casos em que nossos tribunais têm considerado justo o abandono do lar, não perdendo, por isso, p. ex., a mulher, o direito a alimentos: *a*) quando o marido se amasia com outra mulher, mantendo-a no próprio domicílio conjugal[452]; *b*) quando, por culpa do marido, durante o período da separação, ou na pendência do divórcio, a mulher, para atender à própria subsistência e dos filhos, liga-se a outro homem, por estar doente e impossibilitada de trabalhar (*RTJ, 46*:91); *c*) quando o marido a maltrata (*RF, 126*:485, *98*:140). Caracteriza-se como abandono injusto: *a*) o fato de a mulher deixar seu marido por ter ele contraído tuberculose, recusando-se a voltar para sua companhia após a cura (*RT, 296*:273); *b*) o caso da mulher que insiste em não acompanhar seu marido, que é militar e fixa domicílio em outro lugar por ter sido transferido; *c*) a circunstância de a mulher recorrer a ele para viver com outros homens, entregando-se à prostituição (*RT, 201*:244)[453]. Em todos estes casos de abandono injustificado, em que a mulher se recusa a retornar ao lar, ela não pode pleitear alimentos.

Por outro lado, a mulher abandonada, que se conserva no domicílio conjugal, mantendo vida recatada, tem direito aos alimentos, mesmo que não queira recorrer ao processo de separação judicial[454] ou de divórcio (CF, art. 226, § 6º).

---

451. Silvio Rodrigues, *Direito,* cit., p. 140; W. Barros Monteiro, op. cit., p. 119; Cahali, Alimentos, *Enciclopédia Saraiva de Direito*, v. 6, p. 123.

452. Silvio Rodrigues, *Direito,* cit., p. 140.

453. Silvio Rodrigues, *Direito,* cit., p. 140-2.

454. W. Barros Monteiro, op. cit., p. 119.

A fim de garantir o cumprimento da obrigação de pagar pensão alimentícia, a norma jurídica outorga aos beneficiários alguns meios, tais como: desconto em folha de pagamento (CPC, arts. 529 e 912, c/c o art. 3º, IV, da Lei n. 1.046/50); destinação de aluguéis (Dec.-Lei n. 3.200/41, art. 7º, parágrafo único); prisão coercitiva de alimentante inadimplente (CF, art. 5º, LXVII, c/c os arts. 528, § 3º, 733, § 1º, do CPC); garantia real ou fidejussória do art. 21 da Lei n. 6.515/77: só se decreta a prisão do alimentante que recalcitra ante o cumprimento desse dever legal, na falta dos demais meios previstos em lei[455].

d.1.6. Direito sucessório do cônjuge sobrevivente

O direito sucessório do cônjuge sobrevivente é reconhecido desde a civilização romana[456].

O casamento confere direito sucessório, na ordem de vocação hereditária, ao cônjuge sobrevivente, em concorrência com descendentes (exceto se o regime for o de comunhão universal ou o de separação obrigatória) ou ascendentes e se, por ocasião do falecimento do outro, não houver separação de fato há mais de dois anos ou se não estiver dissolvida a sociedade conjugal (CC, arts. 1.829 e 1.830). O cônjuge é ainda herdeiro necessário juntamente com os descendentes e ascendentes (CC, arts. 1.829, I e II, 1.830, 1.832, 1.836, 1.837, 1.845 e 1.846), mas essa ordem pode ser alterada se ocorrer a hipótese prevista na CF, art. 5º, XXXI, e na LINDB, art. 10, § 1º, com a redação da Lei n. 9.047/95. Faltando descendentes e ascendentes, será deferida a sucessão ao cônjuge supérstite (CC, art. 1.838). E "se não houver cônjuge sobrevivente, nas condições estabelecidas no art. 1.830, serão chamados a suceder os colaterais até o quarto grau" (CC, art. 1.839).

Além de outorgar direito sucessório ao consorte supérstite, a lei confere algumas prerrogativas na sucessão aberta.

Se o casamento se dissolver pelo óbito de um dos cônjuges, o outro, se casado sob o *regime da comunhão*, continua na posse dos bens até a partilha, desde que estivesse convivendo com o *de cujus* ao tempo de sua morte ou fosse inocente na separação de fato (CC, art. 1.830). O mesmo acontece se a separação de fato ocorreu por culpa do falecido, que abandonou o lar ou

---

455. W. Barros Monteiro, op. cit., p. 120. Sobre alimentos, *vide* item 5 do Cap. IV desta nossa obra.

456. Caio M. S. Pereira, op. cit., p. 121; Degni, *Il diritto di famiglia*, § 81; M. Helena Diniz, *Curso*, cit., v. 6, cap. III, I. C, D, e E. *Vide:* Código Civil, arts. 1.829, I, II e III, 1.830, 1.831, 1.832, 1.836, 1.838, 1.839 e 1.845.

forçou o outro a deixá-lo, ante sua conduta desonrosa. Do direito de continuar na posse da herança até a partilha advém a prerrogativa de ser nomeado inventariante, pois a nomeação de inventariante só poderá atingir outra pessoa, herdeiro ou testamenteiro, se o cônjuge, culposamente, concorreu para a separação de fato[457].

Além do mais, pelo Código Civil, art. 1.831: "ao cônjuge sobrevivente, qualquer que seja o regime de bens, será assegurado, sem prejuízo da participação que lhe caiba na herança, o direito real de habitação relativamente ao imóvel destinado à residência da família, desde que seja o único bem daquela natureza a inventariar".

Logo, para que o consorte supérstite tenha *direito real de habitação* pouco importa o regime matrimonial de bens. Orlando Gomes[458] já entendia, quando o Código de 1916 exigia para tal direito o regime de comunhão universal, que o direito real de habitação sobre o imóvel de residência da família devia ser deferido também ao cônjuge sobrevivente, casado sob o regime da comunhão parcial, se na constância do matrimônio os cônjuges tivessem adquirido residência própria e não possuíssem outro imóvel, por estar ele em situação idêntica ao que se consorciara pelo regime da comunhão universal. Hoje, até mesmo o casado sob o regime de separação de bens terá esse direito. É preciso que:

a) O imóvel seja o único bem e tenha a destinação de moradia, pois o objetivo da lei é amparar o cônjuge sobrevivente; assim, se há outros bens imóveis não há razão para assegurar direito real de habitação. Porém se o casal possuía enorme fortuna mobiliária e apenas um único imóvel residencial, este será gravado com o ônus real da habitação, embora isto não seja necessário. Tal ocorre porque o Código Civil não atentou para as condições econômicas do sobrevivente, que pode ter recebido na partilha muito dinheiro. Nossa sistemática legal não impõe, ainda, a cessação automática desse ônus real se o consorte supérstite vier a adquirir outro imóvel[459].

b) O casal more em casa própria, não sendo proprietário de outros imóveis. Depara-se, aqui, com uma imprecisão técnica, uma vez que se institui direito real de habitação sobre imóvel próprio, contrariando a natureza da habitação, que é um direito real sobre coisa alheia. Todavia urge considerar

---

457. Orlando Gomes, *Direito,* cit., p. 184. A 4ª Turma do STJ decide que casado apenas pelo espaço de três meses e separado de fato há alguns anos, não tem, por falta de convivência, qualquer direito à herança de ex-mulher, morta em acidente.

458. Orlando Gomes, *Direito,* cit., p. 188.

459. Orlando Gomes, *Direito,* cit., p. 189; Caio M. S. Pereira, op. cit., p. 122.

que o objetivo do Código Civil foi assegurar moradia ao cônjuge que, em virtude do falecimento do outro, pode ser impedido de residir no imóvel que concorreu para adquirir, no qual o casal morava, visto que a parcela do bem é transferida aos outros herdeiros do falecido[460].

Não mais se exige a permanência no estado de viuvez, de modo que se o titular convolar novas núpcias não se extingue o direito real de habitação. O cônjuge sobrevivente terá esse direito até sua morte[461].

É preciso, ainda, esclarecer que o direito real de habitação é subjetivamente pessoal, sendo intransferível. O imóvel residencial onerado não pode ser habitado por outra pessoa que não o cônjuge sobrevivente, o qual, por sua vez, só poderá usá-lo para fins exclusivamente residenciais, restringindo-se, obviamente, os direitos dos outros herdeiros necessários que não poderão vendê-lo, alugá-lo etc.[462].

A mulher casada sob o regime de separação de bens não podia, segundo o Código Civil de 1916, art. 1.579, com a morte do marido, ficar até a partilha na posse da herança. Consequentemente, não podia o marido, se fosse o cônjuge sobrevivente, exercer a inventariança (CPC/73, art. 990, I — hoje, art. 617, I).

Pelo Código Civil de 1916, art. 1.611, § 1º: "O cônjuge viúvo, se o regime de bens do casamento não era o da comunhão universal, terá direito, enquanto durar a viuvez, ao usufruto da quarta parte dos bens do cônjuge falecido, se houver filhos, deste ou do casal, e à metade, se não houver filhos embora sobrevivam ascendentes do *de cujus*". Daí os requisitos desse usufruto:

1) Regime de separação de bens, pois tal usufruto visava a amparar ao cônjuge supérstite, principalmente se este fosse a mulher, pois, p. ex., com a morte do marido, que deixasse ascendentes, poderia ser privada de quaisquer recursos, já que só seria herdeira do marido se não houvesse descendentes ou ascendentes. Portanto, tal instituto só se justificava se o casal estivesse sob o regime da separação, pois, no regime da comunhão parcial, o consorte supérstite passava a ter propriedade dos bens adquiridos com

460. Caio M. S. Pereira, op. cit., p. 122; Orlando Gomes, *Direito,* cit., p. 189-91.

461. Orlando Gomes, *Direito,* cit., p. 189.

462. Orlando Gomes, *Direito,* cit., p. 189. Pela Lei n. 8.068/90, art. 1º, que acrescenta § 5º ao art. 6º, da Lei n. 8.025/90, o cônjuge enviuvado que permanecer no imóvel funcional ocupado pelo servidor aposentado falecido, desde que nele resida, será considerado seu legítimo ocupante.

a divisão do acervo comum e no regime dotal operava-se a devolução dos bens integrantes do dote com a dissolução da sociedade conjugal[463].

2) Existência de herdeiros necessários, uma vez que, se não os houvesse, o cônjuge sobrevivente seria herdeiro do falecido e não usufrutuário. Havendo filhos do casal ou do *de cujus*, a viúva recebia a quarta parte da herança, mas se ao acervo hereditário concorressem apenas os ascendentes do *de cujus* ou filho extramatrimonial ou adulterino deste, desde que reconhecido, não havendo testamento dispondo diferentemente, a mulher tinha direito ao usufruto da metade dos bens[464] (Lei n. 883/49, art. 3º, ora revogado pela Lei n. 12.004/2009).

3) Estado de viuvez, extinguindo-se, portanto, automaticamente, se a mulher viesse a remaridar-se, pois nesse caso não haveria necessidade de que ela continuasse a desfrutar rendimentos oriundos do primeiro casamento, dado que com as novas núpcias já estava amparada[465].

À brasileira casada com estrangeiro, sob regime que excluísse a comunhão universal, cabia, igualmente, por morte do marido, o usufruto vitalício da quarta parte dos bens deste, se houvesse filhos brasileiros do casal ou do marido, e da metade, se os não houvesse (Dec.-Lei n. 3.200/41, art. 17, corrigido pelo Dec.-Lei n. 5.187/43).

Atualmente não há mais usufruto vidual, visto que o cônjuge sobrevivente é herdeiro necessário do falecido (CC, arts. 1.845 e 1.846), podendo, ainda, em certos casos, concorrer com descendentes ou ascendentes (CC, arts. 1.829, I e II, 1.830, 1.832, 1.836 e 1.837).

d.2. Relações econômicas entre pais e filhos

É dever da família, da sociedade em geral e do Poder Público assegurar, com prioridade, todos os direitos fundamentais da criança e do adolescente à vida, à saúde, à alimentação, à educação, ao esporte, ao lazer, à cultura, à profissionalização etc. (Lei n. 8.069/90, arts. 4º, 53 a 69).

Cabe a ambos os pais o dever de sustentar os filhos, com recursos próprios, frutos de seu trabalho, rendimentos comuns do casal (CC, arts. 1.634, 1.566, IV, e 1.568). Isto é assim porque o Código Civil, nos arts. 1.566, IV, e 1.568, e a Lei n. 8.069/90, no art. 22, prescrevem o sustento dos filhos me-

---

463. Orlando Gomes, *Direito*, cit., p. 185.

464. Caio M. S. Pereira, op. cit., p. 121.

465. Sobre o direito de usufruto do cônjuge sobrevivente, vigente no direito anterior, *vide* Venezian, *Usufructo, uso y habitación*, t. 1, p. 500; Polacco, *Delle successioni*, v. 1, p. 117.

nores como um dever de ambos os cônjuges, decorrente do parentesco, e no art. 1.696 estatui que compete aos pais prestar alimentos aos filhos. Percebe-se que, enquanto a obrigação alimentícia pode durar toda a vida, sendo recíproca, além de se subordinar à penúria do alimentando e à capacidade econômica do alimentante, o dever de sustento dos filhos termina com a maioridade, sendo unilateral, prescindindo, ainda, da necessidade do filho e se mede na proporção dos bens próprios do pai e da mãe[466].

É preciso ressaltar (CF, art. 227, § 6º) que os filhos, matrimoniais ou não, têm direito aos alimentos. A filiação provada por sentença, por confissão ou declaração escrita do pai, faz certa a paternidade e produz o efeito da prestação de alimentos; logo, o filho nessas condições tem direito de reclamar os alimentos judicialmente, se deles necessitar (CC, art. 1.705). Igualmente o filho adotivo tem também direito aos alimentos, em decorrência do parentesco civil.

Não se pode olvidar, ainda, que os bens do filho menor são administrados (CC, art. 1.689, II) pelo pai e pela mãe, no exercício do poder familiar, que deles não podem dispor. Logo, permitidos são os atos de mera administração, idôneos à conservação dos bens do menor, podendo, para tanto, celebrar contratos de locação, pagar impostos, receber rendimentos, adquirir outros bens, alienar os móveis e defender judicialmente o patrimônio administrado, não tendo, porém, qualquer direito à remuneração por essa administração. Não podem sequer alienar ou gravar de ônus real os imóveis ou contrair em nome do menor obrigações que ultrapassem os limites da simples gerência (CC, art. 1.691), sendo-lhes, portanto, proibido qualquer ato que acarrete diminuição patrimonial ou ônus, salvo por necessidade ou evidente interesse da prole, mediante prévia autorização do juiz. Se imprescindível for a venda, esta, para efetivar-se, dependerá de prévia autorização judicial. Se praticarem os pais quaisquer atos prejudiciais ao patrimônio da prole, estes poderão ser declarados nulos. Poderão pleitear a nulidade desses atos: o filho, após sua maioridade ou emancipação; os seus herdeiros, havendo falecimento do menor, ou seu representante legal, em caso de cessação, suspensão ou destituição do poder familiar de seu titular (CC, art. 1.691, parágrafo único).

Havendo colisão dos interesses dos pais com os do filho, o magistrado, a requerimento daqueles, ou do representante do Ministério Público, nomeará curador especial para gerir os bens durante o conflito, ou para defender os direitos do menor em juízo (CC, art. 1.692)[467].

---

466. Orlando Gomes, *Direito*, cit., p. 161; Cahali, Alimentos, in *Enciclopédia Saraiva do Direito*, v. 6, p. 128; Espínola, op. cit., p. 282; Antônio Chaves, *Lições de direito civil;* direito de família, v. 2, p. 23; *RT, 188*:640, *196*:283; *RF, 120*:181; *AJ, 109*:502.

467. Caio M. S. Pereira, op. cit., p. 286; *RT 781*:239, *659*:147; *JTJ, 237*:119.

Os pais deverão administrar tais bens como se fossem pessoas de negócios, leais e honestas, defendendo-os de quem injustamente os detenha. Com a emancipação ou maioridade de filho, deverão prestar contas de sua gerência, devolvendo ao filho os bens com seus acréscimos, sem receber qualquer remuneração pela sua administração[468].

Os pais têm o usufruto dos bens do filho, enquanto este estiver sob o poder familiar (CC, art. 1.689, I), retendo os rendimentos sem prestação de contas, utilizando-os para fazer frente aos encargos de família, sendo-lhes lícito até consumi-los ou reinvesti-los em proveito do filho (*RT, 527*:81), para atender, p. ex., a gastos com sua alimentação ou instrução.

Quanto ao filho não matrimonial, antes do seu reconhecimento, o genitor não tem o usufruto nem a administração dos seus bens[469], pois não exerce sobre ele qualquer autoridade por não ser detentor do poder familiar (CC, art. 1.633).

Estão excluídos do usufruto e da administração dos pais (CC, art. 1.693, I, II, III e IV): *a*) os bens que filho, havido fora do casamento, adquiriu antes do reconhecimento; para evitar que pai ou mãe o reconheça com o único propósito de se beneficiar com a administração e o usufruto de seus bens (*RT, 455*:159); *b*) os valores auferidos pelo filho maior de 16 anos no exercício de atividade profissional e os bens adquiridos com tais recursos; *c*) os bens deixados ou doados ao filho, sob a condição de não serem usufruídos ou administrados pelos pais; e *d*) os bens que aos filhos couberem na herança, quando seus pais forem excluídos da sucessão por indignidade ou deserdação.

Compete, ainda, aos pais, e na falta de um deles (em razão de morte, interdição etc.) ao outro, representar os filhos menores de 16 anos e assisti-los, se maiores de 16 e menores de 18 anos, até serem emancipados ou alcançarem a maioridade.

Os pais devem decidir em comum as questões relativas aos filhos e aos seus bens, e, se houver discordância, qualquer deles poderá recorrer às vias judiciárias para obter a solução necessária (CC, art. 1.690), resguardando o interesse da prole.

---

468. Caio M. S. Pereira, op. cit., p. 289.

469. Caio M. S. Pereira, op. cit., p. 121, 287-8. Sobre os direitos do menor consulte: Código Civil, arts. 1.690, 1.691, 1.692, 1.693, 1.696, 1.705 e 1.711; Lei n. 8.069/90; sem olvidar a obra de Paulo Lúcio Nogueira, *Estatuto da Criança e do Adolescente comentado*, São Paulo, Saraiva, 1991.

Quadro Sinótico

Efeitos jurídicos patrimoniais do matrimônio

1. **DIREITOS E DEVERES DOS CÔNJUGES NA ORDEM PATRIMONIAL**	• Relações econômicas subordinadas ao regime matrimonial de bens	• Conceito de regime matrimonial	• É o conjunto de normas aplicáveis às relações e interesses econômicos resultantes do casamento. É o estatuto patrimonial dos consortes.	
		• Princípios fundamentais do regime de bens	• Variedade de regime de bens. • Liberdade dos pactos antenupciais (CC, arts. 1.639, 1.640, parágrafo único, e 1.655; exceção: CC, art. 1.641, I a III). • Mutabilidade justificada do regime adotado (CC, art. 1.639, § 2º). • Imediata vigência na data da celebração do casamento.	
		• Regime da comunhão parcial	• Conceito	• Para Silvio Rodrigues, é aquele que exclui da comunhão os bens que os consortes possuem ao casar ou que venham a adquirir por causa anterior e alheia ao casamento, e que inclui na comunhão os bens adquiridos posteriormente.
			• Bens incomunicáveis	• Constituem o patrimônio pessoal da mulher ou do marido (CC, arts. 1.659 e 1.661).
			• Bens comunicáveis	• Integram o patrimônio comum do casal (CC, art. 1.660).
			• Responsabilidade pelos débitos	• CC, arts. 1.659, III, 1.663, § 1º, 1.666 e 1.664.

1. **DIREITOS E DEVERES DOS CÔNJUGES NA ORDEM PATRIMONIAL**	• Relações econômicas subordinadas ao regime matrimonial de bens	• Regime da comunhão parcial	• Administração dos bens	• Compete ao casal gerir os bens comuns e a cada consorte administrar os próprios bens, mas nada impede que se convencione em pacto antenupcial que ao marido caiba a administração dos bens particulares da mulher (CC, arts. 1.663, §§ 2º e 3º, e 1.665).
			• Dissolução do regime	• Morte de um dos cônjuges. • Separação. • Divórcio. • Nulidade ou anulação do casamento.
		• Regime da comunhão universal	• Conceito	• É aquele em que todos os bens dos cônjuges, presentes ou futuros, adquiridos antes ou depois do casamento, tornam-se comuns, constituindo uma só massa, tendo cada cônjuge o direito à metade ideal do patrimônio comum, havendo comunicação do ativo e do passivo, instaurando-se uma verdadeira sociedade.
			• Princípios	• Tudo o que entra para o acervo de bens do casal fica subordinado à lei da comunhão. • Torna-se comum tudo o que cada consorte adquire. • Os cônjuges são meeiros.
			• Bens incomunicáveis	• CC, arts. 1.668, 1.848 e 1.669; Lei n. 9.610/98, art. 39; CPC, art. 674, § 2º, I.
			• Administração	• Compete aos cônjuges administrar o patrimônio comum.
			• Extinção da comunhão universal	• Morte de um dos consortes. • Sentença de nulidade ou anulação do casamento. • Separação. • Divórcio.

1. DIREITOS E DEVERES DOS CÔNJUGES NA ORDEM PATRIMONIAL	• Relações econômicas subordinadas ao regime matrimonial de bens	• Regime de participação final dos aquestos	• Conceito	• É aquele em que há formação de massas particulares incomunicáveis durante o casamento, mas que na dissolução da sociedade conjugal tornam-se comuns, pois cada cônjuge é credor da metade do que o outro adquiriu onerosamente na constância do matrimônio (CC, arts. 1.672 e 1.682).
			• Administração	• Cada cônjuge administra os bens que possuía ao casar e os adquiridos, gratuita ou onerosamente, na constância do matrimônio (CC, arts. 1.673, parágrafo único, 1.656 e 1.647, I).
			• Responsabilidade pelo passivo	• Cada um responde por seus débitos exceto se provar que reverteram em proveito do outro (CC, arts. 1.677, 1.678 e 1.686).
			• Dissolução da sociedade conjugal	• Provocam-na a morte de um dos cônjuges, separação ou divórcio. • Apuração do montante dos aquestos (CC, arts. 1.674, 1.675, 1.676, 1.683, 1.684 e 1.685).
		• Regime de separação de bens	• Conceito	• É aquele em que cada consorte conserva, com exclusividade, o domínio, a posse e a administração de seus bens presentes e futuros e a responsabilidade pelos débitos anteriores e posteriores ao casamento.

1. **DIREITOS E DEVERES DOS CÔNJUGES NA ORDEM PATRIMONIAL**	• Relações econômicas subordinadas ao regime matrimonial de bens	• Regime de separação de bens	• Espécies	• Legal, se imposto pela lei (CC, art. 1.641).	
				• Convencional	• Pode ser: *absoluta*, se estabelecer a incomunicabilidade de todos os bens adquiridos antes e depois do casamento, inclusive frutos e rendimentos, ou *relativa*, se a separação se circunscrever apenas aos bens presentes, comunicando-se os frutos e rendimentos futuros (CC, art. 1.687).
			• Mantença da família	• Cabe ao casal (CC, art. 1.688) com os rendimentos de seus bens na proporção de seu valor, salvo estipulação em contrário no pacto antenupcial.	
			• Administração	• Cada consorte administrará o que lhe pertence, sendo que não dependerá da anuência do outro para alienar bens imóveis (CC, arts. 1.687 e 1.647, I). Porém, nada obsta a que, no pacto antenupcial, se estipule que caiba ao marido administrar os bens da mulher (CC, arts. 1.639 e 1.688), caso em que a mulher passa a ter hipoteca legal sobre os imóveis do marido (CC, art. 1.489, I). A mulher poderá até constituir seu marido como procurador (CC, art. 1.652, II), para que ele administre seus bens (*RT*, *93*:46; *AJ*, *94*:437).	

1. **DIREITOS E DEVERES DOS CÔNJUGES NA ORDEM PATRIMONIAL**	• Relações econômicas subordinadas ao regime matrimonial de bens	• Regime de separação de bens	• Normas jurídicas sobre a separação de bens	• *RT*, *188*:640, *196*:283. • LINDB, art. 10, § 1º, com redação da Lei n. 9.047/95, art. 7º, § 5º; Lei n. 6.515/77, art. 43.
			• Dissolução desse regime	• Com o término da sociedade conjugal por separação ou divórcio, cada consorte retira seu patrimônio, e, por morte de um deles, o sobrevivente entrega aos herdeiros do falecido a parte deste, e, se houver bens comuns, os administrará até a partilha.
	• Doações antenupciais	• Conceito	• São doações recíprocas, ou de um ao outro nubente, ou por terceiro, mesmo feitas por pacto antenupcial, ou por escritura pública se relativas a imóveis, ou por instrumento particular, se alusivas a móveis, desde que não excedam à metade dos bens do doador, com exceção dos casos de separação obrigatória de bens, em que não se admite nem mesmo doação *causa mortis* (*RT, 130*:688; CC, arts. 546, 1.668, IV, 541, 544 e 1.845).	
		• Pressupostos	• Realização de evento futuro e incerto: casamento (CC, arts. 546, 1.647, parágrafo único, e 1.668, IV). • Não requer aceitação expressa do donatário. • Não se revogam por ingratidão (CC, art. 564, IV). • Não pode ser subordinada à condição de valerem após a morte do doador (CC, arts. 426 e 1.655) (doações *causa mortis* eram previstas no CC de 1916, art. 314 e parágrafo único).	

<table>
<tr>
<td rowspan="2">1. DIREITOS E DEVERES DOS CÔNJUGES NA ORDEM PATRIMONIAL</td>
<td>• Administração da sociedade conjugal</td>
<td>• Compete aos cônjuges, durante a constância do casamento, gerir os bens comuns e certos bens particulares, em virtude do regime matrimonial adotado, ou de pacto antenupcial (CC, art. 1.567), podendo qualquer deles, pelos arts. 1.649 e 1.650, do CC, anular os atos praticados, abusivamente, pelo outro na administração dos bens. Assume um dos cônjuges a direção da sociedade conjugal, passando a ter a administração do casal nos casos do art. 1.570 do CC, só podendo alienar os imóveis comuns e os móveis e imóveis do outro mediante autorização especial do juiz, exercendo, ainda, sozinho o poder familiar.</td>
</tr>
<tr>
<td>• Restrições à liberdade de ação dos cônjuges para preservar patrimônio familiar</td>
<td>• a) Qualquer que seja o regime de bens, tanto o marido como a mulher não podem sem a autorização um do outro:
— Alienar ou gravar de ônus real imóveis (CC, art. 1.647, I).
— Pleitear como autor ou réu acerca de bens e direitos imobiliários (CC, art. 1.647, II).
— Prestar fiança ou aval (CC, art. 1.647, III).
— Alugar prédio urbano residencial por prazo igual ou superior a 10 anos (Lei n. 8.245/91, art. 3º).
— Fazer doação, não sendo remuneratória, com os bens comuns ou que possam integrar futura meação (CC, art. 1.647, IV).
• b) A mulher não podia contrair obrigações que pudessem importar em alheação dos bens do casal; essa restrição vem perdendo sua importância ante o disposto na Lei n. 4.121/62, art. 3º, e no Código Civil, que iguala os direitos e deveres dos cônjuges.
• c) Quando um dos consortes negar injustamente a autorização ou não puder dar seu consentimento, o outro poderá requerer suprimento judicial da autorização (CC, arts. 1.647 e 1.648; CPC, art. 74).
• d) Há atos patrimoniais, como os arrolados no CC, arts. 1.642 e 1.643, que os cônjuges podem praticar independentemente de autorização marital ou uxória.
• e) A Lei n. 8.009/90 dispõe sobre a impenhorabilidade do único imóvel residencial da família.</td>
</tr>
</table>

1. DIREITOS E DEVERES DOS CÔNJUGES NA ORDEM PATRIMONIAL	• Impenhorabilidade do único imóvel residencial da família	• Lei n. 8.009/90.	
	• Instituição do bem de família	• CC, arts.1.711 a 1.722.	
	• Dever recíproco de socorro	• Conceito	• É o que incumbe a cada consorte em relação ao outro de ajudá-lo economicamente, abrangendo o sustento e a prestação de alimentos.
		• Dever de sustento	• Cabe aos cônjuges (CC, arts. 1.565 e 1.568) contribuir para as despesas do casal com o rendimento de seu trabalho e de seus bens na proporção de seu valor, mesmo se o regime for o da separação de bens, salvo estipulação em contrário no pacto antenupcial (CC, art. 1.688).
		• Prestação de alimentos	• É devida na separação de fato, extrajudicial ou judicial. Para garantir o cumprimento da obrigação de pagar pensão alimentícia, o beneficiário poderá lançar mão dos meios previstos no CPC, arts. 529 e 912, c/c a Lei n. 1.046/50, art. 3º, IV; Dec.-Lei n. 3.200/41, art. 7º, parágrafo único; CF/88, art. 5º, LXVII, c/c o CPC, arts. 528, § 3º; Lei n. 6.515/77, art. 21.

<table>
<tr><td>1. DIREITOS E DEVERES DOS CÔNJUGES NA ORDEM PATRIMONIAL</td><td>• Direito sucessório do cônjuge sobrevivente</td><td>• O cônjuge sobrevivente, além de ser herdeiro necessário, concorre na ordem de vocação hereditária, com descendentes e ascendentes (CC, arts. 1.829, 1.830 e 1.845) e, faltando descendente e ascendente, ser-lhe-á deferida a sucessão (CC, art. 1.838).
• O consorte supérstite, casado sob o regime da comunhão, continua na posse dos bens até a partilha, desde que estivesse convivendo com o de cujus ao tempo de sua morte ou fosse inocente na separação, tendo a prerrogativa de ser nomeado inventariante.
• O cônjuge sobrevivente tem direito real de habitação, se observados os requisitos do art. 1.831 do CC.</td></tr>
<tr><td>2. RELAÇÕES ECONÔMICAS ENTRE PAIS E FILHOS (CC E LEI N. 8.069/90)</td><td colspan="2">• Ambos os cônjuges deverão sustentar os filhos (CC, arts. 1.634, 1.566, IV, e 1.568) até que atinjam a maioridade.
• Aos pais incumbe a prestação de alimentos aos filhos.
• Os pais devem administrar os bens do filho menor, não tendo poder de disposição, salvo autorização judicial, devendo prestar contas de sua gerência quando o filho for emancipado ou atingir a maioridade.
• O juiz nomeará curador especial para gerir os bens do menor se houver colisão dos interesses dos pais com os do filho (CC, art. 1.692).
• Os pais têm o usufruto dos bens do filho enquanto este estiver sob o poder familiar (CC, arts. 1.689 e 1.693).</td></tr>
</table>

7. Dissolução da sociedade e do vínculo conjugal

A. Casos de dissolução da sociedade conjugal e do casamento

O fato de o Presidente da República, mediante a Emenda Constitucional n. 8, de 14 de abril de 1977, com base no Ato Institucional n. 5, ter suspendido a vigência do dispositivo constitucional que previa o *quorum* de 2/3 para a alteração da Constituição, autorizando que as modificações constitucionais derivassem do pronunciamento da mera maioria, foi uma vitória para os adeptos do divórcio, que, assim, conseguiram a aprovação da Emenda Constitucional n. 9, de 28 de junho de 1977, instituindo o divórcio no Brasil. Regulamentou-o a Lei n. 6.515, de 26 de dezembro de 1977[470].

---

470. *Vide* Silvio Rodrigues, *O divórcio e a lei que o regulamenta,* São Paulo, Saraiva, 1978, p. 8; Wilson de Andrade Brandão, *Divórcio e separação judicial*, São Paulo, Freitas Bastos, 1996; Sebastião Amorim e Euclides de Oliveira, *Separação e divórcio — Teoria e prática*, São Paulo, LEUD, 1999; Carlos Alberto Bittar e Carlos Alberto Bittar Filho, Direito civil constitucional, cit., p. 68-99; Inacio de Carvalho Neto, *Separação e divórcio — teoria e prática*. Curitiba, Juruá, 2005; Zeno Veloso, *Separação, extinção de união estável, divórcio, inventário e partilha consensuais de acordo com o novo CPC*, Anoreg, Belém, Pará, 2016; Marcelo Truzzi Otero (Dualidade da dissolução do casamento, *Tribuna do Direito*, novembro de 2004, p. 8) observa que: "O Código de 2002 manteve o sistema dual de dissolução do casamento, perdendo excelente oportunidade de contribuir para o desafogo do Poder Judiciário. Isso porque não mais se justifica a manutenção desse sistema; exigência burocrática, onerosa e, porque não dizer, atentatória ao desejo da Constituição Federal. Abolir a separação judicial e franquear aos cônjuges o caminho direto do divórcio, sem submeterem-se à separação fática ou judicial

Essa lei passou a regular os casos de dissolução da sociedade conjugal e do casamento, revogando os arts. 315 a 328 do Código Civil de 1916. Seguindo a esteira daquela Lei, o atual Código Civil, cuidando, especificamente, da sociedade conjugal, dispôs, no seu art. 1.571, que essa sociedade termina (*a*) pela morte de um dos cônjuges; (*b*) pela anulação do casamento; (*c*) pela separação judicial ou extrajudicial (CPC, art. 733); e (*d*) pelo divórcio. Acrescenta, no § 1º, que "o casamento válido somente se dissolve pela mor-

---

é o caminho ideal. A dualidade na dissolução do casamento encontra justificativa na possibilidade de reconciliação do casal que, até o divórcio, pode ser formalizada ao juízo da separação, que oficiará o registro civil acerca do restabelecimento do casamento. Mesmo não dispondo de números estatísticos, o cotidiano forense revela-nos um número reduzidíssimo de casais que se reconciliam após a separação judicial, tornando insubsistente a razão do sistema dual. Quem desejar a reconciliação que se case novamente. Associado a isto, o custo desta dualidade revela-se injustificável para o Estado, que se vê obrigado aos encargos de um processo; para os cônjuges, onerados com contratação de advogados e com o pagamento de elevadas taxas judiciárias; e também para os jurisdicionados em geral, que sofrem com a lentidão na prestação da tutela jurisdicional em causas relevantes, eis que o Poder Judiciário 'perde' parte de seu tempo com burocracias, a exemplo das conversões de separações em divórcio que serão apenas chanceladas pelo Judiciário. Diz-se que as conversões serão chanceladas pelo Judiciário porque o deferimento delas está condicionado a um único requisito: o transcurso do prazo legal. Preenchido este, o pedido será acolhido, independentemente das eventuais pendências existentes entre cônjuges (...).

O mérito do divórcio, a distingui-lo da separação judicial, é abrir aos cônjuges a possibilidade de novas núpcias. Condicioná-lo ao adimplemento das obrigações assumidas na separação constitui um estímulo à união estável e não ao casamento, em afronta ao parágrafo 3º, do artigo 226, da Constituição Federal (...).

Curioso notar que mesmo sentenciado o processo, o procedimento mantém-se burocrático e demorado, visto que o interessado ainda aguardará a publicação da sentença, o seu trânsito em julgado para, enfim, solicitar o mandado de averbação, a ser confeccionado pela serventia e assinado pelo juiz, assinatura esta a ser reconhecida autêntica pelo oficial do cartório onde tramitou o processo. É burocracia demais, custos demais, tempo demais para um único fim: extinguir o vínculo do casamento. O melhor é abolir a separação judicial. Nada obstante, persistindo a opção do legislador pelo sistema dual, o caminho a ser trilhado será retirar do Poder Judiciário a apreciação dos pedidos de conversão de separação em divórcio, assegurando aos interessados a opção de requererem a conversão da separação em divórcio diretamente ao Registro Civil que fiscalizaria o lapso temporal indispensável ao pedido. Preenchido este, o próprio Registro Civil comunicaria o outro cônjuge a conversão. Esta solução, que não é a solução ideal, é desburocratizante, barata e ágil. O que não se concebe é as partes aguardarem mais de 60 dias para obterem o divórcio indireto oriundo de um pedido conjunto porque, se for litigioso o pedido, o prazo será maior. Tornar a conversão da separação em divórcio um procedimento administrativo extrajudicial ou simplesmente acabar com a separação judicial, franqueando as partes o divórcio direto, são propostas merecedoras de reflexão, não como solução definitiva, mas como paliativo eficiente ao atoleiro em que se encontra o Judiciário". *Vide* Súmula vinculante do STF n. 18.

te de um dos cônjuges ou pelo divórcio, aplicando-se a presunção estabelecida neste Código quanto ao ausente". Com isso veio a resolver o problema da ausência de um dos cônjuges, pois, pelo Código de 1916, a presunção do óbito do consorte ausente impedia que o outro convolasse novas núpcias: estas apenas poderiam dar-se desde que houvesse ação judicial de dissolução do vínculo. A sociedade conjugal termina, portanto, com a separação (judicial ou extrajudicial), e o vínculo matrimonial com a morte de um dos cônjuges, invalidade do casamento, divórcio e presunção de óbito do consorte declarado ausente. Engloba, portanto, na mesma disposição os casos de dissolução do casamento e da sociedade conjugal, distinguindo, dessa forma, a sociedade conjugal e o casamento.

O casamento é, sem dúvida, um instituto mais amplo que a sociedade conjugal, por regular a vida dos consortes, suas relações e suas obrigações recíprocas, tanto as morais como as materiais, e seus deveres para com a família e a prole. A sociedade conjugal, embora contida no matrimônio, é um instituto jurídico menor do que o casamento, regendo, apenas, o regime matrimonial de bens dos cônjuges, os frutos civis do trabalho ou indústria de ambos os consortes ou de cada um deles. Daí não se poder confundir o vínculo matrimonial com a sociedade conjugal[471].

A *morte* real ou presumida de um dos consortes não dissolve apenas a sociedade conjugal, mas também o vínculo matrimonial, de maneira que o sobrevivente poderá convolar novas núpcias.

Como observa Lafayette, a sentença de *nulidade* do casamento torna-o írrito desde o momento de sua celebração (CC, art. 1.563, 1ª parte), logo, não é modo de dissolução da sociedade conjugal, pois tão somente declara que tal sociedade nunca existiu. A sentença de nulidade do casamento que dissolve a sociedade conjugal é a que declara inválido um casamento putativo, o qual produz efeitos civis até a decretação da nulidade[472]. A *anulabilidade* do matrimônio não pode ser tecnicamente considerada como modo de dissolução do vínculo conjugal, uma vez que a sentença de anulação não apaga todos os efeitos produzidos, não destrói o casamento com efeito retroativo[473]. Sem embargo desse entendimento, poder-se-á dizer que a decisão judicial que decre-

---

471. Pinto Ferreira, Divórcio no Brasil, in *Enciclopédia Saraiva do Direito*, v. 29, p. 137. *Vide* PL n. 507/2007 (apensado ao PL n. 505/2007), sobre separação; e PL n. 1.690/2007 (apensado ao PL n. 1.415/2003, que, por sua vez, foi apensado na PL n. 5.696/2001, que segue em tramitação) que visa criar o Juizado Especial de Família.

472. Orlando Gomes transcreve esta opinião de Lafayette Rodrigues Pereira, in *Direito*, cit., p. 235.

473. Orlando Gomes, *Direito*, cit., p. 233.

ta a nulidade e a anulabilidade do matrimônio põe fim à sociedade conjugal e ao vínculo matrimonial, de modo que os ex-consortes poderão contrair novo casamento[474], mas não prejudicará a aquisição de direitos, a título oneroso, por terceiros de boa-fé, nem a resultante de sentença transitada em julgado (CC, art. 1.563, 2ª parte). E, além disso, havendo decretação de nulidade absoluta ou relativa do matrimônio, a guarda dos filhos comuns deverá ser entregue ao genitor que apresentar melhores condições para assumir sua educação ou para formá-los moral ou intelectualmente, ou a quem o juiz entender idôneo para tanto, verificando o grau de parentesco e a relação de afetividade com os menores, ou, ainda, a estranho, se, havendo motivos graves, isso for necessário para atender ao superior interesse dos menores (CC, art. 1.587). E se o genitor guardião vier a casar-se novamente, não perderá o poder familiar em relação àqueles filhos, nem a guarda, a não ser que não sejam tratados de forma conveniente por ele ou pelo seu novo cônjuge, caso em que o juiz deferirá a guarda a pessoa idônea da família ou a estranho (CC, art. 1.588).

A *separação extrajudicial* ou a *judicial* dissolve a sociedade conjugal, mas conserva íntegro o vínculo, impedindo os cônjuges de convolar novas núpcias, pois o vínculo matrimonial, *se válido,* só termina com a morte real ou presumida de um deles ou com o divórcio.

O *divórcio,* em razão de fatos supervenientes ao casamento válido, dissolve tanto a sociedade conjugal como o vínculo matrimonial, autorizando os consortes a se casar novamente.

---

474. W. Barros Monteiro, op. cit., p. 194; Cahali, Casamento civil, in *Enciclopédia Saraiva do Direito,* v. 13, p. 412; Rafael José N. de Lazari, O fim do foro privilegiado da mulher nas ações de divórcio, anulação de casamento e reconhecimento ou dissolução de união estável: inconstitucionalidade à vista no novo Código de Processo Civil, *Revista Síntese — Direito de Família, 68*:60-72. *Vide* Provimento n. 516 do Conselho Superior da Magistratura de São Paulo. O Projeto de Lei n. 699/2011 visa alterar a redação do art. 1.563 para: "A sentença que decretar a nulidade ou a anulação do casamento retroagirá à data de sua celebração, sem prejudicar o direito dos filhos comuns, nem a aquisição de direitos, a título oneroso, por terceiros de boa-fé, nem a resultante de sentença transitada em julgado". A sugestão aqui é de Zeno Veloso. Diz ele que "o art. 1.563, ao determinar os efeitos *'ex tunc'* da invalidação do casamento, deve englobar as duas espécies de invalidade: nulidade e anulabilidade. Pretende-se, ainda, com a emenda, deixar expresso que a invalidação do casamento dos pais não prejudica a situação dos filhos, o que já se pode deduzir de outras regras, mas nada custa — e convém — deixar consignado nesta, que trata diretamente da questão". O Parecer Vicente Arruda assim se manifestou a respeito ao comentar o Projeto de Lei n. 6.960/2002 (atual PL n. 699/2011), que continha tal proposta: "O Projeto visa explicitar que os efeitos *ex tunc* da invalidação do casamento englobam quer a nulidade quer a anulabilidade. Por outro lado, a proteção dos filhos já está prevista no art. 1.561".

Percebe-se que pode haver dissolução da sociedade conjugal sem a do vínculo matrimonial, mas todo rompimento do vínculo acarreta, obrigatoriamente, o da sociedade conjugal.

O PEC n. 33/2007 (ora arquivado), sobre separação e divórcio, visou atualizar o § 6º do art. 226 da CF com o escopo de suprimir os requisitos de um ano de separação ou de dois anos de separação de fato para a concessão do divórcio; o PEC n. 28/2009 propôs emenda constitucional (EC n. 66/2010) que facilita a dissolução do casamento pelo divórcio extinguindo os requisitos para o divórcio ao eliminar os prazos de separação judicial e separação de fato e a discussão da culpa dos cônjuges pela falência do casamento. A aprovação dessa EC n. 66/2010, alterando o art. 226, § 6º, da CF, trouxe substancial reformulação no sistema de dissolução do casamento e muita polêmica.

Há posicionamento, liderado por Luiz Felipe Brasil Santos, entendendo que tal emenda constitucional nada alterou, permanecendo a separação e prazos até que haja revogação dos artigos do Código Civil (TJRS, Apelação Cível 70040795247, 8ª Câmara Cível, Rel. Des. Luiz Felipe Brasil Santos, j. 7-4-2011; TJRS, Apelação Cível 70040844375, 8ª Câmara Cível, Rel. Des. Luiz Felipe Brasil Santos, j. 7-4-2011).

Há quem ache, como alguns membros do IBDFAM (Enunciado Programático n. 1), que o instituto da separação não mais existe no direito brasileiro e que todas as normas a ele atinentes foram revogadas implicitamente, consequentemente todos os processos de separação em andamento, principalmente os propostos após 14-7-2010, não deverão ter seu mérito apreciado, por haver carência das ações que perderam o objeto por haver impossibilidade jurídica do pedido (CPC, art. 485, VI), pois a superveniência de fato extintivo do direito, objeto da ação, deve ser reconhecida de ofício pelo magistrado (CPC, art. 493). Se assim é, tal ação poderá não ser extinta, operando-se, de imediato, sua conversão em divórcio, salvo se houver expressa oposição de ambos os separandos. Maria Berenice Dias entende, ainda, que se o processo de separação encontrar-se em grau de recursos, este não deverá ser julgado, visto que os autos deverão retornar à origem, para que haja decretação do divórcio pelo juízo singular[475]. Para essa corrente, se

475. Cristiano Chaves de Faria, Redesenhando os contornos da dissolução do casamento, *Afeto, ética, família e o novo Código Civil* (coord. R. da Cunha Pereira), Belo Horizonte, Del Rey, 2004, p. 118; Bianca Ferreira Papin, PEC do divórcio põe fim à discussão sobre culpa, *Revista IOB de Direito de Família*, *59*:7-12; Magno F. Gomes e Anoska W. de M. Normand, Emenda Constitucional n. 66/2010: o divórcio e a extinção da separação, *Revista Síntese — Direito de Família*, *83*:54-78; Luiz Carlos de Assis Jr., A inviabili-

o notário lavrar escritura pública de separação, esta não terá validade, por estar eivada de nulidade absoluta, por impossibilidade jurídica do objeto, aplicando-se o art. 166, II, do Código Civil.

Com a nova redação do art. 226, § 6º, da Carta Magna, dada pela EC n. 66/2010, há interpretação, por nós seguida, de que as normas relativas à separação judicial ou extrajudicial poderão *perder sua eficácia social, apesar de continuarem válidas e vigentes*, por serem leis especiais e por não conflitarem com o comando constitucional, que tão somente se refere a uma das formas de dissolução do vínculo matrimonial, que é o divórcio. Assim sendo, as normas do Código Civil e as do Código de Processo Civil e as leis extravagantes alusivas à se-

---

dade da manutenção da separação como requisito para o divórcio frente à autonomia privada, *Revista IOB de Direito de Família, 59*:16-30; Marlus Garcia do Patrocínio, PEC 28/2009 e a nova regra para o divórcio, *Revista IOB*, cit., 59:33-4; Maria Berenice Dias, EC 66/10 — E agora?, in http://www.cnbsp.org.br/print/noticiasaspx?!newsID=2676&-tipocategoria=1; Rodrigo da Cunha Pereira, Liberdade, ainda que tardia, *Boletim IBDFAM, 64*:3-6; Carolina V. Ferraz, George Salomão Leite e Glauber Salomão Leite (coord.), *O novo divórcio no Brasil*, Salvador, Ed. JusPodivm, 2011; Francisco V. Lima Neto, Primeiras observações sobre o novo divórcio no Brasil, *Revista Brasileira de Direito Comparado, 39*:109-14 ; Felipe C. de Almeida, Manutenção da separação judicial pelo novo CPC e o panorama atual frente à Emenda Constitucional n. 66/2010, *Revista Síntese – Direito de Família, 101*:225-248; O novo Código de Processo Civil e as ações de família: Emenda Constitucional n. 66/2010 e a confirmação de manutenção da separação judicial no ordenamento brasileiro, *Revista Síntese – Direito Civil* e *Processual Civil, 97*:468-492; Flávio Tartuce, Da infeliz manutenção da separação de direito no novo CPC, *Revista Síntese – Direito de família, 104*:20 a 24.Nesse sentido: "A despeito da Emenda Constitucional n. 66/2010 ter efetivamente retirado o instituto da separação judicial do mundo jurídico, os efeitos jurídicos daquelas separações ocorridas anteriormente à entrada em vigor da referida Emenda subsistem. Os efeitos jurídicos, de fato e de direito, da separação judicial, devidamente homologados e concretizados de acordo com a legislação vigente à sua época continuarão regidos pela decisão judicial anterior, baseada, repita-se, na Lei então em vigor" (Agravo de Instrumento n. 1.0313.06.205550-1/001, rel. Des. Geraldo Augusto, 1ª Câmara Cível, j. 1-2-2010, public. 18-2-2011). "Ante a alteração da Constituição e a não recepção do instituto da separação judicial, restaria violado o princípio do acesso a uma ordem jurídica e célere (incisos XXXV e LXXVIII do art. 5º da CF), se findo o processo com a extinção do feito por falta de interesse de agir ou a improcedência do pedido, devendo o julgamento adequar-se ao novo ordenamento jurídico decorrente da manifestação do Poder Constituinte Derivado. Recurso provido" (TJSP, Agravo de Instrumento n. 990.10.357301-3, rel. Caetano Lagrasta, 8ª Câmara de Direito Privado, j. 10-11-2010); TJDF: "A aprovação da PEC 28 de 2009, que alterou a redação do artigo 226 da Constituição Federal, resultou em grande transformação no âmbito do direito de família ao extirpar do mundo jurídico a figura da separação judicial. A nova ordem constitucional introduzida pela EC 66/2010, além de suprimir o instituto da separação judicial, também eliminou a necessidade de se aguardar o decurso de prazo como requisito para a propositura de ação de divórcio. Tratando-se de norma constitucional de eficácia plena, as alterações introduzidas pela EC 66/2010 têm aplicação imediata, refletindo sobre os feitos de separação em curso. Apelo conhecido e provido" (Apelação Cível 260894220108070001-DF, 6ª Turma Cível, rel. Ana Maria Duarte Amarante Brito, j. 29-9-2010).

paração continuarão vigorando até que lei ordinária especial as revogue, regulamentando de forma diversa a nova situação engendrada pela reforma constitucional, embora possam perder seu suporte eficacial, em virtude da supressão da necessidade de prévia separação (judicial ou extrajudicial) e do prazo de carência de um ano e do de dois anos de separação de fato como requisitos para a obtenção do divórcio, levando à economia de tempo, à desburocratização da separação de casais desafetos e à redução de volume de processos, evitando não só acréscimo de despesas com honorários advocatícios, custas processuais e lavratura de duas escrituras, como também o desgaste emocional dos cônjuges e da prole e agilizando a possibilidade de convolar novas núpcias. Diante de tantas vantagens, a ineficácia social daquelas normas tornar-se-á uma realidade[476].

476. Consulte: Walter Ceneviva, A retirada de uma parte da lei não pode revogar lei anterior, http://www.aasp.org.br/aasp/imprensa/clipping/clinoticia.asp?idnot=8085; Regina Beatriz Tavares da Silva, Nova Lei do Divórcio não protege a família, http://www.cnbsp.org.br/print/noticias.aspx?NewID=2677&tipo categoria=1; *A Emenda Constitucional do divórcio*, São Paulo, Saraiva, 2011, Divórcio e separação diante da EC 66/2010, *Revista de Direito Notarial*, n. *4*:35-68; Ibrahim F. de C. Madeira Filho, Inovação do divórcio não extinguiu separação judicial, *Jornal Nossa Folha*, 27-8-2010, p. 3, Tietê, São Paulo; Carlos Alberto Ferriani, Dos efeitos da Emenda Constitucional n. 66, de 13 de julho de 2010, em relação ao divórcio e à separação. *Informativo IASP, 90*:225. Nesse sentido: Colégio Notarial do Brasil — seção São Paulo — orientação sobre a vigência da Emenda Constitucional n. 66, publicada em 15-7-2010 — relativa ao divórcio e separação extrajudiciais; Sentença estrangeira contestada 5.302 — EX 2010/00698659, Corte Especial, Rel. Min. Nancy Andrighi, j. 12-5-2011; TJSP, AI 990.10.510843-1, 6ª Câmara de Direito Privado, Rel. Des. Roberto Solimene, j. 28-42011; TJSP, AI 0315932-09.2010.8.26.0000, 10ª Câmara de Direito Privado, rel. Des. Octávio Helene, j. 14-6-2011; TJMG, ApC 1.0024.09.513692-5/002 (1), 1ª Câmara Cível, rel. Des. Alberto Vilas Boas, j. 29-3-2011; TJMG, ApC 1.0024.11.006738-6/001, 4ª Câmara Cível, rel. Des. Heloisa Combat, j. 7-4-2011; TJMG, ApC 1.0105.10.004302-2/001, 2ª Câmara Cível, rel. Des. Roney de Oliveira, j. 28-6-2011; TJMG, ApC 1.0153.11.000952-6/001, rel. Des. Brandão Teixeira, j. 28-2-2012; TJMG, ApC 1.0720.11.006098-8/001, rel. Des. Alberto Vilas Boas, j. 4-12-2012; TJMG, ApC 10693.12.012320-5/001, rel. Des. Barros Levenhagem, j. 23-5-2013; TJSC, ApC 2008.021819-9, 1ª Câmara de Direito Civil, rel. Des. Joel Figueira Júnior, j. 5-5-2011; TJRS, AI 70038704821, 7ª Câmara Cível, rel. Des. André Luiz Planella Villarinho, j. 23-2-2011; TJRS, ApC 70039223029, 8ª Câmara Cível, rel. Des. Luiz Ari Azambuja Ramos, j. 24-2-2011; "Apelação cível. Separação judicial proposta posteriormente à vigência da EC n. 66/2010. Carência da ação por impossibilidade jurídica. Indeferimento da petição inicial. Cassação da sentença. Aplicação do princípio da causa madura. Impossibilidade. Provimento do recurso. A EC n. 66/2010, que admitiu o divórcio direto, não extirpou do ordenamento jurídico o instituto da separação judicial, regulada em legislação infraconstitucional" (TJMG, ApC 1.0693.12.012320-5/001, Comarca de Três Corações, rel. Barros Sevenhagem, j. 23-5-2013). Na CF não há norma prevendo término de sociedade conjugal nem prescrevendo a morte (real ou presumida) e a invalidação como meios de dissolução do casamento, que continuam existindo por força do Código Civil, que é a norma de ordem pública e especial, já que o princípio da especialidade está resguardado em cláusula pé-

Deveras, uma coisa é certa, diante da reforma constitucional, como para o divórcio não há mais necessidade de uma anterior separação e de observância de prazo de carência, facilitando a dissolução do vínculo conjugal, o instituto da separação está fadado a desaparecer do nosso cenário jurídico. Mas, como a EC n. 66/2010 apenas se refere à dissolução do casamento por meio do divórcio, mantidas estão as normas sobre separação, até que seja totalmente definida a situação por lei especial, pela doutrina e pela jurisprudência, esclarecendo todas as dúvidas.

Urge lembrar que a *V Jornada de Direito Civil* aprovou o seguinte Enunciado n. 514: "A EC 66/2010 não extinguiu o instituto da separação judicial e extrajudicial". Assim, também o entendeu o CPC/2015 nos arts. 693 a 699 ao traçar diretrizes do procedimento unificado para a ação de separação e divórcio e nos arts. 731 a 733 ao estabelecer o *modus procedendi* no divórcio e separação consensual, por meio de escritura pública.

Há, ou não, o instituto jurídico da separação? Isso só o tempo o dirá.

Por tais razões, acatando ao bom senso, à prudência objetiva e às regras técnicas de hermenêutica jurídica, mantivemos nesta obra a separação judicial e a extrajudicial como institutos jurídicos, apesar de as normas que a regem possam perder, e em breve, sua eficácia social, pois por não mais serem requisitos prévios para requerer o divórcio, serão utilizados com menor frequência. Deveras, apesar de não haver mais a obrigatoriedade da separação e dos requisitos temporais para obtenção do divórcio, há possibilidade jurí-

---

trea da norma constitucional, por ser a segunda parte do princípio de isonomia. Por que, então, suprimir a separação? Se a supressão de instituto jurídico produz sempre efeito *ex tunc* e jamais *ex nunc*, por que não há transformação imediata do estado civil de separado para divorciado? Não houve tão somente abolição da separação e dos prazos de carência como requisitos prévios para pleitear divórcio?

Pelo CPC, art. 23, III, há competência de autoridade brasileira com exclusão de qualquer outra, em divórcio, separação judicial ou dissolução de união estável, proceder à partilha de bens situados no Brasil, ainda que o titular seja de nacionalidade estrangeira ou tenha domicílio fora do território nacional.

As ações de família (pedidos de separação, divórcio, *reconhecimento e extinção de união estável, guarda, visitação* e *filiação*) seguem as normas do Cap. X do CPC (art. 693) aplicáveis ao processo contencioso, quando houver conflito. Havendo consenso aplicam-se os arts. 731 a 734 do CPC alusivos ao procedimento de jurisdição voluntária.

Nas ações de família e pelo disposto no CPC, art. 695, o réu será citado para comparecer à audiência de mediação e/ou conciliação.

Enunciado n. 72 do Fórum Permanente de Processualistas Civis: "O rol do art. 708 não é exaustivo, sendo aplicáveis os dispositivos previstos no Cap. X a outras ações de caráter contencioso envolvendo o direito de família (art. 693 do novo CPC).

dica de pleitear a separação em respeito às normas especiais e à liberdade de escolha do casal entre o divórcio direto ou a preliminar separação, tendo em vista interesses pessoais que, porventura, houverem, p. ex., reflexão para superar a desavença, possibilidade de reconciliação etc. E, se houver processo anterior à EC n. 66, cada órgão judicante, ouvindo as partes, poderá permitir, se estas assim quiserem, o aditamento do pedido de separação, viabilizando que postulem o divórcio direto, acatando o princípio da economia processual, ou até mesmo que peçam a paralisação temporária do processo para refletirem se o divórcio seria a melhor solução.

No decorrer de nossa exposição sobre o assunto percebemos que falar sobre dissolução da sociedade e do vínculo conjugal não comporta uma mera discussão jurídica, pois essa matéria pertence, sobretudo, à seara da sociologia, transcendendo aos limites do direito, interessando à moral, aos costumes e à educação.

B. Dissolução pela morte de um dos cônjuges

A morte de um dos consortes produz efeito dissolutório tanto da sociedade como do vínculo conjugal, fazendo cessar o impedimento para contrair novo casamento. Com tal falecimento, passa o outro cônjuge ao estado de viuvez, a que estão ligados determinados efeitos. Se é o marido que morre, p. ex., a mulher tem o direito: de continuar usando o nome do marido embora possa, independentemente de contrair novas núpcias, pedir a retificação dos assentos no Registro Civil para retirar os apelidos do marido (TJMS, 1ª Câm. Civ., RA 17.100/95, *DJ*, 11 out. 1995; *RT, 802*:361; *Bol. AASP*, n. *2.855*:12); de herdar, em concorrência com descendentes ou com ascendentes, e de receber, por herança, a totalidade de seus bens, não havendo descendentes ou ascendentes; e de casar-se após 10 meses de viuvez, a menos que tenha dado à luz algum filho antes do término desse prazo ou provado a inexistência da gravidez. Se vier a convolar novas núpcias, inalterado ficará seu poder-dever de ter consigo os filhos, que só poderão ser retirados de sua companhia por mandado judicial, desde que se comprove que não estão sendo tratados convenientemente (CC, art. 1.588).

É preciso deixar bem claro que a dissolução do casamento não só se opera com a *morte real* ou efetiva (*RF, 220*:203; *RT, 381*:103), provada mediante certidão do assento de óbito do cônjuge, ainda que a abertura do termo tenha sido feita sem atestado médico, mas também com a *morte presumida*, sem declaração de ausência, com justificação admitida pelos juízes togados, no caso do art. 88 e parágrafo único da Lei n. 6.015/73 e do art. 7º do Código Civil, ou com a declaração judicial de ausência, após a abertura da sucessão definitiva, pois para o efeito da dissolução da sociedade conjugal se aproveita a presunção de morte do ausente estabelecida no art. 6º, 2ª parte, do Código Civil. Admite-se, portanto, a morte presumida, na qual se considera alguém como falecido em virtude de seu desaparecimento por longo tempo. Todavia, será necessário lembrar que nesse ponto o Código Civil de 2002 inovou, pois no direito anterior a morte presumida de um dos consortes só produzia efeitos de ordem patrimonial ou sucessória, por mais longo que fosse o período do desaparecimento[477], não dissolvendo, portanto, o casamento, ficando o outro cônjuge num estado de semiviuvez, sem direito a nova união matrimonial, não sendo, porém, considerados "adulterinos" os filhos que porventura tivesse. Não havia no direito brasileiro qualquer ação direta para a dissolução de vínculo matrimonial por ausência do cônjuge, que mesmo declarada judicialmente não tinha o condão de produzir *ipso iure* a dissolução do casamento. O desaparecimento do cônjuge podia ser causa de separação judicial, por importar em conduta desonrosa ou grave violação dos deveres do casamento, tornando impossível a vida em comum ou em ruptura da vida em comum, impossibilitando a sua reconsti-

---

477. Cahali, Casamento civil, cit., p. 412. Viúvo tem direito à indenização pela morte da primeira mulher, mesmo que tenha convolado novas núpcias (4ª T. do STJ, j. 19-5-2000, REsp 223.545). Silvia Vassilieff (Direito à adequação do nome ao novo estado pessoal em função de viuvez e de cirurgia de inversão sexual de genital, *A outra face do poder judiciário*, coord. Giselda Maria F. Novaes Hironaka, Belo Horizonte, Del Rey, 2005, p. 5 e 6) comenta julgados entendendo que viúva pode se quiser excluir o sobrenome de seu falecido marido sob a motivação de que "a adoção do nome do marido pela viúva é direito e não dever, assistindo-lhe a faculdade de renunciá-lo com a morte do cônjuge (2ª Vara de Registro Público da Comarca de S. Paulo — autos n. 00596563-2), pois o casamento não mais existe (*RT*, *802*:361). *Bol. AASP*, *2.855*:12: "Registro civil. Retificação para a exclusão do patronímico do cônjuge falecido. Possibilidade. Sendo a morte do cônjuge causa de extinção da sociedade conjugal, é razoável a permissão de supressão de seu apelido de família. Interpretação sistemática à luz do Direito de Família, uma vez que há permissão legal ao cônjuge, em caso de separação, renunciar, a qualquer momento, ao direito de usar o sobrenome do outro. Recurso provido".

A maioria dos autores entende que o momento da dissolução do casamento do ausente é o do início da abertura da sucessão definitiva do ausente, por haver presunção de morte, ou seja, dez anos depois de transitada em julgado a sentença que concede a abertura da sucessão provisória (art. 37 do CC). Outros, por considerarem inconstitucional essa interpretação, como, p. ex., Jayme de S. Vieira Lima Filho, por afrontar a dignidade do cônjuge, propõem que se aplique o art. 28 do CC, reputando-se como falecido o ausente no momento em que se abrir a sua sucessão provisória. Consulte: Jayme de S. Vieira Lima Filho, O momento da dissolução do casamento do ausente. *Revista Brasileira do Direito de Família*, *42*:5-21.

tuição (Lei do Divórcio, art. 5º, § 1º). Após a obtenção da separação judicial, o cônjuge do ausente aguardava 1 ano e obtinha a conversão da separação em divórcio. Outrora, se o desaparecimento se dera antes de 28 de junho de 1977, independentemente de sentença declaratória de ausência, podia o outro consorte promover a ação de divórcio, provando o decurso de 5 anos de separação de fato e a sua causa (Lei do Divórcio, art. 40, § 1º — tal parágrafo, hoje, encontra-se revogado —, c/c o art. 5º, § 1º)[478]. Com o advento da

---

478. Orlando Gomes, *Direito,* cit., p. 234. O Código Civil, no art. 7º, prescreve: "Pode ser declarada morte presumida, *sem* declaração de ausência: I — se for extremamente provável a morte de quem estava em perigo de vida; II — se alguém, desaparecido em campanha ou feito prisioneiro, não for encontrado até dois anos após o término da guerra". Acrescenta no parágrafo único: "A declaração da morte presumida, nesses casos, somente poderá ser requerida depois de esgotadas as buscas e averiguações, devendo a sentença fixar a data provável do falecimento". *Vide* Cahali, *Divórcio,* cit., p. 62-6; Edísio Gomes de Matos, *Teoria e prática do divórcio,* São Paulo, Saraiva, 1978, p. 47-8; Zeno Veloso, Novo casamento do cônjuge ausente, *Revista Brasileira de Direito de Família, 23*:37-54.

Noticiou a *Tribuna do Direito*, set. 2002, p. 5: "Viúva pode restabelecer o nome de solteira desde que existam circunstâncias que justifiquem a alteração, sem prejuízos a terceiros. A conclusão inédita e unânime é da Terceira Turma do STJ. Ao casar-se em 1984, uma diplomata adotou o sobrenome do marido continuando, entretanto, a usar o de solteira no meio profissional, familiar e no exterior. Em 1996, sem filhos e com a morte do marido, ela tentou retirar judicialmente o sobrenome, invocando o artigo 109 da Lei dos Registros Públicos (6.015/73) e a Lei do Divórcio (6.515/77). Alegou ter se formado em cursos superiores com o nome de batismo, pelo qual ficou conhecida. Segundo a viúva, a manutenção do nome de casada após extinto o vínculo 'só poderia ser permitida se o retorno ao nome de solteira fosse prejudicar a sua identificação'. As instâncias ordinárias negaram o pedido. Para o TJ-DF, a opção da mulher de incorporar o nome do marido impede posterior modificação, sendo irrenunciável o direito ao nome e incabível a analogia com a Lei do Divórcio. A viúva recorreu ao STJ. O ministro Carlos Alberto Direito, relator do caso, julgou não haver impossibilidade jurídica no pedido, por não haver dispositivo legal impedindo a viúva de requerer a supressão do nome do falecido marido. 'A legislação vem abrandando o princípio de ser irrenunciável o nome', afirmou. Segundo ele, a dissolução do casamento gera para a mulher a possibilidade de retorno ao nome de solteira. 'Não há imutabilidade imposta pela lei, nem pode ser considerado irrenunciável o uso de nome que pode ser acrescido ao uso da mulher por sua vontade e mantido também por sua conveniência', concluiu Carlos Alberto Direito".

Sobre os efeitos da sentença declaratória de ausência: Mário Luiz Delgado, *Problemas de direito intertemporal*, São Paulo, Saraiva, 2004, p. 138. O Código Civil italiano, no art. 65, reza: "*Divenuta esegibile la sentenza che dichiara la morte presunta, il coniuge può contrarre nuovo matrimonio*". Pelo Projeto de Código Civil de Orlando Gomes, art. 59: "Transcorridos 3 anos do trânsito em julgado da sentença que declare morte presumida, pode seu cônjuge contrair novas núpcias". Mas, acrescentava esse mesmo Projeto no parágrafo único desse artigo que, "reaparecendo quem foi declarado morto, o segundo matrimônio será considerado nulo, mas produzirá os efeitos do casamento putativo". Havia quem achasse, como Edísio Gomes de Matos (op. cit., p. 47-8), que era possível a dissolução da sociedade conjugal por morte presumida de um dos

Carta Magna de 1988, para alguns autores, bastaria aguardar o prazo de 2 anos da separação de fato para pleitear o divórcio (CF, art. 226, § 6º), mas entendíamos, ante as alterações da Lei n. 7.841/89, que tal não se dava, visto que não havia mais possibilidade do divórcio litigioso direto; logo, havendo ausência do consorte, ao outro cônjuge só seria possível pleitear a separação judicial litigiosa aguardando 1 ano para obter o divórcio. Diante do estabelecido no Código Civil atual, art. 1.571, § 1º, tal polêmica vem a desvanecer; apesar disso, o consorte do desaparecido poderá, se não quiser aguardar a declaração da morte presumida, pleitear o divórcio, por força dos arts. 1.580, § 2º, do Código Civil (parcialmente revogado), e 226, § 6º da Constituição Federal, extinguindo o vínculo conjugal e sua condição de cônjuge, podendo, então, livremente convolar novas núpcias, por estar divorciado.

Se o cônjuge, na esperança de um possível retorno do desaparecido, vier a aguardar o reconhecimento da presunção de morte e pretendendo refazer sua vida através de um novo casamento, permitida está a morte presumida como instrução para o processo de habilitação do novo casamento do viúvo.

---

cônjuges, alegando que o art. 315, parágrafo único, do Código Civil de 1916 era expresso na vedação dessa hipótese, ao consignar na parte final a inaplicabilidade da presunção estabelecida neste Código, art. 10, 2ª parte, mas, como a Lei do Divórcio silenciou sobre esse pormenor, no art. 54, que revogou o art. 315 daquele Código Civil, havendo ausência de um dos cônjuges, presumia-se sua morte e, *ipso facto,* dava a dissolução do vínculo matrimonial. A morte presumida não autorizava, dizia ele, o divórcio, equipara-se à morte natural, para dissolver a sociedade conjugal. O cônjuge supérstite entrava no estado de viuvez e os filhos na orfandade, mas a sucessão se fazia, provisoriamente, pelo processo tradicional. Yussef Cahali (*Divórcio e separação,* cit., p. 70-1) pondera: "o novo Código não fez qualquer referência à hipótese de ocorrer que, no seu eventual regresso, encontre o ausente o seu ex-cônjuge já então casado com terceira pessoa. Nesse sentido, o artigo 36 da nova lei repetiu *ipsis literis* a regra inscrita no artigo 480 do Código de 1916, sem fazer qualquer referência à consequência do retorno do ausente em relação ao casamento de seu cônjuge com outrem: se o ausente aparecer, ou se lhe provar a existência, depois de estabelecida a posse provisória, cessarão para logo as vantagens dos sucessores nela imitidos, ficando, todavia, obrigados a tomar as medidas assecuratórias precisas, até a entrega dos bens a seu dono. Daí entender que, no sistema ora implantado em nosso direito, a declaração judicial da ausência de um dos cônjuges produz os efeitos de morte real do mesmo no sentido de tornar irreversível a dissolução da sociedade conjugal; o seu retorno, a qualquer tempo, em nada interfere no novo casamento do outro cônjuge, que tem preservada, assim, a sua plena validade. E sobre a possibilidade de considerar dissolvido o vínculo matrimonial nas hipóteses em que a lei presu- me a morte sem a declaração de ausência, como se verifica no artigo 7º do novo Código, conclui que, não obstante o § 1º do artigo 1.571, CC, faça referência apenas ao ausente, a morte presumida declarada por sentença, mesmo sem declaração de ausência, nas condições do artigo 7º, desfruta da mesma eficácia correspondente à morte real, como causa da dissolução da sociedade conjugal".

Se o presumido morto retornar e encontrar seu ex-cônjuge casado com outro, com quem constituiu uma nova família, seria válido o segundo casamento?

Com o seu aparecimento, ante a lacuna normativa, não mais haverá morte presumida, logo seus efeitos apagar-se-ão; então, nulo deverá ser, por analogia, o segundo matrimônio, com efeito de casamento putativo (LINDB, art. 4º). Deveras, viável seria tal solução, pois a sentença declaratória de morte presumida, principalmente no caso do art. 7º, apesar de ter eficácia contra todos, não produz, como diz Mário Luiz Delgado, coisa julgada material, sendo suscetível, a qualquer tempo, de revisão, desde que se encontre provas relativas à sobrevivência do desaparecido, que, retornando ao seu meio, voltará, na medida do possível, ao estado anterior, deixando aquela decisão de irradiar efeitos, retroagindo *ex tunc* à data estabelecida, judicialmente, como sendo a do seu provável óbito. Isto é assim, porque trata-se de *presunção "juris tantum"*. Mas há quem ache que se, com a declaração de morte presumida, o cônjuge pode casar-se novamente, porque o vínculo matrimonial se extinguiu, com o retorno do ex-cônjuge, válido deverá ser o segundo casamento (LINDB, art. 5º), exceto se os nubentes sabiam que o desaparecido estava vivo. Esse entendimento se firma na ideia de que uma nova família se formou e o primeiro vínculo matrimonial se desfez com a declaração de morte presumida, considerando-se o primeiro casamento como se tivesse sido dissolvido por divórcio, salvando-se a validade do segundo, que não teria o estigma de bigamia. Apenas os novos esposos, juntos ou separadamente, poderão, se quiserem, anular o segundo casamento e nada obsta a que seja confirmado pelo ex-cônjuge após ter ciência da volta do ausente. Para eliminar tal polêmica, melhor teria sido que o Código Civil contivesse dispositivo expresso a esse respeito, tornando, p. ex., irreversível a dissolução do vínculo conjugal em caso de núpcias em razão da ausência de um dos cônjuges, que produziria os efeitos de morte real.

C. Sistema de nulidades do casamento

c.1. Normas peculiares ao regime de nulidade ou anulabilidade matrimonial

O sistema de nulidades do casamento contém normas próprias que o tornam uma especialização da teoria geral das nulidades, logo, não seria prudente adotar no âmbito matrimonial, na íntegra, os princípios e critérios do regime das nulidades dos negócios jurídicos.

Sem embargo da opinião de Kelsen de que dentro da ordem jurídica não pode haver algo como a nulidade, mas apenas anulabilidade em diferentes graus, a doutrina tem mantido a distinção entre atos nulos e anuláveis, que é também aceita em direito matrimonial, com algumas alterações.

Convém recordarmos que os atos nulos ou de nulidade absoluta (CC, arts. 166 e 167) são os que, inquinados por algum vício essencial, não podem ter eficácia jurídica, ou seja, são aqueles em que falta elemento essencial (consentimento, objeto lícito, sujeito capaz, forma prescrita em lei) à sua formação ou aqueles que, apesar de possuírem os elementos essenciais, foram praticados com simulação, infração à lei, à ordem pública e aos bons costumes. Se o ato nulo não produz efeito algum, tal não ocorre com o matrimônio nulo, pois o art. 1.561, §§ 1º e 2º, do Código Civil não proclama a ausência de efeitos. O casamento nulo, mesmo sem ser putativo, acarreta efeitos (CC, art. 1.561 e § 2º) como: (*a*) comprovação da filiação; (*b*) matrimonialidade dos filhos com o reconhecimento da maternidade e da paternidade; (*c*) manutenção do impedimento de afinidade; (*d*) dissuasão de casamento da mulher nos 300 dias subsequentes à dissolução da sociedade e do vínculo conjugal pela sentença que decreta a nulidade; e (*e*) atribuição de alimentos provisionais ao cônjuge que deles precisar enquanto aguarda a decisão judicial.

Os atos anuláveis ou de nulidade relativa (CC, art. 171) são os que se acham inquinados de vício capaz de lhes determinar a ineficácia, mas que poderá ser eliminado, restabelecendo-se a normalidade do ato. Ou melhor, quando o defeito advém da imperfeição da vontade ou porque emanada de relativamente incapaz ou porque sua manifestação se encontra eivada de algum vício que a oblitere, como, p. ex., o erro, ou a coação, temos atos anuláveis. O casamento é também passível de anulação pelos motivos que invalidam os negócios jurídicos, mas sua anulabilidade, como logo mais veremos, não se rege inteiramente pelas normas atinentes às relações negociais, podendo gerar vários efeitos civis, principalmente para os filhos havidos durante o casamento (CC, art. 1.561, §§ 1º e 2º).

Com base nestas ideias, poder-se-ão fazer as seguintes distinções entre nulidade absoluta e relativa, ressaltando as peculiaridades do casamento nulo e anulável:

1) A nulidade relativa é decretada no interesse privado da vítima ou de um grupo de pessoas e a absoluta, no interesse de toda a coletividade.

2) A nulidade relativa pode ser suprida pelo magistrado a requerimento das partes, podendo ser, portanto, confirmada (CC, arts. 172 a 175), ao passo que a absoluta é insuprível, insuscetível de confirmação (CC, arts. 168 e 169, parágrafo único). No ato matrimonial há nulidades relativas que po-

dem ser convalidadas, como a que resulta de infração do art. 1.550, VI. P. ex.: o casamento perante autoridade incompetente *ratione loci* pode subsistir se celebrado por pessoa que, sem possuir a competência legal para exercer publicamente as funções de juiz de casamento, e nessa qualidade, tiver levado o ato a assento no Registro Civil, ou se decorridos dois anos de sua celebração por autoridade incompetente *ratione loci* e *ratione personae* sem que tenha sido intentada a ação de anulação (CC, arts. 1.550, VI, 1.554 e 1.560, II); o casamento nulo produz todos os efeitos como se fosse válido, se houver boa-fé de ambos ou de um dos cônjuges (CC, art. 1.561, § 1º), e se ambos estavam de má-fé os efeitos civis só aos filhos aproveitarão (CC, art. 1.561, § 2º). Assim, o matrimônio anulável pode confirmar-se pelo decurso do tempo (CC, art. 1.560), por fatos supervenientes (CC, arts. 1.550, V, 2ª parte, 1.551 e 1.559) ou pela vontade dos consortes (CC, art. 1.553). Há, no direito matrimonial, nulidade relativa sanável. Se se tratar de casamento anulável pode ser confirmado, tacitamente, pelo decurso do tempo, se não for requerido por pessoas interessadas em sua anulação no prazo previsto em lei, passando a ser válido; desaparece, consequentemente, o vício originário, portanto, jamais poderá ser dissolvido, exceto pela morte real ou presumida de um dos esposos ou pelo divórcio.

3) A nulidade relativa não pode ser decretada de ofício pelo órgão judicante; pressupõe provocação da parte (CC, art. 177). A absoluta é decretada de ofício se o juiz tiver em mãos qualquer documento que evidencie falta dos elementos essenciais (CC, art. 168, parágrafo único), porém a nulidade absoluta do casamento em hipótese alguma será decidida de ofício pelo magistrado (CC, art. 1.549). Assim, se ele vier a encontrar nos autos alguma causa de nulidade absoluta do casamento deverá comunicar o fato ao Ministério Público, para que este providencie a decretação daquela invalidade. Tanto o matrimônio nulo como o anulável requerem, para sua invalidação, pronunciamento judicial em ação ordinária (CC, arts. 1.549 e 1.559, 1ª parte), pois não opera de pleno direito a nulidade absoluta ou relativa. O juiz não pode *ex officio* declarar nulidade matrimonial, pois o casamento nulo ou anulável depende, para o reconhecimento de sua invalidade, de decisão judicial proferida em ação especialmente ajuizada para esse fim, o que não se exige dos negócios nulos em geral. Pelo Código de Processo Civil, art. 53, I, será competente o foro do domicílio do guardião do filho incapaz; do último domicílio do casal, se não houver filho incapaz, ou do domicílio do réu, se nenhuma das partes residir no antigo domicílio do casal. Dispõe o art. 189, II, do Código de Processo Civil que tal processo correrá em segredo de justiça. Admitem-se nessas causas todas as provas reconhecidas em direito, excluindo-se a confissão, que possibilitaria combinações entre os consortes

para dissolverem o casamento; a revelia, sempre suspeita nessas ações, ante o perigo do uso de via judicial para obtenção de fins ilícitos ou prática de atos simulados como prevê o art. 142 do Código de Processo Civil (CPC, arts. 344, 345, II); a testemunhal (*RT, 130*:123).

É preciso esclarecer que a ação de nulidade ou de anulação é ação de estado, sendo processada e julgada por juiz de direito; exige, ainda, a intervenção necessária do representante do Ministério Público estando em jogo interesse do incapaz, dispensando a do defensor ou curador do vínculo (*RT, 417*:130, *470*:72, *483*:176, *488*:203, *506*:88, *551*:107, *576*:110; *RF, 250*:223), que devia assistir os atos, argumentando a favor da validade do matrimônio, devendo interpor recursos em determinados casos (*RT, 294*:198, *338*:157, *354*:217, *204*:118). O Ministério Público tem autorização legal de opinar pela nulidade ou anulabilidade do casamento (*RT, 500*:105, *538*:109; *RF, 285*:224), ao passo que o curador do vínculo tinha, obrigatoriamente, de defender o matrimônio, mas já se decidiu que sua posição não era intransigente, podendo acatar posicionamento adequado à sua convicção (*RT, 506*:88 e *469*:79). Anulado era o processo que preterisse a formalidade substancial da nomeação do defensor do vínculo ou da audiência do Ministério Público (*RT, 387*:315, *287*:761, *291*:288, *374*:323; *RF, 106*:308; *JB, 141*:323; *Ciência Jurídica, 22*:94). O Código Civil não faz menção ao curador do vínculo, por não se compadecer com o princípio da razoabilidade a proteção absoluta dada ao vínculo do casamento eivado de nulidade absoluta ou relativa. A lei exigia a sua participação para reprimir ações fundadas no interesse comum dos cônjuges de obter a dissolução do vínculo, para convolar novas núpcias, quando inexistente o divórcio. Com o Código Civil em vigor não há mais a atuação do curador do vínculo matrimonial para as hipóteses de invalidação do casamento; com isso mais tênue fica a sua indissolubilidade.

O processo pode iniciar-se pelo pedido de separação de corpos ajuizado pelo autor (CC, art. 1.562; CPC, arts. 294 e parágrafo único, 300 e s., *RT, 788*:247), embora alguns juristas, como Washington de Barros Monteiro, afirmem, com razão, a desnecessidade da prévia obtenção do alvará de separação de corpos se os consortes se encontram separados de fato, morando em residências diversas, o que é evidente, uma vez que o pedido de separação de corpos é uma faculdade concedida ao consorte e não uma obrigação a ele imposta. Realmente, vários julgados, mesmo de superior instância, têm indeferido o pedido de separação de corpos formulado por um dos cônjuges, alegando sua inutilidade diante da separação já existente (*RT, 810*:391, *132*:683, *154*:138, *163*:170, *438*:141, *446*:80 e *518*:95). Mas já se decidiu que a separação de fato não obsta o pedido de separação de corpos (*RT, 525*:66, *540*:70, *541*:97, *712*:148, *568*:238, *489*:101, *460*:145). Apesar de a medida preparatória não ser obrigatória, ensina-nos Silvio Rodrigues, ela não é supérflua, uma vez que, com a expedição do alvará, a separação, que era meramente de fato, reveste-se de juridicidade. P. ex., sem ele o marido não pode contestar a paternidade do filho havido por sua mulher após a separação de fato (CC, arts. 1.597, II, 1.600, 1.601 e 1.602; *RT*, *432*:126, *422*:198, *525*:66, *540*:70, *541*:97, *712*:148); sem ele, ainda, poderá a mulher ingressar, livremente, no domicílio do marido e até mesmo em seu leito e vice-versa. Indubitavelmente, não se pode negar o direito do consorte de obter decisão que proclame separação de corpos, mesmo que esta já exista há longo tempo. Não há, portanto, obrigatoriedade do pedido de separação de corpos. O cônjuge que a quiser poderá requerê-la, por ser uma (tutela provisória de urgência de natureza cautelar — CPC, arts. 300 e 301) colocada à sua disposição para proteger sua integridade física e psíquica quando estiver num "estado de semidissolução da sociedade conjugal com acirramento de ânimos", como observa Alexandre G. Alcoforado Assunção.

Concedida tal separação, o cônjuge poderá, apesar da omissão do novel estatuto processual, pedir "alimentos provisionais" por configurarem tutela provisória de urgência cautelar, para assegurar não só a sua sobrevivência e manutenção, mas também a dos filhos do casal, na pendência da lide (CPC, art. 297 c/c o art. 301; Lei n. 5.478/68, arts. 13 e 19). Os alimentos provisionais serão arbitrados (CC, art. 1.706; *RT*, *526*:358, *527*:93, *517*:54, *553*:79, *572*:174, *576*:109; *RJTJSP*, *73*:122, *96*:698) pelo juiz, nos termos da lei processual (CC, art. 2.043), de acordo com as necessidades do alimentando e com as possibilidades do alimentante e deverão ser pagos até o momento em que passar em julgado a sentença final de nulidade absoluta ou relativa. O cônjuge tem direito aos alimentos provisionais, qualquer que seja o regime de bens, bastando que não tenha recursos próprios, seja ele autor ou réu, reconvinte ou reconvindo. Pode ele pedir esses alimentos em qualquer fase processual: como preliminar da ação, sem necessidade de alvará judicial de separação de corpos ou no curso do processo ou, ainda, na pendência de recurso na ação principal, sendo que tais alimentos deverão ser processados na instância primária. E se, p. ex., a mulher se julgar lesada, considerando pequena tal pensão alimentícia, em relação aos rendimentos do marido, poderá agravar a sentença para o Tribunal de Justiça.

Tanto o pedido de separação de corpos como o de alimentos provisionais, embora não previstos no CPC em vigor, no nosso entender constituem tutela provisória de urgência de natureza cautelar preparatória do processo principal, de modo que, se a ação principal não for ajuizada em 30 dias, tais medidas perderão sua eficácia (CPC, arts. 294, parágrafo único, 308 e 309).

Da sentença que declarar a nulidade ou anulação do matrimônio não mais deve o magistrado, de ofício, apelar ao Tribunal Superior, haja ou não recurso voluntário da parte vencida. Não mais cabe recurso *ex officio* contra decisão que invalide casamento.

Uma vez transitadas em julgado, as sentenças de nulidade ou anulação do casamento devem ser averbadas no livro de casamentos do Registro Civil e no Registro de Imóveis (Lei n. 6.015/73, arts. 100 e 167, II, n. 14). Passa, então, a sentença de nulidade a produzir efeitos *ex tunc,* pois, embora torne nulo o casamento desde a celebração, não é, como vimos alhures, totalmente ineficaz, preservando direitos adquiridos onerosamente por terceiros de boa-fé ou por eles obtidos em razão de decisão judicial transitada em julgado (CC, art. 1.563), e a de anulabilidade, efeitos *ex nunc* (CC, arts. 1.561 e 1.562).

4) A nulidade relativa é alegada pelos prejudicados com o ato ou seus representantes (CC, art. 177), e a absoluta, pelos prejudicados com o ato e pelo Ministério Público quando lhe caiba intervir (CC, art. 168). Quanto aos casamentos anuláveis excepcionalmente, se foram convolados por menores de 16 anos, admite-se que terceiros (CC, art. 1.552, II e III) promovam a ação. Tem legitimação ativa para propor ação de nulidade do casamento qualquer pessoa que tenha interesse moral (cônjuge, ascendente, descendente, irmão, cunhado e o primeiro consorte do bígamo), econômico (filhos do casamento anterior, colaterais sucessíveis, credores dos cônjuges, adquirentes de seus bens), ou social, como o representante do Ministério Público (CC, art. 1.549), que tem o dever de pleitear a declaração de nulidade de casamento contraído com infração de impedimento (art. 1.548, II, do Código Civil).

5) A nulidade relativa submete-se a prazos decadenciais exíguos e a absoluta não prescreve, em regra. Logo, as ações de anulação do casamento estão sujeitas a um prazo decadencial (*RT, 469*:68) que varia de 180 dias a 4 anos e as de nulidade poderão ser propostas a qualquer tempo (CC, art. 1.560, I a IV e §§ 1º e 2º).

Além disso, o regime das nulidades absolutas do casamento está intimamente ligado ao sistema dos impedimentos matrimoniais; a ausência de certos requisitos para capacidade matrimonial e para a validade do casamento pode levar à nulidade relativa do matrimônio e, ainda, a violação das causas suspensivas implica irregularidade do casamento, sem acarretar sua nulidade ou anulabilidade[479], impondo tão somente sanções econômicas.

479. Sobre o assunto, *vide* Kelsen, *Teoria pura do direito,* 2. ed., v. 2; Orlando Gomes, *Direi-*

c.2. Nulidade matrimonial

De acordo com o art. 1.548, III[480] do Código Civil, nulo será o matrimônio contraído:

Com infração de qualquer impedimento matrimonial previsto no Código Civil, art. 1.521, I a VII. Assim eivado de nulidade estará o casamento entre parentes consanguíneos (descendentes, ascendentes e irmãos) ou afins em linha reta ou entre pessoas que no seio da família assumem pela adoção posição idêntica aos parentes (CC, art. 1.521, I a V), entre pessoas casadas (CC,

---

to, cit., p. 135-40; Silvio Rodrigues, *Direito civil,* cit., v. 6, p. 76-9, 104-6; Caio M. S. Pereira, op. cit., p. 98-100; W. Barros Monteiro, op. cit., p. 74-8; Beaudant, op. cit., v. 1, p. 387; Carvalho Santos, op. cit., v. 4, p. 265; Lucy Rodrigues dos Santos, Alimentos provisionais, cit., in *Enciclopédia Saraiva do Direito,* v. 6, p. 137 e s.; Ricci, *Corso teorico-pratico di diritto civile,* v. 1, n. 285, p. 430; Alexandre G. A. Assunção, *Novo Código Civil comentado,* coord. Fiuza, São Paulo, Saraiva, 2002, p. 1361; Cahali, Alimentos, cit., in *Enciclopédia Saraiva do Direito,* v. 6, p. 123-5 e 127; Dower, op. cit., p. 74 e 81; Sebastião José Roque, *Direito de família,* cit., p. 57-68; Planiol, Ripert e Boulanger, op. cit., v. 1, n. 977; Horácio V. N. Pithan, *Ação de anulação do casamento,* Coleção Saraiva de Prática do Direito, n. 12, 1986; Kazuo Watanabe, Breve reflexão sobre a natureza jurídica da sentença de nulidade de casamento, *RT, 542*:20; Paulo Lins e Silva, Da nulidade e da anulação do casamento, in *Direito de família e o novo Código Civil* (coord. Mª Berenice Dias e Rodrigo da Cunha Pereira), Belo Horizonte, Del Rey, 2003, p. 35-71; Eliene F. Bastos, Limites ao regime das invalidades matrimoniais, *Família* e *Jurisdição,* III (coord. Eliene Bastos, Arnoldo C. de Assis, Marlouve M. S. Santos), Belo Horizonte, Del Rey, 2010 p. 103 a 117; *RT, 344*:205 e 253, *482*:77, *454*:55, *486*:49, *496*:66, *426*:66, *508*:279, *523*:97; *RTJ, 82*:586; *RF, 265*:180; *RJTJSP, 39*:33, *31*:157, *23*:42, *19*:75, *18*:76. Não há que se propor ação para anular casamento celebrado por autoridade incompetente, salvo se já houver falecido um dos consortes, caso em que cessa o interesse social de obter declaração de invalidade do ato nupcial (*RT, 538*:109, *457*:249, *409*:194, *471*:100, *498*:219, *503*:119, *791*:219, *796*:209; *RF, 221*:83; *RJTJSP, 2*:85, *3*:88, *18*:76; *RTJ, 40*:625, *42*:816; em contrário, *RT, 448*:69, *456*:248, *510*:100; *RJTJSP, 9*:113).

480. W. Barros Monteiro, op. cit., p. 44; Caio M. S. Pereira, op. cit., p. 68; Pontes de Miranda, *Tratado,* cit., § 11. "A hipótese de nulidade prevista no inc. I do art. 1.548 (ora revogado) do Código Civil se restringe ao casamento realizado por enfermo mental absolutamente incapaz, nos termos do inc. II do art. 3º (ora revogado) do Código Civil" (Enunciado n. 332 do CJF, Justiça Federal, aprovado na IV Jornada de Direito Civil).

Com a revogação do art. 1.548, I, pela Lei n. 13.146/2015 não será nulo casamento contraído pelo enfermo mental em idade núbil, embora possa ser anulável, por não ser capaz de consentir ou manifestar, de forma inequívoca, o consentimento, como p. ex., o ébrio, o toxicômano etc. Pode convolar núpcias, expressando diretamente seu consentimento — ou por meio de seu responsável ou curador (CC, art. 1.550, § 2º). Mas isso não estaria descaracterizando o caráter personalíssimo do casamento? Além disso, pela Lei n. 13.146/2015 (art. 6º, I) a deficiência não afeta a plena capacidade civil da pessoa para casar-se.

art. 1.521, VI; *RF, 255*:224; *RT, 480*:236, *487*:91, *500*:105, *504*:136, *511*:113, *528*:108, *538*:107, *545*:107, *554*:112, *568*:172, *569*:89, *576*:110, *588*:175), entre o cônjuge sobrevivente com o autor do homicídio ou tentativa de homicídio contra seu consorte (CC, art. 1.521, VII).

Plenamente justificados estão os impedimentos dos ns. I e IV, alusivos ao casamento entre ascendentes e descendentes e entre irmãos e entre colaterais de terceiro grau, em razão de moralidade familiar e para evitar degeneração da raça. Mas não haverá, como pudemos apontar em páginas anteriores, impedimento na linha colateral de terceiro grau, ou seja, entre tio e sobrinha, p. ex., desde que o ato nupcial seja precedido de exame pré-nupcial (Dec.-Lei n. 3.200/41).

Há impedimento oriundo de afinidade em linha reta, ou seja, entre sogro e nora, sogra e genro, padrasto e enteada, madrasta e enteado, mesmo após a dissolução do casamento que a originou, pois tal parentesco não se extingue. Os afins na linha colateral poderão casar-se, livremente, não há qualquer impedimento matrimonial; assim sendo, p. ex., poderá viúvo convolar núpcias com a irmã de sua falecida esposa.

Os impedimentos resultantes da adoção (CC, art. 1.521, I, III e V) decorrem, naturalmente, da confiança e do respeito que devem existir numa família[481].

Se a organização da família tem base monogâmica, o casamento anterior torna nulo o posterior (*RJTJSP, 47*:350, *234*:102, *253*:606, *265*:795, *514*:322, *557*:301, *568*:172), mesmo que o óbito do consorte das primeiras núpcias já tenha ocorrido por ocasião da propositura da ação de nulidade (*RT, 334*:155, *336*:134, *390*:161; *RTJ, 51*:309), sendo esta procedente se se provar que o bígamo foi processado e condenado, na justiça criminal, por sentença transitada em julgado (*RT, 301*:164)[482]. Eduardo Espínola e Sá Pereira observam que, se o primeiro matrimônio foi anulado, prevalecerá o segundo[483], não havendo, é claro, bigamia. Igualmente não é bígamo quem contrai matrimônio após a dissolução de casamento anterior por sentença de divórcio[484] ou por morte real ou presumida do consorte (CC, art. 1.571, I, II, IV e § 1º).

---

481. Espínola, op. cit., p. 145.

482. W. Barros Monteiro, op. cit., p. 78-9. Além de nulidade do casamento posterior, o bígamo poderá ser condenado a pagar indenização por dano moral ao segundo cônjuge, como já decidiu o TJRJ.

483. Espínola, op. cit., p. 145; Sá Pereira, op. cit., p. 116.

484. Almacchio Diniz, *Nulidades e anulações de casamento*, p. 48.

Vedava-se, outrora, matrimônio entre cônjuge adúltero e seu cúmplice, desde que houvesse sentença condenatória transitada em julgado, sendo necessária a condenação do corréu para que se configurasse tal impedimento. Hodiernamente, nada obsta o casamento do adúltero com seu cúmplice. O homicídio doloso ou tentativa de homicídio cria um obstáculo à união do criminoso com o cônjuge supérstite, mesmo que este não tenha sido cúmplice.

Do exposto percebe-se que a nulidade do casamento deriva de incesto, bigamia e crime de homicídio ou tentativa de homicídio (CC, art. 1.548, II).

Têm, como já dissemos, legitimidade processual para propor ação de nulidade do casamento, com base nesses casos e de conformidade com o Código de Processo Civil, art. 17, as pessoas que tiverem legítimo *interesse moral,* como os cônjuges, ascendentes (*RT, 193*:185), descendentes, irmãos (*RT, 208*:180), cunhados e o primeiro consorte do bígamo; *interesse econômico,* como os filhos do leito anterior, os colaterais sucessíveis, os credores dos cônjuges e os adquirentes de seus bens e *interesse social,* como o representante do Ministério Público (CC, art. 1.549)[485].

A sentença de nulidade do casamento tem caráter declaratório, pois reconhece apenas o fato que o invalida[486], produzindo efeitos *ex tunc* (CC, art. 1.563), sem, contudo, torná-lo inteiramente ineficaz; pelo Código Civil, art. 1.561, §§ 1º e 2º, admitem-se a paternidade e maternidade dos filhos havidos na constância de matrimônio nulo, independentemente da boa ou má-fé dos consortes (*RJTJSP, 66*:43); protege-se o cônjuge de boa-fé; proíbe-se, ainda, para evitar confusão de sangue, que a mulher contraia novas núpcias, até 10 meses após a sentença, salvo se antes disso tiver dado à luz[487] ou provar inexistência do estado de gravidez.

c.3. Anulabilidade do casamento

O Código Civil, no seu art. 1.550, trata dos casos de *matrimônio anulável* ao dispor que há nulidade relativa de casamento contraído por quem não completou a idade mínima para casar; pelo menor em idade núbil, não au-

---

485. Clóvis Beviláqua, op. cit., v. 2, p. 67; W. Barros Monteiro, op. cit., p. 80; Venzi, op. cit., p. 574; *RT, 334*:154.

486. Orlando Gomes, *Direito,* cit., p. 140.

487. Caio M. S. Pereira, op. cit., p. 102; *RT, 508*:279.

torizado pelo seu representante legal, por vício de vontade (erro essencial sobre a pessoa do outro cônjuge e coação); pelo incapaz de consentir ou manifestar, de modo inequívoco, o consentimento ou nem se fez representar pelo pai, tutor ou curador, para que este manifeste sua vontade (CC, art. 1.550, § 2º); pelo mandatário, sem que ele ou outro contraente soubesse da revogação do mandato, não sobrevindo coabitação entre os cônjuges, pois esta ratificaria o casamento; e por incompetência da autoridade celebrante.

Pelo art. 1.523, I, do Código Civil, *não podem casar*, sob pena de nulidade relativa (CC, art. 1.550, I), as mulheres e os homens *menores de 16 anos*[488], pois a puberdade, como observa Planiol, sempre foi exigida em todos os tempos como condição do casamento[489], bem como um certo grau de desenvolvimento intelectual (*RT, 528*:109).

Entretanto nosso legislador, no art. 1.520 do Código Civil, apresenta uma exceção a esse limite mínimo, ao estabelecer que podem casar as mulheres e os homens com menos de 16 anos em caso de gravidez ou para evitar imposição de medidas previstas no ECA ou cumprimento de pena criminal, antes do advento da Lei n. 12.015/2009, no caso, p. ex., de crime contra costumes de ação penal privada (CP, art. 107, V), como posse sexual mediante fraude (CP, art. 215), assédio sexual (CP, art. 216-A). Isso ocorria devido a possibilidade de extinção da punibilidade pela renúncia do direito de queixa ou pelo perdão do ofendido (CP, art. 107, I). Nesta última hipótese, o magistrado, para coibir a desonra, ou pôr termo ao processo criminal, supria a idade da menor, ordenando a separação de bens, que é, nesse caso, o regime obrigatório (CC, art. 1.641, III)[490]. "O casamento da ofendida com

---

488. W. Barros Monteiro, op. cit., p. 81; *RT, 521*:132.

489. Planiol, *Traité élémentaire de droit civil*, 12. ed., v. 1, p. 266. Em vários países a idade nupcial é de respectivamente, para homem e mulher: *a*) 18 e 16 anos: Brasil, na legislação anterior, pois o art. 1.517 do Código Civil/2002 unificou as idades de homens e mulheres para 16 anos, EUA, China, Rússia, Iugoslávia, Romênia; *b*) 14 e 12 anos: Espanha, Grécia, Colômbia, Venezuela, Bolívia, Uruguai, Chile, Argentina; *c*) 18 e 15 anos: França; *d*) 20 e 19 anos: Suíça; *e*) 16 e 14 anos: México; *f*) 18 e 17 anos: Turquia; *g*) 21 e 16 anos: Alemanha; *h*) 16 anos, tanto para o homem como para a mulher: Portugal e Inglaterra. *Vide* Decreto n. 66.605/70, que promulga convenção adotada pelas Nações Unidas sobre consentimento para casamento.

490. W. Barros Monteiro, op. cit., p. 47; Silvio Rodrigues, *Direito*, cit., p. 49; Alcy Gigliotti, Suprimento de idade para casamento, *Revista de Direito Civil Imobiliário, Agrário e Empresarial, 5*:65-77, 1978; Gustavo F. Barbosa Garcia, Reflexos do direito penal no direito de família: Lei n. 11.106/2005 — Anulação e permissão para o casamento, *Revista Brasileira de Direito de Família, 34*:65-71; Francisco das Chagas Araújo Lima Jr., O suprimento de idade para matrimônio frente à modificação penal, *Revista Direito e Liberdade*, ed. especial da ESMARN, *3*:287-98; Alessandra O. P. Greco e João Daniel

quem não fosse o ofensor fazia cessar a qualidade do seu representante legal, e a ação penal só podia prosseguir por iniciativa da própria ofendida, observados os prazos legais de decadência e perempção" (STF, Súmula 388; *RTJ*, *83*:735; *RT*, *496*:166). Atualmente, com a Lei n. 12.015/2009, os crimes contra a dignidade sexual procedem por meio de ação pública condicionada à representação (CP, art. 225), consequentemente não mais se poderá aplicar o art. 107, V, do Código Penal e, com isso, o casamento não é mais causa de extinção de punibilidade criminal. Logo, nos casos acima arrolados e nas demais hipóteses criminais contra a dignidade sexual elencados no Código Penal, se a vítima for menor de 18 anos, em que a ação penal é pública e incondicionada (CP, art. 225, parágrafo único; Súmula 608 do STF), a parte final do art. 1.520 do Código Civil perdeu sentido, pois o casamento não evitará imposição ou cumprimento da pena criminal, visto que a Lei n. 11.106/2005 revogou também o art. 107, VII e VIII, do Código Penal.

Outra exceção é a estabelecida no art. 1.551 do Código Civil, ao dispor que "não se anulará, por motivo de idade, o casamento de que resultou gravidez" (*RT*, *462*:104), pois o impedimento baseia-se na aptidão física, que não pode ser negada se houve gravidez. Apesar da irregularidade havida, a família, efetivamente, constituiu-se com a superveniência do filho, por haver aptidão procriadora. Não há interesse social em se anular tal matrimônio por ser preferível que o filho do menor encontre ao nascer um lar constituído[491].

Rassi, Crimes contra a dignidade sexual, São Paulo: Atlas, 2010, p. 139 a 184. Observa Carlos Eduardo N. Camillo (*Comentários ao Código Civil* (coord. Camillo, Talavera, Fujita e Scavone Jr.), São Paulo, Revista dos Tribunais, 2006, p. 1100) que se um ou ambos os contraentes possuírem idade inferior a 16 anos somente poderão casar nas hipóteses do art. 1.520, mediante decisão judicial, após verificação da ocorrência do delito ou da gravidez, sempre depois de ouvidos os nubentes, seus pais ou representantes, e, ainda, o Ministério Público (*RT*, *693*:266). Nas hipóteses do art. 223 do Código Penal, ora revogado pela Lei n. 12.015/2009 (estupro — CP, art. 213 — e atentado violento ao pudor — CP, art. 214, ora revogado pela Lei n. 12.015/2009, por ser a ação penal pública e incondicionada — Súmula n. 608 do STF), a parte inicial do art. 1.520 do Código Civil deixou, na época, de fazer sentido, pois o casamento não evitaria a imposição ou o cumprimento de pena criminal, visto que a Lei n. 11.106/2005 revogou também o art. 107, VII e VIII do Código Penal, segundo alguns autores. Súmula 388 do STF; *JM*, *93*:157, *113*:96; *RT*, *797*:365; *JTJ*, *Lex*, *248*:242.

O Conselho da Justiça Federal, no Enunciado n. 329 (aprovado na IV Jornada de Direito Civil), entendeu que: "A permissão para casamento fora da idade núbil merece interpretação orientada pela dimensão substancial do princípio da igualdade jurídica, ética e moral entre o homem e a mulher, evitando-se, sem prejuízo do respeito à diferença, tratamento discriminatório".

491. Silvio Rodrigues, *Direito*, cit., p. 49; Planiol, Ripert e Boulanger, op. cit., v. 1, n. 995; W. Barros Monteiro, op. cit., p. 82. Homem e mulher não devem estar habilitados

Pelo art. 1.553 do Código Civil, o menor que não atingiu a idade núbil, após completá-la, poderá confirmar seu casamento, com a autorização de seus representantes legais, se necessária, ou com o suprimento judicial daquela se, injustamente, for negada.

A anulabilidade por *defeito de idade* é imposta pela própria natureza. A anulação de núpcias convoladas antes da idade legal ou núbil pode ser requerida pelo próprio cônjuge menor, dentro do prazo de 180 dias contado da data em que perfez essa idade, ou pelos seus representantes legais (tutores) ou ascendentes (pais, ou, na falta destes, os avós), dentro de 180 dias contados da data do casamento (CC, art. 1.560, § 1º).

Será anulável o *casamento de menor em idade núbil*, quando *não autorizado por seu representante legal* (CC, art. 1.550, II). Homem e mulher com 16 anos de idade podem casar, desde que haja autorização dos pais, ou de seus representantes legais, enquanto não atingida a maioridade civil (CC, art. 1.517). O instrumento da autorização para casar deverá ser transcrito, integralmente, na escritura antenupcial (CC, art. 1.537).

Não podem convolar núpcias os sujeitos ao poder familiar ou tutela, enquanto não obtiverem ou lhes não for suprido pelo juiz o consentimento do pai ou tutor.

Claro está que os menores sob poder familiar (entre 16 e 18 anos) precisam da autorização dos pais (CC, art. 1.517) para casar, pois é preciso que atinjam a maioridade civil, embora tenham a maioridade nupcial, para que tal consentimento seja desnecessário. Discordando os pais, é assegurado a qualquer deles recorrer ao juiz para a solução do desacordo (CC, arts. 1.631, parágrafo único, e 1.517, parágrafo único). Se o menor for filho não matrimonial, bastará o consentimento do que o reconheceu, ou, se não for reconhecido pelo pai, o consentimento materno (CC, arts. 1.612, 1ª parte, e 1.633).

O menor adotado entre 16 e 18 anos precisará, para se casar, da autorização dos pais adotivos (RT, *464*:97 e *529*:219; CC, arts. 1.517 e 1.634, III).

---

apenas fisiologicamente para contrair núpcias sob o ponto de vista da idade, mas também para criar uma sociedade conjugal economicamente estável. Porém, como não se pode exigir comprovação de sua idoneidade econômica, ante o fato de as famílias terem economia altamente diversificada, a lei apenas exigiu aquela idoneidade física para a prática do ato nupcial. Mas há, ainda, quem ache que a maturidade deve ser requisito para o casamento, logo não há razão para a lei obrigar que jovem imatura de 12 anos de idade, por ter ficado grávida de um rápido relacionamento sexual, se case com o sedutor.

O menor sob tutela necessita do consentimento do tutor para se casar (CC, arts. 1.728, 1.740, III, e 1.747, I).

Até a celebração do casamento podem os pais ou tutores revogar o seu consentimento (CC, art. 1.518), tendo sempre em vista o interesse do incapaz. Da mesma forma podem negar a autorização se entenderem ser o matrimônio prejudicial ao incapaz, comprovando os fatos em que se baseiam. Inconformado com a denegação do consentimento, o incapaz poderá pleitear o suprimento judicial da autorização que lhe foi negada. Se o magistrado considerar injustificada a recusa, supre o consentimento e autoriza a realização do ato nupcial (CC, art. 1.519; *RT, 600*:98, *609*:45, *693*:266; Lei n. 8.069/90, art. 148, parágrafo único, *c*). É preciso lembrar que há julgado entendendo que "o noivo é parte legítima, como interessado, para pedir o suprimento do consentimento da genitora da noiva menor que, vindo a Juízo, manifesta expressamente sua livre vontade, perante o Juiz, de se casar com o postulante, com quem já convive maritalmente" (TJRJ, *Adcoas*, 1982, n. 83.432).

Passível de anulação é, portanto, o matrimônio de indivíduos sujeitos ao poder familiar ou à tutela, enquanto não obtiverem o consentimento do pai ou tutor. Isto porque a autorização é forma habilitante; logo, sua falta pode determinar a anulabilidade do casamento. A anulação do matrimônio por *falta de autorização dos pais ou dos representantes legais* ou por inexistência de suprimento judicial do consentimento só pode ser promovida: (*a*) pelas pessoas que tinham o direito de consentir e não assistiram ao ato (pais ou tutor) dentro de 180 dias contados da data do casamento. Portanto, se assistiram à cerimônia nupcial sem se oporem, se, por qualquer modo (gesticulação, ato etc.), manifestaram sua aprovação, não terão legitimidade para pleitear tal anulação, por ficar subentendido, então, que, tacitamente, anuíram à realização das núpcias[492]; (*b*) pelo próprio cônjuge menor (CC, art. 1.552, I) dentro do prazo decadencial de 180 dias, contado da data em que atingir 18 anos (CC, art. 1.555, §§ 1º e 2º) e (*c*) pelo herdeiro necessário dentro de 180 dias da morte do incapaz (CC, art. 1.555, § 1º, *in fine*).

É, ainda, anulável o casamento (CC, art. 1.550, III) se houver por parte de um dos nubentes, ao consentir, *erro essencial* (CC, art. 1.556) *quanto à pessoa do outro*. Acrescenta o art. 1.557, I a III, do Código Civil que se considera erro essencial sobre a pessoa do outro cônjuge: o que diz respeito à sua identidade, honra e boa fama, sendo esse erro tal, que o seu conhecimento ulterior torne insuportável a vida em comum ao consorte enganado; a igno-

492. Orlando Gomes, *Direito*, cit., p. 144; Espínola, op. cit., p. 160; Caio M. S. Pereira, op. cit., p. 104.

rância de crime anterior ao casamento que, por sua natureza, torne insuportável a vida conjugal; a ignorância, anterior ao matrimônio, de defeito físico irremediável, que não caracterize deficiência, ou de moléstia grave e transmissível, por contágio ou herança, capaz de pôr em risco a saúde do outro cônjuge ou de sua descendência.

Pelo § 2º do art. 1.550 (acrescentado pela Lei n. 13.146/2015, "a pessoa com deficiência mental ou intelectual em idade núbia poderá contrair matrimônio, expressando sua vontade diretamente ou por meio de seu responsável ou curador".

Para que o *erro essencial quanto à pessoa do outro consorte* seja causa de anulabilidade do casamento é preciso que ele tenha sido o motivo determinante do ato nupcial, pois se fosse conhecido não teria havido matrimônio[493].

Três são os pressupostos justificadores da anulação do matrimônio por erro: anterioridade do defeito ao ato nupcial, desconhecimento do defeito pelo cônjuge enganado e insuportabilidade de vida comum (*RT, 490*:51).

Quanto ao *erro concernente à identidade* do outro cônjuge, é mister lembrar que esta se apresenta sob dois aspectos: a identidade física (*error in corpore*), que individualiza a pessoa dentro da espécie, e a civil, que a identifica na sociedade[494].

Sobre a identidade física do outro contraente quase nada há a falar pois, na realidade, é quase impossível que o nubente se engane quanto à pessoa do outro, salvo em raros casos de casamento por procuração, ante a publicidade inerente ao casamento. O erro sobre a identidade física do outro consorte reveste-se de tal clareza, que dispensa longos comentários. Tem-se tal erro, p. ex., se o noivo, querendo casar com Joana, com quem estava comprometido, se une a Clara, que toma, durante o ato nupcial, o lugar daquela sem que ele o perceba[495].

Bastante complexa é a questão do erro relativo à identidade civil, cabendo ao magistrado decidir se as qualidades, sobre as quais recaiu o erro

493. Rossel e Mentha, op. cit., v. 1, n. 355; Mazeaud e Mazeaud, op. cit., v. 1, n. 736; Jemolo, op. cit., n. 42; Enneccerus, Kipp e Wolff, op. cit., v. 1, § 25; Guy Raymond, *Le consentement des époux au mariage*, p. 144; *EJSTJ, 17*:45; *RT, 723*:336, *647*:77, *612*:85.

494. Espínola, op. cit., p. 168, nota 15; W. Barros Monteiro, op. cit., p. 84; *RT, 583*:117. A recusa ao débito conjugal caracteriza erro essencial quanto à identidade psicossocial do cônjuge: *RF, 226*:201; *RJTJSP, 102*:21.

495. Pothier, *Traité du mariage*, n. 308; Planiol, Ripert e Boulanger, op. cit., v. 1, n. 804; De Page, op. cit., v. 1, n. 584; Espínola, op. cit., p. 168; Caio M. S. Pereira, op. cit., p. 106; Mazeaud e Mazeaud, op. cit., v. 1, n. 736; W. Barros Monteiro, op. cit., p. 84.

do outro cônjuge, são, ou não, essenciais, levando em conta as condições subjetivas do consorte enganado e as circunstâncias peculiares de cada caso[496].

As qualidades essenciais atinentes à identidade civil referem-se ao estado de família ou religioso, logo, seria erro essencial sobre a identidade civil do outro cônjuge supô-lo solteiro quando divorciado ou viúvo[497]; leigo quando sacerdote. P. ex., se a contraente é católica praticante, ser-lhe-á intolerável o matrimônio com um padre, estando autorizada a propor ação de anulação se descobrir o fato, o que não lhe será permitido se indiferente à religião; igualmente se se tratar de rapaz educado severamente, já houve decisão de que poderá requerer a anulabilidade de seu casamento se vier a saber que sua mulher é filha advinda de relações concubinárias (*RF, 76*:481), circunstância que lhe seria secundária se tivesse recebido educação menos rígida[498]. Mas entendemos que isso não é causa de invalidade matrimonial, visto que pela norma constitucional e pela legislação civil atual não há mais discriminação na filiação.

Não se considera erro essencial sobre a identidade civil se esta versar sobre condições de fortuna, de nacionalidade ou profissão do outro cônjuge[499]. Não é causa de anulação: a existência de casamento anterior anulado por sentença (*RF, 89*:747); o fato de o marido ter vivido anteriormente amasiado (*RT, 115*:204, *275*:396, *175*:648, *229*:121, *350*:230), embora já se tenha decidido (*AJ, 107*:131; *RT, 508*:227, *256*:211; *RF, 264*:205) que constitui erro essencial sobre a pessoa a ignorância de concubinato em que esta vivia, tendo filhos de outro leito (*RT, 526*:221; *JB, 141*:306; *AJ, 107*:131; *RTJPR, 67*:131); a circunstância de o consorte ter mudado de nome (*RT, 277*:388), mas haverá erro sobre a identidade civil se um aventureiro apoderar-se de documento de identidade de outra pessoa (*RT, 539*:58), apresentando-se com falso nome na sociedade, anulável será o casamento por ele contraído, devido a erro em que teria incidido o outro cônjuge sobre seu estado civil (*RT, 450*:251; *AJ, 13*:285), origem e filiação[500] (*RF, 76*:481); a descoberta de que o consorte havia, anteriormente, tomado parte em agremiações totalitárias (*RT, 148*:306); o fato de o cônjuge fumar excessivamente; usar bebidas alcoólicas; ter assumido dívidas acima de suas posses (STJ, REsp 134.690-PR, 4ª T., rel. Min. Rosado de Aguiar, *DJU*, 30-10-2000); ser pouco afeito ao trabalho

496. W. Barros Monteiro, op. cit., p. 85; Cosentini, *Le droit de famille*, p. 189.
497. Clóvis Beviláqua, op. cit., v. 2, p. 86.
498. W. Barros Monteiro, op. cit., p. 85.
499. Planiol e Ripert, op. cit., v. 2, n. 104; *RT, 527*:211.
500. Planiol, Ripert e Boulanger, *Traité élémentaire de droit civil*, 12. ed., v. 1, p. 380.

(*RT, 779*:330) ou inconstante nos empregos em razão de indolência ou ociosidade (*RT, 779*:330); ser filho natural reconhecido por subsequente matrimônio (*AJ, 81*:44)[501] etc.

Pode o cônjuge incidir em *erro sobre a honra e boa fama* do outro, tornando assim possível a anulação do casamento. Para Washington de Barros Monteiro, "honra é a dignidade da pessoa que vive honestamente, que pauta seu proceder pelos ditames da moral; é o conjunto dos atributos morais e cívicos que torna a pessoa apreciada pelos concidadãos. Boa fama é a estima social de que a pessoa goza, visto conduzir-se segundo os bons costumes"[502].

São requisitos para a caracterização do erro essencial sobre a honra e a fama do outro cônjuge, com o escopo de instaurar ação anulatória: comportamento inqualificável do outro cônjuge e não de pessoas de sua família, anterior ao casamento; desconhecimento da conduta desonrosa pelo consorte enganado, antes do enlace matrimonial; continuação da conduta após o casamento; insuportabilidade da vida em comum, diante de atitude inqualificável; sensibilidade moral do cônjuge enganado, pois o mesmo fato pode repercutir diversamente nas pessoas, podendo provocar desfechos diferentes[503].

Assim se se provar a má vida ou prostituição da mulher antes do ato nupcial, sendo o fato ignorado pelo marido, procede a anulação do casamento (*RT, 490*:51, *429*:102, *182*:231, *132*:702, *217*:141, *290*:700, *244*:561, *389*:136, *536*:114; *RF, 253*:277; *RJTJSP, 10*:122). Da mesma forma se a mulher descobrir, por ex., que seu marido é (*a*) dado a práticas homossexuais (*RF, 130*:140; *RJTJSP, 39*:53, *45*:67; *Ciência Jurídica, 65*:113; *RT, 151*:634, *397*:318, *323*:221, *402*:145, *506*:88; *AJ, 92*:259); (*b*) viciado em tóxicos e drogas (*RT, 352*:110, *470*:91, *480*:65, *469*:77, *506*:121, *796*:244; *RF, 250*:222); (*c*) proxeneta (*AJ, 73*:467; *RT, 352*:110); (*d*) propenso a vida desregrada, chegando mesmo a manter relações sexuais com sua própria genitora (*RT, 390*:371); (*e*) ladrão (*RT, 184*:224, *281*:330)[504]; ou (*f*) sádico (*RT, 192*:674, *520*:104), poderá pleitear a anulabilidade das núpcias.

Há quem entenda[505] que configura erro sobre sua honra e boa fama a recusa do cônjuge em casar-se no religioso após a cerimônia civil, se o havia prometido, dando margem à anulação do casamento (*RJTJSP, 37*:128).

---

501. W. Barros Monteiro, op. cit., p. 86.
502. W. Barros Monteiro, op. cit., p. 86.
503. Bassil Dower, op. cit., p. 76; Sá Pereira, op. cit., p. 207; Caio M. S. Pereira, op. cit., p. 107.
504. Silvio Rodrigues, *Direito*, cit., v. 6, p. 101; W. Barros Monteiro, op. cit., p. 87; Desemprego ou ociosidade não gera anulação de casamento (*RT, 799*:330). *Vide*: *RT, 362*:163, *282*:342.
505. Espínola, op. cit., p. 170; Caio M. S. Pereira, op. cit., p. 107.

Também a *ignorância de crime* (*RF, 253*:361; *RT, 492*:114, *511*:113, *523*:234, *535*:109, *614*:176, *712*:141), de qualquer natureza, anterior ao matrimônio constitui erro essencial quanto à pessoa do outro cônjuge, e como a descoberta desse fato torna a vida em comum insuportável por revelar desvio de caráter, autorizado estará o enganado a requerer a anulação do casamento.

No direito anterior, só se anulava casamento por ignorância de crimes inafiançáveis e definitivamente julgados por sentença condenatória, como:

1) crimes de racismo (CPP, art. 323, I);

2) crimes de tortura, tráfico ilícito de entorpecentes e drogas afins, terrorismo e nos definidos como crimes hediondos (CPP, art. 323, II);

3) crimes cometidos por grupos armados, civis ou militares, contra a ordem constitucional e o Estado Democrático (CPP, art. 323, III);

4) delitos eleitorais previstos nos arts. 289, 290, 291 e s. da Lei n. 4.737/65[506];

5) crimes de preconceito (Lei n. 7.716/89, com alteração da Lei n. 9.459/97), de porte ilegal de arma, terrorismo, tortura e crime hediondo (sequestro, estupro (art. 213, §§ 1º e 2º, do CP, com redação da Lei n. 12.015/2009), tráfico de entorpecente);

6) crime contra a fauna.

Para a propositura da ação anulatória bastava que o autor provasse que seu consorte praticara um desses crimes anteriormente ao casamento, tendo sido condenado por sentença com trânsito em julgado[507]. De maneira que se o crime inafiançável se dera antes das núpcias, mas a sentença condenatória fora prolatada após o casamento, o cônjuge enganado não podia obter anulação do matrimônio com base no art. 219, II, do Código Civil de 1916 (*RT, 281*:330). Como se tratava de fato desonroso podia requerer anulabilidade com base no art. 219, I, do Código Civil de 1916; da mesma forma se o crime fora praticado quando o contraente era menor de 18 anos, sujeito às medidas do Estatuto da Criança e do Adolescente e não do Código Penal (*RT, 184*:224)[508].

Atualmente, poder-se-á anular o casamento sem condenação criminal do cônjuge; mas há quem ache que, como só existe crime depois do trânsi-

---

506. W. Barros Monteiro, op. cit., p. 88.
507. Silvio Rodrigues, *Direito*, cit., p. 96.
508. W. Barros Monteiro, op. cit., p. 89; Matiello, *Código*, cit., p. 1011.

to em julgado da decisão condenatória, será preciso tal condenação, pois na pendência da decisão há presunção constitucional de inocência em favor do acusado. Caberá, entendemos, ao órgão judicante, a tarefa de analisar o pedido, averiguando se a *notitia criminis*, ou a *acusação* feita contra o cônjuge, tornou insuportável a vida em comum, apesar de o fato ter ocorrido antes do casamento.

A ignorância, anterior ao enlace matrimonial, de *defeito físico irremediável*, que não caracterize deficiência (CC, art. 1.557, III, 1ª parte com redação da Lei n. 13.146/2015) capaz de tornar inatingível um dos fins do casamento, que é a satisfação sexual, é erro essencial que justifica o pedido de anulação de casamento[509] devido à presunção *juris et de jure* da intolerabilidade da vida em comum. Defeitos dessa natureza são: hermafroditismo, ou sexo dúbio, deformações genitais (*JTJ, Lex, 251*:39), ulcerações penianas, hérnias inguinais volumosas, infantilismo, vaginismo ou atresia dos órgãos genitais femininos, ausência vaginal congênita (*RT, 242*:146); impotência *coeundi*, física ou psíquica, ou mesmo relativa, isto é, se ocorrer apenas com relação à consorte e não com outras mulheres (*RT, 153*:200, *213*:214, *219*:14, *254*:237, *270*:248, *351*:639, *311*:219, *484*:198, *482*:77, *464*:77, *390*:137, *506*:121, *508*:97, *528*:108, *500*:196, *558*:205, *596*:225; *RTJ, 85*:863, *88*:574; *RF, 254*:273, *233*:137; *Adcoas*, 1982, n. 83.842); coitofobia (*RT, 328*:189, *386*:131, *460*:121)[510].

É preciso esclarecer que só a impotência *coeundi*, ou seja, a inaptidão para realizar o ato sexual, autoriza a anulação, o mesmo não se dando com a *generandi*, incapacidade para a fecundação, e com a *concipiendi*, incapaci-

---

509. Alípio Silveira, *Erro essencial na anulação do casamento*, 1969, p. 65; Silvio Rodrigues, *Direito*, cit., p. 96; *RT, 455*:225, *522*:232, *529*:73, *593*:233; *RF, 278*:264. Há julgado concedendo anulação por abandono logo após a celebração do casamento (*RT, 543*:85, *723*:336) e por recusa ao débito conjugal (*RT, 529*:73, *522*:232, *329*:251, *204*:188, *119*:658). A eficácia social da norma, hodiernamente, fica afastada ante o fato de haver conhecimento prévio do corpo, pois a convivência e o relacionamento sexual dos nubentes são comuns nos dias atuais.

510. Degni, op. cit., p. 160; Caio M. S. Pereira, op. cit., p. 108; Almacchio Diniz, op. cit., p. 75; W. Barros Monteiro, op. cit., p. 89; Bassil Dower, op. cit., p. 77; Espínola, op. cit., p. 171; Cunha Gonçalves, op. cit., v. 6, p. 225; Silvio Rodrigues, *Direito*, cit., p. 96-7. Nossos tribunais (*AJ, 91*:439 e *94*:424) têm anulado casamento, nestes casos, mesmo que o defeito físico possa ser corrigido mediante intervenção cirúrgica, desde que o paciente se recuse a submeter-se a ela. Há quem levante, como Rodrigo da Cunha Pereira (A vitória da ética sobre a moral, *Revista Jurídica*, Del Rey; *8*:8), a questão: Seria possível anular casamento em razão de impotência *coeundi*, uma vez que há remédio contra ela, como o Viagra?

dade para a concepção, porque a procriação não é o único objetivo do casamento (*RT, 173*:148), que tem por fim unir os consortes afetivamente[511]; mas há julgados entendendo que a vasectomia ignorada pela mulher anula o casamento (*RT, 547*:55).

A ignorância de *moléstia grave e transmissível* (defeito físico que não caracteriza deficiência) por contágio ou hereditariedade, preexistente ao matrimônio, capaz de pôr em risco a saúde do outro consorte ou de sua descendência (*RT, 388*:146, *454*:221, *706*:61, *764*:323; *Bol. AASP, 1.887*:63) constitui erro essencial que permite anular o casamento, mesmo se curável, devido à repulsa que o enganado teria pelo outro. São exemplos: *(a) a epilepsia (RT, 244*:137, *482*:90, *447*:92; *RJTJSP, 131*:52; *RF, 170*:264); *(b) a lepra (RT, 454*:74, *308*:284); *(c) a sífilis (RF, 68*:795; *RT, 344*:229); *(d) a tuberculose (RT, 99*:102, *125*:128; *RF, 205*:241; *AJ, 107*:389); *(e) a blenorragia (RT, 279*:639, *148*:230; *RF, 92*:121)[512]; *(f) a AIDS; (g) a hemofilia (RF, 244*:146); *(h) a hepatite C*. Havendo alguma *doença mental grave*, anterior às núpcias, não mais constitui erro essencial, mesmo se curável, não dando margem a decretação da anulação do casamento, em razão do fato de o inciso IV do art. 1.557 ter sido revogado pela Lei n. 13.146/2015, apesar da repulsa que o cônjuge enganado teria pelo outro. É o que se dá com (*a*) *a esquizofrenia (RT, 248*:148, *291*:298, *328*:257, *512*:239, *500*:105, *676*:149; *RF, 265*:293); *(b) o sadismo (RJTJSP, 36*:90); *(c) a oligofrenia (RJTJSP, 40*:45); *(d) a psicopatia (RJTJSP, 39*:150, *41*:193, *39*:33; *RT, 212*:237); *(e) a paranoia; (f) a psicose maníaco-depressiva* etc.

O *defloramento da mulher ignorado pelo marido* caracterizava, outrora, erro essencial por indicar desonestidade, falta de recato, presumindo ter ela um procedimento leviano. Nosso Código Civil de 1916 o mantinha por entender ser insuportável ao homem a vida conjugal com mulher que ele pensa-

---

511. W. Barros Monteiro, op. cit., p. 89-90; Caio M. S. Pereira, op. cit., p. 108. Com fundamento nos arts. 1.556 e 1.557, III, do Código Civil, o transexualismo, mudança do sexo masculino para o feminino, por meio de cirurgia, conduz à anulação do casamento, havendo ignorância do fato pelo enganado (se p. ex. a condição de emasculado de seu consorte se deu em país que admite tal fato).

512. Vicente Faria Coelho, *Nulidade e anulação de casamento*, Rio de Janeiro, 1952, p. 299; Silvio Rodrigues, *Direito*, cit., p. 97; W. Barros Monteiro, op. cit., p. 90-1. Embora com a penicilina e a sulfona (para a lepra), a maioria dessas moléstias tem possibilidade de cura, mas a lei não faz menção à doença incurável, mas sim grave e transmissível, como motivo para anular o matrimônio.

va ser pura (*RT, 247*:127, *467*:181; *RF, 269*:251), mas não o era[513]. Modernamente, diante da tendência de não mais considerar esta causa de anulabilidade de casamento, devido à grande liberdade de costumes e à igualdade entre os sexos (*Ciência Jurídica, 58*:130; *RT, 711*:172), o Código Civil de 2002 excluiu a possibilidade de anulação de casamento em razão de defloramento da mulher ignorado pelo marido. Realmente, tal fato não é mais consentâneo com a realidade social presente.

Em todos esses casos de anulação do casamento, arrolados no art. 1.557 do Código Civil, só o cônjuge enganado poderá propor a ação anulatória (CC, art. 1.559; *RTJ, 85*:833, *70*:126, *53*:249), dentro do prazo decadencial de três anos, contado da data da celebração do casamento (CC, art. 1.560,

513. W. Barros Monteiro, op. cit., p. 91-2; Caio M. S. Pereira, op. cit., p. 108. Anulava-se dentro de 10 dias, contados também do casamento, se se tratasse de matrimônio contraído com mulher já deflorada (CC de 1916, art. 178, § 1º). A exiguidade deste último prazo decadencial encontrava sua justificativa no problema da prova, pois a perícia médica, após esse intervalo, encontraria dificuldade em afirmar se o defloramento era recente ou não, uma vez que a cicatrização dos retalhos do hímen se consuma muito rapidamente (nesse sentido: Silvio Rodrigues, *Direito civil*, cit., p. 94-5; *RT, 185*:185, *248*:139; *RF, 133*:454). Não obstante, admitiram-se outros elementos de convicção, como a prova testemunhal e a confissão (*RT, 248*:139, *279*:347; *AJ, 67*:241, *72*:455). O defloramento ou *error virginitatis* não tem mais lugar no ordenamento jurídico civil brasileiro, ou seja, a possibilidade de o marido anular matrimônio alegando ignorância de defloramento de sua mulher. Tal pedido seria hoje considerado juridicamente impossível. Daí as palavras de Arnaldo Rizzardo (*Direito de família*, 1994, v. 1, p. 152): "Diante das inúmeras reformas procedidas em vários institutos do Código Civil, não poderia o legislador ter olvidado esta vetusta disposição, que retira da mulher a própria condição de pessoa, para colocá-la em situação de inferioridade, como que devendo ficar preservada sua liberdade pessoal ao futuro marido. Evidencia-se uma chocante violação do princípio jurídico básico da dignidade do ser humano. Mas, diante da igualdade jurídica entre o homem e a mulher que a atual Constituição impõe, incluindo o mesmo tratamento quanto aos direitos e deveres — arts. 5º, I, e 226, § 5º — não mais pode preponderar esta aberração, porquanto não se dispôs restrição à liberdade sexual do homem". Consulte: Sidnei Agostinho Benetti Fº, A virgindade não é mais um tabu, *Carta Forense*, 2003, p. 8; José Fernando Simão (Virgindade, ainda um tabu, *Carta Forense*, 2003, p. 9) entende que, pelo art. 1.557, I, do Código Civil, a falta de virgindade é erro essencial sobre a pessoa do outro cônjuge, por dizer respeito à sua honra e boa fama, desde que torne insuportável a vida em comum do cônjuge enganado, p. ex., se este pertencer a uma religião, segundo a qual a virgindade é um valor moral, configurando um sinal de honra e boa fama. Esse cônjuge poderá pleitear anulação do casamento dentro do prazo decadencial de três anos (CC, art. 1.560, III), mediante prova testemunhal. O ônus da prova competirá ao enganado. A falta de virgindade masculina e feminina pode, segundo esse autor, anular casamento com base no art. 1.557, I, bastando que o enganado prove que, por razão religiosa, moral ou educacional, o fato de ter descoberto a prática de sexo anal ou vaginal pelo seu cônjuge, antes do casamento, tornou a vida em comum insuportável.

III). A lei reputa suficiente esse prazo para que, com a convivência conjugal, o cônjuge enganado possa perceber a existência de alguma causa de erro essencial que justifique a anulação matrimonial, pois, p. ex., se o outro estiver com AIDS, os sintomas dessa moléstia, observa Carlos Eduardo Nicoletti Camillo[514], não poderão ser percebidos nos primeiros anos de contaminação. Mas a coabitação, havendo ciência do vício, validará o matrimônio (CC, art. 1.559), ressalvadas as hipóteses do art. 1.557, III e IV (desconhecimento anterior às núpcias de defeito físico irremediável, que não caracterize deficiência e moléstia grave e transmissível).

A norma jurídica autoriza ao que se casar coagido intentar ação para anular seu matrimônio, por ser a *coação* um vício de consentimento (CC, arts. 1.550, III, e 1.558) que atinge a vontade livre quando for causa do ato, decorrendo de ameaça grave, injusta e iminente (CC, arts. 151 e 152; *RT*, *163*:710, *335*:228, *254*:149, *619*:74). A coação, por viciar o ato nupcial, deve incutir no nubente temor de dano iminente e considerável a sua pessoa, a sua família ou a seus bens. A coação grave e atual deve ser apreciada atendendo-se às condições pessoais da vítima, excluindo-se do seu conceito a ameaça do exercício normal de um direito (CC, art. 153).

Se o casamento for realizado com *pessoa* por qualquer motivo *coacta* será anulável (CC, art. 1.558; *RF*, *231*:210; *RT*, *507*:116), não podendo, obviamente, constituir a coação simples temor reverencial (*RT*, *778*:335), ou seja, receio de causar desgosto aos pais ou à pessoa a quem se deva respeito e obediência[515]. Deveras, pelo Código Civil, art. 1.558, só é anulável o casamento em virtude de coação moral (*vis compulsiva*) quando o consentimento de um ou de ambos os cônjuges houver sido captado mediante temor de mal considerável e iminente para a vida, saúde ou honra, sua ou de seus familiares. Todavia, nossos Tribunais têm entendido que é anulável casamento em que o consentimento de um dos nubentes foi obtido por coação, mesmo que esta consista num simples, mas forte, ou exacerbado, temor reverencial (*RT*, *182*:250; *RTJPR*, *67*:142 e 130; *AJ*, *90*:466, *91*:366).

O juiz deverá examinar cada caso, equitativamente, procurando verificar até que ponto a pressão exercida pelo pai sobre a filha, p. ex., para que ela consinta em se casar contra sua vontade, deixa de ser justa, tornando-se

514. Carlos Eduardo N. Camillo, *Comentários*, cit., p. 1130, nota 73.

515. W. Barros Monteiro, op. cit., p. 81. "Casamento. Anulação. Celebração realizada por força de coação paterna. Desnecessidade de rigor excessivo na apreciação das provas. Ação procedente. Sentença confirmada" (*RJTJSP*, *120*:38).

coativa[516]. O pai que impõe à sua filha um noivo, ameaçando-a de não mais mantê-la se o recusar, exerce pressão injusta se se tratar de moça sem experiência, incapaz de se sustentar. Entretanto, se for independente e capaz de prover sua própria subsistência, a ameaça paterna será inócua, pois para ela o sacrifício de se casar com pretendente indesejado é bem maior do que ganhar, por si só, o próprio sustento. De forma que, se for inexperiente, sua anuência terá provindo de coação, e, se for experiente, sua concordância terá por causa mero temor reverencial, porque a ameaça não tinha o condão de atemorizá-la. Indubitavelmente, trata-se de uma questão de fato que o órgão judicante terá de decidir de acordo com sua convicção (*RT, 182*:950, *247*:336)[517].

Apesar de o Código Civil e de o Código Penal não mais fazerem menção ao rapto, entendemos que não podem contrair matrimônio o raptor ou sequestrador com a raptada ou sequestrada, enquanto esta não se achar fora do seu poder e em lugar seguro, sob pena de anulabilidade do casamento, pois não estará ela em condições de manifestar livremente seu consentimento, uma vez que há presunção *juris et de jure* de coação, que não admite prova em contrário, mesmo na hipótese de rapto consensual (CP, art. 221 — ora revogado pela Lei n. 11.106/2005; CC, arts. 1.550, III, e 1.558; *RT, 347*:194), isto é, aquele em que a raptada anui em acompanhar o raptor.

A legitimação para pleitear a anulabilidade pertence ao cônjuge coacto, que poderá promovê-la, não tendo havido coabitação, dentro de quatro anos contados a partir do dia em que se deram as núpcias (CC, arts. 1.560, IV, e 1.559).

Será anulável o casamento de *pessoa incapaz de consentir* ou de manifestar, de modo inequívoco, o seu consentimento (CC, art. 1.550, IV), como, p. ex., os surdos-mudos que não puderem exprimir sua vontade.

Os surdos-mudos sem educação adequada que lhes possibilite manifestar consentimento não podem convolar núpcias, salvo se exprimirem sua vontade por meio de seu responsável ou curador (CC, art. 1.550, § 2º).

Eduardo Espínola[518] esclarece-nos que “tratando-se de um surdo-mudo, só pode considerar-se validamente prestado o consentimento se ele, sabendo ler e escrever, assim o exprimir por escrito, em resposta à pergunta tam-

---

516. Silvio Rodrigues, *Direito,* cit., p. 89.

517. Silvio Rodrigues, *Dos defeitos,* cit., n. 60; Pontes de Miranda, *Tratado,* cit., t. 1, p. 103; *RF, 60*:339; *AJ, 61*:260.

518. Espínola, op. cit., Rio de Janeiro, Ed. Conquista, 1957, apud Antônio Chaves, Impedimentos, cit., p. 279.

bém feita por escrito pelo funcionário do registro civil, em papel selado, arquivando-se este documento; ou se, não sabendo escrever, o fizer por intermédio de um intérprete que, sob sua honra, declare perante testemunhas que traduzirá fielmente a vontade do surdo-mudo, manifestada em linguagem mímica, lavrando-se de tudo um auto especial, que ficará arquivado como documento". Isto é assim porque o matrimônio, para ser válido, requer consentimento, pois o art. 1.535 do Código prescreve que o presidente do ato ouvirá a afirmação de que os nubentes persistem no propósito de casar, por livre e espontânea vontade, e o art. 1.538 do mesmo diploma legal ordena que se suspenda imediatamente o casamento se algum dos contraentes recusar a solene afirmação da vontade, declarar que esta não é livre e espontânea ou manifestar-se arrependido[519].

O mesmo se diga de: pessoa que seja portadora de enfermidade mental ou física que, por causa transitória ou permanente, não possa manifestar sua vontade ou consentir de modo claro; ébrio habitual ou toxicômano (CC, arts. 4º, 1.767, I e III).

A incapacidade de consentir dessas pessoas deverá ser graduada conforme o estado mental[520].

Mas, como vimos, pelo § 2º do art. 1.550 (acrescentado pela Lei n. 13.146/2015) "a pessoa com deficiência mental ou intelectual em idade núbia poderá contrair matrimônio, expressando sua vontade diretamente ou por meio de seu responsável ou curador". Como se vê, casamento de pessoa com deficiência mental ou intelectual será suscetível de nulidade relativa se o nubente, não puder exprimir sua vontade diretamente ou não se fez representar por seu responsável ou curador, manifestando, por meio deste, seu consenso. Levanta-se aqui uma questão: se o casamento é ato pessoal e íntimo que requer manifestação de vontade livre, como admitir intervenção de terceiro? Se o incapaz vier a se casar, expressando sua vontade por meio de responsável ou curador, isso não estaria descaracterizando o caráter personalíssimo do casamento?

O art. 1.550, IV, não alcança o pródigo, que poderá casar, porque não é incapaz de consentir e só sofre restrições concernentes às suas relações patrimoniais, que têm por causa legal o vício da dissipação. Assim sendo, é

---

519. *Vide* observações de Antônio Chaves (Impedimentos, cit., v. 42, p. 277); no mesmo sentido: Cândido de Oliveira, op. cit., v. 5, p. 69; Decreto-Lei n. 4.529/42 e Decreto-Lei n. 5.383/43.

520. Antônio Chaves, Impedimentos, cit., p. 281.

mister ressaltar que, embora o pródigo contraia matrimônio sem anuência do curador, não prevalecerá o pacto antenupcial que, porventura, tenha feito, mas sim a comunhão parcial de bens, devido a sua incapacidade de reger a vida econômica[521].

É anulável casamento que se realizar por meio de mandatário, sem que ele ou o outro contraente soubesse da revogação ou da invalidade do mandato judicialmente decretada, desde que não tenha sobrevindo coabitação entre os cônjuges (CC, art. 1.550, V e parágrafo único). Isto é assim porque se equipara à revogação a invalidade do mandato judicialmente decretada. O mandante poderá anulá-lo dentro de 180 dias, contados da data em que teve conhecimento da celebração do casamento (CC, art. 1.560, § 2º).

É anulável casamento realizado perante autoridade incompetente (CC, art. 1.550, VI). Trata-se de incompetência *ratione loci,* logo, só será válido o ato nupcial que for celebrado por juiz do distrito em que se processou a habilitação matrimonial. Anulável será o casamento realizado por juiz que não está em exercício ou que celebra o ato fora dos limites de seu distrito, sendo incompetente *ratione loci* (*RT, 193*:185, *250*:622)[522] ou por substituto legal de juiz de casamento que seja incompetente *ratione loci* e *ratione personae.* A *incompetência relativa da autoridade* é conducente à anulabilidade do casamento. Todavia, se aquela nulidade relativa não for alegada ou provada, dentro do prazo decadencial de dois anos, o casamento convalesce do vício e não pode mais ser infirmado (CC, art. 1.560, II). Há, ainda, quem não considere anulável o casamento celebrado perante o juiz de paz ou de casamento de outro distrito que não o da residência dos contraentes (*RT, 145*:207, *229*:349, *275*:270, *303*:674, *330*:814; *RF, 171*:246)[523], desde que haja seu assento. Hodiernamente esta concepção tem predominado, sendo a adotada, em termos, pelo Código Civil, art. 1.554, que permite sua subsistência apesar de ser anulável. Deveras pelo novo *Codex* poderá ser anulado o ato nupcial se se provar, dentro de dois anos, sua celebração por autoridade incompetente *ratione loci* e *ratione personae* (p. ex., a do substituto

---

521. *Vide* Cândido de Oliveira, op. cit., v. 5, p. 75; Lafayette Rodrigues Pereira, op. cit., § 51, nota 2; Antônio Chaves, Impedimentos, cit., p. 278; W. Barros Monteiro, op. cit., p. 44.

522. W. Barros Monteiro, op. cit., p. 79; Código Penal, art. 238; Lei n. 2.425/11, sobre casamento celebrado perante autoridade não legalmente investida. A competência para a celebração do casamento define-se pelas normas de organização judiciária de cada Estado e do Distrito Federal.

523. Cândido de Oliveira, op. cit., v. 5, p. 204-5.

do juiz de casamento). Se tal incompetência não for alegada, nem provada dentro daquele biênio, o casamento se convalescerá do vício que o macula. Se a incompetência for apenas *ratione loci*, por terem sido as núpcias celebradas por *juiz de casamento* fora de seu distrito, o art. 1.554 deverá ser aplicado. Entretanto, nulo, ou inexistente, como preferem alguns autores, será o matrimônio que for realizado por outra autoridade que não o juiz de casamento, mas, p. ex., o juiz da Infância e da Juventude, o delegado de polícia ou o promotor de justiça[524], tendo-se em vista que o celebrante não é autoridade competente *ratione materiae*. Ter-se-á, nessa hipótese, *autoridade absolutamente incompetente*.

Uma vez lavrado no Registro Civil, o casamento existe juridicamente, ante a fé pública cartorária, não devendo ser declarado anulável se seu celebrante for o juiz de casamento (e não seu *substituto* legal), incompetente *ratione loci*, em atenção à boa-fé dos consortes, protegendo-se o estado de aparência (CC, art. 1.554). Dá-se-lhe validade em atenção à teoria da aparência, embora o ato nupcial registrado apresente irregularidade, resguardando-se matrimônio contraído em boa-fé perante autoridade incompetente[525] *ratione loci*. Não se pode anular casamento de que participaram nubentes que estavam certos da competência da autoridade celebrante, que se apresentou perante eles, exercendo ostensiva e publicamente a função de juiz de casamento e, nessa qualidade, inscreveu o ato no Registro Civil competente. Juiz de casamento *incompetente "ratione loci" com aparência de competente* gera situação conducente ao afastamento do vício da anulabilidade do casamento.

O Código Civil apresenta, portanto, uma solução para amparar a boa-fé dos consortes, ao dispor no art. 1.554: "subsiste o casamento celebrado por aquele que, sem possuir a competência exigida na lei, exercer publicamente as funções de juiz de casamentos e, nessa qualidade, tiver registrado o ato

524. W. Barros Monteiro, op. cit., p. 79; Carlos Roberto Gonçalves, *Direito de família*, São Paulo, Saraiva, 2002, p. 46. Observa Antônio Carlos Morato (O casamento celebrado perante autoridade competente na Lei n. 10.406/2002, *Revista IASP*, 11:182) que subsidiariamente se poderia discutir a competência do juiz de direito para realizar a cerimônia, pois, em regra, a questão é tratada em leis de organização judiciária estaduais ou na Constituição Estadual. Por exemplo, a Constituição do Estado do Piauí, no art. 136, prescreve que "compete aos suplentes, pela ordem numérica, substituir o titular nas suas faltas, ausências e impedimentos" e, no parágrafo único, acrescenta que, "nos casos de falta, ausência ou impedimento do titular e seus suplentes, cabe ao juiz de direito competente exercer as atribuições de juiz de paz".

525. Clóvis, op. cit., v. 2, p. 70; Silvio Rodrigues, *Direito*, cit., v. 6, p. 85-6.

no Registro Civil". Para tanto será preciso: boa-fé dos nubentes devidamente habilitados; erro escusável e registro, pelo juiz de casamento, das núpcias no livro competente.

Morato salienta que o art. 1.554 encerra a controvérsia alusiva à incompetência territorial em relação ao juiz de casamento, mas persiste a atinente ao seu substituto legal (CC, art. 1.539, § 1º), se for incompetente em razão do lugar e da pessoa (CC, arts. 1.550, VI, e 1.560, II). Justifica-se essa exceção ao princípio da incurabilidade das nulidades no interesse dos filhos e dos consortes de boa-fé, sendo preferível conservar tal matrimônio, o que não se dá, p. ex., com o casamento entre pai e filha.

Como pudemos apontar, os motivos determinantes da anulabilidade do enlace matrimonial são de índole subjetiva, atribuindo a um dos consortes o direito de propor a ação anulatória para paralisar os efeitos do casamento contraído defeituosamente[526]. Todavia, o matrimônio anulável tem validade pendente resolutivamente, produzindo efeitos se o cônjuge ou a pessoa legitimada não propuser ação dentro do prazo decadencial previsto em lei. Decorrido este, sem propositura da ação anulatória, o casamento será automática e definitivamente válido. Permanece algum tempo na faixa da invalidação potencial[527], sendo virtualmente válido, até que a sentença pronuncie sua invalidade, subordinando-se, portanto, a uma condição resolutiva de um pronunciamento contrário[528].

Ensina-nos Carbonnier[529] que, mesmo anulado, produz efeitos *ex nunc*, não apagando os já produzidos; diz-se, por isso, que a anulação está muito próxima da resolução, não faltando, ainda, quem a assemelhe, quanto aos seus efeitos e mecanismo, ao divórcio, diferenciando-se deste por dissolver o vínculo matrimonial por razões anteriores ao casamento, enquanto o divórcio o extingue por motivos supervenientes[530].

A sentença anulatória do casamento tem caráter constitutivo, já que dissolve matrimônio existente, revelando uma verdade oculta[531].

---

526. *Vide* Orlando Gomes, *Direito*, cit., p. 142.
527. Orlando Gomes, *Direito*, cit., p. 143.
528. Caio M. S. Pereira, op. cit., p. 103.
529. Carbonnier, op. cit., p. 381.
530. Orlando Gomes, *Direito*, cit., p. 143.
531. Enneccerus, Kipp e Wolff, op. cit., t. 4, v. 1, p. 155; Paulo Adib Casseb, Anulabilidade do casamento: hipóteses em que é admitida, *Revista do Instituto de Pesquisas e Estudos*, *23*:219-56, Bauru, 1998. *Vide* Lei n. 6.015/73, art. 167, II, n. 14, item acrescentado pela

c.4. Declaração de putatividade do casamento nulo e anulável

A teoria das nulidades matrimoniais possui um princípio básico de que nulo ou anulável o casamento produz efeitos civis válidos em relação aos consortes e à prole se um deles ou ambos o contraíram de boa-fé (CC, art. 1.561). Trata-se de *casamento putativo*[532], no qual a boa-fé suprime o impedimento, fazendo desaparecer a causa de sua nulidade por desconhecê-la. A ignorância pode decorrer de erro de fato ou de direito. O erro de fato consiste na ignorância de evento que impede a validade do ato nupcial. P. ex., se se casam duas pessoas, que são irmãs, mas desconhecem tal parentesco, só descoberto após o casamento. O erro de direito advém de ignorância da lei que obsta a validade do enlace matrimonial. P. ex., se tio e sobrinha convolarem núpcias sem fazer exame pré-nupcial, por ignorarem sua exigência pelo Decreto-Lei n. 3.200/41, art. 1º, e o impedimento previsto no art. 1.521, IV, do Código Civil. O Supremo Tribunal Federal (*RF, 102*:155) declarou a putatividade de casamento contraído entre genro e sogra, admitindo a alegação de erro de direito por ignorarem os cônjuges ou companheiros, a despeito de serem viúvos, que a afinidade na linha reta não se extingue com a dissolução do casamento, ou da união estável, que a originou (CC, art. 1.595, § 2º)[533].

Portanto, a boa-fé deve existir no instante do ato nupcial, logo, se o conhecimento da causa invalidante se der após a celebração do casamento, não o prejudicará, visto que a má-fé foi superveniente às núpcias.

Essa boa-fé se presume até prova em contrário, competindo o ônus da prova a quem a negar, persistindo até o momento em que qualquer dos consortes descobre que as núpcias não poderiam ter sido convoladas, promovendo

---

Lei n. 6.850/80; *RT, 304*:790, *528*:108. Sobre anulação de casamento: *RJTJSP, 61*:33, *64*:46, *71*:34; *RT, 563*:75, *558*:205, *560*:220.

532. O termo *putativo* advém do latim *putativus* (imaginário), *putare* (crer, imaginar). Caio M. S. Pereira, op. cit., p. 109; W. Barros Monteiro, op. cit., p. 97; Aubry e Rau, op. cit., v. 7, § 460; De Page, op. cit., v. 1, n. 675; Pacifici-Mazzoni, *Istituzioni di diritto civile,* v. 7, p. 184; Espínola, op. cit., p. 179; Orlando Gomes, *Direito,* cit., p. 141; Silvio Rodrigues, *Direito,* cit., p. 111; Cunha Gonçalves, op. cit., v. 1, p. 384; Planiol, Ripert e Boulanger, op. cit., n. 1.046; Frederico Bittencourt, Casamento putativo, *Cadernos de Direito Privado da Universidade Federal Fluminense, 2*:91-109, 1979; Yussef Said Cahali, *O casamento putativo,* 1972; *RF, 255*:224, *263*:212; *RTJ, 71*:300; *RJTJSP, 67*:252; *RJTJMT, 67*:105; *RT, 480*:236, *487*:91, *500*:105, *504*:136, *511*:113, *528*:108, *538*:107, *545*:107, *554*:112, *569*:89, *576*:110, *588*:175. No TJRN reconheceu-se os efeitos civis de casamento contraído por noiva, que acreditava estar divorciada, tanto em relação aos cônjuges, como em relação aos filhos, até o dia da sentença anulatória (2ª Câmara Cível, *DJ* de 13-5-2005 — Reexame necessário n. 99.000044-3 — rel. Des. Cláudio Santos).

533. W. Barros Monteiro, op. cit., p. 99-100; Silvio Rodrigues, *Direito,* cit., p. 113.

a decretação de sua nulidade absoluta ou relativa, e, como medida preliminar, a separação de corpos[534]. O juiz terá, tão somente, mesmo sem comprovação de boa-fé, ante as circunstâncias do caso, que proclamar a putatividade do matrimônio[535].

Declarado putativo o casamento, os efeitos civis, pessoais ou patrimoniais ocorridos da data de sua celebração até o dia da sentença anulatória, em relação aos cônjuges e à prole, permanecerão tendo, então, eficácia *ex nunc* (CC, art. 1.561), apesar de a sentença que declarar nulo o casamento retroagir *ex tunc* (desde o dia das núpcias) — (CC, art. 1.563, 1ª parte), preservando, contudo, direitos de terceiros de boa-fé. A eficácia dessa sentença é, neste último caso, *ex nunc,* não afetando os direitos já adquiridos onerosamente por terceiros de boa-fé, nem os advindos de decisão judicial, já transitada em julgado (CC, art. 1.563, 2ª parte). Dispõe o art. 1.561, §§ 1º e 2º, do Código Civil que, embora inválido o casamento, se foi contraído de boa-fé por ambos os cônjuges, em relação a estes e aos filhos produzirá todos os efeitos, até o dia da sentença anulatória. Se só um deles estava de boa-fé ao celebrar o casamento, os seus efeitos civis apenas a ele e aos filhos aproveitarão e se ambos estavam de má-fé ao convolar núpcias, os seus efeitos civis somente aproveitarão aos filhos.

Os *efeitos pessoais* dizem respeito:

1) Aos cônjuges, pois após a sentença anulatória, ainda que putativo o casamento, cessam os deveres de fidelidade, de coabitação, de mútua assistência. Prevalece a emancipação se os cônjuges, estando de boa-fé, convolaram núpcias ainda menores. O cônjuge de boa-fé não retornará a condição

---

534. É a lição de Orlando Gomes, *Direito,* cit., p. 141. O Projeto de Lei n. 699/2011, ao acrescentar § 3º ao art. 1.561, pretende estender os efeitos da putatividade ao cônjuge coato, pois: "Como os efeitos da putatividade só aproveitam ao cônjuge de boa-fé, entendendo-se como tal o que ignorava o vício ou o defeito que originou a invalidade do casamento, o cônjuge coato, a rigor, não estaria abrangido pelo dispositivo, pois, logicamente, como vítima que foi da 'vis compulsiva', não pode alegar que não conhecia o vício. Para que a questão não fique dependendo de interpretação (ora construtiva, ora restritiva), é de toda conveniência que o cônjuge coato seja equiparado, pela lei, ao cônjuge de boa-fé. Assim ocorre, aliás, no direito alemão (BGB, art. 1.704), no italiano (CC, art. 128, al. 1), no português (CC, art. 1.648, 1)". O Parecer Vicente Arruda rejeitou tal sugestão, também inserida no Projeto de Lei n. 6.960/2002 (substituído pelo PL n. 699/2011), por ser desnecessária porque as hipóteses são diferentes. A hipótese da coação já está prevista no art. 1.558.

535. W. Barros Monteiro, op. cit., p. 103; *RT, 127*:512; Caio M. S. Pereira, op. cit., p. 111; De Page, op. cit., v. 1, n. 677; *RJTJSP, 38*:48, *30*:48; *RTJ, 71*:80, *73*:904, *89*:495; *JTJ, Lex, 239*:44; *RT, 760*:232.

de incapaz, o mesmo não se poderia dizer do que estiver de má-fé[536]. Se, p. ex., a mulher for inocente, poderá conservar os apelidos do marido (*RT, 607*:86), se os usar.

2) Aos filhos, mesmo "incestuosos" ou "adulterinos", pois serão considerados matrimoniais, outorgando-lhes direito aos apelidos de família, ainda que nenhum dos cônjuges esteja de boa-fé ao contrair o casamento, segundo o disposto no art. 1.561, § 2º, do atual Código Civil, que consagrou o art. 14, parágrafo único, da Lei n. 6.515/77, que alterou fundamentalmente a teoria do casamento putativo, modificando parcialmente o art. 221 e parágrafo único do Código Civil de 1916, que só possibilitava a legitimidade da prole se um dos consortes se achasse de boa-fé. A filiação materna ou paterna pode resultar de casamento declarado nulo, mesmo sem as condições do putativo (CC, art. 1.617). O cônjuge de boa-fé tem sobre eles os direitos inerentes à paternidade ou maternidade, ou seja, ao poder familiar[537]. No caso de invalidade do casamento, havendo filhos comuns (CC, art. 1.587), a guarda deles será atribuída a quem apresentar aptidão para exercê-la ou ao genitor a quem o acordo indicar e quando não houver tal acordo quanto à guarda, encontrando-se ambos os genitores aptos a exercer o poder familiar, será aplicada a guarda compartilhada, salvo se um dos genitores declarar ao magistrado que não deseja a guarda do menor (CC, art. 1.584, § 2º). Se impossível for a guarda compartilhada, ter-se-á a guarda unilateral (CC, art. 1.583, § 5º). Se não puderem ficar com nenhum dos genitores, o juiz deferirá sua guarda à pessoa que revelar compatibilidade com a natureza da medida, considerando grau de parentesco, relações de afinidade e afeição (CC, art. 1.584, § 5º). E, havendo motivo grave, poderá o órgão judicante, para atender ao superior interesse do menor, regular a guarda de modo que julgar mais conveniente (CC, art. 1.586).

Os seus *efeitos patrimoniais* atingem:

1) Os consortes, uma vez que com a declaração da putatividade do enlace matrimonial, se o regime for o da comunhão, os bens serão equitativamente partilhados entre ambos, se de boa-fé, como se tivesse havido morte de um deles. Todavia, se apenas um for culpado, perderá para o outro as vantagens econômicas, não podendo pretender meação no patrimônio com que o cônjuge de boa-fé entrou para a comunhão (CC, art. 1.564, I). O inocente,

536. Caio M. S. Pereira, op. cit., p. 112; Espínola, op. cit., p. 182; W. Barros Monteiro, op. cit., p. 101.

537. Clóvis Beviláqua, *Direito de família*, § 24; Caio M. S. Pereira, op. cit., p. 113-4; Colin e Capitant, op. cit., 9. ed., Paris, 1939, v. 1, p. 185.

por sua vez, poderá pleitear a meação concernente aos bens que o culpado trouxe para o casal, se, p. ex., o regime for o da comunhão universal. O culpado terá de fornecer alimentos à família e ao inocente se este carecer deles (*RT, 318*:590; *RTJ, 89*:495), cessando essa obrigação alimentar, em relação ao consorte de boa-fé, com a sentença anulatória, pois a partir daí não mais existe a condição de cônjuge[538]. Entre os efeitos civis econômicos do casamento putativo está o direito do casal, se de boa-fé, à herança dos filhos (*RT, 427*:230). E se o casal não tiver filhos, nem ascendentes vivos, e um dos cônjuges falece antes da sentença, o supérstite, se de boa-fé, herda e pode ser nomeado até inventariante. Mas, se o óbito se der após a decisão, não terá direito sucessório[539], visto que deixa de ser cônjuge. Está claro que o de má-fé não terá nenhum desses direitos.

Prevalece, ainda, o pacto antenupcial, que será executado em prol do consorte de boa-fé e o culpado deverá, ainda, cumprir todas as promessas que fez ao inocente no contrato antenupcial (CC, art. 1.564, II). A doação *propter nuptias,* feita por terceiros em contemplação de casamento, caduca relativamente ao cônjuge que estiver de má-fé, porque não se realizou a condição imposta, ou seja, o matrimônio[540] (CC, art. 546).

2) A prole, perante a qual perduram os efeitos sucessórios que se estendem em relação aos parentes de seus pais[541].

3) Terceiros, pois, embora putativo, o casamento consolida direitos que se incorporaram ao patrimônio deles, no pressuposto da validade do enlace matrimonial, em virtude, p. ex., de doações feitas pelos consortes[542].

538. W. Barros Monteiro, op. cit., p. 99 e 101. Sobre a obrigação alimentar no casamento putativo, *vide* Cahali, *Casamento putativo,* n. 65, p. 144; Baudry-Lacantinerie, *Précis de droit civil,* v. 1, n. 466, p. 261; Pontes de Miranda, *Tratado de direito privado,* v. 8, n. 827, p. 23; Crisafulli, *Matrimonio putativo,* n. 75, p. 127; Dusi, op. cit., v. 1, n. 34, p. 195. Nosso Código Civil não contém preceito específico a respeito desse dever alimentar, como a Lei Matrimonial argentina (art. 87, I), o Código Civil português (arts. 2.017 e 2.019) e o Código Civil italiano (art. 129, com redação da Lei n. 151/75); *RT, 279*:722, *270*:191, *388*:125, *397*:344; *Rev. Jur., 59*:43; *RTJ, 89*:495.

539. W. Barros Monteiro, op. cit., p. 101; Caio M. S. Pereira, op. cit., p. 113; Espínola, op. cit., p. 182; Bassil Dower, op. cit., p. 73.

540. Planiol, Ripert e Boulanger, op. cit., n. 1.052; Caio M. S. Pereira, op. cit., p. 113; Degni, op. cit., p. 186; W. Barros Monteiro, op. cit., p. 101.

541. Degni, op. cit., p. 190; Colin e Capitant, *Traité élémentaire de droit civil français*, Paris, 1924, v. 1, p. 185.2.

542. Caio M. S. Pereira, op. cit., p. 114; Gallardo, *Le rôle et les effets de la bonne foi dans l'annulation du mariage*, p. 66; *RTJ, 71*:300; *RT, 545*:107; *RF, 263*:212.

D. SEPARAÇÃO JUDICIAL E SEPARAÇÃO EXTRAJUDICIAL

d.1. Finalidade e espécies de separação judicial

A *separação judicial* é causa de dissolução da sociedade conjugal (CC, art. 1.571, III), não rompendo o vínculo matrimonial, de maneira que nenhum dos consortes poderá convolar novas núpcias. Assim sendo, o consórcio realizado no México ou na Bolívia por separados judicialmente não produzirá efeitos perante nossa lei. Antes do divórcio essas uniões não passam de relações concubinárias[543].

A separação judicial é uma medida preparatória da ação do divórcio, salvo, como logo mais demonstraremos, quando já há uma separação de fato dentro do prazo previsto na nossa Constituição[544].

Duas são as *espécies* de separação judicial: *a*) a *consensual* (CC, art. 1.574), ou por mútuo consentimento dos cônjuges casados há mais de um ano (prazo de experiência, que será retirado do art. 1.574, com a aprovação do PL n. 699/2011, sendo que, pelo Enunciado n. 515 do Conselho da Justiça Federal, aprovado na *V Jornada de Direito Civil*, "pela interpretação teleológica da Emenda Constitucional n. 66/2010, não há prazo mínimo de casamento para a separação consensual"), cujo acordo não precisa ser acompanhado de motivação, mas para ter eficácia jurídica requer homologação judicial depois de ouvido o Ministério Público. Orlando Gomes[545] entende que se deve considerar

---

543. W. Barros Monteiro, op. cit., p. 195; Atahualpa Fernandez, *A suportabilidade da vida em comum. A dissolução da sociedade conjugal e o novo Código Civil*, São Paulo, 2003; Silvio Luís Ferreira de Rocha, *Introdução*, cit., p. 121-40; STF, Súmula 305.

544. Pinto Ferreira, op. cit., p. 138; Maria Berenice Dias, Da separação e do divórcio, in *Direito de família e o novo Código Civil* (coord. Mª Berenice Dias e Rodrigo da Cunha Pereira), Belo Horizonte, Del Rey, 2003, p. 73-94; Fernanda de Figueiredo Ferraz, *Separação e divórcio — doutrina e prática*, São Paulo, Quartier Latin, 2005; *RT*, *515*:85, *551*:110, *559*:114, *581*:57, *529*:77, *544*:189.

Pela Lei n. 11.977/2009, art. 35-A, parágrafo único (com a redação da Lei n. 12.693/2012), a ex-mulher ou o ex-marido, se for o único detentor da guarda dos filhos, poderá ter em seu nome registrado ou transferido o título de propriedade de imóvel adquirido no âmbito do PMCMV.

545. Orlando Gomes, *Direito*, cit., p. 243. O Parecer Vicente Arruda votou pela aprovação, concordando que embora a "Constituição Federal, no § 6º do art. 226, vede a decretação do divórcio direto se não houver separação de fato por mais de dois anos, tal vedação não existe no tocante à separação judicial, observando-se também que a separação de fato do casal possibilita a constituição de união estável, consoante o § 1º do art. 1.723, não fazendo, por isso, sentido vedar a separação consensual por falta do decurso do prazo de um ano contato do casamento. Além do mais, há hoje até a

igualmente consensual a separação requerida por uma das partes e aceita pela outra. Trata-se de separação consensual a que se opera no curso de uma separação litigiosa. É, como se disse por ocasião da elaboração da lei francesa, uma espécie de "passarela jurídica", que autoriza a conversão do processo primitivo em separação por mútuo consenso. Neste caso, os cônjuges redigem o acordo que será homologado pelo juiz da causa. Nosso direito não contém disposição legal que inclua essa forma de separação consensual, mas esta pode ser aceita sob a forma de conciliação, se se levar em consideração que é também dominada pelo espírito de prioridade da repercussão dos fatos na continuação de vida conjugal; *b*) a *litigiosa* (CC, art. 1.572), ou não consensual, efetivada por iniciativa da vontade unilateral de qualquer dos consortes, ante as causas previstas em lei. Tanto a separação consensual como a litigiosa dependem de sentença homologatória do juiz, no primeiro caso, e decisória, no segundo, por isso são denominadas, genericamente, "separação judicial"[546].

Esclarece-nos o art. 1.576, parágrafo único, do Código Civil que a ação de separação (CPC, arts. 693 a 699) é personalíssima, só podendo ser proposta pelos cônjuges. Assim apenas marido e mulher têm legitimação ativa ou passiva, somente eles podem mover a ação, defender-se ou não, reconvir e recorrer. Todavia a lei admite, excepcionalmente, em caso de incapacidade de um deles, que tal ação seja intentada por curador, ascendente ou irmão, que represente legalmente o cônjuge[547]. Diante do grave quadro psicológico, que gera a incapacidade mental de um dos cônjuges, mesmo que, ainda, não haja interdição decretada, para resguardar seus direitos, o seu irmão, p. ex., ante a inércia do ascendente, poderá, se quiser, representá-lo no procedimento judicial da separação.

A Lei n. 6.515/77, em seu art. 3º, § 2º, estatui que o órgão judicante deverá promover todos os meios que estiverem ao seu alcance, para que as partes

---

possibilidade de fraude à lei, simulando-se injúria grave para obtenção da separação judicial antes do prazo legal". E propõe a seguinte redação ao *caput* do art. 1.574: "Dar-se-á a separação judicial por mútuo consentimento dos cônjuges, manifestado perante o juiz, sendo por ele devidamente homologada a convenção".

546. Orlando Gomes, *Direito,* cit., p. 238. *Vide* Provimento n. 516/94 do CSMSP, art. 1º, §§ 1º e 3º; Sebastião José Roque, *Direito de família*, cit., p. 113-5, 125-32.

547. W. Barros Monteiro, op. cit., p. 197; Orlando Gomes, *Direito,* cit., p. 238. Se um deles estiver interditado, sendo o cônjuge seu curador, não poderá ele atuar no processo de separação, devendo-se proceder à nomeação de curador especial ao incapaz (CPC, art. 72, I).

se reconciliem ou transijam, ouvindo-as pessoal e separadamente, procurando aconselhá-las e remover suas objeções e, a seguir, poderá, se entender necessário, reuni-las em sua presença. Acrescenta, no § 3º, que, "se os cônjuges pedirem, os advogados deverão ser chamados a assistir aos entendimentos e deles participar". No mesmo sentido, CPC/2015, arts. 694 e 696. Essa tentativa de conciliação é de ordem pública; nulo será o processo em que faltar (*RT, 328*:254, *468*:72, *482*:89, *489*:119, *503*:72)[548].

A sentença que a homologa ou decreta "põe termo aos deveres de coabitação, fidelidade recíproca e ao regime de bens" (CC, art. 1.576), mas enquanto perdurar o processo de separação judicial, como veremos mais adiante, o cônjuge é obrigado a prestar alimentos ao outro, salvo em certas situações, porque subsiste o dever de sustento, que é, como apontamos em páginas anteriores, um dos efeitos do matrimônio[549]. Quanto à guarda dos filhos menores, nossos tribunais (*RT, 420*:130, *429*:99) têm decidido que o fato de o separado judicial passar a viver maritalmente com outra pessoa não justifica que os filhos sejam retirados de sua companhia, desde que o guardião tenha vida recatada e proporcione ambiente familiar sadio à prole[550].

d.2. Separação judicial consensual

Como já vimos, permite a norma jurídica que os cônjuges se separem consensualmente[551] (CPC, arts. 731 e 732), propondo uma ação que tem por fim precípuo legalizar a conveniência dos consortes de viverem separados.

O procedimento judicial da separação consensual de requerimento conjunto é muito simples, bastando a observância do disposto no Código de Processo Civil, arts. 731 e 732, sob pena de nulidade (*v.* Provimento n. 516 do CSMSP).

Os consortes devem requerê-la em petição assinada por ambos, por seus advogados ou por advogado escolhido de comum acordo (Lei n. 6.515/77, art. 34, § 1º), comunicando a deliberação de pôr termo à sociedade conjugal, sem

---

548. W. Barros Monteiro, op. cit., p. 198.

549. *Vide* Orlando Gomes, *Direito,* cit., p. 238.

550. W. Barros Monteiro, op. cit., p. 196; *Ciência Jurídica, 43*:132 — "Se a separação de corpos se impõe como medida cautelar e de direito, a guarda dos filhos menores pela mãe e os respectivos alimentos provisionais se impõem naturalmente, pelo menos enquanto não se soluciona, em definitivo, o dissídio do casal (TJMG)". Sobre os efeitos da separação judicial consensual ou litigiosa, *vide* o que dizemos no item d.4.

551. W. Barros Monteiro, op. cit., p. 208. Trata-se de procedimento de jurisdição voluntária,pois ante a ausência de litígio, os cônjuges apenas pretendem a homologação judicial do acordo feito; *RJTJSP, 62*:186; *RT, 594*:52.

necessidade de expor os motivos (*RT, 434*:89), convencionando as cláusulas e condições em que o fazem. É preciso salientar que não terá validade jurídica a separação consensual levada a efeito pelos consortes que não visam à separação judicial[552]. Assim, se, p. ex., o consentimento de um deles foi obtido mediante pagamento, o magistrado deverá negar a homologação do acordo. Se os consortes não puderem ou não souberem assinar, será lícito que outrem o faça a rogo deles (Lei n. 6.515/77, art. 34, § 3º; *RJTJSP, 20*:117, *15*:136; *RT, 358*:461). Tais assinaturas, se não forem lançadas na presença do magistrado, deverão ser reconhecidas por Tabelião (Lei n. 6.515/77, art. 34, § 4º).

Essa petição deve ser instruída com os documentos e dados exigidos pelo Código de Processo Civil, art. 731, I a IV. São eles:

1) *Certidão de casamento,* para provar que estão casados há mais de um ano, como o exige o Código Civil, art. 1.574 (em contrário — Enunciado n. 515 do Conselho da Justiça Federal).

2) *Pacto antenupcial,* se houver.

3) *Descrição dos bens* móveis ou imóveis comuns (CPC, art. 731, I, 1ª parte; *RT, 128*:244, *134*:576, *136*:677) e respectiva *partilha* (se isto for permitido pelo regime de bens — tal partilha, contudo, poderá ser feita posteriormente numa ação de partilha ou em requerimento de homologação de partilha amigável). A partilha pode ser realizada desigualmente, uma vez que os cônjuges são maiores e capazes, não estando impedidos de transigir; assim sendo, a partilha de bens não se sujeita às normas dos arts. 1.847, 2.021 e 2.022 do Código Civil (CPC, art. 731, I, 2ª parte; *RT, 471*:77, *330*:441, *398*:151, *437*:203 e 215, *447*:90, *461*:193, *460*:107, *463*:97; *RJTJSP, 25*:76, *26*:151), e só pode ser anulada por vício de consentimento (*RT, 178*:172, *180*:588, *329*:255). Entretanto, ilícita será, por exemplo, estipulação que determine a continuação da comunhão de bens, após a dissolução da sociedade conjugal ou a administração pelo marido da meação pertencente à mulher[553]. A sentença de separação judicial importará a partilha de bens

---

552. Silvio Rodrigues, *Direito,* cit., p. 216; Carbonnier, op. cit., v. 2, n. 55, p. 175; *RT, 461*:248.

553. W. Barros Monteiro, op. cit., p. 210; *RT, 610*:63, *623*:77, *640*:105.

"Separação consensual — Imóvel comum não partilhado — Uso exclusivo — Um cônjuge — Indenização — Pagamento — Possibilidade — Hipótese diversa — Decisão amparada em avença firmada na separação consensual. 1 — Segundo decidido pela Segunda Seção, o imóvel comum do casal, que não foi objeto da partilha, quando da separação consensual, na hipótese de uso exclusivo por um dos cônjuges, dá ao outro o direito de receber indenização, porquanto, neste caso, não subsiste mais a mancomunhão, mas, simplesmente, um condomínio, regido pelas normas que lhe são pertinen-

proposta pelos cônjuges e homologada pelo juiz (CC, art. 1.575 e parágrafo único). "Na separação judicial por mútuo consentimento, o juiz só poderá intervir no limite da preservação do interesse dos incapazes ou de um dos cônjuges, permitida a cindibilidade dos pedidos com a concordância das partes, aplicando-se esse entendimento também ao divórcio" (Enunciado n. 516 do Conselho da Justiça Federal, aprovado na *V Jornada de Direito Civil*). Se os cônjuges não chegarem a um acordo sobre a partilha de bens, essa circunstância não obsta a homologação judicial da separação, porque já se decidiu que a partilha de bens pode ser feita depois de homologada a separação consensual, por sentença em inventário judicial (*RT, 532*:98). Por isso o Projeto de Lei n. 699/2011, pretendendo alterar o art. 1.575, propõe a seguinte redação: "A partilha de bens poderá ser feita mediante proposta dos cônjuges e homologada pelo juiz ou por este decidida em juízo sucessivo", mas o Parecer Vicente Arruda votou, ao comentar o Projeto de Lei n. 6.960/2002 (antigo PL n. 276/2007 e atual PL n. 699/2011), que continha tal proposta, pela rejeição, argumentando: "a separação judicial põe termo à sociedade conjugal (art. 1.571, III), por isto impõe-se a partilha de bens, não só para a segurança dos cônjuges, como de terceiros. O art. 1.581 refere-se ao divórcio direto, em que não houve separação judicial, pois fundados em separação de fato". E, além disso, se o divórcio é possível sem que haja prévia partilha de bens (CC, art. 1.581), isso também deverá ser permitido relativamente à separação judicial. Daí a razão de ser do parágrafo único do art. 731 do CPC/2015: "Se os cônjuges não acordarem sobre a partilha dos bens, far-se-á esta depois de homologado o divórcio, na forma estabelecida nos arts. 647 a 658". Poderá haver cláusula de doação de imóvel a filho (*RT, 624*:195, *599*:127, *578*:154, *567*:217, *494*:69, *487*:55, *449*:134, *435*:170; *RTJ, 115*:440) do casal, feita por escritura pública ou por carta de sentença, ou, ainda, promessa de doação de bens homologada judicialmente e expedição de carta de adjudicação hábil ao registro imobiliário[554].

4) *Acordo relativo à guarda (unilateral, alternada, nidação ou compartilhada) dos filhos menores e dos maiores incapazes* (CC, arts. 1.583, 1.584, I (com

---

tes e não pelo direito de família. 2 — No caso, entretanto, a controvérsia foi decidida com apoio na avença firmada entre as partes, no processo de separação consensual, não havendo — rigorosamente — identidade fática com as hipóteses colacionadas, até porque o óbito do autor da demanda trouxe para o polo ativo da causa as filhas do casal, descortinando outro e diferente debate. 3 — Recurso Especial não conhecido" (STJ, 4ª T., RE 436.935-RS, rel. Min. Fernando Gonçalves, j. 27-9-2005, v.u.).

554. A. Ney de Mello Almada, Doação de imóvel aos filhos do casal na separação consensual, *Revista Literária do Direito, 12*:23.

a redação da Lei n. 11.698/2008), e 1.590; Lei n. 6.515/77, art. 9º; CPC, art. 731, III, 1ª parte), procurando sempre, acrescentará o Projeto de Lei n. 699/2011, preservar os interesses destes, atendendo ao princípio do melhor interesse da prole e estabelecendo, minuciosamente (*RT, 573*:207, *542*:64), o guardião, que poderá ser um dos genitores, avós ou mesmo estranhos (CC, arts. 1.583, § 1º e 1.584, § 5º); o *regime de visitas* (requisito indispensável à petição) a que terá direito aquele que não ficar com a prole (CC, art. 1.589, 1ª parte; CPC, art. 731, III, 2ª parte; *RT, 400*:143, *459*:69, *562*:75); *a repartição das férias escolares e dias festivos*, a fim de evitar litígios e prejuízos aos menores[555]. A *guarda* é um dever de assistência educacional, material e moral (ECA, art. 33) a ser cumprido no interesse e em proveito do filho menor, garantindo-lhe a sobrevivência física e o desenvolvimento psíquico. A guarda é um conjunto de relações jurídicas existentes entre o genitor e o filho menor, decorrentes do fato de estar este sob o poder e companhia daquele e da responsabilidade daquele relativamente a este, quanto à sua criação, educação e vigilância. A guarda é um poder-dever exercido no interesse do filho menor de obter boa formação moral, social e psicológica, saúde mental e preservação de sua estrutura emocional. Ao guardião se defere o poder familiar em toda sua extensão (*guarda singular, unilateral* ou *uniparental*), cabendo-lhe decidir sobre educação e formação religiosa do menor, competindo ao outro genitor apenas o direito de visita e o de fiscalizar a criação do filho, não tendo qualquer poder decisório. "A guarda unilateral obriga o pai ou mãe que não a detenha a supervisionar os interesses dos filhos, e para possibilitar tal supervisão, qualquer dos genitores sempre será parte legítima para solicitar informações e/ou prestação de contas, objetivas ou subjetivas, em assuntos ou situações que direta ou indiretamente afetem a saúde física

---

555. Silvio Rodrigues, *Direito*, cit., p. 219; W. Barros Monteiro, op. cit., p. 211; Denise D. Comel, Guarda compartilhada e guarda unilateral: a reforma da Lei n. 13.058/2014, *Revista Síntese. Direito de Família*, *92*:92 a 109; *RT, 544*:88, *462*:212, *451*:322, *445*:74. A guarda poderá ser unilateral ou compartilhada, atendendo-se ao princípio do melhor interesse da prole (Enunciado n. 101 do Conselho de Justiça Federal, aprovado nas Jornadas de Direito Civil de 2002, e parágrafo único a ser acrescentado ao art. 1.583 pelo Projeto de Lei n. 699/2011 ou pelo Projeto de Lei n. 6.315/2002 — ora arquivado). "A Lei n. 11.698/2008, que deu nova redação aos arts. 1.583 e 1.584 do Código Civil, não se restringe à guarda unilateral e à guarda compartilhada, podendo ser adotada aquela mais adequada à situação do filho, em atendimento ao princípio do melhor interesse da criança e do adolescente. A regra aplica-se a qualquer modelo de família. Atualizados os Enunciados n. 101 e 336 em razão de mudança legislativa, agora abrangidos por este enunciado" (Enunciado n. 518 do Conselho da Justiça Federal, aprovado na *V Jornada de Direito Civil*).

e psicológica e a educação de seus filhos" (CC, art. 1.583, § 5º). Pelo § 6º do art. 1.584, "qualquer estabelecimento público ou privado é obrigado a prestar informações a qualquer dos genitores sobre os filhos destes, sob pena de multas de R$ 200,00 a R$ 500,00 por dia pelo não atendimento da solicitação". O genitor contínuo é o detentor da guarda e o que não a tem é o titular do direito de visita (subespécie de guarda), tendo uma guarda descontínua, visto que a visita se opera em intervalos de tempo. Se o guardião contínuo não se restringe às tarefas de mero ordenador, reservando boa parcela de seu tempo para as funções de orientação pedagógica, formação moral e religiosa, educação e lazer da prole, será inviável qualquer interferência em suas decisões, que em nada prejudicam o desenvolvimento filial. Com a separação judicial a titularidade do poder familiar não se alterará, mas o guardião da prole terá o seu exercício, deliberando sobre a educação. Isto não significa que o outro deixa de ser seu titular, pois se discordar de alguma coisa prejudicial ao filho poderá recorrer ao juiz para a solução do problema educacional. Logo, o genitor guardião apenas responderá judicialmente se for omisso quanto à criação e educação do filho menor, não cumprindo os mínimos encargos legais decorrentes da guarda e do exercício do poder familiar. E nada obsta a que se decida pela: *a*) *guarda alternada*, ficando o filho ora sob a custódia de um dos pais, com ele residindo, ora sob a do outro, passando a conviver com ele. Como há deslocamento periódico do menor, poderá ocorrer interferência em seus hábitos educacionais, gerando instabilidade emocional e interrupção de convívio social, logo não é muito recomendável (*RJ*, *268*:28; *BAASP*, *2.701*:5758); *b*) *guarda conjunta* ou *compartilhada*, forma de custódia em que, como ensina Maria Antonieta Motta, os filhos têm uma residência principal, para garantir sua estabilidade emocional e seu bom desenvolvimento psíquico e educacional, não comprometendo sua necessidade de experiências contínuas, no cotidiano, evitando desorganização na rotina pessoal e escolar, embora não se exclua a possibilidade de que possam ficar, algumas vezes, também na casa do outro genitor; mas os pais têm responsabilidade conjunta na tomada das decisões e igual responsabilidade legal sobre eles. Ambos os genitores têm, de modo igualitário, a guarda jurídica, apesar de um deles ter a guarda material. Esclarece o § 3º do art. 1.583 que "na guarda compartilhada, a cidade considerada base de moradia dos filhos será aquela que melhor atender aos interesses dos filhos". Assim, ter-se-á a fixação do domicílio legal do menor. Há presença física da criança e do adolescente no lar de um dos genitores, tendo o outro o direito de visitá-la periodicamente, sendo que o tempo de convívio com os filhos deve ser dividido de forma equilibrada com a mãe e com o pai, sempre tendo em vista as condições fáticas e os interesses dos filhos (CC, art. 1.583, § 2º). A partilha de dias e horários de conveniência com filho deve ser proporcional entre os pais e conforme aos interesses do menor. Essa divisão equilibrada de tempo de convívio deve favorecer o exercício da guarda compartilhada e a responsabilidade conjunta dos genitores. Essa divisão igualitária do tempo deverá ser qualitativa sem gerar guarda alternada (dupla residência), pois o menor residiria com um dos genitores, convivendo amplamente com o outro, de forma a atender, em termos de qualidade de vida, o superior interesse da criança; mas a responsabilidade legal sobre o filho e pela sua educação seria bilateral, ou seja, do pai e da mãe. Para o bem da prole o convívio entre pais e filhos deverá ser harmonioso. O poder familiar seria exercido por ambos, que tomarão conjuntamente as decisões no dia a dia por meio de uma boa comunicação, compreensão e diálogo, conjugando esforços para o bem-estar e a melhor educação da prole. Ambos os genitores terão o direito de participar, efetiva e decisivamente, na educação e formação do filho, preservando sempre o interesse do menor. A guarda conjunta não é, na verdade, guarda, mas o exercício comum do poder familiar (CC, art. 1.583, § 1º, 2ª parte), acatando o *princípio da continuidade das relações familiares* e o da *convivência familiar* (CF, art. 227 e Lei n. 8.069/90, art. 19). Ter-se-á, nessa hipótese, como diz Eduardo Oliveira Leite, o casal parental, apesar do desaparecimento do casal conjugal. O casal parental, que abriu mão do matrimônio, mas consciente do laço de parentesco, decidirá, então, sobre estudos, educação religiosa, férias, viagens, lazer, práticas desportivas[556] da prole; ou *c*) *guarda nidação* ou aninhamento, pela qual os fi-

---

556. W. Barros Monteiro, op. cit., p. 211; Maria Helena Diniz, Guarda: novas diretrizes, *Revista de Direito Civil contemporâneo* (RDCC) *2*:207-14; Caetano Lagrasta Neto, Guarda conjunta, *Tribuna da Magistratura*, out. 1998; Claudete C. Canezin, Da guarda compartilhada em oposição à guarda unilateral, *Revista Brasileira de Direito de Família, 28*:5-25; Edivane Paixão e Fernanda Oltramari, Guarda compartilhada de filhos, *Revista Brasileira de Direito de Família, 32*:50-70; Regina Beatriz Tavares da Silva. Guarda compartilhada na legislação vigente e projetada, *RIASP, 29*:239-52; Carla Bertoncini e Waldizia M. O. Sakaguchi, Guarda compartilhada ou conjunta, *Estudos contemporâneos de direito* (org. Murilo A. D. dos Santos e Dirceu P. Siqueira), Bauru, Canal 6, 2011, p. 119-40; Maria Lúcia L. Leiria, Guarda compartilhada — a difícil passagem da teoria à prática: a realidade da Lei n. 11.698/2008, *Revista Síntese — Direito de Família, 70*:91-106; Sílvio Neves Baptista, Guarda e direito de visita, *A família na travessia do milênio*, IBDFAM, Del Rey, 2000, p. 283-300; J. Machado de Camargo, Guarda e responsabilidade, *Repertório de Doutrina sobre Direito de Família*, v. 4, p. 244-75; Eduardo Oliveira Leite, *Temas de direito de família*, São Paulo, Revista dos Tribunais, 1994, p.133; Guilherme G. Strenger, *Guarda de filhos*, São Paulo, LTr, 1998, p. 51; Waldyr Grisard Filho, Guarda compartilhada, *Repertório de Doutrina sobre Direito de Família*, v. 4, p. 414 e s.; A preferencialidade da guarda compartilhada de filhos em caso de sepa-

ração dos pais, *Direito das famílias*, homenagem a Rodrigo da C. Pereira (org. Mª Berenice Dias), São Paulo, Revista dos Tribunais, 2009, p. 417 a 422; Suzana B. V. de Lima, Guarda compartilhada: a nova realidade, *Família e jurisdição III* (coord. Eliene Bastos, Arnoldo C. de Assis, Marlouve M. S. Santos), Belo Horizonte, Del Rey, 2010, p. 483 a 495; Jéssica A. Queiróz e Adriana P. D. Carvalho, A guarda compartilhada não deve ser aplicada como regra conforme estabelece a Lei n. 13.058/2014, em todos os casos concretos, em virtude de possibilitar a síndrome da alienação parental, prevista na Lei n. 12.318/2010, *Revista Jurídica Luso-Brasileira*, n. 2, 2017, p. 219 a 258; Wanderlei José dos Reis, Guarda compartilhada. Regra ou exceção?, *Revista Síntese — Direito de Família, 97*:29-34; Adriane M. Toaldo e Mariani D. Masssena, A preservação do melhor interesse da criança e do adolescente na guarda compartilhada: ineficácia de sua imposição obrigatória, *Revista Síntese — Direito de Família, 97*: 35-47; Mª Antonieta Pisano Motta, Guarda compartilhada, uma solução possível, *Revista Literária de Direito*, n. 9; Compartilhando a guarda no consenso e no litígio, *Família e dignidade humana*, Anais do V Congresso Brasileiro de Direito de Família (coord. R. Cunha Pereira), São Paulo, IOB Thomson, 2006, p. 591-601; Ana Beatriz A. Turcato, *Guarda de filhos*, dissertação de mestrado apresentada na PUCSP em 2003; Fabíola S. Albuquerque, As perspectivas e o exercício da guarda compartilhada consensual e litigiosa, *Revista Brasileira de Direito de Família, 31*:19-30; Cláudia S. Vieira, Da guarda de filhos: ponderações acerca da guarda compartilhada, *Direito civil — direito patrimonial e direito existencial*, cit., p. 831-42; Laís Amaral R. de Andrade, Guarda compartilhada dos filhos, *A mulher e o direito* (coord. Josefina Mª de S. Dias), São Paulo, IASP, 2008, p. 61-70; Aline Maria Pereira, Mudanças introduzidas no direito de família pela Lei n. 11.698/2008, *De Jure, 15*:253-59; Antonio Carlos M. Coltro e Mário Luiz Delgado (coord.), *Guarda compartilhada*, São Paulo, Método, 2009. Se bem exercida for, a guarda compartilhada será vantajosa, mas, se não o for, poderá acarretar distúrbios emocionais à prole. Já se decidiu que a guarda compartilhada não é viável se os pais residirem em cidades diferentes (TJES, 3ª CCív., ApC 003020001230, Rel. Des. Jorge Góes Coutinho, j. 30-9-2003). TJMG: Separação judicial consensual — Guarda compartilhada — Interesse dos menores — Ajuste entre o casal — Possibilidade — Não é a *conveniência* dos pais que deve orientar a definição da guarda, e sim o interesse do menor. A denominada guarda compartilhada não consiste em transformar o filho em objeto à disposição de cada genitor por certo tempo, devendo ser uma forma harmônica ajustada pelos pais, que permita a ele (filho) desfrutar tanto da companhia paterna como da materna, num regime de visitação bastante amplo e flexível, mas sem perder seus referenciais de moradia. Não traz ela (guarda compartilhada) maior prejuízo para os filhos do que a própria separação dos pais. É imprescindível que exista entre eles (pais) uma relação marcada pela harmonia e pelo respeito, na qual não existam disputas nem conflitos (ApC 1.0024.03.887697-5/001, 4ª CCív., Comarca de Belo Horizonte, j. 9-12-2004, data da publicação: 24-2-2005. Relator: Hyparco Immesi). TJRS: Alteração de guarda, de visitação e de alimentos. Guarda compartilhada. Litígio entre os pais. Descabimento. 1. Não é a conveniência dos pais que deve orientar a definição da guarda, mas o interesse do filho. 2. A chamada guarda compartilhada não consiste em transformar o filho em objeto, que fica à disposição de cada genitor por um semestre, mas uma forma harmônica ajustada pelos genitores, que permita ao filho desfrutar tanto da companhia paterna como da materna, num regime de visitação bastante amplo e flexível, mas sem que o filho perca seus referenciais de moradia. Para que a guarda compartilhada seja possível e proveitosa para o filho, é imprescindível que exista entre os pais uma relação marcada pela harmonia e pelo respeito, onde não existam disputas nem conflitos. 3. Quando o litígio é uma constante, a guarda compartilhada é descabida. Recurso desprovido (ApC 70005760673, 7ª CCív., rel. Des. Sérgio Fernando de Vasconcellos Chaves, j. 12-3-2003). TJMG: Guarda de menor compartilha-

lhos teriam uma residência fixa, ficando na mesma casa onde moravam, e os pais, de modo alternado, revezam-se na sua companhia, conforme o período em que exercem sua guarda.

A figura materna, ou paterna, de fim de semana é substituída pela dos genitores que acompanham e decidem, diariamente, sobre a criação e educação da prole. A guarda compartilhada possibilita uma integração dos pais

---

da — Impossibilidade — Pais residindo em cidades distintas — Ausência de diálogo e entendimento entre os genitores sobre a educação do filho — Guarda alternada — Inadmissível — Prejuízo à formação do menor. A guarda compartilhada pressupõe a existência de diálogo e consenso entre os genitores sobre a educação do menor. Além disso, guarda compartilhada torna-se utopia quando os pais residem em cidades distintas, pois aludido instituto visa à participação dos genitores no cotidiano do menor, dividindo direitos e obrigações oriundas da guarda. O instituto da guarda alternada não é admissível em nosso direito, porque afronta o princípio basilar do bem-estar do menor, uma vez que compromete a formação da criança, em virtude da instabilidade de seu cotidiano. Recurso desprovido (ApC 1.0000.00.328063-3/000, rel. Des. Lamberto Sant'Anna, data do acórdão: 11-9-2003, data da publicação: 24-10-2003). TJRS: Apelação cível. Guarda compartilhada. Não mais se mostrando possível a manutenção da guarda do menor de forma compartilhada, em razão do difícil relacionamento entre os genitores, cumpre ser definitiva em relação à genitora, que reúne melhores condições de cuidar, educar e zelar pelo filho, devendo, no primeiro grau, ser estabelecido o direito de visita. Apelo provido (ApC 70005127527, 8ª CCív., rel. Des. Antonio Carlos Stangler Pereira, j. 18-12-2003).

Há, no Brasil, a guarda compartilhada de filhos de casais separados ou divorciados, a forma de divisão de responsabilidades será decidida por um juiz, mas terá como base o acordo dos pais.

Urge lembrar que, em 2010, houve a decisão pioneira da 4ª Turma do Superior Tribunal de Justiça (STJ) permitindo que a avó e o tio paternos de uma menor tenham a guarda compartilhada da adolescente, que convive com eles há doze anos, desde os quatro meses de vida. Os parentes recorreram à justiça, pedindo a guarda compartilhada para regularizar uma situação de fato, para o bem-estar e o benefício da menor e para poder incluí-la como dependente (*Bol. IBDFAM*, 62:7).

Na França, a guarda compartilhada foi legalizada em 1987. Nos Estados Unidos, alguns Estados também adotam esse sistema.

O instituto da guarda compartilhada sofreu alterações com a entrada em vigor da Lei n. 13.058, de 22-12-2014, que modificou os arts. 1.583, 1.584, 1.585 e 1.634 do Código Civil, aqui comentados.

Vide Lei n. 13.146/2015, art. 6º, VI, que confere ao deficiente o direito de exercer a guarda.

Há decisão homologando acordo sobre guarda alternada a cada mês do cão de estimação do casal, sob pena de multa de R$ 50,00 por dia em caso de não cumprimento injustificado da obrigação, sendo as despesas divididas entre eles, que deverão arcar com emergências veterinárias enquanto estiverem de posse do animal, salvo as vacinas de rotina, cujos gastos serão divididos igualmente entre as partes (*Tribuna do Direito*, abril 2016, p. 24).

no desempenho efetivo da função materna e paterna, priorizando os interesses dos filhos e garantindo o direito à convivência familiar (CF, arts. 227 e 229), fator importante para a boa formação física, mental, moral, social e espiritual da prole. Há uma atuação conjunta e consciente de pais separados em benefício dos filhos comuns. "A guarda compartilhada deve ser estimulada, utilizando-se, sempre que possível, da mediação e da orientação de equipe interdisciplinar" (Enunciado n. 335 do CJF, aprovado na IV Jornada de Direito Civil).

Convém, ainda, não olvidar que, pelo § 4º do art. 1.584, "a alteração não autorizada ou o descumprimento imotivado de cláusula de guarda unilateral ou compartilhada poderá implicar a redução de prerrogativas atribuídas ao seu detentor", como, por ex., diminuição do tempo de visita.

5) *Valor da contribuição dos cônjuges para criar e educar os filhos,* na proporção de seus recursos (CC, art. 1.703; CPC, art. 731, IV). Ensina-nos Washington de Barros Monteiro que, na prática, quando os filhos ficarem com um dos genitores, fixar-se-á o *quantum* certo e determinado com que concorrerá o outro para a mantença de cada filho, sendo de boa cautela a previsão de correção monetária, a fim de se evitarem ações revisionais (Lei n. 6.515/77, art. 22). Ambos os genitores têm obrigação precípua de prover à subsistência da prole. O pai não pode deixar de contribuir para as despesas dos filhos, mesmo que a mãe o dispense, pois esta não tem permissão legal para renunciar montante destinado à prole[557].

6) *Pensão alimentícia ao cônjuge* que não possuir bens suficientes para se manter (CC, art. 1.695). Suscetível de atualização monetária (CC, art. 1.710; CPC, art. 731, II). É lícito, por exemplo, mulher dispensar o marido da obrigação alimentar, por dispor de meios próprios para seu sustento, sem o efeito de renúncia definitiva (*RJTJSP, 30*:213; *RT, 612*:63 e 177, *566*:93, *533*:102, *449*:120, *448*:209, *446*:108, *427*:127, *535*:82, *548*:106, *534*:110, *519*:91), pois, se, posteriormente, vier a precisar de alimentos, poderá reclamá-los desde que ocorram os pressupostos legais do art. 1.694, § 1º, do Código Civil (Súmula 379 do STF; *RT, 554*:112, *544*:107; em contrário, *EJSTJ, 19*:52; *RT, 548*:106, *534*:110, *519*:91). O devedor de alimentos exonerar-se-á desse encargo se o credor passou a viver em concubinato ou em união estável com outra pessoa, ou se tiver procedimento indigno (CC, art. 1.708, c/c arts. 1.814

557. Caio M. S. Pereira, op. cit., p. 184; Aélio Paropat de Souza, Da irrenunciabilidade dos alimentos na separação judicial consensual, *Livro de Estudos Jurídicos, 7*:367-82. *Vide Ciência Jurídica, 69*:136.

e 557; *RT, 413*:182, *452*:61; *Rev. Jur., 14*:95; *RJTJSP, 41*:54). Se o marido necessitar de pensão, a mulher a fornecerá (*RT, 520*:246).

7) *Declaração a respeito do nome do cônjuge,* esclarecendo se voltará a usar o nome de solteiro ou continuará com o de casado[558].

Verificando que a petição preenche todos os requisitos legais, o magistrado ouvirá ambos os consortes, separadamente (*RT, 218*:293, *262*:230; *RJTJSP, 25*:175), esclarecendo-os, verificando que estão plenamente conscientizados de seus atos e das condições avençadas, mandará reduzir a termo suas declarações e depois de ouvir o representante do Ministério Público, havendo interesse de incapaz, no prazo de 30 dias (CPC, art. 698, *in fine,* c/c o art. 178, II), como fiscal da ordem jurídica, homologará o acordo para que produza efeitos jurídicos.

Transitada em julgado, a decisão homologatória deverá ser averbada no Registro Civil competente, e, se a partilha abranger bens imóveis, deverá ser averbada no registro imobiliário (Lei n. 6.015/73, arts. 101, 167, II, n. 14).

A separação consensual só terá eficácia jurídica com a homologação judicial (CC, art. 1.574, *in fine*), que não é mero ato de chancela de um acordo, mas de fiscalização e controle da convenção firmada pelos cônjuges, visto que a separação do casal envolve também interesses da prole. O magistrado poderá recusar a homologação e não decretar a separação se apurar que a convenção não preserva os interesses dos filhos ou de um dos cônjuges (CC, art. 1.574, parágrafo único). Logo, o juiz pode negar a homologação se verificar insinceridade do pedido de um dos cônjuges, se vislumbrar no acordo que a vontade de um deles está dominada pela do outro, se perceber que a separação é concedida por um dos consortes mediante pactos leoninos que prejudicam, gravemente, o outro e a prole, não atendendo a seus interesses. O órgão judicante está autorizado a recusar a homologação, sem ter o poder de alterar as condições estipuladas pelas partes, tendo, contudo, o dever de declarar as razões de sua recusa, p. ex., se perceber que a separação é meio de fraudar credores e não o resultado de uma impossibilidade de vida em comum (*RJTJSP, 17*:35). Se as partes não se conformarem, poderão apelar; porém, se admitirem que realmente não preservaram o interesse de um deles ou dos filhos, terão de partir para novo pedido de separação[559]. Infere-se daí

558. W. Barros Monteiro, op. cit., p. 212.

559. Cecconi, Separazione consensuale e potere del giudice, *Sulla Riforma del Diritto di Famiglia,* seminário dirigido por Santoro-Passarelli, p. 103; Jemolo, op. cit., p. 483; Or-

que a separação judicial consensual é ato judicial complexo, visto que a vontade dos cônjuges só produzirá efeito liberatório quando houver a homologação do órgão judicante, que tem presença atuante e positiva no processo[560] (*RT, 581*:57, *544*:189, *529*:77, *466*:240, *361*:109; *RF, 212*:155).

A sentença homologatória perderá sua eficácia com a reconciliação, pois, pelo Código Civil, art. 1.577, permite-se aos consortes restabelecer, a qualquer tempo, a sociedade conjugal, nos termos ou condições em que fora constituída, contanto que o façam por ato regular em juízo, em regra, mediante requerimento nos autos da ação de separação (*RT, 419*:379, *495*:229; *RJTJSP, 30*:47). Deve ser a reconciliação averbada no Registro Civil (Lei n. 6.015/73, art. 101) e em nada prejudicará o direito de terceiros, adquirido antes e durante o estado de separado, seja qual for o regime de bens (art. 1.577, parágrafo único, do Código Civil). P. ex., se marido vendeu imóvel que lhe coube na partilha a terceiro, com o restabelecimento da sociedade conjugal não haverá devolução daquele bem ao patrimônio do casal, pois a venda por ele feita é válida, respeitando-se os direitos do adquirente. Como se vê, a separação judicial possui um *status* transitório, podendo cessar a qualquer momento.

d.3. Separação judicial litigiosa

Permite o art. 1.572 do Código Civil a separação judicial a pedido de um dos cônjuges, mediante processo contencioso (CPC, arts. 693 a 699), qualquer que seja o tempo de casamento, estando presentes hipóteses legais, que tornam insuportável a vida em comum. Recomenda-se "uma apreciação objetiva de fatos, que tornem evidente a impossibilidade da vida em comum" (Enunciado n. 100 do Conselho Federal de Justiça, aprovado nas Jornadas de Direito Civil de 2002). De conformidade com essas causas previstas em lei, ter-se-ão três espécies de separação não consensual, que são[561]:

---

lando Gomes, *Direito*, cit., p. 245 e 248. Sobre responsabilidade civil por dolo e ato ilícito do marido na separação consensual: *EJSTJ, 14*:242. Sobre anulação de partilha na separação consensual: *RSTJ, 90*:179.

560. Caio M. S. Pereira, op. cit., p. 183; Cahali, *Divórcio*, cit., p. 172-89. Sobre separação consensual: *RT, 426*:218, *494*:69, *450*:210, *503*:68, *506*:121, *526*:194, *527*:77, *528*:278 e 68, *529*:77, *532*:99, *558*:91, *566*:93, *574*:112, *552*:85, *570*:120, *544*:189, *563*:210, *562*:77, *573*:283, *572*:62, *559*:84, *568*:147, *578*:228, *581*:57; *RTJ, 98*:296, *100*:748; *RJTJRS, 82*:362; *RJTJSP, 15*:137, *58*:172, *53*:71, *70*:273, *63*:152, *72*:220.

561. José Fernando da Silva Lopes, *O divórcio no Brasil*, São Paulo, 1978; Regina Beatriz T. da S. Papa dos Santos, Causas culposas da separação judicial, in *Direito de família*, São

1) *Separação litigiosa como sanção,* que se dá quando um dos consortes imputar ao outro qualquer ato que importe em grave violação dos deveres matrimoniais e torne insuportável a vida em comum (CC, arts. 1.572 e 1.573, I a VI).

Difícil é a configuração da *conduta desonrosa* (CC, art. 1.573, VI), por ser expressão indeterminada e nada objetiva. Ante a indeterminação semântica desse vocábulo e a falta de sua definição em lei, cabe aos juízes e tribunais dizer, caso por caso, quando a conduta é desonrosa, considerando sempre certos elementos como: o ambiente familiar, a sensibilidade e grau de educação do cônjuge etc. A apreciação dessa causa de separação judicial litigiosa reveste-se de certa subjetividade em razão de inúmeros fatores que podem influenciar a mente do órgão judicante. A conduta desonrosa, na lição de Regina Beatriz Tavares da Silva, "nada mais é do que injúria grave indireta, ou seja, o comportamento do cônjuge que depõe contra sua honra, afetando, pela via indireta, a reputação social do seu consorte, em razão do princípio da solidariedade de honra que existe no casamento". Têm entendido

---

Paulo, Revista dos Tribunais, 1995, p. 229-51; Alexandre Alves Lazzarini, *A* causa petendi *nas ações de separação judicial e de dissolução da união estável,* São Paulo, Revista dos Tribunais, 1999; Antonio Cezar Peluso, A culpa na separação e no divórcio, *Aspectos psicológicos na prática jurídica* (coord. Zimmerman e Coltro), Campinas, Millennium, 2002, cap. 39, p. 555-72; Ana Caroline S. Ceolin, A culpa na dissolução da sociedade conjugal à luz do novo Código Civil, *Atualidades Jurídicas, 4*:27-62; Lourival de Jesus S. Sousa, *As provas ilícitas no direito de família,* IOB — Thomson, 2004; Marcelo Truzzi Otero, A separação judicial no Código Civil, *Revista Brasileira de Direito de Família, 34*:31-64; Inácio de Carvalho Neto, Sentença parcial nos processos de separação litigiosa culposa, *Direito civil — direito patrimonial* e *direito existencial,* cit., p. 769-76. *Vide*: *RJTJSP, 20*:147, *61*:148, *64*:161, *83*:306, *72*:137; *RTJ, 87*:140; *RT, 528*:110, *573*:205, *534*:114, *554*:115, *547*:91, *561*:106, *581*:99 e 173, *568*:167, *535*:86, *563*:113, *580*:129, *565*:194, *569*:93, *578*:186, *604*:39, *616*:169, *706*:138, *707*:63, *710*:65, *812*:335; *RJTJRS, 90*:373, *89*:393, *83*:341, *61*:152; *Ciência Jurídica, 58*:123; *Bol. AASP, 1.967*:71; *1.889*:82 — "Casamento — Anulação — Cumulação com pedido alternativo de separação judicial litigiosa — Admissibilidade — Hipótese em que nada impede a alternância de pedido. Audiência de conciliação que não obsta ao pedido, face correr depois dela o rito ordinário. Alternatividade que é salutar diante da relevância do drama humano. Ordenado o processamento do feito. Recurso provido. A alternatividade, com nexo de prejudicialidade entre os pedidos, é salutar, na medida em que resolve drama humano de relevância inegável, quer de uma forma ou de outra, sem sujeitar os consortes a um segundo doloroso processo, caso a anulação seja negada (TJSP)". Sobre foro especial da mulher: *RT, 585*:214, *672*:95 e *753*:309.

Vide PL 507/2007, apensado ao PL 505/2007, sobre culpa e seus efeitos na separação dos cônjuges. Modifica os arts. 1.564, 1.571, 1.572 e 1.578 do Código Civil. Retira os efeitos da culpa quando da dissolução da união, dispondo que qualquer dos cônjuges pode propor ação de separação, prevendo a possibilidade de o cônjuge manter o sobrenome do outro mesmo após a separação. Incentiva a prática de mediação familiar, a ser fomentada pelo juiz.

nossos tribunais que é desonroso todo comportamento do cônjuge que implique menosprezo no ambiente familiar ou no meio social em que vive o casal[562], como: uso de entorpecentes, lenocínio, embriaguez (*RF, 195*:269; *RJTJSP, 6*:65, *9*:108, *50*:55; *RT, 656*:87), desonestidade, ociosidade, vício de jogo (*RT, 491*:95; *RF, 187*:239), exploração de negócios desonrosos, prática de crimes sexuais (CP, arts. 213 a 216-A, com as alterações da Lei n. 12.015/2009) ou de delitos não infamantes, demonstração de sentimentos perversos, namoro do cônjuge com estranhos, recusa em pagar débitos de família, insolvência do cônjuge, em razão de ter vários títulos protestados etc. Diante do fato de haver possibilidade de o internauta casado participar, por meio de programa de computador, como o ICQ, de *chats*, de *mirc,* de Orkut, de MSN e salas de bate-papo voltados a envolvimentos amorosos geradores de laços afetivo-eróticos virtuais, pode surgir, na Internet, infidelidade por *e-mail* e contatos sexuais imaginários com outra pessoa, que não seja seu cônjuge, dando origem não ao adultério, visto faltar conjunção carnal, mas à conduta desonrosa. Deveras os problemas do dia a dia podem deteriorar o relacionamento conjugal, passando, em certos casos, o espaço virtual a ser uma válvula de escape por possibilitar ao cônjuge insatisfeito a comunicação com outra pessoa, cuja figura idealizada não enfrenta o desgaste da convivência. Tal laço erótico-afetivo platônico com pessoa sem rosto e sem identidade, visto que o internauta pode fraudar dados pessoais, p. ex., usando apelido (*nickname*) e mostrar caracteres diferentes do seu real comportamento, pode ser mais forte do que o relacionamento real, violando a obrigação de respeito e consideração que se deve ter em relação ao consorte. Como provar tal infidelidade virtual? É preciso não olvidar que o espaço virtual é pouco discreto, o internauta tem privacidade relativa, mesmo que faça uso de apelido, pois a correspondência trocada fica armazenada na memória do computador e no provedor de acesso à rede e, mesmo que se utilize senha para bloquear o acesso do correio eletrônico, os especialistas podem descobri-la. Pode tal correspondência ser invadida por técnicos e até mesmo, em certos casos, requisitada judicialmente. Mas ante o direito à privacidade será ilícita a prova obtida sem o consenso do internauta. Será lícita, se o internauta mantiver comunicação virtual por meio de computador de uso familiar, sem emprego de senha, a obtenção da prova pela entrada no correio eletrônico. Nesta última hipótese não há invasão de privacidade porque o usuário (*cyberin-*

---

562. Caio M. S. Pereira, op. cit., p. 178; Durry e Gobert, *Revue Trimestrielle de Droit Civil,* 1966, p. 36.

fiel) não tomou medidas para a preservação de sua intimidade. Sendo demonstrada a correspondência virtual, configurado está o menosprezo pela família e o desrespeito ao outro cônjuge. Assim a infidelidade virtual é uma nova forma de relacionamento que pode causar separação judicial litigiosa[563] e indenização por danos morais e/ou materiais. É preciso deixar bem claro que a conduta desonrosa não é motivo para a separação judicial se o outro cônjuge concorreu para sua manifestação ou se tem igual procedimento.

Para que se possa delinear a *"grave violação dos deveres do casamento"*, é mister que se atente para os deveres matrimoniais arrolados no Código Civil, art. 1.566: fidelidade recíproca, vida em comum no domicílio conjugal, mútua assistência, sustento, guarda e educação dos filhos, respeito e consideração mútuos. Qualquer violação desses deveres autoriza o inocente, que não concorreu para a sua prática (*RT, 264*:280), a requerer a separação, por se tornar insuportável a vida em comum.

O *adultério* (CC, art. 1.573, I) é a infração ao dever recíproco de fidelidade, desde que haja voluntariedade de ação e consumação da cópula carnal propriamente dita[564]. Assim não configuram adultério, por faltar o elemento subjetivo, ou seja, por haver inexistência do impulso sexual, as relações sexuais oriundas de estupro, de coação, de abulia ou falta de comando da consciência, como hipnose, sonambulismo, embriaguez involuntária[565]. Não se caracterizam como tal, pela ausência do elemento objetivo da con-

563. Silvio Rodrigues, *Direito*, cit., p. 231; Enneccerus, Kipp e Wolff, op. cit., v. 1, t. 4, p. 220; Famiglia cristiana-Roma/www.uol.com.br/odia/mundo; Alexandre Jean Daoun, O adultério virtual e sua conotação jurídica, *Tribuna do Direito*, ago. 2000, p. 20; Marilene Silveira Guimarães, Adultério virtual — infidelidade virtual, *A família na travessia do milênio*, Belo Horizonte, IBDFAM, Del Rey, 2000, p. 439-54; Teresa Rodrigues Vieira, Adultério e infidelidade conjugal, *Tribuna do Direito*, set. 2003, p. 46; Regina Beatriz Tavares da Silva, *Novo Código*, cit., p. 1417; Flávio G. Louzada, A responsabilidade civil decorrente da traição virtual nas relações de afeto, *Família e jurisdição III*, cit., p. 149 a 167.

564. De Page, op. cit., v. 1, n. 859; *RT, 343*:445, *449*:441, *455*:371, *607*:47, *513*:136, *500*:106, *568*:167, *535*:86, *576*:63, *732*:716, *768*:370; *RJTJSP, 61*:148, *72*:137, *102*:197. O Projeto de Lei n. 699/2011 pretende substituir o termo *adultério* para *infidelidade*, por ser mais amplo e abrangente.

BAASP, 2926:12. Sociedade conjugal. Traição. Exame de DNA. Comprovação de que o filho não era do autor, e sim do seu melhor amigo. Danos morais configurados. Dever de fidelidade violado, tanto no aspecto físico quanto no aspecto moral. Voto vencido (Apelação Cível n. 1.0699.10.006210-7/001-Ubá-MG — TJMG — 10ª Câmara Cível, rel. Des. Veiga de Oliveira, data do julgamento: 18-2-2014).

565. Caio M. S. Pereira, op. cit., p. 174.

sumação da conjunção carnal: correspondência epistolar, cópula onanística, coito vestibular, aberrações sexuais, cópula frustrada, inseminação artificial heteróloga não consentida (*RT, 328*:142), que podiam dar origem a uma infidelidade moral, equivalente à injúria grave (*RT, 768*:370, *576*:63, *568*:167, *500*:106, *470*:88, *499*:119, *381*:157, *453*:93), ao outro cônjuge[566].

A violação do dever de vida em comum no domicílio conjugal caracteriza-se no *abandono* (*RT, 539*:205, *578*:186, *614*:68, *619*:80, *607*:200). O abandono voluntário (*RT, 450*:210, *181*:938, *182*:776, *253*:619) do lar conjugal, durante um ano contínuo (CC, art. 1.573, IV; *RF, 172*:299; *RT, 189*:692, *328*:293), por culpa exclusiva de um dos cônjuges, sem motivo justo (*RT, 485*:92), é causa de separação[567]. É preciso esclarecer que no abandono nem

---

566. Luiz Carlos de Azevedo, Aspectos jurídico-penais da inseminação artificial, *RT, 404*:442. Consideram que a inseminação artificial constitui adultério: Colace, *La fecondazione artificiale e delitto di adulterio,* 1959, v. 2, p. 81; Battaglini, Fecondazione artificiale e adulterio, in *Giustizia penale,* 1959, v. 1, p. 107; Carbonnier, op. cit., v. 2, n. 20, p. 66; Orlando Gomes, *Direito,* cit., p. 263-4; Caio M. S. Pereira, op. cit., p. 175; Octanny Silveira da Mota, Inseminação artificial humana e direito penal brasileiro, *RF, 191*:409; Oswaldo Pataro, Inseminação artificial, in *Enciclopédia Saraiva do Direito,* v. 44, p. 409 e s.; Domingos S. B. Lima, Inseminação artificial, in *Enciclopédia Saraiva do Direito,* v. 44, p. 398-408; Carbonni, Inseminazione artificiale e delitto di adulterio, *Rivista di Diritto Matrimoniale,* 1965, p. 349; Lenner, *Matrimonio, fedeltà coniugale e inseminazione artificiale,* 1959, cap. III, p. 59; Santosuosso, *La fecondazione artificiale nella donna,* Milano, 1961; *RTJ, 68*:453; *RT, 458*:86 e 80; Antônio C. Mathias Coltro, A descriminalização do adultério, sua repercussão no direito de família e a culpa na responsabilidade pelo fim da conjugalidade, *Família e dignidade humana,* Anais do V Congresso Brasileiro de Direito de Família (coord. R. Cunha Pereira), São Paulo, IOB Thomson, 2006, p. 146-67.

Cientistas suecos descobriram que homens portadores de uma variação genética chamada *alelo 334* são infiéis e não conseguem manter relacionamentos amorosos firmes (Cientistas acham gene ligado à infidelidade, *Metro,* 3-9-2008, p. 7).

Já houve notícia (*Metro,* 25-9-2008, p. 4) de que amante deverá indenizar esposa traída por danos morais, segundo decisão de juiz de Goiânia, considerando que esta última entrou em depressão e perdeu o emprego ao saber da traição do marido, com quem vivia há 21 anos.

567. *Vide* Cunha Gonçalves, *Tratado de direito civil,* direito de família, São Paulo, Max Limonad, 1957, p. 96; Planiol, Ripert e Boulanger, op. cit., v. 1, n. 1.069; Orlando Gomes, *Direito,* cit., p. 269-70; Caio M. S. Pereira, op. cit., p. 177; Alípio Silveira, *Desquite e anulação de casamento,* São Paulo, 1972, p. 143; Domingos Sávio Brandão de Lima, O abandono do lar conjugal como causa de dissolução matrimonial, *Revista do Curso de Direito da Universidade Federal de Uberlândia, 9*:45-108, 1980; Álvaro Villaça Azevedo, *Dever de coabitação — inadimplemento,* São Paulo, Atlas, 2009; *RT, 468*:216, *484*:84, *491*:65; *RF, 155*:301, *172*:229; *RJTJSP, 28*:71, *29*:80. Logo, o *abandono moral* é *injúria grave* bem caracterizada, sobre a qual logo mais falaremos (*RF, 106*:70, *115*:120, *226*:8, *190*:160, *189*:205; *RT, 208*:187, *206*:307, *417*:385, *422*:145, *446*:252, *458*:193, *489*:77).
O Projeto de Lei n. 699/2011 modificará o inciso IV do art. 1.573, retirando a exigência de duração do abandono do lar pelo prazo de 1 ano, por estar, como diz Regina

sempre há mudança de domicílio por parte do consorte desertor. Deveras, pode haver abandono com a permanência do cônjuge no lar, mas de modo irregular com ausências maiores ou menores, com a recusa a coabitar, com o inadimplemento do *debitum conjugale* (*RJTJRS, 102*:457, *176*:763; *TJDF,* EI, 32.617, 2ª T., rel. Des. Fátima Andrighi, *DJU,* 17-5-95, p. 6411), com o fato de deixar o outro cônjuge e os filhos desamparados material e moralmente; com situações vexatórias que traduzem indiferença ou desprezo. Abandono é a ausência física ou moral. O *abandono material,* isto é, ausência física do cônjuge, não se caracteriza por ausências intermitentes, requer 1 ano cumprido e continuidade, não sendo lícito computar tempos destacados de afastamento, para a configuração do prazo legal. Tal abandono deve ser voluntário (*RT, 450*:210), o cônjuge recalcitrante deve ter consciência de que por sua deserção está violando a obrigação da vida em comum. O abandono voluntário abrange o injusto e o malicioso; nele não há motivo nem explicação plausível para a atitude do consorte faltoso. Logo, o abandono justificado, por motivos relevantes, não é causa de dissolução do casamento (*RT, 115*:211, *160*:697, *186*:836, *189*:692). Se, p. ex., o abandono é assumido por esposa sob distúrbios psíquicos, oriundos de parto anormal, juridicamente, não há que se falar em abandono injusto (*RT, 450*:210). Logo, o abandono justificado, por motivos relevantes, não é motivo de dissolução do casamento (*RT, 240*:162, *214*:227, *303*:683, *450*:210).

A prática dos seguintes atos caracterizará *descumprimento do dever de mútua assistência* (CC, art. 1.573, II e III): *tentativa de morte, sevícias* (*RT, 707*:133, *620*:74, *300*:635; *RJTJRS, 88*:368; *RJTJSP, 61*:120), *injúria grave* (*RT, 560*:198). O ofendido por esses atos, ante a infringência da obrigação de respeitar a integridade física e moral do cônjuge, pode repudiar seu consorte mediante separação judicial.

A *tentativa de morte,* perpetrada por um dos cônjuges contra o outro, configura-se pelo começo de execução do crime, que não se consuma, por fatos alheios à vontade do agente, sendo desnecessária, para a decretação da separação judicial, sua condenação penal[568].

Beatriz Tavares da Silva: "em contradição com os requisitos da união estável, que possibilitam sua constituição diante de separação de fato no casamento de um dos conviventes (art. 1.723, § 1º); deste modo, o cônjuge pode, separado de fato, constituir união estável, mas não lhe é possibilitada a propositura de ação de separação judicial para buscar a regularização de seu estado civil, se abandonado por período inferior a um ano". E o Parecer Vicente Arruda, na análise do Projeto de Lei n. 6.960/2002 (ora substituído pelo PL n. 699/2011), aprovou a modificação desse inciso IV.

568. Orlando Gomes, *Direito*, cit., p. 267.

As *sevícias*, ou seja, maus-tratos corporais[569], agressões físicas, desde que intencionais, abrem espaço à separação litigiosa (*RJTJSP, 56*:189; *RF, 192*:206; *RT, 471*:138, *519*:127, *534*:114).

---

569. Pothier, *Traité du mariage*, cit., n. 509; David M. da Silva, Aspectos atuais do combate à violência doméstica, *Estado de Direito, 34*:27; Fabiano Carvalho, Medidas protetivas de urgência na lei da violência doméstica e familiar contra a mulher, *Revista FAAP, 9*:14-22, 2013; *RJTJSP, 39*:54; *RT, 482*:59; *RTJ, 76*:177. Consulte: CP, arts. 61, II, *f*, 129, §§ 9º, II; Lei n. 7.210/84 (Lei de Execução Penal), art. 152, parágrafo único — A Lei n. 11.340/2006, com as alterações da Lei n. 13.505/2017, cria mecanismos para coibir violência doméstica e familiar contra a mulher, ou seja, qualquer ação ou omissão que lhe cause morte, lesão, sofrimento físico, sexual ou psicológico e dano moral ou patrimonial e dispõe sobre criação dos Juizados de Violência Doméstica e Familiar contra a mulher. P. ex.: prescreve relativamente às Medidas Protetivas de Urgência que Obrigam o Agressor, no art. 22: "Constatada a prática de violência doméstica e familiar contra a mulher, nos termos desta Lei, o juiz poderá aplicar, de imediato, ao agressor, em conjunto ou separadamente, as seguintes medidas protetivas de urgência, entre outras:

I — suspensão da posse ou restrição do porte de armas, com comunicação ao órgão competente, nos termos da Lei n. 10.826, de 22 de dezembro de 2003;

II — afastamento do lar, domicílio ou local de convivência com a ofendida;

III — proibição de determinadas condutas, entre as quais:

a) aproximação da ofendida, de seus familiares e das testemunhas, fixando o limite mínimo de distância entre estes e o agressor;

b) contato com a ofendida, seus familiares e testemunhas por qualquer meio de comunicação;

c) frequentação de determinados lugares a fim de preservar a integridade física e psicológica da ofendida;

IV — restrição ou suspensão de visitas aos dependentes menores, ouvida a equipe de atendimento multidisciplinar ou serviço similar;

V — prestação de alimentos provisionais ou provisórios.

§ 1º As medidas referidas neste artigo não impedem a aplicação de outras previstas na legislação em vigor, sempre que a segurança da ofendida ou as circunstâncias o exigirem, devendo a providência ser comunicada ao Ministério Público.

§ 2º Na hipótese de aplicação do inciso I, encontrando-se o agressor nas condições mencionadas no *caput* e incisos do art. 6º da Lei n. 10.826, de 22 de dezembro de 2003, o juiz comunicará ao respectivo órgão, corporação ou instituição as medidas protetivas de urgência concedidas e determinará a restrição do porte de armas, ficando o superior imediato do agressor responsável pelo cumprimento da determinação judicial, sob pena de incorrer nos crimes de prevaricação ou de desobediência, conforme o caso.

§ 3º Para garantir a efetividade das medidas protetivas de urgência, poderá o juiz requisitar, a qualquer momento, auxílio da força policial.

§ 4º Aplica-se às hipóteses previstas neste artigo, no que couber, o disposto no *caput* e nos §§ 5º e 6º do art. 461 da Lei n. 5.869, de 11 de janeiro de 1973 (Código de Processo Civil — hoje arts. 497, 536, § 1º, e 537, § 1º, I)".

E, em relação às Medidas Protetivas de Urgência à Ofendida, no "Art. 23. Poderá o juiz, quando necessário, sem prejuízo de outras medidas:

I — encaminhar a ofendida e seus dependentes a programa oficial ou comunitário de proteção ou de atendimento;

A *injúria grave* é a mais frequentemente invocada nas ações de separação, em virtude da grande extensão ou elasticidade de seu conceito. É ela

---

II — determinar a recondução da ofendida e a de seus dependentes ao respectivo domicílio, após afastamento do agressor;

III — determinar o afastamento da ofendida do lar, sem prejuízo dos direitos relativos a bens, guarda dos filhos e alimentos;

IV — determinar a separação de corpos.

Art. 24. Para a proteção patrimonial dos bens da sociedade conjugal ou daqueles de propriedade particular da mulher, o juiz poderá determinar, liminarmente, as seguintes medidas, entre outras:

I — restituição de bens indevidamente subtraídos pelo agressor à ofendida;

II — proibição temporária para a celebração de atos e contratos de compra, venda e locação de propriedade em comum, salvo expressa autorização judicial;

III — suspensão das procurações conferidas pela ofendida ao agressor;

IV — prestação de caução provisória, mediante depósito judicial, por perdas e danos materiais decorrentes da prática de violência doméstica e familiar contra a ofendida.

Parágrafo único. Deverá o juiz oficiar ao cartório competente para os fins previstos nos incisos II e III deste artigo."

Súmula 114 do TJSP: "Para efeito de fixação de competência, em face da aplicação da Lei n. 11.340/2006 (Lei Maria da Penha), tanto o homem quanto a mulher podem ser sujeito ativo da violência, figurando como sujeito passivo apenas a mulher, sempre que fique caracterizado o vínculo de relação doméstica, familiar ou de afetividade, além da convivência íntima, com ou sem coabitação, e desde que a violência seja baseada no gênero, com a ocorrência de opressão, dominação e submissão da mulher em relação ao agressor".

O Projeto de Lei n. 3.343/2008 (consolidação da legislação federal em saúde), nos arts. 484 a 489, trata da notificação compulsória de casos de violência contra a mulher e está apensado ao PL n. 4.247/2008, que segue em tramitação.

A Resolução n. 561/2012 do TJSP dispõe sobre a criação da Coordenadoria Estadual da Mulher em Situação de violência doméstica e familiar do Poder Judiciário do Estado de São Paulo (Comesp) para assessorá-lo nesses assuntos e para apresentar sugestões para o aprimoramento do combate e da prevenção à violência doméstica e familiar contra a mulher.

Vide art. 1º, § 1º, da Lei n. 10.778/2003, com a redação da Lei n. 12.288/2010.

Consulte: art. 7º da Lei n. 8.080/1990, alterado pela Lei n. 13.427/2017, que insere entre os princípios do SUS o da organização de atendimento público específico e especializado para mulheres e vítimas de violência doméstica em geral.

CP, art. 121, § 2º-A, I e II, com a redação da Lei n. 13.104/2015, sobre feminicídio, decorrente de violência doméstica e familiar e com menosprezo ou discriminação à condição de mulher.

Súmula 107 do TJSP: "As Varas da Violência Doméstica e Familiar nos Foros Regionais possuem competência plena, independentemente da pena de detenção ou de reclusão cominada ao delito decorrente da prática de violência doméstica contra a mulher".

Na Inglaterra, o *"Domestic Violence and Victims of Crime Act 2004"* (DVVC) não se restringe à proteção de mulheres, mas a todas as vítimas de violência doméstica.

todo ato que ofende a integridade moral do cônjuge[570], seja ele real ou verbal. A injúria real deriva de gesto ultrajante, que diminui a honra e a dignidade do outro ou põe em perigo seu patrimônio[571]. P. ex.: expulsão do leito conjugal, transmissão de moléstia venérea, recusa das relações sexuais (*RF, 205*:181, *226*:201; *RT, 590*:75, *328*:313, *446*:75, *529*:232, *540*:207), doação de sêmen pelo marido para inseminar outra mulher, sem anuência da esposa; inseminação artificial heteróloga sem consenso do cônjuge; ciúme infundado; práticas homossexuais (*RT, 496*:66, *565*:194); atos de aberração sexual; estupro; violação sexual mediante fraude; relações imorais de familiaridade com pessoa do sexo oposto (*RT, 459*:183, *486*:92), como beijo lascivo, paquera etc.; proibição de cultivar relações com os familiares; maus-tratos a parentes próximos do cônjuge (*RT, 388*:132, *435*:53; *RF, 223*:161); negação de tratamento urbano e cortês[572]; emissão reiterada de cheques sem fundos, seguida de condenação criminal e de desamparo da família (*RT, 495*:73); falta de lisura na administração dos bens comuns, lesando cônjuge. A injúria verbal consiste em palavras que ofendam a respeitabilidade do outro consorte, como: imputação caluniosa de adultério (*RT, 473*:63; *RJTJSP, 17*:40, *58*:25), contumélia, difamação, suspeitas infundadas (*RT, 417*:137), confidências depreciativas, desconfiança despropositada, comparações desprimorosas[573], entrega, por um dos consortes, a amigos, de escritos onde relata seus encontros extraconjugais (*JB, 147*:289). O magistrado deverá, é claro, apreciar a conduta injuriosa em cada caso com critério de relatividade, considerando o nível social e intelectual dos cônjuges, a sensibilidade moral etc.[574].

---

570. De Page, op. cit., n. 863. *Vide Rev. Jur., 13*:190; *RTJ, 53*:39; *RT, 346*:491, *473*:63, *487*:92, *489*:77, *503*:72, *528*:96, *526*:175.

571. Degni, op. cit., p. 241; Orlando Gomes, *Direito*, cit., p. 270; *RJTJSP, 40*:80.

572. Caio M. S. Pereira, op. cit., p. 176; De Page, op. cit., n. 869; Orlando Gomes, *Direito*, cit., p. 271; Azzolina, *La separazione personale dei coniugi*, p. 87; *RT, 285*:315, *304*:211, *445*:92. Alguns autores enquadram a infidelidade virtual como injúria grave. Mas, seja ela conduta desonrosa ou injúria grave, o efeito é o mesmo: causa de separação judicial litigiosa.

573. W. Barros Monteiro, op. cit., p. 204; Orlando Gomes, *Direito*, cit., p. 271; Caio M. S. Pereira, op. cit., p. 176; *RJTJSP, 2*:147; *RF, 215*:146; *RT, 361*:143, *462*:229.

574. Jemolo, op. cit., p. 501; Caio M. S. Pereira, op. cit., p. 176; Orlando Gomes, *Direito*, cit., p. 271; Antonio Cesar Peluso, O desamor como causa de separação, *Aspectos psicológicos*, cit., cap. 32, p. 417-28; Matiello, *Código*, cit., p. 1027; *RJTJSP, 56*:189; *RF, 212*:209, *228*:173; *RT, 324*:145, *436*:72, *463*:200, *513*:262, *523*:64, *534*:114. "Formulado o pedido de separação judicial com fundamento na culpa (art. 1.572 e/ou art. 1.573 e incisos), o juiz poderá decretar a separação do casal diante da constatação da insubsistência da comunhão plena de vida (art. 1.511) — que caracteriza hipótese de 'outros fatos que tornem evidente a impossibilidade da vida em comum' — sem atri-

Também autoriza o pedido de separação litigiosa fundamentado na *condenação do cônjuge por crime infamante*, como, p. ex., homicídio por motivo torpe, terrorismo, extorsão mediante sequestro, latrocínio, tortura, tráfico de entorpecente, estupro (CC, art. 1.573, V), por causar repulsa no meio social, aviltando seu autor e por acarretar insuportabilidade da vida em comum, diante da revelação do caráter do consorte e de sua má conduta social[575].

O Código Civil, após arrolar casuisticamente as hipóteses que tornam impossível a comunhão de vida, justificadoras do pedido de separação judicial litigiosa, numa norma de tipo fechado, como o art. 1.573, *caput*, passa, numa de tipo aberto (parágrafo único do art. 1.573), a admitir que o juiz poderá considerar outros fatos que tornem evidente a impossibilidade da vida em comum (p. ex., comportamento ofensivo ao dever de respeito, incompatibilidade de gênios (*RJTJSP*, *131*:271; *Bol. AASP*, *2701*:1907-09), desamor, crueldade mental etc.), apelando para a discricionariedade judicial, para que o órgão judicante, empregando critérios axiológicos consagrados na ordem jurídica, interprete a norma em relação com a situação fática que deve solucionar, tendo em vista o momento atual e as peculiaridades do caso *sub judice*, averiguando se, na realidade, a conduta de um dos cônjuges torna insuportável a convivência conjugal. Tarefa difícil porque a realidade fática só aparece no convívio do lar, contendo os autos uma "meia-verdade". Não seria isso uma porta aberta para uma perigosa "ciranda de separações judiciais"? Esse abandono do critério analítico e da enumeração taxativa dos motivos conducentes à separação judicial, ao adotar o regime de causas específicas, embora a título exemplificativo, e ao admitir causas indeterminadas, segundo a esteira das modernas legislações europeias, não seria uma mola para a arbitrariedade judicial?[576]

---

buir culpa a nenhum dos cônjuges" (Enunciado n. 254 do Conselho da Justiça Federal, aprovado na III Jornada de Direito Civil).

575. Crime infamante, na lição de Carlos Eduardo Nicoletti Camillo (*Comentários*, cit., p. 1146), é o que traduz um vício incorrigível e potencial de personalidade do cônjuge, tornando incompatível a vida em comum, possibilitando a separação como medida protetiva à integridade física e da vida do outro consorte, dado o fundado receio de que o cônjuge criminoso volte a apresentar esses desvios de conduta.

576. João Batista de O. Candido (Um novo tipo de separação judicial no sistema de dissolução da sociedade e do vínculo conjugal do Código Civil de 2002, *Direito das famílias* — em homenagem a Rodrigo C. Pereira (org. Mª Berenice Dias), São Paulo, Revista dos Tribunais, 2009, p. 178 a 191) vislumbra nos arts. 1.573, 1.511 e 1.513 uma separação judicial por término da comunhão de vidas, forma nova e mais simples para pleitear em juízo a dissolução da sociedade conjugal.

2) *Separação litigiosa como falência* (CC, art. 1.572, § 1º), que se efetiva quando qualquer dos cônjuges provasse a ruptura da vida em comum há mais de 1 ano e a impossibilidade de sua reconstituição, não importando a razão da ruptura, sendo, ainda, irrelevante saber qual dos consortes foi culpado pela separação, legalizando tão somente uma separação de fato[577]. Outrora, como a Lei n. 6.515/77, art. 5º, § 1º, exigia rompimento da vida conjugal há mais de 5 anos consecutivos, com a vigência da norma constitucional que reduziu para 2 anos o prazo para o divórcio direto, período idêntico passou, por razões de coerência lógica, a reger a separação fundada em ruptura da vida em comum, sem possibilidade de reconstituição, mas como, com o advento da Lei n. 8.408, de 13 de fevereiro de 1992 (art. 1º), bastava que um dos cônjuges comprovasse a não convivência conjugal há mais de 1 ano e a impossibilidade de sua reconstituição para obter a separação judicial, nosso atual Código Civil seguiu seus passos. Esta causa de dissolução da sociedade conjugal é designada por Orlando Gomes[578] como "perturbação objetiva do casamento", obedecendo à denominação que lhe dá a lei matrimonial alemã, que inspirou nosso legislador.

Todavia, como veremos mais adiante, se o quinquênio transcorreu antes de 28 de junho de 1977, data da Emenda Constitucional n. 9, podia o cônjuge, desde logo, partir para ação de divórcio, sem requerer primeiro a separação. Igualmente, se o prazo de 5 anos se iniciou antes de 28 de junho de 1977 mas só se completou depois de 26 de dezembro do mesmo ano, teria o consorte direito à ação de divórcio tão logo se completasse o interstício legal (Lei n. 6.515/77, art. 40). Pela Constituição Federal de 1988, art. 226, § 6º (antes da EC n. 66/2010), a separação de fato por mais de 2 anos, desde que comprovada, permite o divórcio direto. Tal texto constitucional, portanto, reduziu o prazo para 2 anos, como requisito essencial para a propositura do divórcio direto, no que foi seguido pelo art. 1.580, § 2º (ora parcialmente revogado), do Código Civil.

Com a nova redação dessa norma constitucional, pela EC n. 66/2010, não há mais a exigência de separação de fato de 2 anos para pedir divórcio.

3) *Separação litigiosa como remédio,* ocorre quando o cônjuge a pede ante o fato de estar o outro acometido de grave doença mental, manifestada após

---

577. W. Barros Monteiro, op. cit., p. 204.
578. Orlando Gomes, *Direito,* cit., p. 275-6.

o matrimônio, que torne impossível a continuação da vida em comum, por acarretar, p. ex., constantes agressões físicas, desde que, após uma duração de dois anos, a enfermidade tenha sido reconhecida, por perícia médica, de cura improvável (CC, art. 1.572, § 2º). Segundo Washington de Barros Monteiro[579], descaridoso é esse dispositivo legal, indicando egoísmo e hedonismo, esquecendo-se a lei que o casamento é para os bons e maus momentos. Cabe ao requerente a prova da insanidade mental; o psiquiatra fará o diagnóstico. No direito anterior o juiz tirava suas conclusões podendo até negar a separação se esta constituísse causa para agravar a doença do outro cônjuge ou determinar consequências de excepcional gravidade para os filhos menores (Lei n. 6.515/77, art. 6º). Tratava-se da cláusula restritiva ou de dureza (*clause de dureté*), que foi abolida pelo atual Código Civil, pois se o casamento está falido, não havendo como reconstituir a comunhão de vida, maiores danos advirão aos consortes e à prole em face de sua manutenção forçada e não desejada, ao menos por um deles, colocando a família numa situação constrangedora, ferindo os princípios do respeito da dignidade da pessoa humana e da proteção integral à criança e ao adolescente. Logo, não haveria sentido na negação dessa separação. Percebe-se que a intenção do legislador foi a de não permitir separações matrimoniais por qualquer distúrbio ou neurose da pessoa casada. São casos de doença mental, que levam à separação, a psicose maníaco-depressiva, paranóia, estado fóbico, histérico ou neurastênico, neurose traumática, psicoses endotóxicas por desvio funcional visceral, ou por desvio do metabolismo ou do endocrinismo. Haverá reversão em favor do cônjuge mentalmente enfermo, que não pediu a separação judicial, do remanescente dos bens que levou para o casamento e, se o regime de bens adotado o permitir, a meação dos adquiridos na constância da sociedade conjugal (CC, art. 1.572, § 3º). Com isso, ampara-se o cônjuge mentalmente insano.

Fácil é deduzir que na determinação das causas da separação judicial há um apelo implícito à equidade do juiz, pois em todos esses dispositivos da Lei do Divórcio há *standards* jurídicos que comportam várias significações[580].

Graficamente, temos:

---

579. W. Barros Monteiro, op. cit., p. 205; Regina Beatriz Tavares da Silva, *Reparação civil na separação e no divórcio*, São Paulo, Saraiva, 1999, p. 99; *RJTJSP*, *9*:202, *89*:255, *104*:244, *112*:275; *RT*, *583*:75, *549*:201.

580. Sobre a equidade, *vide* M. Helena Diniz, *As lacunas no direito*, Revista dos Tribunais, 1980, p. 208 e s.; Agostinho Alvim, Da equidade, *RT*, *132*(494):3 e s., ano 30, 1941.

A *ação de separação litigiosa* pode ser precedida por uma separação de corpos[581], que é uma tutela provisória de urgência de natureza cautelar (CC, art. 1.575; CPC, arts. 294, § único, 300 e s.; CF, art. 226, § 6º, antes da EC n. 66/2010). Essa *separação cautelar* (*RT, 767*:345, *756*:225, *712*:148, *671*:91, *601*:74, *603*:113, *572*:98, *546*:105, *460*:145, *448*:81, *480*:101, *518*:95, *530*:81 e 230, *533*:197, *534*:231, *535*:108, *547*:96, *548*:177, *559*:70, *575*:75, *568*:147, *544*:111, *553*:81, *562*:100, *541*:97; *RJTJSP, 61*:120, *78*:283, *71*:210, *77*:308, *75*:118, *84*:303, *100*:207; *RJTJRS, 80*:208) consiste na suspensão autorizada do dever de coabitação, por prazo curto, findo o qual deve ser proposta a ação de separação litigiosa. Contudo, não é essencial, podendo a ação principal ser intentada diretamente, sendo até frequentemente desnecessária por já se encontrarem separados os cônjuges quando partem para a separação judicial. Mas, ante o art. 8º da Lei n. 6.515/77, esse procedimento cautelar de separação de corpos é importantíssimo, pois "a sentença que julgar a separação judicial produz seus efeitos à data do seu trânsito em julgado, ou à da decisão que tiver concedido separação cautelar". No pedido de separação de corpos, aplica-se, em caso de não haver acordo entre as partes, quanto à guarda dos filhos, o disposto no art. 1.584, § 2º, do Código Civil (CC, art. 1.585). Deveras, prescreve o art. 1.585 que: "em sede de medida cautelar de separação de corpos, em sede de medida cautelar de guarda ou em outra sede de fixação liminar de guarda, a decisão sobre guarda de filhos, mesmo que provisória, será proferida preferencialmente após a oitiva de ambas as partes perante o juiz, salvo se a proteção aos interesses dos filhos exigir a concessão de liminar sem a oitiva da outra parte, aplicando-se as disposições do

581. Rolf Madaleno, A separação de corpos e o direito de estar só, *Família e dignidade humana*, cit., p. 853-78.

art. 1.584". Entendendo, p. ex., que a mãe teria aptidão para exercer a guarda, o juiz pode ordenar que a guarda temporária dos filhos caiba a ela (*RJTJSP, 57*:172; *RT, 278*:861), durante o processo principal, e que o marido lhe preste alimentos provisionais, mesmo sem previsão espressa na lei processual, fixados nos termos da lei processual, constituindo tutela de urgência cautelar (CC, art. 1.706; CPC, arts. 294, parágrafo único, 308 e 309; *RTJ, 66*:304; *RF, 93*:549; *RT, 496*:98, *466*:81, *460*:141, *497*:53, *576*:109, *535*:72, *550*:96, *553*:79, *529*:130, *521*:135, *552*:205; *RJTJSP, 78*:277, *73*:122, *68*:268). O órgão judicante deverá buscar sempre o superior interesse da prole, para que tenha um saudável desenvolvimento físico e psíquico. Tal guarda que, na pendência de procedimento judicial, foi precariamente concedida, poderá ser alterada sempre que for necessário, tendo-se em vista que se deve buscar o bem-estar dos filhos do casal.

A ação de separação litigiosa obedece ao rito dos arts. 693 a 699 do CPC, e somente poderá ser proposta pelo cônjuge (ou pelo seu representante, se incapaz) que não lhe deu causa, com base nas circunstâncias previstas em lei, que autorizam essa separação, cabendo-lhe o ônus da prova; mas nada impede que as partes, a qualquer tempo, no curso da separação litigiosa, requeiram sua conversão em separação consensual. Isto é assim, porque pelo art. 694 e § único do CPC, nas ações de família dever-se-ão procurar obter solução consensual da controvérsia, devendo o juiz, para tanto, contar com o auxílio de profissionais que não tenham formação na área jurídica (p. ex., psicólogos, assistentes sociais) para a mediação e conciliação. E autoriza, ainda, a suspensão do processo enquanto os litigantes buscam a mediação extrajudicial ou atendimento multidisciplinar. Pelo Enunciado n. 187 do Fórum Permanente de Processualistas Civis: "No emprego de esforços para a solução consensual do litígio familiar, são vedadas iniciativas de constrangimento ou intimidação para que as partes conciliem, assim como as de aconselhamento sobre o objeto da causa."

O art. 695, §§ 1º a 4º, do CPC rege o procedimento a ser observado nas hipóteses do art. 693 do CPC. O juiz, recebida a petição inicial e depois de tomadas as providências relativas à tutela provisória, ordenará a citação pessoal (CPC, art. 247, I) do réu até 15 dias antes da audiência para comparecer à audiência de mediação e conciliação, na qual deverá estar, com o autor, devidamente acompanhado de advogado ou defensor público.

Convém lembrar que o mandado de citação conterá só os dados necessários à audiência e deverá estar desacompanhado de cópia da inicial, assegurado ao réu o direito de examinar seu conteúdo a qualquer tempo.

A audiência de mediação e conciliação pode realizar-se em tantas sessões quantas forem necessárias para viabilizar a solução consensual do conflito (CPC, art. 696). Se não se conseguir o acordo, observar-se-á o procedimento comum, a partir do art. 335, dando ao réu oportunidade para contestar (CPC, art. 697). E o Ministério Público deverá atuar como fiscal da lei sempre que houver interesse de incapaz (maior ou menor) em jogo, devendo ser ouvido previamente à homologação do acordo (CPC, art. 698).

Pelo art. 699 do CPC, se o processo envolver discussão sobre fato relacionado a abuso de poder familiar (CC, arts. 1.634, 187 e 927, Lei n. 13.010/2014) ou alienação parental (Lei n. 12.318/2010), o juiz deverá exigir presença de especialista ao tomar depoimento do incapaz.

O foro competente para sua propositura é o do domicílio do guardião de filho incapaz; do último domicílio do casal, caso não haja filho incapaz; do domicílio do réu, se nenhuma das partes residir no antigo domicílio do casal (art. 53, I, do CPC). A sentença só deverá decretar a dissolução da sociedade conjugal se o juiz reconhecer a culpabilidade do réu ou de ambas as partes. Caso contrário deverá o magistrado julgar improcedente a ação. Com a rejeição da ação, as partes não poderão renová-la pelos motivos alegados, mas somente por fatos supervenientes. Compete ao órgão judicante deliberar a partilha dos bens, observando as normas alusivas às partilhas judiciais (CC, art. 1.575, parágrafo único). Apesar de a lei entender que a separação judicial importa a partilha de bens, há quem ache que ela não é obrigatória, pois o art. 1.581 do Código Civil permite decretação de divórcio sem prévia divisão do patrimônio do casal. Por isso, nada impede que, em caso de necessidade, o magistrado decida a partilha em juízo sucessivo. O cônjuge vencido na ação, bem como aquele que tomou a iniciativa na separação judicial, perderá, se for o caso, o direito de usar o nome do outro, desde que expressamente requerido pelo vencedor e se a alteração não acarretar: evidente prejuízo para a sua identificação; manifesta distinção entre o seu nome de família e o dos filhos havidos da união dissolvida; dano grave reconhecido na decisão judicial. O cônjuge inocente na ação de separação judicial poderá, a qualquer momento, renunciar ao direito de usar o sobrenome do outro (CC, art. 1.578, I a III, §§ 1º e 2º). O declarado culpado, marido ou mulher, pela separação deverá prestar pensão alimentícia ao outro, desde que este tenha insuficientes meios de vida (CC, arts. 1.702 e 1.694, §§ 1º e 2º). Se o responsável pela separação litigiosa vier a cair em estado de extrema pobreza, não terá direito a alimentos (CC, art. 1.704), mas se não tiver parente (CC, arts. 1.694 e 1.697) em condições de prestá-los, nem aptidão para o trabalho, o ex-cônjuge será obrigado a fornecê-los, caso em que o juiz fixará o valor indispensável à sua sobrevivência (CC, art. 1.704, parágrafo único). Cessa a obrigação alimentar se: ambos forem culpados (porque as responsabilidades recíprocas se compensam, tornando inexigível a pensão alimentar por um corresponsável contra outro corresponsável — *RJTJSP, 64*:161, *61*:152, *68*:212; 3ª Câm. Civ., TJSP, 12-2-1980, Ac. 279.107; 1ª Câm. Civ., TJSP, 14-9-1982, Ac. 6.408-1; em contrário o TJRS entende que terá direito o que dela necessitar, mesmo que ambos sejam culpados — *Rev. Jur., 89*:444, *71*:442, *94*:452; *RTJ, 98*:803); morrer o credor; houver renúncia ou novo casamento do credor após a conversão da separação em divórcio. A separação judicial deixa intacto o vínculo de filiação, ficando os filhos menores e os maiores incapazes, não havendo acordo entre mãe e pai, sob guarda compartilhada, encontrando-se ambos os genitores aptos a exercer o poder familiar, ou sob guarda unilateral (uniparental ou monoparental). Haverá guarda unilateral se só um dos cônjuges apresentar aptidão para exercer a guarda[582], se impossível for a guarda compartilhada e se um deles declarar ao magistrado que não deseja a guarda da prole (art. 1.584, § 2º). Esse mesmo critério deverá ser seguido na separação de corpos (CC, art. 1.585). A guarda compartilhada é a que mais atende ao superior interesse do menor, mas nem sempre é uma opção compatível com a situação em que se encontra o casal, por isso melhor seria que houvesse um acordo entre os genitores por estar relacionada, diretamente com o princípio da paternidade e maternidade responsáveis, requerendo uma responsabilização conjunta pela formação

---

582. *Bol. AASP, 2.535*:1387-10: "Considerado o direito da criança de ser criada e educada no seio de sua família natural e reunindo a mãe melhores condições de atender aos interesses do filho, a ela deve ser concedida a guarda (art. 19 do Estatuto da Criança e do Adolescente). Determinada a realização, com urgência, de avaliação psicológica envolvendo as partes e a criança, a fim de ser estabelecido, pelo Juízo de origem, período de transição do estabelecimento do infante para a residência materna, bem como a visitação deste à avó. Apelo provido" (TJRS, 7ª CCív., ApC 70019126499, Marcelino Ramos-RS, rel. Des. Maria Berenice Dias, j. 25-4-2007, v.u.).

Agravo — Direito de Família — Guarda de menor — Mãe adolescente — Comprovação de existência de forte vínculo afetivo entre mãe e filho — Estudo social favorável — A guarda deve ser conferida a outras pessoas diferentes dos pais apenas em casos excepcionais em que a medida atenda ao melhor interesse do menor. O direito visa preservar as relações familiares, procurando, sempre que possível, manter unidas pessoas que possuem laços sanguíneos entre si. Superada a fase conturbada da adolescência e mostrando, a genitora, capacidade de exercer a guarda de seu filho, com o qual jamais deixou de nutrir uma relação maternal, comprovando-se a existência de forte vínculo afetivo, impende-se que a guarda da criança seja devolvida à mãe, em que pese o sofrimento que essa decisão possa impingir à guardiã, que, numa atitude nobre, acolheu e cuidou do menor enquanto ele precisava, mesmo após restar comprovado que não era sua avó biológica (TJMG, 4ª CCív., Ag. 1.0079.07.382384-5/001-Contagem-MG, rel. Des. Dárcio Lopardi Mendes, j. 10-4-2008, *Bol. AASP, 2.629*:5178).

da prole. Se o magistrado verificar que os filhos não podem ficar nem com o pai, nem com a mãe, por ser prejudicial, p. ex., à sua moral, deferirá, atendendo aos interesses do menor, sua guarda e educação aos avós, ou a pessoa idônea da família de qualquer dos consortes que revele compatibilidade com a natureza da medida, pois deverá levar em conta o grau de parentesco, a relação de afinidade e afetividade (CC, art. 1.584, § 5º). A esse respeito o Conselho da Justiça Federal (na IV Jornada de Direito Civil) entendeu nos Enunciados: *a*) "334 — A guarda de fato pode ser reputada como consolidada diante da estabilidade da convivência familiar entre a criança ou o adolescente e o terceiro guardião, desde que seja atendido o princípio do melhor interesse"; e *b*) "336 — O parágrafo único do art. 1.584 aplica-se também aos filhos advindos de qualquer forma de família" (atualizado pelo Enunciado n. 517, aprovado na *V Jornada de Direito Civil*, e que assim dispõe: "a Lei n. 11.698/2008, que deu nova redação aos arts. 1.583 e 1.584 do Código Civil, não se restringe à guarda unilateral e à guarda compartilhada, podendo ser adotada aquela mais adequada à situação do filho, em atendimento ao princípio do melhor interesse da criança e do adolescente. A regra aplica-se a qualquer modelo de família". Quanto à questão da guarda (unilateral ou compartilhada) dos filhos menores (*RT, 571*:66), e dos maiores incapazes, há, como se pôde ver, o apelo à equidade, pois o juiz, não mais havendo consideração da culpabilidade pela dissolução da sociedade conjugal, nem prevalência da guarda pela mãe em razão de exercício da profissão pelo pai fora do lar, ao aplicar esses dispositivos deverá, valendo-se, de ofício ou a requerimento do Ministério Público, se for necessário, de orientação técnica de profissionais especializados (psicólogo, assistente social, p. ex.) ou de equipe interdisciplinar, para estabelecer as atribuições do pai e da mãe e os períodos de convivência sob guarda conjunta, dividindo de forma equilibrada o tempo com o pai ou com a mãe (CC, art. 1.584, § 3º), averiguar certas circunstâncias: idade dos filhos; conduta dos pais; possibilidade de ocorrência da síndrome de alienação parental, provocada pela manipulação da memória das crianças por um dos genitores, para destruir a imagem do ex-cônjuge, fazendo com que elas não queiram ter qualquer contato com seu genitor (alienado), sendo por isso uma forma de abuso emocional por parte do genitor alienante, que, então, poderá, p. ex., não ser o guardião; melhor aptidão para o exercício da guarda; condições fáticas e interesses dos filhos (CC, art. 1.583, § 2º) etc. Que condições fáticas seriam essas exigidas para se atribuir a guarda unilateral a um dos genitores? Econômico-financeiras? Morais? Sociais? De saúde, por não ser portador de um mal físico ou psíquico? De afetividade? Retidão de conduta? De manter o mesmo padrão de vida que a criança ou adolescente tinha, antes da separação dos pais? De proporcionar melhor educação ou qualidade de vida, permitindo o pleno desenvolvimento, inclusive o emocional, da prole? De disponibilidade de tempo para cuidar dos filhos? Além disso, pelo art. 1.584, § 2º, será preciso averiguar, se impossível for a guarda compartilhada, ao se deferir a guarda unilateral, qual genitor teria mais aptidão para propiciar aos filhos: afeto na relação paterno-materno-filial e na relação com o grupo familiar; saúde e segurança; educação. Essas disposições oferecem inúmeras possibilidades à aplicação jurídica, exigindo uma eleição entre elas, levando-se em conta o *superior interesse da criança e do adolescente* (Enunciado n. 102 do Conselho de Justiça Federal, aprovado nas Jornadas de Direito Civil de 2002), que seria o principal critério de controle do exercício do poder familiar, sem inibir o direito dos pais, permitindo sua criação e educação por ambos, desde que nenhum deles venha a abusar de suas prerrogativas. Atenderá ao superior interesse do menor se levar em conta todos os elementos conducentes ao seu bom desenvolvimento educacional, à sua saúde, física e psíquica, à convivência familiar (Lei n. 8.069/90, art. 19; CF, art. 227), à sua realização pessoal, ao respeito à sua dignidade como ser humano etc. identificáveis conforme subsídios apontados em parecer emitido por uma equipe especializada multidisciplinar, composta por pedagogo, psicólogo, assistente social etc. E, se houver motivo grave, o juiz poderá, no interesse da prole, regular de modo diferente do estabelecido em lei a situação deles para com os pais (CC, art. 1.586). O Projeto de Lei n. 699/2011 pretende modificar a redação desse artigo para a seguinte: "Na fixação da guarda, em qualquer caso, seja de filhos oriundos ou não de casamento, o juiz deverá, a bem dos menores, sempre levar em conta a relação de afinidade e afetividade que os liga ao guardião" e acrescenta, ainda, parágrafo único dispondo que: "A qualquer tempo, havendo justo motivo, poderá o juiz modificar a guarda, observando o princípio da prevalência dos interesses dos filhos"[583]. Com isso atenderá jurisprudência dominante (*RT*,

583. 1 — O Instituto da guarda e responsabilidade tem por finalidade não só amparar o menor, no que diz respeito ao aspecto econômico, mas também, e precipuamente, visa à prestação de assistência moral e emocional de que necessita uma criança para firmar-se como indivíduo. 2 — Nos termos da lei, a guarda somente é conferida a terceiros — incluindo, aqui, os *avós* — para atender situações excepcionais ou de eventual falta dos genitores. 3 — Embora seja louvável a conduta da avó, o amparo econômico dado à neta não lhe autoriza obter a guarda da menor, uma vez evidenciado que a genitora da criança se encontra em condições de prestar assistência moral e emocional à filha. Entendimento contrário acarretaria desvirtuamento do Instituto, que não se presta a fins exclusivamente assistenciais. 4 — Mantém-se a r. sentença de improcedência prolatada na instância *a quo*, eis que inexistente situação excep-

782:358, *772*:300, *610*:224, *606*:108, *604*:33, *433*:101; *JTJ*, *202*:149). O órgão judicante, em busca da decisão acertada, deverá, como já dissemos, valendo-se de profissionais especializados, ter como parâmetros: relações de afeto, meio social, idoneidade moral e financeira, integridade física e mental, localização da residência e da escola etc., sem olvidar da análise pessoal de ambos os genitores e da oitiva não só dos genitores, como também do menor e de todas as pessoas intimamente ligadas a ele e ao casal. Além disso, o princípio da mutabilidade da sentença judicial, no que atina à guarda dos filhos, possibilitando sua revisão em prol do interesse da prole, está consagrado pela doutrina e jurisprudência (*RT*, *782*:358, *772*:300, *610*:224, *606*:108, *604*:33), visto que não faz coisa julgada material, mas formal.

Mesmo depois de efetuada a separação litigiosa há possibilidade de reconciliação (*RT*, *462*:218), restabelecendo a qualquer tempo a sociedade conjugal por ato regular em juízo, desde que não prejudique direitos de terceiros, adquiridos antes e durante a separação, seja qual for o regime de bens (CC, art. 1.577 e parágrafo único). O ato de restabelecimento da sociedade conjugal deverá ser averbado no Registro Civil[584] (Lei n. 6.015/73, arts. 101 e 107, § 2º).

---

cional prevista no § 2º do art. 33 do Estatuto da Criança e do Adolescente para a alteração de guarda pretendida (TJDFT, 5ª T. Cível; AC 20070710338919-DF, rel. Des. Lecir Manoel da Luz, j. 10-12-2008, v.u., *Bol. AASP*, *2.639*:1715-08).

Guarda de animal de estimação: o TJSP (10ª Câm. de Dir. Priv., voto n. 20626, j. outubro de 2015) concedeu *guarda alternada* do cão do casal em processo de separação judicial.

O Projeto de Lei n. 1.058/2011 visa estabelecer normas para a guarda de bichos (com exceção dos animais de abate), havendo dissolução litigiosa da sociedade conjugal de seus possuidores, possibilitando guarda compartilhada, e se não houver acordo, o animal será destinado ao proprietário do seu registro ou, na falta deste, a quem demonstrar maior capacidade para uma posse responsável (disponibilidade de tempo, afetividade etc.).

As questões sobre guarda e visitação de filhos, não havendo acordo, seguem as normas do Cap. X do CPC (arts. 693 e s.) e o Ministério Público sempre será ouvido, por envolver incapaz (menor ou maior).

Vide Lei n. 13.146/2015, art. 6º, VI, resguarda ao deficiente o direito à guarda.

584. A respeito da reconciliação, consulte Carbonnier, op. cit., v. 2, n. 42, p. 127; Ruggiero e Maroi, op. cit., v. 1, § 62; De Page, op. cit., v. 1, n. 898; Caio M. S. Pereira, op. cit., p. 188; Françoise Dolto, *Quand les parents se séparent*, Paris, 1988, p. 17 e 42; Heloisa H. Barboza, O princípio do melhor interesse da criança e do adolescente, *A família na travessia do milênio*, Belo Horizonte, IBDFAM, Del Rey, 2000, p. 205; George T. Giorgis, A reconciliação dos separados e o recasamento dos divorciados, *RF*, *263*:412; *RT*, *536*:118, *537*:108. Observa, ainda, Fátima Nancy Andrighi (Juizado Especial de Família, *Tribuna do Direito*, outubro de 2001, p. 38) que: "a instituição de um Juizado Especial de Família se revela em uma nova jornada verdadeira catequese, mas que é estimulada quando se assiste ao sucesso do Tribunal de Justiça de Pernambuco, no Fórum do Recife, com a Vara do Juizado Informal de Família, integrada por uma equipe interdisciplinar

de psicólogos, assistentes sociais e terapeutas familiares. Tive a oportunidade de participar de uma sessão de sensibilização presidida por uma psicóloga e realizada em sala adredemente preparada para receber todos os casais que iriam participar da primeira audiência no seu processo de litígio familiar. O ambiente foi tratado adequadamente com cromoterapia, iluminação diminuída, ar condicionado, música suave e com projeção de transparências que impunham o desarmamento dos espíritos em conflito. O trabalho técnico da terapeuta consistia em conscientizar o casal da necessidade de resolver os problemas familiares dentro da própria família, de priorizar a relação pai/mãe ao invés da relação marido/mulher e de deixar de lado os erros e queixas do passado, pois o importante, no momento, era como as partes queriam se organizar para o futuro. As partes, outrossim, receberam informações acerca da complexidade e demora do processo judicial e foram estimuladas à conciliação, não somente por meio da conscientização de que cada um deve recuar um pouco para ambos avançarem, como também pela demonstração das vantagens proporcionadas pela conciliação: rapidez na solução do conflito, economia financeira e, também, emocional, por evitar-se o desgaste de reviver situações conflituosas que acirram os ânimos, estimulam ímpetos de vingança e repercutem desfavoravelmente nos filhos. A experiência evidencia que, nos conflitos de família em que as partes apenas querem resolver as questões e precisam estabelecer suas relações futuras por causa dos filhos, o processo tradicional, adversarial, termina por estimular as partes a se tornarem adversárias, transformando-se em instrumento de vindita, de obstinação, eis que cada uma das partes se coloca em posição de defesa, fincando raiz no seu ponto de vista. Dessa forma, impõe-se que o juiz se conscientize da verdadeira postura a ser adotada diante dos conflitos de família, devendo o seu perfil ser de pacificador, de serenador das almas, despindo-se, ao máximo, da postura moralista ou apenas crítica e proporcionando ao casal em conflito a humanização desta arena conflituosa. O ambiente, assim, tem de levar ao diálogo amistoso e não à separação conflituosa. Por outro lado, o Juizado Especial de Família deve pautar-se pela transdisciplinariedade, isto é, pela necessidade de agregar-se o conhecimento de outras ciências na aplicação do direito. Aos médicos, psicólogos, psiquiatras, assistentes sociais e terapeutas de família incumbem não somente fornecer elementos que auxiliem o juiz na solução do conflito familiar, mas também amenizar a ansiedade dos litigantes, auxiliando-os a vivenciar o processo judicial com mais naturalidade e lhes dar a certeza de que foram ouvidos os seus desabafos, as suas mágoas e, principalmente, os seus pontos de vista (...). O sistema para resolver os conflitos de família continuam sendo o do processo e procedimento, salientando-se que o procedimento sumaríssimo regulado pela Lei n. 9.099/95 demonstrou ser eficiente quando aplicado com rigorosa obediência aos princípios que regem os Juizados Especiais, que são a simplicidade, a informalidade, oralidade, economia e celeridade processual. A Lei n. 9.099/95, contudo, não disponibiliza medidas cautelares nem o deferimento de antecipação de tutela, necessários às situações de urgência que o direito de família vivencia, o que torna oportuna a meditação acerca da transposição do modelo de procedimento do art. 461 — hoje arts. 497 e 536 do CPC — ação de cumprimento de obrigação de fazer ou não fazer, que contém, no seu bojo, a possibilidade de o juiz, de ofício ou a requerimento da parte, conceder medida cautelar, ou mesmo antecipar a tutela. A adoção, no Juizado Especial, de um único rito, o sumaríssimo, para todos os tipos de conflitos dessa área (separação judicial, separação de corpos, regulamentação de visita, investigação de paternidade, alimentos/revisionais, guarda de menores, busca e apreensão de criança, perda do pátrio poder — hoje poder familiar —, divórcio etc.) facilitaria sobremaneira o trabalho dos operadores do direito, bastando que se embutisse nesse rito a previsão legal de que o juiz pode, dentro desse mesmo procedimento e sem maior formalidade, conceder medida cautelar e deferir antecipação de tutela sempre que atendidos os respectivos requisitos legais. É importante também que este procedimento faça, no seu contexto, execução do conteúdo sentencial, sem a necessidade de propor-se um novo

d.4. Efeitos da separação judicial

A separação judicial produz efeitos idênticos aos do divórcio, salvo quanto ao rompimento do vínculo conjugal, que permanece intacto (CC, art. 1.571, § 1º). Seus efeitos verificam-se em relação à *pessoa* dos cônjuges, aos *bens* e em relação aos *filhos*[585], variando conforme seja a separação judicial consensual ou litigiosa. Se consensual, conformam-se às condições ajustadas pelo próprio casal, e, se litigiosa, são estabelecidos, com certa margem de arbítrio, pelo juiz dentro dos termos legais[586]. A sentença produz tais efeitos a partir do trânsito em julgado ou da data que concedeu a separação de corpos.

Os principais *efeitos pessoais* em relação aos *cônjuges* são:

1) Pôr termo aos deveres recíprocos do casamento, coabitação, fidelidade e assistência imaterial (CC, art. 1.576), separando, materialmente, os consortes que, em consequência, deixam de residir na mesma casa (CC, art. 1.575, 1ª parte), readquirindo os ex-cônjuges o direito de fixarem sozinhos seu domicílio[587].

---

processo de execução, tendo-se esta, portanto, como mais uma fase desse procedimento. Importantíssimo e indispensável será a participação dos advogados na defesa atenta dos interesses das partes, uma vez que o direito em litígio é o mais importante e um dos mais complexos problemas pessoais da vida humana, e o mais emocional e romântico de todos os sonhos. No que concerne à competência há que ficar expresso que a escolha do Juizado Especial de Família é uma opção do autor, ou de ambas as partes, quando se tratar de processo de jurisdição voluntária (*v. g.*, separação amigável/consensual). Por outro lado, o acesso ao Juizado Especial da Família deverá se restringir aos casais que sejam proprietários de um único imóvel respeitada uma limitação de valor do referido bem, sendo condição *sine qua non* que se trate de residência da família. O sistema recursal há que ser mantido, fazendo-se necessária, porém, a instituição de um instrumento de impugnação, apenas para as liminares concedidas, em atenção às características do Direito de Família. Isso para evitar o uso de mandado de segurança como sucedâneo de recurso. Todas as demais questões resolvidas no processo não precluiriam, devolvendo-se toda a matéria para eventual análise, caso fosse interposto recurso da sentença (...). Com a implantação dos Juizados Especiais de Família adviriam inegáveis benefícios àqueles que buscam a regularização de sua situação familiar (...)".

585. Orlando Gomes, *Direito,* cit., p. 279; Cahali, *Divórcio e separação,* São Paulo, Revista dos Tribunais, 1991, t. 2, p. 782-1001; Euclides de Oliveira, Efeitos da revelia na separação judicial, *A Tribuna do Direito*, jan. 1995, p. 10; Evani Z. Marques da Silva, *Paternidade ativa na separação conjugal*, São Paulo, ed. Juarez de Oliveira, 2005; Priscila M. P. C. da Fonseca, Síndrome de alienação parental, *Revista Brasileira de Direito de Família, 40*:5-16. Pelo art. 1.027 do Código Civil impede-se que cônjuge do empresário que se separou extrajudicial (CPC, art. 733, §§ 1º a 2º) ou judicialmente exija desde logo a parte que lhe couber na quota social, permitindo que concorra à divisão periódica dos lucros, até que se liquide a sociedade. *RJTJSP, 56*:233.

586. Orlando Gomes, *Direito,* cit., p. 280; *RJTJRS, 93*:250; *RJTJSP, 77*:50, *80*:198, *66*:126; *RT, 573*:178, *541*:82.

587. Orlando Gomes, *Direito,* cit., p. 280. Apenas a separação judicial extingue o dever de fidelidade, de modo que a separação de fato não produz esse efeito (*RJTJSP, 11*:128;

2) Impedir o cônjuge de continuar a usar o nome do outro, se declarado culpado pela separação litigiosa (*RT, 776*:347, *551*:230, *522*:100; *RJTJSP, 58*:172, *64*:161), caso em que voltará a usar o sobrenome de solteiro, desde que isso seja expressamente requerido pelo vencedor e não se configurem os casos do art. 1.578, I a III, do Código Civil. Tal alteração portanto não pode acarretar: evidente prejuízo para sua identificação; manifesta distinção entre o seu nome de família e o dos filhos havidos da união dissolvida; ou dano grave reconhecido na decisão judicial. Se inocente na ação, poderá renunciar, a qualquer momento, ao direito de usar o sobrenome do seu consorte (CC, art. 1.578, § 1º), mesmo depois da homologação judicial (*RT, 400*:213). Na separação consensual, na separação fundada em culpa recíproca, na separação litigiosa como falência ou na separação litigiosa como remédio (CC, art. 1.571, §§ 1º e 2º) tem ele a opção de usar ou não o nome de casado (CC, art. 1.578, § 2º). É lícito, ainda, que volte a usar o nome de casamento anterior, conservado por opção ou na viuvez. A hipótese não está prevista na lei, mas encontra solução na regra de que a perda, ou a renúncia, do nome do cônjuge determina a recuperação do nome que usava antes da sociedade conjugal dissolvida[588].

RT, 453:93, *482*:59, *489*:119, *523*:218), se bem que existam decisões em contrário (*RT, 381*:100, *421*:119, *429*:142, *468*:316, *471*:68, *491*:95, *501*:106).

588. É o que pontifica Orlando Gomes, *Direito,* cit., p. 284; *AJ, 73*:372; *RF, 208*:177; *RJTJSP, 8*:389, *24*:238; *RT, 361*:172, *400*:213, *437*:115, *477*:221, *808*:402. "Com o intuito de esclarecer as diferenças entre pedido de alteração do nome nas separações judiciais e extrajudiciais, o corregedor-geral da Justiça de São Paulo aprovou, por meio do Processo n. 2015/64931, o parecer de juiz assessor da Corregedoria e adotou como norma os fundamentos apresentados na decisão proferida pela juíza corregedora permanente do Oficial de Registro Civil de Pessoas Naturais do 8º Subdistrito da Capital (Santana). Cumpre dizer que o pedido de normatização sobreveio de uma sentença relativa a uma ação de divórcio judicial, na qual foi determinada a expedição de mandado para averbação à margem do assento de casameto. Posteriormente, foi protocolada pelo interessado no cartório extrajudicial escritura visando à retificação da averbação, objetivando a alteração do nome para o de solteiro. O oficial de registro recusou a inscrição e apresentou pedido de providências à Vara de Registros, que confirmou se posicionamento. Com fulcro na Resolução n. 35/2007 do Conselho Nacional de Justiça e no item 96 do Capítulo XIV das Normas de Serviço da Corregedoria-Geral da Justiça, a escrituração do retorno ao nome de solteiro, quando da separação e do divórcio consensuais, pode ser realizada por declaração unilateral do interessado. Já nos casos de separações e divórcios judiciais, rompido o vínculo matrimonial por sentença, o pedido posterior de alteração do nome deverá ser efetuado por petição fundamentada e instruída de documentos ou por meio declarações de testemunhas, ouvidos o Ministério Público, e os interessados no prazo de 5 dias (art. 109 da Lei de Registros Públicos). O interessado poderá ainda requerer a retificação do nome ao juízo que decretou o divórcio. *BAASP, 2955*:5".

3) Impossibilitar a realização de novas núpcias, pois a separação judicial é relativa, já que não dissolve o vínculo. Há impedimento matrimonial, uma vez que o separado não pode casar, por ser pessoa já casada (CC, art. 1.521, VI)[589].

4) Autorizar a conversão em divórcio, sem aguardar prazo de um ano do trânsito em julgado da sentença que decretou a separação judicial (CF/88, art. 226, § 6º, com a redação da EC n. 66/2010; *Adcoas,* 1980, n. 73.655, 74.314 e 74.462, TJRJ; *RT, 526*:178, *529*:176, *530*:75), ou da decisão concessiva da medida cautelar da separação de corpos (*RJTJSP, 65*:83; *RT, 542*:67; CC, art. 1.580, *caput*).

5) Proibir que a sentença que decretar ou homologar a separação judicial de empresário e o ato de reconciliação sejam opostos a terceiros, antes de arquivados e averbados no Registro Público de Empresas Mercantis (CC, art. 980).

6) Possibilitar, a qualquer tempo, seja qual for a causa da separação judicial (consensual ou litigiosa), a reconciliação do casal, restabelecendo a sociedade conjugal, por ato regular em juízo (CC, art. 1.577), mediante requerimento nos autos da ação de separação; caso em que bastará petição inicial, e procuração *ad judicia,* com poderes especiais subscrita por ambos os cônjuges. Mas nada obsta, como observa Carlos Eduardo N. Camillo[590], que, para a reconciliação dos consortes, a competência seja do juízo em que fixarem novo domicílio, nesta hipótese deverão, então, provar a separação judicial, anexando cópia da petição inicial, da sentença homologatória, da separação consensual ou da que determinou a litigiosa, acompanhada, em um ou outro caso, do termo do trânsito em julgado do pronunciamento judicial e da averbação feita no registro civil. O *restabelecimento da sociedade conjugal,* é preciso ressaltar, sendo a separação extrajudicial ou judicial, poderá dar-se por escritura pública. Se a *separação* foi *consensual extrajudicial,* a qualquer tempo será possível a reconciliação por meio de anotação na escritura pública anterior. Se a separação foi judicial, os interessados deverão apresentar ao tabelião certidão da sentença de separação ou da averbação da separação no assento do casamento. Mas, na reconciliação via cartorária, não poderá a sociedade conjugal ser restabelecida

---

589. *Vide* Caio M. S. Pereira, op. cit., p. 187.

590. Carlos Eduardo N. Camillo, *Comentários,* cit., p. 1151-52; Milton Paulo de Carvalho Filho, *Código Civil comentado* (coord. Peluso), Barueri, Manole, 2008, p. 1655. Já se decidiu que: "Falecimento do cônjuge varão após o pedido. Remanesce o interesse processual da outra parte no julgamento da demanda. 1. Restando satisfeitos os requisitos do art. 1.577 do CC, não há razão para negativa do pedido inicial. 2. A superveniente morte do varão não impede o julgamento de mérito do pedido" (TJDF, 4ª T. Cív., AC 2005.01.1095769-8-DF, rel. Des. Leila Arlanch, j. 28-2-2007).

com modificações, salvo no que disser respeito ao uso do nome, pois mudança de regime de bens (CC, art. 1.639) requer intervenção judicial.

A separação judicial acarreta no tocante aos bens dos cônjuges importantes alterações. Os seus *efeitos patrimoniais* concernentes aos consortes são:

1) Resolver a sua situação econômica, pondo fim ao regime de bens (CC, art. 1.576, *in fine*), e acrescentará o Projeto de Lei n. 699/2011, § 1º do art. 1.576, "aplicando-se este efeito à separação de fato quando demonstrada a incomunicabilidade dos bens, para evitar o enriquecimento ilícito". A partilha de bens, tanto no ativo como no passivo, pode ser feita mediante proposta dos cônjuges, homologada pelo magistrado (na separação consensual) ou por ele deliberada (na litigiosa) (CC, art. 1.575 e parágrafo único), p. ex., com observância das seguintes normas: se o regime for o da separação de bens não há o que partilhar; se consistir em regime da comunhão universal, seja qual for o motivo da separação judicial, o patrimônio comum do casal, trazido ou adquirido, será dividido ao meio; se se tratar de regime da comunhão parcial, partilham-se apenas os bens adquiridos na constância do matrimônio, ficando cada cônjuge com a metade, retirando, ainda, cada qual tudo o que trouxe para o casamento. Se o regime for de comunhão parcial e houver um imóvel financiado adquirido antes do casamento pelo nubente, mas o pagamento das prestações se deu na constância do casamento, por presumir-se o concurso do outro cônjuge, tal imóvel, com a separação judicial, deverá ser partilhado. Se o compromisso de compra e venda for anterior ao casamento, mas o registro da escritura pública de compra e venda posterior às núpcias, esse bem deverá ser partilhado entre os ex-cônjuges (TJSP, Ap. 172.940-1, j. 3-8-1992).

Não pode o patrimônio da pessoa jurídica, estranha à relação processual e à disputa pelos bens pertencentes ao casal litigante em separação judicial, embora ambos dela sejam sócios, ser confundido e indevidamente constrito para fins de partilha pelo deferimento liminar de arrecadação em medida preparatória (TJPR, MS 56.515-5, Rel. Des. Altair Patitucci, j. 25-9-1997, 2º Gr. Câm. Civ., *COAD* n. 83.500, 1998, p. 409).

Questão controvertida é a de saber se, com a separação judicial, o que receber ações do outro passará a ser sócio da empresa. Se a sociedade for de pessoas, apenas será sócio se os demais sócios anuírem. Sem tal anuência, haverá entre ex-cônjuges uma *subsociedade*, em que estranho associado no quinhão do sócio não é sócio dos demais, permanecendo alheio à sociedade. Essa subsociedade reger-se-á pelas normas de condomínio. Se a sociedade for de capital e se o patrimônio social do ex-marido, p. ex., composto por cem quotas for o mesmo, e seu valor cresceu em razão do trabalho da pessoa jurídica, a mulher não terá participação, mas, se suas quotas passarem a oitocentas, ela receberá metade delas, pois foram adquiridas onerosamente na constância do casamento. Se se transferir ou adquirir bens próprios do casal em nome da empresa para, sob o manto societário, fraudar meação nupcial, pode-se desconsiderar a pessoa jurídica. O mesmo se diga se o marido, planejando separação judicial, usar testa de ferro para retirar-se da sociedade, retornando a ela, após a partilha judicial, com a mesma quantidade de quotas.

Se o regime for o da participação final dos aquestos, cada cônjuge terá direito à metade dos bens adquiridos pelo casal, a título oneroso, na constância do casamento, apurando-se o montante dos aquestos conforme o disposto nos arts. 1.674, 1.675 e 1.676. E, além disso, verificar-se-á o montante dos aquestos à data em que a separação judicial foi requerida (CC, art. 1.683).

Deve, ainda, o órgão judicante fazer com que o remanescente dos bens que levou para o matrimônio reverta ao consorte mentalmente enfermo que não pediu a separação judicial, além dos que constituírem a meação dos aquestos (os adquiridos na constância do matrimônio), se o regime de bens adotado o permitir (CC, art. 1.572, § 3º). Claro está que este artigo não se refere à comunhão universal, em que a meação é da essência do regime.

Readquirindo os consortes a propriedade exclusiva dos bens, desaparecem as restrições atinentes ao poder de disposição, principalmente no que concerne aos bens imóveis, e, para que terceiros tenham ciência do fato, a sentença da separação, homologatória ou condenatória, além de averbada no livro de registro de casamentos, deverá também sê-lo no de imóveis[591].

591. Orlando Gomes, *Direito*, cit., p. 281-3; Juliana Gontijo, Partilha contenciosa, *A família na travessia do milênio*, Belo Horizonte, IBDFAM, Del Rey, 2000, p. 497-516; Rolf Madaleno, A efetivação da *disregard* no juízo da família, *A família na travessia*, cit., p. 517-50. Se a partilha de bens do casal vier a ferir direitos de terceiros, estes poderão intervir no processo para defesa de seus bens; *RT, 509*:96. "Se a esposa não prova, nos autos de separação litigiosa, a existência de patrimônio em nome do marido, para ser partilhado, é necessária ação própria para esta demonstração" (*JB, 156*:247). *Vide JB, 160*:282. Sobre regime de bens na separação de fato: *RT, 716*:148; *RJTJSP, 141*:82, *114*:102. A jurisprudência tem reconhecido como incomunicáveis bens adquiridos pelos cônjuges durante a separação de fato. "Apelação cível — Separação judicial — Partilha de bens — Separação de fato — Incomunicabilidade dos bens adquiridos posteriormente — Precedentes. 1. A aquisição de bens depois da separação de fato afasta a comunicabilidade patrimonial porque a ruptura da vida marital põe termo ao *regime de bens* do casamento. 2. Não se cogita de ressarcimento à mulher pelas quantias representadas por cheques emitidos pelo recorrido e que ela pagou, pois tais cheques são da conta conjunta que as partes mantiveram mesmo depois da separação fática e lá depositavam os ganhos de ambos. 3. A apelante era devedora solidária juntamente com o apelado. Negaram provimento, à unanimidade" (TJRS, AC

Há, ainda, possibilidade de sequestro e bloqueio de bens, havendo término da sociedade conjugal, sob a forma de tutela de urgência com natureza cautelar (CPC, arts. 305 a 310), se um dos cônjuges dilapidar bens comuns para evitar a partilha.

Nada obsta que, havendo demanda entre os cônjuges sobre a questão da divisão do patrimônio conjugal, a partilha se dê em juízo sucessivo, ou melhor, ulterior à decretação da separação judicial, processando-se nos mesmos autos desta. Deveras, se pelo art. 1.581 é possível o divórcio sem a prévia partilha de bens, nada impede a que se decrete a separação judicial sem tal partilha, haja vista que se a norma (CC, art. 1.581) permite o mais, com maior razão, permitido está o menos. Logo, "não é obrigatória a partilha de bens na separação judicial" (Enunciado n. 255 do Conselho da Justiça Federal, aprovado na III Jornada de Direito Civil). Nessa hipótese, o ex-cônjuge que alienar bem, na qualidade de administrador do patrimônio do ex-casal em condomínio, terá o dever de prestar contas na qualidade de representante comum (CC, arts. 1.324 e 668). Se não o fizer, o outro poderá pretender a prestação de contas, dentro do prazo de dez anos (CC, art. 205; STJ, REsp 38.755-8-RJ, j. 8-5-1995, Rel. Min. Nilson Naves).

2) Substituir o dever de sustento pela obrigação alimentar (Súmula 226 do STF). Na separação consensual, como pudemos apontar, o marido poderá estipular que pagará pensão alimentícia à mulher se ela não tiver meios de sobrevivência (*RT, 483*:69, *319*:160; *RJTJSP, 57*:203). Nos casos de separação litigiosa, tal pensão, fixada pelo juiz, segundo os critérios do art. 1.694, deve ser prestada pelo cônjuge declarado culpado por ela, se o outro precisar, apresentando-se como uma espécie de sanção civil (CC, art. 1.702), cons-

---

70016148975, 7ª Câm. Cív., rel. Des. Luiz Felipe Brasil Santos, j. 6-9-2006).

Bol. AASP, 2.772:12: Apelação cível — Família — Separação judicial litigiosa — Partilha de FGTS — Partilha de bens — Majoração de honorários — Sentença mantida. 1 — Excluem-se da partilha os valores a serem recebidos pelo demandado em decorrência de reclamatória trabalhista e FGTS, porquanto constituem frutos civis do seu trabalho, sendo, desta forma, incomunicáveis. 2 — Não tendo o recorrente comprovado que todos os bens descritos na inicial foram adquiridos na constância da vida marital, descabe estabelecer a partilha na forma pretendida, pois era dele o ônus de produzir as provas relativas ao fato constitutivo do seu direito. 3 — Em atendidas as moduladoras do art. 20 — atualmente arts. 82, § 2º, 84 e 85 — do Código de Processo Civil, não há o que se falar em majoração dos honorários. Apelação desprovida.

STJ (3ª Turma) decide que valor do patrimônio mantido (composto por móveis ou imóveis) por cônjuge no exterior entra na partilha, se adquirido na constância do casamento.

tituindo-se como *alimentos indenizatórios*. Havendo reciprocidade de culpa, ambos perderão o direito a alimentos. E, se um dos cônjuges, separado judicialmente, vier a precisar de alimentos, o outro deverá prestá-los, mediante pensão a ser fixada pelo juiz, caso não tenha sido considerado responsável pela separação judicial. Mas, se o foi e não tiver parente em condições de fornecê-los, nem capacidade laborativa (p. ex., por estar impossibilitado de trabalhar por ser portador de um mal físico ou mental, por encontrar-se desempregado etc.), o ex-cônjuge será obrigado a assegurá-los, pagando o valor fixado judicialmente, indispensável à sobrevivência (CC, art. 1.704, parágrafo único). Trata-se dos *alimentos humanitários*, como diz Jones Figueirêdo Alves. Com o escopo de garantir o pagamento dessa pensão alimentícia o art. 21, *caput,* da Lei n. 6.515/77 outorga ao magistrado a possibilidade de ordenar a constituição de garantia real ou fidejussória. É lícito, ainda, ao juiz, se o cônjuge credor preferir, determinar que a pensão consista no usufruto de determinados bens do consorte devedor (art. 21, § 1º), justificando a possibilidade do não recebimento regular da pensão (art. 21, § 2º). A constituição do usufruto não é propriamente uma garantia para assegurar o pagamento dos alimentos, mas um modo de pagá-los[592]. Se o cônjuge devedor não pagar a pensão alimentícia no vencimento, sofrerá sanção pelo atraso, respondendo pela referida pensão acrescida de custas e honorários advocatícios apurados simultaneamente (art. 22, parágrafo único). A obrigação alimentícia é personalíssima, no sentido de que o devedor deve cumpri-la, em face de sua condição pessoal de esposo; contudo o art. 23 da Lei n. 6.515/77 alterou profundamente, inovando o direito vigente, ao permitir a transmissão *causa mortis* do dever de prestar alimentos[593], seja a separação consensual ou não.

Deveras, o Código Civil vigente, seguindo essa diretriz, no art. 1.700 estatui que a obrigação alimentar transmite-se aos herdeiros do consorte devedor, na forma do art. 1.694, respondendo cada qual na proporção de seus respectivos quinhões. Embora ocorra o trânsito em julgado, a sentença que homologa ou decreta a separação judicial não faz coisa julgada absoluta, tem o efeito de dissolver a sociedade conjugal e de decidir questões patrimoniais, porém, a qualquer tempo, o órgão judicante poderá modificar o que deliberou sobre a prestação alimentícia, atendendo à variação do valor monetário.

---

592. Interessantes são as observações de Orlando Gomes sobre o tema (*Direito,* cit., p. 2867). Já se decidiu que culpa recíproca exclui pensão alimentícia, que só será devida quando um dos cônjuges for o único responsável pela separação judicial litigiosa (3ª Turma do STJ).

593. Silvio Rodrigues, *Direito,* cit., p. 229-30; Caio M. S. Pereira, op. cit., p. 190.

Logo, a pensão alimentícia será atualizada, monetariamente, na forma do índice oficial regularmente estabelecido (CC, art. 1.710; Dec.-Lei n. 2.284/86, art. 6º). O valor da pensão deve ser, ainda, alterado se aumentar a possibilidade do devedor ou encarecer a necessidade do credor, pois nessas hipóteses a simples correção monetária é insuficiente[594] (CC, art. 1.699).

Extingue-se o dever de prestar alimentos se o cônjuge credor morrer, renunciar ao exercício do direito a alimentos (CC, art. 1.707), apresentar comportamento indigno, casar-se novamente, vindo o divórcio (Lei n. 6.515, arts. 29 e 30), ou amasiar-se por não estar obrigado o devedor a contribuir para a economia do concubinato (*RT, 482*:225, *490*:69, *454*:239, *511*:243, *536*:114 e 207, *535*:93, *534*:230, *546*:223, *543*:119; *RTJ, 72*:560) ou da união estável (CC, art. 1.708 e parágrafo único). O cônjuge que dispensou a prestação de alimentos conserva o direito à pensão decorrente do óbito do outro, desde que comprove a necessidade do benefício (Súmula 64 do TFR). Convém lembrar que o novo casamento do cônjuge devedor, que obteve o divórcio, não extingue a obrigação de pagar alimentos ao ex-cônjuge (CC, art. 1.709).

3) Dar origem, se litigiosa a separação, a indenização por perdas e danos, em face de prejuízos morais ou patrimoniais sofridos pelo cônjuge inocente (*RT, 836*:173, *327*:443)[595]. Deveras, pode haver dano moral (*Lex-JTJ*,

---

594. Orlando Gomes, *Direito*, cit., p. 288; Súmula 379 do STF; *AJ, 114*:259, *117*:435, *118*:435; *RF, 163*:233; *RTJ, 80*:589; *RJTJSP, 42*:41, *51*:150; *RT, 519*:256, *506*:120, *505*:72, *533*:102, *528*:61, *531*:113, *555*:221, *559*:110, *458*:108, *491*:195, *459*:69, *499*:118, *417*:169, *328*:164, *321*:641, *358*:463; *Rev. Jur., 42*:210, *67*:217, *11*:62, *41*:54. Sobre o direito da separada à pensão previdenciária: *RJTJSP, 79*:214, *75*:135, *64*:44; *RT, 554*:102, *572*:72, *545*:110, *465*:90, *558*:94.

595. Planiol, Ripert e Boulanger, op. cit., v. 1, n. 1.203. *Vide Ciência Jurídica, 63*:168; Regina Beatriz Tavares da Silva Papa dos Santos, *Reparação civil na separação e no divórcio*, São Paulo, Saraiva, 1999; A dignidade da pessoa humana: princípio fundamental do direito constitucional e do direito de família, *Estudos de direito de autor, direito da personalidade, direito do consumidor e danos morais* (coord. Eduardo C. B. Bittar e Silmara J. Chinelato), Rio de Janeiro, Forense Universitária, 2002, p. 107-20; José de Castro Bigi, Indenização por rompimento de casamento, *O direito de família após a Constituição Federal de 1988* (coord. A. C. M. Coltro), São Paulo, Celso Bastos Ed., 2000, p. 4959; José Rogério Cruz e Tucci, Dano moral e juízo de família, *Tribuna do Direito*, out. 2000, p. 12; Belmiro Pedro Welter, Dano moral na separação judicial, divórcio e união estável, *JSTJ, 20*:67 a 75; Nara R. Alves de Resende, Da possibilidade de ressarcimento dos danos decorrentes da dissolução da sociedade conjugal, *Revista Brasileira de Direito de Família, 21*:5-32; Vitor Ugo Oltramari, *O dano moral na ruptura da sociedade conjugal*, Rio de Janeiro, Forense, 2005; Jesualdo E. de Almeida Júnior, Os danos morais pelo descumprimento dos deveres pessoais no casamento, *Revista IOB de Direito de Família, 59*:119-114; Toaldo e Torres, Indenização por danos morais na separação conjugal culposa em face da infidelidade, *Revista IOB de Direito de Família, 55*:85 a 132; Claudete

235:47, *239*:290) e patrimonial por não cumprimento dos deveres conjugais, lesivo ao direito da personalidade de um dos consortes; logo este poderá pleitear, cumulativamente, com o pedido de separação judicial, indenização pelo gravame sofrido, que lhe prejudicou a saúde física ou mental, causou sua desonra ou o submeteu a injúria ou a humilhações (*RJ*, *232*:71; *BAASP*, *2.008*:4; *2.596*:1583-11; *RT*, *765*:191). Tal pretensão condenatória, visando reparação de dano moral e material, poderá até mesmo ser deduzida na reconvenção. Pela identidade de *causa petendi*, nada impede que o juízo de família venha a decidir os pedidos cumulados (TJSP, AgI 136.366-4/1-00; AgI 475.358-4/800, 7ª Câm. de Dir. Priv., rel. Luiz Antonio Costa, j. 28-3-2007; AgI 496.500-4/0-00-São Paulo, 10ª Câm. D. Priv., rel. Testa Marchi, j. 4-9-2007).

4) Suprimir o direito sucessório entre os consortes (CC, art. 1.830), assim o cônjuge supérstite, que seria convocado a suceder em concorrência com (CC, art. 1.830) descendente e ascendente (CC, art. 1.829, I e II); na falta destes (CC, arts. 1.829, III, e 1.838), não herdará se estiver separado judicialmente do *de cujus*[596].

5) Impedir que ex-cônjuge de empresário separado judicialmente exija desde logo a parte que lhe couber na quota social, permitindo que concorra na divisão periódica dos lucros, até que se liquide a sociedade (CC, art. 1.027).

6) Possibilitar que ex-cônjuge, por meio da "usucapião familiar" (CC, art. 1.240-A, acrescido pela Lei n. 12.424/2011), venha a adquirir a propriedade integral de imóvel urbano de até 250 m^2, cujo domínio dividia com o ex-cônjuge, que abandonou o lar, desde que tenha sobre ele, com exclusividade, posse direta e sem oposição por 2 anos ininterruptos, utilizando-o para sua moradia ou de sua família. Apesar de contrariar os preceitos sobre propriedade e regime de bens, aquele artigo prevalece sobre eles por ser *norma especial*.

Além disso, pela Lei n. 12.693/2012, que incluiu o art. 35-A na Lei n. 11.977/2009, há garantia do registro do título da propriedade do imóvel adquirido no âmbito do PMCMV, na constância do casamento, com subvenções oriundas do Orçamento Geral da União, do FAR e do FDS em nome da mulher separada, independentemente do regime de bens.

Quanto aos *filhos*, a separação judicial, apesar de não alterar o vínculo da filiação, produz alguns efeitos, como:

C. Canezin, Da responsabilidade civil na violação da dignidade de pessoa humana na sociedade conjugal, *Revista IOB de Direito de Família*, *54*:91 a 118; James E. Oliveira, Danos morais no âmbito das relações familiares, *Família e Jurisdição III*, cit., p. 189.

596. Caio M. S. Pereira, op. cit., p. 185; Orlando Gomes, *Direito*, cit., p. 281-3.

1) Passá-los se menores ou maiores incapazes (CC, art. 1.590) à guarda e companhia de um dos cônjuges ou de ambos, ou, se houver motivos graves, de terceiro (CC, arts. 1.583, §§ 1º a 5º, 1.584, I, II, §§ 1º a 6º)[597]. Se a separação for consensual, os pais deliberam que o exercício da *guarda* dos filhos menores e maiores inválidos fique com um deles ou seja distribuído entre os dois na forma compartilhada, devendo o juiz homologar o acordo desde que essa deliberação não contrarie a ordem pública e os interesses dos filhos[598] (CC, arts. 1.583, § 1º, e 1.584, I).

No entanto esse ajuste dos genitores é transitório, pois, se após a homologação apurar-se que o cônjuge que tem a guarda da prole representa um perigo à sua moral, por sua vida desregrada, p. ex., poderá o magistrado desprezar o acordo e conferir a guarda ao outro genitor ou a terceiro[599].

---

597. A guarda só pode ser retirada por mandado judicial, mediante comprovação de tratamento inconveniente. *Vide* Orlando Gomes, *Direito*, cit., p. 280; Yussef Said Cahali, A importância do instituto da guarda, *RJTJSP*, *133*:9; S. M. Carbonera, *Guarda de filhos na família constitucionalizada*, Porto Alegre, Sérgio A. Fabris, Editor, 2000; *RF*, *230*:201; *RT*, *472*:68, *530*:77, *512*:228, *573*:207, *561*:179, *538*:88, *527*:229, *544*:280, *565*:93, *542*:230, *602*:274; *RJTJRS*, *82*:430; *RTJ*, *85*:920; *RJTJSP*, *32*:32, *59*:170, *65*:95, *61*:148, *62*:131, *83*:192, *53*:91; *EJSTJ*, *23*:26; *JTJ*, *188*:130, *185*:56, *178*:65, *137*:373, *129*:301, *128*:102. Guarda: preservação dos interesses do incapaz, *BAASP*, *2.829*:12. *Vide* art. 1.632 do Código Civil.

598. Caio M. S. Pereira, op. cit., p. 186; *RT*, *478*:67, *482*:59, *518*:111, *516*:213, *530*:107; *RJTJSP*, *61*:148; *RF*, *220*:152.

599. Silvio Rodrigues, *Direito*, cit., p. 222; Thelma Fraga, *A guarda e o direito à visitação*, Ed. Impetus, 2005; Maria Antonieta Pisano Motta, Atribuição da guarda: a sentença não basta, *Revista Literária do Direito*, *10*:15; id. Oitiva da criança. Instrumento valioso para o magistrado, *Revista Literária do Direito*, *13*:19; id. Guarda compartilhada: uma solução possível, *Revista Literária do Direito*, n. 9; Evani Z. Marques da Silva, *Paternidade ativa na separação conjugal*, São Paulo, Ed. Juarez de Oliveira, 1998; Sérgio G. Pereira, A guarda conjunta de menores no direito brasileiro, *Ajuris*, *36*:33; M. Helena Diniz, Formação educacional e religiosa do menor sob a guarda de um dos genitores, *Revista do Foro*, *107*:19 a 26; Deirdre de A. Neiva, A guarda compartilhada, *Em Dia*, publicação da FESMPDFT, *2*:7; Waldyr Grisard Filho (*Guarda compartilhada: um novo modelo de responsabilidade parental*, São Paulo, Revista dos Tribunais, 2000, p. 124) observa que a guarda conjunta vem sendo adotada em outros países, como nos EUA (*joint custody*, que se desdobra em *joint legal custody* e *joint physical custody*), na Grã-Bretanha (com os precedentes judiciais Dipper *versus* Dipper e Jussa *versus* Jussa) e na França (Lei n. 87.570/87, art. 373-2); Silvio Neves Baptista, Guarda e direito de visita, *A família na travessia do milênio* (coord. Rodrigo da Cunha Pereira), IBDFAM, 2000, p. 290 e s.; Marilene Silveira Guimarães e Ana Cristina Silveira Guimarães, Guarda — um olhar interdisciplinar sobre casos jurídicos complexos, *Aspectos psicológicos*, cit., cap. 34, p. 447-70; Fernanda Rocha Lourenço Levy, *Guarda de filhos — os conflitos no exercício do poder familiar*, São Paulo, Atlas, 2008, p. 96-119; Douglas P. Freitas, Primeiros reflexos da guarda compartilhada, *Revista Síntese — Direito de Família*, *80*:98-105; Marise S. Corrêa, Reflexão sobre a concessão da guarda compartilhada sem o consenso dos pais, *Estado de Direito*, *40*:20; Isabela A. P. G. da Costa, Ação de guarda: das peculiaridades da ação de guarda e proteção dos filhos, *Revista Síntese* —

Na separação litigiosa, a guarda (unilateral ou compartilhada) poderá ser requerida por qualquer um dos genitores em ação autônoma de separação ou

---

Direito de Família, *80*:106-117. Interessante é o trabalho de Gustavo F. C. Mônaco e Maria Luiza F. de Campos, O direito de audição de crianças e jovens em processo de regulação do exercício do poder familiar, *Revista Brasileira de Direito de Família*, *32*:5-19 e o de Silvio Neves Baptista, *A nova lei de guarda compartilhada*, Recife, Bagaço, 2015. "Alteração de guarda, de visitação e de alimentos. Guarda compartilhada. Litígio entre os pais. Descabimento. 1. Não é a conveniência dos pais que deve orientar a definição da guarda, mas o interesse do filho. 2. A chamada guarda compartilhada não consiste em transformar o filho em objeto, que fica à disposição de cada genitor por um semestre, mas uma forma harmônica ajustada pelos genitores, que permita ao filho desfrutar tanto da companhia paterna como da materna, num regime de visitação bastante amplo e flexível, mas sem que o filho perca seus referenciais de moradia. Para que a guarda compartilhada seja possível e proveitosa para o filho, é imprescindível que exista entre os pais uma relação marcada pela harmonia e pelo respeito, onde não existam disputas nem conflitos. 3. Quando o litígio é uma constante, a guarda compartilhada é descabida. Recurso desprovido" (TJRS, AC 70005760673, 7ª Câm. Cív., rel. Des. Sérgio Fernando de Vasconcelos Chaves, j. em 12-3-2003, v. u.). *Bol. AASP*, *2.851*:12: "1. A guarda tem por objetivo preservar os interesses da criança, incluindo-se os aspectos psicológicos, morais e patrimoniais de que necessita para se desenvolver dignamente como pessoa humana em processo de desenvolvimento e como sujeito de direitos civis, humanos e sociais. 2. A modificação de guarda somente se justifica como medida excepcional. A dependência econômica não constitui situação peculiar apta a abrigar tal pretensão. 3. O escopo econômico não deve ser a razão do pedido, mas consequência lógica da modificação da guarda, conforme disposto no § 1º do art. 33 do Estatuto da Criança e do Adolescente". Já se decidiu que: "Falecimento do cônjuge varão após o pedido. Remanesce o interesse processual da outra parte no julgamento da demanda. 1. Restando satisfeitos os requisitos do art. 1.577 do CC, não há razão para negativa do pedido inicial. 2. A superveniente morte do varão não impede o julgamento de mérito do pedido" (TJDF, 4ª T. Cível, ApC 2005.01.1095769-8-DF, rel. Des. Leila Arlanch, j. em 28-2-2007).

Revogação de guarda compartilhada. *Bol. AASP*, *2.710*:1934-09. Concessão de guarda compartilhada de menor a avó e tio: STJ, REsp n. 1.147.138-SP, pub. 27-5-2010.

Sobre guarda compartilhada deferida aos avós: *Bol. AASP*, *2847*:12: "É possível deferir a guarda de menor aos avós que mantêm a criança e desfrutam de melhores condições, detendo, efetivamente, a guarda de netos. Ademais, a medida postulada não prejudicará o exercício do pátrio poder por seus titulares, alargando o manto tutelar que deve se estender sobre a criança. Apelação conhecida e provida".

Apelação cível. Ação de modificação de guarda. Tios paternos que possuem a guarda da menor, tendo em vista acordo celebrado entre os mesmos e a genitora. Arrependimento posterior desta, sob a alegação de que possui melhores condições financeiras no momento. Sentença de improcedência. Análise das provas encartadas aos autos que demonstram a socioafetividade entre a menor e seus tios, bem como a ausência de relação afetiva da infante com sua genitora (...). Embora a guarda deva ser conferida aos genitores e excepcionalmente, a terceiros, cabe a análise da socioafetividade e do ambiente em que a infante melhor se adapta, e que, no caso dos autos, é com os tios paternos, com quem a infante se encontra há cinco anos, sem vínculo afetivo com a genitora. Recurso conhecido e desprovido (TJSC, Apelação Cível n. 2013.042192-9, de Dionísio Cerqueira, rel. Des. Rubens Schulz, j. 14-4-2014).

em tutela provisória de urgência de natureza cautelar e será tal guarda decretada pelo juiz, em atenção a necessidades específicas do filho, ou em razão da distribuição de tempo equilibrado necessário ao convívio deste com o pai ou a mãe (CC, art. 1.584, I e II, §§ 1º a 6º), tendo em vista condições fáticas e visando sempre ao interesse do filho. Se o juiz atribuir aos genitores a guarda compartilhada, na audiência de conciliação, informar-lhes-á do seu significado e importância, esclarecendo a igualdade de seus direitos e deveres no exercício do poder familiar e as sanções cabíveis se vierem a descumprir suas obrigações (CC, art. 1.584, § 1º). Pelo art. 1.584, § 4º, do atual Código Civil, "a alteração não autorizada ou o descumprimento imotivado de cláusula de guarda unilateral ou compartilhada poderá implicar a redução de prerrogativas atribuídas ao seu detentor".

Se a separação se fundar em ruptura da vida em comum, será conveniente que a prole fique com o cônjuge com quem se achava, se revelar melhor aptidão (CC, art. 1.584, § 2º) para exercê-la se impossível for a compartilhada, e, se baseada em moléstia grave, o magistrado deferirá sua guarda ao cônjuge que estiver em condições de assumir, normalmente, a responsabilidade de sua educação. Se a separação se fundar nos arts. 1.572 e 1.573 do Código Civil, os filhos poderão ficar com o cônjuge cuja companhia o órgão judicante reputar conveniente. Sendo desaconselhável a permanência da prole em companhia dos genitores, deferirá o juiz sua guarda a pessoa idônea, que revele compatibilidade com a natureza da medida, dando preferência ao grau de parentesco, à relação de afinidade (CC, art. 1.584, § 5º), de afetividade, à condição material e ao respeito à sua dignidade (CF, art. 1º, III), mediante a proteção de seus direitos da personalidade consagrados constitucionalmente (CC, art. 1.584; *RF*, *230*:201; *RT*, *602*:274). Amplos, a respeito, são os poderes do magistrado, que poderá, se houver motivo grave (*RT*, *545*:20), tendo em vista o interesse e o bem dos filhos, regular de maneira diversa a situação deles com os pais (CC, art. 1.586; *RT*, *773*:231, *506*:100, *505*:63), podendo até ouvi-los, se maiores de 7 anos (*RT*, *554*:209, *546*:64, *542*:230, *530*:107) ou de doze anos como prefere o ECA. O art. 12, n. 1 e 2, da Convenção sobre os Direitos da Criança requer que se leve em conta a opinião do menor, considerando-se sua idade e grau de maturidade, principalmente nos processos judiciais que envolvam direta ou indiretamente seus direitos subjetivos e seus direitos da personalidade, como p. ex. o relativo à sua guarda, adoção. O juiz, ao deferir a guarda unilateral, não podendo ser ela compartilhada, deverá ter como única diretriz o *superior interesse do menor*, que é norma cogente, em razão da ratificação da Convenção Internacional dos Direitos da Criança da ONU pelo Decreto n. 99.710/90. Princípio norteador de controle do exercício do poder familiar e da fixação do direito de guarda e de visita, em caso de separação e divórcio, por conter elementos voltados ao pleno desenvolvimento da personalidade, à boa formação educacional, à integridade moral, física e psíquica da prole. Françoise Dolto observa, com muita propriedade, que a guarda deve atender a três referenciais de continuidade: *a*) o *continuum* de afetividade, segundo o qual o menor deve ficar sob a guarda do genitor em cuja companhia se sentir mais feliz e seguro, logo, é preciso saber averiguar quem é o genitor que representa para a criança uma figura de apego, sendo o seu porto seguro nos momentos difíceis, garantindo-lhe segurança, cuidado adequado e confiança tão necessários para o bom desenvolvimento de suas potencialidades, de seu caráter e de sua personalidade; *b*) o *continuum* social, considerando-se o ambiente vivido pelo menor no instante da separação dos pais; e *c*) o *continuum* espacial, preservando seu espaço, porque a personalidade do menor nele se constrói e desenvolve, pois quando há mudança do local onde vive, da escola onde estuda, ou da igreja que frequenta, a criança perde seu referencial de espaço, ou melhor, o envoltório espacial de sua segurança e, consequentemente, poderá haver desequilíbrio em seus relacionamentos sociais, em virtude de alteração na sua rotina. Pelo princípio do melhor interesse da criança e do adolescente, que derroga todas as normas e deve inspirar a decisão do magistrado, por ser um critério normativo-hermenêutico cogente, não se recomenda a guarda a pessoa desqualificada eticamente, inidônea, imatura psiquicamente ou portadora de qualquer deficiência de natureza comportamental (CF/88, art. 1º, III; Lei n. 8.069/90, arts. 5º e 6º e Decreto n. 99.710/90). A fixação de liminar da guarda provisória não deve dar-se sem a oitiva da parte contrária, exceto em hipóteses excepcionais. "O princípio orientador das decisões sobre a guarda de filhos é o de preservar o interesse da criança, que há de ser criada no ambiente que melhor assegure o seu bem-estar físico e espiritual, seja com a mãe, com o pai ou mesmo com terceiro" (STJ, 4ª T., REsp 469.914-RS, Rel. Min. Ruy Rosado, j. 4-2-2003). Havendo luta entre os pais pela guarda do filho menor, o magistrado deverá fazer prevalecer o superior interesse (moral e material) da criança (*RF, 192*:274), respeitando sua dignidade como ser humano e seus direitos da personalidade, satisfazendo suas necessidades, acatando suas relações de afetividade, procurando seu bem-estar e buscando o que for melhor para seu desenvolvimento e sua vida. O fato de a mãe ou pai guardião vir a unir-se a outra pessoa, por si só, não justifica que lhe seja tirado o filho menor, deixado sob sua guarda (*RT, 530*:77, *527*:72, *512*:228, *503*:120); admite-se tal modificação somente quando tiver conduta irregular (*RT, 786*:267, *772*:300, *512*:149; *Bol. AASP, 2.671*:5516) ou quando não o tratar convenientemente. "Em ações que visam à modificação da guarda, deve-se considerar, precipuamente, o interesse do menor, a fim de resguardar e garantir que este receba a melhor assistência psicológica, financeira e moral, a conduzi-lo a um futuro promissor e equilibrado" (*Bol. AASP, 2.880*:12). "Nos litígios em que estejam envolvidos interesses relativos a crianças, notadamente naqueles que envolvam pedido de modificação de guarda, o julgador deve ter em vista, sempre e primordialmente, o interesse do menor. Cediço que, em nosso ordenamento jurídico, a instrução probatória tem como destinatário o magistrado, que, diante do caso litigioso, formará a sua convicção, devendo, para tanto, determinar as diligências úteis e refutar aquelas que se demonstrem protelatórias ou inúteis, sem que isso macule o processo com qualquer nulidade" (*Bol. AASP, 2.666*:1798-07). Consagram esta ideia os Enunciados do Conselho da Justiça Federal (aprovados na IV Jornada de Direito Civil): *a*) n. 337 — "O fato de o pai ou a mãe constituírem nova união não repercute no direito de terem os filhos do leito anterior em sua companhia, salvo quando houver comprometimento da sadia formação e do integral desenvolvimento da personalidade destes"; e *b*) n. 338 — "A cláusula de não tratamento conveniente para a perda da guarda dirige-se a todos os que integrem, de modo direto ou reflexo, as novas relações familiares".

2) Assegurar ao genitor (CC, art. 1.589) que não tem a guarda e companhia da prole o direito, desde que não se tenha enquadrado numa das hipóteses de perda do poder familiar:

a) de fiscalizar sua manutenção e educação, supervisionando os interesses dos filhos, sendo que para tornar possível tal supervisão, o genitor sempre será parte legítima para solicitar informações e/ou prestação de contas, objetivas ou subjetivas, em assuntos ou situações que direta ou indiretamente afetem a saúde física e psicológica, o destino dado à pensão alimentícia e a educação de seus filhos (CC, art. 1.583, § 5º). Pode, portanto, reclamar ao juiz se as entender contrárias àqueles interesses. E se algum estabelecimento (público ou privado) negar quaisquer informações ao genitor sobre seus filhos, deverá ser punido com pena de multa de R$ 200,00 a R$ 500,00 por dia (CC, art. 1.584, § 6º);

b) de visitá-la (*RJTJSP, 75*:43, *67*:247; *RT, 810*:305, *782*:358, *306*:243, *456*:205, *452*:208, *458*:69, *554*:114, *547*:54, *562*:75, *517*:125, *574*:68; *BAASP, 2.731*:1999-12), por pior que tenha sido seu procedimento em relação ao ex-cônjuge. Já se decidiu que: "Limitando-se a lide a agressões entre os genitores, já separados, não seria correta a decisão que suspende o direito de visitas do pai a filho, quando não há qualquer notícia de maus-tratos ou conduta desabonatória do genitor em relação ao infante. O direito de visitas entre pai e filho é indispensável ao completo desenvolvimento da criança, indo ao encontro dos interesses do menino, os quais devem ser sempre protegidos (*BAASP*, *2.655*:1767-11)". Na separação consensual, os próprios cônjuges deliberam livremente as condições em que se poderá exercer tal direito. Tal avença terá força vinculante, obrigando os ex-consortes. O lesado pela inobservância do estipulado pode recorrer ao magistrado, para assegurar a efetividade de seu direito de visita. E, na separação litigiosa, não havendo acordo quanto à regulamentação das visitas, o juiz as determina, atendendo ao superior interesse dos filhos, tendo em vista a comodidade e possibilidade dos interessados, os dias, inclusive os festivos — Natal, Ano-novo, Páscoa, aniversários etc. —, feriados prolongados e os de férias escolares, o local e a duração da visita, sem que haja prejuízo à atividade escolar. Todavia esse direito poderá ser restringido, suspenso ou suprimido a qualquer tempo se a presença do genitor constituir um perigo para a prole, exercendo pelo comportamento imoral, p. ex., nociva influência em seu espírito (*RT*, *685*:139, *547*:54, *345*:223, *349*:172, *403*:184; *RF*, *247*:150), provocando-lhe desequilíbrio emocional ou, também, se o visitante apresentar conduta lesiva à sua integridade física e se vier a descumprir suas obrigações, não devolvendo, p. ex., o filho no dia e na hora avençada. Tal ocorre porque a sentença, que fixa as visitas, não faz coisa julgada material, mas, tão somente, a formal. Lembra Ney de Mello Almada que tão grande é o respeito ao direito de visita que não pode o cônjuge, sob cuja guarda ficarem os filhos, recusar ao outro o exercício do direito de visita, salvo motivo de suma gravidade, nem pode o genitor-guardião praticar ato de alienação parental, fazendo com que a prole repudie o genitor-visitante, sob pena, p. ex., de alteração da guarda ou de suspensão da autoridade parental (Lei n. 12.318/2010). Isto é assim porque: "Um dos objetivos da visita é o de fortalecer os laços de amizade entre pais e filhos, enfraquecidos pela separação do casal; é o de proporcionar aos últimos a assistência e o carinho daqueles; é o de minorar os efeitos nocivos impostos à prole com a separação definitiva dos genitores" (*RJTJSP*, *22*:204). Logo, a visita não pode constituir mera presença física, deve fortalecer os laços afetivos e de amizade entre genitor e filho, sendo proveitosa para a formação deste último. É, portanto, necessário que o visitante se interesse pela vida, educação e formação moral do filho. Negativa infundada do genitor (guardião) a tal visita é inadmissível e pode configurar *alienação parental*, levando até à indenização por dano moral, à perda da guarda e à suspensão do poder familiar. E há até mesmo quem sustente, como Newton T. Carvalho, a aplicabilidade das *astreintes* pelo não cumprimento do dever de visitar os filhos, inclusive pela não observância de horário na busca ou devolução da prole. Pelo Enunciado Programático IBDFAM n. 8: "O abandono afetivo pode gerar direito à reparação pelo dano causado". O *abandono afetivo* dos filhos pelos pais poderá ser considerado ato ilícito, se aprovado for o Projeto de Lei n. 700/2007. O direito de visita é irrenunciável, sendo nula qualquer convenção que vise a renúncia desse direito. São sujeitos ao direito de visita não só os menores, mas também os maiores incapazes, doentes ou impossibilitados. A visita é importante para o menor e para o maior incapaz. Sua regulamentação deverá ser feita atendendo-se às peculiaridades da situação e ao princípio do melhor interesse da criança e do adolescente. Há casos de difícil solução, como aquele em que um dos genitores está domiciliado no exterior, por acarretar supressão temporária do direito de visita e por exigir anuência do guardião na viagem do menor para ver o outro. A visitação livre é a melhor solução. Se não for possível, deverá ser regulamentada racionalmente, conforme as peculiaridades de cada caso.

A privação do direito de visita pode ocorrer por causas muito graves, perigosas à segurança ou à saúde física ou moral da prole. Se as visitas forem, como já dissemos, contraproducentes na vida e na formação dos filhos, o magistrado as reduzirá ou eliminará, em benefício da prole.

Refletindo melhor sobre essa questão, parece-nos que, na verdade, o que se tem, diante dos dispositivos constitucionais vigentes e do ECA, sob o prisma do menor (criança ou adolescente), é um *direito à visita*. Tal direito seria um direito personalíssimo de ser visitado pelo genitor que não tem mais a guarda, por seus avós (*RT*, *205*:528; *RJTJRS*, *109*:353; *Bol. AASP*, *2.878*:12), parentes, amigos ou por qualquer pessoa a quem tenha afeição (*RT*, *675*:97). Se os pais têm, durante a constância do matrimônio, o dever de respeitar visitas de parentes ou amigos, sob pena de, proibindo-as injustificadamente, ocorrer uso abusivo do poder familiar, claro está que, com a separação judicial ou divórcio, o *genitor* que não tiver a guarda teria o *poder-dever*, resultante do poder familiar e da obrigação de assistência imaterial, de visitar o filho, sob pena de incorrer no crime tipificado no art. 359 do Código Penal, de ser suspenso ou destituído do poder familiar e de reparar o dano moral causado ao menor. A titularidade do *direito à visita* (receber visita) é da criança, do adolescente e do maior incapaz. Trata-se de um *direito da personalidade*, que é um direito subjetivo *excludendi alios*, fundado no critério jurídico-constitucional alusivo ao direito à incolumidade mental, ou melhor, à saúde mental ou integridade psíquica e até mesmo física, pois a falta da visita, demonstrando *abandono afetivo*, dos que lhes são caros pode conduzi-los a um estado depressivo, danoso à sua saúde física ou psíquica, provocando moléstias e desvios comportamentais e, por isso, pode gerar indenização por dano moral (*BAASP*, *2915*:9). Já se decidiu que: "A dor sofrida pelo filho, em virtude do abandono paterno, que o privou do direito à convivência, ao amparo afetivo, moral e psíquico, deve ser indenizável, com fulcro no princípio da dignidade da pessoa humana" (TAMG, ApC 408.550-5, j. 1º-4-2004, rel. Juiz Unias Silva, *Bol. AASP*, *2.881*-9 e *2.875*:12). A visitação de entes queridos (irmãos, avós, tios, primos, amigos etc. — nesse sentido: TJSP, 5ª Câm., ApC 140.440-1/7, rel. Des. Matheus Fontes, j. 1º-8-1991) tem grande importância para o desenvolvimento emocional da criança e para sua integração no seio da família. Logo, pais biológicos, socioafetivos e adotivos, diante do poder familiar, têm o dever parental de respeitar aquele direito à visita.

A Lei n. 12.962/2014, ao alterar o ECA, arts. 19, § 4º, e 23, § 2º, assegura a convivência de crianças e adolescentes com pais privados de liberdade, garantindo visitas periódicas promovidas pelo responsável ou, nos casos de acolhimento institucional, pela entidade responsável, independentemente de autorização judicial, pois não há perda do poder familiar, salvo no crime doloso, punido com reclusão contra a prole.

O *direito de visita*, o de efetuar visita, seria, entendemos, mero *direito subjetivo*, gerador de *direito pessoal*, não se tratando de direito personalíssimo. Parentes consanguíneos (*avós* (CC, art. 1.589, parágrafo único, acrescentado pela Lei n. 12.398/2011; *RT*, *587*:219; *650*:77, *750*:364), *tios* (*RT*, *562*:189, *575*:207) e *primos*) ou por afinidade (padrasto ou madrasta) e amigos teriam direito de visita (direito pessoal e não direito da personalidade), sendo dele privados por motivos graves que possam causar dano ao visitado. "O direito de visita pode ser estendido aos avós e pessoas com as quais a criança ou o adolescente mantenha vínculo afetivo, atendendo ao seu melhor interesse" (Enunciado n. 333 do CJF, aprovado na IV Jornada de Direito Civil). Pelo art. 1.589, parágrafo único, do Código Civil: "o direito de visita estende-se a qualquer dos avós a critério de juiz, observados os interesses da criança ou do adolescente". Assim, se injustificadamente lhes for vedado o direito de visitar o menor, poderão pleitear em juízo a efetividade desse seu direito subjetivo. Seria justo negar visita a quem descobrir, na separação judicial, que não é o pai biológico da criança que viu nascer e criou com amor e carinho, alegando não haver relação de parentesco consanguíneo? Se há paternidade socioafetiva, se padrasto é parente por afinidade, por que lhe negar o direito de visita? Parece-nos que pouco importará para o estabelecimento do direito de visita a existência de vínculo biológico, se presente o liame afetivo (TJRS, AI 70002412328-Canoas, rel. Des. Maria Berenice Dias, j. 9-5-2001). "A paternidade socioafetiva, calcada na vontade livre, não pode ser rompida em detrimento do melhor interesse do filho" (Enunciado n. 339 do CJF, aprovado na IV Jornada de Direito Civil). Por ser comum a situação em que o guardião afasta a prole de outros parentes, o Projeto de Lei n. 699/2011, considerando a afeição e os prejuízos que isso traz ao menor, acrescentará o seguinte § 1º ao art. 1.589: "Aos avós e outros parentes, inclusive afins, do menor é assegurado o direito de visitá-lo, com vistas à preservação dos respectivos laços de afetividade". O Parecer Vicente Arruda acatou na análise do Projeto de Lei n. 6.960/2002 (hoje PL n. 699/2011) os parágrafos acrescentados ao art. 1.589, possibilitando que o menor seja visitado pelos avós, parentes, inclusive afins (§ 1º), mais uma vez, consagrando o princípio da prevalência dos seus interesses (§ 2º), de forma a permitir que o juiz, de maneira justificada, mude as regras de visitação.

Assim entendemos que o genitor, destituído da guarda, *tem*, em relação ao direito à visita do menor, o *poder-dever* de cumpri-lo, por estar diante de um direito da personalidade e por decorrência da obrigação de assistência imaterial e do poder familiar de que é detentor, e do *direito de visita*, ou seja, o de ir visitar seu filho, que não lhe pode ser negado injustamente. Se houver conflito de interesses entre o direito à visita e o direito de visita, o magistrado deverá atender ao superior interesse da criança (*Bol. AASP*, *2.674*:182104) e estabelecer alternativas para o exercício do direito do visitante, que não pode interferir na formação que o guardião vem dando à prole, nem embaraçar suas atividades habituais. Só pode haver suspensão ou perda do direito de visita por ato atentatório à moral ou aos bons costumes, por prejuízo à integridade física e psíquica da criança ou até mesmo do genitor guardião, por abuso de direito etc. Em casos graves o magistrado poderá reduzir a visita a algumas horas no próprio lar do menor ou durante o horário de funcionamento do visitório público, como bem observa Roberto Senise Lisboa, sob a fiscalização de agentes do Judiciário (psicólogo, assistente social etc). O direito de visita poderá ser alterado a qualquer tempo, pois, como já dissemos alhures, a decisão não faz coisa julgada material, mas apenas formal (*RT*, *433*:100; *RJTJSP*, *54*:102). Acatando jurisprudência firmada, propõe o Projeto de Lei n. 699/2011, acrescentando § 2º ao art. 1.589, que, havendo justo motivo, o juiz poderá modificar as regras de visitação, com observância do princípio da prevalência dos interesses dos filhos; nesse mesmo sentido: *Bol. AASP*, *2.661*:1783-10);

c) de ter os filhos temporariamente em sua companhia no período de férias ou dias festivos, de acordo com a convenção dos pais ou prescrição do juiz, que organizará um sistema de segurança que permita seu pleno exercício e preserve a saúde e moralidade da prole[600];

---

600. Newton T. Carvalho, *Astreintes* no direito de visitas, *Direito das famílias* — homena-

gem a Rodrigo de C. Pereira (org. M. Berenice Dias), São Paulo, Revista dos Tribunais, 2009, p. 519; Caio M. S. Pereira, op. cit., p. 187; Amanda R. Mariante. O parecer da criança e do adolescente e a sua relevância no plano da visitação, *Revista Síntese — Direito de Família, 76*:112-42. Orlando Gomes, *Direito,* cit., p. 2923; W. Barros Monteiro, op. cit., p. 229; Eduardo de Oliveira Leite, O direito (não sagrado) de visita, in *Direito de família*, São Paulo, Revista dos Tribunais, 1996, p. 6693; Roberto Senise Lisboa, *Manual elementar de direito civil*, São Paulo, Revista dos Tribunais, 2002, v. 5, p. 130 e 131. Rolf Madaleno (A multa afetiva, *Revista Jurídica,* Del Rey, *8*:33) narra que, em Buenos Aires, o Poder Judiciário aplicou multa diária para forçar um genitor a cumprir o regime de visita a filho. Leila Maria T. de Brito, Impasses na condição da guarda e da visitação — o palco da discórdia, *Família e cidadania,* cit., p. 433; Luiz Paulo Cotrim Guimarães, O direito de visitação do pai não biológico, *RTDC*, n. 3; Lizete Peixoto X. Schuh, Responsabilidade civil por abandono afetivo: a valoração do elo perdido ou não consentido, *Revista Brasileira de Direito de Família, 35*:53 a 76; Rafael N. M. de Oliveira e Bruna Melo, Responsabilidade civil em razão de danos causados pelo abandono afetivo parental, *Revista Síntese — Direito de Família, 97*:84 a 105; Silvio Neves Baptista, Abandono afetivo dos pais, *Manual de direito de família* (coord. Silvio Neves Baptista, Recife, Bagaço, 2016, p. 395-96); Ionete de M. Souza e outros, A responsabilidade civil pelo abandono afetivo nas relações familiares, *Revista Síntese — Direito de Família, 98*:57-71; Ana Carolina B. Amaral, A responsabilidade civil por abandono afetivo: a evolução histórica da família brasileira e a questão da natureza jurídica do afeto, *Revista Jurídica De Jure*, 25:151-188; M. Helena Diniz, Direito à convivência familiar, *Direito civil — direito patrimonial* e *direito existencial,* coord. Tartuce e Castilho, São Paulo, Método, 2006, p. 817 a 830; Cláudia Maria Silva, Descumprimento do dever de convivência familiar e indenização por danos à personalidade do filho, *Revista Brasileira de Direito de Família, 25*:122-47; Claudete C. Canezin, Da reparação do dano existencial ao filho decorrente do abandono paterno-filial, *Revista Brasileira de Direito de Família, 36*:71-87; Giselda M. F. N. Hironaka, Os contornos jurídicos da responsabilidade afetiva na relação entre pais e filhos — além da obrigação legal de caráter material, *Revista doTribunal Regional Federal — 3ª Região, 78*:159-164; Luciana Stocco Betiol, Tutelas cominatórias no âmbito da regulamentação de guarda e visitas, *Revista do IASP, 17*:74-105; Helena de A. Orselli, Reflexões acerca do direito fundamental do filho à convivência com o genitor que não detém sua guarda. *Revista Síntese de Direito de Família, 63*:7-27; Melissa Telles Baruffi, Nova lei protege o direito de visita. *Revista Síntese de Direito de Família, 63*:38-42; João G. Rodrigues, A impossibilidade de reconhecer o abandono afetivo parental como dano passível de indenização, *Revista Jurídica De Jure, 20*:167-83; Camila Dal Lago e Vitor Ugo Oltramari, O dano moral decorrente do abandono afetivo: uma história de dois lados, *Revista Síntese — Direito de Família, 81*:126-141; Maria Helena M. B. Daneluzzi e Maria Lígia C. Mathias, A problemática relativa à natureza jurídica do afeto e a responsabilidade civil por abandono afetivo, *Atualidades Jurídicas, 7*:199-214; *Bol. AASP, 2.731*:1999-12: "Família. Regulamentação de visitas. Ampliação do horário de visitas liminarmente deferida. Ausência de fatos objetivos para impedir a convivência entre pai e filha. Temor da mãe fundado no comportamento do ex-marido durante o casamento que não se verifica, a princípio, no contato com a filha. Direito da menor e do pai ao convívio familiar. Laudo social já designado na origem. Decisão mantida. Agravo de Instrumento desprovido" (TJRS, 8ª CCív., AI 70037543568, Caxias do Sul-RS, rel. Des. Luiz Ari Azambuja Ramos, j. 2-9-2010, v. u.). O *Jornal do Advogado* — OAB-SP, n. 301, p. 23 (2005) noticiou: "A 4ª Turma do Superior Tribunal de Justiça (STJ), por quatro votos a um, decidiu que não cabe indenização por dano moral decorrente de abandono afetivo. A decisão foi tomada em recurso apresentado por um pai que fora condenado pelo Tribunal de Alçada de Minas Gerais a ressarcir financeiramente o filho em 200 salários mínimos (atualmente, R$ 60 mil). Segundo consta do processo, o filho teve contato regular com o pai até aos seis anos de idade, quando nasceu sua irmã, fruto do segundo casamento de seu pai. Na ação indenizatória proposta contra o pai por abandono afetivo, o rapaz afirmou que, apesar de sempre ter recebido pensão alimentícia (20% dos rendimentos líquidos do pai), tentou várias vezes uma aproximação com ele, mas recebeu apenas "abandono, rejeição e frieza". Em primeira instância, a ação foi considerada improcedente, mas o Tribunal de Alçada de Minas Gerais acabou reconhecendo o direito à indenização por dano moral e psíquico causado pelo abandono do pai, e fixou a indenização em 200 salários mínimos, por entender que "a responsabilidade (pelo filho) não se pauta tão somente no dever de alimentar, mas se insere no dever de possibilitar desenvolvimento humano dos filhos, baseado no princípio da dignidade da pessoa humana". No recurso ao STJ, o pai alegou que a indenização era abusiva e representava a "monetarização do amor". Sustentou também que a ação havia sido proposta por inconformismo da mãe, depois de tomar conhecimento de uma revisional de alimentos na qual o pai pretendia reduzir o valor da pensão alimentícia, e afirmou que, a despeito de o filho ter atingido a maioridade, pagava-lhe pensão até hoje. Por maioria, os ministros da 4ª Turma acolheram os argumentos do pai. O ministro Barros Monteiro, único a votar pelo não conhecimento do recurso, afirmou que, além de assistência econômica, o genitor tem o dever de assistir moral e afetivamente o filho, e só estaria desobrigado de pagar a indenização se comprovasse a ocorrência de motivo maior para o abandono. Os demais magistrados entenderam que a lei prevê, como punição, apenas a perda do poder familiar (antigo pátrio poder) e consideraram que, por maior que seja o sofrimento do filho, o Direito de Família tem princípios próprios, que não podem ser contaminados por outros, com significações de ordem patrimonial. O relator, ministro Fernando Gonçalves, concluiu que não há como reconhecer o abandono afetivo como passível de indenização e deu provimento ao recurso interposto pelo pai "para afastar a possibilidade de indenização nos casos de abandono moral" (REsp 757.411). Recentemente, o STJ (3ª T., rel. Min. Nancy Andrighi, REsp 1.159.242) entendeu que há vínculo afetivo e legal entre pais e filhos onde se destaca o dever de convívio, de criação e educação dos filhos e acompanhamento sociopsicológico da criança. Os pais assumem obrigações jurídicas que vão além das *necessarium vitae*, por isso cabe indenização por dano moral decorrente de abandono afetivo. Sobre isso, interessante é a obra de Rodrigo Santos Neves, Responsabilidade civil por abandono afetivo, *Revista Síntese — Direito de Família, 73*:96-108. Têm também *direito de visita os avós*: *RT, 726*:375, *696*:110, *187*:892, *168*:374, *258*:545, *392*:150, *582*:210, *585*:210, *587*:219, *608*:59, *650*:77, *742*:232, *767*:333; *RF, 122*:225, *127*:387, *227*:179; *RJTJSP, 75*:120, *137*:215; *JTJ, 211*:92. Regulamentação de visitas dos avós — (...) A avó tem o direito de exercer a visitação em relação aos netos e esta tem o direito de receber o afeto avoengo, estreitar laços de convivência familiar e ampliar a convivência social, não sendo propriedade dos pais, mas pessoa titular de direitos, que merece ser respeitada, bem como de ter uma vida saudável e feliz. 2. O claro litígio entre os pais das crianças e a avó não justifica a proibição do direito de visitas, não podendo as crianças ser instrumento de vinganças. 3. Não havendo nada que impeça a convivência da avó com os netos, é cabível estabelecer a regulamentação de visitas, que deverá ser cumprida pela recorrente, pois deve ser resguardado sempre o melhor interesse das crianças, que está acima da conveniência dos pais. Recurso desprovido (TJRS, Agravo de Instrumento n. 70052709318, Sétima Câmara Cível, Tribunal de Justiça do RS, rel. Sérgio Fernando de Vasconcellos Chaves, j. 8-3-2013). Tratam do *direito de visitas dos avós*: CC português, art. 1.887-A; CC francês, art. 371-4; CPC/73 (ora revogado), art. 888, VII, sem correspondência no atual Código, e CC, art. 1.589, parágrafo único. Silvio Rodrigues, citado por Fábio M. Mattia, ensina-nos que o direito de os avós visitarem seus netos menores decorre da solidariedade familiar e da presumida afeição que os avós têm por seus netos. Se o titular do poder familiar, no exercício das prerrogativas dele derivadas, por mero espírito de emulação, impedir que os avós visitem os netos, exerce seu direito de modo abusivo, praticando ato ilícito na forma do art. 188, I, *in fine*, do Código Civil, dando ensejo a que o Judiciário emende sua atitude. Desse modo, a origem do direito de os demais ascendentes, que não os pais, visitarem seus descendentes advém da aplicação da ideia de abuso de direito no exercício do poder familiar. O direito de visita dos avós não pode tumultuar as relações entre pais e filhos, logo, os avós têm direito de estar em contato com os netos, mas do modo que os pais decidirem ou autorizarem. Se isso lhes for negado, terão tal direito, a critério do juiz, observados os interesses do menor (art. 1.589, parágrafo único, do CC; art. 888, VII — sem similar no atual —, do CPC/73 — ora revogado). Os pais podem impedir essa visita, se os avós interferirem na educação e formação moral dos menores, neles despertando sentimentos hostis aos pais. *Vide* Alícia B. Pucheta de Correa, Derecho de visita de los abuelos, *Revista de la Facultad de Derecho y Ciencias Sociales de la Universidad Nacional de Asunción*, n. 1, 1995, p. 295304; *RT, 306*:244, *258*:545, *463*:84; *RJ, 156*:80; *RF, 153*:250; Cunha Gonçalves, op. cit., v. 2, p. 362; Aubry e Rau, op. cit., v. 9, p. 117; Fábio M. de Mattia, Direito de visita, *RF, 273*:101; Ney de Mello Almada, *Manual de direito de família,* São Paulo, Hemeron, 1978, p. 397 e 403; Geneviève Viney, Du droit de visite, *Revue Trimestrielle de Droit Civil, 63*:252, 1965; Alain Sayag, Les grands-parents dans le droit de la famille, *Revue Trimestrielle de Droit Civil,* 1969, p. 61, 68, 44; Sílvio Neves Baptista, Guarda e direito de visita, in *A família na travessia do milênio*, Belo Horizonte, 2000, p. 283-302; Sidnei A. Beneti, Os direitos de guarda, visita e fiscalização dos filhos ante a separação dos pais, *RT, 622*:37; Flávio Guimarães Lauria, *A regulamentação de visitas e o princípio do melhor interesse da criança*, Rio de Janeiro, Lumen Juris, 2002; Marilza F. Barreto, *Direito de visita dos avós: uma evolução no direito de família*, Rio de Janeiro, Lumen Juris, 1989; Claudete C. Canezin, Da culpa no direito de família, *Direito civil — direito patrimonial e direito existencial*, cit., p. 737-54. A *guarda previdenciária* é muito usada por avós para incluir netos como dependentes, com o escopo de obter benefícios decorrentes de sua relação empregatícia. Tal guarda é admitida excepcionalmente se se comprovar que o menor necessita de meios para cuidar de sua saúde, por estarem seus pais em precária condição econômica. Será inviável se a criança estiver em companhia de genitores, que lhe prestam toda assistência moral e material. *Bol. AASP, 2.567*:1493-03: "A guarda não pode ser atribuída para o fim exclusivo de garantir benefícios previdenciários ou para emprestar juridicidade a situações que não correspondem à realidade dos fatos, porém pode ser desconectada do poder familiar em situações específicas orientadas pelo Princípio do Melhor Interesse dos Menores". Sobre *guarda previdenciária*: TJSP, ApC 80.725-0/4-Araçatuba, rel. Des. Nuevo Campos, j. 23-7-2001; ApC 80.345-0/0-Orlândia, rel. Des. Fábio Quadros, j. 2-7-2001; *RT, 750*:364, *773*:347, *798*:374; *Bol. AASP, 2701*:1907-08.

No dia 6 de janeiro de 2014, o Conselho Federal da OAB ingressou junto ao Supremo Tribunal Federal, com Ação Direta de Inconstitucionalidade (ADI 5.083) contra

d) de se corresponder com os filhos.

3) Garantir aos filhos menores (*RT, 526*:49) e maiores inválidos ou incapazes (CC, arts. 4º e 1.695), mediante pensão alimentícia, a criação e educação (art. 16; *Rev. Jur., 29*:24, *70*:41; *RF, 214*:171; *RTJ, 63*:678; *RT, 508*:120, *448*:93, *360*:283). Mas é preciso esclarecer que o fato de um filho ter atingido a maioridade não desobrigará os pais de pagar tal pensão, tendo-se em vista que o benefício é devido para prover a necessidade do alimentante, garantindo sua subsistência por encontrar-se em dificuldade financeira (CC, arts. 1.695 e 1.696). Nem sempre a maioridade civil corresponderá à maioridade econômico-financeira; enquanto esta não advier, os pais deverão prover a subsistência dos filhos apesar de maiores e capazes civilmente. O *quantum* da pensão será fixado pelos pais na separação consensual, ou pelo juiz, na litigiosa, quando, na sentença, fixará a quota com que devem concorrer ambos os cônjuges, na proporção de seus recursos (CC, art. 1.703), aplicando-se o princípio da justiça social. Mas nada obsta que se leve em consideração a obrigação do consorte em cuja companhia se acham os filhos (art. 20) (*RT, 489*:97, *490*:66, *302*:117, *304*:739; *RJTJSP, 25*:176). Embora já se tenha decidido que: "Se o filho menor fica com o próprio pai, torna-se ociosa a estipulação de alimentos devidos por este, neste período, pois constitui dever precípuo do genitor a manutenção da prole" (*JB, 156*:252), parece-nos que, para a manutenção dos filhos, ambos os cônjuges separados judicialmente deverão contribuir, proporcionalmente aos seus rendimentos (CC, art. 1.703). A pensão é sempre obrigatória e irrenunciável, pois decorre de relação de parentesco, mesmo se os filhos tiverem meios para prover o próprio sustento. A separação judicial não suprime o usufruto legal dos bens da prole (CC, art. 1.689, I e II), podendo os pais sustentá-la com os frutos desses bens, embora sob forma de pensão[601]. Além do mais, havendo desvaloriza-

---

a Lei n. 9.528/97 (art. 16, § 2º), que alterou a redação da Lei de Planos de Benefícios da Previdência Social — Lei n. 8.213/91 — vedando aos menores, sob guarda de pensionáveis, o direito à pensão paga pelo INSS.

Sobre *visita em presídio*: *Bol. AASP, 2.855*:12: "1. O Estado deve primar por fazer prevalecer o princípio da proteção integral à criança e ao adolescente. 2. A criança, mesmo a de tenra idade, tem o direito de estar com seus familiares, de modo a conhecer a realidade em que sua unidade familiar vive e se relaciona, a despeito de ter que ir à prisão. No entanto, não obstante isso, deve o juízo examinar, caso a caso, pleitos de visitação de menores em estabelecimentos prisionais, considerando se tratar de ambiente inóspito e pouco saudável ao desenvolvimento dos infantes. 3. Recurso desprovido".

601. Orlando Gomes, *Direito*, cit., p. 291.

ção monetária, ou aumento das necessidades dos filhos, tornando insuficiente a pensão ajustada, poderá esta ser alterada[602].

4) Garantir aos ex-cônjuges, separados judicialmente, o direito de adotar, em conjunto, uma pessoa, desde que concordem sobre a guarda e o regime de visitas, o seu estágio de convivência tenha sido iniciado na constância do período de convivência e que seja comprovada a existência de vínculos de afinidade e afetividade com aquele não detentor da guarda, que justifiquem a excepcionalidade da concessão (Lei n. 8.069/90, art. 42, § 4º, com a redação da Lei n. 12.010/2009).

d.5. Separação extrajudicial consensual

Com a Lei n. 11.441/2007[603], acrescentando ao Código de Processo Civil de 1973 o art. 1.124-A, §§ 1º a 3º, a *separação consensual extrajudicial* tor-

602. Silvio Rodrigues, *Direito,* cit., p. 223; Evani Marques da Silva, *Paternidade ativa na separação conjugal,* São Paulo, Ed. Juarez de Oliveira, 1998; *Adcoas,* 1980, n. 73.389, 73.390 e 69.762, TJRJ.

603. Sobre a Lei n. 11.441/2007: Christiano C. de Farias, O novo procedimento para a separação e o divórcio consensuais e a sistemática da Lei n. 11.441/2007: o bem vencendo o mal, *Revista Brasileira de Direito de Família, 40*:48-71; Antônio Carlos Mathias Coltro e Mário Luiz Delgado (coord.), *Separação, divórcio, partilhas e inventários extrajudiciais,* São Paulo, Método, 2007; Inacio de Carvalho Neto, O contrato da separação e divórcio consensuais em face da Lei n. 11.441/2007, *Direito contratual — Temas,* São Paulo, Método, 2007, p. 657-82; Zeno Veloso, *Lei n. 11.441/2007 — aspectos práticos da separação, divórcio, inventário e partilha consensuais,* Pará, Anoreg, 2008, p. 1-23; Cristian F. Mold, A Lei n. 11.441/07 e suas interpretações: enfoque na facultatividade ou obrigatoriedade do uso da via cartorial, *Família e Jurisdição III* (coord. Eliene Bastos, Arnoldo C. de Assis e Marlouve M. S. Santos), Belo Horizonte, Del Rey, 2010, p. 63 a 97; Inacio de Carvalho Neto, Separação e divórcio extrajudiciais: pontos polêmicos da Lei n. 11.441/07, *Novos direitos após seis anos de vigência do Código Civil de 2002,* Curitiba, Juruá, 2009, p. 331 a 353; Paulo Luiz Netto Lôbo (http://www.cnj.gov.br/index.php?option=com_content&task=view&id= 3251&Itemid=129) pondera: "Qualquer dos cônjuges pode ser representado por procurador, com poderes específicos e bastantes, por instrumento público ou particular de procuração, porque não há vedação legal e é simétrico ao ato solene do casamento, que permite a representação convencional do nubente. Por outro lado, há a indispensável assistência e presença de seu advogado na lavratura da escritura, como garantia da defesa de seus interesses".

Christiano Cassettari, *Separação, divórcio e inventário por escritura pública,* São Paulo, Método, 2007; A abrangência da expressão *ser consensual* como requisito para a separação e para o divórcio extrajudiciais: a possibilidade de realizar escritura pública somente para dissolver casamento e discutir judicialmente outras questões, *Revista Brasileira de Direito de Família, 41*:15-24; Cássio S. Namur, É possível praticar o ato mediante procuração? *Separação, divórcio,* cit. (coord. Coltro e Delgado), p. 117 a 140; Cláudia S. Vieira, A Lei n. 11.441, de 4 de janeiro de 2007, *Revista Brasileira de Direito de Família, 41*:25-40.

nou-se possível no direito brasileiro e o CPC/2015, art. 733, a consolidou, sendo livre a escolha do tabelião de notas, não se aplicando as normas de competência do CPC (Res. n. 35/2007 do CNJ, art. 1º) e em se tratando de separação consensual de brasileiros a autoridade consular brasileira também poderá efetivá-la (LINDB, art. 18, § 1º, 1ª parte, acrescentada pela Lei n. 12.874/2013). Há uma permissão, dada por lei, para os interessados optarem pela via judicial ou extrajudicial e nada obsta a que venham a desistir da ação judicial para promover a sua separação extrajudicial, sendo-lhes vedado seguir, simultaneamente, com ambas. Realmente, pela Resolução n. 35/2007 do Conselho Nacional da Justiça, "é facultada aos interessados a opção pela via judicial ou extrajudicial, podendo ser solicitada, a qualquer momento, a suspensão, pelo prazo de 30 dias, ou a desistência da via judicial, para promoção da via extrajudicial" (Res. n. 35/2007 do Conselho Nacional de Justiça, art. 2º).

A escritura de separação extrajudicial poderá ser lavrada nas dependências do tabelionato de notas, que deverá ter, para tanto, uma sala reservada (CGJ-SP, conclusão 5.1), para proporcionar maior privacidade, mas nada obsta a que seja levada a efeito, p. ex., no escritório do advogado das partes, desde que na presença do tabelião.

A escritura pública, feita por meio de tabelião de notas, escolhido livremente pelas partes (CGJ-SP-Recomendação 1.4), é o instrumento jurídico hábil para tanto, preenchidos os seguintes requisitos: consensualismo dos cônjuges, que, livremente, manifestam sua vontade, não viciada, de dissolver a sociedade conjugal conforme as cláusulas ajustadas; ausência de nascituro, sendo que os interessados deverão declarar ao tabelião, no ato da lavratura da escritura, que o cônjuge virago não se encontra em estado gravídico, ou, ao menos, que não tenha conhecimento sobre esta condição; inexistência de filhos menores não emancipados ou incapazes do casal (CPC, art. 733). As partes deverão declarar ao tabelião, no ato da lavratura da escritura, que não têm filhos comuns ou, havendo, que são absolutamente capazes, indicando seus nomes e as datas de nascimento (Res. n. 35/2007 do CNJ, art. 34 e parágrafo único, com alteração da Res. do CNJ n. 220/2016). Urge não olvidar, ainda, que, se o casal estiver esperando um filho, como a lei resguarda, desde a concepção, os direitos do nascituro, não poderá valer-se da separação por via extrajudicial. Mas o CJF, no Enunciado 571 (aprovado na VI Jornada de Direito Civil), entendeu que: "Se comprovada a resolução prévia e judicial de todas as questões referentes aos filhos menores ou incapazes, o tabelião de notas poderá lavrar escrituras públicas de dissolução conjugal". Mediante a seguinte justificativa: se os interesses dos menores ou incapazes forem atendidos ou resguardados em outro processo judicial, é permitido aos cônjuges dissolver o vínculo matrimonial, inclusive com a partilha de bens e o uso do nome, sem que afete o direito ou interesse dos menores ou incapazes; comprovação de um ano de casamento, mediante apresentação da certidão de casamento atualizada, pois pela Orientação n. 2 do Colégio Notarial do Brasil — seção São Paulo, de 15-7-2010, "para lavratura de escritura de separação consensual deve-se observar o prazo referido no art. 1.574 do Código Civil, pois muito embora a EC n. 66 tenha suprimido os prazos para a realização do divórcio, não fez referência à separação judicial ou extrajudicial"; assistência por advogado ou por defensor público (CPC, art. 733, § 2º) que, com seu conhecimento técnico, exercerá função protetiva do separando na celebração do acordo. Dever-se-á juntar cópia autenticada: do RG e do CPF de cada cônjuge; do pacto antenupcial, se houver; da certidão de nascimento dos filhos, ou outro documento de identidade oficial dos filhos absolutamente capazes; de declaração de pobreza para obtenção da gratuidade do ato notarial, e documento necessário à comprovação da titularidade de bens móveis e direitos (Res. n. 35/2007 do CNJ, art. 33).

A escritura pública, que não é sigilosa (Res. n. 35/2007 do CNJ, art. 42), lavrada e assinada pelo tabelião e pelo advogado comum ou advogados de cada um dos cônjuges ou pelo defensor público, deverá conter disposições concernentes: à descrição e partilha dos bens comuns. Há quem ache que, mesmo não havendo prévia partilha dos bens, a separação e o divórcio consensuais, feitos extrajudicialmente, terão validade, seguindo-se a diretriz do CC, art. 1.581, ficando os bens em condomínio (CGJ-SP, recomendação 5.8). Se as partes, ulteriormente, quiserem extinguir o condomínio, poderão fazê-lo por meio de nova escritura pública ou partilha judicial. Se houver bens a serem partilhados na escritura, distinguir-se-á o que é do patrimônio individual de cada cônjuge, se houver, do que é do patrimônio comum do casal, conforme o regime de bens, constando isso do corpo da escritura. Na partilha em que houver transmissão de propriedade do patrimônio individual de um cônjuge ao outro, ou a partilha desigual do patrimônio comum, deverá ser comprovado o recolhimento do tributo devido sobre a fração transferida (Res. n. 35/2007 do CNJ, arts. 37 e 38). Não havendo bem a partilhar, tal fato deverá ser declarado na escritura pública; à previsão ou à dispensa de pensão alimentícia[604]. É admissível, por consenso dos separandos, escritura pública

604. Há dúvida sobre a possibilidade ou não de execução de alimentos fixados em escritura pública, mediante aplicação do art. 528, § 3º, do CPC, que autoriza ao juiz decretar a prisão civil do devedor pelo prazo de um a três meses. Alguns juristas enten-

de retificação das cláusulas de obrigações alimentares ajustadas na separação (Res. n. 35/2007 do CNJ, art. 44; CGJ-SP, orientação 5.14); ao acordo quanto à retomada pelo ex-cônjuge do nome de solteiro ou à manutenção do nome adotado por ele por ocasião das núpcias. Se nada dispuserem sobre o nome, presumir-se-á que o ex-cônjuge manteve o nome de casado, visto que este integrou-se ao seu direito de personalidade (TJRS, AC 596.063.495 — 8ª Câm. Cív., rel. Des. Ivan L. Bruxel, j. 21-11-1996). Havendo alteração do nome de algum cônjuge em razão de escritura de separação, o oficial de Registro Civil que averbar o ato no assento de casamento também anotará a alteração no respectivo assento de nascimento, se de sua unidade, ou, se de outra, comunicará ao oficial competente para a necessária anotação (Res. n. 35/2007 do CNJ, art. 41). Convém lembrar que a escritura pública de separação, quanto ao ajuste do uso do nome de casado, poderá ser retificada mediante declaração unilateral do interessado na volta ao uso do nome de solteiro, em nova escritura pública, com assistência de advogado (Res. n. 35/2007 do CNJ, art. 45); à declaração de inexistência de filhos comuns ou da capacidade plena ou emancipação dos filhos do casal, indicando seus nomes e data de nascimento (em contrário — Enunciado n. 571 do CJF); à estipulação de alimentos para filhos maiores desempregados ou estudantes universitários; à ciência das consequências jurídicas da separação; pois a escritura deverá constar declaração das partes de que estão cientes das consequências da separação, firmes no propósito de pôr fim à sociedade conjugal, sem hesitação, com recusa de reconciliação (Res. n. 35/2007 do CNJ, art. 35); ao firme propósito de extinguir a sociedade conjugal. Pelo art. 47 da Res. CNJ n. 35/2007, com a redação da Res. n. 220/2016, a escritura deverá especificar o cumprimento de requisitos legais, como: requerentes estarem há um ano casados; manifestação de vontade espontânea, isenta de vícios de consentimento; concordância da separação, conforme as cláusulas ajustadas; ausência de filhos menores não emancipados ou incapazes; assistência por advogados; inexistência de gra-

---

dem que, se há autorização legal para que se dê a separação extrajudicial, fixando consensualmente os alimentos devidos, nada obsta a que o Judiciário zele pelo cumprimento do acordo, tendo a prisão civil como sanção (Execução civil de alimentos fixados em escritura pública, *Breve Relato*, n. 29/2007, p. 2).

Outros entendem que a prisão civil decretada por inadimplemento culposo da obrigação alimentícia apenas poderá dar-se se tal dever foi fixado em título executivo judicial. Se o título executivo for extrajudicial, como, p. ex., o da obrigação assumida em escritura pública, o não pagamento da pensão alimentícia não poderá acarretar prisão civil (*RT*, *809*:209).

Entendemos que, por força da CF, art. 5º, LXVII, tal prisão poderá ser decretada, pouco importando se a obrigação alimentar adveio de ato judicial ou de escritura pública.

videz ou desconhecimento acerca dessa circunstância. Feita a escritura pública, apenas poderá ser modificada para corrigir eventuais erros materiais. O tabelião poderá negar a lavratura de separação se houver fundado indício de dano a um dos cônjuges ou em caso de dúvidas sobre a declaração de vontade, fundamentando a recusa por escrito (Res. n. 35/2007 do CNJ, art. 46).

Na órbita do *direito internacional privado*, a separação consensual de brasileiros só pode ser levada a efeito por cônsul brasileiro se: a) não houver filhos menores ou incapazes do casal; b) se observar os requisitos legais quanto aos prazos; c) a escritura pública tratar da descrição e partilha de bens comuns, da pensão alimentícia e do apelido de família a ser adotado pelo ex-cônjuge; d) houver assistência de advogado, mediante subscrição da petição, juntamente com uma ou ambas as partes (LINDB, art. 18, § 1º, 2ª parte, e § 2º, acrescentados pela Lei n. 12.874/2013).

Tal escritura pública é plenamente eficaz, independerá de homologação judicial e constituirá título hábil para o registro civil de pessoas naturais e para o registro imobiliário, para a transferência de bens e direitos, para a promoção de atos necessários à materialização de transferências de bens e levantamento de valores (Detran, Junta Comercial, Registro Civil de Pessoas Jurídicas, instituições financeiras, companhias telefônicas etc. — CPC, art. 733, § 1º; Res. n. 35/2007 do CNJ, art. 3º). Pela Res. n. 35/2007 do CNJ, art. 43, na escritura pública deve constar que as partes foram orientadas sobre a necessidade de apresentação de seu traslado no registro civil do assento de casamento, para a averbação devida. O traslado da escritura pública de separação consensual será apresentado ao oficial de Registro Civil do respectivo assento de casamento, para a averbação necessária, independentemente de autorização judicial e de audiência do Ministério Público (Res. n. 35/2007 do CNJ, art. 40).

Se a escritura pública não seguir o art. 171 do Código Civil, apresentando algum vício, poderá ser anulada, pelo procedimento comum, dentro do prazo decadencial de 4 anos (CC, art. 171 c/c o art. 178); o tabelião, portanto, não poderá discutir o defeito do ato negocial.

Ante a omissão da norma de ordem pública, ora comentada, e a gravidade de seus efeitos, provocando a extinção da sociedade conjugal e requerendo, por tal razão, interpretação restritiva, entendemos ser necessário o comparecimento pessoal dos cônjuges ao cartório, não podendo, por ser a separação ato personalíssimo, fazer-se representar por mandatário, mesmo munido de poderes especiais. O comparecimento pessoal das partes interessadas é imprescindível (CNNR, art. 619-C, § 4º, na redação do Provimento 4/07 — CGJRS), não podendo ser representadas por procurador, pois deverão, na presença do tabelião, anuir, de modo claro e consciente, com as cláusulas da escritura pública. Importante é a presença pessoal dos cônjuges porque a lei não a dispensou e para demonstrar ao Oficial a espontaneidade da declaração de vontade.

Outra não poderia ser a nossa conclusão, considerando-se, ainda, a inaplicabilidade da analogia, pois separação extrajudicial é situação diferente e não similar ao casamento, uma vez que este visa constituir direitos, e aquela desconstituí-los, implicando decisões sobre questões como alimentos, nome, partilha de bens e, além disso, ensina-nos Cássio S. Namur que esta última pode abranger ativos financeiros, imobiliários, participações societárias, declaração da ciência de dívidas e créditos do separando. É, ainda, necessária a presença dos cônjuges para que não haja dúvida a respeito do seu firme desejo de efetuar a separação, sem quaisquer pressões. Em que pese esta opinião, há corrente admitindo sua representação por procurador, nomeado em instrumento público com poderes especiais (CC, art. 657 c/c arts. 1.525 e 1.535). Pela Resolução n. 35/2007 do CNJ, art. 36, "o comparecimento pessoal das partes é dispensável à lavratura de escritura pública de separação consensual, sendo admissível ao separando fazer-se representar por mandatário constituído, desde que por instrumento público com poderes especiais, descrição das cláusulas essenciais e prazo de validade de 30 dias". Realmente há, doutrinariamente, quem ache, como Zeno Veloso, Jander Maurício Brum e Christiano Chaves de Farias, que é possível desfazer consensualmente o casamento por meio de procurador, aplicando-se analogicamente o art. 1.535 do Código Civil, principalmente se não residirem no mesmo Estado federado ou no mesmo País. E, se um dos cônjuges estiver representado por procurador, como já se tem admitido, tal fato não dispensará a presença de advogado ou defensor público que deverá dar assistência ao casal.

Pelo art. 733, § 2º, do Código de Processo Civil, os contratantes deverão estar *assistidos* por advogado de ambos ou advogados de cada um deles ou por defensor público, o que requer que estejam *presentes* ao ato, lançando suas assinaturas na escritura pública. A presença do advogado assistindo os interessados é condição *sine qua non* para que se dê a separação extrajudicial. Os interessados, portanto, deverão então comparecer, para o ato notarial, acompanhados de advogado comum ou advogados de sua confiança, devidamente qualificados, que o subscreverão, na qualidade de assistentes das partes, mencionando o número de sua inscrição na OAB, sem necessidade de procuração (Res. n. 35/2007 do CNJ, art. 8º), pois no ato da escritura, o mandato ser-lhes-á outorgado, constituindo-os procuradores para efetuar alguma rerratificação, com exceção de matéria personalíssima. Se os cônjuges não tiverem meios financeiros para a contratação de advogado, o tabelião deverá recomendar a defensoria pública por ter a função de prestar assistência jurídica ou, na sua falta, a seccional da OAB (Res. n. 35/2007 do CNJ, art. 9º).

A escritura pública e demais atos são, apesar da omissão do novel CPC, gratuitos aos que se declararem pobres. A gratuidade cartorária dar-se-á mediante declaração de pobreza da parte interessada, não sendo necessário provar inexistência de recursos financeiros para pagar os emolumentos dos atos notariais ainda que esteja assistida por advogado constituído (Res. n. 35/2007 do CNJ, art. 7º, CF, arts. 1º, III, 3º, I, 5º, LXXIV; CPC, arts. 1.046, § 2º, e 98, § 1º, IX. Se o cartório se sentir lesado poderá ingressar em juízo para efetuar a cobrança, comprovando que a declaração de pobreza é inverídica.

O valor dos emolumentos deverá corresponder ao efetivo custo e à adequada e suficiente remuneração dos serviços prestados (Lei n. 10.169/2000, art. 2º), não podendo ser fixado em percentual incidente sobre o valor do negócio jurídico objeto dos serviços notariais e de registro (Lei n. 10.169/2000, art. 3º, II, e Res. n. 35/2007 do CNJ, arts. 4º e 5º).

O novo estado civil passará a ser separado extrajudicialmente ou, então, *separado juridicamente*, abrangendo os separados judicial ou extrajudicialmente, ou simplesmente *separado*.

Havendo separação consensual extrajudicial, a qualquer tempo, será possível como vimos alhures, a reconciliação, ou seja, o restabelecimento da sociedade conjugal, por meio de anotação na escritura pública anterior, mediante requerimento dirigido ao tabelião que lavrou a separação, subscrito por ambos os interessados, desde que assistidos por advogado e não se lesem direitos de terceiros (CC, art. 1.577, parágrafo único, CGJ-SP, conclusão 6.3.7; Provimento 4/07 do CGJ-RS). E, se o casal reconciliado pretender modificação do regime matrimonial de bens, deverá para tanto recorrer ao Poder Judiciário (CC, art. 1.639, § 2º), obtendo autorização judicial para isso. Esse restabelecimento deverá ser averbado no Registro Civil, à margem da certidão de casamento, e no imobiliário. Deveras: "O restabelecimento de sociedade conjugal pode ser feito por escritura pública, ainda que a separação tenha sido judicial. Neste caso, é necessária e suficiente a apresentação de certidão da sentença de separação ou da averbação da separação no assento de casamento, mas não poderá haver dano a terceiro e dever-se-á informar o juízo que a decretou (CGJSP — item 6.3). Em escritura pública de restabelecimento de sociedade conjugal, o tabelião deve: a) fazer constar que as partes foram orientadas sobre a necessidade de apresentação de seu traslado no registro civil do assento de casamento, para a averbação devida; b) anotar o restabelecimento à margem da escritura pública de separação consensual, quando esta for de sua serventia, ou, quando de outra, comunicar o restabelecimento, para a anotação necessária na serventia competente; e c) comunicar o restabelecimento ao juízo da separação judicial, se for o caso" (Res. n. 35/2007 do CNJ, arts. 48 e 49). A sociedade conjugal, portanto, não pode ser restabelecida com modificações, exceto no que disser respeito ao uso do nome, visto que alteração no regime de bens pelo art. 1.639 do Código Civil requer intervenção judicial. A averbação do restabelecimento da sociedade conjugal somente poderá ser efetivada depois da averbação da separação no registro civil, podendo ser simultâneas (Res. n. 35/2007 do CNJ, arts. 50 e 51).

No Grupo de Estudos (instituído pela Portaria n. 1/2007 — CGJSP) e na recomendação 1.5 do CGJ-SP sugeriu-se, além de algumas recomendações acima indicadas, a criação de um Registro Central de Separações e Divórcio para concentração de informações sobre os atos notariais lavrados, prevenindo duplicidade de escrituras.

E. Divórcio

e.1. Conceito, objetivo e modalidades de divórcio

O divórcio é a dissolução de um casamento válido, ou seja, extinção do vínculo matrimonial (CC, art. 1.571, IV e § 1º), que se opera mediante sentença judicial ou escritura pública, habilitando as pessoas a convolar novas núpcias[605]. A Emenda Constitucional n. 66/2010, ao alterar o art. 226, § 6º, da Constituição Federal, veio facilitar a dissolução do casamento pelo divórcio, ao deixar de contemplar a exigência do prazo de um ano de separação (judicial ou extrajudicial) e ao eliminar o de 2 anos de separação de fato para o divórcio e a discussão sobre a culpabilidade dos cônjuges pelo término do casamento.

Daí se infere ser imprescindível: *a*) a existência de casamento válido; *b*) o pronunciamento da sentença do divórcio em vida dos consortes, pois só estes poderão pedi-lo, estendendo-se essa legitimação, apenas excepcionalmente, em caso de incapacidade mental de um deles, p. ex., ao curador, as-

605. Conceito baseado em Orlando Gomes, *Direito*, cit., p. 309; STF, Súmula 381, sobre divórcio de estrangeiro. Interessante é a obra de Aida K. de Carlucci e Marisa Herrera, perspectiva constitucional — convencional de la ruptura matrimonial: el divorcio sin expresión de causa en el nuevo régimen jurídico argentino. *Revista Thesis Juris*, 5:219-247.

cendente ou irmão, não necessariamente nessa ordem, mas sempre em nome e no interesse do incapaz (CC, art. 1.582 e parágrafo único); em hipótese alguma o juiz poderá pronunciar *ex officio* o divórcio, ou a escritura pública, se feito por via administrativa; *c*) a intervenção judicial ou cartorária; *d*) o requerimento por um ou ambos os ex-consortes para a conversão da separação judicial em divórcio, visto que a decretação do divórcio não se dá *ope legis* pelo simples decurso do lapso previsto em lei; e *e*) a verificação de um motivo legal[606], se precedido de separação judicial.

A Lei n. 6.515/77, que regulamentava o divórcio no Brasil, adotou, concomitantemente, a teoria do divórcio-remédio, a do divórcio-falência e a do divórcio-sanção, aplicável aos casos de divórcio litigioso direto, não mais admitidos ante a revogação do § 1º do art. 40 daquela lei pela Lei n. 7.841/89 e o disposto no Código Civil, no art. 1.580, § 2º (ora parcialmente revogado), pela EC n. 66/2010. Todavia, este último diploma legal o acatava sob outra "roupagem".

O *divórcio-remédio* destinava-se a solucionar situações insustentáveis que sacrificassem, demasiadamente, um dos cônjuges. O *divórcio-falência* se dava quando houvesse ruptura da vida em comum, tornando sua reconstituição impossível (*RT, 529*:83). O *divórcio-sanção* tinha por escopo aplicar ao consorte que violasse os deveres conjugais a pena da dissolução do enlace matrimonial.

O divórcio é uma permissão jurídica colocada à disposição dos consortes, logo, nenhum efeito terá cláusula, colocada em pacto antenupcial, em que os cônjuges assumam o compromisso de jamais se divorciarem[607].

---

606. *Vide* Orlando Gomes, *Direito*, cit., p. 309; Paulo R. Ribeiro Nalin, Informalidade no direito de família: breves ponderações acerca do divórcio, *JB, 170*:73-80; Sebastião José Roque, *Direito de família*, cit., p. 116-9; Hélio Borghi, Divórcio — 20 anos — valeu a pena?, São Paulo, Ed. Juarez de Oliveira, 1998, *col. Saber Jurídico*; Sebastião Luiz Amorim, O divórcio e a Constituição de 1988, *O direito de família após a Constituição*, cit., p. 61-94; Maria Berenice Dias, *Da separação e do divórcio*, cit., p. 94-9; Matiello, *Código*, cit., p. 1033; Romualdo B. dos Santos, Considerações sobre a Lei de Divórcios e Separações Judiciais, *Revista IOB de Direito de Família, 45*:66-87; Letícia F. M., Assumpção. Casamento e divórcio em cartórios extrajudiciais do Brasil, *Revista de Direito Notorial, 6*:119 a 166.

607. Caio M. S. Pereira, op. cit., p. 190-2. Curiosa é a Lei n. 898, de 1970, da Itália, que diversamente de outros ordenamentos não admite o divórcio consensual nem o divórcio-sanção, como reação a um ato culposo, cometido por um consorte contra o outro. O divórcio é apenas um remédio para o casal falido, ou seja, quando a sua união material ou espiritual não puder ser mantida. P. ex.: se houver: *a*) separação judicial por mais de 5 anos, sendo a separação de fato irrelevante; *b*) sentença que condena um deles ao ergástolo, ou seja, a pena de detenção superior a 15 anos por crime doloso; *c*) sentença que condenar um dos consortes por crime de violência carnal, por prática de atos libidinosos, por rapto de menor de 14 anos ou pessoa do-

Didadicamente, três são as modalidades de divórcio admitidas em nosso direito:

1) o *divórcio extrajudicial consensual* realizado por escritura pública (CPC, art. 733), por força da redação dada pela EC n. 66/2010 ao art. 226, § 6º, da CF, sem necessidade de comprovação de um ano de separação (extrajudicial ou judicial) mediante apresentação da certidão de sua averbação no assento do casamento, ou da existência de separação de fato por mais de dois anos, por meio de documentos, testemunhas, devidamente qualificadas ou de declaração de terceiro interveniente apresentada ao tabelião, com firma reconhecida, confirmando a separação de fato por mais de dois anos, ou de medida de separação de corpos, efetivada há mais de dois anos (CC, art. 1.580, § 2º, ora parcialmente revogado). A declaração dos cônjuges, outrora, não bastava para a comprovação do implemento do lapso de dois anos de separação no divórcio direto. Devia o tabelião observar se o casamento foi realizado há mais de dois anos e a prova documental da separação, se houver, podendo colher declaração de testemunha, que consignava na própria escritura pública. Caso o notário se recusasse a lavrar a escritura, deveria formalizar a respectiva nota, desde que haja pedido das partes neste sentido (Res. n. 35/2007 do CNJ, art. 53, ora revogado pela Resolução n. 120/2010). A Lei n. 11.441/2007 permitia, na forma extrajudicial, tanto o divórcio direto como a conversão da separação em divórcio. Neste caso, era dispensável a apresentação de certidão atualizada do processo judicial, bastando a certidão da averbação da separação no assento de casamento" (Res. n. 35/2007 do CNJ, art. 52). Era possível, portanto, converter a separação judicial em divórcio por meio de escritura pública, desde que comprovado o prazo de um ano daquela separação (CF, art. 226, § 6º, antes da EC n. 66/2010), cuja sentença transitou em julgado (Portaria n. 01/2007 — CGJSP, tópico 7.1). Se o lapso exigido legalmente não ficasse demonstrado, o notário não poderia lavrar a escritura.

Com a vigência da EC n. 66/2010, que altera a redação do art. 226, § 6º, da CF, o Colégio Notarial do Brasil — seção São Paulo, divulgou a orien-

---

ente para fins de libidinagem; por ter causado dano a um descendente ou filho adotivo; *d*) condenação por homicídio doloso ou tentativa de homicídio, para prejudicar descendente ou filho adotivo; *e*) falta de consumação do casamento; *f*) anulação de casamento ou divórcio obtido no exterior pelo cônjuge estrangeiro, que tenha contraído novas núpcias. *Vide* Cahali, *Divórcio,* cit., p. 529 e s.; Fernando Brandão Ferreira Pinto, *Causas do divórcio,* Coimbra, Almedina, 1980, p. 135 e s.; Belmiro Pedro Welter, Causas impeditivas do divórcio direto e indireto, *JSTJ, 19*:19 a 30; *RT, 529*:213 e 215, *530*:78 e 81.

Há um Projeto de Lei (de Zambiasi) que pretende pôr fim à audiência de conciliação nos casos de divórcio judicial para tentar a reaproximação do casal.

tação n. 1: "Para a lavratura de escritura pública de divórcio direto não há mais que se exigir a comprovação de lapso temporal nem presença de testemunhas, desde que respeitados os demais requisitos da Lei n. 11.441/2007".

Tais requisitos são:

a) ausência de nascituros, filhos menores ou incapazes; em contrário — CJF, Enunciado 571 — aprovado na VI Jornada de Direito Civil — que reza: "Se comprovada a resolução prévia e judicial de todas as questões referentes aos filhos menores ou incapazes, o tabelião de notas poderá lavrar escrituras públicas de dissolução conjugal".

b) assistência dos cônjuges por advogado comum ou por advogados de cada um deles, cuja qualificação completa (inclusive número de inscrição na OAB) e assinatura constarão do ato notarial, mas dispensada estará a procuração (Res. n. 35/2007 do CNJ, art. 8º). Se não puderem, por questões econômicas, contratar um advogado, o tabelião deverá recomendar a Defensoria Pública, se houver, ou, na sua falta, a seccional da OAB (Res. n. 35/2007 do CNJ, art. 9º), caso em que constarão do ato notarial a qualificação e assinatura do defensor público (CPC, art. 733, § 2º);

c) declaração das partes de que não têm filhos comuns ou de que os existentes são absolutamente capazes, indicando nomes e data de nascimento e apresentando cópia autenticada das certidões de nascimento, do RG etc.; ciência das consequências jurídicas do divórcio;

d) firme intenção de romper o vínculo matrimonial.

Para a lavratura da escritura pública de divórcio consensual deverão ser apresentados: *a.1*) certidão de casamento; *a.2*) documento de identidade oficial e CPF/MF; *a.3*) pacto antenupcial, se houver; *a.4*) certidão de nascimento ou outro documento de identidade oficial dos filhos absolutamente capazes, se houver; *a.5*) certidão de propriedade de bens imóveis e direitos a eles relativos; e *a.6*) documentos necessários à comprovação da titularidade dos bens móveis e direitos, se houver (Res. n. 35/2007 do CNJ, art. 33).

O comparecimento pessoal das partes é dispensável à lavratura de escritura pública de divórcio consensual, sendo admissível ao(s) divorciando(s) fazer-se representar por mandatário constituído, desde que por instrumento público com poderes especiais, descrição das cláusulas essenciais e prazo de validade de trinta dias (Res. n. 35/2007 do CNJ, art. 36). Mas há opiniões em contrário, como a nossa, considerando-se que a Lei n. 11.441/2007 requer que sejam assistidos por advogado e não admite expressamente representação.

Essa escritura deverá conter disposições relativas: *a*) à descrição e à partilha de bens comuns. Havendo bens a serem partilhados na escritura, distinguir-se-á o que é do patrimônio individual de cada cônjuge, se houver, do que é do patrimônio comum do casal, conforme o regime de bens, constando isso do corpo da escritura. Na partilha em que houver transmissão de propriedade do patrimônio individual de um cônjuge ao outro, ou a partilha desigual do patrimônio comum, deverá ser comprovado o recolhimento do tributo devido sobre a fração transferida. A partilha em escritura pública de divórcio consensual far-se-á conforme as regras da partilha em inventário extrajudicial, no que couber (Res. n. 35/2007 do CNJ, arts. 37, 38 e 39); *b*) à pensão alimentícia, retificando cláusulas ajustadas na separação (Res. n. 35/2007 do CNJ, art. 44); *c*) à retomada pelo ex-cônjuge do nome de solteiro ou à manutenção do nome adotado quando se deu o casamento. Havendo alteração do nome de algum cônjuge em razão de escritura de divórcio consensual, o Oficial de Registro Civil que averbar o ato no assento de casamento também anotará a alteração no respectivo assento de nascimento, se de sua unidade, ou, se de outra, comunicará ao Oficial competente para a necessária anotação (Res. n. 35/2007 do CNJ, art. 44). A escritura pública de divórcio consensual, quanto ao ajuste do uso do nome de casado, pode ser retificada mediante declaração unilateral do interessado na volta ao uso do nome de solteiro, em nova escritura pública, com assistência de advogado (Res. n. 35/2007, art. 45); *d*) declaração das partes de que estão cientes das consequências do divórcio, firmes no propósito de pôr fim ao vínculo matrimonial, sem hesitação, com recusa de reconciliação (Res. n. 35/2007 do CNJ, art. 35).

Essa escritura independerá de homologação judicial, visto que constitui título hábil para o registro civil e o registro imobiliário, para transferência de bens e direitos, para promoção de todos os atos necessários à materialização das transferências de bens e levantamento de valores (Detran, Junta Comercial, Registro Civil das Pessoas Jurídicas, instituições financeiras, companhias telefônicas etc. — Res. n. 35/2007 do CNJ, art. 3º; CPC, art. 733, § 1º). O traslado da escritura pública de divórcio consensual será apresentado ao Oficial de Registro Civil do respectivo assento de casamento, para a averbação necessária, independente de autorização judicial e de audiência do Ministério Público (Res. n. 35/2007 do CNJ, art. 40).

Na escritura pública deve constar que as partes foram orientadas sobre a necessidade de apresentação de seu traslado no registro civil do assento de casamento, para a averbação devida.

O tabelião poderá negar-se a lavrar a escritura de divórcio se houver fundados indícios de prejuízo a um dos cônjuges ou em caso de dúvidas sobre a declaração de vontade, fundamentando a recusa por escrito (Res. n. 35/2007 do CNJ, arts. 42, 43 e 46).

Similarmente, a autoridade consular brasileira poderá celebrar divórcio consensual de brasileiros não havendo filhos menores ou incapazes do casal, observados os requisitos legais quanto aos prazos, devendo constar na escritura pública disposições sobre descrição e partilha de bens comuns, pensão alimentícia, nome a ser adotado pelo ex-cônjuge, que pode retomar o nome de solteiro ou manter o adotado por ocasião das núpcias. Para tanto será necessária a assistência de advogado, mediante subscrição de petição, juntamente com ambas as partes, ou com apenas uma delas, caso a outra constitua advogado próprio, não sendo necessário que assinatura do advogado conste da escritura pública (LINDB, art. 18, §§ 1º e 2º, acrescentados pela Lei n. 12.874/2013).

Não há sigilo nas escrituras públicas de divórcio consensual.

Tal escritura e demais atos notariais serão gratuitos àqueles que se declararem pobres, sob as penas da lei. Deverão os interessados apresentar declaração de que não possuem condições de arcar com os emolumentos, mesmo que estejam assistidos por advogado constituído (Res. n. 35/2007 do CNJ, art. 7º). O CPC vigente não contém disposição sobre a gratuidade de escritura e atos notariais, mas é mantida por força da CF, arts. 1º, III, 3º, I, 5º, LXXIV; CPC, art. 98, § 1º, IX, e Res. 35/2007 do CNJ. Se puderem pagar, o valor dos emolumentos deverá corresponder ao efetivo custo e à adequada e suficiente remuneração dos serviços prestados (Res. n. 35/2007 do CNJ, art. 4º; Lei n. 10.169/2000, arts. 1º, parágrafo único, e 2º). Não se poderão fixar emolumentos em percentual incidente sobre o valor do negócio jurídico objeto dos serviços notariais e de registro (Lei n. 10.169/2000, art. 3º, III; Res. n. 35/2007 do CNJ, art. 5º).

Para desafogar o Poder Judiciário, a Lei n. 11.441/2007 possibilita o divórcio consensual por meio de procedimento administrativo, dando ao interessado o direito de, se quiser, optar por esse procedimento, que não requer homologação judicial nem participação do Ministério Público. Não haverá, com isso, violação à garantia constitucional do amplo acesso ao Judiciário, pois, ocorrendo conflito de interesses entre as partes, estas poderão socorrer-se da via judicial.

Similarmente, a autoridade consular brasileira poderá celebrar divórcio consensual de brasileiros não havendo filhos menores ou incapazes do casal, observados os requisitos legais quanto aos prazos, devendo constar na escritura pública disposição sobre descrição e partilha de bens comuns, pensão alimentícia, nome a ser adotado pelo ex-cônjuge, que pode retomar o nome de solteiro, ou manter o adotado, por ocasião das núpcias. Para tanto será necessária a assistência de advogado, mediante subscrição de petição juntamente com ambas as partes ou com apenas uma delas, caso a outra constitua advogado próprio, não sendo necessário que assinatura do advogado conste da escritura pública (LINDB, art. 18, §§ 1º e 2º, acrescentados pela Lei n. 12.874/2013).

2) o *divórcio judicial indireto,* que pode ser consensual ou litigioso (CC, art. 1.580 e § 1º); e

3) o *divórcio judicial direto,* que se apresenta atualmente sob a forma consensual, e a litigiosa[608], conforme dispõe o § 2º do art. 1.580 do Código Civil (parcialmente revogado pela EC n. 66/2010).

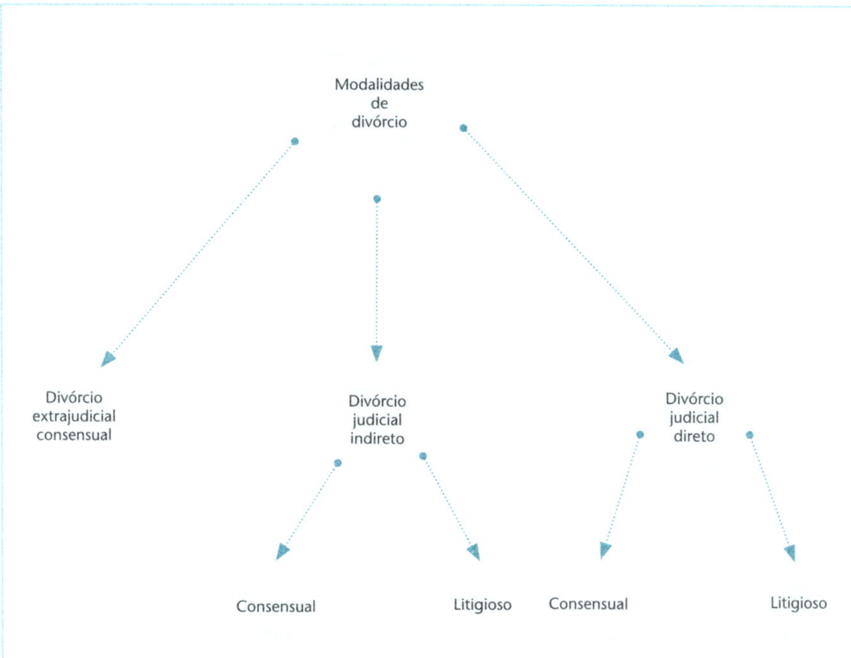

608. Pinto Ferreira, op. cit., p. 140; *RT, 574*:113, *578*:114, *520*:125, *581*:172, *534*:211, *582*:47. Urge lembrar que há anteprojeto de lei da OAB-SP pretendendo alterar o art. 1.124-A do CPC/73, revogando seu § 3º, que, então teria a seguinte redação: "Art. 1.124-A. A separação consensual e o divórcio consensual, não havendo filhos menores ou incapazes do casal, observados os requisitos legais quanto aos prazos, poderão ser realizados por escritura particular, sob patrocínio de advogado regularmente inscrito na Ordem dos Advogados do Brasil, da qual constarão as disposições relativas à descrição e à partilha dos bens comuns e à pensão alimentícia e, ainda, ao acordo quanto

Com a nova redação do art. 226, § 6º, da CF, pela EC n. 66/2010, não só a separação (judicial ou extrajudicial e a de fato) como também os prazos de carência desapareceram como *conditio sine qua non* para pleitear tanto o *divórcio judicial* (consensual ou litigioso) como o *extrajudicial*, ter-se-á:

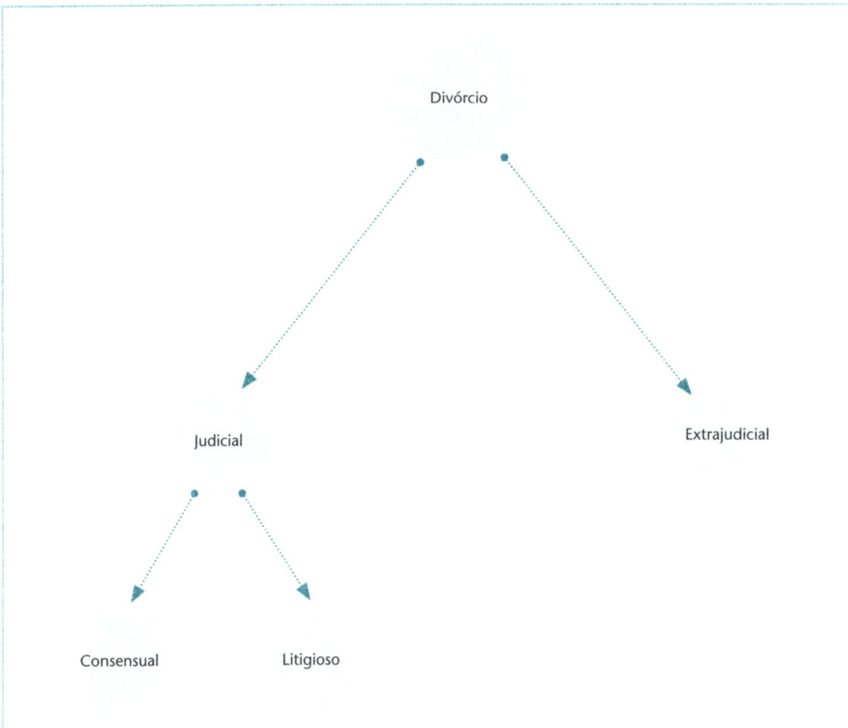

O casal, como não há necessidade de imputar culpa a qualquer dos divorciandos pelo término do casamento, para pleitear o divórcio, deverá

à retomada pelo cônjuge de seu nome de solteiro ou à manutenção do nome adotado quando se deu o casamento. § 1º A escritura particular não depende de homologação judicial e constitui título hábil para o registro civil e o registro de imóveis. § 2º O(s) advogado(s) que elaborar(em) a escritura deverá(ão) subscrevê-la juntamente com as partes e pelo menos duas testemunhas presenciais". Já há entendimento doutrinário de que tanto o divórcio direto como o indireto poderá dar-se por escritura pública.

Hoje o assunto é regulado pelo CPC/2015, art. 733.

Vide Provimento n. 516 do CSMSP. "Não se exige para a concessão do divórcio direto ou indireto que haja prévia partilha de bens" (CC, art. 1.581, com redação a ser alterada pelo Projeto de Lei n. 699/2011).

apresentar certidão de casamento, sem ter de indicar o motivo do fim da relação matrimonial ou que comprovar a culpabilidade dos interessados ou a fluência de qualquer prazo de eventual separação judicial ou de fato.

No divórcio judicial litigioso apenas discutir-se-ão, não havendo acordo dos divorciandos, sobre guarda de filhos, visitação, uso do nome, partilha de bens, alimentos etc. Seguir-se-á os trâmites estipulados no CPC, arts. 694 a 699, empreendendo-se todos os esforços para uma solução consensual, com o auxílio de profissionais, por meio de mediação e conciliação, hipótese, em que, a requerimento das partes o juiz poderá determinar a suspensão do processo. Recebida a petição inicial, resolvidas as questões alusivas à tutela provisória, ter-se-á, com antecedência de 15 dias, citação pessoal do réu, para comparecer à audiência de mediação e conciliação, acompanhado de advogado ou defensor público. Esse mandado de citação apenas deverá conter dados necessários à audiência e deverá estar desacompanhado de cópia da petição inicial. O réu terá assegurado o seu direito de conhecer o conteúdo da petição inicial a qualquer tempo. A audiência de mediação e conciliação poderá realizar-se em várias sessões, e se o acordo não se der, observar-se-á o procedimento comum, a partir do art. 335 do CPC, para que o réu possa contestar. Haverá intervenção do Ministério Público se existir interesse de incapaz, e se no processo surgirem questões sobre fatos relacionados a abuso ou a alienação parental, o magistrado deverá requerer, ao tomar o depoimento do incapaz, a presença de especialista.

e.2. Divórcio indireto

O divórcio indireto, ante o fato da existência de separação (judicial ou extrajudicial) anterior à reforma constitucional (LINDB, art. 6º e CF, art. 5º, XXXVI) pode apresentar-se como:

1) *Divórcio consensual indireto*, pois o direito brasileiro adotou o sistema que autoriza o pedido de conversão da prévia separação judicial consensual ou litigiosa em divórcio, a qualquer tempo, feito por ambos ou por qualquer um dos cônjuges (CF, art. 226, § 6º; CC, art. 1.580 e § 1º; Lei n. 6.515, arts. 35, 36, I e II, e 47; Portaria n. 02/91 do Poder Judiciário de São Paulo; *RT*, *534*:178, *553*:238, *526*:178), com o consenso do outro. Resulta, portanto, do livre consentimento do casal, que se encontra separado judicialmente, pretendendo divorciar-se. Percebe-se, então, que, nesta hipótese, a conversão em divórcio é admitida *indiretamente*, uma vez que entre a separação

judicial e o divórcio há a certeza jurídica de uma separação judicialmente reconhecida[609].

Nesse caso o divórcio surge como um meio de compor uma situação de fato, refletida numa separação judicial, conseguida em procedimento de jurisdição voluntária (consensual) ou ao fim de um processo (litigiosa), sem

---

609. Pinto Ferreira, op. cit., p. 140-1; Orlando Gomes, *Direito*, cit., p. 297. Observa Regina Beatriz Tavares da Silva, que "nesta espécie de divórcio, tido como procedimento de jurisdição voluntária, os divorciandos podem manter as cláusulas estabelecidas na separação judicial, ou modificá-las, no tocante aos alimentos entre eles, à pensão alimentícia destinada aos filhos, à guarda e à regulamentação das visitas referentes à prole, e, até mesmo, aos aspectos patrimoniais" (*Novo Código Civil comentado*, São Paulo, Saraiva, 2002 (coord. Fiuza), p. 1388). "Direito civil e processual civil. Recurso especial. Ação de conversão de separação judicial em divórcio. Causas impeditivas. Partilha de bens. Prévia decisão. Pendência de execução. Descumprimento de obrigação assumida na separação. A pendência de execução da partilha de bens homologada em sentença com trânsito em julgado não obsta a conversão da separação em divórcio. Evidenciado o descumprimento da obrigação alimentícia assumida na separação, não há o direito subjetivo de ver decretada a conversão da separação em divórcio" (STJ, REsp 663.955/PE, rel. Min. Nancy Andrighi, 3ª T., j. 3-5-2005, *DJ*, 23-5-2005, p. 286). *Bol. AASP, 2894*:12. Divórcio consensual. Filhos menores. Estipulações sobre guarda e regime de visitas bem claras, a dispensar a elaboração de estudo social. Expedição de ofício ao INSS, para obter dados sobre a situação econômica e alimentar de ambos os genitores que permitam avaliar a viabilidade do cumprimento dos termos do acordo, se mostra plenamente cabível diante da falta de elementos probatórios nos autos, como medida de preservação do interesse dos menores. Provimento do recurso para esse fim. Anulação do processo a partir do indeferimento ora reformado.

"Com o propósito de padronizar o procedimento para distribuição e conversão de separação em divórcio consensual, o corregedor-geral de Justiça expediu o provimento CG n. 24/2015 para alterar a redação do art. 901 das Normas de Serviço daquele órgão, passando a vigorar com o seguinte teor: 'A distribuição de ações de separação, de divórcio e de conversão de separação em divórcio, desde que consensuais, serão livremente distribuídas às varas competentes. As ações de conversão de separação em divórcio serão distribuídas por dependência, se assim for requerido ou determinado pelo juiz, na forma estabelecida no art. 888', ou seja, não havendo possibilidade de se realizar o prévio recolhimento da taxa judiciária, a parte poderá efetuar a distribuição ou praticar ato dela dependente, mediante despacho judicial. No primeiro dia imediato de expediente bancário, será apresentada a prova de recolhimento da taxa judiciária. A autuação do pedido será realizada 24 horas após a distribuição. Em seguida, os autos serão encaminhados ao Ministério Público para manifestação e, posteriormente, submetdos ao juiz, para conferência do preenchimento dos requisitos legais, e homologação da avença ou, se necessário, para a realização de audiência de ratificação. Independentemente de os autos serem físicos ou digitais, sendo identificada a necessidade de audiência, as partes serão chamadas pelo advogado para comparecer a juízo em até cinco dias, das 13h30 às 15h30. Na reconciliação ou na ausência de qualquer um dos cônjuges, o juiz determinará arquivamento do processo. O provimento também modifica o teor do art. 893 das mesmas normas, estabelecendo que, 'protocolada para distribuição, nenhuma petição será confiada a advogado ou terceiro até entrega ao ofício de justiça da vara competente'" (*BAASP, 2961*:6).

necessidade do decurso do prazo de um ano, contado do trânsito em julgado da sentença que a homologou ou decretou ou da que concedeu a medida cautelar correspondente (CF, art. 226, § 6º, com a redação da EC n. 66/2010; CC, art. 1.580; CPC, arts. 294, parágrafo único, e 300 e s.; Leis n. 6.515/77, art. 44, e 8.408/92, art. 1º), autorizando o cônjuge a ausentar-se do lar conjugal, ou constatando que o outro consorte já se havia ausentado dele[610]. Silvio Rodrigues entendia (antes do advento da EC n. 66/2010) que o alvará de separação de corpos não era a única medida cautelar hábil a permitir que o *dies a quo* se fixasse, mas também a decisão que concedia alimentos provisórios, que deferia o arrolamento de bens ou que estabelecia o regime de visitas a filhos comuns. Se demonstrada qualquer uma dessas medidas cautelares, sua data constituía marco inicial para a contagem do prazo de um ano, mesmo que a separação tivesse sobrevindo depois[611]. O transcurso desse lapso revelava falência do casamento, dando origem à presunção de que a reconciliação seria impossível, e ensejando, então, a dissolução do enlace matrimonial[612].

2) *Divórcio litigioso indireto* é o obtido mediante uma sentença judicial proferida em processo de jurisdição contenciosa (CPC, arts. 693 a 699), em que um dos consortes, judicialmente separado, havendo dissenso ou recusa do outro em consentir no divórcio, pede ao magistrado que converta a separação judicial (consensual ou litigiosa) em divórcio, pondo fim ao matrimônio e aos efeitos que produzia[613].

Infere-se daí que a única distinção entre o divórcio consensual indireto e o divórcio litigioso indireto repousa tão somente no consenso ou no dissenso dos cônjuges, provocando o último um litígio[614].

Não se decretará divórcio indireto se ainda não houver sentença definitiva de separação judicial, ou se esta não tiver decidido sobre partilha dos bens (CC, art. 1.575; *EJSTJ, 12*:70; *Ciência Jurídica, 71*:133); todavia, já houve

---

610. Caio M. S. Pereira, op. cit., p. 193.

611. Silvio Rodrigues, *Direito,* cit., p. 243.

612. Silvio Rodrigues, *Direito,* cit., p. 244; Fábio Maria de Mattia, Modificações introduzidas no direito de família pela Lei n. 6.515, *Justitia, 101*:72; *RT, 526*:192, *529*:212, *534*:208.

613. Pinto Ferreira, op. cit., p. 141; *RT, 640*:105, *611*:97, *606*:105, *604*:81, *601*:181. A Comissão Especial do Divórcio da Câmara, analisando Propostas de Emenda à Constituição (PECs n. 22/99, 413/2005 e 33/2007), aprovou o fim da exigência do cumprimento do prazo de um ano de separação judicial, para dissolução do casamento pelo divórcio, e deu origem à EC n. 66/2010.

614. Pinto Ferreira, op. cit., p. 141. Prazo ânuo pode ser completado no curso do processo: *RT, 598*:105.

decisão de que tal partilha possa ser feita depois da homologação da conversão da separação em divórcio, por sentença em inventário judicial. O art. 1.581 do Código Civil, ao prescrever que o divórcio pode ser concedido sem que haja prévia partilha de bens, estaria no nosso entender se referindo ao divórcio litigioso direto (Súmula 197 do STJ), porque não havendo separação judicial nem acordo a partilha poderá ser realizada após a sentença, tendo-se em vista, ainda, o disposto no art. 1.523, III, do Código Civil. É, portanto, indispensável a prova da separação, produzida documentalmente como instrução do pedido. O Projeto de Lei n. 699/2011 propõe, para dirimir dúvida, a seguinte redação ao art. 1.581: "O divórcio direto e o por conversão podem ser concedidos sem que haja prévia partilha de bens".

O pedido de conversão de separação judicial em divórcio, feito por qualquer dos cônjuges, será apensado aos autos da separação judicial (Lei n. 6.515, art. 35, parágrafo único); logo, o juízo competente para apreciar tal pedido será o do processo da separação. Se, porventura, os autos da separação se extraviaram ou se encontrem em outra circunscrição judiciária, tal pedido deverá ser instruído com a certidão da sentença ou de sua averbação no assento de casamento (art. 47 da referida lei). Aplica-se esse princípio, de acordo com o art. 48 desse diploma legal, quando a mulher separada tiver domicílio diverso daquele em que se julgou a separação judicial, caso em que será competente, para julgar o pedido feito pelo marido ou por qualquer dos consortes, o juízo do domicílio da mulher (*RT, 539*:147, *526*:178).

É preciso esclarecer que a Lei do Divórcio e o Código Civil não sujeitaram o direito de pedir conversão da separação judicial em divórcio a nenhum prazo decadencial[615].

Se a conversão for requerida por ambos os cônjuges, o magistrado apenas terá o trabalho de verificar se todas as formalidades legais foram preenchidas, proferindo sentença homologatória dentro de dez dias (art. 37 da Lei do Divórcio). Se o pedido for feito por apenas um deles, citar-se-á o outro, sendo-lhe, contudo, vedada a reconvenção, embora sua contestação possa fundar-se no descumprimento de obrigações assumidas pelo requerente na separação (art. 36, parágrafo único, I e II, da Lei n. 6.515/77, com redação da Lei n. 7.841/89, art. 2º; *RT, 755*:373), como: não prestação de pensão alimentícia (*RT, 774*:248; em contrário, *RJTJRS, 145*:301; STF, RE 387.271), ir-

615. Predomina, nas legislações alemã, suíça e portuguesa, orientação oposta, na qual o legitimado para propor a respectiva ação tem que intentá-la em prazo curto. *RT, 516*:164.

regularidade das visitas à prole, inadimplemento da promessa de entregar metade do preço da venda de imóvel comum (*RT, 774*:197); inexecução da cláusula de doação de imóveis a filhos, com reserva de usufruto (*RT, 773*:221) etc.[616]. O juiz não pode entrar no mérito do pedido, nem mesmo negá-lo, de maneira que a conversão tem caráter obrigatório[617], a não ser que se provem as hipóteses previstas no art. 36, parágrafo único, da Lei do Divórcio (art. 37, § 1º), sendo necessário o pronunciamento do Ministério Público (CPC, arts. 698 e 178, II; *Adcoas,* 1983, n. 89.785) se interesse de incapaz estiver em jogo. No entanto essa medida tem caráter burocrático, pois, se aqueles pressupostos forem comprovados, não pode haver recusa em converter a separação em divórcio. Se não se provar que o requerente faltou aos seus deveres (em contrário: *Bol. AASP, 1.937*:11), não se pode negar a conversão, sendo que a eficácia da sentença de conversão é *ex nunc*. Se ocorrer a improcedência do pedido de conversão, o cônjuge pode renovar sua pretensão, desde que a falta ou condição seja sanada (art. 37, § 2º, da Lei n. 6.515/77).

A sentença de divórcio só produzirá seus efeitos depois de averbada no registro público competente, ou seja, onde foi lavrado o assento do matrimônio (art. 32 da Lei n. 6.515/77). Dessa sentença cabe apelação, embora seja extremamente raro o recurso ante o conteúdo da decisão, que apenas se limita à verificação da existência ou não dos pressupostos do pedido[618].

e.3. Divórcio direto

O divórcio direto distingue-se do indireto, porque resulta de um estado de fato, autorizando a conversão direta da separação de fato, em divórcio, sem que haja qualquer prazo de carência e partilha de bens (CC, art. 1.581) e prévia separação judicial, em virtude de norma constitucional (CF, art. 226,

---

616. Caio M. S. Pereira, op. cit., p. 196. A partilha é imprescindível para conversão da separação judicial em divórcio e para que o divorciado possa casar-se novamente sem sofrer qualquer sanção legal (CC, arts. 1.523, III e parágrafo único, e 1.641, I). Accácio Cambi, Conversão de separação em divórcio, pendente obrigação alimentar — Possibilidade à luz da doutrina moderna, *Revista Brasileira de Direito de Família, 25*:5-8.

617. Orlando Gomes, *Direito,* cit., p. 300.

618. Orlando Gomes, *Direito*, cit., p. 306; Wesley S. Andrade, O divórcio indireto à luz do novo Código Civil, *Revista IOB de Direito de Família, 46*:127-39; *RJTJSP, 56*:220, *62*:250, *65*:224, *77*:262, *74*:49, *72*:61; *RT, 512*:20, *527*:94, *533*:190, *537*:101, *516*:164, *553*:238, *541*:71, *573*:207, *575*:197, *567*:91, *545*:201, *539*:188, *529*:176; *Adcoas*, 1983, n. 90.682: "... com a morte de uma das partes não se procederá o cancelamento dessa averbação: anota-se tão somente a morte".

§ 6º, regulamentado pela Lei n. 6.515/77, art. 40 e parágrafos, desta Lei, alterado pela Lei n. 7.841/89, arts. 2º e 30; e pela EC n. 66/2010; CC, art. 1.580, § 2º, ora revogado parcialmente)[619].

Antes da nova Carta, o art. 40 da Lei n. 6.515/77 cuidava do divórcio direto, de caráter transitório ou temporário, ao permitir que cônjuges, separados de fato há mais de 5 anos consecutivos, propusessem ação direta de divórcio se provassem a continuidade dessa separação e que ela se iniciou antes de 28 de junho de 1977, isto é, anteriormente à promulgação da Emenda Constitucional n. 9/77, embora o quinquênio viesse a se completar posteriormente. Logo, dentro de alguns anos ninguém mais teria condições de pleiteá-lo, dado que somente dizia respeito aos casais com mais de 5 anos de separação de fato à data da Emenda e os que completaram esse prazo de carência até o dia 27 de junho de 1982 (*Adcoas,* 1980, n. 73.791, TJRJ; *RJ, 626*:53, *525*:72, *536*:72, *530*:74, *531*:88, *535*:96, *537*:75, *534*:215, *540*:167, *527*:186). Entendia-se que para os casais cujo quinquênio de separação de fato tivesse como termo *ad quem* o dia 27 de junho de 1982, somente a partir do dia seguinte nascia o direito de ação direta de divórcio, que era imprescritível, não estando nem mesmo sujeito à extinção da caducidade, ante o princípio da imprescritibilidade das ações de estado. Todavia, houve quem entendesse, como nós, que havia uma permanente possibilidade jurídica de divórcio direto aos separados de fato há mais de 5 anos. O art. 2º da Emenda Constitucional n. 9 não tinha natureza de disposição transitória, nem era um favor apenas

---

619. Pinto Ferreira, op. cit., p. 141; Cahali, *Divórcio*, cit., p. 593 e s.; Marcos Salvador de Toledo Piza, Divórcio direto, *RDC, 35*:51; Carlos Celso Orcesi da Costa, Divórcio imediato e o desaparecimento do direito de família, *Revista do IASP, 28*:19-32; *Bol. AASP, 1.927*:387, *1.947*:30; *RJTJSP, 59*:62, *64*:64, *61*:208, *63*:208, *65*:86, *62*:48, *56*:60, *67*:125, *78*:110, *77*:91, *76*:214; *RJTJRS, 72*:724, *80*:280, *86*:469 e *43*:324; *RTJ, 88*:405, *105*:676 e 1.082; *RT, 527*:217, *531*:88, *533*:194, *534*:230, *559*:224, *573*:221, *549*:87, *540*:113, *541*:101, *562*:225, *550*:97, *538*:63, *548*:51, *547*:62, *580*:92, *529*:23, *535*:96, *539*:67, *577*:120, *572*:217, *564*:209, *532*:204, *554*:278, *581*:100, *537*:101, *696*:92, *727*:11; *EJSTJ, 9*:67. I — Para a viabilidade do divórcio direto é suficiente o prazo de dois anos de separação de fato (antes da EC n. 66/2010). Esta é a única causa para um dos cônjuges pleitear o divórcio contra o outro; dispensada a prova da causa do pedido. II — Recurso conhecido e provido. Divórcio direto, mesmo que o biênio, sem solução de continuidade, se complete no curso do processo: *RT, 616*:156, *615*:56 e *586*:179. O Projeto de Lei n. 699/2011, pretendendo modificar o art. 1.576, inclui § 1º, estipulando que a separação de fato extingue o regime de bens, quando demonstrada a incomunicabilidade dos bens, para evitar enriquecimento ilícito, atendendo, assim, à orientação jurisprudencial dominante (*RT, 716*:148; *RJTJSP, 141*:82, *114*:102). Bem adquirido e pago por um cônjuge durante a separação de fato pertencerá a ele independentemente do regime de bens (*RT, 788*:254).

para os separados em data anterior à aludida Emenda. Era norma permanente, revivida e explicitada no art. 4º da Lei n. 6.515. Nem se compreenderia que a lei quisesse apenas resolver as situações já existentes à época da lei que editou, sem que se preocupasse com as novas situações que viessem a surgir. Não se criou norma voltada apenas para o passado, mas sim que regulasse situações pretéritas e futuras (*Adcoas,* 1979, n. 73.143, TJRJ)[620]. Era um caso típico de divórcio-falência, pois, se o casal se encontrava separado por mais de 5 anos, era muito improvável que houvesse uma reconciliação, daí a conveniência de se possibilitar que uma situação fática se tornasse jurídica, ante a propositura de uma ação direta de divórcio (*RT, 539*:187, *542*:181-230).

Com isso a *separação de fato*, ou seja, a cessação da vida em comum dos consortes, sem intervenção judicial, passou a ter, por tais razões, certa relevância em nosso direito, produzindo o efeito jurídico de ser pré-requisito do divórcio[621].

Com a implantação da nova Carta (antes do advento da EC n. 66/2010), ante sua supremacia, ter-se-á a subordinação da ordem jurídica aos novos preceitos; assim reduziu-se, para efeito de pedido de divórcio direto, o prazo de 5 anos de separação de fato, para 2. E como estava ínsita no sistema a regra de que a nova Constituição Federal não repudia as normas anteriores com ela compatíveis, continuou, pelo fenômeno da *recepção* automática, a ter vigência, eficácia e validade a Lei n. 6.515/77, art. 40, §§ 2º a 3º, que passou, então, a regulamentar inteiramente o preceito constitucional (art. 226, § 6º, 2ª parte). José Afonso da Silva denomina *eficácia construtiva* a essa incidência da nova norma constitucional sobre as da ordenação inferior, anteriores a ela e materialmente compatíveis com ela, que, em nome do princípio da continuidade da ordem jurídica, são como que por ela recriadas. Assim sendo, no Brasil, a separação de fato por mais de 2 anos constituiu-se, na época, em

620. Silvio Rodrigues, *Direito,* cit., p. 245; Orlando Gomes, *Direito,* cit., p. 308; Cahali, *Divórcio,* cit., p. 601 e s.; *RT, 527*:214, *529*:212, *530*:74, *537*:149.

621. Orlando Gomes, *Direito,* cit., p. 321 e 325. Segundo Ney de Mello Almada (Separação de fato, *RJTJSP, 135*:10), *separação de fato* é a "situação resultante da quebra de coabitação, praticada por um dos cônjuges, ou por ambos, à revelia de intervenção judicial, e em caráter irreversível". E, uma vez constatada, ocorre a incomunicabilidade patrimonial dos bens adquiridos pelo esforço individual de cada consorte. A PEC n. 33/2007(arquivada em 2009) visava suprimir o prazo de 2 anos de separação de fato para obtenção do divórcio.

Enunciado Programático do IBDFAM n. 2: "A separação de fato põe fim ao regime de bens e importa extinção dos deveres entre cônjuges e entre companheiros".

pré-requisito do *divórcio direto consensual,* se ambos os consortes anuíssem na dissolução do liame matrimonial (Lei n. 6.515, art. 40, § 2º), e do *divórcio direto litigioso,* se um deles não concordasse a respeito de uma das *causas* arroladas no art. 5º e §§ 1º e 2º da Lei n. 6.515/77 (Lei n. 6.515, art. 40 e §§ 1º e 3º). Com o advento da Lei n. 7.841, de 17 de outubro de 1989, que alterou o *caput* do art. 40 da Lei n. 6.515 e revogou o § 1º desse mesmo dispositivo legal, não mais exigindo a especificação da causa da separação de fato, para efeito de pedido de divórcio direto pelo princípio da rigorosa coerência lógica do sistema jurídico, no direito brasileiro, só se poderia admitir o *divórcio consensual direto,* obtido pelo mútuo consentimento dos consortes, que se encontravam separados de fato há mais de 2 anos, no que concernia à dissolução do vínculo conjugal, guarda dos filhos, responsabilidades alimentares e garantias do seu cumprimento, e partilha do patrimônio comum[622].

O Código Civil de 2002, ao prescrever, no § 2º do art. 1.580 (ora parcialmente revogado), que "o divórcio poderá ser requerido, por um ou por ambos os cônjuges, no caso de comprovada separação de fato por mais de dois anos", voltou a admitir tanto o *divórcio consensual direto* como o *divórcio litigioso direto,* uma vez que veio a estabelecer, nos arts. 1.571, § 2º, 1.579, 1.581, 1.584, 1.586, 1.589, 1.590, 1.694, 1.708 e 1.709, diretrizes ou critérios, não fundados na culpabilidade das partes, para solucionar questões, na

---

622. Pinto Ferreira, op. cit., p. 142. Sobre o fenômeno da recepção: M. Helena Diniz, *Norma constitucional e seus efeitos*, São Paulo, Saraiva, 1989, p. 42-3, e José Afonso da Silva, *Aplicabilidade das normas constitucionais,* São Paulo, Revista dos Tribunais, 1968, p. 205-8. Pela Súmula 197 do STJ, o divórcio direto pode ser concedido sem que haja prévia partilha dos bens. No mesmo sentido: *RSTJ, 101*:421 e *EJSTJ, 17*:54. *Bol. AASP, 2.866*:12: "Divórcio direto. Partilha de bens. Descabimento. Nulidade inexistente. Alimentos para a mulher. Fixação. Necessidade. 1. Sendo o casamento regido pelo regime da comunhão universal de bens, imperiosa a partilha igualitária de todo o patrimônio comum, ou seja, comunicam-se os bens presentes e futuros de cada cônjuge, nos termos do art. 1.667 do CC. 2. Se a sentença determinou a partilha equânime dos bens, atribuindo a propriedade sobre o caminhão e o reboque exclusivamente ao réu, mostra-se descabida a discussão sobre a avaliação dos bens e a sobrepartilha dos imóveis deixados pelos genitores da autora, pois a questão já foi decidida e está coberta pelo manto da preclusão. 3. Descabe partilhar dívidas que não tenham sido cabalmente comprovadas pelo divorciando. 4. Se a virago sempre se dedicou ao lar e à família, criando e educando as duas filhas do casal, se jamais exerceu atividade laboral remunerada e se não possui qualificação profissional, evidentemente não tem condições de concorrer no competitivo mercado de trabalho e há necessidade de ser mantido o liame obrigacional alimentar, como efeito residual do casamento desfeito, sendo bastante razoável o valor fixado, que não sobrecarrega em demasia o alimentante e atende as necessidades básicas da alimentada. Recurso desprovido".

ausência de acordo, sobre partilha, alimentos, guarda de filhos etc. Deveras, o Código Civil ao requerer que apenas um dos cônjuges, mediante comprovação de separação de fato por mais de dois anos, viesse, a juízo, para obter a decretação do seu divórcio, admitiu novamente, sob outra configuração, o *divórcio litigioso direto* em nosso País.

Hodiernamente, com a EC n. 66/2010, que alterou o art. 226, § 6º, da CF, há supressão do prazo de dois de separação de fato para pleitear divórcio direto.

O *divórcio consensual direto* seguirá o procedimento do Código de Processo Civil, arts. 731 e 732, observando as seguintes normas (Lei n. 6.515, art. 40, § 2º): *a*) a petição não mais deverá indicar os meios probatórios de dois anos da separação de fato, será instruída com a prova documental do casamento existente, fixará o valor da pensão do cônjuge que dela precisar para sua mantença, indicará as garantias para o cumprimento da obrigação assumida, conterá a descrição e a partilha dos bens comuns (*Ciência Jurídica, 71*:133; *RT, 554*:278, *537*:149, *532*:204), com exceção dos bens havidos por um deles, após a separação de fato (*EJSTJ, 25*:154-5), para evitar enriquecimento sem causa, visto que não houve, ante a quebra de coabitação, mútua colaboração para sua aquisição (STJ, REsp 86.302-RS, Rel. Min. Barros Monteiro, *DJ* de 6-9-1999, *DJMG* de 8-10-1999, p. 2), apesar de haver norma (CC, art. 1.581) e decisão entendendo ser desnecessária a prévia partilha de bens (*RSTJ, 101*:421; *EJSTJ, 24*:121; CPC, art. 731, parágrafo único), a ser homologada pela sentença do divórcio (parece-nos que este entendimento só poderia aplicar-se ao divórcio direto litigioso, porque no consensual a petição deve incluir a partilha para homologação — Súmula do STJ, n. 197. E, além disso, tal partilha seria necessária, ainda, por força do disposto nos arts. 1.523, III e parágrafo único, e 1.641, I, do Código Civil, bem como as estipulações sobre a guarda (unilateral ou compartilhada) dos filhos incapazes, preservando sempre os interesses destes (CC, arts. 1.583 e 1.584) e o direito de visita. O casal deve decidir, com bom senso e prudência, se a prole ficará sob a guarda da mãe ou do pai, ou com ambos. Buscando o atendimento dos interesses dos filhos, o juiz apenas intervirá se perceber que sofrerão algum dano ou se os pais não chegarem a um acordo. Deve conter, ainda, disposições sobre pensão alimentícia entre os cônjuges e valor da contribuição para criação e educação dos filhos; *b*) o juiz deverá ouvir os cônjuges, que não precisarão revelar as causas da separação, logo, não se cogitará de apurar a culpa ou responsabilidade pela separação de fato, bastará o convencimento da firmeza de seus propósitos para que o magistrado mande tomar por termo as declarações. Se o órgão judicante não se convencer daquela intenção, designará nova audiência e, se a esta comparecerem os cônjuges confirmando aquele propósito, suas declarações serão reduzidas a termo[623]; *c*) o magistrado, se tudo estiver em ordem, prolatará sentença de divórcio, homologando a vontade declarada dos consortes; porém, se não houver certeza sobre algum fato, recusará a homologação, cabendo, então, apelação para instância superior, manifestada por um dos cônjuges, por ambos ou pelo representante do Ministério Público, já que a lei não estabeleceu, para o caso, recurso *ex officio*[624].

O *divórcio litigioso direto,* que se apresenta quando surgir dissenso entre os consortes, separados de fato, é obtido em processo regular (CPC, arts. 693 a 699) mediante sentença, sem indicação dos motivos que lhe deram origem, pondo fim ao enlace matrimonial, fazendo cessar todos os seus efeitos, resolvendo todas as questões atinentes à guarda dos filhos, responsabilidades alimentares e partilha do patrimônio comum. Com isso, a EC n. 66/2010 considerou que a violação dos deveres conjugais (CC, art. 1.566) além de indicar a fragilização do amor já seria, como pondera Cristiano Chaves de Faria, um "sintoma do fim" do matrimônio, por ser consequência da ausência do desejo de compartilhar a vida, dando azo à *voluntas divortiandi,* privilegiando a dignidade, a privacidade e a autonomia dos cônjuges na decisão de extinguir o vínculo conjugal, sem apresentar qualquer justificativa e sem prazo de carência. O respeito aos deveres conjugais liga-se não a uma obrigação legal, mas a uma relação de afetividade, marcada pelo amor. O que mantém vivo um casamento é o amor e o afeto, ou seja, a *affectio maritalis*. No divórcio litigioso direto apenas poderá haver análise de questões sobre partilha de bens, alimentos, guarda e visita a filhos menores. Inadmissível será não só qualquer perquirição da culpa, averiguando quem infringiu o art. 1.566 do Código Civil pela prática de sevícia, adultério, injúria grave, conduta desonrosa, abandono etc., como também investigação dos motivos justificadores da promoção da dissolução do casamento. Convém, ainda, lembrar que até mesmo antes da substancial reforma provocada pelo advento da EC n. 66/2010, já houve decisão de que "a vitimização de um dos cônjuges não produz qualquer sequela prática, seja quanto à guarda dos filhos, partilha de bens ou alimentos, apenas objetivando a satisfação pessoal, mesmo porque difícil seria definir o verdadeiro responsável pela deterioração

---

623. Caio M. S. Pereira, op. cit., p. 199.

624. Caio M. S. Pereira, op. cit., p. 200. Consulte sobre o assunto R. Limongi França, Divórcio, in *Enciclopédia Saraiva do Direito*, v. 29, p. 115-6; Áurea P. Pereira, *Divórcio e separação judicial*, Rio de Janeiro, 1990; Carlos Celso Orcesi da Costa, Divórcio imediato e desaparecimento do direito de família, *Revista do IASP*, *28*:19-32.

da arquitetura matrimonial, não sendo razoável que o Estado invada a privacidade do casal para apontar aquele que, muitas vezes, nem é o autor da fragilização do afeto. A análise dos restos de um consórcio amoroso, pelo judiciário, não deve levar à degradação pública de um dos parceiros, pois os fatos íntimos que caracterizam o casamento se abrigam na preservação da dignidade humana, princípio solar que sustenta o ordenamento nacional" (TJRS, AC 70005834916, 7ª Câm. Cível, rel. Teixeira Giorgis, j. 2-4-2003). Deveras, a devassa à intimidade do casal, revelando, no Tribunal, fatos da vida privada, provoca constrangimento, agrava a crise familiar ou conjugal e em nada contribui para o interesse público.

Contudo, é preciso deixar claro que, ante o princípio do respeito à dignidade da pessoa humana (CF, art. 1º, III), o exercício do direito ao divórcio sofre limitações, requerendo conduta de boa-fé e preservação da incolumidade físico-mental dos cônjuges em desamor. Isto porque se um deles vier a lesar direito da personalidade do outro, durante a convivência conjugal, poderá, por isso, ser responsabilizado civilmente por dano moral. Pode-se alegar a motivação (CC, arts. 1.572 e 1.573), levantando a questão da culpabilidade, para divórcio direto unilateral, não para obtê-lo, pois o juiz não pode negá-lo, mas para a configuração de certos efeitos, dentre eles o da reparação civil por dano moral e/ou patrimonial, perda do direito a alimentos e ao uso do sobrenome do ex-cônjuge etc. E, além disso, como bem observa Luiz Carlos de Assis Júnior, extinto o casamento pelo divórcio, poderá ser intentada ação de responsabilidade civil contra aquele que de má-fé veio a contrair ou a desfazer casamento com a única *intentio* de prejudicar o seu ex-cônjuge (CF, art. 226, § 8º, CC, arts. 186 e 1.573)[625].

---

625. Enunciado Programático do IBDFAM n. 1: "A Emenda Constitucional n. 66/2010, ao extinguir o instituto da separação judicial, afastou a perquirição da culpa na *dissolução* do casamento e na quantificação dos alimentos".

Regina Beatriz Tavares da Silva, *A Emenda Constitucional do divórcio*, São Paulo, Saraiva, 2011, p. 24 a 86; Pinto Ferreira, op. cit., p. 142; Cristiano Chaves de Faria, Redesenhando os contornos da dissolução do casamento, *Afeto, ética, família e o novo Código Civil* (coord. R. da Cunha Pereira), Belo Horizonte, Del Rey, 2004, p. 118; Bianca Ferreira Papin, PEC do divórcio põe fim à discussão sobre a culpa, *Revista IOB de Direito de Família*, *59*:7 a 12; Luiz Carlos de Assis Jr., A inviabilidade da manutenção da separação como requisito para o divórcio frente à autonomia privada, *Revista IOB de Direito de Família*, *59*:7 a 12; Marlus Garcia do Patrocínio, PEC 28/2009 e a nova regra para o divórcio, *Revista IOB*, cit., *59*:33-4. Se a lei tivesse a intenção de conceder ilimitadamente o divórcio direto "sem causa", admitindo ao lado do consensual o litigioso, teria revogado as normas alusivas à separação judicial, que ficariam, então, sem sentido ou inoperantes. Por isso, pareceu-nos que, mais consentâneo à realidade, seria efetivar-se uma interpretação restritiva da Lei n. 7.841/89.

É indubitável a importância da reforma constitucional, facilitando o divórcio, eliminando requisitos para pleiteá-lo.

Na forma litigiosa adota-se o procedimento ordinário e, como o divórcio é requerido por um dos cônjuges, na petição inicial requer-se a citação do outro, para que conteste, se quiser, cabendo ao autor provar: a existência da separação de fato, não se exigindo a alegação da causa da separação[626].

Outrora, no divórcio litigioso direto era indispensável a alegação e prova da causa legal (Lei n. 6.515/77, art. 5º e §§ 1º e 2º) que motivasse a separação de fato. De conformidade com o motivo legal que fundava o divórcio litigioso direto, podia ser ele classificado em três subcategorias[627]:

1) O divórcio litigioso direto como sanção, ou *divórcio-sanção*, em que um consorte imputava ao outro conduta desonrosa ou qualquer ato que importasse em grave violação dos deveres matrimoniais e tornasse impossível ou insuportável a vida em comum (Lei n. 6.515, art. 5º, *caput*).

2) O divórcio litigioso direto como falência, ou *divórcio-falência*, que ocorria quando um dos cônjuges alegasse e provasse a ruptura da vida em comum há mais de 2 anos e a impossibilidade de sua reconstituição (Lei n. 6.515, art. 5º, § 1º). Esta causa legal resultava de dois elementos: um material, que era o fato de estarem os consortes afastados um do outro há mais de 2 anos consecutivos, e um psíquico, que residia no afastamento intencional e injustificado. Esses elementos deveriam ser devidamente comprovados, pois não se podia lançar mão desse tipo de divórcio se a separação fática, durante 2 anos, se desse em razão de soma de períodos intermitentes, ou por causa alheia à vontade do cônjuge, como enfermidade, prisão, exigência profissional etc.[628]. No entanto, o magistrado podia negar esse divórcio-falência

---

Uma mulher foi condenada ao pagamento de indenização por danos morais ao seu ex-marido, por ter tido um filho com outro homem ainda durante a vigência do casamento, fato só revelado após a separação. Na ação, ficou demonstrado que houve quebra do dever conjugal de fidelidade, além de a mulher ter revelado ao ex-marido que ele não era pai do filho, que criaram juntos por mais de cinco anos.

Entendeu o Tribunal de Justiça de Minas Gerais ter ocorrido lesão moral, eis que o homem suportou o "desgosto de perder a paternidade de filho que criou como sendo seu, além de ter sido exposto a humilhações e vexames perante seus familiares e as demais pessoas de sua convivência, porque vítima de traição conjugal" (Processo 8902909-66.2005.8.13.0024, decisão publicada em 26-7-2013).

626. W. Barros Monteiro, op. cit., p. 220.

627. Pinto Ferreira, op. cit., p. 142.

628. Caio M. S. Pereira, op. cit., p. 201.

Observa Pablo S. Gagliano (Divórcio liminar, *Revista Síntese — Direito de Família*, *87*: 9-12) que: o juiz poderá antecipar, liminarmente, os efeitos definitivos incon-

se ele constituísse causa de agravamento das condições pessoais do outro cônjuge ou de prejuízo moral da prole.

3) O divórcio litigioso direto como remédio, ou *divórcio-remédio*, que se dava quando um dos consortes estivesse acometido de grave doença mental, que impossibilitasse a continuação da vida em comum, desde que, após uma duração de 5 anos, a enfermidade tivesse sido reconhecida de cura improvável (Lei n. 6.515, art. 5º, § 2º). A moléstia mental teria de se manifestar após o casamento, pois se fosse anterior a ele configuraria causa de anulação fundada em erro essencial, se fosse grave, transmissível por herança. Todavia o magistrado poderia negar esse divórcio se o fato agravasse a doença do cônjuge ou prejudicasse moralmente os filhos menores (Lei n. 6.515, art. 6º).

Na nossa opinião não mais se podia admitir o *divórcio litigioso direto*, pois a Lei n. 7.841/89, no art. 3º, revogara o art. 40, § 1º, da Lei n. 6.515/77; consequentemente, o § 3º desse mesmo artigo, embora não tivesse sido expressamente revogado, tinha, no nosso entender, vigência, mas havia perdido sua *eficácia*, por não ter mais condições fáticas e técnicas de atuação, não podendo produzir efeitos jurídicos concretos. Com a revogação do § 1º, que delimitava os casos de adoção do procedimento ordinário, o § 3º perdera a aplicabilidade e a incidência normativa, surgindo assim as questões: Quais as situações subjetivas em que incidiria? Quais os casos em que se deveria adotar o procedimento ordinário? Se não se podia ter a configuração atual das situações subjetivas, como o art. 40, § 3º, poderia ter incidência? Com a revogação do § 1º, o § 3º apresentou uma anormalidade; como poderia, então, ser aplicado?

Se pelo *caput* do art. 40 da Lei n. 6.515/77, com a redação determinada pela Lei n. 7.841/89, não se exigia a comprovação da causa da separação de fato, que perdurava há mais de 2 anos, para mover a ação de divórcio; se o § 1º do art. 40 foi expressamente revogado; se por tais razões o § 3º tornou-se inoperante, como admitir, juridicamente, o divórcio litigioso direto?

---

troversos da sentença do divórcio, ainda no curso do processo, tendo por suporte o art. 273, § 6º — sem similar no atual CPC — do CPC. Trata-se de medida *in limine litis*, devidamente fundamentada, em razão de o pedido de divórcio ser um direito potestativo, adstrito à simples manifestação da vontade de um dos cônjuges. Por isso sua decretação não poderia ser impedida e evitaria procrastinação desnecessária do vínculo matrimonial entre o casal enquanto trata de questões relativas à partilha de bens, à pensão alimentícia e à guarda dos filhos menores etc. Sobre o assunto *vide*: Alex P. Magalhães. Divórcio liminar — um novo instrumento de realização da felicidade afetiva e inédito precedente judicial, *Revista Síntese — Direito de Família*, 87:30-9; Renata Malta Vilas-Bôas e Susana de M. S. Bruno, Divórcio liminar: uma possibilidade diante da EC n. 66/2010, *Revista Síntese — Direito de Família*, *87*:13-29.

Se a separação judicial ainda não se efetivou, mas o casal vivia, há mais de 2 anos, separado de fato, como poderia apenas *um* dos consortes, *sem o consenso* do outro, mover ação de divórcio direto sem indicação da causa da separação de fato, se a decisão judicial, que põe fim ao vínculo matrimonial, deveria resolver, com base na *culpabilidade* de ambos ou de um deles, os problemas atinentes ao patrimônio, à guarda dos filhos menores, à pensão alimentícia, ao direito de visita etc.? Qual seria, então, o critério legal para a solução de tais questões, se não se sabia o motivo da separação de fato; se não se tinha a comprovação da causa dessa separação; se não se podia entrar no mérito do pedido? Como poderia o órgão judicante atender ao verdadeiro e real interesse dos filhos menores e não à prepotência do casal ou de um dos cônjuges sem indagação do motivo determinante da separação de fato? Como decidir questões de ordem patrimonial, como obter o bem-estar dos menores, sua educação e segurança, sem critérios legais e sem comprovação da culpabilidade de ambos ou de um dos genitores? Como atingir a proteção dos filhos menores sem embasamento fático e legal? Como reconhecer a culpa de um ou de ambos os litigantes, sem apreciação da prova da causa da separação de fato, para solucionar essas pendências? Tais questões ficavam ao *arbítrio* do juiz, coadjuvado pelo órgão do Ministério Público?

Podia o magistrado negar o pedido de divórcio direto? Baseado em quê? Apenas se não se provasse que ainda não houvera decorrência do prazo de carência? E se existissem motivos graves, que impedissem o divórcio, por requererem a subsistência do vínculo conjugal, ante o fato de acarretar, p. ex., traumas, que pudessem lesar o desenvolvimento psíquico dos filhos ou de um dos consortes, causando sérias perturbações mentais ou desvios da personalidade?

Em que pesassem as opiniões maciças, doutrinárias e jurisprudenciais, em contrário, se não houvesse consenso entre os separados de fato por mais de 2 anos em mover ação de divórcio direto, parecia-nos que a medida mais acertada juridicamente, pelas razões acima mencionadas, e por envolver questão de estado de pessoas que requer interpretação restritiva (*Ciência Jurídica*, *39*:156), seria partir primeiro para o pedido de separação judicial litigiosa e depois para o de sua conversão em divórcio, pois assim o Judiciário teria condições jurídicas e fáticas para decidir, resolvendo todas as pendências de modo satisfatório.

Admitir o divórcio litigioso direto, diante da Lei n. 7.841/89, seria instaurar uma verdadeira anomalia no campo do nosso direito positivo, conduzindo à arbitrariedade judicial e à incoerência lógica do sistema jurídico, dando lugar a situações indesejáveis. Tal ocorria, no nosso entender, porque a norma jurídica devia sujeitar-se não à decisão arbitrária do poder, mas à prudência objetiva exigida pelo conjunto normativo e pelas circunstâncias fático-axiológicas em que se encontravam situados os respectivos destinatários. Por isso o princípio da coerência lógica do sistema, o bom senso e o juízo prudencial reclamavam interpretação restritiva que afastasse a possibilidade jurídica de divórcio litigioso direto, tendo-se em vista que a solução meramente política desse problema poderia gerar situações insatisfatórias, que embora à primeira vista pudessem corresponder teoricamente ao texto constitucional, ficavam, na prática, asfixiadas pela análise teórico-científica mais aprofundada e pelas limitações normativas, fáticas e valorativas, causando danos de difícil reparação.

Baseados nesta fundamentação teórica entendíamos que, no nosso direito anterior, só deveria haver possibilidade lógico-jurídica do pedido de *divórcio consensual direto* tendo como condição o *lapsus temporis* de 2 anos de separação de fato. E, além disso, diante da exiguidade do prazo de separação de fato estabelecida pela inovação constitucional, regulamentada pela Lei n. 7.841, para a concessão do divórcio direto ou do *divórcio sem causa*, seria censurável a ampliação das facilidades já existentes, mediante interpretação extensiva, para a cessação do liame matrimonial. Contudo, houve quem entendesse que com a revogação do § 1º do art. 40 o divórcio direto litigioso poderia ser requerido sem invocação dos arts. 4º e 5º e parágrafos da Lei n. 6.515, desde que provada a separação de fato por 2 anos consecutivos (*JB*, *170*:322; *Bol. AASP*, *1.842*:43). Mas pelas razões acima apontadas, discordávamos, *data venia,* dessa opinião, visto que, em se tratando de "divórcio sem causa", para atender à coerência lógica do sistema jurídico, aos reclamos da justiça e à prudência objetiva, que deveria nortear a decisão judicial, só se poderia admitir o divórcio direto consensual.

A EC n. 66/2010, ao alterar o art. 226, § 6º, da CF, suprimiu a 2ª parte, dando ao dispositivo a seguinte redação: "O casamento pode ser dissolvido pelo divórcio", com isso o divórcio poderá ocorrer sem qualquer condição: sem prévia separação judicial ou separação de fato, e sem exigência de prazos de carência. Logo, o casal poderá ingressar diretamente com o pedido de divórcio, sem especificar a causa que o motivou, uma vez que o direito de se divorciar é potestativo incondicionado, nenhum dos cônjuges poderá evitar pedido de divórcio, e o órgão judicante deverá decretar a cessação da sociedade e do vínculo conjugal.

Com a nova redação do art. 226, § 6º, da Carta Magna, dada pela EC n. 66/2010, não mais se justifica, como dissemos, a manutenção da separação como pré-requisito para o divórcio, visto que todas as normas a ela alusivas, apesar de vigentes, poderão perder o suporte eficacial, levando à extinção da duplicidade entre dissolução da sociedade conjugal e dissolução do vínculo conjugal. Com a supressão da separação (judicial ou extrajudicial) e dos prazos de um ou dois anos como requisitos para o divórcio, haverá desburocratização da separação de casais em desamor e o reconhecimento da autonomia privada e da dignidade da pessoa humana, evitando-se o prolongamento de sofrimento de todos os envolvidos, possibilitando economia para o casal e eliminando não só a prática de incentivo a falso testemunho, para obtenção da prova do lapso de dois anos exigido para o divórcio direto, como também a alegação do motivo do pedido.

e.4. Efeitos do divórcio

A sentença do divórcio, que o homologa ou decreta, possui eficácia *ex nunc,* não atingindo ou suprimindo os efeitos produzidos pelo casamento antes de seu pronunciamento[629].

A sentença de divórcio, depois de registrada no Registro Público competente (art. 32 da Lei n. 6.515/77), produz os seguintes efeitos[630], que são similares aos do divórcio extrajudicial:

---

629. Orlando Gomes, *Direito,* cit., p. 313; *RJTJSP, 69*:206.

630. Orlando Gomes, *Direito,* cit., p. 313, 314, 319, 301, 302; W. Barros Monteiro, op. cit., p. 217-9 e 222; Silvio Rodrigues, *Direito,* cit., p. 245; Caio M. S. Pereira, op. cit., p. 190 e 192-4, 204-5; Pinto Ferreira, op. cit., p. 143-8; Fábio Maria de Mattia, *Modificações,* cit., p. 71 e 72; José Luiz de Almeida, O divórcio, *RT, 509*:33; Walter Moraes, Conjecturas acerca do nome da mulher casada, *Repertório IOB de Jurisprudência, 6*:108 e s., 1993; Benedito Silvério Ribeiro, Mulher casada: aquisição e perda do nome, *Revista da Escola Paulista da Magistratura,* n. 1, 1996, p. 59-66; Nehemias Domingos de Melo, Abandono moral — fundamentos da responsabilidade civil, *Revista Síntese de Direito Civil e Processual Civil, 34*:31-37, *Da culpa e do risco,* São Paulo, Juarez de Oliveira, 2005, p. 231-35; Álvaro Villaça Azevedo, Abandono moral, *Jornal do Advogado,* n. *289*:14-5; Giselda Hironaka, Direito ao pai: dano decorrente de abandono afetivo na relação paterno-filial, *Boletim IBDFAM, 33*:3-4; Bernardo Castelo Branco, *Dano moral no direito de família,* São Paulo, Método, 2006, p. 175 e s. Sobre os direitos da divorciada à pensão previdenciária: *RT, 574*:112; *RJTJSP, 70*:168. A sentença do divórcio deverá ser averbada à margem do assento do casamento, mas com a morte de uma das partes não se procederá ao cancelamento dessa averbação; anota-se tão somente o óbito (*Adcoas,* 1983, n. 90.682). *Ciência Jurídica, 57*:117: "Não obstante o regime

1) Dissolve definitivamente o vínculo matrimonial civil e faz cessar os efeitos civis do casamento religioso que estiver obviamente transcrito no Registro Público (Lei n. 6.515, art. 24; CC, art. 1.571, § 1º).

2) Põe fim aos deveres recíprocos dos cônjuges.

3) Extingue o regime matrimonial de bens, procedendo à partilha conforme o regime (*RT, 529*:213, *536*:91; *RJTJSP, 62*:45). Assim, o divórcio pode ser concedido sem que haja prévia partilha de bens, que poderá dar-se ulteriormente em ação ordinária ajuizada para esse fim, dividindo o patrimônio dos ex-cônjuges conforme o regime de bens (CC, art. 1.581). Entretanto, a lei, nos casos de ruptura da vida em comum, por grave doença mental, atribui consequências especiais ao prescrever (CC, art. 1.572, § 3º) que reverterão ao cônjuge enfermo que não pediu o divórcio os remanescentes dos bens que tiver levado ao casamento e a meação dos adquiridos na constância do casamento, se o regime de bens o permitir.

4) Faz cessar o direito sucessório dos cônjuges, que deixam de ser herdeiros um do outro, em concorrência ou na falta de descendente e ascendente.

---

legal de comunhão universal de bens adotado pelas partes, não serão os bens divididos entre os cônjuges se todos os existentes em nome do réu foram adquiridos por ele após a separação de fato e após o rompimento da convivência comum, mediante o trabalho exclusivo do ex-marido, sem qualquer colaboração da ex-mulher (TJMG)". *Ciência Jurídica, 68*:94: "Omissa a sentença que decretou o divórcio direto, pertinentemente ao direito de visita do cônjuge varão à filha menor do casal, conhece-se da questão objeto de recurso de apelação, embora não interpostos embargos de declaração, dá-se o adequado desate. Apelação provida" (TJBA). Decisão do STJ: "Diante disso, a indenização trabalhista recebida por um dos ex-cônjuges após a dissolução do vínculo conjugal, mas correspondente a direitos adquiridos na constância de casamento, celebrado sob o regime da comunhão universal de bens, hipótese dos autos, integra o patrimônio comum do casal. E isso porque, como essas parcelas não foram pagas na época própria, não foram utilizadas no sustento e manutenção do lar conjugal, circunstância que demonstra terem ambos os cônjuges suportado as dificuldades da injusta redução de renda, sendo certo, de outra parte, que esses recursos constituíram reserva pecuniária, espécie de patrimônio que, portanto, integra a comunhão e deve ser objeto da partilha decorrente da separação do casal, conforme antigo e consolidado entendimento da 2ª Seção deste Tribunal sobre o tema [...]" (REsp 861.058-MG, Rel. Min. Maria Isabel Gallott, 4ª T., pub. 21-11-2013).

Pelo Provimento 51/2015 da Corregedoria Nacional da Justiça, os Cartórios de Registro Civil de Pessoas Naturais estão autorizados a promover a averbação de cartas de sentença de divórcio ou separação oriundas de homologação de sentença estrangeira pelo STJ, independentemente do cumprimento ou da execução em juízo federal, para que produzam efeitos no Brasil.

5) Possibilita novo casamento aos que se divorciam (*RT, 546*:189), observando-se o disposto no art. 1.523, III e parágrafo único, do Código Civil.

6) Não admite reconciliação entre os cônjuges divorciados, de modo que se quiserem restabelecer a união conjugal só poderão fazê-lo mediante novo casamento (Lei n. 6.515/77, art. 33).

7) Possibilita pedido de divórcio sem limitação numérica, pois a Lei n. 7.841/89, no art. 3º, ao revogar o art. 38 da Lei n. 6.515, permite que, hodiernamente, no Brasil, uma pessoa possa divorciar-se quantas vezes quiser. Em nosso país estabelecia-se como limite um único pedido de divórcio (Lei n. 6.515, art. 38; STF, Pleno, Representação n. 1.000, 20-5-1981, *DJU,* 7 maio 1982, p. 4268; *RTJ, 101*:908). Washington de Barros Monteiro pontificava, com muita propriedade, que a esse respeito não havia prejuízo, p. ex., a moça solteira que viesse a se casar com um divorciado, e este, após o casamento, cometesse grave violação dos deveres conjugais, pois não estaria ela impedida de postular o divórcio, porque o magistrado poderia conceder o divórcio sem restrição, em relação a ela, e com restrição, para efeitos matrimoniais, no tocante ao cônjuge já divorciado que não poderia convolar novas núpcias, como outrora procedia o Supremo Tribunal Federal, quando homologava as sentenças estrangeiras de divórcio (Súmulas 381 e 420 do STF; *RTJ, 98*:41, *99*:216, *91*:778, *88*:44, *75*:57, *96*:984, *93*:40 e 512, *94*:1025, *97*:533, *98*:42, *105*:31, *106*:479; *RT, 487*:219, *531*:273, *534*:243, *558*:210, *567*:247), pois caso contrário o ex-marido ficaria divorciado duas vezes. Só ela teria direito de pedir o divórcio, desde que ocorresse causa justificativa; ele não poderia, em hipótese alguma, pedir divórcio contra ela. Logo, não mais havendo limites numéricos ao pedido de divórcio, tais problemas não terão mais sentido no direito brasileiro.

8) Põe termo ao regime de separação de fato se se tratar de divórcio direto.

9) Substitui a separação judicial ou extrajudicial pelo divórcio, se indireto, alterando o estado civil das partes que de separadas passam a ser divorciadas.

10) Permite que ex-cônjuges, embora divorciados, possam adotar conjuntamente criança, contanto que concordem sobre guarda e regime de visitas, desde que o estágio de convivência tenha sido iniciado na constância do período de convivência e que seja comprovada a existência de vínculos de afinidade e afetividade com aquele não detentor da guarda, que justifiquem a excepcionalidade da concessão (Lei n. 8.069/90, art. 42, § 4º, com a redação da Lei n. 12.010/2009).

11) Mantém inalterados os direitos e deveres dos pais relativamente aos filhos menores ou maiores incapazes (CC, art. 1.590), ainda que contraiam novo casamento (CC, arts. 1.579 e parágrafo único e 1.636), embora possa modificar as condições do exercício do poder familiar e guarda dos filhos (CC, art. 1.588), pois o que se deve atender é o interesse da prole, de modo que, se insatisfatória a situação em que se encontra, havendo grave motivo, haverá alteração na sua guarda (CC, art. 1.586), hipótese em que o juiz, por mandado, deferirá a guarda a pessoa idônea da família do genitor ou até mesmo a estranho, protegendo-os de maus-tratos (CC, art. 1.588) e de uma educação inadequada (CC, art. 1.584, § 4º). Urge lembrar que o detentor dessa guarda pode mudar, temporariamente, de domicílio, para o exterior, desde que haja anuência do outro (CC, art. 1.634, IV) sem perdê-la (TJRJ, 2ª Câm. Cív., MS 928/94, *DJ*, 31 ago. 1995, p. 263). O genitor que não tiver a guarda da prole poderá visitá-la e tê-la em sua companhia, segundo o fixado de comum acordo ou judicialmente, e, ainda, fiscalizar sua educação (CC, art. 1.589). Os avós também terão o direito de visita a critério do juiz, observados os interesses da criança e do adolescente (CC, art. 1.589, parágrafo único). Os alimentos devidos pelos pais à prole continuam devidos, mesmo que estes se casem novamente, e embora os alimentos sejam suscetíveis de alteração decorrente, p. ex., de variação da atualização monetária conforme o índice oficial vigente, de aumento ou diminuição das necessidades do alimentando ou de maiores ou menores possibilidades do alimentante (Lei n. 6.515, art. 28; CC, arts. 1.699 e 1.710). O abandono moral ou afetivo do filho menor por pai ou mãe, que, apesar de cumprir o encargo alimentar, não lhe dá assistência imaterial, permanecendo ausente ou indiferente por deixar de cumprir o dever de visita, não demonstrando afeto, gera responsabilidade civil por dano moral. O descaso paterno-materno prejudica o desenvolvimento físico-psíquico da prole além de violar sua honra e seu direito ao convívio familiar. O dever pessoal é mais importante, como diz Álvaro Villaça de Azevedo, do que o dever material dos pais para com a prole. É preciso que haja corresponsabilidade paterna e materna no dever de dela cuidar. O TJMG (AC 408.550-5, 7ª Câm. Cível, j. 1º-4-2004) baseado no descumprimento da responsabilidade paterno-filial, no princípio do respeito à dignidade da pessoa humana (CF, art. 1º, III) e no da afetividade, decidiu que: "a dor sofrida pelo filho, em virtude de abandono paterno, que o privou do direito à convivência, ao amparo afetivo, moral e psíquico, deve ser indenizável, com fulcro no princípio da dignidade da pessoa humana". Qualquer que seja a natureza da filiação, o direito à herança dos pais será reconhecido em igualdade de condições (CF, art. 227, § 6º; CC, arts. 1.845, 1.829, II, 1.832, 1.833 e 1.835).

12) Subsiste a obrigação alimentícia para atender às necessidades de subsistência do ex-consorte (*RT, 544*:205). Extingue a obrigação do ex-cônjuge devedor, de prestar alimentos, se houver renúncia (*RSTJ, 90*:203)[631] ao exercício do direito a alimentos (CC, art. 1.707); procedimento indigno; união estável, concubinato ou novo casamento do ex-consorte credor (CC, art. 1.708; *Adcoas,* 1982, n. 85.668), porém, se o cônjuge devedor da pensão vier a casar-se, o novo matrimônio não alterará sua obrigação (CC, art. 1.709). Apesar da omissão legal, nossos tribunais têm entendido que cessa o dever alimentar se o cônjuge credor vier a amasiar-se, pois falta amparo moral para que a pessoa que vive em concubinato tenha direito de ser alimentada pelo seu ex-consorte.

13) Não faz perder o direito ao uso do nome do cônjuge, salvo se, no divórcio, o contrário estiver disposto escritura pública ou em sentença de divórcio ou de separação judicial, em caso de divórcio indireto (CC, art. 1.571, § 2º; *Adcoas,* 1980, n. 73.403, TJRJ; *RF, 266*:177; *RJTJSP, 60*:54; *RJTJRS, 84*:408, *72*:33, *77*:29; *RT, 527*:217, *544*:206, *553*:190; em contrário: *RT, 527*:244, *576*:203, *574*:110, *547*:63, *561*:180, *599*:58, TJRJ, *Adcoas,* 1983, n. 86.629); logo, o deliberado na separação judicial sobre o nome do ex-cônjuge deverá ser mantido no divórcio.

Pela Lei n. 6.515/77, art. 25, parágrafo único, com a redação da Lei n. 8.408/92, a mulher perdia o direito de usar o apelido de família do marido, visto que só adquiria esse direito em função do casamento, que com o divórcio se dissolvia em definitivo. Os julgados que, antes da Lei n. 8.408/92, admitiam à divorciada o uso do nome de casada baseavam-se no fato de que ela podia conservá-lo porque assim fora disposto no anterior acordo de separação judicial. Entendíamos, sem embargo, que ela perdia o direito de usar o apelido do ex-marido, pois com o divórcio rompe-se definitivamente o vínculo matrimonial. Se a divorciada quisesse unir-se ao ex-marido, não podia lançar mão da reconciliação; deveria contrair novas núpcias com ele. Não havia dúvida de que, em certas hipóteses excepcionais, a divorciada podia conservar o uso do nome de família do ex-marido, como, p. ex., no caso de ser conhecida, por sua profissão, pelo apelido do ex-marido, de tal sorte que se não mais

631. "Alimentos — Ex-cônjuges — Pedido formulado após divórcio consensual, em que houve expressa renúncia ao pensionamento — Não subsiste o encargo alimentar quando rompido o vínculo matrimonial pelo divórcio, salvo se fixado em sentença ou acordo, eis que com ele se extinguem, *ad perpetuam*, seus efeitos jurídicos, entre eles, a obrigação de mútua assistência. Não pode o ex-cônjuge pretender receber alimentos do outro, quando a tanto renunciara no divórcio devidamente homologado, por dispor de meios próprios para o seu sustento. Desprovimento do recurso" (TJRJ, AC 2006.001.15495/2006, 7ª CCív., rel. Desa. Maria Henriqueta Lobo, *DOERJ*, 29-8-2006).

o usasse poderia sofrer sérios prejuízos econômicos e sociais. Se se admitisse, observava João Francisco Moreira Viegas, no artigo "O nome da mulher divorciada", que após o divórcio a mulher pudesse usar o nome do ex-marido, ela teria possibilidade de transmiti-lo a filhos que viesse a ter com outro homem e até usá-lo depois de casar-se novamente. Houve quem achasse, como Yussef S. Cahali, que, nesta última hipótese, a mulher não poderia conservar o nome do ex-marido, devendo substituí-lo pelo nome do novo consorte. Em que pese esta opinião, pela Lei n. 6.515/77 a mulher tem o direito de não reunir ao seu o apelido do marido, logo, com o remaridamento, ela poderia, observa Viegas, conservar o nome do ex-cônjuge, transmitindo-o à nova prole. Com a edição da Lei n. 8.408/92, eliminou-se essa problemática, pois a divorciada deveria voltar a usar o nome de solteira, só conservando o apelido de família do ex-marido nos casos previstos pelo art. 25, parágrafo único, I a III.

Hoje, como vimos alhures o cônjuge (marido ou mulher), vencido na separação judicial, perde o direito de usar o nome do outro, se isso for requerido pelo vencedor e se a alteração não acarretar (CC, art. 1.578, I, II e III):

a) grave dano para sua identificação;

b) manifesta distinção entre o seu nome de família e o dos filhos havidos da união dissolvida; e

c) prejuízo grave reconhecido em sentença judicial.

"Dissolvido o casamento pelo divórcio direto ou por conversão, no que diz respeito ao sobrenome dos cônjuges, aplica-se o disposto no art. 1.578" (Enunciado n. 121, aprovado na I Jornada de Direito Civil, promovida pelo Conselho da Justiça Federal).

O cônjuge inocente na ação de separação judicial poderá, a qualquer momento, renunciar ao direito de usar o sobrenome do outro (CC, art. 1.578, § 1º). Nos demais casos há opção pela conservação do nome de casado. Logo, o deliberado na separação judicial sobre o sobrenome do ex-cônjuge deverá ser mantido no divórcio. E, na hipótese de divórcio direto, poderá, se quiser, conservar o apelido de família do ex-consorte (CC, art. 1.571, § 2º), mas havendo novas núpcias deverá a ele renunciar.

A lei, convém repetir, permite, em caso de divórcio extrajudicial ou judicial direto ou indireto), o direito de manter o sobrenome do ex-cônjuge, porque, em certos casos, a retirada desse apelido de família poderá causar dano à sua identificação. O art. 1.571, § 2º, apenas veda o uso do nome de casado, na hipótese de divórcio indireto, ou por conversão, quando a sentença de separação judicial contiver disposição em sentido contrário.

14) Outorga ao ex-cônjuge o direito a um terço do FGTS, na hipótese do outro ser demitido ou aposentar-se, se assegurado em sentença de divórcio. O ex-consorte poderá, até mesmo, pedir judicialmente a troca de sua percentagem do fundo por uma quota ideal de um imóvel. Mas há quem ache que tal fundo não é patrimônio do empregado, uma vez que não entra na declaração de Imposto sobre a Renda, não devendo, por isso, ser entregue qualquer percentual ao ex-cônjuge.

15) Possibilita requerer a "usucapião familiar" prevista no art. 1.240-A do Código Civil (acrescentado pela Lei n. 12.424/2011), modalidade de usucapião entre ex-cônjuges, condicionada à culpa de um deles por abandono do lar. O ex-cônjuge abandonado poderá, não sendo proprietário de qualquer imóvel urbano ou rural, pleitear usucapião sobre imóvel urbano de até 250 m^2, cuja propriedade divida com o outro, adquirindo o domínio integral, desde que: o use para sua moradia ou de sua família; o possua, com exclusividade, por 2 anos ininterruptamente e sem oposição.

16) Torna possível o registro ou transferência do título de propriedade imóvel adquirido no âmbito do PMCMV na constância do casamento em nome da mulher divorciada ou separada, salvo se o ex-marido for o detentor exclusivo da guarda dos filhos, hipótese em que aquele título será assentado em seu nome ou transferido a ele (Lei n. 11.977/2009, art. 35-A, parágrafo único, com a alteração da Lei n. 12.693/2012).

e.5. Extinção do direito ao divórcio

O direito ao divórcio extingue-se[632]:

1) Pelo seu *exercício*, ou seja, se o casamento for dissolvido por sentença que homologa ou decreta o divórcio ou se o pedido de divórcio for negado.

2) Pelo *perdão*, que deverá ocorrer antes da propositura ou no curso da ação de divórcio, desde que haja comprovação de que o cônjuge ofendido está disposto a continuar a vida em comum.

3) Pela *renúncia*, ou melhor, desistência da ação de divórcio, que atingirá o próprio direito.

4) Pelo *decurso do tempo*, pois, para Orlando Gomes, antes da Lei n. 7.841, embora nosso legislador não tivesse estatuído qualquer prazo de caducidade para o exercício do direito ao divórcio, entendia-se que se o titular não o

632. Orlando Gomes, *Direito*, cit., p. 313-4. Sobre divórcio *vide* Carlos Alberto Bittar, O divórcio no direito brasileiro, *RT, 511*:30-46; Aramy Dornelles da Luz, *O divórcio no*

exercesse em tempo razoável, contado a partir do momento em que teve ciência da causa legal que o justificava, não mais poderia pedi-lo sob esse fundamento, já que havia presunção de que perdoou a ofensa, principalmente se continuava a conviver com o ofensor.

5) Pela *morte de um dos cônjuges* no curso da ação, antes do registro da sentença.

Apesar da vitória dos divorcistas, não tem sido muito grande o número de pessoas que exerceram o direito de pedir o divórcio, em razão de quatro fatores: *a*) *social,* porque a Lei do Divórcio chegou numa época em que nosso povo não considera constrangedor que uma pessoa separada, judicialmente, viva amasiada com outra; *b*) *legal,* porque a legislação brasileira vem sendo modificada no sentido de facilitar as uniões de fato, de conceder direitos aos filhos delas oriundos, de assegurar pensões e uma série de direitos ao companheiro, de possibilitar a convivente o uso do nome do outro; *c*) *econômico,* pois se viver em união estável ou em concubinato não implica entraves sociais e legais para o casal e sua prole, para que gastar dinheiro num divórcio? O divórcio só atende, em regra, aos interesses de uma minoria, que necessita dar explicações à sociedade, por ser obrigada a se qualificar e a revelar seu estado civil com frequência, em inúmeras atividades da vida pública; *d*) *psicológico,* uma vez que a maior parte dos homens separados demonstra o medo de um segundo fracasso e só pedirá divórcio se for forçada pela atual companheira ou se perder o medo de uma nova união. A separada, por sua vez, na maioria dos casos, que parte em busca de novo companheiro, só conseguirá aumentar sua carga emocional negativa, adquirida por ocasião da separação, se o possível pretendente não estiver disposto a levar o relacionamento amoroso a níveis mais profundos, por estar mais preocupado em obter aventuras.

Brasil, São Paulo, Saraiva, 1978; Pedro Sampaio, *Divórcio e separação judicial,* Rio de Janeiro, Forense, 1978; Nelson Carneiro, *Divórcio e anulação do casamento,* Rio de Janeiro, 1951; Walter Ceneviva, *Anotações à legislação do divórcio,* São Paulo, 1978; Antônio José de S. Levenhagen, *Do casamento ao divórcio,* São Paulo, 1978; R. Limongi França, *A Lei do Divórcio,* São Paulo, 1978; Peter Benjamin, *Le divorce, la séparation de corps et leurs effets en droit international privé français et anglais,* Paris, 1955; José Saulo Ramos, *Divórcio à brasileira,* Rio de Janeiro, 1978; Gabriel Le Bras, *Divorce et séparation de corps dans le monde contemporain,* Paris, 1952; Albin Curet, *Code du divorce et de la séparation de corps,* Paris, Durant-Pedone, 1893; Almacchio Diniz, *O casamento dos divorciados e desquitados no Brasil,* São Paulo, Nacional, 1935; Waterloo Marchesini Jr., *Instituição do divórcio no Brasil,* Curitiba, Juruá, 1978; Arthur Piérard, *Divorce et séparation de corps,* Bruxelles, Bruylant, 1928.

Parece-nos que o divórcio não irá, de modo algum, resolver todos os problemas de direito de família existentes no Brasil, embora, em muitos casos, constitua uma terapêutica aceitável. Não se pode olvidar que o fim da lei é o bem comum; assim sendo, não poderá ela ser promulgada para atender, exclusivamente, a casos excepcionais, por mais justos que sejam. Ora, o interesse geral e o bem comum estão exigindo o fortalecimento do vínculo matrimonial, a estabilidade familiar e não o divórcio, fator de enfraquecimento da família. O que o povo precisa para ser feliz é de amor e de responsabilidade.

F. Mediação familiar

Como os conflitos familiares gerados pela dissolução da união estável, pela separação judicial ou pelo divórcio direto trazem, além dos problemas jurídicos, questões de ordem psíquica, por envolverem sentimentos, já que aludem às relações entre pais e filhos menores, dificultam ao Judiciário uma decisão que atenda satisfatoriamente aos interesses e às necessidades dos envolvidos, pois o ideal seria respeitar o direito da coparentalidade, o exercício da autoridade parental conjunta, em que cada um dos pais reconheça o lugar do outro.

Os conflitos familiares decorrem de uma inadequada comunicação, por isso a mediação familiar tem por escopo primordial estabelecer uma comunicação, conducente ao conhecimento do outro e à intercompreensão, partindo de explicações, buscando informações e permitindo a intersubjetividade entre os mediandos, para que cada um possa compreender o que o outro diz ou quer. O mediador apenas conduz o procedimento de comunicação entre as partes, buscando o consenso e a resolução do conflito. A mediação, dentro dos princípios de confidencialidade (Lei n. 13.140/2015, arts. 14, 30 e 31), da independência, da imparcialidade, da autonomia da vontade dos interessados, da oralidade, da informalidade e da decisão informada (CPC, art. 166), com a intervenção de terceiro neutro (mediador — Lei n. 13.140/2015, arts. 9º a 13), procura a conciliação das partes — assistidas ou não por advogado ou defensor (Lei n. 13.140/2015) — com interesses opostos, promovendo um acordo. Daí o papel do mediador, profissional qualificado que busca o diálogo entre os envolvidos, para que eles, após uma reflexão, venham a firmar acordos que atendam às necessidades de todos e conduzam à corresponsabilidade parental, levando o filho menor a ter um igual relacionamento com ambos os pais, que deverão exercer igualmente o poder parental; com isso consagrado estará o direito da criança e do adolescente de conservar o convívio com seus dois genitores, que assegurarão em conjunto a sua educação, apesar de não mais serem um casal conjugal, pois passarão a ser um casal parental, com responsabilidade por seus papéis de pai e mãe.

A mediação favorece o diálogo, por clarificar o que pertence a cada um dos envolvidos na situação conflituosa, levando-os a falar e a ouvir para que haja responsabilização da decisão tomada e da opção da alternativa solucionadora do impasse, possibilitando uma convivência paterno-materno-filial, numa nova relação interpessoal de respeito e amizade, baseada na compreensão, cooperação e tolerância. Cezar Peluso a esse respeito escreveu: "A mediação é uma técnica, cuja substância está na capacidade de ouvir, entender e libertar as pessoas, cativas por uma racionalidade cega, no seu encontro com o 'outro'".

O mediador é um terceiro imparcial, adstrito ao sigilo profissional, que não detém qualquer poder, pois o acordo é feito pelas partes, mediante diálogo. Mediação, segundo Danièle Ganancia, é "um procedimento estruturado de gestão de conflitos pelo qual a intervenção confidencial e imparcial de um profissional qualificado, o mediador, visa restabelecer a comunicação e o diálogo entre as partes. Seu papel é o de levá-los a elaborar, por eles próprios, acordos duráveis que levem em conta as necessidades de cada um e em particular das crianças em um espírito de corresponsabilidade parental". Mediação é — como ensina Águida Arruda Barbosa — uma atitude comunicativa que, para obter a intercompreensão dos mediandos envolvidos, procura fazer com que cada um deles tenha o cuidado de se fazer compreender e se esforce para compreender o que o outro diz. A mediação tão somente possibilita pacificar o conflito, responsabilizar os genitores e permitir que haja continuidade das relações de coparentalidade, como nos ensina Danièle Ganancia. Imprescindível é a relação pai-mãe e filho, havendo o término da conjugalidade. Por isso a mediação procura transformar a crise familiar e a "falência" do casamento em uma relação estável parental, abrindo caminhos para uma reconstrução satisfatória da vida; para tanto, precisará ser aceita pelos protagonistas, acatando a intervenção do mediador, que terá a difícil tarefa de escutar os problemas, esclarecendo pontos controvertidos e restabelecendo o diálogo, ao fazer o cliente entender que a separação judicial e o divórcio, na verdade, não dissolvem a família, uma vez que a reorganizam, mostrando não só os novos papéis desempenhados pelo pai e pela mãe, voltados ao melhor interesse e ao bem-estar da criança e do adolescente, como também a importância da guarda compartilhada e da conversão do direito de visita em direito de convivência, para que a relação entre pais e filhos sofra um aumento de qualidade, possibilitando um crescimento pessoal, voltado ao respeito humano e social, à dignidade do ser humano, à liberdade e aos limites no conviver.

A mediação procura criar oportunidade de solução do conflito, possibilitando que, com maturidade, os protagonistas repensem sua posição de homem, mulher, pai e mãe, verificando seus papéis na conjugalidade e na parentalidade, e impedindo violência das disputas pela guarda de filhos menores e pelas visitas. Com isso, protege-se a prole de comprometimentos psicológicos e psicossomáticos, tão frequentes no período pós-separação ou pós-divórcio de seus pais.

Imprescindível será a utilização da técnica da mediação em litígios judiciais na seara familiar, por ser uma espécie do gênero conciliação. Na conciliação, o terceiro (conciliador) atua ativamente e chega a apresentar sugestões, ao passo que na mediação o mediador, como vimos, apenas presta assistência técnica às partes, sem nada sugerir, pois procura abrir espaço, mediante orientação imparcial e diligente, para a comunicação conducente a um "acordo" que satisfaça a todos os envolvidos por ser, na verdade, uma autocomposição do conflito. O mediador, que deve ser imparcial, não soluciona nada, procura induzir os interessados a resolverem sozinhos o conflito, no todo ou em, parte pelo consenso (Lei n. 13.140/2015, arts. 2º e 3º).

A conciliação (CPC, art. 334) privilegia acordo, procurando fazer com que cada litigante abra mão de alguma coisa para terminar o conflito; logo, nela não se busca desvendar a causa que deu origem ao impasse. O conciliador, fazendo uso de técnicas de convencimento, procura, apresentando sugestões e alertando sobre possíveis perdas para ambas as partes, fazer com que cheguem a um acordo. E a mediação, como vimos, não busca o acordo, mas a comunicação e a escuta dos conflitantes, levando-os a descobrir o motivo da demanda e a sua solução, baseada na corresponsabilidade parental e na reflexão sobre o passado, presente e futuro. Fundamenta-se, como diz Águida Arruda Barbosa, na cultura da paz, tendo por escopo a educação em busca do justo sem violência.

Pelos benefícios que traz, louvável seria a implantação da mediação como técnica de solução alternativa e consensual de conflitos. Seria um novo caminho, apontado por terceira pessoa (mediador), aceita pelas partes, para ouvi-las e orientá-las, de maneira que, consensualmente, venham a prevenir ou a solucionar o conflito familiar e resguardar o bem-estar de todos os envolvidos[633], principalmente o melhor interesse da prole e o respeito à dignidade humana (CF, art. 1º, III).

---

633. Não há nenhum conflito entre a Lei n. 13.140/2015 e o CPC/2015, ambos reconhecem a mediação como um meio de acesso à justiça, pois a primeira a disciplina no

aspecto do direito material (norma substantiva) e o segundo rege o procedimento (norma adjetiva) e estabelece a diferença entre mediação e conciliação.

Bertoldo M. de Oliveira Filho, Os métodos autocompositivos no direito de família e o Ministério Público resolutivo, *MPMG Jurídico, Revista do Ministério Público do Estado de Minas Gerais — Direito de Família*, 2017, p. 61 a 67; Cristina S. L. Lins, As inovações ao instituto da mediação trazidas pelo CPC 2015 no âmbito familiar, *Revista Síntese — Direito de Família, 101*:249-254; Danièle Ganancia, Justiça e mediação familiar: uma parceria a serviço da coparentalidade, in Mediação e direito de família — uma parceria necessária, *Revista do Advogado*, AASP, n. 62, p. 7-15, mar. 2001; Jocelyne Dahan, *La médiation familiale*, Ed. Morisset, 1996; Águida Arruda Barbosa, A mediação corresponde a uma nova ordem social, *Revista IBDFAM, 30*:5 e 6; Mediação: "a clínica do direito", in Mediação e direito de família — uma parceria necessária, *Revista do Advogado*, AASP, n. 62, p. 41-8, mar. 2001; A política pública da mediação e a experiência brasileira, *Revista Jurídica*, Del Rey, *8*:21; Mediação como política, *Boletim IBDFAM, 73*:8; Comunicar é conhecer, *Boletim IBDFAM, 25*:6; Alcance da mediação familiar: uma sentença paradigmática, *A outra face*, cit., p. 513-28; Mediação familiar interdisciplinar como instrumento de prática da dignidade da pessoa humana, *Direito civil — direito patrimonial* e *direito existencial*, cit., p. 757-65; Estado da arte da mediação familiar interdisciplinar no Brasil, *Revista Brasileira de Direito de Família, 40*:140-51; Prática da mediação: ética profissional, *Família e dignidade humana*, Anais do V Congresso Brasileiro de Direito de Família (coord. R. Cunha Pereira), IBDFAM, São Paulo, IOB Thomson, 2006, p. 55 a 68; Cabe mediação nos procedimentos extrajudiciais instituídos pela Lei n. 11.441/2007?, *Separação, divórcio, partilhas e inventários extrajudiciais* (coord. Antônio Carlos M. Coltro e Mário Luiz Delgado), São Paulo, Método, 2007, p. 277-83; Direito de expressão, *Boletim IBDFAM, 48*:5; Sintonia, *Boletim IBDFAM*, n. 55, p. 11; Jean Louis Renchon, La médiation: un mode alternatif de résolution des conflits?, *Institut Suisse de Droit Comparé*, Zurich, 1992, p. 288; Jacqueline Mourret, La médiation familiale: une "culture de paix", *Ateliers de la Licorne*, France, 1996; Jean François Six, *Dynamique de la médiation*, Paris, 1995, p. 270; Eliana R. Nazareth, Psicanálise e mediação — meios efetivos de ação, in Mediação e direito de família — uma parceria necessária, *Revista do Advogado*, AASP, n. 62, p. 49-57; A prática da mediação, in *Família e cidadania*, cit., p. 309-15; Luiz Fernando do V. de A. Guilherme, A mediação interdisciplinar como tuteladora da afetividade e personalidade no direito de família; Delgado e Figueirêdo Alves, *Novo Código*, cit., v. 3, p. 129-144; Marilene Marodin e Stella Breitman, A prática da moderna mediação: integração entre psicologia e direito, *Aspectos psicológicos*, cit., cap. 35, p. 471-87; Farinha e Lavadinho, *Mediação familiar e responsabilidades parentais*, Coimbra, Almedina, 1997; Ana Célia Roland Guedes Pinto, O conflito familiar na justiça — mediação e o exercício dos papéis, in Mediação e direito de família — uma parceria necessária, *Revista do Advogado*, AASP, n. 62, p. 64-71; Gorvein, Divorcio y mediación, 2. ed., Ed. Córdoba; Giselle Groeninga, Do interesse à criança ao melhor interesse da criança — contribuições da mediação interdisciplinar, in Mediação, cit., *Revista do Advogado*, AASP, n. 62, p. 72-83; Mediação interdisciplinar — um novo paradigma, *Revista Brasileira de Direito de Família, 40*:152-69; Renovação de valores, *Bol. IBDFAM, 46*:5; Marcial Barreto Casabona, Mediação e lei, in Mediação, cit., *Revista do Advogado*, AASP, n. 62, p. 84-92; Marlova Stawinski, *Fuga, mediação familiar — quando chega ao fim a conjugalidade*, Passo Fundo, 2003; Verônica A. da M. Cezar-Ferreira, *Família, separação e mediação*, São Paulo, Método, 2007; Tania Lobo Muniz, *Mediação: uma nova visão do conflito.* Tese de doutorado apresentada em 2005 na pucsp, p. 219 a 223; Ivone M. C. C. de Souza, Mediação em direito de família — um recurso além da semântica, *Revista Brasileira de Direito de Família, 27*:29-39; Rozane da R. Cachapuz, *Mediação nos conflitos & direito de família*, Curitiba, Juruá, 2005; Stella G. Breitman e Marlene N. Strey, Gênero e mediação familiar: uma interface teórica, *Revista Brasileira de Direito de Família, 36*:5270; Cleide Rocha de Andrade, A mediação de conflitos familiares na justiça: uma saída singular, *Revista Brasileira de Direito de Família, 38*:26-36; José Herval Sampaio Júnior, O papel do juiz na tentativa de pacificação social: a importância das técnicas de conciliação e mediação, *Direito e liberdade*, ESMARN, *6*:167-73; Petronio Calmon Filho, *Fundamentos da mediação e da conciliação*, Rio de Janeiro, Forense, 2007; Fernanda Tartuce, *Mediação nos conflitos civis*, São Paulo, Método, 2008, p. 278-85; Fabiana M. Spengler, A desinstitucionalização da família e a prática da mediação familiar no Brasil; *Direito das famílias* — em homenagem a Rodrigo da C. Pereira (org. Mª Berenice Dias), São Paulo, Revista dos Tribunais, 2009, p. 280 a 294; Conrado Paulino da Rosa, A justiça que tarda, falha: a mediação como nova alternativa no tratamento dos conflitos familiares, *Revista Síntese — Direito de Família, 61*:30-9; Angela Maria Soldá e Vitor Hugo Oltramari, Mediação familiar: tentativa de efetivação da guarda compartilhada e do princípio do melhor interesse da criança, *Revista Síntese — Direito de Família, 67*:107-23; Milton F. Lamanauskas, A conciliação e mediação no Sistema notarial e de registro como forma de ampliação do acesso à justiça, *Revista de Direito Notarial 6*:67 a 110; Gustavo F. B. Garcia, Mediação e autocomposição: considerações sobre a Lei n. 13.140/2015 e o novo CPC, *Revista Síntese Direito Civil e Processual Civil, 97*:148-16; André G. de Azevedo e Marco Aurélio Buzzi, Novos desafios para a mediação e conciliação no novo CPC: art. 334, *Revista Síntese — Direito Civil e Direito Processual Civil, 108*:9 a 12; Renan B. Martins, Conciliação e mediação na ótica do novo CPC, *Revista Síntese — Direito Civil e Direito Processual Civil, 108*:48 a 53; Juliana R. Nunes, *A importância da mediação e da conciliação para o acesso à justiça* — uma análise à luz do novo CPC, Rio de Janeiro, Lumen Juris, 2017. A Argentina (Lei de 27-10-95) admite a obrigatoriedade de mediação prévia a todo juízo. A Lei francesa n. 95.125/95 trata da conciliação e mediação judiciais. Há projeto da UNESCO visando implantar a mediação de conflitos em grade curricular de escolas, para conscientização dos alunos da existência de uma forma não violenta de resolver conflitos. O Provimento 953 do CSM, de 7 de julho de 2005, dá nova redação ao art. 3º do Provimento 893/04 admitindo como conciliadores magistrados, membros do Ministério Público e procuradores do Estado aposentados, advogados, estagiários, psicólogos, assistentes sociais etc.

A mediação foi contemplada pela política pública instituída pela Resolução n. 125/2010 do CNJ, como tratamento adequado dos conflitos de interesse, por conter princípio de gestão da mediação e descrever critérios para formação de mediadores.

Vide PL n. 505/2007 sobre mediação familiar como recomendação na regulação dos efeitos da separação e divórcio, instituindo o § 3º ao art. 1.571, dispondo o dever de o juiz incentivar a mediação. O art. 166, §§ 1º a 4º, do CPC, trata dos princípios norteadores da conciliação e da mediação, que são os da independência da imparcialidade, da autonomia da vontade, da confidencialidade, da oralidade, da informalidade e da decisão informada. O art. 167, §§ 1º a 6º, trata dos cadastros de conciliadores e mediadores a serem formados e mantidos pelos tribunais, delimitando as condições para viabilizar a inscrição. A Lei n. 13.140/2015 dispõe sobre a mediação entre particulares como meio de solução de controvérsias.

Havendo separação judicial, divórcio ou ruptura da união estável, todos (juiz, advogado, promotor de justiça, auxiliares do juízo, como psicólogos e assistentes sociais) deverão buscar a conciliação, a diminuição do sofrimento dos filhos, a transformação da crise familiar numa relação parental (pai, mãe e filhos) reorganizada e voltada para os interesses da criança e do adolescente, abrindo novos horizontes para uma reconstrução da vida.

O CNJ, ao deferir o pedido cautelar da OAB, vetou o Provimento CGJ-SP n. 17/2013, que autorizava as práticas de mediação e conciliação extrajudicial de direitos patrimoniais disponíveis (dívidas bancárias, pedidos de pensão alimentícia, danos econômicos, acidentes de trânsito etc.), sem presença de advogado, por parte de notários e registradores nas serventias de que eram titulares. Para tanto deviam manter um livro de mediação e conciliação, que poderia ser formado em meio eletrônico.

Pelos Enunciados da ENFAM:

a) n. 56) Nas atas das sessões de conciliação e mediação, somente serão registradas as informações expressamente autorizadas por todas as partes.

b) n. 57) O cadastro dos conciliadores, mediadores e câmaras privadas deve ser realizado nos núcleos estaduais ou regionais de conciliação (Núcleos Permanentes de Métodos Consensuais de Solução de Conflitos — NUPEMEC), que atuarão como órgãos de gestão do sistema de autocomposição.

c) n. 58) As escolas judiciais e da magistratura têm autonomia para formação de conciliadores e mediadores, observados os requisitos mínimos estabelecidos pelo CNJ.

d) n. 59) O conciliador ou mediador não cadastrado no tribunal, escolhido na forma do § 1º do art. 168 do CPC/2015, deverá preencher o requisito de capacitação mínima previsto no § 1º do art. 167.

e) n. 60) À sociedade de advogados a que pertença o conciliador ou mediador aplicam-se os impedimentos de que tratam os arts. 167, § 5º, e 172 do CPC/2015.

f) n. 61) Somente a recusa expressa de ambas as partes impedirá a realização da audiência de conciliação ou mediação prevista no art. 334 do CPC/2015, não sendo a manifestação de desinteresse externada por uma das partes justificativa para afastar a multa de que trata o art. 334, § 8º.

g) n. 62) O conciliador e o mediador deverão advertir os presentes, no início da sessão ou audiência, da extensão do princípio da confidencialidade a todos os participantes do ato.

Quadro Sinótico

DISSOLUÇÃO DA SOCIEDADE E DO VÍNCULO CONJUGAL

1. CASOS DE DISSOLUÇÃO	• Morte de um dos cônjuges. • Nulidade ou anulação do casamento. • Separação (judicial ou extrajudicial). • Divórcio.	
2. MORTE	• A morte real ou presumida de um dos consortes produz efeito dissolutório tanto da sociedade como do vínculo conjugal, fazendo cessar o impedimento para contrair novas núpcias.	
3. SISTEMA DE NULIDADES DO CASAMENTO	• Normas do regime de nulidade absoluta e relativa do casamento	• Não se podem adotar, na íntegra, no âmbito matrimonial, os princípios e critérios do regime das nulidades dos negócios jurídicos porque (*a*) o casamento nulo acarreta efeitos, como comprovação da filiação (CC, art. 1.617); manutenção do impedimento de afinidade; dissuasão do casamento da mulher nos 300 dias subsequentes à dissolução da sociedade e do vínculo conjugal; atribuição de alimentos provisionais ao cônjuge enquanto aguarda decisão judicial; (*b*) há nulidades matrimoniais que podem ser convalidadas; (*c*) a nulidade absoluta do casamento não pode ser decidida *ex officio* pelo juiz; (*d*) permite-se que, além dos prejudicados e representantes, terceiros promovam a ação de anulação do casamento (CC, art. 1.552, II e III).
	• Nulidade do matrimônio (CC, art. 1.548)	• Contraído com infração de impedimento matrimonial previsto no CC, art. 1.521, I a VII.
	• Anulabilidade do casamento (CC, art. 1.550, I a VI, §§ 1º e 2º)	• Contraído perante autoridade incompetente *ratione loci* e *ratione personae*. • Se houver erro essencial quanto à pessoa do cônjuge (CC, arts. 1.556 e 1.557, I a IV). • Contraído por pessoa incapaz de consentir; por quem não alcançou a idade núbil; pelo menor sujeito ao poder familiar ou tutela, sem autorização do representante legal; pelo mandatário na ignorância da revogação ou da invalidade do mandato; pela pessoa com deficiência mental ou intelectual que não puder exprimir diretamente sua vontade ou se seu responsável não o representar, manifestando, em seu lugar, o seu consenso.

3. SISTEMA DE NULIDADES DO CASAMENTO	• Putatividade do casamento nulo e anulável	• Pela qual os efeitos pessoais e patrimoniais do matrimônio, em relação aos consortes e à prole, retroagem até sua celebração, suprimindo o impedimento, se um dos cônjuges ou ambos o contraíram de boa-fé, fazendo desaparecer a causa de sua nulidade ou anulabilidade (CC, arts. 1.561 e 1.563).
4. SEPARAÇÃO JUDICIAL	• Finalidades	• Dissolver a sociedade conjugal, sem romper o vínculo matrimonial, o que impede que os consortes convolem novas núpcias. • Constituir-se como uma medida preparatória do divórcio.
	• Espécies (Lei n. 6.515/77, arts. 4º, 5º e 39)	• Separação consensual ou por mútuo consenso dos cônjuges casados há mais de 1 ano (CC, art. 1.574). • Separação litigiosa ou não consensual, efetivada por iniciativa da vontade unilateral de qualquer dos consortes ante as causas legais.
	• Separação consensual	• Procedimento (CPC, arts. 731 a 733; Lei n. 6.515/77, art. 34, §§ 1º, 3º e 4º; arts. 4º, 9º, 15, 20, 22; Lei n. 6.015/73, arts. 101, 167, II, n. 14). • Eficácia jurídica só com homologação judicial (Lei n. 6.515, art. 34, § 2º) por ser a separação consensual um ato judicial complexo, visto que a vontade dos cônjuges só produz efeito liberatório quando houver homologação do órgão judicante, que tem presença atuante e positiva no processo. A sentença homologatória perderá sua eficácia com a reconciliação (Lei n. 6.515/77, art. 46; Lei n. 6.015/73, art. 101; CC, art. 1.574, parágrafo único).
	• Separação litigiosa	• Modalidades: • *a) Separação litigiosa como sanção* (CC, arts. 1.572 e 1.573), que ocorre quando um dos consortes imputar ao outro qualquer ato que importe em grave violação dos deveres matrimoniais. • *b) Separação litigiosa como falência*, que se dá quando um dos cônjuges provar ruptura da vida em comum há mais de 1 ano consecutivo e a impossibilidade de sua reconstituição (CC, art. 1.572, § 1º). • *c) Separação litigiosa como remédio*, que se efetiva quando um cônjuge a pedir ante o fato de estar o outro acometido de grave doença mental, manifestada após o casamento, que impossibilite a continuação da vida em comum, desde que, após uma duração de 2 anos, a enfermidade tenha sido reconhecida de cura improvável (CC, art. 1.572, § 2º).

4. SEPARAÇÃO JUDICIAL	• Separação litigiosa	• Procedimento	• Pode ser precedida de separação de corpos (CC, art. 1.575). • Obedece às normas do CPC, arts. 693 e 699. • Foro competente é o do domicílio da mulher (Lei n. 6.515, art. 52). • Há possibilidade de reconciliação (Lei n. 6.515, art. 46, parágrafo único).
	• Efeitos da separação judicial	• Efeitos pessoais em relação aos consortes	• Pôr termo aos deveres recíprocos do casamento (CC, art. 1.576). • Impedir o cônjuge de continuar a usar o sobrenome do outro se declarado culpado na separação litigiosa, desde que isso seja requerido pelo cônjuge inocente e não se configurem os casos do art. 1.578, I a III, do Código Civil. Ao passo que na separação consensual tem opção de usar ou não o sobrenome de casado. • Impossibilitar realização de novo casamento. • Autorizar a conversão em divórcio, cumprido 1 ano de vigência de separação judicial ou da decisão concessiva da separação de corpos. • Proibir que sentença de separação judicial de empresário ou ato de reconciliação sejam opostos a terceiros antes de arquivados e averbados no Registro Público de Empresas Mercantis (CC, art. 980).
		• Efeitos patrimoniais relativamente aos cônjuges	• Pôr fim ao regime matrimonial de bens, sendo que a partilha será feita mediante proposta dos cônjuges, homologada pelo juiz (na separação consensual) ou por ele deliberada (na litigiosa). • Substituir o dever de sustento pela obrigação alimentar (Lei n. 6.515, arts. 19, 21, §§ 1º e 2º, 22, parágrafo único, 23, 29 e 30; CC, arts. 1.702, 1.700, 1.699, 1.707, 1.708 e 1.709). • Dar origem, se litigiosa a separação, à indenização por perdas e danos, ante prejuízos morais ou patrimoniais sofridos pelo cônjuge inocente.

4. SEPARAÇÃO JUDICIAL	• Efeitos da separação judicial	• Efeitos patrimoniais relativamente aos cônjuges	• Suprimir direito sucessório entre os consortes em concorrência ou na falta de descendente e ascendente (CC, arts. 1.829, 1.830 e 1.838). • Impedir que ex-cônjuge de empresário separado judicialmente exija desde logo a parte que lhe couber na quota social, permitindo que concorra à divisão periódica dos lucros, até que a sociedade se liquide (CC, art. 1.027). • Outorgar propriedade integral de imóvel, em condomínio com ex-cônjuge, se configurados os requisitos do art. 1.240-A do Código Civil.
		• Efeitos quanto aos filhos	• Não altera o vínculo de filiação. • Passa-os à guarda e companhia de um dos cônjuges ou de ambos, ou, ainda, se houver motivos graves, de terceiro. • Assegura ao genitor, que não tem a guarda da prole, o direito de visita, de tê-la temporariamente em sua companhia nas férias e dias festivos e de fiscalizar sua manutenção e educação. • Garante aos filhos menores e maiores inválidos pensão alimentícia. • Possibilita que ex-cônjuges, separados judicialmente, adotem em conjunto criança, desde que preenchidos os requisitos legais (Lei n. 8.069/90, art. 42, § 4º).
5. SEPARAÇÃO EXTRAJUDICIAL CONSENSUAL	• Opção de casal, sem filhos menores e incapazes (em contrário Enunciado 571 do CJF), com observância do prazo exigido por lei, que poderá dar-se por escritura pública lavrada e assinada por tabelião de notas ou cônsul (LINDB, art. 18, §§ 1º e 2º, acrescentados pela Lei n. 12.874/2013) e mediante assistência de advogado comum ou advogados de cada um dos cônjuges, que conterá disposições concernentes à descrição e à partilha dos bens comuns, à pensão alimentícia e ao acordo quanto à retomada pelo ex-cônjuge do nome de solteiro ou à manutenção do nome adotado por ocasião das núpcias. Não há necessidade de homologação judicial dessa escritura, que constitui título hábil para o registro civil e o registro de imóveis. E, além disso, essa escritura será gratuita aos interessados que se declararem pobres (CPC, art. 733, §§ 1º e 2º).		
6. DIVÓRCIO	• Conceito	• É a dissolução do casamento válido, que se opera mediante sentença judicial, habilitando as pessoas a contrair novas núpcias.	

<table>
<tr>
<td rowspan="4">6. DIVÓRCIO</td>
<td rowspan="4">• Modalidades</td>
<td>• Divórcio extrajudicial consensual</td>
<td colspan="3">• Feito por escritura pública (perante notário ou cônsul), sendo somente permitido a casal que não tenha filhos menores ou incapazes (em contrário Enunciado 571 do CJF), desde que observado o prazo legal e haja comum acordo entre os interessados. Dispensa homologação judicial e a escritura constitui título hábil para o registro civil e o registro imobiliário (CPC, art. 733, §§ 1º e 2º); LINDB, art. 18, §§ 1º e 2º, acrescentados pela Lei n. 12.874/2013.</td>
</tr>
<tr>
<td>• Divórcio indireto</td>
<td colspan="3">• Divórcio consensual indireto ocorre quando um dos cônjuges com o consenso do outro pede a conversão da prévia separação judicial (consensual ou litigiosa) em divórcio (Lei n. 6.515, art. 35), (CF, art. 226, § 6º, com a redação da EC n. 66/2010.
• Divórcio litigioso indireto, obtido mediante sentença judicial proferida em processo de jurisdição contenciosa, em que um dos consortes, judicialmente separado, havendo recusa do outro, pede ao juiz que converta a separação judicial (consensual ou litigiosa) em divórcio.
• Procedimento: Lei n. 6.515, arts. 31, 35, parágrafo único, 47, 48, 37, §§ 1º e 2º, 36 e parágrafo único, I e II, 32; Lei n. 7.841/89, art. 2º; CPC, art. 178, II.</td>
</tr>
<tr>
<td rowspan="2">• Divórcio direto (CC, art. 1.580)</td>
<td>• Divórcio consensual direto</td>
<td colspan="2">• Decorre do mútuo consentimento dos cônjuges que se encontram separados de fato (CF, art. 226, § 6º; com a redação da EC n. 66/2010, Lei n. 6.515, art. 40, com redação da Lei n. 7.841/89, art. 2º), seguindo o procedimento do CPC, arts. 731 a 733, e da Lei n. 6.515, art. 40, § 2º.</td>
</tr>
<tr>
<td>• Divórcio litigioso direto</td>
<td>• Conceito</td>
<td>• É o que se apresenta quando pedido por um dos consortes separados de fato.</td>
</tr>
</table>

6. DIVÓRCIO				• Procedimento	• CPC, arts. 693 a 699. • Lei n. 6.515, art. 40, § 3º, que não mais tem eficácia, embora tenha vigência.
	• Modalidades	• Divórcio direto (CC, art. 1.580)	• Divórcio litigioso direto	• Classificação permitida antes do advento da Lei n. 7.841/89	• *Divórcio-sanção*: se um dos consortes imputava ao outro conduta desonrosa ou ato que importava em grave violação dos deveres conjugais, que tornassem insuportável a vida em comum (Lei n. 6.515, art. 5º). • *Divórcio-falência*: se um dos cônjuges alegava e provava a ruptura da vida em comum há mais de 2 anos e a impossibilidade de sua reconstituição (Lei n. 6.515, art. 5º, § 1º; CF/88, art. 226, § 6º). • *Divórcio-remédio*: se um dos consortes estava acometido de insanidade mental, que impossibilitava a vida em comum, desde que, após a duração de 2 anos, tivesse sido reconhecida improvável a sua cura (Lei n. 6.515, arts. 5º, § 2º, e 6º).
	• Efeitos do divórcio	• Dissolução do vínculo conjugal civil e cessação dos efeitos civis do casamento religioso inscrito no Registro Público (Lei n. 6.515, art. 24). • Cessação dos deveres recíprocos dos cônjuges. • Extinção do regime matrimonial, procedendo a partilha conforme o regime. • Possibilidade de novo casamento ao divorciado. • Inadmissibilidade de reconciliação (Lei n. 6.515, art. 33).			

6. DIVÓRCIO	• Efeitos do divórcio	• Pedido de divórcio sem limitação numérica (Lei n. 7.841/89, art. 3º). • Término do regime de separação de fato, se se tratar de divórcio direto. • Conversão da separação judicial em divórcio, se for indireto. • Possibilidade de adoção conjunta de criança pelos ex-cônjuges divorciados (Lei n. 8.069/90, art. 42, § 4º). • Direito a 1/3 do FGTS quando o ex-cônjuge for demitido ou vier a aposentar-se. • Inalterabilidade dos direitos e deveres dos pais em relação aos filhos (Lei n. 6.515, art. 27 e parágrafo único), embora possa modificar as condições do exercício do poder familiar e guarda dos filhos. Quanto aos alimentos devidos pelos pais à prole, observam-se os arts. 28 da Lei n. 6.515 e 1.699 do CC. Os filhos herdam os bens de seus pais (Lei n. 6.515, art. 51, que alterou a Lei n. 883/49, art. 2º; CF/88, art. 227, § 6º). • Extinção da obrigação alimentar do ex-cônjuge devedor se o ex-cônjuge credor contraiu novo casamento (Lei n. 6.515, arts. 29 e 30). • Direito ao uso do nome do ex-consorte, salvo se o contrário estiver disposto na sentença (CC, art. 1.571, § 2º). • Possibilidade de requerer a usucapião prevista no CC, art. 1.240-A.
	• Extinção do direito ao divórcio	• Pelo seu exercício. • Pelo perdão. • Pela renúncia. • Pelo decurso do tempo. • Pela morte de um dos cônjuges.
7. MEDIAÇÃO FAMILIAR	• Acompanhamento dos pais, em caso de separação, divórcio, ou ruptura de união estável mediante gestão de seus conflitos, para a tomada de uma ponderada decisão que traga, nos limites de sua responsabilidade, uma solução satisfatória ao interesse da prole, no que atina a guarda, visita, pensão alimentícia etc. (Jacqueline Mourret). • Lei n. 13.140/2015.	

CAPÍTULO III

Do Direito Convivencial

1. Conceito e elementos da união estável

Ao matrimônio contrapõe-se o companheirismo[1], consistente numa união livre e estável de pessoas livres de sexos diferentes, que não estão ligadas entre si por casamento civil[2]. A Constituição Federal (art. 226, § 3º),

1. Caio M. S. Pereira, *Instituições de direito civil*, 3. ed., Rio de Janeiro, Forense, 1979, p. 36. Quanto às causas conducentes à união estável, interessante é a classificação de Misabel Derzi, que as considera: *alternativa*, para os separados de fato ou judicialmente, por haver impedimento para o casamento, enquanto aguardam o divórcio; *experimental*, em caso de noivos que passam a viver juntos, gerando um "casamento" por antecipação, onde procuram se conhecer melhor, averiguando qualidades e defeitos de cada um antes de convolarem núpcias; *reativa*, em que um ou ambos, em razão de traumas ou de experiências negativas, advindos de um casamento infeliz, repelem qualquer intromissão legal em suas relações; *econômica*, para obtenção de dedução de imposto sobre a renda ou de bolsa integral de estudos no exterior ou para evitar perda de pensão, na hipótese de o beneficiário ser viúvo ou filha solteira; e *tradicional*, quando os conviventes, por motivo social ou psicanalítico, preferem deixar a porta aberta para uma possível dissolução. Usamos como sinônimas as palavras *convivente* e *companheiro*.
2. Sobre o conceito de concubinato e união estável *vide* Luigi Frossi, Concubinato, in *Dizionario pratico del diritto privato*, de Scialoja, v. 2, p. 279; Bassil Dower, *Curso renovado de direito civil*, São Paulo, Ed. Nelpa, 1973, v. 4, p. 20; Edgard Moura Bittencourt, Concubinato, in *Enciclopédia Saraiva do Direito*, v. 17, p. 259; Silvio Rodrigues, *Direito civil*; direito de família, 8. ed., São Paulo, Saraiva, 1980, v. 6, p. 265; W. Barros Monteiro, *Curso de direito civil*; direito de família, 19. ed., São Paulo, Saraiva, 1980, v. 2, p. 15; Borges Carneiro, *Direito civil de Portugal*, v. 2, p. 153 a 167; Ruggiero, *Instituições de direito civil*, trad. de Ari dos Santos, v.2, p. 52; Ney de Mello Almada, *Manual de direito de família*, São Paulo, Ed. Hemeron, 1978, p. 55; Zannoni, *El concubinato*, Buenos Aires, 1970; Bossert, *Concubinato*, Rosario, 1968, p. 17; Adahyl Lourenço Dias, *A concubina e o direito brasileiro*, São Paulo, Saraiva, 1975, p. 50; Euclides B. de Oliveira e Benedito Silvério Ribeiro, Concubinato e família, *JB*, *164*:25-9; Euclides B. de Oliveira, *União estável*, São Paulo, Paloma, 2000; id., Do concubinato à união estável, *Revista do Instituto dos Advogados*

ao conservar a *família*, fundada no casamento, reconhece como *entidade familiar* a união estável, a convivência pública, contínua e duradoura de um homem com uma mulher, vivendo ou não sob o mesmo teto, sem vínculo matrimonial, estabelecida com o objetivo de constituir família, desde que tenha condições de ser convertida em casamento, por não haver impedimento legal para sua convolação (CC, art. 1.723, §§ 1º e 2º). Apesar disso, há decisão do STF (ADI 4.277 e ADPF 132) e Resolução do CNJ n. 175/2013 (art. 1º *in fine*), reconhecendo união estável homoafetiva. O Projeto de Lei n. 699/2011 acrescentará ao art. 1.723, *caput*, a exigência de que os companheiros sejam civilmente capazes. A proteção jurídico-constitucional recai sobre uniões matrimonializadas e relações convivenciais *more uxorio*, que possam ser convertidas em casamento. Com isso, a união estável perde o *status* de sociedade de fato e ganha o de entidade familiar, logo não pode ser confundida com a união livre, pois nesta duas pessoas de sexos diferentes, além de não optarem pelo casamento, não têm qualquer *intentio* de constituir família, visto que, tão somente, assumiram "relação aberta" ante a inexistência de compromisso (*RT*, *698*:73). No namoro a *intentio* é a construção de uma futura família, havendo compromisso, ao passo que na união está-

---

de São Paulo, 2:65-79; Álvaro Villaça Azevedo, *Estatuto da família de fato*, São Paulo, Jurídica Brasileira, 2001; id., *Do concubinato ao casamento*, Cejup, 1986; A união estável no novo Código Civil, *Trinolex. Com, 1*:11-2; Francisco José Cahali, *União estável e alimentos entre companheiros*, São Paulo, Saraiva, 1996; *Contrato de convivência na união estável*, São Paulo, Saraiva, 2002; Ronaldo Frigini, O concubinato e a nova ordem constitucional, *RT, 686*:55; Silvio Luis Ferreira da Rocha, *Introdução*, cit., p. 141; Jorge S. Fujita, *Curso*, cit., p. 215-41; M. Helena M. Braceiro Daneluzzi, *União estável*, dissertação de mestrado apresentada na PUCSP, em 1995; Francisco E. O. Pires e Albuquerque Pizzolante, *União estável no sistema jurídico brasileiro*, São Paulo, Atlas, 1999; Hélio Borghi, *União estável e casamento*, São Paulo, Ed. Juarez de Oliveira, 2001; Nilza Reis, O concubinato, a união estável e o Anteprojeto do Código Civil, in *Estudos de direito*, São Paulo, LTr, 1998, p. 118-26; Rodrigo da Cunha Pereira, *Concubinato e união estável*, Belo Horizonte, Del Rey, 1995; Ana Elizabeth L. W. Cavalcanti, *Casamento e união estável — requisitos e efeitos pessoais*, Barueri, Manole, 2003; Olga Jubert G. Kreel, *União estável — análise sociológica*, Curitiba, Juruá, 2005; Júlio Cesar Bacovis, *União estável — conversão em casamento e alimentos entre os conviventes*, Curitiba, Juruá, 2005; Caetano Lagrasta Neto, Família e união estável no novo Código Civil, *Revista de Direito Constitucional e Internacional, 55*:5-19; Roberto Figueiredo, O Código Civil de 2002 e as entidades familiares. Direito convivencial: uma tentativa de conformação principiológica, *Revista Brasileira de Direito de Família, 36*:17-31; Regina Beatriz Tavares da Silva, O casamento e a união estável entre pessoas do mesmo sexo. *Revista Juris da FAAP, 7*:265-72.

Vide: Código Civil francês, arts. 515-1, 515-2 e 515-8; Lei portuguesa n. 7/2001, arts. 1º e 2º; Lei cubana n. 1.289/75, art. 18; Código Civil de Cabo Verde, arts. 1.563, 1.715 e 1.717; Lei de Família de Moçambique, art. 202.

vel já se tem uma entidade familiar (TJDF, março de 2009, Rec 2005.01.1.013018.6). Já há até mesmo a efetivação de "contrato de namoro", para evitar que da relação amorosa advenha o reconhecimento da união estável. Tal contrato, contudo, como observa Helder M. Dal Col, poderá ser considerado inválido, p. ex., se: violar norma de ordem pública; gerar enriquecimento indevido a um dos contratantes; lesar terceiro de boa-fé; apresentar, o relacionamento do casal, os elementos essenciais configuradores de união estável; houver fraude à lei etc.

Para que se configure a união estável, é mister a presença dos seguintes *elementos essenciais*[3]:

3. *Vide* Silvio Rodrigues, op. cit., p. 264-5; W. Barros Monteiro, op. cit., p. 15; Helder M. Dal Col, União estável e contratos de namoro no NCCB, *Revista Brasileira de Direito de Família, 23*:140-4; Beucher, *La notion actuelle du concubinage, ses effects à l'égard des tiers*, Paris, Sirey, 1932, p. 20; Adahyl Lourenço Dias, *A concubina e o direito brasileiro*, São Paulo — Rio de Janeiro, Freitas Bastos, 1961, p. 53-4; Antônio Chaves, *Lições de direito civil*, São Paulo, Revista dos Tribunais, 1975, v. 3, p. 12; Hélio Borghi, *União estável e casamento — aspectos polêmicos*, São Paulo, ed. Juarez de Oliveira, 2003; René Thery, Le concubinage en France, *Revue Trimestrielle de Droit Civil*, 1960, p. 33; Marco Aurélio S. Viana, *Da união estável*, São Paulo, Saraiva, 1999; Sebastião José Roque, *Direito de família*, cit., p. 215-20; Luiz Augusto Gomes Varjão, *União estável — requisitos e efeitos*, São Paulo, Ed. Juarez de Oliveira, 1999; Euclides Benedito de Oliveira, Impedimentos matrimoniais na união estável, *Família e cidadania*, cit., p. 173-92; Fábio A. Ferreira, *O reconhecimento da união de fato como entidade familiar e sua transformação num casamento não solene*, Rio de Janeiro, Lumen Juris, 2002; Lourival S. Cavalcanti, *União estável*, São Paulo, Saraiva, 2003; Carlos Alberto Menezes Direito, Da união estável no novo Código Civil, *O novo Código Civil — estudos em homenagem a Miguel Reale*, São Paulo, LTr, 2003, p. 1269-85; Rodrigo da Cunha Pereira, *Comentários ao novo Código Civil*, Rio de Janeiro, Forense, 2003, v. 20, p. 3-220; Paulo Roberto de C. Rêgo, O separado de fato, ante a união estável, e a sociedade de fato entre pessoas do mesmo sexo, *CDT Boletim, 9*:34-6; Maria Goreth M. Valadares, Famílias homoafetivas: vencendo a barreira do preconceito, *Revista Brasileira de Direito de Família, 35*:33 a 51; Matiello, *Código*, cit., p. 1127; Simone O. Ivanov dos Santos, *União estável*, São Paulo, Atlas, 2005; Richard Pae Kim, Direito fundamental de constituir uma família — a adoção por casais homoafetivos, *Revista IOB de Direito de Família, 57*:16 a 34; Ulisses S. da Silva, Adoção por casal homoafetivo e o conservadorismo da nova lei de adoção, *Revista IOB de Direito de Família, 57*:38 a 46; César L. de A. Rabelo, Cláudia M. de A. R. Viegas e Leonardo M. Poli, A regulamentação jurisdicional para a família homoafetiva e o ativismo judicial, *Revista Síntese — Direito de Família, 74*:72-91; Antonio Rulli Neto e Renato A. Azevedo, A discussão acerca do estado civil do companheiro, *Revista Juris da FAAP, 2*:55-9. A Corregedoria Permanente (SP) já decidiu (22-3-2004) sobre a impossibilidade de registro do instrumento particular declaratório de união estável no livro E do Registro Civil das Pessoas Naturais, invocando a Lei n. 9.278/96 e o art. 33 da Lei n. 6.015/73. Mas, por meio do Provimento n. 37/2014, a Corregedoria Nacional de Justiça dispôs sobre o registro facultativo de união estável no livro E dos Cartórios de Registro Civil das Pessoas Naturais. A medida, aplicável tanto para registros de união estável existente entre homem e mulher, bem como de casais do mesmo sexo, foi editada com a finalidade de atender à necessidade de uniformização dos atos registrais relativos a essas uniões e de conferir maior segurança jurídica à relação mantida entre companheiros e destes com

1) *Diversidade de sexo*, pois entre pessoas do mesmo sexo haverá tão somente uma sociedade de fato (*RSTJ, 110*:313) — mas o STF (ADI 4.277 e ADPF 132), em maio de 2011, e a Resolução do CNJ n. 175/2013 passam a

---

terceiros, inclusive no que tange aos aspectos patrimoniais. Conforme os termos da lei, os atos da vida civil devem ser registrados no livro B ou B Auxiliar, de acordo com o seu teor; todavia o registro da união estável entre casais, situação civil reconhecida pelo Código Civil brasileiro em seus arts. 1.723 a 1.727, poderá ser realizado em cartório (livro E). O referido livro, de acordo com os termos do parágrafo único do art. 33 da lei de 1973, é destinado aos registros civis, porém afirma o art. 1º do novo provimento que a formalização da situação civil do casal é facultativa. Caberá o registro tanto das uniões formalizadas por escritura pública como das que foram reconhecidas por decisão judicial. Em ambos os casos, esse registro se fará no cartório do último domicílio dos companheiros. Desse registro, devem constar diversas informações, tais como a data da sua efetivação, o prenome e o sobrenome das partes interessadas, datas de nascimento, profissões, números dos Registros Gerais e CPFs, domicílio e residência de cada companheiro, além dos prenomes e sobrenomes dos respectivos pais. Deve constar do registro, também, a indicação de datas de nascimento, casamento ou de outras uniões estáveis anteriores, assim como os óbitos de seus anteriores cônjuges ou companheiros, quando houver, ou os respectivos divórcios ou separações judiciais ou extrajudiciais, se foram anteriormente casados.

No art. 2º, o provimento estabelece que o registro das sentenças que reconhecem a existência de uniões estáveis mencionará a data do trânsito em julgado da sentença ou do acórdão, o número do processo, o Juízo e nome do juiz sentenciante ou do desembargador relator do recurso por meio do qual se tenha dado o reconhecimento, além da data da escritura pública, mencionando-se, no último caso, o livro, a página e o tabelionato onde foi lavrado o ato. O ato registral indicará, ainda, o regime de bens estabelecido pelos companheiros ou a ausência de estipulação a esse respeito.

O registro de união estável estabelecida por meio de escritura pública de reconhecimento ou extinção produzirá efeitos patrimoniais entre os companheiros, não prejudicando terceiros que não tiverem participado da escritura pública (art. 5º). O registro da sentença declaratória da união estável ou de sua dissolução não altera os efeitos da coisa julgada previstos no art. 472 — atual art. 506 — do CPC (litisconsórcio necessário).

Do registro da união estável deverão constar também as averbações decorrentes de óbitos, casamento posterior, a constituição de nova união estável e a interdição dos companheiros. Essas informações serão objeto de comunicação entre os Ofícios de Registros, a qual se dará por meio eletrônico. A sua dissolução poderá ser registrada independentemente da existência do registro da respectiva união.

De acordo com o art. 8º do livro E, não constarão registros de união estável de pessoas casadas, exceto se separadas judicialmente ou extrajudicialmente, ou se a declaração da união estável decorrer de sentença judicial transitada em julgado. Em todas as certidões relativas ao registro de união estável deve constar uma advertência expressa de que esse registro não produz os efeitos da conversão da união estável em casamento (*BAASP, 2903*:5-6).

Pela Lei n. 13.146/2015, art. 6º, I, a deficiência não afeta a plena capacidade civil da pessoa para constituir união estável.

O CPC/2015 estabelece dois *procedimentos* para *reconhecimento* e *extinção de união estável*: se litigiosos, aplica-se o Capítulo X, que contém normas aplicáveis ao processo contencioso inserido no Título III (arts. 693 a 699); se consensuais, o Capítulo XV, Seção IV, do Título III, alusivo ao procedimento de jurisdição voluntária (arts. 731 a 734).

admitir que há união estável e entidade familiar em relações homoafetivas e o Conselho da Justiça Federal, na *V Jornada de Direito Civil*, entendeu, no Enunciado n. 524, que: "as demandas envolvendo união estável entre pessoas do mesmo sexo constituem matéria de direito de família", exigindo-se, além disso, convivência duradoura e *continuidade das relações sexuais*, que a distingue de simples união transitória (*RT*, *470*:203). O casamento é diferente da união estável, por iniciar-se com cerimônia nupcial, gerando efeitos a partir dela e extinguindo-se pela invalidação, divórcio ou morte. A união estável não se estabelece por um ato único, forma-se com o tempo, daí a razão pela qual Fernando Malheiros a denomina "usucapião do direito de família"; e, além disso, rompe-se com a morte de um deles, abandono ou simples ruptura do convívio. Meras relações sexuais acidentais e precárias, ainda que repetidas durante muito tempo, não revelam companheirismo, que requer estabilidade, ligação permanente entre homem e mulher para fins essenciais à vida social, isto é, *aparência* de "casamento" perante terceiros ou, como dizem alguns autores, de "posse de estado de casado". Ante o fato de a Lei n. 9.278/96 e o Código Civil, art. 1.723, não mais determinarem prazo, a doutrina tem-se preocupado com o tempo, prevalecendo a opinião de que o período de 5 anos de permanência das relações (CGJSP — Enunciado 4; CC, arts. 1.642, V, 1.801, III), ou, para outros autores (CC, art. 1.830), o de 2 anos, é suficiente para configurar o estado convivencial, embora, para efeitos de investigação da paternidade, possa tal prazo ser de meses ou dias[4].

---

4. Pontes de Miranda, *Tratado de direito de família*, v. 3, p. 92; Guilherme C. Nogueira da Gama, A união civil entre pessoas do mesmo sexo. *Revista de Direito Privado*, *2*:30-42. Edgard Moura Bittencourt, op. cit., p. 264; Planiol, *Traité élémentaire de droit civil*, §§ 433 e 434; César Fiuza e Luciana C. Poli, A ampla possibilidade de adoção por casais homoafetivos face às recentes decisões dos tribunais superiores, *Revista Síntese — Direito de Família, 76*: 9-29; Carla Bertoncini e Waldizia M. O. Sakaguchi, Entidades familiares e constitucionalizadas e a união homoafetiva, *Estudos contemporâneos de hermenêutica constitucional* (org. Dirceu Siqueira e Murilo A. D. Santos), Birigui, Boreal, 2012, p. 275-84; Bruno C. R. de Paiva, União homoafetiva: novo modelo de entidade familiar, *Revista Jurídica De Jure, 17*:236-55; Henrique R. de Carvalho, Novas famílias e velhos direitos: o reconhecimento da união entre pessoas do mesmo sexo na perspectiva do direito civil constitucional, *Revista Síntese — Direito de Família, 98:* 88-97; Álvaro V. Azevedo, União homoafetiva, *Revista Síntese — Direito de Família, 98*:39-42; Marcelo C. de M. Cardoso e Bastos, A constitucionalização do direito e suas implicações no reconhecimento da união estável homoafetiva como entidade familiar no Brasil, *Revista Jurídica De Jure, 22*:259-72; Alice de S. Birchal, Há prazo para constituição da união estável?, *Revista Del Rey Jurídica, 16*:76-7; Giana de M. V. da Silva e Marcos J. Catalan, O registro de biparentalidade homoafetiva: um estudo de caso, *Revista Síntese — Direito de Família*, n. *92*:9 a 24. O Enunciado 4 da CGJSP consagra o prazo de 5 anos (no mesmo sentido: *Ciência Jurídica, 83*:162); O Projeto de Lei n. 2.686/96 (arquivado em 2005) exi-

gia o prazo de 5 anos de vida em comum e 2 anos se houver filho; e o Projeto de Código Civil, em versão mais antiga, aumentava este último para 3 anos (arts. 1.735 e s.). *Vide*: Instrução Normativa n. 25, de 7-6-2000, do INSS, ora revogada pela Instrução Normativa n. 45/2010, que estabelece, por força de decisão judicial, procedimentos a serem adotados para concessão de pensão por morte de companheiro ou companheira homossexual, como se a união entre pessoas do mesmo sexo fosse união estável. Pois rezava no art. 3º que: "A comprovação da união estável e dependência econômica far-se-á através dos seguintes documentos: I — declaração de Imposto de Renda do segurado, em que conste o interessado como seu dependente; II — disposições testamentárias; III — declaração especial feita perante tabelião (escritura pública declaratória de dependência econômica); IV — prova de mesmo domicílio; V — prova de encargos domésticos evidentes e existência de sociedade ou comunhão nos atos da vida civil; VI — procuração ou fiança reciprocamente outorgada; VII — conta bancária conjunta; VIII — registro em associação de classe, onde conste o interessado como dependente do segurado; IX — anotação constante de ficha ou livro de registro de empregados; X — apólice de seguro da qual conste o segurado como instituidor do seguro e a pessoa interessada como sua beneficiária; XI — ficha de tratamento em instituição de assistência médica da qual conste o segurado como responsável; XII — escritura de compra e venda de imóvel pelo segurado em nome do dependente; XIII — quaisquer outros documentos que possam levar à convicção do fato a comprovar".

O STF garante, com base na CF/88, art. 5º, aos integrantes de uniões civis homossexuais o direito de requerer seu reconhecimento para fins previdenciários como companheiros preferenciais. *Vide* também: TJRS: "União homossexual. Reconhecimento. Partilha do patrimônio. Contribuição dos parceiros. Meação. Não se permite mais o faraísmo de desconhecer a existência de uniões entre pessoas do mesmo sexo e a produção de efeitos jurídicos derivados destas relações homoafetivas. Embora permeadas de preconceitos, são realidades que o Judiciário não pode ignorar, mesmo em sua natural atividade retardatária. Nelas remanescem consequências semelhantes às que vigoram nas relações de afeto, buscando-se sempre a aplicação da analogia e dos princípios gerais do direito, relevados sempre os princípios constitucionais da dignidade humana e da igualdade. Desta forma, o patrimônio havido na constância do relacionamento deve ser partilhado como na união estável, paradigma supletivo onde se debruça a melhor hermenêutica. Apelação provida, em parte, por maioria, para assegurar a divisão do acervo entre os parceiros" (Ap. Civ. 70001388982, de Porto Alegre, 7ª Câm. Civ. do TJRS, Rel. Des. José Carlos Teixeira Giorgis, j. 14-3-2001. Participaram do julgamento Maria Berenice Dias, presidente, e Sérgio Fernando de Vasconcelos Chaves).

Pelo Provimento n. 223/ CGJMG-2011:

"Art. 1º Os atos notariais e de registro relativos à união estável observarão o disposto neste Provimento.

Parágrafo único. Para os fins dos atos tratados neste Provimento, considera-se como união estável aquela formada pelo homem e pela mulher, bem como a mantida por pessoas do mesmo sexo, desde que configurada na convivência pública, contínua e duradoura e estabelecida com o objetivo de constituição de família.

Art. 2º Faculta-se aos conviventes, plenamente capazes, lavrarem escritura pública declaratória de união estável, observando o disposto nos arts. 1.723 a 1.727 do Código Civil.

§ 1º Para a prática do ato a que se refere o *caput* deste artigo, as partes poderão ser representadas por procurador, desde que munido de procuração pública com poderes específicos para o ato, outorgada há, no máximo, 90 (noventa) dias.

---

§ 2º Se a procuração mencionada no § 1º deste artigo houver sido outorgada há mais de 90 (noventa) dias deverá ser exigida certidão do serviço notarial onde foi passado o instrumento público do mandato, dando conta de que não foi ele revogado ou anulado.

Art. 3º A escritura pública declaratória de união estável conterá os requisitos previstos no § 1º do art. 215 da Lei Federal n. 10.406, de 10 de janeiro de 2002 — Código Civil, sem prejuízo de outras exigências legais.

Art. 4º É necessária a apresentação dos seguintes documentos para lavratura da escritura pública declaratória de união estável:

I — documento de identidade oficial dos declarantes;

II — Cadastro de Pessoas Físicas — CPF dos declarantes;

III — certidão de nascimento, quando se tratar de pessoa solteira, ou, então, certidão de casamento, com averbação da separação ou do divórcio, se for o caso, expedida há no máximo 90 (noventa) dias, de ambos os conviventes;

IV — certidões, escrituras e outros documentos necessários à comprovação da propriedade dos bens e direitos, se houver.

Parágrafo único. Os documentos necessários à lavratura da escritura pública declaratória de união estável devem ser arquivados na respectiva serventia, no original ou em cópia autenticada.

Art. 5º Na escritura pública declaratória de união estável, deverão as partes declarar expressamente a convivência pública, contínua e duradoura, estabelecida com o objetivo de constituição de família, nos termos do art. 1.723, segunda parte, do Código Civil, bem como que:

I — não incorrem nos impedimentos do art. 1.521 do Código Civil, salvo quanto ao inciso VI, quando a pessoa casada se achar separada de fato, judicial ou administrativamente;

II — não são casadas ou que não mantêm outro relacionamento com o objetivo de constituição de família.

Art. 6º Na escritura pública declaratória de união estável, as partes poderão deliberar de forma clara sobre as relações patrimoniais, nos termos do art. 1.725 do Código Civil, inclusive sobre a existência de bens comuns e de bens particulares de cada um dos conviventes, descrevendo-os de forma detalhada, com indicação da matrícula e registro imobiliário.

Art. 7º O tabelião deve orientar os declarantes e fazer constar da escritura pública a ressalva quanto a eventuais erros, omissões ou direitos de terceiros.

Parágrafo único. Havendo fundado indício de fraude, simulação ou prejuízo e em caso de dúvidas sobre a declaração de vontade, o tabelião poderá apresentar recusa de praticar o ato, fundamentando-a por escrito, em observância aos princípios da segurança e eficácia que regem a atividade notarial e registral.

Art. 8º A escritura pública declaratória de união estável poderá ser registrada no serviço do registro de títulos e documentos do domicílio dos conviventes, nos termos do art. 127, inciso VII, da Lei Federal n. 6.015/1973.

Art. 9º Uma vez lavrada a escritura pública declaratória de união estável, poderão os conviventes realizar, no serviço de registro de imóveis, os seguintes atos:

I — registro da instituição de bem de família, nos termos do art. 167, inciso I, item 1, da Lei Federal n. 6.015/1973;

II — averbação, na matrícula, da escritura pública declaratória de união estável, nos termos do art. 246, *caput*, da Lei de Registros Públicos.

Parágrafo único. Para a prática do referido mencionado no *caput* deste artigo, deverá ser apresentada a escritura pública declaratória de união estável, bem como o respectivo comprovante de registro no serviço do registro de títulos e documentos.

Art. 10. Os emolumentos e a taxa de fiscalização judiciária devidos pela prática dos atos notariais e de registro tratados neste Provimento obedecerão ao previsto na Lei Estadual n. 15.424, de 30 de dezembro de 2004.

Art. 11. É vedada a lavratura de ata notarial para fins de caracterização de união estável.

Art. 12. Este provimento entrará em vigor na data de sua publicação".

Mas, no nosso entender, na verdade, refere-se à união homossexual e não à união estável como entidade familiar, porque esta por força da CF/88 não se aplica à união entre pessoas do mesmo sexo; para que isso seja possível juridicamente, seria necessária uma Emenda Constitucional. Para admitirmos casamento e união estável entre homossexuais teríamos, primeiro, que alterar a Constituição Federal, mediante emenda constitucional. A relação homossexual só pode gerar uma sociedade de fato (*RT, 756*:117) entre os parceiros para eventual partilha de patrimônio amealhado pelo esforço comum, evitando o locupletamento ilícito. Há quem ache ser possível o registro da declaração de sociedade de fato entre pessoas do mesmo sexo, somente para efeitos patrimoniais, como meio de provar tal relacionamento e de trazer segurança jurídica. Nada obsta que: estipulem, contratualmente, sobre o destino dos bens em caso de separação; façam testamento, contemplando, na proporção admitida legalmente, o parceiro, ou adquiram bens, fazendo constar, na escritura, o condomínio existente entre eles. O direito brasileiro não reconhece a união estável entre homossexuais na legislação, mas a jurisprudência a tem admitido (STF, ADI 4.277 e ADPF 132). Há o Projeto de Lei n. 1.151/95 da então deputada federal Marta Suplicy, conhecido como Projeto de "parceria *gay*", para disciplinar união civil entre pessoas do mesmo sexo, possibilitando a criação de uma sociedade civil ou parceria civil registrada no Cartório de Registro Civil de Pessoas Naturais, mediante apresentação de certos documentos, declaração de que é solteiro, viúvo ou divorciado, prova de capacidade civil e escritura pública do contrato. Tal projeto estabelece que os parceiros não poderão alterar o estado civil na vigência do contrato de parceria, criando, com isso, um novo impedimento matrimonial e o estado civil de parceiro, cuja desconstituição judicial pode levar tempo. Mas nada obsta que se separem de fato, gerando, com outrem, uma parceria de fato. Esse projeto permite aos parceiros: constituir bem de família, embora não seja tal união uma entidade familiar; inscrever o companheiro como beneficiário da Previdência Social e em plano de saúde; obter desconto no Imposto sobre a Renda etc. Não seria isso inconstitucional?

O PLS 612/2011, de autoria da senadora Marta Suplicy (PMDB/SP), visa "alterar os arts. 1.723 e 1.726 do Código Civil, para permitir o reconhecimento legal da união estável entre pessoas do mesmo sexo".

Alguns autores, como Maria Berenice Dias (Relações homossexuais, *Del Rey Revista Jurídica*, n. 7, p. 27), que o art. 226, § 3º, da CF/88 pode ser analogicamente aplicado aos vínculos homossexuais, para considerá-los entidades familiares, por serem sociedades de afeto e não de fato. Ora, com a devida vênia, como aquela norma, sendo de ordem pública, poderia ser interpretada extensivamente ou aplicada por analogia? E, além disso, é norma especial, não podendo, por isso, ser aplicada à união de pessoas do mesmo sexo, sob a alegação de ser discriminatória e de ferir o princípio da isonomia, visto que este consiste em tratar igualmente os iguais e desigualmente os desiguais, e estender tal norma a casal homossexual equivaleria a tratar igualmente os desiguais.

Sem embargo desta *opinio*, há quem ache que a união homoerótica, ante o princípio constitucional da dignidade da pessoa humana e o da igualdade, é uma forma de união estável. O TJRS, 4º Grupo Civil, já reconheceu, por maioria, pedido de reconhecimento da união estável entre homossexuais. Para a 4ª Turma do STJ (REsp 820475-2008), a lei não impede o reconhecimento da união estável entre pessoas do mesmo sexo, o que abrirá espaço para pedidos de adoção, visto de permanência e pensão.

TJRS: "União homossexual. Reconhecimento. Partilha do patrimônio. Contribuição dos parceiros. Meação. Não se permite mais o farisaísmo ou desconhecer a existência de união entre pessoas do mesmo sexo e a produção de efeitos jurídicos derivados dessas relações homoafetivas (...) Nelas remanescem consequências semelhantes às que vigoram nas relações de afeto, buscando sempre a aplicação da analogia e dos princípios gerais do direito, relevados sempre os princípios constitucionais da dignidade humana e da igualdade..." (Ac. un. da 7ª Câm. Cív., AC 70001388982, Porto Alegre, rel. Des. José Carlos Teixeira Georges, j. 14-3-2001).

TJRS: "União homoafetiva — Reconhecimento — Princípio da dignidade da pessoa humana e da igualdade. É de ser reconhecida judicialmente a união homoafetiva mantida entre dois homens de forma pública e ininterrupta pelo período de nove anos..." (AC 7000.9550070, 7ª Câm. Cív.).

TJRS: "Homossexuais. União estável. Possibilidade jurídica do pedido. É possível o processamento e o reconhecimento de união estável entre homossexuais, ante princípios fundamentais insculpidos na Constituição Federal que vedam qualquer discriminação, inclusive quanto ao sexo, sendo descabida discriminação quanto à união homossexual. E é justamente agora, quando uma onda renovadora se estende pelo mundo, com reflexos acentuados em nosso país, destruindo preceitos arcaicos, modificando conceitos e impondo a serenidade científica da modernidade no trato das relações humanas, que as posições devem ser marcadas e amadurecidas, para que os avanços não sofram retrocesso e para que as individualidades e coletividades possam andar seguras na tão almejada busca da felicidade, direito fundamental de todos. Sentença desconstituída para que seja instruído o feito. Apelação provida" (Ap. Cív. 598362655, 8ª Câm. Cív., Rel. José Ataídes Siqueira Trindade, j. 1º-3-2000).

Nessa linha, o julgado do STF, no qual foi relator o Ministro Celso de Mello, que assim se posicionou: "o convívio de pessoas do mesmo sexo ou de sexos diferentes, ligadas por laços afetivos, sem conotação sexual, cabe ser reconhecido como entidade familiar. Presentes os requisitos de vida em comum, coabitação, mútua assistência, é de se concederem os mesmos direitos e se imporem iguais obrigações a todos os vínculos de afeto que tenham idênticas características" (MC em ADI 3.300-0-DF, requerida pela Associação de Incentivo à Educação e Saúde de São Paulo e outro).

TJRS: "União homossexual. Reconhecimento. Partilha do patrimônio. Meação. Paradigma. Não se permite mais o farisaísmo de desconhecer a existência de uniões entre pessoas do mesmo sexo e a produção de efeitos jurídicos derivados dessas relações homoafetivas. Embora permeadas de preconceitos, são realidades que o Judiciário não pode ignorar, mesmo em sua natural atividade retardatária. Nelas remanescem consequências semelhantes às que vigoram nas relações de afeto, buscando-se sempre a aplicação da analogia e dos princípios gerais do direito, relevados sempre os princípios constitucionais da dignidade humana e da igualdade. Desta forma, o patrimônio havido na constância do relacionamento deve ser partilhado como na união estável, paradigma supletivo onde se debruça a melhor hermenêutica. Apelação provida, em parte, por maioria, para assegurar a divisão do acervo entre os parceiros" (Apelação Cível 70001388982, j. em 14-3-2001. Relator: José Carlos Teixeira Giorgis).

TJRS: "União estável homoafetiva pode gerar direito sucessório empregando analogia.

Incontrovertida a convivência duradoura, pública e contínua entre parceiros do mesmo sexo, impositivo que seja reconhecida a existência de uma união estável, assegurando ao companheiro sobrevivente a totalidade do acervo hereditário, afastada a declaração de vacância da herança. A omissão do constituinte e do legislador em reconhecer efeitos jurídicos às uniões homoafetivas impõe que a justiça colmate a lacuna legal fazendo uso da analogia. O elo afetivo que identifica as entidades familiares impõe seja feita analogia com a união estável, que se encontra devidamente regulamentada. Embargos infringentes acolhidos, por maioria" (EI 70003967676, 4º Grupo de Câmaras Cíveis, TJRS, Rel. vencido Sérgio Fernando de Vasconcellos Chaves, Redatora para o acórdão Des. Maria Berenice Dias, j. 9-5-2003).

TRF — 4ª Região — 6ª Turma: "Constitucional. Previdenciário. Pensão por morte. Concessão. Companheiro. União homossexual. Realidade fática. Transformações sociais. Evolução do direito. Princípios constitucionais de igualdade. Artigos 3º, IV, e 5º. Dependência econômica presumida. Correção monetária. Juros de mora. Honorários advocatícios. 1. A realidade social atual revela a existência de pessoas do mesmo sexo convivendo na condição de companheiros, como se casados fossem. 2. O vácuo normativo não pode ser considerado obstáculo intransponível para o reconhecimento de uma relação jurídica emergente de fato público e notório. 3. O princípio da igualdade consagrado na Constituição Federal de 1988, inscrito nos artigos 3º, IV, e 5º, aboliu definitivamente qualquer forma de discriminação. 4. A evolução do direito deve acompanhar as transformações sociais, a partir de casos concretos que configurem novas realidades nas relações interpessoais. 5. A dependência econômica do companheiro é presumida, nos termos do § 4º do art. 16 da Lei n. 8.213/91. 6. Estando comprovada a qualidade de segurado do *de cujus* na data do óbito, bem como a condição de dependente do autor, tem este o direito ao benefício de pensão por morte, o qual é devido desde a data do ajuizamento da ação, uma vez que o óbito ocorreu na vigência da Lei n. 9.528/97. 7. As parcelas vencidas deverão ser corrigidas monetariamente desde quando devidas, pelo IGP-DI (Medida Provisória n. 1.415/96). 8. Juros de mora de 6% ao ano, a contar da citação. 9. Honorários advocatícios fixados em 10% sobre o valor da condenação, nesta compreendidas as parcelas vencidas até a execução do julgado. 10. Apelações providas" (ApC 2000.04.01.073643-8/RS. Relator: Juiz Nylson Paim de Abreu, j. 10-1-2001). O STJ (REsp 395904-6ª Turma) garante a homossexual a pensão pela morte de companheiro e o complemento da Caixa de Previdência dos Funcionários do Banco do Brasil.

Pela Instrução Normativa n. 11/2006 do INSS, ora revogada pela Instrução Normativa n. 20/2007 (art. 30), companheiro homossexual de segurado inscrito no RGPS passa a integrar o rol dos dependentes, comprovada a vida comum e a dependência econômica, e concorre, para fins de pensão por morte e de auxílio-reclusão, com os dependentes preferenciais de que trata o art. 16, I, da Lei n. 8.213/91.

Apelação cível. União homossexual. Impossibilidade de equiparação à união estável. O relacionamento homossexual entre duas mulheres não se constitui em união estável, de modo a merecer a proteção do Estado como entidade familiar, pois é claro o § 3º do art. 226 da Constituição Federal no sentido da diversidade de sexos, homem e mulher, como também está na Lei 8.971, de 29 de dezembro de 1994, bem como na Lei 9.278, de 10 de maio de 1996. Entretanto, embora não possa se aplicar ao caso a possibilidade de reconhecimento de união estável, em tendo restado comprovada a efetiva colaboração de ambas as partes para a aquisição do patrimônio, impõe-se a partilha do imóvel, nos moldes do reconhecimento de uma sociedade de fato. Apelo parcialmente provido (ApC 70007911001, 8ª Câm. Civ., TJRS, rel. Min. Antônio Carlos Stangler Pereira, j. em 1º-7-2004).

RT, 742:393: A união de duas pessoas do mesmo sexo, por si só, não gera direito algum para qualquer delas, independentemente do período de coabitação.

RT, 756:117: A união entre duas pessoas do mesmo sexo em que os parceiros mutuamente se obrigaram a combinar seus esforços ou recursos, para lograr fins comuns, deve ser reconhecida como sociedade de fato prevista no art. 1.363 do CC e, portanto, produzir efeitos de natureza obrigacional e patrimonial que o direito civil comum abrange e regula, inclusive a partilha de bens no caso da morte de um dos parceiros.

"Ação declaratória. Reconhecimento. União estável. Casal homossexual. Preenchimento dos requisitos. Cabimento. A ação declaratória é o instrumento jurídico adequado para reconhecimento da existência de *união estável* entre parceria homoerótica, desde que afirmados e provados os pressupostos próprios daquela entidade familiar. A sociedade moderna, mercê da evolução dos costumes e apanágio das decisões judiciais, sintoniza com a intenção dos casais homoafetivos em abandonar os nichos da segregação e repúdio, em busca da normalização de seu estado e igualdade às parelhas matrimoniadas. Embargos infringentes acolhidos, por maioria" (EI 70011120573 — segredo de justiça, 4º Gr. de Câm. Cíveis, TJRS, rel. Des. José Carlos Teixeira Giorgis, j. 10-6-2005).

E pelo STJ: "Processo civil e civil — Prequestionamento — Ausência — Súmula 282/STF — União homoafetiva — Inscrição de parceiro em plano de assistência médica — Possibilidade — Divergência jurisprudencial não configurada. Se o dispositivo legal supostamente violado não foi discutido na formação do acórdão, não se conhece do recurso especial, à míngua de prequestionamento. A relação homoafetiva gera direitos e, analogicamente à união estável, permite a inclusão do companheiro dependente em plano de assistência médica. O homossexual não é cidadão de segunda categoria. A opção ou condição sexual não diminui direitos e, muito menos, a dignidade da pessoa humana. Para configuração da divergência jurisprudencial é necessário confronto analítico, para evidenciar semelhança e simetria entre os arestos confrontados. Simples transcrição de ementas não basta. Terceira Turma do Superior Tribunal de Justiça na conformidade dos votos (e das notas taquigráficas a seguir). Prosseguindo o julgamento, após o voto-vista do Sr. Ministro Castro Filho, por unanimidade, não conhecer do recurso especial, nos termos do voto do Sr. Ministro Relator. Os Srs. Ministros Carlos Alberto Menezes Direito, Nancy Andrighi e Castro Filho votaram com o ministro relator, Humberto Gomes de Barros. Brasília (DF), 7 de março de 2006 (Data do julgamento)" (REsp 238.715-RS1999/0104282-8).

No Brasil a união homossexual é um fato, que o direito não desconhece, pois já a tutela como sociedade de fato no plano obrigacional, e nada obsta a que parceiros adquiram imóveis em condomínio, contemplem o outro com legado ou herança, respeitando a legítima de herdeiro necessário. Seriam necessárias normas regulamentadoras de alguns benefícios como alimentos, decisões voltadas às questões de saúde ou de doações de órgãos, mas isso não a erigiria em entidade familiar.

A parceria civil registrada seria um passo para admitir o casamento de *gays*. Como poderia ser possível isso diante da CF/88?

Há quem entenda ser possível o registro da declaração de sociedade de fato entre pessoas do mesmo sexo, somente para efeitos patrimoniais e como meio de provar tal relacionamento e de trazer segurança jurídica. Maria Berenice Dias (Afeto registrado, *Boletim IBDFAM, 26*:7) noticia que o Provimento n. 6/2004 do CGJ permite aos Cartórios de Registros de Notas do Estado do Rio Grande do Sul aceitar os pedidos de registro de documentos relativos às uniões afetivas de pessoas do mesmo sexo.

Daniel Fernandes (Homossexual da Caixa Econômica conquista direitos, *Jornal da Tarde*, 15-10-2005, p. 15-A) noticia que a Caixa Econômica Federal anunciou o reconhecimento da parceria de pessoas do mesmo sexo, com isso os seus funcionários homossexuais poderão incluir seus companheiros nos benefícios por ela concedidos, como por ex. plano de saúde, transferência de município, concessão de licença para acompanhar a recuperação do parceiro doente.

"Apelação cível — Adoção — Casal formado por duas pessoas de mesmo sexo — Possibilidade. Reconhecida como entidade familiar, merecedora da proteção estatal, a união formada por pessoas do mesmo sexo, com características de duração, publicidade, continuidade e intenção de constituir família, decorrência inafastável é a possibilidade de que seus componentes possam adotar. Os estudos especializados não apontam qualquer inconveniente em que crianças sejam adotadas por casais homossexuais, mais importando a qualidade do vínculo e do afeto que permeia o meio familiar em que serão inseridas e que as liga aos seus cuidadores. É hora de abandonar de vez preconceitos e atitudes hipócritas desprovidas de base científica, adotando-se uma postura de firme defesa da absoluta prioridade que constitucionalmente é assegurada aos direitos das crianças e dos adolescentes (art. 227 da Constituição Federal). Caso em que o laudo especializado comprova o saudável vínculo existente entre as crianças e as adotantes. Negaram provimento. Unânime" (TJRS, AC 70013801592 — Comarca de Bagé, 7ª Câm. Cív.; apelante: Ministério Público, apelado: L. I. M. B. G., j. 5-4-2006); *BAASP, 2.779*:12. Habilitação em conjunto de casal homoafetivo. Possibilidade, desde que atendidos os demais requisitos previstos em lei. Impossibilidade de limitação de idade e sexo do adotando. Ausência de previsão legal. Não demonstração de prejuízo. Melhor interesse do adotando que deve ser analisado durante o estágio de convivência no processo de adoção, e não na habilitação dos pretendentes. Apelação provida. Recurso adesivo prejudicado. A magistrada Paula Maria Malta, da 11ª Vara da Família e Registro Civil da Capital, em Pernambuco, considerou procedente o pedido de reconhecimento de união estável entre mulheres. A sentença que reconheceu a existência de entidade familiar foi proferida no dia 30 de abril. 11-5-2010 — Fonte: AMB e Bol. IBDFAM, *62*:7. STE — Registro de candidato. Candidata ao cargo de prefeito. Relação estável homossexual com a prefeita reeleita do município. Inelegibilidade. Art. 14, § 7º, da Constituição Federal. Os sujeitos de uma relação estável homossexual, à semelhança do que ocorre com os de relação estável, de concubinato e de casamento, submetem-se à regra de inelegibilidade prevista no art. 14, § 7º, da Constituição Federal. Recurso a que se dá provimento. Número 24564. Viseu (Pará). Publicado em sessão em 1-10-2004. Relator: Gilmar Ferreira Mendes. Zeno Veloso (Casal homossexual e inelegibilidade, *Boletim IBDFAM, 26*:6) entende que, com base na jurisprudência, pode-se concluir que se deve considerar inelegível para cargo de prefeito o homem que vive uma relação estável, homossexual, com o prefeito, e a mulher que é companheira homossexual da prefeita, se o fato for público, duradouro e provado. Com isso garantir-se-á a lisura nos procedimentos eleitorais e evitar-se-á que prefeitos continuem, por longo tempo, no poder, por meio de interposta pessoa.

"Inclusão de companheiro como dependente de sócio titular — Clube — União estável homoafetiva — Inclusão de companheiro como dependente de sócio titular — Procedência confirmada — Interpretação conforme a Constituição Federal ao art. 1.723 do Código Civil — Reconhecimento da união homoafetiva como família (...) As violações a direitos fundamentais não ocorrem somente no âmbito das relações entre o cidadão e o Estado, mas igualmente nas relações travadas entre pessoas físicas e jurídicas de direito privado. Assim, os direitos fundamentais assegurados pela Constituição vinculam diretamente não apenas os poderes públicos, estando direcionados também à proteção dos particulares em face dos poderes privados. (...) A ordem jurídico-constitucional brasileira não conferiu a qualquer associação civil a possibilidade de agir à revelia dos princípios inscritos nas leis e, em especial, dos postulados que têm por fundamento direto o próprio texto da Constituição da República, notadamente em tema de proteção às liberdades e garantias fundamentais. O espaço de autonomia privada garantido pela Constituição às associações não está imune à incidência dos princípios constitucionais que asseguram o respeito aos direitos fundamentais de seus associados. A autonomia privada, que encontra claras limitações de ordem jurídica, não pode ser exercida em detrimento ou com desrespeito aos direitos e garantias de terceiros, especialmente aqueles positivados em sede constitucional, pois a autonomia da vontade não confere aos particulares, no domínio de sua incidência e atuação, o poder de transgredir ou de ignorar as restrições postas e definidas pela própria Constituição, cuja eficácia e força normativa também se impõem, aos particulares, no âmbito de suas relações privadas, em tema de liberdades fundamentais. (...) Em resumo, o E. Supremo Tribunal Federal entendeu por bem excluir do referido art. 1.723 do Código Civil 'qualquer significado que impeça o reconhecimento da união contínua, pública e duradoura entre pessoas do mesmo sexo como família'. Desse modo, considera-se não estabelecida a diferenciação entre família heteroafetiva e família homoafetiva na redação do art. 1.723 do Código Civil. Como o citado art. 21 do Estatuto do apelante remete diretamente o intérprete para o disposto no art. 1.723 do Código Civil, se conclui que o estatuto do clube não veda que sejam incluídos como dependentes do sócio titular, o companheiro com o qual mantém união homoafetiva e eventuais filhos deste, como na hipótese dos autos. A restrição estabelecida no § 2º do referido dispositivo considera-se não escrita, sob pena de ofensa ao princípio da igualdade. Ademais, diante dessa 'interpretação conforme à Constituição', desnecessária a convocação de assembleia para alterar os estatutos do apelante, com vistas a reconhecer o direito que tem o apelado" (TJSP, Ap. 0132644-15.2011.8.26.0100, rel. Des. Fortes Barbosa, 6ª Câmara de Direito Privado, j. 29-12-2012).

Ronaldo B. Pinto e Rogério S. Cunha (Violência doméstica e relação homoafetiva, *Boletim IBDFAM*, *41*:11) estendem a aplicabilidade da Lei n. 11.340/2006, art. 5º, parágrafo único, relativa à proteção da mulher em caso de violência doméstica, à mulher homossexual que sofrer ataque de sua parceira.

Pela Circular n. 257/2004 da SUSEP, art. 1º: "Companheiro ou companheira homossexual fica equiparado ao companheiro ou companheira heterossexual na condição de dependente preferencial da mesma classe, com direito à percepção da indenização referente ao seguro DPVAT, em caso de morte do outro".

A ANS publicou uma súmula normativa, no dia 4 de maio, no *Diário Oficial da União*, que define como companheiro beneficiário de titular de plano privado de assistência à saúde tanto pessoas do sexo oposto como os do mesmo sexo. A norma obriga todas as operadoras a adotarem as novas orientações. Segundo a agência, a alteração baseia-se no Código Civil brasileiro e na Constituição Federal que cita como objetivos fundamentais "promover o bem de todos, sem preconceitos de origem, raça, sexo, cor, idade e quaisquer outras formas de discriminação". Fonte: Agência Brasil, em 8-5-2010 e *Bol. IBDFAM*, *62*:7.

O corregedor-geral de Justiça, desembargador Bartolomeu Bueno, editou, no último dia 6 de maio, provimento dirigido aos cartórios da Capital e Interior de Pernambuco que, de agora em diante, devem realizar escritura pública de união estável entre pessoas do mesmo sexo. O corregedor evocou, para tanto, "os princípios constitucionais de que todos são iguais perante a lei, sem distinção de qualquer natureza". Fonte: TJPE e *Bol. IBDFAM*, *62*:7.

Interessante é a: escritura pública de convivência homoafetiva (baseada no 26º Tabelionato de Notas de São Paulo):

Saibam todos os que virem esta escritura pública que aos ...., em São Paulo, SP, República Federativa do Brasil, no 26º Tabelionato de Notas, perante mim, escrevente autorizado pelo Tabelião, comparecem como conviventes, ... e .... Reconheço a identidade dos presentes e suas respectivas capacidades para o ato, do que dou fé. Então, por eles, me foi dito o seguinte: PRIMEIRO — Moram juntos e mantêm co-habitaçao estável como companheiros desde .... SEGUNDO — Atribuem a esta relação a natureza de união estável, constituindo um casal com intenção de convivência duradoura. Ainda que a Lei n. 9.278/1996 se refira exclusivamente à convivência de um homem e uma mulher, invocam os princípios constitucionais, em especial, os da liberdade e da isonomia, solicitando à sociedade e à Justiça que reconheçam em sua relação os mesmos direitos e deveres elencados na referida Lei n. 9.278. TERCEIRO — Pela presente escritura os conviventes pactuam expressamente, em caráter irrevogável e irretratável, que desejam o condomínio, comunhão ou copropriedade resultante desta união, conforme o art. 5º da Lei n. 9.278/96. A administração do patrimônio particular competirá a ambos (art. 5º, § 2º, da mesma lei), vigorando, para a presente união estável, o regime de comunhão universal de bens, com a comunicação de todos os seus bens presentes e futuros, e suas dívidas passivas, salvo as exceções contidas no art. 1.668 do Código Civil. Declaram que esta comunhão é sobre a totalidade do patrimônio, bens particulares hoje existentes e eventuais bens futuros havidos por aquisição, sucessão ou a qualquer outro título. QUARTO — Contribuem cada um com suas receitas para a vida em comum e familiar, sendo, portanto, mutuamente dependentes econômicos e beneficiários de convênio médico, pecúlio, pensões ou qualquer outra forma de auxílio para as quais eles, conviventes, contribuam ou venham a contribuir, inclusive junto ao Instituto Nacional de Seguro Social — INSS. QUINTO — Caso ocorra algum acidente ou moléstia grave que impeça um dos conviventes de expressar sua vontade a respeito do tratamento e de providências médicas ou legais atinentes à sua saúde e vida, o convivente que estiver são decidirá sobre as seguintes situações: a) o hospital de internação ou assistência; b) administração dos bens (como se casados fossem); c) em caso de morte, o direito à pensão para o convivente sobrevivente; d) garantia, caso um deles seja internado na UTI, do convivente acompanhar, como se membro da família fosse. SEXTO — O convivente .... adquiriu antes da convivência .... SÉTIMO — Durante a união, o convivente .... adquiriu os seguintes bens: a) .... e b) o .... OITAVO — Durante esta convivência, adquiriram ou comprometeram-se a adquirir, com esforço comum, os bens móveis e imóveis descritos em instrumentos particulares e públicos que, mesmo onde haja a participação de apenas um dos conviventes, são de copropriedade de ambos, na proporção de 50% (cinquenta por cento) para cada. NONO — Declaram para os reflexos e efeitos jurídicos nos âmbitos social, de família e sucessões, que desejam reconhecidos para esta sua união os direitos previstos no art. 226 da Constituição Federal, em consonância com o princípio da igualdade consagrado no art. 5º, *caput*, e inciso I, também da Constituição Federal. DÉCIMO — SUCESSÃO: As partes desejam e rogam à Justiça que processa a sucessão de cada um sob o manto do artigo 1.829 do Código Civil, amparados no princípio da igualdade previsto na Constituição Federal. DÉCIMO PRIMEIRO — Em caso de dissolução desta convivência, por qualquer motivo, exceto a morte, os companheiros se obrigam a distratar o presente pacto de convivência com inventário do patrimônio em comum, créditos e débitos presentes e futuros e partilha dos bens. Notificado o companheiro a comparecer e furtar-se a tanto, os companheiros admitem, reciprocamente, que a rescisão poderá ser feita unilateralmente pelo companheiro interessado. As partes foram esclarecidas pelo tabelião sobre as normas legais e os efeitos atinentes a este ato, em especial sobre os artigos citados nesta escritura. ASSIM dizem, pedem e lavro a presente que, lida em voz alta, acham em tudo conforme, aceitam, outorgam e assinam.

Como se pode ver, há sensível tendência doutrinária e jurisprudencial de reconhecer direitos ao relacionamento homossexual (Ronaldo B. Pinto e Rogério S. Cunha, Violência doméstica e relação homoafetiva, *Boletim IBDFAM*, nov./dez. 2006, p.11), como: 1) admissão da união homoafetiva como verdadeira "entidade familiar" e não como mera "sociedade de fato"; 2) direito à herança deixada pelo companheiro homossexual; 3) deferimento em favor de casal homossexual de pedido de adoção; 4) direito à inclusão de companheiro homossexual em plano de saúde; 5) direito do homossexual à percepção de benefício previdenciário junto ao INSS, decorrente da morte de parceiro; 6) reconhecimento do direito de homossexual em autorizar a adoção de órgãos do parceiro falecido; 7) concessão de visto temporário para permanecer no País em favor de estrangeira que mantém união estável com brasileira; 8) competência da Vara da Família para julgamento da dissolução de sociedade de fato mantida entre pessoas do mesmo sexo; 9) acolhimento de pedido formulado por pessoa que se submeteu a cirurgia de retirada de órgão sexual masculino, para que seja alterado o nome e, inclusive, o sexo, no registro civil.

"Os ministros do Supremo Tribunal Federal (STF), por unanimidade, reconheceram a legalidade da união estável entre pessoas do mesmo sexo, equiparando-a à união estável entre um homem e uma mulher. A decisão — que é vinculante e estende-se a toda a sociedade brasileira — foi proferida em duas ações: uma proposta pela Procuradoria Geral da República e a outra pelo governador do Rio de Janeiro, Sérgio Cabral; ambas pretendiam o reconhecimento da união homoafetiva como entidade familiar. O relator, ministro Ayres Britto, defendeu uma interpretação do artigo 1.723 do Código Civil à luz da Constituição Federal (CF), de modo a excluir dele qualquer significado que impeça o reconhecimento da união entre pessoas do mesmo sexo como entidade familiar; argumentou que o artigo 3º, inciso IV, da CF, veda qualquer discriminação em virtude de sexo, raça, cor e que, nesse sentido, ninguém pode ser diminuído ou discriminado em função de sua preferência sexual, e observou, para concluir, que qualquer depreciação da união estável homoafetiva colide, portanto, com o inciso IV do artigo 3º da Carta Magna. Os ministros Luiz Fux, Ricardo Lewandowski, Joaquim Barbosa, Gilmar Mendes, Marco Aurélio, Celso de Mello e Cezar Peluso, bem como as ministras Cármen Lúcia Antunes Rocha e Ellen Gracie, acompanharam o entendimento do ministro Ayres Britto. O voto do ministro Celso de Mello foi um dos mais abrangentes. Ele reconheceu não só a legalidade da união estável entre pessoas do mesmo sexo, como reconheceu expressamente também o direito dos homossexuais também à adoção e à procriação assistida. Cezar Peluso, presidente do STF, sublinhou que o Supremo condenou todas as formas de discriminação e argumentou que as normas constitucionais, em particular o artigo 226, parágrafo 3º, da Constituição Federal, não excluem outras modalidades de entidade familiar. E conclamou o Poder Legislativo a assumir a tarefa de regulamentar o reconhecimento da união estavél entre pessoas do mesmo sexo. 'Há uma lacuna normativa que precisa ser preenchida diante, basicamente, da similitude, não da igualdade factual em relação a ambas as entidades de que cogitamos: a união estável entre homem e mulher e a união entre pessoas do mesmo sexo', disse, acrescentando: 'da decisão da Suprema Corte folga um espaço no qual, penso eu, tem de intervir o Poder Legislativo'" (ADI 4.277 e ADPF 132).

Contudo, a união de *gays* está regularizada no Uruguai (Lei n. 18.246/2007, art. 2º). Em Montevidéo, no dia 17-4-2008, noticiou a *Folha de S. Paulo* (18-4-2008, p. A11), foi oficializado o primeiro casamento *gay* no país; e na França, pela Lei n. 99.944/99, ao prescrever o pacto civil de solidariedade (art. 515-1); e o *Le Monde* (22-4-2004) noticiou a celebração do primeiro casamento entre homossexuais, tendo por base a moção do Conselho Nacional Inter-regional de que *"ouverture du mariage aux couples du même sexe"*, alegando que: *"Quant à la législation, 'aucun texte n' interdit aujourd'hui le mariage de per-*

sonnes du même sexe. Il y a l'article 144 du Code Civil qui précise l'âge minimum de la femme et de l'homme pour se marier mais il ne dit pas que le mariage de personnes de même sexe est interdit', a encore expliqué l'élu. 'Si ce mariage était déclaré nul, l'affaire serait portée devant la Cour européenne des Droits de l'homme, a averti le maire, déterminé. Cette Cour dit de manière très claire que les textes fondamentaux — et le Code Civil est un texte fondamental qui date de 200 ans — doivent s'adapter à l'évolution sociale des sociétés'"; em Portugal, o Decreto n. 56/VIII, de 2001, protege a união estável independentemente de sexo desde que os companheiros vivam juntos há mais de 2 anos, mas requer para a existência dos direitos sucessórios e previdenciários cinco anos de convivência e não reconhece direito de adoção à união homoafetiva; na Holanda, que admite casamento entre homossexuais, outorgando-lhes os mesmos direitos decorrentes do efetivado entre heterossexuais, inclusive o de adotar, inserindo-se na certidão do nascimento do adotado, em sua filiação, "mãe e mãe" ou "pai e pai", se foi adotado por duas mulheres ou dois homens, respectivamente; na Dinamarca, com a Lei n. 372/89, que consagra a parceria homossexual registrada, com efeitos idênticos ao casamento, salvo algumas restrições como a proibição de adotar criança; na Noruega (Lei n. 40/93) e na Suécia, com o registro da união civil de homossexuais; na Alemanha, com a Lei de União Estável Homossexual (*Lebenspartnerschaftsgesetz*) de 2001; na Finlândia, há casamento entre homossexuais (Lei de 11-3-2002); no Canadá (Lei n. C-38/2005), África do Sul, Portugal, Bélgica (desde 2003 e adoção por casal *gay* desde 2005), Islândia e Argentina permitido é o casamento homossexual; nos EUA, no Estado de Vermont, que aprovou a união civil de *gays* e lésbicas, que passam a ter os mesmos direitos e deveres do matrimônio, assim que receberem o certificado de união civil, passado pelo cartório, e formalizarem sua união perante juiz de paz ou clérigo; na Espanha, *gays* podem se casar e adotar crianças, em razão da aprovação de uma lei pelo Congresso espanhol, no dia 30 de junho de 2003; Nigéria, em 2014, promulga lei que transforma casamento *gay* em crime federal; no Brasil, o Programa Nacional de Direitos Humanos é favorável ao casamento entre homossexuais e já há decisão judicial que o admitem e também a Resolução do CNJ n. 175/2013.

Em 9 de junho de 2016, a Corte Europeia de Direitos Humanos, situada em Estrasburgo, França, ao julgar o caso *Chapin e Charpentier vs França*, decidiu que os Estados são livres para reservar o matrimônio apenas aos "casais heterossexuais", sem que haja violação de qualquer direito humano. A decisão foi unânime, ou seja, contou com o voto dos 47 juízes representantes dos 47 Estados membros do Conselho da Europa. Em 16 de julho de 2014, o mesmo Tribunal de Estrasburgo, julgando o caso *Hämäläinen vs Finlândia*, já havia declarado que a Convenção de Direitos Humanos não impõe aos Estados a obrigação de garantir a pessoas do mesmo sexo o acesso ao matrimônio. A mesma declaração já havia sido feita pela mesma Corte em 6 de junho de 2010, no julgamento do caso *Schalk e Kopf vs Áustria*.

O ministro do STJ João Otávio Noronha afirma que heterossexuais vão precisar reivindicar direitos porque estão virando minoria (www1.folha.uol.com.br/cotidiano/2017/12/1940551-heterossexual-esta-virando-minoria-e-perderam-direitos-diz-ministro-do-stj.shtml).

O TJSP reconheceu, em outubro de 2013, maternidade socioafetiva de companheira de mãe biológica, permitindo no registro de nascimento que filho tenha o nome das duas mães na certidão. A 1ª Vara de Família e Registro Civil de Recife/PE reconheceu o direito de duas mulheres, que vivem em união estável há mais de dez anos, constarem no registro de nascimento dos filhos, ambas na qualidade de mães. Fenômeno que vem sendo denominado de homoparentalidade.

Noticia a *Folha de S.Paulo* (12-8-2014 — p. A11) que venezuelanas vão à Argentina para que o filho (fruto de fertilização assistida) de ambas tenha duas mães no registro.

A Justiça do Rio Grande do Sul reconheceu (8-5-2014 — 3ª Vara Cível de Santana do Livramento) o direito de criança ter dois pais no registro de nascimento, reconhecendo a multiparentalidade, a verdade biológica e a realidade afetiva.

Consulte: Álvaro Villaça Azevedo, União entre pessoas do mesmo sexo, *A família na travessia do milênio*, IBDFAM, Del Rey, 2000, p. 141-59; União homoafetiva, *Revista Juris da FAAP*, *5*:9-23; Marcella C. M. G. Santos, Adoção por casais homoafetivos, *Revista Juris da FAAP*, *5*:82-89; Marianna Chaves, Notas sobre as uniões homoafetivas no ordenamento brasileiro após o julgamento da ADPF 132 e da ADI 4.277 pelo STF, *Revista Síntese — Direito de Família*, *66*:7-15; Wladimir N. Martinez, Provas da união estável homoafetiva, *Revista Síntese — Direito de Família 66*:20-33; Glauber Moreno Talavera, *União civil entre pessoas do mesmo sexo*, Rio de Janeiro, Forense, 2004; Cledi de Fátima M. Moscon, O enriquecimento sem causa e os direitos patrimoniais decorrentes das relações entre homossexuais, *Jornal Síntese*, *80*:19-21; Luiz Fernando do V. de A. Guilherme, União estável entre homossexuais no direito brasileiro e no direito comparado, *Revista da EPM*, *2*:149-72; Taísa R. Fernando, *Uniões homossexuais: efeitos jurídicos*, São Paulo, Método, 2004; Aline M. de Almeida, As uniões homoafetivas como forma de constituir família, *Bioética* e *sexualidade* (coord. Tereza R. Vieira), São Paulo, Jurídica Brasileira, 2004, p. 71-82; Mª Elisa F. B. D'Elia e Otávio Augusto M. D'Elia, Adoção de menores por casais homossexuais, *Bioética e sexualidade*, cit., p. 83-90; Paulo R. Vieira, A questão da sexualidade no pacto civil de solidariedade, *Bioética e sexualidade*, cit., p. 91-8; Guilherme Calmon N. da Gama, A união civil entre pessoas do mesmo sexo, *RTDCiv*, *2*:163; Mª Celina B. de Moraes, União entre pessoas do mesmo sexo: uma análise sob perspectiva civil-constitucional, *RTDCiv*, *1*:89; José Carlos T. Giorgis, A natureza jurídica da relação homoerótica, *Família e cidadania*, cit., p. 109-41; Fernanda de Almeida Brito, *União afetiva entre homossexuais e seus aspectos jurídicos*, São Paulo, LTr, 2000; Lígia Silva de França e Raísa A. de A. Sousa, O reconhecimento da união homoafetiva como entidade familiar, *Revista Direito e Liberdade*, ed. especial da ESMARN, *3*:419-36; Paula Pinhal de Carlos, A perspectiva civil-constitucional das uniões homossexuais e o seu reconhecimento enquanto entidades familiares: a reprodução da matriz heterossexual pelo direito como obstáculo à efetivação dos direitos dos homossexuais, *Revista Brasileira de Direito de Família*, *39*:31-51. *Vide*: *RT*, *742*:393, *756*:117, *732*:54, *807*:82, *813*:64, *849*:379; *JTJ*, *198*:121; *JB*, *176*:95-107.

Erika H. Fugie (Inconstitucionalidade do art. 226, § 3º, da CF?, *RT*, *813*:64 a 81) questiona a validade do art. 226, § 3º, da CF, apontando que a heterossexualidade não é pressuposto da entidade familiar, por agredir princípios constitucionais do respeito à dignidade humana e da igualdade jurídica, e que a norma constitucional deve ser interpretada conforme as exigências da realidade. A esse respeito afirmou Miguel Reale, ao tratar do Projeto do Código Civil na aula inaugural da Faculdade de Direito de Guarulhos, que a união homossexual só pode ser discutida depois de alterada a Constituição: "A união estável de homossexuais só com mudança na Constituição (...) Há quem diga que o Código é atrasado por não tratar dos homossexuais. A culpa não é nossa. Não podemos mudar a Constituição. A união estável é entre um homem e uma mulher. Se querem estender esse direito aos homossexuais, que mudem primeiro a Constituição, com 3/5 dos votos do Congresso Nacional. Depois, o Código Civil poderá cuidar da matéria".

O Projeto de Lei n. 6.960/2002, no art. 8º, pretendia acrescentar, após o art. 1.727 do novo Código Civil, o seguinte dispositivo: "Art. 1.727-A. As disposições contidas nos artigos anteriores (1.723 a 1.727) aplicam-se, no que couber, às uniões fáticas de pessoas capazes, que vivam em economia comum de forma pública e notória, desde que não contrariem as normas de ordem pública e os bons costumes". Justificando tal proposta ante a necessidade de se reconhecer direitos patrimoniais às uniões fáticas de duas pessoas capazes (parceiros civis), disciplinando-os no direito de família, visto que a ju-

Há quem entenda ser desaconselhável a fixação *a priori* do lapso da convivência, aplaudindo o atual Código Civil, que não exige tempo mínimo para a configuração da estabilidade, pois o estabelecimento de qualquer prazo afastaria da tutela legal certas situações que a ela fariam jus e daria ensejo a manobras de fraude à lei com interrupção forçada da convivência às vésperas da consumação do lapso temporal para o seu reconhecimento como união estável e para a produção de seus efeitos jurídicos. P. ex.: se antes do prazo legal morrer o companheiro, tal união não mereceria reconhecimento jurídico, se os outros requisitos forem comprovados? Não haveria um retrocesso se a norma prefixasse o lapso temporal mínimo para a constituição dessa entidade familiar? Seria necessária a adoção de um parâmetro temporal, porque, se inexistir, apenas o *animus* definiria a estabilidade dessa união? Como se processaria, então, a revelação desse *animus*? Seria revelado por fatos, que deveriam ser analisados caso a caso. Isso não dificultaria sua configuração? O importante não seria a qualidade da relação, por isso o órgão judicante, baseado no art. 5º da LINDB, deveria dar ao caso *sub examine* a solução mais justa? Como analisar a continuidade da vida em comum? A continuidade descaracterizar-se-ia pela ocorrência de breves períodos de interrupção da convivência, decorrentes de desentendimento dos companheiros, que depois acabam voltando à comunhão de vida? Esses encontros e desencontros caracterizariam a instabilidade da união? O que importa é que nessa convivência haja afeição recíproca, comunhão de interesses, conjugação de esforços em benefício do casal e da prole, se houver, respeito e assistência moral e material, ou seja, companheirismo.

2) *Ausência de matrimônio civil válido e de impedimento matrimonial* entre os conviventes (CC, art. 1.723, § 1º; *RT, 843*:250), não se aplicando o art.

---

risprudência já vem atribuindo a tais uniões os efeitos jurídicos das sociedades de fato. Esse art. 8º do Projeto, que busca inserir o art. 1.727-A, pelo Parecer Vicente Arruda, "deve ser também rejeitado, porquanto é impreciso ao valer-se da expressão 'uniões fáticas de pessoas capazes'. Em verdade, busca proteger a união entre pessoas do mesmo sexo, dispensando-lhe a mesma proteção da união estável entre homem e mulher — entidade familiar. A matéria é extremamente controversa, razão pela qual está sendo discutida há muitos anos nesta Casa, sem prosperar. A alteração proposta não encontra amparo no texto constitucional (art. 226, 3º)". O Projeto de Lei n. 699/2011 não contém proposta desse teor.

O Ministro do STF Celso de Mello sugeriu uma Arguição de Descumprimento de Preceito Constitucional (ADPF) para discutir a relação homoafetiva com base no princípio do respeito à dignidade da pessoa humana que se acolhida for terá efeito vinculante e juízes e tribunais deverão reconhecê-la como entidade familiar (Lei n. 9.882/99, art. 10, § 3º).

Sobre união estável homoafetiva: *BAASP, 2.718:*1959.

1.521, VI, no caso de a pessoa casada encontrar-se separada de fato (STJ, REsp 931.155/RS, rel. Min. Nancy Andrighi, j. 7-8-2007), extrajudicial ou judicialmente. E pode ser reconhecida a união estável de separado extrajudicial ou judicialmente, pois a separação judicial ou extrajudicial põe termo aos deveres de coabitação e fidelidade recíproca e ao regime de bens (CC, arts. 1.723, § 1º, e 1.576). "As causas suspensivas do art. 1.523 do Código Civil não impedirão a caracterização da união estável" (CC, art. 1.723, § 2º).

Consequentemente, a união estável poderá configurar-se mesmo que: a) um de seus membros ainda seja casado, desde que antes de iniciar o companheirismo estivesse já separado de fato, extrajudicial ou judicialmente, do cônjuge; b) haja causa suspensiva, pois esta apenas tem por escopo evitar a realização de núpcias antes da solução de problemas relativos à paternidade ou a patrimônio familiar, visto que em nada influenciaria na constituição da relação convivencial. Assim sendo, se alguém maior de 70 anos passar a viver em união estável, não sofrerá nenhuma sanção, podendo o regime convivencial ser similar ao da comunhão parcial (CC, art. 1.725)[5].

---

5. Já há decisão reconhecendo união estável de 17 anos paralela a casamento, como noticiou o *Diário de São Paulo*: "O juiz Carlos Fernando Noschang Júnior, da Comarca de Canguçu, declarou a existência de união estável mantida por 17 anos paralelamente ao casamento. Reconheceu que a companheira do falecido, autora da ação, tem direito a 25% dos bens adquiridos nesse período. Ela deverá se habilitar ao inventário que já tramita na Comarca de Pelotas, onde reside a esposa dele. Os pedidos de alimentos e repartição de pensão previdenciária também devem ser deduzidos no inventário. Conforme o magistrado, há comprovação de que o finado nunca se separou da esposa, mas também conviveu, como verdadeiro companheiro, com a autora da ação. 'Todos os requisitos necessários ao reconhecimento da união estável se fazem presentes'. Acrescentou que a lei, ao vedar o reconhecimento de união estável paralelamente ao casamento, deixou de contemplar situações como a do processo, 'vez que a autora não foi sócia do *de cujus*, tampouco mera amante ou prestadora de serviços, mas sim uma verdadeira companheira'. Na falta de categoria legal para enquadrá-la, acrescentou: 'cumpre ao Estado-Juiz a integração da norma jurídica, no sentido de conferir-lhe o *status* de companheira, adequando a lei à realidade do fato social'. Conforme o Juiz Carlos Fernando Noschang Júnior, existe farta produção de provas quanto à manutenção da união estável de janeiro de 1989 a março de 2006, quando ocorreu o falecimento do homem. Diante da comprovação documental e testemunhal e o filho em comum, afirmou que o relacionamento foi de fato união estável. 'Em que pese a alegação da ré no sentido da movimentada vida amorosa do *de cujus*, fato confirmado por testemunhas e inclusive por sua viúva, a relação com a autora foi bem além de uma aventura, mas sim constituiu coabitação, assistência mútua e frequência conjunta aos lugares públicos'. Por outro lado, reconheceu que o falecido não se separou de fato da esposa. Prova documental também indica não ter sido rompido o vínculo matrimonial, que perdurou de 1948 a 2006, totalizando 58 anos. Fotografias demonstraram a convivência familiar e marital entre eles, bem como a comemoração de 'bodas de ouro' em 1998. 'O que afasta a tese da autora no sentido do rompimento do vínculo matrimonial assim que passou a se relacionar com ela, 10 anos antes'. Prova testemunhal confirma a situação. Segundo

3) *Notoriedade de afeições recíprocas*[6], que não significa de modo algum publicidade. A esse respeito bastante expressiva é a lição de Cunha Gonçalves, segundo a qual a ligação concubinária há de ser notória, porém pode

---

os depoimentos, a convivência com a esposa nunca deixou de existir, apesar das costumeiras ausências decorrentes do modo de vida do homem. Ele se dedicava às lidas campeiras e passava temporadas longe de casa" (ApC 2008.006701-1.)

6. Planiol, Ripert e Rouast (*Traité pratique de droit civil français*, v. 2, n. 905, p. 768) escrevem: "*Le concubinage doit être notoire, c'est-à-dire que la liaison ne doit pas être demeurée secrète*"; Caio M. S. Pereira, Concubinato, in *Enciclopédia Saraiva do Direito*, v. 17, p. 257-8; Cunha Gonçalves, *Tratado de direito civil*, v. 2, p. 310; Eduardo de Oliveira Leite, O concubinato na atualidade, *Revista do IAP*, v. 35, p. 110-1.

Assim têm decidido os tribunais: "União estável. Caracterização de namoro. O namoro, embora público, duradouro e continuado, não caracteriza união estável se nunca objetivaram os litigantes constituir família (TJRS, EI 70008361990, 4º Grupo Cível, rel. Des. José S. Trindade). 1. O recurso adesivo fica subordinado ao conhecimento do principal e não se vincula à matéria alegada em sede de apelação. 2. Resta desconfigurada a união estável quando a prova mostra que as partes mantiveram um convívio duradouro, público e até contínuo, mas jamais constituíram um núcleo familiar, cada qual tendo prole e mantendo sua própria vida. 3. Descabe partilhar o patrimônio amealhado pelo varão, quando não há prova de contribuição de parte da autora. Recurso adesivo conhecido e provido, sendo desprovida a apelação (TJRS, 7ª Câm. Cível, ApC 70.007.083.702, rel. Des. Sérgio F. de V. Chaves, j. 19-11-2003). "Inexistindo a '*affectio maritalis*' relativamente à autora, com quem o réu mantinha relacionamento amoroso paralelo ao casamento, incabível o reconhecimento da união estável pretendida, porque sendo esta uma entidade familiar, não pode subsistir paralelamente ao casamento em pleno vigor. Improcedência da ação confirmada. Apelação desprovida" (TJRS, ApC 70010376077, 8ª Câmara, rel. José S. Trindade, j. 17-2-2005). "Apelação cível — Direitos processual civil e civil — União estável — Concubinato — Requisitos — Não demonstração — Improvimento. O que se mostra indispensável para a configuração do concubinato é que a união se revista de estabilidade, isto é, que haja aparência de casamento ou que tenha a intenção de constituir família" (TJMT, ApC 26.711/2006, 3ª Câm. Cív., rel. Des. Guiomar Teodoro Borges, j. 12-6-2006). "Ação reconhecimento de união estável — Preliminar — Impossibilidade jurídica do pedido — Não acatada — Mérito — Requisitos demonstrados. A possibilidade jurídica do pedido traduz-se pela permissibilidade de ser levado o requerimento do demandante a juízo com alegação de direito e que não haja qualquer regra legal que limite a incidência do texto de que se irradiou a ação ou que o ordenamento legal proíba ou não preveja uma providência semelhante à que se formula no caso concreto. Verificando-se das provas produzidas nos autos, a demonstração de convivência pública, contínua e duradoura e estabelecida com o objetivo de constituição de família, deve ser reconhecida a união estável. Súmula: rejeitaram a preliminar e negaram provimento ao recurso" (TJMG, ApC 1.0702.01.034132-0/001(1), 8ª Câm. Cív., rel. Desa. Teresa Cristina da Cunha Peixoto, *DJU* 2-9-2006).

Já se admite a registrabilidade das declarações de união estável no Cartório de Títulos e Documentos (*CDT Boletim*, *9*:33-4).

Entendeu a 3ª Turma do STJ que havendo Vara privativa para julgamento de processos de família, é dela a competência para apreciar pedido de reconhecimento e dissolução de união estável homoafetiva, independentemente das limitações inseridas no Código de Organização e Divisão Judiciária local.

ser discreta, caso em que a divulgação do fato se dá dentro de um círculo mais restrito, o dos amigos, o das pessoas de íntima relação de ambos, o dos vizinhos do companheiro, que poderão atestar as visitas frequentes do outro, suas entradas e saídas. A discrição seria, como pondera Caio Mário da Silva Pereira, um meio-termo entre a publicidade ou notoriedade franca e o segredo dessas relações. Assim, não se tem união estável se os encontros forem furtivos ou secretos, embora haja prática reiterada de relações sexuais.

A convivência *more uxorio* deve ser notória, os companheiros deverão tratar-se, socialmente, como marido e mulher, aplicando-se a teoria da aparência, revelando a *intentio* de constituir família, traduzida por uma comunhão de vida e de interesses, mesmo que não haja prole comum (TJSP, Ap. 167.994-1, j. 10-9-1991, Rel. Almeida Ribeiro; *Bol. AASP, 2.709*: 1931-09). A união estável não se confunde com *namoro qualificado*, apesar de neste poder existir objetivo de formar uma família, pois não há comunhão de vida, com apoio material e moral, cada um preserva sua liberdade e vida pessoal. Não há, no nosso entendimento, como confundir a união estável com a posse de estado de casado, porque esta é atributo próprio de casal unido pelos laços do matrimônio, cuja comprovação tornou-se difícil. São meios probatórios de sua existência: certidão de nascimento de filho comum; certidão da celebração do casamento religioso sem efeito civil; certidão de núpcias convoladas no exterior, não reconhecidas pelo direito brasileiro, por nubente brasileiro separado judicialmente; contas-correntes bancárias conjuntas; escritura pública de imóvel em nome de ambos os conviventes, declaração de testemunhas (*Bol. AASP, 2.620*:1659-9), contrato de locação predial ou de sociedade; declaração de dependência no INSS ou no Imposto sobre a Renda ou em plano de saúde; correspondência epistolar, fotografias; recibos; notas fiscais; requerimentos judiciais ou a repartições públicas; testamento reconhecendo o companheirismo etc.

A via adequada para comprovar a convivência marital não é a ação declaratória, porque esta pressupõe uma relação de conflito em que se opõe uma pretensão. Não há contenda, pois apenas se quer o reconhecimento de uma situação fática, e isto se incluiria no âmbito da jurisdição voluntária, na qual não há adversários nem litígio, mas participantes. Outrora a justificação judicial (CPC/73, arts. 861 a 866) seria cabível para a comprovação da união estável. Houve quem achasse que a justificação não seria aplicável por incluir-se no âmbito da cautelar e não no do pedido da jurisdição voluntária. Mas para Humberto Theodoro Jr., com quem concordávamos, a justificação não era uma cautelar porque não tinha por escopo assegurar prova, mas constituir prova, não se fundando no *periculum in mora*.

Hodiernamente, o reconhecimento e extinção da união estável seguem as normas do Cap. X do CPC/2015 (arts. 693 a 699), quando houver conflito, e havendo consenso aplicar-se-ão os arts. 731 a 734 da Lei Processual Civil. Pelo art. 732, as disposições sobre homologação judicial de divórcio ou separação consensuais aplicam-se, no que couber, ao processo de homologação da extinção consensual de união estável.

4) *Honorabilidade*[7], pois deve haver uma união respeitável entre homem e mulher (*RT, 328*:740; *BAASP, 2982*:11; *RTJ, 7*:24 e CC, art. 1.724 — ou entre pessoas do mesmo sexo: Res. CNJ n. 175/2013), pautada na *affectio maritalis* e no *animus* de constituir uma família. É necessário para sua configuração o elemento subjetivo: o compromisso pessoal e mútuo de formar uma família. Ambos os conviventes não poderão planejar para o futuro o propósito de constituir entidade familiar, pois, para que haja união estável, a formação do núcleo familiar, em que se tem compartilhamento de vidas, deve ser concretizada no presente, e não apenas planejada. Assim sendo, convivência com mera expectativa de constituir família futuramente não caracteriza união estável.

5) *Fidelidade ou lealdade* (CC, art. 1.724) *entre os companheiros,* que revela a intenção de vida em comum, a *aparência* de "posse do estado de casado" por ser esta, como já dissemos, atributo de casal unido pelo casamento, cuja comprovação tornou-se difícil pela perda do registro civil, estando falecidos os consortes ou impossibilitados de prestar esclarecimentos, e o indício de que o filho é do casal[8]. Além disso o fato de a mulher receber outro homem,

---

7. E. Moura Bittencourt, op. cit., p. 263. Consulte: http://stj.jusbrasil.com.br/noticias/173362891/convivencia-com-expectativa-de-formar-familia-no-futuro-nao-configura-uniao-estavel. O TJSP (4ª Câm. de Dir. Priv.) negou reconhecimento de união estável a mulher que não tinha a chave da casa do falecido namorado, sendo que nela não deixava seus objetos pessoais, entendendo que o parceiro não tinha confiança nela nem intenção de constituir família. Consulte: Jones Figueirêdo Alves, Namoro qualificado, *Revista Síntese — Direito de Família, 98*: 37-38; Felipe C. de Almeida, O STJ e a tese do namoro qualificado: afastando a hipótese de união estável, *Revista Síntese — Direito de Família, 98*:9-25; Maria Cabral, Namoro simples, namoro qualificado e união estável: o requisito subjetivo de constituir família, *Revista Síntese — Direito de Família, 98*:26 a 27; Priscila de A. Satil, Diferenciação entre namoro qualificado e união estável, *Revista Síntese — Direito de Família, 98*:28 a 36.

8. Tal fidelidade é exigida porque nossa cultura baseia-se no princípio monogâmico. Se alguém mantiver relação afetiva com duas amantes, vindo a casar-se com uma delas, não poderá excluir a outra da partilha de bens adquiridos com sua contribuição, em razão de sociedade de fato, e não de união estável, por ser esta inexistente. Silvio Rodrigues, op. cit., p. 264; Savatier, La recherche de la paternité, in *Le droit, l'amour et la liberté,* cap. V, n. 45; Arnoldo Medeiros da Fonseca, *Investigação de paternidade,* 2. ed., Rio de Janeiro, 1947, n. 18 e 161; *RF, 81*:581. O Tribunal de Justiça do Rio Grande do Sul determinou que uma mulher, casada há mais de trinta anos, dividisse a pensão por morte do marido com a amante dele. O desembargador José Ataídes Siqueira Trindade, integrante da 8ª Câmara Cível do TJRS, entendeu que o relacionamento paralelo, de mais de 16 anos,

ou outros homens, ou vice-versa, indica que entre os amantes não há união vinculatória[9] nem, portanto, companheirismo, que pressupõe ligação estável e honesta. Impossível será a existência de duas sociedades de fato simultâneas, configuradas como união estável (*RT*, *585*:166; *Bol. AASP*, *2.715*:1952-10). Não havendo fidelidade, nem relação monogâmica, o relacionamento passará à condição de "amizade colorida", sem o *status* de união estável. Todavia é preciso esclarecer que tal dever de fidelidade visa tão somente valorizar a união estável, podendo os conviventes rompê-la, livremente, sem sofrer, em regra, qualquer sanção[10]. Mas a quebra da lealdade pode implicar injúria grave,

---

representava uma união estável. O homem tinha dois filhos com a mulher, de quem nunca se separou de fato, e duas filhas com funcionária de lanchonete de sua propriedade, que morava no mesmo prédio do estabelecimento. Em julgamento realizado no último dia 20 de julho, Trindade estabeleceu que a companheira terá direito a 25% e os outros 25% ficam com a mulher. O magistrado afirmou, com base nos depoimentos de testemunhas do processo, que o homem mantinha dois endereços, mesmo para fins de correspondência oficial. Fotografias retratam convívio social e familiar com a companheira e a mulher oficial. A companheira, que ajuizou a ação no Tribunal, se responsabilizou pela internação hospitalar do companheiro. A esposa e os filhos do casamento pagaram as despesas com o funeral. Ambas recebem do INSS pensão por morte. TRF da 3ª Região (13ª T., Processo n. 0008.105-68.2010-403.9999/SP, rel. Des. Sérgio do Nascimento) decidiu que duas companheiras poderão dividir pensão do INSS por morte do falecido segurado, que com elas mantinha relações concomitantes de longa duração, apesar de haver concubinato impuro, e eram por ele sustentadas financeiramente. *BAASP*, *2757*:208103: "Exame das provas que confirma a presença do relacionamento, que não se descaracteriza pela infidelidade constante do réu. Verba honorária alterada para estipulação em quantia fixa. Apelação provida em parte" (TJSP, 10ª Câm. de Direito Privado, ApC 994.09.330908-3, rel. Des. Maurício Vidigal, j. 9-11-2010, v.u.).

9. Caio M. S. Pereira, Concubinato, in *Enciclopédia Saraiva do Direito*, v. 17, p. 258; Flávio Tartuce, O princípio da boa-fé objetiva no direito de família, cit., p. 18-22.

10. E. Moura Bittencourt, op. cit., p. 263-4; Rolf Madaleno, A união (ins)estável (relações paralelas, *Direito de família em pauta*, Porto Alegre, Livraria do Advogado, 2004, p. 63; Goecks e Oltramari, A possibilidade do reconhecimento da união estável putativa e paralela como entidade familiar frente aos princípios constitucionais aplicáveis, *Revista IOB de Direito de Família*, *45*:120-135; Paulo R. I. Vecchiatti, União poliafetiva como entidade familiar constitucionalmente protegida, *Revista Síntese — Direito de Família*, *103*:9 a 42; Vladimir Polizio Junior, Possibilidade jurídica de união estável ou casamento entre mais de duas pessoas: interpretação conforme a Constituição, *Revista Síntese – Direito de Família*, *104*:61 a 87. Consulte *O Estado de S. Paulo*, de 19-8-1967, e *Folha de S. Paulo*, de 5-8-1967; *Repertório IOB de Jurisprudência*, *3*:11678 — "Concubinato adulterino. Convivência simultânea com a esposa e outra mulher. Inocorrência de união estável. Inexistência de direito à partilha de bens. O concubinato se caracteriza pela união livre e estável entre pessoas de sexo diferente, não ligadas pelo casamento, e sem que qualquer delas, sendo casada, mantenha vida comum com o cônjuge legítimo. A convivência simultânea com a esposa e a amante, além de não constituir união estável de que trata a Constituição, tipifica conduta ilícita, reprovada pela lei e pela moral. Não tem direito a qualquer participação nos bens deixados pelo amásio a mulher que se permitiu conviver com um homem que tinha vida comum com a esposa. Desprovimento dos recursos" (TJRJ). "Na concorrência de direitos entre a esposa, com

quem o falecido viveu maritalmente até o fim de sua vida, e a concubina, fruto de relação adulterina, há que se reconhecer somente os daquela, já que os desta, porque ao desamparo da lei, não têm o condão de gerar efeitos jurídicos para fins previdenciários, mas, tão só, meramente patrimoniais. Inexiste união estável paralela ao casamento" (TJRS, Ap. Cível, 2ª Câm. Cív., Proc. 70.00926.524-0, j. 24-11-2004). Reconhecimento de união estável paralela ao casamento: *Bol. AASP, 2.727*:1986-09. "Recurso especial — Matéria constitucional — Alínea do permissivo constitucional não indicada — Não conhecimento — Sociedade de fato — Patrimônio comum — Partilha — Companheiro casado — Comunhão universal — Separação de fato — Seguro de vida — Beneficiário — Livre nomeação — Pensão previdenciária — Rateio entre cônjuge e companheira — Recurso parcialmente provido. 1. Esta Corte não se presta à análise de matéria constitucional, cabendo-lhe, somente, a infraconstitucional, não merecendo ser conhecido o recurso quanto à ofensa ao art. 226, § 3º, da Constituição Federal. Precedentes. 2. Não se conhece de Recurso Especial sob alegação de dissídio jurisprudencial se a parte não indica, categoricamente, a alínea 'c' do permissivo constitucional como fundamento de sua irresignação, incidindo a Súmula 284 da Suprema Corte. Precedentes. 3. Reconhecida a sociedade de fato e havendo contribuição, direta ou indireta, para a formação do patrimônio comum, cabível a partilha do mesmo, não afetada pelo regime de comunhão universal de bens adotado no casamento de um dos companheiros, estando o mesmo separado de fato. Precedentes. 4. Com relação ao seguro de vida, a apólice tem como beneficiária a cônjuge do *de cujus* e, tratando-se de um contrato no qual o segurado tem plena liberdade de escolha quanto ao beneficiário do prêmio, deve referida opção ser observada. 5. Correto o rateio da pensão previdenciária entre recorrente e viúva, fixando-se percentual análogo (50%) a ambas, sendo incabível a manutenção dos 30% estabelecidos por ocasião de revisão da pensão alimentícia percebida pela cônjuge. 6. Recurso conhecido e parcialmente provido" (*RSTJ, 184*:332). "União estável — Situação putativa — Comprovação — O fato de o *de cujus* não ter rompido definitivamente o relacionamento com a companheira com quem viveu longo tempo, mas com quem já não convive diariamente, mantendo às ocultas essa sua vida afetiva dupla, não afasta a possibilidade de se reconhecer em favor da segunda companheira uma união estável putativa desde que esta ignore o fato e fique comprovada a *affectio maritalis* e o fato ânimo do varão de constituir família com ela, sendo o relacionamento público e notório e havendo prova consistente nesse sentido. Embargos infringentes desacolhidos" (TJRS, EI 599469202, 4º Grupo de Câmara Cível, rel. Des. Sérgio Fernando de Vasconcellos Chaves, j. em 1211-1999). "União estável — Reconhecimento — Prova — Requisitos evidenciadores — Elemento anímico não preenchido — Relacionamentos paralelos. Embora preenchidos os requistos objetivos do instituto, não restou comprovado o elemento anímico. A relação amorosa paralela do varão não permite inferir a 'affectio maritalis'. E o reconhecimento pela autora da existência de outro enlace impossibilita até mesmo o decreto de união estável putativa. É que, sendo o nosso sistema monogâmico, não se há de admitir o concurso entre entidades familiares, sendo descabido até mesmo apontar-se a situação putativa. Também não se há falar em mera infidelidade, pois esta, em se tratando de união livre, importa em indício da eventualidade do relacionamento. Apelo provido" (TJRS, ApC 70008648768, 7ª Câm. Cív., rel. Des. José Carlos Teixeira Giorgis, j. em 2-6-2004). "Concubinato — União estável e duradoura com outra mulher, na constância do casamento do varão — Possibilidade de gerar efeitos — Perfeita distinção entre a vida conjugal da família de fato e a de direito — Restrição da meação da concubina ao único imóvel localizado no foro em que convivia com o falecido companheiro — Procedência parcial da ação — Recurso da autora improvido — Provimento parcial do apelo do espólio-réu" (*Lex, 182*:34).

motivando a separação dos conviventes, gerando em atenção à boa-fé de um deles indenização por dano moral (*RT, 437*:157) e os efeitos jurídicos da sociedade de fato. Será, portanto, imprescindível a unicidade de "amante", similarmente ao enlace matrimonial, pois, p. ex., a união de um homem com duas ou mais mulheres faz desaparecer o "valor" de ambas ou de uma das relações, tornando difícil saber qual a lesada. Porém, excepcionalmente, em atenção à boa-fé daquelas mulheres em união simultânea com o mesmo homem, há decisão aceitando o direito de indenização e os mesmos efeitos da

---

"União estável. Reconhecimento de duas uniões concomitantes. Equiparação ao casamento putativo. Lei n. 9.728/96. 1. Mantendo o autor da herança união estável com uma mulher, o posterior relacionamento com outra, sem que se haja desvinculado da primeira, com quem continuou a viver como se fossem marido e mulher, não há como configurar união estável concomitante, incabível a equiparação ao casamento putativo. 2. Recurso especial conhecido e provido" (STJ, REsp 789.293-RJ — 2005/0165379-8, rel. Min. Menezes Direito, j. 16-2-2006). Observa Fábio Ulhoa Coelho (*Curso*, cit., v. 5, p. 140) que a "união estável é putativa quando um dos conviventes, de boa-fé, está legitimamente autorizado a crer que não existem impedimentos para que o outro a ela se vincule, quando isso não corresponde à verdade. Para o companheiro induzido em erro, a situação de fato produzirá todos os efeitos da união estável, inclusive quanto ao direito aos alimentos e participação no patrimônio do outro convivente". Diz o Enunciado n. 14 do TJRJ: "É inadmissível o reconhecimento dúplice de uniões estáveis concomitantes. Justificativa: A Constituição Federal reconheceu a união estável como entidade familiar (artigo 226, § 3º). A moral da família é uma só. A duplicidade de casamentos implica na figura típica da bigamia, logo não pode ser admitida a 'bigamia' na união estável" (STJ, 3ª T., REsp 789.293, *DJ* de 20-3-2006, p. 271; TJERJ, 13ª Câm. Cível, ApC 2005.001.09180, j. em 24-10-2005. TJERJ, 2ª Câm. Cível, ApC 2005.001.02037, j. em 12-4-2005). 1. A união estável é reconhecida como entidade familiar consubstanciada na convivência pública, contínua e duradoura com o fito de constituição de família, competindo à parte interessada demonstrá-la adequada e concretamente, seja por elementos de prova oral ou documental. 2. Embora seja predominante, no âmbito do direito de família, o entendimento da inadmissibilidade de se reconhecer a dualidade de uniões estáveis concomitantes, é de se dar proteção jurídica a ambas as companheiras em comprovado o estado de recíproca putatividade quanto ao duplo convívio com o mesmo varão, mostrando-se justa a solução que alvitra a divisão da pensão derivada do falecimento dele e da terceira mulher com quem fora casado (TJSC, ApC 2009.041434-7, rel. Des. Eládio Torret Rocha, 4ª Câm. Direito Civil, j. 10-11-2011); *BAASP 2.587*:1553-3: "O concubinato desleal não encontra respaldo no ordenamento jurídico brasileiro, pois a manutenção de duas uniões de fato, concomitantes, choca-se com o requisito de respeito e consideração mútuos, impedindo o reconhecimento desses relacionamentos como entidade familiar, uma vez caracterizada a inexistência de objetivo de constituir família, e de estabilidade na relação" (TJMG, ApCv 1.0384.05.039349-3/002- Leopoldina-MG, 4ª Câm. Cív., rel. Des. Moreira Diniz, j. em 21-2-2008, v.u.).

Sobre entidade familiar simultânea e o direito do credor: 3ª Câmara do STJ, REsp n. 1.096.539, rel. Min. Ricardo V. B. Cueva.

Enunciado Programático do IBDFAM n. 4: "A constituição de entidade familiar paralela pode gerar efeito jurídico".

união estável (*Bol. AASP, 2.675*:1827-11), mesmo não caracterizada, às que foram enganadas por ele, entendo que há "união estável putativa" (TJRS, 7ª CCív., ApC 70025094707, rel. Sérgio F. Vasconcellos, *Bol. AASP, 2.676*:5556).

6) *Coabitação,* uma vez que a união estável deve ter aparência de casamento. Ante a circunstância de que no próprio casamento pode haver uma separação material dos consortes por motivo de doença, de viagem ou de profissão, a união estável pode existir mesmo que os companheiros não residam sob o mesmo teto, desde que seja notório que sua vida se equipara à dos casados civilmente (Súmula 382 do STF; STJ, REsp 474962/SP, rel. Min. Sálvio de F. Teixeira, j. 29-9-2003)[11]. Por isso, fez bem o novel Código Civil (art. 1.724) em não contemplar esse dever.

7) E, segundo alguns autores, "*colaboração da mulher no sustento do lar,* na sua função natural de administradora e de provedora, não como mera fonte de dissipação e despesas"[12].

---

11. W. Barros Monteiro, op. cit., p. 15; Beucher, op. cit., p. 17-24; E. Moura Bittencourt, op. cit., p. 263-4. "Direitos processual civil e civil. União estável. Requisitos. Convivência sob o mesmo teto. Dispensa. Caso concreto. Lei n. 9.728/96. Enunciado n. 382 da Súmula/STF. Acervo fático-probatório. Reexame. Impossibilidade. Enunciado n. 7 da Súmula/STJ. Doutrina. Precedentes. Reconvenção. Capítulo da sentença. *Tantum devolutum quantum apellatum*. Honorários. Incidência sobre a condenação. Art. 85, § 2º, CPC/2015. Recurso provido parcialmente. I — Não exige a lei específica (Lei n. 9.728/96) a coabitação como requisito essencial para caracterizar a união estável. Na realidade, a convivência sob o mesmo teto pode ser um dos fundamentos a demonstrar a relação comum, mas a sua ausência não afasta, de imediato, a existência da união estável. II — Diante da alteração dos costumes, além das profundas mudanças pelas quais tem passado a sociedade, não é raro encontrar cônjuges ou companheiros residindo em locais diferentes. III — O que se mostra indispensável é que a união se revista de estabilidade, ou seja, que haja aparência de casamento, como no caso entendeu o acórdão impugnado. IV — Seria indispensável nova análise do acervo fático-probatório para concluir que o envolvimento entre os interessados se tratava de mero passatempo, ou namoro, não havendo a intenção de constituir família. V — Na linha da doutrina, 'processadas em conjunto, julgam-se as duas ações [ação e reconvenção], em regra, 'na mesma sentença' (art. 318), que necessariamente se desdobra em dois capítulos, valendo cada um por decisão autônoma, em princípio, para fins de recorribilidade e de formação da coisa julgada'. VI — Nestes termos, constituindo-se em capítulos diferentes, a apelação interposta apenas contra a parte da sentença que tratou da ação, não devolve ao tribunal o exame da reconvenção, sob pena de violação das regras *tantum devolutum quantum apellatum* e da proibição da *reformatio in peius*. VII — Consoante o § 3º do art. 20 (hoje art. 85, § 2º), CPC, 'os honorários serão fixados (...) sobre o valor da condenação'. E a condenação, no caso, foi o usufruto sobre a quarta parte dos bens do *de cujus*. Assim, é sobre essa verba que deve incidir o percentual dos honorários, e não sobre o valor total dos bens" (STJ, REsp 474.962-SP (2002/0095247-6), rel. Min. Figueiredo Teixeira). Mas há quem ache indispensável a convivência sob o mesmo teto (Enunciado n. 2 do CGJSP e Projeto de Lei n. 2.686, art. 1º — apensado ao PL 3.832/2015).
12. Antônio Chaves, op. cit., p. 444.

A doutrina tem apresentado, ainda, alguns *elementos* que valorizam a união estável (concubinagem pura), embora sejam *secundários*, como:

1) A *dependência econômica da mulher* ao homem, mas, de um lado, pode haver concubinato puro, ou união estável, mesmo que a mulher não viva a expensas do companheiro, por ter meios próprios de subsistência, e, por outro lado, é possível que alguém tenha uma mulher por uns tempos, sob sua total dependência econômica, sem que haja união concubinária, p. ex., se um indivíduo leva uma jovem para férias em uma estação climática[13].

2) A *compenetração das famílias,* havendo relações do amante com a família da companheira, contudo, não descaracteriza o concubinato puro, ou melhor, a união estável se, p. ex., o homem evitar comunicar seu ambiente familiar com o de sua amante[14].

3) *Criação e educação pela convivente dos filhos de seu companheiro* (*RF, 164*:268)[15].

4) *Casamento religioso,* sem o efeito civil e sem seu assento no Registro Público (*RT, 279*:241, *443*:161; *RF, 85*:704, *98*:105; *RTJ, 54*:201, *67*:255)[16].

5) *Casamento no estrangeiro* de pessoa separada judicialmente[17].

6) *Gravidez e filhos da convivente com o homem com quem vive*[18]. A existência de prole comum não é requisito obrigatório para caracterizar a união estável, porque é admissível casamento entre pessoas idosas ou estéreis e porque pode haver filhos sem que seus pais vivam em estado de companheirismo.

7) *Situação da companheira como empregada doméstica do outro*[19].

8) *Maior ou menor diferença de idade entre os conviventes*[20].

---

13. Caio M. S. Pereira, op. cit., p. 258; Silvio Rodrigues, op. cit., p. 265.
14. Savatier, op. cit., p. 87; E. Moura Bittencourt, op. cit., p. 264; Caio M. S. Pereira, op. cit., p. 258.
15. E. Moura Bittencourt, op. cit., p. 264.
16. CC, arts. 1.515 e 1.516.
17. E. Moura Bittencourt, op. cit., p. 264.
18. Rogers, *El concubinato y sus efectos jurídicos*, p. 40; E. Moura Bittencourt, op. cit., p. 264.
19. Savatier, op. cit., nota 1 do § 54; E. Moura Bittencourt, op. cit., p. 264.
20. E. Moura Bittencourt, op. cit., p. 264.

    Em Minas Gerais publicou-se o provimento 281/CGJ/2014 para adequação no procedimento de registro das uniões estáveis nos Registros Civis das Pessoas Naturais às normas do Provimento n. 37/CNJ/2014. Tal registro será opcional e deve ser realizado pelo oficial do registro civil das pessoas naturais da sede ou onde houver, no 1º subdistrito da comarca em que os companheiros têm ou tiveram seu último domicílio. O registro da união estável só pode dar-se se o casal estiver separado judicial ou extrajudicialmente ou se a declaração da união estável derivar de sentença judicial transitada em julgado (*RIBDFAM, 17*:14 e 15).

9) *Existência de*: a) *contrato escrito*[21] pelo qual homem e mulher convencionam viver sob o mesmo teto, estipulando normas atinentes a questões morais e econômicas. Por esse contrato de coabitação, manifestam a intenção de se unir, criando uma sociedade de fato (que, na verdade, é uma união estável), propondo-se a comungar seus esforços e recursos, ao encontro de seus mútuos interesses. Podem convencionar, além de alguns dados de natureza pessoal, que os bens móveis e imóveis adquiridos onerosamente por

---

21. Segundo a maioria dos autores, a união estável para sua configuração não requer que haja contrato de convivência, cuja eficácia é *interpartes*, mesmo se feito por escritura pública e inscrito no Cartório de Títulos e Documentos, logo não tem repercussão *erga omnes*. Sobre o tema: Francisco José Cahali, *Contrato de convivência na união estável*, São Paulo, Saraiva, 2002; Paulo Martins de Carvalho Filho, A união estável, *RT, 734*:31; W. Barros Monteiro, op. cit., p. 21; Silvio Neves Baptista, Contrato de convivência, *Manual de direito de família,* (coord. Silvio Neves Baptista), Recife, Bagaço, 2016, p. 355 a 356; Antônio Carlos M. Coltro, Referências sobre o contrato de união estável. *Novo Código Civil — questões controvertidas* (coord. Delgado e Figueirêdo Alves), São Paulo, Método, 2005, v. 4, p. 415-32; Carlos Roberto Gonçalves, *Direito Civil brasileiro*, São Paulo, Saraiva, 2005, vol. VI, p. 563-4; Álvaro Villaça Azevedo, Direito do concubinato, in *Enciclopédia Saraiva do Direito*, v. 26, p. 444-5; Zeno Veloso, *Código Civil comentado* — direito de família, São Paulo, Atlas, v. XVII, 2003; Rolf Madaleno, Escritura pública como prova relativa de união estável, *Revista Brasileira de Direito de Família, 17*:80 a 88; A retroatividade restritiva do contrato de convivência, *Revista Brasileira de Direito de Família, 33*:147 a 160; Christiano Cassettari, O contrato de convivência na união estável homossexual na perspectiva notarial e registral, *Revista de Direito Notarial, 3*:75-84; Helder M. Dal Col (Contratos de namoro, *Revista Brasileira de Direito de Família, 23*:126-56), como já dissemos alhures, observa: que, ante a ausência de prazo para a configuração de união estável, vem surgindo a prática de *contratos de namoro*, para assegurar que, da relação afetiva, não advenham os efeitos pessoais e patrimoniais da união estável, apesar de preencher todos os requisitos do companheirismo. Teriam essas avenças validade, ou não teriam eficácia por contrariarem preceitos de ordem pública? A vontade das partes deveria ser respeitada, visto que ambos apenas querem firmar um namoro, desistindo das consequências que poderiam advir de um relacionamento continuado, pois não querem nenhuma vinculação jurídica? Teria o contrato de namoro eficácia perante terceiro de boa-fé? Parece-nos que tal contrato terá validade relativa, podendo-se desconsiderá-lo, se houver fraude à lei, enriquecimento indevido de uma das partes, ou em jogo interesse de terceiros de boa-fé etc. O TJRS, 3ª Câm. Cível, 30-9-1992, Ap. 592.075.675, permitiu transcrição de instrumento particular de união estável no Registro de Títulos e Documentos com base no art. 127, VII, da Lei n. 6.015, para fins exclusivos de conservação e de prova de autenticação da data (CPC, art. 370, I — hoje art. 409, parágrafo único, I).

Se os companheiros, que conviveram como se casados fossem por longo período, formalizaram contrato particular escrito, disciplinando os direitos e deveres da união estável, em razão da impossibilidade de o companheiro contrair novas núpcias, pelo fato de não estar em vigor a Lei do Divórcio à época do estabelecimento da sociedade conjugal, deve ser considerada eficaz a cláusula contratual que prevê a comunhão de bem aquesto, reconhecendo-se à companheira do *de cujus* o direito à meação sobre imóvel adquirido antes da convivência *more uxorio*. TJPR, Ap. 80.332-1, 6ª Câm., j. em 22-12-1999, rel. Des. Accácio Cambi.

eles, durante o relacionamento, não sejam tidos como fruto de colaboração comum, não pertencendo, portanto, a ambos, em condomínio, em partes iguais (CC, art. 1.725). Nada impede, por exemplo, que coloquem cláusulas concernentes ao usufruto de bens anteriores à união estável em favor de companheiro ou de terceiro, à administração desse patrimônio, à previdência social, ao direito da companheira de utilizar o sobrenome do convivente, à partilha de bens etc. Há quem ache, como Carlos Roberto Gonçalves, que o contrato de união estável não pode abranger bens anteriores ao início da convivência, visto que essa convenção escrita não é equivalente ao pacto antenupcial; por isso apenas mediante escritura pública de doação desses bens, imóveis ou móveis valiosos, poderia um convivente estipular sua comunhão. Nem mesmo poderia nele inserir cláusula, continua esse autor, afastando companheiro da sucessão do outro. Esse contrato de convivência poderá ser alterado total ou parcialmente a qualquer tempo, modificando ou acrescentando cláusulas. Se a união estável vier a converter-se em casamento, boa parte da doutrina entende que as disposições do pacto convivencial deverão encontrar limitação em sua retroatividade para preservar contratos feitos pelos companheiros com terceiro para que não haja prejuízo a seus direitos e interesses; e b) *atos e negócios jurídicos* relativos à união como: contas bancárias conjuntas; contrato de locação de imóvel residencial; cartão de crédito e de débito comum; nomeação de companheiro como procurador, dependente, segurado ou beneficiário de seguro etc.

2. Espécies de uniões de fato

A união estável distingue-se da simples união carnal transitória e da moralmente reprovável, como a incestuosa e a adulterina. Logo, o concubinato é o gênero do qual a união estável é a espécie.

A união de fato ou o concubinato, didaticamente, pode ser: puro ou impuro.

Será *puro* (CC, arts. 1.723 a 1.726) se se apresentar como uma união duradoura, sem casamento civil, entre homem e mulher livres e desimpedidos, isto é, não comprometidos por deveres matrimoniais ou por outra ligação concubinária. Assim, vivem em *união estável* ou concubinato puro: solteiros, viúvos, separados extrajudicial ou judicialmente ou de fato (em contrário, *RJ*, *725*:322, *745*:336 e *198*:136, por haver óbice ao casamento) e divorciados (*RT*, *409*:352). O separado de fato aqui se incluiria ou não? É uma questão polêmica, por serem as normas de direito de família de ordem pública e, além disso, não há o estado civil do separado de fato, e o fator tempo não tem, juridicamente, o condão de romper, por si só, a sociedade conjugal e muito menos o vínculo matrimonial. Sem embargo disso o Código Civil de 2002, a doutrina e a jurisprudência têm admitido efeitos jurídicos à "união estável" de separado de fato por ser uma realidade social. Mas como poderia o ilícito civil (adultério) acarretar direitos e obrigações, se a ele só se deveriam impor sanções? Por isso, poder-se-ia, entendemos, admitir a essa união algum efeito como *sociedade de fato* e não como união estável, ante o princípio de que se deve evitar o locupletamento indevido. Deveras, se o simples decurso do tempo tivesse o poder de pôr fim aos deveres conjugais, ao regime matrimonial de bens, qual seria a serventia do divórcio? Se existem no nosso Código Civil (p. ex., art. 550) efeitos negativos para o concubinato adulterino, tais normas não atingiriam também o separado de fato, por serem de ordem pública? Como liberá-lo do comando desses preceitos cogentes? Seria suficiente o *animus* de não mais continuar com a vida conjugal para cessar a adulterinidade. A simples ruptura da vida comum por um ou por ambos os cônjuges, sem qualquer manifestação ou homologação judicial, faria com que o concubinato do separado de fato fosse puro? Modernamente, para caracterizar adulterinidade seria necessário que houvesse concomitância de relações sexuais com cônjuge e amante, como já se decidiu em alguns julgados (*RT, 750*:249)? Indagava-se, anteriormente à reforma substancial operada pela EC n. 66/2010: Haveria, ou não, possibilidade de reconhecer efeitos jurídicos à separação de fato, por ter sido considerada, pelo art. 226, § 6º, da CF/88 e pelo art. 1.580, § 2º, do Código Civil (ora parcialmente revogado), após o decurso do lapso temporal de 2 anos, como *conditio* para o divórcio direto, ou pelo fato de a Lei do Divórcio (art. 8º) e o Código Civil (art. 1.580, *caput,* ora parcialmente revogado) fazerem retroagir à data da concessão de cautelar de separação de corpos os efeitos da sentença que decretou a separação judicial do casal (*RTJ, 121*:756)? Há até mesmo decisões entendendo que, na hipótese de separação de fato, não há mais dever de fidelidade, por inexistir afeição entre os consortes (*RT, 381*:100, *409*:183, *445*:92, *433*:87). Mas será que a simples *affectio* poderia ser considerada como critério jurídico para iniciar ou romper um vínculo matrimonial? A falta de afeição seria a única causa jurídica que leva alguém a lançar mão da separação (judicial ou extrajudicial) ou do divórcio, que extingue a sociedade ou o vínculo conjugal? Se na separação de fato há um matrimônio sem comunhão de vida e vínculo jurídico conjugal e se na união estável não há casamento, mas vida em comum sem liame jurídico, como, então, o separado de fato, que tenha uma relação concubinária, pode formar uma união estável? Sem embargo desta polêmica, o Código Civil, art. 1.723, § 1º, admite a união estável de separado de fato para atender às exigências da vida e às necessidades sociais (*RT, 618*:171), entendendo que há convivência *more uxorio*, baseada na afetividade e que não há deslealdade para com o seu cônjuge, já que com ele não coabita.

Ter-se-á concubinato *impuro* ou simplesmente *concubinato*, nas relações não eventuais em que um dos amantes ou ambos estão comprometidos ou impedidos legalmente de se casar. No concubinato há um panorama de clandestinidade que lhe retira o caráter de entidade familiar (CC, art. 1.727), visto não poder ser convertido em casamento. Apresenta-se como: *a*) *adulterino* (*RTJ, 38*:201; *JTJ, 243*:186; *RT, 458*:224, *649*:52, *743*:350, *728*:342, *843*:250; Súmula do STF, n. 447), se se fundar no estado de cônjuge de um ou ambos os concubinos, p. ex., se homem casado, não separado de fato, mantém, ao lado da família matrimonial, uma outra (*RTJ, 75*:965, *117*:1264 e 1269; *BAASP, 2.650*:1750-08); e *b*) *incestuoso*, se houver parentesco próximo entre os amantes[22].

---

22. Sobre as espécies de concubinato, consulte Álvaro Villaça Azevedo, op. cit., p. 444; Silvio Neves Baptista, União estável de pessoa casada, *Novo Código*, cit., v. 3, p. 301-14; Zeno Veloso, *União estável*, Belém, Cejup, 1997, n. 40, p. 75; R. Limongi França, Direito do concubinato, in *Enciclopédia Saraiva do Direito*, v. 26, p. 438; E. Moura Bittencourt, op. cit., p. 264-5; Marco Túlio M. Garcia, União estável e concubinato no novo Código Civil, *Revista Brasileira de Direito de Família, 20*:32-44; Euclides de Oliveira e Giselda M. F. N. Hironaka, Distinção jurídica entre união estável e concubinato, *Novo Código*, cit., v. 3, p. 239-60. No *impuro* tem-se reconhecido a sociedade de fato: *RT, 684*:190; *Lex, 182*:34. TJSP, 4ª Câmara de Direito Privado, Ap. Cível n. 110.857-4. Concubinato Impuro — Relação extramatrimonial entre o *de cujus* e a autora — Pretensão desta de declaração de ocorrência de união estável — Concubino que nunca deixara o lar conjugal — Julgamento de procedência — Concubinato impuro que não se confunde com união estável, para os fins pretendidos — Recurso do espólio provido. *RT, 830*:351: União estável — Concubinato impuro — Alimentos — Relação concubinária mantida paralelamente com o casamento — Espécie de relacionamento que não é reconhecido e protegido pelo mandamento constitucional — Hipótese, ademais, em que não restou demonstrada a necessidade alimentar da ex-companheira, que trabalha e possui rendimentos próprios. *Ementa oficial*: O concubinato impuro, ou seja, a ligação do homem casado civilmente, que paralelamente à relação concubinária mantém o casamento com sua legítima esposa, não gera efeitos jurídicos decorrentes da união estável, reconhecida e protegida pelo mandamento constitucional. Nesse particular, não restando demonstrada a necessidade alimentar da ex-companheira, uma vez que trabalha e possui rendimentos próprios, impõe-se o indeferimento dos alimentos pleiteados (Ap. 02.000068-5, Segredo de Justiça, 1ª Câm., j. 245-2004, rel. Des. Cristóvam Praxedes). *RT, 839*:362: "Ação possessória. Reintegração de posse. União estável. Ajuizamento por viúva em relação a imóvel onde reside a mulher com quem seu marido falecido vivia em relação estável. Demanda proposta cerca de cinco anos após o falecimento. Herdeiros que se abstiveram de recuperar a posse em prazo razoável. Posse considerada perdida. Inteligência dos arts. 520, I, e 522, do CC (de 1916). *Ementa oficial*: Pretensão possessória ajuizada por viúva em relação a imóvel onde reside a mulher com quem seu marido vivia em relação estável. Estando provado que a posse do imóvel era, reconhecidamente, exercida pelo marido durante a convivência com sua companheira e sendo certo que a ação reintegratória só foi proposta cerca de cinco anos após o falecimento desse, nem mesmo aos herdeiros se reconheceria direito possessório, dado o disposto nos arts. 520, I, e 522, ambos do CC (de 1916), vigente à época dos fatos. Embora a propriedade e posse dos bens sejam transmitidas aos herdeiros, no momento da sucessão, por força do *droit de saisine*, considera-se perdida, a posse, se os herdeiros se abstêm de recuperá-la em prazo razoável (Ap. 2004.001.29247, 18ª Câm., j. 22-2-2005, rel. Des. Marco Antonio Ibrahim, *DORJ*, 28.04.2005). TJRS, Apelação cível n. 70010479046, 7ª Câm. Cível, rel. Des. Luiz Felipe Brasil Santos, j. 13-04-2005. "Não se pode reconhecer união estável simultaneamente à hígida existência de casamento, se não restar cabalmente provada a alegada separação de fato. Só assim estará afastado o impedimento legal à constituição da união estável previsto no § 1º do art. 1.723. Isso porque o Direito pátrio consagra o princípio da monogamia e não tolera a concomitância de entidades familiares. Igualmente, não há falar em união estável putativa, pois ausente a boa-fé da recorrente, que conhecia a situação conjugal do *de cujus*. No *puro*, a união de fato é a estável prevista na CF, art. 226, § 3º, que é considerada, para fins de proteção estatal, como entidade familiar e tem condições de ser convertida em casamento, por não haver impedimento legal para sua convolação. *Vide* art. 1.801, III, do CC sobre a proibição de nomear herdeiro ou legatário o concubino de testador casado, salvo se este, sem culpa sua, estiver separado de fato do cônjuge há mais de 5 anos.

Reforçará tal ideia o Projeto de Lei n. 699/2011 ao propor a seguinte modificação ao art. 1.727: "As relações não eventuais entre o homem e a mulher, impedidos de casar e que não estejam separados de fato, constituem concubinato, aplicando-se a este, mediante comprovação da existência de sociedade de fato, as regras do contrato de sociedade. Parágrafo único. As relações meramente afetivas e sexuais, entre o homem e a mulher, não geram efeitos patrimoniais, nem assistenciais". Mas o Parecer Vicente Arruda não a aprovou por entender que não acrescenta nenhum elemento novo ao conceito de concubinato, nem aos efeitos patrimoniais dele decorrentes.

Meros relacionamentos sexuais casuais ou aventuras amorosas não geram quaisquer efeitos jurídicos.

Oportunos, nesse sentido, os ensinamentos de Zeno Veloso (*União estável*, Belém, Cejup, 1997, p. 75): "Pela existência de um casamento que não existe, ou que existe, somente, nos arquivos cartorais, não se deve desconsiderar uma união duradoura, contínua, séria, constituída para criar e manter uma entidade familiar. Tratar-se-á, afinal, de uma família, que tem o direito de merecer o respeito e a proteção que são conferidos a quaisquer famílias dignamente formadas. Obviamente, se algum convivente ainda está preso a outra pessoa pelo vínculo matrimonial, embora separado de fato, não se poderá fazer a conversão da união estável em matrimônio, dado o impedimento dirimente. Uma coisa é não poder a união estável, num caso concreto, converter-se em casamento, e outra, muito diferente, é garantir-se que, por isto, não há união estável. Aliás, se um ou ambos os conviventes são separados judicialmente, também não pode haver a conversão, e ninguém ousaria negar a existência da união estável, se os requisitos legais estão atendidos". *Vide*: *JTJ*, *182*:34. Para Jurandyr Algarve, "a união estável não se evidencia entre o homem e a mulher se qualquer deles se encontra impedido de casar. Logo, tal união somente ocorre entre o homem e a mulher solteiros, viúvos ou divorciados, nunca entre pessoas separadas judicialmente ou de fato, pois continuam mantendo vínculo matrimonial com impedimento absoluto ou público previsto pelo art. 183 do CC [de 1916], porque o casamento válido somente se dissolve com a morte de um dos cônjuges, ou pelo divórcio, parágrafo único do art. 2º da Lei n. 6.515/77 (in *RJ*, *198*/136)". No mesmo sentido: *RT*, *725*:322. Consulte: *RT*, *794*:365: "Se a convivência entre homem e mulher iniciou-se quando o companheiro ainda era casado, resta caracterizado o concubinato impuro, não gerando qualquer direito ou dever entre os conviventes. No entanto, reconhece-se a existência de união estável, para efeitos da Lei 9.278/96, a partir do momento em que o concubino se separou judicialmente de sua esposa, assumindo publicamente o relacionamento com sua companheira como se casados fossem"; "União estável — reconhecimento — companheiros casados, mas separados de fato — admissibilidade. Afigura-se admissível a existência de união estável quando um ou ambos os companheiros são casados, mas separados de fato, sendo vedada apenas a configuração da união em se tratando de relação adulterina, concomitante ao casamento civil (TJMG, Ap. Cív. 231 199 1/00-Comarca de Uberaba, Rel. Des. Carreira Machado). Já Carlos Alberto Menezes Direito, por sua vez, entende: "benfazejo é o Código no que concerne à separação de fato. Não tem mesmo nenhum sentido deixar de reconhecer o tempo como um fator relevante para estabelecer a separação do casal e ensejar a possibilidade de constituição da união estável. Importante é a regra do § 2º do art. 1.723 ao afastar as causas suspensivas como impedimentos para a caracterização da união estável" (*O novo Código Civil. Estudos em homenagem ao Prof. Miguel Reale*. São Paulo, LTr, junho de 2003, p. 1281).

3. Direitos vedados à união concubinária

O concubinato *puro* (união estável) foi reconhecido pela Constituição Federal de 1988, no art. 226, § 3º, como entidade familiar, mas em nosso ordenamento jurídico encontram-se algumas normas jurídicas que reprovam o *concubinato impuro* (CC, art. 1.727), como[23]:

1) A do art. 550 do Código Civil, que proíbe doações do cônjuge adúltero ao seu cúmplice, com o intuito de evitar o desfalque no acervo patrimonial do casal, em prejuízo da prole e da mulher, possibilitando que possam ser anuladas pelo consorte enganado, ou por seus herdeiros necessários, até 2 anos depois de dissolvida a sociedade conjugal.

2) A do art. 1.642, V, do Código Civil, que confere ao cônjuge o direito de reivindicar os bens comuns móveis ou imóveis, doados ou transferi-

---

23. Há quem ache que o termo *concubinato* envolve sentido pejorativo, não sendo adequado para tutelar a *entidade familiar*, daí a distinção do Código Civil de 2002, que preferiu designá-la *união estável*, reservando a palavra "concubinato" para a união de fato impura, insuscetível de ser convertida em casamento. A respeito desse tema: Ney de Mello Almada, Concubina, in *Enciclopédia Saraiva do Direito*, v. 17, p. 245; E. Moura Bittencourt, op. cit., p. 266; R. Limongi França, op. cit., p. 440; W. Barros Monteiro, op. cit., p. 19; Caio M. S. Pereira, *Instituições*, cit., p. 37; Cahali, Alimentos, in *Enciclopédia Saraiva do Direito*, v. 6, p. 130; Savatier, *Le droit, l'amour et la liberté*, p. 138; Carbonnier, *Droit civil*, v. 2, n. 58; Carlos Cavalcanti de Albuquerque Filho, Famílias simultâneas e concubinato adulterino, *Família e cidadania*, cit., p. 143-61; *Ciência Jurídica, 39*:80: "O artigo 1.177 [hoje correspondente ao art. 550] do Código Civil não atinge a doação à companheira" (*Bol. AASP, 1.858*:91). "O inventário não é via própria para a concubina postular reconhecimento de sua condição de meeira do espólio" (STJ). Há julgado que entende válida doação verbal de móvel de pequeno valor à concubina a que se segue *incontinenti* a tradição (*Adcoas*, 1982, n. 86.903).

dos pelo outro cônjuge ao concubino. Tanto a consorte enganada como os seus herdeiros poderão promover ação anulatória da referida doação feita pelo adúltero ao seu cúmplice, até 2 anos depois da dissolução do casamento (CC, arts. 550 e 1.645; *RT, 479*:74, *751*:385). Se a doação for alusiva a dinheiro de contado, com o qual a concubina adquiriu bem imóvel, o cônjuge só poderá reclamar a importância em dinheiro e não a coisa adquirida com ele (*RT, 459*:92, *200*:656, *269*:219, *490*:197; *RF, 132*:431).

3) A do art. 1.474 do Código Civil de 1916, que proibia a instituição de concubina como beneficiária do contrato de seguro de vida, ao prescrever: "não se pode instituir beneficiário pessoa que for legalmente inibida de receber doação do segurado" (*RT, 245*:372, *264*:823, *404*:148; *RF, 171*:249). Mas podia ser beneficiária de seguro de vida se seu amante não fosse casado (*RT, 467*:135) ou separado de fato (*RT, 409*:351); pois já se decidiu que "a longa separação de fato descaracteriza o adultério, a permitir o levantamento do seguro pela companheira do falecido e filhos decorrentes dessa união, conforme o artigo 226 da Constituição Federal, que dá proteção às uniões estáveis" (2º TACSP, Ap. c/ Rev. 489.707, 2ª Câm., Rel. Juiz Vianna Cotrim, j. 4-8-1997). E pela Súmula 122 do TFR: "A companheira, atendidos os requisitos legais, faz jus à pensão do segurado falecido, quer em concorrência com os filhos do casal, quer em sucessão a estes, não constituindo obstáculo a ocorrência do óbito antes da vigência do Decreto-Lei n. 66, de 1966". Não há mais tal restrição, visto que o novo Código Civil a ela não faz menção, ao prescrever, no art. 793, que é válida a instituição do companheiro como beneficiário, se ao tempo do contrato o segurado era separado judicialmente, ou já se encontrava separado de fato. Logo, apenas concubino de pessoa casada (não separada de fato) não poderá ser beneficiário de seguro de pessoa, feito pelo outro[24].

---

24. STJ, REsp 100.888-BA (1996/0043529-4): "Civil e processual. Seguro de vida realizado em favor de concubina. Homem casado. Situação peculiar de coexistência duradoura do *de cujus* com duas famílias e prole concomitante advinda das duas relações. Indicação da concubina como beneficiária do benefício. Fracionamento. CC, Arts. 1.474, 1.177 e 248, IV. Procuração. Reconhecimento de firma. Falta suprível pela ratificação ulterior de poderes. I. Não acarreta nulidade dos atos processuais a falta de reconhecimento de firma na procuração outorgada ao advogado se a sucessão dos atos praticados ao longo do processo confirma a existência do mandato. II. Inobstante a regra protetora da família, consubstanciada nos arts. 1.474, 1.177 e 248, IV, da lei substantiva civil, impedindo a concubina de ser instituída como beneficiária de seguro de vida, porque casado o *de cujus*, a particular situação dos autos, que demonstra espécie de 'bigamia', em que o extinto mantinha-se ligado a família legítima e concubinária, tendo prole concomitante em ambas, demanda solução isonômica, atendendo-se a melhor aplicação do Direito. III. Recurso conhecido e provido em parte, para determinar o fracionamento, por igual, da indenização securitária".

4) A do art. 1.801, III, do Código Civil, segundo a qual não pode ser nomeado herdeiro ou legatário o concubino do testador casado, desaparecendo a proibição se o testador for solteiro, viúvo, separado judicial ou extrajudicialmente (*RT, 184*:106, *273*:825, *651*:170, *608*:249; STJ, REsp 72.234RJ, 3ª T., j. 15-12-1995; 1º TARJ, *Adcoas,* 1983, n. 90.563 e 89.551) ou separado de fato há mais de 5 anos, sem que tivesse culpa por essa separação (CC, art. 1.801, III, *in fine*). E tem havido julgado[25] entendendo que a longa e irreversível separação de fato desveste o concubinato da conotação de impuro, habilitando a ex-concubina a receber legado deixado pelo testador (*RT, 685*:63).

5) A do art. 1.521, VI, do Código Civil, que veda a conversão em matrimônio por haver impedimento matrimonial entre os concubinos, não se aplicando a incidência do inciso VI no caso de a pessoa casada se encontrar separada de fato (CC, art. 1.723, § 1º).

6) A do art. 1.694 do Código Civil, que estabelece os alimentos como dever recíproco de socorro por efeito do matrimônio e da união estável. Funda, assim, o dever alimentar no matrimônio ou na união estável, não reconhecendo, a concubino, se se tratar de concubinato impuro (Leis n. 8.971/94, art. 1º e parágrafo único, e n. 9.278/96, art. 7º), direito a alimentos (*RT, 489*:200, *510*:122, *516*:58, *675*:107, *718*:215; *JB, 167*:288), com base em abandono do amásio, embora possa reclamá-los à prole não matrimonial, desde que disponha de elementos para comprovar a paternidade atribuída ao alimentante (*RT, 459*:187). Dever de prestar alimentos a concubino poderá inserir-se em obrigação moral e não legal (1ª Câm. Cív. do TJRJ, AC 668/92, j.

---

25. "Refletindo as transformações vividas pela sociedade dos nossos dias, impõe-se construção jurisprudencial a distinguir a companheira da simples concubina, ampliando, inclusive com suporte na nova ordem constitucional, a proteção à primeira, afastando a sua incapacidade para receber legado em disposição de última vontade, em exegese restritiva do art. 1.719, III, do Código Civil [art. 1.801, III, do Código Civil]. Impende dar à lei, especialmente em alguns campos do direito, interpretação construtiva, teleológica e atualizada" (*EJSTJ, 2*:62).

"Se o direito da concubina, obviamente, não é de herdeira e, na medida em que se afirme, reduzirá as forças da herança, inegável é a posição conflitante em que se situa frente aos herdeiros filhos do 'de cujus', não podendo por isso ser nomeada inventariante do espólio do companheiro premorto" (TJPR, *Adcoas,* 1982, n. 84.882), salvo se teve seu direito de meação reconhecido judicialmente (*RJTJSP, 37*:97).

"Não contraria o artigo 990 do Código de Processo Civil, que não se reveste de caráter absoluto, a decisão que mantém como inventariante a pessoa, que, casada pelo religioso com o extinto, com ele viveu, em união familiar estável, durante longos anos, tendo o casal numerosos filhos. Improcedência da impugnação manifestada por alguns dos filhos do leito anterior" (*EJSTJ, 2*:52).

23-6-1992), pois a Constituição Federal (art. 226, § 3º) não nivelou o concubinato ao casamento (*Ciência Jurídica, 55*:138), visto não considerá-lo como entidade familiar.

7) A de que a concubina não tem direito à indenização por morte do amante em desastre ou acidente (*RT, 360*:395; *RF, 124*:208), embora existam decisões em sentido contrário[26]. A Súmula 35 do STF assegura, p. ex., que "em caso de acidente de trabalho ou de transporte, a concubina tem direito de ser indenizada pela morte do amásio, *se entre eles não havia impedimento para matrimônio*".

8) A de que a amante não pode pedir ressarcimento na hipótese de homicídio perpetrado contra o concubino (*RT, 159*:207).

---

26. *AJ, 100*:139; *RF, 164*:227; *RT, 237*:173, *279*:868; 7ª Câm. Cív. do TJRJ, AC 1848, v. u., j. 8-5-1991. Pela Súmula do STF n. 447 "é válida a disposição testamentária em favor de filho adulterino do testador com sua concubina". STJ, REsp 100.888-BA (1996/0043529-4). Civil e processual. Seguro de vida realizado em favor de concubina. Homem casado. Situação peculiar, de coexistência duradoura do *de cujus* com duas famílias e prole concomitante advinda de ambas as relações. Indicação da concubina como beneficiária do benefício. Fracionamento. CC, arts. 1.474, 1.177 e 248, IV. Procuração. Reconhecimento de firma. Falta suprível pela ratificação ulterior dos poderes. I. Não acarreta a nulidade dos atos processuais a falta de reconhecimento de firma na procuração outorgada ao advogado, se a sucessão dos atos praticados ao longo do processo confirma a existência do mandato. II. Não obstante a regra protetora da família, consubstanciada nos arts. 1.474, 1.177 e 248, IV, da lei substantiva civil, impedindo a concubina de ser instituída como beneficiária de seguro de vida, porque casado o *de cujus*, a particular situação dos autos, que demonstra espécie de "bigamia", em que o extinto mantinha-se ligado à família legítima e concubinária, tendo prole concomitante com ambas, demanda solução isonômica, atendendo-se à melhor aplicação do direito. III. Recurso conhecido e provido em parte, para determinar o fracionamento, por igual, da indenização securitária. *Lex — JTJ, 204*:113 — Previdência Social — Caixa Beneficente da Polícia Militar — Pensão — Concubina casada — Instituição como beneficiária de contribuinte falecido — Admissibilidade — Inexistência de restrição legal — Ação procedente — Recurso provido". Tem havido julgado considerando companheira de prefeito inelegível, aplicando-se o art. 14, § 7º, da Carta Magna, que assim reza: "São inelegíveis, no território de jurisdição do titular, o cônjuge e os parentes consanguíneos ou afins, até o segundo grau ou por adoção, do Presidente da República, de Governador de Estado ou Território, do Distrito Federal, de Prefeito ou de quem os haja substituído dentro dos seis meses anteriores ao pleito, salvo se já titular de mandato eletivo e candidato à reeleição". *Vide*: TSE, acórdão de 15-9-92, Rel. Min. Hugo Gueiros; STF, REXtr. 157868-8, j. 28-5-93, Rel. Min. Marco Aurélio; TSE, Súmula 7, atualmente cancelada pela Resolução TSE n. 20.920/2001: "é inelegível para o cargo de Prefeito a irmã da concubina do atual titular do mandato"; O concubinato impuro ou adulterino se dá quando os relacionamentos forem simultâneos, contemporâneos e concomitantes. Não provando a agravante que viveu maritalmente, com ânimo *more uxorio* com ex-segurado da Aeronáutica, não faz esta jus à parte da pensão previdenciária deixada pelo mesmo em razão de seu falecimento (TJMG, 7ª CCív., AI 1.0107.07.001307-6/001-Cambuquira-MG, Rel. Des. Edivaldo George dos Santos, j. 23-9-2008. v.u., *Bol. AASP, 2.635*:1703-12).

9) A de que a concubina não tem direito de embolsar o pecúlio instituído em associação de classe se o falecido, que era seu amante, era casado (*RT, 140*:379).

10) A de que companheiro de servidora removida *ex officio* não fazia jus à ajuda de custo em razão de movimentação funcional, normalmente concedida aos dependentes de funcionários enquadrados pelo Decreto n. 75.647/75 (Parecer DASP, 1036/82), ora revogado pelo Decreto n. 1.445/95, que, em seu art. 7º, I, admitia como dependentes, para concessão de benefícios, o cônjuge e o companheiro. Com a revogação do Decreto n. 1.445/95 pelo Decreto n. 4.004, de 8-11-2001, a matéria passa a reger-se por este último.

4. Efeitos jurídicos decorrentes da união estável

A união estável foi reconhecida, para fins de proteção especial do Estado, como *entidade familiar* pelo art. 226, § 3º, da CF/88 (primeira parte), sem equipará-la ao casamento. Será mister esclarecer que a *família, em sentido amplo*, não se funda necessariamente no matrimônio, pois, como vimos alhures, pode albergar o conjunto de pessoas ligadas pelas núpcias, ou não, e sua prole, parentes colaterais e afins; e, ainda, qualquer dos pais e descendentes (família monoparental). E até mesmo poder-se-á falar em família substituta, configurada pela adoção, tutela e guarda. Consequentemente, o reconhecimento da união estável como entidade familiar não constitui um estímulo ao concubinato puro, mas um fortalecimento do casamento por haver incentivo à sua conversão em matrimônio. Isto é assim, porque a família é o gênero de que a entidade familiar é a espécie. Realmente, *em sentido estrito* a *família* funda-se no casamento civil e no religioso com efeito civil (CF/88, art. 226, §§ 1º e 2º), e a *entidade familiar* é a união estável e a comunidade formada por qualquer dos pais e seus descendentes, independentemente da existência de vínculo conjugal que a tenha originado (CF/88, art. 226, §§ 3º e 4º; *JB*, *166*:277 e 324).

A CF/88, no art. 226, § 3º, 2ª parte, não pleiteou a edição de leis substantivas que conferissem direitos e impusessem deveres aos conviventes como se a união estável fosse idêntica ao casamento, mas sim de normas adjetivas que viessem a simplificar ou facilitar procedimento para conversão da união estável em matrimônio. Todavia, não é novidade que, apesar da referida norma constitucional ser de ordem pública, requerendo interpretação restritiva, a legislação infraconstitucional e a jurisprudência, em lugar de facilitar sua conversão, passaram a conferir mais direitos aos conviventes do que aos cônjuges.

Embora a união estável não devesse gerar consequências idênticas às do matrimônio[27], o Código Civil, a legislação extravagante e a jurisprudência

27. Caio M. S. Pereira, *Instituições*, cit., p. 36; Maria Alice C. Hofmeister, *Efeitos patrimoniais da dissolução do concubinato*, São Paulo, Saraiva, 1985, e *Uma contribuição para o estudo do direito dos tribunais: análise da experiência jurisprudencial do concubinato*, dissertação de Mestrado apresentada na PUCRJ, 1980; Adahyl Lourenço Dias, *A concubina e o direito brasileiro*, Saraiva, 1984; Sebastião Luiz Amorim, Os companheiros, *Tribuna do Direito*, n. 51, p. 12; Guilherme Calmon Nogueira da Gama, *O companheirismo, uma espécie de família*, São Paulo, Revista dos Tribunais, 1998; Nágila Maria Sales Brito, *Concubinato e seus efeitos econômicos*, Belo Horizonte, 1998; Francisco E. Orcioli Pires e Albuquerque Pizzolante, *União estável no sistema jurídico brasileiro*, São Paulo, Atlas, 1999; Júlio Cesar Viseu Jr., O estatuto da relação concubinária, in *O direito de família e a Constituição de 1988*, coord. Bittar, São Paulo, Saraiva, 1989, p. 137-52; Voltaire Marensi, Concubinato — legado e seguro de vida em face da nova ordem constitucional, *Ciência Jurídica, 35*:7; Luiz Fernando Gevaerd, A união estável e a ordem jurídica vigente, *Livro de Estudos Jurídicos, 7*:63-71; Arnoldo Wald, A união estável (evolução jurisprudencial), in *Direitos de família e do menor* (coord. Sálvio de F. Teixeira), Belo Horizonte, Del Rey, 1993, p. 97-116; Danielle M. Soares, Concubinato — sociedade de fato e união estável, *JB, 170*:17-20; Euclides de Oliveira, *União estável*, São Paulo, Paloma, 2000; Zeno Veloso, *União estável*, Belém, Cejup, 1997; Mª Helena Marques Braceiro Daneluzzi, *União estável*, dissertação de Mestrado apresentada na PUCSP em 1995; Basílio Oliveira, *Concubinato: novos rumos — direitos e deveres dos conviventes na união estável*, Rio de Janeiro, Freitas Bastos, 1997, p. 143; Francisco José Cahali, *Contrato de convivência na união estável*, São Paulo, Saraiva, 2002; Sylvio Capanema de Souza, União estável com enfoque previdenciário, *JSTJ, 22*:51; Oscar V. Cardoso, Pensão por morte e o enquadramento previdenciário da concubina, *Revista IOB de Direito de Família, 57*:80 e s.; Simone O. Ivanov, *União estável* — regime patrimonial e direito intertemporal, São Paulo, Atlas, 2007; Anna L. F. Vitule, A importância da regularização do estado civil na união estável, *Revista IOB de Direito de Família, 58*:58-62; Rodrigo da Cunha Pereira, *Concubinato e união estável de acordo com o novo Código Civil*, Belo Horizonte, Del Rey, 2001, p. 54 e s.; Rodrigo da C. Pereira e Ana C. B. Teixeira, A criação de um novo estado civil no direito brasileiro para a união estável, *Novo Código*, cit., v. 3, p. 261-73; Clayton Reis, Responsabilidade civil pelo rompimento da união estável, *O direito de família após a CF/88*, cit., p. 187- 224; Francisco José Cahali, A união estável e o dever alimentar, *O direito de família*, cit., p. 253-88; Débora Gozzo, Regime de bens e união estável, *O direito de família*, cit., p. 225-52; Evandro Antonio Cimino, A sucessão na união estável, *Tribuna do Direito*, fev. 2004, p. 30; Frederico A. Paschoal, O direito real de habitação e o excesso inconstitucional em relação à união estável, in *Contribuições ao estudo do novo direito civil* (org. Paschoal e Simão), Campinas, Millennium, 2003, p. 301-20; Gustavo Ferraz de Campos Monaco, Direito sucessório no novo Código Civil: problemática dos cônjuges, conviventes e concubinos, in *Contribuições*, cit., p. 325-40; Mariana Ribeiro Santiago, Da instituição do bem de família no caso de união estável, *Revista de Direito Privado, 18*:176-88; Afifi Habib Cury, A união estável analisada sob o aspecto processual entrelaçado com o direito material, *Novo Código Civil — interfaces no ordenamento jurídico brasileiro* (coord. Giselda Hironaka), Belo Horizonte, Del Rey, 2004, p. 387-426; Lucas P. de Oliveira e Silvio Carlos Álvares, O instituto da união estável e a agravante do crime cometido contra cônjuge, *Novo Código Civil*, cit., p. 427-36; Tatiana A. V. Rodrigues, Contrato de convivência, *A outra face do poder judiciário*, coord. Giselda Maria F. Novaes

evoluíram no sentido de possibilitar que, além dos deveres de lealdade, respeito, assistência mútua material e imaterial, haja responsabilidade pela guarda, pelo sustento e pela educação dos filhos, na proporção dos haveres e rendimentos dos conviventes (CC, art. 1.724) e produza alguns efeitos jurídicos, como:

1) Permitir que a convivente tenha o *direito* de usar o nome do companheiro (Lei n. 6.015/73, art. 57 e parágrafos, que entrou em vigor em 1º-1-1976, com alteração da Lei n. 6.216/75), se a vida em comum perdurar há mais de 5 anos e se houver filhos comuns dos companheiros (*RT*, *598*:58, *457*:71, *426*:240, *449*:81, *480*:206, *489*:119, *485*:92, *462*:248, *542*:793, *539*:109, *476*:104, *478*:192, *546*:65, *587*:74, *598*:56; *RJTJSP*, *31*:95). Compete à justiça estadual decidir pedido de brasileira naturalizada para adicionar patronímico de companheiro brasileiro nato (Súmula 51 do TFR). O convivente, entendemos, não terá esse direito, pois, por ser tal norma uma lei especial e de ordem pública, deverá ser interpretada restritivamente, visto que a lei, ao colocar o termo no feminino, só contempla a convivente. Para tanto, se o

---

Hironaka, Belo Horizonte, Del Rey, 2005, p. 335-45; Euclides Benedito de Oliveira, Concubinato e indenização por serviços prestados, *A outra face*, cit., p. 347-64; Wagner Bertolini, *A união estável e seus efeitos patrimoniais*, São Paulo, ed. Juarez de Oliveira, 2005; Paulina L. da Silva, Adoção por casais homossexuais: do preconceito à justiça, *Direito e Liberdade*, ESMARN, *5*:529-44(2007); Waldyr Grisard Filho, Pensão compensatória: efeito econômico da ruptura convencional, *Revista Síntese — Direito de Família*, *69*:117-28; Oscar V. Cardoso, Pensão por morte e o enquadramento previdenciário da concubina, *Revista Síntese — Direito de Família*, *74*:20-38; Flávio S. Andrade, O direito da legítima companheira à pensão por morte e a possibilidade de rateio do benefício entre a viúva e a concubina, *Revista Síntese — Direito de Família*, *74*:9-19; Carlos Alberto Dabus Maluf e Adriano C. do R. F. Dabus Maluf, Da ordem de vocação hereditária e a sucessão do cônjuge e do companheiro na nova ordem legal, *Revista Juris da FAAP*, *7*:241-264; Andrea S. Gigliotti, A escritura pública e o acréscimo de sobrenome pelos companheiros, *Revista de Direito Notarial*, *6*:*111* a 119; Flávio Tartuce, Das regras relativas à união estável no novo CPC e as consequências para o direito material, *O novo CPC e o direito civil*, São Paulo, Método, 2015, p. 389 a 416. As ações decorrentes de concubinato permanecem no âmbito do direito obrigacional, competindo seu julgamento às varas cíveis (*RT*, *647*:60, *656*:89, *672*:170; *RJTJSP*, *136*:67, *129*:288, *128*:276), mas, ante a Lei n. 8.971/94, alguns Tribunais de Justiça, como o de Minas Gerais e o do Rio Grande do Sul, ditaram normas administrativas, conferindo competência, para aquelas ações, às varas de família e sucessões. Hoje, pela Lei n. 9.278/96, art. 9º, é competente a vara de família, assegurado o segredo de justiça. O Projeto de Lei n. 1.779/2003 pretende criar o estado civil de convivente. Temos, ainda, o Projeto de Lei n. 674/2007, sobre união estável e divórcio de fato. "Não corre a prescrição entre os companheiros, na constância da união estável" (Enunciado n. 296 do CJF, aprovado na IV Jornada de Direito Civil).

Enunciado Programático do IBDFAM n. 3: "Em face do princípio da igualdade das entidades familiares, é inconstitucional tratamento discriminatório conferido ao cônjuge e ao companheiro".

companheiro for separado judicialmente, sua ex-esposa não pode estar usando seu sobrenome, e se a convivente separada judicialmente estiver usando os apelidos do ex-marido ou do ex-convivente, deverá renunciar a esse direito por termo e averbar essa renúncia no Registro Civil. Já se decidiu (TJPR, Ap. Cível 58.521-1, rel. Lauro Laertes de Oliveira, j. 26-5-1999) que havendo ruptura de união estável, o patronímico do companheiro por integrar direito da personalidade da ex-companheira não poderá ser cancelado sem motivo relevante.

2) Autorizar não só o filho a propor investigação de paternidade contra o suposto pai, se sua mãe ao tempo da concepção era sua companheira, como também o reconhecimento de filhos havidos fora do matrimônio, até mesmo durante a vigência do casamento (Lei n. 6.515/77, art. 51, que alterou a Lei n. 883/49; Súmula 447 do STF; CF/88, art. 227, § 6º; Lei n. 7.841/89, art. 1º); mas, com o advento da Lei n. 8.069/90, art. 26, e do Código Civil, art. 1.609, esse reconhecimento poderá ser feito no próprio termo de nascimento, em testamento, escritura particular, documento público e em manifestação direta e expressa perante juiz. Com isso há o reconhecimento de filho extramatrimonial, resguardando sua segurança econômica e posição social, concedendo-se-lhe direitos sucessórios idênticos aos do filho proveniente de relações matrimoniais. A união estável, por força do art. 1.597 do Código Civil, não gera presunção *juris tantum* de paternidade, mas serve como meio de prova para o reconhecimento, visto ser um indício de paternidade; o mesmo se diga do "ficar com alguém" ou da mera relação fugaz ou casual (3ª Turma do STJ). Mas, há quem entenda que, pelos arts. 226, § 3º, e 1º, III, da Constituição Federal, dever-se-á aplicar (LINDB, arts. 5º e 4º) a presunção de paternidade a quem viver em união estável[28]. Pelo CJF, Enuncia-

---

28. União estável. Filho não registrado. Falecimento do pai. Concedida autorização judicial para a mãe registrar filho cujo pai, seu companheiro por mais de sete anos, faleceu antes de terem providenciado o registro. Os filhos nascidos de relacionamentos de união estável são equiparados aos filhos legítimos, já que esta união foi reconhecida expressamente pela Constituição Federal de 1988 (art. 226, par. 3). Apelação provida (6 fls.) (TJRS, Apelação Cível n. 70000638841, Segunda Câmara Especial Cível, Tribunal de Justiça do RS, rel. Jorge Luís Dall'Agnol, julgado em 30-5-2000).

Presunção de concepção de filhos. A presunção de concepção dos filhos na constância do casamento prevista no art. 1.597, II, do CC se estende à união estável. Para a identificação da união estável como entidade familiar, exige-se a convivência pública, contínua e duradoura estabelecida com o objetivo de constituição de família com atenção aos deveres de lealdade, respeito, assistência, de guarda, sustento e educação dos filhos em comum. O art. 1.597, II, do CC dispõe que os filhos nascidos nos trezentos dias subsequentes à dissolução da sociedade conjugal presumem-se concebidos na constância do casamento. Assim, admitida pelo ordenamento jurídico pátrio (art. 1.723 do CC), inclusive pela CF (art. 226, § 3º), a união estável e reconhecen-

do 570 (aprovado na VI Jornada de Direito Civil): "O reconhecimento de filho havido em união estável fruto de técnica de reprodução assistida heteróloga *a patre* consentida expressamente pelo companheiro representa a formalização do vínculo jurídico de paternidade-filiação, cuja constituição se deu no momento do início da gravidez da companheira".

3) Conferir à companheira mantida pela vítima de acidente de trabalho os mesmos direitos da esposa — se esta não existir ou não tiver direito ao benefício, por ter sido culpada pela separação —, desde que tenha sido declarada beneficiária na carteira profissional, no registro de empregados ou em qualquer outro ato solene de declaração de vontade do acidentado (Dec.-Lei n. 7.036/44, art. 21, parágrafo único, ora revogado pela Lei n. 6.367/76, sobre seguro de acidentes de trabalho; Lei n. 8.213/91, arts. 16, 20 a 23; Dec. n. 611/92, arts. 13, § 5º, e 144, ora revogados pelo Dec. n. 2.172/97, que, por sua vez, foi revogado pelo Dec. n. 3.048/99; *RT, 214*:359, *269*:625, *227*:703; *RF, 155*:154; STF, Súmula 35).

4) Atribuir à companheira do presidiário, de poucos recursos econômicos, o produto da renda de seu trabalho na cadeia pública (Lei paulista n. 2.699/54, art. 3º, § 2º, atualmente revogada pela Lei n. 12.470/2006).

5) Erigir a convivente a beneficiária de pensão deixada por servidor civil, militar[29] (*RTJ, 116*:880; *RSTJ, 105*:435; *BAASP, 2741*:6073; Súmula 253 do

---

do-se nela a existência de entidade familiar, aplicam-se as disposições contidas no art. 1.597, II, do CC ao regime de união estável. Precedentes citados do STF: ADPF 132-RJ, *DJe* 14-10-2011; do STJ: REsp 1.263.015-RN, *DJe* 26-6-2012, e REsp 646.259-RS, *DJe* 24-8-2010 (STJ, REsp 1.194.059-SP, rel. Min. Massami Uyeda, j. 6-11-2012). TJMG autoriza dupla maternidade ao reconhecer o direito de um casal de mulheres de registrar sua filha na condição de mães e os nomes de seus genitores maternos como avós maternos com base na decisão de 2011 do STF, que admitiu união estável entre pessoas do mesmo sexo e na Res. n. 175/2013 do CNJ que proíbe as autoridades competentes de se recusarem a habilitar ou celebrar casamento civil ou, até mesmo, de converter união estável em casamento entre pessoas do mesmo sexo. (*RIBDFAM, 17*: 13-4).

Pelo Enunciado n. 40 da I Jornada de Direito da Saúde do CNJ (2014): "É admissível, no registro de nascimento de indivíduo gerado por reprodução assistida a inclusão do nome de duas pessoas do mesmo sexo, como pais."

29. *Vide* art. 74, § 2º, da Lei n. 8.213/91, com redação da Lei n. 13.135/2015, que assim reza: "Perde o direito à pensão por morte o cônjuge, o companheiro ou a companheira se comprovada, a qualquer tempo, simulação ou fraude no casamento ou na união estável, ou a formalização desses com o fim exclusivo de constituir benefício previdenciário, apuradas em processo judicial no qual será assegurado o direito ao contraditório e à ampla defesa". E o art. 77, §§ 5º e 6º, com redação das Leis n. 13.135/2015 e 13.183/2015:

"5º O tempo de contribuição a Regime Próprio de Previdência Social (RPPS) será considerado na contagem das 18 (dezoito) contribuições mensais de que tratam as alíneas *b* e *c* do inciso V do § 2º. § 6º O exercício de atividade remunerada, inclusive na condição de microempreendedor individual, não impede a concessão ou manutenção da parte individual da pensão do dependente com deficiência intelectual ou mental ou com deficiência grave". *RT*, *832*:390: União estável. Pensão por morte. Companheira de militar falecido que concorre com a esposa sobre a metade do valor da pensão, sendo destinada a outra metade à filha do militar. Hipótese em que, falecendo a viúva, transfere-se sua quota-parte à companheira, por se encontrarem na mesma ordem de precedência. Inteligência do art. 24 da Lei 3.765/60. *Ementa oficial*: Comprovada a união estável, faz jus a companheira do militar falecido à percepção de pensão por morte. A companheira concorre com a esposa sobre a metade do valor da pensão, destinada a outra metade à filha do militar. Sobrevindo o falecimento da viúva, transfere-se sua quota-parte à companheira, pois se encontra na mesma ordem de precedência, nos termos do art. 24 da Lei 3.765/60. O TRF da 1ª Região (2ª T.) determinou que a pensão por morte deixada por um militar fosse dividida entre a viúva e a companheira. *RT*, *830*:394: União estável. Pensão por morte. Inadmissibilidade. Inexistência de prova documental pré-constituída demonstrando satisfatoriamente a convivência *more uxorio* da requerente com o *de cujus*. Ausência de ilegalidade no ato da Administração que negou a pensão. *Ementa oficial*: Em mandado de segurança a prova é sempre documental, e pré-constituída. Em não tendo a apelada provado com documentos, satisfatoriamente, convivência more uxorio com finado funcionário público, tem de ser negada a segurança, eis que não se mostra ilegal o ato da Administração que lhe negou pensão por morte" (Ap. em MS 2002.02.01.016478-2-RJ, 5ª T., j. 27-4-2004, rel. Des. Federal Antonio Ivan Athié, *DJU* 4-5-2004). *RT*, *830*:395: "União estável. Pensão por morte. Cumulação com aposentadoria por tempo de serviço. Admissibilidade. Presunção de dependência econômica entre os conviventes. Ausência de vedação constitucional em cumular o recebimento de tais verbas. *Ementa da Redação*: Uma vez configurada a união estável, presume-se a relação de dependência econômica entre os conviventes. Logo, a aposentadoria por tempo de serviço não prejudica o recebimento de pensão por morte do companheiro, uma vez que não existe dispositivo na Constituição da República que vede a cumulação destas verbas" (Ap. 2002.51.01.000350-8-RJ, 4ª T., j. 14-4-2004, rel. Des. Federal Rogério Vieira de Carvalho, *DJU* 11-5-2004). *Vide*: Lei n. 11.447, de 5-1-2007, que altera os arts. 67, 70, 82 e 137 e acrescenta o art. 69-A, §§ 1º a 5º, à Lei n. 6.880, de 9-12-1980 — Estatuto dos Militares, tratando sobre licença para acompanhar cônjuge ou companheiro(a).

Já se decidiu que companheiro homossexual pode ser inscrito como dependente e beneficiário de servidor público civil (*Bol. AASP*:*2741*:2029-01), podendo receber pensão por morte (*Bol. AASP*, *2747*:6124).

Interessante é a obra de: Marco Aurélio Serau Jr. e Luísa Helena M. de Fazio. Exigência mínima de 2 anos de casamento ou união estável nas novas regras da pensão por morte promovidas pela medida provisória n. 664/2014, *Revista Síntese — Direito de Família*, n. 89, p. 126 a 137.

Pelo Decreto n. 6.906/2009 há obrigatoriedade de prestação de informações sobre a existência de vínculo de companheirismo não só com ocupantes de cargo em comissão ou funções de confiança no âmbito do Poder Executivo federal, mas também com estagiário, terceirizado ou consultor contratado por organismo internacional que preste serviço para órgão de administração pública direta, pelos agentes públicos: Ministro de Estado; ocupante de cargo de natureza especial e ocupante de cargo do Grupo-Direção

TFR e Lei n. 3.765/60, art. 7º; Lei n. 5.774/71, ora revogada pela Lei n. 6.880/80, arts. 77, *b*, 78, §§ 1º e 2º) ou autárquico, solteiro, desquitado (separado ou divorciado) ou viúvo que não tenha filhos capazes de receber o benefício e desde que haja subsistido impedimento legal para o casamento. Se tal servidor tiver filhos, somente poderá destinar à companheira, que vive sob sua dependência econômica há 5 anos, metade da pensão (Lei n. 4.069/62, art. 5º, §§ 3º e 4º). Pela Súmula 51, de 26 de agosto de 2010, da Advocacia Geral da União: "A falta de prévia designação da(o) companheira(o) como beneficiária(o) da pensão vitalícia de que trata o art. 217, inciso I, alínea *c*, da Lei n. 8.112, de 11 de dezembro de 1990, não impede a concessão desse benefício, se a união estável restar devidamente comprovada por meios idôneos de prova". Pelo Enunciado 6/2001 da Súmula da Advocacia Geral da União: "A companheira ou companheiro de militar falecido após o advento da Constituição de 1988 faz jus à pensão militar, quando o beneficiário da pensão esteja designado na declaração preenchida em vida pelo contribuinte ou quando o beneficiário comprove a união estável, não afastadas situações anteriores legalmente amparadas" (Redação dada pelo Ato de 27-9-2005 — *DOU* de 28, 29 e 30-9-2005. Ver também a Instrução Normativa n. 2, de 27-9-2005 — *DOU* de 28-9-2005). O companheiro é, pela Lei n. 12.257/2010, art. 5º, II, considerado dependente de militar das Forças Armadas falecido no terremoto de janeiro de 2010 no Haiti, para receber auxílio especial desde que comprove a união estável.

6) Considerar a companheira beneficiária de congressista falecido no exercício do mandato, cargo ou função (Lei n. 7.087/82, que revogou a Lei n. 4.284/63).

7) Contemplar a convivente como beneficiária quando tenha tido companheiro advogado (Dec.-Lei n. 72/66, que revogou a Lei n. 4.103-A/62, art. 5º).

8) Possibilitar que o contribuinte de imposto sobre a renda abata como encargo de família pessoa que viva sob sua dependência, desde que a tenha incluído entre seus beneficiários (Dec. n. 3.000/99 e Instrução Normativa da SRF n. 15 de 2001, ora revogada pela Instrução Normativa n. 1.500/2014).

---

e Assessoramento Superiores. Com isso será possível a identificação de prática de nepotismo.

A Súmula Vinculante 13 do STF veda nomeação de companheiro da autoridade nomeante ou de servidor investido de cargo de direção para exercício de cargo público.

9) Tornar companheiro beneficiário do RGPS, ou seja, dos favores da legislação social e previdenciária, inclusive em concorrência com os filhos (Lei n. 4.297/63, art. 3º, *d*, ora revogada pelo art. 8º da Lei n. 5.698/71; Lei n. 6.194/74, art. 4º, § 1º, revogado pela Lei n. 11.482/2007; Dec. n. 76.022/75, art. 4º, *a* (ora revogado pelo Dec. s/n. de 10-5-1991); Dec. n. 3.048/99, art. 16; Instrução Normativa n. 11/2006 do INSS, ora revogada pela Instrução Normativa n. 20/2007); Dec. n. 77.077/76, arts. 13 a 16 (ora revogado pelo Decreto n. 89.312/84); Lei n. 8.112/90, arts. 217, I, *a*, *c*, II, *a*, e 218; Lei n. 8.213/91, arts. 16, I e § 3º, 76, §§ 1º e 2º, e 77; Dec. n. 611/92, arts. 13, §§ 5º e 6º, 14, II, 19, I, *b*, IV, § 4º, e 20 (ora revogados pelo Dec. n. 2.172/97, arts. 13, I, §§ 5º e 6º, e 14, II); Dec. n. 3.048/99, arts. 16, I, e §§ 5º e 6º, e 22, §§ 5º e 7º, que, por ter revogado o Dec. n. 2.172/97, rege a questão; Leis n. 8.620/93, 8.647/93, 8.870/94, 9.032/95 e 10.839/2004, que alteram as Leis n. 8.212 e 8.213/91, com alteração da Lei n. 11.718/2008 no art. 11; *RT*, *431*:187, *465*:90, *458*:91, *460*:125, *468*:64, *633*:139, *698*:78, *740*:432; *805*:374 e 414, *814*:204; *JTJ*, *204*:112, *246*:135; Súmula 159 do TFR; Súmula 340 do STJ; *RJTJSP*, *30*:131 e 166; *Bol. AASP*, *2.885*:12). A jurisprudência do Conselho Regional de Previdência Social tem permitido que convivente, ainda que não inscrito como beneficiário, receba pensão e concorra com os filhos menores de seu companheiro, a menos que este tenha deliberado em contrário[30]. É legítima a divisão da pensão previdenciária entre a esposa e a companheira (Súmula 159 do TFR).

30. Súmula n. 32, de 9 de junho de 2008, da Advocacia-Geral da União: "Para fins de concessão dos benefícios dispostos nos artigos 39, inciso I e seu parágrafo único, e 143 da Lei 8.213, de 24 de julho de 1991, serão considerados como início razoável de prova material documentos públicos e particulares dotados de fé pública, desde que não contenham rasuras ou retificações recentes, nos quais conste expressamente a qualificação do segurado, de seu cônjuge, enquanto casado, ou companheiro, enquanto durar a união estável, ou de seu ascendente, enquanto dependente deste, como rurícola, lavrador ou agricultor, salvo a existência de prova em contrário". Silvio Rodrigues, op. cit., p. 263; Otávio Henrique Martins Port, Algumas considerações sobre a união estável e o direito à pensão por morte previdenciária em face da Constituição Federal e do novo Código Civil, *Revista do Tribunal Regional Federal — 3ª Região*, *63*:13-28, 2004. Súmula 32, de 9 de junho de 2008, da Advocacia Geral da União: "Para fins de concessão dos benefícios dispostos nos artigos 39, inciso I e seu parágrafo único, e 143 da Lei 8.213, de 24 de julho de 1991, serão considerados como início razoável de prova material documentos públicos e particulares dotados de fé pública, desde que não contenham rasuras ou retificações recentes, nos quais conste expressamente a qualificação do segurado, de seu cônjuge, enquanto casado, ou companheiro, enquanto durar a união estável, ou de seu ascendente, enquanto dependente deste, como rurícola, lavrador ou agricultor, salvo a existência de prova em contrário". A Lei

municipal paulista n. 10.828/90 determina os chamados beneficiários do segurado, dando-lhes direito à pensão por morte, na seguinte ordem: o cônjuge; o companheiro ou companheira com quem o segurado tenha mantido vida em comum durante, no mínimo, 5 (cinco) anos imediatamente anteriores à data do óbito; filhos solteiros até 21 (vinte e um) anos de idade; filhos incapazes ou inválidos. Presume a "dependência econômica" para todos os casos citados. TRF — 3ª Região — Ap. Cível n. 1999.03.99.031673-1/SP, rel. Des. Fed. Célio Benevides, j. 21-3-2000. *RT*, *838*:321: "Previdência Social. União estável. Companheiro casado. Circunstância irrelevante, uma vez que separado de fato desde a data anterior ao estabelecimento da união. Direito de a companheira sobrevivente receber a pensão deixada pelo *de cujus*. Inteligência do art. 1º da Lei n. 9.278/96. *Ementa oficial*: Caracteriza união estável 'a convivência duradoura, pública e contínua, de um homem e uma mulher, estabelecida com objetivo de constituir família', conforme disciplina a Lei 9.278/96, art. 1º, que regulamentou, quanto a essa matéria, a Constituição da República, sendo irrelevante a circunstância de um dos companheiros ser casado, pois separado de fato desde data anterior ao estabelecimento da união. Com isso, a companheira sobrevivente faz jus à parte da pensão deixada pelo seu falecido companheiro, ex-servidor público municipal" (Ap. 1.0024.00.117265-9/001, 7ª Câm., j. 10-5-2005, rel. Des. Edivaldo George dos Santos, *DOMG* 23-6-2005). Previdenciário. Pensão por morte. Requisitos do art. 458. União estável. Comprovação de dependência econômica. I — Remessa oficial tida por interposta em observância às determinações da Medida Provisória 1.561/97, convertida na Lei 9.469/97. II — Sentença que atende aos ditames do artigo 458 do Código de Processo Civil. III — Comprovada a existência da união estável (artigo 226, § 3º da Constituição Federal) e a dependência econômica, com fulcro no artigo 16 da Lei 8.213/91, devido o benefício pensão por morte. IV — Preliminar afastada. Remessa oficial e recurso da autarquia improvidos. CRPS — Ac. unân. 3.366 do Cons. Pleno de 26-9-1973 — Proc. MTPS 104.865-73 — BA, Rel. Cons. Paulo V. de Vasconcelos, decidiu: "A existência de conta corrente em nome de ex-segurado e de sua companheira supre a falta de designação da mesma, para os fins previdenciários, por constituir manifestação inequívoca da vontade do instituidor da pensão em amparar companheira de longos anos"; CRPS — Ac. unân. 1.279 da 3ª T., de 26-7-1974, Proc. MTPS 125.458/74 — GB, resolveu: "Os filhos em comum elidem a exigência de designação da companheira. Esta, salvo manifestação expressa do segurado, sempre concorrerá com os filhos menores, no rateio da pensão". "Administrativo. Servidor público. Pensão por morte. União estável. Rateio entre a esposa legítima e a companheira. Possibilidade. 1. Não se tem como óbice ao reconhecimento de união estável e ao deferimento de pedido de percepção de pensão a manutenção, por quaisquer dos companheiros, de vínculo matrimonial formal. A Constituição da República, bem como a legislação que rege a matéria, tem como objetivo precípuo a proteção dos frutos provenientes de tal convivência pública e duradoura formada entre homem e mulher — reconhecida como entidade familiar —, de forma que não tem qualquer relevância o estado civil dos companheiros. Precedentes do STJ. 2. Reconhecida a união estável com base no contexto probatório carreado aos autos, é vedada, em sede de recurso especial, a reforma do julgado, sob pena de afronta ao verbete sumular n. 7 desta Corte. 3. Comprovada a vida em comum por outros meios, a designação da companheira como dependente para fins de pensão por morte é prescindível. Precedentes. 4. Recursos especiais não conhecidos" (STJ, REsp 698.156-PE (2004/0152166-3), rel. Min. Laurita Vaz, j. 5-8-2005).

Em abril de 2013, o juiz federal Fernando Henrique Corrêa Custódio, da 4ª Vara-Gabinete do Juizado Especial Federal de São Paulo-SP, proferiu sentença reconhecendo o direito à pensão por morte de segurado com dupla união estável amparado nas normas de direito previdenciário.

STJ, REsp 738.697/GO — 2005 — 0158025-7, j. 20-6-2006, rel. Min. Nilson Naves, 6ª Turma: "Pensão por morte. União estável (declaração). Prova exclusivamente testemunhal (possibilidade). Arts. 131 e 332 — correspondem hoje aos arts. 369 e 371 — do Cód. de Pr. Civil (aplicação). 1. No nosso sistema processual, coexistem e devem ser observados o princípio do livre convencimento motivado do juiz e o princípio da liberdade objetiva na demonstração dos fatos a serem comprovados (arts. 131 e 332 — correspondem hoje aos arts. 369 e 371 — do Cód. de Pr. Civil). 2. Se a lei não impõe a necessidade de prova material para a comprovação tanto da convivência em união estável como da dependência econômica para fins previdenciários, não há por que vedar à companheira a possibilidade de provar sua condição mediante testemunhas, exclusivamente. 3. Ao magistrado não é dado fazer distinção nas situações em que a lei não faz. 4. Recurso especial do qual se conheceu, porém ao qual se negou provimento". *Vide* Súmula 122 do TFR; *Bol. AASP, 2.659*:1780-11. Sobre seguro instituído pelo companheiro: *RT, 586*:176, *610*:249, *623*:170, *659*:117; *RJTJSP, 80*:198. A companheira dependente e beneficiária tem direito ao auxílio-natalidade pelo parto (Lei n. 8.213/91, arts. 11, 16, 76 e 140, e Dec. n. 611/92, arts. 6º, 13, 19 e 20, ora revogados pelo Dec. n. 2.172/97, que, por sua vez, sofreu revogação pelo Dec. n. 3.048/99). "Mandado de segurança. Redução de pensão. Concubinato. Existência. Impetração voltada contra ato da autoridade previdenciária que, em observância à legislação específica, reduziu a pensão da impetrante em 50%, passando a dividi-la com a companheira do falecido segurado. Segurança concedida sob o exclusivo fundamento da inobservância ao devido processo legal, não se pondo em dúvida a existência do concubinato, exuberantemente provado, inclusive em Justificação Judicial. O concubinato pode ser reconhecido mediante simples justificação administrativa. Se o fato está provado, parece-me excessiva homenagem ao formalismo a concessão da segurança para obrigar-se à companheira a buscar a via judicial para ver reconhecido o direito à pensão indispensável à sua subsistência. Cabe ao Judiciário compor os conflitos e não estimular a litigiosidade. O devido processo legal não deve servir de escudo para dificultar o gozo de direitos, quando a parte que o invoca evidentemente não faz jus ao direito material invocado. Apelações e remessa oficial providas. Segurança denegada" (TRF, 5ª R., 1ª T., AMS 50.742 — CE, Rel. Castro Meira, *DJCE*, 17 jan. 1997, p. 1541). "A presunção de condomínio sobre o patrimônio adquirido por um ou por ambos os companheiros a título oneroso durante a união estável, disposta no art. 5º da Lei n. 9.278/1996, cessa em duas hipóteses: (I) se houver estipulação contrária em contrato escrito (*caput*, parte final); (II) se a aquisição ocorrer com o produto de bens adquiridos anteriormente ao início da união estável (§ 1º). A conta vinculada mantida para depósitos mensais do FGTS pelo empregador constitui um crédito de evolução contínua, que se prolonga no tempo, isto é, ao longo da vida laboral do empregado, o fato gerador da referida verba se protrai, não se evidenciando a sua disponibilidade a qualquer momento, mas tão somente nas hipóteses em que a lei permitir. As verbas de natureza trabalhista, nascidas e pleiteadas na constância da união estável, comunicam-se entre os companheiros. Considerando-se que o direito ao depósito mensal do FGTS, na hipótese sob julgamento, teve seu nascedouro em momento anterior à constância da união estável, e

A companheira, se dependente habilitada perante a Previdência Social, pode receber os valores devidos pelo empregador de seu convivente, os montantes de contas de FGTS e PIS-PASEP, as restituições relativas ao imposto sobre a renda, os saldos de contas bancárias, de cadernetas de poupança, ou de contas de fundos de investimento, desde que não ultrapassem o valor correspondente a 500 dos antigos BTNs, não recebidos em vida do titular (Lei n. 6.858/80; Dec. n. 85.845/81 e CLPS aprovada pelo Dec. n. 3.048/99).

A Lei da Pensão Feminina, n. 1.488, de 28 de junho de 1989 do Estado do Rio de Janeiro, determina que as servidoras podem deixar benefício previdenciário aos maridos ou companheiros.

10) Arrolar a companheira entre os beneficiários obrigatórios de pensão pelo Montepio Municipal, logo após a viúva e na frente dos filhos menores e dos filhos solteiros, equiparando-a à viúva do contribuinte falecido, somente lhe reduzindo a pensão se o finado, separado extrajudicial ou judicialmente, estivesse obrigado a prestar alimentos a sua ex-consorte (Lei n. 7.447/70 da Prefeitura de São Paulo, art. 9º).

11) Autorizar companheiro a continuar a locação, havendo morte do outro (Lei n. 8.245/91, art. 11, I; *RT*, *695*:135, *612*:145, *652*:116), desde que residente no imóvel e o locador retomar o prédio para uso próprio de sua companheira (Lei n. 8.245/91, art. 47, III).

12) Permitir que a companheira exerça a tutela, se viver decentemente (*AJ*, *51*:437).

13) Remunerar a companheira, não havendo patrimônio comum a par-

---

que foi sacado durante a convivência por decorrência legal (aposentadoria) e não por mero pleito do recorrido, é de se concluir que apenas o período compreendido entre os anos de 1993 e 1996 é que deve ser contado para fins de partilha. Recurso Especial conhecido e provido em parte" (STJ, 3ª T., REsp 758.548-MG, rel. Min. Nancy Andrighi, j. 3-10-2006, v.u.).

BAASP, *3032*:9. Indenizatória. Ação ajuizada por ex-companheira, buscando recebimento de verbas de FGTS, não auferidas em vida pelo ex-companheiro. Demanda proposta em face do filho e ex-mulher do falecido, que receberam os valores, mesmo cientes da existência da companheira, também sua dependente junto à Previdência Social. Prescrição. Inocorrência, eis que desde a morte do ex-companheiro a autora peticiona nos autos do inventário buscando a devolução da quantia, além de ter ajuizado cautelar inominada. Reforma da sentença apenas para determinar que as verbas de FGTS sejam divididas em quotas iguais, nos termos da Lei n. 6.858/1980. Recurso ao qual se dá parcial provimento (TJRJ, 17ª Câmara Cível, Apelação Cível n. 0007533-60.2008.8.19.0087-RJ, Rel. Des. Flávia Romano de Rezende, j. 4-5-2016, v.u.).

tilhar, pelos serviços rurais ou domésticos por ela prestados durante o tempo em que viveu com o amante, a fim de que este não se locuplete (*RT, 181*:290, *189*:278, *190*:773, *194*:747, *195*:263, *229*:156, *256*:266, *260*:427, *305*:966, *426*:74, *452*:225, *308*:264, *483*:195, *314*:249, *427*:107 e 260, *463*:253, *467*:85, *489*:119, *486*:51, *505*:207, *520*:309, *534*:110, *554*:95, *598*:264, *625*:152, *636*:77; *RF, 99*:577; *RTJ, 70*:108, *91*:739, *101*:744; *Rev. Jur., 69*:177; *RJTJSP, 29*:157; *RSTJ, 82*:252, *107*:273; *EJSTJ, 18*:53, *15*:58; STJ, REsp 274.263RJ — 2000-0086026-3 — rel. Min. Barros Monteiro, j. 21-8-2003; REsp 9.880/90, rel. Min. Luis F. Salomão, j. 22-2-2010). A razão desse direito funda-se na inadmissibilidade do enriquecimento ilícito, pois aquele que se aproveita do trabalho e dedicação da mulher não poderá abandoná-la sem indenização, nem seus herdeiros receberão herança sem desconto da parte correspondente àquele ressarcimento[31]. Claro está que a mulher não pode reclamar salá-

---

31. E. Moura Bittencourt, *O concubinato no direito brasileiro,* 2. ed., Rio de Janeiro, 1969, v. 1, n. 70; Adriano Nakashima, Análise crítica à jurisprudência do STJ que não entende possível a indenização por serviços domésticos prestados na constância da relação concubinária. *De Jure, 14*:260-70; *RJTJSP, 30*:493. "A concubina nenhum direito tem para cobrar serviços ao espólio do companheiro falecido se não houve patrimônio formado ou aumentado pelo trabalho de ambos" (*RT, 564*:109). Mas "a jurisprudência dos tribunais, inclusive da Corte Suprema, vem admitindo, segundo as peculiaridades de cada caso, a indenização dos serviços de natureza doméstica prestados pela concubina ao parceiro, mesmo sem a formação ou aumento de um patrimônio comum. A admissão de uma sociedade de fato não é prejudicial da reclamação de salários, mormente quando dispensar a concubina a pretensão de partilha" (TJPR, *Adcoas,* 1982, n. 84.874). "Deve distinguir-se no concubinato a situação da mulher que contribui, com seu esforço ou trabalho pessoal, para formar o patrimônio comum, de que o companheiro se diz único senhor, e a situação da mulher que, a despeito de não haver contribuído para formar o patrimônio do companheiro, prestou a ele serviço doméstico, ou de outra natureza, para o fim de ajudá-lo a manter-se no lar comum. Na primeira hipótese, a mulher tem o direito de partilhar com o companheiro o patrimônio que ambos formaram; é o que promana dos arts. 1.363 e 1.366 do Cód. Civ. de 1916, do art. 673 [não tem atualmente mais vigência] do CPC de 1939, este ainda vigente no pormenor por força do art. 1.218, inc. VII, [sem similar no CPC/2015] do CPC de 1973, Súm. 380 do STF. Na segunda hipótese, a mulher tem direito de receber do companheiro a retribuição devida pelo serviço doméstico a ele prestado, como se fosse parte num contrato *civil* de prestação de serviços, contrato esse que, ressabidamente, outro não é senão o bilateral, oneroso e consensual definido nos arts. 1.216 e seguintes do Cód. Civ. [de 1916], isto é, como se não estivesse ligada, pelo concubinato, ao companheiro" (TJSP, *Adcoas,* 1982, n. 82.629).

"I. Pacífica é a orientação das Turmas da 2ª Seção do STJ no sentido de indenizar os serviços domésticos prestados pela concubina ao companheiro durante o período da relação, direito que não é esvaziado pela circunstância de ser o concubino casado, se possível, como no caso, identificar a existência de dupla vida em comum, com a esposa e a companheira, por período superior a trinta anos. II. Pensão devida duran-

rio ou indenização como pagamento de *pretium carnis* ou como preço pela posse do seu corpo ou gozo sexual que dele tira o amante, devido à imoralidade que reveste tal pedido[32]. Logo, é justa a reparação dada a quem não pede salários como amásia, mas sim pelos serviços caseiros (*RT, 181*:290, *534*:78, *536*:95, *554*:112, *552*:65, *544*:74) prestados durante a vigência do relacionamento, desde que com isso tenha auxiliado a aumentar o patrimônio (*RT, 564*:109). Já houve julgado estipulando salário mínimo por ano de serviço (*RJTJSP, 84*:56), outros permitindo ampla reparação variável no valor e no tempo. Mas já se decidiu (TJES, Ap. Cív. 019.039.000.195, rel. Des. Fernando E. Bravin Ruy, j. 26-10-2004) que: "A indenização por serviços domésticos prestados pela companheira ou convivente, durante o período da vida em comum, não se afeiçoa à nova realidade constitucional, que reconhece a união estável entre homem e mulher (art. 226, § 3º)".

14) Conceder à companheira participação, por ocasião da dissolução da união estável, no patrimônio conseguido pelo esforço comum, inclusive das benfeitorias, por existir entre os conviventes uma sociedade de fato[33], ou me-

---

te o período do concubinato, até o óbito do concubino. III. Inviabilidade de ocupação pela concubina, após a morte da esposa, do imóvel pertencente ao casal, seja por não expressamente postulada, seja por importar em indevida ampliação do direito ao pensionamento, criando espécie de usufruto sobre patrimônio dos herdeiros, ainda que não necessários, seja porque já contemplada a companheira com imóveis durante a relação, na conclusão do Tribunal estadual, soberano na interpretação da matéria fática. IV. 'A pretensão de simples reexame de prova não enseja recurso especial' — Súmula n. 7-STJ. V. Recurso especial conhecido em parte e, nessa parte, parcialmente provido" (STJ, 4ª T., REsp 2001/0016037-9, Min. Aldir Passarinho Júnior, j. 20-03-2003).

32. Antes do regime atual decidiu-se que: "A prescrição da ação para receber indenização dos serviços prestados ao companheiro é de 5 anos (CC, art. 178, § 10, V; *RT, 529*:69); se tais serviços não contribuíram para o aumento da fortuna do amásio ela não terá direito àquela indenização" (*RT, 526*:73). Todavia a Jurisprudência mineira tem entendido que "a prescrição da ação para cobrança desse serviço não é quinquenal, por estar sujeita à norma geral do art. 177 do Código Civil de 1916 [hoje art. 205 do CC], por se tratar de ação de ressarcimento, de locupletamento, *in rem verso,* sem prazo específico" (Ac. 51.820). Caio M. S. Pereira, *Instituições,* cit., p. 37; Silvio Rodrigues, op. cit., p. 267.

33. Silvio Rodrigues, op. cit., p. 267-8. STJ — "Homem casado. A sociedade de fato mantida com a concubina rege-se pelo Direito das Obrigações, e não pelo de Família. Inexiste impedimento a que o homem casado, além da sociedade conjugal, mantenha outra, de fato ou de direito, com terceiro. Não há cogitar de pretensa dupla meação. A censurabilidade do adultério não haverá de conduzir a que se locuplete, com o esforço alheio, exatamente aquele que o pratica" (3ª T. Cív., REsp 47.103-6 — SP, *DJ*, 13 fev. 1995, p. 2237). TJDF — "Reconhecimento inadmissível. Ação improcedente. Comprovado que o patrimônio da concubina foi por ela exclusivamente formado, sem qualquer contribuição do companheiro durante o período da vida em comum, inad-

lhor, sociedade em comum (*RT*, *277*:290, *435*:101, *417*:168, *405*:48, *411*:335, *490*:109, *505*:110, *526*:73, *537*:92, *540*:216, *560*:172, *569*:191, *606*:91, *719*:294, *739*:263, *754*:248; *RTJ*, *56*:429, *69*:466, *75*:936, *75*:965, *70*:108; *RJTJSP*, *29*:43, *28*:79, *28*:134; *RJTJRS*, *76*:116; *Bol. AASP*, *1.868*:118, *1.894*:117; *EJSTJ*, *10*:70, *3*:56, *4*:50, *1*:51, *11*:130, 131, 132 e 217, *17*:49; *Ciência Jurídica*, *2*:71, *3*:60 e 245, *4*:131, *8*:135, *21*:92, *24*:98, *58*:117, *56*:95, *83*:162; *RSTJ*, *107*:181 e 273, *93*:230; *JSTJ*, *6*:235). Deveras, a Súmula 380 do Supremo Tribunal Federal assim rezava: "Comprovada a existência de sociedade de fato entre os concubinos, é cabível a sua dissolução judicial, com a partilha do patrimônio adquirido pelo esforço comum". Do exposto, percebia-se que era preciso provar a existência da sociedade de fato por todos os meios, apurando-se se, realmente, os conviventes colocaram recursos e esforços em comum para a obtenção do patrimônio e se houve intenção de participarem dos lucros e perdas, pois a simples vida concubinária era insuficiente para configurar sociedade de fato[34] ou sociedade em comum (*RT*, *559*:76, *547*:65,

---

missível é o reconhecimento da sociedade de fato, que situando-se no terreno do direito das obrigações, implica a aquisição conjunta de bens entre os sócios. Rejeitada a preliminar, negou-se provimento ao apelo do autor e acolheu-se o recurso da Curadoria de Ausentes, tudo à unanimidade" (1ª T. Cív., Ap. 24.411, *DJ*, 29 mar. 1995, p. 3764).

STJ veta presunção de esforço comum na divisão de bens adquiridos antes da Lei n. 9.278/96 (4ª Turma – rel. Min. Luis Felipe Salomão).

34. Caio M. S. Pereira, *Instituições*, cit., p. 38; Bernard Demain, *La liquidation des biens des concubins*, Paris, p. 59. Há quem faça a seguinte distinção: *companheira* é aquela que, em sociedade de fato, contribuiu com seu trabalho, exercendo atividade produtiva, enriquecendo o patrimônio concubinário, e *concubina* é aquela cuja atividade circunscreve-se aos serviços domésticos. "Concubina é amante, a mulher do lar clandestino, oculto, velado aos olhos da sociedade, como prática de bigamia e que o homem frequenta simultaneamente ao lar legítimo e constituído segundo a lei. Companheira, a mulher que se une ao homem já separado da esposa e que se apresenta à sociedade como se legitimamente casados fossem" (TJGO, Ap. 23.279, Ac. 31-10-1989, *Rev. Jur.*, *150*:78). Sobre isso consulte: Humberto Theodoro Jr., Alguns impactos da nova ordem constitucional sobre o direito civil, *RT*, *662*:13. *Vide*, ainda: *RF*, *197*:97, *RTJ*, *82*:933 e *RT*, *651*:172. Esta diferenciação já mereceu até mesmo a aprovação do Superior Tribunal de Justiça: "Refletindo as transformações vividas pela sociedade dos nossos dias, impõe-se construção jurisprudencial a distinguir a companheira da simples concubina, ampliando, inclusive com suporte na nova ordem constitucional, a proteção à primeira, afastando a sua incapacidade para receber legado em disposição de última vontade, em exegese restritiva do art. 1.719, III, do Cód. Civil [atual art. 1.801, III]. Impende dar à lei, especialmente em alguns campos do Direito, interpretação construtiva, teleológica e atualizada" (STJ, REsp 196-RS, Ac. 8-8-1989, *Rev. Jur. Min.*, *63*:56). Sobre validade de legado à companheira: *RT*, *651*:170. Sobre isso consulte Adahyl Lourenço Dias, *A concubina...*, cit., cap. V; TJRJ, *Adcoas*, 1983, n. 91.207. "Ação declaratória de sociedade de fato cumulada com partilha de bens. Concubinato. Réu casado. Proteção do Estado à união estável. Extinção processual. Se é certo que o legislador constituinte procurou amparar a união estável entre o homem e a mulher como enti-

550:96, *520*:89, *555*:88, *552*:194, *526*:243, *548*:107, *540*:216, *534*:104, *537*:234 e 92, *549*:245, *561*:256, *443*:146, *487*:92, *452*:44, *482*:102, *486*:175, *469*:184; *RTJ, 101*:323, *95*:391, *89*:181, *90*:1022, *93*:437, *74*:486; *Ciência Jurídica, 61*:75; *EJSTJ, 2*:46 e 47; *RJTJSP, 135*:231, *41*:52, *40*:60). Embora houvesse uma acentuada tendência para admitir a associação no aquesto, no sentido de conceder a sua meação aos concubinos (*RT, 717*:213, *700*:142, *750*:249, *626*:66, *592*:247, *591*:281, *489*:118, *490*:109, *543*:120, *534*:104; *RJTJSP, 41*:52, *38*:100; *RTJ, 98*:818), entendíamos que era preciso provar em que *medida* houve participação de cada um deles, apesar de existir uma sociedade de fato de natureza econômica[35], pois seria injusto partilhar os bens comuns ao meio se um dos concubinos concorreu com mais esforço ou recursos do que o outro para aumentar o patrimônio comum; assim, o juiz deveria analisar cada caso concreto, para fixar a quota que cabe a cada amante, na proporção de sua contribuição para a aquisição ou aumento daquele acervo patrimonial[36] (*RT, 517*:68, *549*:183). Dividia-se o patrimônio adqui-

---

dade familiar, no sentido de facilitar a sua conversão em casamento (art. 226, § 3º, da Carta Magna), fê-lo por considerar a família como base da sociedade (*caput* do art. 226), da mesma sorte que a Súmula 380, da jurisprudência predominante do Egrégio Supremo Tribunal Federal, deu foros de legalidade ao concubinato. Todavia, conforme orientação da mesma Excelsa Corte, sem embargo de estar provada ou não a sociedade de fato, a ação não pode prosperar quando o réu seja casado, visto que tanto conduziria ao despropósito da dupla meação (apud *Revista Trimestral de Jurisprudência*, vol. 117, p. 1264 e s.). Consequentemente, o processo havia que ser extinto, por evidente impossibilidade jurídica (art. 267, VI — hoje art. 485, VI — do Código de Processo Civil). Recurso provido" (TJPR, AC 1.521/88; *JB, 152*:205). É de reconhecer-se a tutela possessória à concubina que permaneceu ocupando o apartamento após a morte do companheiro de longos anos e que postula, em ação própria, a meação do bem adquirido na constância da sociedade de fato, mediante o esforço comum (*EJSTJ, 9*:93; *JB, 160*:300).

Por maioria de votos, a 4ª Turma do Superior Tribunal de Justiça entendeu não ser possível a aplicação das regras de presunção do esforço comum a bens adquiridos em data anterior à vigência da Lei da União Estável (Lei n. 9.278/96).

35. R. Limongi França, op. cit., p. 442; *RT, 548*:107, *529*:109, *558*:92, *534*:104.

36. *Vide* Silvio Rodrigues, op. cit., p. 271; Guilherme C. Nogueira da Gama, Regime legal de bens no companheirismo: o paradigma do regime de comunhão parcial de bens. O *Novo Código*, cit., v. 3, p. 335-58; Antônio Carlos M. Coltro, A presunção absoluta e relativa no esforço comum para aquisição patrimonial na união estável, in *Família e cidadania*, cit., p. 247-65; Luís Paulo Cotrim Guimarães (*Negócio jurídico sem outorga do cônjuge ou convivente*, São Paulo, Revista dos Tribunais, 2003) aponta as consequências jurídicas geradas pela ausência de outorga nos negócios jurídicos sobre imóveis comuns, em defesa do patrimônio da entidade familiar e do preterido companheiro. Concubinato adulterino não dá direito à meação dos bens do companheiro (*RTJ, 90*:1022, *43*:51), mas a 20% do patrimônio que a amante ajudou a formar em nome do falecido (*RT, 525*:62). Todavia, houve decisão entendendo que seria suficiente a permanência da companheira no lar, nas lides domésticas, para que tivesse direito à

rido pelo esforço comum igualmente entre os concubinos ou em percentuais variados, conforme cada situação específica, tendo por base o valor dos bens na época da dissolução do concubinato. Da meação a que tivesse direito a concubina excluíam-se as dívidas e os bens adquiridos por doação não onerosa (*RT, 550*:96). O prazo de prescrição para propor ação reclamando meação concubinária era o das ações pessoais, previstas no art. 177 do Código Civil de 1916 (*RT, 546*:80). Pelo art. 5º, § 1º, da Lei n. 9.278/96 e pelo art. 1.725 do Código Civil vigente, há, atualmente, presunção *juris tantum* (*RT, 778*:238) de que tais bens adquiridos por um ou por ambos os companheiros na constância da união estável a título oneroso pertencem em partes iguais a ambos, em condomínio (logo não há reserva de bens)[37], sendo

---

parte do patrimônio formado pelo outro (*RT, 401*:193, *421*:141). União estável — Dissolução — Concubino que, às vésperas do rompimento do relacionamento, deliberadamente, passa a alienar e ceder bens de sua propriedade a parentes para impedir que estes sejam partilhados com a companheira — Pretensão da mulher à indenização — Admissibilidade, uma vez comprovada sua contribuição para o aumento do patrimônio do casal com seu esforço na administração do lar — Voto vencido (*RT, 754*:248). União estável — Penhora — Constrição sobre bem imóvel — Ausência da intimação da companheira do devedor — Admissibilidade — Inexistência de razão para dar interpretação extensiva ao disposto no art. 669 — já revogado — do CPC, pois o art. 226, § 3º, da CF, não equipara, para todos os efeitos, a união estável ao casamento. Apesar de a Constituição Federal, em seu art. 226, § 3º, ter reconhecido a união estável entre o homem e a mulher como entidade familiar, não logrou equipará-la para todos os efeitos ao casamento, portanto, não se visualiza razão para que o par. ún. do art. 669 (ora revogado) do CPC, ao tornar imperativa a intimação do cônjuge do devedor, caso recaia a penhora sobre bens imóveis, receba interpretação existente, vindo albergar a figura da companheira (*RT, 770*:287). O Projeto de Lei n. 1.839/2003 (apensado ao PL n. 1.779/2003) pretende transformar o regime de comunhão parcial, na união estável, em separação de bens.

Já se decidiu (TJRS-AI-70004179115) que não se aplica à união estável o regime da separação obrigatória de bens, mesmo que os companheiros sejam maiores de 60 anos (hoje 70 anos), ante o fato de a legislação especial prever o regime condominial, presumindo esforço comum na aquisição dos bens amealhados na vigência do relacionamento. No mesmo sentido, no que concordamos, Euclides de Oliveira, tendo-se em vista que norma restritiva de direito submete-se à interpretação restritiva, não se estendendo o art. 1.641 à união estável (*União estável*, São Paulo, Método, 2003, p. 193).

Também o se estende à união estável a exigência de autorização, sob pena de anulabilidade negocial, de um companheiro quando o outro pretende alienar imóvel, por aplicação dos arts. 1.647 e 1.649, por serem normas restritivas de direitos, e, havendo dano, o companheiro alienante deverá indenizar o outro por perdas e danos, respeitando-se direito de comprador de boa-fé (Francisco José Cahali, *Contrato de convivência na união estável*, São Paulo, Saraiva, 2002, p. 310).

37. *RT, 831*:399: "União estável — Dissolução — Partilha de bens — Divisão em partes iguais dos bens adquiridos durante a convivência — Necessidade de comprovação da época e da forma de aquisição. *Ementa oficial*: Uma vez reconhecida a união estável, impera sejam partilhados igualitariamente os bens adquiridos, a título oneroso, na sua

desnecessária a prova do esforço comum (Enunciado n. 115 do Conselho da Justiça Federal, aprovado na Jornada de Direito Civil de 2002; no mesmo sentido tem decidido o STJ), salvo estipulação contrária em contrato escrito (CC, art. 1.725, 1ª parte) prevendo percentuais diferentes para a participação de cada um no patrimônio formado, ou se a aquisição patrimonial ocorrer com o produto de bens adquiridos anteriormente ao início da união. Se durante o estado convivencial vierem, p. ex., a adquirir onerosamente um imóvel, poderão os companheiros mencionar na escritura pública que um deles é proprietário de 1/5 do referido bem e o outro de 4/5. Poderão, como vimos, também fazer contrato regendo as suas relações patrimoniais. Tal pacto pode ser feito antes do início da convivência ou na constância da união estável e até mesmo depois da ruptura da relação, hipótese em que terá efeito retroativo.

Para que o pacto de convivência tivesse eficácia perante terceiros, o já

---

vigência, sem que se perquira da contribuição de cada convivente, bastando que fiquem comprovadas, portanto, a época e a forma de aquisição. Nesse passo, comportam divisão os veículos adquiridos na vigência do enlace, eis que não comprovada cabalmente a sub-rogação alegada pelo varão. Ficam afastados do rateio os bens cuja existência, propriedade ou época da aquisição não foram objeto de prova" (Ap. 70007787427, Segredo de Justiça, 7ª Câm., j. 18-8-2004, rel. Des. José Carlos Teixeira Giorgis). *BAASP, 2968*:12. Apelação cível — Direito de Família — Ação de dissolução de união estável — Partilha de bens — Regime da comunhão parcial de bens — Doação realizada em favor de um dos conviventes — Exceção à regra da comunicabilidade. 1 — Às uniões estáveis aplica-se o regime da comunhão parcial de bens, previsto no art. 1.725 do CCB, pelo qual comunicam-se todos os bens adquiridos de forma onerosa na constância da união, independentemente da comprovação da efetiva participação de cada um dos companheiros, presumindo-se o esforço comum. 2 — Demonstrada nos autos a doação de valores à autora, por parte de seus genitores, destinados à aquisição do imóvel que serviu de residência para o casal, objeto de financiamento, deve ser excluído da partilha, porquanto, para que a doação beneficie o casal, deve restar inquestionavelmente declarada pelos doadores, o que, no feito em comento, não ocorreu (arts. 1.659, I, e 1.660, III, ambos do CCB). 3 — As benfeitorias realizadas no imóvel, no curso da convivência, e que não foram objeto do financiamento, devem ser partilhadas por metade para cada um dos conviventes, cujos valores serão apurados em liquidação de sentença. Apelo da autora provido e julgado prejudicado o apelo do réu. *RT, 826*:259: "União estável. Penhora. Constrição incidente sobre veículo adquirido na constância da relação, registrado apenas em nome do companheiro não devedor. Admissibilidade. Bem de propriedade de ambos os conviventes. *Ementa da Redação*: Em se tratando de união estável, os bens adquiridos por um dos companheiros a título oneroso são considerados frutos do trabalho comum, passando a pertencer a ambos; desta forma, estão sujeitos às consequências relativas aos credores de um ou outro dos conviventes, razão pela qual se admite a penhora de veículo registrado em nome do companheiro não devedor" (Ap. 1.242.405-0, 7ª Câm., j. 16-3-2004, rel. Juiz Ariovaldo Santini Teodoro). No mesmo sentido: *Bol. AASP, 2.703*:5.773.

arquivado Projeto n. 2.686 (art. 4º) exigia que fosse feito por escritura pública registrada na circunscrição imobiliária do domicílio do casal e averbada na circunscrição onde os imóveis estiverem localizados.

Não se comunicam bens advindos de herança, legado e doação. O Projeto de Lei n. 699/2011 pretende, ainda, acrescentar ao art. 1.725 um § 1º, reforçando essa ideia de que "não se comunicam os bens adquiridos com recursos obtidos anteriormente à constituição da união estável".

Tal direito à meação, reconhecido em vida ou *post mortem*, advém da presunção de colaboração dos companheiros na aquisição onerosa de bens durante a convivência. Não há meação de bens adquiridos antes da convivência (*BAASP*, *2.715*:1951-08).

A união estável pode trazer insegurança em contrato imobiliário, principalmente se o bem estiver em nome de um dos conviventes, pois a venda poderá vir a ser anulada pelo outro, se reconhecido for seu direito à meação. Por isso o já arquivado Projeto n. 2.686 (art. 5º) requeria que, no instrumento firmado com terceiro, os conviventes mencionassem a existência da união estável sob pena de pagar perdas e danos a terceiros de boa-fé e de sofrer sanção penal por falsidade ideológica. No mesmo sentido o § 2º a ser acrescentado ao art. 1.725 pelo Projeto de Lei n. 699/2011, que assim reza: "Nos instrumentos que vierem a firmar com terceiros, os companheiros deverão mencionar a existência da união estável e a titularidade do bem objeto de negociação. Não o fazendo, ou sendo falsas as declarações, serão preservados os interesses dos terceiros de boa-fé, resolvendo-se os eventuais prejuízos em perdas e danos entre os companheiros e aplicando-se as sanções penais cabíveis". O Parecer Vicente Arruda, assim, rejeitou a proposta de alteração do art. 1.725, ao analisar o Projeto de Lei n. 6.960/2002 (atual PL n. 699/2011), que a continha: "Não há necessidade dos acréscimos feitos a este dispositivo, através dos §§ 1º e 2º do PL. Evidentemente, os bens havidos com recursos obtidos anteriormente à constituição da união estável não podem se comunicar. Quanto à menção da união estável, não se pode olvidar que ela é uma situação de fato, não é um estado civil. Caso uma alienação seja feita com fraude, o negócio há de resolver-se com base nos defeitos dos atos jurídicos e pela evicção (art. 447)". Há quem ache, como Marilene Silveira Guimarães, que se deve exigir outorga de companheiro na alienação de imóvel adquirido onerosamente durante a união estável, sob pena de anulabilidade, ou, até mesmo, um "registro da união estável" para que haja segurança nas negociações imobiliárias a terceiros de boa-fé e aos companheiros (LINDB, arts. 4º e 5º, e por analogia o art. 1.647 do CC).

O convivente que teve seu direito à meação reconhecido judicialmente pode ser nomeado inventariante (*RJTJSP, 37*:97).

Se o concubinato for impuro, dever-se-á, então, provar a proporção com que cada um contribuiu para a formação do patrimônio comum, para saber a quota que lhe pertence.

Pelo arquivado Projeto n. 2.686 (arts. 3º e 4º) ter-se-ia: *a*) regime legal de comunhão parcial, pelo qual haverá comunicabilidade dos bens adquiridos onerosamente durante a convivência, excluídas as doações, heranças e legados; e *b*) regime convencional, similar ao pacto antenupcial e alterável a qualquer tempo. Somente no silêncio dos conviventes aplicar-se-lhes-ão as normas do regime de comunhão parcial (CC, arts. 1.658 a 1.666 e 1.639 a 1.657). O nosso Código Civil reconhece isso ao dispor, no art. 1.725 (2ª parte), que, na união estável, salvo contrato escrito entre os companheiros, aplica-se às relações patrimoniais, no que couber, o regime de comunhão parcial de bens (CC, arts. 1.658 a 1.666).

Pretende, ainda, o Projeto de Lei n. 699/2011, alterando a redação do § 2º do art. 1.723 do Código Civil, aplicar à união estável o regime de separação de bens nas hipóteses previstas no art. 1.641, I e II. E, além disso, pelo § 2º do art. 1.723, como as causas suspensivas do art. 1.523 não impedem a caracterização do companheirismo, pessoa viúva, antes de fazer inventário, p. ex., poderá viver em união estável, sem sofrer qualquer sanção, pois nada obsta a que o regime convivencial seja o da comunhão parcial[38].

---

38. Pelo Projeto de Lei n. 699/2011, a redação do art. 1.723 passará a ser a seguinte:

"É reconhecida como entidade familiar a união estável entre o homem e a mulher, civilmente capazes, configurada na convivência pública, contínua, duradoura e constitutiva de família.

§ 1º ....

§ 2º Aplica-se à união estável o regime da separação de bens nas hipóteses previstas no art. 1.641, incisos I e II.

§ 3º A produção de efeitos na união estável, inclusive quanto a direitos sucessórios, havendo litígio entre os interessados, dependerá da demonstração de sua existência em ação própria.

§ 4º Poderá ser homologada judicialmente a extinção consensual da união estável".

O art. 1.641, incisos I e II, deve, como entende Regina Beatriz Tavares da Silva, "aplicar-se não só ao casamento, mas, também, à união estável. Segundo aquele dispositivo, o casamento celebrado com causa suspensiva e contraído por pessoa com idade superior a sessenta anos (ou setenta anos conforme nossa proposta ao art. 1.641 do Projeto de Lei n. 6.960/2002 — hoje Projeto de Lei n. 699/2011) tem, obrigatoriamente, o regime de separação de bens. Na união estável, segundo o § 2º do dispositivo em análise, 'As causas suspensivas do art. 1.523 não impedirão a caracterização de união

Pelo Conselho da Justiça Federal, o Enunciado n. 346 (aprovado na IV Jornada de Direito Civil): "Na união estável o regime patrimonial obedecerá à norma vigente no momento da aquisição de cada bem, salvo contrato escrito".

15) Usar medidas adequadas para efetivação de tutela provisória de urgência de natureza cautelar (CPC, art. 297) para afastar convivente perigoso do lar (*RT*, *729*:180, *721*:87, *655*:79, *634*:78, *537*:105; *RJTJSP*, *132*:203, *126*:100; *RSTJ*, *25*:472; *JB*, *165*:270), amparando a integridade física do requerente. Certos julgados (*RJTJSP*, *136*:216) e o Código Civil, art. 1.562, admitem o direito à separação de corpos se um companheiro precisar afastar o outro do lar, por ser insuportável a convivência, em razão de agressões ou de má conduta. Com base no nosso entender, no *fumus*

---

estável', e não há limite máximo de idade para que sejam produzidos os efeitos previstos no art. 1.725. Então, se a pessoa se casa, com causa suspensiva ou com mais de sessenta anos, submeter-se-á obrigatoriamente ao regime da separação de bens, e, se passa a viver em união estável, nas mesmas circunstâncias, não sofrerá qualquer restrição no regime de bens, que, pela lei, será o da comunhão parcial. Essa diferença de tratamento não faz qualquer sentido. A possibilidade de homologação judicial da dissolução consensual de união estável deve ser prevista em lei, para que reste indene de dúvida sua viabilidade em extinções de união estável realizadas por mútuo acordo, muito embora permaneça a possibilidade de sua realização por instrumento particular, para o fim de preservar a liberdade no rompimento da relação, independentemente de procedimento judicial (*v.* Rodrigo da Cunha Pereira, *Concubinato e união estável*, 5ª ed., Belo Horizonte, Del Rey, 1999, p. 60)".

Entretanto, o Parecer Vicente Arruda, quanto à sugestão de alteração do art. 1.723, assim se manifestou: "Não se justifica a alteração do *caput* porque não é necessário dizer que a união estável deve ocorrer entre pessoas civilmente capazes. Trata-se de relação de fato, que ocorre independentemente da capacidade do agente. Quanto à substituição da expressão 'com o objetivo de constituição de família' por 'constitutiva de família', não faz ela o menor sentido, pois a primeira é mais abrangente. É de ser mantido também o § 2º porque, efetivamente, sendo a união estável uma situação de fato que independe de formalização, não há como se aplicar a ela uma causa suspensiva de sua consumação (art. 1.523). Por outro lado, a redação proposta está mal colocada, já que se refere ao regime patrimonial que é previsto no art. 1.725. Rejeito o § 3º por desnecessário. Evidentemente, sendo uma situação de fato, qualquer pleito de direito dependerá de sua comprovação em processo judicial. Pela mesma razão rejeito o § 4º que prevê a homologação judicial de extinção de união estável. Se a união é situação de fato e foi constituída independentemente de ato do Estado, sua desconstituição também não deve depender de ato seu".

BAASP, *2935*:11. União estável. Imóvel adquirido pelo réu no curso da convivência e alienado após a separação do casal. Pretensão da autora ao recebimento de indenização. Prescrição reconhecida. Aplicação do art. 206, § 3º, inciso V, do CC. Prazo que não se suspende durante a ação de reconhecimento da união estável. Sentença mantida. Recurso desprovido (TJSP — 1ª Câmara de Direito Privado, Apelação n. 0020182-55.2010.8.26.0002-São Paulo-SP, rel. Des. Rui Cascaldi, j. 28-1-2014, v.u.).

boni juris e no *periculum in mora*, a tutela provisória de urgência de natureza cautelar seria hábil para afastar o convivente e salvar a integridade físico-psíquica do outro e da prole. Essa medida cautelar é útil, mesmo que não haja coabitação, para fixar o termo inicial da extinção de comunhão e fazer cessar o dever de fidelidade (*Lex, 236*:154), mas perderá sua eficácia se dentro de 30 dias não for ajuizada a ação principal de dissolução da união estável (CPC, art. 308).

16) Permitir que conviventes adotem menor, desde que um deles tenha 18 anos e haja comprovação da estabilidade familiar (Lei n. 8.069/90, arts. 41, § 1º, e 42, § 2º). Não se podendo olvidar que um deles deve ser 16 anos mais velho que o adotando. É permitida a adoção de filho do companheiro, sem que haja alteração do vínculo da filiação e sem perda do poder familiar, hipótese em que se terá a adoção unilateral. Além disso, "ex-companheiros podem adotar conjuntamente, contanto que acordem sobre a guarda e o regime de visitas e desde que o estágio de convivência tenha sido iniciado na constância do período de convivência e seja comprovada a existência de vínculos de afinidade e afetividade com aquele não detentor da guarda, que justifiquem a excepcionalidade da concessão" (Lei n. 8.069/90, art. 42, § 4º, com a redação da Lei n. 12.010/2009).

17) Considerar a companheira do servidor aposentado falecido como legítima ocupante de imóvel funcional, desde que nele permaneça residindo (Lei n. 8.068/90, art. 1º, que acrescenta § 5º ao art. 6º da Lei n. 8.025/90).

18) Legitimar processualmente o convivente para os embargos de terceiros (CPC, art. 674) para defender sua meação e exclusão a penhora de imóvel residencial do casal com fundamento na Lei n. 8.009/90 (*RJE, 2*:387; *Bol. AASP, 1.832*:2, *2.596*:1583-13).

19) Conceder ao companheiro, sendo a relação concubinária pura, o direito: *a*) a *alimentos* (Leis ns. 8.971/94, art. 1º e parágrafo único, e 9.278/96, art. 7º; CC, arts. 1.694 e 1.708; *BAASP, 2.711*:1937-6 e *2956*:12; *RT, 843*:198, *848*:239; *JTJ, 236*:40), se estiver necessitado (*RSTJ, 120*:323), não tiver capacidade laborativa (*BAASP, 2906*:12) e estando dissolvida a união estável por rescisão — mas já houve decisão de que em caso de culpa recíproca não haverá tal direito (*RT, 611*:269, *RSTJ, 7*:371, *RTJ, 118*:132), vindo a perdê-lo se passar a viver em concubinato, se formar outra união estável, vier a convolar núpcias ou tiver comportamento indigno (CC, art. 1.708) — e *b*) à *participação na sucessão do outro* (CC, art. 1.790; *JTJ, 273*:26). Por essa lei, o companheiro supérstite participará da sucessão do falecido, quanto aos bens adquiridos onerosamente na vigência da união estável, nas seguintes condições: se concorrer com filhos comuns terá direito a uma cota equivalente à

que por lei for atribuída ao filho; se concorrer com descendentes só do autor da herança, caber-lhe-á a metade do que couber a cada um daqueles; se concorrer com outros parentes sucessíveis, terá direito a um terço da herança e, não havendo parentes sucessíveis, tocar-lhe-á a totalidade da herança relativa àqueles bens e aos demais que compõem o acervo hereditário por força do art. 1.844 do Código Civil. Se, por não haver pacto entre os conviventes, o regime de comunhão parcial prevalecer, terá direito à metade dos bens deixados pelo *auctor successionis*, se oriundos da sua atividade em colaboração com o *de cujus* ou se adquiridos onerosamente na vigência da união estável. A herança atribuída ao convivente está sujeita ao imposto de transmissão *causa mortis*, mas o mesmo não se diga da meação a que tem direito, por força do regime de bens, por inexistir fato gerador do tributo que é a transmissão *causa mortis* de bens, visto que há uma divisão de patrimônio decorrente da extinção do condomínio por óbito de um dos coproprietários. E, ainda, por força do art. 6º da Carta Magna (com a redação da EC n. 26/2000) e do art. 7º, parágrafo único (c/c art. 5º), da Lei n. 9.278/96, o convivente sobrevivente terá *direito real de habitação do imóvel destinado à residência da família* (*JTJ*, *274*:34, *248*:346) e onde morava com o *de cujus*, enquanto viver ou não constituir nova união ou casamento em decorrência do direito de condomínio, pois, em regra, tal imóvel advém de fruto do trabalho conjunto, tendo sido adquirido onerosamente na constância da união estável, mas já se decidiu que "o direito real de habitação ao único imóvel residencial, por aplicação analógica do art. 1.831 do NCCB, deve ser estendido ao convivente, independentemente de ter este contribuído, ou não, para a sua aquisição, assegurado, igualmente, pelo art. 7º da Lei 9.278/96, informado pelos artigos 6º e 227, § 3º, da Lei Maior, que reconhecem a moradia como direito social e a união estável entre o homem e a mulher como entidade familiar, para efeito de proteção do Estado" (TJMG, Ap. Cív. 1.0514.06.020813-9/001, 9ª Câm. Cív., v.u., Rel. Des. Tarcísio Martins Costa, j. 1º-4-2008). Porém, pelo Código Civil tal direito só é deferido ao cônjuge sobrevivente; mas, por ser norma especial, o art. 7º da lei acima referida está vigente e pode ser aplicado ao companheiro supérstite. Sem embargo dessa nossa opinião, há quem ache, como Mário Luiz Delgado e Zeno Veloso, que ante o silêncio eloquente (*beredtes Schweigen*) do Código Civil a respeito, houve *intentio* de excluir o direito real de habitação do convivente, logo não há lacuna suscetível de preenchimento por analogia (LINDB, art. 4º), consequentemente não há nenhuma possibilidade de se pugnar pela sobrevivência do art. 7º da Lei n. 9.278, exceto no que atina à sucessão aberta antes de 11 de janeiro de 2003. A Lei n. 9.278 "não está esmaecida, mas morreu", diz Zeno Veloso.

Ora, na verdade, temos, parece, um caso de *antinomia de segundo grau*, ou seja, um conflito entre norma anterior especial (Lei n. 9.278) e norma posterior geral (CC, art. 1.831), que, por sua vez, gera antinomia entre o *critério de especialidade* e o *cronológico*, para a qual valeria o metacritério *lex posterior generalis non derogat priori speciali*, segundo o qual a regra de especialidade prevaleceria sobre o cronológica. Com isso, a Lei n. 9.278 seria a mais forte, ante o princípio da especialidade. A metarregra *lex posterior generalis non derogat priori specialli* não tem valor absoluto, dado que, às vezes, *lex posterior generalis derogat priori speciali*, tendo em vista certas circunstâncias presentes. A preferência entre um critério e outro não é evidente, pois se constata uma oscilação entre eles. Não há uma regra definida; conforme o caso, haverá supremacia ora de um, ora de outro critério. Ante a dúvida, surgirá, então, uma *antinomia real de segundo grau* ou *lacuna de conflito* (ausência de critério ou de metacritério normativo) que só poderá ser solucionada pelos critérios apontados pelos arts. 4º e 5º da Lei de Introdução às Normas do Direito Brasileiro. Deveras, num caso extremo de falta de um critério que possa resolver a antinomia de segundo grau, o *critério dos critérios* para solucionar o conflito normativo seria o *princípio supremo da justiça*: entre duas normas incompatíveis dever-se-á escolher a mais justa. Isso é assim porque os referidos critérios não são axiomas, visto que gravitam na interpretação ao lado de considerações valorativas, fazendo com que a lei seja aplicada de acordo com a consciência jurídica popular e com os objetivos sociais. Portanto, excepcionalmente, o valor *justum* deve lograr entre duas normas incompatíveis, fazendo que prevaleça a ideia da permanência do art. 7º, parágrafo único, da Lei n. 9.278/96, aplicando-se por *analogia* (LINDB, art. 4º) o disposto no art. 1.831 do Código Civil, em busca do justo (LINDB, art. 5º; CF, arts. 6º e 226, § 3º). Esta nossa conclusão decorre do princípio de que lei posterior geral não revoga lei anterior especial, a menos que, expressamente, o declare, ou contenha dispositivos incompatíveis ou regule *inteiramente* a matéria de lei especial. Ora, tal não se deu, visto que houve, no novo *Codex*, regulamentação parcial dos direitos do companheiro.

O Projeto de Lei n. 699/2011, ao acrescentar § 3º ao art. 1.723, passará a exigir que a produção de efeitos sucessórios, "havendo litígio entre os interessados, dependerá da demonstração de sua existência em ação própria"[39].

---

39. Sobre alimentos na união estável: "Alimentos. A obrigação alimentar do apelante para com a apelada encontra respaldo no art. 1.724 do CCB, que estipula o dever de assistência entre os companheiros, já que a união estável é incontroversa. Entretanto, a fixação de alimentos depende de prova da necessidade de quem os pleiteia e da possibilidade da parte contrária, nos termos do art. 1.694, § 1º, do CCB. Necessidade essa en-

20) Dar a ambos os conviventes a administração do patrimônio comum (Lei n. 9.278/96, art. 5º, § 2º), ou havendo contrato a um deles ou a terceiros. O administrador deverá prestar contas da administração, tendo o dever de indenizar as perdas e danos, salvo força maior e caso fortuito.

21) Outorgar direitos e deveres iguais aos conviventes como: lealdade e respeito; assistência imaterial e material recíprocas; guarda, sustento e educação de filhos comuns (CC, art. 1.724).

22) Permitir que cada um possa separar-se unilateralmente, sem qualquer formalidade, apesar de poder haver interesse, para prevenir litígio (*Lex*, *141*:59), na homologação judicial do acordo sobre guarda unilateral ou compartilhada (arts. 1.583, §§ 1º a 5º, e 1.584, I e II, §§ 1º a 6º) e visita de filho, pensão alimentícia, partilha de bens adquiridos pelo esforço comum (*RJTJSP*, *141*:49; Projeto de Lei n. 699/2011, art. 1.723, § 4º).

---

tendida como a falta de condições de prover a própria mantença, por insuficiência de bens ou incapacidade laboral, conforme inteligência do art. 1.695 do CCB. Ante a comprovação de que a apelada necessita de alimentos e não demonstrada a impossibilidade de pagamento, adequada a sentença que fixou a pensão em 15% dos rendimentos líquidos do apelante. Negaram provimento. Unânime" (TJRS, AC n. 70016328338).

"União estável. Alimentos em favor da companheira. Inexistência de prova da necessidade e do liame de dependência. 1. Descabe fixar alimentos provisórios em favor da companheira quando não demonstrada a necessidade dela em recebê-los, mesmo que comprovada a existência da união estável. 2. Para que seja cabível a fixação da verba, decorrente do compromisso de mútua assistência entre companheiros, deve a ruptura ser recente e, sobretudo, estar comprovada a condição de necessidade. Recurso desprovido" (AgI 70016003352, 7ª Câm. Cív., TJRS, rel. Des. Sérgio Fernando de Vasconcellos Chaves, j. 23-8-2006).

"Civil — Recurso especial — União estável — Herança — Falecimento do companheiro sem ascendentes ou descendentes — Aplicabilidade da Lei n. 8.971/94 a fatos pendentes — Possibilidade — Sociedade de fato — Comunhão dos aquestos — Inexistência de retroatividade (art. 6º da LICC — hoje LINDB). 1. A união estável quer antes, quer depois da edição da Lei n. 8.971/94, gera direitos e obrigações, já que é um fato jurídico e, como tal, desafia a proteção estatal. Logo, tais relações foram equiparadas às sociedades de fato, sendo os bens sujeitos ao chamado regime de comunhão de aquestos. 2. Se de tal relação, que perpetua durante um longo período, configura-se pelo *animus* que inspira os companheiros a viverem como casados fossem, não se pode alegar que a Lei n. 8.971/94, ao regular a matéria acerca dos alimentos e da sucessão de tais pessoas, somente surtiria efeitos futuros, deixando ao desabrigo toda a construção legislativa e pretoriana de que se tem notícia. Inexistindo referência na lei do termo inicial da contagem de prazo quinquenal para a aquisição do direito, deve-se aplicá-la, revestida que é do caráter benéfico, a todos os fatos pendentes. 3. Assim, no caso concreto, já que dúvidas não há nos autos de que o mesmo não deixou descendentes e ascendentes; que nos termos da lei esta é herdeira da totalidade dos bens deixados (art. 2º, III, da Lei n. 8.971/94), porquanto a mesma atinge as situações pendentes; não há que se falar em violação do art. 6º da LICC (hoje LINDB). 4. Recurso não conhecido" (STJ, 4ª Turma, REsp 397168/SP, rel. Min. Jorge Scartezzini, j. 26-10-2004).

23) Conferir direito de visitar o companheiro preso ou de sair da prisão para o enterro do falecido convivente (Lei de Execução Penal, arts. 41, X, e 120, I).

24) Mover ação para reconhecimento ou dissolução de união estável no foro de domicílio do guardião de filho incapaz, no do último domicílio do casal, não havendo filho incapaz ou no do domicílio do réu, se nenhuma das partes residir no antigo domicílio do casal (CPC, art. 53). Outrora, dava-se à convivente, por interpretação extensiva, o direito ao foro privilegiado da mulher na ação tendente a dissolver a união estável (CPC/73, art. 100, I). Todavia, havia julgado entendendo que esse foro só abrangeria as ações que especificava, as quais tinham como pressuposto o casamento, não podendo ser estendido aos pedidos direcionados ao reconhecimento de união estável, uma vez que, em se tratando de privilégio processual, a interpretação da norma é restritiva (TJMG, Agravo n. 125.114-6, Rel. Des. Almeida Melo, 4ª CC, j. 3-12-1998. *DJMG*, 28-4-1999, p. 1). O STJ já decidiu que: "I — No plano infraconstitucional, conquanto haja divergência doutrinária e jurisprudencial acerca da prevalência do art. 100 I (hoje art. 53, I, dispõe de forma diversa), CPC, e da extensão de sua incidência, a dificultar a uniformização interpretativa na matéria, esta Corte tem adotado a interpretação restritiva desse artigo. II — Em face dessa interpretação restritiva, descabe invocar sua aplicação às ações de dissolução de união estável, até porque sequer há norma equivalente a seu respeito, tornando aplicável, em consequência, o art. 94 (correspondente ao art. 46 do CPC/2015), CPC. III — Embargos declaratórios opostos com o intuito de atender ao requisito do prequestionamento não são protelatórios, a teor do Enunciado n. 98 da súmula/STJ" (REsp 327.086-PR-2001/0064934-7, rel. Min. Sálvio de Figueiredo Teixeira).

25) Considerar impedido ou suspeito o juiz, se a matéria *sub judice* envolver parentes consanguíneos e afins de seu convivente (CC, art. 1.595; CPC, arts. 144, IV, e 145, III). Outrora, entendíamos que, como não havia vínculo de afinidade em razão de união estável, o magistrado deveria ser declarado suspeito por amizade íntima.

26) Aplicar o art. 189, II, e § 1º, do CPC, impondo segredo de justiça aos atos processuais nas ações atinentes ao reconhecimento ou à dissolução da união estável, nas ações cíveis de partilha de bens adquiridos pelo esforço comum etc.

27) Conceder ao companheiro lesado o direito de pleitear, em juízo, indenização por dano moral e/ou patrimonial causado pelo outro em razão, p. ex., de rompimento abrupto da convivência, e ainda, oriundo de assassi-

nato ou morte do outro, se dele dependia economicamente (*RJTJSP*, *68*:141; *RT*, *686*:173).

28) Outorgar à convivente parturiente o direito ao auxílio-natalidade.

29) Dar ao companheiro beneficiário de funcionário público falecido a indenização por férias e licença-prêmio (*RJTJSP*, *91*:92).

30) Considerar o convivente como beneficiário de seguro de vida (*RTJ*, *82*:930; *RT*, *811*:321) e de seguro obrigatório (*RT*, *582*:99), inclusive de danos pessoais para vítimas de acidente de carro (DPVAT), se companheiro for acidentado. Deveras, pelo art. 793 do Código Civil, é válida a instituição de companheiro como beneficiário, se ao tempo do contrato o segurado era separado judicialmente, ou já se encontrava separado de fato.

31) Conceder ao ex-convivente a possibilidade de entrar com medida cautelar de arrolamento de bens, havendo receio de extravio ou dissipação, para fins de seu depósito em mãos de pessoa da confiança do juízo, na pendência da ação de partilha de bens adquiridos na constância da união estável.

32) Autorizar o outro convivente para propor ação real imobiliária, tendo o direito de ser citado nessa ação para conservar os bens da entidade familiar. Mas diante da falta de publicidade da união estável, por não haver registro civil, enquanto não definida a forma de sua divulgação, terceiro não poderá ser prejudicado com a anulação do processo, por não ter havido aquela anuência ou citação, diante de uma situação que não poderia conhecer ou presumir (*RT*, *770*:287).

33) Ser administrador provisório do acervo hereditário do companheiro falecido, enquanto o inventariante não presta compromisso (CC, art. 1.797, I); pedir abertura do inventário, desde que esteja na posse e administração dos bens do falecido convivente e ser inventariante, desde que estivesse convivendo com o *de cujus* ao tempo de sua morte, em razão do art. 617, I, do CPC.

34) Admitir convivente de vítima ou testemunha ameaçada, que esteja coagido ou exposto a ameaça, no Programa Federal de Assistência a Vítimas e Testemunhas Ameaçadas (Dec. n. 3.518/2000, art. 4º, parágrafo único).

35) Ser incluído como dependente em plano de saúde, seguro-saúde (*JTJ*, *240*:226; *BAASP*, *2.711*:1937-6) ou em plano de assistência médica do empregador (3ª Turma do STJ, j. 7-4-2000) e como beneficiário de clube social e recreativo de que faz parte o outro convivente (*RT*, *778*:247).

36) Conferir ao convivente de servidor removido *ex officio* o direito a ajuda de custo em razão de movimentação funcional (Decreto n. 1.445/95, art. 7º, I, ora revogado pelo Decreto n. 4.004/2001).

37) Constituir bem de família (CC, art. 1.711) e o vínculo de parentesco por afinidade entre um convivente e os parentes do outro (CC, art. 1.595, §§ 1º e 2º), sendo que, na linha reta, tal vínculo não se extinguirá com a dissolução da união estável (CC, art. 1.595, §§ 1º e 2º), gerando impedimento matrimonial (CC, art. 1.521, III). Assim, p. ex., companheiro viúvo não poderá casar-se com a filha da falecida convivente.

38) Obter concessão de visto temporário ou permanente ou autorização de permanência, mesmo na condição de convivente (Resolução normativa n. 77/2008 do Conselho Nacional de Imigração)[40].

39) Pleitear, se quiser, a conversão da união estável em casamento (*RT, 751*:373), mediante simples requerimento ao juiz e assento no Registro Civil (CC, art. 1.726), com observância do Provimento n. 25/2005 do CGJSP, obedecendo-se à apresentação da documentação pedida pelo art. 1.525 do Código Civil, desde que não haja os impedimentos arrolados no art. 1.521 do Código Civil. E, pelo Enunciado n. 525 do Conselho da Justiça Federal (aprovado na *V Jornada de Direito Civil*): "é possível a conversão de união estável entre pessoas do mesmo sexo em casamento, observados os requisitos exigidos para a respectiva habilitação". E pela Resolução do CNJ n. 175/2013 (arts. 1º e 2º) é vedada à autoridade competente a recusa de conversão de união estável em casamento entre pessoas do mesmo sexo. Essa recusa, se houver, deverá ser imediatamente comunicada ao juiz corregedor para as providências cabíveis (p. ex., abertura de processo administrativo). Teriam o Enunciado n. 525 do CJF e a Res. do CNJ poder para sobrepor-se ao comando constitucional que requer diversidade de sexo para configuração da união estável? Como o novel texto legal não esclarece quem é o juiz competente para tanto, fica-se sem saber se é o juiz de família, o juiz de casamento ou o juiz de direito corregedor do cartório, nem indica o procedimento ágil e os requisitos para que se dê aquela conversão, seria necessária a edição de uma lei especial que estabelecesse o *modus faciendi* dessa conversão. Com o escopo de simplificar tal conversão, o Projeto de Lei n. 699/2011 propõe a seguinte redação para o art. 1.726: "A união estável poderá converter-se em casamento, mediante requerimento de ambos os companheiros ao oficial do Registro Civil de seu domicílio, processo de habilitação com manifestação favorável do Ministério Público e o respectivo assento".

---

40. Há proposta do governo no Estatuto do Estrangeiro, não só prevendo que companheiro de imigrante possa obter visto temporário ou permanente sem distinção de sexo, como também vetando a expulsão de estrangeiro com parceiro brasileiro, mesmo em caso de crimes cometidos.

Esclarece-nos a respeito Regina Beatriz Tavares da Silva que o art. 1.726 do Código Civil "repete a regra inscrita no art. 8º da Lei 9.278/96, acrescendo-lhe a necessidade de pedido dos companheiros ao juiz. O procedimento judicial é dispensável, já que, pelas regras do casamento, sempre será necessário o processo de habilitação para a sua realização, conforme os arts. 1.525 e seguintes deste Código. Além disso, a imposição de procedimento judicial dificulta a conversão da união estável em casamento, em violação ao referido artigo da Constituição Federal, devendo ser suprimida. Consoante a sugestão a seguir, o requerimento dos companheiros deve ser realizado ao Oficial do Registro Civil de seu domicílio e, após o devido processo de habilitação com manifestação favorável do Ministério Público, será lavrado o assento do casamento, prescindindo o ato da respectiva celebração". Todavia, o Parecer Vicente Arruda não a acatou, dispondo que: "Na conversão judicial da união estável em casamento, far-se-á a prova da convivência e, desse modo, os efeitos do casamento retroagirão até a data do início da união (sentença declaratória com efeitos *ex tunc*). Já na habilitação feita perante o oficial do registro civil, seria apenas demonstrada a inexistência de impedimentos para a realização do casamento, que teria seus efeitos fixados daí para adiante (*ex nunc*)".

Tal conversão parece ser inconcebível porque o convivente já possui direitos e deveres similares aos dos cônjuges. Tais direitos, na conversão, deveriam ser respeitados. Se há dissolução da união estável com o casamento, deveria haver liquidação do patrimônio comum, para dar início ao regime matrimonial de bens? Como facilitar a conversão da união estável do separado de fato e do separado judicialmente, ante a circunstância de o vínculo matrimonial com o cônjuge ainda não ter desaparecido? Se feita a conversão, seus efeitos serão *ex tunc* ou *ex nunc*? Se retroagir *ex tunc*, como comprovar o *dies a quo* da união estável?[41].

---

41. Wilson José Gonçalves (*União estável e as alternativas para facilitar sua conversão em casamento*, tese de doutorado apresentada na PUCSP, em 1998) propõe como: a) *alternativas imediatas*, simplificando as formalidades do *procedimento administrativo* perante oficial do Registro Civil, por meio de requerimento que comprove o tempo da união, mediante apresentação de testemunhas se não tiverem filhos comuns, além de documentos de identificação pessoal que indiquem domicílio e declaração de que querem se casar. O oficial, não havendo impedimento matrimonial, lavrará e expedirá a certidão de casamento, cujo efeito será retroativo à data da união estável, adotando-se o regime da comunhão parcial de bens ou o *processo judicial*, que se opera na presença do Ministério Público, pelo trânsito em julgado da sentença de conversão da união estável em casamento dentro de quinze dias, na ausência de recurso. Tal sentença deverá ser registrada no Registro Civil do domicílio do casal, pela adoção do regime de bens na forma da legislação civil. Não há juiz de casamento nem cerimônia nupcial, pois o juiz togado, ao

averiguar ausência de impedimento matrimonial, faz a referida conversão. Observa ainda que o Projeto n. 2.686 (ora arquivado), no art. 9º, optava pelo processo administrativo em que os interessados, de comum acordo e a qualquer tempo, podiam requerer a conversão da união estável em casamento mediante petição ao oficial de Registro Civil de seu domicílio, pela juntada de documentos previstos no Código Civil, art. 1.525, atestados de duas testemunhas, certificando a existência da união estável, com dispensa de proclamas e editais. O projeto nada dizia, mas fácil é concluir que não haveria ato de celebração de casamento; e b) *alternativa mediata* com recurso ao juiz de paz ou de casamento que, mediante prova do tempo de convivência do separado de fato e do separado judicialmente, dissolverá a sociedade e o vínculo conjugal no primeiro caso, ou só o vínculo, no segundo (tal prova hoje seria desnecessária, pois, pelo art. 226, § 6º, da CF, com a redação da EC n. 66/2010, não há mais a exigência de prévia separação judicial, nem requisito temporal para pleitear divórcio), desde que haja acordo sobre guarda e visita de filhos, alimentos, partilha de bens, convertendo a união estável em casamento. Tal conversão deverá ser homologada pelo Judiciário. O Projeto de Lei n. 3.005/2004 dispõe sobre conversão da união estável em casamento. Consulte Semy Glanz, União estável, *Revista Brasileira de Direito Comparado, 11*:71-101. Para Semy Glanz (União estável, *RT, 676*:17), a lei poderá regular a conversão do concubinato em casamento mediante processo judicial ou procedimento administrativo, perante o Cartório de Registro Civil. No procedimento administrativo os interessados deveriam comparecer perante o oficial maior do Cartório de Registro Civil, comprovando por meio testemunhal o tempo de união (não mais necessário), se o casal não tivesse filhos. Se tivesse prole comum dispensar-se-ia a oitiva de testemunha, bastando que se comprovasse o nascimento do filho, reconhecido por ambos. O oficial lavraria a certidão de casamento, retroagindo seus efeitos à data da união, legitimando-se os filhos porventura concebidos nesse período, adotando-se o regime de separação parcial de bens. No processo judicial, exigir-se-ia a presença do Ministério Público, sem que houvesse o duplo grau obrigatório de jurisdição, transitando em julgado a sentença dentro de 15 dias, não havendo recurso das partes ou do Ministério Público. Interessante é a obra de Ibrahim F. de C. Madeira Filho, *Conversão da união estável em casamento*, São Paulo, Saraiva, 2014.

Sobre conversão da união estável homoafetiva em casamento: Lenio L. Streck e Rogério M. de Lima, O direito de conversão da união estável em casamento nas relações homoafetivas, *Revista Síntese — Direito de Família, 67*:101-6; Enézio de D. Silva Júnior, Casamento entre homossexuais no Brasil, *Revista Síntese — Direito de Família, 67*:124-7; Ibrahim F. de C. Madeira Filho, *Conversão da união estável em casamento*, São Paulo, Saraiva, 2013.

Vide Provimento n. 25/2005 da CGJSP, que altera normas de serviço relativas à conversão da união estável em casamento:

"87. A conversão da união estável em casamento deverá ser requerida pelos conviventes perante o Oficial do Registro Civil das Pessoas Naturais de seu domicílio.

87.1. Recebido o requerimento, será iniciado o processo de habilitação previsto nos itens 52 a 74 deste capítulo, devendo constar dos editais que se trata de conversão de união estável em casamento.

87.2. Decorrido o prazo legal do edital, os autos serão encaminhados ao Juiz Corregedor Permanente.

87.3. Deferido o pedido, será lavrado o assento da conversão da união estável em casamento, independentemente de qualquer solenidade, prescindindo o ato da celebração do matrimônio.

87.4. O assento da conversão da união estável em casamento será lavrado no Livro 'B', exarando-se o determinado no item 81 deste Capítulo, sem a indicação da data da celebração, do nome e assinatura do presidente do ato, dos conviventes e das testemunhas, cujos espaços próprios deverão ser inutilizados, anotando-se no respectivo termo que se trata de conversão de união estável em casamento.

87.5. A conversão da união estável dependerá da superação dos impedimentos legais para o casamento, sujeitando-se à adoção do regime matrimonial de bens, na forma e segundo os preceitos da lei civil.

87.6. Não constará do assento de casamento convertido a partir da união estável, em nenhuma hipótese, a data do início, período ou duração desta."

Em 19 de setembro de 2003, o Desembargador Marcelo Bandeira Pereira, Corregedor-Geral da Justiça do Rio Grande do Sul, assinou Provimento n. 027/03-CGJ, que transforma união estável em casamento e cria dispositivo na CNJ-CGJ. A seguir, os termos do Provimento:

"Considerando a necessidade de regulamentação da transformação de união estável em casamento:

Considerando o teor do parecer em epígrafe.

Resolve prover:

Art. 1º — Acrescentam-se os seguintes artigos à consolidação normativa judicial:

'Art. 1.006 — (...)

Título III — Normatização esparsa

Capítulo V — Da transformação da união estável em casamento

Art. 1.006a — A transformação da união estável em casamento será procedida mediante pedido ao juiz, que designará audiência para ouvir os requerentes e duas testemunhas — não impedidas ou suspeitas.

Art. 1.006b — O juiz indagará sobre os requisitos do *caput* do art. 1.723 do CC/2002 e ainda sobre os impedimentos referidos no § 3º do mesmo dispositivo.

Art. 1.006c — A audiência oral poderá ser dispensada desde que os requerentes comprovem a união estável mediante documentos e declarem de próprio punho, com firma reconhecida por autenticidade, a inexistência dos impedimentos antes mencionados.

Art. 1.006d — A petição inicial será instruída com a certidão de nascimento ou documento equivalente (art. 1.525, I) e se for o caso com o documento referido no art. 1.525, II. Deverá constar a opção quanto ao regime de bens e referência ao sobrenome.

Art. 1.006e — O juiz, a pedido dos requerentes, poderá fixar o prazo a partir do qual a união estável restou caracterizada.

Art. 1.006f — O Ministério Público será obrigatoriamente intimado, sob pena de nulidade absoluta.

Art. 1.006g — É facultada a intervenção no processo a quem conhecer algum dos impedimentos elencados no art. 1.521, com exceção do inciso IV (art. 1.723, § 1º, do CC/2002).

Art. 1.006h — Os proclamas e os editais ficam dispensados.

Art. 1.006i — Homologada a conversão (art. 1.726 do CC/2002), o juiz ordenará o registro para que o oficial proceda ao assento no livro B-auxiliar'.

Art. 2º — Este provimento entrará em vigor na data de sua publicação, revogadas as disposições em contrário".

O Provimento n. 260/2013 da CGJMG, que codifica os atos normativos da Corregedoria-Geral de Justiça do Estado de Minas Gerais relativos aos serviços notariais e de registro, dispõe em seu Capítulo X:

"Art. 522. A conversão da união estável em casamento será requerida pelos conviventes ao oficial de registro civil das pessoas naturais da sua residência.

§ 1º Para verificar a superação dos impedimentos e o regime de bens a ser adotado no casamento, será promovida a devida habilitação e lavrado o respectivo assento nos termos deste título.

§ 2º Uma vez habilitados os requerentes, será registrada a conversão de união estável em casamento no Livro 'B', de registro de casamento, dispensando-se a celebração e as demais solenidades previstas para o ato.

§ 3º Não constará do assento data de início da união estável, não servindo este como prova da existência e da duração da união estável em período anterior à conversão.

Art. 523. Para conversão em casamento com reconhecimento da data de início da união estável, o pedido deve ser direcionado ao juízo competente, que apurará o fato de forma análoga à justificação prevista nos arts. 861 e seguintes do Código de Processo Civil de 1973 (sem correspondentes no atual CPC).

Parágrafo único. Após o reconhecimento judicial, o oficial de registro lavrará no Livro 'B', mediante apresentação do respectivo mandado, o assento da conversão de união estável em casamento, do qual constará a data de início da união estável apurada no procedimento de justificação.

Art. 524. O disposto nesta seção aplica-se, inclusive, à conversão de união estável em casamento requerida por pessoas do mesmo sexo".

CONSOLIDAÇÃO NORMATIVA DA CORREGEDORIA GERAL DA JUSTIÇA DO ESTADO DO RIO DE JANEIRO (Atualizada até o Procedimento CGJ n. 52, de 15-8-2013)

Parte Extrajudicial

Atualizada em 30-9-2014.

Parte Especial

TÍTULO IV — DO REGISTRO CIVIL DAS PESSOAS NATURAIS

CAPÍTULO IV — DO CASAMENTO

Seção IV — Da Conversão da União Estável em Casamento

Art. 783. O pedido de conversão da união estável em casamento deverá ser requerido, por escrito, pelos conviventes, ao Oficial do Registro Civil das Pessoas Naturais da circunscrição de seu domicílio.

§ 1º O Oficial do RCPN referido no artigo anterior fará exame preliminar da documentação, atentando para as exigências do art. 1.525 e respectivos incisos do Código Civil, devendo constar do pedido:

I — declaração dos requerentes de que mantêm união estável;

II — data do início da união estável;

III — afirmação de que inexistem impedimentos para o matrimônio;

IV — opção quanto ao regime de bens;

V — esclarecimento quanto ao sobrenome, podendo, qualquer dos contraentes, querendo, acrescer ao seu sobrenome o do outro;

VI — declaração de duas testemunhas, com firmas reconhecidas por autenticidade ou firmada na presença do Oficial, ou por escritura pública, atestando o tempo da alegada união estável e a inexistência de impedimentos legais para o casamento.

§ 2º Os conviventes poderão requerer a conversão da união estável em casamento através de procuração por instrumento público, devendo constar da mesma, objetiva e expressamente, o determinado nos incisos I a V do § 1º deste artigo.

§ 3º O Juiz responsável pelo procedimento da habilitação da conversão de união estável em casamento poderá exigir outros documentos que entender necessários para a análise do pedido, ficando facultada a designação de audiência pelo mesmo para dirimir quaisquer dúvidas.

§ 4º Recebido o requerimento, será iniciado o processo de habilitação previsto em lei, dispensada a publicação dos editais de proclamas.

§ 5º A conversão da união estável em casamento dependerá da superação dos impedimentos legais para o matrimônio, sujeitando-se à adoção do regime matrimonial de bens, na forma e segundo os preceitos da lei civil, observado o art. 760 desta Consolidação no que couber.

§ 6º Qualquer pessoa que tenha conhecimento da existência de algum dos impedimentos previstos no art. 1.521, do Código Civil, poderá intervir no feito.

§ 7º Dar-se-á vista da habilitação ao Ministério Público, com posterior encaminhamento ao Juiz do Registro Civil das Pessoas Naturais, para homologação, se assim o entender.

§ 8º Ao homologar o pedido de conversão de união estável em casamento, o Juiz indicará a data do início dos efeitos da união estável, devendo ser anotada no espaço destinado às "observações", do Livro de Registro de Casamento e da certidão de casamento respectiva.

§ 9º Deverá ser anotada no respectivo termo, no espaço destinado às "observações", do Livro de Registro de Casamento e da certidão respectiva, que se trata de conversão de união estável em casamento, tal como regulada no art. 8º da Lei n. 9.278/96 e art. 1.726, do Código Civil.

Art. 783-A. Nos procedimentos de conversão de união estável em casamento deflagrados diretamente perante os Magistrados que atuam na Justiça Itinerante ou participam de ações sociais promovidas pelo Tribunal de Justiça do Rio de Janeiro, devem ser observadas as seguintes regras.

§ 1º Na organização das ações sociais, sempre que possível, deverão ser os Oficiais Registradores convidados a participar, prestando auxílio aos Magistrados, inclusive colaborando na aferição da documentação necessária para a conversão da união estável em casamento.

§ 2º Na audiência de conversão de união estável em casamento deverão ser apresentados os seguintes documentos:

I – certidão de nascimento ou de casamento com averbação de divórcio;

II – certidão de óbito do falecido, na hipótese do nubente ser viúvo, ou certidão de casamento em que conste a anotação do óbito;

III – comprovante de residência;

IV – documento com número de identidade civil e CPF dos nubentes e das testemunhas que comparecerem na audiência.

§ 3º Não constando da averbação de divórcio disposição a respeito da partilha de bens, o Magistrado deverá questionar dos requerentes se havia bens a partilhar e se foi feita a partilha, fazendo constar da assentada a resposta. Não tendo havido a partilha de bens proveniente do divórcio, o Juiz deverá decidir sobre a possibilidade da conversão em casamento, na forma preconizada no parágrafo único do art. 1.523 do Código Civil.

§ 4º O Juiz também deverá proceder da forma prevista no parágrafo anterior na hipótese do requerente ser viúvo, com filho do cônjuge falecido, sem que tenha havido a abertura de inventário com partilha de bens (cf. art. 1.523, I, do Código Civil).

§ 5º Se um dos requerentes, ou ambos, for maior de 16 e menor de 18 anos, deverá constar da assentada a concordância dos pais. Em caso de impedimento destes, o Juiz poderá decidir, no próprio ato, acerca do suprimento judicial do consentimento dos responsáveis legais.

§ 6º Na audiência as testemunhas serão devidamente qualificadas e deverão, além de prestar esclarecimentos a respeito da convivência entre os nubentes, declarar se têm conhecimento da existência de impedimentos para o casamento.

§ 7º Na sentença proferida em audiência deve constar a data do início dos efeitos da conversão da união estável em casamento, o seu regime de bens e se o requerente vai acrescentar ao seu o sobrenome do outro cônjuge.

§ 8º Se algum dos nubentes for maior de 70 anos de idade, o Magistrado poderá afastar na sentença, se for o caso, a obrigatoriedade do regime da separação de bens (cf. art. 1.641, II, do Código Civil), quando a convivência tiver início anteriormente ao implemento da idade.

§ 9º O Magistrado deve fazer consignar na sentença, se for o caso, a extensão da gratuidade de justiça para a prática do ato extrajudicial perante o Serviço de RCPN.

§ 10. O Magistrado determinará, ainda, o envio dos autos originais do procedimento de conversão de união estável em casamento, com a respectiva documentação, por ofício ou mandado, ao Serviço de RCPN competente para o registro de casamento, entregando uma cópia aos requerentes.

§ 11. O Serviço de RCPN procederá ao tombamento e à autuação, ao envio de comunicação ao Distribuidor, ao registro com as devidas comunicações, à emissão de certidão e, ao final, ao arquivamento dos autos do procedimento de conversão de união estável em casamento.

§ 12. O assento da conversão da união estável em casamento será lavrado no Livro "B", conforme previsto no art. 785 desta Consolidação Normativa.

§ 13. Os nubentes deverão ser orientados a procurar o Serviço de RCPN situado no local de sua residência para retirar a respectiva certidão, após finalizado o trâmite para o registro de casamento.

§ 14. Nas hipóteses em que o Tribunal de Justiça estiver promovendo a celebração coletiva dos casamentos, o Serviço de RCPN poderá ser instruído a emitir e a enviar as certidões diretamente ao DEAPE – Departamento de Avaliação e Acompanhamento a Projetos Sociais do Tribunal de Justiça.

§ 15. Caso o Oficial Registrador tenha dúvida, no cumprimento da decisão judicial relativa ao procedimento de conversão de união estável em casamento proveniente das ações promovidas pelo Tribunal de Justiça por intermédio do DEAPE (Departamento de Avaliação e Acompanhamento de Projetos Especiais – Gabinete da Presidência), poderá levá-la ao conhecimento deste para fins de esclarecimento ou correção de erros materiais. Em qualquer caso, persistindo a dúvida, o Oficial deverá suscitá-la ao Juízo competente em matéria de registro civil.

Art. 784. Observadas as disposições dos artigos anteriores, será lavrado o assento da conversão da união estável em casamento, independentemente de qualquer solenidade, prescindindo o ato da celebração do matrimônio.

Parágrafo único. Fica facultada aos conviventes, caso desejem, a celebração formal do matrimônio, por Juiz de Paz, devendo, nesta hipótese, o pedido ser formulado, por escrito, no requerimento inicial, e mediante o pagamento dos correspondentes emolumentos.

Art. 785. O assento da união estável em casamento será lavrado no Livro "B", exarando-se o determinado na Lei n. 6.015/73, no art. 70, 1º a 8º e 10, sendo que, quanto ao determinado no item 4º, parte final, a data a ser inserida será a da sentença que deferiu a conversão da união estável em casamento.

§ 1º Em não havendo celebração formal do matrimônio, o assento será lavrado sem a indicação do nome e assinatura do presidente do ato, cujos espaços próprios deverão ser inutilizados.

§ 2º Caso haja celebração, a data a ser inserida será a da celebração do ato.

CÓDIGO DE NORMAS DA CORREGEDORIA GERAL DA JUSTIÇA DO PARANÁ (Atualizado até o Provimento n. 249/2013 — 15-10-2013)

SEÇÃO 9

CONVERSÃO DA UNIÃO ESTÁVEL EM CASAMENTO

• *Ver arts. 1.723 a 1.727 do Código Civil.*

Art. 280. A conversão da união estável em casamento deverá ser requerida pelos conviventes ao oficial do registro civil das pessoas naturais de seu domicílio.

Art. 281. Será admitido o processamento do pedido de conversão da união estável em casamento apresentado por pessoas do mesmo sexo.

• *Ver ADPF 132 e ADI 4277 do STF.*

• *Ver Procedimento n. 2011.0251229-0/000.*

Art. 282. O requerimento será apresentado pelos conviventes e será acompanhado de declaração de que mantêm união estável, que têm perfeita ciência de todos os efeitos desta declaração e que não estão impedidos para o casamento.

• *Ver art. 8º da Lei n. 9.278, de 10-5-1996.*

Parágrafo único. No requerimento haverá a indicação da data do início da união estável.

Art. 283. O requerimento e os documentos serão autuados como habilitação, observando-se o disposto na seção 6 deste capítulo.

Art. 284. Nos editais haverá expressa indicação de que se trata de conversão de união estável em casamento.

Art. 285. Decorrido o prazo legal do edital e observadas as disposições do item anterior, será lavrado o assento da conversão da união estável em casamento, independentemente de qualquer solenidade, prescindindo o ato da celebração do matrimônio.

Art. 286. O assento da conversão da união estável em casamento será lavrado no Livro "B", exarando-se o determinado nos arts. 70, 1º ao 8º e 10 da Lei de Registros Públicos.

Art. 287. Os espaços próprios do nome e assinatura do celebrante do ato serão inutilizados, anotando-se no respectivo termo que se trata de conversão de união estável em casamento, tal como exigido no art. 8º da Lei n. 9.278, de 10-5-1996.

Art. 288. A conversão da união estável dependerá da superação dos impedimentos legais para o casamento e sujeitará os companheiros a todas as normas de ordem pública pertinentes ao casamento.

Art. 289. A ausência de indicação de regime de bens específico, instrumentalizado em contrato escrito, obrigará os conviventes, no que couber, ao regime de comunhão parcial de bens, conforme exigência do art. 1.725 do Código Civil.

• *Ver art. 1.725 do Código Civil.*

Art. 290. Constará da certidão de casamento por conversão da união estável o termo inicial da convivência.

A Corregedoria Geral da Justiça vai analisar pedido de providências do IBDFAM para padronizar a conversão de união estável em casamento em todo o Brasil.

Já se decidiu que:

"Apelação cível. Conversão da união estável em casamento. A recepção pela Constituição Federal da união estável como entidade familiar e a determinação para que sua conversão em casamento seja facilitada (§ 3º do art. 226) repercutiu no art. 1.726 do CCB, estabelecendo que o pedido dos companheiros será feito ao juiz com consequente assento no Registro Civil, e na regulamentação desse procedimento pelos Provimentos n. 027/03 e 039/03 da CGJ. O requisito para a conversão é, antes de mais nada, a comprovação da existência da própria união estável e, cumpridas as exigências previstas no mencionado Provimento, há que ser acolhida a conversão. A expressa dispensa de proclamas e editais em nada fere a verificação de fato obstativo ao casamento, pois eventuais impedimentos que inviabilizariam a realização do casamento por expressa disposição legal inibem, igualmente, a constituição da união estável (§ 1º do art 1.723 do CCB). O casamento nuncupativo e o casamento por conversão da união estável têm em comum o fato de que exigem procedimento judicial exatamente como forma de suprir a inexistência das chamadas formalidades preliminares, consistentes no processo de habilitação matrimonial. E, por isso, neles é dispensada a publicação de editais e proclamas. Assim, há que ser declarada judicialmente a convivência *more uxorio* (em processo anterior ou incidentalmente) para que, homologada a conversão, seja lançado o assento do casamento no Cartório do Registro Civil, em livro próprio (B-Auxiliar)"(TJRS, AC 7001006054, j. 22-12-2004, rel. Luiz Felipe Brasil Santos).

"Nossa Constituição reconhece a união estável entre o homem e a mulher como entidade familiar e estabelece que a lei deve facilitar sua conversão em casamento. Recente decisão da Corregedoria Geral de Justiça de São Paulo entendeu que o pedido de conversão da união estável em casamento independe de pronunciamento judicial e pode processar-se diretamente perante o Oficial do Registro Civil das Pessoas Naturais, em procedimento semelhante ao da habilitação para o casamento. Somente em casos excepcionais, havendo questão relevante a ser dirimida, é que o caso deverá ser levado à apreciação do juiz" (Protocolo da Corregedoria Geral da Justiça n. 44.825/2005, de Mogi Guaçu, com parecer aprovado em 30-5-2006 e publicado no *DOE* de 19-6-2006).

Bol. AASP, 2.788:12. Apelação — Nulidade — Inocorrência — União estável — Pacto antenupcial relativo a casamento posterior — Partilha de bens — Má-fé. 1 — Não caracteriza negativa de prestação jurisdicional a decisão que resolve de forma expressa e fundamentada uma questão em debate, ainda que contra os argumentos do apelante. 2 — Ocorre que, depois de vários anos de convivência em união estável, os companheiros decidiram celebrar casamento e firmaram pacto antenupcial no qual ajustaram a separação total tanto dos bens que cada um já possuía como dos que viessem a adquirir na constância do matrimônio. Veja-se que o pacto antenupcial foi claro, ao estipular que "eles afirmaram que pretendem se casar, adotando o regime da separação de bens, de forma que não se comuniquem os bens que possuírem até a ce-

40) Firmar, a qualquer tempo, como já dissemos, contrato de convivência (CC, art. 1.725), disciplinando o regime patrimonial, desde que não seja atentatório à ordem pública e aos bons costumes. O pacto de convivência visa regulamentar efeitos da união estável entre os companheiros, modificando as consequências do regime de comunhão parcial de bens (CC, art. 1.725). É muito útil para a solução de problemas que, eventualmente, poderão surgir por ocasião do término da união estável, estabelecendo critérios de partilha, indenização pela ruptura da convivência etc. ... Nada há que impeça os companheiros de estipularem, nesse pacto, não só porcentual desigual na propriedade comum dos bens adquiridos onerosamente durante o estado convivencial (*RT*, *686*:96) como, também, cláusula instaurando condomínio em coisa adquirida antes da convivência, promovendo doações recíprocas no que atina aos bens particulares de cada um, outorgando usufruto de bens, ou, ainda, estipulando indenização por ruptura culposa ou imotivada da convivência; modificação da administração dos bens etc. Esse contrato, feito por escritura pública ou por instrumento particular, deverá apresentar todos os elementos exigidos para a validade negocial, e ser levado a

lebração do casamento". Ademais, tal circunstância foi ratificada quando da separação judicial e do divórcio, ambos feitos por escritura pública, ocasião em que reafirmaram nada haver a partilhar, sem qualquer ressalva quanto a eventual período anterior em que houvessem vivido em união estável. Por tais razões, tenho que não cabe partilhar os bens adquiridos antes do casamento. 3 — Não é viável partilhar veículo que não pertence aos litigantes, mas que está registrado em nome de pessoa jurídica da qual o apelante é sócio. Ainda mais porque a empresa nem sequer foi objeto de partilha. 4 — Não se verifica na conduta processual da apelada e de seu advogado alguma prática temerária, tendente a alterar ou omitir a verdade dos fatos, de forma a justificar condenação de ambos às penas da litigância de má-fé. Preliminar rejeitada. Unânime. Apelo provido em parte, vencido, em parte, o relator.

Conversão de união estável homoafetiva em casamento — (...) Tendo em vista o julgamento da ADI n. 4.277 e da ADPF n. 132, resta superada a compreensão de que se revela juridicamente impossível o reconhecimento de união estável, em se tratando de duas pessoas do mesmo sexo. 2. Considerando a ampliação do conceito de entidade familiar, não há como a omissão legislativa servir de fundamento a obstar a conversão da união estável homoafetiva em casamento, na medida em que o ordenamento constitucional confere à família a "especial proteção do Estado", assegurando, assim, que a conversão em casamento deverá ser facilitada (art. 226, § 3º, CF/88). 3. Inexistindo no ordenamento jurídico vedação expressa ao casamento entre pessoas do mesmo sexo, não há que se cogitar de vedação implícita, sob pena de ofensa aos princípios constitucionais da igualdade, da não discriminação, da dignidade da pessoa humana e do pluralismo e livre planejamento familiar. Precedente do STJ. 4. Afirmada a possibilidade jurídica do pedido de conversão, imperiosa a desconstituição da sentença, a fim de permitir o regular processamento do feito. Apelo provido (TJRS, Apelação Cível 70048452643, rel. des. Ricardo Moreira Lins Pastl, 8ª Câmara Cível, j. 27-9-2012).

assento no Cartório de Títulos e Documentos para produzir efeitos *erga omnes* (*CDT Boletim, 9*:33-4). Esse pacto convivencial poderá ser alterado, total ou parcialmente, a qualquer momento[42].

---

42. Tal pacto poderá ter, p. ex., o seguinte teor:

CONTRATO DE CONVIVÊNCIA

Pelo presente instrumento particular, as partes plenamente capazes e livres de qualquer vício do consentimento, FULANO DE TAL (qualificação) e FULANA DE TAL (qualificação), considerando que namoram desde o ano de .... e que convivem desde o mês .... do ano de .... em união estável pública, notória e duradoura; e como não desejam a aplicação do regime da comunhão parcial de bens, previsto no artigo 1.725 do Código Civil; e, além disso, pretendem desde já, realizar estipulações referentes a prestações futuras de cunho alimentar e à responsabilidade pelo adimplemento de débitos contraídos durante a referida união; resolvem, tendo por base a legislação pertinente, celebrar o presente contrato para que seja cumprido, nos seguintes termos:

CLÁUSULA 1ª O presente contrato visa estabelecer direitos e obrigações recíprocas entre os conviventes, assegurando-lhes o cumprimento das estipulações nele constantes, por ser este instrumento meio hábil para que as autoridades e a quem este for apresentado possa executá-lo, na vigência ou ao término da convivência.

CLÁUSULA 2ª As partes renunciam ao direito de reconhecer tal união pela via jurisdicional, visto que o presente contrato já o faz, além de delimitar os efeitos patrimoniais advindos da referida união.

CLÁUSULA 3ª As partes adotam o regime da separação total de bens na referida convivência; logo, o patrimônio particular de cada uma permanecerá incomunicável, não podendo, ante a ausência de copropriedade, ser objeto de pleito, judicial ou extrajudicial, por parte de qualquer um dos contratantes. Se assim é, finda a convivência, os bens que cada qual trouxe ou que vier a adquirir não serão considerados de fundo comum, nem serão considerados como meação em caso de ruptura da união estável ou de morte, nessa última hipótese, passarão a fazer parte do patrimônio de seus sucessores, quer legítimos ou testamentários.

CLÁUSULA 4ª Os bens particulares permanecerão sob a administração exclusiva de cada uma das partes, que os poderá livremente alienar ou gravar de ônus real, nos termos do art. 1.687 do Código Civil.

CLÁUSULA 5ª Havendo dissolução da união estável, a parte FULANO DE TAL desde já se compromete a efetuar, durante dois anos, o pagamento de pensão alimentícia mensal a FULANA DE TAL, desde que não tenha condições de autossustento, enquanto não se casar ou formar nova união estável.

§ 1º A título de prestação alimentícia, a parte efetuará depósito bancário até o 10º (décimo) dia útil de cada mês, na conta bancária de FULANA DE TAL (banco....., agência....., conta.....), da importância de R$.... (....), a ser reajustada anualmente de acordo com os índices vigentes no País.

§ 2º Tais alimentos servirão para pagar despesas com moradia, alimentação, plano de saúde, dentista, medicamentos, telefonia, etc.

§ 3º A parte FULANO DE TAL renuncia, pelo presente instrumento, ao exercício do direito de pleitear alimentos a FULANA DE TAL.

CLÁUSULA 6ª Quaisquer litígios decorrentes do presente contrato, que não possam

41) Requerer a *usucapião familiar*, se exercer, com exclusividade, por dois anos ininterruptamente e sem oposição, posse direta de imóvel urbano de até 250 m^2, cuja propriedade divida com o ex-companheiro, que, culposamente, abandonou o lar, utilizando-o para fins de sua moradia ou de sua família, para adquirir o seu domínio integral, desde que não seja proprietário de outro imóvel urbano ou rural (CC, art. 1.240-A, acrescido pela Lei n. 12.424/2011).

42) Possibilitar o registro de título de propriedade imóvel adquirido no âmbito do PMCMV, na constância da união estável, com subvenções de recursos do Orçamento Geral da União, do FAR e do FDS, em nome da mulher ou sua transferência a ela independentemente do registro de bens aplicável, excetuados os casos que envolvam recursos do FGTS. Mas se o ex-companheiro tiver a guarda exclusiva dos filhos do casal, aquele título será assentado em seu nome ou a ele transferido (Lei n. 11.977/2009, art. 35-A e parágrafo único, com a redação da Lei n. 12.693/2012).

43) Obter consenso de companheiro para propor ação sobre direito real imobiliário (CPC, art. 73, § 3º). A lei impõe, portanto, a necessidade de outorga convivencial para ações reais imobiliárias.

44) Ter assegurada a proteção de seu patrimônio, se seu companheiro for devedor de pensão alimentícia (Lei n. 13.144/2015, que altera o art. 3º, III, da Lei n. 8.009/90), resguardando a impenhorabilidade do bem de família legal, em caso de execução promovida pelo credor de alimentos.

45) Eximir-se de depor sobre fatos que atinjam a honra do outro convivente (CPC, art. 388, III).

Tais direitos, ensina-nos R. Limongi França[43], não são em regra exclusivos da companheira mas cabem também ao companheiro, com caráter de plena reciprocidade, e, além disso, por ser a união estável um estado de fato, tudo

---

ser solucionados amigavelmente pelas partes, serão submetidos à apreciação do Poder Judiciário Estadual de São Paulo, ficando eleita a Capital de São Paulo como foro competente para conhecer e dirimir questões jurídicas acerca do presente contrato.

As partes, assim justas e contratadas, assinam o presente contrato em ..... vias de igual conteúdo, na presença de duas testemunhas abaixo, que a tudo presenciaram.

Testemunhas ____________, ___ de _______ de ___

_________________ _________________

_________________ _________________

43. R. Limongi França, op. cit., p. 442.

que lhe disser respeito deverá girar em torno de provas inequívocas, especialmente no que concerne ao reconhecimento dos direitos que dele decorrem[44].

Toda matéria relativa à união estável é de competência da Vara de Família, assegurado o segredo de justiça (Lei n. 9.278/96, art. 9º), e deverá haver intervenção do Ministério Público nas lides a ela concernentes, por ser

---

44. Sobre a proteção jurídica dos conviventes, consulte R. Limongi França, op. cit., p. 440-1; João Baptista Villela, Alimentos e sucessão entre companheiros: apontamentos críticos sobre a Lei n. 8.971/94, *Repertório IOB de Jurisprudência, 7*:119, 1995; Ney de Mello Almada, Concubina, cit., p. 246-9; Jorge Lauro Celidonio, Inconstitucionalidade da Lei n. 8.971/94, *Informativo Dinâmico IOB*, n. 92/95, p. 1268-9; W. Barros Monteiro, op. cit., p. 17-8; Antonio Carlos Mathias Coltro, A união estável: um conceito, in *Direito de família*, São Paulo, Revista dos Tribunais, 1996, p. 19-44; Flávio L. Yarshell, Tutela jurisdicional dos conviventes em matéria de alimentos, in *Direito de família*, São Paulo, Revista dos Tribunais, 1996, p. 45-65; Luiz Edson Fachin, Contribuição crítica à teoria das entidades familiares extramatrimoniais, in *Direito de família*, São Paulo, Revista dos Tribunais, 1996, p. 94-113; Bassil Dower, op. cit., p. 19-22; Cahali, Do direito de alimentos no concubinato, in *Direitos de família e do menor* (coord. Sálvio de F. Teixeira), Belo Horizonte, Del Rey, 1993, p. 215-24; Álvaro Villaça Azevedo, União estável antiga forma do casamento de fato, *Repertório IOB de Jurisprudência, 12*:334, 1994. Com a promulgação da Lei n. 9.278/96 está em vigor o estatuto dos concubinos, *Revista Literária de Direito*, n. 11, p. 14-26; Silvio Rodrigues, op. cit., p. 262-3, 265-75; Nei Breitman, Da possibilidade de registro de pacto patrimonial em face da união estável, *Livro de Estudos Jurídicos, 9*:5-8; Alexandre Alves Lazzarini, *A "causa petendi" nas ações de separação judicial e de dissolução da união estável*, São Paulo, Revista dos Tribunais, 1999; Lourival S. Cavalcanti, A liberdade do casal como valor fundamental na constituição da família, in *Princípios e valores jurídicos da pessoa humana, família e interpretação* (coord. Nascimento, Cavalcanti e Gonçalves), Campo Grande, Mais Saber, 2005, p. 41-72.

Breve Relato — DGCGT Advogados, 74:3, noticiou que: "Dentre as causas que cessam a incapacidade de menores de 18 anos, tornando-os habilitados para a prática dos atos da vida civil, encontram-se o casamento e o estabelecimento de relação de emprego que implique sustento próprio ao menor, conforme dispõe o Código Civil. Tomando essa regra por base e considerando que a Constituição Federal equiparou a união estável ao casamento (artigo 226, § 3º), o Tribunal Regional do Trabalho da 18ª Região decidiu que uma mulher de 17 anos, que trabalha, se sustenta e vive em união estável, pode pedir demissão sem a necessidade de assistência de seus pais. No caso, após formalizar pedido de demissão e, ao se descobrir grávida, a mulher tentou anular seu pedido de demissão, alegando, além de outros argumentos relativos ao tempo da concepção, que necessitaria de assistência para a validade do ato. Ressaltou o relator do recurso que, 'pela evolução das relações familiares, a união estável se assemelha ao casamento. Embora a legislação civil pertinente à maioridade (art. 5º, parágrafo único, II) não se refira a união estável, mas ao casamento, e ainda que se queira permanecer restrito à literalidade da lei, não se pode ignorar essa situação que demonstra, nos moldes do princípio da primazia da realidade, que as pessoas que constituem uma família, na modalidade de união estável, têm capacidade de discernimento'. Também ficou provado no processo que a menor engravidou após o pedido de demissão" (Processo n. 0010272-69.2015.5.18.0012, acórdão publicado em 5 de maio de 2016).

reconhecida como entidade familiar e por haver interesse público, havendo questões envolvendo incapazes na preservação da estabilidade das relações familiares (CPC, art. 178, II)[45].

---

45. Interessante é o seguinte julgado antes do advento da Lei n. 9.278/96: "Conflito de competência. Ação declaratória. Reconhecimento de relação concubinária. Matéria a ser solucionada por Vara Cível. 1. O fato de a vigente Constituição Federal de 1988 ter reconhecido, em seu art. 226, § 3º, a união estável entre o homem e a mulher como entidade familiar, em nada muda a situação atual existente, no que concerne à competência jurisdicional estabelecida pelo Código de Organização Judiciária do Estado (Lei estadual n. 7.297/80), mesmo porque tal disposição constitucional ainda não foi regulamentada e não lhe dera o mesmo tratamento jurídico atribuído ao casamento. 2. Assim, se o concubinato continua sendo uma sociedade de fato, sob a regência do direito das obrigações, as ações decorrentes dessa situação fática não correspondem à ação de estado, não comportando o seu processamento pelo Juízo de Família, pela Vara Cível, já que a natureza das relações entre concubinos, para efeitos patrimoniais, é, indubitavelmente, de caráter obrigacional. Conflito procedente" (ac. un. do 1º Gr. de Câm. Cív. do TJPR, CComp 23.403/9, Rel. Des. Silva Wolff, j. 17-12-1992, DJPR, 1º fev. 1993, p. 53-4 — ementa oficial). *Vide*, sobre conversão da união estável em casamento, o art. 8º da Lei n. 9.278/96, e, sobre a competência do juízo da Vara de Família em matéria relativa à união estável, o art. 9º da Lei n. 9.278/96; *RT*, *695*:149, *672*:170. Súmula 382 do STF; *RJTJRS*, *74*:669, *79*:713, *90*:423, *87*:336; *RTJ*, *93*:437; *RT*, *546*:103; TJSC, *Adcoas*, 1983, n. 90.415. Separação de corpos no concubinato — "A separação de corpos é, sem dúvida, incidente específico das ações do estado, nelas não incluindo as originárias de concubinato. Todavia, essa proteção cautelar na união de fato pode residir em juízo como medida inominada quando houver fundado receio de que uma parte, antes ou no curso da ação principal, possa causar à outra lesão grave e de difícil reparação" (Ac. da 1ª T. Cív. do Tribunal de Justiça do Distrito Federal e dos Territórios, AC 31.523, *Repertório IOB de Jurisprudência*, n. 14/94, ementa n. 3/9839).

Revista IBDFAM, *30*:16. Guarda compartilhada. Dívidas. União estável. Tutela provisória. CPC 2015. Relator: Sérgio Fernando de Vasconcellos Chaves. Tema(s): Guarda compartilhada — Dívidas — União estável — Tutela provisória — CPC 2015. Tribunal: TJRS. Data: 13-12-2106. Ação de dissolução de união estável. Guarda compartilhada. Determinação de divisão do pagamento das dívidas relativas a bens adquiridos na constância da união estável. Tutela provisória. Ausência das hipóteses dos arts. 294 a 311 do novo CPC. 1. A antecipação de tutela, atualmente recepcionada pelo novo Código de Processo Civil nos arts. 294 a 311 (tutela provisória — tutela de urgência e tutela de evidência) consiste na concessão imediata da tutela reclamada na petição inicial, mas sua concessão pressupõe existência de elementos que evidenciem a probabilidade do direito reclamado pelo autor e, ainda assim, se houver perigo de dano ou o risco ao resultado útil do processo, consoante estabelece claramente o art. 300 do novo CPC, ou, ainda, na ausência de tais elementos, ficar caracterizada alguma das hipóteses do art. 311 do novo CPC. 2. Descabe a concessão de tutela provisória quando existem questões fáticas que reclamam ainda cabal comprovação, sendo necessário que aportem aos autos elementos de convicção suficientes para o acolhimento do pleito liminar. 3. Não é a conveniência dos pais que deve orientar a definição da guarda, mas o interesse da filha. 4. A chamada guarda compartilhada não consiste em transformar a filha em objeto, que fica a disposição de cada genitor por um determinado período, mas uma forma de convivência estreita da filha com

A Constituição Federal, por ser a união estável uma realidade social, não pôde desconhecê-la. Mas não pretendeu robustecê-la nem equipará-la ao casamento (*RT*, *770*:287), pois procurou, tão somente, reconhecê-la, para fins de proteção do Estado, como entidade familiar (CF, art. 226, § 3º), dispondo que a lei deverá facilitar sua conversão em casamento. Com isso pretendeu fortalecer a entidade familiar e o casamento e não o concubinato. A legislação infraconstitucional não procurou incentivar sua conversão em casamento, uma vez que conferiu mais direitos aos conviventes do que aos cônjuges.

Parece-nos que a norma constitucional não requer a regulamentação da união estável, por prever apenas que se promova sua conversão em casamento, de uma forma simples e ágil, sem aparatos formais ou solenes. Todavia houve quem vislumbrasse, no comando constitucional, uma equiparação da união estável ao casamento (TJRS, 15ª Câm. Civil, Ap. Cível 70010898872, rel. Des. Vicente B. de Vasconcellos, j. 6-4-2005), ou uma mera recomendação para que a lei facilite a conversão da união estável em casamento. Tal dúvida surge porque a Constituição Federal não define os contornos do que é uma união estável com *status* de entidade familiar. Com isso, a interpretação do art. 226, § 3º, é um desafio do terceiro milênio para o jurista.

Como interpretar o art. 226, § 3º, da Constituição Federal, que é uma norma de ordem pública? Será que esse dispositivo constitucional está pleiteando a edição de leis substantivas, que estabeleçam direitos e deveres aos conviventes? Ou seria ele um comando que requer a edição de normas adjetivas, relativas à conversão da união estável em casamento, simplificando os procedimentos para tanto? Se pleiteia norma adjetiva, o art. 1.726 do Código Civil não seria inócuo, por não estabelecer, de forma minudente, o modo de facilitar tal conversão?

O art. 226, § 3º, da Constituição — entendemos — não é autoaplicável, por ser uma norma de eficácia relativa complementável de princípio

---

ambos os genitores, permitindo que ela possa desfrutar tanto da companhia paterna como da materna, num regime de convivência bastante amplo e flexível. 5. Para que a guarda compartilhada seja possível e proveitosa para a filha, é imprescindível que exista entre os pais uma relação marcada sobretudo pelo respeito ao direito da filha, que não pode ser transformado em objeto de disputas nem causa de conflitos. 6. Ausente a prova suficiente e necessária para agasalhar o pleito de rateio das dívidas relativas aos bens adquiridos na constância da união estável, fica mantida a decisão que postergou a sua análise. 7. O pedido de AJG deve ser apreciado em primeiro grau, sob pena de supressão de grau de jurisdição, sendo a parte que alega hipossuficiência dispensada do preparo para garantir o acesso à justiça. Recurso desprovido.

institutivo, pois dita o princípio de que a união estável é uma entidade familiar, tendo aplicação mediata por depender de lei posterior que lhe desenvolva a eficácia, para fins de sua conversão. Em momento algum a norma constitucional colocou a união estável no mesmo patamar do casamento; este foi até mesmo priorizado. Realmente, se, com a união estável, os conviventes tiverem os mesmos deveres e direitos, qual seria a motivação para efetuar aquela conversão?

Se as pessoas vivem em união estável, mesmo assumindo o compromisso de constituir família, o fazem para escapar das obrigações matrimoniais. Deveria o Estado, então, atribuir-lhe os mesmos efeitos do casamento?

Se ao optar pela união estável, os conviventes expressam o livre exercício da liberdade de não aderir ao matrimônio, o art. 226, § 3º, da Constituição Federal apenas cria a função estatal de proteger o companheirismo como entidade familiar, editando, p. ex., normas sobre subvenção familiar para aquisição de casa própria ou assistência educacional e de promover o incentivo de sua conversão em casamento, apontando procedimentos rápidos e eficazes para tanto.

A Constituição Federal de 1988 reconhece, no art. 226, § 3º, bem como as leis infraconstitucionais, que a regulamentam, para efeito de proteção estatal, a união estável entre o homem e a mulher quando forem solteiros, separados de fato, extrajudicial ou judicialmente, divorciados ou viúvos, como entidade familiar (*Ciência Jurídica*, *69*:449; o mesmo ocorreu com o Dec. n. 2.172/97, art. 13, § 6º, ora revogado pelo Dec. 3.048/99), dispondo que a lei deveria facilitar sua conversão em casamento, bastando que os conviventes, a qualquer tempo, de comum acordo, a requeiram ao juiz, perante Oficial de Registro Civil da circunscrição de seu domicílio, seguindo-se a isso o assento no Registro Civil (CC, art. 1.726), observando-se os arts. 1.525, 1.523 e 1.521 do Código Civil (Provimento 10/96 do CGJ), não se exigindo celebração das núpcias pelo juiz de casamento. Logo, não há nenhuma pretensão de substituir o casamento pela união permanente (*RT*, *674*:107, *675*:107, *656*:89, *653*:109, *646*:52, *647*:60; *Ciência Jurídica*, *55*:138; *RJTJSP*, *128*:276, *123*:244; *JB*, *165*:270) ou de equiparar ambos, mesmo porque só se poderia converter o desigual. Incorpora assim a família de fato, oriunda de concubinato puro (*RT*, *649*:52), sem contudo regulamentá-la, aproximando-a do casamento, tendo em vista que, com a integração legislativa, permitir-se-ão às pessoas que tenham um convívio estável certas garantias, direitos e obrigações, desde que o convertam em casamento.

A lei, ante a Carta Magna, não deverá regular a união estável, mas tão somente traçar requisitos para que possa ser, futuramente, convertida em casamento; com isso, parece-nos que as Leis n. 8.971/94 e 9.278/96 e o Código Civil são inconstitucionais por estimularem o concubinato puro em alguns de seus artigos, mas é inegável que os direitos e deveres outorgados aos conviventes por essas normas encontram respaldo na jurisprudência e na doutrina, fazendo com que tenham eficácia social. Resta-nos, contudo, aceitar os seus efeitos jurídicos, ante a teoria da incidência normativa, que privilegia o fenômeno eficacial e não o da validade. O rigor científico requer que se estabeleça um entrelaçamento entre tais normas, para que haja unidade de coerência lógica do sistema normativo. Como há divórcio entre o art. 226, § 3º, da CF/88, o Código Civil e as Leis n. 8.971 e 9.278 (em parte revogadas), será preciso pôr um fim ao conflito, sem contudo eliminá-lo. Pelo princípio da interação, as conexões normativas teriam um padrão circular. Assim, se uma cadeia normativa "x" contiver norma "a" (art. 226, § 3º, da CF/88) que proíba a edição da norma "b" (Lei n. 8.971), "c" (Lei n. 9.278), "d" (Código Civil) ou "e" (Res. CNJ n. 175/2013), a publicação das normas "b1", "b2", "b3" (p. ex., sentenças aplicando a Lei n. 8.971) etc. conduziria à criação de nova série normativa "y", a das normas "c1", "c2", "c3" etc., à da cadeia normativa "w", à série normativa "z", abrangendo as normas "d1", "d2" e "d3" e à série "k" abrangendo as normas "e1", "e2", "e3". A norma "b" (Lei n. 8.971), não estando imunizada, não é inválida nem válida, mas eficaz, e as normas "b1", "b2", "b3" etc., como estão imunizadas pela norma "b", serão concomitantemente válidas dentro da cadeia "y" e inválidas na série "x". O mesmo se diga das normas "c" (Lei n. 9.278), "d" (Código Civil) e "e" (Res. CNJ n. 175/2013). Consequentemente, "a", "b", "c", "d" e "e" são normas-origens, mesmo incompatíveis entre si, que, por serem eficazes, geram cadeias normativas válidas. É o que graficamente se procura demonstrar:

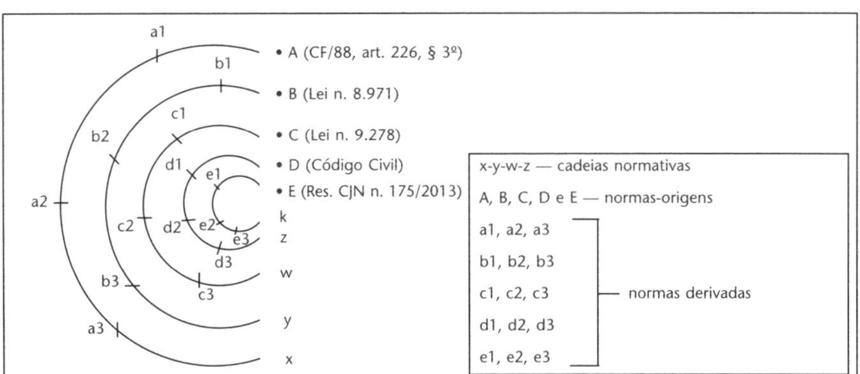

Como cada nova norma-origem não tem o condão de retirar a anterior do sistema, todas terão coexistência. Por isso o sistema normativo pode conter mais de uma cadeia normativa, apresentando não uma, mas várias normas-origens paralelas à constitucional, que se tornaram efetivas e serão aplicadas, mesmo que a contrariem. As Leis ns. 8.971 e 9.278 e alguns artigos do Código Civil referentes à união estável, apesar de inconstitucionais, enquanto forem eficazes, apresentar-se-ão como novas normas-origens no interior do sistema normativo iniciado pela Constituição Federal, produzindo concretamente todos os efeitos por ela visados, embora esse sistema peque pela falta de unidade e de coerência lógica. A pura técnica deverá render-se à realidade fática, mas surge a necessidade de retirar os estranhos preceitos e as inconstitucionalidades do interior do sistema, que deverá regular sua estrutura para que possa conviver com elas, prestigiando as autoridades, que as emitiram, garantindo a imperatividade da norma, mesmo que inválida. Deveras, as normas inconstitucionais, enquanto não revogadas ou declaradas como tais pelo STF e não havendo a retirada de sua executoriedade pelo Senado, permanecerão vigentes e eficazes, irradiando efeitos jurídicos. Por isso o sistema deverá recepcioná-las, dando a impressão de que a invalidade subsistirá por tolerância sua, mantendo sua unidade e coerência lógica, mediante duas regras de calibragem, reveladas pelo jurista, que explicam as relações entre validade e eficácia normativa, que são as seguintes: a) *não se pode deixar de obedecer, ou cumprir, comando do poder público, alegando sua invalidade*, inferida do princípio da presunção *juris tantum* da legitimidade dos atos do Poder Público; e b) *deve-se respeitar o caso julgado, prestigiando o órgão judicante* que prolatou a decisão, devido à presunção *jure et de jure* de sua licitude, absorvendo a sua inconstitucionalidade. Essas regras instauram a garantia de que a autoridade jurídica assumirá os comandos inconstitucionais como vinculantes[46].

46. M. Helena Diniz, *Norma constitucional e seus efeitos*, São Paulo, Saraiva, 1998, p. 133-56; Tércio Sampaio Ferraz Jr., *Teoria da norma jurídica*, Rio de Janeiro, Forense, 1978, p. 138 e s.; Carlos Ayres Britto, *O problema da lacuna jurídica no direito constitucional brasileiro*, trabalho apresentado no Curso de Mestrado da PUCSP, 1981, p. 47 a 52, e Wilson José Gonçalves, *A união estável e as alternativas para facilitar sua conversão em casamento*, Tese de Doutorado apresentada na PUCSP em 1998; Lourival S. Cavalcanti, A liberdade do casal como valor fundamental na constituição da família, in *Princípios e valores jurídicos da pessoa humana, família e interpretação*, cit., p. 53-67. Interessantes são as observações de Álvaro Villaça Azevedo sobre união estável: *Comentários ao Código Civil*, São Paulo, Saraiva, 2003, v. 19, p. 147-312.

Quadro Sinótico

DO DIREITO CONVIVENCIAL

1. CONCEITO DE UNIÃO ESTÁVEL	• É uma união duradoura de pessoas livres e de sexos diferentes (ou de mesmo sexo – Res. CNJ n. 175/2013), que não estão ligadas entre si por casamento civil.		
2. ELEMENTOS DA UNIÃO ESTÁVEL	• Essenciais	• Diversidade de sexo (em contrário, STF, ADI 4.277 e ADPF 132) e (Res. CNJ n. 175/2013). • Continuidade das relações sexuais. • Ausência de matrimônio civil válido e de impedimento matrimonial entre os conviventes. • Notoriedade de afeições recíprocas. • Honorabilidade. • Fidelidade. • Coabitação. • Colaboração da mulher no sustento do lar.	
	• Secundários	• Dependência econômica da mulher. • Existência de prole comum. • Compenetração das famílias. • Criação e educação pela convivente dos filhos do companheiro. • Casamento religioso sem efeito civil. • Casamento no estrangeiro. • Situação da convivente como empregada doméstica do companheiro. • Maior ou menor diferença de idade entre os conviventes. • Existência de contrato de convivência.	
3. ESPÉCIES DE UNIÕES DE FATO	• Concubinato puro ou união estável	• União duradoura, sem casamento, entre homem e mulher livres e desimpedidos, isto é: solteiros, viúvos, divorciados ou separados extrajudicial ou judicialmente ou de fato.	
	• Concubinato impuro	• Adulterino	• Se um dos concubinos for casado.
		• Incestuoso	• Se houver parentesco próximo entre os amantes.

4. **DIREITOS VEDADOS À UNIÃO CONCUBINÁRIA**	• CC, art. 550. • CC, arts. 1.642, V, e 1.645. • CC, art. 1.801. • CC, art. 1.694. • CC, art. 1.521. • *RT*, *360*:395; *RF*, *124*:208. • *RT*, *159*:207. • *RT*, *140*:379.
5. **EFEITOS JURÍDICOS DA UNIÃO ESTÁVEL**	• Lei n. 6.015/73, art. 57 e parágrafos. • Lei n. 6.515/77, art. 51, e CC, art. 1.609. • Decreto-Lei n. 7.036/44, art. 21, parágrafo único, revogado pela Lei n. 6.367/76. • Lei paulista n. 2.699/54, art. 3º, § 2º – ora revogada pela Lei n. 12.470/2006. • Lei n. 4.069/62, art. 5º, §§ 3º e 4º. • Instrução Normativa da SRF n. 15/2001, ora revogada pela IN n. 1.500/2014. • Lei n. 4.297/63, art. 3º, *d* (revogada pela Lei n. 5.698/71, art. 8º); Lei n. 6.194/74, art. 4º, Decreto n. 76.022/75, art. 4º, *a* (revogado pelo Dec. s/n. de 10-5-1991); Lei n. 8.213/91, arts. 16, § 3º, 76, §§ 1º e 2º, e 77; e Lei n. 9.032/95. • Lei n. 6.858/80, Decreto n. 85.845/81 e Decreto n. 3.048/99. • Lei n. 7.447/70, art. 9º, do município de São Paulo. • Lei n. 8.245/91, art. 11, I. • *AJ*, *51*:437. • *RT*, *483*:195, *486*:51, *489*:119; *RTJ*, *70*:108; *RJTJSP*, *29*:157. • Súmula 380 do STF e Lei n. 9.278/96, art. 5º, § 1º. • *RT*, *537*:105. • CF, art. 226, §§ 3º e 4º. • Lei n. 8.068/90, art. 1º. • Lei n. 8.069/90, arts. 41, § 1º, e 42, §§ 2º e 4º. • Lei n. 9.278/96, art. 7º, parágrafo único, e CC, arts. 1.583, §§ 1º a 5º, 1.584, §§ 1º a 6º, 1.694, 1.708 e 1.790. • Lei n. 9.278/96, arts. 2º, 5º, § 2º, e 8º. • Lei de Execução Penal, arts. 41, X, e 120, I. • CPC, arts. 53, I, 189, II, e 617, I. • *RJTJSP*, *91*:92. • *RTJ*, *82*:930. • *RT*, *582*:99, *652*:134.

5. EFEITOS JURÍDICOS DA UNIÃO ESTÁVEL	• Dec. n. 3.518/2000, art. 4º e parágrafo único. • 3ª Turma do STJ, j. 7-4-2000. • CC, arts. 1.797, I, 1.711, 1.726 e 1.595, §§ 1º e 2º. • Provimento n. 10/96 do CGJSP. • CC, art. 1.240-A (acrescido pela Lei n. 12.424/2011). • Lei n. 11.977/2009, art. 35-A e parágrafo único, com a redação da Lei n. 12.693/2012. • CPC, art. 73, § 3º. • Lei n. 8.009/90, art. 3º, III, com a redação da Lei n. 13.144/2015. • CPC, art. 388, III.

CAPÍTULO IV

Do Direito Parental

1. Parentesco

A. Conceito e espécies

Parentesco é a relação vinculatória existente não só entre pessoas que descendem umas das outras ou de um mesmo tronco comum[1], mas também entre um cônjuge ou companheiro e os parentes do outro, entre adotante e adotado e entre pai institucional e filho socioafetivo.

Deste conceito podem-se extrair as seguintes *espécies de parentesco*:

1) *Natural* ou consanguíneo, que é o vínculo entre pessoas descendentes de um mesmo tronco ancestral, portanto ligadas, umas às outras, pelo mesmo sangue. P. ex.: pai e filho, dois irmãos, dois primos etc. O parentesco por consanguinidade existe tanto na linha reta como na colateral até o quarto grau. Será matrimonial se oriundo de casamento, e extramatrimonial se proveniente de união estável, relações sexuais eventuais ou concubinárias[2], pois como ensina João Baptista Villela, nada obsta didaticamente que

---

1. Aubry e Rau (*Cours de droit civil français*, 4. ed., Paris, 1869, t. 1, § 67) escrevem: *"La parenté est le lien ou le rapport existant entre personnes qui descendent les unes des autres ou d'un auteur commun"*; Silvio Rodrigues, *Direito civil*, São Paulo, Saraiva, 1980, v. 6, p. 280-1; Planiol e Ripert (*Traité pratique de droit civil français*, Paris, 1926, t. 2, n. 10) asseveram: *"La parenté est le rapport qui existe entre deux personnes dont l'une descend de l'autre, comme le fils et le père, le petit-fils et le grand-père, ou qui descendent d'un auteur commun, comme deux frères, deux cousins"*; Caio M. S. Pereira, *Instituições de direito civil*, 3. ed., Rio de Janeiro, Forense, 1979, p. 209; Orlando Gomes, *Direito de família*, 3. ed., Rio de Janeiro, Forense, 1978, p. 331; Paulo Luiz Netto Lôbo, *Código Civil comentado*, São Paulo, Atlas, 2003, v. XVI; Guilherme Calmon Nogueira da Gama, Das relações de parentesco, in *Direito de família e o novo Código Civil* (coord. M. Berenice Dias e Rodrigo da Cunha Pereira), Belo Horizonte, Del Rey, 2003, p. 100-31; Euclides de Oliveira, Os operadores do direito frente às questões da parentalidade, *Revista Brasileira de Direito de Família*, *20*:150-61; Rolf Madaleno, Filhos do coração, *Revista Brasileira de Direito de Família*, *23*:22-36. *Vide*: *RT*, *791*:248.
2. Caio M. S. Pereira, *Instituições*, cit., p. 209; W. Barros Monteiro, *Curso de direito civil*, 19. ed., São Paulo, Saraiva, 1980, v. 2, p. 234.

se fale em filiação *matrimonial* e *não matrimonial*, por serem termos axiologicamente indiferentes e não discriminatórios, uma vez que a Constituição de 1988 reconhece como entidade familiar, sob a proteção do Estado, o agrupamento de fato entre homem e mulher (art. 226, § 3º). O parentesco natural pode ser, ainda, *duplo* ou *simples*, conforme derive dos dois genitores ou somente de um deles. Sob esse prisma, são irmãos *germanos* os nascidos dos mesmos pais, e *unilaterais* os que o são de um só deles, caso em que podem ser uterinos, se filhos da mesma mãe e de pais diversos, ou consanguíneos, se do mesmo pai e de mães diferentes[3].

2) *Afim*, que se estabelece por determinação legal (CC, art. 1.595), sendo o liame jurídico estabelecido entre um consorte, companheiro e os parentes consanguíneos, ou civis, do outro nos limites estabelecidos na lei, desde que decorra de matrimônio válido, e união estável (CF/88, art. 226, § 3º), pois concubinato impuro ou casamento putativo não têm segundo alguns autores o condão de gerar afinidade em linha reta, apesar de já haver julgados (*RF, 102*:155) em sentido contrário, o mesmo se diga do disposto no art. 1.595, § 2º, do novel Código Civil. O parentesco por afinidade limita-se aos ascendentes, aos descendentes e aos irmãos do cônjuge ou companheiro (CC, art. 1.595, § 1º). A afinidade é um vínculo pessoal, portanto os afins de um cônjuge, ou convivente, não são afins entre si; logo, não há afinidade entre concunhados; igualmente, não estão unidos por afinidade os parentes de um cônjuge ou convivente e os parentes do outro. Se houver um segundo matrimônio, os afins do primeiro casamento não se tornam afins do cônjuge tomado em segundas núpcias. Em nosso direito constitui impedimento matrimonial a afinidade em linha reta (CC, art. 1.521, II), assim não podem casar genro e sogra, sogro e nora, padrasto e enteada, madrasta e enteado, mesmo depois da dissolução, por morte ou divórcio, do casamento ou da união estável, que deu origem a esse parentesco por afinidade (CC, art. 1.595, § 2º). Porém, na linha colateral, cessa a afinidade com o óbito do cônjuge ou companheiro; por conseguinte, não está vedado o casamento entre cunhados[4]. E, além disso, pelo art. 57 da Lei n. 6.015, de 31 de dezem-

---

3. Orlando Gomes, op. cit., p. 331; Caio M. S. Pereira, *Instituições*, cit., p. 211. *Vide* Lei n. 11.101/2005, art. 43, parágrafo único.

4. Eugénio Tarragato, *La afinidad*, p. 128; Orlando Gomes, op. cit., p. 331 e 338-9; Scialoja, *Dizionario del diritto privato*, v. 1, p. 106; W. Barros Monteiro, op. cit., p. 236; Cunha Gonçalves, *Tratado de direito civil*, v. 1, p. 222; Bassil Dower, *Curso renovado de direito civil*, Ed. Nelpa, v. 4, p. 182; Sebastião José Roque, *Direito de família*, cit., p. 133-42.

bro de 1973, passa a vigorar acrescido, por força da Lei n. 11.924/2009, do seguinte § 8º, "O enteado ou a enteada, havendo motivo ponderável e na forma dos §§ 2º e 7º deste artigo, poderá requerer ao juiz competente que, no registro de nascimento, seja averbado o nome de família de seu padrasto ou de sua madrasta, desde que haja expressa concordância destes, sem prejuízo de seus apelidos de família".

3) *Civil* (CC, art. 1.593, *in fine*) é o que se refere à adoção, estabelecendo um vínculo entre adotante e adotado, que se estende aos parentes de um e de outro. A adoção, portanto, atribui a situação de filho ao adotado, desligando-o de qualquer vínculo com os pais e parentes consanguíneos, salvo para efeito de impedimento matrimonial[5]. Pai e filho adotivo são parentes civis em virtude de lei ((ECA, art. 41, CF, art. 227, §§ 5º e 6º). O *parentesco* civil abrange o *socioafetivo* (CC, arts. 1.593, *in fine,* e 1.597, V), alusivo ao liame entre pai institucional e filho advindo de inseminação artificial heteróloga, gerando relação paterno-filial apesar de não haver vínculo biológico entre o filho e o marido de sua mãe, que anuiu na reprodução assistida. Nesse sentido, o Enunciado n. 103 do Conselho da Justiça Federal, aprovado nas Jornadas de Direito Civil de 2002, que assim reza: "O Código Civil reconhece, no art. 1.593, outras espécies de parentesco civil além daquele decorrente da adoção, acolhendo, assim, a noção de que há também parentesco civil no vínculo parental proveniente quer das técnicas de reprodução assistida heteróloga relativamente ao pai (ou mãe) que não contribuiu com seu material fecundante, quer da paternidade socioafetiva, fundada na posse do estado de filho". "A posse do estado de filho (parentalidade socioafetiva) constitui modalidade de parentesco civil" (Enunciado n. 256 do Conselho da Justiça Federal, aprovado na III Jornada de Direito Civil). "O reco-

5. Silvio Rodrigues, op. cit., p. 281; Antônio Carlos M. Coltro, A socioafetividade como viés da personalidade, in *Fundamentos de direito civil brasileiro* (org. Everaldo Cambler), Campinas, Millennium, 2012, p. 43-84; Christiano Cassettari, *Multiparentalidade e parentalidade socioafetiva*, São Paulo, Atlas, 2014; Júlia F. A. Silva, A filiação socioafetiva no ordenamento jurídico brasileiro: sugestão de um procedimento viável para a efetividade do direito à filiação respaldada nos laços de afetividade, *Revista Jurídica DeJure*, *20*:51-81; Jones Figueirêdo Alves, A família no contexto da globalização e a socioafetividade como seu valor jurídico fundamental, in *10 anos de vigência do Código Civil brasileiro* de 2002 (coord. Christiano Cassettari), São Paulo, Saraiva, 2013, p. 541-554; Jorge S. Fujita, Filhos de criação: e os seus direitos? in *10 anos*, cit., p. 563-74; Álvaro V. Azevedo, Afeto na relação familiar, in *10 anos*, cit., p. 575-88. *Vide* Lei n. 8.069/90, arts. 39 a 52-D, 197 (A a E), 198, 199-A; CC arts. 1.618 e 1.619.

Enunciado Programático IBDFAM n. 9: "A multiparentalidade gera efeitos jurídicos".

nhecimento judicial do vínculo de parentesco em virtude de socioafetividade deve ocorrer a partir da relação entre pai(s) e filho(s), com base na posse do estado de filho, para que produza efeitos pessoais e patrimoniais" (Enunciado n. 519 do Conselho da Justiça Federal, aprovado na *V Jornada de Direito Civil*). O parentesco socioafetivo está baseado numa relação de afeto, gerada pela convivência.

Na prática, grande é a importância dessas relações de parentesco, em razão de seus efeitos jurídicos de ordem pessoal ou econômica, que estabelecem direitos e deveres recíprocos entre os parentes, como a obrigação alimentar, o direito de promover interdição e de receber herança, com exceção do parentesco por afinidade etc. Além do mais impõe o parentesco algumas proibições com fundamento em sua existência. P. ex.: não podem casar uns com os outros os parentes da linha reta e em certo grau os da colateral; não podem os parentes testemunhar pró ou contra outro parente (CPC, art. 447, § 2º, I), nem mesmo um juiz pode julgar a ação em que parente seu é parte (CPC, art. 144, III e IV). No direito eleitoral o parentesco pode gerar inelegibilidades[6] (CF, art. 14, § 7º).

B. Contagem de graus de parentesco consanguíneo

O parentesco consanguíneo divide-se em *linha reta* e em *linha colateral* ou transversal. A *linha* vem a ser a vinculação de alguém a um tronco an-

6. Orlando Gomes, op. cit., p. 332 e 340. *Vide* CP, arts. 241 a 243; Leis n. 6.015/73, arts. 50 a 66, e 8.069/90, art. 20; CC, arts. 1.521, I a V, 1.694 e s. e 1.829 e s. E convém não olvidar que o Decreto n. 6.906/2009 estabelece obrigatoriedade de prestação de informações sobre vínculos familiares (parentesco consanguíneo ou afim, em linha reta ou colateral, até o 3º grau, não só com ocupantes de cargos em comissão ou funções de confiança no âmbito do Poder Executivo Federal, mas também com estagiário, terceirizado ou consultor contratado por organismo internacional que prestem serviços para órgão de administração pública direta, pelos seguintes agentes públicos: Ministro de Estado; ocupantes de cargo de natureza especial e ocupante de cargo do grupo — Direção e Assessoramento Superiores. Tal medida legal visa identificar posssível prática de nepotismo.

Pela Súmula Vinculante 13 do STF: A nomeação de cônjuge, companheiro ou parente em linha reta, colateral ou por afinidade, até o terceiro grau, inclusive, da autoridade nomeante ou de servidor da mesma pessoa jurídica investido em cargo de direção, chefia ou assessoramento, para o exercício de cargo em comissão ou de confiança ou, ainda, de função gratificativa na administração pública direta e indireta em qualquer dos Poderes da União, dos Estados, do Distrito Federal e dos Municípios, compreendido o ajuste mediante designações recíprocas, viola a Constituição Federal.

cestral comum[7]. Assim serão *parentes em linha reta* as pessoas que estão ligadas umas às outras por um vínculo de ascendência e descendência (CC, art. 1.591). A linha reta é ascendente ou descendente conforme se encare o parentesco, subindo-se da pessoa a seu antepassado ou descendo-se, sem qualquer limitação; por mais afastadas que estejam as gerações, serão sempre parentes entre si pessoas que descendem umas da outras[8]. São parentes na linha ascendente o pai, o avô, o bisavô etc., e na linha descendente o filho, o neto, o bisneto etc. Serão *parentes em linha colateral* aquelas pessoas que, provindas de tronco comum, não descendem umas das outras (CC, art. 1.592)[9], como, p. ex., irmãos, tios, sobrinhos e primos. Esse parentesco em linha transversal não é infinito, ou seja, não vai, perante nosso direito, além do 4º grau, pois há presunção de que, após esse limite, o afastamento é tão grande que o afeto e a solidariedade não mais servem de apoio às relações de direito[10].

O parentesco conta-se por graus que constituem a distância que vai de uma geração a outra[11]. Para saber o grau de parentesco que há entre um parente em relação ao outro, basta verificar as gerações que os separam, já que cada geração forma um grau[12].

Na *linha reta*, o grau de parentesco é contado pelo número de gerações, ou seja, de relações existentes entre o genitor e o gerado. Tantos serão os graus quantas forem as gerações (CC, art. 1.594, 1ª parte): de pai a filho, um grau; de avô a neto, dois graus; de bisavô a bisneto, três graus; de trisavô a trineto, quatro graus; de tetravô a tetraneto, cinco graus; de pentavô a pentaneto, seis graus etc. Cada geração representa um grau[13].

---

7. Orlando Gomes, op. cit., p. 332.
8. Orlando Gomes, op. cit., p. 332; W. Barros Monteiro, op. cit., p. 232-3.
9. Caio M. S. Pereira, op. cit., p. 210.
10. Orlando Gomes, op. cit., p. 333; W. Barros Monteiro, op. cit., p. 233.
11. Orlando Gomes, op. cit., p. 333; Caio M. S. Pereira, *Instituições*, cit., p. 210.
12. Bassil Dower, op. cit., p. 181.
13. Caio M. S. Pereira, *Instituições*, cit., p. 210; Orlando Gomes, op. cit., p. 332; W. Barros Monteiro, op. cit., p. 233.

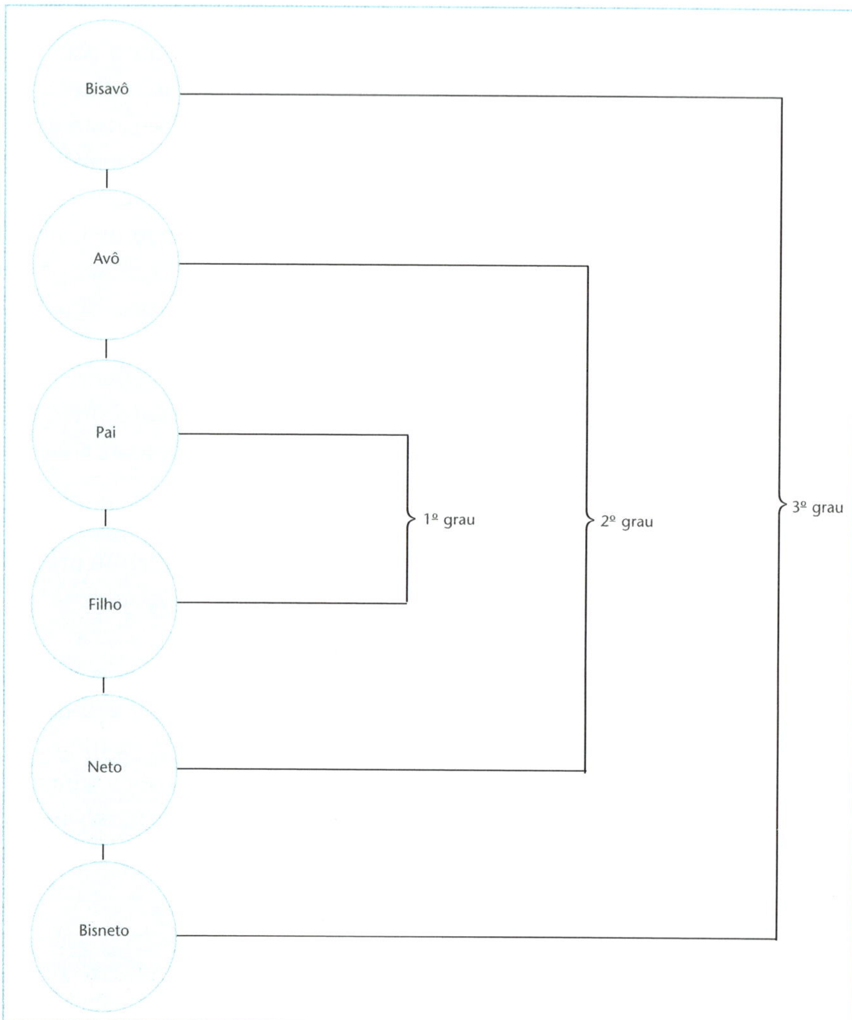

O parentesco de linha reta pode ser representado, graficamente, por uma perpendicular que liga um parente a outro[14].

Se o ponto de partida de uma linha reta *ascendente* é o pai e a mãe de uma pessoa, tal linha bifurca-se, entrando, então, em duas famílias distintas, formando as *linhas paterna* e *materna*[15].

---

14. Ferrara, *Trattato di diritto civile italiano*, v. 1, p. 539 e s.

15. Ferrara, op. cit., p. 539 e s.; Orlando Gomes também reproduz esse gráfico, op. cit., p. 334.

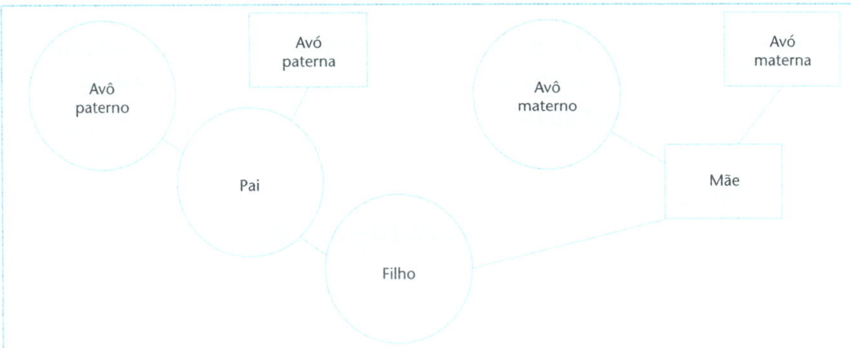

Os graus de parentesco em *linha colateral* também se contam pelo número das gerações, subindo, porém, de um dos parentes até o ascendente comum, e descendo, depois, até encontrar o outro parente (CC, art. 1.594, 2ª parte). P. ex., para contar o grau de parentesco entre A e seu tio B, sobe-se de A a seu pai C; a seguir a seu avô D e depois se desce a B, tendo-se, então, três graus, correspondendo cada geração a um grau[16]. De forma que a linha transversal ou colateral pode ser graficamente representada por um ângulo, em cujo vértice está o antepassado comum e os parentes na base dos lados, estabelecendo-se linhas paralelas[17].

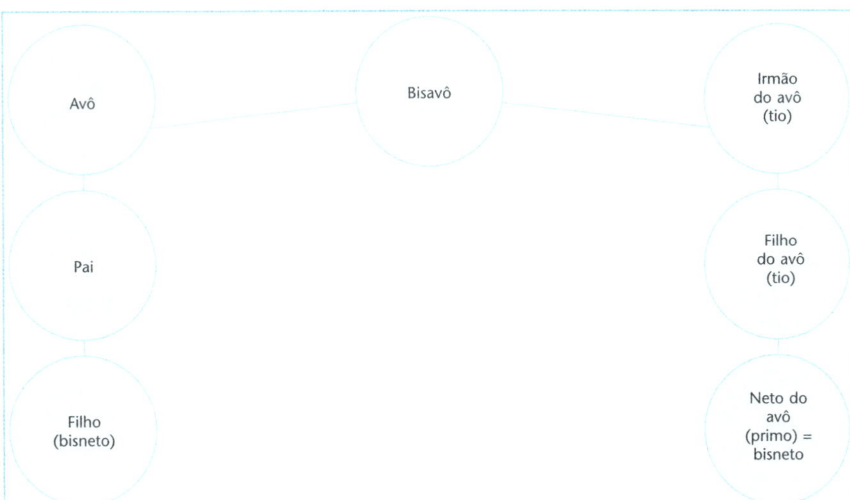

16. Silvio Rodrigues, op. cit., p. 282.

17. Ferrara, op. cit., p. 539 e s.

Os *bisnetos* de filhos do *bisavô* seriam parentes colaterais em *sexto grau*[18] pelo Código Civil de 1916, mas pelo novo diploma legal, por força do art. 1.592, 1ª parte, não seriam tidos como parentes, visto que o parentesco em linha transversal não irá além do quarto grau.

Na linha colateral não há parentesco em primeiro grau, porque, como vimos, se conta subindo ao antepassado comum e descendo ao parente. Consequentemente, é preciso haver três pessoas e dois graus pelo menos[19]. P. ex.:

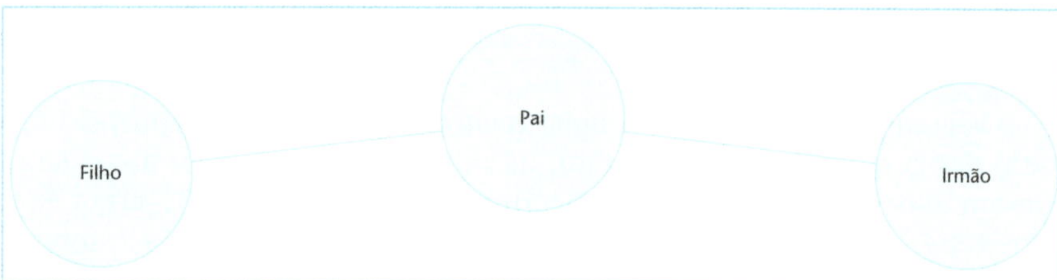

Entre irmãos germanos ou unilaterais, portanto, o parentesco é colateral em *segundo grau.*

Tio e sobrinho, como falamos anteriormente, são parentes colaterais em *terceiro grau,* como demonstra o gráfico:

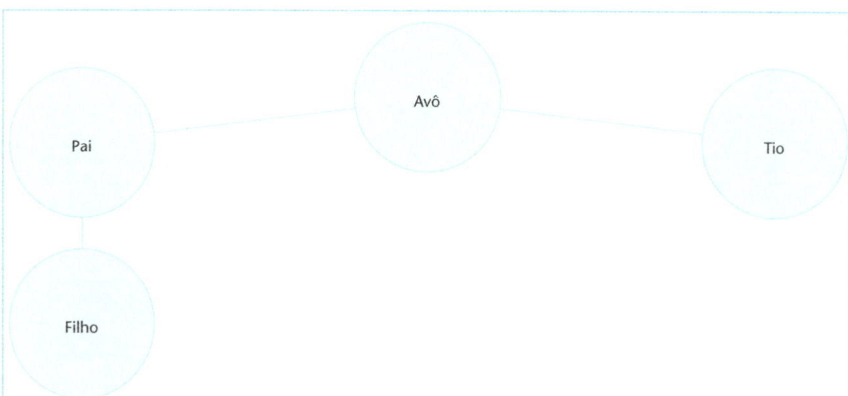

18. Orlando Gomes, op. cit., p. 335.
19. W. Barros Monteiro, op. cit., p. 234; Orlando Gomes, op. cit., p. 333.

Primos são parentes colaterais em *quarto grau,* porque são quatro as gerações: de um deles para o pai, do pai para o avô — escala ascendente — do avô para o tio, irmão do pai, do tio a seu filho — escala descendente. São cinco as pessoas, ensina Orlando Gomes, mas não se conta o avô, alcançando, assim, igual resultado[20]. P. ex.:

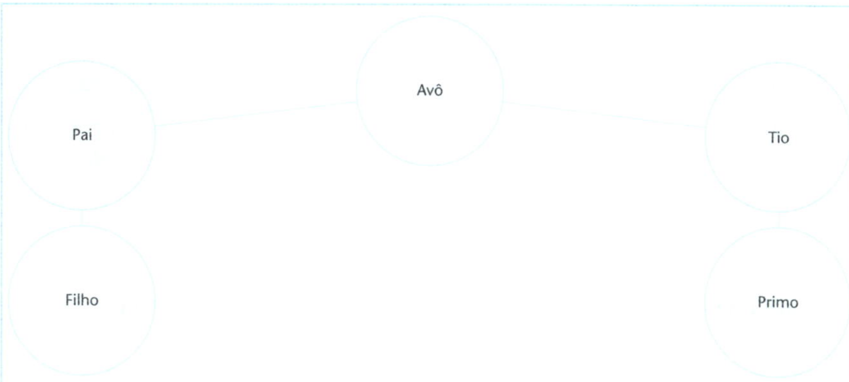

Entre tio-avô e sobrinho-neto também há parentesco transversal em quarto grau[21], como se vê no esquema:

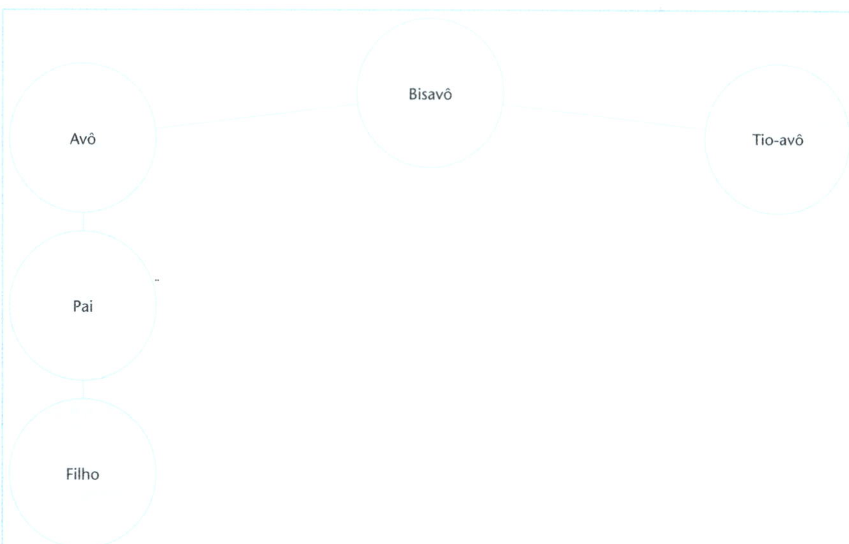

20. Ferrara, op. cit., p. 539 e s.; Orlando Gomes, op. cit., p. 333.
21. Ferrara, op. cit., p. 539 e s.

O parentesco na *linha transversal* pode ser igual ou desigual. Será *igual* quando entre o antepassado comum e os parentes considerados a distância em gerações for a mesma. P. ex.: entre irmãos, porque a distância que os separa do tronco ancestral comum, em número de gerações, é a mesma. Será *desigual* se a distância não for a mesma. P. ex.: é o que ocorre entre tio e sobrinho, porque diversificam-se as distâncias que os separam do tronco comum, ao mesmo tempo pai de um e avô de outro; o antepassado comum separa-se por duas gerações do parente-sobrinho e por uma só do parente-tio[22].

A linha colateral pode ser, ainda, *dúplice*: quando dois irmãos casam-se com duas irmãs, os filhos dessas uniões serão parentes colaterais em linha duplicada, ou seja, duplamente primos[23].

C. Simetria entre afinidade e parentesco natural

A afinidade é o liame jurídico que se estabelece entre cada consorte ou companheiro e os parentes do outro, mantendo certa analogia com o parentesco consanguíneo no que concerne à determinação das linhas e graus[24] (CC, art. 1.595, §§ 1º e 2º).

Na linha reta tem-se, então, a afinidade entre sogro e nora, sogra e genro, padrasto e enteada, madrasta e enteado. São, portanto, afins em primeiro grau. P. ex.: em razão de casamento ou de união estável alguém poderá ser, por exemplo, afim em primeiro grau com a filha e a mãe da mulher a que se uniu, caso em que a filha de sua mulher será sua enteada e a mãe, sua sogra[25].

Na linha reta, a afinidade não se extingue com a dissolução do casamento ou da união estável (CC, art. 1.595, § 2º), daí ser impedimento matrimonial (CC, art. 1.521, II).

Em segundo grau, na linha reta, o cônjuge, ou companheiro, será afim com os avós do outro e este com os avós daquele, porque na linha reta não há limite de grau[26].

---

22. É o que nos ensina W. Barros Monteiro, op. cit., p. 233.
23. Orlando Gomes, op. cit., p. 333; W. Barros Monteiro, op. cit., p. 233.
24. W. Barros Monteiro, op. cit., p. 235.
25. Tarragato, op. cit., p. 125; Orlando Gomes, op. cit., p. 338-9.
26. Orlando Gomes, op. cit., p. 338 e 340.

Na linha colateral, o parentesco por afinidade não vai além do segundo grau, existindo tão somente com os irmãos do cônjuge ou companheiro (CC, art. 1.595, § 1º, 2ª parte); assim, com o casamento ou união estável, uma pessoa torna-se afim com os irmãos do cônjuge ou convivente. Cunhados serão parentes por afinidade em segundo grau, mas entre consortes e companheiros não há parentesco, nem afinidade[27].

Pode-se representar[28] o parentesco por afinidade da seguinte forma:

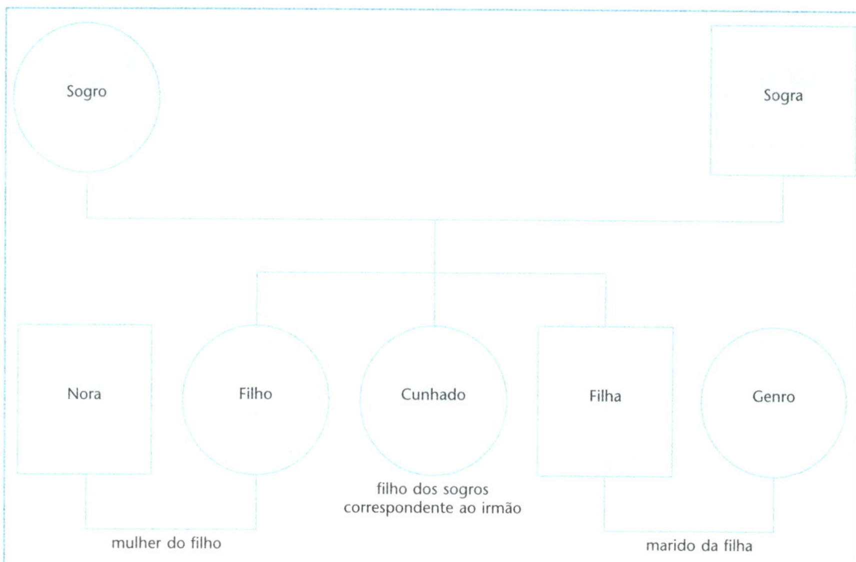

"Considera-se — pontifica Orlando Gomes[29] — *genro* parente em linha *reta ascendente, no primeiro grau, do sogro e da sogra,* isto é, dos pais de sua mulher. Ainda, no primeiro grau, mas em *linha reta descendente,* é parente da *nora*. Parentesco em *linha colateral* tem o genro com o filho do sogro. O *cunhado* é reputado parente em segundo grau, nele esbarrando a afinidade."

27. W. Barros Monteiro, op. cit., p. 235; Orlando Gomes, op. cit., p. 339-40.
28. Ferrara, op. cit., p. 544.
29. Orlando Gomes, op. cit., p. 336.

Quadro Sinótico

PARENTESCO

1. CONCEITO	• É a relação vinculatória existente não só entre pessoas que descendem umas das outras ou de um mesmo tronco comum, mas também entre o cônjuge, ou convivente, e os parentes do outro, entre adotante e adotado e entre pai institucional e filho socioafetivo.	
2. ESPÉCIES (CC, ARTS. 1.593 E 1.595)	• Natural • (CC, art. 1.593)	• Matrimonial ou extramatrimonial, sob o prisma didático. • Linha reta ou colateral. • Duplo ou simples.
	• Afim (CC, arts. 1.595, §§ 1º e 2º, e 1.521). • Civil (CC, arts. 1.593, ECA, art. 41).	
3. CONTAGEM DE GRAUS DO PARENTESCO CONSANGUÍNEO	• Em linha reta (CC, arts. 1.591 e 1.594, 1ª parte). • Em linha colateral (CC, arts. 1.592 e 1.594, 2ª parte).	
4. SIMETRIA ENTRE AFINIDADE E PARENTESCO NATURAL	• A afinidade é o liame jurídico que une um cônjuge ou companheiro aos parentes do outro, em linha reta até o infinito, e em linha colateral até o 2º grau, mantendo certa analogia com o parentesco natural quanto à determinação das linhas e graus.	

2. Filiação

A. Definição e classificação

Filiação é o vínculo existente entre pais e filhos; vem a ser a relação de parentesco consanguíneo em linha reta de primeiro grau entre uma pessoa e aqueles que lhe deram a vida[30], podendo, ainda (CC, arts. 1.593 a 1.597

---

30. Antônio Chaves, Filiação legítima, in *Enciclopédia Saraiva do Direito*, v. 37, p. 314; Silvio Rodrigues, op. cit., p. 283; Caio M. S. Pereira, *Instituições*, cit., p. 211; Lafayette Rodrigues Pereira, *Direito de família*, § 103; Degni, *Il diritto di famiglia*, p. 316; Espínola, *A família no direito civil brasileiro*, n. 122; Antonio Cicu, *La filiazione*, Torino, UTET, 1958, p. 18; Gustavo Tepedino, A disciplina jurídica da filiação, in *Direitos de família e do menor* (coord. Sálvio de F. Teixeira), Belo Horizonte, Del Rey, p. 225-42; Giselda Mª F. Novaes Hironaka, "Dos filhos havidos fora do casamento"; O valor e conteúdo jurídico do afeto na relação paterno-filial: socioafetividade e multiparentalidade, *Revista Brasileira de Direito Comparado*, *49*:35 a 72 e "Se eu soubesse que ele era meu pai", in *Direito civil — estudos*, cit., p. 57-80; Paulo Luiz Netto Lôbo, Princípio jurídico da afetividade na filiação, *Revista de Direito Privado*, n. 3, p. 35-41; Zeno Veloso, *Direito brasileiro da filiação e paternidade*, São Paulo, Malheiros Ed., 1997; Luiz Edson Fachin, *Elementos críticos do direito de família*, Rio de Janeiro, Renovar, 1999; Rosana Fachin, Do parentesco e da filiação, in *Direito de família e o novo Código Civil* (coord. Berenice Dias e Rodrigo da Cunha Pereira), Belo Horizonte, Del Rey, 2003, p. 133-50; J. F. Nogueira, *A filiação que se constrói: o reconhecimento do afeto como valor jurídico*, Porto Alegre, Sérgio A. Fabris Editor, 2002; Guilherme Calmon N. da Gama, Princípio da paternidade responsável, *Revista de Direito Privado*, *18*:21-41; Renato Maia, *Filiação paternal e seus efeitos*, São Paulo, SRS, 2008. Há proteção legal e constitucional à maternidade, gerando inclusive o direito à licença-maternidade e o direito de perceber o salário-maternidade: Leis n. 9.876/99, 10.710/2003 e 8.213/1991, arts. 71-A, §§ 1º e 2º, 71-B, §§ 1º e 2º, e 71-C, acrescentados pela Lei n. 12.873/2013, CLT, arts. 392-A, § 5º, 392-B e 392-C, com modificações da Lei n. 12.873/2013 e Instrução Normativa do SRF n. 991/2010, sobre prorrogação de salário-maternidade de empregada de pessoa jurídica que aderir ao Programa Empresa Cidadã, desde que ela a requeira até o final do 1º mês após o parto. A Lei n. 11.770/2008, regulamentada pelo Decreto n. 7.052/2009 e alterada pela Lei n. 13.257/2016, instituiu o Programa Empresa Cidadã, destinado a prorrogar por sessenta dias a duração da licença-maternidade, inclusive em caso de adoção, prevista na CF,

e 1.618 e s.), ser uma relação socioafetiva entre pai adotivo e institucional e filho adotado ou advindo de inseminação artificial heteróloga.

É preciso lembrar que nem sempre esse liame decorre de união sexual, pois pode provir (*a*) de inseminação artificial homóloga (CC, art. 1.597, III) (como ocorreu com Kim Casali, que foi artificialmente inseminada com esperma que seu marido, doente de câncer, havia depositado num banco de sêmen, em

---

art. 7º, XVIII, quando se tratar de criança de até um ano de idade; por 30 dias, se a criança tiver de 1 a 4 anos de idade, por 15 dias, se a criança tiver 4 a 8 anos, e, ainda, por 15 dias além dos 5 (ADCT, art. 10, § 1º), concedidos para licença-paternidade (arts. 1º, §§ 1º a 3º, e 2º do Decreto n. 7.052/2009). A gestante e a adotante servidora pública também terão direito à prorrogação (Portaria n. 510/2008 da Procuradoria-Geral da República e Decreto n. 6.690/2008). O mesmo direito é concedido ao servidor público (Decreto n. 8.737/2016). O salário-maternidade, pela Lei n. 9.876/99, era pago diretamente pelo INSS, através de postos de atendimento. Ante os transtornos burocráticos, a Lei n. 10.710/2003 estabeleceu a responsabilidade por tal pagamento das empresas, com a possibilidade de compensar os valores quando do recolhimento das contribuições incidentes sobre a folha de salários e demais rendimentos pagos ou creditados, a qualquer título, aos prestadores de serviço. Esse salário é devido durante 120 dias, tendo início 28 dias antes do parto. À empregada sujeita ao regime da CLT, o valor desse salário é correspondente ao salário integral, e à que está fora daquele regime, como a doméstica, p. ex., é assegurado o valor de um salário mínimo. Sobre licença-maternidade de empregada: CLT, art. 392-A (redação dada pela Lei n. 13.509/2017). O TST (Rec. de Revista n. 12.2002-010-18-00.3, publ. 9-2-2007) já decidiu que nascimento de bebê sem vida não assegura à gestante o direito a todo o período da garantia de emprego e aplica, por analogia, o art. 395 da CLT, assegurando somente o repouso remunerado de 2 semanas. *Vide* CF/88, art. 226, § 7º; Leis n. 9.029/95 e 9.263/96, sobre planejamento familiar. A Resolução n. 30/2006 que altera o art. 43 do Regimento Interno do Senado Federal concede, ao acrescentar §§ 4º, 5º, 6º e 7º, licença à gestante-senadora de 120 dias e licença-paternidade ao senador por 5 dias, por equivalerem à licença por motivo de saúde (CF, art. 56, II). A Lei Complementar n. 146/2014 estende a estabilidade provisória prevista no art. 10, II, *b*, do Ato das Disposições Transitórias à trabalhadora gestante, nos casos de morte desta, a quem detiver a guarda de seu filho. Assim há concessão de licença-maternidade a quem ficar com guarda de criança que teve mãe morta; Lei n. 13.109/2015 sobre licença à gestante e à adotante, as medidas de proteção à maternidade para militares grávidas e a licença-paternidade, no âmbito das Forças Armadas; Resolução n. 2.168/2017, do CFM, traça normas éticas para uso de técnicas de reprodução assistida. Hipótese em que se configurará a *família ectogenética*. *Vide*: Lei n. 11.634/2007 sobre direito da gestante ao conhecimento e a vinculação à maternidade onde receberá assistência no âmbito do SUS.

Para o TST, o contrato de trabalho continua vigente durante o aviso prévio, razão pela qual, à empregada que engravidou neste período, é garantida a estabilidade provisória de emprego (Processo n. 490-77.210.5.02.0038, acórdão publicado em 15 de fevereiro de 2013).

O art. 6º, II, III, IV da Lei n. 13.146/2015, prescreve que a deficiência não afeta a plena capacidade civil da pessoa para exercer: direitos sexuais e reprodutivos; direito de decidir sobre número de filhos e de ter acesso a informações adequadas sobre reprodução e planejamento familiar e de conservar sua fertilidade sendo vedada a esterilização compulsória.

Londres, dando à luz, após 16 meses de óbito do esposo) ou heteróloga (adultério casto), desde que tenha havido autorização do marido (CC, art. 1.597, IV), ou (*b*) de fertilização *in vitro* ou na proveta (CC, art. 1.597), como se deu em 1978, com Louise, filha de Lesley e John Brown, pois o óvulo de sua mãe foi extraído do ovário e fecundado em tubo de ensaio com esperma de seu pai, e colocado novamente no útero 7 horas depois. A esse respeito surgiu uma dúvida sobre quando realmente começou a vida legal de Louise: se no ato da fertilização na proveta, no momento da implantação do óvulo no útero ou no instante em que o feto se movimentou. Perante o art. 2º do nosso Código Civil, 2ª parte, o início legal da personalidade jurídica é o da penetração do espermatozoide no óvulo, embora fora do corpo da mulher, já que se põem a salvo, desde a concepção, os direitos do nascituro[31]. Oportuna, a respeito, é a observação de Miguel Reale[32] de que é necessário, em atos desse tipo, que o acordo do marido e da mulher conste de documento sigiloso cercado de naturais garantias, como as requeridas, p. ex., para a validade de um testamento cerrado, para que, falecido o companheiro, possa a esposa receber e gerar o "bebê de proveta" sem o risco de ser-lhe contestada a paternidade pelos interessados na herança. Como o embrião, decorrente de fertilização do óvulo da mulher pelo sêmen de seu marido, pode ser, como ocorre nos Estados Unidos, Inglaterra, Israel, Holanda, Austrália, Rússia, Índia, Grécia, Dinamarca, Ucrânia e África do Sul, transferido com uma cânula para o útero de outra mulher (mãe de aluguel), que, mediante pagamento, aluga seu útero para gerar criança alheia, surgem inúmeros conflitos de ordem moral e jurídica, como, p. ex., quem seria a mãe: a que cedeu o útero ou a que forneceu o óvulo? Pela sua ilegalidade e imoralidade deve-se arredar o aluguel de ventre (CF/88, art. 199, § 4º). O Conselho Federal de Medicina (Resolução n. 2.168/2017, seção VII, n. 1 a 3) tem permitido a "doação", ou melhor, a cessão temporária de útero, sem fins lucrativos, desde que exista um problema médico que impeça ou contraindique a gestação pela mãe genética, que viva em união homoafetiva ou que seja solteira, e desde que a doadora temporária do útero (mãe gestacional) seja da família de um dos parceiros num parentesco consanguíneo até o quar-

---

31. Antônio Chaves, Filiação legítima, cit., p. 315; Nelson Carneiro, Os aspectos jurídicos da inseminação artificial e a disciplina dos bancos de esperma, *Rev. de Dir. Comparado Luso-Brasileiro,* n. 7, p. 241, 1988; Antunes Varela, A inseminação artificial e a filiação perante o direito português e o direito brasileiro, *Rev. Brasileira de Direito Comparado, 15*:1-35; Savatier, *L'insémination artificielle devant le droit positif français,* Lethieleux, 1947; Zannoni, *Inseminación artificial y fecundación extrauterina,* Buenos Aires, 1978; Joaquim José de S. Dinis, Filiação resultante da fecundação artificial humana, in *Direi-tos de família e do menor* (coord. Sálvio de F. Teixeira), Belo Horizonte, Del Rey, 1993, p. 45-54; Eduardo de Oliveira Leite, *Procriações artificiais e o direito,* São Paulo, Revista dos Tribunais, 1995; Maria Helena Diniz, *O estado atual do biodireito,* São Paulo, Saraiva, 2001, cap. II, itens 3 e 13.

to grau (primeiro grau — mãe/filha; segundo grau — irmã/avó; terceiro grau — tia/sobrinha; quarto grau — prima), sendo que os demais casos estão sujeitos à autorização do Conselho Regional de Medicina.

A idade máxima das candidatas à gestação de reprodução assistida é de 50 anos, sendo que as exceções a esse limite etário serão determinadas, com fundamentos técnicos e científicos, pelo médico responsável, após esclarecimento quanto aos riscos envolvidos para a paciente e para descendente eventualmente gerado, respeitando-se a autonomia da paciente (Res. CFM n. 2.168/2017, Seção I, n. 3, §§ 1º e 2º).

Ante tais problemas urge estabelecer normas especiais relativas à maternidade ou paternidade nos casos em que os bebês não são, geneticamente, filhos do homem ou da mulher que quiseram seu nascimento, impondo proi-

---

32. Miguel Reale, O bebê de proveta e o direito, *Folha de S.Paulo,* 4 ago. 1978. Atualmente, temos uma nova técnica de fertilização assistida que é o ICSI (*Intra Cytoplasmatic Sperm Injection*), consistente em injetar um único espermatozoide diretamente no citoplasma do óvulo, onde se rompe e dá início à fertilização. Antes dessa técnica era preciso torcer para que algum dos milhões de espermatozoides atravessasse a membrana do óvulo. Sobre o tema consulte M. Helena Diniz, *O estado atual do biodireito,* São Paulo, Saraiva, 2001, p. 113-27, 134-8, 405 e 425-500; id. Reflexões sobre a problemática das novas técnicas científicas de reprodução humana assistida e a questão da responsabilidade civil por dano moral ao embrião e ao nascituro, *Livro de Estudos Jurídicos, 8*:207-31; id. A ectogênese e seus problemas jurídicos, *Direito, 1*:89-100; Paolo Vercellone, As novas famílias, *JB, 156*:47 a 53; Monica S. Scarparo, *Fertilização assistida,* Rio de Janeiro, 1991; Eugênio Carlos Callioli, Aspectos da fecundação artificial "in vitro", *Revista de Direito Civil, 44*:71; Paulo Luiz Netto Lôbo, Filiação — direito ao estado de filiação e direito à origem genética: uma distinção necessária, *Revista Brasileira de Direito de Família, 19*:133 e s.; Guilherme C. N. da Gama, Reprodução assistida heteróloga sob a ótica do novo Código Civil, *Revista Brasileira de Direito de Família, 19*:41-75. *Vide* Lei n. 8.974/95, ora revogada pela Lei n. 11.105/2005. O Senado francês aprovou lei restringindo inseminação artificial em mulheres que estejam na menopausa ou não tenham parceiros definidos, e proibindo manipulação em embriões. A Justiça Federal de São Paulo (6ª Vara Cível), em 2014, autorizou tratamento para reprodução assistida para paciente com mais de 50 anos, por meio de doação de óvulos, contrariando a Res. CFM n. 2.013/2013 (revogada pela Res. 2.121/2015, ora revogada pela Resolução do CFM n. 2.168/2017), uma vez que o planejamento familiar é direito de todo cidadão reconhecido pela Lei n. 9.263/96 (arts. 1º e 2º) e ADI n. 3.510-DF. TRFI sustenta decisão que permite técnica de fertilização *in vitro* em mulher com mais de 50 anos (*RIBDFAM, 17*:13). Urge lembrar que o Enunciado n. 41 da I Jornada de Direito da Saúde do CNJ (2014): "O estabelecimento da idade máxima de 50 anos, para que mulheres possam submeter-se ao tratamento e à gestação por reprodução assistida, afronta o direito constitucional à liberdade de planejamento familiar". No Brasil a idade máxima das candidatas à gestação de RA é de 50 anos (Res. CFM 2.168/2017, Seção I, n. 3, §§ 1º e 2º), mas admite exceções, tendo por base esclarecimento médico em relação aos riscos.

Vide: Provimento n. 52/2016 da CNJ, relativo a registro de nascimento e emissão de certidão de bebê gerado por reprodução assistida.

bições, ou restrições, p. ex., não só às práticas de mães substitutas, de cessão de óvulo fecundado ou de aluguel de útero, mas também às manipulações de embriões humanos gerados fora do corpo feminino para intervenções do tipo conservação a longo prazo em hibernação, com o fim de sua inserção em útero depois de muito tempo; para destruições, se defeituosos; para cessões a pessoas diversas; para modificações de seus caracteres biológicos mediante intervenções no próprio genoma, salvo para evitar doença (Res. CFM n. 2.168/2017, seção I, n. 5). Proibe-se, ainda, a fecundação de oócitos humanos com qualquer finalidade que não a procriação humana, por exemplo, para utilizações de material genético humano para a criação de híbridos ou de seres inteiramente novos em relação à natureza (Res. CFM n. 2.168/2017, Seção I, n. 6). Por isso vieram a constituir um grande avanço não só o vigente Código Civil, ao presumir como concebidos na constância do casamento o filho havido por fecundação artificial homóloga, mesmo que falecido o marido de sua mãe, que foi o doador do sêmen, havendo prévia autorização específica do falecido para o uso do material biológico (CC, art. 1.597, III; Resolução CFM n. 2.168/2017, seção VIII), o por fertilização *in vitro*, desde que os doadores do óvulo e do sêmen, que geraram o embrião excedente, sejam marido e mulher (CC, art. 1.597, IV) e o por inseminação artificial heteróloga, se houve prévia autorização do marido de sua mãe (CC, art. 1.597, V), como também a Lei n. 11.105/2005, estabelecendo normas para o uso de técnicas de engenharia genética, punindo a manipulação genética de células germinais humanas, a intervenção em material genético humano *in vivo*, exceto para tratamento de defeitos genéticos, e a produção, armazenamento ou manipulação de embriões humanos destinados a servir como material biológico disponível. Tais fenômenos, observa Paolo Vercellone, constituem um desafio para o mundo jurídico, surgindo problemas relativos à paternidade, principalmente na hipótese de uso de esperma de homem estranho ao casal, pois, se pela lei o filho de mulher casada será filho de seu marido, poderia o homem que deu o sêmen reconhecer como seu filho aquele bebê? O pai legal, pela demonstração de incompatibilidade genética, poderia intentar ação de negação de paternidade do nascido de fecundação artificial por meio de esperma de doador anônimo se consentiu nisso?

A filiação pode ser[33] classificada apenas *didaticamente* em:

1) *Matrimonial*, se oriunda da união de pessoas ligadas por matrimônio válido ao tempo da concepção, se resultante de união matrimonial que veio

33. Antônio Chaves, Filiação legítima, cit., p. 317; Ferrara, op. cit., p. 543; Márcio Antonio Boscaro, *Direito de filiação — de acordo com o novo Código Civil*, São Paulo, Revista dos Tribunais, 2002.

a ser anulada, posteriormente, estando ou não de boa-fé os cônjuges (CC, arts. 1.561, §§ 1º e 2º, e 1.617), ou se decorrente de uma união de pessoas que, após o nascimento do filho, vieram a convolar núpcias.

2) *Extramatrimonial,* provinda de pessoas que estão impedidas de casar ou que não querem contrair casamento, podendo ser "espúria" (adulterina ou incestuosa) ou natural, como mais adiante explicaremos.

Juridicamente, não há que se fazer tal distinção, ante o disposto na Constituição Federal de 1988, art. 227, § 6º, e nas Leis n. 8.069/90 e 8.560/92, pois os filhos, havidos ou não do matrimônio, têm os mesmos direitos e qualificações, sendo *proibidas quaisquer designações discriminatórias* (CC, art. 1.596).

As normas do Capítulo X (CPC, arts. 693 a 699), relativo às ações de família, aplicam-se aos processos conteciosos de filiação (CPC, art. 693), que terão uma tramitação especial, sempre privilegiando a tentativa de acordo.

B. Filiação matrimonial

b.1. Conceito de filiação matrimonial

A filiação matrimonial é a que se origina na constância do casamento dos pais, ainda que anulado ou nulo (CC, arts. 1.561 e 1.617).

Assim, o casamento dos genitores deve ser anterior não só ao nascimento do filho como também à sua própria concepção; logo, em princípio, o momento determinante de sua filiação matrimonial é o de sua concepção[34]. Todavia pode ocorrer que o filho seja concebido antes e nascido depois da celebração do casamento, sem que por isso deixe a filiação de ser matrimonial. Presume-se serem concebidos na constância do casamento filhos nascidos 180 dias após o estabelecimento da convivência conjugal ou dentro de 300 dias após a dissolução do casamento (CC, art. 1.597, I e II c/c CF, art. 226, § 6º, com a redação da EC n. 66/2010). A lei determina, portanto, o período no qual começa e termina a presunção da paternidade, considerando, aqui, uma dupla presunção: a de coabitação e fidelidade da mulher e a de reconhecimento implícito e antecipado da filiação feito pelo marido ao se casar — ou, ainda, havida por fecundação artificial homóloga, mesmo que falecido o marido de sua mãe, por inseminação artificial heteróloga, realizada com a anuência do marido de sua genitora e por fertili-

---

34. Planiol, Ripert e Boulanger, *Traité élémentaire de droit civil français*, Paris, 1926, v. 1, n. 1.282.

zação *in vitro*, se era embrião excedentário, oriundo de concepção artificial homóloga (CC, art. 1.597, III a V)[35].

O filho será matrimonial se veio à luz após a dissolução ou anulação do casamento, mas tendo sido concebido durante este, ou se foi concebido antes de celebrado o ato nupcial, apesar de ter nascido durante o casamento[36]. Logo, a filiação matrimonial é a concebida na constância do matrimônio, seja ele válido, nulo ou anulável, ou, em certos casos, antes da celebração do casamento, porém nascida durante a sua vigência, por reconhecimento dos pais (CC, art. 1.609, I).

b.2. Presunção legal *juris tantum* da paternidade

Em virtude da impossibilidade de se provar diretamente a paternidade, o Código Civil assenta a filiação num jogo de presunções, fundadas em probabilidades, daí estatuir (no art. 1.597) que se presumem matrimoniais os filhos concebidos na constância do casamento dos pais. Esta presunção é relativa ou *juris tantum*, pois a prova contrária é limitada, porém, em relação a terceiros é absoluta, pois ninguém pode contestar a filiação de alguém, visto ser a ação para esse fim privativa do pai (CC, art. 1.601)[37]. Firma o Código a presunção de que é pai aquele que o casamento demonstra; assim, presume a lei que o filho de mulher casada foi gerado por seu marido[38]. Pai, até prova em contrário por ele próprio produzida, é o marido[39].

---

35. Orlando Gomes, op. cit., p. 341-2 e 346; Antônio Chaves, Filiação legítima, cit., p. 323; Maria Garcia, Direito ao pai, *Atualidades Jurídicas*, n. 7, p. 177-190; *Ciência Jurídica*, *46*:109 — "Desconstituição de Registro Civil. A paternidade jurídica é imposta independentemente da biológica, não importando, para o direito, se o marido é o responsável pela geração do filho, desprezando-se a verdade real para que se atenda à necessidade de estabilização da sociedade e à segurança das relações jurídicas (TJMG)".

36. Antônio Chaves, Filiação legítima, cit., p. 319; Márcio A. Boscaro, op. cit.

37. Caio M. S. Pereira, *Instituições*, cit., p. 212; De Page (*Traité élémentaire de droit civil belge*, v. 1, n. 1.036) chega até a afirmar que "filiação é objeto de crença e não de ciência"; Pontes de Miranda, *Tratado de direito de família*, v. 3, § 122; Enrique A. Varsi Rospiglioso, "Pater est is quem sanguinis demonstrant", *RDC*, *54*:23; *Adcoas*, 1980, n. 70.823, TJSP; *Ciência Jurídica*, *50*:142 — "Em ação judicial onde a controvérsia é a paternidade biológica, ainda que existente registro civil reconhecendo a filiação, o acolhimento, pelo Juiz, da prova pericial relativa ao exame para impressões de DNA é imperativo decorrente do direito da parte de provar o seu interesse, sob pena de cerceamento de defesa (TJMG)".

38. Silvio Rodrigues, op. cit., p. 285; Luis Paulo C. Guimarães, A presunção da paternidade no casamento e na união estável, in *Família e cidadania* (coord. Rodrigo Cunha Pereira), Belo Horizonte, Del Rey, 2002, p. 367-77.

39. Orlando Gomes, op. cit., p. 343; Luís Paulo Cotrim Guimarães, Direito de filiação, *Consulex*, *11*:40-1; Márcio Antonio Boscaro, op. cit.; Álvaro Villaça Azevedo, Ética, direito e reprodução humana assistida, *O direito civil no século XXI* (coord. M. Helena Diniz e Roberto S. Lisboa), São Paulo, Saraiva, 2003, p. 55-72; Adriana C. do R. F. Da-

Com base em conhecimentos científicos, nosso Código Civil, no art. 1.597, estabelece a presunção de que foram concebidos na constância do casamento:

1) Os filhos nascidos 180 dias, pelo menos, depois de estabelecida a convivência conjugal e não do dia da celebração do ato nupcial, porque há casos de casamento por procuração[40]. Assim, se a criança nasceu 6 meses após o casamento, presume-se ser filha do casal; se veio à luz antes desse prazo, não há qualquer presunção de sua filiação[41]. Mas não se pode elidir a presunção da paternidade, nem contestar a filiação do nascido antes de 180 dias, exceto o marido, que tem o direito de contestar a paternidade de filho nascido de sua mulher (CC, art. 1.601).

Pelo regime anterior, esse direito de contestação de paternidade não era imprescritível (CC, art. 1.601, *in fine*), pois pelo Código Civil de 1916 (art. 339), se o filho nascesse antes do prazo legal, o marido não poderia contestar a filiação se: *a*) antes de se casar, tinha ciência da gravidez da mulher, caso em que há presunção de que, implicitamente, admitia que o filho era seu ou que desejava assumir essa paternidade por altruísmo, mesmo que não fosse responsável por ela, para poupar sua consorte, salvando-lhe a honra[42] e *b*) assistiu, pessoalmente, ou por procurador, à lavratura do termo de nascimento do filho, sem contestar a paternidade. De forma que, se deixasse que o recém-nascido fosse levado a registro com indicação de seu nome, não poderia alegar, mais tarde, sua ilegitimidade. Se quisesse contestar a paternidade, devia comparecer em cartório, ordenando a abertura do termo de nascimento do filho de sua mulher, ressalvando que, como o nascimento se dera antes de 6 meses da convivência conjugal, o bebê não era seu filho, acrescentando que se reservava o direito de propor, oportunamente, a ação negatória de paternidade[43].

2) Os filhos nascidos dentro dos 300 dias subsequentes à dissolução do casamento (CC, art. 1.597, II, c/c CF, art. 226, § 6º, com a redação da EC n. 66/2010) por morte, separação, divórcio, nulidade ou anulação, porque a gestação humana não vai além desse prazo[44]. Por conseguinte, o filho que

---

bus Maluf, *Curso de bioética e biodireito*, São Paulo, Atlas, 2010, p. 153-75.

Pelo art. 54, § 2º, da Lei n. 6.015/73, com a redação da Lei n. 12.662/2012, "o nome do pai constante da Declaração de Nascido Vivo não constitui prova ou presunção de paternidade, somente podendo ser lançado no registro de nascimento quando verificado nos termos da legislação civil vigente".

40. Pontes de Miranda, *Tratado de direito de família*, cit., v. 3, § 123.

41. Silvio Rodrigues, op. cit., p. 285.

42. Pontes de Miranda, *Tratado de direito de família*, cit., v. 3, § 208, n. 7; Silvio Rodrigues, op. cit., p. 286; W. Barros Monteiro, op. cit., p. 239.

43. Pontes de Miranda, *Tratado de direito de família*, cit., v. 3, § 208, n. 7.

44. Antônio Chaves, Filiação legítima, cit., p. 322. Observa Regina Beatriz Tavares da Sil-

nasceu 10 meses após a dissolução da sociedade ou do vínculo conjugal é considerado matrimonial, pois poderia ter sido concebido no último dia de vigência do enlace matrimonial. Mas se nasceu após esse prazo legal, foi concebido após a morte do consorte ou após a nulidade ou anulação do casamento, separação judicial ou divórcio[45].

Salvo prova em contrário, se a mulher, antes do prazo de 10 meses, vier a contrair novas núpcias, pois está viúva ou seu primeiro casamento foi invalidado, e lhe nascer algum filho, este se presume do primeiro marido, se nascido dentro dos 300 dias a contar da data do falecimento deste, e do segundo se o nascimento se der após esse período e já decorrido o prazo de 180 dias depois de estabelecida a convivência conjugal (CC, art. 1.598). Essa presunção de paternidade de filho nascido de bínuba é *juris tantum*, logo cederá, mediante prova em contrário (p. ex., teste de DNA), efetuada em ação ordinária provocada pelo interessado.

Acrescentaria o Projeto de Lei n. 699/2011 parágrafo único ao art. 1.597, dispondo que: "Cessa a presunção de paternidade no caso do inciso II, se à época da concepção os cônjuges estavam separados de fato", mas tal proposta, contida no Projeto de Lei n. 6.960/2002 (atual PL n. 699/2011), foi rejeitada pelo Parecer Vicente Arruda, ante o fato de o art. 1.597 conter casos de presunção relativa e não absoluta; se assim é, provando-se a separação de fato, à época da concepção, aquela presunção não se lhe aplicará. Se a coabitação for suspensa antes da dissolução da sociedade conjugal, não haverá, assim, base para sustentar a presunção da paternidade. O direito projetado, alterando redação do art. 1.598, acrescentando parágrafo único, pretende fazer com que não haja presunção de paternidade do primeiro marido, se à época da concepção os cônjuges já estavam separados de fato. Tal presunção de filiação ao que nascer nos 300 dias subsequentes à dissolução da socieda-

---

va (*Novo Código Civil comentado*, coord. Fiuza, São Paulo, Saraiva, 2002, p. 1407 e 1408) que: a presunção do inciso II não faz qualquer sentido, porque: *a*) a separação judicial, nulidade e anulação do casamento são, em regra, precedidas de separação de fato entre os cônjuges; assim sendo não podem os filhos havidos 300 dias após as respectivas sentenças ser considerados, presumivelmente, como do marido; *b*) se o cônjuge simplesmente separado de fato pode constituir união estável (CC, art. 1.723, § 1º), o filho havido da nova relação da mulher será tido presumivelmente como de seu marido.

45. Silvio Rodrigues, op. cit., p. 286; Código Civil, arts. 1.605 e 1.606. Lógico é o prazo de 300 dias, porque o tempo de gestação, em regra, é de 40 semanas entre 270 a 280 dias, logo ultrapassados os 300 dias de dissolução de sociedade conjugal desaparecerá a presunção de filiação matrimonial. Sobre isso: Carlos Eduardo N. Camillo, *Comentários*, cit., p. 1163.

de conjugal apenas poderá subsistir se os cônjuges, à época da concepção, mantinham o relacionamento conjugal, não estando separados de fato.

3) Os filhos havidos por fecundação artificial homóloga, mesmo que falecido o marido. Assim, o filho concebido *post mortem* terá, por ficção jurídica, um lar, possibilitando a sua integração familiar e social, tendo em vista que a família monoparental é protegida constitucionalmente. Mas, por outro lado, o uso do material fertilizante depende de anuência prévia específica do doador (Resolução CFM n. 2.168/2017, seção VIII), uma vez que tem propriedade sobre as partes destacadas de seu corpo. Logo, deverá estar vivo, por ocasião da inseminação, manifestando obrigatoriamente sua vontade, após prévio esclarecimento (livre e esclarecido) do processo a que se submeterá (Resolução CFM n. 2.168/2017, seção I, n. 4). Deverá, então, para na hipótese de sua morte, deixar declaração expressa em formulário especial, por instrumento público ou testamento, de que permite a utilização de seu sêmen na inseminação artificial de sua mulher? Se não houver tal declaração, a clínica de reprodução assistida, depositária da célula germinal congelada, deverá entregá-la à viúva? Esta poderia obrigar a clínica a inseminá-la? Autorizar sua inseminação não seria, nesta hipótese, uma violação ao direito do morto, uma vez que a paternidade deve ser desejada e não imposta? Se não houvesse esse dispositivo do atual Código Civil, dúvidas palpitantes surgiriam como: a criança seria filha de quem? Embora fosse filha genética do marido de sua mãe, seria, juridicamente, extramatrimonial, não teria pai, nem poderia ser registrada como filha do doador por ter nascido 300 dias após o óbito dele (CC, art. 1.598, 2ª parte). Nem haveria como explicar a paternidade, uma vez que o casamento se extingue com a morte, nem como conferir direitos sucessórios ao que nascer por inseminação *post mortem*, já que não estava concebido por ocasião da morte de seu pai genético (CC, art. 1.798). Segundo o Enunciado n. 106 do Conselho de Justiça Federal, aprovado na Jornada de Direito Civil de 2002, "para que seja presumida a paternidade do marido falecido, será obrigatório que a mulher, ao se submeter a uma das técnicas de reprodução assistida com o material genético do falecido, esteja na condição de viúva, sendo obrigatório, ainda, que haja autorização escrita do marido para que se utilize seu material genético após sua morte". Mas o problema não terminaria aí. Suponhamos que uma viúva, meses depois do óbito do marido, respeitando a vontade deste, submeta-se a uma inseminação artificial homóloga *post mortem*, dando a luz a um menino, que foi registrado como filho do casal por declaração materna, baseada no art. 1.597, III, do Código Civil, e um dos filhos do *de cujus*, na qualidade de inventariante (CC, art. 1.615), vem a impugnar sua habilitação como herdeiro necessário. Seria cabível, ante a presunção *juris tantum* de paternidade, o ajuizamento de in-

vestigação de paternidade cumulada com petição de herança, pedindo, ainda, a reserva de seu quinhão, até a decisão da investigatória? Ou bastaria apenas contestar a impugnação de sua qualidade de herdeiro? Se, pelo direito brasileiro, a herança se transmite no instante do óbito do *de cujus*, teria legitimação para suceder se não havia sido concebido, nem nascido por ocasião da abertura da sucessão? Teria ele, *de lege lata*, direito à sucessão legítima? Entretanto, há quem entenda, como José Luiz Galvão de Almeida, que ante a relação de filiação biológica com o falecido, aplicando-se os arts. 227, § 6º, e 1º, III, da Constituição Federal, deveria o assim concebido ter direito sucessório, por força da lacuna normativa existente a esse respeito e do disposto nos arts. 4º e 5º da Lei de Introdução às Normas do Direito Brasileiro[46].

4) Os filhos havidos, a qualquer tempo, quando se tratar de embriões excedentários (Lei n. 11.105/2005, arts. 5º, I e II, §§ 1º e 2º, e 6º, III, regulamentada pelo Decreto n. 5.591/2005, arts. 3º, XIII, XIV, XV, 63 a 67; Res. CFM n. 2.168/2017, seção V, n. 2 a 4), decorrentes de concepção artificial homóloga, isto é, dos componentes genéticos advindos do marido e da mulher. Aqui também é preciso anuência expressa do casal após esclarecimento da técnica de reprodução assistida *in vitro* (Res. CFM n. 2.168/2017, seção I, n. 4) a que se submeterão. Há, ainda, a possibilidade de um dos genitores do embrião congelado estar morto. Como admitir paternidade ou maternidade forçada? Qual o destino do embrião excedentário? Não poderiam os pais do embrião excedente cedê-lo para outro casal, que o adotaria? Se a mãe não puder tê-lo implantado no seu útero, o casal deverá permitir que o seja no de outra mulher, ou deverá renunciar a ele congelando-o? Quem tem legitimidade para decidir sobre o destino desse embrião? Qual a situação jurídica do embrião congelado? Os pais teriam sua guarda, ficando a clínica, na qualidade de depositária, com seu controle? Poderia alguém ser forçado pela lei a ser mãe ou pai se, p. ex., um divorciado ou separado de fato ou judicialmente pretendesse utilizar embrião congelado, fertilizado na proveta durante a vigência do casamento, sem a anuência do ex-cônjuge? Segundo o Enunciado n. 107 do Conselho de Justiça Federal (aprovado na Jornada de Direito Civil de 2002), "finda a sociedade conjugal, na forma do art. 1.571, a regra do inc. IV somente poderá ser aplicada se houver autorização prévia, por escrito, dos ex-côn-

46. Carlos Cavalcanti de Albuquerque Filho, Fecundação artificial *post mortem* e o direito sucessório, *Família e dignidade humana*, Anais do V Congresso Brasileiro de Direito de Família (coord. R. Cunha Pereira), São Paulo, IOB Thomson, 2006, p. 169-92; Cristiano Colombo, *Da reprodução assistida homóloga "post mortem" e o direito à sucessão legítima*, Porto Alegre: Verbo Jurídico, 2012.

juges, para a utilização dos embriões excedentários, só podendo ser revogada até o início do procedimento de implantação desses embriões". Se um casal preservasse embrião congelado e morresse num desastre, aquele embrião teria direito à herança *in potentia*? Se já estava concebido quando o seu pai faleceu, não seria herdeiro? Teria direito a um curador que zelasse pelos seus direitos? Se implantado em útero de mãe de substituição (*surrogate mother* ou *mère porteuse*), que direito teria ao espólio, nascendo com vida? Se implantado em útero cedido para esse fim, que direito teria sobre ele a mãe gestacional? Não poderia surgir um conflito de maternidade? De quem seria a criança: da que cedeu o óvulo (genetrix) ou da que concedeu o útero (gestatrix)? Dever-se-á presumir que *partus sequitur ventrem*, ou seja, a maternidade se determina pelo parto da mulher que deu à luz? A mãe gestacional não teria com a criança uma relação de parentesco socioafetivo? Não deveria ser considerada como mãe a que forneceu o óvulo, por ser dela a vontade de procriar, visto que a outra somente "cedeu" gratuita e temporariamente o uso de seu útero? Pelo Enunciado n. 45 da I Jornada de Direito da Saúde do CNJ/2014: "Nas hipóteses de reprodução humana assistida, nos casos de gestação de substituição, a determinação do vínculo de filiação deve contemplar os autores do projeto parental, que promoveram o procedimento". Diante de tantos problemas, não bastaria a presunção de sua concepção na constância do casamento; seria preciso, ainda, p. ex., que houvesse: *a*) reconhecimento de direitos aos embriões congelados, como o de sua custódia pelos pais, o de sua sucessão, o de seu uso racional; *b*) proibição de conservação de embriões, a longo prazo, em hibernação; *c*) vedação de bancos de embriões congelados, evitando sua crioconservação com fins mercantis ou experimentais, e, se impossível for tal proibição, evitar que seu armazenamento passe de dez anos, devendo, em caso de morte de um dos cônjuges, o sobrevivente decidir sobre o seu destino, desde que não o destrua ou comercialize, doando-o a outrem ou implantando-o no seu útero. Por tal razão, a Resolução n. 2.168/2017, seção V, n. 3, prescreve: "no momento da criopreservação, os pacientes devem manifestar sua vontade, por escrito, quanto ao destino a ser dado aos embriões criopreservados em caso de divórcio ou dissolução de união estável, doenças graves ou falecimento de um deles ou de ambos, e quando desejam doá-los". Se a doação, ou melhor, cessão temporária de útero, no Brasil, por força da Res. do CFM n. 2.168/2017, Seção VII, n. 1 e 2, só se pode dar no âmbito familiar de um dos parceiros num parentesco até o quarto grau, vedando qualquer tipo de pagamento, como fica, então, a questão do parentesco diante dessa resolução, se o embrião for implantado, p. ex., no útero da mãe da doadora do óvulo? A criança seria "irmã" de sua mãe e "filha" de sua avó? Quais os efeitos dessa cessão temporária e gratuita de útero?

5) Os filhos havidos por inseminação artificial heteróloga, desde que haja prévia autorização do marido (Res. CFM n. 2.168/2017, seção I, n. 4), reforçando a natureza socioafetiva do parentesco. Pelo Enunciado n. 39 da I Jornada de Direito da Saúde do CNJ/2014: "O estado de filiação não decorre apenas do vínculo genético, incluindo a reprodução assistida com material genético de terceiro, derivando da manifestação inequívoca de vontade da parte". Não haveria falsa inscrição no registro civil, ante essa presunção legal de que é filho do marido de sua mãe, mesmo que ele tenha autorizado aquela fertilização? Se a mulher se submeter a uma inseminação heteróloga não consentida, poder-se-á ter uma causa para reparação por dano moral ou separação judicial por injúria grave, pois a paternidade forçada (CC, art. 1.597, V) atinge a integridade moral e a honra do marido que, se quiser, poderá pedir o divórcio, sem contudo apontar o motivo que o levou a isso. Pode ocorrer, ainda, arrependimento do marido após a realização da fecundação artificial, sugerindo o aborto, ou depois do nascimento, provocando infanticídio, rejeição, abandono ou maus-tratos, e, ainda, poderá mover ação negatória de paternidade, alegando que foi dolosamente enganado ou que anuiu por coação. Pelo Enunciado n. 104 do Conselho de Justiça Federal (aprovado na Jornada de Direito Civil de 2002), "no âmbito das técnicas de reprodução assistida envolvendo o emprego de material fecundante de terceiros, o pressuposto fático da relação sexual é substituído pela vontade (ou eventualmente pelo risco da situação jurídica matrimonial) juridicamente qualificada, gerando presunção absoluta ou relativa de paternidade no que tange ao marido da mãe da criança concebida, dependendo da manifestação expressa (ou implícita) de vontade no curso do casamento". A presunção do art. 1.597, V, visa a instaurar a vontade procriacional no marido, como um meio de impedi-lo de desconhecer a paternidade do filho voluntariamente assumido ao autorizar a inseminação heteróloga de sua mulher. A paternidade, então, apesar de não ter componente genético, terá fundamento moral, privilegiando-se a relação socioafetiva. Seria torpe, imoral, injusta e antijurídica a permissão para o marido que, consciente e voluntariamente, tendo consentido com a inseminação artificial com esperma de terceiro, negasse, posteriormente, a paternidade. Como admitir àquele que deu o nome à criança, tratando-a, perante a sociedade, como filha, venha a negar sua filiação, ferindo sua dignidade como ser humano? Justa não seria a permissão da propositura de ação, com o escopo de desconstituir o registro de nascimento pelo pai que reconheceu aquele filho, mesmo sabendo da inexistência do vínculo biológico, desde que esteja evidenciada a situação de paternidade socioafetiva. Por isso, alguns autores, como Guilherme C. Nogueira da Gama, entendem que o art. 1.597, V, gera presunção *juris et de*

jure, assim, não será possível admitir, juridicamente, a impugnação da paternidade para aquele que anuiu no projeto de reprodução assistida heteróloga, observando-se o princípio da paternidade responsável (CF, art. 226, § 7º). Mas o que fazer em caso de vontade procriacional viciada? Se anuiu na inseminação artificial heteróloga, será o pai legal da criança assim concebida, não podendo voltar atrás, salvo se provar que, na verdade, aquele bebê adveio da infidelidade de sua mulher (CC, arts. 1.600 e 1.602), fato esse que também pode gerar demanda de separação judicial litigiosa. A impugnação da paternidade conduzirá o filho a uma paternidade incerta, devido ao segredo profissional médico e ao anonimato do doador do sêmen inoculado na mulher. Por isso, há quem ache, como Holleaux, que tal anuência só será revogável até o momento da inseminação; feita esta, não poderá desconhecer a paternidade do filho de sua esposa. Deveras, como admitir o *venire contra factum proprium*, se indica ato contraditório a comportamento anterior, contrário à boa-fé, pois ninguém pode alegar, em juízo, a própria malícia? Como bem pondera Zeno Veloso: "Seria injurídico, injusto, além de imoral e torpe, que o marido pudesse desdizer-se e, por sua vontade, ao seu arbítrio, desfazer um vínculo tão significativo, para o qual aderiu consciente e voluntariamente". Esta solução parece ser mais razoável e justa ante a doutrina dos atos próprios de Diez-Picazo, fundada no princípio da boa-fé e da lealdade do comportamento. Se se impugnar fecundação heteróloga consentida, estar-se-á agindo deslealmente, uma vez que houve deliberação comum dos consortes, decidindo que o filho deveria nascer. Esta foi a razão do art. 1.597, V, que procurou fazer com que o princípio de segurança das relações jurídicas prevalecesse diante do compromisso vinculante entre cônjuges de assumir paternidade e maternidade, mesmo com componente genético estranho, dando-se prevalência ao elemento institucional e não ao biológico. Mas, para que isso seja possível, a lei civil deveria ter especificado que o consentimento para a inseminação artificial heteróloga fosse por escrito. Frágil seria, então, a anuência verbal. Se o marido vier a impugnar a filiação, deverá provar que não anuiu naquela inseminação. O novo Código estaria, ao admitir o registro como filho do marido, quem o é, biologicamente, de outro homem, validando uma espécie do gênero *adoção à brasileira*[47], como ob-

---

47. *Vide*: *BAASP, 2.949*:11. *RT, 802*:353: a) Registro civil — Assento de nascimento — Ação anulatória e exclusão de filiação — Propositura por irmão, que se insurge contra adoção à brasileira de criança abandonada por seu genitor, para o fim de excluí-la da condição de herdeira daquele — Inadmissibilidade — Ausência de legitimidade e interesse de agir — Direito personalíssimo do adotado que, após sua perfectibilização, não pode ser anulado sequer pelo pai que efetuou o registro. *Ementa da Redação: É parte ile-*

gítima para propor a ação anulatória de assento de nascimento e exclusão de filiação o irmão de criança abandonada, que se insurge contra sua adoção à brasileira por seu genitor, para o fim de excluí-la da condição de herdeira do mesmo, eis que constitui direito personalíssimo do filho adotado, não podendo ser proposta sequer pelo pai que efetuou o registro, após sua perfectibilização. b) Registro civil — Assento de nascimento — Adoção à brasileira — Falsa declaração de paternidade de criança abandonada — Pretensão de anulação do registro de nascimento com a exclusão de filiação hereditária — Inadmissibilidade — Direito constitucional satisfeito de forma diversa que deve ser preservado, mormente quando o curso do tempo revelou ter atingido sua finalidade precípua, com a produção de efeitos jurídicos e sociais na esfera da menor, agregando-se à sua personalidade, sendo indisponível e irretratável — Prevalência do sentimento de nobreza — Inteligência do art. 348 do CC. *Ementa da Redação: Nos termos do art. 348 do CC, descabe a pretensão anulatória do registro de nascimento de criança abandonada, visando a exclusão de filiação hereditária, quando o declarante, dolosamente, movido por um sentimento de nobreza, procede ao seu registro como filha legítima, querendo lhe conferir os mesmos direitos que seus outros filhos. Na espécie, tratando-se de adoção à brasileira, ainda que a filiação seja oriunda de falsa declaração de paternidade, deve prevalecer o sentimento de nobreza, mormente quando o curso do tempo revelou ter atingido sua finalidade precípua, com a produção de efeitos jurídicos e sociais na esfera da menor, agregando-se à sua personalidade, de molde a constituir um direito indisponível seu de natureza irretratável. Ap. 00.000299-2* — 1ª Câm. — j. 26-11-2001 — rel. Des. Amaury Moura Sobrinho. c) *RT, 829*:681: Crime contra o estado de filiação — Supressão ou alteração de direito inerente ao estado civil de recém-nascido — Caracterização — Estrangeiro — Registro de filho alheio realizado com a finalidade de obter visto para permanecer no País — Ato que não foi praticado com a intenção de beneficiar a criança — Inteligência do art. 242 do CP. *Ementa da Redação: Pratica o crime previsto no art. 242 do CP o estrangeiro que providencia registro de filho alheio com a finalidade de obtenção de visto para permanecer no País. Embora o delito não se configure quando praticado com a intenção de beneficiar a criança, não restou comprovado o intuito de salvar o recém-nascido e de não alterar a verdade, prejudicar direito ou criar obrigação. Ap. 2001.02.01.028035-2-RJ* — 5ª T. — j. 27-4-2004 — rel. Des. Raldênio Bonifacio Costa — *DJU* 12-5-2004. *Vide RT, 725*:190: "casal que procedeu ao falso registro de criança abandonada, como se fora filha legítima — anulação proposta por filho legítimo daquele que se declarou pai — Inadmissibilidade — Legitimidade e interesse de agir descaracterizados — Declarações de votos. *Ementa*: Não há legitimidade, nem interesse de agir, para filho, civilmente capaz e apto para o trabalho, ingressar com ação de anulação de registro civil contra seus pais, que reconhecerem como seu filho de outrem, há tempos atrás, pois não é credor concorrente de alimentos, nem pode, por mera expectativa de direito sucessório, pleitear a referida anulação". O herdeiro poderá somente depois do óbito do "adotante", alegando interesse econômico, pleitear anulação do registro do filho "adotado à brasileira". Enquanto não aberta a sucessão do "adotante", só terá legitimidade para anular o assento civil o pai biológico ou o próprio adotado, por si, ou representado, se incapaz. A *notitia criminis* poderá ser levada ao conhecimento da autoridade policial para a instauração de inquérito (CP, art. 242) que poderá depois ser usado como prova na ação anulatória de registro de "filho" à brasileira, após o óbito do "adotante". Deve-se, contudo, atentar para o prazo de prescrição penal, que começa a correr da data em que o fato se tornou conhecido (CP, art. 111, IV).

O STJ (3ª T., em 14-7-2009, rel. Min. Massami Uyeda) entendeu que a adoção à brasileira não pode ser desconstituída após formação do vínculo de paternidade socioafetiva.

serva Ricardo Algarve Gregório? Ou estaria consagrando a paternidade socioafetiva? Além disso, o doador do sêmen, descobrindo o destinatário de seu material fertilizante, poderia, ou não, vir a reconhecer o filho? Como solucionar, então, o conflito de paternidade? Não haveria negação ao filho do direito à identidade genética, pois o doador ficará incógnito? Não teria o filho o direito de conhecer sua origem ou de ter acesso à identidade de seu pai genético? Tem direito de saber, como diz Paulo Luiz Netto Lôbo, a história da saúde de seus parentes consanguíneos para fins de prevenção de moléstia congênita física ou psíquica ou para evitar incesto, tendo, para tanto, acesso aos dados genéticos do doador anônimo do material fertilizante, constantes do arquivo da Clínica de Reprodução Assistida (Res. CFM n. 2.168/2017, Seção III, n. 2 a 4, Seção IV, n. 2 a 4); logo não poderá pleitear o estabelecimento da relação de parentesco, nem responsabilidade civil do doador. Esse direito da personalidade (CF, art. 5º, XIV) não se confunde com o direito à filiação, nem gera direito de reivindicar nome de família, pensão alimentícia e herança do pai genético. Nos casos de inseminação artificial heteróloga, a busca da verdade biológica pelo filho só poderia conduzir à preservação do direito à identidade genética e não ao da filiação? Por tal razão, o art. 9º, § 1º, do PL 90 (Substitutivo), de 2001, dispõe que a pessoa nascida por processo de reprodução assistida terá acesso, a qualquer tempo, diretamente ou por meio de representante legal, e desde que manifeste sua vontade, livre, consciente e esclarecida, a todas as informações sobre o processo que a gerou, inclusive *à identidade civil do doador*, obrigando-se o serviço de saúde responsável a fornecer as informações solicitadas, mantidos os segredos profissional e de justiça. E no § 2º do art. 9º acrescenta que, quando razões médicas ou jurídicas indicarem ser necessário, para a vida ou a saúde da pessoa gerada por processo de reprodução assistida, ou para oposição de impedimento do casamento, obter informações genéticas relativas ao doador, estas deverão ser fornecidas ao médico solicitante, que guardará o devido segredo profissional, ou ao oficial do registro civil ou a quem presidira a celebração do casamento, que notificará os nubentes e procederá na forma da legislação civil. E complementa dispondo, no § 3º do mesmo artigo, que, no caso do parágrafo anterior, *resguardar-se-á a identidade civil do doador*, mesmo que o médico venha a entrevistá-lo para obter maiores informações sobre sua saúde (grifos nossos).

Vide: Fabíola S. Albuquerque, Adoção à brasileira e a verdade do registro civil, *Família e dignidade*, Anais do V Congresso Brasileiro de Direito de Família (coord. R. Cunha Pereira), São Paulo, IOB Thomson, 2006, p. 347-66.

Vide: *RT, 828*:365; *JTJRS, 182*:388.

Como se pode ver, muitos são os problemas gerados pela reprodução assistida que refogem ao âmbito do direito civil, caindo, pois, sob a égide do biodireito, por envolver questões jurídicas e técnicas que só podem ser regidas por normas especiais, ou melhor, por um Código Nacional de Bioética, que indique o caminho a percorrer[48], pois mais importante que o vínculo

48. M. Helena Diniz, *O estado atual do biodireito*, cit., p. 456-7; Claudia Stein, Da filiação socioafetiva: questões que o Poder Judiciário tem de enfrentar, sobretudo a partir da promulgação do Código Civil de 2002, *A outra face*, cit., p. 394 a 401; Claudete C. Canezin, Filiação socioafetiva: um passo do direito ao encontro da realidade, *Revista Síntese — Direito de Família, 69*:9-23; Fernanda A. C. Otoni, A filiação socioafetiva no direito brasileiro e a impossibilidade de sua desconstituição posterior, *Revista Síntese — Direito de Família, 69*:43-57; Luiz Paulo Cotrim Guimarães, *A paternidade presumida no direito brasileiro e comparado*, Rio de Janeiro, Renovar, 2001, p. 219; Dano moral na contestação da paternidade, *Revista Jurídica*, Del Rey, *8*:26; A problemática ético-jurídica da reprodução humana assistida e seus reflexos no direito civil e constitucional, *Revista Jurídica da Universidade Católica Dom Bosco, 1*:122-36; Guilherme C. Nogueira da Gama, Filiação e reprodução assistida: introdução ao tema sob a perspectiva do direito comparado, *RT, 776*:60; Eliane O. Barros. *Aspectos jurídicos da inseminação artificial heteróloga*. Belo Horizonte, Fórum, 2010; Adriana A. de L. Vilela, O art. 27 do ECA — Direito ao estado de filiação *versus* PL n. 1.184/2003 — Filiação de crianças nascidas através de reprodução assistida e o anonimato do doador — uma leitura sob a ótica do princípio constitucional da dignidade, *Revista IOB de Direito de Família, 46*:63-79; Ionete de M. Souza, Paternidade socioafetiva, *Revista IOB de Direito de Família, 46*:90-7; Jédison D. Maidana, O fenômeno da paternidade socioafetiva: a filiação e a revolução genética, *Revista Brasileira de Direito de Família, 24*:50-79; Marco Antonio Zanellato, A procriação medicamente assistida e seus efeitos jurídicos, in *O Código Civil e sua interdisciplinaridade*, cit., p. 477-516; Zeno Veloso, *Direito brasileiro*, cit., p. 151; Juliane Fernandes Queiroz, *Paternidade — aspectos jurídicos e técnicas de inseminação artificial*, Belo Horizonte, Del Rey, 2001; Paulo Luiz Netto Lôbo, Direito ao estado de filiação e direito à origem genética: uma distinção necessária, *Revista Brasileira do Direito de Família, 19*:133-56; Jussara Maria Leal de Meirelles, Filhos da reprodução assistida, *Família e cidadania*, cit., p. 391-403; Mônica Aguiar, *Direito à filiação e bioética*, Rio de Janeiro, Forense, 2005; Rogério Alvarez de Oliveira, A inseminação artificial no novo Código Civil — filiação e sucessão, in *Questões de direito civil e o novo Código*, Procuradoria da Justiça do Estado de São Paulo, p. 291-314; José Luiz Galvão de Almeida, *Código Civil comentado*, São Paulo, Atlas, 2003, v. XVIII; Suzana S. M. Albano, Reprodução assistida: os direitos dos embriões congelados e daqueles que os geram, *Revista Brasileira de Direito de Família, 34*:72-98; Bernardo Castelo Branco, *Dano moral no direito de família*, São Paulo, Método, 2006, p. 134-174; Renata M. Vilas-Bôas, Inseminação artificial no ordenamento jurídico brasileiro: a omissão presente no Código Civil e a busca por uma legislação específica, *Revista Síntese — Direito de Família, 67*:127-54. A Lei francesa n. 2002-93 permite, quando se atingir a maioridade, o acesso à origem e às informações sobre condições genéticas, sem finalidade de obter parentesco legal. E o direito espanhol admite a revelação da identidade do doador, sem gerar direito a alimentos e à sucessão. Pelo Enunciado n. 105 do Conselho de Justiça Federal (aprovado nas Jornadas de Direito Civil de 2002), as expressões "fecundação artificial", "concepção artificial" e "inseminação artificial" constantes, respectivamente, dos incisos III, IV e V do art. 1.597, deverão ser inter-

biológico é o socioafetivo, impregnado de amor e de solidariedade familiar. Entre a verdade biológica e a socioafetiva dever-se-á privilegiar aquela que melhor der guarida à dignidade humana e ao direito à convivência familiar.

b.3. Ação negatória de paternidade e de maternidade

A presunção de paternidade não é *juris et de jure* ou absoluta, mas *juris tantum* ou relativa, no que concerne ao pai, que pode elidi-la provando o contrário. Essa ação negatória de paternidade é de ordem pessoal, sendo privativa do marido, por ter nela interesse moral e econômico (*RF, 195*:243), logo só ele tem *legitimatio ad causam* para propô-la (CC, art. 1.601, *caput*; *RF, 195*:243) a qualquer tempo. Mas "o conhecimento da ausência de vínculo biológico e a posse de estado de filho obstam a contestação da paternidade presumida" (Enunciado n. 520 do Conselho da Justiça Federal, aprovado na *V Jornada de Direito Civil*). Ninguém mais poderá mover essa ação, se o suposto pai, que foi atingido pela presunção da paternidade, ficar silente, terceiro não poderá questioná-la; mas se, porventura, falecer na pendência da lide, a seus herdeiros será lícito continuá-la (CC, art. 1.601, parágrafo único)[49]. Se o marido tornar-se incapaz na pendência da lide, há quem enten-

---

pretadas como "técnica de reprodução assistida". E pelo Enunciado n. 257 do Conselho da Justiça Federal, aprovado na III Jornada de Direito Civil, "as expressões 'fecundação artificial', 'concepção artificial' e 'inseminação artificial', constantes, respectivamente, dos incs. III, IV e V do art. 1.597 do Código Civil, devem ser interpretadas restritivamente, não abrangendo a utilização de óvulos doados e a gestação de substituição". Há Projeto de Lei n. 1.184/2003 que visa regulamentar o uso das técnicas de reprodução assistida para implantação artificial de gametas ou embriões humanos fertilizados *in vitro*.

Sobre *técnicas de reprodução humana assistida*: Resolução RDC n. 23/2011 da ANVISA.

49. Caio M. S. Pereira, *Instituições*, cit., p. 216-7; Leila Maria T. de Brito, Negatória de paternidade e anulação de registro civil: certezas e instabilidades, *Revista Brasileira de Direito de Família, 36*:5-16; Denise Duarte Bruno, As ações de negatória de paternidade e o abandono socioafetivo, *Direito das famílias* — homenagem a Rodrigo de C. Pereira (org. Mª Berenice Dias), São Paulo, Revista dos Tribunais, 2009, p. 456 a 467; Anderson Schreiber, O princípio da boa-fé objetiva no direito de família, *Família e dignidade humana*, Anais do V Congresso Brasileiro de Direito de Família (coord. R. da Cunha Pereira), São Paulo, IOB Thomson, 2006, p. 125-143; Edilane C. R. Nazareth, A imprescritibilidade da ação negatória de paternidade em face dos princípios constitucionais vigentes, *MPMG Jurídico*, n. 12, p. 40 a 47. Sobre ação negatória: *Adcoas*, 1980, n. 70.807, TJRJ; *RT, 406*:136; *518*:116, *547*:57 e 58, *546*:224, *510*:96, *568*:72, *541*:129, *637*:63, *835*:375; *JTJRS, 237*:248, *246*:201, *249*:212; *RJTJSP, 157*:143, *144*:104; *RTJ, 80*:565; *JSTJ, 7*:295; *RSTJ, 97*:203 (ação negatória cumulada com cancelamento de registro civil). Pelo Enunciado n. 258 do Conselho da Justiça Federal, aprovado na III Jornada de Direito Civil, "Não cabe a ação prevista no art. 1.601 do Código Civil se a filiação tiver

origem em procriação assistida heteróloga, autorizada pelo marido nos termos do inc. V do art. 1.597, cuja paternidade configura presunção absoluta". Já houve decisão de que: a) "1. A ação negatória de paternidade é imprescritível, na esteira do entendimento consagrado na Súmula 149/STF, já que a demanda versa sobre o estado da pessoa, que é emanação do direito da personalidade. 2. No confronto entre a verdade biológica, atestada em exame de DNA, e a verdade socioafetiva, decorrente da denominada 'adoção à brasileira' (isto é, da situação de um casal ter registrado, com outro nome, menor, como se deles filho fosse) e que perdura por quase quarenta anos, há de prevalecer a solução que melhor tutele a dignidade da pessoa humana. 3. A paternidade socioafetiva, estando baseada na tendência de personificação do direito civil, vê a família como instrumento de realização do ser humano; aniquilar a pessoa do apelante, apagando-lhe todo o histórico de vida e condição social, em razão de aspectos formais inerentes à irregular 'adoção à brasileira', não tutelaria a dignidade humana, nem faria justiça ao caso concreto, mas, ao contrário, por critérios meramente formais, proteger-se-iam as artimanhas, os ilícitos e as negligências utilizadas em benefício do próprio apelado" (TJPR, AC 108.417-9, rel. Des. Accácio Cambi, j. 12-12-2001); b) "1. O estado de filiação é a qualificação jurídica da relação de parentesco entre pai e filho que estabelece um complexo de direitos e deveres reciprocamente considerados. 2. Constitui-se em decorrência da lei (artigos 1.593, 1.596 e 1.597 do Código Civil, e 227 da Constituição Federal), ou em razão da posse do estado de filho advinda da convivência familiar. 3. Se o autor registrou o réu como filho, sem saber que não era o pai biológico, e não manteve qualquer relação socioafetiva com ele, a ação negatória de paternidade é medida que se impõe, pois, neste caso, a verdade biológica deve prevalecer sobre a verdade registral" (TJRS, AC 70016410912, 8ª Câm. Cív., v. un., j. 5-10-2006, rel. Claudir Fidélis Faccenda); c) "Direito de Família — Negatória de paternidade — Prova conclusiva — Busca da verdade real. 1 — É direito da criança conhecer a sua verdadeira origem. A ação negatória de paternidade, a exemplo da investigação, atende não apenas ao interesse do pai, mas também dos filhos. 2 — Daí não tem como prevalecer o interesse social que decorre da "paternidade socioafetiva" sobre a verdade real. Demonstrando a prova que o pai da criança não é o que consta do registro, o pedido formulado na ação negatória de paternidade deve ser acolhido. 3 — Recurso provido" (TJDF, 1ª TCív., ApC 2005.10.1.006368-6-DF, rel. Des. Antoninho Lopes, j. 8-8-2007, *Bol. AASP, 2.574*:1515-10); d) "Apelação Cível — Família — Ação de anulação de registro civil c.c. negatória de paternidade — Impossibilidade — Existência de socioafetividade — Mostra-se desnecessária a realização de exame de DNA quando já afirmado pela mãe do menino o fato de o demandante não ser o pai biológico do infante. A prova dos autos é bastante a concluir-se que o autor tinha conhecimento de que não era o genitor da criança na ocasião do registro, levado a efeito meses após o nascimento. Segundo orientação sedimentada desta Corte, comprovada a socioafetividade entre pai e filho, não é possível a anulação do registro civil, tampouco a desconstituição de paternidade. Inteligência do art. 1.609 do CC, que dispõe acerca da irrevogabilidade do reconhecimento do filho havido fora do casamento. Apelação desprovida" (TJRS, 7ª CCív., ApC 70030476311, Santa Maria-RS, rel. Des. José Conrado de Souza Júnior, j. 14-10-2009, *Bol. AASP, 2.698*:5731); e) "Família — Negativa de paternidade — Retificação de assento de nascimento — Alimentos — Vício de consentimento não comprovado — Vínculo de parentalidade — Prevalência da realidade socioafetiva sobre a biológica. Reconhecimento voluntário da paternidade, declaração de vontade irretratável. Exegese do art. 1.609 do CCB/2002. Ação improcedente, sentença mantida. Apelação desprovida" (TJRS, 8ª CCív., ApC 70035984046-Getúlio Vargas-RS, rel. Des. Luiz Ari Azambuja Ramos, j. 24-6-2010, *Bol. AASP, 2.709*:5819). *BAASP, 2903*:11. Paternidade. Ação negatória. Registro. Induzimento ao erro pela genitora. Exame de DNA que comprovou inexistência de paternidade por parte do autor. Extinção do processo sem julgamento de mérito por carência de ação em primeiro grau, por entender o juiz que a ação negatória é privativa do marido relativamente a filho havido na constância do casamento, o que não era o caso. Irrelevância do *nomen juris* da ação, que deve ser recebida como anulatória do registro do nascimento. Possibilidade de julgamento imediato do mérito em segundo grau, em face da desnecessidade da produção de prova. Teoria da causa madura. Ação procedente. Apelação n. 0002024-27.2007.8.05.0103-Ilhéus-BA.

O Projeto de Lei n. 6.613/2002 (ora arquivado), pretendendo alterar o art. 1.601, propunha a seguinte redação:

"Art. 1.601. Cabe ao marido o direito de contestar a paternidade dos filhos nascidos de sua mulher.

§ 1º Decai o direito a que se refere este artigo se o marido não ajuizar a ação no prazo de 4 anos a contar do dia em que tomou ciência do nascimento.

§ 2º Ajuizada a ação, os herdeiros do impugnante têm direito de prossegui-la".

Isto é assim por considerar que as ações de estado, em todos os países de cultura jurídica romano-germânica (CC português, art. 1.842; CC espanhol, art. 136; CC argentino, art. 259; CC francês, art. 326), nunca foram suscetíveis de prescrição, mas sim de decadência. E, "além disso, ao deixar de submeter a prazo o direito de contestar a paternidade dos filhos matrimoniais, discrimina-se estes frente aos não matrimoniais e adotivos, que, na vigência do novo Código Civil, não poderão ter a paternidade contestada, seja: a) por terem a paternidade reconhecida judicialmente, pela imutabilida-de da coisa julgada; b) por terem sido reconhecidos voluntariamente, sendo irrevogável o reconhecimento (arts. 1.609 e 1.610, do novo Código Civil); c) em caso de adoção, por ser esta, logicamente, irrevogável (Lei n. 8.069, art. 48). Ou seja, a vitaliciedade do direito, do pai, de impugnar a paternidade será ameaça exclusivamente voltada aos filhos matrimoniais, situação, obviamente, discriminatória e injusta". (...) "A ausência de prazo para impugnar a filiação de filhos matrimoniais propiciará que pessoas em idade avançada possam ter sua filiação negada, por ausência de vínculo biológico, ainda que presentes os demais elementos da vida que caracterizam o rico e complexo fenômeno da paternidade. A certeza sobre a paternidade dos filhos matrimoniais somente estará assegurada após a morte do pai (e somente se ocorrida sem que esta tenha iniciado a ação, porque, caso contrário, os herdeiros do impugnante poderão continuá-la)!"

Sem embargo disso, o Projeto de Lei n. 699/2011 mantém a imprescritibilidade, como se pode ver na redação que dará ao art. 1.601: "O direito de contestar a relação de filiação é imprescritível e cabe, privativamente, às seguintes pessoas: I — ao filho; II — àqueles declarados como pai e mãe no registro de nascimento; III — ao pai e à mãe biológicos; IV — a quem demonstrar legítimo interesse. § 1º Contestada a filiação, os herdeiros do impugnante têm direito de prosseguir na ação; § 2º A relação de filiação oriunda de adoção não poderá ser contestada; § 3º O marido não pode contestar a filiação que resultou de inseminação artificial por ele consentida; também não pode contestar a filiação, salvo se provar erro, dolo ou coação, se declarou no registro que era seu o filho que teve a sua mulher; § 4º A recusa injustificada à realização das provas médico-legais acarreta a presunção da existência da relação de filiação".

A esse respeito, no que tange ao *caput* e aos §§ 1º, 2º e 4º, esclarece Regina Beatriz Tavares da Silva que, "Embora o direito à contestação da relação de filiação não possa caber, indiscriminadamente, a qualquer pessoa, se o filho é oriundo de casamento; esse direito não deve ser tido como privativo do marido. Observe-se que com a proteção à

da que a ação prosseguirá mediante a nomeação de um curador, ou, se ainda não se deu sua interdição, ter-se-á um curador à lide. A ação negatória de paternidade é, portanto, imprescritível, com isso pessoas adultas poderão ter sua filiação impugnada pela ausência de vínculo biológico, jogando ao "alto" a história de uma vida afetiva.

---

união estável, não tem cabimento estabelecer tamanha restrição à legitimidade da ação contestatória no casamento e não realizar as mesmas restrições na união estável. Esse direito, seja a relação oriunda ou não de casamento, além de ser imprescritível, deve caber não só àquele que consta do registro de nascimento como pai, mas, também, ao próprio filho e ao verdadeiro pai, em acatamento aos princípios constitucionais da absoluta igualdade entre os filhos e da verdade real nas relações de filiação. Por essas razões a norma sugerida diz respeito à relação de filiação, independentemente de sua origem. A única exceção disposta no artigo sugerido a seguir diz respeito à filiação oriunda de adoção que não pode ser contestada, por força de seu caráter irrevogável. Outra questão de relevo é a da exigibilidade ou não de realização do exame de DNA contra a vontade do demandado na ação contestatória. Constitui-se violação aos direitos da personalidade constranger alguém a fornecer material para a realização de um exame biológico? A questão coloca-se com certa frequência em nossos tribunais na investigação da paternidade, como adiante será visto, mas também tem lugar na ação contestatória. Realmente não é possível constranger alguém à retirada de parte de seu corpo, no caso o sangue, sob pena de violação a direito da personalidade. Mas também não se pode deixar de proteger os interesses do contestante, que dependem da realização da prova para o reconhecimento de suas alegações. A única forma de conciliar o direito da personalidade do demandado, que é o direito às partes separadas do corpo, com o direito do autor da ação contestatória, diante da recusa do primeiro à coleta de material para realização da prova pericial, é presumir-se, se a recusa for injustificada, a existência da relação de filiação. Já que a recusa pode ocorrer quanto a qualquer das provas médico-legais, que não se limitam ao exame de DNA, o dispositivo aplica-se a todos esses meios de prova. Já o § 3º foi sugerido por Zeno Veloso, havendo recebido a nossa integral acolhida. Realmente, não se pode admitir que um pai leve pessoalmente o filho a registro e depois venha contestar a filiação, salvo provando erro, dolo ou coação".

O Parecer Vicente Arruda só aprovou, ao analisar tal proposta contida no Projeto de Lei n. 6.960/2002 (substituído pelo PL n. 699/2011), o § 4º, argumentando: o art. 1.601 "declara que cabe exclusivamente ao marido contestar a paternidade dos filhos havidos de sua mulher. Está certo o Código porque só a ele foi conferida a presunção de paternidade, de acordo com o art. 1.597. Os demais casos arrolados na nova redação dada pelo PL não se referem a caso de ação negatória de paternidade, mas de reivindicação ou reconhecimento de paternidade, que estão nos arts. 1.604 e 1.605. Quanto aos casos de inseminação artificial, aplica-se o disposto no art. 1.597, III, IV e V. Já o § 4º é de ser aprovado porque, não se podendo obrigar ninguém a submeter-se ao exame de DNA, a lei poderá estabelecer a presunção de paternidade, diante da recusa em submeter-se à realização do exame. Todavia seu local mais adequado seria no art. 1.606, que trata da investigação de paternidade".

O PL n. 506/07 dispõe sobre impugnação de paternidade, ressalvando a posse do estado de filiação (paternidade socioafetiva) e inseminação artificial autorizada pelo marido.

Contudo, o marido não pode contestar a paternidade ao seu alvedrio; terá de mover ação judicial, provando, se o reconhecimento voluntário outrora realizado não espelha a verdade (*RT*, *811*:229; *BAASP*, *2957*:9), uma das circunstâncias taxativamente enumeradas em lei (CC, arts. 1.599, 1.600, 1.602 e 1.597, V, *in fine*), ou seja:

1) Que houve adultério, visto que se achava fisicamente impossibilitado de coabitar com a mulher à época da concepção (ou como dizia o art. 340, I, do Código Civil de 1916, nos primeiros 121 dias, ou mais, dos 300 que precederam ao nascimento do filho). P. ex., porque se encontrava: separado judicialmente, não tendo convivido um só dia sob o teto conjugal, hotel ou em casa de terceiro, daí a impossibilidade de ter havido qualquer relação sexual entre eles[50]; ou longe de sua mulher, servindo nas forças armadas, em época de guerra.

Pelo art. 1.600 do Código Civil, "não basta o adultério da mulher, ainda que confessado, para elidir a presunção legal da paternidade", porque, não obstante, o filho pode ser do marido, não sendo cabível recusar-lhe a paternidade com base em dúvidas[51]. Deveras, se marido e mulher mantêm relações sexuais, o adultério da mulher, mesmo que notório e por ela confessado, não constituirá justa causa para desfazer a presunção da paternidade do filho, uma vez que o marido pode ser o pai, em razão da convivência conjugal. O mau comportamento da mulher apenas poderá desfazer a presunção legal se ficar comprovado que, p. ex., o adultério se deu na ausência do consorte varão, que, por se encontrar fora do país, estava impossibilitado de coabitar com a mulher na época da concepção. A alegação de adultério pode servir, somente, como prova complementar na ação negatória de paternidade[52] que, pelo art. 1.601, poderá ser alegada a qualquer tempo, para

---

50. Caio M. S. Pereira, op. cit., p. 218; W. Barros Monteiro, op. cit., p. 240; Pontes de Miranda, *Tratado de direito de família*, cit., § 124.

Breve Relato – DGCGT Advogados, *77*:3, noticiou: "Imagine que, depois de 32 anos, você descobre que a filha que teve com a sua esposa, na verdade, foi fruto de um relacionamento adúltero dela com um terceiro. Há dano moral passível de indenização? Para o Tribunal de Justiça de São Paulo, sim. A decisão deixa claro, porém, que não é a infidelidade a causa do dever de indenizar, mas sim o constrangimento de ser considerado (e assim ter-se registrado) pai de filha de outrem. A decisão destaca ainda a frustração 'para os caminhos da hereditariedade e biografia familiar', especialmente depois de longos anos, quando já estabelecida relação afetuosa entre o indenizado e a filha da esposa. A indenização foi fixada em valor equivalente a 50 salários mínimos" (Processo n. 1008099-64.2014.8.26.0223, acórdão publicado em 13 de fevereiro de 2017).

51. Lafayette Rodrigues Pereira, op. cit., § 105; W. Barros Monteiro, op. cit., p. 240.

52. W. Barros Monteiro, op. cit., p. 240.

que não haja detrimento da verdade real na relação paterno-filial, eliminando-se a ficção jurídica, mediante produção de prova cabal com o exame de DNA (*RJSTJ, 32*:159). Nem mesmo a confissão materna de seu adultério constitui prova contra a paternidade de seu filho (CC, art. 1.602), porque pode ser fruto de alguma vingança, desespero ou ódio[53], e além disso, a convivência conjugal torna possível que o filho seja do marido. Tal confissão não será aceita como prova absoluta para excluir a paternidade do marido, não só porque a adúltera pode pretender desmoralizá-lo, como também porque a presunção legal visa beneficiar o filho.

2) Que não havia possibilidade de inseminação artificial[54] homóloga, nem de fertilização *in vitro*, visto que não doou sêmen para isso (CC, art. 1.597, III e IV), ou que é estéril, ou que fez vasectomia, e muito menos de inseminação artificial heteróloga, já que não havia dado autorização ou que ela se dera por vício de consentimento (CC, art. 1.597, V; *RT, 656*:76, *600*:38; *RJTJSP, 247*:138, *234*:275).

3) Que se encontrava acometido de doença grave, que impede as relações sexuais, por ter ocasionado impotência *coeundi* absoluta ou que acarretou impotência *generandi* absoluta, embora pela lei apenas a *generandi*, à época da concepção, elidiria a presunção de paternidade (CC, art. 1.599). E se relativa for tal impotência, não poderá, entendemos, ser aceita como alegação contra a paternidade de filho, em razão do avanço tecnológico das perícias médicas e, até mesmo, da técnica do exame de DNA. Daí exigir-se perícia médica para que se avalie o grau de impotência; se se tratar, p. ex., de mero distúrbio psíquico, sendo transitória, a presunção de paternidade do filho será mantida, podendo, contudo, ser ilidida pelo exame de DNA (CC, art. 1.599)[55].

---

53. Clóvis Beviláqua, *Código Civil comentado*, v. 2, p. 313.

54. Savatier, *Les métamorphoses économiques et sociales du droit civil d'aujourd'hui*, p. 129; id. *Cours de droit civil*, 2. ed., Paris, Libr. Générale, 1947; Armando Dias de Azevedo, A inseminação artificial humana em face da moral e do direito, *Rev. da Fac. de Dir. de Porto Alegre*, 1958, apud W. Barros Monteiro, op. cit., p. 239; Antônio Chaves, Filiação legítima, cit., p. 326; Silvio Rodrigues, op. cit., p. 292.

55. Código Civil, art. 1.608; A. Almeida Júnior, *Paternidade*, p. 154; Pontes de Miranda, *Tratado de direito de família*, cit., § 124; Orlando Gomes, op. cit., p. 349; W. Barros Monteiro, op. cit., p. 240; Paulo Luiz Netto Lôbo, Paternidade socioafetiva e o retrocesso da Súmula n. 301/STJ, *Família e dignidade humana*, Anais do V Congresso Brasileiro de Direito de Família (coord. R. Cunha Pereira), São Paulo, IOB Thomson, 2006, p. 795-810. Sobre o assunto reza o art. 235 do Código Civil italiano: *"Il marito può disconoscere il figlio concepito durante il matrimonio soltanto nei casi seguenti: 1) se nel tem-*

Ensina-nos Orlando Gomes[56] que a ação de contestação de paternidade é proposta contra o filho, que, se for menor, não podendo ser representado pelo próprio autor, que seria seu representante legal, o juiz da causa nomeia um curador *ad hoc,* cuja intervenção não se dispensa por oficiar, no feito, o Ministério Público. A mãe, embora não seja parte na lide, poderá intervir para assistir o filho. A sentença proferida deverá ser averbada à margem do registro de nascimento (Lei n. 6.015/73, art. 29, § 1º, *b*) para competente ratificação (*RT, 542*:70); sendo oponível *erga omnes,* produz efeito em relação aos outros membros da família, inclusive para fins sucessórios.

Já se decidiu, na vigência do CC de 1916, no STJ, que o prazo decadencial para contestar paternidade de filho devia ser computado a partir do instante em que se tinha conhecimento da comprovação da suspeita da ilegitimidade do filho nascido na constância do casamento, ou seja, após o exame de DNA, mesmo tendo vencido o prazo decadencial de 2 meses do nascimento, ou de 3 meses se o pai se achava ausente ou se lhe ocultaram o nascimento, contado de sua volta ao lar ou da data do conhecimento do fato (CC de 1916, art. 178, §§ 3º e 4º, I). E já se entendeu que a contagem decadencial para contestar a paternidade de filho de ex-esposa é de 2 meses a partir da data do resultado do exame de DNA (4ª Turma do STJ). Pouco importava que a criança já tivesse nascido há um ano ou mais, porque diante da certeza de que o filho não era seu, seria inconcebível ficar adstrito às hipóteses do art. 340 do Código Civil de 1916, nem se poderia admitir essa situação de falsidade, porque a criança não receberia carinho e apoio de quem sabia não ser seu pai, e que nem desejava ser tido como tal, vendo-se compelido a dar sustento ao fruto de uma relação adulterina de sua mulher. A pretensão alimentícia deveria dirigir-se ao pai biológico,

---

po de corso dal trecentesimo al centotantesimo giorno prima della nascita egli era nella fisica impossibilità di coabitare con la moglie per causa di allontanamento o per altro fatto; 2) se durante il tempo predetto egli era affetto da impotenza, anche se questa fosse soltanto impotenza di generare; 3) se durante lo stesso periodo egli viveva legalmente separato della moglie anche per effetto di provvedimento temporaneo del magistrato salvo che sia vistata tra i coniugi reunione anche soltanto temporanea; 4) se nel detto periodo la moglie ha commesso adulterio e ha tenuto celato al marito la propria gravidanza e la nascita del figlio. In questo caso il marito è ammesso a provare ogni altro fatto tendente e escludere la paternità".

56. Orlando Gomes, op. cit., p. 350; Luiz Paulo Cotrim Guimarães (Dano moral na contestação da paternidade, *Revista Jurídica Del Rey, 8*:26) observa que, com a procedência da ação, além de dano material, há o moral, pela perda do vínculo da paternidade socioafetiva. Sobre ação negatória da paternidade: *RT, 538*:195. Os alimentos, na ação negatória de paternidade, persistem até a solução final do processo (*Rev. Jur., 73*:198).

mas durante a negatória persistia o dever de prestar alimentos até a solução final do processo.

Atualmente não há mais prazo decadencial para o exercício do direito de contestar a paternidade, pois pelo art. 1.601, *in fine* do CC, essa ação é, como vimos, imprescritível.

A paternidade jurídica é, portanto, imposta por presunção (CC, art. 1.597, I a V), pouco importando se o marido é ou não responsável pela gestação, despreza-se a verdade real para atender à necessidade de estabilização social e de proteção ao direito à filiação, mas se outorga ao pai o direito de propor a negatória, havendo suspeita de que o filho não é seu, a qualquer tempo (CC, art. 1.601), ou após exame de DNA, segundo alguns julgados.

A mãe, por sua vez, somente poderá contestar a maternidade constante do termo de nascimento do filho se provar a falsidade desse termo (falsidade material) ou das declarações nele contidas (falsidade ideológica) (CC, art. 1.608), por ter havido equívoco na qualificação da verdadeira mãe; por não ter ocorrido parto; por atribuição de filho pertencente a outra mulher; por ocorrência de troca de embrião, na fertilização assistida; por existência de erro, dolo ou fraude no ato registrário etc.

Na ação de contestação de paternidade ou de maternidade não se pretende, convém ressaltar, descaracterizar a legitimidade da prole, porque não há mais tal discriminação, mas sim impugnar o vínculo de paternidade ou de maternidade, ou melhor, de filiação.

b.4. Prova da condição de filho

Prova-se a filiação:

1) Pela certidão do termo do nascimento, inscrito no Registro Civil, de acordo com os arts. 1.603 e 9º, I, do Código Civil e os arts. 50 e s. da Lei n. 6.015/73. Ninguém pode vindicar estado contrário ao que resulta desse registro, em razão da presunção de veracidade da filiação e da fé pública cartorária, tendo-se em vista que a força probante do assento é *erga omnes*, salvo provando-se erro (vício material involuntário cometido pelos pais ou pelo oficial do Registro Civil) ou falsidade (fraude perpetrada pelos pais, com ou sem auxílio do oficial do Registro Civil, tendo ou não a intenção de obter alguma vantagem ilícita) deste (CC, art. 1.604; *Bol. AASP*, *2.872*:12). Realmente pode ocorrer que alguém declare o nascimento de uma criança, filha do declarante e de sua esposa, quando não houve esse evento; ante a falsidade, com alteração da verdade material das declarações, o próprio registra-

do, como qualquer pessoa interessada, pode anular referido registro, mediante processo contencioso previsto na Lei n. 6.015/73, art. 113[57].

2) Por qualquer modo admissível em direito, se o registro faltar, porque os pais não o fizeram ou porque se perdeu o livro ou se o termo de nascimento for defeituoso (errôneo ou falso, como acrescentará o Projeto de Lei n. 699/2011), como quando o filho é dado com nome diverso ou se lhe atribui paternidade incógnita[58], desde que (CC, art. 1.605, I e II): (*a*) haja começo de prova por escrito, proveniente dos pais, conjunta ou separadamente, como cartas familiares, declaração formal, diários onde registram que, em certa época, lhes nasceu um filho[59] etc.; (*b*) existam veementes presunções resultantes de fatos já certos, p. ex., se, em companhia de um casal, vive há muito tempo pessoa tida como filha, sabendo-se que houve casamento e que a mulher teve um filho; estribada na *posse* do *estado de filho*, a pessoa educada e criada pelo casal poderá vindicar em juízo o reconhecimento da legitimidade da filiação, se não se fez, oportunamente, no termo de nascimento, menção a esse fato[60]. Essa prova vem sendo admitida em nossos tribunais, embora com reserva, desde que se façam presentes três elementos: o *nomen* ou *nominatio*, ou seja, que a pessoa traga o nome paterno; o *tractatus*, isto é, que a pessoa seja tratada na família como filha, e a *fama* ou *reputatio*, ou seja, que tenha sido constantemente reconhecida pelos presumidos pais, pela família e pela sociedade como filha. Havendo essas circunstâncias, ter-se-á presunção *juris tantum* de filiação[61].

57. W. Barros Monteiro, op. cit., p. 242; Carlos Eduardo N. Camillo, *Comentários*, cit., p. 1167; o CP, arts. 241 a 243, trata dos crimes contra o estado de filiação. Pelo Enunciado n. 108 do Conselho de Justiça Federal (aprovado nas Jornadas de Direito Civil de 2002): "no fato jurídico do nascimento, mencionado no art. 1.603, compreende-se, à luz do disposto no art. 1.593, a filiação consanguínea e também a socioafetiva".

58. Antônio Chaves, Filiação legítima, cit., p. 329.

59. Caio M. S. Pereira, *Instituições*, cit., p. 215; W. Barros Monteiro, op. cit., p. 243.

60. W. Barros Monteiro, op. cit., p. 243. O Projeto de Lei n. 699/2011 eliminará os incisos I e II do art. 1.605, visto entender que o DNA independe de começo de prova por escrito ou veemente presunção resultante de fato certo. No Parecer Vicente Arruda houve rejeição da proposta, ao comentar o Projeto de Lei n. 6.960/2002 (atual PL n. 699/2011), nos seguintes termos: o art. 1.605 "tem de ser examinado em conjunto com o art. 1.604, já que ambos tratam da presunção de validade do registro público. No art. 1.604 ataca-se o registro em si, apenas em caso de erro ou falsidade. Já o art. 1.605 é para os casos em que haja falta ou defeito no termo de nascimento. São casos diferentes que não se devem confundir".

Enunciado Programático do IBDFAM n. 7: "A posse de estado de filho pode constituir a paternidade e maternidade".

61. Orlando Gomes, op. cit., p. 345; Caio M. S. Pereira, *Instituições*, cit., p. 216; Lafayette, op. cit., p. 216, § 108, nota 1; Silvio Rodrigues, op. cit., p. 296; Denise D. Bruno,

A ação de prova da filiação é pessoal, pois compete ao filho, enquanto viver, passando aos herdeiros, se ele morrer menor ou incapaz (CC, art. 1.606 — pelo Projeto de Lei n. 276/2007 caberá também ao pai ou mãe biológicos, ao acrescentar o § 1º ao referido artigo, mas não recebeu aprovação no Parecer Vicente Arruda, por ocasião da análise do PL n. 6.960/2002 (atual PL n. 699/2011), por haver entendimento que ao pai biológico cabe apenas investir contra o registro ou reconhecer o filho, nos termos do art. 1.609). Será imprescritível. Se proposta pelo filho maior e capaz, e se, porventura, este vier a morrer, seus herdeiros poderão continuá-la por terem interesse moral e material[62], salvo se julgado extinto o processo (CC, art. 1.606, parágrafo único). E a sentença que declarar a paternidade deverá ser averbada no registro de nascimento (Lei n. 6.015/73, art. 29, § 1º, *d*).

Importante é adquirir a condição jurídica de filho para obter não só direito ao nome, à educação e à criação compatíveis com o nível social de seus pais, à companhia dos genitores, à sucessão, na qualidade de descendente a que o Código (arts. 1.829, I, e 1.845) outorga, em primeiro lugar, a sucessão legítima, e aos alimentos (CC, art. 1.696), mas também aos direitos que decorrem do poder familiar (CC, art. 1.630) e da tutela. Por outro lado, incumbe-lhe o dever de prestar obediência e respeito aos pais e os serviços próprios de sua idade e condição (CC, art. 1.634, VII)[63].

Posse do estado de filho, *Família e cidadania*, cit., p. 461-70. O Código Civil português, no art. 115, dispõe: "A posse de estado de filho legítimo consiste no fato de alguém haver sido reputado e tratado por filho, tanto pelos pais, como pelas famílias destes e pelo público".

62. W. Barros Monteiro, op. cit., p. 243; Orlando Gomes, op. cit., p. 352. Todo ser humano tem o direito de investigar sua paternidade biológica, não só para obtenção de bens materiais, mas também para conhecer, conviver, amar e ser amado e saber de sua identidade ou ascendência genética. Assim, ao lado do direito de contestar paternidade, há o de investigá-la. *Vide* Giselda M. F. N. Hironaka, Direito ao pai, *Revista Jurídica*, n. 7, p. 20.

63. Antônio Chaves, Filiação legítima, cit., p. 330.

A título ilustrativo, convém dizer algumas palavras sobre a filiação legitimada, que vigorava no direito anterior.

Filho legitimado era aquele que adquiria o *status* de legítimo pelo subsequente matrimônio dos pais, por não ter sido concebido ou nascido na constância do casamento (CC de 1916, arts. 353, 229 e 200, § 4º).

A legitimação era um benefício legal que dava a condição de legítimo ao filho ilegítimo; para tanto requeria o casamento de seus pais, mesmo *in extremis*, possibilitando aos genitores reparar sua falta e reabilitar o filho perante a sociedade; era, portanto, como diz Luigi Borsari, obra solidária dos pais.

Independentemente de qualquer formalidade, era preciso, tão somente, (*a*) que houvesse casamento dos progenitores, mesmo que anulável (CC de 1916, art. 217) e (*b*) que tivesse ocorrido nascimento ou a concepção de filho de duas pessoas não casadas, mas não impedidas de casar. Se descendesse apenas de um deles, não haveria legitimação. Observava Orlando Gomes que a concepção do filho antes da celebração do casamento dos pais só dava lugar à legitimação se ocorresse antes do período fixado na lei, de 180 dias, para firmar a presunção de legitimidade, pois era legítimo o filho nascido 180 dias depois de estabelecida a sociedade conjugal ou antes desse prazo, se o marido tinha conhecimento da gravidez de sua mulher ou se promovera o registro do nascimento do filho. Logo, havia filhos concebidos antes do casamento dos pais que eram legítimos e outros que eram legitimados. De forma que a legitimação apenas ocorria quando o filho não estava amparado pelas presunções de legitimidade estabelecidas no Código Civil de 1916.

Podem-se agrupar em três as doutrinas que procuravam determinar a natureza jurídica da legitimação. Eram elas:

1) *Teoria da ficção*, de Pothier, segundo a qual, num primeiro aspecto, a lei fingia que o nascimento do filho se dera depois da celebração do subsequente casamento e, num segundo aspecto, era o subsequente matrimônio que, ficticiamente, retroagia ao momento da concepção ou nascimento do filho.

2) *Teoria da equidade*, de Chironi, que fundava a legitimação na ideia de que seria injusto que o enlace matrimonial, fazendo cessar a união ilegítima, não desfizesse também a ilegitimidade da prole havida anteriormente.

3) *Teoria da regularização das relações extramatrimoniais*, de Cicu, que foi a seguida pelo nosso direito. Realmente, com o casamento subsequente normalizavam-se as relações familiares entre marido e mulher; consequentemente tal ato atingia o filho ilegítimo, conferindo-lhe o estado de filho legitimado, equiparado ao legítimo, reabilitando-o perante a sociedade.

A legitimação produzia efeito jurídico, pois o subsequente matrimônio dos pais visava a *apagar a irregularidade originária do nascimento do filho*, supondo-se que sempre fora legítimo. A simples celebração do ato nupcial concedia ao filho o estado de legitimado, como se ele fosse legítimo desde a sua concepção. Não exigia, para tanto, nenhum pronunciamento ou declaração da vontade dos pais ou do filho; logo, mesmo não referido no assento de casamento, o filho se legitimava. Somente com o intuito de facilitar prova ou evitar dúvidas era que se costumava fazer menção do fato no assento de casamento e averbar *ex officio* à margem do assento de nascimento no Registro Civil (Lei n. 6.015/73, art. 29, § 1º, *c*) (*RF, 108*:86; *RT, 330*:553, *507*:117). Pela Lei n. 8.560/92, art. 3º, era proibido legitimar e reconhecer filho na ata do casamento, embora se pudesse averbar alteração do patronímico materno, em razão do matrimônio, no termo do nascimento do filho (parágrafo único). Na certidão do registro civil não se mencionará a circunstância de ser legítima ou não a filiação, o que não é admitido ante o art. 227, § 6º, da CF/88, que veda qualquer discriminação. De modo que para excluir da legitimação filho havido anteriormente às núpcias, era preciso que o marido contestasse a sua paternidade no ato do casamento ou por ação judicial subsequente. Asseveravam Pontes de Miranda e Borges Carneiro que a legitimação prevalecia mesmo quando entre o nascimento do legitimado e o casamento de seus pais intercorresse outro matrimônio de um deles, dissolvido por morte ou anulação. Se o filho legitimado tivesse sido reconhecido, anteriormente, como filho por outro homem, as núpcias subsequentes de sua mãe não o legitimariam, sem que se anulasse aquele ato de reconhecimento, por falsidade ideológica ou material.

Podiam propor ação impugnatória todas as pessoas que tivessem interesse em impedir que falsa legitimação produzisse efeitos, como, p. ex., os herdeiros do legitimante, o pai do legitimado ou o próprio filho, para provar que adquirira a condição de filho legítimo em razão de núpcias de sua mãe com o homem que era seu pai.

C. Filiação não matrimonial

c.1. Conceito e classificação

A filiação não matrimonial é a decorrente de relações extramatrimoniais, sendo que os filhos durante elas gerados classificam-se *didaticamente* em:

1) *Naturais,* se descenderem de pais entre os quais não havia nenhum impedimento matrimonial no momento em que foram concebidos[64].

2) *Espúrios,* se oriundos da união de homem e mulher entre os quais havia, por ocasião da concepção, impedimento matrimonial[65]. Assim, são es-

---

A legitimação tinha por escopo: (*a*) *dar ao filho legitimado a mesma situação jurídica do filho legítimo,* pois, pelo art. 352 do Código Civil de 1916, "os filhos legitimados são, em tudo, equiparados aos legítimos", no que concerne aos direitos pessoais (nome, pátrio poder) e patrimoniais, mesmo sucessórios (CC de 1916, art. 1.605, e CF/88, art. 227, § 6º), e aos deveres durante a vida ou depois da morte dos pais; (*b*) *estabelecer, ainda, o parentesco legítimo em linha reta,* não só entre o filho legitimado e seus genitores, mas também com os demais parentes dos pais.

Como vimos, a legitimação produzia efeito a partir da celebração do ato nupcial, mas, excepcionalmente, além dos *filhos vivos,* atingia os já *falecidos* apenas quando aproveitava os seus descendentes (CC de 1916, art. 354); caso contrário não podia abrangê-los.

O *filho adulterino,* concebido ou nascido quando os pais não eram casados, por já o serem com outras pessoas, podia ser legitimado se, cessado o impedimento decorrente de outro casamento, seus genitores viessem a convolar núpcias, o que seria impossível se houvesse condenação do adultério.

Já o *filho incestuoso* não podia ser beneficiado pela legitimação, pois o impedimento matrimonial subsistia a todo tempo, mas teria todos os direitos, proibindo-se qualquer discriminação se fosse reconhecido.

Caio M. S. Pereira, *Instituições,* cit., p. 223-6; Lopes del Carril, *Legitimación de los hijos extramatrimoniales,* ns. 82 e 83; Orlando Gomes, op. cit., p. 353, 355, 356, 357, 358 e 360; W. Barros Monteiro, op. cit., p. 245, 246 e 247; Dusi, *Della filiazione e dell'adozione,* 2. ed., Napoli, Ed. Marghieri, p. 824; Antônio Chaves, Filiação ilegítima, cit., v. 37, p. 287 e 289; Pothier, *Traité du contrat de mariage,* Parte V, Cap. II; Chironi, *Istituzioni di diritto civile italiano,* 2. ed., v. 2, p. 290; Cicu, *La filiazione,* cit., p. 161; Troplong, *Donations entre-vifs et des testaments,* 3. ed., v. 2, p. 647; Heinrich Lehmann, *Derecho de familia,* p. 345; Clóvis Beviláqua, op. cit., § 68; Pontes de Miranda, *Tratado de direito de família,* cit., § 131; Borges Carneiro, *Direito civil de Portugal,* v. 2, § 203; Édouard Levy, *Traité pratique de la légitimation,* n. 15; *Adcoas,* 1982, n. 86.384: "A criança ilegítima, que passou a ser legítima pelo casamento, pode no futuro, ao atingir a maioridade, impugnar a paternidade — art. 362 do Cód. Civ. [de 1916]. Mas não pode perder a legitimação decorrente do segundo registro, deixando de ter pais e avós paternos. Para evitar anomalia eventualmente gravosa pela duplicidade de registros, a solução provisória é a remissão recíproca nos dois assentos de nascimento, a ser feita por mandado judicial" (TJSP); Silvio Rodrigues, op. cit., p. 300; Estêvão de Almeida, *Manual do Código Civil,* v. 6, p. 91; Carvalho Santos, *Código Civil interpretado,* v. 4, p. 300; *RT, 140*:223; *RF, 98*:104; *AJ, 64*:384.

64. Orlando Gomes, op. cit., p. 361.

65. *Vide* Silvio Rodrigues, op. cit., p. 301.

púrios: *a*) os *adulterinos,* que nascem de casal impedido de casar em virtude de casamento anterior, resultando de um adultério. O filho adulterino pode resultar de duplo adultério, ou seja, de adulterinidade bilateral, se descender de homem casado e mulher casada; ou, ainda, de adulterinidade unilateral, se gerado por homem casado e mulher livre ou solteira, caso em que é adulterino *a patre*, ou por homem livre ou solteiro e mulher casada, sendo, então, adulterino *a matre*[66]; os provenientes de genitor separado não são adulterinos, mas simplesmente naturais (*RT, 433*:86; STF, Rec. Extr. 69.253, *DJU*, 10 jul. 1971, p. 4764; *RJTJSP, 21*:261 e *27*:97); *b*) os *incestuosos*, nascidos de homem e de mulher que, ante parentesco natural, civil ou afim, não podiam convolar núpcias à época de sua concepção.

Hoje, juridicamente, só se pode falar em filiação matrimonial e não matrimonial; vedadas estão, portanto, quaisquer discriminações.

c.2. A questão do reconhecimento de filho

c.2.1. Definição e natureza do reconhecimento de filiação

O reconhecimento vem a ser o ato que declara a filiação havida fora do matrimônio, estabelecendo, juridicamente, o parentesco entre pai e mãe e seu filho[67]. Não cria, portanto, a paternidade, pois apenas visa a declarar um fato, do qual o direito tira consequências[68]. É, por isso, *declaratório* e não constitutivo. Esse *ato declaratório,* ao estabelecer a relação de parentesco entre os progenitores e a prole, origina efeitos jurídicos. Desde o instante do reconhecimento válido, proclama-se a filiação, dela decorrendo consequências jurídicas, já que antes do reconhecimento, na órbita do direito, não há qualquer parentesco.

---

66. Orlando Gomes, op. cit., p. 376. Sobre filho adulterino *a matre*, consulte *RT, 439*:232, *436*:87.

67. Silvio Rodrigues, op. cit., p. 303; Orlando Gomes, op. cit., p. 361; Euclides de Oliveira, Reconhecimento de filhos e investigação de paternidade, *Informativo IASP*, n. 41, p. 10-1; Domingos Franciulli Netto, Das relações de parentesco, da filiação e do reconhecimento dos filhos, *O novo Código Civil — estudos em homenagem a Miguel Reale*, São Paulo, LTr, 2003, p. 1140-87; Silmara Juny Chinelato, *Comentários ao Código Civil*, São Paulo, Saraiva, 2004, v. 18, p. 86-163; Anália M. D. Ramos, Reconhecimento de filhos e PL 16/2013, *Revista Síntese — Direito de Família, 84*:68-78.

68. Caio M. S. Pereira, *Instituições,* cit., p. 229; João Baptista Villela, O reconhecimento da paternidade entre o pós-moderno e o arcaico: primeiras observações sobre a Lei n. 8.560/92, *Repertório IOB de Jurisprudência, 4*:76 e s.; Reynaldo José C. Paini, *Reconhecimento de paternidade e união estável*, São Paulo, Saraiva, 1996; Sebastião José Roque, *Direito de família*, cit., p. 143-56; Flávio Tartuce, O princípio de boa-fé no direito de família, cit., p. 27 a 29.

Com isso, percebe-se que o reconhecimento de paternidade conferindo *status* ao filho será inválido se este já tiver sido reconhecido; devido à impossibilidade jurídica de dualidade de filiações na mesma pessoa, só será permitido novo reconhecimento se se anular o primeiro por erro ou falsidade[69].

Esse ato declaratório de reconhecimento pode promanar da livre manifestação da vontade dos pais ou de um deles, afirmando, conforme a lei, que certa pessoa é seu filho, hipótese em que é voluntário, ou de sentença prolatada em ação de investigação de paternidade ou de maternidade, demandada pelo filho, que declara que o autor é filho do investigado, caso em que é forçado ou judicial. Voluntário ou judicial, o reconhecimento produz efeitos jurídicos idênticos[70].

c.2.2. Possibilidade de reconhecimento de filho

Nosso Código Civil de 1916 permitia o reconhecimento dos *filhos naturais* (art. 355; *RJTJSP, 58*:80, *64*:124; *RT, 559*:207); quanto aos adulterinos e incestuosos vedava esse diploma legal no art. 358 seu reconhecimento. Posteriormente, o Decreto-Lei n. 4.737/42, ora revogado pela Lei n. 883/49, mitigou o rigor desse dispositivo, ao autorizar o reconhecimento de prole oriunda de pessoas desquitadas, prescrevendo no seu art. 1º que filho havido pelo cônjuge fora do matrimônio podia, após o desquite, ser reconhecido ou demandar que se declarasse sua filiação. Como não se referia às outras causas de dissolução da sociedade conjugal, como, p. ex., a morte de um dos consortes, veio a Lei n. 883/49 (ora revogada), que estendeu a possibilidade de reconhecimento voluntário ou judicial de filho adulterino ou de ação para que se lhe declarasse a filiação, quando fosse dissolvida a sociedade conjugal, sem especificar a causa. Portanto, em qualquer caso de dissolução da sociedade conjugal, era possível o reconhecimento de filho adulterino (*RT, 547*:58, *533*:92, *574*:208, *590*:77, *601*:70, *603*:81; *RF, 281*:281).

Bastante expressiva, a respeito, foi a inovação introduzida pela Lei n. 6.515/77 que, pelo art. 51, acrescentou um parágrafo único ao art. 1º da Lei n. 883 (ora revogada pela Lei n. 12.004/2009), assim redigido: "Ainda na vigência do casamento, qualquer dos cônjuges poderá reconhecer o filho ha-

---

69. Silvio Rodrigues, op. cit., p. 303; Caio M. S. Pereira, op. cit., p. 236; STF, Súmula 149.

70. Orlando Gomes, op. cit., p. 362; Silvio Rodrigues, op. cit., p. 303; Cahali, Reconhecimento do filho *extramatrimonium, Livro de Estudos Jurídicos, 7*:210-7; Reynaldo José C. Paini, op. cit.; *RT, 527*:190, *530*:107; Ney de Mello Almada, Filiação materna, *Revista Literária de Direito*, n. 24, p. 14-6.

vido fora do matrimônio, em testamento cerrado, aprovado antes ou depois do nascimento do filho, e, nessa parte, irrevogável"[71].

Nelson Carneiro[72] entendia que a expressão "filho havido fora do matrimônio" abrangia os *filhos incestuosos,* que também não pediram para nascer; assim, se o parentesco lhes negava a possibilidade de legitimação, pelo subsequente casamento dos pais, a lei do divórcio abria-lhes a possibilidade de reconhecimento para todos os efeitos legais e não apenas para pleitear alimentos, uma vez que seu art. 51, n. 2, modificou o art. 2º da Lei n. 883, ao estabelecer que "qualquer que seja a natureza da filiação, o direito à herança será reconhecido em igualdade de condições" (*RT, 534*:86).

Ante a Constituição Federal vigente, art. 227, § 6º, o reconhecimento de filho incestuoso não mais está proibido em nosso direito. No direito italiano, onde o reconhecimento de filho adulterino é admitido de forma bem análoga à nossa, o filho incestuoso só poderá ser reconhecido pelos pais que, ao tempo da concepção, ignoravam a existência do vínculo de parentesco entre eles e, se apenas um dos genitores encontrava-se de boa-fé, o reconhecimento do filho só por ele poderá ser feito[73]. Asseverava Orlando Gomes que o caráter incestuoso da filiação devia apresentar-se no instante da concepção, pois se o impedimento matrimonial surgisse depois, como, p. ex., o que resultava de vínculo de afinidade, o filho seria simplesmente natural. A boa-fé de um ou de ambos os pais teria de ser apurada nesse momento, devendo os dois ou um deles ignorar o vínculo de parentesco. Havia tendência também no direito comparado de se admitir para certos efeitos e em determinadas circunstâncias o reconhecimento de filho incestuoso, não podendo deixar de cogitar, em nosso direito, devido às concepções vigorantes, de seu reconhecimento[74], apesar de o incesto repugnar à moral e aos bons costumes, por ser um fato altamente perturbador da paz familiar[75], pois o filho nenhuma culpa teve, e a nossa atual Constituição Federal encerrou definitivamente essa problemática (art. 227, § 6º) concernente à discriminação

---

71. *Vide* W. Barros Monteiro, op. cit., p. 251-2; Silvio Rodrigues, op. cit., p. 308 e s.
72. Nelson Carneiro, in *Diário do Congresso Nacional,* 6 maio 1978, Seção II, p. 1946-8.
73. Caio M. S. Pereira, *Instituições,* cit., p. 239; Giuseppe Azzariti, Figli adulterini e incestuosi, in *Novissimo Digesto italiano,* Torino, UTET, 1957, v. 1, p. 307-22; Ruggiero e Maroi, *Istituzioni di diritto privato,* v. 1, § 65.
74. Orlando Gomes, op. cit., p. 384-5; Antônio Chaves, Filiação ilegítima, cit., v. 37, p. 291.
75. Antunes Varela, *Noções fundamentais de direito civil,* 3. ed., v. 2, p. 273.

legal da filiação incestuosa, que não pode ter direitos diferenciados, considerando-se sua origem. Todos os filhos serão tratados igualmente pelo direito. Entretanto, o Projeto de Código Civil de 1975, que em seu art. 1.631 propunha: "A filiação incestuosa, reconhecida em sentença irrecorrível não provocada pelo filho, ou quando comprovada por confissão ou declaração escrita do pai, faz certa a paternidade para efeito de alimentos", entendendo que "ao escândalo e às profundas perturbações de ordem familiar deve sobrepor-se o interesse dos filhos, que não têm culpa da sua origem incestuosa"[76], ante o texto constitucional, deveria alargar os direitos do filho incestuoso. Tal dispositivo foi suprimido pelo Código Civil de 2002.

Os *filhos adulterinos "a patre"* apenas podiam ser reconhecidos desde que houvesse dissolução da sociedade conjugal, que constituísse impedimento matrimonial, ou na vigência do casamento, por testamento cerrado. Além disso, pela Lei n. 7.250/84, cujo art. 1º acrescentou § 2º ao art. 1º da Lei n. 883/49 (ora revogada), permitia-se que filho havido fora do matrimônio pudesse ser reconhecido pelo cônjuge separado de fato há mais de 5 anos contínuos, mediante sentença transitada em julgado. Hoje não há mais qualquer restrição para que se opere seu reconhecimento. Em regra, os filhos adulterinos *a matre* não poderiam ser reconhecidos voluntária ou judicialmente (*RT, 316*:564), porque a existência de casamento válido lhes outorga a condição de filhos matrimoniais, devido à presunção *pater is est quem justae nuptiae demonstrat*. Somente poderia haver reconhecimento do adulterino *a matre* se o pai movesse com êxito a ação de contestação de legitimidade[77] dos filhos nascidos de sua mulher, provando uma das hipóteses arroladas no art. 340 do Código Civil de 1916[78]. Não obstante, nossos juízes e tribunais passaram a admitir o reconhecimento dos adulterinos *a matre* quando se comprovasse separação de fato entre a mãe e o marido, por ocasião da concepção, ante a impossibilidade de os filhos serem do consorte (*RT, 436*:87, *439*:232 e 243, *473*:55, *504*:109; *JSTJ, 1*:269)[79].

---

76. Antônio Chaves, Filiação incestuosa, in *Enciclopédia Saraiva do Direito*, v. 37, p. 314; M. Baptista Lopes, *Filhos ilegítimos*, Coimbra, Livr. Almedina, 1973, p. 226.

77. Caio M. S. Pereira, *Instituições*, cit., p. 240; H. Lehmann, *Derecho de familia*, p. 294; Antônio Chaves, Filiação ilegítima, cit., v. 37, p. 281-4; *Ciência Jurídica, 79*:87; *Adcoas*, 1980, n. 71.835, TJSC; n. 70.420, TJRJ.

78. Silvio Rodrigues, op. cit., p. 313.

79. W. Barros Monteiro, op. cit., p. 252; Caio M. S. Pereira, *Instituições*, cit., p. 240; *RTJ, 51*:826, *53*:369, *60*:114, *62*:629, *63*:82; *RJTJSP, 30*:87; TJRJ, *Adcoas*, 1983, n. 88.366; *EJSTJ, 18*:58.

Adulterinidade *a matre* só existirá se comprovada em juízo ante a presunção *juris tantum* do art. 1.597 do Código Civil, que considera filhos do casal os concebidos na constância do matrimônio. Assim sendo, ter-se-á que contestar tal legitimidade conferida legalmente, comprovando que não é filho daquele que, aos olhos da lei, é seu genitor, antes de intentar a ação de investigação. Além disso, será preciso lembrar que pelo Provimento n. 494/93, do Conselho Superior da Magistratura, art. 2º, "sendo o registrando fruto de relação extraconjugal da mãe, constarão de seu nome apenas os patronímicos da família materna". Ante o fato de a Lei n. 8.560/92, arts. 5º e 6º, proibir qualquer referência ao estado civil dos pais do reconhecido, no registro poderá surgir um "conflito de paternidade", como observa Fachin, se alguém comparecer em cartório e declarar como seu o filho de mulher casada. O filho terá, então, dois pais: o marido da mãe por presunção legal e o declarante. Se o marido da mãe pretender o respeito àquela presunção, só poderá fazê-lo com base na matrimonialidade da filiação, por isso o oficial do Registro deverá investigar o estado civil dos supostos pais, ao arrepio da mencionada Lei, só admitindo o reconhecimento de filho de mulher casada após o trânsito em julgado da decisão que acolher a contestação da paternidade por parte do marido, ou mediante prova de separação de corpos. Os bilateralmente "adulterinos", para efeito de reconhecimento, são tratados na classe do adulterino *a matre*[80]. P. ex.: duas pessoas casadas, *separadas de fato* de seus consortes, juntaram-se em união estável que durou 30 anos, nascendo dessa união seis filhos, que não foram gerados pelo marido de sua mãe, que desertara da cidade nordestina onde se casaram, emigrando para São Paulo, logo em seguida, de modo que sua mulher nunca mais o viu. A abertura do assento de nascimento dos filhos foi feita pelo pai, amante da mãe. Falecido este, desquitada a mãe, os filhos ingressaram em juízo com ação de investigação de sua filiação, cumulada com a de petição de herança, onde pediam metade do que, no inventário do pai, coubesse a sua irmã paterna, que era legítima. A sentença (*RT, 261*:187) reconheceu a sua filiação proclamando-os "adulterinos" *a patre* e *a matre*[81].

---

80. Caio M. S. Pereira, *Instituições*, cit., p. 239.

81. Silvio Rodrigues, op. cit., p. 314; Fachin, *Estabelecimento da filiação e paternidade presumida,* Porto Alegre, Fabris, 1992, p. 135; João Baptista Villela, O reconhecimento da paternidade, cit., p. 72; *RT, 489*:113, *494*:68, *530*:184, *528*:238, *529*:99, *537*:58, *561*:204, *568*:72, *555*:177, *492*:116, *531*:114, *562*:101, *580*:126; *Adcoas,* 1980, n. 73.931, TJRJ; *RF, 202*:163; *RTJ, 48*:134, *98*:462, *99*:221; *RJTJRS, 93*:394, *87*:395; *RJTJSP, 78*:448, *74*:106, *70*:124, *64*:68, *82*:201, *76*:181 e 225, *77*:280, *81*:295. *Ciência Jurídica, 68*:90 — "Incumbe ao pai provar ter sofrido 'coação moral' para assinar o documento em que implicitamente reconhece a paternidade de seu filho. Presumem-se verdadeiras as de-

Atualmente, devido ao art. 227, § 6º, da Constituição Federal de 1988, ao art. 1.607 do Código Civil, ao art. 26 da Lei n. 8.069/90, à Lei n. 8.560/92, e aos Provimentos n. 494/93 do CSM e 10/93 da CGJ, poder-se-á reconhecer, no Brasil, tanto o filho natural como o "adulterino" ou o "incestuoso", sem quaisquer restrições (*RJTJSP, 129*:175; *EJSTJ, 18*:58; *Bol. AASP, 1.742*:147) e sem discriminações. Tal reconhecimento poderá preceder o nascimento do filho ao suceder-lhe ao falecimento, se deixar descendentes (Lei n. 8.069/90, art. 26, parágrafo único).

O reconhecimento do estado de filiação é direito personalíssimo, indisponível e imprescritível, podendo ser exercido contra os pais ou seus herdeiros, sem quaisquer limitações, observado o segredo de justiça (Lei n. 8.069/90, art. 27; CC, art. 1.609, I a IV, e parágrafo único; e, supletivamente, Lei n. 8.560/92).

c.2.3. Modos de reconhecimento de filho

c.2.3.1. Reconhecimento voluntário

O reconhecimento voluntário é, segundo Antônio Chaves, o meio legal do pai, da mãe ou de ambos revelarem espontaneamente o vínculo que os liga ao filho, outorgando-lhe, por essa forma, o *status* correspondente[82] (CC, art. 1.607).

Nele vislumbra Silvio Rodrigues um ato jurídico unilateral, ante o fato de gerar efeitos pela simples manifestação de vontade de quem reconhece[83].

É, realmente, ato pessoal dos genitores, não podendo ser feito por avô ou tutor, sucessores do pai ou herdeiros do filho[84]; todavia, será válido se

---

clarações constantes de documento particular em relação ao signatário, *ex vi* do art. 368 — atual art. 408 do CPC/2015 — do CPC 1973" (TJAP).

82. Antônio Chaves, Filiação ilegítima, cit., v. 37, p. 290. *Vide* Provimento n. 494/93 do CSM.

83. Silvio Rodrigues, op. cit., p. 304; Colin e Capitant, *Cours de droit civil français*, t. 1, p. 280; Albaladejo García, *El reconocimiento de la filiación natural*, p. 70.

84. Planiol, Ripert e Boulanger, op. cit., n. 1.413; Caio M. S. Pereira, *Instituições*, cit., p. 233. A Câmara examina o Projeto de Lei n. 6.939/10, do deputado João Dado (PDT-SP), que permite aos herdeiros de pai falecido reconhecer, por meio de escritura pública em cartório, a filiação de um meio-irmão. O projeto altera o Código Civil (Lei n. 10.406/02), o Estatuto da Criança e do Adolescente (Lei n. 8.069/90) e a Lei n. 8.560/92, que regula a investigação de paternidade de filhos nascidos fora do casamento. A proposta, que tramita em caráter conclusivo, será analisada pelas Comissões de Seguridade Social e Família, e de Constituição e Justiça e de Cidadania. Fonte: Agência Câmara, em 3/5/2010 e *Bol. IBDFAM, 62*:7.

efetuado por procurador, munido de poderes especiais e expressos, porque nesse caso a declaração de vontade já está contida na própria outorga de poderes, de maneira que o mandatário apenas se limita a formalizar o reconhecimento[85]. Não obstante há quem aponte o caráter sinalagmático do ato de reconhecimento, em razão do art. 1.614 do Código Civil condicionar a sua eficácia ao consentimento do filho maior e dar ao filho menor a prerrogativa de impugná-lo, sob pena de decadência, dentro dos 4 anos que se seguirem à maioridade ou emancipação, mediante ação de contestação de reconhecimento, fundada na sua falta de sinceridade, na atribuição de falsa filiação ao perfilhado[86]. O fato de a vontade do reconhecido interferir na perfeição do ato não tira seu caráter unilateral, uma vez que a anuência do filho maior (*Bol. AASP, 1.938*:13) ou a permissão para o menor impugnar, tempestivamente, o ato que o reconheceu são medidas protetoras ante o fato de o reconhecimento envolver efeitos relevantes, de ordem moral e patrimonial, que não podem ser provocados, arbitrariamente, por uma só pessoa[87].

Será possível a declaração do estado civil de filiação mediante reconhecimento que preceda ao nascimento de filho para atender a certas razões de ordem pessoal ou que suceda ao falecimento deste. Só é permitido reconhecer filho já falecido quando ele deixa descendentes, caso em que cabe a eles consentir o ato de reconhecimento[88]. É o que prescreve o art. 1.609, parágrafo único, do Código Civil (no mesmo sentido o art. 26, parágrafo único,

---

85. Caio M. S. Pereira, *Instituições*, cit., p. 233; Orlando Gomes, op. cit., p. 362.

86. Planiol, Ripert e Boulanger, op. cit., n. 1.461; Caio M. S. Pereira, *Instituições*, cit., p. 233. *Vide* Provimento n. 355/89, do CSM, art. 4º. Todavia, o Projeto de Lei n. 699/2011 dará esta nova redação ao art. 1.614: "O filho maior não pode ser reconhecido sem o seu consentimento e o menor pode impugnar o reconhecimento após sua maioridade", apresentando a seguinte justificativa, seguindo lição de Regina Beatriz Tavares da Silva: "O prazo disposto no artigo 1.614, de quatro anos contados da maioridade do filho para a impugnação da paternidade, está em desacordo com o princípio da imprescritibilidade do direito ao reconhecimento da filiação, já estatuído na Lei n. 8.069/90, art. 27, e também reconhecido neste Código. Se o filho não pode impugnar a relação de filiação constante de seu registro de nascimento, após o prazo referido neste dispositivo, consequentemente não poderá obter o reconhecimento da verdadeira relação de filiação, cuja ação perderá o caráter de imprescritibilidade". Mas o Parecer Vicente Arruda rejeitou essa proposta já contida no Projeto de Lei n. 6.960/2002 (hoje PL n. 699/2011) sob a alegação de que é bom, para que haja segurança jurídica, a estipulação de um prazo.

87. Silvio Rodrigues, op. cit., p. 304.

88. Orlando Gomes, op. cit., p. 365; Carlos Roberto Gonçalves, *Direito civil brasileiro*, São Paulo, Saraiva, 2005, vol. VI, p. 299; Lei n. 8.069/90, art. 26, parágrafo único.

da Lei n. 8.069/90): "O reconhecimento pode preceder o nascimento do filho, ou ser posterior ao seu falecimento, se ele deixar descendentes". Com isso a lei procura evitar que haja reconhecimento interesseiro *post mortem*, pois se o filho já falecido não deixou descendente, o pai que o reconheceu o sucederá em seu patrimônio.

Uma vez declarada a vontade de reconhecer, o ato passa a ser irretratável ou irrevogável[89], inclusive se feito em testamento (CC, art. 1.610), por implicar uma confissão de paternidade ou maternidade (*RT, 371*:96), apesar de poder vir a ser anulado se inquinado de vício de vontade como erro, coação (*AJ, 97*:145) ou se não observar certas formalidades legais[90]. A irrevogabilidade do reconhecimento (CC, art. 1.610), garantindo a perpetuação da filiação socioafetiva se feito por genitor que sabia que o filho não era seu, não impede, portanto, sua anulação por vício de consentimento ou social. E, pelo art. 1.604, a irrevogabilidade do reconhecimento não constituirá, ainda, obstáculo à declaração de sua invalidade diante de erro ou de falsidade do registro.

---

89. Cosattini, *Il riconoscimento del figlio naturale*, p. 205; Orlando Gomes, op. cit., p. 362.

90. Pontes de Miranda, *Tratado de direito de família*, cit., v. 3, p. 102; W. Barros Monteiro, op. cit., p. 253; Orlando Gomes, op. cit., p. 362; Estêvão de Almeida, *Manual do Código Civil*, coordenado por Paulo de Lacerda: direito de família, p. 114. Sobre falsidade ideológica, em razão de falsa autoatribuição de paternidade: *Ciência Jurídica, 38*:132. *RT, 772*:341: Filiação — Reconhecimento voluntário — Irretratabilidade — Possibilidade da invalidação somente em casos de dolo, erro, coação, simulação ou fraude — Hipótese em que o pretendente a anulação foi a pessoa que compareceu ao cartório e fez as declarações de registro. *Ementa oficial*: Uma vez aperfeiçoada, torna-se irretratável a declaração de vontade tendente ao reconhecimento voluntário de filiação. A invalidação dar-se-á apenas em razão de dolo, erro, coação, simulação ou fraude. Se foi o próprio recorrido a pessoa que compareceu ao cartório e fez as declarações de registro, não pode ela agora procurar anulá-la para beneficiar-se da anulação, principalmente em prejuízo de quem não participou do ato e nem podia participar, por ser menor de idade (Ap. 117.577/7, Segredo de justiça, 2ª Câm., j. 9-3-1999, rel. Des. Rubens Xavier Ferreira, *DOMG* 30-9-1999).

É entendimento pacífico do STJ que o posterior resultado negativo de exame de DNA não é suficiente, por si só, para afastar a paternidade voluntariamente reconhecida. Entende-se também necessário para tanto, que se prove erro no registro ou sua falsidade, além de inexistência de vínculo afetivo entre o suposto pai e a criança. Assim, já houve julgado entendendo ter sido o pai induzido em erro pela mãe a respeito da paternidade e verificou-se não se ter formado elo de afeto entre ele e a criança. "À vista disso (...) entendo que está demonstrada a ocorrência de erro essencial, a viciar o consentimento da parte recorrida quando do reconhecimento voluntário da paternidade, o que, conjugado ao fato de ser incontroversa a inexistência de vínculo biológico ou afetivo entre as partes, impede a manutenção de um registro que não espelha a vontade real dos fatos", ponderou o Ministro João Otávio de Noronha (STJ, Processo n. 1.362.557-DF, acórdão publicado em 9 de dezembro de 2014).

Como o reconhecimento determina o estado de filho, não pode comportar condição ou termo (CC, art. 1.613) ou qualquer cláusula que venha limitar ou alterar os efeitos admitidos por lei[91]. A estipulação de quaisquer dessas cláusulas será tida como ineficaz. O reconhecimento deverá ser puro e simples. Realmente, como poderia ficar na dependência de uma condição (acontecimento futuro e incerto) ou de termo (expiração de um decurso de lapso temporal, p. ex.) o ato consistente na declaração de um fato natural, a paternidade ou maternidade, já que alguém só pode ser, ou não ser, pai ou mãe?

Tanto o filho "natural" como o "incestuoso" ou "adulterino" podem, convém repetir, hodiernamente ser reconhecidos pelos pais, conjunta ou separadamente (CC, art. 1.607), sendo que, em relação ao último, não mais se requer, para isso, dissolução da sociedade conjugal[92] ou testamento cerrado se o ato se der na vigência do casamento.

O reconhecimento, qualquer que seja a origem da filiação, é ato solene e irrevogável (*RT*, *772*:341), que obedece à forma prescrita em lei, pois o Código Civil no seu art. 1.609, I a IV, a Lei n. 8.069/90, no art. 26, e a Lei n. 8.560/92, art. 1º, I a IV, impõem que se o faça[93]:

---

91. Orlando Gomes, op. cit., p. 362.

92. Orlando Gomes (op. cit., p. 380) escrevia: "Têm legitimação ativa para reconhecer: viúvo, viúva, se a legitimidade do filho foi excluída por sentença judicial na ação própria; qualquer dos cônjuges no casamento nulo, ou anulável, depois da respectiva sentença; os cônjuges separados judicialmente; os divorciados. E são reconhecíveis os que descendem: de homem casado que enviúve; de mulher casada que enviúve, se destruída a presunção de paternidade; de homem ou mulher casada, por matrimônio declarado nulo ou que tenha sido anulado; de pessoa judicialmente separada; de divorciados e os concebidos antes da dissolução da sociedade conjugal, que nascerem quando já se acha dissolvida. Se o filho for duplamente adulterino, só se torna reconhecível após a dissolução da sociedade conjugal de cada um dos seus genitores". Houve julgados permitindo o reconhecimento de filho natural, mesmo na constância do casamento, para fins alimentícios (*RT*, *549*:165, *544*:193). *Vide Ciência Jurídica*, *50*:142.

93. Antônio Chaves, Filiação ilegítima, cit., v. 37, p. 301-2; W. Barros Monteiro, op. cit., p. 250-1; Orlando Gomes, op. cit., p. 363-4; Estêvão de Almeida, op. cit., p. 114; João Baptista Villela, O reconhecimento da paternidade, cit., p. 76 e s.; Antonio Carlos Marcato, Reconhecimento dos filhos ilegítimos, *Justitia*, *26*:130; Mário de A. Moura, *Tratado prático da filiação*, 2. ed., Aide, v. 1, p. 232 e s.; Euclides de Oliveira, A escalada do afeto no direito de família: ficar, namorar, conviver, casar, *Família e dignidade*, Anais do V Congresso Brasileiro de Direito de Família (coord. R. Cunha Pereira), São Paulo, IOB Thomson, 2006, p. 314. "O reconhecimento dos filhos através de registro público é irrevogável. No entanto, tal fato não implica na vedação de questionamen-

1) *No próprio termo de nascimento,* caso em que o pai, ou procurador munido de poderes especiais, comparece perante o oficial do Registro Público e presta declarações sobre a descendência do registrado, assinando o termo, na presença de testemunhas (TJMG, *Adcoas,* 1983, n. 91.351). O reconhecimento pode ser feito conjunta ou separadamente pelos pais (CC, art. 1.607), afirmando que certa pessoa é seu filho, e atribuindo-lhe todos os direitos decorrentes da filiação. Sendo o pai o declarante, quando a maternidade constar do termo de nascimento do filho, a mãe só poderá contestá-la provando a falsidade do termo ou das declarações nele contidas (CC, art. 1.608). Registro de nascimento feito por quem sabia não ser o verdadeiro pai é tido como adoção simulada (TJRS-AC 598187.326 — Rel. Des. Breno M. Mussi, *DJ,* 3-9-1998) e gera paternidade socioafetiva. Ter-se-á *adoção à brasileira* (*JTJRS, 182*:388; *RT, 828*:365; *RJ, 306*:117; *BAASP, 2949*:11), que advém de declaração falsa assumindo paternidade ou maternidade alheia, sem observância das exigências legais para adoção; apesar de ser ilegal e de atentar contra a fé pública cartorária, acata o art. 227 da Constituição Federal, no sentido de dar a alguém uma convivência familiar; daí a tendência da não punição dessa adoção informal, feita sem a intermediação de autoridade judicial.

---

tos em torno da filiação, desde que haja elementos suficientes para buscar a desconstituição do reconhecimento anteriormente formulado. A primazia da dignidade humana perante todos os institutos jurídicos é uma característica fundamental da atual Constituição Federal. Nesse sentido, e em face da valorização da pessoa humana em seus mais diversos ambientes, inclusive no núcleo familiar, surgiu o princípio do melhor interesse do menor. A Constituição Federal tornou equivalentes os laços de afeto e de sangue, acabando com a discussão sobre qual dessas é a verdadeira filiação. Na hipótese de conflito entre a paternidade biológica e a paternidade afetiva, deve-se priorizar aquela em detrimento desta, desde que o filho mantenha também com o pai biológico laços de afeto" (TJMG, 4ª Câm. Cível, AC 1.0024.05.737489-4/002 — Belo Horizonte, rel. Des. Dárcio Lopardi Mendes, j. 9-11-2006, v.u.); STF, Súmula 447. *RT, 844*:247: "É ilegítimo o pedido de retificação de assento de nascimento fundado em acordo extrajudicial de reconhecimento de paternidade, para a inclusão de terceiro como pai do menor, em substituição àquele constante do respectivo assento de nascimento, uma vez que, por tratar-se de direito indisponível, é imprescindível que a pretensão se dê pela via judicial, mediante propositura de ação de nulidade do registro de nascimento".

Vide Provimento n. 355/89, arts. 1º a 5º, do CSM; Provimento n. 494/93 do CSM; Provimento n. 10/93 da CGJ. Proposta de Delanilde Blanco, in *A advogada: reflexões cotidianas,* OAB-SP (*Anais do II Congresso Estadual da Mulher Advogada*), p. 231. *Vide Ciência Jurídica, 46*:109. O Projeto de Lei n. 3.840/2004, apresentado à Câmara pelo Deputado Mendes Ribeiro Filho (PMDB-RS), torna gratuito o registro de nascimento em caso de averbação de reconhecimento de paternidade extrajudicial, realizada por meio de defensor público.

Se o cartório não exige comprovação genética para aquela declaração, como se poderia retirar de uma pessoa a possibilidade de ter uma história de sua vida familiar (LINDB, art. 5º)?

Já se decidiu que: "Falsa declaração de paternidade de criança abandonada não poderá dar origem à anulação de registro de nascimento, pois a norma constitucional foi acatada, mormente quando o curso do tempo revelou ter atingido sua finalidade precípua, com a produção de efeitos jurídicos e sociais na esfera da menor, agregando-se à sua personalidade, sendo indisponível e irretratável. Há prevalência do sentimento de nobreza e do direito de filiação do adotado 'à brasileira' que, após sua perfectibilização, não pode ser anulado sequer pelo pai que efetuou o registro" (*RT*, *802*:352). "Quem registra como seu o filho da companheira, apesar de desconfiar de não ser o pai, não age em desconformidade com sua vontade, não ocorrendo vício de consentimento. Dita postura configura o que se vem chamando de adoção à brasileira. Descabe anular o registro perseguido longo tempo após a separação, pelo só fato de haver sido intentada ação de alimentos" (TJRS, Ac. do 4º Gr. de Câms. Civs., de 11-10-2002 — Embargos Infrigentes 70004843850 — Rel. Des. Maria Berenice Dias).

Se apenas a mãe comparecesse ao cartório para declarar a paternidade do filho e o pai a contestasse, o termo deixaria de prevalecer. Atualmente, em caso de reconhecimento por registro de nascimento de menor apenas pela mãe, o oficial remeterá ao juiz corregedor permanente do cartório a certidão do registro e o nome do indigitado pai, devidamente qualificado, para que oficiosamente se verifique a procedência da imputação da paternidade. Com isso o Judiciário, que não presta tutela jurisdicional sem requerimento do interessado (CPC, art. 2º), passará a ter a função de sindicante da filiação alegada pela declarante (mãe, parteira etc.). Urge lembrar que uma afirmação inidônea levaria a declarante a ser incursionada no crime de falsidade ideológica. Deverá, em procedimento administrativo, ouvir a mãe a respeito da paternidade alegada, notificando em seguida o suposto pai, qualquer que seja seu estado civil, para que se manifeste, podendo, se necessário for, determinar que tal averiguação oficiosa se faça em segredo de justiça. Se o indigitado pai vier a confirmar a paternidade, lavrar-se-á o termo de reconhecimento, remetendo-se a certidão, que não fará menção à natureza da filiação nem ao eventual parentesco dos genitores ou ao estado civil dos pais (Lei n. 8.560/92, arts. 5º e 6º), ao oficial do Registro, para a devida averbação. Se o suposto pai não se apresentar dentro de 30 dias da notificação judicial, ou se vier a negar a paternidade, os autos serão remetidos ao representante do Ministério Público para que intente ação de investigação de paternidade, mesmo sem a iniciativa do interessado direto (Lei n. 8.560/92, art. 2º, §§ 1º a 6º, com redação da Lei n. 12.010/2009; *RT*, *758*:301). Pelo art. 2º, §§ 5º e 6º, da Lei n. 8.560/92: "Nas hipóteses previstas no § 4º deste artigo, é dispensável o ajuizamento de ação de investigação de paternidade pelo Ministério Público se, após o não comparecimento ou a recusa do suposto pai em assumir a paternidade a ele atribuída, a criança for encaminhada para adoção. A iniciativa conferida ao Ministério Público não impede a quem tenha legítimo interesse de intentar investigação, visando a obter o pretendido reconhecimento da paternidade". Trata-se de investigação oficiosa da paternidade. O Ministério Público agirá como substituto processual, defendendo em nome próprio direito alheio por expressa disposição legal. Trata-se do reconhecimento oficioso. Conferiu-se poder ao Ministério Público para investigar paternidade, sem atentar aos interesses do filho ou da mãe que se oponha ao reconhecimento paterno, violando o art. 133 da Constituição Federal, que institucionaliza a advocacia para atuar, mediante procuração, no polo ativo da relação processual. E, além disso, por ser o reconhecimento do estado de filiação um direito personalíssimo, indisponível e imprescritível, que só o filho pode demandar, coloca-se o Ministério Público como autor de uma ação personalíssima, se houver elementos suficientes.

Daí a pretensão do Projeto de Lei n. 699/2011 de acrescentar ao art. 1.609, § 2º, com o seguinte teor: "Em registro de nascimento de menor apenas com a maternidade estabelecida, o Oficial remeterá ao juiz certidão integral do registro e a qualificação do suposto pai, a fim de ser averiguada a procedência da alegação. Se confirmada a paternidade, será lavrado termo de reconhecimento e remetida certidão ao oficial do registro para a devida averbação. Negada a paternidade, inclusive por falta de comparecimento do suposto pai em Juízo, o juiz remeterá os autos ao representante do Ministério Público ou ao órgão competente para que promova, havendo elementos suficientes, a ação de investigação de paternidade"; e, ainda, "§ 3º No caso do parágrafo anterior, a iniciativa conferida ao Ministério Público ou órgão competente não impede a quem tenha legítimo interesse de intentar a ação investigatória". A sugestão é de Regina Beatriz Tavares da Silva, por entender haver "omissão do artigo no que se refere ao reconhecimento oficioso, que é subespécie do reconhecimento voluntário, o qual não tem a característica da espontaneidade, ocorrendo quando o pai confirma o vínculo de parentesco, diante de sua notificação judicial, após a remessa de certidão do registro, pelo Oficial do Registro Civil ao Juízo competente, apenas com a maternidade reconhecida e a qualificação do suposto pai. Essa espécie de reconhecimento foi prevista no art. 2º da Lei n. 8.560/92 e não consta deste artigo, devendo nele ser inserida". O Parecer Vicente Arruda rejeitou essa proposta contida no Projeto de Lei n. 6.960/2002 (atual PL n. 699/2011) ao analisá-la, por entender que a "disposição que ora se pretende inserir consta da Lei n. 8.560/92, que, a rigor, não trata de matéria que deva estar no CC, mas em lei que disciplina o registro público".

Urge lembrar que "foi publicado, pelo Conselho Nacional de Justiça, o Provimento n. 16/2012, que dispõe sobre o procedimento a ser adotado pelos oficiais de registro civil das pessoas naturais nos casos de indicações de supostos pais daquelas que já se acharem registradas sem paternidade estabelecida, bem como sobre o reconhecimento espontâneo de filhos perante os referidos registradores.

No texto, a corregedora nacional de Justiça, ministra Eliana Calmon, determina que: 'Art. 1º Em caso de menor que tenha sido registrado apenas com a maternidade estabelecida, sem obtenção, à época, do reconhecimento de paternidade pelo procedimento descrito no art. 2º, *caput*, da Lei n. 8.560/92, este deverá ser observado, a qualquer tempo, sempre que, durante a menoridade do filho, a mãe comparecer pessoalmente perante oficial de registro de pessoas naturais e apontar o suposto pai'.

A referida lei (n. 8.560/92) regula a investigação de paternidade dos filhos havidos fora do casamento. O art. 2º, mencionado anteriormente, explica que, quando apenas o nome da mãe estiver no documento do menor, o oficial deve remeter ao juiz certidão integral do registro e o nome e prenome, profissão, identidade e residência do suposto pai, a fim de ser averiguada oficiosamente a procedência da alegação. A ação também procede para o filho que se tornar maior de idade. O novo documento tem como escopo facilitar que as mães de crianças e adolescentes ou os filhos maiores de idade possam indicar os supostos pais para sanar a falta do registro paterno.

O provimento estabelece que o oficial de registros perante o qual houver comparecido a pessoa interessada remeterá ao magistrado competente o termo de que constarão os dados fornecidos pela mãe ou pelo filho maior, com o maior número possível de elementos para identificação do genitor. Posteriormente, o pai será notificado para que se manifeste sobre a paternidade que lhe é atribuída.

No caso de o suposto pai confirmar expressamente a paternidade, será lavrado termo de reconhecimento e remetida certidão ao oficial da serventia em que, originalmente, tenha sido feito o registro de nascimento, para a devida averbação. No entanto, se o suposto pai não atender a notificação judicial no prazo de 30 dias, ou negar a alegada paternidade, o juiz remeterá os autos ao representante do Ministério Público ou da Defensoria Pública para que intente a ação de investigação de paternidade" (*BAASP, 2.777*:5).

2) Por *escritura pública,* que não precisará ter especificamente esse fim, pois o reconhecimento pode dar-se numa escritura pública de compra e venda, bastando que a paternidade seja declarada de modo incidente ou acessório em qualquer ato notarial, assinado pelo declarante e pelas testemunhas; não se exigindo nenhum ato público especial (*RT, 301*:255; *RF, 136*:150; *AJ, 97*:145). Vale, entretanto, reconhecimento feito por *escritura particular* arquivada em Cartório (CC, art. 1.609, II) e autenticada; isto é assim porque, pela Lei n. 8.560/92, não só a escritura pública é forma exigida *ad substantiam,* para que o ato valha como título de estado, mas também o *instrumento particular,* com firma do signatário reconhecida, a ser arquivado em cartório (Lei n. 8.560/92, art. 1º, II; Provimento n. 494/93 do CSM, arts. 3º e 5º), pois os dados nele contido serão utilizados no registro de nascimento. Igualmente, a declaração que constar de termo judicial produzirá o mesmo efeito, por se tratar de confissão perante pessoa que tem fé pública.

3) Por *testamento* cerrado, público ou particular, ainda que incidentalmente manifestado (CC, art. 1.609, III) e até por testamento especial (marítimo, aeronáutico ou militar — CC, art. 1.886). Mesmo sendo nulo ou revogado, o reconhecimento nele exarado vale de per si, inclusive se se tratar de simples alusão incidental à filiação, a menos que decorra de fato que acarrete sua nulidade, como, p. ex., demência do testador.

4) Por *manifestação direta e expressa perante o juiz, ou melhor, por termo nos autos,* que equivalerá à escritura pública (Lei n. 8.560/92, art. 1º, IV), mesmo que o reconhecimento não seja o objeto único e principal do ato que o contém (CC, art. 1.609, IV).

c.2.3.2. Reconhecimento judicial

c.2.3.2.1. Noção geral

O reconhecimento judicial de filho resulta de sentença proferida em ação intentada para esse fim, pelo filho, tendo, portanto, caráter pessoal, embora os herdeiros do filho possam continuá-la. A investigação pode ser ajuizada contra o pai ou a mãe ou contra os dois, desde que se observem os pressupostos legais de admissibilidade de ação, considerados como presunções de fato. Pode ser contestada por qualquer pessoa que tenha justo interesse econômico ou moral (CC, art. 1.615), como, p. ex., o cônjuge do réu (*RF, 161*:193), seus filhos matrimoniais ou os reconhecidos anteriormente, os parentes sucessíveis ou qualquer entidade obrigada ao pagamento de pensão aos herdeiros do suposto pai.

A sentença tem eficácia absoluta, valendo contra todos, ao declarar o vínculo de filiação equiparável ao da descendência matrimonial, nos seus efeitos pessoais e patrimoniais[94]. Pelo art. 7º da Lei n. 8.560/92, a sentença de primeiro grau que reconhecer a paternidade deverá fixar os alimentos provisionais ou definitivos do reconhecido que deles necessite e poderá ordenar que o filho se crie e eduque fora da companhia dos pais ou daquele que lhe contestou essa qualidade (CC, art. 1.616, 2ª parte), deferindo sua guarda a pessoa idônea, de preferência da família de qualquer dos pais (CC, arts. 1.584, § 5º, e 1.586), resguardando-o de possíveis represálias que possa sofrer do genitor, que terá, apesar de não ficar com a guarda, o dever de lhe garantir meios de subsistência (CF/88, art. 229), e se aquele filho, que reconheceu, tiver bens, estes não se sujeitarão ao seu usufruto e administração, que compete a quem estiver em pleno exercício do poder familiar (CC, art. 1.689). A sentença que julgar procedente a ação de investigação vale contra todos e produz os mesmos efeitos pessoais, patrimoniais e sucessórios do reconhecimento (CC, art. 1.616, 1ª parte) e deverá, para tanto, ser averbada no registro competente (Lei n. 6.015/73, arts. 29, § 1º, *d*, e 109, § 4º).

---

94. Orlando Gomes, op. cit., p. 362 e 366; W. Barros Monteiro, op. cit., p. 257. Já se decidiu (TJSP, 4ª Turma, j. 11-9-2000) que há possibilidade de se provar que alguém é filho de pessoa que não o marido da mãe, mediante pedido de investigação de paternidade para obter direito de receber herança em condição de igualdade com os demais herdeiros, pois a existência de registro em que consta o nome de terceiro como pai não impede que se investigue a paternidade biológica.

Julgado do Superior Tribunal de Justiça, relatado pela Ministra Nancy Andrighi, condenou a mulher a indenizar o ex-marido em indenização correspondente a R$ 200.000,00 por ter-lhe atribuído prole que não era sua, no sistema da presunção da paternidade pelo casamento: "... Transgride o dever de sinceridade o cônjuge que, deliberadamente, omite a verdadeira paternidade biológica dos filhos gerados na constância do casamento, mantendo o consorte na ignorância. O desconhecimento do fato de não ser o pai biológico dos filhos gerados durante o casamento atinge a honra subjetiva do cônjuge, justificando a reparação pelos danos morais suportados..." (REsp 742.137/RJ, 3ª T., rel. Min. Nancy Andrighi, julgado em 21-8-2007).

c.2.3.2.2. Ação de investigação de paternidade

O reconhecimento judicial, por meio de ação de investigação de paternidade, permite ao filho "natural" (CC de 1916, art. 363; ECA, art. 27; *Ciência Jurídica, 64*:137, *81*:104, *82*:94; *RT, 594*:102, *596*:101, *675*:101, *676*:96, *663*:81; *RJTJRS, 164*:352) e ao "adulterino" (Lei n. 883/49; *RT, 720*:115, *710*:60, *674*:232, *672*:92, *539*:190, *530*:202, *529*:99; TJMG, *Adcoas,* 1983, n. 88.965), mesmo se não dissolvida a sociedade conjugal, obter a declaração de seu respectivo *status familiae.* Ao filho "incestuoso" a nossa Lei não mais nega *legitimatio ad causam* para intentar ação investigatória (CF, art. 227, § 6º)[95].

95. *RJ, 219*:67, *210*:104, *189*:65, *187*:82, *182*:84; *RJTJSP, 146*:122; *RT, 530*:202, *589*:194, *544*:193, *543*:111, *539*:201, *534*:79, *551*:108; *AJ, 107*:373; *JB, 160*:321, *158*:247; *EJSTJ, 12*:156 e 157, *20*:169 e 170; *RSTJ, 84*:250 e *92*:271; *RTJ, 48*:694, *65*:835; *Ciência Jurídica, 74*:137 e 149 e *61*:82; *Bol. AASP, 1.950*:37; W. Barros Monteiro, op. cit., p. 254; Orlando Gomes, op. cit., p. 380; Edilson de Arruda Camara, Investigação de paternidade, *Consulex*, n. 26, p. 50-1; Paulo Lúcio Nogueira, *Ação de investigação de paternidade,* Coleção Saraiva de Prática do Direito, n. 24, 1986; Belmiro Pedro Welter, Investigação de paternidade socioafetiva, *JSTJ, 21*:63 a 65; Álvaro Villaça Azevedo, Investigação de paternidade e petição de herança, *RDC, 25*:183; Rolf Madaleno, A sacralização da presunção na investigação de paternidade, *RT, 766*:69; Mª Christina de Almeida, Paternidade biológica, socioafetiva, investigação de paternidade e DNA, *Família e cidadania,* cit., p. 449-59.

"Ação de investigação de paternidade. Indigitado pai qualificado como casado, já à época da concepção. Citação determinada. Agravo manifestado. Alegação de carência de ação a impedir o trânsito da pretensão. Improvimento do recurso. Possibilidade do pleito de reconhecimento de filho adulterino na vigência da sociedade conjugal. Inteligência do § 6º do art. 227 da Constituição Federal de 1988.

É indubitável que os preceitos de leis federais, impedindo que filhos adulterinos pleiteassem, em ação própria, o reconhecimento da paternidade na vigência da sociedade conjugal dos indigitados pais, são automaticamente revogados se norma constitucional recentemente editada com eles se conflita.

Se a norma preceptiva contida no art. 227, § 6º, da Constituição Federal vigente está em confronto direto com anteriores princípios da legislação ordinária, claro é que os textos hierarquicamente inferiores perdem seu suporte de eficácia e validade para dar lugar ao novo ordenamento normativo constitucional.

Estando proibidas quaisquer distinções ou discriminações entre os filhos havidos ou não da relação de casamento ou por adoção, imperioso é reconhecer que os adulterinos podem agora exercer ação direta de investigação de paternidade contra o indigitado pai, para obter o reconhecimento da sua filiação, esteja ou não em vigor o vínculo matrimonial mantido pelo apontado progenitor-requerido. Agravo de instrumento improvido" (*JB, 156*:209).

Já se decidiu que filho registrado como legítimo, por ter nascido na constância do casamento, pode pedir investigação de paternidade, apesar de ser direito do marido de sua mãe questionar a paternidade (3ª Turma, STJ, j. 14-4-2000). Há julgado entendendo que certidão de nascimento não precisa ser anulada para a propositura da ação de investigação de paternidade, pois a sentença já teria como efeito necessário a desconstituição do assento anterior. "O grau de parentesco na linha reta, ou seja, entre ascendentes e descendentes, se define pelo número de gerações. Pai e filho são parentes na linha reta, em primeiro grau. Avô e neto são parentes em segundo grau e assim por diante. A ação de investigação de paternidade tem por finalidade o reconhecimento judicial da filiação, para o efeito de constituição da relação jurídica de parentesco entre uma pessoa e seu filho, não espontaneamente reconhecido. Decisão interessante foi proferida pelo Tribunal de Justiça do Rio Grande do Sul, numa ação investigatória em que o autor pleiteou diretamente o reconhecimento judicial de seu parentesco com o avô. A pretensão não foi acolhida, pois o Tribunal entendeu que a ação de investigação de paternidade é personalíssima, cabendo tão somente às partes envolvidas na relação de primeiro grau (paterno-filial). A relação avoenga, de acordo com a decisão, não pode ser diretamente investigada, passando-se por cima da pessoa que se encontra no meio" (Ap. 70004114617, de Caxias do Sul, julgada em 29-5-2002, 7ª Câm. Civ., *Adcoas* 8213688). Com o reconhecimento judicial da paternidade estará automaticamente constituído o parentesco entre o autor da ação investigatória e seu avô (pai do réu). O que a Justiça gaúcha não admitiu foi o reconhecimento direto do parentesco de segundo grau, com exclusão do pai.

O Projeto de Lei n. 699/2011, com o escopo de modificar o art. 1.615, propõe a seguinte redação:

"Os filhos têm ação contra os pais ou seus herdeiros, para demandar o reconhecimento da filiação, sendo esse direito imprescritível.

§ 1º A ação pode ser intentada antes ou depois do nascimento do filho;

§ 2º Nas ações de filiação são admitidas todas as espécies de prova, inclusive as biológicas;

§ 3º Há presunção da relação de filiação diante de recusa injustificada à realização das provas médico-legais;

§ 4º A posse do estado do filho, comprovada em juízo, presume a paternidade, salvo se o investigado provar que não é o pai;

§ 5º Se a mãe convivia com o suposto pai durante a época da concepção, presume-se a paternidade, salvo prova em contrário;

§ 6º Quando o autor da ação investigatória já tiver uma filiação anteriormente estabelecida, deverá, prévia ou simultaneamente, desconstituir o registro da aludida filiação;

§ 7º A ação investigatória compete ao filho enquanto viver, passando aos herdeiros, se ele morrer menor ou incapaz; se iniciada a ação pelo filho, os herdeiros poderão continuá-la, salvo se julgado extinto o processo;

§ 8º Qualquer pessoa, que justo interesse tenha, pode contestar a ação de investigação de paternidade ou maternidade;

§ 9º A sentença de primeiro grau que reconhecer a paternidade fixará os alimentos em favor do reconhecido que deles necessite".

Trata-se de sugestão de Zeno Veloso, que assim justifica seu posicionamento: "Apesar de todo o esforço que empreendi na relatoria geral, dado aos óbices regimentais por todos conhecidos, é de se reconhecer que o tema da filiação não corresponde às expectativas no novo Código Civil. Não estão bem separadas as hipóteses da filiação matrimonial que é estabelecida pela presunção *pater is est*, da filiação extramatrimonial, que depende do reconhecimento, da perfilhação, voluntária ou judicial. Embora não sejam admitidas discriminações ou desigualações, sem dúvida, são situações diferentes. A alteração proposta não tem o escopo de resolver todas as ques-

A investigação de paternidade processa-se mediante ação que segue o procedimento comum (CPC, arts. 319 e s. e 369) promovida pelo filho (legitimidade *ad causam*), ou seu representante legal (legitimidade *ad processum*), se incapaz (*RT, 542*:260, *703*:60; *Bol. AASP, 1.927*:381), contra o genitor ou seus herdeiros (TJMG, *Adcoas,* 1983, n. 88.224; *BAASP, 2.674*:1822-05) ou legatários, podendo ser cumulada com a de petição de herança (*RT, 330*:281, *154*:127, *738*:250, *739*:275; *RSTJ, 74*:204; TJPR, Ag. 432030-3, 11ª C. Cív., rel. Luiz Antônio Barry, j. 24-10-2007)[96], com a de alimentos, que

---

tões, o que dependeria de uma ampla reforma legislativa a respeito da filiação, como se fez em quase todos os sistemas modernos: Suíça, Bélgica, França, Itália, Argentina e Chile, por exemplo. O atual art. 1.615 diz que qualquer pessoa, que justo interesse tenha, pode contestar a ação de investigação de paternidade. Mas o Código não dá os requisitos desta ação. Menciona, no art. 1.606, a ação de prova da filiação, e parece, pela colocação da matéria que trata da filiação matrimonial. Na nova redação sugerida no art. 1.615 busco remediar o problema, incorporando alguns aspectos que decorrem da doutrina e da jurisprudência, como presumir a paternidade nos casos de posse de estado de filho e de a mãe conviver com o suposto pai na época da concepção. Proponho, ainda, atendendo a sugestão de Regina Beatriz Tavares da Silva o acréscimo de disposição (§ 3º), prevendo expressamente que a recusa à realização das provas médico-legais pelo investigado presume a paternidade. Na jurisprudência, o art. 359, II, do CPC/1973, atualmente art. 400, II, do CPC/2015 tem servido de fundamento à presunção da paternidade em face da recusa à realização da prova médico-legal pelo investigado. Mas este artigo não se refere expressamente à prova pericial, dispondo que, 'Ao decidir o pedido, o juiz admitirá como verdadeiros os fatos que, por meio do documento ou da coisa, a parte pretendia provar: II — se a recusa for havida por ilegítima'. Cite-se, a propósito, o seguinte acórdão: 'Investigação de Paternidade — Exame hematológico — Recusa imotivada do requerido a comparecer ao exame pericial — Ato que leva à presunção da paternidade, mormente se aliado a provas que corroboram a existência de relacionamento amoroso entre o investigado e a genitora da investigante. Presume-se a paternidade de quem se recusa, imotivadamente, a realizar exame hematológico, traduzindo temor ao resultado, mormente quando há nos autos provas que corroboram ter existido relacionamento amoroso entre o investigado e a genitora da investigante' (10ª Câmara de Direito Privado, Apelação n. 139.554-4/1, j. 1403-2000, Relator Desembargador Ruy Camilo, *in RT* 778/266)".

O Parecer Vicente Arruda foi pela rejeição à alteração do art. 1.615, já proposta no Projeto de Lei n. 6.960/2002 (atual PL n. 699/2011), pois "além de tratar simultaneamente de matéria processual, reproduz dispositivos já constantes do CC e da Lei n. 8.560/92 que regula a investigação de paternidade de filhos havidos fora do casamento e erige presunções que, na verdade, não passam de provas que devem ser deduzidas no processo cabível".

O Projeto de Lei n. 2.936/2004 (ora arquivado) dispunha sobre inversão do ônus da prova em ação de investigação de paternidade.

96. Silvio Rodrigues, op. cit., p. 322; Arnoldo Medeiros da Fonseca, *Investigação de paternidade*, cit., p. 261; Arnaldo C. de Assis, Investigação de paternidade e efeito da revelia, *Família e jurisdição* (coord. Eliene F. Bastos e Asiel H. de Sousa, Belo Horizonte, Del Rey, 2005, p. 33-45. Pode ser cumulada com a ação de alimentos: *RJTJSP, 33*:28,

30:143, *62*:1061, *78*:157, *73*:229, *83*:183; *RTJ*, *64*:785, *69*:776; *RF*, *266*:191, *197*:104; *RT*, *588*:49, *582*:38, *542*:195, *417*:135, *510*:124, *533*:104, *519*:100, *525*:179, *546*:54, *515*:93, *530*:202, *452*:214, *529*:99, *509*:86, *551*:108, *541*:99, *581*:102; *RSTJ*, *96*:322; *EJSTJ*, *19*:52; *Ciência Jurídica*, *55*:87. *Vide* TJPB (2ª Câm. Cív., AR Ad. n. 95.001.169-0, *DJ*, 15 jun. 1995, p. 5) — "Deferimento da paternidade e indeferimento de alimentos. Apelação do promovido, com preliminar de nulidade da sentença por não ter sido deferido o exame de DNA. Recurso adesivo da promovida, objetivando o atendimento da pretensão de alimentos. Não pode ser imposta ao juiz a determinação de mandar fazer o exame hematológico do DNA, por sugestão do investigado, se com a vasta prova produzida se vê em condições de proferir sentença. A realização de perícia para investigação genética, através dos exames de HLA e DNA, é recomendável, pois permitem ao julgador alcançar um juízo de fortíssima probabilidade, senão de certeza. Porém, tal prova não é imprescindível à instrução do feito, nem condição *sine qua non* para um julgamento de procedência. Não está o juiz obrigado a determinar a realização da perícia imunológica, vez que a mesma não é indispensável ao julgamento do feito. Preliminar rejeitada, por não ser imprescindível o exame requerido, o qual deveria ser pago pela parte requerente, e não pela promovente. Se a promovente atingiu a maioridade e contraiu núpcias, o alimentante não deve ser condenado a pagar alimentos, quando nos autos não foi feita a prova da necessidade desses alimentos. Não é motivo plausível a alegação da promovente que seu esposo está desempregado, por não encontrar apoio na legislação essa sua pretensão. Apelação e recurso adesivo não provido". Só serão inacumuláveis as duas ações, apenas nos casos em que a investigação de paternidade não for permitida por impedimento legal, nos casos em que só se admite a ação ordinária de alimentos do art. 4º da Lei n. 883/49 (*Rev. Jur.*, *57*:227). Em ação de investigação de paternidade cumulada com pedido de alimentos, o termo inicial destes é a data da citação (STJ, REsp. 152.895, j. 4-9-2000). STJ — Súmula n. 278 — 14-05-2003. Julgada procedente a investigação de paternidade, os alimentos são devidos a partir da citação (Referência: Art. 13, § 2º, Ação de alimentos — L-005.478-1968). STJ — Súmula n. 01. O foro do domicílio ou da residência do alimentando é o competente para a ação de investigação de paternidade, quando cumulada com a de alimentos. Ação de investigação de paternidade cumulada com petição de herança, *EJSTJ*, *6*:42, *12*:57; *Ciência Jurídica*, *62*:163, *64*:58; Súmula do STF 149. A prescrição da ação de petição de herança é vintenária (CC de 1916, art. 177), sendo o *dies a quo* desse prazo prescricional o da abertura da sucessão do pretendido pai, pois não há sucessão de pessoa viva (*Adcoas*, 1983, n. 91.084). A desistência da ação de investigação de paternidade pelo filho não indica renúncia do direito de reconhecimento nem perempção (abandono da causa por tempo determinado ou indeferimento da inicial por três vezes), e não tem o poder de fulminar o direito da ação, de sorte que tal demanda sempre poderá ser reproposta. Há quem entenda que poderão ter a iniciativa da ação os herdeiros do filho não reconhecido já falecido que podem ter interesse na confirmação de sua filiação para efeitos sucessórios e alimentícios que envolvem, sem restrição de grau, todos os parentes em linha reta (CC de 1916, art. 397). *Vide Bol. AASP*, *1.894*:37. Investigação de paternidade cumulada com falsidade de registro de nascimento: *Bol. AASP*, *1.954*:44 — "Nada obsta que se prove a falsidade do registro no âmbito da ação investigatória de paternidade, a teor da parte final do artigo 348 do CC [de 1916]. O cancelamento do registro, em tais circunstâncias, será consectário lógico e jurídico da eventual procedência do pedido de investigação, não se fazendo mister, pois, cumulação expressa" (STJ, 3ª T., RE 40.690-0-SP, rel. Min. Costa Leite, j. 21-2-1995, v. u., ementa).

passarão a ser devidos a partir da citação (*EJSTJ*, *20*:170, *23*:151; *RSTJ*, *96*:322 e *113*:281; *RT*, *660*:96, *615*:50; Súmula 277 do STJ) e com a de retificação (STJ, REsp 256.171-RS, Rel. Min. Pádua Ribeiro, j. 2-32004) ou anulação de registro civil (*EJSTJ*, *20*:169 e 170). Se citado o réu por mandado, vier a contestar o fato e a qualidade de pai, o juiz designa data para a *audiência preliminar*, para obter o acordo das partes. Obtido tal acordo, o juiz o homologa por sentença. Se o acordo não se der, o órgão judiciante deverá sanear o processo, determinando produção de provas. Se, porventura, o investigante, maior e capaz, falecer na pendência da lide, seus herdeiros, por terem legítimo interesse econômico e moral, continuarão a ação, salvo se julgado extinto o processo (p. ex., por desistência, finalização sem julgamento do mérito etc.); porém, se morrer antes de tê-la ajuizado, na opinião de muitos faltaria aos seus sucessores *legitimatio ad causam* (*RT*, *265*:261) para movê-la; mas, desde que faleça, menor ou incapaz, seu representante terá legitimação para tanto (CC, art. 1.606 e parágrafo único)[97]. E, pelo Enunciado n. 521

---

97. Caio M. S. Pereira, *Instituições*, cit., p. 242; José Aparecido da Cruz, *Averiguação e investigação de paternidade no direito brasileiro. Teoria, legislação e jurisprudência*, São Paulo, Revista dos Tribunais, 2001; Rolf Madaleno, Dano moral na investigação de paternidade, *Ensaios*, cit., p. 353-68. "Na ação de investigação de paternidade, o comparecimento do réu, mesmo tardio, importa em recebimento do processo no estado em que se encontra, atingido pelas preclusões já consumidas, mas com direito a produzir prova contrária aos fatos alegados pelo autor, desde que ainda alcance a oportunidade processual" (TJSC, *Adcoas*, 1982, n. 85.829). *Vide*, ainda, *Bol. AASP*, *1.882*:26, *1.946*:28; *Ciência Jurídica*, *49*:353, *43*:62, *45*:162, *50*:237, *52*:90. Pela Súmula 277 do STJ, "julgada procedente a investigação de paternidade, os alimentos são devidos a partir da citação". Em sentido contrário: Maria Berenice Dias (Termo inicial da obrigação alimentar na ação de alimentos e investigatória de paternidade, *Carta Forense*, jan. 2007, p. 6-7) entende que, como a ação investigatória de paternidade tem carga eficacial declaratória, todos os efeitos retroagem à data da concepção, até mesmo a obrigação alimentar.

"Herdeiros podem entrar na Justiça para buscar reconhecimento de ascendência, mesmo que a ação investigatória de paternidade não tenha sido proposta enquanto o suposto filho estava vivo. O entendimento é da Terceira Turma do STJ ao acatar recurso de dois jovens do Rio Grande do Sul que pretendiam investigação de paternidade envolvendo o suposto avô. O pai dos jovens gaúchos faleceu aos 65 anos sem nunca ter proposto ação de investigação de paternidade contra o suposto pai, que faleceu depois dele, aos 88 anos. Os netos decidiram entrar na Justiça para comprovar a ascendência. A primeira instância negou o pedido, sustentando que neto não tem legitimidade para propor teste de paternidade pelo fato de o estado de filiação ser um direito personalíssimo. No STJ, os netos alegaram violação aos Códigos de Processo Civil; Código Civil de 1916, Lei de Introdução ao Código Civil e Constituição Federal. O ministro-relator, Carlos Alberto Menezes Direito, deferiu o recurso considerando que 'no estágio atual do direito de família não seria viável recusar aos netos o direito de terem a origem reconhecida.' 'O fato de o pai não ter proposto ação investiga-

do Conselho da Justiça Federal, aprovado na *V Jornada de Direito Civil*: "Qualquer descendente possui legitimidade, por direito próprio, para propor o reconhecimento do vínculo de parentesco em face dos avós ou de qualquer ascendente de grau superior, ainda que o pai não tenha iniciado a ação de prova da filiação em vida". É preciso esclarecer, ainda, que a ação de estado é imprescritível (Súmula 149 do STF; *JB, 162*:314); logo, o filho poderá, em busca da paternidade ou maternidade real, em qualquer tempo propô-la, porque não se pode negar-lhe a proclamação de seu *status,* embora prescrevam seus efeitos patrimoniais, de modo que, havendo prescrição destes, o filho pode intentar a ação, para se fazer reconhecer, sem ter, contudo, direito à herança[98].

---

tória não justificaria afastar o legítimo direito dos jovens', concluiu o ministro" (REsp 603885) (*Tribuna do Direito*, julho 2005, p. 7).

"Direito civil. Família. Recurso especial. Ação de investigação de paternidade e maternidade. Vínculo biológico. Vínculo socioafetivo. Peculiaridades. A 'adoção à brasileira', inserida no contexto de filiação socioafetiva, caracteriza-se pelo reconhecimento voluntário da maternidade/paternidade, na qual, fugindo das exigências legais pertinentes ao procedimento de adoção, o casal (ou apenas um dos cônjuges/companheiros) simplesmente registra a criança como sua filha, sem as cautelas judiciais impostas pelo Estado, necessárias à proteção especial que deve recair sobre os interesses do menor. O reconhecimento do estado de filiação constitui direito personalíssimo, indisponível e imprescritível, que pode ser exercitado sem qualquer restrição, em face dos pais ou seus herdeiros. O princípio fundamental da dignidade da pessoa humana, estabelecido no art. 1º, inc. III, da CF/88, como um dos fundamentos da República Federativa do Brasil, traz em seu bojo o direito à identidade biológica e pessoal. Caracteriza violação ao princípio da dignidade da pessoa humana cercear o direito de conhecimento da origem genética, respeitando-se, por conseguinte, a necessidade psicológica de se conhecer a verdade biológica. A investigante não pode ser penalizada pela conduta irrefletida dos pais biológicos, tampouco pela omissão dos pais registrais, apenas sanada, na hipótese, quando aquela já contava com 50 anos de idade. Não se pode, portanto, corroborar a ilicitude perpetrada, tanto pelos pais que registraram a investigante, como pelos pais que a conceberam e não quiseram ou não puderam dar-lhe o alento e o amparo decorrentes dos laços de sangue conjugados aos de afeto. Dessa forma, conquanto tenha a investigante sido acolhida em lar 'adotivo' e usufruído de uma relação socioafetiva, nada lhe retira o direito, em havendo sua insurgência ao tomar conhecimento de sua real história, de ter acesso à sua verdade biológica que lhe foi usurpada, desde o nascimento até a idade madura. Presente o dissenso, portanto, prevalecerá o direito ao reconhecimento do vínculo biológico. Nas questões em que presente a dissociação entre os vínculos familiares biológico e socioafetivo, nas quais seja o Poder Judiciário chamado a se posicionar, deve o julgador, ao decidir, atentar de forma acurada para as peculiaridades do processo, cujos desdobramentos devem pautar as decisões" (STJ, REsp 833.712/RS, rel. Min. Nancy Andrighi, 3ª T., j. 17-5-2007, *DJ*, 4-6-2007, p. 347).

98. Caio M. S. Pereira, *Instituições,* cit., p. 242; Orlando Gomes, op. cit., p. 370; Tycho Brahe Fernandes, O termo inicial dos alimentos na ação de investigação de paterni-

Permitia o art. 363 do Código Civil de 1916 a investigação de paternidade quando houvesse:

1) *Concubinato*, ou seja, união prolongada de pessoas que não estivessem vinculadas por laços matrimoniais[99], dispensando-se a sua convivência sob o mesmo teto, bastando que se evidenciasse a continuidade das relações, a sua notoriedade e presumida fidelidade da mulher (*RT, 177*:189, *227*:197; *JB, 163*:309; TJRJ, *Adcoas,* 1983, n. 88.363; *Ciência Jurídica, 70*:114, *58*:101). O filho podia demandar se provasse que, ao tempo de sua concepção, sua mãe estava concubinada com o pretendido pai, pois, para ser pressuposto de admissibilidade da ação, era preciso haver coincidência do concubinato com o período normal da concepção (TJMG, *Adcoas,* 1982, n. 86.637; TJSC, *Adcoas,* 1982, n. 83.049). Assim o réu poderia defender-se (*a*) negando a existência do concubinato; (*b*) demonstrando que o autor não fora gerado durante sua vigência; (*c*) invocando a *exceptio plurium concu-*

---

dade, *Estudos Jurídicos, 6*:138-141; *Ciência Jurídica, 48*:143: "A simples hipótese de ganhar ação de investigação de paternidade não determina a imediata separação de quinhão hereditário, não existindo nexo entre a presunção de que se venha a ganhar a ação de investigação e a homologação de partilha decidida no processo" (TJMG). *Bol. AASP, 1.938*:96: "Se não pode haver reconhecimento sem a anuência do filho, sendo este maior, é evidente que uma vez proposta ação de investigação de paternidade, o pretenso filho, maior de idade, pode desistir da ação" (TJ, 1ª Câm. Civ., AC 232.914-1, rel. Des. Guimarães e Souza, j. 16-5-1995, v. u., ementa). A ação de petição de herança prescreve em 10 anos (CC, art. 205). Sobre imprescritibilidade da pretensão à filiação real: STJ, 3ª Turma, REsp 158.086/MS, Rel. Carlos A. M. Direito, j. 28-8-2002; TJMG, AgI 247.666-1/00, Rel. Des. Lopes de Albuquerque. TAMG: "Indenização. Danos morais. Pedido sucessivo. Investigação de troca de bebês. Hospital. Exame de dna. Pagamento de despesas. Cumulação de pedidos. Erro essencial de fato. Teoria da actionata. Prescrição. Não ocorrência. A ação que busca investigar filiação, maternidade e paternidade é imprescritível. É possível a cumulação de pedido sucessivo cominatório com pedido indenizatório. Havendo erro essencial quanto a fato que a parte ignorava, referido erro impede o curso do prazo de prescrição da ação. Segundo a teoria da *actio nata,* somente após revelado o fato desconhecido que mantinha a parte em erro substancial é que tem início a contagem do prazo de prescrição da ação" (ApC 460.677-7, Belo Horizonte, j. 20-9-2004, rel. Juíza Márcia De Paoli Balbino).

99. Pontes de Miranda, *Tratado de direito de família,* cit., § 139. TJSC (2ª Câm. Cív., Ap. 43.065, *DJ,* 17 jul. 1995, p. 11) — "Prova convincente de residência sob o mesmo teto em período que coincide com a data da concepção da investigante, aliada à prova testemunhal e sobretudo à robusta prova documental de autoria do próprio investigado, de modo a firmar segura convicção do julgador, no sentido da procedência da ação, só cederia à demonstração da *exceptium plurium concubentium* se esta fosse contemporânea à concepção, posto que irrelevante o comportamento da mulher em período anterior ou posterior ao relacionamento sexual com o indigitado pai. Sentença confirmada". *Vide RT, 818*:302, *800*:347, *765*:326, *759*:322.

bentium, ou seja, alegando que, por ocasião da concepção, a mãe do investigante mantinha relações sexuais com outros homens (*RT, 245*:104), sendo por esse motivo incerta a paternidade (*RT, 276*:362; *RF, 166*:243); e (*d*) provando a impossibilidade física de ser ele o pai do investigante, devido ao seu internamento em hospital, viagem ou impotência acidental, no momento da concepção[100].

2) *Rapto* da mãe pelo suposto pai, ou *relação sexual* coincidente com a data da concepção, devendo o autor provar que houvera rapto ou relação sexual entre sua mãe e o suposto pai por ocasião de sua concepção e que sua mãe não mantinha, nessa época, relações com outro homem (*RT, 241*:203, *314*:172; *RF, 150*:305)[101], sendo desnecessária a condenação criminal do raptor, mas imprescindível a honestidade da mulher[102].

3) *Existência de escrito daquele a quem se atribuíra a paternidade, reconhecendo-a expressamente,* desde que não fosse vago, equívoco ou ambíguo (*RT, 155*:722), podendo ser público ou particular (testamento nulo, anulado ou revogado, carta, bilhete, recomendação, termo de abertura de assento de nascimento, ainda que nulo etc.), feito pelo suposto pai ou assinado por ele, apesar de escrito por outrem[103] (*RT, 327*:591). O interessado poderia

---

100. Caio M. S. Pereira, Concubinato, seu conceito atual, *RF, 190*:13; Edgard Moura Bittencourt, *O concubinato no direito,* n. 33 e s.; René Savatier, *La recherche de la paternité,* n. 44 e s.; Silvio Rodrigues, op. cit., p. 324-5; Orlando Gomes, op. cit., p. 367-8 e 371-2; Súmula 382; *RT, 145*:653, *196*:473; *RF, 92*:419. "Havendo coincidência entre a concepção do filho reclamante e as relações sexuais da mãe com o suposto pai e, não comprovada a exceção *plurium concubentium,* satisfeitos estão os requisitos do art. 363, II, do Cód. Civ. [de 1916], impondo-se, de conseguinte, a procedência da ação de investigação de paternidade e os consequentes encargos alimentares" (TJSC, *Adcoas,* 1982, n. 84.523). Investigação de paternidade, termo inicial. Na ação de alimentos, ainda que não submetida ao procedimento da Lei n. 5.478/68, serão eles devidos a partir da citação (*Ciência Jurídica, 55*:87). *Vide Ciência Jurídica, 50*:237.

101. W. Barros Monteiro, op. cit., p. 256; *RT, 546*:224. TJDF (3ª T. Cív., Ap. 32.248, *DJ*, 15 fev. 1995, p. 1454): "Suficientemente demonstrado que, ao tempo da concepção do autor, ocorreram relações sexuais entre sua genitora e o requerido, inexistindo prova idônea acerca da alegada infidelidade da mesma, é de se reconhecer a procedência do pedido investigatório. Reforma-se parcialmente a sentença, para reduzir o percentual dos alimentos fixado sobre os rendimentos do requerido, quando mostra-se exorbitante, não guardando correspondência com a necessidade do alimentando ou possibilidade do alimentante".

102. Planiol, Ripert e Boulanger, op. cit., p. 1504; Arnoldo Medeiros da Fonseca, op. cit., n. 166; Orlando Gomes, op. cit., p. 368.

103. Silvio Rodrigues, op. cit., p. 328-9; Arnoldo Medeiros da Fonseca, op. cit., n. 141.

contestar a ação demonstrando a falsidade ideológica ou material do documento ou evidenciando defeito ou vício da declaração de vontade[104].

Hoje, o Código Civil não mais faz essas exigências. Havendo dúvida quanto à filiação, o interessado pode ingressar em juízo para investigar sua paternidade biológica, por ter o direito de saber sua identidade genética. Nesta ação, bastante difícil é a questão das provas da filiação, porque as relações sexuais são, na maior parte dos casos, impossíveis de ser comprovadas, devendo-se, então, contar com indícios e presunções mais ou menos certos e seguros (*RT, 148*:224, *151*:154)[105], e, principalmente, com o exame de DNA

104. Pontes de Miranda, *Tratado de direito de família,* cit., § 139; Planiol, Ripert e Rouast, *Traité pratique de droit civil français,* t. 2, p. 764; *EJSTJ, 4*:61 — "Civil — Investigação de paternidade — Reexame de prova. Não conhecimento. Súmula n. 7 do STJ. O recurso especial é recurso *de jure,* não se admitindo reexame de provas. A decisão do tribunal firmada no conhecimento da inexistência de prova segura de concubinato e de relações sexuais coincidentes com a concepção não contraria a lei. Recurso não conhecido"; *EJSTJ, 3*:63 — "Investigação de paternidade. Prova (reexame/valoração jurídica). Do acórdão local: 'Provado o relacionamento sexual exclusivo da mãe do investigante durante o período da concepção, pouco importa tenha ela se relacionado com outros homens antes ou depois daquele período. Sentença confirmada'. Hipótese que tem a ver com o simples reexame e não com a valoração jurídica da prova. Recurso especial inadmitido. Agravo regimental desprovido".

105. W. Barros Monteiro, op. cit., p. 257; TJSC, *Adcoas,* 1981, n. 75.104; *Ciência Jurídica, 64*:129. Já houve decisão no STJ de que se pode reconhecer, existindo provas convincentes, a paternidade sem realização do DNA.

Relata o *Jornal do Advogado,* OABSP, n. *295*:18 que: "Em decisão inédita, a 3ª Turma do Superior Tribunal de Justiça (STJ) definiu que mesmo a mera relação fugaz ou casual, o hábito moderno denominado pelos adolescentes de "ficar", pode servir como indício suficiente para caracterizar a alegada paternidade. O colegiado adotou o entendimento expresso no voto da ministra Nancy Andrighi. Com base nessa interpretação, a 3ª Turma acolheu recurso de um menor impúbere de Porto Velho (RO) para garantir a retificação de seu nome no cartório de registro civil, a fim de que fosse reconhecido como filho de um comerciante. A criança entrou na Justiça com ação de investigação de paternidade contra seu suposto pai, alegando ter nascido em outubro de 1997 fruto de relações carnais entre sua mãe e ele, que sempre se recusou a reconhecê-lo como filho. Citado e intimado a comparecer ao IML (Instituto Médico Legal) para realizar o exame hematológico e biomédico, o suposto pai recusou-se sempre a comparecer, argumentando que não poderia ser obrigado a fazer prova contra si mesmo. Mãe e filho, então, pediram ao juiz que aplicasse a jurisprudência do STJ, consolidada na Súmula 301, segundo a qual considera-se indício de paternidade a recusa sistemática em fazer os testes de paternidade. Em primeira instância, o pedido foi negado, pois o juiz entendeu que, embora a recusa em fazer os exames implique na inversão do ônus da prova, a criança não conseguira demonstrar sequer indícios da ocorrência do relacionamento amoroso entre sua mãe e o réu no processo. O menor recorreu ao Tribunal de Justiça de Rondônia (TJRO), que determinou novamente a realização dos exames necessários. Mais uma vez, porém, o investigado não compareceu. O TJRO acabou confirmando a sentença com o argumento de que a presunção derivada da recusa ao exame de DNA é relativa, e não ab-

(*Bol. AASP, 2.646*:1739-10). Por tal razão, pelo art. 2º-A da Lei n. 8.560/92, acrescentado pela Lei n. 12.004/2009: "Na ação de investigação de paternidade, todos os meios legais, bem como os moralmente legítimos, serão hábeis para provar a verdade dos fatos".

Se o DNA é a solução mais avançada para identificar a paternidade, com um grau de certeza quase que absoluto, não há como prosperar a presunção *pater est quem justae nuptiae demonstrat*, substituindo a verdade real pela ficta. Prevalece, hodiernamente, o atendimento ao superior e legítimo interesse do filho (*Kinderwohl*, na Alemanha, ou *the best interest of the child*, do direito norte-americano) em descobrir sua identidade genética, ou melhor, a verdade real biológica. Logo, não poderia prevalecer o fetichismo injustificável de dispositivos legais retrógrados, nem se poderia deixar de admitir a produção das provas que fossem necessárias à realização da justiça e à descoberta da verdade real.

Dentre algumas *provas* (CPC, arts. 369 e 464), tem-se:

---

soluta, principalmente porque o menor apelante não conseguira provar sequer um vestígio que pudesse concretizar as declarações da mãe de que mantivera um relacionamento com o suposto pai. Pesou na decisão do tribunal a alegação do investigado de que não residia na cidade na época da concepção, pois estudava em Brasília, embora os magistrados tenham reconhecido que ele pudesse vir para casa de seus pais nos finais de semana e feriados prolongados. Face à derrota no TJRO, a criança recorreu ao STJ. Ao acolher o recurso, a ministra Nancy Andrighi reconheceu que, de fato, a recusa do réu em realizar a prova pericial de DNA implica a presunção de existência de relação de paternidade, sendo essa presunção de natureza relativa, não absoluta, porque, além de ensejar prova em contrário, não induz à automática procedência do pedido. Para a ministra, à presunção resultante da recusa sistemática em submeter-se ao exame deverão ser adicionadas outras provas, produzidas pelo autor, como condição necessária para a ação ser considerada procedente. No caso, o TJRO entendeu não ter ficado provada sequer a ocorrência do relacionamento amoroso entre a mãe do menor — que na época da concepção tinha 19 anos — e o investigado. Mas a ministra Nancy Andrighi entendeu que a prova do relacionamento amoroso também não é uma condição absoluta, *sine qua non*, a única necessária para provar a alegada paternidade. "Basta que tenha havido um encontro fortuito, casual, uma relação sexual passageira, o que os adolescentes denominam 'ficar com alguém', para garantir a concepção, de vez que, na mentalidade vigente em nossos dias, há uma forte e marcada separação entre o envolvimento amoroso e o contato sexual", afirmou a ministra. Nesse contexto, considerada, em especial, a recusa do réu e a prova evidenciada de relacionamento casual entre a mãe e o suposto pai, a 3ª Turma do STJ considerou procedente a ação de investigação de paternidade e determinou ao cartório de registro civil de Porto Velho (RO) a retificação do nome do menor para que nele conste o nome de seu pai (Processo em segredo de Justiça)".

1) A *posse do estado de filho*, que é "a situação de fato estabelecida entre o pretenso pai e o investigante, capaz de revelar tal parentesco"[106] desde que o filho use o nome do investigado (*nomen*), receba tratamento como filho (*tractatus*) e goze na sociedade do conceito de filho do suposto pai (*fama*)[107]. Embora constitua mera aparência, que, por si só, não basta para comprovar a filiação, mas possibilita sua investigação, de maneira que se o autor apenas provar que desfrutava da posse do estado de filho, sem acrescentar outra evidência, decairá o pedido, sendo, portanto, prova subsidiária (*RT*, *305*:300)[108].

2) A *testemunhal*, acolhida pelo juiz com reserva, ante o fato de se deixarem as testemunhas influenciar pela amizade[109].

3) O *exame prosopográfico*, que consiste na ampliação de fotografias do investigante e do investigado, justapondo-se uma a outra, por cortes longitudinais e transversais, inserindo algumas partes de uma na outra (nariz, olhos, orelha, raiz do cabelo etc.), porém, ainda que prove semelhança entre os dois, não autoriza afirmar o vínculo jurídico, pois semelhança não induz relação de parentesco[110].

---

106. Silvio Rodrigues, op. cit., p. 323.

107. Carbonnier, *Droit civil*, v. 2, n. 87, p. 258; Caio M. S. Pereira, *Instituições*, cit., p. 247; Arnoldo M. da Fonseca, op. cit., n. 187.

108. Orlando Gomes, op. cit., p. 369; Silvio Rodrigues, op. cit., p. 324.

109. Caio M. S. Pereira, *Instituições*, cit., p. 247; Fernando Simas Filho, *A prova na investigação da paternidade*, Curitiba, Ed. Juruá, p. 54; *Ciência Jurídica*, *61*:82.

"Não há omissão tampouco obscuridade quando o Tribunal de origem decide fundamentadamente a lide, não havendo necessidade de se discutir as teses jurídicas tais como destacadas pelas partes, bastando que no julgamento haja a devida entrega da prestação jurisdicional. No bojo da ação de investigação de paternidade *post mortem*, a prova técnica — exame de DNA — é reputada inconclusiva pelos peritos, porque é inviável o material genético colhido quando da exumação do cadáver do investigado, considerando o estado de degradação provocado pelo procedimento de conservação química — embalsamamento. Não sendo possível a recuperação do material genético cadavérico em integridade adequada para as técnicas de amplificação de ácidos nucleicos comumente utilizadas para a realização do exame de DNA, o resultado da perícia é inconclusivo e não negativo, devendo o julgamento ocorrer com base nas demais provas constantes do processo. Não se configura o alegado desprezo à prova técnica se o acórdão impugnado examina todo o conjunto probatório — marcadamente a prova testemunhal —, tendo como imprestável a perícia, porquanto inconclusiva. Em tal hipótese, não se trata de valoração da prova, mas sim de reexame das provas produzidas em sua plenitude, cujo revolvimento é vedado em sede de recurso especial. Recurso Especial não provido" (STJ, 3ª T., REsp 1.060.168-AC, rel. Min. Nancy Andrighi, j. 25-8-2009, *Bol. AASP*, *2.656*:593-03 e 594).

110. Caio M. S. Pereira, *Instituições*, cit., p. 248.

4) O *exame de sangue,* adequado para excluir a paternidade se o filho e o pretenso pai pertencerem a diverso grupo sanguíneo; porém, se do mesmo grupo, não se pode proclamar a filiação, mas tão somente a mera possibilidade[111] da relação biológica da paternidade, devido à circunstância de que os tipos sanguíneos e o fator Rh, embora transmissíveis hereditariamente, são encontrados idênticos em milhões de pessoas. Assim, se o tipo de sangue for o mesmo no investigante e no investigado, isso não quer dizer que sejam parentes, pode ser mera coincidência. O exame hematológico é prova negativa, só serve para excluir a paternidade[112].

5) *DNA Fingerprint*[113] (Impressão digital do DNA) — com o advento do sistema HLA (*Human Leukocyte Antigen*), utilizado na identificação de indi-

111. Silvio Rodrigues, op. cit., p. 329; Impossibilidade de execução forçada do exame, *RJTJSP, 111*:350; Antonio E. I. Barbosa, Ao encontro do pai, *Revista Brasileira de Direito de Família, 16*:56-66; Luís Edson Fachin, *Estabelecimento da filiação e paternidade*, Porto Alegre, Sérgio A. Fabris, 1992; *RT, 633*:69 e 70; *Ciência Jurídica, 59*:159. Em contrário: *Ciência Jurídica, 50*:142. Exames pelos sistemas: ABO, MN, Rh, HLA, "Kell Cellano", Lutheran, Duffy, Kidd e Auberger e "S".

112. W. Barros Monteiro, op. cit., p. 257-8; Barbier, L'examen du sang et le rôle du juge dans les procès relatifs à la filiation, *Revue Trimestrielle de Droit Civil,* 1949, p. 345; Arnaldo Amado Ferreira, *Determinação médico-legal da paternidade*, p. 15 e s.; Caio M. S. Pereira, *Instituições,* cit., p. 249; Ayush M. Amar, Perícia hematológica da paternidade e paternidade prática, *Arquivos da Polícia civil, 27*:5; Marcelli e Dausset, *HLA — Complèxe majeur d'histocompatibilité,* Paris, 1982, p. 372. Mª Christina de Almeida, DNA e vínculo genético: fim da nebulosidade?, *Cadernos da Escola de Direito e Relações Internacionais, 2*:47-53. *Vide*: *RT, 700*:64, *780*:321 e *778*:266.

113. Sobre o DNA: Paulo Luiz Netto Lôbo, Exame de DNA e o princípio da dignidade da pessoa humana, *JSTJ, 6*:15-22; João Lélio Peake de Mattos Filho, O DNA e a busca da verdade, *Jornal do Advogado,* n. 164/89, p. 8, cujas explicações aqui resumimos; Sérgio D. J. Pena, Determinação de paternidade pelo estudo direto do DNA, in *Direitos de família e do menor* (coord. Sálvio de F. Teixeira), Belo Horizonte, Del Rey, 1993, p. 243-60; Maria de Lourdes R. Vaz de Almeida, O DNA e a prova na ação de investigação de paternidade, in *Direito de família,* São Paulo, Revista dos Tribunais, 1996, p. 128-48; Eduardo de Oliveira Leite, O exame de DNA. Reflexões sobre a prova científica da filiação, in *Repertório de doutrina sobre direito de família,* São Paulo, RT, v. 4, p. 188-221; Galloux, L'empreinte génétique: la preuve parfaite? *La Semaine Juridique,* 1991, n. 3.497; Meulders-Klein, Les empreintes génétiques et la filiation: la fin d'une énigme ou la fin des dilemmes? *L'analyse génétique à des fins de preuve et les droits de l'homme,* p. 418; Belmiro Pedro Welter, Obrigatoriedade do exame genético DNA, in *RT, 747*:155; *Coisa julgada na investigação da paternidade,* Síntese, 2002; Genival Veloso de França, O vínculo genético da filiação pelo DNA: sua aplicação nos tribunais, *Panorama da Justiça,* n. 25, p. 26-30; Reinaldo Pereira e Silva, O exame de DNA e sua influência na investigação da paternidade biológica, *RT, 783*:65; Oswaldo Pataro, Grupos sanguíneos e investigação de paternidade, *RDC, 4*:27; Antônio Marques da Silva Filho, HLA e DNA — novas técnicas de determinação do vínculo genético, *RT, 655*:54; Luiz Roberto de Assumpção. Valoração do vínculo biológico da paternidade e a dimensão da relação paterno-filial: um desafio para o terceiro mi-

lênio, *Estudos em homenagem ao acadêmico Min. Sydney Sanches*, São Paulo, Fiuza, APM, 2003, p. 201-26; Alfredo Gilberto Boeira, O perfil do DNA como prova judicial — uma revisão crítica, *RT, 714*:290; Rolf Madaleno, A sacralização da presunção na investigação de paternidade, *RT, 766*:69; A presunção relativa na recusa à perícia em DNA, in *Novo Código civil — questões controvertidas*, cit., v. 2, p. 383-98; Chieri e Zannoni, *Prueba del ADN*, Buenos Aires, Astrea, 2001; Mauro Nicolau Júnior, Coisa julgada ou DNA negativo — O que deve prevalecer? *Revista Brasileira de Direito de Família*, n. 21, p. 113-59; Fernando Simas Filho, *A prova na investigação de paternidade*, Curitiba, Juruá, 2005; Alberto Chamelete Filho, *Investigação de paternidade & DNA*, Curitiba, Juruá, 2005; Humberto Theodoro Júnior, a prova indiciária no Código Civil e a recusa ao exame de DNA, *Revista Síntese de Direito Civil* e *Processual Civil, 33*:29 a 42; Alexandre F. Câmara, A valoração da perícia genética: está o juiz vinculado ao resultado do exame de DNA?, *Revista IOB de Direito de Família, 46*:80-9; Pedro G. de Queiroz, A recusa do réu em submeter-se ao exame de DNA, *Revista Síntese — Direito de Família, 76*:143-58; Felipe C. de Almeida, A investigação de paternidade e a relativização da coisa julgada com o advento do exame de DNA: processo pelo processo, segurança jurídica ou a efetividade da justiça? *Revista Síntese — Direito de Família 87*:209-228; Giselle B. Alves e Márcio S. de Oliveira Junior, Investigação de Paternidade: peculiaridades da relativização da coisa julgada frente ao exame de DNA, *Revista Síntese. Direito de Família, 92*:110 a 131. Decreto estadual paulista n. 44.336/99, que regulamenta a Lei n. 9.934/98, que assegura a gratuidade para realização, por determinação judicial, de exames de DNA aos comprovadamente pobres nas ações de investigação de paternidade; *BAASP, 2758*: 2086-05 — "Ação de investigação de paternidade — Exame de DNA — Nomeação de perito indicado pela parte — Inadmissibilidade. Na ação de investigação de paternidade, o exame de DNA é essencial ao deslinde da questão. Atenta contra o princípio da igualdade, de nível constitucional, a nomeação de perito indicado pela parte ré" (TJMG — 7ª Câm. Cível; ACi n. 1.0480.08.115123-9/004 — Patos de Minas-MG; Rel. Des. Wander Marotta; j. 1º/2/2011; v.u.); *Ciência Jurídica, 55*:142 — "Em ação judicial onde a controvérsia é a paternidade biológica, ainda que existente registro civil reconhecendo a filiação, o acolhimento, pelo juiz, da prova pericial relativa ao exame para impressões de DNA é imperativo decorrente do direito da parte de provar seu interesse, sob pena de cerceamento de defesa (TJMG)" —, *45*:299, *59*:170, *67*:93, *68*:105 e *73*:73 e 100; *JB, 163*:322; *EJSTJ, 12*:76; *RSTJ, 109*:205, *107*:157; *JSTJ, 1*:313 e *6*:226; *RT, 802*:165; *JTJ, Lex, 259*:163, *230*:268; *BAASP, 2.656*:596-16 e *594*:04 e 06. Um teste de paternidade bem feito é capaz de definir a paternidade mesmo se os supostos pais forem, p. ex., pai e filho, ou irmãos, ou primos etc.

São adequadas para análise de DNA amostras de: sangue, saliva, esperma, pelos e cabelos, células da pele, urina, secreções nasais, ossos e dentes (Alain G. de S. Cohen e Tereza R. Vieira, O exame de DNA e a justiça: algumas reflexões sobre prova genética, privacidade e a coleta compulsória de material genético, *Ensaio de bioética e direito* (org. Tereza R. Vieira), Brasília, Consulex, 2009, p. 175-6).

Decisão determinando coleta domiciliar de DNA não constitui constrangimento ilegal ou violação do direito de ir e vir (*Bol. AASP, 2.656*:595-13).

"O DNA arquivado no 'Banco de DNA do GENE' pode ser usado após a morte, caso apareçam pessoas pleiteando a paternidade." Pessoas prevenidas que temem que após o seu falecimento apareçam pessoas reclamando participação na herança tomam essa providência.

Uma exumação pode ser necessária para identificação por DNA de um indivíduo falecido ou para *determinação de paternidade*, se o suposto pai falecido não deixou ascendentes, descendentes e/ou colaterais diretos legítimos vivos. Há também situa-

víduos (*EJSTJ, 20*:169, *4*:60), possibilitou-se a aplicação de teste conclusivo para o estabelecimento da paternidade, tornando possível visualizar virtualmente o material genético e compará-lo com o de pessoas diferentes, visando a identificação do DNA (ácido desoxirribonucleico) do indivíduo. O DNA é o componente mais íntimo da bagagem genética que se recebe dos

---

ções em que os parentes do falecido se recusam a participar da perícia, tornando mandatórios os estudos em ossadas, que são complexos e dispendiosos.

A *exumação* deve ser realizada por um médico legista, devidamente autorizado e acompanhado de representantes legais que atestarão ter presenciado a exumação no referido cemitério em determinada sepultura etc. O material selecionado (dentes, mandíbula, costelas, esterno, clavícula, ilíaco e/ou fêmur) deverá ser entregue diretamente na sede do GENE — Núcleo de Genética Médica, em Belo Horizonte, acondicionado adequadamente e lacrado. É recomendado fornecer fotocópia do atestado de óbito e do comprovante oficial da exumação. O prazo para a entrega do laudo final é de aproximadamente 120 dias. Após a etapa de extração do DNA no material exumado, é iniciada a perícia, que consiste no estudo comparativo entre o DNA obtido do(a) falecido(a) e o DNA extraído de amostras de sangue e/ou células bucais do(a) suposto(a) filho(a) e de sua mãe (se viva). O GENE recomenda que seja feita a validação da ossada analisada através do estudo de um parente do falecido (pai, mãe, irmão, filho legítimo e outros) e oferece esse teste adicional, no decorrer dos exames laboratoriais, sem qualquer ônus. Essa validação é importante e beneficia tanto a parte requerente quanto a requerida. Destaque-se que se a validação não for autorizada durante a perícia e vier a ser pedida posteriormente, incidirão honorários de reativação da perícia (http://www.gene.com.br/LaboratoriosGeneticos/TestePaternidade DNA/view/laborator).

"Não há omissão tampouco obscuridade quando o Tribunal de origem decide fundamentadamente a lide, não havendo necessidade de se discutir as teses jurídicas tais como destacadas pelas partes, bastando que no julgamento haja a devida entrega da prestação jurisdicional. No bojo da ação de investigação de paternidade *post mortem*, a prova técnica — exame de DNA — é reputada inconclusiva pelos peritos, porque inviável o material genético colhido quando da exumação do cadáver do investigado, considerado o estado de degradação provocado pelo procedimento de conservação química — embalsamamento. Não sendo possível a recuperação do material genético cadavérico em integridade adequada para as técnicas de amplificação de ácidos nucleicos, comumente utilizadas para a realização do exame de DNA, o resultado da perícia é inconclusivo e não negativo, devendo o julgamento ocorrer com base nas demais provas constantes do processo. Não se configura o alegado desprezo à prova técnica se o acórdão impugnado examina todo o conjunto probatório — marcadamente a prova testemunhal —, tendo como imprestável a perícia, porquanto inconclusiva. Em tal hipótese, não se trata de valoração da prova, mas sim de reexame das provas produzidas em sua plenitude, cujo revolvimento é vedado em sede de recurso especial. Recurso Especial não provido (STJ, 3ª T., REsp 1.060.168-AC, rel. Min. Nancy Andrighi, j. 25-8-2009, *Bol. AASP*, 2.674:1822-05).

O homem que se recusar a realizar teste de DNA para investigação de paternidade pode ser considerado o pai. A Comissão de Constituição, Justiça e Cidadania (CCJ) aprovou, em 28 de abril/2010, emenda de Plenário do senador Tasso Jereissati (PSDB-CD) o Projeto de Lei da Câmara (PLC 31/07) que considera como admissão tácita da paternidade a recusa do suposto pai em fazer o teste de DNA (*Bol. IBDFAM, 62*:6).

genitores, conservado por toda a vida e que está presente em todas as células do organismo. Ensina-nos João Lélio Peake de Mattos Filho que:

"O conjunto de moléculas do DNA compõe os cromossomos, que estão localizados nos núcleos das células e arranjados aos pares. A espécie humana possui 46 cromossomos, sendo uma metade de origem materna (23 cromossomos) e a outra metade de origem paterna. Como já exposto, cada cromossomo é composto por moléculas de DNA colocadas em sequência única para cada indivíduo. É possível, através deste método, selecionar regiões preferenciais da molécula de DNA do indivíduo e verificar qual é a origem.

O exame para verificação da Impressão Digital do DNA é feito utilizando-se uma quantia pequena de sangue (5 ml), colhida de qualquer veia periférica, podendo, portanto, ser aplicado a crianças da mais tenra idade e, até mesmo, a nascituros. O sangue pode ser conservado à temperatura ambiente (+ ou – 22°C) por algumas horas, até o início do teste.

O DNA do indivíduo é extraído das suas células (utilizando, por exemplo, células do sangue, da mucosa nasal, da boca, da raiz do cabelo, do material exumado etc.), fragmentado em várias partes por enzimas de restrição, separadas de acordo com suas cargas elétricas por eletroforese em gel de agarose, transferindo-se o material obtido para uma membrana de '*nylon*' (através da técnica de '*Southern Blotting*').

O passo seguinte, e decisivo, é a colocação das sondas radioativas de DNA que se ligam às regiões preferenciais, posteriormente reveladas através de filmes de raios X.

O aspecto final é o de uma sequência vertical de faixas (bandas), que compõe a Impressão Digital do DNA ('DNA Fingerprint'), para cada indivíduo.

Para averiguação de paternidade, os materiais genéticos da mãe, filho e suposto pai são analisados.

Primeiramente, todas as faixas (bandas) da mãe, com correspondência no filho, são identificadas e marcadas. As faixas (bandas) restantes, necessariamente, têm de ter correspondência com as de origem paterna.

No caso de haver a presença, na criança, das bandas resultantes do material genético do suposto pai, considera-se este como verdadeiro pai biológico.

A exclusão ocorrerá quando não houver correspondência entre as bandas do filho e do suposto pai.

Como se pode ver graficamente:

Esquema demonstrativo

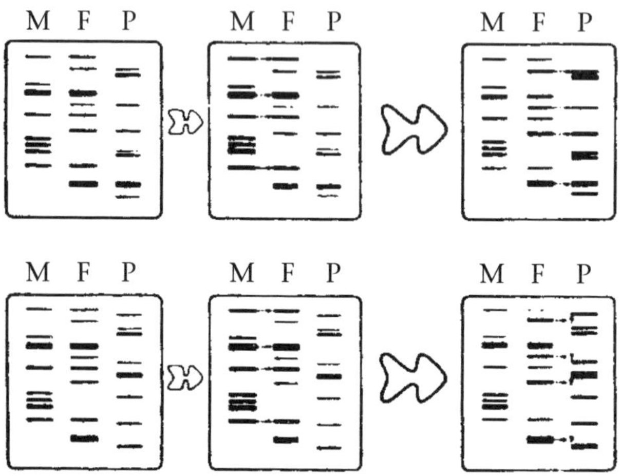

PATERNIDADE CONCLUSIVA (*coincidência de bandas*)

EXCLUSÃO DE PATERNIDADE (*discordância de bandas*)

M = mãe *F = filho* *P = suposto pai*

Esquema demonstrativo da interpretação do exame da Impressão Digital do DNA. *Na parte superior, vemos um caso de paternidade conclusiva, pois, uma vez marcadas e identificadas as bandas maternas, encontramos correspondência com as bandas originadas do suposto pai, que pode ser considerado como verdadeiro pai biológico. Na parte inferior vemos um caso de exclusão da paternidade, devido ao fato de não haver correspondência das bandas da criança com as provenientes do suposto pai (após marcadas e identificadas as bandas de origem materna).*

Desde que se obtenha material adequado (sangue, por exemplo), é possível a identificação de natimortos, fetos, cujas gestações foram interrompidas por aborto, de crianças trocadas em maternidades ou sequestradas.

Devido à extrema variabilidade de sua estrutura, a probabilidade de se encontrar ao acaso duas pessoas com a mesma Impressão Digital do DNA é de 1 (um) em cada 30 bilhões. Como a população da Terra é estimada em 5 bilhões de pessoas (com 2,5 bilhões de homens) é virtualmente impossível que haja coincidência". Raskin alerta que a única situação excepcional em que não se poderia apontar a paternidade pelo DNA seria a de irmãos gêmeos univitelinos que se relacionaram com a mãe da criança na época da concepção (Comarca de Porto Alegre, 4º Cartório de Família e Sucessões. Ação de investigação de paternidade — Processo n. 104035721, juíza Carmem Maria Azambuja Farias, j. 19-02-2004).

O exame de DNA é o mais seguro para provar definitivamente a maternidade e a paternidade, podendo ser feito até mesmo antes do nascimento, mediante retirada de sangue fetal, por meio de amniocentese e pela amostra de vilo corial, impedindo, assim, que a criança possa vir a ter um trauma psíquico ao descobrir que é filha de outra pessoa, que nem sequer tem afeição por ela. Tal exame é possível mesmo depois da morte do envolvido, pois o DNA pode ser reconstruído por amostras de sangue de parentes próximos, raiz de fio de cabelo etc.

Pelo parágrafo único do art. 2º-A da Lei n. 8.560/92, acrescentado pela Lei n. 12.004/2009: "A recusa do réu em se submeter ao exame de código genético — DNA gerará a presunção da paternidade, a ser apreciada em conjunto com o contexto probatório".

O suposto pai pode negar-se a fazer o teste, por ser um atentado à sua privacidade, imagem científica e intangibilidade corporal. Com sua recusa imotivada, o juiz, tendo por suporte todo o conjunto probatório, basear-se-á em presunção *juris tantum* de paternidade (*JSTJ*, *10*:222, *201*:128, *210*:202; *RT*, *778*:266, *746*:297; *Jurisprudência Mineira*, *120*:151; *RSTJ*, *135*:315; TJSE, AC 3.659/2006, 2ª C. Cív., rel. Josefa P. Santana, j. 26-11-2007; Súmula 301 do STJ — CC, arts. 231 e 232), para evitar lesão ao *direito* da criança à *identificação genética* (origem biológica, cultural e social), com o escopo de curar moléstia congênita ou evitar sua transmissão à prole futura ou até mesmo incesto, e à *filiação*. Essa recusa levaria o suposto pai a ser considerado como pai por admissão tácita da paternidade, como quer o projeto aprovado pela Comissão da Câmara dos Deputados, ou seria presunção ficta de confissão da paternidade, como pretendem os EUA?

A França, a Bélgica e o Canadá não aceitam imposição do exame de DNA sem o consenso da parte, em perícia para determinar filiação. Já a Alemanha, Áustria e Suíça requerem que esse teste seja feito com ou sem anuência do interessado, para atender ao direito à elucidação da verdade biológica.

No Brasil houve decisão entendendo que a não obrigatoriedade de sujeitar-se à coleta de sangue, para o exame de DNA, traria conflito entre o direito à identidade genética e à investigação de paternidade da criança e o direito à privacidade e à intangibilidade corporal do suposto pai e, além disso, a Constituição Federal, no art. 227, exige que o Estado garanta à criança o direito à convivência familiar, que se dá na bilateralidade maternidade/paternidade. Como tolerar a impunidade de pai irresponsável? Daí os efeitos pessoais e patrimoniais da confissão ficta; quem não deve não perderá a oportunidade de provar que não é o pai. O juiz tem poder legítimo de determinar a realização de qualquer prova que entender necessária à elucidação da verdade (CPC/2015, art. 370), desde que o faça com imparcialidade, resguardando o princípio do contraditório (TJMG, Ag. n. 126.745-9, Rel. Des. Carreira Machado, 4ª Câm. Civ., j. 3-12-1998 — *DJMG*, 7-8-1999, p. 1). Isto é assim porque saber a verdade sobre sua filiação é um superior interesse, que nenhuma lei pode frustrar, por ser injusto privar alguém da utilização de todos os recursos possíveis na busca de sua identidade biológica. Limitar a obtenção da verdade sobre a paternidade ou maternidade é ato que não mais se coaduna com os avanços científicos capazes de determinar a real filiação. Por que, então, não exigir a efetivação do exame?

Se a determinação da realização da prova é um dos poderes do órgão judicante e se se pode empregar bafômetro nas vias públicas para verificar quem é infrator alcoolizado, por que não obrigar ao teste de DNA o suposto pai, se o Estado, em nome do interesse público, deve garantir, com absoluta prioridade, à criança o seu direito à convivência familiar, que se dá na bilateralidade maternidade-paternidade (CF, art. 227; ECA, art. 27; e CPC/2015, art. 378)? O direito, portanto, não pode acatar qualquer atitude ou medida que comprometa o estabelecimento da dupla filiação materna e paterna a que tem direito a criança.

O órgão judicante não está limitado ao laudo pericial: poderá aceitá-lo, ou não, sendo que nesta última hipótese deverá especificar os motivos de sua recusa (CPC/2015, art. 479), baseado na prudência objetiva, pois esse exame traz em seu bojo "a verdade real".

Mas é preciso não olvidar que o teste de DNA não é uma prova infalível, logo não se devem excluir os demais meios probatórios e o juiz deve avaliar, prudentemente, o resultado, pois é preciso averiguar não só a credibilidade do laboratório, a técnica utilizada, mas também se houve ou não uso de marcadores genéticos adequados, se não houve troca de amostras, falha na leitura ou na transcrição dos dados obtidos etc. O exame científico do DNA não pode desviar o caminho da instrução probatória, transformando o órgão judicante em simples homologador de laudos periciais. Urge que, nas ações de investigação de paternidade, para declarar o vínculo biológico da filiação, o órgão judicante analise não só o teste de DNA, mas também o conjunto das provas produzidas pelas partes.

Sem embargo, diante da quase certeza do DNA, dever-se-ia, ainda, admitir a *revisão da coisa julgada* (*RT*, *802*:213) para fins de investigação de paternidade, em casos de provas insuficientes produzidas na ocasião da prolação da sentença, para garantir o direito ao respeito à dignidade humana (CF, art. 1º, III), à identidade genética e à filiação, sanando qualquer injustiça que tenha ocorrido em razão de insuficiência probatória e, além disso, o registro público deve conter a verdade real. O art. 966 do Código de Processo Civil admite a rediscussão da coisa julgada, em ação rescisória, para desconstituir sentença com vício na decisão de mérito. Com isso há permissão legal para relativização da coisa julgada na investigação de paternidade por falha ou insuficiência probatória.

Pelo Enunciado n. 109 do Conselho de Justiça Federal (aprovado na Jornada de Direito Civil de 2002): "a restrição da coisa julgada oriunda de demandas reputadas improcedentes por insuficiência de prova, não deve prevalecer para inibir a busca da identidade genética pelo investigando".

Por outro lado, convém lembrar que a recusa da mãe em submeter filho a exame de DNA gera a presunção de que o suposto pai não é, na verdade, o genitor da criança (STJ, 4ª Turma).

6) O *exame odontológico,* que pode apenas auxiliar o magistrado (*RT, 179*:687).

Daí se deduz o caráter subsidiário dessas provas (com exceção do DNA, que é quase seguro), que, aliadas a outros elementos, poderão reforçar a evidência da filiação (*RT, 177*:202), pois, sendo impossível a prova direta da paternidade, admitem-se todos os meios de prova para demonstrar sua veracidade (art. 2º-A da Lei n. 8.560/92), comprovando fatos que permitam inferi-la seguramente[114].

---

114. Silvio Rodrigues, op. cit., p. 330; Orlando Gomes, op. cit., p. 372; José Sevá, *Manual de prática forense civil,* 1989; Fida e Albuquerque, *Investigação de paternidade,* São Paulo, 1996; Cláudia B. Moura e Vitor Hugo Oltramari, A quebra da coisa julgada na investigação de paternidade: uma questão de dignidade, *Revista Brasileira de Direito de Família, 27*:72-95; Zeno Veloso, Investigação de paternidade e sacralização do DNA, *Revista Jurídica,* n. 7, p. 26; Caio M. S. Pereira, Paternidade e sua prova, *RDC, 71*:7; Luiz Roberto de Assumpção, Prova de paternidade biológica, *Estudos em homenagem ao acadêmico Ministro Moreira Alves* (APM), São Paulo, Fiuza, 2002, p. 351-72; Roberto C. Miraglia, *Coisa julgada na investigação de paternidade,* Porto Alegre, Síntese, 2002; Eliana Leonel Ferreira, Investigação de paternidade e o novo Código Civil, in *Questões de direito civil e o novo Código,* cit., p. 315-36; Rosemiro P. Leal, *Relativização inconstitucional da coisa julgada,* Belo Horizonte, Del Rey, 2006; Cristiano C. de Farias, Um alento ao futuro: novo tratamento da coisa julgada nas ações relativas à filiação, *Revista Síntese — Direito de Família, 69*:58-74. *Vide Ciência Jurídica, 64*:129. M. Helena Diniz, A prova da filiação, *A prova no direito processual civil* – Estudos em homenagem a João Batista Lopes, São Paulo, Verbatim, 2013, 479-96; José R. Gomes da Cruz, DNA: relatividade de todos os meios de prova. *Letrado* — IASP, ed. 109, 2014, p. 76-77.

"Em se tratando de ação de investigação de paternidade, na incerteza, o dever do Magistrado é abster-se de condenar o réu e declarar não provada a paternidade" (TJMG, *Adcoas,* 1982, n. 87.847). Já se decidiu que autor de ação de investigação de paternidade rejeitada pelo judiciário poderá entrar com novo pedido desde que o motivo seja diferente (4ª Turma do STJ). Logo, a paternidade pode ser reinvestigada. A 2ª Seção do STJ decidiu que laudo de DNA em ação rescisória é considerado documento novo, mesmo posterior à investigação de paternidade, podendo desconstituir reconhecimento judicial de paternidade, confirmado por outro meio probatório.

Noticia a *Tribuna do Direito*, set. 2005, p. 7, que: "A simples recusa do suposto pai em submeter-se ao exame de DNA não comprova a paternidade e não isenta a suposta filha do ônus de provar o fato. Com esse entendimento, a Terceira Turma do STJ decidiu acolher recurso contra acórdão do TJMG que havia declarado que um homem era pai de uma jovem por não ter comparecido por três vezes à coleta de material genético. A paternidade não havia sido reconhecida em primeiro grau sob o argumento de que na época da concepção, o suposto pai encontrava-se num garimpo no Pará. Além disso, a única testemunha a favor da jovem foi a mãe biológica, que não apresentou provas. A jovem apelou ao TJMG, que, mesmo reconhecendo a ausência de provas, julgou procedente o pedido por entender que a recusa do suposto pai em realizar um exame de DNA significaria má-fé processual. O suposto pai recorreu ao STJ e teve o recurso aceito. Para a Turma, cabe à jovem comprovar a paternidade, por meio de provas que tragam indícios da existência de relacionamento íntimo entre a mãe e o homem apontado como pai biológico" (Processo em Segredo de Justiça). "Em investigação de paternidade, a recusa do investigado em se submeter à realização do exame de DNA é um forte indício de veracidade dos fatos alegados. Porém, não pode a paternidade ser declarada apenas com base nesta recusa, principalmente quando comprovada nos autos a *exceptio conubibentium* da mãe do investigante. Sendo a realização da prova pericial fundamental e decisiva para a completa apuração da verdade fática, a recusa do réu em submeter-se ao exame sem quaisquer elementos fortes para a recusa, a representar o temor da descoberta da verdade, gera a presunção da verdade dos fatos, a qual, aliada aos demais elementos de prova existentes nos autos, autorizam a procedência do pedido, com o reconhecimento daquele recusante como verdadeiro pai do autor. Além disso, o direito à verdade real, do filho, na busca do direito personalíssimo da filiação, não pode ficar adstrito à alegação de mau comportamento materno na época da concepção, sob pena de quebra do princípio constitucional da dignidade humana e da isonomia, com penalização do direito do filho pelo comportamento da mãe, sobretudo em face da recusa do pai de submissão à prova pericial essencial, vedada, a filhos que não podiam sequer ser registrados, visto que frutos de incesto ou adultério. Esta hipótese de julgar uma pessoa pelo comportamento de sua mãe (e nunca de seu pai) é um costume de tradição que está ficando desconsiderado na concepção moderna. Nisto é que está o direito à verdade real, pois já estamos no III Milênio" (EI 1735802/01 na Ap. Cív. 173580-2/00 — Comarca de Patrocínio, Rel. para o acórdão Des. Abreu Leite, TJMG, 2ª Câm. Cível DJMG, 24-5-2002). Consulte: *RT, 775*:233.

Apenas a título ilustrativo aqui fazemos menção ao § 2º a ser acrescentado ao art. 1.606 pelo Projeto de Lei n. 699/2011 (retirado da pauta em 7/10/2015) que tinha o seguinte teor: "Não fazem coisa julgada as ações de investigação de paternidade decididas sem a realização do exame de DNA, ressalvada a hipótese do § 4º do art. 1.601", com a seguinte justificação:

"Quanto ao parágrafo segundo, deve a proposta ser creditada ao IBDFAM de Pernambuco, presidido por Eduardo Sertório, havendo a ideia nascido em reunião ordinária daquele instituto, da qual participaram o Des. Jones Figueirêdo Alves e os advogados Mário Delgado e Rodrigo da Cunha Pereira, este último presidente nacional do IBDFAM, com os seguintes argumentos, aos quais me acosto integralmen-

c.2.3.2.3. Ação de investigação de maternidade

A ação de investigação de maternidade (*RTJ, 74*:598), promovida contra a suposta mãe, ou se já tiver falecido, contra seus herdeiros, pelo próprio filho, se capaz, ou por seu representante legal, se incapaz, é raríssima devido à parêmia *mater semper certa est,* sendo, outrora, vedada quando tinha por fim (*a*) atribuir prole ilegítima a mulher casada. P. ex., se certa jovem, quando solteira, teve um filho com seu namorado, que foi criado por terceiros, e mais tarde casou-se com outro homem, tornando-se respeitada, o filho ilegítimo, embora natural, não podia demandar o reconhecimento da maternidade; (*b*) conferir prole incestuosa a mulher solteira (CC de 1916, art. 364), uma vez que não se permitia reconhecimento de filhos oriundos de incesto.

Hoje não há mais qualquer restrição à investigação de maternidade.

Se o suposto filho, menor ou incapaz, falecer antes de movê-la, seus herdeiros têm legitimação para fazê-lo, e se morrer após intentá-la, seus herdeiros terão direito assegurado de continuá-la[115] (CC, art. 1.606).

---

te: Não se pode olvidar que muito se evoluiu nas áreas médica e genética nos últimos anos. Tais evoluções produzem um inevitável impacto na ciência jurídica, tendo em vista que a função primordial do direito é abarcar as mudanças sociais, atribuindo-lhes segurança e um cunho de jurisdicidade. Um desses progressos científicos consubstancia-se no advento do exame de DNA, atualmente essencial para a determinação da ascendência biológica. A sua utilização tornou-se corriqueira nas ações de investigação de paternidade, uma vez que, para a solução da lide, praticamente dispensa a produção de outras provas, conferindo um grau de certeza quase absoluto quanto à existência ou não do vínculo genético entre as partes envolvidas. Diante dessa descoberta científica inominável, o que fazer com os casos julgados antes do advento deste exame? Continuarão construídos sob uma ficção jurídica? Uma vez enfocando o ordenamento jurídico em sua totalidade, não se deve perder de vista uma análise principiológica, em que se torna inevitável um sopesamento da hierarquia ou da preponderância de princípios, utilizando-se, para tanto, dos valores elencados pela Constituição Federal de 1988. Para tanto, pergunta-se: o que é mais relevante, o trancamento do processo através da coisa julgada ou o direito de personalidade que uma criança tem em conhecer a sua origem genética? Tendo em vista que a Constituição erigiu como fundamento da República o princípio da dignidade da pessoa humana, elegeu a realização plena da personalidade como eixo axiomático fundamental, a balizar todas as relações da nova ordem jurídica, além de ser esta a nova hermenêutica a orientar o operador do direito. Em razão dessa premissa metodológica de análise do tema, não há dúvidas da preponderância do direito da criança em saber a sua ascendência genética, o que não justifica a manutenção da coisa julgada nesses casos. Considerando que o advento do novo Código Civil é uma excelente oportunidade para o legislador atualizar a ciência jurídica no compasso dos fatos sociais, a possibilidade do destrancamento da ação de investigação de paternidade na qual não houve realização do exame de DNA é um apelo justo e cabível, devendo a nova lei abarcar esta questão".

115. W. Barros Monteiro, op. cit., p. 259; Orlando Gomes, op. cit., p. 373.

c.2.4. Consequências do reconhecimento de filho

O reconhecimento voluntário ou judicial de filho havido fora do matrimônio produz efeitos *ex tunc*, pois retroagem até o dia do nascimento do filho ou mesmo de sua concepção se isto for de seu interesse[116], que são:

1) Estabelecer o liame de parentesco entre o filho e seus pais, atribuindo-lhe um *status* familiar, fazendo constar o fato no Registro Civil, sem qualquer referência à filiação ilegítima (Lei n. 883/49, ora revogada, art. 7º, e Dec.-Lei n. 3.200/41, art. 14), com a menção dos nomes paterno e materno, bem como os dos avós[117].

2) Impedir que o filho havido fora do casamento, reconhecido por um dos cônjuges, resida no lar conjugal sem a anuência do outro (CC, art. 1.611).

3) Dar ao filho o direito à assistência e alimentos (*RT, 515*:93, *546*:223, *549*:165; TJRS, *Adcoas,* 1982, n. 85.563) correspondentes à condição social em que viva, iguais aos que seu genitor prestar a filho matrimonial, mesmo que não resida com o genitor que o reconheceu (Dec.-Lei n. 3.200/41, art. 15).

4) Sujeitar o filho, enquanto menor, ao poder familiar do genitor que o reconheceu, e, se ambos o reconheceram, e não houver acordo, sob o poder de quem melhor atender aos interesses do menor (CC, art. 1.612). Logo, aquele que não for o guardião, terá o direito de visitar o filho e de fiscalizar sua educação. Se o juiz perceber que não lhe será conveniente ficar nem com o pai, nem com a mãe, deferirá sua guarda a pessoa idônea, de preferência da família de qualquer dos genitores, e, não havendo parente, a pessoa estranha, de idoneidade notória e de conduta ilibada. E se houver motivos graves poderá decidir de outro modo, sempre atendendo aos interesses do menor (*AJ, 116*:9). A sentença que julgar procedente a ação de investigação pode ordenar que o filho se crie e eduque fora da companhia dos pais ou daquele que negou esta qualidade (CC, art. 1.616, 2ª parte), deferindo sua guarda a pessoa idônea, de preferência da família (CC, arts. 1.584, § 5º, e 1.586), garantindo o seu bem-estar, resguardando-o de possível represália que possa sofrer do genitor.

5) Conceder direito à prestação alimentícia tanto ao genitor que reconhece como ao filho reconhecido, pois os parentes devem alimentos uns aos outros (CC, art. 1.694; CF, art. 229), sendo a obrigação alimentar recíproca entre pais e filhos (CC, art. 1.696; *RT, 458*:212, *455*:207, *456*:92; *RJTJSP, 30*:197, *41*:38).

---

116. Caio M. S. Pereira, *Instituições,* cit., p. 236; Planiol, Ripert e Boulanger, op. cit., v. 1, n. 1.436.

117. Caio M. S. Pereira, *Instituições,* cit., p. 235.

6) Equiparar, para efeitos sucessórios, os filhos de qualquer natureza (Lei n. 6.515/77, que deu nova redação ao art. 2º da Lei n. 883/49, ora revogada; CF, art. 227, § 6º), estabelecendo assim direito sucessório recíproco entre pais e filhos reconhecidos, pois tanto os ascendentes como os descendentes são herdeiros necessários; se o descendente reconhecido tem direito de herdar do ascendente, o ascendente também tem direito de suceder o descendente, já que o reconheceu (CC, arts. 1.829, I e II, e 1.845).

O art. 3º da Lei n. 883/49, ora revogado, impunha uma restrição ao direito sucessório do filho adulterino, em benefício do consorte de seu genitor, ao dispor: "na falta de testamento, o cônjuge casado pelo regime de separação de bens terá direito à metade dos deixados pelo outro, se concorrer à sucessão exclusivamente com filho reconhecido na forma desta lei". Para que se aplicasse essa disposição legal era preciso que: (*a*) o *de cujus* tivesse falecido sem deixar testamento; (*b*) o regime matrimonial de bens fosse o da separação, porque, se fosse o da comunhão, o cônjuge sobrevivente já teria sua meação; (*c*) o adulterino fosse o único herdeiro da classe dos descendentes. Logo, o filho adulterino reconhecido só herdaria a totalidade da herança de seu pai se fosse o único descendente, a não ser que seu genitor tivesse morrido *ab intestato* e fosse casado pelo regime de separação, hipótese em que herdaria metade dos bens, concorrendo com o consorte supérstite.

Se o filho reconhecido concorrer com irmãos havidos na constância do casamento herdará quinhão igual ao que couber aos demais[118].

7) Autorizar o filho reconhecido a propor ação de petição de herança e de nulidade de partilha, devido a sua condição de herdeiro. Se vier a falecer antes do autor da herança, seus herdeiros o representarão e recolherão os bens, por direito de transmissão, se o óbito se der antes da partilha[119].

8) Equiparar a prole reconhecida, tanto para efeito de clausulação de legítima (CC, art. 1.848) como para o de indignidade (CC, art. 1.814) ou deserdação (CC, art. 1.962), ao descendente oriundo de relação matrimonial.

Como se vê, os filhos havidos fora do matrimônio poderão, em busca da verdade biológica, às vezes, em detrimento da paternidade socioafetiva, propor ação de investigação de paternidade ou de maternidade sem quaisquer restrições (CC, art. 1.606).

---

118. Silvio Rodrigues, op. cit., p. 306 e 318-9; Orlando Gomes, op. cit., p. 383.
119. Orlando Gomes, op. cit., p. 383.

Todavia, não se será mãe, nem pai em razão de uma decisão judicial, porque para sê-lo é preciso: *a*) querer bem a prole, estando presente em todos os momentos; *b*) ser o farol que a guia nas relações com o mundo; e *c*) constituir o porto firme que a abriga nas crises emocionais e nas dificuldades da vida. Pai e mãe (biológicos ou afetivos) é quem cria e educa. A relação paterno-materno-filial não se esgota na hereditariedade, mas em fortes liames afetivos, numa trajetória marcada por alegrias e tristezas, podendo ser oriunda da verdade socioafetiva. Daí dizer João Baptista Villela que se pode ter *desbiologização da paternidade*. Por isso pode-se afirmar que o vínculo socioafetivo não é menos importante que o biológico, devendo em certos casos prevalecer sobre ele, ante o princípio do melhor interesse da criança. A afetividade revela uma história de amor e carinho. A busca da verdade biológica, por isso, não poderá ser absoluta; é preciso, em certos casos, valorizar a paternidade ou maternidade socioafetiva. Se, p. ex., alguém teve sua filiação reconhecida, por quem não é o seu pai biológico, tendo com ele convivido, com harmonia, durante quarenta anos, como admitir que, após o falecimento de seu "pai", resolva buscar a verdade de sua filiação? Social e afetivamente essa pessoa era filha; tal procura da verdade biológica não estaria relegando a segundo plano uma nobre relação de filiação? Não poderia essa investigação de paternidade, e não mera impugnação da assentada no registro de nascimento, estar encobrindo a verdadeira *intentio* do autor: obtenção de herança do pai biológico? Poder-se-ia admitir que alguém, em razão de uma herança, pretenda alterar o seu *status* resultante de ato de perfilhação devidamente registrado? Não seria necessária, por parte do órgão judicante, prudência objetiva na busca de informações sobre a verdade real na relação paterno-materno-filial, interpretando as normas, com base no art. 5º da Lei de Introdução às Normas do Direito Brasileiro? Poder-se-ia dizer, como Rui Rosado de Aguiar (voto-vista proferido no STJ-REsp 146.548-GO, j. 5-3-2001), que a "preocupação com a insegurança para as relações de parentesco deve ceder diante do dano que decorre da permanência de registro meramente formal, atestando uma verdade que sabidamente não corresponde ao mundo dos fatos"? A *verdade real* da filiação pode ser biológica ou socioafetiva; o que importa é a vontade procriacional conscientemente assumida e a afetividade. O laço que une pais e filhos funda-se no amor e na convivência familiar. Enfim, ser pai e ser mãe requer um ato de amor, e o amor não conhece fronteiras[120].

---

120. Silvio Rodrigues, op. cit., p. 321; Belmiro P. Welter, Investigação de paternidade socioafetiva, *JSTJ*, *21*:63-5; Edilson de Arruda Camara, Investigação de paternidade,

Consulex, 26:50-1; Luis Edson Fachin, *Estabelecimento da filiação e paternidade*, Porto Alegre, Sérgio A. Fabris, Editor, 1992; Antonio E. I. Barbosa, Ao encontro do pai, *Revista Brasileira de Direito de Família, 16*:56-66; Roberto P. de Albuquerque Júnior, A filiação socioafetiva no direito brasileiro e a impossibilidade de sua desconstituição posterior, *Revista Brasileira de Direito de Família, 39*:52-78; Lilian Virgínia C. Gondim, A polêmica questão do direito à personalidade na visão da paternidade socioafetiva e biológica, *MPMG Jurídico, 22*:47-8. Denise D. Comel, Paternidade socioafetiva e poder familiar, *Revista Síntese – Direito de Família, 98*:43-44; Paula P. Lopes, O reconhecimento extrajudicial da paternidade socioafetiva e sua experiência no ordenamento jurídico-brasileiro, *Revista Síntese – Direito de Família, 94*:9-21; Ranieri de A. L. Santos, Paternidade socioafetiva: construção de uma ação específica para desconstituição da filiação oriunda de vínculos sociais e afetivos, *Revista Síntese – Direito de Família, 94*:22 a 29; Etiane Rodrigues, Parentalidade socioafetiva: a preponderância da filiação socioafetiva em face da biológica, *Revista Síntese – Direito de Família, 94*:30 a 54; Danni Souza, Multiparentalidade: a possibilidade jurídica do reconhecimento simultâneo da paternidade biológica e socioafetiva e seus efeitos, *Revista Síntese – Direito de Família, 94*:55 a 80; Jones Figueirêdo Alves, A família no contexto da globalização e a socioafetividade como seu valor jurídico fundamental, *Manual de direito de família* (coord. Silvio Neves Baptista), Recife, Bagaço, 2016, p. 403-418. Já se decidiu que: *Filho adotivo não pode ter reconhecida a paternidade biológica* — A ação de investigação de paternidade visa a estabelecer a relação jurídica de filiação. Se um filho já possui o nome do pai definido na forma da lei, por meio da adoção, o registro biológico é juridicamente impossível. O entendimento, por maioria, é dos integrantes do 4º Grupo Cível do TJRS (Proc. 70011846680) que desacolheu, por maioria, recurso de Embargos Infringentes. A decisão integra a *Revista de Jurisprudência do TJRS* n. 252, março de 2006.

A jurisprudência tem entendido que no conflito entre paternidade socioafetiva e biológica deverá prevalecer a que melhor acolher o princípio constitucional da dignidade humana, devendo-se acatar parcialmente a paternidade biológica para fins genéticos, sem parentalidade ou consequência sucessória, mantendo-se a socioafetiva até então existente (*Bol. AASP, 2.646*:1739-09).

"(...) A maternidade/paternidade socioafetiva tem seu reconhecimento jurídico decorrente da relação jurídica de afeto, marcadamente nos casos em que, sem nenhum vínculo biológico, os pais criam uma criança por escolha própria, destinando-lhe todo o amor, ternura e cuidados inerentes à relação pai-filho. 5. A prevalência da paternidade/maternidade socioafetiva frente à biológica tem como principal fundamento o interesse do próprio menor, ou seja, visa garantir direitos aos filhos face às pretensões negatórias de paternidade, quando é inequívoco (i) o conhecimento da verdade biológica pelos pais que assim o declararam no registro de nascimento e (ii) a existência de uma relação de afeto, cuidado, assistência moral, patrimonial e respeito, construída ao longo dos anos. 6. Se é o próprio filho quem busca o reconhecimento do vínculo biológico com outrem, porque durante toda a sua vida foi induzido a acreditar em uma verdade que lhe foi imposta por aqueles que o registraram, não é razoável que se lhe imponha a prevalência da paternidade socioafetiva, a fim de impedir sua pretensão. 7. O reconhecimento do estado de filiação constitui direito personalíssimo, indisponível e imprescritível, que pode ser exercitado, portanto, sem qualquer restrição, em face dos pais ou seus herdeiros. Afinal, todo o embasamento relativo à possibilidade de investigação da paternidade, na hipótese, está no valor supremo da dignidade da pessoa humana e no direito do recorrido à sua identidade genética" (STJ, REsp 140.171-9/MG, Rel. Min. Nancy Andrighi, 3ª T., publ. 15-10-2013).

O importante, para o filho, é a comunhão material e espiritual; o respeito aos seus direitos da personalidade e à sua dignidade como ser humano; o afeto; a solidariedade; e a convivência familiar, para que possa atingir seu pleno desenvolvimento físico e psíquico, sua segurança emocional e sua realização pessoal.

BAASP, 2948:9 Agravo interno. Ação de reconhecimento de paternidade socioafetiva *post mortem*. Descabimento da pretensão de reconhecimento de paternidade socioafetiva à revelia da vontade do suposto pai socioafetivo. I — Cabível o julgamento na forma do art. 557 do CPC, em face do entendimento da Câmara sobre a matéria. II — O reconhecimento de relação parental socioafetiva é cabível apenas para o efeito de preservar uma filiação juridicamente já constituída, que decorra de ato formal e voluntário pelo registro (art. 1.603 do CCB), não se prestando para instituir, de modo forçado, uma filiação inexistente no plano jurídico, à revelia da vontade do suposto pai socioafetivo, já falecido — o qual, em vida, não manifestou sua intenção de adotar o demandante. Recurso desprovido (TJRS — 7ª Câmara Cível, Agravo n. 700063332324 — Porto Alegre — RS, Rel. Des. Liselena Schifino Robles Ribeiro, j. 11/2/2015. Comarca do RS autorizou reconhecimento extrajudicial de paternidade socioafetiva, ao permitir averbação da paternidade, a partir de procedimento encaminhado ao Judiciário pelo registrador público. O pai socioafetivo firmou termo de declaração em conjunto com a mãe da criança, no Registro Civil de Pessoas Naturais, reconhecendo o menor como seu filho em caráter irrevogável (Revista *IBDFAM, 22*:19).

No dia 19 de dezembro de 2013, a Corregedoria Geral de Justiça do Maranhão publicou provimento que autoriza reconhecimento espontâneo de paternidade socioafetiva em cartório. O Provimento n. 21/2013 segue os moldes do ato normativo (Provimento 9/2013) publicado recentemente em Pernambuco assinado pelo Desembargador Jones Figueirêdo Alves, corregedor-geral da Justiça do Estado de Pernambuco, em exercício, e presidente da Comissão dos Magistrados de Família do IBDFAM.

Ambos os provimentos determinam que o interessado poderá reconhecer a paternidade socioafetiva do filho, mediante a apresentação de documento de identificação com foto e certidão de nascimento, em original ou cópia, no cartório em que o filho já é registrado. E ainda, caso haja discussão judicial de paternidade biológica, o reconhecimento espontâneo da paternidade socioafetiva não impede a busca da verdade biológica.

Enunciado Programático do IBDFAM n. 6: "Do reconhecimento jurídico da filiação socioafetiva decorrem todos os direitos e deveres inerentes à autoridade parental".

A CGJ-SC regulamentou, em provimento, o reconhecimento registral de filiação socioafetiva diretamente em cartório, sem necessidade de ação judicial. O mesmo ocorreu em Pernambuco, Ceará, Maranhão e Amazonas. Com isso consagrou-se o direito à convivência familiar do menor. Reconhecida está a paternidade socioafetiva em cartório com a simples apresentação de documento de identificação com foto original ou cópia de certidão de nascimento do filho e se este for menor, dever-se-á colher a assinatura da mãe. Esse reconhecimento voluntário de filho socioafetivo é irrevogável (*RIBDFAM, 17*:15).

Já se decidiu no STF, em 22-9-2016, que: "A paternidade socioafetiva, declarada ou não em registro público, não impede o reconhecimento do vínculo de filiação concomitante baseado na origem biológica, com os efeitos jurídicos próprios" (RE 898060, rel. Min. Luiz Fux).

QUADRO SINÓTICO

FILIAÇÃO

1. DEFINIÇÃO	• Filiação é o vínculo existente entre pais e filhos.	
2. CLASSIFICAÇÃO DIDÁTICA	• Filiação matrimonial	• Oriunda da união de pessoas ligadas por casamento válido ou anulado ou nulo estando ou não de boa-fé os consortes (CC, arts. 1.561, §§ 1º e 2º, 1.617 e 1.609, I).
	• Filiação não matrimonial	• Provinda de pessoas que estão impedidas de casar ou que não querem contrair casamento.
3. FILIAÇÃO MATRIMONIAL	• Conceito	• É a que se origina na constância do casamento dos pais, ainda que nulo ou anulado (Lei n. 6.515/77, art. 14, parágrafo único; CC, art. 1.597, I a V).
	• Presunção legal da paternidade	• *a*) Se os filhos nasceram 180 dias, pelo menos, depois de estabelecida a convivência conjugal. • *b*) Se os filhos nasceram dentro dos 300 dias subsequentes à dissolução da sociedade conjugal. • *c*) Se foram havidos por fecundação artificial homóloga, mesmo que falecido o marido. • *d*) Se os filhos foram havidos, a qualquer tempo, sendo embriões excedentes, decorrentes de fecundação artificial homóloga. • *e*) Se os filhos advieram de inseminação artificial heteróloga, desde que com anuência prévia do marido de sua mãe.
	• Ação negatória da paternidade e da maternidade	• Proposta pelo marido contra o filho (CC, art. 1.601 e parágrafo único) e, se este falecer na pendência da lide, seus herdeiros poderão continuá-la, tendo por fim contestar paternidade fundando-se nos casos dos arts. 1.597, V, *in fine*, 1.599, 1.600 e 1.602, do Código Civil. A sentença proferida deverá ser averbada à margem do registro de nascimento (Lei n. 6.015/73, art. 29, § 1º, *b*).

<table>
<tr><td>3. FILIAÇÃO MATRIMONIAL</td><td>• Prova da condição de filho</td><td colspan="4">• Pela certidão do termo de nascimento, inscrito no Registro Civil (CC, arts. 1.603 e 1.604; Lei n. 6.015/73, art. 50).
• Por qualquer modo admissível em direito, se o registro faltar, desde que (CC, art. 1.605, I e II) haja começo de prova por escrito, proveniente dos pais, conjunta ou separadamente, onde registram que em certa época lhes nasceu um filho e existam presunções resultantes de fatos já certos.</td></tr>
<tr><td rowspan="9">4. FILIAÇÃO NÃO MATRIMONIAL</td><td>• Conceito</td><td colspan="4">• É a que decorre de relações extramatrimoniais.</td></tr>
<tr><td rowspan="4">• Classificação didática dos filhos havidos fora do casamento</td><td>• Naturais</td><td colspan="3">• Se descendem de pais entre os quais não havia impedimento matrimonial no momento de sua concepção.</td></tr>
<tr><td rowspan="3">• Espúrios</td><td>• Conceito</td><td colspan="2">• Se oriundos da união de homem e mulher, entre os quais, no momento da concepção, havia impedimento matrimonial.</td></tr>
<tr><td rowspan="2">• Espécies</td><td>• Adulterinos</td><td>• Se nasceram de casal impedido de casar em razão de casamento anterior.</td></tr>
<tr><td>• Incestuosos</td><td>• Nascidos de homem e mulher que, ante parentesco natural, civil ou afim, não podiam casar à época de sua concepção.</td></tr>
<tr><td rowspan="3">• Questão do reconhecimento de filho</td><td colspan="2">• Definição de reconhecimento</td><td colspan="2">• É o ato que declara a filiação, estabelecendo juridicamente o parentesco entre pai e mãe e seu filho.</td></tr>
<tr><td colspan="2">• Natureza jurídica do reconhecimento</td><td colspan="2">• É ato declaratório, pois apenas declara um fato do qual o direito tira consequências, sem criar a paternidade.</td></tr>
<tr><td colspan="2">• Possibilidade de reconhecimento de filho</td><td colspan="2">• Lei n. 8.069/90, art. 26; Lei n. 8.560/92; CF/88, art. 227, § 6º.</td></tr>
</table>

4. FILIAÇÃO NÃO MATRIMONIAL	• Questão do reconhecimento de filho	• Modos de reconhecimento de filho	• Reconhecimento voluntário	• Segundo Antônio Chaves, é o meio legal do pai, da mãe ou de ambos revelarem espontaneamente o vínculo que os liga ao filho, outorgando-lhe, por essa forma, o *status* correspondente (CC, art. 1.607).	
			• Reconhecimento judicial	• Conceito	• É o que resulta de sentença proferida em ação intentada para esse fim, pelo filho (CC, art. 1.606).
				• Ação de investigação de paternidade	• A ação de investigação de paternidade permite ao filho havido fora do casamento obter a declaração de seu respectivo *status familiae*.
				• Ação de investigação de maternidade	• É a ação promovida contra a mãe, não mais sendo proibido se atribuir prole não matrimonial a mulher casada ou prole incestuosa a mulher solteira.
		• Consequências do reconhecimento de filho	• Estabelecer liame de parentesco entre o filho e seus pais. • Impedir que o filho, reconhecido por um dos cônjuges, resida no lar conjugal sem anuência do outro (CC, art. 1.611). • Dar ao filho reconhecido, que não reside com o genitor que o reconheceu, direito à assistência e alimentos.		

4. FILIAÇÃO NÃO MATRIMONIAL	• Questão do reconhecimento de filho	• Consequências do reconhecimento de filho	• Sujeitar o filho reconhecido, se menor, ao poder familiar, observando-se o Dec.-Lei n. 3.200/41, art. 16, alterado pela Lei n. 5.582/70, e o CC, art. 1.616. • Conceder direito à prestação alimentícia tanto ao genitor que reconhece como ao filho reconhecido (CC, art. 1.694). • Equiparar, para efeitos sucessórios, os filhos de qualquer natureza (Lei n. 6.515/77, que deu nova redação ao art. 2º da Lei n. 883/49 (ora revogada); CF/88, art. 227, § 6º; CC, arts. 1.829, I e II, e 1.845). • Autorizar o filho reconhecido a propor ação de petição de herança e a de nulidade de partilha, devido a sua condição de herdeiro. • Equiparar a prole reconhecida, tanto para efeito de clausulação de legítima (CC, art. 1.848) como para o de indignidade (CC, art. 1.814) ou deserdação (CC, art. 1.962), ao descendente havido em casamento.

3. Adoção

A. Conceito e finalidade

A adoção vem a ser o ato judicial pelo qual, observados os requisitos legais, se estabelece, independentemente de qualquer relação de parentesco consanguíneo ou afim, um vínculo fictício de filiação, trazendo para uma família, na condição de filho, pessoa que, geralmente, lhe é estranha[121].

121. Conceito baseado nas definições formuladas por Silvio Rodrigues, op. cit., p. 333; Antônio Chaves, *Adoção*, Belo Horizonte, Del Rey, 1995; Adoção, in *Enciclopédia Saraiva do Direito,* v. 4, p. 361; Orlando Gomes, op. cit., p. 387; Caio M. S. Pereira, *Instituições,* cit., p. 256; Tânia da Silva Pereira, Da adoção, in *Direito de família e o novo Código Civil* (coord. Mª Berenice Dias e Rodrigo da C. Pereira), Belo Horizonte, Del Rey, 2003, p. 151-76; Mª Cláudia C. Brauner e Mª Regina F. de Azambuja, A releitura da adoção sob a perspectiva da doutrina da proteção integral à infância e adolescência, *Revista Brasileira de Direito de Família, 18*:30-48; Gustavo Ferraz de Campos Monaco, Adoção: esquadrinhando o instituto à luz do sistema vigente, in *Novo Código Civil — questões controvertidas* (coord. Mário Luiz Delgado, Jones Figueirêdo Alves), São Paulo, Método, 2003, p. 331-54; Silmara Y. Chinelato, Adoção de nascituro e quarta era dos direitos: razões para alterar o *caput* do art. 1.621 do novo Código Civil, in *Novo Código Civil — questões controvertidas,* cit., p. 355-72; Eduardo de Oliveira Leite (coord.), *Grandes temas da atualidade — adoção: aspectos jurídicos e metajurídicos,* Rio de Janeiro, Forense, 2005; Romualdo B. dos Santos, É possível trocar de pai?, *A outra face,* cit., p. 365-93; Lorena R. Martinello. Adoção e socioafetividade. *Revista de Direito de Família e das Sucessões,* RDFAS, *3*:125-47; André T. D. Ferreira, Algumas questões práticas atinentes ao atual delineamento jurídico da adoção no Brasil, *MPMG Jurídica – Revista do Ministério Público do Estado de Minas Gerais – Direito de Família,* 2016, p. 20 a 30. O Projeto de Lei n. 1.756/2003 (apensado ao PL n. 6.485/2002, que foi arquivado, prejudicado pelo PL n. 6.222/2005, que se transformou na Lei n. 12.010/2011) pretendia criar a Lei Nacional da Adoção para unificar as legislações existentes sobre o assunto. Em 75 artigos, a proposta define as hipóteses em que a adoção pode ser concedida, tratando-a como um direito da criança

Dá origem, portanto, a uma relação jurídica de parentesco civil entre adotante e adotado[122]. É uma ficção legal que possibilita que se consti-

---

e do adolescente previsto nos casos em que for comprovada a impossibilidade da manutenção do adotando na família natural. Os Projetos de Lei n. 367 a 374 buscam acelerar a tramitação dos processos de adoção. O PL n. 367 prevê o estabelecimento de prazo para que o Ministério Público requeira a destituição do poder familiar, tutela ou guarda; o PL n. 368 dispõe sobre a audiência de consentimento dos titulares do poder familiar nos procedimentos de colocação em família substituta, sobre o prazo de retratação do consentimento e sobre a produção de efeitos do consentimento dado anteriormente ao nascimento da criança; e o n. 369 refere-se à adoção, na modalidade *intuitu personae*, quando os próprios pais biológicos escolhem, durante a gravidez ou depois do parto, a pessoa que irá adotar seu filho, modalidade não autorizada, porém não vetada pelas leis brasileiras, assim como, para criança maior de dois anos, a verificação de vínculo afetivo entre adotantes e adotando. O número de casos de adoção *intuitu personae* tem aumentado substancialmente, de forma que se faz necessário que o Poder Legislativo apresente um regulamento para essa prática. O PL n. 370 refere-se à definição de medidas a serem aplicadas em caso de desistência da adoção durante o estágio de convivência e avaliação da equipe técnica do juizado; o n. 371 prevê que a guarda provisória, no procedimento de adoção, terá validade até a prolação da sentença, ressalvadas as hipóteses de revogação ou modificação da medida, mediante ato judicial fundamentado, acabando com o deferimento por tempo determinado da guarda provisória nos processos de adoção; o PL n. 372 trata da admissão da citação através do uso de tecnologias de transmissão de mensagens, como o SMS, o WhatsApp e o iMessage, que hoje são plenamente acessíveis a baixo custo e, conforme prevê o Código de Processo Civil, um meio que garanta a segurança da informação. O PL n. 373 estabelece prazo máximo para a conclusão do processo de adoção e determina que as Corregedorias-Gerais dos Tribunais de Justiça fiscalizem o tempo de tramitação dos processos de adoção e de destituição do poder familiar, e que denunciem ao Conselho Nacional de Justiça os magistrados que tiverem ações desse tipo tramitando há mais de um ano sem articulação de sentença. E, por fim, o PL n. 374 tem por objetivo estabelecer norma específica de contagem dos prazos processuais no ECA, já que a modificação da forma de contagem dos prazos processuais terá um impacto negativo no tempo de tramitação dos procedimentos destinados à proteção da criança e do adolescente.

Vide a Lei n. 13.509/2017, que dispõe sobre adoção e altera a Lei n. 8.069/1990, a CLT (arts. 391-A, 392-A e 396) e o CC, acrescentando o inciso V ao art. 1.638.

Pelo art. 6º, VI, da Lei n. 13.146/2015 a deficiência não afeta a plena capacidade civil da pessoa de exercer o direito à adoção, como adotante ou adotado.

Adoção, havendo reais vantagens para o adotando, deve ser deferida: *BAASP, 2.571*:1506-9. Criança entregue pela mãe a casal, no instante do nascimento, por não ter condições materiais para educá-la, desde que integrada no lar substituto, deve nele permanecer (*Bol. AASP, 2.680*:1843-10).

Sobre *adoção pré-natal*: Lei n. 8.069/1990, art. 19-A (com a redação da Lei n. 13.509/2017).

Sobre adoção à brasileira admitida quando há forte vínculo socioafetivo entre o pai de registro e o filho registrado: *BAASP, 2949*:11.

122. Caio M. S. Pereira, *Instituições*, cit., p. 256; Antônio José Azevedo Pinto, A adoção no Código Civil vigente e no Projeto — um estudo comparativo, *Cadernos de Direito Privado da Universidade Federal Fluminense, 2*:163-75, 1979; Artur Marques da Sil-

tua entre o adotante e o adotado um laço de parentesco de 1º grau na linha reta[123].

A adoção é, portanto, um vínculo de parentesco civil, em linha reta, estabelecendo entre adotante, ou adotantes, e o adotado um liame legal de paternidade e filiação civil. Tal posição de filho será definitiva ou irrevogável, para todos os efeitos legais, uma vez que desliga o adotado de qualquer vínculo com os pais de sangue, salvo os impedimentos para o casamento (CF, art. 227, §§ 5º e 6º), criando verdadeiros laços de parentesco entre o adotado e a família do adotante.

Como se vê, é uma medida de proteção e uma instituição de caráter humanitário, que tem por um lado, por escopo, dar filhos àqueles a quem a natureza negou e por outro lado uma finalidade assistencial, constituindo um meio de melhorar a condição moral e material do adotado[124]. Portanto, "a adoção será deferida quando apresentar reais vantagens para o adotando e fundar-se em motivos legítimos. No mesmo sentido, os arts. 3º e 6º do ECA determinam que as decisões que envolvem menores deverão buscar o seu bem-estar, defendendo sempre seu melhor interesse. A real vantagem para o adotando é que seja criado por uma família que, acima de tudo, ofereça-lhe um ambiente sadio, equilibrado e que lhe permita crescer física, espiritual, emocional e intelectualmente" (*Bol. AASP, 2.665*:1794-05).

---

va Fº, Da adoção, *O novo Código Civil — estudos em homenagem a Miguel Reale*, cit., p. 1188-1224; Mª Regina F. Azambuja, A adoção sob a perspectiva da doutrina da proteção integral, *Aspectos psicológicos*, cit., cap. 24, p. 303-18; Eduardo de Oliveira Leite (coord.), *Grandes temas da atualidade — adoção*, Rio de Janeiro, Forense, 2004; Suzana P. de O. Pereira, Adoção de fato e a possibilidade de seu reconhecimento póstumo, *Direito e Liberdade, 5*:553-78.

123. Orlando Gomes, op. cit., p. 20; Sebastião José Roque, *Direito de família*, cit., p. 157-64; *RT, 684*:156.

124. Silvio Rodrigues, op. cit., p. 331-2; W. Barros Monteiro, op. cit., p. 262; Paulo Lúcio Nogueira, *Adoção e procedimento judicial,* Coleção Saraiva de Prática do Direito, n. 38, 1988; Liborni Siqueira, Adoção no Estatuto e no Código Civil, in *Direitos de família e do menor* (coord. Sálvio de F. Teixeira), Belo Horizonte, Del Rey, 1993, p. 273-6; id. *Adoção no tempo e no espaço: doutrina e jurisprudência*, Rio de Janeiro, Forense, 1993; Valdir Sznick, *Adoção,* Ed. Universitária de Direito, 1994; Elaine Hârzheim Macedo, Tentativa de justificação do instituto da adoção segundo o agir moral no sistema do direito liberal, *Advogado,* n. *19*:63 e s., Rio Grande do Sul; Ivan Lira de Carvalho, Adoção — enfoque multidisciplinar do instituto, in *Direito de família*, São Paulo, Revista dos Tribunais, 1996, p. 125-59; Mª Stella V. Souto Lopes Rodrigues, *A adoção na Constituição Federal*, São Paulo, Revista dos Tribunais, 1994; Giovane Serra Azul Guimarães, *Adoção, tutela e guarda*, São Paulo, Ed. Juarez de Oliveira, 2000.

Enunciado Programático do IBDFAM n. 5: "Na adoção o princípio do superior interesse da criança e do adolescente deve prevalecer sobre a família extensa".

Duas eram as espécies de adoção admitidas em nosso direito anterior: a simples, regida pelo Código Civil de 1916 e Lei n. 3.133/57, e a plena, regulada pela Lei n. 8.069/90, arts. 39 a 52. A *adoção simples*, ou restrita, era a concernente ao vínculo de filiação que se estabelece entre o adotante e o adotado, que pode ser pessoa maior (*RT, 628*:229; *Ciência Jurídica, 51*:122) ou menor entre 18 e 21 anos (Lei n. 8.069/90, art. 2º, parágrafo único), mas tal posição de filho não era definitiva ou irrevogável. Era regida pela Lei n. 3.133, de 8 de maio de 1957, que havia atualizado sua regulamentação pelo Código Civil de 1916[125].

A *adoção plena*, estatutária ou legitimante, foi a denominação introduzida, em nosso país, pela Lei n. 6.697/79, para designar a legitimação adotiva, criada pela Lei n. 4.655/65, sem alterar, basicamente, tal instituto. Com a revogação da Lei n. 6.697/79 pela Lei n. 8.069/90, art. 267, mantivemos aquela nomenclatura por entendê-la conforme aos princípios e efeitos da adoção regulada pelo Estatuto da Criança e do Adolescente e ante o fato de essa terminologia já estar consagrada juridicamente, pois tem sido empregada desde a era de Justiniano, que admitia tanto a *adoptio plena* como a *adoptio minus plena*, baseando tal distinção no critério da irrevogabilidade. A *adoção plena* era a espécie de adoção pela qual o menor adotado passava a ser, irrevogavelmente, para todos os efeitos legais, filho dos adotantes, desligando-se de qualquer vínculo com os pais de sangue e parentes, salvo os impedimentos matrimoniais. Essa modalidade tinha por fim: atender o desejo que um casal tinha de trazer ao seio da família um menor, que se encontrasse em determinadas situações estabelecidas em lei, como filho e proteger a infância desvalida, possibilitando que o menor abandonado ou órfão tivesse uma família organizada e estável. Assim, a criança até 12 anos e o adolescente entre 12 e 18 anos de idade tinham o direito de ser criados e educados no seio da família substituta, assegurando assim sua convivência familiar e comunitária (Lei n. 8.069/90, arts. 19 e 28, 1ª parte).

Pelo Código Civil atual (arts. 1.618 e 1.619) e pela Lei n. 8.069/90 (arts. 39 a 50, com a redação das Leis n. 12.010/2009, n. 12.955/2014 e n. 13.509/2017), a adoção simples e a plena deixam de existir, visto que se apli-

125. Paulo Lúcio Nogueira, *Adoção e procedimento judicial,* Coleção Saraiva de Prática do Direito, n. 38, 1988; Antonio S. Fernandes, As três formas de adoção, *O Estado de S. Paulo,* 18 fev. 1986; Hugo Nigro Mazzilli, *Manual do Promotor de Justiça,* São Paulo, Saraiva, 1991, p. 361 e s.; id. As várias formas de adoção, *O Estado de S. Paulo,* 11 abr. 1984, p. 33; Notas sobre adoção, *RT, 662*:31; Gustavo F. de Campos Monaco, Adoção e direito constitucional intertemporal: anotações ao acórdão no Recurso Extraordinário n. 196.434-1-SP, *A outra face*, cit., p. 501-512. O conflito entre o ECA e o CC é aparente, pois persiste o ECA (norma especial) apenas no que for compatível com o Código Civil.

cará a todos os casos de adoção, pouco importando a idade do adotando. A adoção passa a ser irrestrita, trazendo importantes reflexos nos direitos da personalidade e nos direitos sucessórios.

B. Requisitos

Será imprescindível para a adoção o cumprimento dos seguintes requisitos[126]:

---

126. Sobre os requisitos da adoção, consulte Orlando Gomes, op. cit., p. 389-93; W. Barros Monteiro, op. cit., p. 262-5; Silvio Rodrigues, op. cit., p. 334-6; Caio M. S. Pereira, *Instituições,* cit., p. 256-7; Antônio Chaves, Adoção, cit., p. 362-8, e Filiação espúria, in *Enciclopédia Saraiva do Direito,* v. 37, p. 273; Walter Moraes, Adoção, in *Enciclopédia Saraiva do Direito,* v. 4, p. 394-5; Eunice F. R. Granato, *Adoção — doutrina e prática,* Curitiba, Juruá, 2005; Belmiro P. Welter, Inconstitucionalidade do processo de adoção judicial, *Revista Brasileira de Direito de Família, 27*:40-71; Carla Hecht Domingos, O processo de adoção — Brasil (1988-2006), *Revista Brasileira de Direito de Família, 38*:38-63; Laginski e Bassi, As regras da adoção na legislação brasileira, com as alterações da Lei n. 12.010/2009, *Revista Síntese — Direito de Família, 61*:128-44; Ênio S. Zuliani, Adoção ao ordenamento jurídico atual, *Grandes temas de direito de família e das sucessões* (coord. Tavares da Silva e Almeida Camargo Neto), São Paulo, Saraiva, 2011, p. 239-66; Suely Mitie Kusano, *Adoção de menores "intuitu personae",* Curitiba, Juruá, 2011; Cláudio Gomes de Oliveira, Adoção *intuitu personae*: prevalência do afeto, *Revista Síntese - Direito de Família, 97*:68 a 74; César L. Almeida Rabelo e outros, A adoção no âmbito da família homoafetiva sob o prisma do direito e da psicanálise, *Revista Síntese — Direito de Família, 70*:20-50. Maria Isabel R. Ferraz e Ionete de Magalhães Souza, Parto Anônimo, celeridade dos processos de adoção e novo Código de Processo Civil, *Revista Síntese — Direito de Família, 88*:106-113. *Vide* Provimento n. 494/93 do CSM, arts. 6º e 7º, § 2º; *RT, 586*:40, *589*:105, *602*:209, *613*:44, *628*:228, *723*:306; *JB, 130*:129. "É certo que o processo judicial de adoção não havia ainda tido início quando do falecimento do marido de G. Entretanto, é claro que o processo socioafetivo de adoção já tivera início, visto que o casal detinha a criança sob sua guarda e a apresentava como filho na sociedade, o que restou estampado na circunstância de a ter levado a batismo nessa condição. Negar agora, que na certidão de nascimento de S. venha a constar o nome do pai, apenas pelo fato de que a fatalidade veio a retirar-lhe precocemente a vida (faleceu com 47 anos), antes que pudesse implementar a adoção, é ater-se a um formalismo exacerbado e incompatível como norte constitucional que manda sobrelevar os interesses da criança. Deram provimento" (TJRS, 7ª Câm., Ap. 70003643145, rel. Des. Luiz Felipe Santos, j. 29-5-2002).

O TJSC (Proc. n. 2013.047022-1 — pub. 11-12-2013) admitiu a *adoção póstuma*, concedendo a um casal o direito de adotar rapaz após sua morte num acidente, apesar da omissão do ECA, por haver desejo de adotar e ante o fato de aquele casal ter criado o falecido como filho, sem impugnação da mãe biológica. STJ (3ª T.) decidiu que vício formal não impede adoção se atender ao melhor interesse do menor, ao entender que declaração prestada pela mãe biológica, mesmo não ratificada em audiência de instrução, por falta de comparecimento, demonstra a intenção de entregar criança aos pais adotivos que já conviviam com a menor durante 13 anos, atendendo os vínculos de afeto criados entre adotante e adotado que devem sempre prevalecer (*RIBDFAM 17*:14).

Sobre proibição de adoção por ascendente ou por avós: *RSTJ, 93*:240; *RT, 611*:171,

---

569:77, *558*:22; *Ciência Jurídica*, *68*:97 e 98; em contrário: *Ciência Jurídica*, *65*:148; *RT*, *611*:171 e 173, *558*:222, *493*:107, *418*:139, *473*:205; *RSTJ*, *93*:247-48. Hoje pelo art. 50, § 13, II, da Lei n. 8.069/90, com a redação da Lei n. 12.010/2009, há permissão de adoção por parente. Consulte, ainda: *RSTJ*, *93*:240; *JTJ*, *136*:49; e *RT*, *668*:147. Adoção por irmão: *RT*, *642*:102. O ECA (art. 42, § 1º) veda adoção por ascendente e irmãos. Adoção de sobrinho por tio: *RJTJSP*, *11*:97; *RT*, *558*:229. No mesmo sentido, o § 2º a ser acrescentado ao art. 1.618 pelo Projeto de Lei n. 276/2007 (ora arquivado), que também incluía o § 3º a esse mesmo dispositivo, proibindo adoção por procuração. O art. 39, § 2º, da Lei n. 8.069/90 veda a adoção por procuração. *Vide*: Roberto João Elias, Adoção por avós, *RDC*, *36*:63. Pelo Projeto de Lei n. 276/2007 (ora arquivado), não poderiam adotar o adotando seus ascendentes e seus irmãos (acréscimo do § 2º ao art. 1.618 do CC). Atualmente, pela Lei n. 8.069/90, art. 42, § 1º, está proibida a adoção por avós (*Ciência Jurídica*, *65*:148) ou irmão, mas possibilitada a adoção por tio. Nomeia-se curador especial se, na adoção, houver conflito entre menor e genitores (*Ciência Jurídica*, *67*:91). *Vide* Provimento n. 494/93 do CSM, arts. 6º e 7º, § 1º. Sobre adoção por estrangeiros: *Ciência Jurídica*, *61*:306. Consulte: Decreto de 18 de setembro de 1996, que autoriza o Centro de Adoção da Suécia a instalar-se no Brasil; Lei n. 8.069/90, art. 13, §§ 1º e 2º, com redação da Lei n. 13.257/2016, segundo o qual as mães que queiram entregar filhos para adoção deverão ser encaminhadas, sem constrangimento, à Justiça da Infância e Juventude; Lei Complementar estadual n. 367/84, sobre licença de 120 dias a funcionário público civil do Estado de São Paulo que adotar criança até 7 anos de idade. O prazo de 4 meses pode ser ampliado para 6 meses (Lei n. 11.770/2008), mesmo que a adotante seja servidora pública (Portaria n. 510/2008 da Procuradoria-Geral da República e Decreto n. 6.690/2008). Tal benefício estende-se também para casos de guarda judicial. A Lei n. 8.213/91, art. 71-A, assegura o salário-maternidade como um benefício previdenciário a ser pago pelo INSS. O direito à licença-maternidade de mães adotivas é de 120 dias (Lei n. 10.421/2002), mas o STF, em março de 2016, concedeu 120 dias prorrogáveis por mais 60 às servidoras públicas, cujo contrato é regido pela Lei n. 8.112/90. A Lei n. 8.112/90, art. 208, concede licença-paternidade de 5 dias consecutivos a servidor, prorrogáveis por mais 15 (Dec. n. 8.737/2016).

Pelo STF, ao julgar o Recurso Extraordinário n. 197.807, j. 6-6-2000, não havia para mãe adotiva o direito à licença-maternidade de 120 dias concedida às mulheres trabalhadoras-gestantes. Todavia, hoje tal direito já lhe é reconhecido pela Lei n. 10.421, de 15 de abril de 2002, que acrescentou o art. 392-A (com a alteração da Lei n. 13.509/2017), §§ 1º a 4º e pela Lei n. 12.873/2013, que acrescentou o § 5º a esse artigo na CLT, bem como o de perceber o salário-maternidade (Lei n. 8.213/91, art. 71-A, com a redação da Lei n. 12.873/2013). Pela CLT, art. 392-A (com a redação da Lei n. 13.509/2017, à empregada que adotar ou obtiver guarda judicial para fins de adoção de criança ou adolescente será concedida licença-maternidade nos termos do art. 392 (*caput*). A Instrução Normativa da SRF n. 991/2010, art. 2º, I a III, dispõe sobre a possibilidade de empregada de pessoa jurídica que aderir ao Programa Empresa Cidadã de requerer prorrogação do salário-maternidade por: 60 dias, se a criança tiver até 1 ano de idade; 30 dias, se se tratar de criança entre 1 a 4 anos e 15 dias, se a criança tiver a idade de 4 a 8 anos. E pela Lei n. 11.770/2008, regulamentada pelo Decreto n. 7.052/2009 (art. 2º, I a III), a empregada de pessoa jurídica, que adotar ou obtiver guarda judicial para fins de adoção, poderá obter prorrogação da licença-maternidade por: 60 dias, se se tratar de criança até um ano de idade; 30 dias, se a criança tiver entre 1 a 4 anos e 15 dias, se tiver 4 a 8 anos. E a Resolução 30/2006 do Senado Federal acrescenta §§ 4º, 5º, 6º e 7º ao art. 43 do Regimento Interno do Senado, dispondo sobre licença ao adotante, considerando-a equivalente à licença por motivo de saúde (CF, art. 56, II). Concede licença ao adotante — senador de cinco dias e à adotante — senadora de 120 dias, se a criança tiver um ano de idade, de 60 dias, se tiver de 1 a 4 anos de idade e de 30 dias, se a criança tiver de 4 a 8 anos de idade.

"O art. 196 da Lei n. 8.112/1990 não prevê o pagamento de auxílio-natalidade na hipótese de adoção de menor. No entanto, não se pode olvidar que o art. 227, § 6º, da Constituição Federal veda qualquer discriminação que implique distinção entre o filho havido ou não da relação de casamento e a criança adotada" (TJDF, Conselho Especial, MS 2006.00.2.00.1541-0-DF, rel. Des. Waldir Leôncio Júnior, j. 29-8-2006, v.u.).

O Código Civil da Louisiana, §§ 126 e 130, prevê a adoção pré-implantatória, sendo que antes da implantação do embrião no útero nomeia-se um curador.

Quanto à adoção por parceiros homossexuais, a lei permite que só um deles seja adotante, e o Projeto de Lei n. 1.151/91 (ora arquivado) vedava-lhes adoção, tutela, guarda de criança e adolescente em conjunto. Há projeto de lei visando regulamentar adoção por casal *gay*. Recentemente, temos sobre o assunto a seguinte decisão: TJRS: "Apelação cível. Adoção. Casal formado por duas pessoas de mesmo sexo. Possibilidade. Reconhecida como entidade familiar, merecedora da proteção estatal, a união formada por pessoas do mesmo sexo, com características de duração, publicidade, continuidade e intenção de constituir família, decorrência inafastável é a possibilidade de que seus componentes possam adotar. Os estudos especializados não apontam qualquer inconveniente em que crianças sejam adotadas por casais homossexuais, mais importando a qualidade do vínculo e do afeto que permeia o meio familiar em que serão inseridas e que as liga aos seus cuidadores. É hora de abandonar de vez preconceitos e atitudes hipócritas desprovidas de base científica, adotando-se uma postura de firme defesa da absoluta prioridade que constitucionalmente é assegurada aos direitos das crianças e dos adolescentes (art. 227 da Constituição Federal). Caso em que o laudo especializado comprova o saudável vínculo existente entre as crianças e as adotantes. Negaram provimento. Unânime" (ApC 70013801592, 7ª CCív., j. 5-4-2006, Rel. Luiz Felipe Brasil Santos). Já se decidiu que: "Adoção cumulada com destituição do pátrio poder (hoje poder familiar). Alegação de ser homossexual o adotante. Deferimento do pedido. Recurso do Ministério Público. 1. Havendo os pareceres de apoio (psicológico e de estudos sociais) considerado que o adotado, agora com dez anos, sente orgulho de ter um pai e uma família, já que abandonado pelos genitores com um ano de idade, atende a adoção aos objetivos preconizados pelo Estatuto da Criança e do Adolescente (ECA) e desejados por toda a sociedade. 2. Sendo o adotante professor de ciências de colégios religiosos, cujos padrões de conduta são rigidamente observados, e inexistindo óbice outro, também é a adoção, a ele entregue, fator de formação moral, cultural e espiritual do adotado. 3. A afirmação de homossexualidade do adotante, preferência individual constitucionalmente garantida, não pode servir de empecilho à adoção de menor, se não demonstrada ou provada qualquer manifestação ofensiva ao decoro e capaz de deformar o caráter do adotado, por mestre a cuja atuação é também entregue a formação moral e cultural de muitos outros jovens. Apelo improvido" (TJRJ, 9ª Câm., AC 14.332/98, Rel. Des. Jorge de Miranda Magalhães, j. 23-3-1999, *DJRJ*, 26-8-1999, p. 269, ementa oficial). Em 2 de abril de 2010 o STJ (4ª Turma, REsp. 889.852-RS, rel. Luis F. Salomão) admitiu adoção de duas crianças por um "casal" de mulheres acatando o princípio de melhor interesse da criança. Consulte *Bol. AASP, 2.721*:65302 e decisão da ADIN n. 4.277 pelo STF que reconhece a união homoafetiva como entidade familiar constitui o marco para autorizar a adoção por casal homoafetivo. Já o Projeto de Lei n. 5.252/2001 (arquivado em 2008) de Roberto Jefferson permitia a adoção de crianças por homossexuais. Consulte: Enezio de D. Silva Júnior, *A possibilidade jurídica de adoção por casais homossexuais*, Curitiba, Juruá, 2005; Célio A. P. da Silva e Gleick

Meira Oliveira, Adoção de crianças e adolescentes por parceiros homossexuais na cidade de Campina Grande, *Revista Direito e Liberdade*, ed. especial da Escola da Magistratura do RN — Região Oeste, *3*:125-48 (2006); Pedro T. Ferreira, Liberdade e dignidade da pessoa humana: actos homossexuais, casamento e adopção, *Revista de Família e das Sucessões*, RDFAS, *3*:207-218; Diogo de C. M. Andrade, Adoção entre pessoas do mesmo sexo e os princípios constitucionais, *Revista Brasileira de Direito de Família, 30*:99-123; Carolina C. V. Rodrigues e Fernanda A. Lopes, Adoção por casais homoafetivos, *Revista Jurídica De Jure, 26*:173-217.

RT, 833:310: "Adoção. Criança. Ausência de prévia inscrição, no registro da comarca, da adotada como disponível e da adotante como interessada. Fato que não tem o condão de obstar o aperfeiçoamento do ato, tendo em vista a garantia do bem-estar do infante e sua integral proteção. Absoluta inaptidão da família natural na criação do menor que impõe a sua colocação em família substituta. *Ementa oficial*: A falta de prévia inscrição da criança, enquanto disponível e da apelante, enquanto interessada (art. 50 do ECA), não é óbice ao aperfeiçoamento da adoção (arts. 39 *et seq* do ECA), considerando que a lei de regência prestigia o bem-estar da criança e a garantia de sua integral proteção, fazendo-se indispensável o respeito aos seus direitos indisponíveis, que constituem bens jurídicos da mais alta relevância. Assim, muito embora seja certo que a Lei 8.069/90 contemple o direito de a criança ser criada no seio da família natural, não menos certo é que, demonstrando esta absoluta inaptidão para lhe alcançar um desenvolvimento sadio, resulta impositiva a sua colocação em família substituta" (Ap. 2004.001074-5/0000-00, Segredo de Justiça, 4ª T., j. 15-6-2004, rel. Des. Elpídio Helvécio Chaves Martins. *Bol. AASP, 2757*:2081-01).

Bol. AASP, 2.831:5: "A concessão da guarda provisória deve ser concedida somente a pessoas ou casais previamente habilitados nos cadastros a que se refere o art. 50 do ECA. Para a guarda deverá ser observada a ordem cronológica da data de habilitação na seguinte ordem: primeiro os da comarca; esgotados eles, os do Estado e, em não havendo, os do Cadastro Nacional de Adoção".

"Guarda provisória — Criança — Cadastro — Inscrição — Ordem cronológica — Inobservância — Interesse da menor — Vínculo afetivo — Existência — Recurso provido. A não observância da ordem cronológica do cadastro de adoção não pode ser o único motivo para sustentar o impedimento à guarda provisória, restando possível comportamento doloso dos envolvidos a ser apreciado em procedimento próprio. O evidente vínculo afetivo com a infante, que se encontra sob os cuidados dos agravantes, deve ser considerado, ante o pressuposto do interesse da menor e principalmente evitando-se maiores distúrbios, já que abandonada pela própria genitora" (TJMT, 5ª CCív., AI 142936/2009, Alta Floresta-MT, Rel. Des. Paulo S. Carreira de Souza, j. 5-5-2010, v.u.). O Projeto de Lei n. 1.380/2003 (apensado ao PL n. 6.485/2002, prejudicado com a aprovação do PL n. 6.222/2005, que deu origem à Lei n. 12.010/2009) visava dispensar a presença de advogados nas ações judiciais referentes à adoção de menores e adolescentes.

Interessante é o seguinte julgado: Direito civil. Adoção. Concessão de adoção unilateral de menor fruto de inseminação artificial heteróloga à companheira da mãe biológica da adotanda. A adoção unilateral prevista no art. 41, § 1º, do ECA pode ser concedida à companheira da mãe biológica da adotanda, para que ambas as companheiras passem a ostentar a condição de mães, na hipótese em que a menor tenha sido fruto de inseminação artificial heteróloga, com doador desconhecido, previamente planejada pelo casal no âmbito de união estável homoafetiva, presente, ademais, a anuência da mãe biológica, desde que inexista prejuízo para a adotanda. O STF decidiu ser plena a equiparação das uniões estáveis homoafetivas às uniões estáveis heteroafetivas, o que trouxe, como consequência, a extensão automática das prerrogativas já outorgadas aos companheiros da união estável tradicional àqueles que vivenciem uma união estável homoafetiva. Assim, se a adoção unilateral de menor é possível ao extrato heterossexual da população, também o é à fração homossexual da sociedade. Deve-se advertir, contudo, que o pedido de adoção se submete à norma-princípio fixada no art. 43 do ECA, segundo a qual "a adoção será deferida quando apresentar reais vantagens para o adotando". Nesse contexto, estudos feitos no âmbito da psicologia afirmam que pesquisas têm demonstrado que os filhos de pais ou mães homossexuais não apresentam comprometimento e problemas em seu desenvolvimento psicossocial quando comparados com filhos de pais e mães heterossexuais. Dessa forma, a referida adoção somente se mostra possível no caso de inexistir prejuízo para a adotanda. Além do mais, a possibilidade jurídica e a conveniência do deferimento do pedido de adoção unilateral devem considerar a evidente necessidade de aumentar, e não de restringir, a base daqueles que desejem adotar, em virtude da existência de milhares de crianças que, longe de quererem discutir a orientação sexual de seus pais, anseiam apenas por um lar (STJ, Informativo 513, REsp 1.281.093-SP, rel. Min. Nancy Andrighi, j. 18-12-2012).

BAASP, 2926:6, noticia: "Prioridade nas ações de adoção de crianças e adolescentes com deficiência ou doença crônica no Estado de São Paulo. O Desembargador e corregedor-geral da Justiça Hamilton Elliot Akel, por meio do Processo n. 2014/10058, estabeleceu a prioridade da ação de adoção e destituição do poder familiar para impedir o tráfico de crianças para fins de adoção. Nesse sentido, editou o Provimento n. 36/2014, regulamentando o apadrinhamento afetivo e financeiro, bem como o reconhecimento da paternidade socioafetiva. Para essa ação, foi considerada a necessidade de estabelecer a devida primazia de adoção para evitar que crianças e adolescentes, com mínimas possibilidades de reintegração familiar, permaneçam em instituições.

Esse é um assunto que tem sido abordado com frequência pelo Boletim da AASP, como nas edições 2880, 2886 e 2889. De acordo com o novo provimento, os processos de adoção e de destituição do poder familiar deverão tramitar com prioridade absoluta por meio de identificação adequada, assim dispõe o § 1º. Conforme o respectivo § 1º, terão prioridade os processos de adoção em que o adotando for criança ou adolescente com deficiência ou com doença crônica e o vínculo da adoção constituir-se por sentença judicial. Tal sentença deverá ser lavrada pelo registro civil mediante mandado do qual não se fornecerá certidão, conforme o previsto no art. 47 (§ 10 alterado pela Lei n. 13.509/2017) do Estatuto da Criança e do Adolescente.

Quando o adotando estiver em instituição de acolhimento, os pretendentes à adoção não precisarão de um advogado particular para postular a destituição do poder familiar. Contudo, deverão participar dos cursos realizados pelo Juízo da Infância e da Juventude e por suas Seções Técnicas de Serviço Social e Psicologia, com parceiros da rede de atendimento responsáveis pela execução do Plano Nacional de Convivência Familiar e Comunitária, grupos de apoio à adoção, profissionais especializados e universidades. Todos os magistrados deverão colaborar para a realização desses cursos.

O texto normatiza a realização das visitas às instituições de acolhimento, as quais somente poderão ser efetuadas mediante deferimento do pedido pelo Juízo da Infância e da Juventude e devem obedecer aos critérios prescritos, ou seja, o serviço de acolhimento institucional escolhido para a visita deverá estar em conformidade com as normas técnicas de serviço social e contar com acolhidos de diferentes faixas etárias, preferencialmente maiores de dois anos.

Outro ponto a considerar é que as visitas somente poderão ser feitas após os candidatos para adoção frequentarem tais cursos. Além disso, as visitas não podem ser realizadas por um único pretendente ou casal, devendo acontecer sempre em pequenos grupos, conforme a disponibilidade de horários e espaço do serviço de acolhimento".

1. *Efetivação por maior de 18 anos* independentemente do estado civil (*adoção singular*) (Lei n. 8.060/90, art. 42) ou *por casal* (*adoção conjunta*), ligado pelo matrimônio ou por união estável, comprovada a estabilidade familiar (Lei n. 8.069/90, art. 42, § 2º, com a redação da Lei n. 12.010/2009) e devidamente inscrito em cadastro nacional e estadual de pessoas ou casais habilitados à adoção. Ninguém pode ser adotado por duas pessoas, salvo se forem marido e mulher, ou se viverem em união estável (ainda que homoafetiva, como já decidiu o STJ, sem qualquer imposição de idade-limite do adotando). Se, porventura, alguém vier a ser adotado por duas pessoas (adoção conjunta ou cumulativa) que não sejam marido e mulher, nem conviventes, prevalecerá tão somente a primeira adoção, sendo considerada nula a segunda, caso contrário ter-se-ia a situação absurda de um indivíduo com dois pais ou duas mães. Os divorciados, os separados (judicial ou extrajudicialmente — por interpretação extensiva) e ex-companheiros poderão adotar conjuntamente se o estágio de convivência com o adotado houver iniciado na constância do período de conjugalidade ou companheirismo, comprovada a existência de vínculos de afinidade e afetividade com o não detentor da guarda, que justifiquem a excepcionalidade da medida, e se fizerem acordo sobre a guarda do menor e o regime do direito de visitas (Lei n. 8.069/90, art. 42, § 4º, com a redação da Lei n. 12.010/2009), assegurando-lhe, assim, a continuidade daquela convivência familiar (CF, art. 227; Lei n. 8.069/90, art. 19, com a redação da Lei n. 13.509/2017). Por isso, desde que demonstrado efetivo benefício ao adotando, será assegurada a guarda compartilhada (CC, art. 1.584; Lei n. 8.069/90, art. 42, § 5º, com a redação da Lei n. 12.010/2009). Se um dos cônjuges ou conviventes adotar filho do outro, os vínculos de filiação entre o adotado e o cônjuge, ou companheiro, e de parentesco entre os respectivos parentes (Lei n. 8.069/90, art. 41, § 1º) serão mantidos. Ter-se-á, aqui, uma *adoção unilateral* (TJSP, AI, 75960-0/4-Jaboticabal, Rel. Des. Nigro Conceição, j. 24-5-2001; Ap. Civ. 72.942-0/0-São Paulo, Rel. Des. Fábio Quadros, j. 18-12-2000; *BAASP*, *2989*:9).

Tutor ou curador poderão adotar seu tutelado ou curatelado se prestarem judicialmente contas de sua administração, sob a fiscalização do Ministério Público, e saldarem o seu alcance, se houver (Lei n. 8.069/90, art. 44), fizerem inventário e pedirem exoneração do *munus* público.

Estão legitimados a adotar crianças maiores de 3 anos ou adolescentes os seus tutores, detentores de sua guarda legal, desde que domiciliados no Brasil, mesmo não cadastrados (art. 50, § 13, da Lei n. 8.069/90) e se o lapso de convivência comprovar a fixação de laços de afinidade e afetividade, não seja constatada a ocorrência de má-fé ou qualquer das situações previstas nos arts. 237 ou 238 da Lei n. 8.069/90 (Lei n. 8.069/90, art. 50, § 13, III), e haja comprovação de que preenchidos estão os requisitos necessários à adoção (art. 50, § 14).

Também poderá ser deferida adoção em favor de candidato domiciliado no Brasil não cadastrado previamente quando for formulada por parente com o qual a criança ou adolescente mantenha vínculos de afinidade e afetividade, desde que preenchidos os requisitos legais (Lei n. 8.069/90, art. 50, §§ 13, II, e 14).

Claro está que pai ou mãe que reconheceu filho não pode adotar, pois a adoção visa à transferência do poder familiar e a criar vínculo de filiação. Assim, adoção por quem já é pai ou mãe, e por isso detentor do poder familiar, seria ato jurídico sem objeto. Nada impede a adoção, pelo pai ou mãe, do filho havido fora da relação conjugal, se não quiser reconhecê-lo, uma vez que não existe na legislação nenhuma norma que proíba relações de parentesco civil entre pai, ou mãe, e filho "natural".

Nem o marido poderá adotar sua mulher porque isso implicaria matrimônio entre ascendente e descendente por parentesco civil vedado pelo Código Civil, art. 1.521, I, *in fine*. Marido e mulher não podem ser adotados pela mesma pessoa, pois passariam a ser irmãos.

Se a adoção se der por pessoa solteira ou que não viva em união estável, formar-se-á uma entidade familiar, ou seja, uma família monoparental.

2. *Diferença mínima de idade entre o adotante e o adotado*, pois o adotante, pelo art. 42, § 3º, da Lei n. 8.069/90, há de ser pelo menos 16 anos mais velho que o adotando, pois não se poderia conceber um filho de idade igual ou superior à do pai, ou mãe, por ser imprescindível que o adotante seja mais velho para que possa desempenhar cabalmente o exercício do poder familiar (*RT*, *500*:219). Se o adotante for um casal, bastará que um dos cônjuges, ou conviventes, seja 16 anos mais velho que o adotando.

3. *Consentimento do adotante, do adotado, de seus pais* (ECA, art. 166 (com as alterações da Lei n. 13.509/2017), §§ 1º, 2º, 3º, 4º, 5º e 6º) (*RT*, *747*:367; TJSP, Ap. 29.604-0/9 — Mauá, rel. Des. Nigro Conceição, j. 11-7-96; TJRS, Ap. 598.000.966, 7ª Câm. Cív., rel. Des. Vasconcellos Chaves, j. 11-3-98) *ou de seu representante legal* (tutor ou curador), não cabendo nesta matéria suprimento judicial.

Se o adotado for menor de 12 anos, ou se for maior incapaz, consente por ele seu representante legal (pai, tutor ou curador), mas se contar mais de 12 anos será necessário seu consenso, colhido em audiência, logo, deverá ser ouvido para manifestar sua concordância (art. 28, § 2º, da Lei n. 8.069/90) na presença do juiz e do representante do Ministério Público. Havendo anuência dos pais e deferida a adoção em procedimento próprio e autônomo, providenciar-se-á a destituição do poder familiar (ECA, arts. 24, 32, 39 a 51, 155 a 163 e 166, § 1º, II – redação da Lei n. 13.509/2017), uma vez que se terá perda do vínculo do menor com sua família de sangue e seu ingresso na família socioafetiva (STJ, REsp 476.382/SP, rel. Min. Castro Filho, 3ª T., j. 8-3-2007).

O consentimento será dispensado em relação à criança ou adolescente, se seus pais forem desconhecidos ou tiverem sido destituídos do poder familiar (Lei n. 8.069/90, art. 45, § 1º). Não haverá, portanto, necessidade do consentimento do representante legal nem do menor, se se provar que se trata de infante que se encontra em situação de risco, por não ter meios para sobreviver, ou em ambiente hostil, sofrendo maus-tratos, ou abandonado, ou de menor cujos pais sejam desconhecidos, estejam desaparecidos e esgotadas as buscas, ou tenham perdido o poder familiar, sem nomeação de tutor. Em caso de adoção de menor órfão, abandonado, ou cujos pais foram inibidos do poder familiar, o Estado o representará ou assistirá, nomeando o juiz competente um curador *ad hoc*.

Sempre que possível, a criança ou o adolescente será previamente ouvido por equipe interprofissional, respeitado seu estágio de desenvolvimento e grau de compreensão sobre as implicações da medida, e terá sua opinião devidamente considerada (Lei n. 8.069/90, art. 28, § 1º).

Se se tratar de relativamente incapaz, deverá participar do ato assistido pelo seu representante legal.

Já se decidiu que a falta de interesse do genitor em se manter com o poder familiar não pode, jamais, ser presumida tão somente porque teria tomado ciência dessa ação. Necessário seria que fosse efetivamente intimado para que viesse à audiência exercer sua manifestação de vontade, sob pena de, não o fazendo, aí sim poder-se acolher a pretensão buscada pelos requerentes (*Bol. AASP*, *1960*:57).

Se for maior de 18 anos e capaz, deverá manifestar sua aquiescência por ato inequívoco (*RT*, *200*:652).

O consentimento é retratável até a data da realização da audiência e os pais podem exercer o arrependimento no prazo de dez dias, contado da prolação da sentença de extinção do poder familiar (Lei n. 8.069/90, art. 166, § 5º, com redação da Lei n. 13.509/2017). Pelo Enunciado n. 259 do Conselho da Justiça Federal, aprovado na III Jornada de Direito Civil: “a revogação do consentimento não impede, por si só, adoção, observado o melhor interesse do adotando”. Pelo Enunciado n. 110 do Conselho da Justiça Federal (aprovado na I Jornada de Direito Civil): era “inaplicável o § 2º do art. 1.621 do novo Código Civil às adoções realizadas com base no Estatuto da Criança e do Adolescente", daí a previsão da Lei n. 8.069/90 sobre a questão da revogabilidade do consenso no art. 166, § 5º (com a alteração da Lei n. 13.509/2017).

Donde se infere que a adoção se constitui bilateralmente, tendo uma "base contratual", apresentando-se, como diz Orlando Gomes, como um "contrato de direito familiar".

Isto é assim porque, como logo mais veremos, a adoção produz efeitos de ordem pessoal e patrimonial, criando direitos e obrigações recíprocos; daí exigir a lei a anuência do adotado ou de quem o representa, uma vez que ninguém pode passar a ser filho de outrem sem o querer. E, além disso, apenas será admitida a adoção que, fundada em motivos legítimos, constituir efetivo benefício para o adotando por apresentar-lhe reais vantagens (Lei n. 8.069/90, art. 43; *BAASP*, *2966*:9), visto que não há previsão legal de adoção *intuitu personae* (*BAASP*, *2721*:65405), que possibilita a eleição de adotantes pelos pais biológicos (Enunciado programático n. 13 do IBDFAM), pois o juiz é quem terá o poder-dever de optar pela família substitutiva adequada e não os pais da criança a ser adotada, e muito menos os adotantes. O Poder Judiciário é que analisará a conveniência ou não, para o adotando, e os motivos em que se funda a pretensão dos adotantes, ouvindo, sempre que possível, o adotando, levando em conta o parecer do Ministério Público. O juiz deverá agir com prudência objetiva, verificando se os adotantes têm condições morais e econômicas de proporcionar um pleno e saudável desenvolvimento físico e mental ao adotando. Tutela-se o superior interesse do adotado, proporcionando-lhe uma melhor qualidade de vida, fundada no afeto e na convivência familiar.

Pelo art. 50, §§ 1º a 15 (com a redação da Lei n. 13.509/2017), do ECA, a autoridade judiciária manterá, em cada comarca ou foro regional, um registro de crianças e adolescentes em condições de serem adotados e outro de pessoas interessadas na adoção. O deferimento da inscrição dar-se-á após prévia consulta aos órgãos técnicos do Juizado, ouvido o Ministério Público. Não será deferida a inscrição se o interessado não satisfizer os requisitos legais, ou verificada qualquer das hipóteses previstas no art. 29.

A inscrição de postulantes à adoção será precedida de um período de preparação psicossocial e jurídica, orientado pela equipe técnica da Justiça da Infância e da Juventude, preferencialmente com apoio dos técnicos responsáveis pela execução da política municipal de garantia do direito à convivência familiar.

Sempre que possível e recomendável, tal preparação incluirá o contato com crianças e adolescentes em acolhimento familiar ou institucional em condições de serem adotados, a ser realizado sob a orientação, supervisão e avaliação da equipe técnica da Justiça da Infância e da Juventude, com apoio dos técnicos responsáveis pelo programa de acolhimento e pela execução da política municipal de garantia do direito à convivência familiar. Já se decidiu que, "demonstrado, para fins de deferimento da guarda provisória em ação de adoção, que os adotandos já se encontram no seio da família dos adotantes, resultando na consolidação dos laços afetivos, além do que possuem nada menos do que cinco outros filhos igualmente adotados, evidenciada está a farta experiência acerca da adoção, mostrando-se despicienda a preparação psicossocial e jurídica a que alude o Estatuto da Criança e do Adolescente" (*Bol. AASP, 2783*:12).

Serão criados e implementados cadastros estaduais e nacional de crianças e adolescentes em condições de serem adotados e de pessoas ou casais habilitados à adoção. "Por ordem da Corregedoria-Geral da Justiça, a Secretaria da 1ª Instância publicou, em 29 de março, o comunicado SPI n. 24/2012, no qual recomenda aos magistrados que atuam nas Varas da Infância e Juventude do Estado de São Paulo que providenciem constantes atualizações dos cadastros CNA (Cadastro Nacional de Adoção), assim como atentem para a obrigatoriedade da geração das guias de acolhimento e de desligamento no CNCA (Cadastro Nacional de Crianças Acolhidas), de acordo com as Resoluções CNJ n. 54/2008 e n. 93/2009 e a Instrução Normativa CNJ n. 3/2009. Na Resolução n. 54/2008, que dispõe sobre a implantação e funcionamento do CNA, o art. 3º estabelece que as corregedorias dos Tribunais de Justiça funcionariam como administradoras do sistema e teriam acesso integral aos cadastrados, com a atribuição de cadastrar e liberar o acesso ao juiz competente de cada uma das comarcas, bem como zelar pela correta alimentação do sistema. Já a instrução, também mencionada no comunicado, institui a guia única de acolhimento, familiar ou institucional, de crianças e adolescentes, e a de desligamento, e fixa regras para o armazenamento permanente dos dados disponíveis em procedimentos de destituição ou suspensão do poder familiar" (*Bol. AASP, 2.781*:6).

Os arts. 1º (§§ 1º e 2º), 2º, 4º, 5º e 6º da Resolução CNJ n. 54, de 29-4-2008, alterados pela Resolução CNJ n. 190/2014, dispõem que:

O Conselho Nacional de Justiça implantará o Cadastro Nacional de Adoção, que tem por finalidade consolidar dados de todas as comarcas das unidades da Federação referentes a crianças e adolescentes disponíveis para adoção, após o trânsito em julgado dos respectivos processos, assim como dos pretendentes à adoção domiciliados no Brasil e no exterior devidamente habilitados, havendo registro em subcadastro distinto para os interessados domiciliados no exterior inserido no sistema do CNA. A consulta e convocação de interessados/pretendentes inscritos no subcadastro somente poderá ocorrer após malogradas as tentativas de inserção em família substituta nacional para candidatos representados por entidades credenciadas no Brasil para tal fim, ou quando a solicitação for formulada diretamente pela autoridade consular do país de acolhida. A inserção dos interessados/pretendentes domiciliados no exterior no Cadastro Nacional de Adoção compete às CEJAS/CEJAIS dos Tribunais de Justiça (art. 1º, §§ 1º e 2º). O Cadastro Nacional de Adoção e o Cadastro Nacional de Crianças e Adolescentes Acolhidos ficarão sob os auspícios do Conselho Nacional de Justiça, assegurado o acesso aos dados neles contidos exclusivamente aos órgãos autorizados, neles incluídos as Comissões Estaduais Judiciárias de Adoção (CEJAS/CEJAIS) e as Coordenadorias da Infância e Juventude dos Tribunais de Justiça dos Estados e do Distrito Federal e dos Territórios. Fica assegurado à Autoridade Central Administrativa Federal (ACAF) o fornecimento dos dados integrais referentes ao cadastro dos pretendentes à adoção domiciliados no exterior, bem como aos relatórios estatísticos referentes aos demais dados constantes no cadastro (art. 2º e parágrafo único). As Corregedorias Gerais da Justiça e os juízes responsáveis pela alimentação diária do sistema encaminharão os dados por meio eletrônico ao Cadastro Nacional de Adoção e ao Cadastro Nacional de Crianças e Adolescentes Acolhidos (art. 4º). O Conselho Nacional de Justiça prestará o apoio técnico necessário aos Tribunais de Justiça dos Estados e do Distrito Federal para alimentar os dados no Cadastro Nacional de Adoção e no Cadastro Nacional de Crianças e Adolescentes Acolhidos. O Cadastro Nacional de Adoção será adaptado para absorver, em um único banco de dados, os cadastros estaduais e das comarcas de que trata o Estatuto da Criança e do Adolescente, quando então serão vedados a existência e o preenchimento de quaisquer cadastros paralelos (art. 5º e parágrafo único). O Conselho Nacional de Justiça, as Comissões Estaduais Judiciárias de Adoção (CEJAS/CEJAIS), as Coordenadorias da Infância e Juventude e as Corregedorias Gerais dos Tribunais de Justiça devem promover e estimular campanhas incentivando a reintegração à família de origem ou inclusão em família extensa, bem como adoção de crianças e adolescentes em acolhimento familiar ou institucional, sem perspectivas de reinserção na família natural (art. 6º).

Haverá cadastros distintos para pessoas ou casais residentes fora do País, que somente serão consultados na inexistência de postulantes nacionais habilitados nos cadastros acima mencionados.

As autoridades estaduais e federais em matéria de adoção terão acesso integral aos cadastros, incumbindo-lhes a troca de informações e a cooperação mútua, para a melhoria do sistema.

A autoridade judiciária providenciará, no prazo de 48 (quarenta e oito) horas, a inscrição das crianças e adolescentes em condições de serem adotados que não tiveram colocação familiar na comarca de origem, e das pessoas ou casais que tiveram deferida sua habilitação à adoção nos cadastros estadual e nacional acima referidos, sob a pena de responsabilidade.

Compete à Autoridade Central Estadual zelar pela manutenção e correta alimentação dos cadastros, com posterior comunicação à Autoridade Central Federal Brasileira.

A adoção internacional somente será deferida se, após consulta ao cadastro de pessoas ou casais habilitados à adoção, mantido pela Justiça da Infância e da Juventude na comarca, bem como aos cadastros estadual e nacional, não for encontrado interessado com residência permanente no Brasil.

Enquanto não localizada pessoa ou casal interessado em sua adoção, a criança ou o adolescente, sempre que possível e recomendável, será colocado sob a guarda de família cadastrada em programa de acolhimento familiar.

A alimentação do cadastro e a convocação criteriosa dos postulantes à adoção serão fiscalizadas pelo Ministério Público.

Somente poderá ser deferida adoção, convém repetir, em favor de candidato domiciliado no Brasil não cadastrado quando:

a) se tratar de pedido de adoção unilateral;

b) for formulada por parente com o qual a criança ou adolescente mantenha vínculos de afinidade e afetividade;

c) oriundo o pedido de quem detém a tutela ou guarda legal de criança maior de 3 (três) anos ou adolescente, desde que o lapso de tempo de convivência comprove a fixação de laços de afinidade e afetividade, e não seja constatada a ocorrência de má-fé ou qualquer das situações previstas nos arts. 237 ou 238 desta Lei.

Nessas hipóteses, o candidato deverá comprovar, no curso do procedimento, que preenche os requisitos necessários à adoção. Urge lembrar, ainda, que "as pessoas e casais já inscritos nos cadastros de adoção ficam obrigados a frequentar, no prazo máximo de 1 (um) ano, contado da entrada em vigor da Lei n. 12.010/2009, a preparação psicossocial e jurídica a que se referem os §§ 3º e 4º do art. 50 da Lei n. 8.069, de 13 de julho de 1990, acrescidos pelo art. 2º desta Lei, sob pena de cassação de sua inscrição no cadastro" (art. 6º da Lei n. 12.010/2009).

Se a autoridade competente não efetuar a instalação e operacionalização dos referidos cadastros, poderá sofrer pena de multa de R$ 1.000,00 a R$ 3.000,00. E na mesma pena incorrerá quem não efetuar o cadastramento de crianças e adolescentes em condições de serem adotados, de pessoas ou casais habilitados à adoção e de crianças e adolescentes em regime de acolhimento institucional ou familiar (ECA, art. 258-A e parágrafo único)[127].

4. *Intervenção judicial na sua criação*, pois somente se aperfeiçoa perante juiz, em processo judicial, que deverá ser concluído dentro do prazo de 120 dias, prorrogável uma única vez por igual período, com a intervenção do Ministério Público, inclusive em caso de adoção de maiores de 18 anos (Lei n. 8.069/90, art. 47, § 10 com a redação da Lei n. 13.509/2017), sendo que pelo § 9º do art. 47 da Lei n. 8.069/90, acrescentado pela Lei n. 12.955/2014,

---

127. Direito civil. Adoção. Cadastro de adotantes. Ordem de preferência. Observância. Exceção. Melhor interesse do menor. A observância, em processo de adoção, da ordem de preferência do cadastro de adotantes deverá ser excepcionada em prol do casal que, embora habilitado em data posterior a de outros adotantes, tenha exercido a guarda da criança pela maior parte da sua existência, ainda que a referida guarda tenha sido interrompida e posteriormente retomada pelo mesmo casal. O cadastro de adotantes preconizado pelo ECA visa à observância do interesse do menor, concedendo vantagens ao procedimento legal da adoção, uma comissão técnica multidisciplinar avalia previamente os pretensos adotantes, o que minimiza consideravelmente a possibilidade de eventual tráfico de crianças ou mesmo a adoção por intermédio de influências escusas, bem como propicia a igualdade de condições àqueles que pretendem adotar. Entretanto, sabe-se que não é absoluta a observância da ordem de preferência das pessoas cronologicamente cadastradas para adotar determinada criança. A regra legal deve ser excepcionada em prol do princípio do melhor interesse da criança, base de todo o sistema de proteção ao menor, evidente, por exemplo, diante da existência de vínculo afetivo entre a criança e o pretendente à adoção. Além disso, recorde-se que o art. 197-E, § 1º, do ECA, afirma expressamente que a ordem cronológica das habilitações somente poderá deixar de ser observada pela autoridade judiciária nas hipóteses previstas no § 13 do art. 50 daquela lei, quando comprovado ser essa a melhor solução no interesse do adotando. Precedentes citados: REsp 1.172.067-MG, *DJe*, 14-4-2010, e REsp 837.324-RS, *DJ*, 31-10-2007 (STJ, REsp 1.347.228-SC, rel. Min. Sidnei Beneti, j. 6-11-2012). Bol. *AASP, 2.893*:10: "Apelação cível. Direito de Família. Inscrição no cadastro de pretendentes à adoção. Laudo psicológico desfavorável. Sentença de improcedência. Insurgência dos pretendentes à adoção alegando cerceamento de defesa e omissão no laudo. Parecer ministerial pela procedência do recurso. Descumprimento do Estatuto da Criança e do Adolescente no tocante à realização de estudo multidisciplinar. Sentença cassada. Recurso conhecido e provido" (TJSC — 5ª Câmara, Apelação Cível 2013.048312-5 — São José-SC, rel. Des. Jairo Fernandes Gonçalves, j. 17-10-2013, v.u.).

O Projeto de Lei n. 5.547/2013, da deputada Flávia Morais (PDT-GO), que tramita na Câmara dos Deputados, obriga juízes a consultar os cadastros estaduais e nacional de crianças e pais em processos de adoção. O projeto também obriga o Judiciário a inscrever todas as crianças e os adolescentes disponíveis para adoção nos cadastros, independentemente de colocação na comarca local.

O Estatuto da Criança e do Adolescente (ECA — Lei n. 8.069/90) já prevê a inscrição de crianças e pais nos cadastros estaduais e nacional, mas não obriga o Judiciário a consultar o sistema antes do processo de adoção.

há prioridade de tramitação aos processos de adoção em que o adotando for criança ou adolescente com deficiência ou com doença crônica.

A adoção de maior de 18 anos dependerá de assistência efetiva do Poder Público e de sentença constitutiva, logo não dispensa a efetiva assistência do Poder Público, nem processo judicial; o magistrado da Vara de Família deverá examinar se foram, ou não, cumpridos os requisitos legais e averiguar se a adoção é conveniente para o adotado, aplicando-se, no que couber, as normas da Lei n. 8.069/90 (CC, art. 1.619, com redação da Lei n. 12.010/2009).

A competência para julgar pedidos de adoção de menores de 18 anos será da Justiça da Infância e da Juventude e será deferida na forma prevista pela Lei n. 8.069/90 (CC, art. 1.618, com a redação da Lei n. 12.010/2009). O procedimento para tanto será o indicado na Lei n. 8.069/90. Exigem-se além dos requisitos específicos para a concessão desse pedido: *a*) qualificação do requerente e de seu cônjuge ou companheiro, com expressa anuência deste; *b*) indicação de eventual parentesco do requerente e de seu cônjuge, ou companheiro, com a criança ou adolescente, especificando se há ou não algum parente vivo; *c*) qualificação completa do adotando e de seus pais, se conhecidos; *d*) indicação do cartório onde se deu a inscrição do nascimento do adotando, anexando, se for possível, uma cópia de sua certidão de nascimento; e *e*) declaração sobre a existência de bens, direitos ou rendimentos pertencentes ao adotando (Lei n. 8.069/90, art. 165, I a V e parágrafo único). Se os genitores do adotando já faleceram, ou foram destituídos ou suspensos do poder familiar, ou se aderiram expressamente ao pedido de colocação em família substituta, este poderá ser feito diretamente em cartório, em petição assinada pelos requerentes, dispensada a assistência de advogado (art. 166), vedando-se adoção por procuração (art. 39, § 2º). A autoridade judiciária, de ofício ou a requerimento das partes ou do Ministério Público, deverá determinar a realização de estudo social ou perícia por equipe interprofissional (art. 50, § 1º), decidindo sobre o estágio de convivência (art. 167), quando for o caso. Feito o relatório social ou laudo pericial, ouvindo-se, se possível, o adotando, dar-se-á vista dos autos ao Ministério Público, pelo prazo de 5 dias, e a autoridade judiciária, então, deverá decidir em igual prazo (Lei n. 8.069/90, art. 168; *RT, 610*:53). É preciso não olvidar, como vimos, que o órgão judicante deverá manter, em cada comarca, um cadastro de crianças e adolescentes em condições de serem adotados e outro de pessoas interessadas na adoção (art. 50), levando em conta na apreciação do pedido o grau de parentesco e a relação de afetividade ou afinidade, para evitar gravames ou minorar as consequências decorrentes da medida (art. 28, § 3º). Assim sendo, não permitirá a adoção àquele que não satisfizer os requisitos legais nem oferecer ambiente familiar adequado (arts. 29 e 50, § 2º), e sempre deferirá a adoção quando se apresentarem reais vantagens para o adotando (art. 43), fundando-se em motivos legítimos (p. ex. plena integração em família substituta, recebendo afeto, cuidado, proteção, atenção – *BAASP, 2966*:9), acatando ao princípio da máxima proteção à criança e ao adolescente e ao do respeito à dignidade humana. A adoção poderá ser deferida ao adotante que, após inequívoca manifestação de vontade, vier a falecer na pendência do procedimento, antes que a sentença judicial seja prolatada (art. 42, § 6º), hipótese em que a sentença constitutiva do vínculo da adoção retroagirá à data do óbito (art. 47, § 7º, 2ª parte). Essa adoção *post mortem* só é possível porque o adotante já havia manifestado sua vontade de adotar ainda em vida. Será necessária para que não seja concedida uma prova cabal de que o adotante, já falecido, não mais pretendia adotar.

Se assim é, os postulantes à adoção, domiciliados no Brasil, deverão apresentar petição inicial na qual conste: qualificação completa; dados familiares; cópias autenticadas de certidão de nascimento ou casamento, ou declaração relativa ao período de união estável; cópias da cédula de identidade e inscrição no Cadastro de Pessoas Físicas; comprovante de renda e domicílio; atestados de sanidade física e mental; certidão de antecedentes criminais; certidão negativa de distribuição cível (art. 197-A).

A autoridade judiciária, no prazo de 48 (quarenta e oito) horas, dará vista dos autos ao Ministério Público, que no prazo de 5 (cinco) dias poderá: apresentar quesitos a serem respondidos pela equipe interprofissional encarregada de elaborar o estudo técnico a que se refere o art. 197-C; requerer a designação de audiência para oitiva dos postulantes em juízo e testemunhas; solicitar a juntada de documentos complementares e a realização de outras diligências que entender necessárias (art. 197-B).

Intervirá no feito, obrigatoriamente, equipe interprofissional a serviço da Justiça da Infância e da Juventude, que deverá elaborar estudo psicossocial, que conterá subsídios que permitam aferir a capacidade e o preparo dos postulantes para o exercício de uma paternidade ou maternidade responsável, à luz dos requisitos e princípios do Estatuto da Criança e do Adolescente.

É obrigatória a participação dos postulantes em programa oferecido pela Justiça da Infância e da Juventude preferencialmente com apoio dos técnicos responsáveis pela execução da política municipal de garantia do direito à convivência familiar e dos grupos de apoio à adoção devidamente habilitados perante a Justiça da Infância e da Juventude, que inclua preparação psicológica, orientação e estímulo à adoção inter-racial, de crianças maiores ou de adolescentes, com doenças crônicas, necessidades especiais de saúde ou com deficiências e de grupos de irmãos (art. 197-C, § 1º, com a redação da Lei n. 13.509/2017). Sempre que possível e recomendável, tal etapa obrigatória da preparação incluirá o contato com crianças e adolescentes em regime de acolhimento familiar ou institucional em condições de serem adotados, a ser realizado sob a orientação, supervisão e avaliação da equipe técnica da Justiça da Infância e da Juventude e dos grupos de apoio à adoção, com o apoio dos técnicos responsáveis pelo programa de acolhimento familiar ou institucional e pela execução da política municipal de garantia do direito à convivência familiar (art. 197-C, § 2º – com a redação da Lei n. 13.509/2017). Sendo recomendável que as crianças e adolescentes acolhidos institucionalmente ou por família acolhedora sejam preparados por equipe interprofissional antes da inclusão em família adotiva (art. 197-C, § 3º, com alteração pela Lei n. 13.509/2017).

Certificada nos autos a conclusão da participação no programa, a autoridade judiciária, no prazo de 48 (quarenta e oito) horas, decidirá acerca das diligências requeridas pelo Ministério Público e determinará a juntada do estudo psicossocial, designando, conforme o caso, audiência de instrução e julgamento. Caso não sejam requeridas diligências, ou sendo essas indeferidas, a autoridade judiciária determinará a juntada do estudo psicossocial, abrindo a seguir vista dos autos ao Ministério Público por 5 (cinco) dias, decidindo em igual prazo (art. 197-D).

Deferida a habilitação, o postulante será inscrito nos cadastros referidos no art. 50, sendo a sua convocação para a adoção feita de acordo com ordem cronológica de habilitação e conforme a disponibilidade de crianças ou adolescentes adotáveis. A ordem cronológica das habilitações somente poderá deixar de ser observada pela autoridade judiciária nas hipóteses previstas no § 13 do art. 50, quando comprovado ser essa a melhor solução no interesse do adotando. A recusa sistemática na adoção das crianças ou adolescentes indicados importará na reavaliação da habilitação concedida. A habilitação à adoção deverá ser renovada no mínimo trienalmente mediante avaliação por equipe interprofissional. Se o adotante vier a candidatar-se a uma nova adoção, dispensar-se-á tal renovação, bastando a avaliação por equipe interprofissional. Havendo três recusas do habilitado injustificadas à adoção de crianças ou adolescentes indicados dentro do perfil escolhido, necessária será a reavaliação da habilitação concedida. Se o pretendente desistir da guarda para fins de adoção ou devolver a criança ou adolescente após o trânsito em julgado da sentença de adoção, será excluído do cadastro de adoção e haverá proibição da renovação da habilitação, salvo decisão judicial fundamentada (art. 197-E, §§ 1º a 5º, com alteração da Lei n. 13.509/2017). Pelo art. 197-F (com a redação da Lei n. 13.509/2017), o prazo máximo para a conclusão da habilitação à adoção será de 120 dias, prorrogável por igual período, mediante decisão judicial fundamentada.

"Nos procedimentos afetos à Justiça da Infância e da Juventude, inclusive os relativos à execução das medidas socioeducativas, adotar-se-á o sistema recursal da Lei n. 5.869, de 11 de janeiro de 1973 (Código de Processo Civil), com as seguintes adaptações: os recursos serão interpostos independentemente de preparo, em todos os recursos, salvo nos embargos de declaração, o prazo para o Ministério Público e para a defesa será sempre de 10 (dez) dias, os recursos terão preferência de julgamento e dispensarão revisor, antes de determinar a remessa dos autos à superior instância, no caso de apelação, ou do instrumento, no caso de agravo, a autoridade judiciária proferirá despacho fundamentado, mantendo ou reformando a decisão, no prazo de cinco dias, e mantida a decisão apelada ou agravada, o escrivão remeterá os autos ou o instrumento à superior instância dentro de vinte e quatro horas, independentemente de novo pedido do recorrente; se a reformar, a remessa dos autos dependerá de pedido expresso da parte interessada ou do Ministério Público, no prazo de cinco dias, contados da intimação" (art. 198).

"Contra as decisões proferidas com base no art. 149 caberá recurso de apelação" (art. 199).

"A sentença que deferir a adoção produz efeito desde logo, embora sujeita a apelação, que será recebida exclusivamente no efeito devolutivo, salvo se se tratar de adoção internacional ou se houver perigo de dano irreparável ou de difícil reparação ao adotando" (art. 199-A).

"Os recursos nos procedimentos de adoção e de destituição de poder familiar, em face da relevância das questões, serão processados com prioridade absoluta, devendo ser imediatamente distribuídos, ficando vedado que aguardem, em qualquer situação, oportuna distribuição, e serão colocados em mesa para julgamento sem revisão e com parecer urgente do Ministério Público" (art. 199-C).

"O relator deverá colocar o processo em mesa para julgamento no prazo máximo de 60 (sessenta) dias, contado da sua conclusão. O Ministério Público será intimado da data do julgamento e poderá na sessão, se entender necessário, apresentar oralmente seu parecer" (art. 199-D e parágrafo único).

"O Ministério Público poderá requerer a instauração de procedimento para apuração de responsabilidade se constatar o descumprimento das providências e do prazo previsto nos artigos anteriores" (art. 199-E).

A sentença judicial concessiva da adoção terá efeito constitutivo e deverá ser inscrita no registro civil, mediante mandado do qual não se fornecerá certidão (art. 47). A inscrição consignará o nome dos adotantes como pais, bem como o nome de seus ascendentes (art. 47, § 1º), com o intuito de fazer crer, a todos, que o parentesco entre adotantes e adotado é consanguíneo. O mandado judicial, que será arquivado, cancelará o registro original do adotado (art. 47, § 2º). A pedido do adotante, o novo registro poderá ser lavrado no Cartório do Registro Civil do Município de sua residência (art. 47, § 3º). Nas certidões do registro não poderá constar nenhuma observação sobre a origem do ato (art. 47, § 4º). A sentença conferirá ao adotado o nome do adotante e, a pedido de qualquer deles, poderá determinar a modificação do prenome (art. 47, § 5º; *RT, 590*:70).

A adoção produzirá seus efeitos a partir do trânsito em julgado da sentença constitutiva, salvo no caso do § 6º do art. 42, hipótese em que terá força retroativa à data do óbito (art. 47, § 7º). Deveras, pelo Enunciado n. 273 do CJF (aprovado na IV Jornada de Direito Civil): "Tanto na adoção bilateral quanto na unilateral, quando não se preserva o vínculo com qualquer dos genitores originários, deverá ser averbado o cancelamento do registro originário de nascimento do adotado, lavrando-se novo registro. Sendo unilateral a adoção, e sempre que se preserve o vínculo originário com um dos genitores, deverá ser averbada a substituição do nome do pai ou da mãe natural pelo nome do pai ou da mãe adotivos". Mas a adoção só se consuma com o assento da sentença constitutiva, que se perfaz com a sua averbação à margem do registro de nascimento do adotado (Lei n. 6.015/73, arts. 29, § 1º, *e*, e 105), efetuada à vista de petição acompanhada da decisão judicial.

"O processo relativo à adoção assim como outros a ele relacionados serão mantidos em arquivo, admitindo-se seu armazenamento em microfilme ou por outros meios, garantida a sua conservação para consulta a qualquer tempo" (art. 47, § 8º, do ECA).

"O prazo máximo para a conclusão da ação de adoção será de 120 dias, prorrogável uma única vez por igual período, mediante decisão fundamentada da autoridade judiciária" (art. 47, § 10, com redação da Lei n. 13.509/2017).

Por força do art. 47 da Lei n. 8.069/90 e do Enunciado do Conselho de Justiça Federal n. 272 (aprovado na IV Jornada de Direito Civil): "Não é admitida em nosso ordenamento jurídico a adoção por ato extrajudicial, sendo indispensável a atuação jurisdicional, inclusive para a adoção de maiores de dezoito anos"[128].

---

128. Consulte: Antonio B. de Figueiredo, Local do novo registro do adotado, *Revista Síntese — Direito de Família, 73*:28-33. O PL n. 699/2011, por sua vez, visa alterar

5. *Irrevogabilidade* (ECA, art. 39, § 1º, 1ª parte; *JTJ*, *157*:31, *136*:51), mesmo que os adotantes venham a ter filhos, aos quais o adotado está equiparado, tendo os mesmos deveres e direitos, inclusive sucessórios, proibindo-se quaisquer designações discriminatórias, relativas à filiação. A adoção é irreversível, entrando o adotado definitivamente para a família do adotante; por isso só se deve recorrer a essa medida excepcional apenas quando esgotados os recursos de manutenção da criança ou adolescente na família natural ou

---

o art. 1.623, que passará a ter a seguinte redação, se aprovado for: "A adoção da criança e do adolescente obedecerá a processo judicial, observados os requisitos estabelecidos neste Código.

§ 1º A autoridade judiciária manterá, em cada comarca ou foro regional, registro de menores em condições de serem adotados e outro de pessoas interessadas na adoção.

§ 2º O deferimento da inscrição dar-se-á após prévia consulta aos órgãos técnicos competentes, ouvido o representante do Ministério Público, com o acatamento dos requisitos legais.

§ 3º A adoção dos maiores de dezoito anos rege-se, no que for aplicável, pelo disposto neste capítulo e far-se-á por escritura pública, cuja eficácia depende do seu registro no Registro Civil, depois de homologada pelo Ministério Público, observando-se, ainda, o seguinte:

I — se o adotante for casado ou viver em união estável, será necessário o assentimento do respectivo cônjuge ou companheiro;

II — se o adotante tiver filhos, também estes deverão assentir, e, se forem menores, serão representados por curador especial;

III — o assentimento previsto nos incisos anteriores poderá ser suprido judicialmente, se comprovado que a adoção não contraria os interesses legítimos do cônjuge, companheiro ou da família. Os interesses exclusivamente patrimoniais não devem ser concludentes para que não seja suprido o assentimento".

Acatou o Projeto opinião de Zeno Veloso de que: "não há razão ou motivo para que a adoção de pessoa maior e capaz só se possa fazer judicialmente. Nem que o Judiciário estivesse sem muito trabalho, e em dia com a prestação jurisdicional, a exigência seria razoável. Na forma proposta, há participação do notário (delegado do Poder Público) e a necessidade de homologação pelo Ministério Público (defensor da ordem jurídica). É suficiente! No mais, a proposta deixa claro que a adoção de maiores fica submetida, no que for cabível, às regras da adoção das crianças e dos adolescentes". Acolhendo a sugestão de Zeno, a norma projetada propõe, ainda, "deixar explícita a distinção entre a adoção de criança e adolescente e a adoção de adultos. Para esta, devem ser estabelecidos alguns requisitos especiais, como o assentimento do cônjuge ou companheiro e dos descendentes, evitando que a adoção contrarie os justos interesses da família. A proposta tem inspiração e paralelo no direito comparado (Código Civil alemão — BGB, arts. 1.745, 1.767 e 1.769, Código Civil português, arts. 1.974, 1.981, I, "b", e 1.984, Código Civil espanhol, art. 177, § 1º, e Código Civil argentino, art. 314, com a redação dada pela Lei n. 24.779, de 1997)". Tal proposta perdeu sentido com a revogação do art. 1.623 pela Lei n. 12.010/2009 e com as alterações feitas por esta mesma norma na Lei n. 8.069/90.

extensa (art. 39, § 1º, 2ª parte, da Lei n. 8.069/90). A morte do adotante não restabelecerá o poder familiar dos pais naturais (ECA, art. 49)[129].

6. *Estágio de convivência com adotando* (criança e adolescente) pelo prazo máximo de 90 dias, prorrogável por igual período mediante decisão judicial fundamentada, observadas as peculiaridades do caso (art. 46 e § 2º-A, com a redação da Lei n. 13.509/2017). Mas, pelos §§ 1º e 2º do art. 46, o estágio de convivência poderá ser dispensado se o adotando já estiver sob a tutela ou guarda legal do adotante durante tempo suficiente para que seja possível avaliar a conveniência da constituição do vínculo. Nem mesmo a simples guarda de fato não autoriza, por si só, a dispensa da realização do estágio de convivência. E, em caso de adoção por pessoa ou casal residente ou domiciliado fora do País, o estágio de convivência, cumprido no território nacional, será de, no mínimo, 30 (trinta) dias e no máximo 45 dias, prorrogável por igual peíodo, uma única vez, mediante decisão de juiz devidamente fundamentada. Após o final desse prazo deverá ser apresentado laudo fundamentado pela equipe interprofissional a serviço da Justiça da Infância e da Juventude, recomendando ou não o deferimento judicial da adoção (art. 46, § 3º e § 3º-A, com alteração da Lei n. 13.509/2017).

É preciso lembrar que o estágio de convivência deverá ser acompanhado pela equipe interprofissional a serviço da Justiça da Infância e da Juventude, preferencialmente com o apoio dos técnicos responsáveis pela execução da política de garantia do direito à convivência familiar, que apresentarão relatório minucioso acerca da conveniência do deferimento da medida (art. 46, § 4º).

Será preciso, ainda, para a adoção, *estágio de convivência* entre ex-companheiros divorciados ou separados (adotantes) e adotando, que se tenha iniciado na constância do período da convivência, comprovando-se a existência de vínculos de afinidade e afetividade com aquele não detentor da guarda, que justifiquem a excepcionalidade da concessão (ECA, art. 42, § 4º)[130].

---

129. *Bol. AASP*, *2.843*:17: "Família. Desejo da mãe de entregar recém-nascido para adoção. Confirmação. Acolhimento da criança pelo pai. Arrependimento posterior da genitora. Não cabimento. Sentença mantida para preservar o ambiente familiar conquistado pelo infante".

130. Mas ao art. 1.625 visava acrescentar o Projeto de Lei n. 699/2011 o seguinte: "Parágrafo único. A adoção será precedida de estágio de convivência com o adotando, pelo prazo que o juiz fixar, observadas as peculiaridades do caso, podendo ser dispensado somente se o menor tiver menos do que um ano de idade ou se, independentemente de sua idade, já estiver na companhia do adotante durante tempo suficiente para a avaliação dos benefícios da constituição do vínculo".

Alessandra C. Furlan e Daniela B. Paiano (op. cit., p. 106-7) lembram que: são objetivos da novel Lei n. 12.010/2009, que altera o instituto da adoção: prevenção de

7. *Acordo sobre guarda e regime de visitas* feito entre ex-companheiros, divorciados e separados (judicial ou extrajudicialmente) que pretendem adotar, conjuntamente, pessoa que com eles conviveu na vigência do casamento ou da união estável (art. 42, § 4º do ECA).

8. *Prestação de contas da administração e pagamento dos débitos* por parte de tutor e curador que pretenda adotar pupilo ou curatelado (Lei n. 8.069/90, art. 44).

9. *Comprovação da estabilidade familiar* se a adoção se der por cônjuges ou conviventes (art. 42, § 2º, da Lei n. 8.069/90).

C. Efeitos pessoais e patrimoniais

A adoção acarreta consequências jurídicas de ordem pessoal e patrimonial.

Os efeitos pessoais[131] decorrentes da adoção são:

---

afastamento de convivência familiar e comunitária; desburocratização do processo de adoção; fixação de prazo máximo de 2 anos de permanência do menor em instituições, salvo casos de necessidade comprovada; colocação em família substitutiva apenas excepcionalmente, ante a impossibilidade de permanência do menor na família natural. Mas, por outro lado, observam (op. cit., p. 115-18) que a habilitação do adotante passou a ser um processo burocrático, ante: o grande número de documentos exigidos (art. 197 do ECA); o período de preparação psicológico-jurídica para estimular, p. ex., a adoção inter-racial, a de adolescentes, a de portadores de necessidades especiais etc., sob pena de cassação da inscrição; recomendação de contato entre menor e possível adotante, sob supervisão de equipe técnica da Justiça da Infância e da Juventude, o que poderá gerar falsas expectativas etc.; observância, na convocação do adotante, de ordem cronológica de habilitação (ECA, art. 50), salvo se o pedido foi formulado: pelo cônjuge do ascendente do menor; por parente, movido por afetividade; por tutor ou guardião legal de criança maior de 3 anos ou adolescente, se comprovado o laço de afinidade. Interessante é o artigo de: Maiara P. da Silva e Milene Ana dos S. Pozzer, Responsabilidade civil pela devolução de crianças e adolescentes em estágio de convivência no processo de adoção. *Revista Síntese — Direito de família, 83*:9-43.

131. Antônio Chaves, Filiação adotiva, in *Enciclopédia Saraiva do Direito*, v. 37, p. 215, 217, 219-24, 233; Guillermo Alberto Saravia, *La adopción*, Buenos Aires, Depalma, 1943; W. Barros Monteiro, op. cit., p. 267; Walter Moraes, op. cit., p. 392-6; Léon Humblet, *Traité des noms*, ns. 158 e 159; Orlando Gomes, op. cit., p. 394; Silvio Rodrigues, op. cit., p. 336; Renata P. Mesquita, A possibilidade de o adotado conhecer sua origem biológica — inovação trazida pela Lei n. 12.010/2009, *Revista IOB de Direito de Família, 57*:49 a 57; Nidiane M. S. Andrade, Os direitos dos "filhos de criação", *Revista Jurídica De Jure, 17*:213-34. *Vide* CGJ, Provimento n. 10/93. "Sendo a adoção uma das formas extintivas do pátrio poder (hoje poder familiar), não poderá o pai da menor requerer a busca e apreensão da mesma que se encontra em poder dos avós adotantes, sendo por conseguinte o autor carecedor de ação. Somente após a anulação da

1) *Rompimento automático do vínculo de parentesco com a família de origem*, salvo os impedimentos matrimoniais (ECA, art. 41), de forma que os genitores não mais poderão exigir notícias da criança ou do adolescente, nem mesmo quando se tornar maior de idade. Os vínculos de filiação e parentesco anteriores cessam com a inscrição da adoção no Registro Civil. Nem mesmo, como já dissemos, a morte do adotante restabelecerá o poder familiar dos pais naturais. As relações sucessórias que prendiam o adotado aos pais de origem e as obrigações alimentícias decorrentes do parentesco natural não mais subsistirão (*RT*, *608*:97). Se um dos cônjuges ou companheiros adotar o filho do outro, manter-se-ão os vínculos de filiação entre o adotado e o consorte ou convivente do adotante e os respectivos parentes (ECA, art. 41, § 1º).

Para tornar mais perfeita a *imitatio familiae,* cortam-se os laços do adotado com a família de origem.

Pelo Enunciado n. 111 do Conselho de Justiça Federal (aprovado nas Jornadas de Direito Civil de 2002): "a adoção e a reprodução assistida heteróloga atribuem a condição de filho ao adotado e à criança resultante de técnica conceptiva heteróloga; porém, enquanto na adoção haverá o desli-

---

escritura pública de adoção terá o pai da menor legitimidade para agir. Se a menor sofre castigos imoderados, a medida aplicável à espécie é o sequestro pessoal, previsto no art. 888, V — sem similar no atual CPC —, do CPC" (TJSC, *Adcoas*, 1983, n. 90.804). Sobre a inclusão dos nomes dos avós adotivos: *RT*, *328*:187, *502*:58, *501*:58, *557*:93, *569*:76, *601*:72, *603*:72, *609*:64; TJSC, *Adcoas*, 1982, n. 82.225; em contrário, *RT*, *530*:105, *575*:132, *569*:77, *555*:105, *525*:66. "Na ausência de lei impeditiva, admite-se a averbação do nome da mãe biológica no assento de nascimento de pessoa adotada por homem solteiro, juntamente com o nome deste, assim como do casamento havido entre os aludidos mãe e adotante" (TJPR, *Adcoas*, 1982, n. 83.160). "O deferimento do pedido de adoção de menor, que com os adotantes conviveu por metade de sua vida, tendo-lhes sido entregue pela própria genitora, é medida de direito, se há perfeita integração à nova família. Não é justo com a menor retirá-la do lar no qual já estabeleceu seus laços familiares e afetivos, mormente quando a criança já se manifestou em favor da adoção e o ambiente do novo lar tem trazido comprovadas melhorias na educação, no convívio social e na autoestima da criança (TJMG, 1ª Câm. Cível. AC 1.0313.02.040304-1/001-Ipatinga-MG, rel. Des. Vanessa Verdolim Hudson Andrade, j. 9-9-2008, v.u., *Bol. AASP*, *2.631*:1691-11).

BAASP, *2989*:9. Apelação cível. Ação de adoção. Padrasto e enteados. Pedido, formulado pelo Ministério Público, de manutenção, na seara registral, do vínculo biológico. Multiparentalidade. Descabimento, no caso. Caso em que se mostra descabido o acolhimento da pretensão formulada pelo Ministério Público, na condição de *custos legis,* atinente à manutenção na seara registral do vínculo biológico, na figura da multiparentalidade, visto que os adotandos nem sequer manifestaram interesse a esse respeito, observando-se, ademais, que eles no meio social utilizam apenas o patronímico do adotante como forma de identificação e não mantêm qualquer convívio com a família biológica paterna (TJRS, 8ª Câmara Cível, Apelação Cível n. 70066532680-Torres-RS, rel. Des. Ricardo Moreira Lins Pastl, j. 12-11-2015, v.u.).

gamento dos vínculos entre o adotado e seus parentes consanguíneos, na reprodução assistida heteróloga sequer será estabelecido o vínculo de parentesco entre a criança e o doador do material fecundante".

2) *Estabelecimento de verdadeiros laços de parentesco civil* entre o adotado e o adotante, abrangendo a família do adotante, exceto para efeitos matrimoniais (ECA, art. 41) em que prevalecem os impedimentos previstos no art. 1.521, I, III e V, do Código Civil. Logo, não podem casar o adotado com parente consanguíneo (ante a necessidade biológica de preservação da integridade físico-psíquica da futura prole e a de evitar relação incestuosa, atentatória à moral e aos bons costumes); o adotante com o adotado; o adotante com o cônjuge do adotado e vice-versa; nem o adotado com o filho do pai ou mãe adotiva, a fim de se velar pela legitimidade das relações familiares e pela moral do lar. Será recíproco o direito sucessório entre o adotado, seus descendentes, o adotante, seus ascendentes, descendentes e colaterais até o 4º grau, observando-se a ordem de vocação hereditária (CC, art. 1.829). Cria-se, portanto, um parentesco legal com os adotantes e seus parentes, visto que o adotado entra, definitivamente, para a família daquele que o adotou e válida é a pretensão de, no registro civil, substituição dos nomes dos avós consanguíneos pelos avós adotivos (pais dos adotantes, *JTJ, Lex, 260*:36; *RT, 766*:372, *812*:319).

3) *Transferência definitiva e de pleno direito do poder familiar para o adotante,* se o adotado for menor (CC, arts. 1.630, 1.634 e 1.635, IV; *RT, 785*:211), com todos os direitos e deveres que lhe são inerentes: companhia, guarda, criação, educação, obediência, respeito, consentimento para casamento, nomeação de tutor, representação e assistência (CC, art. 1.690), administração e usufruto de bens (CC, art. 1.689) etc. Isto é assim porque o poder familiar é o núcleo da relação de filiação. O poder familiar mesmo com a morte, interdição ou ausência do adotante não se restaura em favor do pai natural (*RT, 141*:627, *464*:97; *RF, 96*:281), pois o adotado, sendo menor, ficará sob tutela. O poder familiar constitui finalidade primordial da adoção por ter ela intuito de beneficência, como zelar pelo desenvolvimento físico, pela educação moral e pelo cultivo intelectual do adotado, porém não tem natureza de elemento essencial do ato por ser admitida a adoção de maiores.

4) *Liberdade razoável em relação à formação do nome patronímico do adotado,* pois o art. 47, § 5º, da Lei n. 8.069/90 reza que "a sentença conferirá ao adotado o nome do adotante e, a pedido de qualquer deles, poderá determinar a modificação do prenome. O prenome do adotado poderá sofrer alteração, desde que solicitada, se isso contribui para o seu desenvolvimento, apagando um passado que não convém ser lembrado. Se a alteração do prenome for requerida pelo adotante, será obrigatória a oitiva do adotando

(ECA, art. 47, § 6º). O sobrenome do adotado, maior ou menor, será o mesmo do adotante. Tal sobrenome transmitir-se-á aos descendentes do adotado. Se a adoção tiver sido feita por mulher casada, seu nome pessoal, e não o do marido, é que será usado pelo adotado.

5) *Possibilidade de promoção da interdição e inabilitação* do pai ou mãe adotiva pelo adotado ou vice-versa (CPC, art. 747, II).

6) *Inclusão do adotante e do adotado entre os destinários da proibição de serem testemunhas e entre aqueles com relação aos quais o juiz tem impedimentos.*

7) *Determinação do domicílio do adotado menor de idade*, que adquire o do adotante (CC, arts. 76 e 1.569; LINDB, art. 7º, § 7º), pois se for maior, ou emancipado, terá domicílio próprio e independente se viver em lugar diverso do adotante.

8) *Possibilidade de o adotado propor ação de investigação de paternidade* para obter o reconhecimento de sua verdadeira filiação, pois, se o filho reconhecido tem o direito de impugnar o seu reconhecimento, por que haveria o adotado de renunciar esse poder de descobrir sua filiação consanguínea para fins de *identidade biológica ou genética*, para saber da saúde de seus pais, verificando se há, ou não, necessidade de prevenir moléstia física ou mental ou evitar impedimento matrimonial? A ação de investigação de paternidade ou maternidade biológica, para efetivação do direito de conhecer a ascendência genética, é imprescritível, por ser ação do estado, segue o mesmo rito da investigação de paternidade, e a recusa do suposto genitor a submeter-se ao exame de DNA gera presunção *juris tantum* de paternidade ou de maternidade. Deveras, "o adotado tem direito de conhecer sua origem biológica bem como de obter acesso irrestrito ao processo no qual a medida foi aplicada e seus eventuais incidentes, após completar 18 anos. O acesso ao processo de adoção poderá ser também deferido ao adotado menor de 18 anos, a seu pedido, assegurada orientação e assistência jurídica e psicológica" (art. 48 e parágrafo único do ECA). E esse acesso aos dados tornará desnecessária a medida judicial de ação de investigação de ascendência genética, como a denominam Luciano Alves Rossato e Paulo Eduardo Lépore. Entretanto, o adotado que descobrir sua filiação biológica não terá quaisquer direitos sucessório e alimentar, visto que o vínculo jurídico e socioafetivo que o liga ao adotante não se rompe com o conhecimento da origem genética.

9) *Colocação de grupos de irmãos sob adoção na mesma família substituta*, "ressalvada a comprovada existência de risco de abuso ou outra situação que justifique plenamente a excepcionalidade de solução diversa, procurando-se, em qualquer caso, evitar o rompimento definitivo dos vínculos fraternais" (art. 28, § 4º, da Lei n. 8.069/90).

10) *Respeito à identidade social e cultural aos costumes e tradições do adotando*, que seja criança ou adolescente indígena ou proveniente de comunidade remanescente de quilombo, procurando-se, obrigatória e prioritariamente, que a colocação familiar se dê no seio de sua comunidade ou junto a membros da mesma etnia (art. 28, § 6º, I e II, da Lei n. 8.069/90). E acrescenta o inciso III do art. 28, § 6º, que é obrigatória "a intervenção e oitiva de representantes do órgão federal responsável pela política indigenista, no caso de crianças e adolescentes indígenas, e de antropólogos, perante a equipe interprofissional ou multidisciplinar que irá acompanhar o caso".

Dentre os *efeitos jurídicos patrimoniais*[132] produzidos pela adoção temos:

1) *Direito do adotante de administração e usufruto dos bens do adotado menor* (CC, arts. 1.689, 1.691 e 1.693) para fazer frente às despesas com sua educação e manutenção, perdendo esse direito o pai, ou mãe, natural, por ter perdido o poder familiar.

2) *Obrigação do adotante de sustentar o adotado enquanto durar o poder familiar* (CC, art. 1.634).

3) *Dever do adotante de prestar alimentos ao adotado* (CC, arts. 1.694, 1.696 e 1.697), nos casos em que são devidos pelo pai ao filho maior; da mesma forma o filho adotivo tem obrigação de fornecer alimentos ao adotante, por ser seu parente, tendo também dever de prestá-los aos parentes do adotante, que também são seus. Isto é assim por ser o direito à prestação de ali-

---

132. Antônio Chaves, Adoção, in *Enciclopédia Saraiva do Direito*, v. 4, p. 370, 378 e 379; id. Filiação adotiva, cit., p. 231, 232, 239 e 242; Silvio Rodrigues, op. cit., p. 338-51; Orlando Gomes, op. cit., p. 394; W. Barros Monteiro, op. cit., p. 269-74; Walter Moraes, op. cit., p. 396; Caio M. S. Pereira, *Instituições*, cit., p. 260; *RT*, *555*:77; em contrário: *RT*, *608*:57; Pontes de Miranda, *Tratado de direito de família*, cit., v. 3, p. 188.

Sobre a adoção, *vide*, ainda, os ensinamentos de Marc Ancel, *L'adoption dans les législations modernes*, Paris, Sirey, 1958; Coll e Estivill, *La adopción y instituciones análogas*, Buenos Aires, Ed. Argentina, 1947; Bartolomeo Dusi, *Della filiazione e dell'adozione*, Napoli, Ed. Marghieri, 1924; Clóvis Beviláqua, Adoção de filho adulterino no direito brasileiro, *RT*, *33*:264; Altino Portugal, Adoção e a Lei n. 3.133/57, in *Enciclopédia Saraiva do Direito*, v. 4, p. 403 e s.; *RT*, *568*:160, *595*:117; *Ciência Jurídica*, *61*:105. Interessantes são as lições de: Artur Marques da Silva Filho, *O regime jurídico da adoção estatutária*, São Paulo, Revista dos Tribunais, 1997; Myriam V. de Souza, Adoção *intuitu personae* à luz do Estatuto da Criança e do Adolescente, in *Direito de família*, São Paulo, Revista dos Tribunais, 1996, p. 149-54; Sandra Maria Lisboa, *Adoção no Estatuto da Criança e do Adolescente — doutrina e jurisprudência*, Rio de Janeiro, Forense, 1996.

Consulte *Bol. AASP*, *1.937*:11; *RT*, *614*:46 e 188, *613*:44 e 210, *609*:45, *605*:29 e 34, *610*:58, *603*:53 e 54, *602*:108, *601*:51, *590*:69, *564*:107, *562*:106, *557*:91; *JB*, *147*:196 e 282; *Ciência Jurídica*, *61*:105, *62*:151, *64*:116, *69*:151.

mentos recíproco entre pais e filhos e pelo fato de o adotado estar ligado à família do adotante[133].

4) *Direito à indenização do filho adotivo por acidente de trabalho* do adotante, para fins de sub-rogação do seguro, em matéria de responsabilidade por fato ilícito.

5) *Responsabilidade civil do adotante pelos atos cometidos* pelo adotado, menor de idade (CC, arts. 932, I, 933 e 934).

6) *Direito sucessório do adotado*, visto que se equipara ao filho advindo de parentesco consanguíneo, herdando, em concorrência com o cônjuge sobrevivente ou convivente do falecido, na qualidade de descendente do autor da herança (CC, arts. 1.829, I, e 1.790, I e II), afastando da sucessão todos os demais herdeiros do adotante que não tenham a qualidade de filho (*RT*, *161*:180; *RF*, *119*:118). Pontes de Miranda entende que não se excluem da sucessão os descendentes do filho adotivo, premorto, por representação, porque não fazem mais do que representá-lo na herança do avô, pois o parentesco civil a eles também se estende.

7) *Reciprocidade nos efeitos sucessórios*, pois se o adotado falecer sem descendência, se lhe sobreviveu o adotante, a este caberá por inteiro a herança, faltando cônjuge ou convivente do *de cujus* (CC, arts. 1.829, II, e 1.790, III). Igualmente, há direito de sucessão entre o adotado e os parentes do adotante e vice-versa (CC, art. 1.829).

8) *Filho adotivo não está compreendido na exceção do Código Civil, art. 1.799, I*, que confere à prole eventual de pessoas designadas pelo testador, que estejam vivas ao abrir-se a sucessão, capacidade para adquirir por testamento. Ensina-nos Washington de Barros Monteiro que o "disponente não podia ter tido em vista tais pessoas quando fez o testamento; logo, seu desejo não pode ser substituído pela vontade arbitrária da pessoa designada. De outra forma, fácil seria a esta última burlar a disposição testamentária, bastando-lhe adotar filhos". A relação de adoção desviaria a herança, que seria assim deferida a pessoas inteiramente alheias ao testador. Por conseguinte, a prole eventual a que se refere o art. 1.799, I, do Código Civil, é apenas a descendência natural (*RT*, *114*:675, *179*:993; *RF*, *125*:473; *AJ*, *109*:457).

9) *Rompimento de testamento se sobrevier filho adotivo*, que é descendente sucessível ao testador, que não o tinha quando testou, se esse descendente sobreviver ao testador (CC, art. 1.973), pois o STF (*RF*, *154*:165) assim de-

---

133. Se pai biológico for descoberto após a adoção, deverá pagar alimentos a filho (STJ, 3ª T., rel. Nancy Andrighi, REsp 127.541).

cidiu: "Entre os descendentes sucessíveis para efeito de rompimento do testamento, inclui-se o filho adotivo, que é equiparado ao filho".

10) *Direito do adotado de recolher bens deixados pelo fiduciário*, em caso de fideicomisso, por ser herdeiro necessário (*RT*, *159*:295, *160*:764; *RTJ*, *1*:664; CC, arts. 1.951 a 1.960).

11) *Superveniência de filho adotivo pode revogar doações feitas pelo adotante*, pois conforme o Código Civil, arts. 1.846 e 1.789, assegura-se aos descendentes, entre eles o filho adotivo, a metade dos bens do ascendente; logo, o adotado pode fazer reduzir todas as doações feitas pelo *de cujus*, sem distinguir se posteriores ou anteriores ao ato de adoção.

Os efeitos pessoais e patrimoniais da adoção operam *ex nunc*, pois têm início com o trânsito em julgado da sentença, salvo se o adotante vier a falecer no curso do procedimento, caso em que terá força retroativa à data do óbito, produzindo efeito *ex tunc* (ECA, art. 42, § 6º) e, consequentemente, o adotado, na qualidade de filho, será considerado seu herdeiro. Com isso, permitida está a adoção *post mortem* ou póstuma, desde que à época do falecimento do adotante já houvesse procedimento da adoção em andamento, requerido por ele, ao manifestar sua vontade. Será necessário, para que tal adoção não seja concedida, prova cabal de que o adotante, já falecido, não mais pretendia adotar.

D. Inexistência, nulidade e anulabilidade

Apontam-se três casos de inexistência de adoção: *a*) falta de consentimento do adotado e do adotante; *b*) falta de objeto, p. ex., se o adotante estiver privado do exercício do poder familiar por incapacidade, ausência ou interdição civil; e *c*) falta de processo judicial com a intervenção do Ministério Público[134].

Poder-se-á tornar nula a adoção, judicialmente, desde que violadas as prescrições legais (CC, art. 166, V e VI); porém, por ser uma liberalidade, não se exige rigor absoluto do exame das suas formalidades.

Assim, *nula* será, p. ex., a adoção em que[135]:

---

134. Antônio Chaves, Adoção, cit., p. 380.

135. Antônio Chaves, Adoção, cit., p. 381; W. Barros Monteiro, op. cit., p. 268-9; *RT*, *610*:194.

Bol. AASP, *2.788*:12: Civil — Adoção — Vício no consentimento da genitora — Boa-fé dos adotantes — Longo convívio da adotanda com os adotantes — Preponderância do melhor interesse da criança. 1 — A criança adotanda é o objeto de prote-

1) O adotante não tiver mais de 18 anos (ECA, art. 42, *caput*), por não haver diferença de pelo menos 16 anos de idade entre adotado e adotante (ECA, art. 42, § 3º).

2) Duas pessoas, sem serem marido e mulher ou conviventes, adotaram a mesma pessoa (Lei n. 8.069/90, art. 42, § 2º).

3) O tutor ou o curador não prestou contas (ECA, art. 44).

4) Vício resultante de simulação (CC, art. 167) ou de fraude à lei (CC, art. 166, VI).

São casos de *anulabilidade*[136]:

1) Falta de assistência do pai, tutor ou curador, ao consentimento do adotado relativamente incapaz (CC, art. 171, I).

2) Ausência de anuência da pessoa sob cuja guarda se encontra o menor ou interdito.

3) Consentimento manifestado somente pelo adotado relativamente incapaz (CC, art. 171, I).

4) Vício resultante, p. ex., de erro, dolo, coação (*RT, 586*:40; CC, art. 171, II).

5) Falta de consentimento do cônjuge ou convivente do adotante e do consorte do adotado, mas há julgados, no que concordamos, visto que a lei não exige tal anuência, dispensando-a (*RT, 481*:96, *475*:96, *610*:193), se a adoção for feita pelo casal, caso em que se pressupõe, expressa ou tacitamente, o consenso de ambos.

A ação de impugnação da adoção tem causa na nulidade ou anulabilidade da adoção, desdobrando-se em (*a*) ação de nulidade da adoção, que é

ção legal primário em um processo de adoção, devendo a ela ser asseguradas condições básicas para o seu bem-estar e desenvolvimento sociopsicológico. 2 — A constatação de vício no consentimento da genitora, com relação à entrega de sua filha para a adoção, não nulifica, por si só, a adoção já realizada, na qual é possível se constatar a boa-fé dos adotantes. 3 — O alçar do direito materno, em relação à sua prole, à condição de prevalência sobre tudo e todos, dando-se a coacta manifestação da mãe adolescente a capacidade de apagar anos de convivência familiar, estabelecida sob os auspícios do Estado, entre o casal adotante, seus filhos naturais e a adotanda, no único lar que esta sempre teve, importa em ignorar o direito primário da infante, vista mais como objeto litigioso e menos, ou quase nada, como indivíduo, detentora, ela própria, de direitos, que, no particular, se sobrepõem aos brandidos pelas partes. 4 — Apontando as circunstâncias fáticas para uma melhor qualidade de vida no lar adotivo e associando-se essas circunstâncias à convivência da adotanda, por lapso temporal significativo — nove anos —, junto à família adotante, deve-se manter íntegro esse núcleo familiar. 5 — Recurso especial provido.

136. Antônio Chaves, Adoção, cit., p. 381; *RT, 570*:186, *558*:222, *448*:137, *440*:131, *131*:352.

meramente declaratória, não produzindo efeito constitutivo, porque não tem o poder de dissolver vínculo de filiação que já nasceu ineficaz, limitando-se apenas a declarar essa situação; por isso a declaração da nulidade dispensa processo especial, podendo vir a lume em qualquer processo onde a questão venha a ser ventilada (*RT, 182*:460); (*b*) ação de anulação da adoção movida pelo adotante ou adotado que pretende romper o laço de parentesco civil.

Nestas ações têm legitimação ativa o adotante e o adotado, porém terceiros interessados, como parentes das partes, sucessores ou legatários também poderão movê-la. Exige-se, ainda, nestas ações, a intervenção do Ministério Público (CPC, art. 178, II), havendo interesse de incapaz. O lapso prescricional para sua propositura pelo adotado, segundo alguns julgados, é o de 10 anos (CC, art. 205) contados da morte do adotante (*RT, 143*:266; *RF, 92*:145). O juízo competente para a ação de anulação é determinado pelas leis de organização judiciária local. Ordinariamente é um dos juízos da Vara de Família, podendo caber também ao juízo da Vara de Infância e Juventude, como sucede no Estado de São Paulo, se a competência deste for determinada pela causa "abandono"[137], ou se o adotado for criança ou adolescente.

E. Extinção

Extingue-se a adoção[138], por iniciativa do adotante ou do adotado, ou seja:

---

137. Walter Moraes, op. cit., p. 398.

138. Walter Moraes, op. cit., p. 396-7; Caio M. S. Pereira, *Instituições,* cit., p. 260-1; Orlando Gomes, op. cit., p. 396; Silvio Rodrigues, op. cit., p. 339-40; Antônio Chaves, Adoção, cit., p. 382. Possibilidade de adotado investigar paternidade biológica: *RT, 745*:361-8; *RJTJRS, 176*:766; *RSTJ, 139*:241-51. "Adoção. Investigação de paternidade. Possibilidade. Admitir-se o reconhecimento do vínculo biológico de paternidade não envolve qualquer desconsideração ao disposto no art. 48 da Lei n. 8.069/90, pois a adoção subsiste inalterada. A lei determina o desaparecimento dos vínculos jurídicos com pais e parentes, mas, evidentemente, persistem os naturais, daí a ressalva quanto aos impedimentos matrimoniais. Possibilidade de existir, ainda, respeitável necessidade psicológica de se conhecer os verdadeiros pais" (STJ, REsp 127.541-RS, 3ª T., rel. Min. Eduardo Ribeiro, *DJU*, 28-8-2000. No mesmo sentido, *RJTJRS, 176*:766). Isto é assim porque a investigatória de paternidade criando vínculo jurídico só deveria ser admitida a quem não tem filiação reconhecida, respeitando-se a filiação socioafetiva e o direito à identidade genética.

O TJPR decidiu pela manutenção de dois pais (o biológico e o socioafetivo, em razão de adoção) no registro de nascimento de um adolescente, pois o pai genético, divorciado de sua mãe, sempre manteve contato com ele e o visitava todos os finais de semana e o adotante com ele conviveu 11 anos, tempo em que estava casado com genitora-guardiã do adolescente. Com isso atendeu os princípios do melhor interesse do menor e da solidariedade familiar, pois a presença de ambos os pais é importante para o seu desenvolvimento.

1) *Pela deserdação,* pois a norma jurídica confere ao adotante e ao que foi adotado a possibilidade de romper o efeito sucessório da adoção, desde que surjam os casos dos arts. 1.814, 1.962 e 1.963 do Código Civil, declarando a causa em testamento (CC, art. 1.964).

Assim, o adotante pode promover a ruptura do vínculo da adoção no que atina ao direito sucessório, se ocorrer, além das causas do art. 1.814 do Código Civil: ofensa física ou injúria grave por parte do adotado; relações ilícitas com o cônjuge do adotante, que é seu padrasto ou madrasta; desamparo do adotante em alienação mental ou grave enfermidade. Cabe, igualmente, dissolução do vínculo de adoção para fins de sucessão, por parte do adotado, se houver: ofensa física ou injúria grave cometida contra ele pelo adotante; relações ilícitas do adotante com a mulher ou marido do adotado; abandono moral e material do adotado, enfermo mental ou fisicamente, pelo adotante. Para o desligamento do adotado ou do adotante na sucessão o herdeiro instituído ou aquele a quem aproveite a deserdação, deverá provar a veracidade da causa alegada pelo testador, dentro do prazo decadencial de quatro anos, contados da data da abertura do testamento (CC, art. 1.965 e parágrafo único).

2) *Pela indignidade,* ou melhor, pela existência de casos que autorizam exclusão do adotado ou adotante da sucessão, arrolados no art. 1.814 do Código Civil, ou seja, se houver sido autor ou cúmplice em crime de homicídio doloso ou tentativa deste, contra a pessoa de cuja sucessão se tratar, seu cônjuge, companheiro, ascendente ou descendente; se acusou caluniosamente em juízo o autor da herança ou se incorreu em crime contra sua honra, ou de seu cônjuge ou companheiro; se, por violência ou fraude, inibir ou obstar o autor da herança de dispor livremente de seus bens por ato de última vontade. Essa espécie de exclusão processa-se em juízo, mediante ação ordinária em que se demonstre a existência dos casos acima apontados, desde que a mesma seja movida dentro de quatro anos contados da abertura da sucessão (CC, art. 1.815).

3) *Pelo reconhecimento judicial do adotado pelo pai de sangue,* devido à incompatibilidade de haver, na mesma pessoa e com relação ao mesmo filho, concomitantemente, paternidade natural e paternidade adotiva, tal reconhecimento só deverá ser admitido excepcionalmente, ante a irrevogabilidade da adoção. Mas mesmo assim, como já dissemos alhures, o magistrado deverá ter cautela, pois há casos em que a filiação biológica não deve ter prevalência sobre a adotiva ou socioafetiva, que deu origem à convivência familiar. A busca da verdade biológica pelo adotado apenas, em determinadas hipóteses, poderá atender ao seu direito à identidade genética, para averi-

guar se há alguma moléstia congênita de que seja portador, para evitar incesto, sem pretender a filiação, alimentos ou sucessão.

4) *Pela morte do adotante ou do adotado*, porém com a subsistência daqueles efeitos que lhe sobrevivem (*RT*, *141*:621). Contudo o poder familiar do pai de sangue não pode ser restabelecido (*RT*, *610*:193 — nesse sentido ECA, art. 41 e o PL n. 699/2011, art. 1.626, § 2º), ficando o menor sob tutela.

F. Adoção de menores brasileiros por estrangeiros

f.1. Generalidades

A adoção por estrangeiro deverá obedecer aos casos e condições estabelecidos legalmente.

A adoção por estrangeiro de criança brasileira tem sido combatida por muitos porque pode conduzir a tráfico de menor ou se prestar à corrupção. Por tais razões o Estatuto da Criança e do Adolescente (Lei n. 8.069/90), além de punir, nos arts. 238 e 239, com reclusão de 1 a 4 anos e multa ou 6 a 8 anos e multa, havendo violência, quem promover ou auxiliar a efetivação de ato destinado a enviar menor para o exterior, sem a observância de formalidades legais, visando lucro, veio impor restrições, como logo mais veremos, às adoções internacionais, que poderão dificultá-las ou até mesmo interrompê-las. Como a adoção internacional, em si mesma, não é um bem ou um mal, seria mais conveniente, então, que se estabelecessem medidas eficazes para punir corruptos e traficantes, em vez de criar exigências para sua efetivação, visto que o estrangeiro está mais preparado psicológica e economicamente para assumir uma adoção, não fazendo discriminações atinentes à raça, ao sexo, à idade ou até mesmo à doença ou defeito físico que o menor possa ter; ao passo que o brasileiro é mais seletivo, pois, em regra, procura, para adotar, recém-nascido branco e sadio, surgindo, assim, em nosso país, problemas de rejeição racial.

Será preciso, ainda, lembrar que a venda — ou sequestro de menor para esse fim, o tráfico de menores ou a adoção lucrativa —, seria inexpressiva diante da quantidade de crianças carentes afetivamente, que precisam de um lar.

As adoções mal-intencionadas não deverão afastar as feitas com a real finalidade de amparar o menor. Não seria melhor prover-lhes o bem-estar material, moral ou afetivo, dando-lhes um teto acolhedor, ainda que no exterior, do que deixá-las vegetando nas ruas ou encerrá-las na FEBEM (atual Fundação Casa)? Será possível rotular o amor de um pai ou de uma mãe como *nacional* ou *estrangeiro*? Seria, ou não, a nacionalidade o fator determinante da bondade, ou da maldade, de um pai ou de uma mãe?

Por isso, entendemos que não se deve perquirir a conveniência, ou não, de serem os menores brasileiros adotados por estrangeiros não domiciliados no Brasil, mas sim permitir seu ingresso numa família substituta, sem fazer quaisquer considerações à nacionalidade dos adotantes, buscando suporte legal no direito pátrio e no direito internacional privado, estabelecendo penalidades aos que explorarem ilegalmente a adoção, coibindo abusos que, porventura, advierem.

f.2. Adoção por estrangeiro no direito pátrio e por brasileiro residente no exterior

Como no Brasil prevalece a lei do domicílio (LINDB, art. 7º), qualquer estrangeiro aqui radicado e residente poderá adotar, mesmo que a lei de seu país de origem ignore o instituto da adoção, seguindo o mesmo procedimento exigido para um adotante brasileiro, dispensando a apresentação dos documentos arrolados no art. 51 do ECA, desde que comprovada sua intenção de permanecer no Brasil (TJRJ, 14ª Câmara Cível, rel. Elisabete Filizzola — j. 27-8-2001).

A adoção internacional apenas será deferida se, depois de consulta ao cadastro de pessoas ou casais habilitados à adoção, mantido pela Justiça da Infância e da Juventude na comarca, bem como aos cadastros estadual e nacional, não for encontrado interessado com residência permanente no Brasil com perfil compatível e interesse manifesto pela adoção de criança ou adolescente inscrito nos cadastros existentes (art. 50, § 10, com a redação da Lei n. 13.509/2017, do ECA).

"Considera-se adoção internacional aquela na qual o pretendente possui residência habitual em país-parte da Convenção de Haia, de 29 de maio de 1993, relativa à Proteção das Crianças e à Cooperação em Matéria de Adoção Internacional, promulgada pelo Decreto n. 3.087, de 21 de junho de 1999, e deseja adotar criança em outro país-parte da Convenção (art. 51, com redação da Lei n. 13.509/2017). A adoção internacional de criança ou adolescente brasileiro ou domiciliado no Brasil somente terá lugar quando restar comprovado: que a colocação em família substituta é a solução adequada ao caso concreto; que foram esgotadas todas as possibilidades de colocação da criança ou adolescente em família adotiva brasileira, com a comprovação, certificada nos autos, da inexistência de adotantes habilitados residentes no Brasil com perfil compatível com a criança ou adolescente, após consulta aos cadastros mencionados no art. 50; que, em se tratando de adoção de adolescente, esse foi consultado, por meios adequados ao seu estágio de desenvolvimento, e que se encontra preparado para a medida, mediante parecer elaborado por equipe interprofissional, observado o disposto nos §§ 1º e 2º do art. 28. Os brasileiros residentes no exterior terão preferência aos estrangeiros, nos casos de adoção internacional de criança ou adolescente brasileiro. Adoção internacional é medida excepcional e só se dará se não houver residente brasileiro no exterior interessado. A adoção internacional pressupõe a intervenção das Autoridades Centrais Estaduais e Federal em matéria de adoção internacional" (ECA, art. 51, §§ 1º, I e II (com alteração da Lei n. 13.509/2017) a 3º).

Pela Constituição Federal de 1988, art. 227, § 5º, a adoção será assistida pelo Poder Público, na forma da lei, que estabelecerá casos e condições de sua efetivação por parte de estrangeiros, residentes fora do Brasil.

Assim sendo, "a colocação em família substituta estrangeira constitui medida excepcional, somente admissível na modalidade de adoção" (Lei n. 8.069/90, art. 31) apresentando as seguintes restrições legais, que poderão, infelizmente, até conduzir o adotante à desistência:

1) *Impossibilidade de adoção por procuração* (art. 39, § 2º, do ECA), método que era muito usado por casais domiciliados no exterior, que, outorgando procuração a um conhecido brasileiro, davam entrada ao processo de adoção de nossas crianças.

2) *Estágio de convivência,* exigido na hipótese de adoção por estrangeiro residente ou domiciliado fora do Brasil, a ser cumprido no território nacional, de 30 dias, no mínimo e no máximo de 45 dias, prorrogável por igual período uma única vez, mediante decisão judicial fundamentada (art. 46, § 3º, com a redação da Lei n. 13.509/2017, do ECA). Esse estágio de convivência deverá ser cumprido no território nacional, de preferência na comarca de residência da criança ou adolescente, ou, a critério do juiz, em cidade limítrofe, respeitada, em qualquer hipótese, a competência do juízo da comarca do menor (art. 46, § 5º, acrescentado da Lei n. 13.509/2017). Tal prazo de permanência poderá dificultar a adoção, pois sua exigência poderá trazer ao casal estrangeiro prejuízos de ordem econômica e trabalhista, pelo tempo que deverá ficar no Brasil.

3) *Comprovação da habilitação do adotante à adoção,* perante a Autoridade Central do país de acolhida, mediante relatório expedido pela referida autoridade competente.

"A pessoa ou casal estrangeiro, interessado em adotar criança ou adolescente brasileiro, deverá formular pedido de habilitação à adoção perante a Autoridade Central em matéria de adoção internacional no país de acolhida, assim entendido aquele onde está situada sua residência habitual. Se a

Autoridade Central do país de acolhida considerar que os solicitantes estão habilitados e aptos para adotar, emitirá um relatório que contenha informações sobre a identidade, a capacidade jurídica e adequação dos solicitantes para adotar, sua situação pessoal, familiar e médica, seu meio social, os motivos que os animam e sua aptidão para assumir uma adoção internacional" (art. 52, I e II, do ECA).

4) *Apresentação de relatório, instruído com documentação necessária e de estudo psicossocial do adotante* feito por equipe interprofissional habilitada (art. 52, IV, do ECA), que atestará sua sanidade mental, sua idoneidade moral, suas condições econômicas para adotar etc. ... Logo, a adoção internacional poderá ser condicionada a análises e estudos prévios de uma comissão estadual judiciária brasileira, que manterá registro centralizado de interessados estrangeiros em adoção e fornecerá laudo de habilitação para instruir processo competente. Daí por que se deve procurar o aprimoramento ou o aperfeiçoamento dessas equipes.

A Autoridade Central do país de acolhida deverá enviar o relatório à Autoridade Central Estadual, com cópia para a Autoridade Central Federal Brasileira (art. 52, III, do ECA)[139]. E a Autoridade Central Estadual poderá fazer exi-

139. Com a criação da Comissão Estadual Judiciária de Adoção Internacional (formada por 3 desembargadores, por 2 juízes de direito de 2º grau e por 2 juízes titulares de Varas de Infância) pelo Tribunal de Justiça de São Paulo, agilizou-se em nosso Estado o processo de adoção de crianças brasileiras por casais estrangeiros, mediante a utilização de critérios objetivos para analisar os casos. A comissão vinculada à Presidência do TJSP fornecerá aos casais estrangeiros habilitados certificados, com validade prorrogável para adotar criança em qualquer Vara da Infância e Juventude. O Decreto n. 5.491/2005 regulamentava a atuação de organismos estrangeiros e nacionais de adoção internacional no Brasil, no âmbito da Autoridade Central Administrativa Federal. Esse decreto, ao regulamentar a atuação de organismos estrangeiros e nacionais de adoção internacional no Brasil, exigia seu credenciamento no âmbito da Autoridade Central Administrativa Federal, como requisito obrigatório para posterior credenciamento junto a autoridade central do país de origem da criança estrangeira a ser adotada por brasileiros. Tais organismos (associações sem fins lucrativos) deviam ainda: solicitar à Coordenação Geral de Justiça, Classificação, Títulos e Qualificação, da Secretaria Nacional de Justiça do Ministério da Justiça, autorização para funcionamento no Brasil; estar de posse do registro assecuratório, obtido junto do Departamento de Polícia Federal; ser dirigidos e administrados por pessoas qualificadas por sua integridade moral e por sua formação ou experiência para atuar na área de adoção internacional; prestar sob pena de suspensão de seu credenciamento pelo prazo de até um ano informações solicitadas pela Autoridade Central Administrativa Federal; apresentar, anualmente, àquela Autoridade relatório geral das atividades desenvolvidas, bem como relatório de acompanhamento de adoções internacionais efetuadas no período, cuja cópia será encaminhada ao Departamento de Polícia Federal. A não apresentação do relatório anual pelo organis-

gências e solicitar complementação sobre o estudo psicossocial do postulante estrangeiro à adoção, já realizado no país de acolhida (art. 52, VI, do ECA).

5) *Apresentação no relatório de cópia autenticada de legislação estrangeira,* acompanhada de prova de sua vigência, a pedido do juiz, de ofício, ou do Ministério Público (art. 52, IV), pois o conhecimento da lei alienígena é essencial para evitar problemas que, eventualmente, possam surgir. Pelo Código Civil da Itália (arts. 29 a 43), p. ex., observa Paolo Vercellone, exige-se, além de uma decisão da autoridade brasileira, concedendo a adoção de um

---

mo credenciado poderia também acarretar suspensão do credenciamento pelo prazo de até um ano (Dec. n. 5.491/2005, arts. 1º a 5º). Pelo art. 8º do Decreto n. 5.491/2005 (com a redação do Dec. n. 5.947, de 26-10-2006), na hipótese de o representante cadastrado substabelecer os poderes recebidos do organismo nacional ou estrangeiro representado, com ou sem reservas, o substabelecimento somente poderia atuar nos procedimentos após efetuar o seu cadastro junto ao Departamento de Polícia Federal, que dará ciência à Autoridade Central Administrativa Federal. O art. 10 do Decreto n. 5.491/2005 proibia a representação de mais de uma entidade credenciada para atuar na cooperação em adoção internacional por uma mesma pessoa ou seu cônjuge, sócio, parente em linha reta ou colateral até quarto grau ou por afinidade. Vedado estava o contato direto de representantes de organismos de adoção, nacionais ou estrangeiros, com dirigentes de abrigos, ou crianças em situação de adotabilidade, sem a devida autorização judicial (art. 11 do Dec. n. 5.491/2005). O organismo estrangeiro credenciado teria a obrigação de comunicar à Autoridade Central Administrativa Federal em quais Estados da Federação estavam atuando os seus representantes, assim como qualquer alteração de estatuto ou composição de seus dirigentes e representantes; tomar as medidas necessárias para garantir não só que a criança ou adolescente brasileiro saia do País com o passaporte brasileiro devidamente expedido e com visto de adoção emitido pelo consulado do país de acolhida; mas também que os adolescentes encaminhassem cópia à Autoridade Central Administrativa Federal da certidão de registro de nascimento estrangeira e do certificado de nacionalidade tão logo lhes fossem concedidos; apresentar relatórios semestrais à Autoridade Central Administrativa Federal de acompanhamento do adotado até que a ele se concedesse a nacionalidade no país de residência dos adotantes; apresentar relatórios semestrais de acompanhamento do adotado às Comissões Estaduais Judiciárias de Adoção Internacional pelo período mínimo de dois anos, independentemente da concessão da nacionalidade do adotado no país de residência dos adotantes (Dec. n. 5.491/2005, art. 17, IV e V, com a redação do Dec. n. 5.947, de 26-10-2006). A Portaria n. 254/2014, da Secretaria de Direitos Humanos, dispõe sobre o credenciamento do organismo estrangeiro "AAIM — *Associación D'Ajuda als Infants del Món*", encarregado de intermediar pedidos de habilitação à adoção internacional, a Portaria n. 72/2016 daquela secretaria trata do credenciamento do organismo estrangeiro "*Azione per Famiglie Nuove* – AFN" para atuar em matéria de adoção internacional no Brasil e a Portaria n. 63/2017 da referida secretaria resolve credenciar o organismo estrangeiro, *Médecins du Mondé* para agir em caso de adoção internacional no Brasil. Portaria do Ministério da Justiça e Segurança Pública n. 1.076/2017 institui procedimentos para credenciamento e renovação de credenciamento de organismos estrangeiros e nacionais para atuarem em adoção internacional no Brasil, de acordo com o Decreto n. 3.087/1999.

menor de 18 anos, por terem sido preenchidos todos os pressupostos legais, sua custódia pré-adotiva experimental a um casal italiano, considerado pelo Tribunal da Itália moral e materialmente idôneo para assumir o encargo de educá-lo como filho. O documento brasileiro, por sua vez, deverá ser ratificado pelo Juizado de Menores do domicílio do casal italiano, que controlará sua regularidade formal e verificará se a decisão brasileira não fere os princípios fundamentais do direito de família da Itália. Assim sendo, nossos juízes, zelando pelos interesses do menor brasileiro, só deverão conceder sua adoção a um casal italiano que esteja regularmente casado há pelo menos 3 anos, cuja idade não seja inferior a 18 e superior a 40 anos em relação à idade do adotando e que apresente declaração de idoneidade expedida pelo Juizado de Menores da Itália, pois, se faltarem esses requisitos, a criança adotada, ao chegar ao território italiano, poderá ser reenviada ao Brasil ou retirada da companhia do casal italiano que a adotou, para ser confiada a outro casal italiano desconhecido da justiça brasileira, o que lhe poderá acarretar seríssimos danos morais. Se essa hipótese rara ocorrer, o juiz da Itália deverá comunicar o fato ao Brasil, através de embaixada ou consulado, aguardando a resposta da autoridade brasileira, sem ter, contudo, a obrigação de devolver o menor ao Brasil, se, porventura, nosso órgão judicante não anuir com a troca de adotantes deliberada pelo juiz italiano, que decidiu não confirmar a adoção feita pelo primeiro casal italiano. Melhor seria, portanto, para evitar prejuízos maiores, o Brasil acatar a adoção de criança brasileira pela nova família, expedindo documento que revogue a primeira adoção ou, então, elabore um tratado com a Itália para regular esse fenômeno. Por tais razões uma boa adoção internacional deveria fundar-se no conhecimento das legislações do país do adotando e do adotante e na colaboração entre as autoridades judiciárias das duas nações. Devido aos problemas que possam surgir, causando gravames ao adotado, há, p. ex., na Itália, uma corrente doutrinária favorável à cooperação internacional como tipo de auxílio à criança brasileira, que permanecerá no Brasil, como filha de seus pais de sangue, recebendo do casal italiano tão somente subsídios econômicos, enviados para um grupo de cooperadores, para que ajudem a família daquele menor.

6) *Juntada aos autos de documentos estrangeiros,* devidamente autenticados pela autoridade consular, com observância dos tratados e convenções internacionais e acompanhados da respectiva tradução juramentada (art. 52, V, do ECA).

7) *Expedição do laudo de habilitação à adoção internacional*, que terá validade de um ano, no máximo, desde que verificada, após estudo realizado pela Autoridade Central Estadual, a compatibilidade da legislação estrangei-

ra com a nacional, além do preenchimento por parte dos postulantes à medida dos requisitos objetivos e subjetivos necessários ao seu deferimento, tanto à luz do que dispõe esta Lei como da legislação do país de acolhida (art. 52, VII, do ECA). A habilitação de postulante estrangeiro ou domiciliado fora do Brasil terá validade máxima de 1 (um) ano, podendo ser renovada (art. 52, § 13, do ECA).

8) *Formalização do pedido de adoção perante o juízo da Infância e da Juventude* do local em que se encontra a criança ou adolescente, conforme indicação efetuada pela Autoridade Central Estadual (art. 52, VIII, do ECA).

Se a legislação do país de acolhida assim o autorizar, admite-se que os pedidos de habilitação à adoção internacional sejam intermediados por organismos credenciados (art. 52, § 1º, do ECA).

Incumbe à Autoridade Central Federal Brasileira o credenciamento de organismos nacionais e estrangeiros encarregados de intermediar pedidos de habilitação à adoção internacional, com posterior comunicação às Autoridades Centrais Estaduais e publicação nos órgãos oficiais de imprensa e em sítio próprio da internet (art. 52, § 2º, do ECA).

E, somente será admissível o credenciamento de organismos que: sejam oriundos de países que ratificaram a Convenção de Haia e estejam devidamente credenciados pela Autoridade Central do país onde estiverem sediados e no país de acolhida do adotando para atuar em adoção internacional no Brasil; satisfizerem as condições de integridade moral, competência profissional, experiência e responsabilidade exigidas pelos países respectivos e pela Autoridade Central Federal Brasileira; forem qualificados por seus padrões éticos e sua formação e experiência para atuar na área de adoção internacional; cumprirem os requisitos exigidos pelo ordenamento jurídico brasileiro e pelas normas estabelecidas pela Autoridade Central Federal Brasileira (art. 52, § 3º, I a IV, do ECA)[140].

---

140. Pelo art. 52 da Lei n. 8.069/90: Os organismos credenciados deverão ainda: perseguir unicamente fins não lucrativos, nas condições e dentro dos limites fixados pelas autoridades competentes do país onde estiverem sediados, do país de acolhida e pela Autoridade Central Federal Brasileira; ser dirigidos e administrados por pessoas qualificadas e de reconhecida idoneidade moral, com comprovada formação ou experiência para atuar na área de adoção internacional, cadastradas pelo Departamento de Polícia Federal e aprovadas pela Autoridade Central Federal Brasileira, mediante publicação de portaria do órgão federal competente; estar submetidos à supervisão das autoridades competentes do país onde estiverem sediados e no país de acolhida, inclusive quanto à sua composição, funcionamento e situação financeira; apresentar à Autoridade Central Federal Brasileira, a cada ano, relatório geral das ativida-

9) *Permissão da saída do adotando do território nacional apenas após a consumação da adoção.* Antes de transitada em julgado a decisão que concedeu a adoção internacional, não será permitida a saída do adotando do território nacional. Transitada em julgado a decisão, a autoridade judiciária determinará a expedição de alvará com autorização de viagem, bem como para obtenção de passaporte, constando, obrigatoriamente, as características da criança ou adolescente adotado, como idade, cor, sexo, eventuais sinais ou traços peculiares, assim como foto recente e a aposição da impressão digital do seu polegar direito, instruindo o documento com cópia autenticada da decisão e certidão de trânsito em julgado (art. 52, §§ 8º e 9º, do ECA).

10) *Solicitação de informações*, pela Autoridade Central Federal Brasileira, a qualquer momento, *sobre a situação da criança ou do adolescente adotado* (art. 52, § 10, do ECA).

---

des desenvolvidas, bem como relatório de acompanhamento das adoções internacionais efetuadas no período, cuja cópia será encaminhada ao Departamento de Polícia Federal; enviar relatório pós-adotivo semestral para a Autoridade Central Estadual, com cópia para a Autoridade Central Federal Brasileira, pelo período mínimo de 2 (dois) anos. O envio do relatório será mantido até a juntada de cópia autenticada do registro civil, estabelecendo a cidadania do país de acolhida para o adotado; tomar as medidas necessárias para garantir que os adotantes encaminhem à Autoridade Central Federal Brasileira cópia de certidão de registro de nascimento estrangeira e do certificado de nacionalidade tão logo lhes sejam concedidos (art. 52, § 4º, do ECA).

A não apresentação dos relatórios referidos no § 4º deste artigo pelo organismo credenciado poderá acarretar a suspensão de seu credenciamento (art. 52, § 5º, do ECA).

O credenciamento de organismo nacional ou estrangeiro encarregado de intermediar pedidos de adoção internacional terá validade de 2 (dois) anos (art. 52, § 6º, do ECA).

A renovação do credenciamento poderá ser concedida mediante requerimento protocolado na Autoridade Central Federal Brasileira nos 60 (sessenta) dias anteriores ao término do respectivo prazo de validade (art. 52, § 7º, do ECA).

A cobrança de valores por parte dos organismos credenciados, que sejam considerados abusivos pela Autoridade Central Federal Brasileira e que não estejam devidamente comprovados, é causa de seu descredenciamento (art. 52, § 11, do ECA).

Uma mesma pessoa ou seu cônjuge não podem ser representados por mais de uma entidade credenciada para atuar na cooperação em adoção internacional (art. 52, § 12, do ECA).

A Autoridade Central Federal Brasileira poderá limitar ou suspender a concessão de novos credenciamentos sempre que julgar necessário, mediante ato administrativo fundamentado (art. 52, § 15, do ECA).

É vedado, sob pena de responsabilidade e descredenciamento, o repasse de recursos provenientes de organismos estrangeiros encarregados de intermediar pedidos de adoção internacional a organismos nacionais ou a pessoas naturais. Eventuais repasses somente poderão ser efetuados via Fundo dos Direitos da Criança e do Adolescente e estarão sujeitos às deliberações do respectivo Conselho de Direitos da Criança e do Adolescente (art. 52-A e parágrafo único, do ECA).

11) *Vedação do "contato direto de representantes de organismos de adoção,* nacionais ou estrangeiros, *com dirigentes de programas de acolhimento institucional ou familiar,* assim como com *crianças e adolescentes* em condições de serem adotados, *sem a devida autorização judicial"* (art. 52, § 14, do ECA).

"A adoção por brasileiro residente no exterior em país ratificante da Convenção de Haia, cujo processo de adoção tenha sido processado em conformidade com a legislação vigente no país de residência e atendido o disposto na alínea *c* do artigo 17 da referida Convenção, será automaticamente recepcionada com o reingresso no Brasil. Caso não tenha sido atendido o disposto na alínea *c* do artigo 17 da Convenção de Haia, deverá a sentença ser homologada pelo Superior Tribunal de Justiça. O pretendente brasileiro residente no exterior em país não ratificante da Convenção de Haia, uma vez reingressado no Brasil, deverá requerer a homologação da setença estrangeira pelo Superior Tribunal de Justiça" (art. 52-B, §§ 1º e 2º, do ECA).

"Nas adoções internacionais, quando o Brasil for o país de acolhida, a decisão da autoridade competente do país de origem da criança ou do adolescente será conhecida pela Autoridade Central Estadual que tiver processado o pedido de habilitação dos pais adotivos, que comunicará o fato à Autoridade Central Federal e determinará as providências necessárias à expedição do Certificado de Naturalização Provisório. A Autoridade Central Estadual, ouvido o Ministério Público, somente deixará de reconhecer os efeitos daquela decisão se restar demonstrado que a adoção é manifestamente contrária à ordem pública ou não atende ao interesse superior da criança ou do adolescente. Na hipótese de não reconhecimento da adoção, o Ministério Público deverá imediatamente requerer o que for de direito para resguardar os interesses da criança ou do adolescente, comunicando-se as providências à Autoridade Central Estadual, que fará a comunicação à Autoridade Central Federal Brasileira e à Autoridade Central do país de origem" (art. 52-C, §§ 1º e 2º, do ECA).

"Nas adoções internacionais, quando o Brasil for o país de acolhida e a adoção não tenha sido deferida no país de origem porque a sua legislação a delega ao país de acolhida, ou, ainda, na hipótese de, mesmo com decisão, a criança ou o adolescente ser oriundo de país que não tenha aderido à Convenção referida, o processo de adoção seguirá as regras da adoção nacional" (art. 52-D).

Apesar de todas essas medidas legais, para combater o tráfico internacional de bebês, o Brasil reformulará a legislação de adoção de menor, tendo por escopo a designação de autoridades, pelos países signatários, para controlar os processos de adoção[141].

f.3. Adoção no direito internacional privado

Na seara do direito internacional privado, no que concerne à adoção, apresentam-se dois *sistemas*:

141. José L. Alfredo Guimarães, Adoção de criança por estrangeiro não residente no Brasil, *JB, 162*:33-41; Maria Stella Villela L. S. Rodrigues, Da adoção de crianças brasileiras por estrangeiros não domiciliados, *JB, 156*:35-46; Paolo Vercellone, As novas famílias, *JB, 156*:53-6; Fedozzi, *Il diritto internazionale privato*, p. 500; Amílcar de Castro, *Direito internacional privado*, 1977, p. 383-7; Gemma, *Appunti di diritto internazionale privato*, n. 781; Oscar Tenório, *Direito internacional privado*, 1966, v. 2, p. 153-5; Weiss, *Manuel de droit international privé*, 9. ed., p. 539 e 540; Wilson D. Liberati, *Adoção internacional*, São Paulo, Malheiros Ed., 1996; Antônio Chaves, *Adoção internacional*, Edusp/Ed. Del Rey, 1994; Georgette Nacarato Nazo, Convenção interamericana sobre conflitos de leis em matéria de adoção de menores, Separata da *Revista Trimestral de Jurisprudência dos Estados, 97*:87-92; Gustavo Ferraz de Campos Monaco, *Direitos da criança e adoção internacional*, São Paulo, Revista dos Tribunais, 2002, p. 77 e s.; João C. Leal Jr., Análise crítica à adoção internacional sob o prisma da Lei n. 12.010/2009. *Revista de Direito Constitucional e Internacional*, 72:400-40. Observa Tânia da Silva Pereira (Adoção internacional no Brasil, *Boletim IBDFAM*, março-abril 2013, p. 6) que há rígido controle, no Brasil, de adoções internacionais, pois a Autoridade Central Administrativa Federal (ACAF), vinculada à Secretaria Especial de Direitos Humanos da Presidência da República, controla e regulamenta os procedimentos de adoção internacional, e as Comissões Estaduais Judiciárias de Adoção — CEJAS realizam os atos procedimentais previstos no ECA e na Convenção Relativa à Proteção e Cooperação Internacional em Matéria de Adoção Internacional, aprovada em Haia, em 1993, e ratificada pelo Brasil pelo Decreto n. 3.087/99. Os estrangeiros com visto temporário, diplomático, oficial e de cortesia devem habilitar-se no país de origem (Res. n. 3/2001 da ACAF), e os com visto permanente têm o mesmo tratamento do brasileiro. Entretanto o brasileiro residente no exterior terá preferência aos estrangeiros, para fins de adoção (art. 51, § 2º, do ECA). Entre os documentos obrigatórios para a ida de menores para o exterior, ao serem adotados, está o *Certificado de Conformidade*, expedido pela CEJA e *passaporte brasileiro*, pois os adotantes no país de origem poderão providenciar a dupla nacionalidade, até que atinja a idade de fazer a opção por uma delas. A ACAF exige a cada 6 meses, durante os dois anos que se seguem à partida do adotado, *relatórios periódicos*, e a Autoridade Central Brasileira deve ser informada da concessão de nacionalidade dos adotantes ao adotado. *Vide* Decreto Legislativo n. 63/95, que aprovou texto da convenção internacional de proteção de crianças e adolescentes em matéria de adoção internacional, concluída em Haia, em 29-5-1993, Decreto n. 3.087/99, que promulgou a Convenção Relativa à Proteção das Crianças e à Cooperação em Matéria de Adoção Internacional, concluída em Haia, em 29-5-93, e o Decreto n. 2.429/97, que promulgou a convenção interamericana sobre conflito de leis em matéria de adoção de menores, concluída em La Paz, em 1984. *RT, 757*:300, *691*:154.

Pelo Projeto (Lei Nacional de Adoção), a adoção por estrangeiro só será autorizada se não houver brasileiros interessados.

1) O da *lei da nacionalidade,* pelo qual, se adotando e adotante tiverem nacionalidade diversa, prevalecerá, p. ex., na Alemanha, Portugal, Grécia, Japão, China e Coreia, a legislação reguladora da adoção nacional do adotante, ao passo que na França aplicar-se-á a lei nacional do adotando e se um deles, adotando ou adotante, for francês, prevalecerá a lei francesa.

2) O da *lei do domicílio,* acatado pelos países de *Common Law* e pelos da América Latina (Convenção Interamericana sobre Conflito de Leis em Matéria de Adoção de Menores de 1984), pelo qual, se ambos tiverem o mesmo domicílio, aplicar-se-á a lei local, mas se o adotando estiver domiciliado em outro país, sua lei deverá ser considerada. A forma a ser observada será a brasileira, se realizada a adoção no Brasil, que requer, como vimos, decisão judicial; a capacidade para adotar e os efeitos da adoção deverão ser apreciados pela lei do domicílio do adotante, e a capacidade para ser adotado, pela legislação do domicílio do adotando[142].

---

142. Georgette N. Nazo, Adoção transnacional e os atos plurilaterais de que o Brasil participa. *A família na travessia do milênio,* Belo Horizonte, IBDFAM/Del Rey, 2000, p. 255-63; Tarcísio José Martins Costa, Adoção internacional: aspectos jurídicos, políticos e socioculturais, in *A família na travessia do milênio,* cit., p. 265-82; Alyrio Cavallieri, Adoção internacional, *RJMin, 94*:323; Antonio Chaves, A adoção de crianças brasileiras por estrangeiros não residentes no país, *RDC, 29*:28; Cláudia Lima Marques, Novas regras sobre adoção internacional no direito brasileiro, *RT, 692*:7; Durval J. Ramos Neto, Aspectos da adoção por estrangeiros, *CJ, 25*:7; Damásio de Jesus, A confusa legislação sobre o tráfico internacional de crianças no Brasil, in *O Federal,* 2003, p. 32-3; Luiz Carlos de B. Figueirêdo, *Adoção internacional,* Curitiba, Juruá, 2005; João Delciomar Gatelli, *Adoção internacional,* Curitiba, Juruá, 2005; Fátima S. B. Garcia, Aspectos procedimentais da adoção internacional, *MPMG Jurídico, 3*:45-6. Na adoção internacional de maiores aplica-se o art. 7º da Lei de Introdução às Normas do Direito Brasileiro, e, na de menores, o ECA, a Convenção de Haia sobre Cooperação Internacional em Matéria de Adoção Internacional de Crianças de 1993 (Dec. n. 3.087/99) e a Convenção Interamericana sobre Conflitos de Leis em Matéria de Adoção de Menores de 1984 (Dec. n. 2.429/97); Portaria n. 27, de 24 de fevereiro de 2005, ora revogada pela Portaria n. 120/2005, da Secretaria Especial de Direitos Humanos, institui os procedimentos para o credenciamento de organizações nacionais que atuam em adoção internacional em outros países; Portaria n. 1.345, de 1º de novembro de 2012 da Secretaria de Direitos Humanos, dispõe sobre a renovação do credenciamento do organismo estrangeiro MÉDECINS DU MONDE para intermediar pedidos de adoção internacional; Portaria n. 100/2015 da Secretaria de Direitos Humanos, sobre a renovação do credenciamento do organismo estrangeiro "MÉDÉCINS DU MONDE", encarregado de intermediar pedidos de habilitação à adoção internacional; Portaria n. 729, de 19 de dezembro de 2014 da Secretaria de Direitos Humanos, dispõe sobre o credenciamento do organismo estrangeiro "CIFA — CENTRO INTERNAZIONALE PER L'INFANZIA E LA FAMIGLIA", encarregado de intermediar pedidos de habilitação à adoção internacional; Portaria da Secretaria de Direitos Humanos n. 215/2015 sobre credenciamento do organismo estrangeiro "ATWA — ACROSS THE WORLD

ADOPTIONS" para atuar em matéria de adoção internacional no Brasil.

O Parecer Vicente Arruda, em relação às propostas de alteração dos arts. 1.618 a 1.629, feitas pelo PL n. 699/2011, assim se manifesta: "Não há necessidade, como pretende PL, de transcrever no corpo do Código Civil dispositivos do ECA. Em primeiro lugar porque o próprio Código, em seu art. 1.629, estipula que a adoção por estrangeiro obedecerá aos casos e condições que forem estabelecidos em lei; no caso, o ECA. Por aí se vê que a legislação especial sobre adoção continua a viger ao lado do NCC sem nenhuma incompatibilidade. Ao contrário, complementam-se, tratando o CC dos princípios gerais da adoção, entre os quais: só o maior de 18 anos pode adotar; o adotante há de ser, pelo menos, dezesseis anos mais velho que o adotado; a adoção depende do consentimento dos representantes legais; o consentimento será dispensado nos casos de criança e adolescente cujos pais sejam desconhecidos ou tenham sido destituídos do poder familiar; a adoção obedecerá a processo judicial, mesmo no caso de adoção de maior. Nisto o CC adequa-se ao art. 227, § 5º, da CF. A inclusão da adoção por escritura pública, como pretende o PL, contraria o dispositivo constitucional que exige a 'assistência do poder público'; a adoção atribui a condição de filho ao adotado. Por outro lado, não vemos razões para impedir a adoção de descendente por ascendente ou mesmo por irmãos, razão pela qual voto pela rejeição".

TJMG, Apelação Cível n. 1000000307098-4/000(1): Ação de adoção. Casal formado por estrangeiro e brasileira. Dupla residência, sendo uma no exterior. Circunstâncias que revelam a possibilidade de adoção transnacional. Falta de inscrição perante o Conselho Estadual de Adoção — CEJA. Pretensão rejeitada. Recurso não provido. 1. A adoção transnacional tem caráter excepcional e somente é deferida se não houver adotante brasileiro interessado. 2. Em princípio o casal formado por estrangeiro e brasileira, desde que a residência permanente seja no Brasil, não caracteriza adoção transnacional. 3. Todavia, tendo o casal dupla residência, sendo uma no exterior e de onde, também, aufere rendimento para subsistência, são circunstâncias que revelam a possibilidade de ser adoção transnacional. Neste caso, sem prévia inscrição no CEJA, revela-se inviável a pretensão. 4. Apelação conhecida e não provida.

RT, 829:352: Adoção internacional — Criança — Colocação em família substituta — Admissibilidade — Menor que há muito se encontrava em estado de abandono, sem receber visitas de sua genitora — Omissão e negligência da mãe biológica comprovada com a demonstração de que os demais filhos também vivem em estado de desagregação familiar, à mercê de maus-tratos, abusos físicos e sexuais. *Ementa da Redação*: Embora se trate de medida excepcional, é cabível a adoção internacional de menor que há muito se encontrava em estado de abandono e institucionalizado, sem receber visitas de sua genitora que, não possui condições físicas e psicológicas para a criação daquele, agindo com omissão e negligência, mormente quando comprovado que os demais filhos também vivem em estado de desagregação familiar, à mercê de maus-tratos, abusos físicos e sexuais. (Ap. 2003.001.29416 — segredo de Justiça, 8ª Câm., j. 18-12-2003, rel. Desa. Odete Knaack de Souza, *DORJ* 3-6-2004).

Vide: STJ, REsp 202.295-São Paulo, rel. Min. Ruy Rosado de Aguiar, j. 18-5-99; REsp 27.901-3-Minas Gerais, rel. Min. Barros Monteiro, j. 4-3-97; TJSP, Correição Parcial n. 74686-0/6-Campinas, rel. Des. Mohamed Amaro, j. 29-3-2001; AI 39.063-0/9, São Paulo, rel. Des. Carlos Ortiz; AI 40.704-0/6-São Paulo, rel. Des. Cunha Bueno, j. 28-5-98; *RT, 645*:59; *626*:38, *696*:92, *675*:174, *697*:139, *757*:300, *796*:352; *RJTJRGS, 187*:356.

Quadro Sinótico

ADOÇÃO

1. CONCEITO	• É o ato judicial solene pelo qual se estabelece, irrevogável e independentemente de qualquer relação de parentesco consanguíneo ou afim, um vínculo fictício de filiação, trazendo para sua família, na condição de filho, pessoa que geralmente lhe é estranha.	
2. FINALIDADE	• Dar filhos àqueles a quem a natureza negou. • Melhorar a condição moral e material do adotado.	
3. ESPÉCIES DE ADOÇÃO NO REGIME ANTERIOR	• Adoção simples (Lei n. 3.133/57, que alterou o CC de 1916, arts. 368 a 378). • Adoção plena (Lei n. 8.069/90, arts. 39 a 52).	
4. ADOÇÃO NO DIREITO ATUAL	• Conceito	• É o vínculo de filiação estabelecido entre adotante e adotado, que pode ser pessoa menor ou maior.
	• Requisitos	• Idade mínima do adotante (Lei n. 8.069/90, art. 42). • Diferença mínima de idade entre adotante e adotado, de pelo menos 16 anos (Lei n. 8.069/90, art. 42, § 3º). • Consentimento do adotante, adotado, de seus pais ou de seu representante legal (ECA, arts. 28, §§ 1º e 2º, 45, § 1º). • Intervenção judicial na sua criação (ECA, art. 47 e parágrafos; CC, art. 1.619). • Irrevogabilidade (ECA, art. 39, § 1º). • Estágio de convivência (ECA, arts. 46 e 42, § 4º e § 5º). • Acordo sobre guarda e regime de visitas se a adoção se der entre ex-companheiros, divorciados ou separados que pretendem adotar conjuntamente a mesma pessoa (Lei n. 8.069/90, art. 42, § 4º). • Prestação de contas da administração e pagamento dos débitos por tutor ou curador que pretenda adotar pupilo ou curatelado (ECA, art. 44). • Comprovação da estabilidade familiar se a adoção se der por cônjuges ou conviventes (ECA, art. 42, § 2º).

4. ADOÇÃO NO DIREITO ATUAL	• Inexistência	• Falta de consentimento de ambas as partes. • Falta de objeto. • Falta de intervenção judicial.	
	• Nulidade	• Adotante que não tiver mais de 18 anos (ECA, art. 42). • Ausência da diferença de pelo menos 16 anos de idade entre adotante e adotado (ECA, art. 42, § 3º). • Adoção de uma pessoa por dois indivíduos que não são marido e mulher ou conviventes (ECA, art. 42, § 2º). • Ausência de prestação de contas de tutor ou curador que adotar pupilo ou curatelado (ECA, art. 44). • Vício resultante de simulação ou de fraude à lei (CC, arts. 167 e 166, VI).	
	• Anulabilidade	• Falta de assistência do representante legal ao consentimento do adotado, relativamente incapaz (CC, art. 171, I). • Ausência de anuência da pessoa sob cuja guarda se encontra o menor ou interdito. • Consentimento manifestado só pelo adotado relativamente incapaz. • Falta de consentimento do cônjuge do adotante ou do adotado. • Vício resultante de erro, dolo, coação, lesão, estado de perigo ou fraude a credores (CC, art. 171, II).	
	• Efeitos (CC, art. 1.628, 1ª parte)	• Pessoais	• Estabelecimento de vínculo legal de paternidade e filiação civil entre adotante e adotado, sem distinção dos direitos e deveres resultantes do parentesco natural (ECA, art. 41), com exceção dos impedimentos para o casamento. • Transferência, definitiva e de pleno direito, do poder familiar para o adotante (CC, arts. 1.630, 1.634 e 1.635). • Liberdade razoável em relação à formação do nome patronímico do adotado (ECA, art. 47, § 5º). • Promoção da interdição e inabilitação do adotante feita pelo adotado ou vice-versa (CPC, art. 747, II).

4. ADOÇÃO NO DIREITO ATUAL	• Efeitos (CC, art. 1.628, 1ª parte)	• Pessoais	• Inclusão do adotante e do adotado no rol das pessoas que não podem testemunhar e daquelas em relação às quais o juiz tem impedimentos. • Determinação do domicílio do adotado menor de idade. • Possibilidade de propor ação de investigação de paternidade para descobrir sua identidade genética. • Colocação de grupos de irmãos sob adoção na mesma família substituta (art. 28, § 4º, da Lei n. 8.069/90). • Respeito à identidade social e cultural, aos costumes e tradições de adotando indígena ou proveniente de comunidade remanescente de quilombos (ECA, art. 28, § 6º, I a III).
		• Patrimoniais	• Direito do adotante à administração e ao usufruto dos bens do adotado menor (CC, arts. 1.689, 1.691 e 1.693). • Dever do adotante de sustentar o adotado enquanto durar o poder familiar (CC, art. 1.634). • Obrigação recíproca de prestação de alimentos entre o adotado e seus pais adotivos (CC, arts. 1.694, 1.696 e 1.697). • Direito à indenização dos filhos adotivos por acidente de trabalho do adotante. • Responsabilidade civil do adotante pelos atos do adotado menor de idade (CC, arts. 932, I, 933 e 934). • Direito sucessório do adotado (CF, art. 227, § 6º; CC, arts. 1.829, I, e 1.790, I e II). • Reciprocidade nos efeitos sucessórios (CC, arts. 1.829, II, e 1.790, III). • Filho adotivo não está compreendido na exceção do CC, art. 1.799, I. • Rompimento de testamento se sobrevier filho adotivo (CC, art. 1.973). • Direito do adotado de recolher bens deixados pelo fiduciário. • Superveniência de filho adotivo pode revogar doação feita pelo adotante (CC, arts. 1.789 e 1.846).
	• Extinção	• Deserdação (CC, arts. 1.814, 1.962 e 1.963). • Indignidade (CC, art. 1.814). • Reconhecimento do adotado pelo pai de sangue. • Morte do adotado ou adotante.	

5. **ADOÇÃO DE MENORES BRASILEIROS POR ESTRANGEIROS**	• Restrições no direito pátrio da adoção por estrangeiro (CF/88, art. 227, § 5º; LINDB, art. 7º; e Lei n. 8.069/90, arts. 31, 39, 46, 50, § 10, 51 e 52)	• Impossibilidade de adoção por procuração (ECA, art. 39, § 2º). • Estágio de convivência (ECA, art. 46, §§ 3º, 3º-A, 4º e 5º). • Comprovação da habilitação do adotante à adoção (ECA, art. 52, I e II). • Apresentação de relatório, instruído com documentação necessária e de estudo psicossocial do adotante (ECA, art. 52, III, IV e VI). • Apresentação de cópia autenticada de legislação estrangeira (ECA, art. 52, IV). • Juntada aos autos de documentos estrangeiros (ECA, art. 52, V). • Expedição do laudo de habilitação à adoção internacional (ECA, art. 52, VII e § 13). • Formalização do pedido de adoção perante o Juízo da Infância e Juventude (ECA, art. 52, VIII, §§ 1º e 3º). • Permissão da saída do adotando do território nacional apenas após a consumação da adoção (ECA, art. 52, §§ 8º e 9º). • Solicitação de informações sobre a situação do menor adotado (ECA, art. 52, § 10). • Vedação do contato direto de representantes de organismos de adoção com dirigentes dos programas de acolhimento e com menores com condições de serem adotados, sem autorização do juiz (ECA, art. 52, § 14).
6. **ADOÇÃO DE MENORES POR BRASILEIRO RESIDENTE NO EXTERIOR**	• (Lei n. 8.069/90, arts. 52-B, §§ 1º e 2º, 52-C, §§ 1º e 2º, e 52-D)	
7. **ADOÇÃO NO DIREITO INTERNACIONAL PRIVADO**	• Rege-se por dois sistemas: o da nacionalidade e o da lei do domicílio, sendo o da lei do domicílio o aceito pelo Brasil.	

4. Poder familiar

A. Conceito, finalidade e caracteres

O poder familiar pode ser definido como um conjunto de direitos e obrigações, quanto à pessoa e bens do filho menor não emancipado, exercido, em igualdade de condições, por ambos os pais, para que possam desempenhar os encargos que a norma jurídica lhes impõe, tendo em vista o interesse e a proteção do filho[143]. Ambos têm, em igualdade de condições, poder decisório so-

143. Conceito baseado nas definições de José Virgílio Castelo Branco Rocha, *Pátrio poder*, 1960, p. 47; Caio M. S. Pereira, *Instituições*, cit., p. 281; W. Barros Monteiro, op. cit., p. 277; Silvio Rodrigues, op. cit., p. 358; José Antonio de Paula Santos Neto, *Do pátrio poder*, São Paulo, Revista dos Tribunais, 1994; Paulo Luiz Netto Lôbo, Do poder familiar, in *Direito de família e o novo Código Civil* (coord. Mª Berenice Dias e Rodrigo da Cunha Pereira), Belo Horizonte, Del Rey, 2003, p. 177-89; Venceslau T. Costa Filho, Função social da autoridade parental: algumas considerações, *Revista Síntese — Direito de Família*, *67*:9-18; Débora C. Gouveia, A autoridade parental nas famílias reconstituídas, *Revista Síntese — Direito de Família*, *67*:29-65; Julia R. Caffaro, A autoridade parental e seus obstáculos na ordem civil-constitucional, *Revista Síntese — Direito de Família*, *67*:66-86. Guilherme G. Strenger, Poder familiar — guarda e regulamentação de visitas, *O novo Código Civil — Estudos em homenagem a Miguel Reale*, cit., p. 1225-53; Denise D. Comel, *Do poder familiar*, São Paulo, Revista dos Tribunais, 2003; Leila Maria T. de Brito e Lygia S. M. Ayres, Poder familiar: destituição do poder familiar e dúvidas sobre a filiação, *Revista Brasileira de Direito de Família*, *26*:129-43; João Teodoro da Silva, Poder familiar: emancipação de menor pelos pais e art. 1.631 do Código Civil, *Revista Brasileira de Direito de Família*, *26*:144-58; Aparecida Maria V. da Costa Gonçalves, O poder familiar: breves considerações à luz do novo Código Civil, in *Questões de direito civil e o novo Código*, cit., p. 372-90; Fernando Dias Andrade, Poder familiar e afeto numa perspectiva espinosana, *Direito civil — direito patrimonial* e *direito existencial*, cit., p. 777-98; Fabiana M. Spengler e Nilo Marion Jr., O poder familiar e o seu conteúdo: da pessoa ao patrimônio, *Revista Brasileira de Direito de Família*, *40*:27-47; Venceslau T. Costa Filho, Função social da autoridade parental: algumas considerações, *Revista Síntese — Direito de Família*, *69*:15261; Renata M. Vilas-Bôas, A inconstitucionalidade da parte final do art. 1.636

bre a pessoa e bens de filho menor não emancipado. Se, porventura, houver divergência entre eles, qualquer deles poderá recorrer ao juiz a solução necessária, resguardando o interesse da prole (CC, art. 1.690, parágrafo único).

Esse poder conferido simultânea e igualmente a ambos os genitores, e, excepcionalmente, a um deles, na falta do outro (CC, art. 1.690, 1ª parte), exercido no proveito, interesse e proteção dos filhos menores, advém de uma necessidade natural, uma vez que todo ser humano, durante sua infância, precisa de alguém que o crie, eduque, ampare, defenda, guarde e cuide de seus interesses, regendo sua pessoa e seus bens. Com o escopo de evitar o jugo paterno-materno, o Estado tem intervindo, submetendo o exercício do poder familiar à sua fiscalização e controle ao limitar, no tempo, esse poder; ao restringir o seu uso e os direitos dos pais[144].

Ante o exposto percebe-se que o poder familiar:

1) Constitui um *munus* público, isto é, uma espécie de função correspondente a um cargo privado, sendo o poder familiar um *direito-função* e um

---

do Código Civil: a autoridade parental nas famílias mosaicas, *Revista Síntese — Direito de Família, 79*:94-114; Luiz Edson Fachin, As relações paterno-filiais à luz do direito civil contemporâneo: reflexões sobre o poder familiar e autoridade parental. *10 anos*, cit., p. 555-62. *Vide* Lei n. 8.069/90, arts. 53, 55, 58, e Decreto n. 1.041/94, art. 25, I, ora revogado pelo Decreto n. 3.000/99; *Ciência Jurídica, 49*:139 — "O pátrio poder [hoje poder familiar] institui-se em benefício do filho e não para o privilégio do pai. O desinteresse, manifestado pelo não reconhecimento imediato da paternidade induz abandono (TJPR)". Sobre crianças nascidas em leprocômios: Decreto n. 968/62, art. 10. Para que haja maior equilíbrio entre os cônjuges, na relação familiar, protegendo mais os filhos, o atual Código Civil estabelece, em lugar do pátrio poder, o *poder familiar*, conferido, conjuntamente, ao pai e à mãe. *"Poder familiar"* é expressão adequada, visto que os pais têm esse poder em função dos interesses do casal e da prole, ensina-nos Miguel Reale, *O Projeto do Novo Código Civil*, São Paulo, Saraiva, 1999, p. 18. Todavia, há quem ache que seria preferível a locução *poder parental* ou *autoridade parental* por ser prerrogativa dos genitores e não da família. De boa política foi substituir o pátrio poder pelo poder familiar, pois cerca de 20% das famílias brasileiras são administradas por mulheres.

Vide art. 3º da Lei n. 12.010/2009.

144. Orlando Gomes, op. cit., p. 411; Cláudio de Cicco (*Direito: tradição e modernidade*, São Paulo, Ícone, 1993) faz interessante análise do poder familiar desde as origens romanas ao direito brasileiro moderno. Consulte, ainda, Roberto João Elias, *Pátrio poder*, São Paulo, Saraiva, 1999; Sebastião José Roque, *Direito de família*, cit., p. 16574; Fernando Dias Andrade, Poder Familiar e afeto numa perspectiva espinosana, *Família e dignidade*, Anais do V Congresso Brasileiro de Direito de Família (coord. R. Cunha Pereira), São Paulo, IOB Thomson, 2006, p. 367-93. A família, como se vê, sofreu um processo de democratização, constituindo-se numa comunidade ou instituição convivencial, regida pelos laços de afetividade, liberdade e respeito, buscando a realização plena de todos os seus membros.

poder-dever, que estaria numa posição intermediária entre o poder e o direito subjetivo[145].

2) É *irrenunciável* (*JSTJ*, *123*:243)[146], pois os pais não podem abrir mão dele.

3) É *inalienável* ou indisponível, no sentido de que não pode ser transferido pelos pais a outrem, a título gratuito ou oneroso; a única exceção a essa regra, que foi permitida em nosso ordenamento jurídico, era a *delegação* (*RT*, *181*:491; *RF*, *150*:178) do poder familiar[147], desejada pelos pais ou responsáveis, para prevenir a ocorrência de situação irregular do menor (Cód. de Menores, art. 21). Essa delegação era reduzida a termo, em livro próprio, assinado pelo juiz e pelas partes, dele constando advertência sobre os direitos e deveres decorrentes do instituto (Cód. de Menores, art. 23, parágrafo único).

4) É *imprescritível,* já que dele não decaem os genitores pelo simples fato de deixarem de exercê-lo; somente poderão perdê-lo nos casos previstos em lei[148].

5) É *incompatível com a tutela,* não se pode, portanto, nomear tutor a menor, cujo pai ou mãe não foi suspenso ou destituído do poder familiar[149].

6) Conserva, ainda, a natureza de uma *relação de autoridade,* por haver um vínculo de subordinação entre pais e filhos, pois os genitores têm o poder de mando e a prole, o dever de obediência (CC, art. 1.634, VII)[150].

B. Abrangência do poder familiar

Cabe-nos, agora, verificar a quem compete o poder familiar e quais as pessoas sujeitas a ele.

Com base nas lições de Carbonnier[151], poder-se-á examinar a titularidade do poder familiar, no direito brasileiro, separando a hipótese-padrão das situações patológicas.

145. Orlando Gomes, op. cit., p. 412; Silvio Rodrigues (op. cit., p. 358) observa que é "um *munus* público imposto pelo Estado aos pais, a fim de que zelem pelo futuro de seus filhos".

146. Cicu, *Diritto di famiglia*, p. 293; Caio M. S. Pereira, *Instituições,* cit., p. 281; Silvio Rodrigues, op. cit., p. 358. Se entregar filho a terceiro sofrerá a pena do art. 238 da Lei n. 8.069/90, desde que tenha recebido pagamento para isso. *EJSTJ*, *24*:158 e 159.

147. W. Barros Monteiro, op. cit., p. 281.

148. Caio M. S. Pereira, *Instituições,* cit., p. 281.

149. W. Barros Monteiro, op. cit., p. 288.

150. Orlando Gomes, op. cit., p. 418.

151. Carbonnier, op. cit., v. 2, p. 643.

A *hipótese-padrão* é a da família na qual o pai e a mãe estão vivos e unidos pelo enlace matrimonial ou pela união estável, sendo ambos plenamente capazes[152]. Nesta circunstância o poder familiar é simultâneo, o exercício é de ambos os cônjuges ou conviventes; havendo divergência entre eles, qualquer deles tem o direito de recorrer ao juiz, para a solução do problema, evitando-se que a decisão seja inexorável[153]. Deveras é o que dispõe o art. 1.631 e parágrafo único do Código Civil: "Durante o casamento compete o poder familiar aos pais; na falta ou impedimento de um deles passará o outro a exercê-lo com exclusividade. Divergindo os progenitores quanto ao exercício do poder familiar, é assegurado a qualquer deles recorrer ao juiz para solução do desacordo".

As *situações anormais* podem ocorrer:

1) *Na família matrimonial* quando (*a*) os *cônjuges estiverem vivos e bem casados,* porém o poder familiar será exercido, p. ex., só pela mãe se o pai estiver impedido de exercê-lo por ter sido suspenso ou destituído do *munus* público ou por não poder, devido a força maior (superveniência de incapacidade mental, p. ex.), manifestar sua vontade[154]; (*b*) os *consortes estiverem separados*[155] *ou divorciados,* pois embora a separação ou o divórcio não alterem as relações entre pais e filhos senão quanto ao direito que aos primeiros cabe de terem em sua companhia os segundos (CC, art. 1.632), o exercício do poder familiar pode ser alterado pela atribuição do direito de guarda a um deles, ficando o outro com o de visitar a prole. P. ex.: os ex-cônjuges continuam como titulares do poder familiar, mas, se a mãe foi incumbida, por ter melhores condições, de ter sob sua guarda os filhos menores do casal, há deslocamento do *exercício* do poder familiar, porque ela precisa *exercê-lo,* o que não significa que o pai deixa de ser seu titular conjunto, uma vez que, se ele discordar de alguma decisão da mãe, poderá recorrer ao magistrado para pleitear sua modificação. Nada obsta que se decida pela *guarda compartilhada,* caso em que o exercício do poder familiar competirá ao casal parental, visto que o casal conjugal deixou de existir. Se, porventura,

152. Orlando Gomes, op. cit., p. 413.

153. Consulte Silvio Rodrigues, op. cit., p. 359; Lei n. 8.069/90, arts. 21 e 148, parágrafo único, *d*.

154. Orlando Gomes, op. cit., p. 413-4.

155. Os separados extrajudicialmente também se incluem, excepcionalmente, em certos casos, p. ex., adoção (interpretação extensiva; Lei n. 8.069/90, art. 42, § 4º) e uso de embrião congelado.

a guarda dos filhos ficar, por sentença judicial, com pessoa idônea da família de qualquer dos cônjuges, p. ex., avós maternos, o poder familiar continuará a ser exercido pelos pais, subsistindo o direito ao recurso judicial[156]; (*c*) o *vínculo conjugal se dissolve pela morte de um dos cônjuges,* caso em que o poder familiar competirá ao consorte sobrevivente; assim, se um dos genitores falecer, o viúvo assumirá sozinho o poder familiar e o conservará, ainda que venha a convolar novas núpcias ou formar união estável, exercendo-o sem qualquer interferência do novo cônjuge ou convivente (CC, art. 1.636)[157]. Pelo art. 1.636, parágrafo único, do Código Civil, o mesmo se aplica a pai ou a mãe solteiros que casarem ou passarem a viver em união estável, os quais exercerão o poder familiar sobre seus filhos menores, sem que haja quaisquer intromissões do consorte ou companheiro sobre a educação, representação ou assistência àqueles filhos.

A situação anormal apresentada na família matrimonial poderá dar-se na entidade familiar formada pela união estável em caso de morte de um dos conviventes, de perda ou suspensão do poder familiar por um deles ou de ruptura da convivência. Nessas hipóteses, as mesmas soluções, por analogia, deverão ser aplicadas.

2) *Na família não matrimonial* quando (*a*) o *filho for reconhecido pelos dois genitores, simultânea ou sucessivamente,* estabelecendo, assim, o parentesco, ficará sujeito ao exercício do poder familiar de um deles, se não viverem em união estável, tendo o outro o direito de visita, a não ser que, no interesse dele, o juiz decida de modo contrário; (*b*) o *filho for reconhecido apenas por um dos pais,* sujeitar-se-á ao poder familiar de quem o reconheceu (CC, art. 1.633, 1ª parte)[158].

3) *Na família civil* ou *socioafetiva* quando (*a*) o *filho adotivo for adotado pelo casal,* como se equipara ao filho matrimonial, aos pais adotivos competirá o exercício do poder familiar; (*b*) o *filho adotivo for adotado só pelo marido,* a este caberá o exercício exclusivo do poder familiar; e (*c*) o *filho adotivo for adotado apenas pela mulher,* a esta há de competir, exclusivamente, o poder familiar[159].

156. Carbonnier, op. cit., p. 645; Orlando Gomes, op. cit., p. 415-6.

157. Orlando Gomes, op. cit., p. 416-7.

158. Orlando Gomes, op. cit., p. 413; *RT, 505*:68.

159. Orlando Gomes, op. cit., p. 417. Claudete C. Canezin, A noção de poder familiar e a desconsideração do novo modelo de família nuclear, in *Introdução crítica ao Código Civil* (org. Lucas A. Barroso), Rio de Janeiro Forense, 2006, p. 463-80, v. 5.

Em relação ao filho decorrente de inseminação artificial heteróloga, consentida pelo marido de sua mãe, há paternidade socioafetiva, mas forma família matrimonial; o poder familiar será de ambos, visto que há vontade procriacional e presunção de filiação matrimonial (CC, art. 1.597, V).

Pelo art. 1.630 do Código Civil sujeitam-se, portanto, à proteção do poder familiar todos os filhos menores advindos, ou não, de relações matrimoniais; reconhecidos e adotivos. Os não reconhecidos pelo pai, ante o fato de ser a maternidade em regra sempre certa, submeter-se-ão, como vimos, enquanto menores, ao poder familiar da mãe[160], que os reconheceu (*RT*, *505*:68). Se esta for desconhecida, ou incapaz de exercer o poder familiar, por estar sob interdição ou por ter sido dele suspensa ou destituída, ou, ainda, se não for reconhecido por nenhum dos pais, nomear-se-á um tutor ao menor (CC, art. 1.633).

C. Conteúdo do poder familiar

O poder familiar engloba um complexo de normas concernentes aos direitos e deveres dos pais relativamente à pessoa e aos bens dos filhos menores não emancipados[161].

Compete aos pais *quanto à pessoa dos filhos menores* (CC, art. 1.634, I a IX, com as alterações da Lei n. 13.058/2014):

1) *Dirigir-lhes a criação e educação* (CF, art. 229; Lei n. 8.069/90, arts. 4º, 19, 21, 53 e 55; Lei n. 9.394/96, art. 6º, com redação da Lei n. 11.114/2005), provendo-os de meios materiais para sua subsistência e instrução de acordo com seus recursos e sua posição social, preparando-os para a vida, tornando-os úteis à sociedade, assegurando-lhes todos os direitos fundamentais inerentes à pessoa humana. Cabe-lhes ainda dirigir espiritual e moralmente os filhos, formando seu espírito e caráter, aconselhando-os e dando-lhes uma formação religiosa. Cumpre-lhes capacitar a prole física, moral, espiritual, intelectual e socialmente em condições de liberdade e de dignidade (ECA, arts. 1º, 3º, 4º e 15). A norma jurídica prescreve que compete aos pais dirigir a criação e educação dos filhos, respeitando seus direitos da personalida-

---

160. W. Barros Monteiro, op. cit., p. 277.

161. Silvio Rodrigues, op. cit., p. 361; Antonio Carlos Morato, Dano moral pela violação da autoridade dos pais, *Estudos de direito de autor, direito da personalidade, direito do consumidor e danos morais* (coord. Eduardo C. B. Bittar e Silmara J. Chinelatto), Rio de Janeiro, Forense Universitária, 2002, p. 157-77. Se não houver cumprimento dos deveres inerentes do poder familiar, aplicar-se-á o art. 249 da Lei n. 8.069/90.

de, garantindo sua dignidade como seres humanos em desenvolvimento físico-psíquico, mas nada dispõe sobre o modo como devem criá-los e muito menos como devem executar os encargos parentais. Isto é assim porque a vida íntima da família se desenvolve por si mesma e sua disciplina interna é ditada pelo bom senso, pelos laços afetivos que unem seus membros, pela convivência familiar (CF, art. 227, 2ª parte) e pela conveniência das decisões tomadas. Podem, ainda, usar, moderadamente, seu direito de correção, como sanção do dever educacional, pois o poder familiar, diz Orlando Gomes, não poderia ser exercido, efetivamente, se os pais não pudessem castigar seus filhos para corrigi-los. Todavia, é preciso esclarecer que, embora os pais estejam legitimados a castigá-los, no exercício de seu poder disciplinar não estão autorizados os castigos imoderados; assim, os genitores que abusarem dos meios corretivos poderão ser destituídos do poder familiar, além de incorrerem em responsabilidade criminal (CC, art. 1.638, I; CP, art. 136)[162].

Se os pais não cumprirem o dever legal e moral de educar e criar seus filhos, perderão o poder familiar (CC, art. 1.638, II), sofrerão as sanções previstas no Código Penal (arts. 244 e 246) para o crime de abandono material e intelectual dos menores, e, ainda, arcarão com a responsabilidade civil pelo dano moral causado aos filhos, relativamente aos seus direitos da personalidade.

2) *Exercer a guarda unilateral ou compartilhada, nos termos do art. 1.584, tendo os filhos em sua companhia e guarda,* pois esse direito de guarda é, concomitantemente, um poder-dever dos titulares do poder familiar. Dever porque aos pais, a quem cabe criar, incumbe guardar. Constitui um direito, ou melhor,

---

162. Paulo Luiz Netto Lôbo (Do poder familiar, *Direito de família e o novo Código Civil,* coord. Dias e Cunha Pereira, Belo Horizonte, Del Rey, 2001, p. 153), por sua vez, entende que não há fundamento jurídico para castigar, mesmo moderadamente, filho, física ou psiquicamente, por constituir uma violência à integridade dele. Em 15-7-2010, apresentou-se Projeto de Lei n. 7.672/2010, baseado na campanha "Não bata, eduque", proibindo maus-tratos à criança, inclusive a "palmada pedagógica", penalizando os pais com advertências e encaminhando-os a programas de proteção à família e orientação psicológica para garantir uma boa convivência familiar e um ambiente saudável. Planiol, Ripert e Boulanger, op. cit., v. 1, n. 1.899; Silvio Rodrigues, op. cit., p. 362; Enneccerus, Kipp e Wolff, *Derecho de familia,* v. 2, § 79; Colin e Capitant, op. cit., v. 1, n. 495; Orlando Gomes, op. cit., p. 419; Antonio Cicu, *Diritto,* cit., p. 179; Caio M. S. Pereira, *Instituições,* cit., p. 282-3; W. Barros Monteiro, op. cit., p. 278; Laurent, *Principes de droit civil français,* v. 4, p. 350; Sílvio Neves Baptista, op. cit., p. 283-4; Cláudia Maria da Silva, Descumprimento do dever de convivência familiar e indenização por danos à personalidade do filho, *Revista Brasileira de Direito de Família, 25*:122-48. É dever dos pais efetuar matrícula de menores, a partir dos 6 anos de idade, no ensino fundamental (Lei n. 9.394/96, art. 6º, com redação da Lei n. 11.114/2005).

um poder, porque os pais podem reter os filhos no lar, conservando-os junto a si, regendo seu comportamento em relações com terceiros, proibindo sua convivência com certas pessoas ou sua frequência a determinados lugares, por julgarem inconveniente aos interesses dos menores. Se confiarem a guarda de seus filhos a pessoa que sabem que os prejudicará material ou moralmente, cometerão o delito previsto no Código Penal, art. 245. Como os pais são civilmente responsáveis pelos atos dos filhos menores que estão em sua companhia e guarda, o direito de guarda abrange, necessariamente, o de vigilância, que torna efetivo o poder de dirigir a formação moral do menor. Ante o poder-dever de educação, correção e vigilância, poderiam os pais proibir a frequência a certos locais, a leitura de livros impróprios ou a amizade com determinadas pessoas, abrir correspondência de filho menor, ouvir ligação telefônica, revistar seus objetos pessoais, usar aparelho rastreador antissequestro, vigiar o uso da internet etc.? Como nos ensina José de Oliveira Ascensão, o conceito de privacidade é inerente a um circunstancionalismo do caso concreto. Não se pode olvidar que o menor, estando em formação, desenvolvendo-se física e mentalmente, deve acatar as deliberações dos pais, detentores do poder-familiar, desde que não atentatórias à sua dignidade e voltadas à proteção integral de seus interesses, ao respeito de seus direitos e ao aprimoramento de sua formação (moral, religiosa, intelectual profissional) e educação (ECA, arts. 22 e 98, II; CF, art. 229; CC, arts. 1.634, 1.689 e 1.693). Além do mais, como os pais têm o direito de ter a prole em sua companhia, com eles vivendo, fixam o domicílio dos filhos menores. Se os pais estiverem separados de fato, os direitos de ter os filhos em sua companhia e guarda cabem tanto ao pai como à mãe. Se os filhos menores forem confiados à guarda da mãe, não há ofensa ao poder familiar, porque o direito de guarda é da natureza, e não da essência, do poder familiar, podendo até ser confiado a outrem (*RT*, *178*:162)[163].

---

163. De Page, op. cit., v. 1, ns. 787 e 788; Silvio Rodrigues, op. cit., p. 363; Orlando Gomes, op. cit., p. 419; W. Barros Monteiro, op. cit., p. 279; Antonio Jorge Pereira Júnior, Privacidade no gerenciamento do poder familiar, *Direito à privacidade* (coord. Silva Martins e Pereira Jr.), Aparecida, Ideias e Letras, 2005, p. 149-212; Cláudio Luiz B. Godoy, O direito à privacidade nas relações familiares, cit., p. 138-44; Código Civil, arts. 1.566 e 1.650; Decreto-Lei n. 9.701/46. Os pais devem vigiar o uso da internet pelos filhos, evitando *sexting* (envio de mensagens sexuais, que poderá contribuir para a ação de pedófilos, pois os menores enviam fotos nus, seminus ou com poses sugestivas, por meio de celular, webcam, usando *bluetooth* ou internet, para grupos de redes sociais, *e-mails*, salas de bate-papo e comunicadores instantâneos). Consulte: Moisés de O. Cassanti, Responsabilidade dos pais sobre comportamento dos filhos na internet, *Visão Jurídica*, p. 19 (2016).

3) *Conceder-lhes ou negar-lhes consentimento para casar,* pois se não o derem o magistrado poderá supri-lo (CC, arts. 1.517, 1.519 e 1.550, II; Lei n. 8.069/90, art. 148, parágrafo único, *c*).

4) *Conceder-lhes ou negar-lhes anuência para viajarem ao exterior e para mudarem sua residência permanente para outro município.*

5) *Nomear-lhes tutor, por testamento ou documento autêntico* (p. ex. *escritura pública), se o outro dos pais lhe não sobreviver, ou o sobrevivo não puder exercitar o poder familiar,* pois ninguém melhor do que o genitor para escolher a pessoa a quem confiar a tutela dos filhos menores. Trata-se da tutela testamentária cabível, ante o fato de que a um consorte não é lícito privar o outro do poder familiar, apenas quando o outro cônjuge já tiver falecido ou for incapaz de exercer o poder paternal ou maternal, sob pena de nulidade (*RT, 153*:136)[164].

6) *Representá-los, judicialmente e extrajudicialmente até os 16 anos, nos atos da vida civil, e assisti-los, após essa idade, nos atos em que forem partes, suprindo-lhes o consentimento* (CC, arts. 1.690, 3º e 4º; CPC/2015, art. 71; CLT, arts. 792 e 439; Lei n. 8.069/90, art. 142).

7) *Reclamá-los de quem ilegalmente os detenha,* por meio da ação de busca e apreensão. O magistrado, ao receber o pedido de busca e apreensão, se convencido da ilegalidade da detenção do menor feita pelo réu que, p. ex., o raptou ou o subtraiu em desobediência à decisão judicial, ordenará a expedição de mandado liminar, sem audiência do referido réu. Washington de Barros Monteiro ensina-nos que não poderá exercer o direito de reclamar o filho o pai ou a mãe que se descuida inteiramente dele ou que o mantém em local prejudicial a sua saúde[165].

8) *Exigir que lhes prestem obediência, respeito e os serviços próprios de sua idade e condição,* sem prejuízo de sua formação. Os menores deverão não só respeitar e obedecer aos seus pais, mas também prestar-lhes serviços compatíveis com sua situação, participando da mantença da família, preparando-se para os embates da vida. A fim de proteger o menor, a lei proíbe que trabalhe fora do lar até os 16 anos, salvo na condição de aprendiz, a partir dos 14 anos (CLT, arts. 403 e 428; CF, art. 7º, XXXIII; Decreto n. 5.598/2005, art. 2º; Dec. n. 6.481/2008, art. 3º; Lei n. 8.069/90, art. 60), e à noite até os 18 anos (art. 404 da CLT)[166]. O adolescente, maior de 14 anos, para que possa trabalhar,

---

164. Silvio Rodrigues, op. cit., p. 364; W. Barros Monteiro, op. cit., p. 280; Código Civil, arts. 1.729 e 1.730; *RT, 132*:129.

165. Caio M. S. Pereira, *Instituições,* cit., p. 285; Silvio Rodrigues, op. cit., p. 364-5; Planiol, Ripert e Boulanger, op. cit., n. 1.894; W. Barros Monteiro, op. cit., p. 279.

166. Heinrich Lehmann, op. cit., p. 298; W. Barros Monteiro, op. cit., p. 280; Silvio Rodrigues, op. cit., p. 365.

precisará cursar escola, sendo-lhe assegurada a *bolsa de aprendizagem* (Lei n. 8.069/90, art. 64). E será proibido ao menor aprendiz não só o trabalho noturno, realizado entre as vinte e duas horas de um dia e as cinco horas do dia seguinte, mas também o perigoso, insalubre ou penoso e o realizado em local que lhe seja prejudicial ou que não lhe permita a frequência à escola (Lei n. 8.069/90, art. 67). Pode-se exigir do menor execução de pequenas tarefas domésticas ou remuneradas, desde que se acatem as restrições da legislação trabalhista e não haja risco ao seu desenvolvimento físico, psíquico, moral e educacional.

Na *esfera patrimonial,* no exercício do poder familiar, incumbe aos pais:

1) A *administração dos bens dos filhos menores sob sua autoridade ou não emancipados* (CC, art. 1.689, II; *RT, 456*:76), ou seja, a prática de atos idôneos à conservação e incremento desse patrimônio, podendo celebrar contratos, como o de locação de imóveis (*RT, 182*:161), pagar impostos, defender judicialmente, receber juros ou rendas, adquirir bens, aliená-los, se móveis[167]. Contudo não poderá dispor dos imóveis pertencentes ao menor, nem contrair obrigações que ultrapassem os limites da simples administração, pelo fato de que esses atos importam em diminuição patrimonial[168]. Se se provar a necessidade, a vantagem econômica ou a evidente utilidade da prole, poderá o pai vender, hipotecar, gravar de ônus real os seus imóveis, desde que haja prévia autorização do juiz competente (CC, art. 1.691; *RT, 145*:108, *168*:732, *506*:122), sem necessidade de alienação judicial (CPC, art. 881)[169], embora o magistrado possa ordená-la, se suspeitar de simulação concernente ao preço (*RT, 165*:317)[170]. Os pais não responderão pela administração dos bens do filho, a não ser que ajam com culpa, não estando, ainda, em regra, obrigados a prestar caução, nem a lhe render contas[171], mas só poderão reter quantias de dinheiro pertencentes ao filho se houverem garantido sua gestão com hipoteca legal (*RT, 147*:257). Se fizerem depósitos bancários em nome dos filhos menores, podem movimentá-los e até liquidá-los, independente-

---

167. Orlando Gomes, op. cit., p. 420; Clóvis Beviláqua, *Código Civil comentado,* cit., v. 2, p. 369.
168. Caio M. S. Pereira, *Instituições,* cit., p. 286.
169. W. Barros Monteiro, op. cit., p. 282; Orlando Gomes, op. cit., p. 420. Tal alienação far-se-á em leilão judicial.
170. Silvio Rodrigues, op. cit., p. 367; Código de Processo Civil, art. 725, III; Código Civil, arts. 1.750 e 1.637. Pelo ora revogado Dec.-Lei n. 7.661/45, art. 42, a administração dos bens pertencentes aos filhos do devedor não era atingida pela falência, mas a nova lei falimentar não faz essa ressalva.
171. Orlando Gomes, op. cit., p. 420.

mente de autorização judicial (*AJ, 118*:194)[172]. A renda em caderneta de poupança pertencente a menor pode ser levantada para atender a gastos com instrução, alimentação e de outra natureza (*RT, 527*:81). Excluíam-se da administração paterna e materna ações de companhia de seguros e bancos, pertencentes a menores sujeitos ao poder familiar de pessoa estrangeira, pois pelo Decreto-Lei n. 2.063/40, art. 9º, § 2º, que teve suspensa sua aplicação pela Resolução n. 23, de 24-3-1965, e pelo Decreto-Lei n. 3.182/41, art. 3º, § 2º, essas ações só poderiam ser administradas por brasileiros.

Pela administração os genitores que exercem o poder familiar não têm qualquer direito à remuneração.

Sempre que, no exercício do poder familiar, colidirem os interesses dos pais com os do filho, a requerimento deste ou do Ministério Público, o juiz lhe dará curador especial (CC, art. 1.692; Lei n. 8.069/90, arts. 142, parágrafo único, e 148, parágrafo único, *f*), para que fiscalize a solução do conflito de interesses de pais e filho: zelando pelo do menor (*RT, 106*:126)[173]; recebendo em seu nome doação que os pais irão fazer-lhe; concordando com venda que os genitores efetuarão a outro descendente; intervindo na permuta entre o filho menor e os pais; levantando a inalienabilidade que pesa sobre bem de família. Trata-se, portanto, de medida preventiva, como diz Carvalho Santos, fundada no justo receio de que os pais, cujos interesses colidem com os do filho, possam causar-lhe dano, por serem suspeitos para tomar qualquer decisão sobre negócios relativos ao filho[174].

Havendo infração das normas acima mencionadas, poderão opor nulidade dos atos dela resultantes (*a*) o filho, após sua maioridade ou emancipação; (*b*) os herdeiros e o representante legal do filho, se durante a menoridade cessar o poder familiar (CC, art. 1.691, parágrafo único), ou seja, havendo falecimento do menor ou sucessão do pai ou mãe na sua representação[175].

2) O *usufruto sobre os bens dos filhos menores que se acham sob o seu poder* (CC, art. 1.689, I). O usufruto é inerente ao exercício do poder familiar, cessando com a inibição do poder paternal ou maternal, maioridade, emancipação ou morte do filho[176]. O usufruto paterno ou materno constitui razão

172. W. Barros Monteiro, op. cit., p. 283; *RT, 527*:81.

173. Silvio Rodrigues, op. cit., p. 367; Código de Processo Civil, art. 9º.

174. W. Barros Monteiro, op. cit., p. 283; Carvalho Santos, *Código Civil brasileiro interpretado*, São Paulo, Freitas Bastos, 1958, t. VI, p. 98.

175. Caio M. S. Pereira, *Instituições*, cit., p. 286.

176. Silvio Rodrigues, op. cit., p. 366; W. Barros Monteiro, op. cit., p. 281. *Vide*: *RT, 603*:189, *649*:49.

de imposição legal, dependendo de registro se recair sobre imóvel (CC, art. 1.391), sendo um direito irrenunciável. Os pais usufrutuários dos bens dos filhos menores não são obrigados à caução (CC, art. 1.400), uma vez que os filhos muito dificilmente a exigirão. Os pais podem reter as rendas oriundas dos bens do filho menor sem prestar contas, podendo consumi-las, legitimamente, uma vez que a lei autoriza-os a fazê-lo como compensação dos encargos decorrentes com a criação e educação do filho, embora possam, eventualmente, ser compelidos a prestar contas dos rendimentos dos bens sujeitos ao seu usufruto. Os pais não estão, obviamente, obrigados a consumir tais rendas; poderão conservá-las acumuladas ou reinvestilas em proveito do filho[177]. O usufruto legal recai sobre todos os bens do filho menor, exceto (*a*) nos bens deixados ou doados ao filho com exclusão do usufruto paterno, pois o doador pretende que as rendas desses bens sejam acrescidas ao patrimônio do donatário (CC, art. 1.848); (*b*) nos bens deixados ao filho, para fim certo e determinado (CC, art. 1.897), p. ex., para educação do menor; assim, se houver desvio da renda, impossível atingir o objetivo almejado pelo testador[178].

O direito de usufruto, em regra, está associado ao de administração, pois o genitor que detém o poder familiar percebe os frutos do patrimônio administrado, embora seja possível existir um sem o outro. Pode haver administração sem usufruto, e usufruto sem administração, hipótese em que aos pais assiste tão somente uma pretensão de entrega dos frutos contra o administrador[179]. E, finalmente, há bens excluídos tanto do usufruto como da administração paternal ou maternal, cabendo sua gerência a um curador especial nomeado pelo juiz. É o que ocorre (CC, art. 1.693, I a IV) com (*a*) os bens adquiridos pelo filho havido fora do matrimônio, antes do reconhecimento, para evitar que o pai ou a mãe o reconheça com o único propósito de se beneficiar com a administração e usufruto de seus bens (*RT, 455*:159); (*b*) os valores auferidos pelo filho maior de 16 anos, no exercício de atividade profissional e os bens adquiridos com tais recursos; (*c*) os deixados ou doados ao filho, sob a condição de não serem usufruídos ou administrados pelos pais, como é o caso de pais separados ou divorciados, que testam bens aos filhos, com cláusula de que não serão administrados pelo genitor sobrevivente (CC,

177. Orlando Gomes, op. cit., p. 420; Caio M. S. Pereira, *Instituições,* cit., p. 287; W. Barros Monteiro, op. cit., p. 281.

178. Silvio Rodrigues, op. cit., p. 368; *RT, 649*:49.

179. Caio M. S. Pereira, *Instituições,* cit., p. 287; Orlando Gomes, op. cit., p. 420-1; Lehmann, op. cit., p. 323.

art. 1.848; *RT, 160*:214, *152*:637); e (*d*) os bens que ao filho couberem na herança (art. 1.599), quando os pais forem excluídos da sucessão (arts. 1.814, 1.816, parágrafo único, 1.961, 1.962 e 1.963), pois se o indigno, ou o deserdado, pudesse administrar ou usufruir os bens havidos por seu filho, em sucessão de que foi excluído, a pena a ele imposta não teria sentido, perderia sua eficácia parcialmente[180].

D. Suspensão do poder familiar

Sendo o poder familiar um *munus* público que deve ser exercido no interesse dos filhos menores não emancipados, o Estado controla-o, prescrevendo normas que arrolam casos que autorizam o magistrado a privar o genitor de seu exercício temporariamente, por prejudicar o filho com seu comportamento, hipótese em que se tem a suspensão do poder familiar, sendo nomeado curador especial ao menor no curso da ação. Na suspensão, o exercício do poder familiar é privado, por tempo determinado, de todos os seus atributos ou somente de parte deles, referindo-se a um dos filhos ou a alguns. P. ex., poderá o juiz privar o pai da administração do patrimônio do filho, se lhe está arruinando os bens, restaurando-se-os com a expiração do prazo[181]. Deveras, desaparecendo a causa que deu origem à suspensão, o pai poderá retornar ao exercício do poder familiar[182].

É, pois, uma sanção que visa a preservar os interesses do filho, afastando-o da má influência do pai que viola o dever de exercer o poder familiar conforme a lei[183].

As causas determinantes da suspensão do poder familiar estão arroladas, genericamente, no Código Civil, art. 1.637 (*abuso do poder* por pai ou mãe; *falta aos deveres paternos* — se deixam o filho em estado habitual de vadiagem, libertinagem, criminalidade; se o privam de alimentos, pondo em perigo sua saúde ou se o maltratam; e *dilapidação dos bens do filho*), para que o juiz, a requerimento de algum parente ou do Ministério Público, possa adotar medida que lhe pareça mais conveniente à segurança do menor e seus haveres, suspendendo, até quando convenha, o poder familiar. Também a

180. Silvio Rodrigues, op. cit., p. 368-70.
181. *Vide* Orlando Gomes, op. cit., p. 421-2; Silvio Rodrigues, op. cit., p. 371.
182. W. Barros Monteiro, op. cit., p. 286.
183. Silvio Rodrigues, op. cit., p. 370; *Adcoas,* 1982, n. 86.112.

Lei n. 8.069/90, arts. 24 e 129, X, estatui que a autoridade judiciária poderá decretar a suspensão do poder familiar do pai ou mãe que der causa a situação irregular do menor. Suspende-se, igualmente, o exercício do poder familiar, se o pai ou a mãe sofrer *condenação por sentença irrecorrível*, por ter cometido crime cuja pena (reclusão ou detenção) exceda a 2 anos de prisão (CC, art. 1.637, parágrafo único). E, pela Lei n. 12.318/2010 (art. 6º, VII), a caracterização de ato típico de alienação parental (art. 2º, parágrafo único, I a VII) ou de qualquer conduta que dificulte a convivência da prole com o genitor, em ação autônoma ou incidental, o juiz poderá, cumulativamente ou não, sem prejuízo da decorrente responsabilidade civil ou criminal e da ampla utilização de instrumentos processuais aptos a inibir ou atenuar seus efeitos, segundo a gravidade do caso, declarar a suspensão da autoridade parental.

Pelo Código de Processo Civil, em seus arts. 300 e 301, poder-se-ia incluir por analogia, diante da omissão da lei processual de 2015, entre as tutelas provisórias de urgência de natureza cautelar o "depósito", por determinação ou autorização judicial, de menores ou incapazes castigados imoderadamente por seus pais, tutores ou curadores, ou por eles induzidos à prática de atos contrários à lei ou à moral. Como medida de urgência, demonstrada a gravidade do fato (p. ex., maus-tratos, opressão ou abuso sexual), poderá ser, liminar ou após justificação prévia, decretada pelo juiz, ouvido o Ministério Público, até o julgamento definitivo, a suspensão provisória do poder familiar, da função de tutor ou da de guardador, ficando o menor confiado à autoridade administrativa competente ou a pessoa idônea, mediante termo de responsabilidade, até a decisão final, afastando, assim, o agressor da moradia comum (Lei n. 8.069/90, arts. 130 e 157). O Código Penal (art. 92, II e parágrafo único) inclui entre os efeitos da condenação a incapacidade, permanente ou temporária, para o exercício do poder familiar. Percebe-se, por esses dispositivos legais, que ficará suspenso do poder familiar o genitor que, por *maus exemplos, crueldade, exploração ou perversidade, comprometer a saúde, a segurança e a moralidade do filho*[184].

O juiz, para evitar prosseguimento de uma situação deplorável, poderá ordenar, como medida provisória (CPC, arts. 300 e 301), a remoção do menor

---

184. W. Barros Monteiro, op. cit., p. 285-6; *RT, 518*:130; Lei n. 8.069/90, arts. 155, 156 a 163, 13, 23 e 24. Roberto João Elias (*Pátrio poder, guarda dos filhos e direito de visitas*, São Paulo, Saraiva, 1999, p. 46) observa que a suspensão baseada na falta de cumprimento de deveres ou na má administração dos bens dos filhos pode atingir um ou mais filhos, sem alcançar toda a prole, mas, se fundamentada na condenação, atingirá todos os filhos. Há projeto de lei visando proibir agressões físicas a crianças.

da guarda dos pais, até decisão final[185]. Se a pena de suspensão for imposta ao pai, a mãe assumirá o exercício do poder familiar; se já tiver falecido ou for incapaz, o magistrado nomeará um tutor ao menor[186] ou será ele incluído em programa de colocação familiar, na forma prevista pela Lei n. 8.069/90 (CC, art. 1.734 com a redação da Lei n. 12.010/2009). A suspensão do poder familiar acarreta ao pai perda de alguns direitos em relação ao filho[187], mas não o exonera do dever de alimentá-lo.

E. Casos de sua destituição

A destituição do poder familiar é uma sanção mais grave do que a suspensão, operando-se por sentença judicial (Lei n. 8.069/90, art. 148, parágrafo único, *b*), se o juiz (*RF, 155*:224) se convencer de que houve uma das causas que a justificam, abrangendo, por ser medida imperativa, toda a prole e não somente um filho ou alguns filhos. A ação judicial, com esse fim, é promovida (Lei n. 8.069/90, art. 24) pelo outro cônjuge; por um parente do menor; por ele mesmo, se púbere; pela pessoa a quem se confiou sua guarda ou pelo Ministério Público (*RT, 169*:650). A perda do poder familiar, em regra, é permanente (CC, art. 1.635, V), embora o seu exercício possa ser, excepcionalmente, restabelecido, se provada a regeneração do genitor ou se desaparecida a causa que a determinou, mediante processo judicial de caráter contencioso[188].

Segundo o art. 1.638 do Código Civil, será destituído do poder familiar, por ato judicial, o pai ou a mãe que:

1) *Castigar imoderadamente o filho,* pois, a esse respeito, permite-se que o juiz decrete a perda do poder familiar ao pai ou mãe que der causa a situação irregular do menor, por torná-lo vítima de maus-tratos (TJMG, Ap. 000.151.088-2/00, 2ª Câm. Cív., rel. Des. Abreu Leite, j. 15-2-2000), de tentativa de homicídio, de opressão ou castigos imoderados impostos por eles

---

185. Silvio Rodrigues, op. cit., p. 372.

186. Caio M. S. Pereira, *Instituições,* cit., p. 291.

187. Pontes de Miranda, *Tratado de direito de família*, cit., § 155.

188. Orlando Gomes, op. cit., p. 423; W. Barros Monteiro, op. cit., p. 286; Leila M. T. de Brito e Lygia S. M. Ayres, Destituição do poder familiar e dúvidas sobre filiação, *Revista Brasileira de Direito de Família, 26*:129-43; *Ciência Jurídica, 71*:107, *73*:106 e *74*:375; *RT, 653*:103, *604*:353. Não mais se exige o requisito do transcurso do tempo de 5 anos contados da imposição da penalidade, para mover ação para restabelecer o poder sobre os filhos, como requeria a Lei n. 6.697/79, ora revogada.

Vide: *Bol. AASP, 2.721*:654-03 e *656*:14.

ou por responsável. A violência familiar gera também responsabilidade civil por dano moral[189]. A Lei n. 13.010/2014 (Lei da Palmada ou Lei Menino Bernardo), que altera as Leis n. 8.069/90 e 9.394/96, estabelece o direito da criança e do adolescente de serem educados e cuidados sem o uso de castigos físicos ou de tratamento cruel ou degradante praticados por pais ou responsáveis, que, sem prejuízo de outras sanções cabíveis, poderão, conforme a gravidade do caso, sofrer as seguintes medidas: encaminhamento a programa oficial ou comunitário de proteção à família, a tratamento psicológico ou psiquiátrico, a cursos ou programas de orientação; obrigação de encaminhar criança a tratamento especializado e advertência. Tais medidas serão aplicadas pelo Conselho Tutelar da região onde residir o menor (arts. 18-A e 18-B da Lei n. 8.069/90, acrescentados pela Lei n. 13.010/2014), devidamente comunicado dos maus-tratos (art. 13 da Lei n. 8.069/90, com a redação da Lei n. 13.010/2014). E, além disso, poderão ser destituídos do poder familiar.

2) *Deixar o filho em abandono material e/ou moral* (*RT, 271*:320, *507*:104, *528*:110, *783*:258, *826*:335, *827*:421; *JTJRS, 234*:251; *Ciência Jurídica, 73*:106), privando-o da convivência familiar (CF, art. 227) e de condições imprescindíveis a sua subsistência, saúde e instrução obrigatória, ainda que, eventualmente, em virtude de falta, ação ou omissão (Lei n. 8.069/90, arts. 4º, 7º, 22, 23, 53, 55, 87, III e IV, 98, II, e 130; *RT, 653*:103, *761*:371, *791*:333)[190].

---

189. *Vide* W. Barros Monteiro, op. cit., p. 287; Bernardo Castelo Branco, *Dano moral no direito de família*, São Paulo, Método, 2006, p. 193 e s.; Lei n. 8.069/90, arts. 13, 87, III, e 130. *Bol. AASP, 1.957*:51 — "O corretivo aplicado pelo pai que resulta em leves escoriações ou hematomas não afetando a saúde do menor, nem colocando em risco sua vida, não caracteriza o excesso do *jus corrigendi*" (TACrim, 5ª Câm., Ap. 914.669/6-Matão, rel. Juiz Edgar Coelho, j. 10-5-1995, v. u., ementa). *Vide Ciência Jurídica, 74*:375. Castigos moderados, físicos ou psíquicos são admissíveis, desde que não constituam agressão à integridade da prole e atuem como corretivos educacionais. A Lei n. 13.010/2014 proíbe qualquer forma de castigo físico em criança e adolescente, sendo que quem o fizer estará sujeito a medidas previstas no ECA, entendendo que a educação deve ser pautada no diálogo e afetividade. Sobre o assunto: Ana Carolina B. Teixeira, Entre limites, *Boletim IBDFAM, 36*:7.

190. Giselle C. Groeninga, Descumprimento do dever de convivência: danos morais por abandono afetivo. A interdisciplina sintoniza o direito de família com o direito à família: *A outra face*, cit., p. 402-32; Chistiano Cassettari, Responsabilidade civil dos pais por abandono afetivo de seus filhos — dos deveres constitucionais, *A outra face*, cit., p. 433-45; Giselda Maria F. Novaes Hironaka, Os contornos jurídicos da responsabilidade afetiva na relação entre pais e filhos além da obrigação legal de caráter material, *A outra face*, cit., p. 446-73. *Bol. AASP, 2.575*:4733: "Responsabilidade Civil — Dano moral. Autor abandonado pelo pai desde a gravidez da sua genitora e reconhecido como filho somente após propositura de ação judicial. Discriminação em face dos irmãos. Abandono moral e material caracterizados. Abalo psíquico. Indenização devida. Sentença reformada. Recurso provido para este fim" (TJSP, 8ª Câm. de Direito Privado, Ap. com Revisão n. 511.903-4/7-00 — Marília-SP, rel. Des. Caetano Lagrasta, j. 12-3-2008, v.u.).

3) *Praticar atos contrários à moral e aos bons costumes*, podendo, então, considerar menor em situação irregular o que se acha em perigo moral, por encontrar-se, de modo habitual, em ambiente promíscuo, inadequado ou contrário aos bons costumes. P. ex.: se vive em companhia de mãe prostituta ou de pai que se entrega à ociosidade, ao lenocínio ou ao uso ou tráfico de entorpecentes, vivendo desregradamente ou se sofre abusos de ordem sexual, ou, ainda, abusos morais (Lei n. 12.318/2010 (alienação parental), art. 3º c/c CC, art. 1.638, III)[191] ou de crime doloso, punido com reclusão, praticado contra ele pelo genitor condenado criminalmente (Lei n. 8.069/90, art. 23, § 2º, com a redação dada pela Lei n. 12.962/2014). Entretanto, quando o casal se separa, vivendo o cônjuge que ficou com a guarda do menor em

---

Desbiologização da maternidade — Possibilidade — Supremacia dos interesses da criança — Situação de fato consolidada. A falta de recursos materiais não constitui pressuposto para a destituição do *pater familiae*. Todavia, conforme orientação jurisprudencial dos Tribunais pátrios, o mesmo não ocorre quando há carência de amor, afeto, atenção, cuidado, responsabilidade, compromisso e proteção para o menor, pois tais sentimentos são imprescindíveis para o seu pleno desenvolvimento, especialmente se a menor encontra-se totalmente adaptada ao lar do casal adotando, e se o seu retorno para a mãe biológica poderia gerar sofrimentos para a infante, tendo em vista a sua adaptação ao novo lar. Em matéria do direito de menor recomenda a *prudens* que este deve ficar no lar em que já se adaptou e se encontra perfeitamente aboletado (TJMG, 7ª Câm. Cível, AC 1.0702.06.285126-7/001 — UberlândiaMG, rel. Des. Belizário de Lacerda, j. 8-4-2008, v.u., *Bol. AASP, 2.635*:1703-10).

1. Provada a negligência e a falta de cuidado da genitora para com a filha, resta configurada uma situação de risco, que justifica o procedimento visando a destituição do poder familiar. 2. A busca e apreensão, com o consequente abrigamento da infante, é medida protetiva, cujo propósito é permitir que a criança seja inserida em uma família substituta e possa ter um desenvolvimento saudável e uma vida com um mínimo de dignidade. 3. É importante a realização de avaliação psicológica e psiquiátrica na genitora e na infante, a fim de que seja apurada a existência ou não de comprometimento mental. Recurso provido em parte (AI 70025186438, 7ª Câm. Cível, TJRS, Rel. Sérgio Fernando de Vasconcellos Chaves, j. 8-10-2008).

Bol. AASP, 2.794:12: Destituição do poder familiar — Adoção. Inaptidão da genitora para o desempenho da função parental — Situação de risco.

1. Se a genitora não possui condições pessoais para cuidar do filho, entregando-o ao casal desconhecido, jamais tendo exercido de forma adequada a maternidade, então torna-se imperiosa a destituição do poder familiar, a fim de que o infante, que já está inserido em família substituta, possa continuar a desfrutar de uma vida saudável e equilibrada. 2. Se o casal guardião já detinha a guarda fática do infante desde logo após o seu nascimento e essa guarda já perdura há quase seis anos e o infante vem recebendo todos os cuidados e atenções, e se resta consolidada a condição fática de filiação, então a adoção se mostra rigorosamente vantajosa para o menor e deveria mesmo ter sido deferida. Recurso desprovido.

191. Brugi, *Instituciones de derecho civil*, p. 454; W. Barros Monteiro, op. cit., p. 287; Maria Regina F. Azambuja, Violência sexual intrafamiliar: é possível proteger a criança, *Revista Brasileira de Direito de Família, 36*:32-51. *Vide* Lei n. 2.252/54, sobre corrupção de menores; CF, art. 227, § 4º, e Lei n. 8.069/90, art. 130.

união estável, desfrutando estado de casado, não constitui esse fato causa de destituição do poder familiar (*RT, 527*:72, *413*:169)[192].

A Consolidação das Leis do Trabalho, art. 437 e parágrafo único, ora revogado pela Lei n. 10.097/2000, também prescrevia a perda do poder familiar para o pai ou mãe que concorrer, por ação ou omissão, para que o menor trabalhe em locais ou serviços perigosos, insalubres ou prejudiciais à sua moralidade (Lei n. 8.069/90, arts. 67, II, 98, II, 101, VIII, e 129, X). O Código Penal, como vimos em páginas anteriores, inclui entre os efeitos da condenação (art. 92, II) a incapacidade permanente ou temporária para o exercício do poder familiar.

4) *Incidir, reiteradamente, no abuso de sua autoridade, na falta dos deveres paterno-maternos, na dilapidação dos bens da prole e na prática dos crimes punidos com mais de 2 anos de prisão* (CC, art. 1.637). Tal medida, ante a sua gravidade, requer cautela e ponderação do magistrado ao analisar a incidência reiterada dos atos omissivos ou comissivos previstos no art. 1.537, só a aplicando quando for conveniente e em situações excepcionais, levando-se em conta o superior interesse dos filhos.

5) *Entregar de forma irregular o filho a terceiros para fins de adoção*, visto que para tanto, por lei, será imprescindível que haja uma sentença judicial (CC, art. 1.638, V, acrescentado pela Lei n. 13.509/2017).

Essa enumeração legal não é taxativa, pois, pelo art. 1.638, IV, que contém cláusula geral, se pode cogitar de outras, com base em faltas (CC, art. 1.637) passadas dos pais, pois a prática reiterada daqueles atos puníveis gera-

192. Silvio Rodrigues, op. cit., p. 243. Pela Lei n. 12.962/2014, a condenação criminal do pai ou da mãe não implicará a destituição do poder familiar, salvo no caso de condenação de crime doloso, sujeito a pena de reclusão, contra o próprio filho ou filha. Nos casos em que seja possível a perda do poder familiar, a lei estabelece que os pais privados de liberdade sejam citados pessoalmente para conhecimento dos fatos, e lhes seja comunicado, pelo oficial de justiça, o direito de nomearem um defensor para representá-los no processo. Além disso, a lei garante que o pai ou a mãe privado de liberdade sejam ouvidos pessoalmente pelo juiz. *BAASP, 3008*:12: Destituição do poder familiar. Genitor dependente químico. Falta de estrutura psicológica. Aplicação do princípio do melhor interesse do menor. Direito da criança e do adolescente. Destituição do poder familiar. ECA, arts. 22 e 24, e CC, art. 1.638. Comportamento nocivo e irresponsável. Uso de substâncias entorpecentes. Não adesão a programas de apoio. Princípio do melhor interesse do menor. Perda da autoridade parental devida. Deve ser decretada a perda do poder familiar, nos termos dos arts. 22 do Estatuto da Criança e do Adolescente e 1.638 do Código Civil, quando comprovado o comportamento nocivo e irresponsável por parte dos genitores, consistente na prática de crimes, uso de substâncias entorpecentes e voluntária instabilidade de moradia, aliado à completa falta de estrutura psicológica para garantir o desenvolvimento sadio do infante.

dores da suspensão do poder familiar, por serem vergonhosos ou reprováveis, deve ser considerada no pedido de sua destituição por revelar não só a insuficiência da suspensão do poder familiar ou da imposição da pena criminal para corrigir o mau comportamento paterno ou materno em relação à prole, como também a impossibilidade de uma perspectiva de vida melhor e da melhora da conduta do pai e da mãe. O art. 1.638, IV, possibilita ao juiz um elastério maior para poder aplicar pena mais severa do que a do art. 1.637[193].

Se, p. ex., for aplicada a sanção de perda de poder familiar a um dos genitores, o seu exercício passará ao outro; se este estiver morto ou for incapaz de o exercer, o juiz nomeará um tutor ao menor ou será incluído em programa de colocação familiar, na forma prevista pela Lei n. 8.069/90 (CC, art. 1.734, com a redação da Lei n. 12.010/2009)[194].

F. Procedimento da perda e da suspensão do poder familiar

O procedimento para a perda ou a suspensão do poder familiar iniciar-se-á por provocação do Ministério Público ou de quem tenha legítimo interesse (Lei n. 8.069/90, arts. 24, 155 e 201, III), sendo que a apreciação dessas ações será da competência da Justiça da Infância e da Juventude (art. 148, parágrafo único, *b*).

A petição inicial deverá indicar: *a*) a autoridade judiciária a quem se dirige; *b*) a qualificação do requerente e do requerido, que será dispensada se o pedido for feito por representante do Ministério Público; *c*) a exposição sumária do fato e do pedido; e *d*) as provas (art. 156, I a IV).

193. W. Barros Monteiro, op. cit., p. 287-8. "A falta ou a carência de recursos materiais não constitui motivo suficiente para a perda ou suspensão do pátrio poder" (Lei n. 8.069/90, arts. 155 a 163, e 23); Jones Figueirêdo Alves, Abuso de autoridade ou omissão do dever para a perda do poder familiar — Breves considerações sobre o inciso IV do art. 1.638 do novo Código Civil, in *Novo Código Civil — questões controvertidas*, São Paulo, Método, 2004; v. 2, p. 111-22.

194. *Vide* Orlando Gomes, op. cit., p. 423; Flávio R. Correia de Almeida, Da revelia na ação de perda ou suspensão de pátrio poder, in *Direito de família*, São Paulo, Revista dos Tribunais, 1996, p. 155-75; Czapski e Kok, Destituição do pátrio poder, *RDC, 40*:790; José Raimundo Gomes da Cruz, Destituição do pátrio poder, *RF, 299*:419; Ana Lúcia M. de O. Sanseverino, A destituição do pátrio poder e a lei dos registros públicos, *Justitia, 148*:25; Giselda M. F. N. Hironaka, Responsabilidade civil na relação paterno-filial, *Família e cidadania*, cit., p. 403-32; Matiello, *Código*, cit., p. 1069; Jones Figueirêdo Alves, Abuso de direito no direito de família, *Família e dignidade humana*, cit., p. 481-504; *Ciência Jurídica, 68*:110; *RT, 138*:203; Lei n. 8.069/90, arts. 101, VIII, e 165 a 170. A guarda judicial de uma criança poderá ser requerida em juízo nas hipóteses em que ela sofrer castigo imoderado, for abandonada ou vítima de atos contrários à moral e aos bons costumes.

O requerido será citado pessoalmente, por todos os meios, para oferecer resposta escrita, dentro de 10 dias, indicando as provas que irá produzir, arrolando testemunhas e documentos (art. 158 e parágrafos). E, se, porventura, não puder constituir advogado, sem prejuízo de seu sustento e de sua família, o requerido deverá requerer, em cartório, a nomeação de dativo, que, então, apresentará sua resposta, a partir da data da intimação do despacho de nomeação (art. 159).

O magistrado, se for necessário, poderá requisitar, de ofício, a pedido das partes ou do Ministério Público, de qualquer repartição pública, a apresentação de documento que interesse à causa (art. 160).

E se for preciso o juiz poderá ordenar a realização de estudo social ou de perícia por equipe interprofissional. Pelo art. 161 do ECA, com a redação da Lei n. 13.509/2017: "se não for contestado o pedido e tiver sido concluído o estudo social ou a perícia realizada por equipe interprofissional ou multidisciplinar, a autoridade judiciária dará vista dos autos ao Ministério Público por 5 dias, salvo quando este for o requerente e decidirá em igual prazo". "A autoridade judiciária, de ofício ou a requerimento das partes ou do Ministério Público, determinará a oitiva de testemunhas que comprovem a presença de uma das causas de suspensão ou destituição do poder familiar previstas nos arts. 1.637 e 1.638 da Lei n. 10.406, de 10 de janeiro de 2002 — Código Civil, ou no art. 24 da Lei n. 8.069/90 (ECA, art. 161, § 1º, com a alteração da Lei n. 13.509/2017).

Em sendo os pais oriundos de comunidades indígenas, é ainda obrigatória a intervenção, junto à equipe profissional ou multidisciplinar de representantes do órgão federal responsável pela política indigenista, observado o disposto no § 6º do art. 28 da Lei n. 8.069/90 (ECA, art. 157, § 2º, com a redação da Lei n. 13.509/2017).

Se o pedido importar em modificação de guarda, será obrigatória, desde que possível e razoável, a oitiva da criança ou adolescente, respeitado seu estágio de desenvolvimento e grau de compreensão sobre as implicações da medida (ECA, art. 161, § 3º).

É obrigatória a oitiva dos pais sempre que esses forem identificados e estiverem em local conhecido (art. 161, § 4º, do ECA).

Com a apresentação da resposta, o órgão judicante dará vista dos autos ao Ministério Público, por 5 dias, se ele não for o requerente, designando audiência de instrução e julgamento (art. 162), onde, se presentes as partes e o Ministério Público, ter-se-á a oitiva das testemunhas e do parecer técnico, se não foi apresentado por escrito, manifestando-se sucessivamente o requerente, o requerido e o Ministério Público, pelo tempo de 20 minutos cada um, prorrogável por mais 10. A decisão poderá ser prolatada na audiência, embora o juiz possa, excepcionalmente, designar data para sua leitura dentro de 5 dias (art. 162, § 2º).

Se o pedido não for contestado, o magistrado dará vista dos autos ao Ministério Público, por 5 dias, se ele não foi o requerente, decidindo em igual prazo (art. 161 — com a redação da Lei n. 13.509/2017).

Pelo art. 163, primeira parte, da Lei n. 8.069/90, o prazo máximo para conclusão do procedimento será de 120 (cento e vinte) dias.

A sentença que decretar a perda ou suspensão do poder familiar será averbada à margem do registro de nascimento do menor (arts. 163, parágrafo único, 264; Lei n. 6.015/73, art. 102, n. 6º) e ficará sujeita a apelação, que deverá ser recebida com efeito devolutivo (ECA, art. 199-B).

Dispõe, ainda, a Lei n. 8.069/90, com a redação da Lei n. 12.010/2009 que:

"Art. 166. Se os pais forem falecidos, tiverem sido destituídos ou suspensos do poder familiar, ou houverem aderido expressamente ao pedido de colocação em família substituta, este poderá ser formulado diretamente em cartório, em petição assinada pelos próprios requerentes, dispensada a assistência de advogado.

§ 1º Na hipótese de concordância dos pais, o juiz: I — na presença do Ministério, ouvirá as partes, devidamente assistidas por advogado ou por defensor público, para verificar sua concordância com a adoção, no prazo máximo de 10 dias, contado da data do protocolo da petição ou da entrega da criança em juízo, tomando por termo as declarações; e II — declarará a extinção do poder familiar.

§ 2º O consentimento dos titulares do poder familiar será precedido de orientações e esclarecimentos prestados pela equipe interprofissional da Justiça da Infância e da Juventude, em especial, no caso de adoção, sobre a irrevogabilidade da medida.

§ 3º São garantidos a livre manifestação de vontade dos detentores do poder familiar e o direito ao sigilo das informações.

§ 4º O consentimento prestado por escrito não terá validade se não for ratificado na audiência a que se refere o § 1º deste artigo.

§ 5º O consentimento é retratável até a data da realização da audiência especificada no § 1º deste artigo e os pais podem exercer o arrependimento no prazo de 10 dias, contado da data de prolação da sentença de extinção do poder familiar.

§ 6º O consentimento somente terá valor se for dado após o nascimento da criança.

§ 7º A família natural e a família substituta receberá a devida orientação por intermédio de equipe técnica interprofissional a serviço da Justiça da Infância e da Juventude, preferencialmente com apoio dos técnicos responsáveis pela execução da política municipal de garantia do direito à convivência familiar" (redação dada pela Lei n. 13.509/2017).

G. Extinção do poder familiar

A extinção do poder familiar opera-se *ipso iure*, quando (CC, art. 1.635) houver:

1) *Morte dos pais ou do filho*, pois a morte de um deles não extingue o poder familiar, visto que o outro o exercerá sozinho; cessando apenas quando ambos os genitores falecerem, colocando-se os filhos menores não emancipados sob tutela. Se houver morte do filho, elimina-se a relação jurídica, por não haver mais razão de ser do poder familiar.

2) *Emancipação do filho*, ou seja, aquisição da capacidade civil antes da idade legal nos casos do Código Civil, art. 5º, parágrafo único[195], equiparando-se a pessoa maior, deixa, então, de submeter-se ao poder familiar.

3) *Maioridade do filho*, conferindo-lhe a plenitude dos direitos civis, fazendo cessar a dependência paterna, uma vez que há presunção legal de que o indivíduo, atingindo 18 anos, não mais necessita de proteção.

4) *Adoção*, que extingue o poder familiar do pai ou mãe carnal, transferindo-o ao adotante; se falecer o pai adotivo, não se restaura o poder familiar do pai ou mãe natural, nomeando-se tutor ao menor (*RT, 141*:621; *AJ, 70*:185; em contrário, *RT, 529*:219)[196].

5) *Decisão judicial decretando a perda do poder familiar* pela ocorrência das hipóteses arroladas no art. 1.638 do Código Civil, que deverá ser averbada à margem do registro de nascimento da criança ou do adolescente (ECA, art. 163, parágrafo único).

---

195. Clóvis Beviláqua, *Código Civil comentado*, cit., v. 1, p. 194.

196. Sobre as causas extintivas do poder familiar, consulte W. Barros Monteiro, op. cit., p. 283-4; Caio M. S. Pereira, *Instituições*, cit., p. 289-90; Lafayette Rodrigues Pereira, *Direito de família*, § 113; Orlando Gomes, op. cit., p. 422; Silvio Rodrigues, op. cit., p. 375; *Bol. AASP, 1.935*:7. *Vide* ECA, art. 166, §§ 1º a 7º (com a redação da Lei n. 12.010/2009).

QUADRO SINÓTICO

PODER FAMILIAR

1. CONCEITO	• É o conjunto de direitos e obrigações, quanto à pessoa e bens do filho menor não emancipado, exercido pelos pais, para que possam desempenhar os encargos que a norma jurídica lhes impõe, tendo em vista o interesse e a proteção do filho.			
2. FINALIDADE	• Proteger o ser humano que, desde a infância, precisa de alguém que o crie, eduque, ampare, defenda, guarde e cuide de seus interesses, regendo sua pessoa e bens.			
3. CARACTERES	• É um *munus* público. • É irrenunciável. • É inalienável. • É imprescritível. • É incompatível com a tutela. • É uma relação de autoridade.			
4. ABRANGÊNCIA	• Quanto à titularidade do poder familiar	• Hipótese-padrão	• Família matrimonial em que o casal, unido pelo casamento ou por união estável, está vivo e é plenamente capaz (CC, art. 1.631 e parágrafo único).	
		• Situações anormais	• Família matrimonial	• *a*) Cônjuges vivos e bem casados, poder familiar exercido pela mãe, em razão de o pai ter sido suspenso ou destituído do poder familiar. • *b*) Consortes separados ou divorciados (CC, art. 1.632; Lei n. 6.515/77, art. 27). • *c*) Vínculo conjugal se dissolve pela morte de um dos cônjuges (CC, art. 1.636).

4. ABRANGÊNCIA	• Quanto à titularidade do poder familiar	• Situações anormais	• Família não matrimonial	• *a*) Filho reconhecido por ambos os genitores. • *b*) Filho reconhecido por um deles.
			• Família civil	• *a*) Filho adotado por um casal. • *b*) Filho adotado só pelo marido. • *c*) Filho adotado só pela mulher.
	• Quanto à sujeição ao poder familiar	• Filhos menores não emancipados (matrimoniais ou não matrimoniais) (CC, art. 1.633).		
5. CONTEÚDO	• Quanto à pessoa do menor (CC, art. 1.634, I a IX, e Lei n. 8.069/90)	• Dirigir-lhe a criação e educação (CF, art. 229). • Tê-lo em sua companhia e guarda. • Reclamá-lo de quem legalmente o detenha. • Conceder-lhe ou negar-lhe consentimento para casar, para viajar para o exterior ou mudar sua residência para outro município. • Nomear-lhe tutor. • Representá-lo até os 16 anos e assisti-lo após essa idade, até atingir 18 anos. • Exigir que lhes preste obediência e respeito e serviços próprios de sua idade e condição.		
	• Quanto aos bens do menor	• Administração dos bens (CC, arts. 1.689, II, 1.691 e 1.692; Dec.-Lei n. 3.182/41, art. 3º, § 2º). • Usufruto sobre os bens dos filhos menores que se acham sob seu poder (CC, arts. 1.689, I, 1.391, 1.400, 1.848, 1.897, 1.693 e 1.816 e parágrafo único).		
6. SUSPENSÃO DO PODER FAMILIAR	• Conceito	• Sanção que visa a preservar os interesses do filho, privando o genitor, temporariamente, do exercício do poder familiar, por prejudicar um dos filhos ou alguns deles; retorna ao exercício desse poder, uma vez desaparecida a causa que originou tal suspensão.		

6. SUSPENSÃO DO PODER FAMILIAR	• Causas determinantes (CC, art. 1.637 e parágrafo único; Lei n. 8.069/90, e CP, arts. 43, II, e 92, II e parágrafo único)	• Abuso do poder por pai ou mãe. • Falta aos deveres paternos. • Dilapidação dos bens do filho. • Condenação por sentença irrecorrível. • Maus exemplos, crueldade, exploração ou perversidade do genitor que comprometa a saúde, segurança e moralidade do filho.
7. DESTITUIÇÃO DO PODER FAMILIAR	• Conceito	• É uma sanção mais grave que a suspensão, imposta, por sentença judicial, ao pai ou mãe que pratica qualquer um dos atos que a justificam, sendo, em regra, permanente, embora o seu exercício possa restabelecer-se, se provada a regeneração do genitor ou se desaparecida a causa que a determinou; por ser medida imperativa abrange toda a prole e não somente um ou alguns filhos.
	• Casos (CC, art. 1.638)	• Será destituído do poder familiar pai ou mãe que: *a*) castigar imoderadamente o filho; *b*) deixar o filho em abandono; *c*) praticar atos contrários à moral e aos bons costumes; *d*) incidir reiteradamente nas faltas do art. 1.637; • *e*) entregar de forma irregular o filho a terceiros para fins de adoção.
8. PROCEDIMENTO DA PERDA E DA SUSPENSÃO DO PODER FAMILIAR	• Lei n. 8.069/90, arts. 148, parágrafo único, *b*, 201, III, 155 a 163 e 199-B, com as alterações das Leis n. 12.010/2009 e n. 13.509/2017.	
9. EXTINÇÃO DO PODER FAMILIAR (CC, ART. 1.635)	• Pela morte dos pais ou do filho. • Pela emancipação do filho. • Pela maioridade do filho. • Pela adoção. • Pela decisão decretando perda do poder familiar.	

5. Alimentos

A. Conceito e finalidade do instituto jurídico dos alimentos

Segundo Orlando Gomes, alimentos são prestações para satisfação das necessidades vitais de quem não pode provê-las por si[197]. Compreende o que é imprescindível à vida da pessoa como alimentação, vestuário, habitação[198], tratamento médico[199], transporte, diversões, e, se a pessoa alimentada for menor de idade, ainda verbas para sua instrução e educação (CC, art. 1.701, *in fine*), incluindo parcelas despendidas com sepultamento, por parentes legalmente responsáveis pelos alimentos[200]. Realmente o Código

---

197. Orlando Gomes, op. cit., p. 455; Aniceto L. Aliende, *Questões sobre alimentos,* São Paulo, Revista dos Tribunais, 1986; *RT, 729*:233, *717*:133, *640*:76, *600*:209, *591*:116, *494*:188, *518*:30 e 193, *529*:108 e 234, *557*:185, *532*:279, *558*:175, *520*:246, *483*:70, *490*:108, *526*:49 e 193, *511*:243, *506*:449, *472*:221, *519*:126, *544*:278, *530*:86, *537*:105, *546*:103, *510*:122, *542*:174, *548*:279, *577*:119, *579*:97, *573*:121 e 201, *572*:97; *RTJ, 92*:1197; *RJTJSP, 119*:402, *93*:59, *72*:273; *EJSTJ, 19*:49; *Ciência Jurídica, 79*:273, *80*:178, *81*:88 e 102, *82*:94, *83*:105 e 196 e *84*:169; *JSTJ, 10*:299, *11*:221, *6*:281 e *4*:267. *Vide*: CPC, art. 693, parágrafo único.
198. Ordenações, I, 88, § 15.
199. Coelho da Rocha, *Direito civil português*, v. 1, p. 219.
200. W. Barros Monteiro, op. cit., p. 290; Cahali, Alimentos, in *Enciclopédia Saraiva do Direito,* v. 6, p. 116 e 120; Sebastião José Roque, *Direito de família*, cit., p. 175-86; Paulo Lúcio Nogueira, *Alimentos, divórcio e separação,* São Paulo, Saraiva, 1983, p. 3-67; *Lei de Alimentos comentada,* São Paulo, Saraiva, 1994; José Orlando Rocha de Carvalho, *Alimentos* e *coisa julgada*, São Paulo, Oliveira Mendes, 1998; Hélio Borghi, Alimentos, ainda uma questão controvertida, *RT, 683*:237; Ronaldo Frigini, Alguns aspectos da prestação alimentar, *RT, 684*:47; Célio Valle da Fonseca, Alimentos no direito de família, *Amagis, 5*:590; Andréa P. T. Távora Niess e Pedro Henrique Távora Niess, *Alimentos*, São Paulo, RCS, 2004; Francisco José Cahali, Dos alimentos, in *Direito de família e o novo Código Civil* (coord. Mª Berenice Dias e Rodrigo da C. Pereira), Belo Horizonte, Del Rey, 2003, p. 225-37; Francisco José Caha-

Civil, art. 872, assim reza: "Nas despesas do enterro proporcionadas aos usos locais e à condição do falecido, feitas por terceiro, podem ser cobradas da pessoa que teria a obrigação de alimentar à que veio a falecer, ainda mesmo que esta não tenha deixado bens". Quanto às dívidas de honra do alimentando (*RF, 93*:524), não está o alimentante sujeito ao respectivo reembolso[201]; porém é preciso distinguir; se alguém prestou alimentos a título de empréstimo, ou sem receber o pagamento, o alimentante deve-os como os deveria a quem fosse gestor de negócios sem poder de representação; nesse caso, terá ação de reembolso[202] (CC, art. 872, parágrafo único).

O fundamento desta obrigação de prestar alimentos é o princípio da preservação da dignidade da pessoa humana (CF, art. 1º, III) e o da solidariedade social e familiar[203] (CF, art. 3º), pois vem a ser um dever personalís-

---

li e Rodrigo da Cunha Pereira (coord.), *Alimentos no Código Civil: aspectos civil, constitucional, processual e penal*, São Paulo, Saraiva, 2005; Waldyr Grisard Filho, Os alimentos nas famílias reconstituídas, in *Novo Código Civil; questões controvertidas* (coord. Mário Luiz Delgado e Jones Figueirêdo Alves), São Paulo, Método, 2003, p. 373-88; Belmiro P. Welter, *Alimentos no Código Civil*, Porto Alegre, Síntese, 2003; Luiz Felipe B. Santos, Os alimentos no novo Código Civil, *Revista Brasileira de Direito de Família, 16*:12 a 27; Novos aspectos da obrigação alimentar, in *Novo Código Civil — questões controvertidas*, cit., v. 2, p. 209-32; Washington E. M. Barra, Dos alimentos no direito de família, *O novo Código Civil — estudos em homenagem a Miguel Reale*, cit., p. 125468; Imaculada A. Milani, *Alimentos — o direito de exigir e o dever de prestar*, São Paulo, Juarez de Oliveira, 2005; Sérgio Gilberto Porto, *Doutrina* e *prática dos alimentos*, São Paulo, Revista dos Tribunais, 2003; Inacio de Carvalho Neto, A obrigação alimentar: natureza jurídica e características, *A outra face*, cit., p. 474-98; Ordenações, I, 88, § 15; D. XXXVII, 11, frag. 6, § 5. Nossa legislação vigente não define alimentos como o fez o Código Civil espanhol, art. 142: "*todo lo que es indispensable para el sustento, habitación, vestido y asistencia médica, según la posición social de la familia; comprenden también la educación e instrucción del alimentista cuando es menor de edad*". Há disposição semelhante no art. 1.920 do Código Civil pátrio ao tratar do legado de alimentos. Borges Carneiro (*Direito civil de Portugal*, Lisboa, 1851, t. 1, Tít. XIX, § 167) escreve: "Por alimentos entende-se tudo que é necessário para o sustento, vestuário, casa (alimentos naturais) ou também a despesa da educação e instrução, e um tratamento correspondente aos bens e qualidades do alimentante (alimentos civis)". Para Demolombe (*Cours de Code Napoléon*, v. 4, n. 52) "*le mot 'aliments' comprend tout ce qui est nécessaire aux besoins de l'existence: le vêtement, l'habitation; la nourriture et les remèdes en cas de maladie*". Continua em vigor a Lei n. 5.478/68, por ser processual. Revogadas estão as Leis n. 6.515/77 (no que atina a alimentos entre cônjuges na separação e no divórcio) e n. 9.278/96 (quanto aos alimentos entre companheiros).

201. W. Barros Monteiro, op. cit., p. 290; Quartarone, *Diritto e azioni alimentari*, n. 119.

202. Pontes de Miranda, *Tratado de direito privado*, v. 9, n. 1.001, p. 216; Cahali, op. cit., p. 121.

203. Caio M. S. Pereira, *Instituições*, cit., p. 321; Orlando Gomes, op. cit., p. 457; Flávio Tartuce, O princípio da boa-fé objetiva no direito de família, cit., p. 22 a 27; André Luís M. Silva, O princípio constitucional da solidariedade aplicado ao direito de família: análise jurídico-sociológica sobre as relações alimentares e o abandono afetivo, *Revista Síntese — Direito de Família, 83*:127-145.

simo, devido pelo alimentante, em razão de parentesco, vínculo conjugal ou convivencial que o liga ao alimentando[204]. Assim, p. ex., na obrigação alimentar um parente fornece a outro aquilo que lhe é necessário a sua manutenção, assegurando-lhe meios de subsistência, se ele, em virtude de idade avançada, doença, falta de trabalho ou qualquer incapacidade, estiver impossibilitado de produzir recursos materiais com o próprio esforço[205].

Pelo Código Civil de 1916, que no art. 396 prescrevia: "... podem os parentes exigir uns dos outros os alimentos de que necessitem para subsistir". A esse respeito, mais preciso é o atual Código Civil, que no art. 1.694 estatui: "Podem os parentes, os cônjuges ou companheiros pedir uns aos outros os alimentos de que necessitem para viver de modo compatível com a sua condição social, inclusive para atender às necessidades de sua educação", principalmente quando o beneficiário for menor (CC, art. 1.701). Todavia, por ser inadequado assegurar a parentes, cônjuges e companheiros alimentos para atender às necessidades de educação, o Projeto de Lei n. 699/2011) pretende excluir a expressão "necessidades de educação", já que relativamente a parente menor o art. 1.701 atenderá a essa sua pretensão à formação educacional, bem como à do maior cursando faculdade ou escola técnico-profissionalizante, exceto se possuir rendimento próprio (*RT*, *490*:190, *522*:232, *698*:156, *724*:323, *725*:227 e *727*:262). O Projeto de Lei n. 699/2011 visa modificar o art. 1.694, que passará a ter a seguinte redação: "Podem os parentes, os cônjuges ou companheiros pedir uns aos outros alimentos de que necessitem para viver com dignidade". O direito projetado eliminará, assim, a exigência de o alimento ser compatível com a condição social do alimentando, visto que isso levaria à interpretação de que seria impossível diminuir seu padrão de vida. E, além disso, muitas vezes, seria difícil ao alimentante manter o *status* social do alimentando. Acrescentando, ainda, no § 1º que: "Os alimentos devem ser fixados na proporção das necessidades do reclamante e dos recursos da pessoa obrigada" e no § 2º que: "Os alimentos serão apenas os indispensáveis à subsistência, quando a situação de necessidade resultar de culpa de quem os pleiteia", exigindo averiguação de culpabilidade (p. ex., vadiagem, gastos excessivos com viagens recreativas; dívida de jogo etc.) na ação de alimentos. Não havendo culpa, a prestação alimentícia abrangerá não só o *quantum* destinado à sobrevivência do alimentando, mas também a verba para vestuário, lazer, educação etc., deven-

---

204. Silvio Rodrigues, op. cit., p. 379.

205. Cahali, op. cit., p. 120; W. Barros Monteiro, op. cit., p. 289; Silvio Rodrigues, op. cit., p. 380.

do ser compatível com a condição social. Surge aqui uma indagação: se o cônjuge inocente faz jus a uma prestação alimentícia que mantenha o seu padrão social (CC, art. 1.694) e o culpado apenas o indispensável para sua subsistência (CC, art. 1.704, parágrafo único), o inocente que não se interessa pelo trabalho, efetua despesas exorbitantes, causando sua necessidade de pleitear alimentos, teria ele direito aos alimentos previstos no art. 1.694 ou apenas aos indispensáveis à sua subsistência por força do art. 1.694, § 2º? Ou este artigo só se refere à ação de alimentos movida por um parente?

Há uma tendência moderna de impor ao Estado o dever de socorrer os necessitados, através de sua política assistencial e previdenciária, mas com o objetivo de aliviar-se desse encargo, o Estado o transfere, mediante lei, aos parentes daqueles que precisam de meios materiais para sobreviver[206], pois os laços que unem membros de uma mesma família impõem esse dever moral e jurídico.

Não se deve confundir a obrigação de prestar alimentos com os deveres familiares de sustento, assistência e socorro que tem o marido em relação à mulher e vice-versa e os pais para com os filhos menores, devido ao poder familiar, pois seus pressupostos são diferentes. A obrigação alimentar é recíproca, dependendo das possibilidades do devedor, e só é exigível se o credor potencial estiver necessitado, ao passo que os deveres familiares não têm o caráter de reciprocidade por serem unilaterais e devem ser cumpridos incondicionalmente[207]. Como vimos alhures, o dever de sustento dos cônjuges toma a feição de obrigação de prestar alimento, embora irregular, por ocasião da dissolução da sociedade conjugal. A rigor não se tem, nessa hipótese, propriamente o dever de prestação alimentícia, apesar de, para certos efeitos, os deveres de sustento, assistência e socorro adquirirem o mesmo caráter[208]. O dever de sustentar os filhos (CC, art. 1.566, IV) é diverso da prestação alimentícia entre parentes, já que (*a*) a obrigação alimentar pode durar a vida toda e até ser transmitida *causa mortis* (CC, art. 1.700) e o dever de sustento cessa, em regra, *ipso iure*, com a maioridade dos filhos sem necessidade de ajui-

---

206. Silvio Rodrigues, op. cit., p. 377. Mas o Parecer Vicente Arruda não acatou a sugestão contida no Projeto de Lei n. 6.960/2002 (hoje PL n. 699/2011), nos seguintes termos: "O *caput* do art. 1.694 compatibiliza os alimentos com a condição social de quem dá e de quem recebe. A pensão alimentícia há de ser adequada, nos termos do § 1º do dispositivo em questão, às necessidades do alimentando e às possibilidades do alimentante. É necessária a manutenção da educação porque, inclusive, é um instrumento que possibilita a pessoa, futuramente, a libertar-se da pensão alimentícia".

207. Orlando Gomes, op. cit., p. 457; Mazeaud e Mazeaud, *Leçons de droit civil*, t. 1.

208. Orlando Gomes, op. cit., p. 457; Mourlon, *Répétitions écrites*, n. 739.

zamento pelo devedor de ação exoneratória (*Bol. AASP, 1.950*:36; *RT, 814*:158). A obrigação alimentar não cessa automaticamente com o fim do poder familiar (TJSP — 9ª Câmara de Direito Privado, Apelação 0057172-51.2010.8.26.0000-São Paulo-SP, rel. Des. Antonio Vilenilson, j. 28-2-2012, v.u.; *Bol. AASP, 2.810*:9). Pela Súmula 358 do STJ "o cancelamento da pensão alimentícia de filho que atingiu a maioridade está sujeito à decisão judicial, mediante contraditório, ainda que nos próprios autos". Porém, a maioridade, por si só, não basta para exonerar os pais desse dever, porque filho maior, até 24 anos, que não trabalha e cursa estabelecimento de ensino superior (*Bol. AASP, 1.954*:44, *2.635*: 1703-11; *RT, 522*:232, *698*:156, *725*:227, *727*:262, *805*:230, *772*:216, *814*:220 e 221, *840*:751; *RJTJSP, 18*:201) pode pleitear alimentos, alegando que se isso lhe for negado prejudicará sua formação profissional (*RT, 490*:109; TJRJ, *Adcoas,* 1983, n. 89.527; 1982, n. 86.076; *Bol. AASP, 2.732*:2003-10); para tanto dever-se-á observar um lapso temporal razoável para a conclusão do curso, considerando-se que, pelo novel Código Civil, a maioridade se dá aos 18 anos. "A obrigação alimentar originada do poder familiar, especialmente para atender às necessidades educacionais, pode não cessar com a maioridade" (Enunciado n. 344 do CJF, aprovado na IV Jornada de Direito Civil). Recentemente, no entanto, o Superior Tribunal de Justiça decidiu não ser razoável a obrigação de pagamento da pós-graduação, já que "o estímulo à qualificação profissional dos filhos não pode ser imposto aos pais de forma perene". Para o STJ, filho graduado é filho criado: maduro e qualificado o suficiente para se manter e decidir se tem condições de continuar a apenas estudar, ou se terá mesmo de pegar no batente (REsp 1.218.510, acórdão publicado em 3-10-2011). A maioridade não implica exoneração do dever de prestar alimentos se filho for doente mental (*RT, 830*:321) ou fisicamente, não tendo habilidade para prover seu próprio sustento. Eis a razão pela qual o Projeto de Lei n. 699/2011 procurará incluir o § 3º ao art. 1.694, com o seguinte teor: "A obrigação de prestar alimentos entre parentes independe de ter cessado a menoridade, se comprovado que o alimentando não tem rendimentos ou meios próprios de subsistência, necessitando de recursos, especialmente, para sua educação". Todavia, se o filho trabalhar, ganhando o suficiente para seu sustento e para pagar seus estudos, não se justificará a verba alimentícia (*RT, 757*:321). Mas, se com seu lavor não puder perceber o suficiente, seus pais deverão efetuar a complementação (*JTJ, 178*:20). É óbvio que ao profissional do estudo universitário, ou seja, ao repetente contumaz, cessará o direito a alimentos, bem como para aquele em que o curso superior é compatível com a jornada de trabalho (*RT, 534*:80). Imprescindível será a prova da necessidade de sua manutenção pelo genitor. O juiz deverá analisar caso por caso, empregando o bom senso e a prudência objetiva; (*b*) a pensão alimentícia subordina-se à necessidade do alimentando e à capacidade econômica do alimentante, enquanto o dever de sustentar prescinde da necessidade do filho menor não emancipado, medindo-se na proporção dos haveres do pai e da mãe. Logo, essas duas obrigações não são idênticas na índole e na estrutura[209]. Para irmãos menores ou

---

209. Planiol, Ripert e Rouast, op. cit., n. 22, p. 20; Giorgio Bo, *Il diritto degli alimenti*, 2. ed., Milano, Giuffrè, 1935, n. 12, p. 148; Antônio Chaves, *Direito de família*, São Paulo, Revista dos Tribunais, 1975, v. 2, p. 23; Cahali, op. cit., p. 128-9; Ruggiero, *Instituições de direito civil*, 3. ed., São Paulo, Saraiva, 1972, v. 2, § 47, p. 39; Fábio Ulhoa Coelho, *Curso*, cit., v. 5, p. 204; Lei n. 8.069/90, arts. 148, parágrafo único, *g*, e 201, III. Sobre ação de guarda de filho conexa com a de alimentos, *vide Ciência Jurídica*, *45*:164. "Em acordos celebrados antes do advento do novo Código, ainda que expressamente convencionado que os alimentos cessarão com a maioridade, o juiz deve ouvir os interessados, apreciar as circunstâncias do caso concreto e obedecer ao princípio *rebus sic stantibus*" (Enunciado n. 112, aprovado na I Jornada de Direito Civil, promovida pelo Conselho da Justiça Federal). "A maioridade do filho interrompe o poder pertencente aos pais, mas não extingue automaticamente o dever de pagar a pensão alimentícia. Para que o pai seja desobrigado do pagamento é necessário que ele entre na Justiça com ação própria, na qual seja dada ao filho oportunidade de comprovar que não é capaz de arcar com a própria subsistência. Com esse entendimento, a Segunda Seção do STJ uniformizou a jurisprudência da Terceira e da Quarta Turmas sobre a matéria" (*Tribuna do Direito*, fev. 2005, p. 7). O STJ aprovou, em 19-8-2008, a Súmula 358, assegurando ao filho, mesmo com 18 anos, o direito à pensão em razão de estar doente, desempregado ou estudando. A 3ª Turma do STJ (REsp 127.541) decidiu que pai biológico descoberto pelo exame de DNA após adoção deve alimentos a filho, que foi adotado. Consulte *Ciência Jurídica, 71*:104; Zeno Veloso (*Código Civil comentado*, São Paulo, Atlas, 2003, v. 17, p. 12-3) alerta que no *quantum* de alimentos entre cônjuges e companheiros não deve ser incluída verba para educação, que somente é cabível na obrigação alimentícia entre parentes (*RJTJSP*, *18*:201; *RT*, *727*:262, *698*:156, *522*:232). Interessante é a lição de Jussara S. A. B. Nasser Ferreira e de Maria de Fátima Ribeiro (Direito de família, pensão alimentícia e tributação, *Scientia Iuris*, Londrina, UEL, v. 5/6, 2001-2002, p. 205-20) de que a natureza jurídica e os fins dos alimentos são conducentes à desoneração tributária da pensão alimentícia, que não pode ser enquadrada como renda, logo, descabida será a incidência do Imposto de Renda. A legislação do imposto de renda deve ser reformada para isentar de tributação os alimentos devidos em razão de laços familiares. *Bol. AASP*, *2891*:12: "Ação de exoneração de alimentos com antecipação de tutela. Filho maior de idade. Impossibilidade da exoneração, em razão da ausência de comprovação material que demonstre que o alimentado possa se sustentar dignamente, desobrigando o alimentante do pagamento do encargo alimentar". Filho que cursa universidade pública e já exerceu atividade laborativa não tem direito a alimentos: *BAASP*, *2986*:11.

Alimentos a filhos maiores: BGB, § 1610.2; CC espanhol, art. 142 (2º §); CC português, arts. 130 e 1.880; CC italiano, art. 279; CC francês, art. 203.

Em Nova Jersey (EUA), juiz concedeu pensão para um dos gêmeos, gerados por pais diferentes em reprodução assistida (superfecundação heteroparental), visto que o pai impugnou a paternidade de um deles, o que ficou comprovado pelo exame de DNA (*Jornal do Advogado*, n. *405*:6).

incapazes, não há direito de acrescer a quota-parte de irmão, que perdeu o direito de alimentos por ter concluído curso superior ou atingido a maioridade (*RT*, *821*:241). Assim, se um pai pagava alimentos no valor de R$ 3.000,00 a três filhos, com a aquisição da maioridade de um deles, reduzir-se-á o valor da pensão alimentícia por ele devida a R$ 2.000,00, pois a quantia de R$ 1.000,00 a que tinha direito o filho, que se tornou maior, não poderá ser acrescida às quotas de seus irmãos menores.

B. Pressupostos essenciais da obrigação de prestar alimentos

Prescreve o art. 1.695 do Código Civil que "são devidos os alimentos quando quem os pretende não tem bens suficientes, nem pode prover, pelo seu trabalho, à própria mantença, e aquele de quem se reclamam, pode fornecê-los, sem desfalque do necessário ao seu sustento". Acrescenta o art. 1.694, § 1º, que: "Os alimentos devem ser fixados na proporção das necessidades do reclamante e dos recursos da pessoa obrigada". Daí se infere que seus pressupostos essenciais são:

1) *Existência de companheirismo, vínculo de parentesco ou conjugal entre o alimentando e o alimentante.* Como logo mais veremos, não são todas as pessoas ligadas por laços familiares que são obrigadas a suprir alimentos, mas somente ascendentes, descendentes maiores, ou adultos, irmãos germanos ou unilaterais e o ex-cônjuge, sendo que este último, apesar de não ser parente, é devedor de alimentos ante o dever legal de assistência em razão do vínculo matrimonial. Além disso, dissolvida a união estável por rescisão, o ex-companheiro, enquanto tiver procedimento digno e não vier a constituir nova união (CC, art. 1.708 e parágrafo único), sendo o concubinato puro, poderá pleitear alimentos ao outro, desde que com ele tenha vivido ou dele tenha prole, provando sua necessidade por não poder prover sua subsistência. Se terceiros prestarem alimentos, voluntariamente, sobrestando o estado de miserabilidade do alimentário, esse fato não exonera o devedor de alimentos, nem mesmo o auxílio da assistência pública. Poderão reaver, é claro, do devedor, a importância que despenderam, mesmo que este não ratifique o ato (CC, art. 871)[210].

---

210. Orlando Gomes, op. cit., p. 458; Cahali, op. cit., p. 131; Caio M. S. Pereira, *Instituições*, cit., p. 334; João Claudino Oliveira e Cruz, *Dos alimentos no direito de família*, Rio de Janeiro, Forense, 1956; Edgard de Moura Bittencourt, *Alimentos*, São Paulo, 1979; Silmara J. A. Chinelato e Almeida, Direito do nascituro a alimentos; do direito romano ao direito civil, *Revista da Procuradoria Geral do Estado de São Paulo,*

2) *Necessidade do alimentando* (*RT, 392*:154; *RSTJ, 89*:199), que, além de não possuir bens, está impossibilitado de prover, pelo seu trabalho, a própria subsistência, por estar desempregado, doente, (*RT, 819*:210), inválido, portador de deficiência mental (*RT, 830*:321), idoso (Lei n. 10.741/2003) etc. O estado de penúria da pessoa que necessita de alimentos autoriza-a a impetrá-los, ficando ao arbítrio do magistrado a verificação das justificativas de seu pedido, levando em conta, para apurar a indigência do alimentário, suas condições sociais, sua idade, sua saúde e outros fatores espaciotemporais que influem na própria medida[211] (CC, art. 1.701, parágrafo único).

3) *Possibilidade econômica do alimentante,* que deverá cumprir seu dever, fornecendo verba alimentícia, sem que haja desfalque do necessário ao seu próprio sustento (*RT, 665*:75, *751*:264); daí ser preciso verificar sua capacidade financeira, observando-se os sinais exteriores de riqueza (CJF, Enunciado n. 573, aprovado na VI Jornada de Direito Civil) porque, se tiver apenas o indispensável à própria mantença, injusto será obrigá-lo a sacrificar-se e a passar privações para socorrer parente necessitado, tanto mais que pode existir parente mais afastado que esteja em condições de cumprir tal obrigação alimentar, sem grandes sacrifícios[212].

34:16985; Rui Manuel M. Ramos, As obrigações alimentares no direito internacional privado da União Europeia, *Revista Brasileira de Direito Comparado, 47*:89 a 124. STF, *Adcoas*, 1980, n. 70.397; TJRJ, *Adcoas*, 1980, n. 72.348; TJSC, *Adcoas*, 1980, n. 72.871 e 73.525; *RT, 500*:90, *506*:95, *537*:192, *529*:85, *505*:68, *434*:134. Alimentos entre avô e neto: *RT, 509*:86, *328*:323, *537*:105, *573*:121, *519*:101, *401*:184; *RTJ, 59*:118. Alimentos entre pai e filho: *RT, 544*:235, *522*:232, *566*:54, *546*:222, *531*:236, *572*:198, *569*:58, *574*:188, *539*:201, *534*:79. Alimentos entre irmãos: *RT, 546*:103, *537*:105; *Rev. Jur., 68*:47. Alimentos na união estável: *RSTJ, 120*:323; *JTJ, 198*:192. Alimentos entre ex-cônjuges: *RT, 294*:213, *573*:221; *RJTJSP, 133*:145; *RJTJRGS, 159*:311 e *168*:341. *Vide*: Lei n. 8.213/91, art. 75 (com alteração da Lei n. 9.528/97), sobre pensão por morte do ex-cônjuge.

211. Degni, *Il diritto di famiglia*, p. 478; De Page, op. cit., v. 1, n. 550; W. Barros Monteiro, op. cit., p. 293; Cahali, op. cit., p. 131; Planiol, Ripert e Rouast, op. cit., n. 33, p. 26; Ruggiero, op. cit., v. 2, § 47, p. 45. *Vide* Decreto-Lei n. 6.026/43, art. 12; *Ciência Jurídica, 57*:117: "Não há que se falar em direito a alimentos se a parte deles não necessitou durante o período de separação de fato, da mesma forma que continua a não necessitar, principalmente se restar provado ter sido a mesma que, sem justo motivo, abandonou o lar conjugal, a ele se recusando voltar, tendo sido sua a iniciativa do divórcio" (TJMG).

212. Caio M. S. Pereira, *Instituições,* cit., p. 323; Enneccerus, Kipp e Wolff, *Derecho de familia,* v. 2, § 97; Cahali, op. cit., p. 131; Orlando Gomes, op. cit., p. 460; Lehmann, op. cit., n. 42, p. 392; *RT, 828*:311, *526*:444, *528*:57, *332*:203; *Rev. Jur., 67*:31. Rolf Madaleno, A *disregard* nos alimentos, in *Repertório de doutrina sobre direito de família,* v. 4, p. 341-64, observa que: "Se a sociedade for usada como meio abusivo de encobrir a responsabilidade pessoal do sócio, devedor de alimentos, para prejudicar o credor, descortina-se o véu societário para afastar a fraude à lei, desconsiderando-se

4) *Proporcionalidade, na sua fixação, entre as necessidades do alimentário e os recursos econômico-financeiros do alimentante* (*RT*, *809*:300), sendo que a equação desses dois fatores deverá ser feita em cada caso, levando-se em consideração que os alimentos são concedidos *ad necessitatem*[213].

---

a pessoa jurídica para atender ao crédito alimentício, essencial à subsistência do alimentando, pondo fim à mascarada insolvência do devedor alimentar". A dívida alimentar é alusiva aos rendimentos do devedor e não ao valor de seu patrimônio; logo, ele não será obrigado a vender seus bens para solver tal débito. Fator importante no arbitramento da pensão alimentícia será a exteriorização da riqueza do alimentante por haver presunção de rentabilidade superior à apurada em juízo (*RT, 721*:115, *600*:65; CPC/2015, art. 375). Incapacidade financeira do alimentante para pagar pensão deve ser discutida em ação civil na fase de execução (STJ, 4ª T.).

Pelo CJF, Enunciado 573 (aprovado na VI Jornada de Direito Civil): "Na apuração da possibilidade do alimentante, observar-se-ão os sinais exteriores de riqueza". E assim justifica: "Para a efetividade da aplicação do dispositivo em questão, é exigida a prova não só da necessidade do alimentado, mas também da capacidade financeira do alimentante. Contudo, diante das inúmeras estratégias existentes nos dias de hoje, visando à blindagem patrimonial, torna-se cada vez mais difícil conferir efetividade ao art. 1.694, § 1º, pois muitas vezes é impossível a comprovação objetiva da capacidade financeira do alimentante. Por essa razão, à míngua de prova específica dos rendimentos reais do alimentante, deve o magistrado, quando da fixação dos alimentos, valer-se dos sinais aparentes de riqueza. Isso porque os sinais exteriorizados do modo de vida do alimentante denotam seu real poder aquisitivo, que é incompatível com a renda declarada. Com efeito, visando conferir efetividade à regra do binômio necessidade e capacidade, sugere-se que os alimentos sejam fixados com base em sinais exteriores de riqueza, por presunção induzida de experiência do juízo, mediante a observação do que ordinariamente acontece, nos termos do que autoriza o art. 335 — hoje art. 375, que é também compatível com a regra do livre convencimento, positivada no art. 131 — atual art. 371 — do mesmo diploma processual".

213. Cahali, op. cit., p. 131-2; W. Barros Monteiro, op. cit., p. 294; *Ciência Jurídica*, *68*:90; *RT, 685*:138, *530*:105, *528*:227, *367*:140, *348*:561, *320*:569, *269*:343, *535*:107. "Direito de Família. Pedido de alimentos. Fixação. Princípios da razoabilidade e da proporcionalidade. Binômio necessidade/possibilidade. Art. 1.694, § 1º, do Código Civil. Responsabilidade de ambos os pais. Os alimentos devem ser fixados, observados os princípios da razoabilidade e da proporcionalidade, de acordo com as necessidades do alimentando e com os recursos do alimentante, e isto porque, como cediço, devem destinar-se, exclusivamente, ao sustento daquele, sob pena de desvirtuamento do instituto. O encargo alimentício deve ser arbitrado, pois, em valor que seja coerente, de um lado, com a efetiva possibilidade de quem o presta, e, de outro, com a real necessidade do beneficiário. Inteligência do art. 1.694, § 1º, do Código Civil. A responsabilidade de prover o sustento dos filhos compete ao pai e à mãe, na proporção de seus recursos. Recurso a que se nega provimento. Súmula: negaram provimento" (TJMG, ApC 1.0433.05.154551-8/001(1), 6ª Câm. Cív., rel. Des. Delmival de Almeida Campos, *DJMG*, 4-8-2006). O juiz deve fazer um balanço entre as necessidades do reclamante e dos recursos de quem vai pagar, considerando os rendimentos, as contas bancárias e a situação patrimonial. Normalmente, o valor varia de 15% a 40% do salário do concedente. Há julgados que estabelecem um terço dos vencimentos líquidos do marido como critério para alimentos entre cônjuges.

Cibele P. M. Fucci, Alimentos – base de cálculo, *BAASP, 3039*:13, observa que: A base

C. Natureza jurídica do direito aos alimentos

Bastante controvertida é a questão da natureza jurídica dos alimentos. Há os que os consideram como um direito pessoal extrapatrimonial, como o fazem Ruggiero, Cicu e Giorgio Bo, em virtude de seu fundamento ético-social e do fato de que o alimentando não tem nenhum interesse econômico, visto que a verba recebida não aumenta seu patrimônio, nem serve de garantia a seus credores, apresentando-se, então, como uma das manifestações do direito à vida, que é personalíssimo. Outros, como Orlando Gomes, aos quais nos filiamos, nele vislumbram um *direito,* com caráter especial, com *conteúdo patrimonial e finalidade pessoal,* conexa a um interesse superior familiar, apresentando-se como uma relação patrimonial de crédito-débito, uma vez que consiste no pagamento periódico de soma de dinheiro ou no fornecimento de víveres, remédios e roupas, feito pelo alimentante ao alimentando, havendo, portanto, um credor que pode exigir de determinado devedor uma prestação econômica[214].

---

de cálculo dos alimentos pode dar-se: a) avaliando-se o trinômio necessidade x possibilidade x proporcionalidade; b) em percentual sobre rendimentos do alimentante, girando em torno de verbas não habituais: FGTS, verbas indenizatórias, férias, 13º salário, terço constitucional de férias, bônus, horas extras, prêmios, comissões, participação nos lucros da empresa, deduzidos os descontos obrigatórios, como contribuição previdenciária, retenção de imposto de renda na fonte e contribuição sindical. Não se incluem, na base de quantificação, parcelas recebidas a título de levantamento do FGTS, diárias de viagens, verbas rescisórias, parcelas devidas em razão de demissão voluntária (PDV), que não são habituais, e por tal razão não podem ser tidas como receita para o fim se forem tomadas como base de cálculo de uma pensão alimentícia de longo termo. Se a condenação ou o acordo conter cláusula prescrevendo que o percentual incide sobre rendimentos líquidos do alimentante, poder-se-á excluir ganhos não habituais, desde que se comprove sua imprevisibilidade no momento da fixação da obrigação alimentícia. Os tribunais na quantificação da pensão alimentícia colocam na base de cálculo a média mensal de todos os rendimentos do alimentante nos anos precedentes, considerando as receitas habituais, a média mensal das receitas esporádicas e ganhos oriundos de fatos extraordinários.

Embargos de declaração. Direito de família. Alimentos. O julgado foi cristalino em determinar que a base de cálculo para os alimentos será aquela que corresponde aos rendimentos líquidos do agravante, excluídas as verbas indenizatórias – pois ratificou o que já estipulado em sede liminar do recurso. 13º salário e terço constitucional são considerados rendimentos, e não verba indenizatória, sofrendo a incidência do desconto alimentar. Embargos rejeitados. Unânime. Embargos de Declaração n. 70070659826-Gravataí-RS (*BAASP, 3039*:15).

214. Sobre a natureza jurídica do direito à prestação de alimentos, *vide* Ruggiero, *Instituições de direito civil,* v. 2, § 47, p. 33; Cicu, "La natura giuridica dell'obbligazione alimentare tra coniugi, in *Scritti minori,* v. 1, t. 2, p. 713 e s.; Giorgio Bo, op. cit., n. 2, p. 14; Orlando Gomes, op. cit., p. 464; Cahali, op. cit., p. 118 e 119; Diana Amato,

D. Caracteres do direito à prestação alimentícia e da obrigação alimentar

O *direito à prestação alimentícia* apresenta as seguintes características:

1) É um *direito personalíssimo* por ter por escopo tutelar a integridade física do indivíduo[215]; logo, sua titularidade não passa a outrem[216].

2) É *suscetível de reclamação após o óbito do devedor*. É *transmissível a obrigação alimentar*, pois o art. 1.700 (c/c o art. 1.694; *RT*, *729*:233, *717*:133, *616*:177) do Código Civil prescreve que o credor de alimentos (parente, cônjuge ou companheiro) pode reclamá-los de quem estiver obrigado a pagá-los, podendo exigi-los dos herdeiros do devedor, se este falecer, porque a estes se transmite o dever de cumprir a obrigação alimentar, passando, assim, os alimentos a ser considerados como dívida do falecido, cabendo aos seus herdeiros a respectiva solução até as forças da herança (CC, art. 1.792 c/c os arts. 1.821 e 1.997 e Enunciado n. 343 do CJF, aprovado na IV Jornada de Direito Civil), no limite do quinhão que a cada um deles couber. Logo, se inexistir herança, inviável será a transmissão da obrigação alimentar (TJMG, 3ª Câm., Ap. Cív. 10000.00251.143-4/000, Rel. Des. Lucas S. V. Gomes, j. 1º-3-2002). Com isso o alimentário tem direito de exigir a presta-

---

Gli alimenti, Milano, Giuffrè, 1973, n. 1, p. 4; Helène Sinay, Les conventions sur les pensions alimentaires, *Revue Trimestrielle de Droit Civil, 24*:244, 1954.

A alimentação, pelo art. 6º da CF, com a redação da EC n. 90/2015, é um dos *direitos sociais*.

215. Degni, op. cit., p. 477. "(...) A propósito, observa Rolf Madaleno: 'Os alimentos são fixados em razão do alimentado, como sendo um direito estabelecido, de regra, *intuitu personae*. Visa preservar estritamente a vida do indivíduo, não podendo ser repassado esse direito a outrem, como se fosse um negócio jurídico, embora a obrigação alimentar possa ser transmitida aos herdeiros do devedor (CC, art. 1.700). (...) E este caráter pessoal dos alimentos deriva de alguns pontuais aspectos. Em primeiro lugar, é personalíssimo enquanto pessoal é o vínculo familiar entre o devedor e o credor que compõem os polos da relação obrigacional. O crédito e a dívida são inseparáveis da pessoa porque estão baseados em determinada qualidade que não é transmissível. Em segundo plano são pessoais porque surgem de uma situação concreta das possibilidades de um e das necessidades do outro e os alimentos só podem ser reclamados por quem está em estado de necessidade e só são devidos por quem tem meios para atendê-los. Em terceiro lugar, a finalidade dos alimentos não tem caráter patrimonial, pois o seu estabelecimento e a sua fixação têm em mira assegurar a conservação da vida, do cônjuge, companheiro ou parente, atendendo suas vindicações de cunho material e espiritual, qual seja, a satisfação de uma necessidade essencialmente pessoal' (*Curso de direito de família*, 4. ed., Rio de Janeiro, Forense, 2011, p. 840-81)" (TJSC, ApC 2012.006683-0, rel. Des. Trindade dos Santos, 2ª Câmara de Direito Civil, j. 14-8-2013).

216. Cahali, op. cit., p. 132; *Bol. AASP, 1.942*:21.

ção alimentícia dos herdeiros do antigo devedor, consignando-se, então, uma exceção ao caráter personalíssimo da obrigação alimentar[217]? Parece-nos que

217. W. Barros Monteiro, op. cit., p. 295; Priscila M. P. C. da Fonseca, Há obrigação alimentar após a morte? *Revista Síntese — Direito de Família, 80*:225-27; Caio M. S. Pereira, *Instituições*, cit., p. 325; *Bol. AASP, 1.937*:11. Há quem entenda que isso só seria aplicável em caso de alimentos devidos em razão de separação judicial ou divórcio (*RT, 574*:68). Interessantes a respeito são as observações de Luiz Felipe B. Santos (Alimentos no novo Código Civil, *Revista Brasileira de Direito de Família 16*:17-9): "Importante inovação é o que contém o art. 1.700, que trata da característica da transmissibilidade, afirmando 'que a obrigação de prestar alimentos transmite-se aos herdeiros do devedor, na forma do artigo 1.694'. Bastante conhecida a controvérsia doutrinária e jurisprudencial que grassa em torno da interpretação dos arts. 402 do Código de 1916, e 23 da Lei n. 6.515/77, afirmando o primeiro que a obrigação alimentar não se transmite, e o segundo dizendo o contrário. Doutrina e jurisprudência majoritárias firmaram-se no sentido de que intransmissível é a obrigação alimentar entre parentes (com fulcro no art. 402), enquanto transmissível é a obrigação entre cônjuges (art. 23 da Lei n. 6.515/77). Isso porque o parente beneficiário dos alimentos seria também herdeiro do autor da herança, e, de outro lado, de regra, poderia também postular alimentos diretamente aos próprios herdeiros, por possuir parentesco com estes (salvo no caso do irmão alimentado, que, possuindo o *de cujus* filhos, não seria herdeiro e nem poderia pedir alimentos aos sobrinhos). Agora, o art. 1.700 do novo Código estende a transmissibilidade a todas as obrigações alimentares, sejam decorrentes do parentesco ou do casamento. Ademais, não faz qualquer referência a que a transmissibilidade deva ocorrer nos limites das forças da herança, o que, em princípio, pode conduzir à interpretação de que os herdeiros passam a ser pessoalmente responsáveis pela continuidade do pagamento, independentemente de terem ou não herdado qualquer patrimônio, o que ofenderia, é certo, a característica que diz ser personalíssima a obrigação alimentar. Outrossim, ao equivocadamente reportar-se ao art. 1.694 (para guardar simetria como que dispõe o art. 23 da Lei n. 6.515/77, a remissão deveria ser feita agora ao art. 1.997 do Código, que trata da responsabilidade da herança pelas dívidas do falecido), o dispositivo parece indicar que os herdeiros do alimentante ficam igualmente obrigados a assegurar aos alimentados *os alimentos de que necessitem para viver de modo compatível com sua condição social, inclusive para atender às necessidades de sua educação*, e isso, frise-se, independentemente de verificar se as forças da herança comportam ou não tal pensionamento. O PL n. 699/2011, buscando adequar esse dispositivo, propõe que seja a ele dada nova redação nos seguintes termos: 'A obrigação de prestar alimentos decorrente do casamento e da união estável transmite-se aos herdeiros do devedor, nos limites das forças da herança, desde que o credor da pensão alimentícia não seja herdeiro do falecido'. Na justificativa, lê-se: 'Pelo regime do novo Código, o cônjuge também passou a ser herdeiro necessário, como estabelece o art. 1.845. Conforme o art. 1.829, o cônjuge tem direito à herança e concorre com os descendentes, salvo se casado com o falecido no regime da comunhão universal, ou no da separação obrigatória de bens (art. 1.641, II), ou se, no regime da comunhão parcial, o autor da herança não houver deixado bens particulares. O art. 1.832 dispõe que, em concorrência com os descendentes (art. 1.829, I), caberá ao cônjuge quinhão igual ao dos que sucederam por cabeça, não podendo a sua quota ser inferior à quarta parte da herança, se for ascendente dos herdeiros com que concorrer. E o art. 1.837 dispõe que, concorrendo com ascendente em primeiro grau, ao cônjuge tocará um terço da herança; caber-lhe-á a

não, pois a dívida alimentar continuará sendo do *de cujus*, visto que o espólio por ela responderá. Trata-se, na verdade, de débito do espólio em razão do disposto no art. 1.792 do Código Civil. Os herdeiros não são devedores; só têm a responsabilidade pelo pagamento da dívida alimentícia, exigível até o valor da herança.

Como o cônjuge passou a ser herdeiro necessário, terá direito à herança e poderá concorrer com descendente, preenchidos os requisitos legais (CC, arts. 1.829, I, e 1.832), e com ascendente do *de cujus* (CC, art. 1.837) e o companheiro concorrerá, como sucessor regular; no que atina aos bens

---

metade desta se houver um só ascendente, ou se maior for aquele grau. Assim, o cônjuge é herdeiro necessário, a depender do regime de bens, tendo o falecido deixado descendentes, e, havendo ascendentes, com participação variável conforme grau de parentesco do herdeiro com o falecido. Desse modo, o cônjuge tem direito assegurado a parte da herança. Por outro lado, o companheiro, na união estável, não é havido como herdeiro necessário. Assim, transmissibilidade da obrigação de alimentos deve ser restrita ao companheiro e ao cônjuge, a depender, quanto a este último, de seu direito à herança. Além disso, o dispositivo estabelece que a transmissão da obrigação de alimentos ocorrerá nas condições do art. 1.694, cujo § 1º prescreve que 'os alimentos devem ser fixados na proporção das necessidades do reclamante e dos recursos da pessoa obrigada'. Desse modo, segundo o artigo em análise, a obrigação de prestar alimentos transmite-se aos herdeiros do devedor segundo as suas possibilidades, independentemente dos limites das forças da herança. A obrigação de prestar alimentos que se transmite aos herdeiros do devedor sempre deve ficar limitada aos frutos da herança, não fazendo sentido que os herdeiros do falecido passem a ter a obrigação de prestar alimentos ao credor do falecido segundo suas próprias possibilidades'. A proposta de alteração explicita que a transmissão ocorre estritamente nos limites das forças da herança, e que somente são transmissíveis os alimentos decorrentes de casamento e união estável, e mesmo assim apenas quando o beneficiário não for herdeiro do alimentante falecido. Melhor seria, entretanto, que não ficasse a transmissibilidade restrita apenas à obrigação alimentar decorrente de casamento ou união estável, mas fosse mantida, inclusive, em favor do parente, desde que o beneficiado não seja herdeiro do alimentante. Basta pensar na situação do irmão que seja beneficiado pelos alimentos e que, tendo o alimentante descendentes, ascendentes ou cônjuge, nada receberá na herança e, ao mesmo tempo, deixará de ter direito aos alimentos, porque — de acordo com a redação proposta pelo PL 6.960/2002 —, sendo parente, não ocorrerá transmissão da obrigação!". Mas a proposta de alteração do art. 1.700 do Projeto foi rejeitada pelo Parecer Vicente Arruda na análise do Projeto de Lei n. 6.960/2002 (hoje PL n. 699/2011), que a continha, nos seguintes termos: "A remissão feita pelo art. 1.700 ao art. 1.694 dá aos parentes consanguíneos ou por afinidade (arts. 1.591 a 1.595) o direito de pleitear alimentos uns dos outros em linha reta ou colateral até o 4º grau. Quanto ao cônjuge ou companheiro, o parentesco por afinidade limita-se aos ascendentes, descendentes e irmãos do cônjuge ou companheiro, sendo desnecessária menção à herança. O dispositivo em estudo, ao determinar que a obrigação de prestar alimentos transmite-se aos herdeiros do devedor, permite que pleiteie os alimentos dos herdeiros independentemente de nova ação. Deve ser mantido, inclusive, por questão de economia processual".

onerosamente adquiridos durante a união estável, com descendente, ascendente e colaterais até o 4º grau do falecido (CC, art. 1.790, I a III). O Projeto de Lei n. 6.960 (atual n. 699/2011) pretende alterar a redação do art. 1.700, que passará a ser a seguinte: "A obrigação de prestar alimentos decorrente de casamento e da união estável transmite-se aos herdeiros do devedor, nos limites das forças da herança, desde que o credor da pensão alimentícia não seja herdeiro do falecido". Assim, por essa proposta, a transmissibilidade da obrigação de alimentos deveria restringir-se à existência de companheiros ou cônjuges, dependendo do seu direito à herança.

Os herdeiros do devedor, convém repetir, só terão a obrigação de prestar alimentos limitada às forças da herança (CC, art. 1.997 c/c o art. 1.792) e não conforme suas próprias possibilidades econômicas. Acatando essa linha de pensamento, a 2ª Seção do STJ, que congrega a 3ª e a 4ª turmas, por maioria de votos, decidiu que o *espólio* deverá continuar pagando alimentos a quem o *de cujus* os devia, alcançando não só as prestações vencidas, e não pagas, até a abertura da sucessão, mas também as vincendas, pois o credor de alimentos não poderá ficar na penúria durante o processo de inventário. Deveras, a esse respeito assim se pronunciou, como relator, o ministro Ruy Rosado de Aguiar: "não se examina, aqui, a questão de se saber se essa obrigação persiste uma vez findo o inventário e pagas as quotas devidas aos herdeiros; porém, enquanto isso não acontece, o autor da ação de alimentos e presumível herdeiro do *de cujus*, com direito à sua quota, não pode ficar sem condições de subsistência durante o processo de inventário dos bens deixados".

Mas também já se decidiu que tal se dá apenas em relação às parcelas vencidas que não foram pagas até a data do falecimento do alimentante (STJ, REsp 64.112/SC, *DJ*, 17-6-2002, p. 254; TJMG, 7ª Câm. Cív., Ap. Cív. 10000.00333304-4/000, rel. Des. Pinheiro Lago, j. 14-11-2003; *TJSP*, 4ª Câm. de Dir. Privado, AgI 294.064.4/0, j. 2-10-2003, rel. Des. Freire Mármora; *JTJ*, *281*:198, *275*:348).

Isso não poderia, perguntamos, instaurar no sistema jurídico uma lacuna *axiológica*, se vier a deixar alimentando em estado de penúria?

Por que não se poderia extrair do art. 1.700 a conclusão de que os herdeiros assumem, plenamente, o dever do antecessor, de pagar as prestações alimentícias, até as forças da herança, sejam elas vencidas ou vincendas?

Ou, então, dever-se-ia interpretar, por ser a prestação alimentícia uma obrigação de execução continuada, que os herdeiros do devedor de alimentos deveriam cumpri-la com os frutos e rendimentos advindos da quota hereditária recebida por cada um?

Por que se deveria restringir a transmissibilidade da obrigação alimentar oriunda de casamento ou união estável somente se o beneficiário não fosse herdeiro do alimentante falecido? Não seria mais conveniente que essa transmissão fosse mantida também em favor de parente? Por que recusar tal transmissibilidade do dever de pagar pensão alimentícia, se o credor for herdeiro do *de cujus*, se uma das condições dessa obrigação é a necessidade do alimentando? P. ex., se o alimentando for neto menor de 2 anos do *de cujus*, e vier a receber 1/6 da herança legitimária, por direito de representação de seu pai premorto, ficando seus 5 tios com 5/6 da legítima e com toda porção disponível, por sucessão testamentária; esses tios não seriam meros administradores da quota da herança relativa aos alimentos, permanecendo nessa condição até que o acervo se esgotasse? Ou teriam o encargo de pagar aquelas prestações continuadas, com o rendimento, da quota hereditária recebida? Se os tios são colaterais de 3º grau, estão liberados do dever de alimentos, não tendo, portanto, o dever legal de prestar alimentos àquele sobrinho (sem ascendente, sem descendente e sem irmãos), que recebeu quota hereditária insuficiente para sua subsistência, como poderia ele (credor de alimentos do *de cujus*) sobreviver, se não lhe fosse concedido o direito às prestações vincendas até as forças da herança? Mas, por outro lado, se algum neto do falecido, depois de muitos anos do óbito do avô, vier, por encontrar-se em situação precária, a reclamar alimentos de seus tios, herdeiros de seu avô, na proporção de suas necessidades e dos recursos da herança por eles recebida ante os arts. 1.694 e 1.700, não faria jus a tal percepção, pois esses dispositivos só dizem respeito a quem já era credor, por ocasião da abertura da sucessão, tendo *quantum* da pensão já estabelecido ou em discussão em juízo. Só há herança em sentido objetivo se existir, no patrimônio do *de cujus*, bens, direitos e obrigações por ele assumidos. Consequentemente, apenas as obrigações atuais, e não as *in potentia*, poderão ser transmitidas.

Se falecer o beneficiado, extingue-se a obrigação, e se, porventura, seus herdeiros forem carentes de recursos materiais, terão de requerer alimentos de quem seja obrigado, legalmente, a prestá-los, fazendo-o por direito próprio e não como sucessores do falecido[218].

---

218. Cahali, op. cit., p. 132; José Edson N. Alfaix, *Transmissibilidade "causa mortis" da obrigação legal de prestar alimentos*, dissertação de mestrado apresentada na PUCSP, em 2004; Maria Teresa Moreira, Nota sobre transmissão dos alimentos no novo Código Civil, *RF, 364*:240; Regina Beatriz Tavares da Silva, *Novo Código Civil comentado*, São Paulo, Saraiva, 2002, p. 1508; Walsir E. Rodrigues Jr., Os alimentos e a transmissibilidade da obrigação de prestá-los, *Revista Brasileira de Direito de Família, 37*:42-72. De acordo com o art. 1.700 do novo Código Civil, o dever de prestar alimentos trans-

3) É *incessível* em relação ao credor, pois o crédito não pode ser cedido a outrem, por ser inseparável da pessoa do credor (CC, art. 1.707, *in fine*). Não pode ser cedido o direito, pondera Washington de Barros Monteiro, quanto às prestações vincendas, mas, no tocante às vencidas, como constituem dívida comum, nada obsta sua cessão a outrem, pois o art. 286 do Código Civil a ela não se opõe[219].

4) É *irrenunciável,* uma vez que o Código Civil, art. 1.707, 1ª parte, permite que se deixe de exercer, mas não que se renuncie o direito de alimentos. Pode-se renunciar o exercício e não o direito; assim o necessitado pode deixar de pedir alimentos, mas não renunciar esse direito[220]. Logo, quem renunciar ao seu exercício poderá pleiteá-lo ulteriormente, se dele vier a precisar para seu sustento (*RT, 507*:109), verificados os pressupostos legais. Todavia, há julgado entendendo que, como cônjuge não é parente, pode renunciar o direito aos alimentos sem incidir na proibição do art. 1.707, não mais podendo recobrá-lo (*AJ, 278*:871, *276*:379; *RT, 731*:278, *696*:99, *563*:210, *587*:56, *640*:174, *704*:114, *713*:28; *RSTJ, 47*:241; em contrário: Súmula 379 do STF; *AJ, 112*:544, *107*:379; *RT, 243*:525; *RF, 155*:229). Por esse motivo o Projeto de Lei n. 699/2011 pretende modificar a redação do art. 1.707 para: "Tratando-se de alimentos devidos por relação de parentesco, pode o credor não exercer, porém lhe é vedado renunciar ao direito a alimentos". Com isso, se aprovado for, será possível a renúncia ao *direito* a alimentos por ex-cônjuge ou ex-companheiro, não mais podendo pleiteá-lo, posteriormente, mas não por parentes. Irrenunciável passaria a ser, portanto, o direito aos alimentos, decorrente de vínculo de parentesco e não o oriundo de dissolução de casamento ou de união estável. Mas, pelo Parecer Vicente Arruda, na análise feita, outrora, ao PL n. 6.960/2002 (hoje PL n. 699/2011), "a restrição feita na proposta contradiz frontalmente o disposto no art. 1.704 que

---

mite-se aos herdeiros do devedor. Entretanto, trata-se tão somente da dívida existente à época de seu óbito. Consoante entendimento exposto na Súmula 1 do Superior Tribunal de Justiça, é o foro do domicílio do alimentando o competente para as ações de investigação de paternidade quando cumulada com alimentos. Salvo nas hipóteses da segunda parte do art. 87 do CPC/1973 [atual art. 43], não se faz possível a modificação de competência em razão de alterações de fato ou de direito, de forma que a morte do alimentante é incapaz de transferir a competência de um juízo para outro. Recurso conhecido e desprovido (TJES, 2ª Câm. Cível, AI n. 004.04.900011-2, rel. Álvaro Manoel Rosindo Bourguignon, *DJ*, 20-5-2006).

219. Planiol, Ripert e Boulanger, op. cit., v. 1, n. 1.702, e W. Barros Monteiro, op. cit., p. 297.

220. W. Barros Monteiro, op. cit., p. 296; Orlando Gomes, op. cit., p. 461; *RT, 448*:209, *449*:120, *519*:91, *533*:102, *534*:110, *535*:82, *544*:107, *548*:106, *554*:112, *640*:174, *704*:114, *713*:28; *RSTJ, 45*:241; Súmula 379 do STF.

não foi modificado pelo PL. De mais a mais, renunciar a alimentos é renunciar à própria vida" e com isso rejeitou tal sugestão. "O art. 1.707 do Código Civil não impede seja reconhecida válida e eficaz a renúncia manifestada por ocasião do divórcio (direto ou indireto) ou da dissolução da 'união estável'. A irrenunciabilidade do direito a alimentos somente é admitida enquanto subsista vínculo de direito de família" (Enunciado n. 263 do Conselho da Justiça Federal, aprovado na III Jornada de Direito Civil).

5) É *imprescritível,* ainda que não exercido por longo tempo, enquanto vivo tem o alimentando direito a demandar do alimentante recursos materiais indispensáveis a sua sobrevivência, porém se seu *quantum* foi fixado, judicialmente, prescreve em 2 anos a pretensão para cobrar as prestações de pensões alimentícias vencidas e não pagas (CC, art. 206, § 2º; *RT, 132*:226, *211*:251). Assim, se o credor não executar dívidas alimentares atrasadas, deixando escoar o biênio, não mais poderá exigi-las, visto que, por mais de dois anos, delas não precisou para prover sua subsistência. Justa a solução legal, pois como se poderia manter alimentante obrigado a um débito não executado, cujo valor poderá tornar-se vultoso, impossibilitando seu pagamento?

Não há, portanto, incidência do lapso prescricional sobre o direito dos alimentos, mas sim sobre as prestações já vencidas, mas não cumpridas pelo executado, extinguindo a pretensão de exigi-las ante a inércia do exequente. Nessa hipótese, há quem ache que a ação monitória poderia ser utilizada para obter o adimplemento dos valores, que não mais podem ser executados, em razão de prescrição, uma vez que a possibilidade de execução através do art. 911 do CPC, que ameaça o devedor de prisão civil em caso de ausência de pagamento ou de justificativa da impossibilidade de cumpri-lo dentro de três dias, apenas seria permitida antes da prescrição da verba alimentar. O credor de alimentos, mediante o procedimento monitório, poderá receber o que faz jus apesar de ter-se mantido inerte, por desconhecimento do prazo prescricional ou por ter ficado com pena do devedor que, por falta de recursos econômico-financeiros naquele biênio, não poderia cumprir sua obrigação etc. A ação monitória tornaria possível ao credor receber o crédito prescrito, principalmente porque lhe é devido para assegurar sua subsistência[221].

221. W. Barros Monteiro, op. cit., p. 301; Dalléfi e Souza, A imprescritibilidade dos alimentos dos pais em relação aos filhos, *Revista IOB de Direito de Família, 56*:112 a 122. Quanto à pretensão de alimentos futuros, ter-se-á imprescritibilidade e, em relação à pretensão de cobrar as prestações alimentícias já fixadas e não pagas ou atrasadas, o prazo, para tanto, será de 2 anos, contado da data em que se tornou exigível. Fabiana M. Spengler e Theobaldo Spengler Neto, Ação monitória no processo de família, *Revista Brasileira de Direito de Família, 22*:19-32, que aqui resumimos.

6) É *impenhorável,* em razão da finalidade do instituto; uma vez que se destina a prover a mantença do necessitado, não pode, de modo algum, responder pelas suas dívidas, estando a pensão alimentícia isenta de penhora (CC, art. 1.707, *in fine*; CPC, arts. 833, IV, § 2º, e 834)[222].

7) É *incompensável* (CC, arts. 373, II, e 1.707, *in fine*), pois se se admitisse a extinção da obrigação por meio de compensação, privar-se-ia o alimentando dos meios de sobrevivência, de modo que, nessas condições, se o devedor da pensão alimentícia tornar-se credor do alimentando, não poderá opor-lhe o crédito, quando lhe for exigida a obrigação[223].

8) É *intransacionável,* não podendo ser objeto de transação o direito de pedir alimentos (CC, art. 841), mas o *quantum* das prestações vencidas ou vincendas é transacionável[224] (*RT, 645*:170, *676*:157; *JTJ*, Lex, *189*:162).

9) É *atual,* porque o direito aos alimentos visa a satisfazer necessidades atuais ou futuras e não as passadas do alimentando; logo, este jamais poderá requerer que se lhe conceda pensão alimentícia relativa às dificuldades que teve no passado (*AJ, 111*:34; *RF, 134*:455). "Alimentos atrasados só são devidos se fundados em convenção, testamento ou ato ilícito, quer dizer, por título estranho ao direito de família"[225].

10) É *irrestituível,* pois, uma vez pagos, os alimentos não devem ser devolvidos, mesmo que a ação do beneficiário seja julgada improcedente. Mas há quem ache que, em caso de dolo, p. ex., de ex-cônjuge que oculta novo casamento, haverá devolução por configurar enriquecimento indevido e ge-

---

222. Caio M. S. Pereira, *Instituições*, cit., p. 325; W. Barros Monteiro, op. cit., p. 297.

223. W. Barros Monteiro, op. cit., p. 296; Fornari, *Dell'obbligo degli alimenti*, p. 28; Cahali, op. cit., p. 133. *Vide*: *RT, 506*:323, *616*:147, *745*:183; *RJTJSP, 67*:212. Já há decisão admitindo compensação, nas prestações vincendas, valores pagos a mais, considerando-os adiantamento do pagamento de prestações futuras, para que não haja enriquecimento indevido do beneficiário (*RJTJSP, 123*:236; *RT, 616*:147).

224. Orlando Gomes, op. cit., p. 460; W. Barros Monteiro, op. cit., p. 297; Clóvis Beviláqua, *Código Civil comentado*, v. 4, p. 191; Ilza A. Campos Silva, Arbitragem e alimentos — uma conexão possível, *Revista Brasileira de Direito de Família, 35*:159-71.

A transação atinente a alimentos fornecidos a idoso pode dar-se perante promotor de justiça e defensor público, que o referendará, valendo como título extrajudicial nos termos da lei processual civil (Lei n. 10.741/2003, art. 13, com a redação da Lei n. 11.737/2008).

225. W. Barros Monteiro, op. cit., p. 297; *AJ, 101*:88; *RF, 134*:455; *RT, 209*:239, *247*:268; Silvio Rodrigues, op. cit., p. 380; Demolombe, op. cit., v. 4, n. 55, p. 60-1; Ruggiero, op. cit., v. 2, n. 47, p. 37. O Projeto de Lei n. 699/2011 acrescentará parágrafo único ao art. 1.707, pelo qual o crédito de pensão alimentícia oriundo de parentesco, de casamento ou união estável será insuscetível de cessão, penhora ou compensação.

rar responsabilidade por perdas e danos. E, também, na hipótese de erro no pagamento de alimentos, caberá, no dizer de Arnoldo Wald, sua restituição. Assim, quem fornecer alimentos na crença de que os devia, poderá exigir a devolução de seu valor ao terceiro, que era o verdadeiro devedor da prestação.

11) É *variável*, por permitir revisão (*RT*, *812*:215, *785*:314), redução, majoração ou exoneração da obrigação alimentar, conforme haja alteração da situação econômica e da necessidade dos envolvidos (CC, art. 1.699)[226].

12) É *divisível* (CC, arts. 1.696 e 1.697) entre os parentes do necessitado, encarregados da prestação alimentícia, salvo se o alimentando for idoso, visto que a obrigação alimentar passará, então, a ser solidária *ex lege*, cabendo-lhe optar entre os prestadores (Lei n. 10.741/2003, art. 12)[227].

A *obrigação de prestar alimentos*, por sua vez, possui os caracteres de[228]:

---

226. Adriane Medianeira Toaldo e Juliana Muller, Exoneração de alimentos a ex-cônjuges: inexistência das alterações nas condições econômicas dos cônjuges, *Revista Síntese — Direito de Família*, *90*:119-136. Já se decidiu que: "Decisão que fixou alimentos provisórios em favor da recorrente no valor equivalente a 20% dos vencimentos e vantagens do agravante. Desequilíbrio no binômio necessidade/possibilidade. Demonstração de impossibilidade de pagamento por parte do alimentante, tendo em vista outros filhos dependentes e sua própria subsistência. Observância da regra estatuída no art. 1.699 do CC. Recurso conhecido e parcialmente provido" (TJRN — 2ª Câm. Cível, AI n. 2009.011022-9-Natal-RN, rel. Des. Cláudio Santos, j. 9-2-2010, *Bol. AASP*, *2.731*: 1999-10).

227. "Civil — Alimentos — Fixação *intuitu familiae* — Prestação mensal — Valor — Divisibilidade. A obrigação alimentar fixada *intuitu familiae* não afasta a divisão do valor da prestação mensal. Aplica-se aos alimentos o princípio do direito das obrigações, de que, quando existe mais de um devedor, ou mais de um credor, em obrigação divisível, esta presume-se dividida em tantas obrigações, iguais e distintas, quantos os credores ou devedores, salvo estipulação em contrário. Rejeita-se a preliminar e dá-se provimento parcial ao recurso. Súmula: rejeitaram a preliminar e deram provimento parcial" (TJMG, ApC 1.0672.03.114347-8/001(1), 4ª Câm. Cív., rel. Des. Almeida Melo, *DJMG*, 9-5-2006).

228. Cahali, op. cit., p. 133; Orlando Gomes, op. cit., p. 462-4; W. Barros Monteiro, op. cit., p. 294-5; Eduardo de Oliveira Leite, O *quantum* da pensão alimentícia, *Jurídica*, Revista do Curso de Direito da Universidade Federal do Espírito Santo, v. 1, p. 123-39; Silvio Rodrigues, *O divórcio e a lei que o regulamenta*, p. 153; Fabiana M. Spengler, Coisa julgada, revisão e exoneração de alimentos, *Revista Brasileira de Direito de Família*, *16*:28-39; Sílvio de Salvo Venosa, *Direito civil*, cit., v. VI, p. 380-1; Fernando Malheiros Filho, O problema da indexação dos alimentos ao salário mínimo, *Revista Brasileira de Direito de Família*, *38*:139-50. Em regra, os alimentos são concedidos *ad necessitatem*, mas diante da ausência de um parâmetro legal tem sido estabelecido 1/3 do rendimento mensal do alimentante, que nem sempre corresponde às reais necessidades do alimentando, abrangendo alimentação, luz, água, transporte, lazer, vestuário, moradia, tratamento médico e odontológico, educação etc. Têm os alimentos um sentido assistencial e não indenizatório. Dever-se-á tomar como base não esse 1/3, mas o custo real das necessidades do alimentando. Fixação com base no salário

1) *Condicionalidade,* uma vez que só surge a relação obrigacional quando ocorrerem seus pressupostos legais; faltando um deles cessa a obrigação alimentar. P. ex., se o alimentando adquirir recursos materiais que lhe possibilitem prover sua mantença, o obrigado liberado estará.

2) *Mutabilidade do "quantum" da pensão alimentícia,* que pode sofrer variações quantitativas ou qualitativas, conforme se alterem os pressupostos (Lei n. 5.478/68, art. 15; *RSTJ, 102*:255; *RT, 640*:174, *686*:111, *716*:150, *720*:101, *721*:115, *727*:278, *788*:255, *780*:306). "As decisões que fixam alimentos trazem ínsita a cláusula *rebus sic stantibus,* o que equivale dizer que são modificáveis, dado que a fixação da prestação alimentar se faz em atenção às necessidades do alimentando e às possibilidades do alimentante" (TJMG, *Adcoas,* 1982, n. 87.808; *Bol. AASP, 2.877*:12). O *quantum* é fixado pelo juiz, depois de verificadas as necessidades do alimentando e as condições econômico-financeiras do alimentante, considerando os critérios do equilíbrio, da coerência e da proporcionalidade (TJRO, Câm. Civ., AC 01003471-4, rel. Des. Sérgio Lima, j. 13-11-2001; *Bol. AASP, 2.280*:599); assim, se sobrevier mudança na situação financeira de quem os supre ou na de quem os recebe, poderá o interessado reclamar do magistrado, conforme as circunstâncias, *exoneração* (*Bol. AASP, 1.958*:52; *RT, 803*:216, *796*:241, *799*:304, *778*:258, *733*:296, *714*:113; *RJ, 145*:84; *RJTJSP, 136*:57, *162*:166; *RJTJRS, 180*:390), *redução* (*RT, 803*:315; *Ciência Jurídica, 65*:115 e 136; *Bol. AASP, 2741*:2030-09 e *2851*:12) ou *majoração* do encargo (CC, art. 1.699; *JB, 162*:131; *Bol. AASP, 1.867*:115; *RT, 721*:115, *620*:166, *597*:179, *530*:86, *536*:241; *EJSTJ, 11*:63, *10*:63 e 64; *Ciência Jurídica, 62*:114, *65*:115 e 136, *69*:93 e *71*:336; *RTJ, 100*:101; TJRS, *Adcoas,* 1980, n. 72.073; TJRJ, *Adcoas,* 1983, n. 91.331). E, ainda, pela Lei n. 6.515/77, art. 22, salvo decisão judicial, as prestações alimentícias de qualquer natureza serão atualizadas monetariamente na forma dos índices

---

mínimo (*RT, 741*:226, *724*:223, *714*:126, *726*:399, *707*:195, *596*:225), devendo ser incluído o 13º salário por ser parcela integrante dos vencimentos do alimentante (*RT, 727*:190) — no mesmo sentido: *JSTF, 159*:227, *187*:263 e *196*:178 — em contrário: *RT, 741*:226; *RSTJ, 96*:322. Consulte: Maria Berenice Dias, Obrigação alimentar e o descabimento de sua atualização pelo IGP-M, *Carta Forense,* dez. 2006, p. 43; Alimentos: salário mínimo *versus* IGP-M, *Revista Brasileira de Direito de Família, 39*:5-16. "Dada a natureza indenizatória e não salarial do FGTS, sobre ele não incide o percentual estabelecido a título de pensão, em não sendo expressamente prevista a incidência" (*RT, 717*:135). Observa Yussef S. Cahali (*Divórcio e separação,* cit., p. 218) que não se podem também incluir horas extraordinárias de serviço prestado pelo alimentante, na fixação do *quantum* dos alimentos, por ser elemento eventual ou aleatório. E continua o autor, se o alimentante for funcionário público, a pensão fixada com base nos seus vencimentos abrange adicionais por tempo de serviço, gratificações e outras vantagens. Consulte: *RT, 599*:52, *727*:190, *622*:78, *724*:302, *663*:83, *681*:168.

oficiais regularmente estabelecidos (CC, art. 1.710; *RT, 829*:343, *617*:48, *560*:173), se ocorrer fenômeno inflacionário ou alteração na economia nacional. Todavia, não se fará tal atualização, se o devedor de alimentos não puder arcar com o gravame (*RT, 617*:48 e *560*:173), e se o credor tiver plenas condições de se manter com os rendimentos de seu próprio trabalho e dos bens que possui (STJ, REsp 933.355, j. 3-4-2008, rel. Min. Nancy Andrighi).

Ante tais disposições legais, a sentença condenatória de alimentos, no que concerne ao *quantum,* não faz coisa julgada (*RT, 415*:147, *209*:238)[229].

---

229. Lobão, *Obrigações recíprocas*, § 38; Fabiana M. Spengler, Coisa julgada, revisão e exoneração de alimentos, *Revista Brasileira de Direito de Família, 16*:28 a 39; Clito Fornaciari Júnior, Efeitos *ex tunc* da exoneração de alimentos, *Tribuna do Direito*, maio 2013, p. 14; *RF, 126*:138; *RT, 224*:177, *231*:153, *483*:153, *243*:139, *577*:119, *629*:103, *679*:173, *674*:238; *RJTJRS, 174*:258, *178*:194, *167*:268, *177*:399, *187*:386, *176*:742, *199*:279; *RJTJSP, 119*:300, *115*:24; Súmula 7 do STJ; *Bol. AASP, 1.943*:22 — "O fato de deixar as filhas e a ex-companheira, constituindo nova família, inclusive desta união já ter resultado um filho, não justifica, por si só, a redução da pensão ou da assistência material que já vinha proporcionando às alimentárias" (TJSP, 2ª Câm. Civ., AC 250.362-1/4, rel. Des.Correia Lima, j. 15-8-1995, v.u.); "Em se tratando de ação revisional de alimentos em que as partes não são economicamente necessitadas, não se há de cogitar do benefício da justiça gratuita sucumbente, eis que a lei estadual que amplia o acesso ao Poder Judiciário menciona tão somente as ações de alimentos, não se reportando às hipóteses de revisão" (*JB, 156*:140). "Ação de exoneração de alimentos — Ex-mulher. Não se mostra razoável a manutenção do pensionamento da ex-mulher, jovem com 33 anos de idade, com segundo grau completo, passados mais de cinco anos da separação, impondo-se a sua desvinculação do ex-marido, que constituiu nova família, inclusive com filho pequeno. Recurso do requerente provido e Apelação da requerida desprovida" (TJRS, 7ª Câm. Cív., AC 70012207692 — Porto Alegre, rel. Des. Ricardo Raupp Ruschel, j. 15-3-2006, v.u.).

"O advento de prole resultante da celebração de um novo casamento representa encargo superveniente que pode autorizar a diminuição do valor da prestação alimentícia antes estipulado, uma vez que, por princípio de equidade, todos os filhos comungam do mesmo direito de terem o seu sustento provido pelo genitor comum, na proporção das possibilidades deste e necessidades daqueles" (STJ, REsp 244.015/SC, rel. Min. Castro Filho, 3ª T., j. 19-4-2005, *DJ*, 5-9-2005, p. 396).

BAASP, 2757: 2081-02 — "Sentença de improcedência. Inconformismo. Não acolhimento. Preliminar de cerceamento de defesa infundada. Constituição de nova família consubstancia evento cuja previsibilidade impede a redução da pensão alimentícia a um patamar irrisório. Recurso desprovido" (TJSP — 9ª Câm. de Direito Privado; Ap n. 994. 09.282300-4 — Capivari-SP; rel. Des. Piva Rodrigues; j. 19-10-2010).

Processual civil — Ação de exoneração de alimentos sob o argumento de que o alimentando vivia, à época do ajuizamento, na companhia dos avós paternos — Retorno do filho ao convívio materno no curso do processo — Admissibilidade, pelo princípio insculpido no art. 517 do Código de Processo Civil amalgamado ao princípio da economia processual, de se apreciar o pedido como de redução da pensão alimentícia, desde que presentes os pressupostos que autorizem a redução — Provimento parcial ao recurso. I — Nos termos do art. 517 (hoje art. 1.014) do Código de Processo Civil, 'as questões de fato, não propostas no juízo inferior, poderão ser suscitadas na apelação, se a parte provar que deixou de fazê-lo por motivo de força maior'. Portanto, se ao tempo do ajuizamento da ação o alimentando residia na companhia dos avós paternos e, no curso do processo, retorna ao convívio materno, estamos diante de questão de fato que não foi proposta no juízo inferior em razão de força maior, mas que pode ser apreciada no Juízo *ad quem*, porquanto seria atentatório ao princípio da economia processual se exigir que o alimentante, comprovando a ocorrência de modificação do *status* presente à época da fixação dos alimentos, ingressasse com uma ação nova, de redução de pensão alimentícia; II — No entendimento do col. Superior Tribunal de Justiça, 'o advento de prole resultante da celebração de um novo casamento representa encargo superveniente que pode autorizar a diminuição do valor da prestação alimentícia antes estipulado, uma vez que, por princípio de equidade, todos os filhos comungam do mesmo direito de terem o seu sustento provido pelo genitor comum, na proporção das possibilidades deste e necessidades daqueles'; III — Da mesma e veneranda Corte o precedente de que, constituindo o FGTS verba indenizatória, não se inclui ele na base de cálculo da pensão alimentícia; IV — Provimento parcial ao recurso" (TJRJ, AC 2005.001.38755, 13ª Câm. Cív., rel. Des. Ademir Pimentel, j. 2-8-2006).

"Revisional de alimentos — Constituição de nova família com o nascimento de outra filha — Requisitos — Ausência — Alteração na fortuna de quem supre ou de quem recebe inocorrência — Sentença mantida. A alegação de ter constituído nova família, com o advento de outra filha, não exime o pai do dever alimentar relativo aos filhos de união anterior, mesmo porque ao assumir o novo compromisso estava ele ciente de suas obrigações já existentes. Para que prospere a ação revisional de alimentos, necessária se faz a prova da alteração na fortuna de qualquer das partes, a teor do que dispõe o art. 1.699, do Código Civil, sendo ônus do autor tal demonstração, sob pena de improcedência do pleito. Recurso a que se dá provimento. Súmula: deram provimento" (TJMG, AC 1.0024.05.5828016/001(1), 3ª Câm. Cív., rel. Des. Kildare Carvalho, *DJMG*, 1º-9-2006).

Bol. AASP, 2.851:12: "1. A ação de revisão de alimentos, conforme o disposto no art. 1.699 do CC, tem por pressuposto o exame da alteração do binômio possibilidade/necessidade e visa à redefinição do valor do encargo alimentar, que se subordina à cláusula *rebus sic stantibus* (cláusula da alteração fundamental de circunstância). No caso, o apelante não se desincumbiu do ônus que lhe cabia, a teor do art. 333, I, do CPC/1973 [art. 373, I, do CPC/2015], uma vez que não demonstrada, por meio de prova, a alteração do binômio possibilidade/necessidade dos litigantes, mantidos os alimentos fixados às filhas. 2. Igualmente, devidos alimentos à ex-mulher, estabelecidos como decorrência do dever de mútua assistência. No entanto, decorridos dois anos da separação, a situação do casal sofreu pequena alteração, pois a alimentada passou a trabalhar, o que reduz a sua necessidade, justificada pequena redução no valor da pensão alimentícia, mas não a exoneração do encargo alimentar. Recursos desprovidos".

Já há decisão, convém lembrar, no sentido de que: "Com a maioridade, extingue-se o poder familiar, mas não cessa, desde logo, o dever de prestar alimentos, fundado a partir de então no parentesco. É vedada a exoneração automática do alimentante, sem possibilitar ao alimentando a oportunidade de manifestar-se e comprovar, se for o caso, a impossibilidade de prover a própria subsistência" (STJ, REsp 739.004/DF, rel. Min. Barros Monteiro, 4ª T., j. 15-9-2005, *DJ*, 24-10-2005, p. 346).

"As sentenças que decidem sobre alimentos trazem em si a cláusula *rebus sic stantibus*, não transitando em julgado no que diz respeito à possibilidade de sua revisão, a qualquer tempo, face à modificação das condições econômicas das partes. Entretanto, a desconstituição de tais decisões somente pode ser obtida via ação rescisória, vez

Todas essas alterações são requeridas mediante ação ordinária de revisão ou de modificação (CPC, arts. 61 e 505, I; *EJSTJ, 14*:54 e 144), aforada perante o mesmo juízo que anteriormente arbitrou a pensão alimentícia.

3) *Reciprocidade*, pois na mesma relação jurídico-familiar, o parente que em princípio é devedor de alimentos poderá reclamá-los se vier a precisar deles[230] (CC, art. 1.696, 1ª parte). Os parentes podem reclamar uns dos outros os alimentos, p. ex., se o pai pode exigi-los do filho, a este será, também, lícito pedi-los àquele[231] (*RT, 755*:253). O art. 399, parágrafo único, do Código Civil de 1916 (acrescentado pela Lei n. 8.648/93), rezava que: "No caso de pais que, na velhice, carência ou enfermidade, ficaram sem condições de prover o próprio sustento, principalmente quando se despojaram de bens em favor da prole, cabe, sem perda de tempo e até em caráter provisional, aos filhos maiores e capazes, o dever de ajudá-los e ampará-los, com a obrigação irrenunciável de assisti-los e alimentá-los até o final de suas vidas". Mas, com isso, a Lei n. 8.648/93 veio não só a contrariar o princípio da reciprocidade, pois somente *filhos maiores* e *capazes* tinham o dever de alimentar os pais, restringindo o comando do art. 229 à Carta Magna, que não requer, para tanto, a capacidade da prole. Além disso, ante os arts. 1.696 e 1.697 do Código Civil, o descendente, mesmo incapaz, possuindo recursos financeiros, teria a obrigação de prestar alimentos aos ascendentes mais remotos (avós

---

que elas pelo menos fazem coisa julgada quanto à obrigação de alimentar e ao respectivo direito à obtenção dos alimentos" (*JB, 156*:202).

Bol. AASP, 2.705:1919-07: "Autor não comprovou nenhuma alteração expressiva de sua capacidade financeira. A existência de dívidas e a constituição de outra família não podem refletir em prejuízo da alimentada. Quem foi em busca da ampliação das despesas deve alcançar majoração dos rendimentos, pois o contrário caracterizaria incentivo à paternidade irresponsável. Cerceamento de defesa não configurado. Devido Processo Legal observado. Necessidade da infante é presumida. Apelo desprovido" (TJSP, 4ª Câm. de Direito Privado, ApC 655.666-4/5-00-Pindamonhangaba-SP, rel. Des. Natan Zelinschi de Arruda, j. 12-11-2009, v.u.).

Pelo CPC, art. 22, I: Compete, ainda, à autoridade judiciária brasileira processar e julgar as ações de *alimentos* se o credor tiver domicílio ou residência no Brasil ou se o réu mantiver vínculos no Brasil, como posse ou propriedade de bens, recebimento de renda ou obtenção de benefícios econômicos também será competente para julgar ações decorrentes de relações de consumo quando o consumidor tiver domicílio ou residência no Brasil (CPC, art. 22, II).

230. Ruggiero e Maroi, op. cit., v. 1, § 50. *Vide*: *RT, 755*:253. "Para os fins do art. 1.696, a relação socioafetiva pode ser elemento gerador de obrigação alimentar" (Enunciado n. 341 do CJF, aprovado na IV Jornada de Direito Civil).

231. *Vide* a lição de Azzariti e Martinez, *Diritto civile italiano,* Padova, CEDAM, 1943, t. 1, p. 1077; CF, art. 229; João Baptista Villela, Sobre o dever de alimentar e assistir os pais segundo a Lei n. 8.648/93, *Repertório de Jurisprudência, 21*:415. *Vide,* sobre ação proposta por avô contra neto: *RT, 600*:208.

ou bisavós). Daí a impropriedade daquela lei. Urge lembrar que a mencionada lei impunha a "irrenunciabilidade da obrigação de assistir e alimentar os pais", quando, na verdade, só seria possível renunciar um direito.

4) *Periodicidade*, uma vez que o pagamento dos alimentos é periódico para que possa atender às necessidades do alimentando. Seu pagamento poderá ser quinzenal ou mensal. Não poderá ser pago de uma só vez, numa só parcela, nem em lapsos temporais longos (p. ex., anuais, semestrais).

E. Classificação dos alimentos

Poder-se-ão classificar os alimentos:

1) *Quanto à finalidade*, caso em que podem ser (*a*) *provisionais, "ad litem" "expensa litis"* ou *acautelatórios* (CC, art. 1.706; CPC, arts. 296 e 531; *RT, 498*:92, *535*:107, *553*:79, *731*:283, *767*:340, *773*:229; *Adcoas*, 1983, n. 89.643; *Bol. AASP, 2.715*:5867; *RJTJSP, 153*:158, *68*:268) não mais subsistem no CPC/2015, mas poderão ser, no nosso entender, concedidos em tutela provisória de urgência de natureza cautelar preparatória ou incidental (CPC, arts. 294, parágrafo único, 308 e 309) concomitantemente ou antes da ação de separação judicial ou de divórcio (CF, art. 226, § 6º, com a redação da EC n. 66/2010; CPC, arts. 693 a 699; CC, art. 1.694), de nulidade ou anulação de casamento ou de alimentos, para manter o suplicante ou sua prole na pendência da lide, e para custear despesas processuais e honorários advocatícios, desde que comprovados o *periculum in mora* e o *fumus boni juris*, tendo, portanto, natureza antecipatória e cautelar. Se, p. ex., for concedida a separação de corpos, o cônjuge, qualquer que seja o regime de bens, não tendo recursos próprios, seja autor ou réu, poderá pedir, em qualquer fase do processo, alimentos para garantir sua sobrevivência e a dos filhos do casal na pendência da lide. Tais alimentos serão arbitrados pelo magistrado, nos termos da lei processual (CC, art. 1.706), conforme as necessidades do cônjuge-credor e as possibilidades do cônjuge-devedor. Têm natureza cautelar, podendo ser concedidos liminarmente e revogados a qualquer tempo e deverão ser pagos até o momento em que passar em julgado a sentença final de nulidade absoluta ou relativa e de separação judicial; (*b*) *provisórios* (*RJ, 137*:72), se fixados incidentalmente pelo juiz no curso de um processo de cognição ou liminarmente em despacho inicial, em ação de alimentos, de rito especial, após prova de parentesco, casamento ou união estável (Lei n. 5.478/68, arts. 2º, 4º e 13, §§ 1º e 3º) para suprir necessidades do credor enquanto espera a sentença de mérito. Têm natureza antecipatória, constituindo uma antevisão dos definitivos; (*c*) *regulares* ou *definitivos*, se estabelecidos pelo magistrado ou pe-

las partes (p. ex., no caso de separação judicial consensual), com prestações periódicas, de caráter permanente, embora sujeitos a revisão[232] (CC, art. 1.699).

2) *Quanto à natureza,* apresentando-se como (*a*) *naturais,* se compreendem o estritamente necessário à subsistência do alimentando, ou seja, alimentação, remédios, vestuário, habitação; (*b*) *civis,* se concernem a outras necessidades, como as intelectuais e morais, ou seja, educação, instrução, assistência, recreação[233].

3) *Quanto à causa jurídica,* podendo ser (*a*) *voluntários,* se resultantes de declaração de vontade, *inter vivos* ou *causa mortis,* caso em que se inserem

232. R. Limongi França, *Manual de direito civil,* São Paulo, Revista dos Tribunais, 1972, v. 2, t. 1, p. 297; Nelson Nery Jr. e Rosa M. A. Nery, *Código de Processo Civil comentado,* São Paulo, Revista dos Tribunais, 1999, p. 1710; Gelson A. de Souza e Gelson A. de Souza Filho, Alimentos provisionais, *Revista Síntese — Direito de Família, 73*:74-95; *RT, 547*:94, *544*:278, *546*:99, *530*:86, *517*:54.

Alimentos provisionais não foram acolhidos pelo CPC/2015, que, no art. 693, parágrafo único, manda que se aplique o procedimento especial nas ações de alimentos (Lei n. 5.478/68).

TJMG — "Agravo de instrumento. Direito de família. Alimentos provisionais. Majoração. Binômio necessidade/possibilidade. Condição financeira do alimentante. A fixação do valor dos alimentos provisionais deve observar o binômio necessidade-possibilidade, conforme previsto no § 1º do art. 1.694 do Código Civil de 2002. Na impossibilidade de se verificar a real situação financeira do alimentante, mas verificando-se que ele tem gastos mensais que revelam sua capacidade de suportar pensão fixada em valor maior que aquele arbitrado em primeiro grau, mostra-se prudente a elevação do valor dos alimentos (...). É de se registrar que a doutrina vem entendendo que a edição da EC 66/10 extirpou do nosso ordenamento jurídico o instituto da separação judicial, prevendo como forma de extinção do vínculo matrimonial apenas o divórcio, o que geraria, por certo, superveniente possibilidade jurídica do pedido formulado na ação originária deste recurso, culminando na extinção do feito sem julgamento do mérito. Não obstante, em homenagem aos princípios da economia e da celeridade processuais, tenho que deve ser possibilitada às partes a oportunidade de requerer a conversão de seu pedido de separação judicial em divórcio, porquanto é cediço que a extinção do processo os obrigará a manejar novo feito, agora pleiteando o divórcio, para que seja logrado seu objetivo, no sentido do desfazimento do vínculo matrimonial. (...)" (TJMG, Agravo de Instrumento n. 1.0699.10.0036754/001, rel. Des. Dídimo Inocêncio de Paula, 3ª Câmara Cível, public. 12-11-2010).

233. Lafayette Rodrigues Pereira, op. cit., § 133; Caio M. S. Pereira, *Instituições,* cit., p. 320; R. Limongi França, op. cit., p. 297; Cahali, op. cit., p. 116; *RT, 490*:108. Lei n. 9.250/95, arts. 4º, II, e 8º, II, *b* e § 3º, com a redação da Lei n. 11.727/2008 sobre pensão alimentícia.

BAASP, 2.759:11. 1 — Havendo sido apreciado o pedido de alimentos dos filhos, em outra ação, com as mesmas partes, mesmo pedido e mesma causa de pedir, há de se reconhecer a existência da coisa julgada, principalmente se não houve mudança na situação de fato e de direito das partes. 2 — Permanecendo os genitores na mesma residência, após a separação judicial, e continuando o pai a fornecer os alimentos *in natura,* aos filhos, como sempre procedeu durante o casamento, não há por que fixar alimentos *in pecunia.*

no direito das obrigações ou no direito das sucessões. P. ex.: suponhamos o caso do doador que, ao fazer uma doação não remuneratória, estipule ao donatário a obrigação de prestar-lhe alimentos se ele vier a necessitar, sendo que, se este não cumprir a obrigação, dará motivo à revogação da liberalidade por ingratidão (CC, art. 557, IV); ou quando, na separação judicial consensual, marido convenciona pensão a ser dada à mulher. Por disposição testamentária, o testador pode instituir, em favor do legatário, o direito a alimentos, enquanto viver[234]; (*b*) *ressarcitórios* ou *indenizatórios,* se destinados a indenizar vítima de ato ilícito (CPC, arts. 520, § 2º, 533, §§ 1º a 5º), p. ex., o art. 948, II, do Código Civil, que sujeita o autor do homicídio a prestar alimentos às pessoas a quem o falecido os devia[235]; (*c*) *legítimos* ou *legais,* se impostos por lei em virtude do fato de existir entre as pessoas um vínculo de família[236]; inserem-se, portanto, no âmbito familiar: os alimentos entre ex-cônjuges (em decorrência do casamento, *RT, 623*:60; CC, arts. 1.694, 1.702 e 1.704); o direito a alimentos ao companheiro necessitado, sendo a união estável dissolvida; o eventual direito a alimentos da concubina, na hipótese de concubinato impuro, pleiteando-os à prole (*AJ, 107*:318) e não a si mesma (*RT, 510*:122; *Adcoas,* 1982, n. 85.269), mas se o concubino por escritura pública ou particular obrigar-se a pensioná-la, válido será o acordo (*RT, 516*:47; *RJTJSP, 73*:28), interpretado como indenização pelos serviços domésticos prestados (*RJTJSP, 21*:943); e os alimentos regulados nos arts. 1.694, 1.696, 1.697, 1.698, 1.703 e 1.704 do Código Civil, devidos em razão de parentesco e na Lei n. 11.804/2008, que criou pensão alimentícia para mulher grávida, da concepção ao parto (*alimentos gravídicos*).

---

234. Orlando Gomes, op. cit., p. 456; Cahali, op. cit., p. 117; Silvio Rodrigues, op. cit., p. 381.

235. Cahali, op. cit., p. 117; Silvio Rodrigues, op. cit., p. 382; *DJU* 12 nov. 1976, p. 9824. Prestação de alimentos decorrente de ato ilícito: CPC, art. 533, §§ 1º a 5º.

236. Orlando Gomes, op. cit., p. 455. Concubina não pode pleitear alimentos, porque o concubinato não é, pela Carta Magna, equiparado ao casamento (art. 226, § 3º) — Ap. 144.783-1/7, 4ª Câm., j. 20-6-1991. "A esposa que abandona o lar para passar a viver com outra mulher, com quem pratica o homossexualismo, não tem direito aos alimentos reclamados do marido" (TJRJ, *Adcoas,* 1983, n. 89.893). *Ciência Jurídica, 55*:138 — "Embora tenha a Constituição de 1988 assegurado proteção à união de fato, não a equiparou ao casamento, o que faz com que a concubina não tenha direito a alimentos, já que estes decorrem do dever de mútua assistência entre cônjuges e se prendem à existência de um matrimônio válido" (TJMG). Todavia tem havido julgados (TJRJ, 4ª Câm., AC 37.353; TJRS, 8ª Câm., AC 590.069.308) entendendo no concubinato puro haver direito a alimentos, se a relação durava há 5 anos ou se houvesse filhos comuns, e com a Lei n. 8.971/94 cessa a polêmica.

4) *Quanto ao momento da reclamação*, podem ser (a) *atuais*, se os alimentos pleiteados forem a partir do ajuizamento da ação e (b) *futuros*, se devidos após prolatada a decisão. Os alimentos pretéritos, como observa Carlos Roberto Gonçalves, não são devidos, nem se confundem com as prestações pretéritas, vencidas e não cobradas, fixadas na sentença ou no acordo, que passam a ser um "crédito como qualquer outro, dobrado pela forma de execução por quantia certa, com supedâneo nos arts. 528, § 8º, e 913 do Código de Processo Civil"[237].

F. Pessoas obrigadas a prestar alimentos

A obrigação de prestar alimentos é recíproca (CC, arts. 1.694, 1.696 e 1.697) entre ascendentes, descendentes e colaterais de 2º grau (*RJTJRS, 174*:391; *RT, 537*:105). Logo, ao direito de exigi-los corresponde o dever de prestá-los. Essas pessoas são, potencialmente, sujeitos ativo e passivo, pois quem pode ser credor também pode ser devedor[238].

---

237. *Vide* Silvio Rodrigues, op. cit., p. 382; Nicola Francesco Stolfi, *Il nuovo Codice Civile commentato,* Liv. 1, p. 416; Carlos Roberto Gonçalves, *Direito*, cit., vol. VI, p. 446.

238. Silvio Rodrigues, op. cit., p. 382; Orlando Gomes, op. cit., p. 465; Paulo de Andrade, Pensão alimentícia, *Consulex, 27*:29; Clito Fornaciari Jr., Aspectos subjetivos da obrigação alimentar, *Revista IASP, 19*:30-39. Há quem estenda o dever alimentar a tios, primos e sobrinhos como Ana Maria G. Louzada, Da obrigação alimentar dos avós, irmãos, tios, primos e sobrinhos, *Família e jurisdição* (coords. Eliene Ferreira Bastos e Asiel Henrique de Sousa), Belo Horizonte, Del Rey, 2005, p. 1-18; *Ciência Jurídica, 59*:159; STF, Súmula 379. Rolf Madaleno (Paternidade alimentar, *Revista Brasileira de Direito de Família, 37*:133-50) admite que pai genético seja obrigado a prestar alimentos a seu filho, sem que este retorne ao seio da família. O filho pode ter um pai socioafetivo, sem que, com isso, se venha a liberar seu pai biológico da responsabilidade de lhe dar sustento, pagando pensão alimentícia. Sobre a inadmissibilidade de pedido de alimentos a primo: *JTJ, 202*:28. Direitos a alimentos do nascituro: *RJTJSP, 150*:90; *RT, 703*:60. *Vide* Christiano Chaves de Farias, Reconhecer a obrigação alimentar nas uniões homoafetivas: uma questão de respeito à Constituição da República, *Revista Brasileira de Direito de Família, 28*:26-44; Andeirson da M. Barbosa, A aplicação da teoria do adimplemento substancial e da teoria dos jogos no cumprimento de obrigação alimentar, *Revista Jurídica De Jure, 26*:151-168.

Noticiou o *Jornal do Advogado*, n. 405, p. 6: "O juiz Sohail Mohammed, da Corte Superior do condado de Passaic (Nova Jersey – EUA), determinou que um homem pague pensão alimentícia para apenas uma das crianças entre dois irmãos gêmeos. A decisão rara é consequência de um fenômeno também raro na reprodução humana: gêmeos de pais diferentes. A mãe (identificada com as iniciais T. M.) solicitou o pagamento de pensão alimentícia para as crianças nascidas em janeiro de 2013 e, em resposta, o pai (identificado com as iniciais A. S.) contestou, pedindo exame de DNA. O teste genético apontou que apenas uma das crianças é filha biológica de A.

Assim somente pessoas que procedem do mesmo tronco ancestral devem alimentos[239], excluindo-se os afins (sogro, genro, cunhado etc.), por mais próximo que seja o grau de afinidade[240] (*RT*, *703*:193).

A obrigação alimentar recai nos *parentes* mais próximos em grau, passando aos mais remotos na falta uns dos outros (CC, arts. 1.696, 2ª parte, e 1.698; *RT*, *805*:240, *519*:101). Como diz Yussef S. Cahali, há uma ordem sucessiva ao chamamento à responsabilidade de prestar alimentos. O alimentando não poderá, a seu bel-prazer, escolher o parente que deverá prover seu sustento. Acrescenta o art. 1.697 que "na falta dos ascendentes cabe a obrigação aos descendentes, guardada a ordem de sucessão e, faltando estes, aos irmãos, assim germanos como unilaterais" (*RT*, *537*:105).

De forma que quem necessitar de alimentos deverá pedi-los, primeiramente, ao pai ou à mãe (*RT*, *490*:108). Na falta destes, por morte ou inva-

---

S. e que o segundo gêmeo é filho de outro homem. Superfecundação heteropaternal é o nome dado ao que torna possível uma mulher gerar gêmeos de pais diferentes. Isto ocorre quando a mulher libera dois óvulos no mesmo ciclo menstrual e tem relações com pelo menos dois homens diferentes durante o período fértil, que dura cerca de cinco dias. Os óvulos são fecundados por espermatozoides de homens diferentes, formando dois embriões, cuja gestação será como a de gêmeos de um pai só, com nascimento no mesmo dia. O fenômeno reprodutivo pode ocorrer também aqui no Brasil, mas uma decisão semelhante a do juiz de Nova Jersey tem probabilidade menor ainda de acontecer devido às características da nossa legislação. O presidente da Comissão de Direito de Família e Sucessões, Nelson Sussumu Shikicima, explica que 'caso o pai tenha registrado as duas crianças, o que seria natural acontecer antes de descobrir o ocorrido, o pagamento de pensão é determinado para ambas, sendo que a possibilidade de mudar este entendimento dependeria do resultado de um pedido de impugnação da paternidade'. O advogado ainda lembra que o Direito de Família no Brasil abraça o conceito de filiação ou paternidade socioafetiva, que é observado quando o homem figura como pai por longo e ininterrupto período, dez anos, por exemplo. 'Outra possibilidade seria a mãe apontar quem é o pai do segundo gêmeo e pedir a mudança no registro desta criança para direcionar a cobrança da pensão de cada filho para o respectivo pai biológico', concluiu Shikicima".

Sobre alimentos (devedores): CC argentino, art. 367; EUA e Inglaterra, *Elizabethan Poor Law*, 1.601; CC italiano, arts. 148, 433 e 438; CC português, arts. 2.003, 2.004 e 2.009.

239. W. Barros Monteiro, op. cit., p. 291. STJ: *Habes corpus*. Ação de alimentos. Avós. A responsabilidade de os avós pagarem pensão alimentícia aos netos decorre da incapacidade de o pai cumprir com a obrigação. Assim, improcede a ação de alimentos ajuizada diretamente contra os avós paternos sem comprovação de que o devedor originário esteja impossibilitado de cumprir com o seu dever. A constrição imposta aos pacientes se mostra ilegal. A Turma concedeu a ordem. HC 38.314-MS, rel. Min. Antônio de Pádua Ribeiro, j. em 22-2-2005.

240. W. Barros Monteiro, op. cit., p. 291; Cahali, op. cit., p. 130; Castro Nunes, *Soluções de direito aplicado*, p. 352; *RT*, *418*:180, *468*:175; *RF*, *120*:181; *AJ*, *61*:29; Silvio Rodrigues, op. cit., p. 383.

lidez, ou não havendo condição de os genitores suportarem o encargo, tal incumbência passará aos avós paternos ou maternos[241] (*Bol. AASP*, *1.877*:145, *2.272*:576; *EJSTJ*, *19*:49; *RSTJ*, *100*:195; *RT*, *821*:333, *832*:322, *835*:372, *839*:228 e 321, *778*:358, *755*:253; *JTJ*, *182*:18 e 23; *Adcoas*, 1980, n. 74.442, TJRJ; *Bol. AASP*, *2.702*:1911-10; *2.987*:12). "Observadas as suas condições pessoais e sociais, os avós somente serão obrigados a prestar alimentos aos netos em caráter exclusivo, sucessivo, complementar e não solidário, quando os pais destes estiverem impossibilitados de fazê-lo, caso em que as necessidades básicas dos alimentandos serão aferidas, prioritariamente, segundo o nível econômico-financeiro dos seus genitores" (Enunciado n. 342 do CJF, aprovado na IV Jornada de Direito Civil). Na ausência dos avós, aos bisavós e assim sucessivamente. Ter-se-á, portanto, uma *responsabilidade subsidiária*, pois somente caberá ação de alimentos contra avó se o pai estiver ausente, impossibilitado de exercer atividade laborativa ou não tiver recursos econômicos. "Só haverá obrigação dos avós em prestar alimentos ao neto, se os pais deste não possuírem condições de fazê-lo. A ação de alimentos não procede contra ascendente, sem prova de estar o parente de grau mais próximo impossibilitado de satisfazer a obrigação alimentar. Súmula: negaram provimento" (TJMG, AC 1.0672.04.130209-8/001(1), 6ª Câm. Cív., rel. Des. Antônio Sérvulo, *DJMG*, 11-8-2006).

Não havendo ascendentes, compete a prestação de alimentos aos descendentes, ou seja, aos filhos maiores, independentemente da qualidade de filiação (CF/88, art. 229)[242].

---

241. Adriane M. Toaldo e Cleia R. H. Flores, Efeitos jurídicos decorrentes da paternidade socioafetiva: reflexões acerca da questão alimentar, *Revista Síntese — Direito de Família*, *71*:55-73; Valdirene Laginski, A regulamentação dos alimentos na legislação brasileira e as discussões atuais sobre dever dos avós maternos e prisão civil do devedor, *Revista Síntese — Direito de Família*, *71*:142-58; Álvaro Villaça Azevedo, Direitos e deveres dos avós (alimentos e visitação), *Temas atuais de direito*, São Paulo, Malheiros, 2008, p. 27-49; Genaro C. Scheer, A relativização da responsabilidade alimentar avoenga, *Revista Síntese — Direito de Família*, *81*:28-70. Alimentos por avós: TJSP, Ap. 5001520118260347/SP, 000500-15.2011.8.26.0347, 5ª CDPriv., rel. Santini, j. 7-11-2012; TJSP, CR 5811314000/SP, 9ª CDPriv., rel. Grava Brazil, j. 4-11-2008; TJRS, ApC 70041421645, 7ª Câm. Cív., rel. Fidelis Faccenda, j. 28-1-2011; STJ, REsp 119.336/SP, 4ª T., rel. Ruy Rosado de Aguiar, 2002; STJ, REsp 858.506/DF, 4ª T., rel. Aldir Passarinho Jr., j. 20-11-2008; TJSC, Ap. 2011.056700-9, rel. Vicari, j. 12-7-2012; TJPR, AC 0987953-6, 12ª CCív., rel. Machado Costa, *DJe*, 10-10-2013; TJSP, Ap. 000587-47-2013.8.26.008, 9ª CDPriv., rel. Lucila Toledo, *DJe*, 19-9-2013.

242. *AJ*, *101*:181, *95*:315; *RT*, *145*:173, *146*:763, *488*:198, *483*:110 e 161, *470*:90, *466*:71; *RJTJSP*, *38*:118, *29*:204; *Adcoas*, 1982, n. 86.344. A *Tribuna do Direito* (janeiro de 2004 — p. 7) noticiou: "A Quinta Turma do STJ assegurou o direito do avô de receber pensão pela morte do neto. A decisão acatou o recurso de 'A' contra o TRF da 3ª Região. 'A' entrou com ação contra o INSS para receber a pensão previdenciária devido a mor-

O filho havido fora do casamento, para efeito de prestação de alimentos, poderá acionar o genitor em segredo de justiça (CC, art. 1.705; CPC, arts. 144, II, e 11, parágrafo único). Se ainda não foi reconhecido, os alimentos poderão ser pleiteados em procedimento previsto em lei específica (Lei n. 5.478/68), cumulativamente com o pedido de reconhecimento de filiação (CPC, art. 693 e parágrafo único). Há quem ache, como Matiello, que o juiz poderá conceder alimentos, sem que se tenha ajuizado ação investigatória de paternidade, ou maternidade, desde que se apresentem nos autos elementos probatórios da filiação (p. ex., registro hospitalar de acompanhamento de parto; cartas reconhecendo o filho; fotografias etc.). Não havendo impugnação, há presunção de veracidade de existência do vínculo biológico, tornando mais fácil o reconhecimento da filiação. E se já foi reconhecido, a ação de alimentos segue o rito especial previsto na Lei n. 5.478/68, por haver prova pré-constituída da relação de parentesco e do dever de prestar alimentos. A Lei n. 6.515/77, alterando o art. 4º, parágrafo único, da Lei n. 883/49, dispõe que, dissolvida a sociedade conjugal do devedor de alimentos, quem os obteve não precisará propor ação de investigação de paternidade para se fazer reconhecer, cabendo ao interessado o direito de impugnar a filiação (art. 51, n. 3). Os filhos extramatrimoniais têm direito aos alimentos e estão obrigados a prestá-los a seus ascendentes, se deles precisarem, visto terem direito ao reconhecimento da filiação, podendo reclamar, judicialmente, os alimentos, se puderem comprovar, em juízo, a paternidade ou maternidade atribuída ao alimentante[243].

---

te, em 1998, do neto 'B', que vivia com ele desde os 12 anos, quando os pais morreram. O INSS alegou que avô não é considerado dependente do segurado, além de não ter requerido o benefício administrativamente. O direito do avô ao benefício foi julgado procedente em primeiro grau, obrigando o INSS a pagar mensalmente a 'A' a pensão desde a data do falecimento, corrigida monetariamente e acrescida de 6% de juros ao ano. O INSS apelou ao TRF da 3ª Região, que acatou o recurso, considerando que o avô não é dependente do segurado. Ao recorrer, a defesa de 'A' afirmou que foi comprovada a dependência econômica e que o avô teria direito à pensão. A ministra relatora Laurita Vaz garantiu o direito do avô, afirmando que a criação e a morte precoce dos pais demonstram que o segurado tinha uma relação filial com 'A', embora fosse neto (REsp 528987)". *Vide*, sobre o assunto: Wladimir N. Martinez, Natureza alimentar da prestação previdenciária, *Revista Síntese — Direito de Família*, *68*:9-20.

Sobre direito e dever dos avós a alimentos: CC italiano, arts. 148 e 433.

243. *RT*, *243*:135, *331*:178; *RF*, *201*:188, *202*:226; *AJ*, *98*:160; Matiello, *Código*, cit., p. 1116; W. Barros Monteiro, op. cit., p. 293. Quanto aos filhos não matrimoniais, conforme *RT*, *564*:109: "Os alimentos são devidos a partir da data da sentença que deu pela procedência da ação investigatória, e não a contar do trânsito em julgado da mesma decisão". O STJ aprovou a Súmula 277, segundo a qual, "julgada procedente a investigação de paternidade, os alimentos são devidos a partir da citação". Nelson Nery Junior e Rosa Mª A.

Prescreve, ainda, o art. 7º da Lei n. 8.560/92 que a sentença de primeiro grau, que reconhecer a paternidade, deverá fixar os alimentos provisionais (CC, art. 1.706) ou definitivos do reconhecido que deles necessitar. Na ausência dos filhos, são chamados os netos (*RT*, *821*:333), e depois os bisnetos, e assim sucessivamente. Quanto aos filhos adotivos, é preciso lembrar que o parentesco civil se estabelece entre adotante e seus familiares e adotado; logo, o adotante poderá reclamar alimentos dos filhos, netos ou bisnetos de seu filho adotivo e vice-versa. E como se extingue, na adoção, o parentesco natural, os pais consanguíneos do adotado não são obrigados a prestar-lhe alimentos, se o adotante não tiver recursos, e o adotado também não deverá alimentar os pais naturais se eles precisarem[244]. O filho adotivo terá, portanto, direito a alimentos contra os parentes do adotante, o parentesco civil abrange os demais membros da família adotiva.

Faltando os descendentes, incumbe a obrigação alimentar aos colaterais de segundo grau, ou seja, aos irmãos germanos ou unilaterais (*RJTJSP*, *62*:34), de forma que tio não estará obrigado a prestar alimentos a sobrinho (TJSP, 4-7-1967, *RT*, *786*:217; *RJ*, *4*:85)[245], nem mesmo primos (*JTJ*, *202*:28) se devem, reciprocamente, alimentos e, consequentemente, excluídos também estão os afins (*RT*, *537*:105, *665*:74).

Todavia, não se deve afirmar que os mais próximos excluem os mais remotos, porque, embora haja um parente mais chegado, o mais distante poderá ser compelido a prestar pensão alimentícia, se aquele não tiver condições de fornecê-la (*RT*, *418*:180)[246], ou, se não tiver meios para suportar total-

---

Nery, *Código de Processo Civil comentado e legislação processual civil extravagante em vigor*, São Paulo, Revista dos Tribunais, 1999, p. 1707, nota 1; Regina Beatriz Tavares da Silva, *Novo Código Civil comentado*, coord. Fiuza, São Paulo, Saraiva, 2002, p. 1514-5.

244. Orlando Gomes, op. cit., p. 472, 469-70; Caio M. S. Pereira, *Instituições*, cit., p. 332; Cahali, op. cit., p. 130. Sobre direito dos idosos a alimentos consulte: Lei n. 10.741/2003, art. 12 (que prescreve a solidariedade dos devedores), art. 13 (com a redação da Lei n. 11.737, de 14-7-2008 — que reza: "As transações relativas a alimentos poderão ser celebradas perante o Promotor de Justiça ou Defensor Público, que as referendará e passarão a ter efeito de título executivo extrajudicial nos termos da lei processual civil") e art. 14.

245. Cahali, op. cit., p. 130.

246. Caio M. S. Pereira, *Instituições*, cit., p. 321. 3ª Região — TRF — Voto vencido (juiz relator Ferreira da Rocha, 1ª T., Proc. 1999.61.04.008370-3, AC 715804) reconheceu direito de neto (portador de doença grave — autismo infantil) de ser incluído no rol de beneficiário de pensão vitalícia, apesar de não nascido na data do óbito do instituidor da pensão (ex-servidor), por depender dos proventos percebidos pela ex-pensionista (falecida mulher do servidor falecido), para que possa receber cuidados especializados nas áreas de psiquiatria, fonoaudiologia e educação especial para prevenção de sequelas irreversíveis, pois o salário do pai não os cobre (Lei n. 3.373/58,

mente o encargo alimentício, será possível pleitear *alimentos complementares* (*RT*, *776*:318) de parentes de grau imediato (CC, art. 1.698, 1ª parte). O *reclamante* poderá, p. ex., investir contra avô pleiteando *alimentos complementares*. Se pai só pode arcar com 30% do *quantum*, o avô contribuirá com 70%.

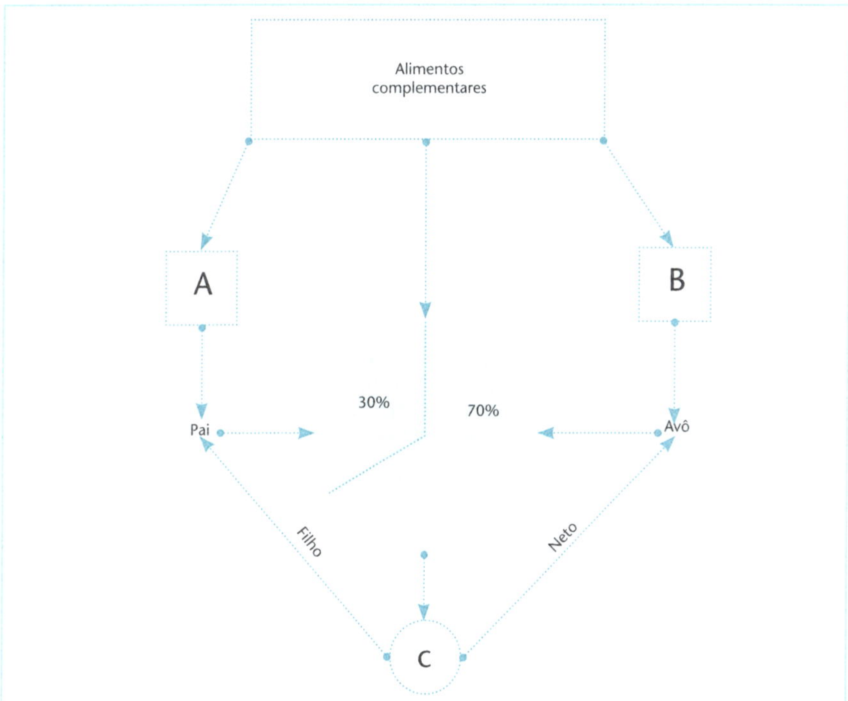

Demonstrada a necessidade de complementação e a possibilidade do avô, este deverá suplementar o *quantum* imprescíndivel para a mantença do alimentando. Pode haver um rateio proporcional sucessivo e não solidariedade entre os parentes. Nada obsta, havendo pluralidade de *obrigados do mesmo grau* (pais, avós ou irmãos), que se cumpra a obrigação alimentar por concurso entre parentes, contribuindo cada um com a quota proporcional aos seus haveres; mas se a ação de alimentos for intentada contra um deles, os demais[247] poderão ser chamados pelo demandado, na contestação a

---

art. 1º). A CF, nos arts. 1º, III, 23, II, 208, 227, § 1º, II, impõe à União obrigação de assegurar ao portador de deficiência um atendimento integral.

247. Orlando Gomes, op. cit., p. 470; Caio M. S. Pereira, *Instituições*, cit., p. 321. Alimentos — Avós — Obrigação subsidiária. Sucessiva, na hipótese de falta de um dos pais,

integrar a lide (CC, art. 1.698) para contribuir com sua parte, na proporção

---

ou complementar, se insuficientes os recursos dos genitores para garantir o sustento do alimentando. Admissibilidade em hipóteses excepcionais, sob pena de se prestigiar a paternidade irresponsável. Recurso provido (*Bol. AASP, 2.773*:12). Se os obrigados forem de *grau diverso* (pai e avô, avô e irmão do alimentando) só respondem conforme a ordem do art. 1.697 ou *em caráter complementar* (art. 1.698, 1ª parte), se o credor de alimentos pleitear em juízo. *Vide*: *RT, 624*:82; *722*:150; TJRS, 7ª Câm. Civ., AC 70007393614, Rel. Des. Luiz Felipe Brasil Santos, j. 26-11-2003. Não é só porque o pai deixa de adimplir a obrigação alimentar devida aos seus filhos que sobre os avós (pais do alimentante originário) deve recair a responsabilidade pelo seu cumprimento integral, na mesma quantificação da pensão devida pelo pai. Os avós podem ser instados a pagar alimentos aos netos por obrigação própria, complementar e/ou sucessiva, mas não solidária. Na hipótese de alimentos complementares, tal como no caso, a obrigação de prestá-los se dilui entre todos os avós, paternos e maternos, associada à responsabilidade primária dos pais de alimentarem os seus filhos. Recurso especial parcialmente conhecido e parcialmente provido, para reduzir a pensão em 50% do que foi arbitrado pela Corte de origem (REsp 2001/0121216-0, 4ª T., Rel. Ruy Rosado de Aguiar, j. em 19-12-2002). A teor da jurisprudência desta Corte, "a responsabilidade dos avós de prestar alimentos aos netos não é apenas sucessiva, mas também complementar, quando demonstrada a insuficiência de recursos do genitor" (REsp 579.385/SP, Rel. Min. Nancy Andrighi, *DJ,* 4-10-2004). Reconhecida pelo Tribunal local a possibilidade econômica dos pais para o sustento integral dos menores, de modo a dispensar a complementação pela avó paterna, inviável a modificação da conclusão do acórdão recorrido, pois ensejaria o reexame do conjunto probatório acostado aos autos (Súmula 7/STJ). Recurso não conhecido (STJ, REsp 804.150/DF, 4ª T., Rel. Min. Jorge Scartezzini, *DJ,* 22-5-2006, p. 217).

"A obrigação alimentar não tem caráter de solidariedade, no sentido que 'sendo várias pessoas obrigadas a prestar alimentos todos devem concorrer na proporção dos respectivos recursos'. O demandado, no entanto, terá direito de chamar ao processo os corresponsáveis da obrigação alimentar, caso não consiga suportar sozinho o encargo, para que se defina quanto caberá a cada um contribuir de acordo com as suas possibilidades financeiras. Neste contexto, à luz do novo Código Civil, frustrada a obrigação alimentar principal, de responsabilidade dos pais, a obrigação subsidiária deve ser diluída entre os avós paternos e maternos na medida de seus recursos, diante de sua divisibilidade e possibilidade de fracionamento. A necessidade alimentar não deve ser pautada por quem paga, mas sim por quem recebe, representando para o alimentado maior provisionamento tantos quantos coobrigados houver no polo passivo da demanda" (STJ, REsp 658.139/RS, rel. Min. Fernando Gonçalves, 4ª T., j. 11-10-2005, *DJ,* 13-3-2006, p. 326).

Bol. AASP, 2.795:9: "Família. Alimentos. Pretensão em face da avó paterna. Demonstração de impossibilidade do genitor. Ausência. Obrigação da avó afastada. Por se tratar de alimentos, não se deve afastar a cautela na sua fixação, tomando por base os elementos e circunstâncias que se apresentem em obediência ao princípio maior contido no binômio necessidade/disponibilidade, respectivamente entre alimentando e alimentante. Em se tratando de pretensão de recebimento de alimentos em face da avó paterna, não obstante se revele possível a imposição do aludido ônus àquela, para o deferimento do pedido, mister que se demonstre a real impossibilidade do genitor em adimplir a obrigação, sem a qual não há que se falar em obrigação imediata advinda da relação avoenga" (TJMG, 1ª Câmara Cível, ApC 1.0313.10.012217-2/001-Ipatinga-MG, rel. Des. Geraldo Augusto, j. 28-6-2011, v.u.).

de seus recursos, distribuindo-se a dívida entre todos. Apesar de a obrigação alimentar ter a característica da não solidariedade e da divisibilidade (CC, art. 257 c/c art. 1.698, 1ª parte), ter-se-á, excepcionalmente, chamamento à lide dos coobrigados, quando um deles for acionado, tendo-se em vista que o art. 1.698 contém norma adjetiva especial posterior ao CPC, art. 14, IV, prevalecendo, por tal razão. Ter-se-á, na verdade, litisconsórcio passivo facultativo ulterior simples (*JTJ*, *252*:235; CPC, arts. 113 e 114).

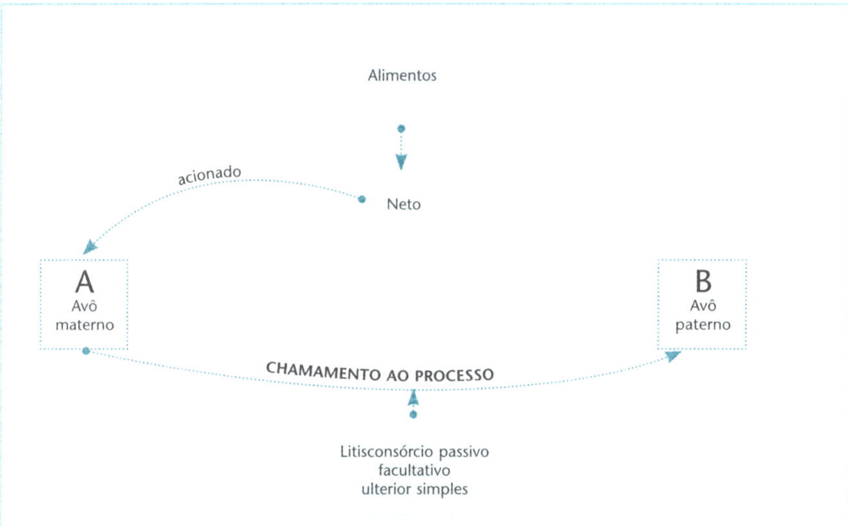

"O chamamento dos codevedores para integrar a lide, na forma do art. 1.698 do Código Civil, pode ser requerido por qualquer das partes, bem como pelo Ministério Público, quando legitimado" (Enunciado n. 523 do Conselho da Justiça Federal, aprovado na V Jornada de Direito Civil).

É um caso de intervenção de terceiro *sui generis* não previsto na lei processual. Há quem ache, como Cássio Scarpinella Bueno, que se trata de chamamento ao processo, provocado por iniciativa do autor, sendo, acrescenta ainda Fredie Didier Jr., admitida a legitimidade excepcional do Ministério Público nas situações do art. 178, II, do diploma processual civil, salientando que essa forma interventiva teria, no saneamento do processo, o limite máximo da possibilidade de sua provocação. É uma inovação do art. 1.698 (norma adjetiva contida no Código Civil). Temos uma nova intervenção de terceiros na ação de alimentos. Na sentença, o juiz rateará entre todos a soma arbitrada e proporcional às possibilidades econômicas de cada um, exceto aquele que se encontra financeiramente incapacitado, e assim cada qual será responsável pela sua parte[248]. Se, por acaso, algum dos obrigados suportar o encargo, satisfazendo, totalmente, o necessitado, não há o que exigir dos outros. Não há, portanto, solidariedade[249], por ser divisível a obrigação[250]. A obri-

---

248. Bassil Dower, op. cit., p. 249; W. Barros Monteiro, op. cit., p. 297-8; *RT, 173*:682; *RF, 119*:145; *AJ, 111*:215. "Somente em casos especiais, nos quais restar comprovada a impossibilidade real do alimentante arcar com uma despesa mensal de um salário mínimo, deve a pensão ser fixada em menos do que este, porquanto ser o mesmo — o mínimo capaz de atender as necessidades vitais básicas (CF, art. 7º, IV)" (*RT, 698*:153).

249. Orlando Gomes, op. cit., p. 471. *RT, 623*:149. Pela Lei n. 10.741/2003 (Estatuto do Idoso), arts. 3º, 11 a 14, os alimentos são prestados ao idoso na forma da lei civil, e a obrigação alimentar é solidária, podendo o idoso optar entre os prestadores (codevedores solidários passivos), a quem demandar (art. 12) ou acionar a todos, e a dívida poderá ser exigida, por inteiro, de um ou de todos coobrigados. Se seus familiares não tiverem recursos, o Poder Público deverá prover seu sustento por meio da assistência social. Pelo art. 110, que altera o art. 244 do Código Penal, considerando crime de abandono material o ato de deixar, sem justa causa, de prover a subsistência do cônjuge, ou de filho menor de 18 anos, ou inapto para o trabalho, ou de ascendente inválido ou maior de 60 anos, não lhes proporcionando os recursos necessários ou faltando ao pagamento de pensão alimentícia judicialmente acordada, fixada ou majorada, deixar, sem justa causa, de socorrer descendente ou ascendente gravemente enfermo. E pelo art. 111 acresce parágrafo único ao art. 21 do Decreto-Lei n. 3.688/41. "A Lei n. 10.741/2003 atribui natureza solidária à obrigação de prestar alimentos quando os credores forem idosos, que por força da sua natureza especial prevalece sobre as disposições específicas do Código Civil. O Estatuto do Idoso, cumprindo política pública (art. 3º), assegura celeridade no processo, impedindo intervenção de outros eventuais devedores de alimentos. A solidariedade da obrigação alimentar devida ao idoso lhe garante a opção entre os prestadores (art. 12)" (STJ, REsp 775.565/SP, rel. Min. Nancy Andrighi, 3ª T., j. 13-6-2006, *DJ*, 26-6-2006, p. 143).

250. W. Barros Monteiro, op. cit., p. 298; Cássio Scarpinella Bueno, *Partes e terceiros no processo civil brasileiro*, São Paulo, Saraiva, 2003, p. 286; Zeno Veloso, *Código Civil comentado*, São Paulo, Atlas, 2003, p. 31; Matiello, *Código*, cit., p. 1111; Fredie Didier Junior, A nova intervenção de terceiros na ação de alimentos, in *Temas atuais de direito e processo de família* (coord. Chaves de Faria), Rio de Janeiro, Lumen Juris, 2004, p. 437 e s.; Pedro Lino de Carvalho Junior, Da solidariedade da obrigação alimentar em favor do idoso, *Revista de Direito de Família, 25*:42-57; Pedro Lino de Carvalho Jr., Da solidariedade da obrigação alimentar em favor do idoso, *Revista Síntese — Direito de Família, 65*:200-11. "Pai que não supre de modo satisfatório a necessidade dos alimentandos. Possibilidade de chamar os avós a complementar o pensionamento" (STJ, *RT, 816*:168). STJ — Obrigação. Prestação. Alimentos. Avós paternos e maternos. Cuida-se de ação revisional de alimentos proposta por menor impúbere, representada por sua mãe, contra o pai e o avô paterno. Os réus arguiram a necessidade de citação também dos avós maternos sob a alegação de existir litisconsórcio necessário. Pelo art. 397 do CC/1916, este Superior Tribunal havia pacificado a tese de que, na ação de alimentos proposta por netos contra o avô paterno, seria dispensável a citação dos avós maternos, por não se tratar de litisconsórcio necessário, mas sim, facultativo impróprio. A questão consiste em saber se o art. 1.698 do CC/2002 tem o condão de modificar a interpretação pretoriana firmada sobre o art. 397 do Código Civil revogado. Em primeira análise, a interpretação literal do dispositivo parece conceder uma faculdade ao autor da ação de alimentos de trazer para o polo passivo os avós paternos e/ou os avós mater-

gação alimentar apenas será solidária se o credor for idoso por força da Lei n. 10.741/2003, art. 12 (norma especial).

O *cônjuge* não se encontra nessa ordem sucessiva, porque deve alimentos por força de outro fundamento legal, uma vez que não é parente do outro consorte, sendo que o dever de assistência à mulher ou ao marido, p. ex., pode converter-se, havendo o binômio necessidade e possibilidade, em obrigação alimentar se houver dissolução da sociedade conjugal (*RT, 505*:72, *508*:89, *529*:108, *528*:196, *526*:195, *623*:60, *713*:228, *720*:101, *764*:150, *835*:208; *EJSTJ, 14*:51; *Ciência Jurídica, 59*:129, *48*:141, *30*:119; *Bol. AASP, 2.671*:1814-07, *2.709*:1930-07; STF, Súmula 379) e do vínculo matrimonial. O mesmo se diga do *companheiro* necessitado, havendo dissolução da união estável (*EJSTJ, 24*:153; *RTDCiv, 1*:187; CC, art. 1.694, 1ª parte). Mas se o credor de alimentos tiver comportamento indigno[251] ou desonroso (*RF, 294*:213)

---

nos, de acordo com sua livre escolha. Todavia, essa não representa a melhor exegese. É sabido que a obrigação de prestar alimentos aos filhos é, originariamente, de ambos os pais, sendo transferida aos avós subsidiariamente, em caso de inadimplemento, em caráter complementar e sucessivo. Nesse contexto, mais acertado o entendimento de que a obrigação subsidiária — em caso de inadimplemento da principal — deve ser diluída entre os avós paternos e maternos, na medida de seus recursos, diante de sua divisibilidade e possibilidade de fracionamento. Isso se justifica, pois a necessidade alimentar não deve ser pautada por quem paga, mas sim por quem recebe, representando para o alimentando, maior provisionamento tantos quantos réus houver no polo passivo da demanda. Com esse entendimento, a Turma, prosseguindo o julgamento, conheceu do recurso e deu-lhe provimento para determinar a citação dos avós maternos, por se tratar da hipótese de litisconsórcio obrigatório simples. Precedentes citados: REsp 50.153-RJ, *DJ*, 14-11-1994; REsp 261.772-SP, *DJ*, 20-11-2000; REsp 366.837-RJ, *DJ*, 22-9-2003, e REsp 401.484-PB, *DJ*, 20-10-2003. STJ-4ª T., REsp 658.139-RS, rel. Min. Fernando Gonçalves, j. em 11-10-2005: "Civil — Alimentos — Responsabilidade dos avós — Obrigação complementar e sucessiva — Litisconsórcio — Solidariedade — Ausência. 1. A obrigação alimentar não tem caráter de solidariedade, no sentido que, 'sendo várias pessoas obrigadas a prestar alimentos, todos devem concorrer na proporção dos respectivos recursos'. 2. O demandado, no entanto, terá direito de chamar ao processo os corresponsáveis da obrigação alimentar, caso não consiga suportar sozinho o encargo, para que se defina quanto caberá a cada um contribuir de acordo com as suas possibilidades financeiras. 3. Neste contexto, à luz do novo Código Civil, frustrada a obrigação alimentar principal, de responsabilidade dos pais, a obrigação subsidiária deve ser diluída entre avós paternos e maternos na medida de seus recursos, diante de sua divisibilidade e possibilidade de fracionamento. A necessidade alimentar não deve ser pautada por quem paga, mas sim por quem recebe, representando para o alimentado maior provisionamento tantos quantos coobrigados houver no polo passivo da demanda. 4. Recurso especial conhecido e provido".

251. "O 'procedimento indigno' do credor em relação ao devedor, previsto no parágrafo único do art. 1.708 do Código Civil, pode ensejar a exoneração ou apenas a redução do valor da pensão alimentícia para quantia indispensável à sobrevivência do credor" (Enunciado n. 345 do CJF, aprovado na IV Jornada de Direito Civil).

em relação ao devedor, ofendendo-o em sua integridade física ou psíquica, expondo-o a situações humilhantes ou vexatórias, atingindo-o em sua honra e boa fama, em razão de injúria, difamação ou calúnia, praticando contra ele qualquer ato arrolado nos arts. 1.814 e 557 do Código Civil (aplicáveis por analogia); passar a viver em união estável, concubinato (*RT*, *755*:256, *579*:97, *670*:74) ou se casar novamente perderá os alimentos, exonerando o devedor (CC, art. 1.708; *RT*, *525*:111, *543*:119, *546*:223, *534*:230, *535*:93, *650*:163, *698*:84, *745*:359; *RJTJSP*, *125*:40); logo, não terá extinto o direito à pensão alimentícia se tiver mera ligação ocasional, mantendo relações sexuais com outra pessoa, porque inexiste o dever de fidelidade (TJRJ, *Adcoas*, 1982, n. 86.212; *RT*, *803*:173, *797*:200, *643*:63, *699*:51, *701*:183, *769*:172). Se cessar o concubinato, há julgados que entendem que se restaurará a pensão alimentícia (*RT*, *531*:236) e outros que consideram que não mais se revigorará (*RT*, *534*:230, *546*:223), pois a concubina deverá ser indenizada por prestação de serviços domésticos ou irá efetuar a partilha dos bens comuns por sociedade de fato. O novo casamento do devedor de alimentos não altera sua obrigação constante da escritura ou sentença de divórcio (CC, arts. 1.709 c/c 1.708; *RT*, *640*:174), embora o *quantum* da prestação possa ser suscetível de redução se, em razão dos encargos assumidos com a nova união, sofreu diminuição em sua capacidade financeira (*RT*, *722*:155); o mesmo, por analogia, se poderá dizer, se ele passar a viver em concubinato ou união estável (LINDB, arts. 4º e 5º; CC, arts. 1.708, 1.709, 1.694, § 1º, e 1.699; TJRJ, *Adcoas*, 1983, n. 90.018). "A constituição superveniente de família pelo alimentante não extingue sua obrigação alimentar anterior" (nova redação ao art. 1.709 proposta pelo PL n. 699/2011 — segundo o Parecer Vicente Arruda proferido na ocasião da análise do PL n. 6.960/2002 (hoje PL n. 699/2011): o art. 1.709 está correto porque o devedor, com o novo casamento, não pode eximir-se da obrigação de alimentar. Ora, se o casamento não exime o devedor dessa obrigação, muito menos a união estável, que é uma situação de fato).

Na separação judicial litigiosa, sendo um dos cônjuges inocente e desprovido de recursos, prestar-lhe-á o outro a pensão alimentícia fixada pelo magistrado, atendendo aos critérios do art. 1.694 do Código Civil (CC, art. 1.702). Logo, o inocente terá direito à mesma condição social de que desfrutava durante o casamento, mantendo-se seu padrão de vida (*RT*, *720*:101); logo, o dever alimentar não será considerado apenas a título de dever-socorro. Trata-se dos *alimentos indenizatórios* (CPC, art. 533) concedidos *necessarium personae*, abrangendo as necessidades básicas para a preservação da vida e as despesas relativas à sua condição social, como as concernentes ao lazer, à cultura etc. Se houver culpa recíproca, ambos perderão o direito a alimentos. Se um dos ex-cônjuges, já separado judicialmente, vier a necessitar de alimentos, o outro terá o dever de prestá-los, mediante pensão estabelecida pelo juiz, caso não tenha sido responsável pela separação. Mas se o foi, em razão de violação dos deveres matrimoniais, tornando insuportável a vida em comum (CC, arts. 1.566, 1.572 e 1.573) e precisar de alimentos, não tendo parentes (ascendente, descendente ou irmão) em condições de prestá-los, nem aptidão para o trabalho (p. ex., por doença, invalidez, desemprego ou idade avançada), o outro terá a obrigação de assegurá-los, fixando o órgão judicante o valor indispensável à sua sobrevivência, averiguando, para tanto, se o postulante dos alimentos é ou não culpado pela sua situação de necessidade. O culpado, portanto, só fará jus ao *quantum*, arbitrado judicialmente, suficiente para sua sobrevivência (CC, art. 1.704, parágrafo único, o art. 1.694, § 2º), atendendo apenas às necessidades de alimentação, moradia, medicamentos e vestuário (*necessarium vitae*). Trata-se dos *alimentos humanitários*, como diz Jones Figueirêdo Alves.

O Projeto de Lei n. 7.312/2002 (apensado ao PL n. 6.960/2002 — atual PL n. 699/2011) pretende alterar a redação do art. 1.702 para a seguinte: "Na separação judicial, sendo um dos cônjuges desprovido de recursos, prestar-lhe-á o outro a pensão alimentícia que houverem acordado ou que vier a ser fixada judicialmente, obedecidos os critérios do art. 1.694". E, além disso, transformando o parágrafo único do art. 1.704 em § 1º, acrescentará, com sua aprovação, o § 2º, que assim reza: "Na conversão da separação em divórcio, por pedido unilateral, não será alterada a obrigação de alimentos, preexistente e no divórcio, por pedido unilateral, fundamentado em separação de fato por dois anos, poderá ser fixada a pensão alimentícia, sendo um dos cônjuges desprovido de recursos, obedecidos os critérios do art. 1.694".

Mas, para a manutenção dos filhos, os cônjuges divorciados (por interpretação extensiva por força da EC n. 66/2010) ou separados judicialmente ou divorciados contribuirão na proporção de seus haveres, pouco importando a culpabilidade pela separação ou o fato de ser genitor guardião ou genitor visitante. Ambos têm o dever jurídico de alimentar a prole, proporcionalmente a seus recursos econômicos; logo, o *quantum* da verba alimentícia terá por parâmetro a necessidade dos alimentandos e a possibilidade econômica de ambos os genitores (CC, art. 1.703).

Convém ainda lembrar que se, na *separação* ou no *divórcio*, a mulher, p. ex., renunciou ao exercício do direito à pensão alimentícia, posteriormente carecerá de ação para pleitear alimentos ao seu ex-marido, ante a insubsistência do vínculo matrimonial, mesmo que alegue alteração de sua situação econômica (*RT, 620*:167; *EJSTJ, 20*:133, *16*:56); todavia tem havido decisão em contrário (*JB, 162*:314; *RT, 776*:224). A pensão alimentícia nem mesmo se refere aos filhos menores, pois o dever de assistência, em razão do poder familiar, transmuda-se no dever de prestar alimentos, se eles, atingindo a maioridade, vierem a precisar deles, caso em que se enquadram no disposto nos arts. 1.694, 1.696 e 1.697 do Código Civil.

O nascituro também tem direito a alimentos, seus genitores zelarão por ele e, se não for reconhecido, por meio de sua mãe ou de *curator ventris,* deverá pleitear a investigação de paternidade cumulada com alimentos civis, para que possa desenvolver-se, alcançando, p. ex., despesas médico-hospitalares, incluindo cirurgias intrauterinas, ultrassonografia, parto etc. (*RT, 650*:220)[252]. A Lei n. 11.804/2008 criou, tutelando o feto, pensão alimentícia

252. Silmara J. A. Chinelato e Almeida, Direito do nascituro a alimentos..., cit.; Caio M. S. Pereira, *Instituições,* cit., p. 322; Yussef S. Cahali, Perda dos alimentos pela ex-esposa "infiel", *Estudos jurídicos, 6*:70-75; Alimentos em favor da companheira (Lei n. 8.971), *Livro de Estudos Jurídicos, 10*:87-92; Francisco J. Cahali, *União estável e alimentos entre companheiros*, São Paulo, Saraiva, 1996; Alimentos gravídicos, *Direito das famílias*, homenagem a Rodrigo da C. Pereira (org. Mª Berenice Dias), São Paulo, Revista dos Tribunais, 2009, p. 578 a 588; Therezinha de J. Ramos, Da pensão alimentar após a dissolução da sociedade conjugal, *RPGESP, 4*:255; Maria Aracy Menezes da Costa, Pensão alimentícia entre cônjuges e o conceito de necessidade, *Família e cidadania*, cit., p. 195-225; Patrícia C. B. de Mendonça Nascimento, *Alimentos entre cônjuges na separação judicial e no divórcio em face do novo Código Civil*, dissertação de mestrado apresentada na PUCSP em 2003; Ionete de M. Souza e Heidy C. B. Siqueira, Alimentos compensatórios e o equilíbrio econômico com a ruptura matrimonial ou da união estável. *Revista Síntese — Direito de Família, 75*:137-44. Flávio L. Yarshell, Temas de direito processual na Lei n. 11.804/2008 — ação de alimentos gravídicos, *Carta Forense*, fev. 2009, p. 6; Ana Maria G. Louzada, Alimentos gravídicos e a nova execução de alimentos, *Família e Jurisdição III* (coord. Eliene Bastos, Arnoldo C. de Assis e Marlouve M. S. Santos), Belo Horizonte, Del Rey, 2010, p. 35 a 46; Fernando Gaburri, Análise crítica da Lei de alimentos gravídicos, *Revista IOB de Direito de Família, 54*:56 a 71; Ricardo Cabezón, Alimentos ao concepturo, *A comarca do mundo jurídico*, p. 14; Cesar Tomasi e Jeferson Marin, Aspectos controvertidos da Lei de alimentos gravídicos (Lei n. 11.804/2008), *Revista Síntese — Direito de Família, 68*:93 a 109; Adriane M. Toaldo e Solange dos S. Almeida, Da possibilidade jurídica de alimentos gravídicos avoengos, *Revista Síntese — Direito de Família, 81*:9-27. Douglas P. Freitas. Alimentos gravídicos e a Lei n. 11.804/2008, *Revista Síntese — Direito de Família, 88*:90-105. "Justa é a exoneração do ex-marido da obrigação de pensionar a ex-mulher, que vive com os pais e confessadamente os ajuda com parte da pensão, sendo ela jovem, saudável, portadora de diploma de curso superior, tendo abandonado voluntariamente emprego remunerado. Mesmo antes da Constituição Federal de 1988, desapareceu do campo normativo o dever de o marido sustentar esposa que possa prover a própria manutenção, em face não só da independência econômica e jurídica das mulheres casadas, que se operou por força da Lei n. 4.121, de 1962, como das modificações à Lei n. 883 e o advento da Lei n. 6.515, de 1977. Com a chegada da Constituição Federal de 1988, estatuindo a perfeita igualdade jurídica entre o marido e a mulher, os deveres conjugais passaram a correr tanto em mão como em contramão, podendo ser exercidos igualmente pelo homem e pela mulher — art. 226, parágrafo 5º" (TJRJ, Ap. 563/89, Ac. 2-2-1989, *COAD-ADV*, Bol. 29/90, n.

para o pagamento de despesas adicionais advindas de mulher grávida, da concepção ao parto (*alimentos gravídicos*), para atender suas necessidades (alimentação especial, assistência médica e psicológica, locomoção, exames, medicamentos, internação hospitalar, parto etc.), tendo por base as possibilidades econômicas do futuro e suposto pai, considerando-se a contribuição que também deverá ser dada pela gestante, na proporção dos recursos de ambos. E se os genitores não puderem arcar com o ônus, os avós deverão assegurar a subsistência daquele que vai nascer (*alimentos gravídicos avoengos*) (TJSP, AI 994093320085, Rel. Piva Rodrigues, j. 26-1-2010). Consequentemente, o nascituro também seria o titular indireto desses alimentos, visto que se tratam de verbas necessárias para que a gestante tenha uma gravidez saudável e um filho sadio. Ensina-nos Flávio Luiz Yarshell: "A prestação jurisdicional deve, de um lado, tanto quanto possível, ser célere, de outro lado o exame do pleito e a fixação dos alimentos devem atentar para a garantia do devido processo legal, de sorte a impedir que o patrimônio do requerido seja afetado, quiçá de forma irreversível, sem que tenha tido oportunidade de defesa útil. (...) O art. 6º da Lei n. 11.804/2008 (...) estatui singelamente que o juiz, tanto que 'convencido da existência de indícios da paternidade', fixará os alimentos que 'perdurarão até o nascimento da criança', considerando-se aí 'as necessidades da parte autora e as possibilidades da parte ré' (nesse sentido: *Bol. AASP*, *2.656*:595-09). Em primeiro lugar, convém destacar que a demanda em questão traz consigo o ônus da alegação da (a) relação de paternidade entre o feto e o réu; (b) possibilidade de o requerido prestar alimentos desde a gestação e (c) necessidade

---

50.113, p. 451). Já houve julgado entendendo que a concubina não tinha direito a alimentos porque a CF/88 não equiparou a união estável ao casamento (*Ciência Jurídica, 55*:138). *Vide*: *AJ, 278*:871, *276*:379, *243*:515; *RT, 475*:81, *243*:525; *RF, 153*:277, *155*:229; Lei n. 8.213/91, art. 75, § 2º; STJ, REsp 176.185-SP, *DJ*, 17-2-1999; Súmula n. 336 do STJ; sobre pensão por morte de ex-cônjuge. Sobre renúncia de cônjuge aos alimentos em separação judicial consensual: *EJSTJ, 19*:52; *RT, 618*:215, *612*:177, e, em divórcio: *RSTJ, 90*:203; *RT, 594*:58. Alimentos devidos a nascituro: *RT, 703*:69, *650*:220, em contrário: *RT, 625*:173, *338*:179. Sobre alimentos gravídicos: TJMG, Ap. 10.702.08.501.783-9/001, 4ª Câm. Cív., rel. Dárcio L. Mendes, j. 26-3-2009; AgIn 10024.09.478064-0/001, 2ª Câm. Cível, rel. Roney Oliveira, j. 5-5-2009; TJRS, AgIn 70034876383, rel. Faccenda, j. 26-3-2010; TJSP, AgIn 99409290371-9, rel. Zuliani, j. 13-1-2010. Sobre agravo de instrumento em alimentos gravídicos: TJRS, 70034876383, rel. Faccenda, j. 26-3-2010; TJSP, 99409290371-9, rel. Zuliani, j. 13-1-2010. *Vide* PL n. 504/2007, que dispõe sobre prestação de alimentos na separação, no divórcio e na dissolução de união estável, independentemente da culpa; e sobre a impossibilidade de renúncia quando a obrigação for oriunda de relação de parentesco.

Lei n. 13.144/2015 altera o inciso III do art. 3º da Lei n. 8.009/90, que disciplina o bem de família, para assegurar proteção ao patrimônio do novo cônjuge ou companheiro do devedor de pensão alimentícia.

de recebimento". Após o nascimento com vida, o valor fixado a título de alimentos gravídicos converter-se-á *ipso iure* em pensão alimentícia do menor, até que seja requerida, por alguma das partes, a revisão daquele *quantum*. Fácil é perceber que tal lei tem por escopo proteger o nascituro e gera presunção *juris tantum* de paternidade. E se, após o nascimento, houver exame de DNA comprovando que a criança não é filha do alimentante, este deverá pleitear, judicialmente, a exoneração do pagamento da pensão alimentícia.

G. Modos de satisfação da obrigação alimentar

O art. 1.701 do Código Civil permite que o alimentante satisfaça sua obrigação por dois modos: dando uma pensão pecuniária ao alimentando, efetuando depósitos periódicos em conta bancária ou judicial, ou dando-lhe, em sua própria casa (mesmo alugada), hospedagem e sustento, sem prejuízo do dever de prestar o necessário à sua educação (pagamento de matrícula, mensalidade, aquisição de livros, material escolar, uniforme etc.) quando menor, não podendo interná-lo em asilos, salvo em casos excepcionais (Estatuto do Idoso, arts. 3º, parágrafo único, V, e 37), nem sustentá-lo em casa alheia. Tal se dará e, acrescentará o PL n. 699/2011, essa obrigação é "oriunda do vínculo de parentesco". Prescreve, assim, uma obrigação alternativa (CC, art. 252), cabendo a escolha ao devedor, que se libera do encargo cumprindo uma ou outra obrigação. A opção não é irrevogável; nada impede, ensina-nos Orlando Gomes, que o devedor satisfaça a prestação, durante um tempo, pela forma de pagamento de pensão, preferindo, depois, dar hospedagem e sustento ao alimentando. Todavia, esse direito de escolha não é absoluto, visto que o juiz, pelo art. 1.701, parágrafo único, poderá fixar a maneira da prestação devida, se as circunstâncias exigirem, procedendo sempre com cautela para evitar atritos, determinando, p. ex., que um prédio fique inalienável para que, sendo alugado, os rendimentos fiquem para o alimentando, ou, ante o fato de credor e devedor de alimentos serem desafetos, não podendo permanecer sob o mesmo teto, deliberando a destinação de um imóvel para moradia do alimentando. A Lei n. 5.478/68, art. 25, prescreve: "a prestação não pecuniária estabelecida no art. 403 do Código Civil [hoje correspondente ao art. 1.701], só pode ser autorizada pelo juiz, se a ela anuir o alimentando capaz". De modo que, se houver, p. ex., qualquer incompatibilidade entre alimentante e alimentário, o órgão judicante não pode constranger o segundo a conviver com o primeiro na mesma casa. Revigora-se, então, a pensão alimentar pecuniária, ou seja, o fornecimento periódico de uma soma (bimestral, mensal ou quinzenal). Mas, observa Washington de Barros Monteiro, se não existir nenhuma animosidade, o alimentando deverá aceitar hospedagem e sustento em casa do alimentante, se este assim deliberou. Se o alimentando não aceitar, exonerar-se-á o devedor[253].

H. Impossibilidade de restituição

Os alimentos, uma vez pagos, não mais serão restituídos, qualquer que tenha sido o motivo da cessação do dever de prestá-los. Quem satisfaz obrigação alimentar não desembolsa soma suscetível de reembolso, mesmo que tenha havido extinção da necessidade aos alimentos[254].

I. Providências para garantir o adimplemento da obrigação alimentar

A ação de alimentos[255] (Lei n. 5.478/68 e subsidiariamente pelo CPC, arts.

253. Cahali, op. cit., p. 133; Orlando Gomes, op. cit., p. 473-4; W. Barros Monteiro, op. cit., p. 298; Caio M. S. Pereira, *Instituições,* cit., p. 334. O Projeto de Lei n. 699/2011 pretende modificar a redação do art. 1.701 do Código Civil para a seguinte: "A pessoa obrigada a suprir alimentos poderá pensionar o alimentando, ou dar-lhe hospedagem e sustento, sem prejuízo do dever de prestar o necessário à sua educação, sendo a obrigação oriunda de vínculo de parentesco". O Parecer Vicente Arruda a acatou, com base nestes argumentos: "De acordo com a modificação. Realmente concordamos em que a inclusão da expressão 'quando menor' poderá prejudicar o alimentando que tendo atingido a maioridade ainda não completou seus estudos, não possui bens suficientes, nem pode prover a própria mantença pelo seu trabalho, na forma do disposto no artigo. Por isso é preferível deixar ao juiz, na forma do parágrafo único, o modo do cumprimento da prestação" e propõe a seguinte redação ao art. 1.701: "A pessoa obrigada a suprir alimentos poderá pensionar o alimentando, ou dar-lhe hospedagem e sustento, sem prejuízo do dever de prestar o necessário à sua educação". Isto porque o alimento entre parentes abrange o necessário à educação, pouco importando, ante a solidariedade familiar, sua menoridade ou maioridade, atendendo posição jurisprudencial firmada nesse sentido (*RF, 727*:262, *698*:156, *522*:232; *RJTJSP, 18*:201). A verba necessária à educação, portanto, não cessará com a maioridade do educando.
254. W. Barros Monteiro, op. cit., p. 298; Brugi, op. cit., p. 437; Cahali, op. cit., p. 136; Scialoja, *Dizionario del diritto privato,* v. 1, p. 155; Flávio Tartuce, Dos alimentos familiares no novo Código de Processo Civil, *O novo CPC e o direito civil.* São Paulo, Método, 2015, p. 417 a 444.
255. A ação de alimentos observará o procedimento previsto na lei específica (Lei n. 5.478/68), aplicando no que couber as disposições do Capítulo X do CPC/2015 (arts. 693 a 699); o foro é o do domicílio do alimentando (CPC, art. 53, II); corre em segredo de justiça (CPC, art. 189, II) e corre durante férias forenses (CPC, art. 215, II). *Vide* art. 292, III, do CPC relativo ao valor da causa da ação de alimentos. CC, art. 206, § 2º: "Prescreve em dois anos, a pretensão para haver prestações alimentares, a partir da data em que se vencerem". Caio M. S. Pereira, *Instituições,* cit., p. 333; Orlando Gomes, op. cit., p. 475; Marco Aurélio S. Viana, *Ação de alimentos,* Coleção Saraiva de

Prática de Direito, n. 29, 1986; João Claudino de Oliveira, *A nova ação de alimentos,* Rio de Janeiro, Forense, 1969; Leandro Lomeu, Protesto extrajudicial de débitos alimentícios, *Revista Síntese — Direito de Família, 85*:67-79; Douglas P. Freitas, A averbação premonitória do art. 615-A e sua aplicação à execução de alimentos, *Revista Síntese — Direito de Família, 89*:120-125; Cristiano de M. Bastos e Sérgio T. Alves, Execução de alimentos: nova sistemática procedimental com o CPC de 2015, *Revista Síntese – Direito de Família, 101*:295-317; Meire Jane Martins, Reflexões acerca de aspectos processuais da obrigação alimentar avoenga, *Revista Síntese – Direito de Família, 101*:464 a 477; Carlos Eduardo Rios do Amaral, Notas sobre o impacto da Reforma trabalhista nas pensões alimentícias de filhos menores — Lei n. 13.467/2017, *Revista Síntese — Direito de Família, 103*:113 a 123. Código de Processo Civil, arts. 520 e 732 a 735; *RT, 528*:227, *536*:114, *473*:90, *526*:204 e 257, *541*:284, *500*:173, *542*:231; *RF, 101*:79; *Rev. Jur., 46*:37, *84*:399, *60*:280. Superior Tribunal de Justiça — Súmula 144: "Os créditos de natureza alimentícia gozam de preferência, desvinculados os precatórios da ordem cronológica dos créditos de natureza diversa". *Vide Ciência Jurídica, 74*:149.

Desemprego não anula a cobrança de pensão alimentícia, sendo permitida a penhora de bens para a quitação desse débito. Tal decisão é da Quarta Turma do STJ que determinou o prosseguimento da ação de execução de alimentos movida pelos menores JLS e GLS, contra o pai JS, de São Paulo, que deixou de pagar pensão depois de ter perdido o emprego.

Os menores entraram com ação na 4ª Vara da Família (SP), que julgou extinta a execução por entender que o pai, não tendo trabalhado com vínculo empregatício durante o período cobrado, não tinha a obrigação de pagar a pensão. O entendimento foi mantido pela 3ª Câmara de Direito Privado do TJ-SP. JLS e GLS apelaram ao STJ alegando que a decisão violava a Constituição e o Código de Processo Civil. A Turma acolheu o argumento (REsp 726752).

Tribuna do Direito (janeiro de 2006, p. 7) noticiou: "Se não há Defensoria Pública em município, o Ministério Público estadual tem legitimidade para propor ação de execução de alimentos. O entendimento da Terceira Turma do STJ deu-se em julgamento de recurso do Ministério Público do Paraná, que sustentava ter legitimidade para ajuizar ação de alimentos como substituto processual de menor sob a guarda e responsabilidade da mãe. Na ação de execução de alimentos contra o pai, em que o MP atuou como substituto processual de uma menor, a primeira instância julgou o processo extinto sem julgamento (hoje, resolução) do mérito ao concluir pela ilegitimidade do MP, já que a menor está sob a guarda e responsabilidade da mãe. A sentença foi mantida pelo TJ-PR. O MP recorreu ao STJ alegando que a decisão violava o Estatuto da Criança e do Adolescente, já que ao impedir o MP de atuar como substituto, 'deixou indefesa criança, que mesmo sob a guarda e responsabilidade da mãe não tem condições de mover a referida ação contra o pai omisso'. O argumento foi acolhido (REsp 510969)".

"A Defensoria Pública de São Paulo obteve, em Marília, decisão que determina a inscrição do nome de pai inadimplente com sua obrigação de pensão alimentícia aos filhos nos serviços de proteção ao crédito (SPC/SERASA). A retirada do nome somente será possível após o pagamento da dívida" (Fonte: DPESP. Informações adicionais: portal IBDFAM).

Inclusão do nome do pai no SPC por não pagamento de pensão alimentícia ao filho (1ª Vara da Família da Comarca de São José (SC) — Juíza Adriana M. Bertoncini).

Decreto n. 9.176, de 19 de outubro de 2017: Promulga a Convenção sobre a Cobrança Internacional de Alimentos para Crianças e Outros Membros da Família e o Protocolo sobre a Lei Aplicável às Obrigações de Prestar Alimentos, firmados pela República Federativa do Brasil, em Haia, em 23 de novembro de 2007.

189, II, 215, II, e 292, III, e 693 e parágrafo único, 694 a 699) é o meio técnico de reclamá-los desde que se configurem os pressupostos jurídicos; é imprescritível, mas, para exercer a pretensão à execução de alimentos, cujo pagamento está atrasado, o prazo prescricional é de 2 anos (CC, art. 206, § 2º). O foro competente é o do domicílio do alimentando (CPC, art. 53, II; *RT*, *492*:106). Requer, ainda, a intervenção do representante do Ministério Público (*RT*, *501*:110, *503*:87, *509*:140, *518*:193, *548*:279). Nela há uma fase preliminar de conciliação (Lei n. 968/49, arts. 1º e 6º), na qual o magistrado empregará todos os meios para que as partes entrem num acordo sobre o direito ou sobre o *quantum* dos alimentos (CPC, art. 359). É uma ação de estado, ordinária, seguindo o rito especial e sumário, estabelecido pela Lei n. 5.478/68; afastam-se assim as dificuldades processuais que retardavam a concessão de recursos aos necessitados que, por laços de parentesco, tinham direito de haver de seus parentes[256], facilitando o atendimento da pretensão do reclamante[257]. Reza tal lei no seu art. 4º que o juiz, ao despachar o pedido inicial, fixará alimentos provisórios a serem pagos pelo devedor, salvo se o credor declarar, expressamente, que deles não necessita. Alimentos provisórios esses que poderão ser revistos a qualquer tempo, se houver alteração na situação econômica das partes (art. 13, § 1º), sendo devidos até a decisão final ou julgamento do recurso extraordinário (art. 13, § 3º). A sentença que conceder alimentos retroage nos seus efeitos à data da citação inicial, a partir de quando as prestações serão exigidas ou devidas (art. 13, § 2º); não transitando em julgado, pode a qualquer tempo ser revista, se houver modificação da situação econômico-financeira dos interessados (art. 15) ou deterioração monetária provocada pela inflação (Lei n. 6.515/77, art. 22).

Cahali ensina-nos que, na execução da sentença que fixa a prestação alimentícia, o juiz mandará citar o devedor para, em 3 dias, efetuar o pagamento, provar que o fez ou justificar a impossibilidade de efetuá-lo; se o devedor não pagar, nem se escusar, o magistrado decretará sua prisão civil (Lei n. 5.478/68, arts. 19 e 21) até 60 dias, em regra, se os alimentos devi-

---

256. Nelson Carneiro, *A nova ação de alimentos*, n. 20, p. 45; Ana Luiza B. Barcellos, A execução de alimentos na atual sistemática do direito processual civil, *Revista Síntese — Direito de Família*, *83*:79-95.

257. Cahali, op. cit., p. 134. "Execução de prestação alimentícia ajuizada no foro do local de trabalho do alimentando — Exceção de incompetência ajuizada pela alimentante, propugnando pela competência do foro do domicílio do exequente ou do comum, aquele em que domiciliada — Decisão de improcedência — Agravo a que se dá provimento, para prevalecer o foro do domicílio do autor, São Bernardo do Campo, onde residente com *animus* definitivo — art. 31 do CC/16 (hoje art. 70)" (TJSP, Ag. 29.115-4/1-SP, j. 12-12-1996, rel. Des. Marcus Andrade).

dos estiverem fixados, em definitivo, por sentença ou acordo (*RJSTF*, *51*:363, *61*:379; *RT*, *834*:390, *831*:219, *825*:323, *822*:186, *810*:165, *801*:141, *791*:200, *786*:217, *769*:209, *765*:216, *756*:227, *602*:240, *585*:262) e, em se tratando de alimentos provisórios ou provisionais, pelo prazo de 1 a 3 meses[258] (CPC,

258. É preciso lembrar que surge controvérsia sobre a manutenção dos alimentos provisionais, mesmo com sua não previsão pelo CPC/2015, em razão de sua natureza cautelar. Cahali (op. cit., p. 135 e 1050) esclarece que a prisão não é bem uma pena, mas, como diz Bellot, meio eficaz para coagir o alimentante recalcitrante a pagar dívida alimentar; Luiz Flávio Gomes, Prisão civil por dívida alimentar, *RT, 582*:9; Álvaro Villaça Azevedo, *Prisão civil por dívida,* São Paulo, 1992, p. 121-61; Athos G. Carneiro, Ação de alimentos e prisão civil, *RT, 516*:14; Araken de Assis, *Da execução de alimentos e prisão do devedor,* São Paulo, Revista dos Tribunais, 1998; Odete N. C. Queiroz, *Prisão civil e os direitos humanos*, São Paulo, Revista dos Tribunais, 2004; Idiene A. V. Proença Pádua e Vitor Proença Pádua, Execução de alimentos — atualidade do débito e prisão, *Anais do II Fórum Jurídico-social,* março 2004, da Faculdade de Direito de Passos, p. 203-11; Paulo de Tarso D. Menezes, Execução de alimentos — expropriação e meio coercitivo da prisão civil — questões atuais; *Revista Síntese — Direito de Família, 62*:132-140; Cristiano Chaves de Farias, Prisão civil por alimentos e a questão da atualidade da dívida à luz da técnica de ponderação de interesses (uma leitura constitucional da Súmula n. 309 do STJ): o tempo é o senhor da razão, *Revista Brasileira de Direito de Família, 35*:134-157; Waldyr Grisard Filho, O futuro da prisão civil do devedor de alimentos: caminhos e alternativas, *Família e dignidade*, cit., p. 891-908; Francisco V. Lima Neto, Prisão civil pelo inadimplemento de pensão alimentícia estipulada por escritura pública, *Revista Brasileira de Direito Civil Comparado, 36*:147-60; Lucimar C. de Souza, A possibilidade de prisão civil na execução de alimentos por título extrajudicial, *Revista Síntese — Direito de Família, 83*:216-218; Thamara A. Veloso, Da prisão civil do devedor do alimento: alterações e consequências de acordo como novo CPC, *Revista Síntese - Direito de Família, 101*:453 a 458; Margot C. Agostini, Prisão civil de devedor de alimentos indenizatórios e o princípio da proporcionalidade, *Revista Síntese - Direito de Família, 101*:9 a 44; *RT, 526*:428; TJRS, *Adcoas,* 1980, n. 69.764; TJSP, n. 72.745; TJRJ, *Adcoas,* 1982, n. 85.174, 85.040; TJRS, *Adcoas,* 1982, n. 85.041; *RTJ, 94*:147; *Ciência Jurídica, 80*:178; *RTJ, 101*:179; *RSTJ, 84*:191. A prisão civil de devedor de alimentos não cabe em relação a débitos antigos, mas apenas quanto às três últimas pensões não pagas (STJ, ROHC 8.487-SP, rel. Min. Carlos Alberto M. Direito, 3ª T., 7-6-1999, *DJU*, 28-6-1999, p. 101); Carlos Roberto Gonçalves (*Direito de família*, São Paulo, Saraiva, 2002, p. 132) observa que a prisão civil só é decretada no caso de alimentos previstos nos arts. 1.566, III, e 1.694 do Código Civil, sendo inadmissível em caso de não pagamento de alimentos indenizatórios (responsabilidade *ex delicto*) e dos voluntários (obrigacionais e testamentários). Excepcionalmente, será possível arguir a exceção de pré-executividade em dívida alimentar, executada com ameaça de prisão civil, desde que, p. ex., haja nulidade do título executivo e boa-fé objetiva do executado (TJRS, 6ª Câm. Civ., AI 70004486890, rel. Des. Claudir Fidelis Faccenda, j. 7-8-2002). Sobre isso, consulte: Fabiana M. Spengler e Theobaldo Spengler Neto, Exceção de pré-executividade no débito alimentar, *Revista Brasileira de Direito de Família, 20*:20-31; Rolf Madaleno, A exceção de pré-executividade, cit.

Súmula n. 38, de 16 de setembro de 2008, da Advocacia-Geral da União: "Incide a correção monetária sobre as parcelas em atraso não prescritas, relativas aos débitos de natureza alimentar, assim como aos benefícios previdenciários, desde o momento em que passaram a ser devidos, mesmo que em período anterior ao ajuizamento de ação judicial".

art. 528, § 3º), salvo se realmente impossibilitado de fornecê-la (*RT, 139*:166; *RF, 108*:345; *EJSTJ, 15*:236, *16*:182; *RSTJ, 87*:323; *Ciência Jurídica, 56*:194 e 200, *48*:195, *37*:86; *AJ, 107*:408), sendo uma das exceções a de que não há prisão por dívidas (CF/88, art. 5º, LXVII)[259]. É preciso não olvidar, ainda,

---

259. A prisão civil do devedor de alimentos deve ser cumprida em regime fechado e em local diverso dos presos comuns e há divergência quanto ao prazo de 60 ou 90 dias, porque o CPC/2015 estabelece prazo de 1 a 3 meses. W. Barros Monteiro, op. cit., p. 300; Fabiana M. Spengler, *Alimentos — da ação à execução*, Porto Alegre, Livraria do Advogado, 2002; José Ronaldo Dias Campos, Prisão civil do alimentante. Antinomia — prazo máximo: sessenta dias ou três meses? *Jornal Síntese, 83*:10-4; Humberto Theodoro Júnior, *Curso de direito processual civil*, Rio de Janeiro, Forense, 1997, v. 2, p. 267; Araken de Assis, *Da execução de alimentos e prisão do devedor*, São Paulo, Revista dos Tribunais, 2004. A prisão do alimentante é executada na forma regular, sendo inadmissível sua conversão para regime-albergue (*RJTJSP, 108*:333, *92*:411; *RT, 538*:316, *552*:413). Mas poderá dar-se em prisão especial ou em quartéis, se o alimentante tiver curso superior (CPP, art. 295, VII), sendo inadmissível a prisão domiciliar ou liberdade vigiada (*RTJ, 112*:234, *79*:448, *98*:685; *RJTJSP, 92*:407; *RT, 538*:316 — em contrário: *RJTJSP, 48*:274; *RT, 818*:209). Sobre prisão domiciliar: CPP, arts. 317 e 318, com a redação da Lei n. 12.403/2011. A 3ª Turma do STJ (HC 35.171) concedeu, em decisão inédita, *habeas corpus*, assegurando prisão domiciliar a idoso (com mais de 70 anos, portador de problemas de saúde) devedor de pensão alimentícia (j. 4-8-2004). *Bol. AASP, 2.577*:524-11: "1. Nos estreitos limites do *Habeas Corpus*, só se admite a análise restrita do contorno da legalidade da prisão ou de sua ameaça, não havendo como ser apreciada a alegação fática da impossibilidade de o paciente arcar com a obrigação alimentar que lhe foi imposta. No entanto, em se tratando de pessoas idosas, no caso o avô da alimentanda, deve-se amenizar o nefasto efeito do cerceamento da liberdade, a fim de assegurar-lhe o mínimo de dignidade, direito fundamental a que faz jus, com absoluta prioridade, nos termos do art. 2º da Lei n. 10.741/2003, motivo pelo qual se impõe a concessão de Ordem, em parte, convolando a prisão civil decretada em domiciliar. 2. Concede-se parcialmente a Ordem" (TJMG, 4ª Câm. Cível, HC 1.0000.07.466540-7/000-Vazante-MG, rel. Des. Célio César Paduani, j. 24-1-2008, m. v. l). Já se decidiu pela *prisão domiciliar* por dívida de alimentos: "Num caso em que foi decretada a prisão civil da mãe, por não cumprir a obrigação de prestar alimentos ao filho menor, entendeu o Tribunal de Justiça do Rio Grande do Sul que a pena deveria ser cumprida em regime aberto para tornar possível o exercício do trabalho. Como, na espécie, não havia possibilidade de recolhimento em albergue no próprio município da residência das partes, o Tribunal determinou o cumprimento da prisão em regime domiciliar, aplicando analogicamente o art. 117, III, da Lei de Execução Penal (Lei n. 7.210/1984), pois, se assim não fosse, o maior prejudicado com o afastamento da genitora, para cumprimento da medida em outra comarca, seria justamente o filho menor que o Estado deve proteger" (ac. un. da 7ª Câm. Cív., no AgI 70014615637, j. 3-5-2006, sendo relator o Des. Luiz Felipe Brasil Santos).

Avós que não pagaram pensão têm direito a prisão domiciliar — O Desembargador Nepomuceno Silva, da 5ª Câmara Cível do Tribunal de Justiça de Minas Gerais, concedeu prisão domiciliar aos avós C.R. e E.R. Eles estavam presos em regime fechado pela falta de pagamento de pensão alimentícia ao neto. A prisão preventiva havia sido decretada pela 5ª Vara de Família de Belo Horizonte.

O STJ (3ª T.) concede prisão domiciliar a avó devedora de alimentos.

O STJ (3ª T., *Habeas corpus* n. 35.171, rel. Min. Gomes Barros) vem admitindo a prisão domiciliar a idoso devedor de alimentos.

Sobre prisão domiciliar: CPP, arts. 317 e 318, com a redação da Lei n. 12.403/2011.

"A prisão civil decorrente de dívida alimentar deve ser cumprida em *regime aberto*, podendo o devedor sair para exercer atividade laboral, independentemente do estabelecimento carcerário onde se encontrar recolhido. Recomendação das Circulares n. 21/93 e 59/99 da Corregedoria-Geral da Justiça" (TJRS, 7ª Câm. Cível, AI 70015270028-Tramandaí-RS, rel. Des. Sérgio F. de V. Chaves, j. 2-8-2006). Sobre prisão civil do alimentante: *EJSTJ, 12*:62; *Rev. Jur., 94*:323; *RT, 538*:398, *574*:282, *452*:313, *559*:71, *541*:367, *546*:347, *556*:358, *544*:455, *545*:347, *578*:65, *590*:94, *670*:132, *693*:134, *727*:245, *745*:183, *746*:338; *RTJ, 101*:179, *104*:137; *RJTJSP, 83*:363, *78*:335; *Adcoas*, 1983, n. 90.565 e 90.566; *Ciência Jurídica, 56*:194 e 200. Tem havido aplicação do art. 19 da Lei de Alimentos sobre pena de prisão por 60 dias em caso de não pagamento de alimentos definitivos, provisórios ou provisionais, por ser norma anterior especial e menos gravosa do que o CPC/1973, art. 733, § 1º [atual art. 528, § 3º] (norma posterior geral), ante a antinomia de 2º grau, gerada pelo conflito entre o critério da especialidade e o cronológico, fazendo-se uma interpretação *favorabilis* (LINDB, art. 5º). O Projeto de Lei n. 1.366/2003 (já arquivado) pretendia isentar avós de prisão civil por dívida de alimento, que só poderia recair no parente que o devia em primeiro lugar. "Avós não podem ser presos por não pagar pensão quando o pai for capaz de arcar com o alimento do menor. O entendimento é da 3ª Turma do STJ ao impedir a prisão de AMF e FMF determinada pelo TJMS."

STJ — 3ª Turma: "Execução. Alimentos. Débito atual. Caráter alimentar. Prisão civil do alimentante mantida. Tratando-se de dívida atual, correspondente às três últimas prestações anteriores ao ajuizamento da execução, acrescidas de mais duas vincendas, admissível é a prisão civil do devedor (art. 733 — atual art. 528 — do CPC). — *Habeas Corpus* denegado" (HC n. 17.785/RS).

— "Processo Civil. Prisão civil. Alimentos. Se o credor por alimentos tarda em executá-los, a prisão civil só pode ser decretada quanto às prestações dos últimos três meses. Situação diferente, no entanto, é a das prestações que vencem após o início da execução. Nesse caso, o pagamento das três últimas prestações não livra o devedor da prisão civil. A não ser assim, a duração do processo faria por beneficiá-lo, que seria maior ou menor, conforme os obstáculos e incidentes por ele criados. Recurso conhecido e provido, em parte" (STJ, 3ª Turma — REsp 278.734).

O Superior Tribunal de Justiça, por sua 2ª Seção, aprovou o Enunciado n. 309 de seguinte teor: "O débito alimentar que autoriza a prisão civil do alimentante é o que compreende as três prestações anteriores ao ajuizamento da execução e as que vencerem no curso do processo". Logo, estão incluídas as parcelas vencidas no curso do processo. O débito alimentar, portanto, é recente. Se for antigo deverá ser cobrado por outra forma de execução.

"A prisão civil, por ser medida drástica e excepcional, não deve ser decretada quando o alimentante vem pagando parcialmente os alimentos atrasados, quando estiver impossibilitado de pagá-los e quando a dívida tiver sido calculada erroneamente..." (*RT, 845*:400).

Em caso de prisão civil, não se concede fiança: CPP, art. 324, II, com a redação da Lei n. 12.403/2011.

O Projeto de Lei n. 7.841/2010 trata do protesto por dívidas alimentares. O PL n. 954/2011 estabelece que, em cumprimento da ordem de prisão civil, o devedor de alimentos deve ser mantido em local separado. O PL n. 991/2011 pretende que geni-

que: "Cabe prisão civil do devedor nos casos de não prestação de alimentos gravídicos estabelecidos com base na Lei n. 11.804/2008, inclusive deferidos em qualquer caso de tutela de urgência" (Enunciado n. 522 do Conselho da Justiça Federal, aprovado na V Jornada de Direito Civil).

O Código Penal, art. 244, com a redação dada pelo art. 21 da Lei n. 5.478, prevê pena de detenção de 1 a 4 anos e multa de 1 a 10 vezes o maior salário mínimo vigente no Brasil àquele que, sem justa causa, deixar de prestar alimentos; trata-se do crime de abandono material.

Não caberá *habeas corpus* (*RF, 128*:571, *205*:298; *Adcoas*, 1983, n. 88.798; *RT, 809*:203; *787*:183) se houver decisão determinando a prisão do devedor de alimentos. O Tribunal de Justiça de Minas Gerais concedeu *habeas corpus* por irregularidade processual em execução de alimentos, entendendo que: "Há que ser considerada constrangimento sanável por *habeas corpus* a decisão que determina ao réu o pagamento de prestações alimentícias, sob pena de prisão, em ação de execução de débito alimentar, no curso da qual lhe foi subtraído o direito ao devido processo legal, em razão de equívoco da secretaria do juízo, o qual não pode ser debitado ao paciente. Ordem de *habeas corpus* que se concede" (HC 00.303.588-8/00, rel. Des. Tibagy Salles). Caberá *habeas corpus* se: houver irregularidade de processamento na execução; no cálculo geral da dívida alimentar foram incluídas parcelas indevidas e já pagas (TJRS, 8ª Câm. Cível, HC 70015822414-Bagé, rel. Des. José S. Trindade, j. 3-8-2006); incontroversos os fatos impeditivos da prestação dos alimentos (STJ, 4ª T., HC 44.047-SP, rel. Asfor Rocha, j. 15-9-2005).

O cumprimento da pena não exime o dever de prestar os alimentos (*RT, 136*:155; *RF, 106*:87, *155*:357; *RTJ, 88*:401).

Uma vez pago o débito o juiz suspenderá o cumprimento da ordem de prisão (CPC, art. 528, § 6º).

---

tor que não tenha recurso para suprir alimentos à prole deva prestar serviços à comunidade ou a entidade pública.

Um dos pontos do PL n. 80.466/2010 (novo CPC/2015), votado em plenário, visava manter o prazo de três dias para o devedor pagar ou justificar a falta de pagamento de pensão e retoma a prisão em regime fechado, como é atualmente. O Projeto do novo CPC previa o prazo de dez dias e a prisão em regime semiaberto como regra geral. O regime fechado só seria aplicado ao reincidente e, nos dois casos, a prisão seria convertida em domiciliar se não fosse possível separar o devedor dos presos comuns. Com informações da Agência Câmara Notícias. *Vide*: CPC/2015: arts. 528, §§ 3º, 5º, 6º e 8º, 529, § 1º, 911, 912, § 2º, e 913.

Só haverá prisão civil se malogradas (*JSTJ, 7*:239; *RSTJ, 106*:377, *89*:362 e 403; *RT, 769*:209, *196*:303; *Ciência Jurídica, 73*:111 e *74*:149; Súmula n. 309 do STJ) as seguintes providências, que visam a assegurar o adimplemento da prestação alimentícia:

1) Desconto em folha de pagamento da pessoa obrigada (CPC, arts. 529 e 912, §§ 1º e 2º; Decs.-Lei n. 845/38 e 3.200/41, art. 7º; Lei n. 1.046/50, art. 3º, IV; *Rev. Jur., 64*:42, *79*:301; *EJSTJ, 4*:48; *RT, 799*:221, *764*:209, *711*:170, *579*:211, *545*:107, *567*:56). É o que ocorre quando os alimentos são deduzidos da remuneração a que faz jus o seu devedor, impossibilitando o inadimplemento. "Rompido o contrato de trabalho, desaparece a garantia do alimentado, de serem feitos os descontos em folha de pagamento do alimentante, até que este logre reempregar-se. Nada mais justo, pois, que atribuir ao alimentado, em face dos termos amplos do acordo, participação naquilo que o alimentante recebe naquele momento, ainda mais porque essa indenização tem, ela mesma, a finalidade de garantir-lhe a subsistência, nos meses de desemprego (TJRJ, *Adcoas*, 1983, n. 89.894). O desconto em folha de pagamento é meio de expropriação em execução de prestação alimentícia, sendo o inadimplemento requisito indispensável. Dessa medida não se pode cogitar para as prestações ainda não vencidas, ao arrepio do acordo celebrado em juízo, que estabeleceu o depósito em conta bancária como forma de pagamento, para evitar eventuais atrasos no pagamento. De qualquer modo, na espécie, em se tratando de pensão de elevado valor, os pequenos atrasos verificados, em um curto espaço de tempo, não tiveram o condão de criar situação de insuportabilidade para a credora, a justificar na ordem pretendida" (TJSP, 9ª Câm. de Direito Privado, AgI 5.802.4/1-SP, rel. Des. Ruiter Oliva, j. 7-5-1996 — *Bol. AASP, 1.959*:217).

2) Reserva de aluguéis de prédios do alimentante, que serão recebidos diretamente pelo alimentando (Dec.-Lei n. 3.200/41, art. 7º, parágrafo único) ou de rendimentos de arrendamento ou aplicação financeira. Trata-se do desconto em renda.

3) Penhora de vencimento de magistrados, professores, funcionários públicos, de soldos dos militares, dos salários em geral, dos subsídios de parlamentares e da quantia depositada em caderneta de poupança até o limite de 40 salários mínimos para pagar ex-cônjuge ou ex-companheiro e filhos quando o executado houver sido condenado a prestar alimentos (CPC, art. 833, IV e X e § 2º)[260], de-

---

260. *Vide* W. Barros Monteiro, op. cit., p. 301; Andressa de Oliveira Conceição, A penhorabilidade da conta vinculada ao FGTS para satisfação de crédito alimentar, *Revista Síntese — Direito de Família, 75*:222-31; Jones Figueirêdo Alves (Penhora *on line* e alimentos, *Boletim IBDFAM, 43*:9) ensina-nos que "o juiz da causa poderá empregar a regra

do novo artigo 655-A — hoje art. 854 — do CPC ordenando, 'incontinenti', diante da inadimplência do alimentante, a penhora de dinheiro para o pagamento. Bem a propósito, cogita o art. 475-P — atual art. 516 —, do Código de Processo Civil, introduzido pela Lei n. 11.232, de 22-12-2005 (a que estabelece a fase de cumprimento das sentenças no processo de conhecimento, e revoga dispositivos relativos à execução fundada em título judicial), que 'aplicam-se subsidiariamente ao cumprimento da sentença, no que couber, as normas que regem o processo de execução de título extrajudicial'. (...) Agora o devedor de alimentos poderá ter o seu saldo positivo bancário penhorado para efeito da execução da dívida alimentar do art. 732 — atual art. 528, § 8º —, CPC, valendo lembrar, inclusive, que o valor penhorado poderá ser levantado (§ único, art. 732 — hoje art. 913). (...) Para a hipótese de alimentos provisionais ou das três prestações alimentares anteriores à execução forçada, onde a execução se processa nos termos do art. 733 (atualmente arts. 528 e 911), CPC, observada a Súmula 309 do Superior Tribunal de Justiça, cuido refletir, com oportunidade, o seguinte: *a*) magistrado, ao invés de ordenar a citação para o devedor efetuar o pagamento, no prazo de (3) dias, deverá determinar, de logo, o bloqueio de dinheiro *on line*, em conta do alimentante devedor, ouvindo em seguida o executado, no tríduo legal, sobre eventual pagamento preexistente das referidas parcelas; autorizando, em seguida, o levantamento do valor bloqueado em favor do alimentando, incontroverso que seja o inadimplemento da obrigação alimentar; *b*) o bloqueio ou penhora, em saldo de depósito bancário ou aplicações financeiras do devedor pessoa física, cujo saldo decorra de vencimentos, pensões, honorários e outras verbas de igual natureza, é manifestamente possível, isto porque o crédito reclamado também possui a mesma natureza alimentar; *c*) a providência do bloqueio imediato, precedendo à citação prevista no art. 733 (hoje art. 528), *caput*, do CPC, afigura-se perfeitamente cabível por uma interpretação sistêmica com a finalidade ditada pelas Leis n. 11.232/05 e 11.382/06". Interessante é o artigo de Leonardo S. Nunes, A execução de alimentos à luz da Lei n. 11.232/2005 e a descaracterização da natureza do crédito alimentar pelo decurso do tempo, *MPMG*, *9*:65-70; Gabriela O. Freitas, A execução de alimentos após a Lei n. 11.232/2005, *Revista IOB de Direito de Família*, *59*:145 a 151. Lei n. 1.711/52, art. 126, ora revogada pela Lei n. 8.112/90; Estatutos Militares, art. 59. "É válida a penhora de imóvel, mesmo hipotecado, para saldar dívida de *pensão alimentícia*". Com esse entendimento, a Quarta Turma do STJ (REsp 410254) garantiu a filho a penhora do imóvel do pai para execução de prestação alimentícia. "Requisição judicial de informação a respeito da movimentação financeira de empresa da qual o alimentante é sócio. Admissibilidade. Medida que visa a avaliar as reais possibilidades do responsável pela obrigação alimentar" (*RT*, *807*:245).

Pelo TJSP: "Alimentos. Execução. Deve prosseguir nos próprios autos. Arts. 475-I e 475-J, (correspondem aos arts. 513, 509, § 1º, 523, §§ 1º a 3º, 524, VII) CPC. Economia e celeridade processual. Recurso provido" (AI 56457049-00, 4ª Câm. de Direito Privado do TJSP, rel. Des. Teixeira Leite, j. 7-8-2008).

Corroboram o mesmo entendimento os Enunciados 21 e 22 do I Encontro dos Juízes de Família do Interior do Estado de São Paulo (*DOE*, 21-11-2006):

Enunciado 21: "Aplicam-se as disposições da Lei 11.232/2005 às execuções de alimentos que não se processam pelo rito do art. 733 — hoje art. 528 — do CPC".

Enunciado 22: "O art. 732 (hoje arts. 528, § 8º, e 913) do CPC foi implicitamente revogado pela Lei 11.232/2005, em especial pelo art. 475-I (atuais arts. 509, § 1º, e 513), devendo ser observada a lei nova".

Súmula 70 do TJSP: "Em execução de alimentos, prevalece sobre a competência funcional do Juízo em que formado o título executivo judicial a competência territorial do domicílio do credor da prestação alimentar excutida, com vistas à facilitação do acesso à Justiça".

vendo a constrição observar os arts. 528, § 8º, e 529, § 3º, do CPC. O CPC, art. 529, § 3º, consagra que, sem prejuízo do pagamento de alimentos vincendos, o débito, objeto de execução, pode ser descontado dos rendimentos do executado, parceladamente, contanto que não ultrapasse 50% do seus ganhos líquidos. Com isso satisfaz-se o credor sem atingir o mínimo vital ou o patrimônio mínimo do devedor (CPC, art. 833, § 2º).

4) Constituição de garantia real ou fidejussória e de usufruto (Lei n. 6.515/77, art. 21).

5) Expropriação que, segundo alguns autores, consiste na alienação de bens do alimentante, para que, com o produto alcançado pela venda, se cumpra a obrigação alimentar (CPC, arts. 523, §§ 1º a 3º, 524, VII). Meio eficaz para sanar débito alimentar é o bloqueio de ativos financeiros via

---

Sobre adição de FGTS para cálculo de pensão alimentícia: *RJ*, *292*:97; *JTJ*, *156*:184, *138*:286; *RT*, *881*:168. O STJ já decidiu (2-3-2010) que FGTS pode ser penhorado para pagar pensão alimentícia em atraso, visto que, além de proteger trabalhador demitido, serve para assegurar seus dependentes. O PL n. 176/2015 visa possibilitar a penhora de máquinas e equipamentos hospitalares, necessários ou úteis à profissão do executado, para responderem por dívida alimentar.

Os alimentos (CPC, art. 833, § 2º) podem ser penhorados, no que exceder o montante de 50 salários mínimos mensais, valor considerado para manter o patrimônio mínimo do devedor. CPC, arts. 528 a 530, disciplina o cumprimento da *obrigação de prestar alimento* e o art. 1.072, V, revoga os arts. 16 a 18 da Lei n. 5.478/68.

Já se decidiu que: "A obrigação alimentar incide sobre horas extras, gratificações e participações nos lucros por serem verbas remuneratórias recebidas pelo alimentante" (TJMG, AI 0115934-23.2010.8.13.0000, 7ª CCív., rel. Des. Wander Paulo Marotta Moreira, j. 13-8-2010). Por decisão da 3ª Turma do Superior Tribunal de Justiça no julgamento do REsp 1.315.476-SP, de 17-10-2013, a execução dos débitos alimentares pode obedecer à sistemática do "cumprimento de sentença" instituído pela Lei n. 11.232, de 2005.

BAASP, *3033*:12. Execução de alimentos. Pedido de desconsideração da personalidade jurídica da empresa da qual o devedor é sócio – Descabimento – Produção de prova – Ônus da recorrente – Questão preclusa. 1 – Somente se justifica na execução de alimentos a aplicação da *disregard doctrine*, isto é, da desconsideração da personalidade jurídica, quando o devedor não vem cumprindo com a sua obrigação alimentar e, mesmo possuindo empresa sólida e apresentando sinais exteriores de riqueza, não possui bens em seu nome, capazes de garantir o adimplemento forçado da obrigação. 2 – Quando inexistem bens passíveis de penhora em tais condições, fica evidenciada situação de abuso de direito, na qual o devedor procura escudar-se no manto protetor da pessoa jurídica para fugir da execução forçada. 3 – Constitui ônus processual da parte credora comprovar as circunstâncias previstas no art. 50 do CCB, inclusive providenciar na juntada de documentos que estejam registrados na Junta Comercial. 4 – Se a questão já foi decidida anteriormente e a parte, em vez de interpor o recurso próprio, no momento oportuno, optou por pedir reconsideração, operou-se a preclusão, sendo vedada tanto rediscussão dessa questão como também a interposição de recurso, pois o pedido de reconsideração não tem o condão de suspender nem de restituir o prazo recursal. Recurso desprovido.

BACEN JUD, ou seja, a penhora *online* de ativos financeiros ou de contas bancárias do devedor (CPC, art. 854). Claudia Tannuri defende o uso dessa medida mesmo quando a cobrança for feita sob o rito da prisão, de forma cumulativa, tendo por base o princípio da menor onerosidade ao devedor e o disposto nos arts. 139, IV e 799, VII do CPC/2015 (*Rev. IBDFAM, 30*:8).

Deveras, já se decidiu, outrora, que: "Despacho que autoriza a expedição de alvará para levantamento, em estabelecimento bancário, de quantias relativas a pensão alimentícia não traz eiva de ilegalidade, nem traduz gravame, ainda que pendente ação de exoneração da pensão, eis que esta, ao ser julgada, produzirá efeito *ad futurum*" (TJRJ, *Adcoas,* 1983, n. 90.411). "Porém, não se vendem bens do obrigado para atender a pagamento de pensões, porque isso lhe causaria injusto empobrecimento. O brocardo, do direito reinol, exprime escopo de resguardo do patrimônio do alimentante e não do alimentário. Contudo, se do próprio devedor parte o pedido de venda, para solver pensões em atraso, a recusa é inadmissível" (TJRJ, *Adcoas,* 1983, n. 89.895). Porém, há quem admita penhora do único imóvel de propriedade do devedor de alimentos (bem de família), mas, pelo art. 3º, III, da Lei n. 8.009/90, com a redação da Lei n. 13.144/2015, isso não será possível.

6) Levantamento do saldo de conta vinculada ao FGTS, mediante ordem judicial, é admissível para satisfação do crédito alimentar atual, mediante penhora (CJF, Enunciado 572, aprovado na VI Jornada de Direito Civil; STJ, AgRg no RMS n. 35.010/SP e AgRg no Ag n. 1034295, 3ª T., rel. Min. Vasco Della Giustina, *DJ* 15-9-2009; TJRS, AI n. 70046109757-7, rel. Dal'Agnol; CPC, art. 536).

O protesto extrajudicial contra devedor de alimentos deve ser ordenado *ex officio* pelo magistrado (CPC, art. 528, § 1º, c/c art. 517).

Inadimplemento de pensão alimentícia pode fazer com que o nome do devedor vá, por ordem judicial, a requerimento do interessado, para o cadastro de inadimplentes ou de restrição ao crédito bancário, à constituição de empresa, à participação em licitação, até que salde o débito (SPC e SERASA).

Para a execução de alimentos, observa Fernanda Tartuce, quatro serão as possibilidades de o credor receber a pensão alimentícia: a) cumprimento da sentença sob pena de prisão do devedor; b) cumprimento da sentença sob pena de penhora; c) execução de alimentos fundada em título executivo extrajudicial sob pena de prisão; d) execução de alimentos baseada em título executivo extrajudicial sob pena de penhora. Nas últimas hipóteses haverá necessidade de processo autônomo e citação do devedor (*Rev. IBDFAM, 30*:1).

J. Causas de extinção

Cessa a obrigação de prestar alimentos:

1) Pela morte do alimentando, devido a sua natureza pessoal. Mas o óbito do devedor de alimentos, decorrentes de parentesco, de casamento ou união estável, fará com que, convém repetir, haja transmissão da obrigação de prestá-los aos seus herdeiros (CC, art. 1.700) até as forças da herança (CC, art. 1.792).

2) Pelo desaparecimento de um dos pressupostos do art. 1.695 do Código Civil, ou seja, da necessidade do alimentário ou da capacidade econômico-financeira do alimentante[261].

3) Pelo casamento, união estável ou procedimento indigno do credor de alimentos. O devedor de alimentos (ex-cônjuge, ex-companheiro ou parente) deixará de ter tal obrigação com relação ao credor se este vier a convolar núpcias, passar a viver em união estável ou concubinato ou se tiver procedimento indigno (*RT, 701*:184; *525*:111, *543*:119, *546*:223, *534*:230, *535*:93, *531*:236, *650*:163, *698*:84, *745*:359; *RJTJSP, 125*:40; TJRJ, *Adcoas*, 1982, n. 86.212) em relação ao devedor, por ofendê-lo em sua integridade corporal ou mental, por expô-lo a situações humilhantes ou vexatórias, por injuriá-lo, caluniá-lo ou difamá-lo, atingindo-o em sua honra e boa fama, enfim, por ter praticado quaisquer atos arrolados nos arts. 1.814 e 557 do Código Civil, aplicável por analogia (nesse mesmo sentido o Enunciado n. 264 do Conselho da Justiça Federal, aprovado na III Jornada de Direito Civil). Em todos esses casos, o devedor de alimentos deverá pedir, judicialmente, sua exoneração do encargo, sendo que, "na hipótese de concubinato, haverá necessidade de demonstração da assistência material prestada pelo concubino a quem o credor de alimentos se uniu" (Enunciado n. 265 do Conselho da Justiça Federal, aprovado na III Jornada de Direito Civil).

261. Orlando Gomes, op. cit., p. 477-8; Caio M. S. Pereira, *Instituições*, cit., p. 336-7. "Perdendo o emprego, não está o cônjuge obrigado a prestação de *alimentos*, e, consequentemente, a decretação da prisão administrativa constitui constrangimento ilegal sanável através de *habeas corpus*" (TJRJ, *Adcoas*, 1983, n. 90.539). Não podiam ser reclamadas as prestações alimentícias, na falência (antiga Lei de Falências, art. 23, parágrafo único). Na atual lei falimentar (Lei n. 11.101/2005, art. 5º, I e II) não há ressalva às pensões alimentícias. *RT, 529*:108. Sobre alimentos, *vide* a excelente obra de Yussef Said Cahali, *Dos alimentos*, 1984, e de Georgette N. Nazo, Os alimentos em direito internacional privado, *Rev. da PUCSP, 37*(71-2):375-84, jul./dez. 1969.

QUADRO SINÓTICO

ALIMENTOS

1. CONCEITO	• Alimentos, segundo Orlando Gomes, são prestações para a satisfação das necessidades vitais de quem não pode provê-las por si.
2. FINALIDADE	• Fornecer a um parente, ex-cônjuge ou ex-convivente aquilo que lhe é necessário à manutenção, assegurando-lhe meios de subsistência, se ele, em razão de idade avançada, enfermidade ou incapacidade, estiver impossibilitado de produzir recursos materiais com o próprio esforço.
3. PRESSUPOSTOS	• Existência de companheirismo, vínculo de parentesco ou conjugal entre alimentando e alimentante. • Necessidade do alimentando. • Possibilidade econômica do alimentante. • Proporcionalidade, na sua fixação, entre as necessidades do alimentário e os recursos econômico-financeiros do alimentante.
4. NATUREZA JURÍDICA	• Direito com conteúdo patrimonial e finalidade pessoal.
5. CARACTERES DO DIREITO À PRESTAÇÃO ALIMENTÍCIA	• É um direito personalíssimo. • É suscetível de reclamação após o óbito do devedor, pois a obrigação alimentar transmite-se aos seus herdeiros (CC, art. 1.700). • É incessível, em relação ao credor. • É irrenunciável (CC, art. 1.707). • É imprescritível. • É impenhorável (CC, art. 1.707; CPC, art. 833, IV e X). • É incompensável (CC, art. 373, II). • É intransacionável (CC, art. 841). • É atual (*RF*, *134*:455; *AJ*, *111*:34). • É irrestituível. • É variável (CC, art. 1.699). • É divisível (CC, arts. 1.696 e 1.697).
6. CARACTERÍSTICAS DA OBRIGAÇÃO ALIMENTAR	• Condicionalidade. • Mutabilidade do *quantum* da pensão alimentícia (CC, art. 1.699; Lei n. 6.515/77, art. 22; CPC, arts. 61 e 505, I). • Reciprocidade (CF, art. 229). • Periodicidade.

<table>
<tr><td rowspan="4">7. CLASSIFICAÇÃO DOS ALIMENTOS</td><td>• Quanto à finalidade</td><td>• Provisionais.
• Provisórios.
• Regulares.</td></tr>
<tr><td>• Quanto à natureza</td><td>• Naturais.
• Civis.</td></tr>
<tr><td>• Quanto à causa jurídica</td><td>• Voluntários.
• Ressarcitórios.
• Legítimos.</td></tr>
<tr><td>• Quanto ao momento da reclamação</td><td>• Atuais.
• Futuros.</td></tr>
<tr><td>8. PESSOAS OBRIGADAS A PRESTAR ALIMENTOS (CC, ARTS. 1.694, 1.696 E 1.697)</td><td colspan="2">• Pai e mãe.
• Demais ascendentes.
• Descendentes (independentemente da qualidade de filiação), mesmo se nascituros (Lei n. 11.804/2008).
• Colaterais de 2º grau (irmãos germanos ou unilaterais).
• Cônjuge ou companheiro, havendo dissolução da sociedade de vínculo conjugal ou da união estável.</td></tr>
<tr><td>9. MODO DE SATISFAÇÃO DA OBRIGAÇÃO ALIMENTAR (CC, ART. 1.701 E PARÁGRAFO ÚNICO)</td><td colspan="2">• Dar pensão ao alimentando.
• Dar-lhe, em casa, hospedagem e sustento.</td></tr>
<tr><td>10. IMPOSSIBILIDADE DE RESTITUIÇÃO</td><td colspan="2">• Quem satisfaz obrigação alimentar não desembolsa soma suscetível de reembolso, mesmo que tenha havido extinção da necessidade dos alimentos.</td></tr>
<tr><td>11. PROVIDÊNCIAS PARA GARANTIR O ADIMPLEMENTO DA OBRIGAÇÃO ALIMENTAR</td><td colspan="2">• Ação de alimentos para reclamá-los (CPC, arts. 53, II, e 359; Lei n. 968/49, arts. 1º e 6º; Lei n. 5.478/68).
• Desconto em folha de pagamento da pessoa obrigada (CPC, arts. 529 e 912; Dec.-Lei n. 3.200/41, art. 7º; Lei n. 1.046/50, art. 3º, IV).
• Reserva de aluguéis de prédios do alimentante (Dec.-Lei n. 3.200/41, art. 7º, parágrafo único).
• Penhora de vencimentos de magistrados, professores, funcionários públicos, de soldos de militares, dos salários em geral, e dos subsídios de parlamentares, quando o executado houver sido condenado a prestar alimentos (CPC, arts. 833, IV e X e § 2º, 528, § 8º e 529, § 3º).
• Constituição de garantia real ou fidejussória e de usufruto (Lei n. 6.515/77, art. 21).
• Expropriação, ou melhor, alienação de bens do alimentante (CPC, art. 523, §§ 1º a 3º, e 524, VII).
• Levantamento do saldo de conta vinculada ao FGTS (Enunciado n. 572 do CJF).
• Prisão (CPC, arts. 528 e 911; CP, art. 244).</td></tr>
<tr><td>12. CAUSAS DE EXTINÇÃO</td><td colspan="2">• Morte do alimentando.
• Desaparecimento de um dos pressupostos do art. 1.695 do CC.
• Casos do art. 1.708 do CC.</td></tr>
</table>

CAPÍTULO V

Do Direito Assistencial

1. Guarda legal

Pela Lei n. 8.069/90, art. 28, constitui a *guarda* um meio de colocar menor em família substituta ou em associação, independentemente de sua situação jurídica (arts. 165 a 170), até que se resolva, definitivamente, o destino do menor (*RT, 616*:41, *637*:52, *628*:106, *610*:52, *611*:98, *614*:188). A guarda destinar-se-á à prestação de assistência material, moral e educacional ao menor, sob pena de incorrer no art. 249, dando ao seu detentor o direito de opor-se a terceiros, inclusive aos pais (art. 33 do ECA), regularizando assim a posse de fato. "A guarda confere à criança ou adolescente a condição de dependente, para todos os fins e efeitos de direito, inclusive previdenciários" (art. 33, § 3º). "Salvo expressa e fundamentada determinação em contrário, da autoridade judiciária competente, ou quando a medida for aplicada em preparação para adoção, o deferimento da guarda de criança ou adolescente a terceiros não impede o exercício do direito de visitas pelos pais, assim como o dever de prestar alimentos, que serão objeto de regulamentação específica, a pedido do interessado ou do Ministério Público" (art. 33, § 4º). Visa a atender criança que esteja em estado de abandono ou tenha sofrido abuso dos pais, não importando prévia suspensão ou destituição do poder familiar. Trata-se da *guarda legal* concedida judicialmente. Convém lembrar que quem subtrair menor do poder de quem o tiver, legal ou judicialmente, sob sua guarda com a intenção de colocá-lo em lar substituto poderá ser punido com reclusão de 2 a 6 anos e multa (Lei n. 8.069/90, art. 237).

Poderá ser deferida, liminar ou incidentalmente, nos procedimentos de tutela e adoção, exceto no de adoção por estrangeiros (art. 33, § 1º). Todavia será possível deferir a guarda, excepcionalmente, fora das hipóteses de tutela e adoção, a fim de atender situações peculiares ou suprir a eventual falta dos genitores ou responsável, concedendo-se, então, o direito de representação para a prática de certos atos (art. 33, § 2º).

O órgão judicante, ou seja, a Justiça da Infância e da Juventude, ao apreciar o pedido deverá considerar o grau de parentesco e a relação de afetividade para evitar ou diminuir prejuízos que, eventualmente, possam ocorrer (arts. 28, § 3º, 148, parágrafo único, *a*); consequentemente não entregará a guarda do menor a pessoa inidônea ou que não ofereça ambiente familiar adequado (art. 29). Por isso deverá, na medida do possível, a equipe interprofissional ouvir, previamente, o menor, considerando sua opinião, respeitando seu estágio de desenvolvimento e grau de compreensão sobre as implicações da medida (art. 28, § 1º). E, em se tratando de maior de 12 anos, é necessário seu consentimento, colhido em audiência (art. 28, § 2º).

Os grupos de irmãos deverão ser colocados sob adoção, tutela ou guarda da mesma família substituta, ressalvada a comprovada existência de risco de abuso ou outra situação que justifique plenamente a excepcionalidade de solução diversa, procurando-se, em qualquer caso, evitar o rompimento definitivo dos vínculos fraternais. A colocação da criança ou adolescente em família substituta deverá ser precedida de sua preparação gradativa e acompanhamento posterior, realizados pela equipe interprofissional a serviço da Justiça da Infância e da Juventude, preferencialmente com o apoio dos técnicos responsáveis pela execução da política municipal de garantia do direito à convivência familiar. E se a guarda for deferida a criança ou adolescente indígena ou proveniente de comunidade remanescente de quilombo, é ainda obrigatório: a) que sejam consideradas e respeitadas sua identidade social e cultural, os seus costumes e tradições, bem como suas instituições, desde que não sejam incompatíveis com os direitos fundamentais reconhecidos pela Lei n. 8.069/90 e pela Constituição Federal; b) que a colocação familiar ocorra prioritariamente no seio de sua comunidade ou junto a membros da mesma etnia; c) a intervenção e oitiva de representantes do órgão federal responsável pela política indigenista, no caso de crianças e adolescentes indígenas, e de antropólogos, perante a equipe interprofissional ou multidisciplinar que irá acompanhar o caso (art. 28, §§ 4º a 6º).

O Poder Público procurará estimular, por meio de assistência jurídica, incentivos fiscais e subsídios, o acolhimento, sob a forma de guarda, de criança ou adolescente afastado do convívio familiar (art. 34).

A inclusão da criança ou adolescente em programas de acolhimento familiar terá preferência a seu acolhimento institucional, observado, em qualquer caso, o caráter temporário e excepcional da medida, hipótese em que a pessoa ou casal cadastrado no programa de acolhimento familiar poderá receber a criança ou adolescente mediante guarda, observado o disposto nos arts. 28 a 33 da Lei n. 8.069/90 (art. 34, §§ 1º e 2º). A Lei n. 13.257/2016 acrescentou os seguintes §§ 3º e 4º ao art. 34: "A União apoiará a implementação de serviços de acolhimento em família acolhedora como política pública, os quais deverão dispor de equipe que organize o acolhimento temporário de crianças e de adolescentes em residências de famílias selecionadas, capacitadas e acompanhadas que não estejam no cadastro de adoção (§ 3º). "Poderão ser utilizados recursos federais, estaduais, distritais e municipais para a manutenção dos serviços de acolhimento em família acolhedora, facultando-se o repasse de recursos para a própria família acolhedora" (§ 4º). Mesmo porque, pelo art. 19, § 2º, com a redação da Lei n. 13.509/2017, toda criança ou adolescente que estiver inserido em programa de acolhimento institucional que não se prolongará por mais de 18 meses, salvo comprovada necessidade que atende ao seu superior interesse, devidamente fundamentada pela autoridade judiciária.

É preciso não olvidar que a manutenção ou reintegração de criança ou adolescente à sua família terá preferência em relação a qualquer outra providência, caso em que será esta incluída em programas de orientação e auxílio, nos termos do parágrafo único do art. 23, dos incisos I e IV do *caput* do art. 101 e dos incisos I a IV do *caput* do art. 129 da Lei n. 8.069/90 (art. 19, § 3º).

Dever-se-á garantir a convivência integral da criança com a mãe adolescente estando em acolhimento institucional, sendo que a referida mãe deverá ser assistida por equipe especializada multidisciplinar (art. 19, §§ 5º e 6º, acrescentados pela Lei n. 13.509/2017).

A colocação de criança ou adolescente sob a guarda de pessoa inscrita em programa de acolhimento familiar será comunicada pela autoridade judiciária à entidade por este responsável no prazo máximo de 5 (cinco) dias (art. 170, parágrafo único).

O responsável, ao assumir a guarda, deverá prestar compromisso de bem desempenhar o encargo, mediante termo nos autos (arts. 32 e 170). Terá o dever de prestar alimentos e poderá exigir do menor respeito e obediência.

A mudança de guarda poderá dar-se mediante busca e apreensão, que consistirá em medida cautelar ou autônoma concedida judicialmente, sendo cumprida por precatória. O juiz deprecado deverá, ensina-nos Paulo Lúcio Nogueira, ao receber tal precatória, inteirar-se da real situação do menor, verificando a que título o detentor possui o menor em seu poder. O magistrado deverá, antes de cumprir a precatória de busca e apreensão do menor, tomar as devidas cautelas, pois casos haverá em que deverá contestar a medida por ter o detentor legitimidade para trazer consigo a criança.

Uma vez conferida a guarda a alguém, tido como idôneo, não se admitirá a transferência do menor a terceiros ou a entidades governamentais ou não governamentais, sem autorização judicial (art. 30). Mas, apesar disso, a guarda poderá ser revogada a qualquer tempo, mediante ato judicial fundamentado, ouvido o Ministério Público (art. 35). A perda ou a modificação da guarda poderá ser decretada nos mesmos autos do procedimento (art. 169, parágrafo único)[1].

QUADRO SINÓTICO

GUARDA LEGAL

1. NOÇÃO	• Instituto que visa prestar assistência material, moral e educacional ao menor, regularizando posse de fato (Lei n. 8.069/90, arts. 28, 33, 237 e 249).
2. DEFERIMENTO	• Lei n. 8.069/90, arts. 19, §§ 1º a 6º, 32, 33, e §§ 1º a 4º, 28, §§ 1º a 6º, 29, 34, 165 a 170.
3. REVOGABILIDADE	• Lei n. 8.069/90, arts. 30 e 35, 169, parágrafo único.

1. Mário Romera, O instituto da guarda no Estatuto da Criança e do Adolescente, *Advogado, 19*:40-2, Rio Grande do Sul; José Luiz Mônaco da Silva, *A família substituta no Estatuto da Criança e do Adolescente*, São Paulo, Saraiva, 1996; Eduardo Bezerra de Medeiros Pinheiro, Guarda: dos requisitos da sua concessão e outros temas, *Lex, 77*:9-18; Giovane Serra Azul Guimarães, *Adoção, tutela e guarda*, São Paulo, Juarez de Oliveira, 2000. *Vide*: *EJSTJ, 20*:138 e *Ciência Jurídica, 80*:95 e 132, *79*:155 e 157, *83*:138 e 169, *84*:127.

Súmula 69 do TJSP: "Compete ao Juízo da Família e Sucessões julgar ações de guarda, salvo se a criança ou adolescente, pelas provas constantes dos autos, estiver em evidente situação de risco".

2. Tutela

A. Conceito

A tutela é um instituto de caráter assistencial, que tem por escopo substituir o poder familiar. Protege o menor não emancipado e seus bens, se seus pais faleceram, foram declarados ausentes, suspensos ou destituídos do poder familiar[2] (CC, art. 1.728, I e II; Lei n. 8.069/90, arts. 36, 37, 165 a 170; Lei n. 12.010/2009, art. 1º, §§ 1º e 2º), dando-lhe assistência e representação na órbita jurídica, ao investir pessoa idônea nos poderes imprescindíveis para tanto. O tutor passará a ter o encargo de dirigir a pessoa e de administrar os bens do menor que não se encontra sob o poder familiar do pai ou da mãe[3], zelando pela sua criação, educação e haveres. Portanto, tutela e poder familiar são institutos que não podem coexistir; onde um incide não há lugar para o outro (*RT, 402*:162, *526*:61, *537*:65).

---

2. Silvio Rodrigues, *Direito civil;* direito de família, São Paulo, Saraiva, 1980, v. 6, p. 396; Código Civil, arts. 1.635 e 1.638; Código de Processo Civil, arts. 759 a 763; Lei n. 8.069/90, arts. 28 e 36, parágrafo único; Decreto n. 1.041/94, art. 25, II, ora revogado pelo Decreto n. 3.000/99. A Lei n. 13.146/2015, art. 6º, VI, dispõe que a deficiência não afeta a plena capacidade civil da pessoa, inclusive para exercer o direito à tutela.

3. Caio M. S. Pereira, *Instituições de direito civil,* 3. ed., Rio de Janeiro, Forense, 1979, v. 5, p. 294, e Cristiano Chaves de Faria, Guarda e tutela no direito brasileiro, *Ciência Jurídica, 78*:11-6; Sebastião José Roque, *Direito de família*, cit., p. 187-98; Giovane Serra Azul Guimarães, *Adoção, tutela e guarda*, São Paulo, Ed. Juarez de Oliveira, 2000; Antônio Carlos M. Coltro, Da Tutela, *Direito de família e o novo Código Civil* (coord. Mª Berenice Dias e Rodrigo Cunha Pereira), 2003; M. Helena Diniz, Coordenadas fundamentais da tutela e curatela no novo Código Civil, *O novo Código Civil — estudos em homenagem a Miguel Reale*, São Paulo, LTr, 2003, p. 1334-46; Rodrigo da C. Pereira, *Comentários*, cit., v. 20, p. 221-384; Álvaro Villaça Azevedo, *Comentários*, cit., v. 19, p. 313-424; Silvio Luís Ferreira da Rocha, *Introdução*, cit., p. 170-2; Esther Muñiz Espada, O regime tutelar no novo Código Civil brasileiro: aspectos comparativos com o direito espanhol, *Revista Brasileira de Direito de Família, 26*:35-61.

A tutela, portanto, é um complexo de direitos e obrigações conferidos pela lei a um terceiro, para que proteja a pessoa de até 18 anos incompletos (ECA, art. 36), que não se acha sob o poder familiar, e administre seus bens[4].

O tutor, sob inspeção judicial (CC, arts. 1.741 e 1.746), deverá reger a pessoa do pupilo ou tutelado, assistindo-o ou representando-o; velar por ele, dirigindo sua educação; defendê-lo; prestar-lhe alimentos e administrar seus bens, sendo que alguns atos de administração ficarão na dependência de autorização do juiz[5]. E não poderá, sem autorização judicial, transferir a criança ou o adolescente a terceiros ou a entidades governamentais ou não governamentais (Lei n. 8.069/90, art. 30). E se o tutor entregar, mediante paga ou recompensa, pupilo a terceiro poderá ser punido com reclusão de um a quatro anos e multa (Lei n. 8.069/90, art. 238).

Logo, o tutor exerce um *munus* público, imposto pelo Estado, para atender a um interesse público, possibilitando a efetivação do dever estatal de guardar e defender órfãos[6]. E, assim sendo, ao assumir a tutela deverá prestar compromisso de bem e fielmente desempenhar o encargo (Lei n. 8.069/90, arts. 32 e 170; CPC, art. 759, I e II, §§ 1º e 2º).

B. Espécies

Quatro são as espécies de tutela: testamentária ou documental, legítima, dativa e irregular.

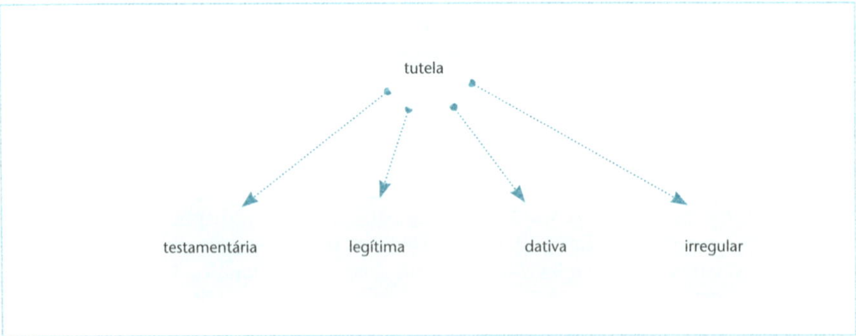

4. Conceito baseado no de Silvio Rodrigues, op. cit., p. 396, e Bassil Dower, *Curso renovado de direito civil,* São Paulo, Ed. Nelpa, v. 4, p. 256.
5. Orlando Gomes, *Direito de família,* 3. ed., Rio de Janeiro, Forense, 1978, p. 427.
6. *Vide* Bassil Dower, op. cit., p. 256; Silvio Rodrigues, op. cit., p. 396, e Orlando Gomes, op. cit., p. 427-8.

1) *Tutela testamentária* é a que se institui em virtude de nomeação pelo pai ou mãe de tutor aos menores, por ato de última vontade (testamento, codicilo) à *tutela documental*, se ambos os pais, em conjunto ou um deles, separadamente, por meio de documento autêntico (instrumento particular com firma reconhecida ou escritura pública) nomearem tutor ao filho menor, para reger sua pessoa e bens em caso de óbito ou incapacidade superveniente deles, havendo justo motivo, desde que tenham o poder familiar (CC, arts. 1.729 e parágrafo único, e 1.730; ECA, art. 37). Não podem fazer isso o avô paterno ou materno (CC, art. 1.729 e parágrafo único). Portanto, a nomeação de tutor somente poderá se dar por *documento autêntico* (instrumento particular ou escritura pública) assinado por ambos ou por um dos pais, desde que não deixe dúvidas quanto à identidade dos signatários ou do genitor, que o subscreveu e à *intentio* de indicar a pessoa que exercerá o *munus* público ou por *testamento* ou *codicilo*, que, por ser ato personalíssimo, deve ser efetuado pelo pai ou pela mãe, em separado. O tutor nomeado por testamento ou qualquer documento autêntico, conforme previsto no parágrafo único do art. 1.729, deverá, no prazo de 30 (trinta) dias após a abertura da sucessão, ingressar com pedido destinado ao controle judicial do ato, observando o procedimento previsto nos arts. 165 a 170 da Lei n. 8.069/90 (ECA, art. 37, *caput*). Na apreciação do pedido, serão observados os requisitos previstos nos arts. 28 e 29 da Lei n. 8.069/90, somente sendo deferida a tutela à pessoa indicada na disposição de última vontade, se restar comprovado que a medida é vantajosa ao tutelado e que não existe outra pessoa em melhores condições de assumi-la (ECA, art. 37, parágrafo único, com a redação da Lei n. 12.010/2009). Pelo Código Civil, art. 1.729, parágrafo único, o direito de nomear tutor compete aos pais em conjunto, em testamento ou em qualquer outro documento autêntico, mas entendemos que qualquer dos genitores poderá nomear tutor por ato *causa mortis* (ato personalíssimo e unilateral), em caso de falta (morte natural ou presumida) ou incapacidade (*RT, 153*:136) do outro, independentemente de confirmação ou aprovação judicial (CC, arts. 1.729, parágrafo único, e 1.730). Nula será a tutela testamentária se feita por pai, ou mãe, que não seja detentor do poder familiar ao tempo da lavratura do testamento ou da escritura; o mesmo se diga se, por ocasião de sua morte, tenha feito aquela nomeação sem estar no exercício do poder familiar por qualquer razão (destituição ou suspensão do poder familiar; interdição por perda de capacidade). Mas, se à época da nomeação do tutor estava suspenso do poder familiar, recuperando-o antes de falecer, válida será a indicação. Inválida será, também, a nomeação de tutor se, apesar de ter sido feita no exercício do poder familiar, o genitor, ao falecer, não mais o possuísse, por estar, p. ex., sob interdição, uma vez que a lei exige que esteja investido no poder familiar ao tempo de sua morte. Não valerá, ainda, a tutela testamentária feita

por pai, se a mãe lhe sobreviver, estando capacitada para exercer o poder familiar. Isto é assim porque a eficácia da nomeação testamentária de tutor requer que ambos os pais estejam falecidos.

Observa Alexandre Guedes Alcoforado Assunção que "a exigência da conjugação de vontade de ambos os pais para a nomeação de tutor poderá acarretar, na prática, transtornos insuperáveis. Deste modo, é conveniente a flexibilização da norma" com o acréscimo de um § 2º ao art. 1.729 com a seguinte redação: "A nomeação poderá ser realizada por somente um dos pais, se o outro estiver, por qualquer motivo, impossibilitado ou se negue, sem justa causa, a fazê-lo e desde que atenda aos interesses do filho" (PL n. 699/2011). O Parecer Vicente Arruda rejeitou essa proposta, ao comentar o Projeto de Lei n. 6.960/2002 (substituído pelo PL n. 699/2011), alegando que o art. 1.729 "deve ser analisado em conjunto com o art. 1.728 e 1.730. Se o poder familiar compete ao pai e à mãe e se o filho menor, segundo o disposto no art. 1.728, só é posto em tutela com o falecimento, ausência ou em caso de decaírem os pais do poder familiar, não há necessidade da inclusão do dispositivo em questão".

Os avós não mais poderão nomear em testamento tutor do neto porque, em nosso direito, o poder familiar compete, exclusivamente, aos pais; censurável seria, portanto, a nomeação de tutor pelo avô, embora tal permissibilidade fosse coerente com o sistema, pois o avô saberia tanto quanto os pais escolher a pessoa que, na falta deles, deveria proteger o neto incapaz[7].

Dispõe o art. 1.733, § 1º, do Código Civil que aos irmãos órfãos dar-se-á um só tutor, conservando-se, assim, a união da família, mantendo o vínculo de afetividade, dando-se-lhes a mesma educação moral, intelectual, religiosa e social e facilitando, ainda, a administração de seus bens. Há quem ache que a unicidade de tutela não pode ser absoluta, podendo o órgão judicante, atendendo ao superior interesse da criança, num dado caso *sub judice*, nomear tutores diferentes a irmãos. No caso, porém, de ser nomeado mais de um, por disposição testamentária sem indicação de precedência, entende-se que a tutela foi cometida ao primeiro e que os outros lhe hão de suceder pela ordem de nomeação, dado o caso de morte, incapacidade, escusa ou qualquer outro impedimento.

---

7. W. Barros Monteiro, *Curso de direito civil;* direito de família, 19. ed., São Paulo, Saraiva, 1980, p. 304; Silvio Rodrigues, op. cit., p. 397; Orlando Gomes, op. cit., p. 428; Pontes de Miranda, *Tratado de direito de família*, v. 3, § 117; Ruggiero e Maroi, *Istituzioni di diritto privato*, v. 1, § 69; Bassil Dower, op. cit., p. 257; Caio M. S. Pereira, op. cit., p. 294; Matiello, *Código*, cit., p. 1131; Dimas M. de Carvalho, *Código das famílias comentado*, Belo Horizonte, Del Rey, 2010, p. 592; Mª Berenice Dias, *Manual do direito das famílias*, São Paulo, Revista dos Tribunais, 2007, p. 535; Paulo L. N. Lobo, *Famílias*, São Paulo, Saraiva, 2008, p. 385-6.

É preciso lembrar, ainda, que quem instituir um menor herdeiro ou legatário seu poderá nomear-lhe curador especial para os bens deixados, ainda que o beneficiário se encontre sob poder familiar ou tutela (CC, art. 1.733, § 2º). Não há aqui uma exceção à indivisibilidade de tutela, visto que tem a lei por escopo apenas atender a vontade do testador de zelar pelo interesse econômico do menor, nomeando, para isso, pessoa de sua confiança para gerir tão somente os bens recebidos por herança ou legado. Há uma excepcional concomitância entre curatela e poder familiar ou entre curatela e tutela. Os pais e o tutor continuarão tendo a responsabilidade de administrar outros bens do menor e de zelar pela sua criação e educação.

2) *Tutela legítima* é a que se dá em falta da testamentária ou da documental, ou melhor, é a deferida pela lei ouvindo-se, se possível, o menor, aos seus parentes consanguíneos, quando inexistir tutor designado, por ato de última vontade, pelos pais, na seguinte ordem estabelecida no art. 1.731, I e II, do Código Civil: *a*) os ascendentes (avós ou bisavós), preferindo-se o de grau mais próximo ao mais remoto, sem fazer distinção entre linha materna ou paterna, pois a escolha deve recair no que apresentar melhores condições para exercer o *munus* público; *b*) os irmãos (colaterais de 2º grau) ou os tios (colaterais de 3º grau), preferindo os mais próximos aos mais remotos, e, no mesmo grau, os mais velhos aos mais moços. Contudo essa ordem poderá ser alterada pelo magistrado, em benefício do menor e em atenção aos seus interesses (*RT, 338*:175; *Ciência Jurídica, 49*:139), sempre tendo em vista a idoneidade do tutor. P. ex.: quando não houver laços afetivos (*RT, 311*:336) ou quando o parente, com preferência legal, for inidôneo, sendo sua investidura inconveniente para o menor (*RF, 155*:237)[8]. O juiz poderá escolher o mais apto, moral e economicamente, a exercer a tutela em benefício do menor (CC, art. 1.731, II, *in fine*), mas pretende o Projeto de Lei n. 699/2011, acrescentando parágrafo único ao art. 1.731, quebrar a ordem de preferência dos incisos I e II, bem como no-

8. Lafayette, *Direito de família*, 2. ed., Rio de Janeiro, Tribuna Federal, § 146; Bassil Dower, op. cit., p. 258; Orlando Gomes, op. cit., p. 429; Caio M. S. Pereira, op. cit., p. 295; W. Barros Monteiro, op. cit., p. 305; Lei n. 8.069/90, arts. 28, §§ 1º e 2º, e 29. Sobre tutela em favor de avô: *CJ, 46*:78, *59*:162; *RJTJSP, 136*:297. "A tutela legítima, supletiva da de última vontade, deve ser providenciada *ex officio* pelo juiz e, assim, a representação da avó, sobre a situação irregular do neto, quando nada, valeria como ato de comunicação ao magistrado para que satisfaça o art. 409 do Código Civil [de 1916]. Nesse passo, não se tem como desenhar nulidade do processo, sob o fundamento de ilegitimidade *ad causam*. Ainda mais, porque, se a avó é tutora legítima do neto, é também parte legítima para requerer a efetivação da tutela (TJPB)" (*Ciência Jurídica, 59*:162). *Vide*: *RJ, 182*:86, *184*:64; *RT, 614*:56, *620*:154, *747*:228.

mear tutor terceira pessoa. Essa forma seria, como proposto, a consideração dos interesses do menor.

3) *Tutela dativa*[9] é a oriunda de decisão judicial, pois na falta de tutor testamentário, documental ou legítimo ou quando ele for excluído, removido ou escusado da tutela, o juiz do lugar em que o menor vivia com os pais — ou do inventário, se deixaram bens que estão sendo inventariados (*RT, 150*:509) — nomeia tutor ao menor, conforme prescreve o Código Civil, no seu art. 1.732, I, II e III. A nomeação judicial recairá sobre pessoa estranha, idônea, com aptidão para o desempenho do cargo pelo seu caráter, moral ilibada, probidade etc., e que resida no domicílio do menor, exigência que não se estende ao tutor testamentário e legítimo. A tutela dativa opera-se se: os pais não deixaram testamento ou documento autêntico, nomeando tutor; inexistir parente consanguíneo do menor; não houver idoneidade, ante a ausência de condições objetivas ou subjetivas dos parentes para o exercício do encargo; operar-se a exclusão, a escusa ou a remoção de tutor. Cabe a tutela dativa, mesmo quando os pais do pupilo estiverem vivos, se ambos decaíram do poder familiar, ou se a penalidade for imposta ao pai e houver impossibilidade de seu exercício pela mãe. Os menores abandonados[10] ou desamparados, mesmo que não sejam órfãos, terão tutores nomeados pelo juiz ou serão recolhidos em estabelecimentos públicos destinados a esse fim. Na falta desses estabelecimentos, ficarão sob a tutela de pessoas que voluntária e gratuitamente se encarregarem da sua criação (CC, art. 1.734; Lei n. 8.069/90, arts. 34, 90 a 94) e educação em lar substituto.

4) *Tutela irregular* é aquela na qual não há propriamente uma nomeação, na forma legal, de modo que o suposto tutor zela pelo menor e por seus bens como se estivesse legitimamente investido de ofício tutelar. Todavia, essa tutela não gera efeitos jurídicos, não passando de mera gestão de negócios, e como tal deve ser regida[11].

---

9. Planiol, Ripert e Boulanger, *Traité élémentaire de droit civil français,* Paris, 1926, v. 1, n. 1.989; Orlando Gomes, op. cit., p. 429; W. Barros Monteiro, op. cit., p. 307; Pontes de Miranda, *Tratado de direito de família,* cit., § 180; *RF, 124*:148.

10. Esclarece Carlos Eduardo N. Camillo (*Comentários*, cit., p. 1248) que *menor abandonado* é a pessoa com menos de 18 anos que não tem habitação certa, nem meios de subsistência, por serem seus pais falecidos, desaparecidos, desconhecidos, impossibilitados ou incapazes de cumprir suas obrigações para com seus filhos.

11. W. Barros Monteiro, op. cit., p. 307.

C. Impedimentos para o exercício da tutela

Não poderão ser tutores e serão exonerados da tutela, se a exercerem, segundo o Código Civil, art. 1.735, I a IV[12]:

1) *Os que não tiverem a livre administração de seus bens,* como os menores de 18 anos (Lei n. 8.069/90, art. 36), interditos, os que não puderem exprimir sua vontade, os pródigos e falidos.

2) *Os que, no momento de lhes ser deferida a tutela, se acharem constituídos em obrigação para com o menor, ou tiverem que fazer valer direitos contra este, e aqueles cujos pais, filhos ou cônjuges tiverem demanda contra o menor, devido a oposição de interesses.* Zeno Veloso a esse respeito pondera que "a proibição de ser nomeado tutor, se o indiciado tiver que fazer valer direitos contra o menor, não é absoluta, pois o art. 1.751 estatui que o tutor, antes de assumir a tutela, deve declarar tudo o que o menor lhe deva, e a pena para a omissão é não poder ele cobrar do pupilo a dívida, enquanto exerça a tutoria, salvo provando que não conhecia o débito quando o assumiu".

3) *Os inimigos do menor* (*RT, 282*:408; *RF, 82*:686) *ou de seus pais ou que tiverem sido por estes expressamente excluídos da tutela.* Essa proibição baseia-se, como se vê, em razões de ordem moral.

4) *Os condenados por crime de furto, roubo, estelionato, falsidade, contra a família* (bigamia, simulação de casamento) *ou os costumes* ou melhor, a dignidade sexual (estupro, violação sexual mediante fraude, assédio sexual etc.), tenham ou não cumprido pena, por serem pessoas sem idoneidade moral, sendo perigoso confiar-lhes a pessoa do pupilo e a administração de seus bens. O Código Penal, no seu art. 92, II, parágrafo único, inclui, entre os efeitos da condenação, a incapacidade permanente ou temporária para o exercício da tutela.

5) *As pessoas de mau procedimento* (p. ex., viciadas em jogo de azar) *ou falhas em probidade e as culpadas de abuso em tutorias anteriores,* que, por serem inidôneas ou desonestas (*vide* Lei n. 8.069/90, arts. 29 e 244-B) e por terem pouco caráter, não merecem a confiança de ninguém.

6) *Os que exercerem função pública* (*RF, 80*:340) *incompatível com a boa administração da tutela,* como a de magistrado, promotor de justiça, escri-

---

12. Planiol, Ripert e Boulanger, op. cit., n. 2.052; Bassil Dower, op. cit., p. 259; W. Barros Monteiro, op. cit., p. 308-9; Carvalho Santos, *Código Civil brasileiro interpretado,* 3. ed., Rio de Janeiro, Freitas Bastos, 1946, p. 249, v. 6; Matiello, *Código,* cit., p. 1135; Zeno Veloso, *Código Civil comentado,* São Paulo, Atlas, 2002, v. XVII, p. 172; Lei n. 8.069/90, arts. 148, parágrafo único, *b,* e 164.

vão, embora tal proibição não seja absoluta, pois poderá ser levantada pelo juiz incumbido do caso, se ele entender conveniente a nomeação dessas pessoas aos interesses do menor.

A norma jurídica inclui todas essas hipóteses como causas de incapacidade para o exercício da tutela; entretanto, Orlando Gomes[13], com muita propriedade e justeza, observa que a falta de idoneidade e as incompatibilidades pessoais não podem ser tidas como *incapacidade* no sentido jurídico, por serem, na verdade, *impedimentos* à assunção do cargo. De modo que as pessoas arroladas no art. 1.735 do Código Civil não estão legitimadas para exercer a tutela. Sobrevindo qualquer um desses obstáculos, o tutor deve ser exonerado do encargo, por serem causas proibitórias. Embora a lei fale em remoção, esta não ocorre, nesses casos, por ter a remoção caráter de sanção aplicável aos tutores que agem com culpa.

D. Escusa ou dispensa dos tutores

Sendo a tutela um *munus* público[14], é evidente o seu caráter obrigatório; ninguém pode dela fugir, devido à impossibilidade de recusar a nomeação e de renunciar a função[15]. Entretanto sua obrigatoriedade não é absoluta; há casos, taxativamente previstos em lei, que autorizam a escusa do ofício tutelar, assistindo ao tutor o direito de pedir dispensa. Aos que não faltarem as condições de nomeação e investidura, não é dado furtar-se ao exercício da tutela[16].

Assim, pelo art. 1.736, I a VII, do Código Civil, podem, se o quiserem, escusar-se à tutela testamentária, legítima ou dativa:

1) *as mulheres casadas,* por sofrerem redução de seu tempo disponível, ante seus inúmeros afazeres profissionais e domésticos; porém, como hoje vivem em concorrência com os homens, não deveriam ter esse privilégio (CF, art. 5º, I), por esse motivo o Projeto de Lei n. 699/2011 propõe a sua exclusão (no que foi aprovado, na análise do PL n. 6.960/2002 — substituído, hoje, pelo PL n. 699/2011 —, pelo Parecer Vicente Arruda); mas ante a especialidade da norma do art. 1.736, entretanto, poderão ser dispensadas;

2) *os maiores de 60 anos,* pois após essa idade não é de bom alvitre impor-se o ônus da tutoria;

---

13. Orlando Gomes, op. cit., p. 433.
14. Lafayette, op. cit., § 144.
15. Orlando Gomes, op. cit., p. 430.
16. Caio M. S. Pereira, op. cit., p. 297; Matiello, *Código*, cit., p. 1136-7.

3) *os que tiverem em seu poder mais de 3 filhos,* qualquer que seja a natureza da filiação, visto já terem muitos compromissos assumidos. Mas há quem ache que tal dispensa somente será permitida a quem tiver três filhos menores, excluindo-se desse rol os maiores e os emancipados;

4) *os impossibilitados por enfermidade* comprovada, p. ex., por atestado médico;

5) *os que habitarem longe do lugar onde se deve exercer a tutela,* pois a distância física poderá acarretar falta de atenção ou de apoio, trazendo prejuízos no relacionamento e insegurança ao menor; e, além disso, pelo art. 76, parágrafo único, 1ª parte, do Código Civil, o tutelado (absolutamente incapaz) deverá ter por domicílio o do seu tutor (representante legal);

6) *os que já estiverem no exercício de tutela ou curatela,* por ser inconveniente assumir vários *munus* públicos, que exigem bom desempenho funcional, para o pleno desenvolvimento físico, psíquico e emocional do menor e para uma satisfatória administração de seus bens;

7) *os militares em serviço,* visto que a carreira os obriga a mudar constantemente de domicílio, impedindo-os de residir no lugar do exercício da tutela, e, além disso, há, ainda, a possibilidade de sua convocação para campanha ou guerra.

E, ainda, pelo art. 1.737 do Código Civil, *quem não for parente do menor poderá recusar a tutela, se houver, no lugar, parente idôneo, consanguíneo ou afim, em condições de exercê-la,* tendo-se em vista o espírito de solidariedade familiar, embora Clóvis[17] considere injusta a inclusão dos afins, pois não têm direito de reclamar alimentos, nem estão arrolados na ordem de vocação hereditária. Consagrada está a tutela prioritária para parente, como diz Álvaro Villaça Azevedo.

O pedido de dispensa deverá ser feito no prazo decadencial de 5 dias (CC, art. 1.738, revogado tacitamente, pelo CPC/2015, art. 760, I e II) contado, antes de aceitar o encargo, da intimação para prestar compromisso, depois de entrar em exercício, do dia em que sobrevier o motivo da escusa, sob pena de caducidade, entendendo-se que renunciou ao direito de alegá-la (CPC, art. 760, § 1º). Contudo, parece-nos, seguindo posicionamento de Álvaro Villaça Azevedo, que esse critério é mais razoável do que o do direito anterior, que contava tal prazo da designação do nomeado, porque poderia a pessoa ser designada para a tutela, sem que tivesse ciência do fato e o prazo para escusa

17. Clóvis Beviláqua, *Código Civil comentado*, 10. ed., São Paulo, Francisco Alves, 1954, p. 409, v. 2; Álvaro Villaça Azevedo, *Comentários ao Código Civil*, São Paulo, Saraiva, 2003, v. 19, p. 349.

já estaria correndo. Como admitir fluência daquele lapso temporal sem a intimação daquele que deve, dentro dele, exercer, sob pena de decadência, o direito de pedir a dispensa da tutela? O bom senso requer a concessão de prazo de cinco dias para que preste, após sua intimação, compromisso e faça, se o quiser, o pedido de dispensa do ofício tutelar. Se o motivo escusatório ocorrer depois da aceitação da tutela, contar-se-á tal prazo a partir do dia em que surgiu a causa da dispensa.

Feito o pedido escusatório, com a devida fudamentação, o juiz decidirá o pedido de recusa, de plano. Se, ante as provas apresentadas, o acolher, nomear-se-á outro tutor. Se não a admitir, o escusante poderá recorrer da decisão judicial. Todavia, enquanto o recurso interposto, que não tem efeito suspensivo, não tiver provimento, exercerá o ofício tutelar o nomeado, enquanto não for dispensado por sentença transitada em julgado (CPC, art. 760, § 2º). O art. 1.739 do Código Civil reza: "Se o juiz não admitir a escusa, exercerá o nomeado a tutela, enquanto o recurso interposto não tiver provimento, e responderá desde logo pelas perdas e danos que o menor venha a sofrer"[18] por culpa sua.

E. Garantia da tutela

A lei, com o intuito de assegurar a boa administração dos bens do menor sob tutela e a devolução da renda e desses bens ao término do ofício tutelar (CC, art. 1.745, e CPC, art. 759, §§ 1º e 2º) requer que os bens do menor sejam entregues ao tutor, mediante termo especificado deles e de seus valores, mesmo que os pais o tenham dispensado, após o compromisso prestado, e antes de assumir a tutela, para acautelar os haveres que serão confiados a sua administração. Se o patrimônio do menor for de valor considerável, poderá o juiz condicionar o exercício da tutela à prestação de caução bastante, seja ela real ou fidejussória (CC, art. 1.745, parágrafo único). Como não há mais obrigatoriedade de hipoteca legal dos bens do tutor, a inscrita em conformidade com o inciso IV do art. 827 do Código Civil de 1916 poderá ser cancelada (CC, art. 2.040). Com tal cancelamento, o exercício da tutela não está mais condicionado à prestação daquela caução real, que hoje não é mais obrigatória por força do art. 1.489, I a IV, do Código Civil.

Claro está que a caução só é essencial se o tutelado tiver bens, ou rendimentos, sujeitos à gestão do tutor; se não tiver patrimônio algum, dispensável será essa garantia[19]. O tutor só será dispensado desse dever se for de reco-

---

18. *Vide* W. Barros Monteiro, op. cit., p. 310.

19. W. Barros Monteiro, op. cit., p. 310-1; Lafayette Rodrigues Pereira, op. cit., § 187; Lei n. 8.069/90, art. 201, IV, e CPC, arts. 263 e s. Consulte: *RT*, *614*:56.

nhecida idoneidade (CC, art. 1.745, parágrafo único, *in fine*) moral e econômica. A dispensa dessa garantia deverá ser excepcional, devendo o magistrado agir com cautela e prudência objetiva, para não colocar em risco o patrimônio do menor, e, além disso, como logo mais veremos, pelo art. 1.744 terá responsabilidade subsidiária pelos danos morais e/ou patrimoniais causados ao tutelado se não tiver exigido, quando necessária, a garantia legal do tutor.

Havendo prejuízo causado ao menor sob tutela (CC, art. 1.752, 1ª parte), o tutor será o responsável direto pela indenização das perdas e danos, e se porventura não puder cobrir todo o desfalque, o magistrado responderá subsidiariamente. Deveras, como providência complementar, o Código Civil, art. 1.744, prescreve não só a *responsabilidade subsidiária do juiz* pelos prejuízos que o menor vier a sofrer, por não ter exigido do tutor a garantia legal ou por não o ter removido, tanto que se tornou suspeito, mas também impõe a *responsabilidade pessoal e direta do magistrado* quando não nomeou tutor ou quando a nomeação não foi oportuna[20], devendo, então, reparar o dano.

F. Exercício da tutela

O *tutor* não é, no direito brasileiro, o único órgão ativo da tutela, uma vez que se reconhece a figura do *protutor* (CC, arts. 1.742 e 1.752, § 1º), que constitui um órgão complementar, nomeado pelo magistrado para fiscalização dos atos do tutor, mediante gratificação módica arbitrada judicialmente (CC, art. 1.752, § 1º). O *protutor* deverá exercer sua função de fiscalizar os atos do tutor, com zelo e boa-fé, informando o magistrado não só sobre o bom andamento no exercício da tutela, como também da ocorrência de atos de má administração, de descuido ou malversação dos bens do tutelado, sob pena de responder solidariamente pelos danos causados (CC, art. 1.752, § 2º). O protutor deverá, portanto, prestar contas, judicialmente, de sua fiscalização, dando-se, é claro, ao tutor o direito de ampla defesa, podendo concordar ou não com o alegado a respeito de sua administração. Competirá ao órgão judicante apreciar e julgar aquela prestação de contas. A nomeação de protutor (*subrogé tuteur*) deverá recair sobre pessoa idônea e competente para exercer o ônus de fiscalização dos atos praticados pelo tutor. O tutor pode ser substituído durante a tutela, por motivo de dispensa, remoção ou morte, sem que esta sofra solução de continuidade, daí ser órgão permanente[21].

---

20. Consulte Silvio Rodrigues, op. cit., p. 401; W. Barros Monteiro, op. cit., p. 311; Bassil Dower, op. cit., p. 260-1; Caio M. S. Pereira, op. cit., p. 301-2; Orlando Gomes, op. cit., p. 439.

21. Orlando Gomes, op. cit., p. 430-1; Pugliatti, Tutela e curatela, in *Nuovo digesto italiano*; Carlos E. N. Camillo, *Comentários*, cit., p. 1253. A figura do *protutor*, inspirada na

O poder do tutor é uno e indivisível, sendo uma síntese e não uma mera soma de poderes de ordem pessoal ou patrimonial, de representação e de administração[22]. O encargo da tutoria é, em regra, pessoal, portanto indelegável, não sendo permitido ao tutor delegá-lo a outrem, embora possa cometer a outra pessoa certas funções de caráter executivo, sem que, com isso, transfira sua responsabilidade ou divida o exercício da tutela[23]. Mas, se os bens e interesses administrativos exigirem conhecimentos técnicos, forem complexos (p. ex., organização contábil, administração de produção agrícola), ou se se realizarem em lugares distantes do domicílio do tutor, poderá este, mediante aprovação judicial, delegar a outra pessoa natural ou jurídica (associação, sociedade etc.) o exercício parcial da tutela (CC, art. 1.743), ou seja, a cotutoria, alusiva aos bens e não à pessoa do pupilo. Trata-se de uma excepcional concessão de *tutela parcial*, em que uma pessoa é o tutor e a outra, um assistente técnico de assuntos complexos, ou seja, um representante judicial para a realização de atos especificados pelo magistrado.

A função tutelar é similar ao poder familiar, mas não idêntica a ele, uma vez que seu exercício se efetua sob inspeção judicial, tanto em relação à administração dos haveres do pupilo como em relação às medidas corretivas necessárias; além disso é temporária, sendo o tutor obrigado a servir por 2 anos, embora a tutoria possa prolongar-se por mais tempo[24].

Pelo Código Civil, cabe ao tutor, sob a inspeção do juiz: *a*) reger a pessoa do menor, velar por ele e administrar seus bens, tendo em vista o proveito de seu pupilo, cumprindo seus deveres com zelo e boa-fé, agindo com honestidade e lealdade, atendendo sempre ao superior interesse do menor (CC, art. 1.741). Deve educá-lo, defendê-lo e prestar-lhe alimentos de conformidade com suas posses e condição (CC, art. 1.740, I) e se o menor possuir bens será sustentado e educado a expensas suas, com a supervisão do tutor, arbitrando o juiz o *quantum* necessário a esse fim, considerando não só o rendimento da fortuna do pupilo, quando o pai ou mãe não o houver fixado (CC, art. 1.746), como também o orçamento apresentado pelo tutor. Se o pai ou a mãe do pupilo, na tutela testamentária, já houver estipulado a quantia destinada à manutenção e educação do filho, o tutor dela utili-

---

legislação francesa, perante a lei brasileira seria desnecessária, visto que o Ministério Público tem a tarefa funcional de fiscalização dos atos do tutor.

22. Orlando Gomes, op. cit., p. 430.

23. Pontes de Miranda, *Tratado de direito de família*, cit., § 176; Orlando Gomes, op. cit., p. 431; Lehmann, *Derecho de familia*, Madrid, Ed. Revista de Derecho Privado, 1953, p. 421; Lei n. 8.069/90, art. 30.

24. Caio M. S. Pereira, op. cit., p. 299. Se o tutor desviar-se de suas funções receberá a punição do art. 249 da Lei n. 8.069/90.

zar-se-á. Se o menor nada possuir e tiver parentes (CC, arts. 1.694 e s.) que têm o encargo de pagar-lhe pensão alimentícia, o tutor a eles deverá recorrer para pagamento das despesas com sua criação, manutenção e educação. Apenas se o pupilo nada tiver, e na ausência de parentes seus em condições de pagar alimentos, é que o tutor deverá fornecê-los (CC, art. 1.740, I). Se o menor sob tutela estiver trabalhando, prestando serviços compatíveis com sua idade, o tutor tão somente complementará as despesas que em seu benefício forem feitas. Observa, ainda, Rodrigo Cunha Pereira que não havendo parentes do tutelado, ou se estes não tiverem recursos, o tutor poderá requerer ao magistrado que o pupilo seja levado a um estabelecimento educacional gratuito se não tiver condições de arcar com o sustento; *b*) reclamar do juiz que providencie, como houver por bem, quando o menor precisar de correção (CC, art. 1.740, II). O tutor apenas poderá punir moralmente o tutelado, embora o Tribunal de Justiça de São Paulo tenha decidido que pode e deve corrigi-lo, exercendo direito inerente e essencial a sua autoridade; só haverá abuso se se exceder aos meios empregados, causando dano à saúde do pupilo[25]; *c*) cumprir todos os deveres que, normalmente, cabem aos pais, ouvida a opinião do menor, se este já contar com 12 anos de idade (CC, art. 1.740, III); podendo fazer uso, conforme o caso, do auxílio de profissional especializado (psicólogo, pedagogo, assistente social etc.), em busca da melhor solução às suas necessidades.

Compete ao tutor (CC, art. 1.747, I a V): representar o menor, até 16 anos, nos atos da vida civil e assisti-lo após essa idade, nos atos em que for parte, suprindo-lhe o consentimento (Lei n. 8.069/90, art. 142); receber as rendas (p. ex., aluguéis) e pensões (p. ex., verbas previdenciárias) do menor bem como as quantias a ele devidas (p. ex., créditos); fazer-lhe as despesas de subsistência e educação, bem como as de administração, conservação e melhoramento de seus bens e alienar os bens do menor destinados à venda, como produtos agrícolas, como colheitas, pecuários, como cria de animais, leite etc., e promover-lhe, mediante preço conveniente, o arrendamento de bens de raiz (*RT*, *214*:526). Poderá praticar todos esses atos sem a autorização do juiz.

Salvo a hipótese do art. 1.747 do Código Civil, o exercício da tutela encontra-se sob controle ou vigilância judicial, que pode ser anterior ou posterior à prática do ato de administração[26].

---

25. W. Barros Monteiro, op. cit., p. 312; Rodrigo Cunha Pereira, *Comentários ao Código Civil* (coord. Sálvio de F. Teixeira), Rio de Janeiro, Forense, 2003, v. 20, p. 357; Lei n. 8.069/90, arts. 53, 55, 58 e 13.

26. Francesco Degni, *Il diritto di famiglia nel nuovo Codice Civile italiano,* Padova, CEDAM, 1943, p. 432; Orlando Gomes, op. cit., p. 429 e 436. *Vide*: CPC, art. 890, I.

O controle judicial será preventivo quando o tutor não puder realizar atos sem autorização do magistrado (CC, arts. 1.748, 1.750 e 580)[27]. É imprescindível essa autorização (CC, art. 1.748, I a V) para (*a*) pagar as dívidas do menor; (*b*) aceitar por ele heranças, legados ou doações, com ou sem encargos, uma vez que necessário será verificar se há conveniência, ou não, em receber tais liberalidades. Também, apesar da omissão legal, por analogia, será preciso autorização judicial para renunciar herança; (*c*) transigir em questões obrigacionais que envolvam o menor; (*d*) vender-lhe os móveis, cuja conservação não convier aos seus interesses econômicos em razão das despesas que acarretam, e os imóveis, nos casos em que for permitido (CC, art. 1.750); (*e*) propor em juízo as ações, ou nelas assistir o menor (como autor, réu ou terceiro interveniente) e promover todas as diligências a bem deste, assim como defendê-lo nos pleitos contra ele movidos; (*f*) dar em comodato os bens confiados a sua guarda (CC, art. 580). Não havendo autorização, a eficácia do ato de tutor dependerá da aprovação ulterior do juiz (CC, art. 1.748, parágrafo único), sob pena de anulabilidade.

Ao contrário do que ocorre quanto aos bens imóveis de menor sob poder familiar, em que a venda é levada a efeito por autorização do juiz, mediante expedição de alvará, em caso de tutela requer-se manifesta vantagem, prévia avaliação judicial e aprovação do juiz (CC, art. 1.750), após apreciação favorável do Ministério Público, para assegurar a obtenção do preço real e efetivo da coisa, evitando-se qualquer simulação[28].

A lei proíbe ao tutor a prática de certos atos, mesmo com autorização judicial. Assim, em virtude do Código Civil, art. 1.749, I a III, falta legitimação ao tutor para praticar os seguintes atos, sob pena de nulidade: *a*) obter para si, mesmo por interposta pessoa, por contrato particular (feito instrumento particular ou por escritura pública), bens móveis ou imóveis pertencentes ao pupilo, evitando-se, assim, que, pela ascensão que tem sobre o menor, possa prejudicá-lo negocialmente; *b*) alienar, a título gratuito, os bens do menor, uma vez que é mero administrador e não pode fazer liberalidade com coisa alheia nem desfalcar patrimônio do administrado; *c*) adquirir crédito, ou direito, contra o menor, por negócio jurídico em que figure como cessionário[29]. Isto é assim, porque a prática desses atos revela desonestidade.

---

27. Orlando Gomes, op. cit., p. 436.

28. *Vide* Silvio Rodrigues, op. cit., p. 403; W. Barros Monteiro, op. cit., p. 313; Código de Processo Civil, arts. 178, II e 896.

29. Orlando Gomes, op. cit., p. 434; Espínola, *A família no direito brasileiro,* Conquista, 1957, n. 270.

É mister esclarecer, uma vez mais, que os bens do menor só serão entregues ao tutor mediante termo especificado dos bens e seus valores, ainda que seus genitores o tenham dispensado (CC, art. 1.745); antes de assumir a tutela, ou até mesmo antes da lavratura do termo de inventário, deverá o tutor declarar tudo o que, porventura, lhe dever o pupilo, sob pena de não poder cobrar seu débito, enquanto exercer a função tutelar, salvo se provar que desconhecia a dívida, quando a assumiu (CC, art. 1.751). Para tanto colocará um *addendum* ao inventário do patrimônio do menor, provando e especificando no passivo a quantia que lhe é devida, para que, quando houver quitação, o tutor se libere de suspeitas de fraude por ele não cometida contra o pupilo. Se o tutor não fizer, tempestivamente, tal declaração e a comprovação do seu crédito, não mais poderá exigir, como ja dissemos, seu pagamento, enquanto exercer a tutoria, por haver presunção *juris tantum* de sua renúncia ao direito de exigir o que lhe é devido durante a tutela, exceto se provar que, antes daquele inventário ou da assunção da tutela, não tinha conhecimento daquele débito do tutelado.

Na seção referente aos bens de tutelados (CC, arts. 1.753 e 1.754), a lei tratou do caso, minuciosamente, para impedir que o tutor conservasse em seu poder dinheiro do seu tutelado, além do necessário para sua educação, sustento e administração dos bens. Se houver necessidade, os objetos de ouro e prata, pedras preciosas e móveis deverão ser avaliados por pessoa idônea e, após autorização judicial, alienados, e o seu produto convertido em títulos, obrigações e letras de responsabilidade direta ou indireta da União ou dos Estados — atendendo-se, preferentemente, à rentabilidade — e recolhido ao estabelecimento bancário oficial (p. ex., Banco do Brasil ou Caixa Econômica Federal) ou aplicado na aquisição de imóveis, conforme for determinado pelo juiz. O mesmo destino terá o dinheiro proveniente de qualquer outra procedência (p. ex., herança, dividendo, doação etc.). O tutor deverá manter o dinheiro do seu pupilo em conta-corrente com aplicação ou, então, usá-lo na aquisição de imóveis, para que não seja acusado de locupletamento ilícito. O tutor responderá pela demora na aplicação dos valores acima referidos, pagando juros legais desde o dia em que deveria dar-lhe esse destino, o que não o exime da obrigação, que o juiz fará efetiva, da referida aplicação (CC, art. 1.753, §§ 1º a 3º). A soma excedente (Lei n. 1.869/53) é, portanto, recolhida ao Banco do Brasil ou Caixa Econômica Federal ou, ainda, em qualquer estabelecimento bancário oficial, a critério do magistrado, e só poderá ser retirada por sua ordem, para atender às despesas mencionadas no art. 1.754 do Código Civil.

Deveras, os valores existentes em estabelecimento bancário oficial não poderão ser retirados senão por ordem judicial, e somente para: pagamento de despesas com sustento e educação do tutelado, ou na administração de seus bens; aquisição de imóveis e títulos, obrigações ou letras de responsabilidade direta ou indireta da União ou dos Estados; atendimento de encargo imposto por quem os houver doado ou deixado por ato *causa mortis*, ou seja, empregando-os em conformidade com o disposto por quem os houver doado, ou deixado; entrega ao órfão, emancipado ou maior (CC, art. 5º, parágrafo único); outorga aos herdeiros do pupilo, em razão de seu falecimento (CC, art. 1.784). Desnecessária seria essa providência legal, visto que o tutor responde por sua má administração, quando age culposamente; assim, se conservar em seu poder recursos desnecessários, está procedendo com negligência[30]. Realmente, pelo art. 1.752, o tutor responderá pelos prejuízos patrimoniais e/ou morais que causar ao pupilo, ao administrar seus bens, se agir com dolo ou culpa, de modo que se os danos provierem de caso fortuito ou força maior não serão ressarcidos. Deve, portanto, empregar no exercício da tutoria toda a sua diligência, sendo que perante terceiros responderá civilmente pelos atos do pupilo, desde que este se encontre em sua guarda e companhia (CC, art. 932, II), mesmo que não haja culpa de sua parte (CC, art. 933)[31].

O tutor não tem direito ao usufruto dos bens do tutelado, mas terá direito ao reembolso do que realmente vier a despender no exercício da tutela, salvo no caso do art. 1.734 e, ainda, a uma gratificação ou remuneração proporcional à importância dos bens do menor por ele administrados (CC, art. 1.752, 2ª parte). O protutor, por sua vez, apenas fará jus a uma gratificação módica pela fiscalização dos atos do tutor por ele feita (CC, arts. 1.742 e 1.752, § 1º). Essa gratificação não é contraprestação de serviço, mas uma espécie de indenização[32]; contudo, se o tutelado for abandonado (CC, art. 1.734) ou pobre, desprovido de recursos, é óbvio que a função tutelar será gratuita[33] (CC, art. 1.752).

Quando o ato de controle judicial sucede a atividade do tutor, tem-se ato de aprovação[34] do juiz, principalmente no que tange às contas do tu-

---

30. Silvio Rodrigues, op. cit., p. 404.
31. Caio M. S. Pereira, op. cit., p. 300-1; Pontes de Miranda, *Tratado de direito de família*, cit., § 176; Carbonnier, *Droit civil*, Paris, PUF, 1955, v. 2, p. 441, n. 145. *Vide*: CC, arts. 934 e 942, parágrafo único.
32. Orlando Gomes, op. cit., p. 430; Caio M. S. Pereira, op. cit., p. 301.
33. W. Barros Monteiro, op. cit., p. 315.
34. Orlando Gomes, op. cit., p. 436.

tor, pois o magistrado, pelo art. 1.755 do Código Civil, deverá verificar se ele administrou regularmente os bens do pupilo. A prestação de contas é um dever que se impõe a todos os que gerem bens alheios, a fim de que se torne efetiva a responsabilidade pela administração dos haveres que lhes foram confiados[35]. Ninguém, nem mesmo os pais do pupilo, poderá isentar o tutor dessa prestação de contas dos atos praticados durante o ofício tutelar, seja em testamento, seja em escritura pública. Tal disposição liberatória, aos olhos da lei, será tida como não escrita.

A prestação de contas é feita em juízo nos próprios autos em que se deu a nomeação do tutor e julgada após audiência dos interessados e do Ministério Público, sendo que as contas deverão ser organizadas em forma mercantil ou contábil, contendo descrição do ativo e justificativas do passivo, dispensando-se, tão somente, a apresentação de documentos atinentes a despesas de pouca monta, em que não se exigem recibos[36]. Apesar de a lei exigir *balanços anuais* organizados de forma contábil, contendo, somente para controle do juiz, um resumo da receita e da despesa feita para atender às necessidades do tutelado e à administração de seus bens, que depois de aprovados deverão ser anexados aos autos do inventário (CC, art. 1.756), só se reclama *prestação de contas*, em juízo, de 2 em 2 anos ou quando o tutor, por qualquer motivo, deixar o ofício tutelar ou, ainda, quando o juiz achar conveniente (CC, art. 1.757). A prestação de contas, portanto, será feita em juízo, nos autos em que se deu a nomeação do tutor, com audiência do Ministério Público e de outros interessados. Se houver impugnação, o processo seguirá o procedimento da ação de exigir contas previsto no Código de Processo Civil, arts. 550 e s., e as custas serão pagas pelo vencido (CPC, art. 82, § 2º). Se nenhuma impugnação houver, sendo julgadas e aprovadas as contas pelo magistrado, depois da audiência dos interessados, os saldos apurados deverão ser recolhidos pelo tutor aos estabelecimentos bancários oficiais ou aplicados na compra de imóveis, títulos, obrigações ou letras, na forma do art. 1.753, § 1º, do Código Civil (CC, art. 1.757, parágrafo único).

Pelo art. 1.759 do Código Civil, se, na pendência da tutela, o tutor falecer, se ausentar ou sofrer interdição, extinguir-se-á o ofício tutelar, por ser personalíssimo, mas não o dever de prestar contas e as responsabilidades dele decorrentes, por isso seus herdeiros ou representantes prestarão contas e devolverão os bens do tutelado que estavam sob a gestão do tutor. Se for

35. Lafayette Rodrigues Pereira, op. cit., p. 379; Brugi, *Instituciones de derecho civil*, p. 492.
36. W. Barros Monteiro, op. cit., p. 317; Caio M. S. Pereira, op. cit., p. 305.

casado, sua viúva deverá requerer a prestação de contas para entrega dos saldos apurados, aguardando nomeação de novo tutor, para que este se manifeste sobre as contas (*RT, 247*:178)[37].

Prescreve o art. 1.760 do Código Civil que só serão creditadas ao tutor as despesas justificadas e proveitosas ao menor, como as despendidas a título de alimentos[38]. As despesas com a prestação de contas (p. ex., aquisição de formulários, extração de cópias, locomoção etc.) serão pagas pelo tutelado (CC, art. 1.761), com os rendimentos de seus bens, que arcará também com o pagamento de honorários advocatícios, custas e outras despesas judiciais feitas pelo tutor, uma vez que essa providência objetiva acautelar o interesse do menor[39]. Estabelece, ainda, o Código Civil, art. 1.762, que o alcance (saldo a favor do tutelado, que é o excedente da receita sobre a despesa) do tutor, bem como o saldo contra o tutelado, são dívidas de valor e vencerão juros (CC, art. 406), desde o julgamento definitivo das contas.

Enfim, se não houver impugnação por parte dos interessados ou do representante do Ministério Público, as contas serão, desde logo, aprovadas pelo juiz. Se houver impugnação o processo seguirá o rito do Código de Processo Civil, arts. 550 e s., e as custas serão pagas pelo vencido (CPC, art. 82, § 2º)[40].

Com o término da tutela pela emancipação ou maioridade (CC, art. 5º, parágrafo único), a quitação do menor só produzirá efeito depois que o magistrado aprovar as contas do tutor, subsistindo até então a responsabilidade civil deste (CC, art. 1.758; *RT, 112*:428); com isso evita-se que o tutor abuse da inexperiência do pupilo[41].

---

37. W. Barros Monteiro, op. cit., p. 318. Se o balanço anual for reprovado por: a) deficiência formal, o magistrado ordenará a apresentação de novo demonstrativo, adequado às regras contábeis; ou b) ocorrência de ordem econômica, o juiz o remeterá ao Ministério Público para que tome as devidas providências (p. ex., realização de prestação de contas, responsabilização por perdas e danos ou por apropriação indébita) (Matiello, *Código*, cit., p. 1150).
38. W. Barros Monteiro, op. cit., p. 318.
39. W. Barros Monteiro, op. cit., p. 318; Carlos E. N. Camillo, *Comentários*, cit., p. 1264.
40. W. Barros Monteiro, op. cit., p. 317.
41. Espínola, op. cit., n. 272. *Vide* CLPS, aprovada pelo Decreto n. 89.312/84, art. 10, § 2º, hoje revogado. Sobre o tema: Lei n. 8.213/91, art. 16, § 2º e seu regulamento; Decreto n. 611/92, art. 13, § 3º, *c*, revogado pelo Decreto n. 2.172/97, que posteriormente perdeu a vigência com a edição do Decreto n. 3.048/99. Pelo art. 206, § 4º, do Código Civil, prescreve em 4 anos a pretensão relativa à tutela, a contar da data da aprovação das contas.

G. CESSAÇÃO DA TUTELA

Termina a tutela:

1) *Em relação ao tutelado*: *a*) se ele atingir a *maioridade* (CC, arts. 5º, *caput*, e 1.763, I), completando 18 anos de idade, adquirindo, então, plena capacidade civil; *b*) pela sua *emancipação* (CC, arts. 5º, parágrafo único, e 1.763, I); *c*) se ele cair sob o *poder familiar,* em caso de reconhecimento ou adoção (CC, art. 1.763, II); *d*) se se alistar ou for sorteado para o *serviço militar* (Dec. n. 20.330/31; Lei n. 4.375/64, art. 73, reproduzido pelo Dec. n. 57.654/66, art. 239, e pela Lei n. 8.239/91)[42]; *e*) se falecer[43].

2) *Em relação ao tutor* (CC, art. 1.764): *a*) se *expirar o termo* em que era obrigado a servir (CC, art. 1.765), pois seu encargo é transitório, não sendo obrigado a servir por mais de 2 anos; transcorrido esse período poderá, se quiser e o juiz entender conveniente ao menor, exonerar-se ou continuar no exercício da tutela (CC, art. 1.765, parágrafo único; CPC, art. 763, § 1º); *b*) se *sobrevier escusa legítima* (CC, arts. 1.736 a 1.739), ou seja, se advier causa que afete sua pessoa, impedindo-o de exercer o ofício tutelar; *c*) se for *removido* (CC, arts. 1.735 e 1.766; CPC, art. 761 a 763; *RT, 801*:187) por iniciativa do interessado ou do Ministério Público por se tornar incapaz e por exercer a tutoria, revelando-se negligente ou prevaricador. P. ex., se concorrer, por ação ou omissão, para que o pupilo trabalhe em local perigoso, insalubre ou imoral (Lei n. 10.097/2000); se o maltratar, poderá ser destituído da tutela (Lei n. 8.069/90, arts. 129, IX, e 130); se dilapidar o patrimônio do tutelado; ou se entregar-se a vícios incompatíveis com o exercício do *munus* público etc. Competirá ao representante do Ministério Público, ou a quem tiver legítimo interesse, requerer sua remoção, nos casos previstos em lei (CPC, art. 761)[44], sendo a Vara da Infância e da Juventude competente para conhecer de tal pedido (Lei n. 8.069/90, arts. 148, parágrafo único, *b,* e 201, III).

O tutor destituído deverá, obviamente, prestar contas na forma da lei (CPC, art. 763, § 2º) e será nomeado outro para substituí-lo, mesmo anteriormente à aprovação daquela prestação de contas. Sua substituição deverá ser averbada no Registro Civil das Pessoas Naturais (Lei n. 6.015, art. 104).

---

42. Caio M. S. Pereira, op. cit., p. 303-4.

43. Orlando Gomes, op. cit., p. 441.

44. *Vide* Bassil Dower, op. cit., p. 266; Orlando Gomes, op. cit., p. 442; W. Barros Monteiro, op. cit., p. 319-20; Silvio Rodrigues, op. cit., p. 405; Giovane Serra Azul Guimarães, *Adoção, tutela e guarda*, São Paulo, Ed. Juarez de Oliveira, 2000; Matiello, *Código*, cit., p. 1133; Lei n. 8.069/90, arts. 38, 129, IX, e 130. *Vide*: *RT, 695*:172: "A competência do Juizado da Infância e da Juventude limita-se aos processos relativos a menores em estado de abandono, nos termos do art. 98 da Lei 8.069/90, cabendo às varas de família o julgamento de ação de destituição de tutela de menor em situação regular".

QUADRO SINÓTICO

TUTELA

1. CONCEITO	• Tutela é um complexo de direitos e obrigações, conferidos pela lei, a um terceiro, para que proteja a pessoa de um menor, que não se acha sob o poder familiar, e administre seus bens.
2. ESPÉCIES	• Tutela testamentária ou documental (CC, arts. 1.729, 1.730 e 1.733; ECA, art. 37 e parágrafo único). • Tutela legítima (CC, art. 1.731). • Tutela dativa (CC, arts. 1.732, I, II e III, e 1.734). • Tutela irregular.
3. IMPEDIMENTOS PARA O EXERCÍCIO DA TUTELA (CC, ART. 1.735)	• Não ter a livre administração dos bens. • Ter obrigação para com o menor ou ter de fazer valer seu direito contra este, bem como ter pais, filhos ou cônjuges que estão demandando com o menor. • Ser inimigo do menor ou de seus pais ou ter sido excluído pelos pais, expressamente, da tutela do menor. • Ter sido condenado por crime de furto, roubo, estelionato ou falsidade (CP, art. 92, II, parágrafo único). • Ter mau procedimento ou ser falho em probidade ou ser culpado de abuso em tutelas anteriores. • Exercer função pública incompatível com a boa administração da tutela.
4. CASOS DE ESCUSA DA TUTELA (CC, ARTS. 1.736 E 1.737; CPC, ART. 760)	• Ser mulher casada. • Ser maior de 60 anos. • Ter em seu poder mais de 3 filhos. • Estar enfermo. • Habitar longe do local onde se deve exercer a tutela. • Estar no exercício de tutela ou curatela. • Se não for parente do menor, poderá recusar a tutela, se houver, no lugar, parente idôneo em condições de exercê-la.
5. GARANTIA DA TUTELA	• Caução real ou fidejussória (CC, art. 1.745 e parágrafo único). • Responsabilidade subsidiária do juiz (CC, art. 1.744). • Responsabilidade pessoal e direta do magistrado (CC, art. 1.744).

<table>
<tr><td>6. EXERCÍCIO DA TUTELA</td><td colspan="2">• Tutor é órgão ativo permanente, sob a fiscalização de um protutor, sendo seu poder uno, indivisível e indelegável, salvo a exceção do art. 1.743 do CC.
• Atos praticados pelo tutor sem vigilância judicial (CC, art. 1.747).
• Atos que requerem controle judicial preventivo, ou seja, autorização judicial para sua prática (CC, arts. 1.748, 1.750 e 580).
• Atos proibidos ao tutor (CC, art. 1.749).
• Administração dos bens do menor (CC, arts. 1.745, 1.751, 1.753 e 1.754).
• Responsabilidade do tutor (CC, arts. 1.752, 932, II, e 933).
• Gratificação do tutor (CC, art. 1.752, § 2º).
• Ato de controle judicial posterior à atividade do tutor, ou seja, aprovação de sua prestação de contas (CC, arts. 1.755, 1.756, 1.758 a 1.762; CPC, arts. 82, § 2º, 550 e s.).</td></tr>
<tr><td rowspan="2">7. CESSAÇÃO DA TUTELA</td><td>• Em relação ao tutelado</td><td>• Morte.
• Maioridade (CC, art. 1.763, I).
• Emancipação (CC, art. 1.763, I).
• Superveniência de poder familiar (CC, art. 1.763, II).
• Serviço militar (Dec. n. 20.330/31; Lei n. 4.375/64, art. 73; Dec. n. 57.654/66, art. 239, e Lei n. 8.239/91).</td></tr>
<tr><td>• Em relação ao tutor (CC, art. 1.764)</td><td>• Término do prazo da tutela (CC, arts. 1.764 e 1.765, parágrafo único; CPC, art. 763, § 1º).
• Superveniência de escusa legítima (CC, arts. 1.736 a 1.739).
• Remoção (CC, arts. 1.735 e 1.766; CPC, art. 761; Lei n. 10.097/2000).</td></tr>
</table>

3. Curatela

A. Conceito e pressupostos

A curatela é o encargo público, cometido, excepcionalmente, por lei, a alguém para resguardar, se necessário, interesses de natureza negocial e patrimonial (Lei n. 13.146/2015, art. 85, § 1º) e para administrar os bens de maiores que, por si sós, não estão em condições de fazê-lo[45].

Em regra é um *munus* público conferido a um indivíduo para dirigir os bens de maiores incapazes; todavia alcança também outros casos, por sua natureza e efeitos específicos[46]; portanto, trata-se de um instituto autônomo, de difícil delimitação, por ser complexo, envolvendo várias situações, atingindo até menores ou nascituros e pessoas que estejam no gozo de sua capacidade[47].

---

45. Definição baseada em Clóvis Beviláqua, op. cit., v. 2, p. 6; Espínola, op. cit., p. 618; W. Barros Monteiro, op. cit., p. 321; Cahali, Curatela, in *Enciclopédia Saraiva do Direito*, v. 22, p. 143; M. Helena Diniz, *Novas coordenadas*, cit., p. 1346-67; Curatela por insanidade mental, *Revista da FAASP*, *1*:177-90; A nova teoria das incapacidades, *Revista Thesis Juris*, n. 5, p. 274-282; *RT*, *529*:80; *Ciência Jurídica*, *59*:168 — "Comprovado que o curador, culposamente, causou prejuízo ao curatelado, impõe-se sua remoção do cargo. Nomeação da concubina (companheira) que mantém longa vida em comum com o curatelado, e com quem teve dois filhos ainda menores. Possibilidade, desde que não desrespeitada a preferência das pessoas referidas no art. 454, §§ 1º e 2º [corresponde ao art. 1.775, §§ 1º a 3º, do Código Civil] (TJPR)". *Vide* Decreto n. 1.041/94, art. 25, II, ora revogado pelo Decreto n. 3.000/99. *Vide* art. 6º, VI, da Lei n. 13.146/2015, segundo o qual a deficiência não afeta a plena capacidade civil de exercer o direito à curatela.
46. Caio M. S. Pereira, op. cit., p. 306; Sebastião José Roque, *Direito de família*, cit., p. 199-206.
47. Ruggiero e Maroi, op. cit., v. 1, § 72; Espínola, op. cit., n. 274; Antonio Carlos Malheiros e Marcial Barreto Casabona, Da curatela, in *Direito de família e o novo Código Civil* (coord. Mª Berenice Dias e Rodrigo de C. Pereira), Belo Horizonte, Del Rey, 2003, p. 325-

Orlando Gomes[48] chega mesmo a assinalar o duplo alcance desse instituto: ora é deferido para reger os bens de quem, sendo maior, está impossibilitado, por determinada causa ou incapacidade, de fazê-lo por si mesmo; ora, conferido para a regência de interesses que não podem ser cuidados pela própria pessoa, ainda que esteja no gozo de sua capacidade; a primeira tem o caráter permanente; a segunda, temporário.

Em geral, o *pressuposto fático* da curatela é a *incapacidade*[49], de modo que estão sujeitos a ela os adultos que, por causas patológicas, congênitas ou adquiridas, são incapazes de administrar seu patrimônio, como: os que por causa transitória ou permanente, não puderem exprimir sua vontade; os ébrios habituais e os viciados em tóxicos ou substâncias entorpecentes, que determinam dependência física ou psíquica e os pródigos (CC, art. 1.767, I e III, com a redação da Lei n. 13.146/2015).

Adverte Washington de Barros Monteiro que não há outras pessoas sujeitas à curatela, além das arroladas pelo Código Civil; cegueira (*JTJ, Lex, 237*:85), analfabetismo, idade provecta (TJSP, Ap. 166.925-4/8, j. 7-11-2000), por si sós, não constituem motivo bastante para interdição. A velhice acarreta, sem dúvida, diversos males, mas só quando assume caráter psicopático, com estado de involução senil em desenvolvimento e tendência a se agravar, pode sujeitar o paciente à curatela[50]. Assim, apesar de a idade avançada e o estado de decadência orgânica não serem motivos legais para a interdição, esta não pode deixar de ser decretada quando o paciente não consegue, pela palavra falada ou escrita, manifestar seu pensamento, cuidar de seus negócios e administrar seus haveres (*RT, 224*:189, *325*:165). O mesmo se diga

40; M. Helena Diniz, Novas Coordenadas fundamentais da tutela e curatela no novo Código Civil, in *Novo Código Civil — estudos em homenagem a Miguel Reale*, São Paulo, LTr, 2003, p. 1334-6; Álvaro Villaça Azevedo, *Comentários*, cit., v. 19, p. 425-92; Silvio Luís Ferreira da Rocha, *Introdução*, cit., p. 172-4; Cláudia S. Vieira, Curatela, *Direito das famílias* — homenagem a Rodrigo da C. Pereira (org. Mª Berenice Dias), São Paulo, Revista dos Tribunais, 2009, p. 599 a 608; Ana Carolina B. Teixeira, Curatela, diretivas antecipadas e proteção à autonomia da pessoa humana, *Direito das famílias* — homenagem a Rodrigo da C. Pereira (org. Mª Berenice Dias), cit., p. 609 a 623.

48. Orlando Gomes, op. cit., p. 445.

49. Sobre o pressuposto fático, *vide* Caio M. S. Pereira, op. cit., p. 309; Cahali, op. cit., p. 144-5; *RT, 815*:336. Regina Maria Fonseca Muniz (*Proteção prolongada do amental*, tese de doutorado defendida na PUCSP em 15-5-07) ressalta a necessidade de admitir, no Brasil, um novo regime para o deficiente intelectual, maior de idade e incapacitado: o poder familiar prorrogado, instituto já existente no direito espanhol e no direito belga, conhecido como *minorité prolongée*, caso tenha os pais ou apenas um deles vivo, no exercício do poder familiar, em substituição à curatela.

50. W. Barros Monteiro, op. cit., p. 322.

de epiléptico sob controle médico que, por não ser incapaz, merece o direito de autogestão pessoal (TJSP, Ap. 219.974-4/0, 3ª Câm. Dir. Priv., rel. Des. Ênio Zuliani, j. 12-3-2002). Pessoa, portadora de deficiência auditiva, capaz de manifestar sua vontade não pode ser interdita, visto que inexiste incapacidade para a prática de atos da vida civil (*RT*, *775*:235).

A curatela geral a que estão sujeitos os adultos incapazes pode estender-se à *pessoa* e aos *bens* de seus *filhos menores*, desde que necessário suprir o poder familiar, configurando-se a *curatela prorrogada* ou *extensiva*, que consistiria numa espécie de prorrogação da competência do curador[51]. Na verdade, essa extensão da curatela aos filhos do curatelado é uma simples tutela[52] (CC, art. 1.778). E o CPC, art. 757, reza que a autoridade do curador estende-se à *pessoa* e aos *bens do incapaz* que se encontrar sob a guarda e responsabilidade de curatelado ao tempo da interdição, salvo se o juiz considerar outra solução como mais conveniente aos interesses do incapaz. Assim, só seria *curatela prorrogada* se houvesse *incapaz* interdito sob a responsabilidade do curatelado ao tempo da interdição. Qual seria, nesse caso, a função do curador? Reger a pessoa e administrar os bens do incapaz? Ou só administrar bens de incapaz (EPD, art. 85, § 1º)? Com a entrada em vigor do CPC/2015 (art. 749, c/c art. 757, 1ª parte), a autoridade do curador estender-se-ia ou não à *pessoa* e aos *bens* do incapaz? Surge aqui outra questão, ter-se-ia: a) uma *revogação tácita* do art. 85, § 1º, do Estatuto do Deficiente pelo art. 749, c/c art. 757, 1ª parte, do CPC? b) uma *antinomia real* que requer para sua solução a edição de uma terceira norma que opte por uma delas ou a aplicação no caso *sub judice* dos arts. 4º e 5º da LINDB, em busca do critério do *justum*? ou c) uma *antinomia aparente* (parcial-parcial, quanto à extensão da contradição), pois as duas normas só em parte conflitam uma com a outra, que se resolveria interpretando-se conjugadamente o art. 757 do CPC, 2ª parte, que dá discricionariedade ao juiz de *considerar outra solução mais conveniente aos interesses do incapaz*, como o art. 755, I, do CPC, que permite a ele, na sentença de interdição, fixar os *limites da curatela*, segundo o desenvolvimento mental do interdito. Assim, ficaria cada caso concreto sob a apreciação do magistrado, que, com prudência objetiva, atendendo aos reclamos da justiça (LINDB, art. 5º), verificará se deve aplicar o CPC, art. 757 (1ª parte), ou a Lei n. 13.146/2015, art. 85, § 1º? Poderia determinar que o incapaz fique sob curatela de uma pessoa

51. Orlando Gomes, op. cit., p. 447.
52. Pontes de Miranda, *Tratado de direito de família*, v. 3, p. 276.

e seu responsável, que foi interditado, sob a de outra, averiguando se o curador regerá a pessoa e os bens ou somente administrará o patrimônio? Parece-nos que esta última seria a solução mais razoável e consentânea com a realidade, se bem que o art. 85, § 1º, do EPD deva ser, em regra, o aplicado ante o disposto no art. 6º do EPD.

Ao lado da curatela dos adultos incapazes, têm-se a curatela do nascituro e a dos ausentes, destacadas na disciplina legal do instituto em razão de suas particularidades. Existem, ainda, outras espécies de curatela que, pela sua natureza, fins e efeitos especiais, se denominam *curadorias especiais*[53].

O seu *pressuposto jurídico* é uma *decisão judicial*, uma vez que não pode haver curatela senão deferida pelo juiz, mediante processo de interdição[54]. Imprescindível é a interdição do incapaz (*RT*, *785*:375), pelo órgão judicante, para que seja submetido à curatela[55].

B. Espécies de curatela

b.1. Generalidades

Pela Lei n. 13.146/2015 (art. 84, § 1º) a pessoa com deficiência tem assegurado o direito ao exercício de sua capacidade legal em igualdade de condições com as demais pessoas e quando for necessário será submetida à curatela e poderá optar pela tomada de decisão apoiada.

Conforme a pessoa que esteja sob curatela, particularizam-se as normas que a regem; daí a necessidade de se classificar o instituto em três espécies: *a*) curatela dos adultos incapazes; *b*) curatelas destacadas do regime legal do instituto devido às suas particularidades; *c*) curadorias especiais[56].

b.2. Curatela dos adultos incapazes

A curatela dos adultos incapazes abrange:

1) *Curatela dos que, por causa transitória ou permanente, não podem exprimir a sua vontade*, como, p. ex., pessoas acidentadas, com sequelas nas funções

53. Espínola, op. cit., p. 621, n. 274; Cahali, op. cit., p. 144; Orlando Gomes, op. cit., p. 446.

54. Caio M. S. Pereira, op. cit., p. 309.

55. Orlando Gomes, op. cit., p. 446.

56. Orlando Gomes, op. cit., n. 251; Rodrigo C. Pereira, *Comentários*, cit., v. 20, p. 385-509.

cerebrais, surdos-mudos, desde que não tenham recebido educação apropriada que os possibilite emitir sua vontade (CC, 1.767, I), pois neste caso precisam de proteção, visto serem relativamente incapazes (CC, art 4º, III). Nem todo surdo-mudo é passível de curatela, não se justificando, portanto, interdição de pessoa não totalmente surda, capaz de manter conversação (*RT, 228*:226)[57].

Se houver meio de educar ou de submeter à ciência eletrônica ou médica o surdo-mudo ou o interdito (ébrio contumaz, toxicômano etc.), o curador deverá evitar seu ingresso em estabelecimento apropriado, ou em clínicas especializadas, utilizando-se dos recursos ou rendimentos do próprio incapaz, e, se este não tiver condições financeiras para tanto, em estabelecimento público que forneça atendimento gratuito, pois deverá preservar o seu direito à convivência familiar, dando-lhe todo o apoio necessário. Cessa a curatela quando, pela educação recebida, puder ele exprimir sua vontade, com precisão[58].

Inclui-se também nos arts. 4º, III, e 1.767, I, ou seja, no rol dos que, em razão de causa transitória ou permanente, não podem exprimir sua vontade (expressão muito abrangente), aqueles que, por serem portadores de enfermidade mental (p. ex., síndrome de Down) ou sofrerem um processo patológico da mente, são incapazes de exprimir sua vontade e dirigir seus bens. Assinala Pontes de Miranda que os portadores de anomalia psíquica estão legalmente sujeitos à curatela, se houver necessidade, quer se trate de dementes, de oligofrênicos, de fracos de espírito (imbecis), de dipsômanos (impulsão irresistível a beber), quer se diagnostique demência afásica, fraqueza mental senil, degeneração, psicastenia, psicose tóxica (morfinismo, cocainismo, alcoolismo), psicose autotóxica (esgotamento, uremia etc.), psicose infectuosa (delírios pós-infecciosos etc.), paranoia, demência arteriosclerótica, demência sifilítica etc., uma vez que a moléstia altere o uso vulgar de suas faculdades, tornando-os incapazes de exercer normalmente os atos da vida civil[59], por não poderem manifestar sua vontade. O art. 84, §§ 1º e 3º, do EPD prescreve que, quando for necessário, a pessoa com deficiência

---

57. W. Barros Monteiro, op. cit., p. 323; Cahali, op. cit., p. 148; Pontes de Miranda, *Tratado de direito de família*, § 195.

58. Orlando Gomes, op. cit., p. 448; Matiello, *Código*, cit., p. 1161.

59. Pontes de Miranda, *Tratado de direito privado*, v. 9, p. 318; Débora Gozzo, *O procedimento de interdição*, Coleção Saraiva de Prática de Direito, n. 19, 1986; Código Penal, art. 26.

deverá ser submetida à curatela, atendendo-se às necessidades e circunstâncias de cada caso, durando o menor tempo possível, e o Ministério Público (CPC, art. 748) tem legitimidade ativa para promover interdição nos casos de doença mental grave. Tal interpretação sistemática justificaria aquela inclusão (anteriormente mencionada) de portadores de deficiência mental no quadro dos relativamente incapazes.

Pelo Código Civil de 1916, o louco de todo gênero era um absolutamente incapaz; só podia, se interditado, atuar juridicamente, quando representado pelo curador (CC de 1916, arts. 5º, II, e 84). Porém, com o Decreto n. 24.559/34, distinguiu-se o psicopata, em absoluta e relativamente incapaz, permitindo, assim, que o juiz fixasse na sentença, tendo em vista a gravidade da moléstia, se sua incapacidade era absoluta ou relativa; conforme o caso, deveria ser representado ou assistido pelo curador. A matéria passou a ser regida pelo não mais vigente Decreto n. 1.917/96, que revogou o Decreto n. 99.678/90, que, por sua vez, revogou o Decreto n. 24.559/34. Pelo Código Civil de 2002, art. 3º, II (ora revogado), eram *absolutamente incapazes* para exercer atos da vida civil os que por enfermidade mental (estágio patológico da mente) ou deficiência mental (em razão de um déficit de inteligência congênito ou adquirido) não tivessem o discernimento para a prática desses atos. Hoje, pelo art. 4º, III, do CC/2002, com a redação da Lei n. 13.146/2015, são tidos como *relativamente incapazes*, se por causa transitória ou permanente, não puderem manifestar sua vontade. Observava Silvio Rodrigues, que o doente mental recolhido em qualquer estabelecimento não poderia praticar ato jurídico de alienação ou administração de bens, nos 90 dias seguintes, a não ser através de seu cônjuge, pai, mãe ou descendente maior, uns na falta dos outros; com isso permitia-se que esses parentes, antes mesmo da interdição do psicopata, praticassem atos de administração e não de disposição[60]. Após esse prazo de 90 dias, nomear-se-ia um administrador provisório dos bens do alienado mental, a menos que se comprovasse a conveniência de interdição imediata. Se, dentro de 2 anos, o psicopata não readquirisse sua aptidão para dirigir sua pessoa e seu patrimônio, seria interditado[61].

O decreto de interdição requer que o estado de insanidade mental seja prolongado, embora o paciente possa apresentar intervalos de lucidez; sem

60. Silvio Rodrigues, op. cit., p. 409.

61. *Vide* Silvio Rodrigues, op. cit., p. 409.

que haja qualquer exigência que a enfermidade seja perpétua ou incurável, ainda que passageira, dá-se curador ao psicopata, se impossibilitado de reger seus bens[62], visto que não consegue exarar sua vontade.

Ao decretar a interdição p. ex. daqueles que, por causa transitória ou permanente, não puderem exprimir sua vontade (CC, art. 1.767, I, com redação da Lei n. 13.146/2015), o magistrado, dando apoio necessário para ter preservado o direito à convivência familiar e comunitária, evitando seu recolhimento em estabelecimento que os afaste desse convívio, só, excepcionalmente, deverá determinar seu internamento em estabelecimento adequado ou apropriado, particular ou público, conforme sua condição social e econômica, se entender ser inconveniente ou perigoso deixá-lo em sua casa ou se o tratamento médico o exigir (CC, art. 1.777, com a redação da Lei n. 13.146/2015), com o escopo de obter terapia e apoio apropriados à conquista de sua autonomia (CPC, art. 758). Observa Rodrigo da Cunha Pereira, ao comentar o revogado art. 1.776 do Código Civil, que: "Embora o artigo refira-se a 'estabelecimento apropriado', a recuperação ou tratamento não se dará necessariamente através do recolhimento ou internação em algum estabelecimento. O tratamento dos portadores de sofrimento mental tem sido feito, atualmente, com melhores resultados, sem que haja internação, isto é, a terapêutica de melhor prognóstico é aquela que se faz junto à família, sem a retirada do paciente da estrutura familiar"[63]. Se o tratamento tiver de ser feito em regime de internação, o art. 4º, § 2º, da Lei n. 10.216/2001, com o objetivo de obter a recuperação e a reinserção social do interditado, requer seja ele "estruturado de forma a oferecer assistência integral à pessoa portadora de transtornos mentais, incluindo serviços médicos, de assistência social, psicológicos, ocupacionais, de lazer e outros". Mas, se for possível, dever-se-á evitar seu recolhimento em estabelecimento que o retire de sua imprescindível convivência sociofamiliar. Enfim, deve receber todo o apoio necessário (CC, art. 1.777, primeira parte).

Todavia, como já dissemos, nem sempre será conveniente que o enfermo ou deficiente mental que não pode exprimir sua vontade, o ébrio habitual ou o toxicômano permaneçam no recinto do lar, gozando da convivência

---

62. Caio M. S. Pereira, op. cit., p. 309; Orlando Gomes, op. cit., p. 447; W. Barros Monteiro, op. cit., p. 323; Pontes de Miranda, *Tratado de direito de família*, cit., v. 3, p. 277; Carvalho Santos, op. cit., v. 6, p. 365; *RF, 179*:248; *RT, 135*:601.

63. Orlando Gomes, op. cit., p. 448; Planiol, Ripert e Boulanger, op. cit., v. 1, n. 2.453; Rodrigo da Cunha Pereira, *Comentários*, cit., v. 20, p. 495.

sociofamiliar devido à sua agressividade ou periculosidade ou à espécie nosológica que os afeta, impedindo-os, por serem *sociopatas*, de se adaptar ao convívio doméstico, ou, ainda, porque sendo-lhes possível um tratamento adequado, ou até a recuperação de sua saúde mental, urge que o curador diligencie seu internamento em estabelecimento apropriado, particular, se houver recurso financeiro para tanto, ou público, se renda alguma tiver o curatelado.

Como a curatela tem por escopo proteger o incapaz, cessará, se ele recobrar sua integridade mental, segundo o que se apurar em processo judicial de levantamento da interdição[64].

2) *Curatela dos toxicômanos* (CC, art. 1.767, III, *in fine*), que, já pela Lei n. 4.294/21, foram equiparados aos psicopatas, criando o Decreto-Lei n. 891/38, no art. 30, § 5º, duas espécies de interdição, conforme o grau de intoxicação: a *limitada,* que era similar à interdição dos relativamente incapazes, e a *plena,* similar à dos absolutamente incapazes. Caracterizando-se a incapacidade de maior ou menor extensão, dava ao toxicômano um curador, com poderes mais ou menos extensos[65]. São considerados, hoje, relativamente incapazes quanto à prática de certos atos, ou ao modo de os exercer (CC, art. 4º, II) e estão sujeitos a internação em estabelecimentos especiais de tratamento e de terapêutica ocupacional, conforme prescrevia o Decreto n. 24.559/34, combinado com o Decreto-Lei n. 891/38, arts. 27 e s. (*vide* Lei n. 11.343/2006), e dispunha o já revogado Decreto n. 1.917/96, que revogou o Decreto n. 99.678/90. A Lei n. 5.726/71 (não mais vigente) traçou normas alusivas às medidas preventivas e repressivas ao tráfico e uso de tóxicos e sobre a assistência e recuperação dos viciados[66]. A Lei n. 10.409/2002, que revogou

64. Caio M. S. Pereira, op. cit., p. 314; Hugo Nigro Mazzilli, *Curadoria de ausentes e incapazes*, São Paulo, 1988.
65. Silvio Rodrigues, op. cit., p. 409-10; W. Barros Monteiro, op. cit., p. 324.
66. Caio M. S. Pereira, op. cit., p. 314.
Enunciado n. 1 da I Jornada de Direito da Saúde
Nas demandas em tutela individual para internação de pacientes psiquiátricos e/ou com problemas de álcool, crack e outras drogas, quando deferida a obrigação de fazer contra o poder público para garantia de cuidado integral em saúde mental (de acordo com o laudo médico e/ou projeto terapêutico elaborado por profissionais de saúde mental do SUS), não é recomendável a determinação *a priori* de internação psiquiátrica, tendo em vista inclusive o risco de institucionalização de pacientes por longos períodos.
Súmula TJSP n. 118: "As ações que visam à internação de dependentes químicos em clínicas especializadas demandam prova pericial complexa, não sendo possível a tramitação no Juizado Especial".

parte da Lei n. 6.368/76, disciplinou as medidas de prevenção e erradicação daquele tráfico e o tratamento dos dependentes de tóxico. Hodiernamente, a Lei n. 11.343/2006, que revogou as Leis n. 6.368/76 e 10.409/2002, prescreve as medidas para prevenção do uso indevido, atenção e reinserção social de usuários e dependentes de drogas, estabelecendo, ainda, normas para a repressão à produção não autorizada e ao tráfico ilícito de drogas, sem olvidar da definição de crimes e da instituição do Sistema Nacional de Políticas Públicas sobre Drogas (SISNAD).

3) *Curatela dos ébrios habituais*, pelo fato de serem, pelo art. 4º, II, do Código Civil, relativamente incapazes para a prática de determinados atos da vida civil, necessitando de um curador que os assista (CC, art. 1.767, III), visto que podem não só ter alucinações, em razão de deterioração mental alcoólica, ou embrutecimento da mente, como também ser acometidos de *delirium tremens* (psicose aguda, condicionada pelo alcoolismo).

4) *Curatela dos pródigos* (CC, arts. 4º, IV, e 1.767, V) — isto é, daqueles que dissipam, desordenadamente, seus haveres —, para preservar os interesses de sua família[67].

O pródigo é um relativamente incapaz (CC, art. 4º, IV), podendo apenas praticar atos de mera administração, necessitando de curador para a efetivação de atos que comprometam seu patrimônio (CC, art. 1.782), como: emprestar, transigir, dar quitação, alienar, hipotecar, demandar ou ser demandado etc. Não pode ser tutor (CC, art. 1.735, I). Só poderá conduzir sua vida civil dentro dos rendimentos que lhe forem arbitrados[68]. Com isso, a lei está evitando que venha a dilapidar seu patrimônio, visto ser pessoa que, por razão psicológica, gasta desordenadamente seus bens (*Juriscível*, *105*:158). Relativamente a sua pessoa, não sofre restrição; pode exercer sua profissão (desde que não seja a de comerciante ou empresário), ser testemunha, ser encarregado da fixação do preço, no caso a que se refere o art. 485 do Código Civil[69]. De modo que se praticar qualquer ato proibido, este

67. Caio M. S. Pereira, op. cit., p. 314; Silvio Rodrigues, op. cit., p. 415. O Projeto de Lei n. 7.312/2002 (apensado ao PL n. 6.960/2002, atual PL n. 699/2011) pretende assim alterar a redação do art. 1.767: "Estão sujeitos à curatela: I — aqueles que, por enfermidade ou deficiência mental, não tiverem o necessário discernimento para os atos da vida civil; II — aqueles que, por outra causa duradoura ou transitória, não poderem exprimir sua vontade; III — os ébrios habituais e os viciados em tóxicos; IV — os pródigos".

68. Clóvis Beviláqua, op. cit., § 91.

69. W. Barros Monteiro, op. cit., p. 325.

será anulável por iniciativa dele próprio, de seu consorte, ascendente ou descendente[70]. Compete, portanto, ao curador assisti-lo nos atos e negócios relativos a seus bens[71].

Se a prodigalidade vier associada a um processo de anomalia mental, criando perturbações psíquicas, modifica-se a causa de interdição, regendo-se, então, conforme as normas condizentes à curatela dos psicopatas[72].

Entretanto, o magistrado deverá, segundo o art. 753, §§ 1º e 2º, do CPC, determinar a produção de prova pericial para avaliação da capacidade do interditando para praticar atos da vida civil; com isso, estaria assinalando os limites da curatela (CPC, art. 755, I e II), averiguando o grau de deficiência orgânica, potencialidades, habilidades, vontades e preferências e verificando se há atos que pode praticar, se tem possibilidade de manifestar sua vontade, especificando, então, os atos que pode praticar. A curatela da pessoa que, por causa transitória ou permanente, não puder exprimir sua vontade, do ébrio habitual, do toxicômano é variável, admitindo gradações. Nem todo alcoólatra, p. ex., é passível de curatela, não se justificando, portanto, interdição de pessoa que, apesar do vício habitual da bebida, é capaz de manter conversação e de exprimir sua vontade. Lembra Cahali, não se gradua a incapacidade do interdito, mas tão somente se limita sua interdição, permitindo-se-lhe, se tiver algum desenvolvimento mental, a prática de determinados atos, assinalando o juiz outros atos a que a curatela se fará necessária. Com isso impõem-se restrições ao interdito, privando-o de, sem curador, emprestar, transigir, dar quitação, alienar, hipotecar, demandar ou ser demandado e praticar, em geral, os atos que não sejam de mera administração (CC, art. 1.782).

Isto é assim porque, pronunciada a interdição de deficientes mentais que não puderem, por causa transitória ou permanente, manifestar sua vontade, ébrios habituais, toxicômanos e pródigos, o juiz assinará, segundo o estado ou o desenvolvimento mental do interdito, os limites da curatela (CPC, arts. 753 e 755).

Os interditos, em razão de impossibilidade de manifestação da vontade, de embriaguez habitual ou de toxicomania (CC, art. 1.767, I, III), não

---

70. Caio M. S. Pereira, op. cit., p. 313; Planiol, Ripert e Boulanger, op. cit., v. 1, n. 2.467 e s.; Cahali, op. cit., p. 148; Clóvis, op. cit., v. 2, p. 358.

71. Orlando Gomes, op. cit., p. 449.

72. Caio M. S. Pereira, op. cit., p. 313; Orlando Gomes, op. cit., p. 449; Clóvis Beviláqua, op. cit., v. 1, p. 185; Bedaque, A curadoria de incapazes, *Justitia, 148*:17-24.

deverão, como já dissemos, ser recolhidos em estabelecimentos adequados, para que o convívio familiar seja preservado (CC, art. 1.777).

E, ainda, pelo art. 84, § 2º, da Lei n. 13.146/2015, "é facultado à pessoa com deficiência a adoção de processo de tomada de decisão apoiada", (art. 1.783-A do CC, acrescentado pela Lei n. 13.146/2015).

b.3. Curatelas destacadas da disciplina legal do instituto em razão de suas particularidades

Há curatelas que se destacam da disciplina legal do instituto devido a suas particularidades, como ocorre com:

1) A *curatela do nascituro,* visto que, embora a personalidade civil do homem comece com o nascimento com vida, a lei põe a salvo, desde a concepção, os direitos do nascituro (CC, art. 2º; Lei n. 8.069/90, arts. 7º a 10). Assim, para resguardar esses direitos, a lei determina que se lhe nomeie curador, se a mulher grávida enviuvar, sem condições de exercer o poder familiar (CC, art. 1.779), desde que o nascituro tenha que receber herança, legado ou doação, sendo, portanto, titular de direito, apesar de subordinado a condição suspensiva, ou seja, seu nascimento com vida. Se a mãe estiver interdita, seu curador será o do nascituro (CC, art. 1.779, parágrafo único). Trata-se da hipótese do art. 1.778 do Código Civil, sobre a extensão da autoridade do curador à pessoa e bens dos filhos do curatelado[73].

O Código de Processo Civil/73, arts. 877 e s., regulava expressamente a posse desses bens em nome do nascituro. Hoje, para tanto, ter-se-á a tutela provisória (CPC, art. 297) de urgência de natureza cautelar (CPC, art. 301). Se a mãe puder exercer o poder familiar, deverá requerer exame médico para comprovar sua gravidez, para que o magistrado possa investi-la na posse dos direitos sucessórios que caibam ao nascituro[74].

2) A *curatela do ausente,* cujo escopo é salvaguardar bens de pessoa que desaparece de seu domicílio sem deixar notícia e sem deixar representante ou procurador para administrar seu patrimônio (CC, art. 22). Daí ser *cura rei* e não *cura personae.* O Código Civil, art. 23, prescreve que também se declarará a ausência, e se nomeará curador, quando o ausente deixar mandatário

---

73. W. Barros Monteiro, op. cit., p. 332; Silvio Rodrigues, op. cit., p. 416; Orlando Gomes, op. cit., p. 451-2; Cahali, op. cit., p. 150.
74. W. Barros Monteiro, op. cit., p. 332.

que não queira ou não possa exercer ou continuar o mandato, ou se os seus poderes forem insuficientes. Assim, ocorrendo essa hipótese, a requerimento de qualquer interessado (cônjuge, parente sucessível) ou do Ministério Público, o juiz nomeará curador que, sob compromisso, inventariará os bens, administrando-os, percebendo-lhes as rendas, para entregá-las ao ausente, quando retornar, ou aos seus herdeiros[75]. Essa curatela extinguir-se-á após um ano (CPC, art. 745, § 1º) de ausência, ao se converter em sucessão provisória, requerida pelos interessados[76].

b.4. Curadorias especiais

As curadorias especiais ou oficiais distinguem-se pela sua finalidade específica, que é a administração dos bens e a defesa de interesses e não a regência de pessoas; uma vez exauridas, esgota, automaticamente, a função do curador[77]. Dentre elas, temos:

1) a instituída pelo testador para os bens deixados a herdeiro ou legatário menor (CC, art. 1.733, § 2º);

2) a que se dá à herança jacente (CC, art. 1.819);

3) a que se dá ao filho, sempre que no exercício do poder familiar colidirem os interesses do pai com os daquele (CC, art. 1.692; Lei n. 8.069/90, arts. 142, parágrafo único, e 148, parágrafo único, *f*);

4) a dada ao incapaz que não tiver representante legal ou, se o tiver, os interesses deste conflitarem com os daquele;

5) a conferida ao réu preso;

6) a que se dá ao revel citado por edital ou com hora certa, que se fizer revel (curadoria *in litem*, CPC, art. 72, I e II);

A curatela instituída a requerimento do enfermo ou portador de deficiência física, ou, se não pudesse fazê-lo, por causa transitória, de seus pais, tutor, cônjuge, parente ou, excepcionalmente, órgão do Ministério Público, para cuidar de todos ou de alguns de seus negócios ou bens (CC, art. 1.780,

---

75. Caio M. S. Pereira, op. cit., p. 315 (p. 526 e s.).

76. *Vide* o que dizemos sobre ausência, que muito elucidará a questão. Orlando Gomes, op. cit., p. 454; *RJTJSP, 45*:232.

77. Orlando Gomes, op. cit., p. 446-7; Alexandre Guedes A. Assunção, *Novo Código Civil comentado*, coord. Fiuza, São Paulo, Saraiva, 2002, p. 1592; Rodrigo da Cunha Pereira, *Comentários*, cit., v. 20, p. 504.

ora revogado), foi substituída pela *tomada de decisão apoiada* (CC, art. 1.783-A). Não se tratava, na verdade, como observava Alexandre G. A. Assunção, de curatela por interdição, mas de transferência de poderes similar a um mandato, em que o curador administrava, total ou parcialmente, o patrimônio de um doente ou deficiente físico, cujo mal lhe dificultasse a boa gestão negocial. Tínhamos um instituto *sui generis*, ou melhor, uma *"curatela-mandato"*, não seguida de processo de interdição, em que o "curador" apenas tinha a gerência dos bens e não da pessoa do "curatelado", sendo, portanto, um curador *ad negotia*. Essa curatela não era destinada, portanto, a pessoa incapaz, mas àquela que não tinha condições físicas para tratar de seus negócios, pois, apesar de se encontrar em pleno gozo de suas faculdades mentais, tinha, p. ex., problema de locomoção, provocado por paralisia, cegueira, idade avançada, AVC ou derrame cerebral, internação hospitalar ou em UTI, obesidade mórbida etc. Poder-se-ia dizer, como Rodrigo da Cunha Pereira, que se tratava de uma *curatela administrativa especial* ou, como preferia Zeno Veloso, de um *caso singular* e *especial* de *curatela sem interdição*, de conteúdo restrito e patrimonial. O magistrado deveria averiguar se essa curatela era mesmo conveniente para o enfermo ou até mesmo a idoso com dificuldade de locomoção, p. ex., ante a possibilidade da ocorrência de má-fé de algum parente que tivesse o *intentio* de, aproveitando-se dele, obter para si, na administração negocial, alguma vantagem econômica. Só deveria ser deferida com a anuência do curatelado, que poderia até mesmo impugnar pedido feito por cônjuge ou parente seu.

Para atender a essas finalidades específicas, a Lei Orgânica do Ministério Público, as leis locais de Organização Judiciária e o Código de Processo Civil cometem a membros integrantes do Ministério Público as funções de curadoria, definindo suas atribuições. São elas: Curadoria da Família, Curadoria das Massas Falidas (atualmente, é exercida pelo promotor de justiça de falências — LC estadual paulista n. 667/91, art. 10, III), Curadoria de Resíduos, Curadoria de Órfãos, Curadoria de Menores, Curadoria de Ausentes e Incapazes, Curadoria de Casamento, Curadoria de Acidentes, Curadoria de Heranças Jacentes. São Curadorias Oficiais que assistem judicialmente nos negócios em que são interessados menores órfãos, falidos, ausentes etc.[78].

---

78. Sobre as curadorias especiais, consulte Orlando Gomes, op. cit., p. 446-7; Cahali, op. cit., p. 144-5; Caio M. S. Pereira, op. cit., p. 308; Pontes de Miranda, *Tratado de direito de família*, cit., §§ 193 e 212; Leonardo F. Schenk, Notas sobre interdição no Código de Processo Civil de 2015, *Revista Síntese Direito Civil e Processual Civil*, *97*:308-325; *RJTJSP*, *41*:206, *44*:34, *62*:100.

C. Interdição

A curatela é, salvo casos excepcionais, sempre deferida pelo juiz em processo de interdição que visa a apurar os fatos que justificam a nomeação de curador, verificando, tendo em vista os fins do instituto, não só se é necessária a interdição e se ela aproveitaria ao arguido da incapacidade, bem como a razão legal da curatela, ou seja, se o indivíduo é, ou não, incapaz de dirigir seu patrimônio[79]. A pessoa só pode receber curador mediante processo judicial que culmina com sentença declaratória e constitutiva de seu estado de incapacidade relativa (CC, art. 4º)[80]. Enquanto se processa a interdição, pode-se dar ao interditando um administrador provisório (Dec. n. 99.678/90, ora revogado, que revogou o Dec. n. 24.559/34, art. 27, § 2º).

A *interdição* é um procedimento especial de jurisdição voluntária que visa o reconhecimento da curatela dos interditos, que justifique nomeação de curador ao interditando (CC, art. 1.768, revogado pelo CPC, art. 1.072, II; com isso aplicar-se-ão os arts. 747 a 758 do CPC/2015). Essa interdição, que é medida protetiva de incapaz, de caráter excepcional, para evitar dano ao seu patrimônio, deverá ser promovida (CPC, art. 747, I a IV e parágrafo único): a) pelo companheiro ou cônjuge (independentemente do regime de bens), desde que não esteja separado extrajudicial ou judicialmente ou de fato (*RT, 176*:743), b) pelos parentes (CPC, art. 747, II) ou seja, pelos parentes em linha reta em qualquer grau ou colateral até o 4º grau, por força do art. 752, § 3º, do CPC e dos arts. 1.591 e 1.592 do Código Civil, excluídos os afins (*RT, 169*:797; *RF, 114*:165). Pela falta de técnica legislativa no uso do termo "parentes", a posição mais aceitável é a que nela inclui apenas os parentes sucessíveis (CC, arts. 1.829 e 1.839; CPC, art. 752, § 3º). Isso é assim porque tais pessoas têm interesse na interdição para a defesa do patrimônio do interditando, a fim de evitar sua dilapidação; c) pelo tutor, ou, ainda pelo representante da entidade em que se encontra abrigado o interditando; d) Ministério Público, nos casos: de doença mental grave, congênita ou adquirida, requerendo vigilância e cuidado permanente por conduzir, p. ex., à prática de atos que possam colocar em risco a vida do próprio paciente como a de terceiros; de não haver interdição proposta pelas pessoas acima designadas, por não existirem ou por não quererem propô-la; de

79. Pontes de Miranda, *Tratado de direito privado*, cit., v. 9, p. 318. *Consulte*: *RT, 594*:212, *720*:111, *715*:133, *718*:212, *785*:226, *796*:249; *RJ, 158*:78, *169*:107, *116*:110; *RJTJSP, 150*:179.

80. Caio M. S. Pereira, op. cit., p. 309 e 311. O PL n. 760/2015 restringe a promoção de interdição a parente consanguíneo até o terceiro grau.

existirem aquelas pessoas, sendo, contudo, inidôneas para provocar o processo, por serem incapazes (CPC, art. 748). Logo, sua legitimação é meramente subsidiária e extraordinária, sendo um substituto processual; e) e, ainda, a própria pessoa, segundo o CC, art. 1.768, IV, com a redação da Lei n. 13.146/2015 que, contudo foi revogado, tacitamente, com a entrada em vigor do novo CPC, que, no art. 747, I a IV, não contempla a possibilidade de autointerdição. Consequentemente, a própria pessoa não mais poderá pleitear, judicialmente, sua interdição.

Quanto ao pródigo, a lei sujeita-o à curatela com o único objetivo de resguardar o patrimônio familiar; portanto o Ministério Público não poderá intervir.

Nada obsta a que o interditando constitua, por livre escolha, advogado (*RT*, *325*:165, *375*:157) para sua defesa (CPC, art. 752, § 3º), embora o representante do Ministério Público, como fiscal da ordem jurídica, seja seu defensor nato (CPC, art. 752, § 1º; CC, art. 1.770). Se o interditando não constituir advogado, deverá ser nomeado curador especial (CPC, art. 752, § 2º), e o seu cônjuge, companheiro ou qualquer parente sucessível poderá intervir como assistente (CPC, art. 752, § 3º).

O foro competente é o do domicílio do interditando, como prefere a maioria dos doutrinadores e tribunais (*RT*, *328*:757, *416*:160, *463*:107; *RJTJSP*, *9*:434, *39*:218); o do requerente só o será quando o interditando estiver em local incerto e não sabido ou não tiver domicílio no Brasil. O processo de interdição é incompatível com a tutela de evidência (CPC, art. 311), porque a comprovação das causas da incapacidade requer prova pericial (CPC, art. 753). Se se pretende dar curador ao interditando, deve-se proceder a exame de sua sanidade físico-psíquica por meio de especialista. Mas, se houver exame de sua sanidade, o juiz será obrigado a interrogá-lo pessoalmente, em minúcias, acerca de sua vida, negócios, bens, vontades, preferências e laços familiares e afetivos etc., assistido por equipe multidisciplinar ou por especialistas (médicos, psicólogos, psiquiatras etc.), com ou sem oitiva de parentes ou pessoas próximas, antes de se pronunciar (CPC, arts. 751, § 4º, e 753, § 1º). A avaliação da incapacidade, quando necessária, poderá, entendemos, ser biopsicossocial, realizada por equipe multiprofissional e interdisciplinar, e considerará: impedimentos nas funções e nas estruturas do corpo; fatores socioambientais, psicológicos e pessoais; limitação no desempenho de atividades e restrição de participação (Lei n. 13.146/2015, art. 2º, § 1º, I a IV). Não será decretada a interdição se vier a ocorrer contradição entre o laudo médico e a impressão pessoal do juiz que interrogou o interditando (*RT*, *537*:74). Isto é assim porque o processo de interdição traz em seu bojo um forte conteúdo de interesse público, não obrigando o magistrado a acatar, de modo passivo, o exame pericial do perito nomeado (*RT*, *675*:176), pois a prestação juridicional está baseada no princípio do livre convencimento. Nulo será o processo se não for feito o exame pericial (*RT*, *718*: 212 e *715*: 133). Já houve decisão, no sentido de que: "No processo de interdição, pode o Juiz dispensar a perícia médica, prevista no CPC 1.183 — hoje art. 753 —, se estiver absolutamente convencido, por documentos e pelo interrogatório que realizou, da deficiência mental do interditando, mormente se tal convicção não seria modificada pelo laudo, ao qual o magistrado não está adstrito" (*RT*, *786*:270).

O art. 749 do Código de Processo Civil trata da petição inicial, na qual o interessado provará sua legitimidade, especificando fatos que revelam a incapacidade do interditando para reger sua pessoa e seus bens. Pelo art. 749 do CPC, a petição inicial acompanhada de laudo médico (art. 750 do CPC) deverá especificar não só o fato gerador da incapacidade do interditando para administrar bens e praticar atos da vida, como também o momento em que se deu tal incapacidade (CPC, art. 749, *caput*). Justificada a urgência, o juiz poderá nomear *curador provisório* (CPC, art. 749, parágrafo único) ao interditando para a prática de certos atos (p. ex., para administrar empresa do interditando). Pelo art. 751 do Código de Processo Civil o interditando será citado para, em dia designado, comparecer perante o juiz (*RT, 275*:391) que o examinará, interrogando sobre sua vida, negócios, bens, vontades, preferências, laços familiares e afetivos, enfim, sobre o que for preciso para julgar seu desenvolvimento mental e para formar seu convencimento quanto sua incapacidade (maior ou menor) para praticar atos da vida civil, devendo ser reduzidas a termo as perguntas e respostas.

Se o interditando não puder deslocar-se, o magistrado deverá ouvi-lo no local onde estiver (§ 1º do art. 751 do CPC).

A entrevista poderá ser acompanhada por especialista, assegurando-se emprego de recursos tecnológicos (p. ex., computador) capazes de auxiliar o interditando a expressar sua vontade e preferência e a responder às questões formuladas. E a critério do órgão judicante poderá ser requisitada a oitiva de parentes e de pessoas próximas (CPC, art. 751, §§ 2º a 4º).

Dentro de 15 dias contados da entrevista, o interditando poderá impugnar o pedido representado por advogado ou por curador especial. Se não constituir advogado, caso em que seu cônjuge, companheiro ou parente sucessível poderá intervir como assistente. E o Ministério Público atuará como fiscal da lei, se ele não for o requerente da medida (CPC, art. 752, §§ 1º e 2º).

Após esse prazo, o magistrado nomeará perito para examiná-lo mediante avaliação da sua capacidade para praticar atos na vida civil (CPC, art. 753, 1ª parte; *RJTJSP, 126*:165; *RT, 715*:133, *785*:226), salvo se estiver convencido, por documentos ou interrogatório, de sua deficiência (*RT, 786*:270). Tal prova pericial poderá ser feita por equipe composta por peritos com formação multidisciplinar. O laudo pericial indicará, se for o caso, os atos para os quais haverá necessidade de curatela (CPC, art. 753, §§ 1º e 2º). "Apresentado o laudo, produzidas as demais provas e ouvidos os interessados o juiz proferirá a sentença" (CPC, art. 754). Tal sentença, além de nomear curador, deverá fixar os limites da curatela, conforme o estado e desenvolvimento mental do interdito, considerando as suas características pessoais (CPC, art. 755, I e II).

Há autorização para nomeação de curador provisório ao interditando para prática de ato fora da relação processual, se justificada for a urgência (CPC, art. 300), indicando os atos que poderão ser praticados por ele (art. 755, I).

A curatela deverá ser atribuída à pessoa que melhor atender aos interesses do curatelado (CPC, art. 755, § 1º). Se, ao tempo da interdição, algum incapaz estava sob a guarda do interdito, o juiz atribuirá a curatela a quem melhor puder atender aos interesses do interdito e do incapaz (CPC, art. 755, § 2º) e poderá observar a ordem estabelecida no CC, art. 1.775: companheiro ou cônjuge, não separado extrajudicialmente, judicialmente ou de fato (*RT, 846*:287, *419*:138, *439*:227; *RF, 91*:485), caso em que a curatela será obrigatória, por ser vedada a escusa, na sua falta, o pai ou a mãe, e não havendo estes, o descendente que se demonstrar mais apto, sendo que o mais próximo precede o mais remoto, configurando-se a curatela legítima. Faltando essas pessoas mencionadas, compete ao juiz a escolha do curador dativo, levando em conta sua idoneidade e capacidade para exercer o cargo. Contudo, o art. 1.775 do Código Civil não tem caráter absoluto, pois não se submete o interdito à curatela de pessoa que não lhe merecia confiança ao tempo em que gozava do pleno discernimento (*RT, 527*:80). Esse artigo, ao ser aplicado pelo órgão judicante, deverá ceder ante os interesses da pessoa protegida (*RT, 529*:109; *Bol. AASP, 2.747*:2051-09). Se o interditando for, p. ex., portador de deficiência (física ou mental), o juiz poderá, atendendo à sua afetividade, aos seus interesses, à sua vontade, às suas preferências, não havendo quaisquer conflitos de interesses ou influências nefastas, estabelecer *a curatela compartilhada*, p. ex., aos seus pais, ou até mesmo a seus irmãos, pois com eles sempre conviveu em harmonia (CC, art. 1.775-A, acrescentado pela Lei n. 13.146/2015), facilitando, assim, o acompanhamento de suas atividades especiais ou dos cuidados de que tanto necessita. Para a escolha do curador, o juiz levará em conta as características pessoais do interditando, observando suas potencialidades, habilidades, vontades e preferências (CPC, art. 755, II) e atribuirá a curatela a quem melhor possa atender aos interesses do curatelado (CPC, art. 755, § 1º).

A sentença do juiz põe, portanto, os bens do interditado sob a direção do curador, pessoa idônea que velará por ele, exercendo seu encargo, pessoalmente (*AJ, 101*:91). A sentença pode fixar os limites da curatela, segundo o estado e o desenvolvimento mental do interdito, considerando suas características pessoais, suas potencialidades, habilidades, vontades e preferências, para concluir por incapacidade maior ou menor, para a prática de certos atos, deferindo, no primeiro caso, a *curatela plena* e, no segundo, a *limitada* (CPC, art. 755, I e II). O Enunciado 574 do CJF (aprovado na VI Jornada de Direito Civil) concluiu que: "A decisão judicial de interdição deverá fixar os limites da curatela para todas as pessoas a ela sujeitas, sem distinção, a fim de resguardar os direitos fundamentais e a dignidade do interdito (art. 1.772 alterado pela Lei n. 13.146/2015) e revogado pelo CPC/2015, art. 1.072, II). É preciso graduar a incapacidade, fixando sua extensão, averiguando a aptidão do interditando para a prática de atos patrimoniais e extrapatrimoniais, para que haja uma real proteção do patrimônio do curatelado por parte do curador. O curador deve prestar compromisso, por termo em livro rubricado pelo juiz, no prazo de 5 dias contados: da sua nomeação; da intimação do despacho que mandar cumprir testamento ou instrumento público que o houver instituído (CPC, art. 759, I e II, § 1º; o PL n. 757/2015 dispõe sobre limites da curatela).

Prestado o compromisso, o curador assume a administração dos bens do curatelado (CPC, art. 759, § 2º). Regerá a pessoa e os bens do incapaz que estava sob a guarda do curatelado ao tempo da interdição, exceto se o juiz fixar outra solução mais conveniente aos interesses daquele incapaz (CPC, art. 757). Ter-se-á, então, unicidade de curatela.

Pelo art. 758 do CPC, o curador deverá buscar tratamento, respeitando a dignidade, e apoio apropriados ao interdito, para que este reconquiste sua autonomia. Havendo qualquer conflito de interesses entre curador e curatelado, afastar-se-á a nomeação.

O § 3º do art. 755 impõe a inscrição da sentença de interdição no registro de pessoas naturais e sua imediata publicação na rede mundial de computadores, no sítio do tribunal a que estiver vinculado o juízo e na plataforma de editais do Conselho Nacional de Justiça, onde permanecerá por 6 meses, na imprensa local, uma vez, e no órgão oficial, por 3 vezes, com intervalo de

10 dias, constando do edital os nomes do interdito e do curador, a causa de interdição, os limites da curatela e, não sendo total a interdição, os atos que o interdito poderá praticar autonomamente.

O assento da sentença no registro de pessoas naturais e a publicação editalícia são indispensáveis para que tenha eficácia *erga omnes*.

Tal sentença, apesar da omissão do CPC/2015 e da revogação do CC, art. 1.773, deve decidir sobre o termo inicial da interdição ou a data que possa fazer as suas vezes, se impossível sua aferição e não gerar efeito relativamente aos atos praticados pelo interditando, antes da interdição, será suscetível de apelação (CPC, art. 1.009) e terá efeitos imediatos, porque a apelação nesta hipótese não possui efeito suspensivo (CPC, art. 1.012, § 1º, VI). A decisão que decreta a interdição produz, portanto, efeitos desde logo, porque sujeita a recurso, que tem efeito apenas devolutivo (*RT, 310*:748; *RF, 149*:313). Tal recurso apenas leva ao tribunal o conhecimento do julgamento, não impedindo a produção dos efeitos daquela decisão. Se o juiz, ao estabelecer os limites da curatela, fixar em sentença que o curador deverá representar o curatelado, poder-se-á aplicar por analogia o CC, art. 166, I, e declarar nulo ato negocial assinado apenas pelo incapaz? E se o magistrado entender que o curador deverá apenas assisti-lo, ter-se-á aplicação analógica do art. 171, I, e tal negócio seria anulável? Ter-se-ia, então, uma situação *sui generis* de invalidade? Parece-nos que não caberia emprego da analogia, mas sim interpretação restritiva dos arts. 4º e 171 do CC, e o ato por ele praticado, seria, então, anulável, qualquer que seja o limite da curatela. Assim sendo, após a prolação da sentença, anuláveis serão os atos praticados pelo interdito, sendo que os atos anteriores à *sentença declaratória* serão anuláveis, se se comprovar, em juízo, que sua incapacidade já existia no momento da realização do negócio. Estamos nos referindo a uma classificação dos civilistas atinente ao reconhecimento judicial de uma situação fática, que dá causa à incapacidade, ou seja, a alienação ou moléstia mental, não mencionando a questão processual alusiva ao momento da eficácia da sentença de interdição, ou seja, ao seu efeito *ex nunc*. Deveras, o efeito da sentença de interdição é, em regra, *ex nunc*, por isso há quem a considere como uma *sentença constitutiva*, pois a partir dela se modifica a situação do interdito, com imposição de limites à prática de atos na vida civil, que importem oneração do seu patrimônio. Geralmente, seus efeitos começam a atuar a partir da sentença, antes mesmo do trânsito em julgado. Assim pensam, por exemplo, Rogério Lauria Tucci e Humberto Theodoro Júnior. Mas, como nem sempre tal ocorre, alguns autores, com os quais concordamos, chegam a afirmar que essa sentença é, concomitantemente, *declaratória* e *constitutiva*. Em regra, só depois de decretada a interdição é que se recusa a capacidade de exercício, sendo anulável qualquer ato praticado (*RT, 468*:112) pelo interdito, embora seja possível invalidar ato por ele praticado, mesmo antes da decretação judicial de sua interdição, desde que se comprove, judicialmente, a existência de sua incapacidade por ocasião da efetivação do ato negocial (*RF, 81*:213, *152*:176; *RTJ, 102*:359; *RT, 224*:137, *280*:252, *352*:352, *365*:93, *415*:358, *436*:74, *483*:71, *489*:75, *505*:82, *503*:93, *506*:75, *539*:149 e 182, *537*:74), caso em que produz efeito *ex tunc*.

A interdição será levantada, total ou parcialmente, desde que se prove a cessação da causa que lhe deu origem, mediante pedido feito pelo interdito, curador ou Ministério Público em audiência de instrução e julgamento (CPC, art. 756, § 2º), que será apensado aos autos da interdição, após apresentação de laudo pericial (CPC, art. 756, §§ 1º a 4º); a sentença que a levanta como a que a decreta devem ser levadas a registro no cartório competente e publicadas para conhecimento de terceiros (CPC, arts. 755, § 3º, e 756; Lei n. 6.015/73, arts. 29, V, e 104)[81].

O curador pode eximir-se do cargo apresentando escusa ao juiz, nos termos do CPC, art. 760, I e II. Pelo art. 760, § 2º, caberá ao juiz decidir de plano o pedido de escusa de curatela. Se rejeitá-lo, o nomeado continuará exercendo o *munus* até o trânsito em julgado da sentença que o dispense. O curador pode sofrer remoção (CPC, art. 761) ou suspensão do exercício

81. Sobre o processo de interdição, *vide* Pontes de Miranda, *Tratado de direito de família*, cit., §§ 194 e 195; Caio M. S. Pereira, op. cit., p. 309 e 311; Orlando Gomes, op. cit., p. 449-50; Silvio Rodrigues, op. cit., p. 413-6; W. Barros Monteiro, op. cit., p. 325-30; Ana Carolina B. Teixeira e outros, O impacto da conformação do novo CPC à Constituição Federal no direito material da interdição e sua eficácia normativa, *Revista Síntese – Direito de Família, 101*:137 a 158; Cassio S. Bueno, *Novo Código de Processo Civil anotado*, São Paulo, Saraiva, 2015, p. 469; Moacir P. de A. Ribeiro, Estatuto da Pessoa com Deficiência: a revisão da teoria das incapacidades e os reflexos jurídicos na ótica do notário e do registrador, *Revista Síntese — Direito Civil* e *Processual Civil, 99*:44 e 45; Atalá Correia, Estatuto da Pessoa com Deficiência traz inovações e dúvidas, *Revista Síntese — Direito Civil* e *Processual Civil, 99*:25 e 26; *RT, 150*:132, *489*:317, *524*:98, *527*:90. Os seguintes julgados entendem que o procedimento de interdição pertence ao de jurisdição voluntária: *RT, 418*:120, *507*:72; *RJTJSP, 14*:320. Mas há quem ache que a declaração de invalidade de negócios levados a efeito antes da interdição apenas poderá dar-se em ação autônoma, por entender que o processo de interdição tem procedimento especial, visando tão somente a decretação de interdição com efeito *ex nunc* (também assim já se decidiu: *JTJ, Lex, 212*:104; *RTJ, 83*:425 a 433; *RT, 493*:130, *489*:76). *Vide*, ainda, *771*:219, *797*:240. Consulte: Pontes de Miranda, *Comentários ao Código de Processo Civil*, cit., t. 16, p. 393-4.

de suas funções (CPC, art. 72), nos casos de extrema gravidade, hipótese em que haverá nomeação de substituto interino. Cessando suas funções pelo decurso do prazo em que estava obrigado a servir, pode requerer a exoneração do encargo, dentro de 10 dias seguintes à expiração do termo (CPC, art. 763, § 1º). Cessada a curatela deverá prestar contas (CPC, art. 763, § 2º).

D. Exercício da curatela

A curatela distingue-se da tutela nos seguintes traços: *a*) a tutela recai sobre menores, ao passo que a curatela, em regra, é dada aos maiores ou nascituros; *b*) a tutela pode ser oriunda de provimento voluntário, enquanto a curatela é sempre deferida pelo magistrado; *c*) os poderes do tutor são mais amplos do que os do curador, que se institui de acordo com as necessidades da proteção devida ao curatelado, podendo consistir em mera administração dos bens do incapaz[82].

Não obstante, aplicam-se à curatela as disposições concernentes à tutela que não contrariarem sua essência e seus fins (CC, arts. 1.774 e 1.781; CPC, arts. 759 a 763)[83]. Consequentemente, o curador terá os mesmos direitos, garantias, obrigações e proibições do tutor, podendo escusar-se do encargo, ou dele ser removido, nos casos legais.

Vigoram para os curadores as causas voluntárias e proibitórias dos arts. 1.735 e 1.736 do Código Civil, estando, ainda, adstritos à caução (CC, art. 1.745 e parágrafo único), à apresentação do balanço anual e à prestação de contas de sua gestão (*RT*, *518*:65; Lei n. 8.069/90, art. 201, IV; CPC, art. 763, § 2º, 550 a 553). O curador terá ação regressiva contra o curatelado para haver o que despendeu, desde que ele tenha bens suficientes para tal.

Mas, pelo art. 1.783 do Código Civil, quando o curador for o cônjuge, não será obrigado a apresentar contas, se o regime de casamento for o da comunhão universal, salvo determinação judicial, se, por exemplo, houver

82. Cahali, op. cit., p. 144; Waldyr Grisard Filho, Curatela de filhos: uma tarefa compartilhada para uma integral proteção dos direitos fundamentais da pessoa portadora da deficiência, *Novos direitos após seis anos de vigência do Código Civil de 2002*, Curitiba, Juruá, 2009, p. 419 a 432. O TJSP tem determinado curatela compartilhada de filho portador de autismo.

83. Orlando Gomes, op. cit., p. 451. *Vide* CC, arts. 928 e parágrafo único, 932, II, 933, 934, 942, parágrafo único, 2.040 e 1.745, parágrafo único. Sobre remoção de curador: *RT*, *785*:229.

suspeita de desvio de bens[84]. Isto é assim porque, nesse regime, a ambos os cônjuges pertence o acervo familiar, logo o consorte-curador tem interesse em preservá-lo. Se outro for o regime matrimonial, o cônjuge-curador deverá fazer balanço anual e prestar contas.

O curador tem direitos e deveres concernentes aos bens do curatelado, estendendo-se sua autoridade à pessoa e patrimônio dos filhos do curatelado (CC, art. 1.778), mesmo se nascituros (CC, art. 1.779, parágrafo único), pois o curador nomeado será o tutor dos filhos menores do incapaz submetido à curatela.

Os bens do interdito só poderão ser alienados ou arrendados em leilão público, desde que haja vantagem na operação e sempre mediante autorização judicial (CC, art. 1.750; *RF, 240*:200; *RJTJSP, 11*:117, *80*:36; *RT, 550*:155).

Será dispensável alienação judicial, se o curador for o próprio cônjuge ou o pai; a alienação judicial operar-se-á, então, por autorização de magistrado (*RT, 166*:161) e a metade do produto da venda será depositada para garantir a subsistência do incapaz (*RT, 154*:159).

Pela Lei n. 1.869/53, todas as quantias em dinheiro, pertencentes ao interdito, serão recolhidas em estabelecimento bancário oficial, de onde apenas serão retiradas para atender ao tratamento do enfermo ou para aquisição de bens de raiz e de títulos de dívida pública[85].

---

84. Ação de prestação de contas — Curatela exercida pela esposa do interdito — Pleito de prestação de contas por parte de uma filha, também interdita. Hipótese em que a curadora, embora esposa do curatelado, constituiu, de fato, união afetiva paralela, utilizando-se dos vencimentos do curatelado para despesas e empréstimos vultosos. Situação que impõe a prestação de contas. Recurso desprovido (TJRS, 7ª CCív., ApC 70023331457, Cacequi-RS, rel. Des. Ricardo Raupp Ruschel, j. 10-6-2009, *Bol. AASP, 2.647*:588-16).

85. Sobre o exercício da curatela, consulte Orlando Gomes, op. cit., p. 451; W. Barros Monteiro, op. cit., p. 330-2; Caio M. S. Pereira, op. cit., p. 311-2; Débora Gozzo, *O procedimento de interdição,* Coleção Saraiva de Prática do Direito, n. 19, 1986; Matiello, *Código*, cit., p. 1164. *Vide* Código Penal, art. 168, § 1º, II, sobre apropriação indébita praticada pelo curador, e o art. 181, I, que isenta de pena o cônjuge, autor do prejuízo a outro. *Vide* Decreto n. 3.048/99 e CPC, art. 890, I.

QUADRO SINÓTICO

CURATELA

1. CONCEITO	• Curatela é o encargo público, cometido, por lei, a alguém, para reger e defender a pessoa e administrar os bens de maiores, que, por si sós, não estão em condições de fazê-lo, em razão de enfermidade ou deficiência mental.		
2. PRESSUPOSTO	• Fático	• Incapacidade (CC, art. 1.767, I a V; Dec.-Lei n. 891/38; Lei n. 5.726/71, ora revogada pela Lei n. 6.368/76).	
	• Jurídico	• Decisão judicial prolatada em processo de interdição.	
3. ESPÉCIES	• Curatela de adultos incapazes (CC, art. 1.767)		• Curatela dos toxicômanos. • Curatela dos ébrios habituais. • Curatela dos que não podem exprimir sua vontade. • Curatela dos pródigos.
	• Curatelas destacadas da disciplina legal do instituto devido a suas particularidades	• Curatela do nascituro	• CC, arts. 2º, 1.778 e 1.779.
		• Curatela do ausente	• CC, arts. 22 e 23.
	• Curadorias especiais	• CC, art. 1.733, § 2º. • CC, art. 1.819. • CC, art. 1.692. • CC, art. 1.783-A (tomada de decisão apoiada). • CPC, art. 72, I e II.	
4. INTERDIÇÃO	• A curatela é sempre deferida pelo juiz em processo de interdição, que visa a apurar fatos justificadores da nomeação de curador, com observância dos seguintes dispositivos legais: CC, arts. 1.768 e 1.769, ora revogados pelo CPC, e 1.775, 1.775-A, 1.777, com a redação da Lei n. 13.146/2015; CPC, arts. 747 a 756; Decreto n. 99.678/90, ora revogado pelo Decreto n. 1.917/96; Lei n. 6.015/73, arts. 29, V, e 104.		
5. EXERCÍCIO DA CURATELA	• CC, arts. 1.774, 1.781, 1.735, 1.736, 1.783, 1.779 e 1.750. • CPC, arts. 759 a 763. • Lei n. 1.869/53.		

4. Tomada de decisão apoiada

O portador de deficiência (p. ex., vítima de AVC, cego, tetraplégico, deficiente mental com limitação na expressão de sua vontade) conta, com o advento da Lei n. 13.146/2015, com um novel regime alternativo à curatela: *a tomada de decisão apoiada*. Assim, para que possa exercer atos na vida civil, deverá socorrer-se, por meio de via judicial, da curatela ou da tomada de decisão apoiada (caso em que é a pessoa quem decide sobre sua vida, preservando a capacidade civil). A tomada de decisão apoiada não exclui a curatela, é uma opção do portador de deficiência, como ocorre na Itália (CC italiano, art. 404), com a *amministrazione di sostegno*, ou na França (CC francês, art. 439), com a *sauvegarde de justice*. A opção pela tomada de decisão apoiada não conduz à perda da capacidade, mas sim à perda da legitimidade para exercer por si os atos da vida civil.

A Lei n. 13.146/2015 acrescentou o Capítulo III intitulado "Da tomada de decisão apoiada" ao Título IV do Livro IV da Parte Especial do Código Civil, inserindo o art. 1.783-A, §§ 1º a 11. Da leitura desse artigo infere-se que:

1) A tomada de decisão apoiada é o processo pelo qual a pessoa com deficiência elege pelo menos 2 (duas) pessoas aptas e idôneas, de sua confiança, com as quais tenha vínculos (de parentesco consanguíneo ou socioafetivo, ou de afetividade), para prestar-lhe apoio na tomada de decisão sobre atos da vida civil, fornecendo-lhes os elementos e informações necessários para que possa exercer sua capacidade; com isso poder-se-á evitar imposição de um curador à sua revelia ou até mesmo contrário aos seus interesses.

2) Para formular esse pedido, o portador de deficiência e os apoiadores deverão apresentar termo especificando: a) os limites do apoio a ser oferecido, conforme suas necessidades; b) os compromissos assumidos pelos apoiadores; c) o prazo de vigência do acordo. Embora possa surgir tendência de

torná-lo indeterminado como o fez o Código Civil italiano, no art. 405, V, 2, ao prescever *"della durata dell incarico, che può essere anche a tempo indeterminado"*. Já na França a medida de *sauvegarde de justice* (CC francês, art. 439) não poderá exceder o período de um ano renovável apenas uma vez; d) respeito à vontade; e) aos direitos e f) aos interesses da pessoa apoiada. Tal pedido é requerido, em procedimento de jurisdição voluntária, pela pessoa a ser apoiada, com indicação expressa dos apoiadores.

c) O magistrado, antes de se pronunciar sobre o pedido de tomada de decisão apoiada, ouvirá, após oitiva do Ministério Público, pessoalmente o requerente e as pessoas, por ele indicadas, que lhe prestarão apoio. Para tanto, o juiz deverá estar assistido por equipe multidisciplinar (assistente social, médico, psicólogo etc.). Com a homologação, todos os atos negociais do apoiado deverão contar com a participação dos apoiadores, que fornecerão informações para sua decisão, uma vez que agirá em nome próprio, por ser capaz.

d) Os efeitos da tomada de decisão apoiada são: 1. A decisão tomada por pessoa apoiada terá validade e produzirá efeitos sobre terceiros, sem restrições, desde que esteja dentro dos limites do apoio acordado. Com a tomada de decisão apoiada não haverá perda da capacidade do requerente, mas tão somente um reforço à validade do negócio que ele pretende efetivar. 2. Terceiro, com quem o apoiado vier a firmar negócio, poderá solicitar que os apoiadores contra-assinem o contrato, especificando, por escrito, sua função em relação ao apoiado. 3. Se o negócio entabulado puder trazer risco ou prejuízo ou se houver divergência de opiniões entre apoiado e apoiadores, o magistrado, ouvido o Ministério Público, decidirá a questão. Logo, se a controvérsia de opiniões não acarretar risco nem prejuízo relevante, claro está que deverá prevalecer a opinião do apoiado, visto que o instituto visa atender aos seus interesses, pouco importará, a dos apoiadores, que poderão, se quiserem, pleitear o registro da divergência, para que, no porvir, não haja alegação de negligência no exercício de sua função. 4. Possibilidade de solicitação, a qualquer tempo, pelo apoiador, de término do acordo firmado em processo de tomada de decisão apoiada. Havendo autorização judicial para a exclusão de um dos apoiadores do processo, implicará nomeação de novo apoiador e não extinção do instituto, que só se dará por vontade do apoiado ao não designar outro apoiador.

e) Havendo negligência, pressão indevida ou inadimplemento de obrigações assumidas, o apoiado ou qualquer pessoa poderá apresentar denúncia ao Ministério Público ou ao juiz. Julgada procedente tal denúncia, o órgão judicante destituirá o apoiador e nomeará, após ouvir o apoiado e se for do interesse deste, outra pessoa para prestação de apoio. O apoiado poderá, no exercício de seu direito potestativo, a qualquer tempo, solicitar o término do acordo firmado em processo de decisão apoiada. Assim, se um dos apoiadores for destituído e o apoiado não quiser a nomeação de novo apoiador, ter-se-á extinção da tomada de decisão apoiada. Consequentemente, o órgão judicante não poderá evitar o fim da tomada de decisão apoiada se o apoiado a pleitear.

f) O próprio apoiador poderá pedir ao magistrado a exclusão de sua participação do processo de tomada de decisão apoiada, sendo seu desligamento condicionado à manifestação do juiz sobre a matéria.

g) Os apoiadores deverão prestar contas de seus atos, caso em que se aplicarão, no que couberem, as disposições atinentes às prestações de contas na curatela.

O art. 1.783-A, com o escopo de adaptar o Código Civil às normas da Convenção sobre os Direitos das Pessoas com Deficiência de Nova York (2007), procurou, em prol do respeito à dignidade do ser humano, dar um meio protetivo idôneo para integrar o deficiente à sociedade, auxiliando-o para que possa exercer, com segurança, sua capacidade, na prática de atos da vida civil.

Como se vê há, similarmente ao mandato, um respeito à autonomia da vontade do apoiado tanto na instituição como na extinção da tomada de decisão apoiada. Com isso, esse novo regime alternativo à curatela poderá dar azo à ineficácia das normas sobre curatela, que poderão perder, apesar de vigentes, a sua eficácia social[86].

---

86. Consulte a respeito: Maurício Requião, Conheça a tomada de decisão apoiada, novo regime alternativo à curatela, *Revista Consultor Jurídico*, 14-9-2015; Paula Távora Vitor, *A administração do patrimônio das pessoas com capacidade diminuída*, Coimbra, 2008, p. 175, 176, 182, 189 e 202. Mª Helena Diniz, A nova teoria das incapacidades, *Revista Thesis Juris*, v. 5, 2016, p. 283-286. O PL n. 757/2015 dispõe sobre efeitos e o procedimento da tomada de decisão apoiada.

Quadro Sinótico

TOMADA DE DECISÃO APOIADA

1. CONCEITO	• Processo pelo qual pessoa com deficiência elege pelo menos duas pessoas idôneas, de sua confiança, com as quais tenha vínculos, para prestar-lhe apoio na tomada de decisão sobre atos da vida civil, fornecendo-lhe elementos e informações necessários para que possa exercer sua capacidade (CC, 1.783-A, *caput*).
2. PEDIDO DE TOMADA DE DECISÃO APOIADA	• CC, art. 1.783-A, §§ 1º e 2º.
3. PRONUNCIAMENTO JUDICIAL	• CC, art. 1.783-A, § 3º.
4. EFEITOS DA TOMADA DE DECISÃO APOIADA (CC, ART. 1.783-A, §§ 4º A 6º E 9º)	• Validade em relação a terceiros. • Solicitação por terceiro, com quem apoiado firmou negócio, da contra-assinatura dos apoiadores. • Decisão da questão pelo juiz, havendo risco, ou prejuízo, ou divergência, após oitiva do Ministério Público. • Possibilidade de solicitação, em qualquer tempo, do término do acordo.
5. CASOS DE DESTITUIÇÃO DO APOIADOR (CC, ART. 1.783-A, §§ 7º E 8º)	• Negligência. • Pressão indevida. • Inadimplemento das obrigações assumidas.
6. EXCLUSÃO DO APOIADOR	• CC, art. 1.783-A, § 10.
7. PRESTAÇÃO DE CONTAS DO APOIADOR	• CC, art. 1.783-A, § 11.

5. Ausência

A. Conceito

Pelas suas repercussões na seara do direito de família, julgamos ser importante dizer algo sobre ela, apesar de ser tratada na parte geral pelo novo *Codex* (arts. 6º, 7º, 22 a 29).

Tem-se a ausência quando alguém desaparece de seu domicílio, sem dar notícias de seu paradeiro e sem deixar representante ou procurador (CC, art. 22). Sendo declarado como ausente pelo magistrado, institui-se sua curatela[87].

A nomeação do curador dar-se-á, assevera Caio M. S. Pereira[88], mesmo que ele tenha deixado procurador que se recuse a administrar seu patrimônio ou que não queira continuar o mandato, seja por ter ocorrido o término da representação a termo, seja por renúncia do mandatário, seja por sua morte ou incapacidade, seja por insuficiência de poderes (CC, art. 23).

B. Fases da ausência

Apresentam-se na ausência três fases bem distintas, que são:

---

87. W. Barros Monteiro, op. cit., p. 334; Silvio Rodrigues, op. cit., p. 417; Sebastião José Roque, *Direito de família*, cit., p. 207-14; José Antonio de Paula Santos Neto, *Da ausência*, São Paulo, Ed. Juarez de Oliveira, 2001; Moacir Adiers, A ausência da pessoa natural no novo Código Civil, *Revista de Direito Privado, 18*:189-217; Tarcisa A. Marques Porto, *A ausência no novo Código Civil*, São Paulo, SRS, 2008; Código de Processo Civil, arts. 744 e s., 71, 76 e 626; Lei de Falências, art. 94, III, *f*. A morte presumida sem declaração de ausência (CC, arts. 6º e 7º) produz os mesmos efeitos jurídicos.

88. Caio M. S. Pereira, op. cit., p. 314.

1) A *curatela do ausente* (*cura rei*), em que se dá a caracterização da ausência por sentença declaratória, que deverá ser registrada no cartório do domicílio anterior do ausente (Lei n. 6.015/73, art. 94). Verificado o desaparecimento de uma pessoa do seu domicílio, sem dar qualquer notícia e sem deixar procurador para administrar seus bens ou que tenha deixado mandatário que não quer ou não pode exercer o mandato (CC, arts. 22 e 23; CPC, art. 744), o juiz, a requerimento de qualquer interessado ou do Ministério Público, certificando-se da veracidade do fato, arrecadará os bens do ausente (CPC, art. 744), especificando-os minuciosamente e entregando-os a um curador que nomeará (CC, art. 22). O cônjuge do ausente, desde que não esteja separado judicialmente ou de fato por mais de 2 anos antes da declaração da ausência, será seu legítimo curador (CC, art. 25), tal direito estender-se-á ao companheiro (Enunciado n. 97 do STJ, aprovado nas Jornadas de Direito Civil de 2002), desde que esteja com ele convivendo, em virtude de sua condição de herdeiro (CC, art. 1.790); na falta de cônjuge ou companheiro nomear-se-á o pai ou a mãe do desaparecido e, na ausência destes, os descendentes, desde que idôneos a exercer o cargo (CC, art. 25, § 1º), preferindo-se os mais próximos aos mais remotos. Na falta dessas pessoas, competirá ao juiz a escolha do curador (CC, art. 25, §§ 2º e 3º).

Esse curador nomeado terá seus poderes e deveres fixados pelo órgão judicante, de acordo com as circunstâncias do caso, observando-se, no que for aplicável, o disposto a respeito dos tutores e curadores (CC, art. 24). O curador, sob compromisso, inventariará os bens do desaparecido e administrá-los-á, percebendo todos os rendimentos que, porventura, produzirem, para entregá-los ao ausente quando voltar, ou aos seus herdeiros, se não retornar. O intuito da lei foi preservar os bens do ausente, impedindo seu perecimento.

A curatela dos bens do ausente perdura, em regra, por um ano, durante o qual o magistrado ordenará a publicação de editais na rede mundial de computadores, no *site* do tribunal a que estiver vinculado, e na plataforma de editais do CNJ, onde permanecerá por um ano. Se não houver *site*, no órgão oficial e na imprensa da comarca, durante um ano, reproduzida, de 2 em 2 meses, convocando o ausente a reaparecer para retomar a posse de seus haveres (CPC, art. 745). Com sua volta, opera-se, obviamente, a cessação da curatela, o mesmo ocorrendo se houver notícia de seu óbito averbando-se o fato no livro das ausências (Lei n. 6.015/73, art. 104).

Pelo art. 26 do Código Civil, passado um ano da arrecadação dos bens do ausente ou, se deixou algum procurador ou representante seu, em se passando três anos poderão os interessados requerer que se abra, provisoriamente, a sucessão, cessando a curatela (CPC, art. 745, § 1º).

2) A *sucessão provisória* apoia-se nos arts. 26 a 36 do Código Civil e nos arts. 745 e §§ 1º a 4º do Código de Processo Civil. Pode ser requerida por qualquer interessado: cônjuge não separado extrajudicial ou judicialmente; herdeiros presumidos, legítimos ou testamentários; pessoas que tiverem sobre os bens do ausente direito dependente de morte; credores de obrigações vencidas e não pagas (CPC, art. 745, § 1º; CC, art. 27). E se não houver interessados na sucessão provisória, findo o prazo legal, compete ao Ministério Público requerê-la (CC, art. 28, § 1º).

Aquele que promover a abertura da sucessão provisória pedirá a citação pessoal dos herdeiros presentes e do curador e, por edital, a dos ausentes para requererem a habilitação na forma dos arts. 689 a 692 do CPC (CPC, art. 745, § 2º).

A sentença que determinar a abertura da sucessão provisória produzirá efeitos somente 180 dias depois de sua publicação pela imprensa. A sentença de abertura da sucessão provisória será averbada, no assento de ausência, após o trânsito em julgado (Lei n. 6.015/73, art. 104, parágrafo único). Assim que transitar em julgado, ter-se-á a abertura do testamento, se houver, e proceder-se-á ao inventário e partilha dos bens como se fosse o ausente falecido (CC, art. 28, *caput*)[89].

A herança do ausente passa a seus herdeiros, que são sucessores provisórios e condicionais, devendo guardar os bens, para serem devolvidos quando reclamados pelo desaparecido, por ocasião de sua volta[90]. Para assegurar ao ausente a devolução dos seus bens, (*a*) o juiz determina a conversão dos bens móveis, sujeitos a deterioração ou a extravio, em imóveis ou em títulos de dívida pública da União (CC, art. 29); (*b*) os herdeiros imitidos na posse desses bens darão garantias de sua restituição mediante penhores, hipotecas, equivalentes aos quinhões respectivos (CC, art. 30). Se não pude-

89. A respeito da curadoria do ausente, *vide* W. Barros Monteiro, op. cit., p. 335-6; Caio M. S. Pereira, op. cit., p. 315; Silvio Rodrigues, op. cit., p. 419; M. Helena Diniz, *Curso de direito civil brasileiro,* São Paulo, Saraiva, 1983, v. 1, p. 89, 103 e 104; Hugo Nigro Mazzilli, *Curadoria de ausentes e incapazes*, São Paulo, 1988; Lei n. 6.015/73, art. 29, VI. Provimento 19/2000 da CGJ-SP. Já se decidiu que a declaração de ausência poderá dar-se mesmo que não existam bens a serem arrecadados, se houver interesse de ordem previdenciária (*RJTJSP*, *90*:350, *35*:63), seguindo o rito ordinário.

90. W. Barros Monteiro, op. cit., p. 337; Caio M. S. Pereira, op. cit., p. 315.

rem dar tais garantias não entrarão na posse dos bens, que ficarão sob a administração de um curador, ou de outro herdeiro designado pelo juiz, que preste as mencionadas garantias (CC, art. 30, § 1º). Mas os ascendentes, os descendentes e o cônjuge, se for provada sua qualidade de herdeiros, poderão, independentemente de garantia, entrar na posse dos bens do ausente (CC, art. 30, § 2º); (*c*) os imóveis não poderão ser alienados, exceto em caso de desapropriação, ou hipotecados, salvo por ordem judicial para lhes evitar ruína ou por ser mais conveniente convertê-los em títulos da dívida pública (CC, arts. 31 e 29); (*d*) os sucessores provisórios, empossados nos bens, ficarão representando ativa e passivamente o ausente, de modo que contra eles correrão as ações pendentes e as que de futuro àquele se moverem (CC, art. 32); (*e*) o descendente, ascendente ou cônjuge, que for sucessor provisório do ausente, fará seus todos os frutos e rendimentos dos bens que a este couberem. Os outros sucessores, porém, deverão capitalizar metade desses frutos e rendimentos, conforme o art. 29 do Código Civil, de acordo com o representante do Ministério Público, e prestar anualmente contas ao juiz competente (CC, art. 33); (*f*) o excluído da posse provisória (CC, art. 30, § 1º) poderá, se justificar falta de meios, requerer lhe seja entregue metade dos rendimentos do quinhão que lhe tocaria (CC, art. 34).

Se se provar durante a sucessão provisória a data certa da morte do ausente, considerar-se-á nessa data, aberta a sucessão em prol dos herdeiros, que o eram àquele tempo (CC, art. 35); converte-se, então, a sucessão provisória em definitiva (CPC, art. 745, § 3º).

Retornando o ausente ou enviando notícias suas, cessarão para os sucessores provisórios todas as vantagens, ficando obrigados a tomar medidas assecuratórias até a devolução dos bens a seu dono (CC, art. 36). Daí serem os sucessores provisórios herdeiros presuntivos, uma vez que gerem patrimônio supostamente seu; o verdadeiro proprietário é o ausente, cabendo-lhe, também, a posse dos bens, bem como os seus frutos e rendimentos, se o sucessor provisório não for o cônjuge, descendente ou ascendente. Logo, o sucessor provisório, com o retorno do ausente, deverá dar contas dos bens e de seus acrescidos[91]. Mas se o ausente aparecer e ficar provado que sua au-

---

91. Caio M. S. Pereira, op. cit., p. 316. Sobre morte presumida de tripulantes de navios e aeronaves (Dec.-Lei n. 3.577/41, arts. 1º, § 1º, 3º e 12), de militares, servidores públicos e militares de aeronáutica (Decs.-Leis n. 4.819/42, 5.782/43 e 6.239/44, respectivamente). *Vide* Lei n. 10.536/2002, que altera a Lei n. 9.140, de 4-12-1995, ao reconhecer como mortos os desaparecidos em razão de participação em atividades políticas no período de 2-9-1971 a 5-10-1988.

sência foi voluntária e injustificada, perderá ele, em favor do sucessor, sua parte nos frutos e rendimentos (CC, art. 33, parágrafo único).

Se dentro de 30 dias do trânsito em julgado da sentença que manda abrir a sucessão provisória não aparecer nenhum interessado, ou herdeiro, que requeira o inventário, a herança será considerada jacente (CC, art. 28, § 2º).

3) A *sucessão definitiva* e o *levantamento das cauções prestadas* poderão ser requeridos 10 anos depois de passada em julgado a sentença que concedeu abertura de sucessão provisória (CC, art. 37) ou se se provar que o ausente conta 80 anos de nascido e que de 5 anos datam as últimas notícias suas (CC, art. 38; *RT*, *572*:98).

Os sucessores deixarão de ser provisórios, adquirindo, então, o domínio e a disposição dos bens recebidos, porém, sua propriedade será resolúvel se o ausente regressar nos 10 anos seguintes à abertura da sucessão definitiva, caso em que só poderá requerer ao juiz a entrega dos bens existentes no estado em que se encontrarem, os sub-rogados em seu lugar ou o preço que os herdeiros houverem recebido pelos alienados depois daquele tempo (CC, art. 39), respeitando-se, assim, direitos de terceiros, uma vez que não se desfazem aquisições por eles realizadas[92]. Daí afirmar-se que tal sucessão é quase-definitiva[93]. Pelo CPC, art. 745, § 4º: "Regressando o ausente ou algum de seus descendentes ou ascendentes para requerer ao juiz a entrega de bens, serão citados para contestar o pedido os sucessores provisórios ou definitivos, o Ministério Público e o representante da Fazenda Pública, seguindo-se o procedimento comum".

Se, entretanto, o ausente regressar depois de passados os 10 anos de abertura da sucessão definitiva, não terá direito a nada, não mais podendo recuperar seus bens[94].

---

92. Caio M. S. Pereira, op. cit., p. 317.

93. Silvio Rodrigues, op. cit., p. 422; M. Helena Diniz, *Curso...*, cit., v. 1, p. 103; STF, Súmulas 331 e 445.

94. Pontes de Miranda, op. cit., § 220; Sebastião Luiz Amorim, Processamento da sucessão do ausente — presunção e declaração de morte, *Direito civil no século XXI*, São Paulo, Saraiva, 2003, p. 521-32; Decreto n. 3.048/99. Sobre ação declaratória de ausência: TJPE, AC 38065-2, rel. Des. Bartolomeu B. Freitas Morais, *DJPE*, 17-1-2003; TJPE, AC 33792-4, rel. Des. Bartolomeu Buenos F. Morais, *DJPE*, 2-10-2002; STJ, CO 30112-RJ, 2ª S., rel. Min. Ari Pargendler, *DJU*, 9-9-2002; TJMG, AC 000226.643-5/00 1ª C. Cív., rel. Des. Paris Peixoto Pena, j. 12-3-2002; TJPR, Ag. Inst. 0110867-0, 3ª C. Cív., rel. Des. Ruy Fernando de Oliveira, *DJPR*, 4-2-2002; *RT*, *794*:382, *535*:241; *JTJ*, *170*:186;

Se, nos 10 anos a que referem os arts. 39 do Código Civil e 745, § 4º, do Código de Processo Civil, o ausente não retornar, e nenhum interessado promover a sucessão definitiva, os bens serão arrecadados como vagos passando à propriedade do Município ou do Distrito Federal, se localizados nas respectivas circunscrições, incorporando-se ao domínio da União, quando situados em Território Federal (CC, art. 39, parágrafo único), que, outrora, ficariam obrigados a aplicá-los em fundações destinadas ao ensino (Dec.-Lei n. 8.207/45, art. 3º (ora revogado), mas atualmente poderão dar a atribuição que entenderem mais pertinente ao interesse público.

C. Efeitos no direito de família

A presunção de morte por ausência tem o poder de pôr fim ao vínculo conjugal, por mais prolongada que seja. Há no direito brasileiro ação direta para a declaração de dissolução do vínculo matrimonial por ausência do cônjuge, que declarada judicialmente tem o condão de produzir *ipso iure* a dissolução do casamento (CC, art. 1.571, § 1º). Deveras, não tem cabimento vedar ao cônjuge do ausente um novo casamento, nem obrigá-lo a efetivar o divórcio para dissolver o vínculo conjugal e poder casar-se outra vez (*RT*, *730*:32). No direito anterior, a ausência não terminava com o casamento, mas o desaparecimento do cônjuge sem deixar notícia podia ser causa de separação judicial, por importar em conduta desonrosa ou grave violação dos deveres do casamento, tornando impossível a vida em comum; ou em ruptura da vida em comum por mais de 5 anos consecutivos impossibilitando a sua reconstituição (Lei n. 6.515/77, art. 5º, § 1º).

Silvio Rodrigues, a esse respeito, distinguia duas situações, ante a Lei do Divórcio, conforme o ausente tenha desaparecido antes ou depois de 28

RJTJSP, *119*:311; *35*:63, *90*:350, *116*:49. Alienação de quinhão de ausente: *RJTJSP*, *360*:363. Usucapião e bem de ausente: *RJTJSP*, *221*:181. Proteção de direito trabalhista e recebimento de seguro em caso de ausência: TJRJ, CComp 513/98 (RG 300.499), 5ª C. Cív., rel. Des. Carlos Raymundo j. 30-3-1999. Pensão previdenciária por morte presumida: TRF, 1ª R., AC 01990397242-MG, 2ª T., rel. Des. Tourinho Neto, *DJU*, 18-12-2002, p. 93; TRF, 1ª R., AC 01001064063-PI, 1ª T., rel. Des. Aloisio Palmeira Lima, *DJU*, 5-11-2002; TRF, 2ª R., AC 970235332-7, RJ, rel. Paul Erik Dyrlund, *DJU*, 5-3-2002; STJ, CComp 31989-RJ, 2ª S., rel. Min. Ari Pargendler, *DJU*, 5-11-2001; STJ, REsp 256547-SP, 6ª T., rel. Min. Fernando Gonçalves, *DJU*, 11-9-2000; STJ, REsp 232893-PR, 5ª T., rel. Min. Jorge Scartezzini, *DJU*, 7-8-2002; TRF, 4ª R., AC 940418361-0-SC, 6ª T., rel. Claudia C. Cristofani, *DJU*, 23-6-1999; TJRJ, CComp 8/98 (Reg. 220.399), 4ª C. Cív., rel. Des. Wilson Marques, j. 9-2-1999.

de junho de 1977, escrevendo: "Se o desaparecimento ocorreu antes de 286-77 e já perdura por mais de 5 anos, poderá o cônjuge do desaparecido, independentemente de sentença declaratória de ausência, promover ação de divórcio contra o seu consorte, com base no art. 40 da Lei n. 6.515/77; provada a separação de fato por mais de 5 anos, obterá sentença favorável, que ensejará seu novo matrimônio. É óbvio que a hipótese é transitória, porque na longa duração não haverá pessoas desaparecidas anteriormente a 28 de junho de 1977. Se o desaparecimento ocorrer após esta data, haverá mister de propor-se a ação de separação, com base no art. 5º, § 1º, da mesma Lei do Divórcio, que será alcançável se provado que a separação, derivada de ausência, dura pelo menos 5 anos. Após a obtenção da separação judicial, o cônjuge do ausente aguardará 3 anos e então obterá a conversão de sua separação judicial em divórcio. Nesse momento poderá contrair novo matrimônio"[95]. Todavia, como já dissemos alhures, houve julgados que entendiam que havia uma permanente possibilidade jurídica de divórcio direto aos separados de fato há mais de 5 anos (TJRJ, *Adcoas,* 1979, n. 73.143). Pelo art. 226, § 6º, da Constituição Federal de 1988 e pela Lei n. 7.841/89, bastaria para o divórcio direto consensual a comprovada separação de fato por mais de 2 anos, mas na hipótese de ausência, antes do advento do Código Civil de 2002, tinha-se, ante a impossibilidade de acordo para solucionar eventuais pendências, primeiro que obter a separação judicial litigiosa, convertendo-a depois de 1 ano em divórcio. Atualmente, com o disposto no § 1º do art. 1.571 do Código Civil, a morte presumida extingue a socie-

---

95. Silvio Rodrigues, op. cit., p. 424. Pela Lei de Casamento de 20-2-1946, da Alemanha, se o ausente é declarado morto, e seu cônjuge casar novamente, este segundo casamento não será nulo se se apurar que aquela morte não se deu, salvo se os nubentes tiverem consciência disso. O segundo casamento prevalece e apenas os consortes poderão invalidá-lo, juntos ou separadamente. No Brasil, se o ausente retornar, há quem ache que o seu cônjuge deixa de ser viúvo, considerando-se nulo o segundo casamento que, porventura, convolou, por haver impedimento matrimonial (CC, arts. 1.548, II, c/c art. 1.521, VI, no mesmo sentido o Código Civil italiano, arts. 65 e 68), embora possa ter efeito de casamento putativo por aplicação analógica (LINDB, art. 4º). Outros, por sua vez, entendem que a ação para invalidar o 2º casamento seria inadmissível, por ser ilógico dissolver matrimônio para restabelecer outro, que foi dissolvido por morte presumida e, além disso, diante da constituição da nova família, o segundo casamento deverá prevalecer (LINDB, art. 5º), exceto se os novos esposos, juntos ou em separado, resolverem anulá-lo. *Vide* o que dizemos no cap. II, item 7-B deste livro. *Consulte*: Mário A. Konrad, *Causas de extinção do vínculo matrimonial*, dissertação de mestrado, PUCSP, 2002, p. 87 e s. Efeito da ausência no direito de família: *RJTJSP, 136*:297.

dade e o vínculo conjugal, liberando o ex-cônjuge para convolar novas núpcias, embora nada obste a que o consorte do desaparecido peça unilateralmente o divórcio direto, sem comprovar separação de fato por mais de dois anos (CF, art. 226, § 6º com a redação da EC n. 66/2010; CC, art. 1.580, § 2º), dissolvendo o vínculo conjugal e, consequentemente, sua condição de cônjuge, dando-lhe liberdade, antes da declaração da morte presumida, para casar-se outra vez, por já estar divorciado.

Se o ausente tiver deixado filhos menores, o outro consorte ficará com a guarda, mas se já for falecido ou incapaz para exercer o poder familiar, nomear-se-á tutor a essas crianças (CC, art. 1.728, I e II; STJ, REsp 249.823 — 200.000201766-PR, 3ª T., rel. Min. Eduardo Ribeiro, *DJU*, 26-6-2000).

A ausência poderá acarretar, dentre outras, as seguintes consequências:

a) possibilidade: de uso de material fertilizante do ausente, pelo cônjuge, se este havia feito estipulação a respeito em escritura pública ou testamento; de inseminação artificial heteróloga e se, antes de seu desaparecimento, havia dado seu consenso à sua mulher; *b*) implante uterino do embrião congelado, por ele gerado; *c*) problemas sucessórios do embrião, fecundado *in vitro* com seu material fertilizante; *d*) determinação da guarda do embrião congelado e de seu destino, se ambos os pais forem declarados ausentes; *e*) continuação de negatória de paternidade iniciada pelo ausente, pelos seus herdeiros; o mesmo se dará se houver investigação de paternidade contra o ausente, e, além disso, o exame de DNA poderá ser feito em seus outros filhos, irmãos ou parentes mais próximos; *f*) o bem de família convencional, ou voluntário, continuará a irradiar efeitos enquanto viver o outro cônjuge e enquanto seus filhos forem menores ou inválidos etc.

Quadro Sinótico

AUSÊNCIA

1. CONCEITO	• Consiste no fato de alguém desaparecer de seu domicílio, sem dar notícias de seu paradeiro e sem deixar representante ou procurador, ou se deixou procurador que não quer ou não pode exercer mandato, é declarado, então, como ausente pelo juiz, instituindo-se sua curatela, por ser considerado absolutamente incapaz (CC, arts. 3º, 22 e 23).	
2. FASES	• Curatela do ausente	• Lei n. 6.015/73, art. 94; CC, arts. 22, 23, 24, 25, §§ 1º a 3º, 26; CPC, arts. 744 e 745.
	• Sucessão provisória	• CPC, arts. 745, §§ 1º a 3º; CC, arts. 26 a 36.
	• Sucessão definitiva	• CPC, arts. 745, §§ 3º e 4º; CC, arts. 37, 38 e 39; Dec.-Lei n. 8.207/45, art. 3º.
3. EFEITOS NO DIREITO DE FAMÍLIA	• No direito matrimonial (Lei n. 6.515/77; CF, art. 226, § 6º; Lei n. 7.841/89; CC, art. 1.571, § 1º). • Na tutela (CC, art. 1.728, I e II).	

6. Medidas de proteção à criança e ao adolescente

A. Generalidades

O Estatuto da Criança e do Adolescente (Lei n. 8.069/90), tendo por base o art. 227 da CF, com a redação da EC n. 65/2010, veio proteger, integralmente, a criança até 12 anos de idade e o adolescente entre 12 e 18 anos, e, excepcionalmente, nos casos expressos em lei, a pessoa entre 18 e 21 anos (arts. 1º, 2º e parágrafo único), sendo que aos jovens entre 18 e 29 anos aplicar-se-á, em regra, a Lei n. 12.852/2013 (Estatuto da Juventude, art. 1º, §§ 1º e 2º), assegurando-lhes todos os direitos fundamentais inerentes à pessoa humana (arts. 3º e 5º), que deverão ser respeitados, prioritariamente, não só pela família, pela sociedade, como também pelo Estado (art. 4º e parágrafo único), sob pena de responderem pelos danos causados[96].

---

96. Reza a CF, art. 227, §§ 1º e 3º, com a redação de EC n. 65/2010:

"§ 1º O Estado promoverá programas de assistência integral à saúde da criança, do adolescente e do jovem, admitida a participação de entidades não governamentais, mediante políticas específicas e obedecendo aos seguintes preceitos:

(...)

§ 3º (...)

III — garantia de acesso do trabalhador adolescente e jovem à escola;

(...)

VII — programas de prevenção e atendimento especializado à criança, ao adolescente e ao jovem dependente de entorpecentes e drogas afins".

Vide Paulo Lúcio Nogueira, *Estatuto da Criança e do Adolescente comentado,* São Paulo, Saraiva, 1991; Tânia da Silva Pereira, *Direito da criança e do adolescente: uma proposta interdisciplinar,* Rio de Janeiro, Renovar, 1996; Marco Aurélio S. Viana, Tutela da criança e do adolescente, in *Direitos de família e do menor* (coord. Sálvio de F. Teixeira), Belo

Horizonte, Del Rey, 1993, p. 285-98; Nelson Nery Jr. *et alii, Estatuto da Criança e do Adolescente comentado,* São Paulo, Ed. Malheiros, 1992; Munir Cury, *Temas de direito do menor,* São Paulo, Revista dos Tribunais, 1987; Luiz Carlos de Azevedo Corrêa Jr., *Direito do menor,* São Paulo, Atlas, 1991; Hugo Nigro Mazzilli, *A defesa dos interesses difusos em juízo,* São Paulo, Saraiva, 1995, p. 528-33; Eduardo Dias de Souza Ferreira, A infância no constitucionalismo brasileiro: da indiferença à proteção integral, *Estudos de direito constitucional em homenagem à professora Maria Garcia* (org. Lauro L. G. Ribeiro e Luciana A. A. Berardi), São Paulo, IOB-Thomson, 2007, p. 83-113; Ana Carolina B. Teixeira e Maria Fátima Freire de Sá, Fundamentos principiológicos do Estatuto da Criança e do Adolescente e do Estatuto do Idoso, *Revista Brasileira de Direito de Família, 26*:18-34; Sálvio de F. Teixeira, O direito e a justiça do menor, in *Direitos de família e do menor* (coord. Sálvio de F. Teixeira), Belo Horizonte, Del Rey, 1993, p. 319-33; Sebastião José Roque, *Direito de família,* cit., p. 221-4; José de Farias Tavares, *Comentários ao Estatuto da Criança e do Adolescente,* Rio de Janeiro, Forense, 1995; Paulo Afonso Garrido de Paula, *Direito da criança e do adolescente e tutela jurisdicional diferenciada,* São Paulo, Revista dos Tribunais, 1999; Reflexos do Novo Código Civil no Estatuto da Criança e do Adolescente, in *Questões de direito civil e o Novo Código,* cit., p. 391-437; Samuel Alves de Melo Junior, Breves considerações sobre o Estatuto da Criança e do Adolescente, *Revista da Faculdade de Direito das FMU,* n. 13, série internacional, IV, 1995, p. 33-49; Francisco E. Orcioli Pires e Albuquerque Pizzolante, *União estável no sistema jurídico brasileiro,* São Paulo, Atlas, 1999; Munir Cury, Paulo A. Garrido de Paulo e Jurandir N. Marçura, *Estatuto da Criança e do Adolescente anotado,* São Paulo, Revista dos Tribunais, 2000; Jefferson Moreira de Carvalho, *Estatuto da Criança e do Adolescente,* São Paulo, Ed. Juarez de Oliveira, 2000; Valter K. Ishida, *Estatuto da Criança e do Adolescente,* São Paulo, Atlas, 2001; O Estatuto da Criança e do Adolescente — alterações frente ao novo Código Civil: a parte geral, a responsabilidade civil e o direito de família, in *O Código Civil e a interdisciplinaridade,* cit., p. 622 e s.; *Infração administrativa no Estatuto da Criança e do Adolescente,* São Paulo, Atlas, 2009; Gustavo Ferraz de Campos Monaco, *Direitos da criança e adoção internacional,* São Paulo, Revista dos Tribunais, 2002; José Luiz Mônaco da Silva, *Estatuto da Criança e do Adolescente,* São Paulo, Ed. Juarez de Oliveira, 2000; José Jacob Valente, *Estatuto da Criança e do Adolescente,* São Paulo, Atlas, 2002; Renato Scalco Isquierdo, A tutela da criança e do adolescente como projeção dos princípios da dignidade da pessoa humana, da solidariedade e da autonomia: uma abordagem pela doutrina da projeção integral, in *A reconstrução do direito privado* (org. Judith Martins-Costa), São Paulo, Revista dos Tribunais, 2002, p. 518-50; S. A. G. Pereira de Souza, *Os direitos da criança e os direitos humanos,* Porto Alegre, Sérgio A. Fabris, Editor, 2001; Bárbara D. Antunes e Mariana Raposo de Faria, Estudo sobre o Estatuto da Criança e do Adolescente, in *Temas de direito em debate* (coord. Plantullo), Curitiba, Ed. Juruá, 2004, p. 97-100; Ana Carolina B. Teixeira e Maria de Fátima F. de Sá, Fundamentos principiológicos do Estatuto da Criança e do Adolescente e do Estatuto do Idoso, *Revista Brasileira de Direito de Família, 26*:18-34; Henrique Scheneider Neto, A atuação pró-ativa do Ministério Público como instrumento de efetivação das medidas socioeducativas em meio aberto, *Revista Jurídica do Ministério Público de Mato Grosso, 1*:223-231; Sergio M. Garcez, A responsabilidade social do Estado brasileiro em matéria de direito da criança e do adolescente: a família social. *Direito & Paz, 15*:77-112 (UNISAL); Rubens Naves e Carolina Gazoni, *Direito ao futuro — desafios para efetivação dos direitos das crianças e dos adolescentes,* Imprensa Oficial do Estado de São Paulo, 2010; Carlos M. C. Coutinho e Léa E. M. J. de Souza, Direitos da criança e do adolescente no novo paradigma de desenvolvimento humano: uma análise à luz do Estado Democrático de Direito, *RDE, 4*:129-52; Alexandre de Oliveira Neto, Análise crítica acerca do financiamento da proteção à criança e ao adolescente no federalismo brasileiro, *RDE, 4*:13-36; Thiago B. G. de Filippo, O sistema de garantias jurídicas às crianças e aos adolescentes, *Revista Síntese — Direito de Família,*

74:47-52. Jadir C. de Souza, A competência da Vara da Infância e Juventude e os direitos individuais indisponíveis, *Revista Jurídica — De Jure, 19*:262-75. Débora Gozzo, Estatuto da Juventude, *Letrado IASP, 105*:34-5. *Consulte*: *MPMG Jurídico* lançou em 2007 edição especial: 17 anos do Estatuto da Criança e do Adolescente; *Vide:* Lei n. 8.242/91, que cria o Conselho Nacional dos Direitos da Criança e do Adolescente (Conanda) — Portaria n. 120/97 do Ministério da Justiça, que aprova seu antigo regimento, e o Decreto n. 2.099/96, que regulamenta o art. 3º da Lei n. 8.242/91; Resolução n. 74, de 13 de setembro de 2001, do Conanda, que dispõe sobre o registro e fiscalização das entidades sem fins lucrativos que tenham por objetivo a assistência ao adolescente e à educação profissional; Resolução n. 77/2002 sobre aprovação do novo Regimento Interno do Conanda; atualmente o Regimento Interno do Conanda é estabelecido pela Resolução n. 134/2009. Decreto n. 5.089/2004, sobre composição, estruturação, competências e funcionamento do Conanda; Os Decretos n. 695/92 e 1.335/94 que tratavam do Conanda foram revogados pelo Decreto n. 1.569/95. Lei Municipal de São Paulo n. 11.247/92, que criou o Fundo Municipal dos Direitos da Criança e do Adolescente (Fumcad). O Decreto n. 1.196/94 disciplina o Fundo Nacional para a Criança e o Adolescente (FNCA) e a Resolução n. 78/2002 do Conanda dispõe sobre os critérios para repasse de recursos e o Plano de Aplicação do FNCA, Resolução n. 95, 13-5-2004, do Conanda, que dispõe sobre o Plano de Aplicação do Fundo Nacional para a Criança e o Adolescente — FNCA e sobre os Parâmetros para Avaliação e Aprovação de Projetos a serem financiados com recursos do FNCA. *Vide* Lei n. 8.642/93, Decreto n. 1.056/94, que a regulamenta, sobre atuação dos órgãos do Poder Executivo para execução do Programa Nacional de Atenção Integral à Criança e ao Adolescente; Provimento n. 509/94 do Tribunal de Justiça de São Paulo; Resoluções do Conanda n. 43 a 47/96, 49/96 e 50/96; Decreto n. 2.099/96, ora revogado pelo Decreto n. 3.038/99, que altera o art. 1º do Decreto n. 408/91; Portaria n. 3.113/96 do TJSP, que cria Comissão de Estudos Relativos à Criança e ao Adolescente; Decreto de 27-12-2000 (alterado pelo Decreto de 21 de outubro de 2002), que cria Comitê para o Desenvolvimento Integral da Primeira Infância; Portaria GM/MS n. 1.968/2001, que dispõe sobre a comunicação, às autoridades competentes, de casos de suspeita ou de confirmação de maus-tratos contra crianças e adolescentes atendidos nas entidades do Sistema Único de Saúde. O art. 26 da Lei n. 9.394, de 20-12-1996 (Lei de Diretrizes e Bases da Educação Nacional), passa a vigorar acrescido do seguinte § 9º, segundo a Lei n. 13.010/2014 (art. 3º): "§ 9º Conteúdos relativos aos direitos humanos e à prevenção de todas as formas de violência contra a criança e o adolescente serão incluídos, como temas transversais, nos currículos escolares de que trata o *caput* deste artigo, tendo como diretriz a Lei n. 8.069, de 13 de julho de 1990 (Estatuto da Criança e do Adolescente), observada a produção e distribuição de material didático adequado". Resolução do Conanda n. 75/2001, que dispõe sobre os parâmetros para a criação e funcionamento dos Conselhos Tutelares e dá outras providências; Decreto n. 3.951/2001, que designa a Autoridade Central para dar cumprimento às obrigações impostas pela Convenção sobre os Aspectos Civis do Sequestro Internacional de Crianças, cria o Conselho da Autoridade Central Administrativa Federal contra o Sequestro Internacional de Crianças e institui o Programa Nacional para Cooperação no Regresso de Crianças e Adolescentes Brasileiros Sequestrados Internacionalmente. *Vide* Decreto Estadual Paulista n. 42.081, de 12-8-1997, que autoriza a celebração de convênios com entidades assistenciais, objetivando a transferência de recursos financeiros para prestação de assistência a grupos da população com problemática específica e atendimento a crianças e adolescentes, e da Instrução Normativa n. 1.131, de 20 de fevereiro de 2011, da Secretaria da Receita Federal, que dispõe sobre os procedimentos a serem adotados para fruição dos benefícios fiscais relativos ao Imposto de Renda das Pessoas Físicas nas doações aos Fundos dos Direitos da Criança e do Adolescente, nas doações aos Fundos do Idoso, nos investimentos e patrocínios em obras audiovisuais e projetos culturais, nas doações e patrocínios em projetos desportivos e paradesportivos, nas doações e patrocínios diretamente efetuados ao Programa Nacional de Apoio à

Atenção Oncológica (Pronon) e ao Programa Nacional de Apoio à Atenção da Saúde da Pessoa com Deficiência (Pronas/PCD) e na contribuição patronal paga à Previdência Social incidente sobre a remuneração do empregado doméstico. Consulte, ainda: Decreto n. 5.007, de 8-3-2004, que promulga o Protocolo Facultativo à Convenção sobre os Direitos da Criança referente à venda de crianças, à prostituição infantil e à pornografia infantil; Decreto n. 5.006, de 8-3-2004, que promulga o Protocolo Facultativo à Convenção sobre os Direitos da Criança relativo ao envolvimento de crianças em conflitos armados; Decreto n. 5.017, de 12-3-2004, que promulga o protocolo adicional à Convenção das Nações Unidas contra o crime organizado transnacional relativo à prevenção, repressão e punição do tráfico de pessoas, em especial mulheres e crianças; Decreto n. 4.837, de 10-9-2003, ora revogado pelo Decreto n. 5.089/2004, que altera os arts. 1º e 1º-A do Decreto n. 408, de 27-12-1991, que regulamenta o art. 3º de Lei n. 8.242/91; Decreto de 13 de julho de 2006, que cria, no âmbito da Secretaria Especial dos Direitos Humanos da Presidência da República, a Comissão Intersetorial de Acompanhamento do Sistema Nacional de Atendimento Socioeducativo; Lei n. 11.265, de 3 de janeiro de 2006, que regulamenta a comercialização de alimentos para lactentes e crianças de primeira infância e também a de produtos de puericultura correlatos; Resolução n. 1, de 28-6-2004, do Comitê Gestor do Plano de Ação Presidente Amigo da Criança e do Adolescente, que dispõe sobre a aprovação do seu Regimento Interno; Lei n. 10.880/2004, que institui o Programa de Apoio aos Sistemas de Ensino para Atendimento à Educação de Jovens e Adultos; Lei n. 12.801, de 24 de abril de 2013, que dispõe sobre o apoio técnico e financeiro da União aos entes federados no âmbito do Pacto Nacional pela Alfabetização na Idade Certa; Decreto de 19 de outubro de 2004, que cria a Comissão Intersetorial para Promoção, Defesa e Garantia do Direito de Crianças e Adolescentes à Convivência Familiar e Comunitária. Sobre atividade da "mãe social", que é a que se dedica à assistência do menor abandonado em instituições sem fins lucrativos ou de utilidade pública: Lei n. 7.644/87; Instrução Normativa n. 54, de 20-12-2004, da Secretaria de Inspeção do Trabalho sobre a atuação dos Grupos Especiais Móveis de Combate ao Trabalho Infantil e Proteção ao Adolescente Trabalhador e das Delegacias Regionais do Trabalho no mesmo tema; Resoluções n. 105/2005 e 106/2006 do CONANDA (alteradas pela Resolução 116/2006) sobre parâmetros para criação e funcionamento dos Conselhos dos Direitos da Criança e do Adolescente, alterada pela Resolução n. 106/2005 do CONANDA; Resolução CONANDA n. 113/2006, alterada pela Resolução CONANDA n. 117/2006, sobre parâmetros para a institucionalização e fortalecimento do Sistema de Garantia dos Direitos da Criança e do Adolescente; Resolução n. 122, de 3-1-2007, do CONANDA, que dispõe sobre os procedimentos e critérios para a aprovação de projetos a serem financiados com recursos da Subsecretaria de Promoção dos Direitos da Criança e do Adolescente, da Secretaria Especial dos Direitos Humanos (SPDCA/SEDH), e do Fundo Nacional para a Criança e o Adolescente — FNCA/Conselho Nacional dos Direitos da Criança e do Adolescente — CONANDA; Portaria n. 1.220, de 11-7-2007, do Ministério da Justiça, que regulamenta as disposições da Lei n. 8.069, de 13-7-1990 (Estatuto da Criança e do Adolescente — ECA), da Lei n. 10.359, de 27-12-2001, e do Decreto n. 6.061, de 15-3-2007, relativos ao processo de classificação indicativa de obras audiovisuais destinadas à televisão e congêneres; Decreto de 11 de outubro de 2007 instituiu: a) a Comissão Nacional Intersetorial para acompanhamento da implementação do Plano Nacional de Promoção, Proteção e Defesa de Direito de Crianças e Adolescentes à Convivência Familiar e Comunitária; b) a Comissão Intersetorial de Enfrentamento à Violência Sexual contra Crianças e Adolescentes; Decreto n. 6.230/2007, que estabelece o Compromisso pela Redução da Violência contra Crianças e Adolescentes e Institui o Comitê Gestor de Políticas de Enfrentamento à Violência contra Criança e Adolescente; Decreto n. 6.231/2007, que cria o Programa de Proteção a Crianças e Adolescentes Ameaçados de Morte (PPCAAM); Portaria n. 222, de 30 de junho de 2008, ora revogada pela Portaria n. 843/2010, do Ministério de Desenvolvimento Social e Combate à Fome, que dispõe sobre o cofinanciamento Federal do Piso Fixo de

Média Complexidade para a implantação de Centro de Referência Especializado de Assistência Social — CREAS e implementação do Serviço de Proteção Social aos Adolescentes em Cumprimento de Medidas Socioeducativas em Meio Aberto no âmbito da Proteção Social Especial do Sistema Único de Assistência Social — SUAS, com recursos do Fundo Nacional de Assistência Social; Resolução n. 5, de 3 de junho de 2008, da Secretaria Nacional de Assistência Social, que determina os critérios para implementação do Serviço de Proteção Social aos Adolescentes em cumprimento de medidas socioeducativas em meio aberto de La e PSC nos CREAS com recursos do Piso Fixo de Média Complexidade — PFMC; Lei n. 12.127/2009 que cria o Cadastro Nacional de Crianças e Adolescentes Desaparecidos; Resolução n. 137, de 21 de janeiro de 2010, do CONANDA, que dispõe sobre os parâmetros para a criação e o funcionamento dos Fundos Nacionais, Estaduais e Municipais dos Direitos da Criança e do Adolescente; Resolução do CONANDA n. 139/2010, sobre parâmetros para criação e funcionamento dos Conselhos Tutelares no Brasil. A Resolução n. 71/2011, do Conselho Nacional do Ministério Público, dispõe sobre atuação dos membros do Ministério Público na defesa do direito fundamental à convivência familiar e comunitária de crianças e adolescentes em acolhimento. A Portaria Interministerial n. 2, de 6 de dezembro de 2012, institui Protocolo Nacional Conjunto para Proteção Integral a Crianças e Adolescentes; Resolução n. 161, de 4-12-2013 (com alteração da Resolução do CONANDA n. 171/2014), da Secretaria de Direitos Humanos, estabelece os parâmetros para discussão, formulação e deliberação dos planos decenais dos direitos humanos da criança e do adolescente em âmbito estadual, distrital e municipal, em conformidade com os princípios e diretrizes da Política Nacional de Direitos Humanos de Crianças e Adolescentes e com os eixos e objetivos estratégicos do Plano Nacional Decenal dos Direitos Humanos de Crianças e Adolescente; Resolução n. 159, de 4-9-2013, do CONANDA, dispõe sobre o processo de participação de crianças e adolescentes nos espaços de discussão relacionados aos direitos de crianças e adolescentes em conformidade com Objetivo Estratégico 6.1 do Eixo 3 do Plano Decenal dos Direitos Humanos de Crianças e Adolescentes — PNDDCA.

A Lei n. 12.594/2012 institui o Sistema Nacional de Atendimento Socioeducativo (SINASE), consistente em normas e critérios alusivos à execução de medidas socioeducativas e a planos específicos de atendimento a adolescentes em conflito com a lei.

Portaria Interministerial n. 1, de 11 de julho de 2012, institui o Protocolo Nacional para Proteção Integral de Crianças e Adolescentes em Situação de Riscos e Desastres e seu Comitê Gestor Nacional; Instrução Normativa n. 102/2013 da Secretaria de Inspeção do Trabalho dispõe sobre fiscalização do trabalho infantil e proteção ao adolescente trabalhador.

Resolução n. 169, de 13 de novembro de 2014 do CONANDA, dispõe sobre a proteção dos direitos de crianças e adolescentes em atendimento por órgãos e entidades do Sistema de Garantia de Direitos, em conformidade com a política nacional de atendimento da criança e do adolescente prevista nos arts. 86, 87, I, III, V e VI e 88, da Lei n. 8.069, de 13 de julho de 1990.

Portaria n. 1.130/2015 do Ministério da Saúde institui a Política Nacional de Atenção Integral à Saúde da Criança (PNAISC) no âmbito do SUS.

Resolução n. 19, de 24 de novembro de 2016, do Conselho Nacional de Assistência Social, institui o Programa Primeira Infância no Sistema Único de Assistência Social - SUAS, nos termos do § 1º do art. 24 da Lei n. 8.742, de 7 de dezembro de 1993; Resolução n. 180, de 20 de outubro de 2016, do CONANDA, dispõe sobre a igualdade de direitos entre meninas e meninos nas políticas públicas de atenção, proteção e defesa de crianças e adolescentes; Resolução n. 187, de 23 de maio de 2017, do CONANDA, aprova o documento Orientações Técnicas para Educadores Sociais de Rua em Programas, Projetos e Serviços com Crianças e Adolescentes em Situação de Rua; Resolução Conjunta n. 1, de 7 de junho de 2017, do Conselho Nacional de Assistência Social e do CONANDA, estabelece as Diretrizes Políticas e Metodológicas para o atendimento de crianças e adolescentes em situação de rua no âmbito da Política de Assistência Social.

Demócrito Reinaldo Filho (A utilização de filtros como solução para combater a pornografia na Internet — a repercussão da decisão da Suprema Corte Americana sobre o COPA, *Jornal Síntese, 90*:5-7) observa que a lei norte-americana chamada *Child On-line Protection Act* (COPA) propõe impedir a exposição de crianças a material de conteúdo sexual explícito na Internet, impondo pena de multa até 50 mil dólares e 6 meses de prisão para operador de *website* comercial que coloque conteúdo prejudicial a menores (apelativo a interesses pueris, por descrever ato sexual ou exibir imagens de órgãos sexuais, carecendo de sério valor literário, artístico, político ou científico), a não ser que comprove que restringiu o acesso a esse tipo de material por meio da utilização de sistemas de verificação de idade, que pode ser a exigência do número do cartão de crédito do internauta, de uma conta bancária, um código de acesso ou qualquer outro sistema digital. De acordo com a doutrina norte-americana, a Corte Federal Distrital da Filadélfia concedeu decisão, suspendendo a execução do COPA, entendendo que existem outros meios alternativos eficazes para prevenção do uso de Internet por menores para ter acesso a material pornográfico, como a utilização de *softwares* de filtros (programas de bloqueio e filtragem). Tal filtro permitirá que adultos tenham acesso a material dessa natureza, desligando-o quando navegarem na Internet. No Brasil, na Câmara dos Deputados tramitam projetos de lei com objetivo semelhante ao do COPA, buscando proteger crianças pela mesma via da criminalização da transmissão de material obsceno na Internet e outros que só impõem aos fornecedores de sistemas operacionais e de programas de navegação e aos provedores de Internet a obrigação de colocar à disposição dos usuários programa (*software*) que permita o controle do acesso de crianças a endereços de *sites* na rede que ofereçam material inadequado à sua faixa etária. As ações que versarem sobre interesse da criança e do adolescente observarão o procedimento previsto em lei específica (Lei n. 8.069/90 aplicando, no que couber, as disposições do Capítulo X do CPC/2015 (CPC, art. 693, parágrafo único). Consulte: Lei n. 13.257/2016 sobre políticas públicas para a Primeira Infância e Lei n. 13.306/2016, que fixa a idade máxima de 5 anos para educação infantil.

Súmula 383 do STJ: "A competência para processar e julgar as ações conexas de interesse de menor é, em princípio, do foro do domicílio do detentor de sua guarda".

TJSP:

Súmula 66: "A responsabilidade para proporcionar meios visando garantir o direito à saúde da criança ou do adolescente é solidária entre Estado e município".

Súmula 67: "Não se admite denunciação da lide em relação à União tratando-se de ações relacionadas ao fornecimento de medicamentos e insumos de competência da Justiça da Infância e da Juventude".

Lei n. 12.817, de 5-6-2013, altera a Lei n. 10.836, de 9-1-2004, para ampliar a idade limite de crianças e adolescentes que compõem as unidades familiares beneficiárias do Programa Bolsa Família elegíveis ao recebimento do benefício para superação da extrema pobreza.

Súmula 68: "Compete ao Juízo da Infância e da Juventude julgar as causas em que se discutem direitos fundamentais de crianças ou adolescentes, ainda que pessoa jurídica de direito público figure no polo passivo da demanda".

Vide Lei n. 12.852/2013, que instituiu o Estatuto da Juventude e dispõe sobre direitos dos jovens entre 15 e 29 anos (arts. 4º a 37), estabelecendo que aos adolescentes entre 15 e 18 anos aplica-se o ECA e, excepcionalmente, o Estatuto da Juventude, quando não conflitar com as normas de proteção integral do adolescente. Os jovens têm direito à cidadania, à participação social e política, à representação juvenil (EJ,

B. Proteção à vida, à saúde, à liberdade, ao respeito, à dignidade e à convivência familiar

Apesar de a personalidade civil começar com o nascimento com vida, a lei põe a salvo, desde a concepção, os direitos do *nascituro* (CC, arts. 2º e 1.179 e parágrafo único). E, além disso, a Lei n. 8.069/90 requer a efetivação de políticas sociais públicas que lhe permitam o nascimento, assegurando à *gestante*, através do Sistema Único de Saúde, o atendimento pré e perinatal (art. 8º). Assim sendo, encaminhar-se-á a gestante aos diferentes níveis de atendimento, segundo critérios médicos específicos, obedecendo-se aos princípios de regionalização e hierarquização do Sistema, e a parturiente deverá ser atendida, preferencialmente, pelo mesmo médico que a acompanhou na fase pré-natal. Deverá, ainda, o Poder Público fornecer apoio alimentar à gestante e à nutriz que dele necessitarem (art. 8º, §§ 1º a 10, com a redação da Lei n. 13.257/2016).

O Poder Público, as instituições e os empregadores deverão propiciar condições adequadas ao aleitamento materno, inclusive aos filhos de mães submetidas a medida privativa de liberdade. Os profissionais das unidades primárias de saúde desenvolverão ações sistemáticas, individuais ou coletivas, visando ao planejamento, à implementação e à avaliação de ações de promoção, proteção e apoio ao aleitamento materno e à alimentação complementar saudável, de forma contínua. Os serviços de unidades de terapia intensiva neonatal deverão dispor de banco de leite humano ou unidade de coleta de leite humano (art. 9º, §§ 1º e 2º, acrescentados pela Lei n. 13.257/2016).

Os hospitais e demais estabelecimentos de atenção à saúde de gestantes, públicos e particulares, terão o dever de:

a) manter registro das atividades desenvolvidas, através de prontuários individuais, pelo prazo de 18 anos;

b) identificar o recém-nascido mediante o registro de sua impressão plantar e digital e da impressão digital da mãe, sem prejuízo de outras formas normatizadas pela autoridade administrativa competente;

---

arts. 4º a 6º); à educação (EJ, arts. 7º a 13); à profissionalização, ao trabalho e à renda (EJ, arts. 14 a 16); à diversidade e à igualdade (EJ, arts. 17 e 18); à saúde (EJ, arts. 19 e 20); à cultura (EJ, arts. 21 a 25); à comunicação e à liberdade de expressão (EJ, arts. 26 e 27); ao desporto e ao lazer (EJ, arts. 28 a 30); ao território e à mobilidade (EJ, arts. 31 a 33); à sustentabilidade e ao meio ambiente (EJ, arts. 34 a 36); à segurança pública e ao acesso à justiça (EJ, arts. 37 e 38).

c) proceder a exames visando ao diagnóstico e terapêutica de anormalidades no metabolismo do recém-nascido, bem como prestar orientação aos pais;

d) fornecer declaração de nascimento onde constem necessariamente as intercorrências do parto e do desenvolvimento do neonato;

e) manter alojamento conjunto, possibilitando ao neonato a permanência junto à mãe;

f) acompanhar a prática do processo de amamentação, prestando orientações quanto à técnica adequada, enquanto a mãe permanecer na unidade hospitalar, utilizando o corpo técnico já existente (art. 10, I a VI, acrescentado pela Lei n. 13.436/2017, do ECA).

Assegurar-se-á o atendimento integral à saúde da criança e do adolescente, por intermédio do Sistema Único de Saúde, garantindo-se, ainda, o acesso igualitário às ações e serviços para promoção, proteção e recuperação da saúde. A criança e o adolescente com deficiência serão atendidos, sem discriminação ou segregação, em suas necessidades gerais de saúde e específica de habilitação e reabilitação. Incumbe ao Poder Público fornecer gratuitamente, àqueles que necessitarem, medicamentos, órteses, próteses e outras tecnologias assistivas relativas ao tratamento, habilitação ou reabilitação para crianças e adolescentes, de acordo com as linhas de cuidado voltadas às suas necessidades específicas. Os profissionais que atuam no cuidado diário ou frequente de crianças na primeira infância receberão formação específica e permanente para a detecção de sinais de risco para o desenvolvimento psíquico, bem como para o acompanhamento que se fizer necessário (art. 11, §§ 1º a 3º, com redação da Lei n. 13.257/2016).

O Sistema Único de Saúde promoverá programas de assistência médica e odontológica para a prevenção das enfermidades que ordinariamente afetam a população infantil, e campanhas de educação sanitária para pais, educadores e alunos, tornando obrigatória a vacinação (art. 14 e parágrafos).

A Lei n. 7.853/89 estabelece normas sobre apoio aos portadores de deficiências e sobre a coordenadoria nacional para integração dos *deficientes,* e a Lei n. 8.069/90, nos arts. 11, §§ 1º e 2º, e 112, § 3º, exige que a criança e o adolescente portadores de deficiência recebam atendimento especializado, incumbindo, inclusive, o Poder Público de fornecer gratuitamente àqueles que necessitarem os medicamentos, próteses e outros recursos relativos ao tratamento, habilitação ou reabilitação.

Os estabelecimentos de atendimento à saúde deverão ainda proporcionar condições para a permanência em tempo integral de um dos pais ou responsável, nos casos de internação de criança ou adolescente (Lei n. 8.069, art. 12).

O menor terá, segundo o art. 16, I a VII, o *direito à liberdade,* que compreenderá o de:

a) ir, vir e estar nos logradouros públicos e espaços comunitários, ressalvadas as restrições legais; não poderá ser privado, se maior de 18 anos, de sua liberdade senão em flagrante de ato infracional ou por ordem escrita e fundamentada de juiz (art. 106) e sem o devido processo legal (arts. 110 e 111, I a VI);

b) opinião e expressão;

c) crença e culto religioso;

d) brincar, praticar esportes e divertir-se;

e) participar da vida familiar e comunitária, sem discriminação;

f) participar da vida política, na forma da lei;

g) buscar refúgio, auxílio e orientação.

E o seu *direito ao respeito* consistirá na inviolabilidade da integridade física, psíquica e moral, abrangendo a preservação da imagem, da identidade, da autonomia, dos valores, ideias e crenças, dos espaços e objetos pessoais (art. 17). E além disso será dever de todos velar pela *dignidade da criança e do adolescente* (CF, art. 1º, III), pondo-os a salvo de qualquer tratamento desumano, violento, aterrorizante, vexatório ou constrangedor (arts. 18-A, 18-B e 70-A, acrescentados pela Lei n. 13.010/2014). Além disso, conteúdos relativos aos direitos humanos e à prevenção de todas as formas de violência contra a criança e o adolescente serão incluídos, como temas transversais, nos currículos escolares de que trata o *caput* deste artigo, tendo como diretriz a Lei n. 8.069, de 13 de julho de 1990 (Estatuto da Criança e do Adolescente), observada a produção e distribuição de material didático adequado" (art. 26, § 9º, da Lei n. 9.394/96, acrescentado pela Lei n. 13.010/2014).

Pela Lei n. 8.069, de 13 de julho de 1990, "as entidades, públicas e privadas, que atuem nas áreas a que se refere o art. 71, dentre outras, devem contar, em seus quadros, com pessoas capacitadas a reconhecer e comunicar ao Conselho Tutelar suspeitas ou casos de maus-tratos praticados contra crianças e adolescentes. São igualmente responsáveis pela comunicação de que trata este artigo, as pessoas encarregadas, por razão de cargo, função, ofício, ministério, profissão ou ocupação, do cuidado, assistência ou guarda de crianças e adolescentes, punível, na forma deste Estatuto, o injustificado retardamento ou omissão, culposos ou dolosos" (art. 70-B e parágrafo único acrescentados pela Lei n. 13.046/2014).

"As entidades, públicas ou privadas, que abriguem ou recepcionem crianças e adolescentes, ainda que em caráter temporário, devem ter, em seus quadros, profissionais capacitados a reconhecer e reportar ao Conselho Tutelar suspeitas ou ocorrências de maus-tratos" (art. 94-A da Lei n. 8.069/90, acrescentado pela Lei n. 13.046/2014).

Toda criança ou adolescente terá, como vimos em páginas anteriores, direito de ser criado e educado no seio da *entidade familiar,* seja ela *natural* ou *substituta,* que por ele zelará (arts. 19, § 4º, com a redação da Lei n. 12.962/2014, 25 e 28). É garantida a convivência do menor com a mãe ou o pai privado de liberdade, por meio de visitas periódicas promovidas pelo responsável ou, nas hipóteses de acolhimento institucional, pela entidade responsável, independentemente de autorização judicial (§ 4º do art. 19), pois aquela condenação criminal não implica a destituição do poder familiar, salvo na hipótese de prática de crime doloso, punido com reclusão, contra o próprio filho ou filha (art. 23, § 2º, com a redação da Lei n. 12.962/2014). Pelo art. 19, §§ 5º e 6º (acrescentados pela Lei n. 13.509/2017) garantir-se-á à criança sua convivência integral com a mãe adolescente, estando em acolhimento institucional, sendo que a mãe adolescente deverá ser assistida por equipe especializada multidisciplinar. Como a prática de ato de alienação parental fere direito fundamental da criança ou do adolescente de convivência familiar e comunitária saudável (CF, art. 227 e § 1º, com a redação da EC n. 65/2010), é punida pela Lei n. 12.317/2010.

C. Direito à educação, à cultura, ao esporte e ao lazer

A Lei n. 13.010, de 26 de junho de 2014, altera a Lei n. 8.069, de 13 de julho de 1990 (Estatuto da Criança e do Adolescente) acrescentando os arts. 18-A, 18-B e 70-A, para estabelecer o direito da criança e do adolescente de serem educados e cuidados sem o uso de castigos físicos ou de tratamento cruel ou degradante, como formas de correção, disciplina, educação ou qualquer outro pretexto, pelos pais, pelos integrantes da família ampliada, pelos responsáveis, pelos agentes públicos executores de medidas socioeducativas ou por qualquer pessoa encarregada de cuidar deles, tratá-los, educá-los ou protegê-los.

Os pais, os integrantes da família ampliada, os responsáveis, os agentes públicos executores de medidas socioeducativas ou qualquer pessoa encarregada de cuidar de crianças e de adolescentes, tratá-los, educá-los ou protegê-los que utilizarem castigo físico ou tratamento cruel ou degradante como formas de correção, disciplina, educação ou qualquer outro pretexto estarão sujeitos, sem prejuízo de outras sanções cabíveis, às seguintes medidas, que serão aplicadas pelo Conselho Tutelar de acordo com a gravidade do caso:

a) encaminhamento a programa oficial ou comunitário de proteção à família;

b) encaminhamento a tratamento psicológico ou psiquiátrico;

c) encaminhamento a cursos ou programas de orientação;

d) obrigação de encaminhar a criança a tratamento especializado;

e) advertência.

A União, os Estados, o Distrito Federal e os Municípios deverão atuar de forma articulada na elaboração de políticas públicas e na execução de ações destinadas a coibir o uso de castigo físico ou de tratamento cruel ou degradante e difundir formas não violentas de educação de crianças e de adolescentes, tendo como principais ações:

a) a promoção de campanhas educativas permanentes para a divulgação do direito da criança e do adolescente de serem educados e cuidados sem o uso de castigo físico ou de tratamento cruel ou degradante e dos instrumentos de proteção aos direitos humanos;

b) a integração com os órgãos do Poder Judiciário, do Ministério Público e da Defensoria Pública, com o Conselho Tutelar, com os Conselhos de Direitos da Criança e do Adolescente e com as entidades não governamentais que atuam na promoção, proteção e defesa dos direitos da criança e do adolescente;

c) a formação continuada e a capacitação dos profissionais de saúde, educação e assistência social e dos demais agentes que atuam na promoção, proteção e defesa dos direitos da criança e do adolescente para o desenvolvimento das competências necessárias à prevenção, à identificação de evidências, ao diagnóstico e ao enfrentamento de todas as formas de violência contra a criança e o adolescente;

d) o apoio e o incentivo às práticas de resolução pacífica de conflitos que envolvam violência contra a criança e o adolescente;

e) a inclusão, nas políticas públicas, de ações que visem a garantir os direitos da criança e do adolescente, desde a atenção pré-natal, e de atividades junto aos pais e responsáveis com o objetivo de promover a informação, a reflexão, o debate e a orientação sobre alternativas ao uso de castigo físico ou de tratamento cruel ou degradante no processo educativo;

f) a promoção de espaços intersetoriais locais para a articulação de ações e a elaboração de planos de atuação conjunta focados nas famílias em situação de violência, com participação de profissionais de saúde, de assistência social e de educação e de órgãos de promoção, proteção e defesa dos direitos da criança e do adolescente.

As famílias com crianças e adolescentes com deficiência terão prioridade de atendimento nas ações e políticas públicas de prevenção e proteção.

Como o menor tem direito à informação, cultura, lazer, esportes, diversões, espetáculos, produtos e serviços condizentes com sua condição de pessoa em desenvolvimento e com os valores de seu contexto social, qualquer ameaça, violação ou restrição a esses direitos gerará ao ofensor responsabilidade jurídica (Lei n. 8.069/90, arts. 70 a 73 e 58).

Assim sendo, os pais ou responsável, participando do processo pedagógico ou propostas educacionais, terão o dever de matriculá-lo em escola pública ou particular, onde lhe será assegurado o direito de ser respeitado por seus educadores, de contestar critérios avaliativos, de organizar e participar em entidades estudantis (arts. 55, 53, I a V e parágrafo único; 54 e §§ 1º a 3º, 57 e 59).

A Lei n. 13.306/2016 altera os arts. 54, IV e 208, III, do ECA para fixar de zero a 5 anos a idade para atendimento em creche e pré-escola.

O órgão competente do Poder Público deverá regular as diversões e espetáculos públicos, informando sua natureza, indicando as faixas etárias a que não se recomendem, os locais e os horários (art. 74, parágrafo único), que deverão ser obedecidos pelos proprietários e locadores de vídeo, pelas emissoras de rádio e televisão (arts. 76, parágrafo único, e 77, parágrafo único). Além disso, o menor de 10 anos só poderá frequentar os locais de apresentação se acompanhado dos pais ou responsável (art. 75 e parágrafo único).

As revistas e publicações inadequadas a menores deverão ser comercializadas em embalagem lacrada e opaca, se a capa for obscena, com a advertência de seu conteúdo (art. 78 e parágrafo único). E as revistas destinadas ao público infantojuvenil não poderão conter ilustrações, legendas ou propagandas de tabaco, armas, bebidas alcoólicas, devendo sempre respeitar os valores éticos e sociais (art. 79). Tal ocorre porque a venda dessas revistas e dos produtos acima indicados está proibida a menores (art. 81).

Os responsáveis por casas que explorem comercialmente bilhar, sinuca, jogo ou aposta não deverão permitir a entrada de menores (arts. 80 e 81, VI).

Nenhum menor de 12 anos poderá viajar para fora de sua comarca, e se a viagem for para o exterior, nenhum menor de 18 anos poderá viajar, salvo se acompanhado do responsável ou devidamente autorizado. E nenhum menor de 18 anos poderá se hospedar em hotel, motel ou pensão, sem estar autorizado ou acompanhado pelo responsável (arts. 82 a 85)[97].

---

97. Heli de S. Maia, O direito das crianças à educação, *Revista Jurídica De Jure*, *17*:297-330. *Vide* arts. 7º a 11 do Estatuto da Juventude e Lei n. 13.046, de 1º de dezembro de 2014,

D. Direito à profissionalização e à proteção no trabalho

O adolescente entre 15 e 18 anos terá direito à profissionalização e à proteção no trabalho (Lei n. 8.069/90, art. 69, I e II; Lei n. 12.852/2013, art. 16; Instrução normativa n. 77/2009 da Secretaria de Inspeção do Trabalho, ora revogada pela Instrução Normativa n. 102/2013); desde que maior de 14 anos de idade, exceto se for aprendiz (arts. 60, 62 e 64). O mesmo se diga dos jovens entre 18 a 29 anos (Lei n. 12.852/2013, arts. 14 e 15). Ao adolescente, portador ou não de deficiência, serão assegurados os direitos trabalhistas e previdenciários (arts. 65 e 66), desde que na sua formação técnico-profissional haja frequência obrigatória ao ensino regular e horário especial para o exercício de atividade compatível com o seu desenvolvimento (art. 63).

Está proibido, ao adolescente empregado, aprendiz ou aluno de escola técnica, o trabalho noturno, perigoso, insalubre ou penoso, realizado em horários e locais prejudiciais à sua formação educacional e ao seu desenvolvimento físico, psíquico, moral e social (art. 67).

Qualquer programa social baseado em trabalho educativo deverá assegurar ao adolescente condições de capacitação para o exercício de atividade remunerada (art. 68, §§ 1º e 2º)[98].

---

que altera a Lei n. 8.069, de 13 de julho de 1990, que dispõe sobre o Estatuto da Criança e do Adolescente, para obrigar entidades a terem, em seus quadros, pessoal capacitado para reconhecer e reportar maus-tratos de crianças e adolescentes.

TJSP:

Súmula 63: "É indeclinável a obrigação do município de providenciar imediata vaga em unidade educacional a criança ou adolescente que resida em seu território".

Súmula 64: "O direito da criança ou do adolescente a vaga em unidade educacional é amparável por mandado de segurança".

Súmula 65: "Não violam os princípios constitucionais da separação e independência dos poderes, da isonomia, da discricionariedade administrativa e da anualidade orçamentária as decisões judiciais que determinam às pessoas jurídicas da administração direta a disponibilização de vagas em unidades educacionais ou o fornecimento de medicamentos, insumos, suplementos e transporte a crianças ou adolescentes".

98. Portaria n. 63, de 29-5-2014, do Ministério do Desenvolvimento Social e Combate à Fome, dispõe sobre o cofinanciamento federal das ações estratégicas do Programa de Erradicação do Trabalho Infantil, no âmbito do Sistema Único de Assistência Social, para os Estados, Municípios e Distrito Federal com alta incidência de crianças e adolescentes em situação de trabalho infantil.

Instrução Normativa n. 112, de 22 de outubro de 2014 da Secretaria de Inspeção do Trabalho, dispõe sobre a constituição e atuação do Grupo Móvel de Fiscalização de Combate ao Trabalho Infantil — GMTI.

E. Política de atendimento aos direitos do menor

São diretrizes da política de atendimento (ECA, art. 88, com a redação da Lei n. 12.010/2009 e Lei n. 13.257/2016):

a) municipalização do atendimento;

b) criação de conselhos municipais (Lei n. 12.594/2012, art. 5º, §§ 2º e 3º), estaduais (Lei n. 12.594/2012, art. 4º, § 1º) e nacional dos direitos da criança e do adolescente, órgãos deliberativos e controladores das ações em todos os níveis, assegurada a participação popular paritária por meio de organizações representativas, segundo leis federal, estaduais e municipais;

c) criação e manutenção de programas específicos, observada a descentralização político-administrativa;

d) manutenção de fundos nacional, estaduais e municipais vinculados aos respectivos conselhos dos direitos da criança e do adolescente;

e) integração operacional de órgãos do Judiciário, Ministério Público, Defensoria, Segurança Pública e Assistência Social, preferencialmente em um mesmo local, para efeito de agilização do atendimento inicial a adolescente a quem se atribua autoria de ato infracional;

f) integração operacional de órgãos do Judiciário, Ministério Público, Defensoria, Conselho Tutelar e encarregados da execução das políticas sociais básicas e de assistência social, para efeito de agilização do atendimento de crianças e de adolescentes inseridos em programas de acolhimento familiar ou institucional, com vista na sua rápida reintegração à família de origem ou, se tal solução se mostrar comprovadamente inviável, sua colocação em família substituta, em qualquer das modalidades previstas no art. 28 da Lei n. 8.069/90;

g) mobilização da opinião pública para a indispensável participação dos diversos segmentos da sociedade;

h) especialização e formação continuada dos profissionais que trabalham nas diferentes áreas de atenção à primeira infância, incluindo os conhecimentos sobre direitos da criança e sobre o desenvolvimento infantil;

i) formação profissional com abrangência dos diversos direitos da criança e do adolescente que favoreça a intersetorialidade no atendimento da criança e do adolescente e seu desenvolvimento integral;

j) realização e divulgação de pesquisas sobre desenvolvimento infantil e sobre prevenção de violência.

A política de atendimento dos direitos da criança e do adolescente far-se-á através de um conjunto articulado de ações governamentais e não governamentais, da União, dos Estados, do Distrito Federal e dos Municípios (art. 86 da Lei n. 8.069), não remuneradas (art. 89), apresentando conforme as dotações orçamentárias (art. 96)[99]:

a) *programas* de assistência *socioeducativa* destinados a crianças e adolescentes, em regime de:

1) orientação e apoio sociofamiliar;

2) apoio socioeducativo em meio aberto;

3) colocação familiar;

4) acolhimento institucional;

5) prestação de serviços à comunidade;

6) liberdade assistida;

7) semiliberdade;

8) internação (art. 90, I a VIII, da Lei n. 8.069, com a redação da Lei n. 12.010/2009 e da Lei n. 12.594/2012);

b) programas de *serviços de identificação e localização* de menores e de pais, ou responsáveis, desaparecidos (art. 87, IV);

c) *programas de prevenção* e *atendimento médico e psicossocial* às vítimas de negligência, maus-tratos e opressão (art. 87, I a IV).

d) *políticas e programas destinados a prevenir ou abreviar o período de afastamento do convívio familiar* e a garantir o efetivo exercício do direito à convivência familiar de crianças e adolescentes (art. 87, VI);

e) *campanhas de estímulo ao acolhimento sob forma de guarda de crianças e adolescentes afastados do convívio familiar e à adoção*, especificamente inter-racial, de crianças maiores ou de adolescentes, com necessidades específicas de saúde ou com deficiências e de grupos de irmãos (art. 87, VII).

Esses programas deverão ser devidamente inscritos junto ao Conselho Municipal dos Direitos da Criança e do Adolescente, que os comunicará ao Conselho Tutelar e à autoridade judiciária (arts. 90, § 1º, e 95). Os recursos destinados à implementação e manutenção dos programas relacionados nesse artigo serão previstos nas dotações orçamentárias dos órgãos públicos en-

---

99. A Resolução n. 160, de 18-11-2013, do CONANDA aprova o Plano Nacional de Atendimento Socioeducativo.

carregados das áreas de Educação, Saúde e Assistência Social, dentre outros, observando-se o princípio da prioridade absoluta à criança e ao adolescente preconizado pelo *caput* do art. 227 da Constituição Federal e pelo *caput* e parágrafo único do art. 4º da Lei n. 8.069/90 (art. 90, § 2º).

Os programas em execução serão reavaliados pelo Conselho Municipal dos Direitos da Criança e do Adolescente, no máximo, a cada 2 (dois) anos, constituindo-se critérios para renovação da autorização de funcionamento: a) o efetivo respeito às regras e princípios desta Lei, bem como às resoluções relativas à modalidade de atendimento prestado expedidas pelos Conselhos dos Direitos da Criança e do Adolescente, em todos os níveis; b) a qualidade e eficiência do trabalho desenvolvido, atestadas pelo Conselho Tutelar, pelo Ministério Público e pela Justiça da Infância e da Juventude; c) em se tratando de programas de acolhimento institucional ou familiar, serão considerados os índices de sucesso na reintegração familiar ou de adaptação à família substituta, conforme o caso (art. 90, § 3º).

Todavia será negado o registro à entidade não governamental que:

a) não oferecer instalações físicas em condições adequadas de habitabilidade, higiene, salubridade e segurança;

b) não apresentar plano de trabalho compatível com os princípios desta Lei;

c) estiver irregularmente constituída;

d) tiver em seus quadros pessoas inidôneas;

e) não se adequar ou deixar de cumprir as resoluções e deliberações relativas à modalidade de atendimento prestado expedidas pelos Conselhos de Direitos da Criança e do Adolescente, em todos os níveis (art. 91, § 1º).

O registro terá validade máxima de 4 (quatro) anos, cabendo ao Conselho Municipal dos Direitos da Criança e do Adolescente, periodicamente, reavaliar o cabimento de sua renovação, observando o disposto no § 1º do art. 90 (art. 90, § 2º).

As *entidades* que mantiverem *programas de acolhimento familiar ou institucional* poderão, em caráter excepcional e de urgência, acolher crianças e adolescentes sem prévia determinação da autoridade competente, fazendo comunicação do fato em até 24 horas ao Juiz da Infância e da Juventude (art. 93), sendo seus dirigentes considerados guardiães, para todos os efeitos jurídicos (art. 92, § 1º). Tais entidades deverão basear-se nos seguintes princípios:

1) preservação dos vínculos familiares e promoção da reintegração familiar;

2) integração em família substituta, quando esgotados os recursos de manutenção na família natural ou extensa;

3) atendimento personalizado e em pequenos grupos;

4) desenvolvimento de atividades em regime de coeducação;

5) não desmembramento de grupos de irmãos;

6) evitar, sempre que possível, a transferência para outras entidades de crianças e adolescentes abrigados;

7) participação na vida da comunidade local;

8) preparação gradativa para o desligamento;

9) participação de pessoas da comunidade no processo educativo (art. 92, I a IX).

Pelo art. 92, §§ 2º a 7º, acrescentados pelas Leis n. 12.010/2009 e n. 13.257/2016:

"§ 2º Os dirigentes de entidades que desenvolvem programas de acolhimento familiar ou institucional remeterão à autoridade judiciária, no máximo a cada 6 (seis) meses, relatório circunstanciado acerca da situação de cada criança ou adolescente acolhido e sua família, para fins de reavaliação prevista no § 1º do art. 19 desta Lei.

§ 3º Os entes federados, por intermédio dos Poderes Executivo e Judiciário, promoverão conjuntamente a permanente qualificação dos profissionais que atuam direta ou indiretamente em programas de acolhimento institucional e destinados à colocação familiar de crianças e adolescentes, incluindo membros do Poder Judiciário, Ministério Público e Conselho Tutelar.

§ 4º Salvo determinação em contrário da autoridade judiciária competente, as entidades que desenvolvem programas de acolhimento familiar ou institucional, se necessário com o auxílio do Conselho Titular e dos órgãos de assistência social, estimularão o contato da criança ou adolescente com seus pais e parentes, em cumprimento ao disposto nos incisos I e VIII do *caput* deste artigo.

§ 5º As entidades que desenvolvem programas de acolhimento familiar ou institucional somente poderão receber recursos públicos se comprovado o atendimento dos princípios, exigências e finalidades desta Lei.

§ 6º O descumprimento das disposições desta Lei pelo dirigente de entidade que desenvolva programas de acolhimento familiar ou institucional é causa de sua destituição, sem prejuízo da apuração de sua responsabilidade administrativa, civil e criminal.

§ 7º Quando se tratar de criança de 0 (zero) a 3 (três) anos em acolhimento institucional, dar-se-á especial atenção à atuação de educadores de referência estáveis e qualitativamente significativos, às rotinas específicas e ao atendimento das necessidades básicas, incluindo as de afeto como prioritárias".

As entidades que mantenham programa de acolhimento institucional poderão, em caráter excepcional e de urgência, acolher crianças e adolescentes sem prévia determinação da autoridade competente, fazendo comunicação do fato em até 24 (vinte e quatro) horas ao Juiz da Infância e da Juventude, sob pena de responsabilidade. Recebida a comunicação, a autoridade judiciária, ouvido o Ministério Público e se necessário com o apoio do Conselho Tutelar local, tomará as medidas necessárias para promover a imediata reintegração familiar da criança ou do adolescente ou, se por qualquer razão não for isso possível ou recomendável, para encaminhamento a programa de acolhimento familiar, institucional ou a família substituta, observado o disposto no § 2º do art. 101 da Lei n. 8.069/90 (ECA, art. 93, parágrafo único).

Urge lembrar que pelo art. 19-B (acrescentado pela Lei n. 13.509/2017), §§ 1º a 6º, a criança ou adolescente em programa de acolhimento institucional ou familiar poderá participar do *programa de apadrinhamento* consistente em estabelecer ao menor vínculos externos à instituição para fins de convivência familiar e comunitária e de aprimoramento de seu desenvolvimento físico, moral, social, educacional e cognitivo. Nada obsta a que pessoa jurídica venha a apadrinhar o menor. O perfil da criança ou adolescente a ser apadrinhado será definido no âmbito de cada programa de apadrinhamento, dando-se prioridade para menor com remota possibilidade de reinserção familiar ou colocação em família adotiva. O programa de apadrinhamento apoiado pela Justiça da Infância e Juventude poderá ser executado por órgão público ou por organizações de sociedade civil. Havendo trasgressão das normas de apadrinhamento, os responsáveis pelo programa e pelo serviço de acolhimento deverão notificar, de imediato, a autoridade judiciária competente.

E as entidades que desenvolverem *programas de internação,* utilizando os recursos da comunidade (arts. 94, § 2º e 94-A), deverão cumprir os deveres (art. 94, I a XX) de:

1) observar os direitos e garantias de que são titulares os adolescentes;

2) não restringir nenhum direito que não tenha sido objeto de restrição na decisão de internação;

3) oferecer atendimento personalizado, em pequenas unidades e grupos reduzidos;

4) preservar a identidade e oferecer ambiente de respeito e dignidade ao adolescente;

5) diligenciar no sentido do restabelecimento e da preservação dos vínculos familiares;

6) comunicar à autoridade judiciária, periodicamente, os casos em que se mostre inviável ou impossível o reatamento dos vínculos familiares;

7) oferecer instalações físicas em condições adequadas de habitabilidade, higiene, salubridade e segurança e os objetos necessários à higiene pessoal;

8) oferecer vestuário e alimentação suficientes e adequados à faixa etária dos adolescentes atendidos;

9) oferecer cuidados médicos, psicológicos, odontológicos e farmacêuticos;

10) propiciar escolarização e profissionalização;

11) propiciar atividades culturais, esportivas e de lazer;

12) propiciar assistência religiosa àqueles que desejarem, de acordo com suas crenças;

13) proceder a estudo social e pessoal de cada caso;

14) reavaliar periodicamente cada caso, com intervalo máximo de seis meses, dando ciência dos resultados à autoridade competente;

15) informar, periodicamente, o adolescente internado sobre sua situação processual;

16) comunicar às autoridades competentes todos os casos de adolescentes portadores de moléstias infectocontagiosas;

17) fornecer comprovante de depósito dos pertences dos adolescentes;

18) manter programas destinados ao apoio e acompanhamento de egressos;

19) providenciar os documentos necessários ao exercício da cidadania àqueles que não os tiverem;

20) manter arquivo de anotações onde constem data e circunstâncias do atendimento, nome do adolescente, seus pais ou responsável, parentes, endereços, sexo, idade, acompanhamento da sua formação, relação de seus pertences e demais dados que possibilitem sua identificação e a individualização do atendimento.

Assim, se as entidades governamentais violarem tais obrigações, sem prejuízo da responsabilidade civil e criminal de seus dirigentes ou prepostos sofrerão não só pena de advertência, afastamento provisório ou definitivo de seus dirigentes, mas também fechamento de unidade ou interdição de programa. E as pessoas jurídicas de direito público e as entidades não governamentais responderão pelos danos que seus agentes causarem à criança e aos adolescentes, caracterizado o descumprimento dos princípios norteadores das atividades de proteção específica. Assim sendo, além de seus prepostos ou dirigentes serem responsabilizados civil e criminalmente, sofrerão penas como as de advertência, suspensão total ou parcial do repasse de verbas públicas; interdição de unidades ou suspensão de programa, cassação do registro. E em caso de reiteradas infrações cometidas por entidades de atendimento, que coloquem em risco os direitos assegurados ao menor, deverá ser o fato comunicado ao Ministério Público ou representado perante autoridade judiciária competente para as providências cabíveis, inclusive suspensão das atividades ou dissolução da entidade (art. 97, §§ 1º e 2º; Lei n. 12.594/2012, art. 28, I e II).

A Lei n. 8.069/90 trata, nos arts. 191 a 193, da apuração de irregularidades em entidade de atendimento, pela autoridade judiciária.

O procedimento de apuração de irregularidades em entidade governamental e não governamental terá início mediante portaria da autoridade judiciária ou representação do Ministério Público ou do Conselho Tutelar, onde conste, necessariamente, resumo dos fatos.

E se houver motivo grave, poderá a autoridade judiciária, ouvido o Ministério Público, decretar liminarmente o afastamento provisório do dirigente da entidade, mediante decisão fundamentada (art. 191 e parágrafo único).

O dirigente da entidade será então citado para, no prazo de dez dias, oferecer resposta escrita, podendo juntar documentos e indicar as provas a produzir (art. 192).

Prescrevem o art. 193 e seus §§ 1º a 4º:

"Art. 193. Apresentada ou não a resposta, e sendo necessário, a autoridade judiciária designará audiência de instrução e julgamento, intimando as partes.

§ 1º Salvo manifestação em audiência, as partes e o Ministério Público terão cinco dias para oferecer alegações finais, decidindo a autoridade judiciária em igual prazo.

§ 2º Em se tratando de afastamento provisório ou definitivo de dirigente de entidade governamental, a autoridade judiciária oficiará à autoridade administrativa imediatamente superior ao afastado, marcando prazo para a substituição.

§ 3º Antes de aplicar qualquer das medidas, a autoridade judiciária poderá fixar prazo para a remoção das irregularidades verificadas. Satisfeitas as exigências, o processo será extinto, sem julgamento de mérito.

§ 4º A multa e a advertência serão impostas ao dirigente da entidade ou programa de atendimento".

F. Medidas específicas de proteção ao menor

f.1. Noção

As medidas de proteção à criança e ao adolescente serão aplicáveis, isolada ou cumulativamente, sempre que os direitos reconhecidos na Lei n. 8.069 forem ameaçados ou violados por ação ou omissão da sociedade ou do Estado; por falta, omissão ou abuso dos pais ou responsável; ou em razão de sua conduta (arts. 98, I a III, e 99)[100]. A autoridade competente, le-

---

100. Pelo art. 100, parágrafo único, da Lei n. 8.069/90 (com alteração da Lei n. 13.509/2017): São também princípios que regem a aplicação das medidas:

I — condição da criança e do adolescente como sujeitos de direitos: crianças e adolescentes são os titulares dos direitos previstos nesta e em outras Leis, bem como na Constituição Federal;

II — proteção integral e prioritária: a interpretação e aplicação de toda e qualquer norma contida nesta Lei deve ser voltada à proteção integral e prioritária dos direitos de que crianças e adolescentes são titulares;

III — responsabilidade primária e solidária do poder público: a plena efetivação dos direitos assegurados a crianças e a adolescentes por esta Lei e pela Constituição Federal, salvo nos casos por esta expressamente ressalvado, é de responsabilidade primária e solidária das 3 (três) esferas de governo, sem prejuízo da municipalização do atendimento e da possibilidade da execução de programas por entidades não governamentais;

IV — interesse superior da criança e do adolescente: a intervenção deve atender prioritariamente aos interesses e direitos da criança e do adolescente, sem prejuízo da consideração que for devida a outros interesses legítimos no âmbito da pluralidade dos interesses presentes no caso concreto;

V — privacidade: a promoção dos direitos e proteção da criança e do adolescente deve ser efetuada no respeito pela intimidade, direito à imagem e reserva da sua vida privada;

VI — intervenção precoce: a intervenção das autoridades competentes deve ser efetuada logo que a situação de perigo seja conhecida;

VII — intervenção mínima: a intervenção deve ser exercida exclusivamente pelas autoridades e instituições cuja ação seja indispensável à efetiva promoção dos clientes e à proteção da criança e do adolescente;

VIII — proporcionalidade e atualidade: a intervenção deve ser a necessária e adequada à situação de perigo em que a criança ou adolescente se encontram no momento em que a decisão é tomada;

IX — responsabilidade parental: a intervenção deve ser efetuada de modo que os pais assumam os seus deveres para com a criança e o adolescente;

X — prevalência da família: na promoção de direitos e na proteção da criança e do adolescente deve ser dada prevalência às medidas que os mantenham ou reintegrem na sua família natural ou extensa ou, se isso não for possível, que promovam a sua integração em família adotiva;

vando em conta as necessidades pedagógicas e o fortalecimento dos vínculos familiares e comunitários (art. 100), determinará a aplicação de uma das seguintes medidas (art. 101, I a IX).

a) encaminhamento aos pais ou responsável, mediante termo de responsabilidade;

b) orientação, apoio e acompanhamento temporários;

c) matrícula e frequência obrigatórias em estabelecimento oficial de ensino fundamental;

d) inclusão em serviços e programas oficiais e comunitários de proteção, apoio e promoção da família, da criança e do adolescente;

e) requisição de tratamento médico, psicológico ou psiquiátrico, em regime hospitalar ou ambulatorial;

f) inclusão em programa oficial ou comunitário de auxílio, orientação e tratamento a alcoólatras e toxicômanos;

XI — obrigatoriedade da informação: a criança e o adolescente, respeitado seu estágio de desenvolvimento e capacidade de compreensão, seus pais ou responsável devem ser informados dos seus direitos, dos motivos que determinaram a intervenção e da forma como esta se processa;

XII — oitiva obrigatória e participação: a criança e o adolescente, em separado ou na companhia dos pais, de responsável ou de pessoa por si indicada, bem como os seus pais ou responsável, têm direito a ser ouvidos e a participar nos atos e na definição da medida de promoção dos direitos e de proteção, sendo sua opinião devidamente considerada pela autoridade judiciária competente, observado o disposto nos §§ 1º e 2º do art. 28 desta Lei.

O Projeto de Lei n. 632/2013 visa autorizar o Poder Executivo a instituir o Programa Família Hospedeira para incentivar a convivência familiar e comunitária de crianças e adolescentes encaminhados para programas de acolhimento institucional.

A Resolução n. 164, de 9-4-2014, do CONANDA, dispõe sobre o registro e fiscalização das entidades sem fins lucrativos e inscrição dos programas não governamentais e governamentais que tenham por objetivo a assistência ao adolescente e a educação profissional.

A Resolução n. 188/2014, do CNJ, determinou a realização de inspeções bimestrais pelos juízes das Varas da Infância e da Juventude nas Unidades de Internação e de Semiliberdade e a adoção de providências necessárias para o seu adequado funcionamento.

Portaria n. 1.082, de 23-5-2014, do Ministério da Saúde, redefine as diretrizes da Política Nacional de Atenção Integral à Saúde de Adolescentes em Conflito com a Lei, em Regime de Internação e Internação Provisória (PNAISARI), incluindo-se o cumprimento de medida socioeducativa em meio aberto e fechado; e estabelece novos critérios e fluxos para adesão e operacionalização da atenção integral à saúde de adolescentes em situação de privação de liberdade, em unidades de internação, de internação provisória e de semiliberdade.

Resolução n. 199, de 4 de agosto de 2017, da CONANDA, aprova o documento "Orientações para Participação com Proteção do Comitê de Participação de Adolescentes do Conselho Nacional dos Direitos da Criança e do Adolescente".

g) acolhimento institucional;

h) inclusão em programa de acolhimento familiar;

i) colocação em família substituta (*Bol. AASP, 2.671*:1814-05)[101].

---

101. A Lei n. 8.069/90, art. 101, §§ 1º e 2º, reza:

§ 1º O acolhimento institucional e o acolhimento familiar são medidas provisórias e excepcionais, utilizáveis como forma de transição para reintegração familiar ou, não sendo esta possível, para colocação em família substituta, não implicando privação de liberdade.

§ 2º Sem prejuízo da tomada de medidas emergenciais para proteção de vítimas de violência ou abuso sexual e das providências a que alude o art. 130 desta Lei, o afastamento da criança ou adolescente do convívio familiar é a competência exclusiva da autoridade judiciária e importará na deflagração, a pedido do Ministério Público ou de quem tenha legítimo interesse, de procedimento judicial contencioso, no qual se garanta aos pais ou ao responsável legal o exercício do contraditório e da ampla defesa.

§ 3º Crianças e adolescentes somente poderão ser encaminhados às instituições que executam programas de acolhimento institucional, governamentais ou não, por meio de uma Guia de Acolhimento, expedida pela autoridade judiciária, na qual obrigatoriamente constará, dentre outros:

I — sua identificação e a qualificação completa de seus pais ou de seu responsável, se conhecidos;

II — o endereço de residência dos pais ou do responsável, com pontos de referência;

III — os nomes de parentes ou de terceiros interessados em tê-los sob sua guarda;

IV — os motivos da retirada ou da não reintegração ao convívio familiar.

§ 4º Imediatamente após o acolhimento da criança ou do adolescente, a entidade responsável pelo programa de acolhimento institucional ou familiar elaborará um plano individual de atendimento, visando à reintegração familiar, ressalvada a existência de ordem escrita e fundamentada em contrário de autoridade judiciária competente, caso em que também deverá contemplar sua colocação em família substituta, observadas as regras e princípios desta Lei.

§ 5º O plano individual será elaborado sob a responsabilidade da equipe técnica do respectivo programa de atendimento e levará em consideração a opinião da criança ou do adolescente e a oitiva dos pais ou do responsável.

§ 6º Constarão do plano individual, dentre outros:

I — os resultados da avaliação interdisciplinar;

II — os compromissos assumidos pelos pais ou responsáveis; e

III — a previsão das atividades a serem desenvolvidas com a criança ou com o adolescente acolhido e seus pais ou responsável, com vista na reintegração familiar ou, caso seja esta vedada por expressa e fundamentada determinação judicial, as providências a serem tomadas para a sua colocação em família substituta, sob direta supervisão da autoridade judiciária.

§ 7º O acolhimento familiar ou institucional ocorrerá no local mais próximo à residência dos pais ou do responsável e, como parte do processo de reintegração familiar, sempre que identificada a necessidade, a família de origem será incluída em programas oficiais de orientação, de apoio e de promoção social, sendo facilitado e estimulado o contato com a criança ou com o adolescente acolhido.

§ 8º Verificada a possibilidade de reintegração familiar, o responsável pelo programa de acolhimento familiar ou institucional fará imediata comunicação à autoridade ju-

f.2. Medidas socioeducativas impostas pela prática de ato infracional pelo menor

Se o adolescente praticar ato infracional, a autoridade competente poderá aplicar-lhe as seguintes medidas socioeducativas (Lei n. 8.069/90, art. 112, com as alterações da Lei n. 12.594/2012; STJ, Súmula 108; Provimento n. 515/94 do CSMSP), que têm por escopo: a responsabilização do adolescente quanto às consequências lesivas do ato infracional, sempre que possível incentivando a sua reparação; a integração social do adolescente e a garantia de seus direitos individuais e sociais, por meio do cumprimento de seu plano individual de atendimento; e a desaprovação da conduta infracional, efetivando as disposições da sentença como parâmetro máximo de privação de liberdade ou restrição de direitos, observados os limites previstos em lei. Mas, pelo STJ, Súmula 265: "É necessária a oitiva do menor infrator antes de decretar-se a regressão da medida socioeducativa", considerando sua capacidade para cumpri-las, as circunstâncias e a gravidade da infração (art. 112, § 1º).

a) *Advertência,* que consistirá em admoestação verbal, que será reduzida a termo e assinada (art. 115), desde que haja prova da materialidade e indícios suficientes da autoria (art. 114, parágrafo único).

---

diciária, que dará vista ao Ministério Público, pelo prazo de 5 (cinco) dias, decidindo em igual prazo.

§ 9º Em sendo constatada a impossibilidade de reintegração da criança ou do adolescente à família de origem, após seu encaminhamento a programas oficiais ou comunitários de orientação, apoio e promoção social, será enviado relatório fundamentado ao Ministério Público, no qual conste a descrição pormenorizada das providências tomadas e a expressa recomendação, subscrita pelos técnicos da entidade ou responsáveis pela execução da política municipal de garantia do direito à convivência familiar, para a destituição do poder familiar, ou destituição de tutela ou guarda.

§ 10. Recebido o relatório, o Ministério Público terá o prazo de 15 (quinze) dias para o ingresso com a ação de destituição do poder familiar, salvo se entender necessária a realização de estudos complementares ou outras providências que entender indispensáveis ao ajuizamento da demanda (redação dada pela Lei n. 13.509/2017).

§ 11. A autoridade judiciária manterá, em cada comarca ou foro regional, um cadastro contendo informações atualizadas sobre as crianças e adolescentes em regime de acolhimento familiar e institucional sob a sua responsabilidade, com informações pormenorizadas sobre a situação jurídica de cada um, bem como as providências tomadas para sua reintegração familiar ou colocação em família substituta, em qualquer das modalidade previstas no art. 28 desta Lei.

§ 12. Terão acesso ao cadastro o Ministério Público, o Conselho Tutelar, o órgão gestor da Assistência Social e os Conselhos Municipais dos Direitos da Criança e do Adolescente e da Assistência Social, aos quais incumbe deliberar sobre a implementação de políticas públicas que permitam reduzir o número de crianças e adolescentes afastados do convívio familiar e abreviar o período de permanência em programa de acolhimento.

Consulte: Lei n. 8.069/90, art. 102, §§ 1º a 4º.

b) Obrigação de reparar o dano, se se tratar de ato infracional com reflexos de ordem econômica, caso em que o órgão judicante poderá ordenar-lhe a devolução da coisa, o ressarcimento ou a compensação do prejuízo do lesado (art. 116 e parágrafo único).

c) Prestação de serviços à comunidade, a título gratuito, por prazo não superior a 6 meses, junto a entidades assistenciais, hospitais, escolas etc., de acordo com suas aptidões, desde que a cumpra durante a jornada máxima de 8 horas semanais, aos sábados, domingos e feriados ou em dias úteis, de modo a não prejudicar a sua frequência à escola ou ao trabalho normal (art. 117 e parágrafo único).

d) Liberdade assistida, hipótese em que a autoridade designará pessoa capacitada para acompanhá-lo e orientá-lo, que poderá ser indicada pela entidade de atendimento. Esse orientador, pelo prazo mínimo de 6 meses, deverá promover socialmente o adolescente e sua família, fornecendo-lhes orientação e inserindo-os, se necessário, em programa oficial ou comunitário de auxílio e assistência social; supervisionar a frequência e o aproveitamento escolar do adolescente, promovendo, inclusive, sua matrícula; diligenciar no sentido da profissionalização do adolescente e de sua inserção no mercado de trabalho; e apresentar relatório do caso (arts. 118 e 119).

e) Inserção em regime de semiliberdade que lhe possibilitará a realização de atividades externas, independentemente de autorização judicial (art. 120, §§ 1º e 2º).

f) Internação em estabelecimento educacional (art. 123 e parágrafo único), que poderá privá-lo da liberdade pelo período máximo de 3 anos ou até que atinja a idade de 21 anos, permitindo-lhe atividades externas, a critério da equipe técnica da entidade, salvo expressa determinação judicial (art. 121 e parágrafos não foram revogados pelo Código Civil, por força do art. 2.043), que poderá ser revista a qualquer tempo (art. 121, § 1º, com a redação da Lei n. 12.594/2012). As medidas socioeducativas deverão ser cumpridas até a idade de 21 anos, pouco importando sua maioridade civil. Todavia, há quem ache que houve revogação tácita do art. 121 do Estatuto da Criança e do Adolescente, por entender que o critério etário nele estabelecido funda-se no Código Civil; mas como se trata de medida socioeducativa e ressocializante prevista em norma especial anterior, parece-nos que tal não se deu, visto que o novo diploma civil é norma geral posterior. A esse respeito já se decidiu que: "O novo Código Civil, ao reduzir a idade da capacidade civil, não revogou o artigo 121, parágrafo 5º, do Estatuto da Criança e do Adolescente, que fixa a idade de 21 anos para a liberação compulsória do infrator. Ajustada a execução da medida socioeducativa de internação ao artigo 121, parágrafo 5º, da Lei n. 8.069/90, não há falar em constrangimento ilegal (Precedentes da Corte)" (STJ, HC 61.762/RJ, rel. Min. Hamilton Carvalhido, 6ª T., j. 24-10-2006, *DJ*, 9-4-2007, p. 277). Essa medida ser-lhe-á aplicada somente quando (art. 122) houver: ato infracional cometido mediante grave ameaça ou violência a pessoa; reiteração no cometimento de outras infrações graves e descumprimento reiterado e injustificável da medida anteriormente imposta, sendo que nesta última hipótese o prazo de internação não poderá ser superior a 3 meses, devendo ser decretada judicialmente após o devido processo legal (art. 122, § 1º, com a redação da Lei n. 12.594/2012). Pelo STJ, Súmula 492: "O ato infracional análogo ao tráfico de drogas, por si só, não conduz obrigatoriamente à imposição de medida socioeducativa de internação do adolescente. O adolescente privado da liberdade, pelo art. 124, I a XVI, terá o direito de:

1) entrevistar-se pessoalmente com o representante do Ministério Público;

2) peticionar diretamente a qualquer autoridade;

3) avistar-se reservadamente com seu defensor;

4) ser informado de sua situação processual, sempre que solicitada;

5) ser tratado com respeito e dignidade;

6) permanecer internado na mesma localidade ou naquela mais próxima ao domicílio de seus pais ou responsável;

7) receber visitas, ao menos semanalmente; mas a autoridade judiciária poderá suspender temporariamente a visita, inclusive de pais ou responsável, se existirem motivos sérios e fundados de sua prejudicialidade aos interesses do adolescente (art. 124, § 2º)[102];

---

102. Portaria Normativa da Secretaria da Justiça e Defesa da Cidadania do Estado de São Paulo n. 162, de 3-3-2009 — Fundação Casa: fica autorizada a concessão de verba, a título de auxílio financeiro, para despesas decorrentes de deslocamento (transporte) de familiares de adolescentes, que cumprem medida socioeducativa nas unidades de atendimento inicial, internação provisória e de internação da Fundação Casa-SP. Pelo CNJ, Comunicado CG n. 1.894/2012, o juiz responsável pela Vara da Infância e Juventude tem competência para determinar ou não a transferência de adolescentes para cumprimento de medidas socioeducativas em outra unidade, tendo sempre em vista o melhor interesse dos adolescentes internados.

Vide Lei n. 7.560/86, arts. 5º e 5º-A, com a redação da Lei n. 12.594/2012; Lei n. 5.537/68, art. 2º, § 3º, I a III, com alteração da Lei n. 12.594/2012.

Portaria n. 1.083, de 23-5-2014, do Ministério da Saúde, institui o incentivo financeiro de custeio para o ente federativo responsável pela gestão das ações de atenção integral à saúde dos adolescentes em situação de privação de liberdade, de que trata o art. 24 e parágrafo único da Portaria n. 1.082/GM/MS, de 23 de maio de 2014.

TJSP, Súmula 84: "O juiz, ao proferir decisão na execução da medida socioeducati-

8) corresponder-se com seus familiares e amigos;

9) ter acesso aos objetos necessários à higiene e asseio pessoal;

10) habitar alojamento em condições adequadas de higiene e salubridade;

11) receber escolarização e profissionalização;

12) realizar atividades culturais, esportivas e de lazer;

13) ter acesso aos meios de comunicação social;

14) receber assistência religiosa, segundo a sua crença, e desde que assim o deseje;

15) manter a posse de seus objetos pessoais e dispor de local seguro para guardá-los, recebendo comprovante daqueles porventura depositados em poder da entidade; e

16) receber, quando de sua desinternação, os documentos pessoais indispensáveis à vida em sociedade.

Pelo art. 35, I a IX, da Lei n. 12.594/2012, a execução das medidas socioeducativas reger-se-á pelos seguintes princípios: *legalidade*, não podendo o adolescente receber tratamento mais gravoso do que o conferido ao adulto; *excepcionalidade* da intervenção judicial e da imposição de medidas, favorecendo-se meios de autocomposição de conflitos; *prioridade* a práticas ou medidas que sejam restaurativas e, sempre que possível, atendam às necessidades das vítimas; *proporcionalidade* em relação à ofensa cometida; *brevidade* da medida em resposta ao ato cometido, em especial o respeito ao que dispõe o art. 122 da Lei n. 8.069, de 13 de julho de 1990 (Estatuto da Criança e do Adolescente); *individualização*, considerando-se a idade, capacidades e circunstâncias pessoais do adolescente; *mínima intervenção*, restrita ao necessário para a realização dos objetivos da medida; *não discriminação do adolescente*, notadamente em razão de etnia, gênero, nacionalidade, classe social, orientação religiosa, política ou sexual, ou associação ou pertencimento a qualquer minoria ou *status*; e *fortalecimento dos vínculos familiares e comunitários* no processo socioeducativo.

---

va, não está vinculado aos laudos da equipe técnica".

Súmula 109 do TJSP: "Aplica-se o instituto da prescrição às medidas socioeducativas (Súmula 338 do STJ), observada a regra do art. 115 do Código Penal".

O corregedor-geral da Justiça de São Paulo disciplinou, por meio do Provimento CG n. 15, de 8 de setembro de 2015, o procedimento de transferência de adolescentes em cumprimento provisório ou definitivo de medida socioeducativa de internação ou semiliberdade, bem como internação-sanção, para outra unidade ou para outro Estado da Federação.

Os procedimentos judiciais para sua execução seguirão o disposto nos arts. 36 a 48 da Lei n. 12.594/2012.

Prescreve, ainda, a Lei n. 12.594/2012, nos arts. 49 a 51, que são *direitos do adolescente* submetido ao cumprimento de medida socioeducativa, sem prejuízo de outros previstos em lei: a) ser acompanhado por seus pais ou responsável e por seu defensor, em qualquer fase do procedimento administrativo ou judicial; b) ser incluído em programa de meio aberto quando inexistir vaga para o cumprimento de medida de privação da liberdade, exceto nos casos de ato infracional cometido mediante grave ameaça ou violência à pessoa, quando o adolescente deverá ser internado em Unidade mais próxima de seu local de residência; c) ser respeitado em sua personalidade, intimidade, liberdade de pensamento e religião e em todos os direitos não expressamente limitados na sentença; d) peticionar, por escrito ou verbalmente, diretamente a qualquer autoridade ou órgão público, devendo, obrigatoriamente, ser respondido em até 15 (quinze) dias; e) ser informado, inclusive por escrito, das normas de organização e funcionamento do programa de atendimento e também das previsões de natureza disciplinar; f) receber, sempre que solicitar, informações sobre a evolução de seu plano individual, participando, obrigatoriamente, de sua elaboração e, se for o caso, reavaliação; g) receber assistência integral à sua saúde, conforme o disposto no art. 60 da Lei n. 12.594/2012; e h) ter atendimento garantido em creche e pré-escola aos filhos de 0 (zero) a 5 (cinco) anos.

As garantias processuais destinadas a adolescente autor de ato infracional previstas na Lei n. 8.069, de 13 de julho de 1990 (Estatuto da Criança e do Adolescente), aplicam-se integralmente na execução das medidas socioeducativas, inclusive no âmbito administrativo.

A oferta irregular de programas de atendimento socioeducativo em meio aberto não poderá ser invocada como motivo para aplicação ou manutenção de medida de privação da liberdade.

Sem prejuízo do disposto no § 1º do art. 121 da Lei n. 8.069, de 13 de julho de 1990 (Estatuto da Criança e do Adolescente), a direção do programa de execução de medida de privação da liberdade poderá autorizar a saída, monitorada, do adolescente nos casos de tratamento médico, doença grave ou falecimento, devidamente comprovados, de pai, mãe, filho, cônjuge, companheiro ou irmão, com imediata comunicação ao juízo competente.

A decisão judicial relativa à execução de medida socioeducativa será proferida após manifestação do defensor e do Ministério Público.

Pelo art. 52 da Lei n. 12.594/2012, o cumprimento das medidas socioeducativas, em regime de prestação de serviços à comunidade, liberdade assistida, semiliberdade ou internação, dependerá de Plano Individual de Atendimento (PIA), instrumento de previsão, registro e gestão das atividades.

E, pelo art. 60, a *atenção integral à saúde do adolescente no Sistema de Atendimento Socioeducativo* seguirá as seguintes *diretrizes*: a) previsão, nos planos de atendimento socioeducativo, em todas as esferas, da implantação de ações de promoção da saúde, com o objetivo de integrar as ações socioeducativas, estimulando a autonomia, a melhoria das relações interpessoais e o fortalecimento de redes de apoio aos adolescentes e suas famílias; b) inclusão de ações e serviços para a promoção, proteção, prevenção de agravos e doenças e recuperação da saúde; c) cuidados especiais em saúde mental, incluindo os relacionados ao uso de álcool e outras substâncias psicoativas, e atenção aos adolescentes com deficiências; d) disponibilização de ações de atenção à saúde sexual e reprodutiva e à prevenção de doenças sexualmente transmissíveis; e) garantia de acesso a todos os níveis de atenção à saúde, por meio de referência e contrarreferência, de acordo com as normas do Sistema Único de Saúde (SUS); f) capacitação das equipes de saúde e dos profissionais das entidades de atendimento, bem como daqueles que atuam nas unidades de saúde de referência voltadas às especificidades de saúde dessa população e de suas famílias; g) inclusão, nos Sistemas de Informação de Saúde do SUS, bem como no Sistema de Informações sobre Atendimento Socioeducativo, de dados e indicadores de saúde da população de adolescentes em atendimento socioeducativo; e h) estruturação das unidades de internação conforme as normas de referência do SUS e do Sinase, visando ao atendimento das necessidades de Atenção Básica.

Reza o art. 61: "As entidades que ofereçam programas de atendimento socioeducativo em meio aberto e de semiliberdade deverão prestar orientações aos socioeducandos sobre o acesso aos serviços e às unidades do SUS". E o art. 62 dispõe: "As entidades que ofereçam programas de privação de liberdade deverão contar com uma equipe mínima de profissionais de saúde cuja composição esteja em conformidade com as normas de referência do SUS".

f.3. Remissão

Pelo art. 126 da Lei n. 8.069/90, antes de iniciado o procedimento judicial para apuração de ato infracional, o representante do Ministério Público poderá conceder a *remissão*, como forma de exclusão do processo, atendendo não só às circunstâncias e consequências do fato, ao contexto social, bem como à personalidade do adolescente e sua maior ou menor participação no ato infracional.

A concessão da remissão pela autoridade judiciária importará na suspensão ou extinção do processo (art. 126, parágrafo único). A remissão não implicará necessariamente o reconhecimento ou comprovação da responsabilidade nem prevalecerá para efeito de antecedentes, podendo incluir eventualmente a aplicação de quaisquer medidas previstas em lei, exceto a de colocação em regime de semiliberdade e a de internação (art. 127).

A medida aplicada por força da remissão poderá ser, a qualquer tempo, revista judicialmente, mediante pedido do adolescente, de seu representante legal, ou do Ministério Público (art. 128).

f.4. Medidas aplicáveis aos pais ou responsável

Aos pais, ou responsável, que não atenderem aos direitos do menor, a Lei n. 8.069/90, nos arts. 129 (com a redação da Lei n. 13.257/2016) e 130 e parágrafo único (acrescentado pela Lei n. 12.415/2011), autoriza a aplicação das seguintes medidas:

a) encaminhamento a serviços e a programas oficiais ou comunitários de proteção, apoio e promoção da família;

b) inclusão em programa oficial ou comunitário de auxílio, orientação e tratamento a alcoólatras e toxicômanos;

c) encaminhamento a tratamento psicológico ou psiquiátrico;

d) encaminhamento a cursos ou programas de orientação;

e) obrigação de matricular o filho ou pupilo e acompanhar sua frequência e aproveitamento escolar;

f) obrigação de encaminhar a criança ou adolescente a tratamento especializado;

g) advertência;

h) perda da guarda;

i) destituição da tutela;

j) suspensão ou destituição do poder familiar;

k) afastamento da moradia comum, como medida cautelar, se se verificar a hipótese de maus-tratos, opressão ou abuso sexual por eles cometidos contra o menor, caso em que haverá fixação provisória dos alimentos de que necessitem a criança ou adolescente dependentes do agressor.

f.5. Conselho Tutelar

O Conselho Tutelar é órgão permanente e autônomo, não jurisdicional, encarregado pela sociedade de zelar pelo cumprimento dos direitos da criança e do adolescente, definidos na Lei n. 8.069/90 (arts. 13, 18-B, parágrafo único, acrescentado pela Lei n. 13.010/2014, e 131), cujas decisões apenas poderão ser revistas pela autoridade judiciária a pedido de quem tiver legítimo interesse (art. 137).

Cada Município, mediante processo eleitoral estabelecido por lei municipal (art. 134), realizado sob a responsabilidade do Conselho Municipal dos Direitos da Criança e do Adolescente e a fiscalização do Ministério Público (art. 139, com a redação da Lei n. 8.242/91, art. 10), deverá constituir Conselho Tutelar composto de 5 membros, eleitos pelo povo, para exercer mandato remunerado de 3 anos (arts. 134 e 132).

Os membros desse Conselho deverão residir no município, ter mais de 21 anos e apresentar idoneidade moral (arts. 133 e 135; Resolução n. 170, de 10 de dezembro de 2014 da Secretaria de Direitos Humanos, altera a Resolução n. 139, de 17 de março de 2010 para dispor sobre o processo de escolha em data unificada em todo o território nacional dos membros do Conselho Tutelar.). Estarão impedidos de servir no mesmo Conselho marido e mulher, ascendente e descendente, sogra e genro, sogro e nora, irmãos, cunhados, tio e sobrinho, padrasto ou madrasta e enteados. O mesmo se diga da autoridade judiciária e do representante do Ministério Público com atuação na Justiça da Infância e da Juventude, em exercício na Comarca (art. 140, parágrafo único).

Enquanto não for instalado, as atribuições do Conselho Tutelar serão exercidas pela autoridade judiciária (art. 262).

Deverão ser levados ao conhecimento desse Conselho os casos de maus-tratos a menor (art. 13) e os dirigentes de estabelecimento de ensino deverão comunicar-lhe as ocorrências de reiteração de faltas injustificadas, de evasão escolar e de elevados níveis de repetência (art. 56). O Conselho Tutelar terá as obrigações de:

a) atender as crianças e adolescentes nas hipóteses previstas nos arts. 98 e 105, aplicando as medidas previstas no art. 101, I a X, da Lei n. 8.069/90;

b) atender e aconselhar os pais ou responsável, aplicando as medidas do art. 129, I a VII;

c) promover a execução de suas decisões, podendo, para tanto, não só requisitar serviços públicos nas áreas de saúde, educação, serviço social, previdência, trabalho e segurança, mas também representar junto à autoridade judiciária nos casos de descumprimento injustificado de suas deliberações;

d) encaminhar ao Ministério Público notícia de fato que constitua infração administrativa ou penal contra os direitos da criança ou adolescente;

e) encaminhar à autoridade judiciária os casos de sua competência;

f) providenciar a medida estabelecida pela autoridade judiciária, dentre as previstas no art. 101, I a VI, para o adolescente autor de ato infracional;

g) expedir notificações;

h) requisitar certidões de nascimento e de óbito de criança ou adolescente quando necessário;

i) assessorar o Poder Executivo local na elaboração da proposta orçamentária para planos e programas de atendimento dos direitos da criança e do adolescente;

j) representar, em nome da pessoa e da família, contra a violação dos direitos previstos no art. 220, § 3º, II, da Constituição Federal;

k) representar ao Ministério Público, para efeito das ações de perda ou suspensão do poder familiar, após esgotadas as possibilidades de manutenção da criança ou do adolescente junto à família natural. E se, no exercício de suas atribuições, o Conselho Tutelar entender necessário o afastamento do convívio familiar, comunicará incontinênti o fato ao Ministério Público, prestando-lhe informações sobre os motivos de tal entendimento e as providências tomadas para a orientação, o apoio e a promoção social da família;

l) promover e incentivar, na comunidade e nos grupos profissionais, ações de divulgação e treinamento para o reconhecimento de sintomas de maus-tratos em crianças e adolescentes (ECA, art. 136, I a XI, e XII, acrescentado pela Lei n. 13.046/2014, e parágrafo único).

A competência desse Conselho (arts. 138 e 147) será determinada pelo domicílio dos pais ou responsável ou, na falta deste, pelo local onde se encontrar o menor.

f.6. Acesso à Justiça

Pelo art. 141 da Lei n. 8.069/90 será garantido ao menor o acesso à Defensoria Pública (art. 38, V, da Lei n. 12.852/2013), ao Ministério Público e ao Poder Judiciário, por qualquer de seus órgãos, dando-se-lhe curador especial sempre que seus interesses colidirem com os de seus pais ou responsável (art. 142, parágrafo único). A assistência judiciária gratuita será prestada aos que dela necessitarem, através de defensor público ou advogado nomeado (arts. 141, § 1º, 206, parágrafo único, e 207, §§ 1º a 3º).

Será proibida divulgação de atos judiciais, policiais e administrativos que digam respeito a crianças e adolescentes a que se atribua autoria de ato infracional. As notícias alusivas a esse fato não poderão identificar o menor, vedando-se fotografia, referência a nome, apelido, filiação, parentesco e residência, inclusive iniciais do nome e sobrenome. A expedição de cópia ou certidão do ato infracional somente será deferida pela autoridade judiciária competente, se demonstrado o interesse e justificada a finalidade (arts. 143, parágrafo único — com a redação da Lei n. 10.764/2003 —, e 144).

A competência para decidir problemas alusivos ao menor é da *Justiça da Infância e da Juventude,* sendo determinada pelo domicílio dos pais ou responsável, e, na sua falta, pelo lugar onde se encontrar a criança ou o adolescente (arts. 145, 146 e 147). E, se se tratar de ato infracional, será competente a autoridade do local da ação ou omissão (art. 147, § 1º). Em caso de infração cometida através de transmissão simultânea de rádio ou televisão, que atinja mais de uma comarca, será competente, para aplicação da penalidade, a autoridade judiciária do local da sede estadual da emissora ou rede, tendo a sentença eficácia para todas as transmissoras ou retransmissoras do respectivo Estado (art. 147, § 3º).

As ações judiciais da competência da Justiça da Infância e da Juventude são isentas de custas e emolumentos, ressalvada a hipótese de litigância de má-fé (art. 141, § 2º).

Pelo art. 148 a Justiça da Infância e da Juventude terá competência para:

a) conhecer de representações promovidas pelo Ministério Público, para apuração de ato infracional atribuído a adolescente, aplicando as medidas cabíveis, previstas nos arts. 171 a 190 da Lei n. 8.069/90;

b) conceder a remissão, como forma de suspensão ou extinção do processo;

c) conhecer de pedidos de adoção e seus incidentes;

d) conhecer de ações civis fundadas em interesses individuais, difusos ou coletivos afetos à criança e ao adolescente, observado o disposto no art. 209;

e) conhecer de ações decorrentes de irregularidades em entidades de atendimento, aplicando as medidas cabíveis;

f) aplicar penalidades administrativas nos casos de infrações contra norma de proteção a crianças ou adolescentes. O procedimento para imposição de penalidade administrativa por infração às normas de proteção à criança e ao adolescente terá início por representação do Ministério Público, ou do Conselho Tutelar, ou auto de infração elaborado por servidor efetivo ou voluntário credenciado, e assinado por duas testemunhas, se possível. No procedimento iniciado com o auto de infração, poderão ser usadas fórmulas impressas, especificando-se a natureza e as circunstâncias da infração. Sempre que possível, à verificação da infração seguir-se-á a lavratura do auto, certificando-se, em caso contrário, dos motivos do retardamento (art. 194, §§ 1º e 2º). Pelo art. 195 o requerido terá prazo de dez dias para apresentação de defesa, contado da data da intimação, que será feita pelo autuante, no próprio auto, quando este for lavrado na presença do requerido; por oficial de justiça ou funcionário legalmente habilitado, que entregará cópia do auto ou da representação ao requerido, ou a seu representante legal, lavrando certidão; por via postal, com aviso de recebimento, se não for encontrado o requerido ou seu representante legal; e por edital, com prazo de 30 dias, se incerto ou não sabido o paradeiro do requerido ou de seu representante legal. Se a defesa não for apresentada no prazo legal, a autoridade judiciária dará vista dos autos ao Ministério Público, por 5 dias, decidindo em igual prazo (art. 196). Sendo apresentada a defesa, a autoridade judiciária procederá na conformidade do art. 196, ou, sendo necessário, designará audiência de instrução e julgamento. Colhida a prova oral, manifestar-se-ão sucessivamente o Ministério Público e o procurador do requerido, pelo tempo de 20 minutos para cada um, prorrogável por mais 10, a critério da autoridade judiciária, que em seguida proferirá sentença (art. 197 e parágrafo único);

g) conhecer de casos encaminhados pelo Conselho Tutelar, aplicando as medidas cabíveis.

Quando se tratar de criança ou adolescente nas hipóteses do art. 98, a Justiça da Infância e da Juventude poderá:

a) conhecer de pedidos de guarda e tutela; de ações de destituição do pátrio poder, perda ou modificação da tutela ou guarda;

b) suprir a capacidade ou o consentimento para o casamento;

c) conhecer de pedidos baseados em discordância paterna ou materna, em relação ao exercício do poder familiar;

d) conceder a emancipação, nos termos da lei civil, quando faltarem os pais;

e) designar curador especial em casos de apresentação de queixa ou representação, ou de outros procedimentos judiciais ou extrajudiciais em que haja interesses de criança ou adolescente;

f) conhecer de ações de alimentos;

g) determinar o cancelamento, a retificação e o suprimento dos registros de nascimento e óbito (art. 148, parágrafo único).

A autoridade judiciária deverá disciplinar, através de portaria, ou autorizar, mediante alvará (art. 149):

a) entrada ou permanência de menor desacompanhado dos pais ou responsável em estádio, ginásio ou campo desportivo, bailes, boate, casa que explore diversões eletrônicas, estúdios cinematográficos, de teatro, rádio e televisão (STJ, AG 563567);

b) participação de menor em espetáculos públicos e seus ensaios e em certames de beleza.

Adotar-se-á, pelo art. 198, nos procedimentos afetos à Justiça da Infância e da Juventude o *sistema recursal do Código de Processo Civil* (arts. 994 a 1.044), *com* as seguintes *adaptações*:

a) os recursos serão interpostos independentemente de preparo;

b) em todos os recursos, salvo nos de embargos de declaração, o prazo para o Ministério Público e para a defesa será sempre de 10 dias (redação dada ao art. 198, II, pela Lei n. 12.594/2012);

c) os recursos terão preferência de julgamento e dispensarão revisor;

d) antes de determinar a remessa dos autos à superior instância, no caso de apelação, ou do instrumento, no caso de agravo, a autoridade judiciária proferirá despacho fundamentado, mantendo ou reformando a decisão, no prazo de 5 dias;

e) mantida a decisão apelada ou agravada, o escrivão remeterá os autos ou o instrumento à superior instância dentro de 24 horas, independentemente de novo pedido do recorrente; se a reformar, a remessa dos autos dependerá de pedido expresso da parte interessada ou do Ministério Público, no prazo de 5 dias, contados da intimação[103].

Contra as decisões proferidas com base no art. 149 caberá *recurso de apelação* (art. 199).

Relevantes são as funções do Ministério Público na defesa dos direitos e interesses do menor. Nos processos em que for parte, a falta de sua intervenção acarretará nulidade do feito, declarada de ofício pelo juiz ou a requerimento das partes (arts. 200, 202 a 205).

Será, como estatui o art. 201, da competência do Ministério Público:

a) conceder a remissão como forma de exclusão do processo;

---

103. Súmula 113 do TJSP: "O prazo previsto no art. 198, inciso II, do ECA aplica-se apenas aos procedimentos previstos nos arts. 152 a 197 do mesmo diploma legal".

b) promover e acompanhar os procedimentos relativos às infrações atribuídas a adolescentes;

c) promover e acompanhar as ações de alimentos e os procedimentos de suspensão e destituição do poder familiar, nomeação e remoção de tutores, curadores e guardiães, bem como oficiar em todos os demais procedimentos da competência da Justiça da Infância e da Juventude;

d) promover, de ofício ou por solicitação dos interessados, a especialização e a inscrição de hipoteca legal e a prestação de contas dos tutores, curadores e quaisquer administradores de bens de crianças e adolescentes nas hipóteses do art. 98;

e) promover o inquérito civil e a ação civil pública para a proteção dos interesses individuais, difusos ou coletivos relativos à infância e à adolescência, inclusive os definidos no art. 220, § 3º, II, da Constituição Federal;

f) instaurar procedimentos administrativos e, para instruí-los: expedir notificações para colher depoimentos ou esclarecimentos e, em caso de não comparecimento injustificado, requisitar condução coercitiva, inclusive pela polícia civil ou militar; requisitar informações, exames, perícias e documentos de autoridades municipais, estaduais e federais, da administração direta ou indireta, bem como promover inspeções e diligências investigatórias; e requisitar informações e documentos a particulares e instituições privadas;

g) instaurar sindicâncias, requisitar diligências investigatórias e determinar a instauração de inquérito policial, para apuração de ilícitos ou infrações às normas de proteção à infância e à juventude;

h) zelar pelo efetivo respeito aos direitos e garantias legais assegurados às crianças e adolescentes, promovendo as medidas judiciais e extrajudiciais cabíveis;

i) impetrar mandado de segurança, de injunção e *habeas corpus*, em qualquer juízo, instância ou tribunal, na defesa dos interesses sociais e individuais indisponíveis afetos à criança e ao adolescente;

j) representar ao juízo visando à aplicação de penalidade por infrações cometidas contra as normas de proteção à infância e à juventude, sem prejuízo da promoção da responsabilidade civil e penal do infrator, quando cabível;

k) inspecionar as entidades públicas e particulares de atendimento e os programas de que trata esta Lei, adotando de pronto as medidas administrativas ou judiciais necessárias à remoção de irregularidades porventura verificadas;

l) requisitar força policial, bem como a colaboração dos serviços médicos, hospitalares, educacionais e de assistência social, públicos ou privados, para o desempenho de suas atribuições. Prescreve, ainda, o art. 201, nos §§ 1º a 5º da Lei n. 8.069/90:

"§ 1º A legitimação do Ministério Público para as ações cíveis previstas neste artigo não impede a de terceiros, nas mesmas hipóteses, segundo dispuserem a Constituição e esta Lei.

§ 2º As atribuições constantes deste artigo não excluem outras, desde que compatíveis com a finalidade do Ministério Público.

§ 3º O representante do Ministério Público, no exercício de suas funções, terá livre acesso a todo local onde se encontre criança ou adolescente.

§ 4º O representante do Ministério Público será responsável pelo uso indevido das informações e documentos que requisitar, nas hipóteses legais de sigilo.

§ 5º Para o exercício da atribuição de que trata o inciso VIII deste artigo, poderá o representante do Ministério Público:

a) reduzir a termo as declarações do reclamante, instaurando o competente procedimento, sob sua presidência;

b) entender-se diretamente com a pessoa ou autoridade reclamada, em dia, local e horário previamente notificados ou acertados;

c) efetuar recomendações visando à melhoria dos serviços públicos e de relevância pública afetos à criança e ao adolescente, fixando prazo razoável para sua perfeita adequação".

Nos processos e procedimentos em que não for parte, atuará obrigatoriamente o Ministério Público na defesa dos direitos e interesses de que cuida esta Lei, hipótese em que terá vista dos autos depois das partes, podendo juntar documentos e requerer diligências, usando os recursos cabíveis (art. 202)[104].

f.7. Responsabilidade civil por ofensa aos direitos e interesses assegurados à criança e ao adolescente, individuais, difusos e coletivos

Poder-se-á, segundo o art. 208, I a XI, da Lei n. 8.069/90 (com a alteração da Lei n. 12.594/2012 e da Lei n. 13.431/2017), intentar ação de res-

104. Súmula 115 do TJSP: "O Juízo da Infância e da Juventude é competente para o cumprimento das sentenças proferidas no âmbito de sua jurisdição".

ponsabilidade se houver prejuízo a menor pelo não oferecimento ou oferta irregular de:

a) ensino obrigatório;

b) atendimento educacional especializado aos deficientes;

c) atendimento em creche e pré-escola às crianças de zero a cinco anos de idade (art. 54, IV, da Lei n. 8.069/90, com alteração da Lei n. 13.306/2016).

d) ensino noturno regular, adequado às condições do educando;

e) programas suplementares de oferta de material didático-escolar, transporte e assistência à saúde do educando do ensino fundamental;

f) serviço de assistência social visando à proteção da família, à infância e à adolescência, bem como ao amparo às crianças e adolescentes que dele necessitem;

g) acesso às ações e serviços de saúde; e

h) escolarização e profissionalização de adolescentes privados de liberdade;

i) ações, serviços e programas de orientação, apoio e promoção social de famílias e destinados ao pleno exercício do direito à convivência familiar por crianças e adolescentes;

j) programas de atendimento para a execução das medidas socioeducativas e aplicação de medidas de proteção.

k) políticas e programas integrados de atendimento à criança e ao adolescente vítima ou testemunha de violência.

Não se excluem da proteção judicial outros interesses individuais, difusos ou coletivos, próprios da infância e da adolescência, protegidos pela Constituição e pela legislação.

A investigação do desaparecimento de crianças ou adolescentes será realizada imediatamente após notificação aos órgãos competentes, que deverão comunicar o fato aos portos, aeroportos, Polícia Rodoviária e companhias de transporte interestaduais e internacionais, fornecendo-lhes todos os dados necessários à identificação do desaparecido (art. 208, §§ 1º e 2º acrescentados pela Lei n. 11.259/2005).

A ação de responsabilidade civil por ofensa aos direitos da criança e do adolescente (individuais, difusos e coletivos) deverá ser proposta no foro do local onde a lesão se deu (art. 209).

Considerar-se-ão legitimados concorrentemente para as ações cíveis fundadas em interesses coletivos ou difusos:

a) o Ministério Público. Qualquer pessoa poderá e o servidor público deverá provocar a iniciativa do Ministério Público, prestando-lhe informações sobre fatos que constituam objeto de ação civil, e indicando-lhe os elementos de convicção (art. 220). E se, no exercício de suas funções, os juízes e tribunais tiverem conhecimento de fatos que possam ensejar a propositura de ação civil, remeterão peças ao Ministério Público para as providências cabíveis (art. 221);

b) a União, os Estados, os Municípios, o Distrito Federal e os Territórios; e

c) as associações legalmente constituídas há pelo menos um ano e que incluam entre seus fins institucionais a defesa dos interesses e direitos protegidos pela Lei n. 8.069, dispensada a autorização da Assembleia, se houver prévia autorização estatutária (art. 210, I a III).

Admitir-se-á litisconsórcio facultativo entre os Ministérios Públicos da União e dos Estados na defesa dos interesses e direitos de que cuida a Lei n. 8.069 (art. 210, § 1º).

Se houver desistência ou abandono da ação por associação legitimada, o Ministério Público ou outro legitimado poderá assumir a titularidade ativa (art. 210, § 2º).

Os órgãos públicos legitimados poderão tomar dos interessados compromisso de ajustamento de sua conduta às exigências legais, o qual terá eficácia de título executivo extrajudicial (art. 211).

Para a defesa dos direitos e interesses protegidos por esta Lei, serão admissíveis todas as espécies de ações pertinentes. Contra atos ilegais ou abusivos de autoridade pública ou agente de pessoa jurídica no exercício de atribuições do Poder Público, que lesem direito líquido e certo previsto nesta Lei, caberá ação mandamental, que se regerá pelas normas da lei do mandado de segurança (art. 212 e § 2º).

Na ação que tiver por objeto o cumprimento de obrigação de fazer ou não fazer, o juiz concederá a tutela específica da obrigação ou determinará providências que assegurem o resultado prático equivalente ao do adimplemento. Se for relevante o fundamento da demanda e havendo justificado receio de ineficácia do provimento final, o juiz poderá conceder a tutela liminarmente ou após justificação prévia, citando o réu. O juiz poderá, então, impor multa diária (*astreinte*) ao réu, independentemente de pedido do autor, se for suficiente ou compatível com a obrigação. Essa multa só será exigível do réu após o trânsito em julgado da sentença favorável ao autor, mas será devida desde o dia em que se houver configurado o descumprimento (art. 213 e §§ 1º a 3º).

Os valores das multas reverterão ao fundo gerido pelo Conselho dos Direitos da Criança e do Adolescente do respectivo município. As multas não recolhidas até trinta dias após o trânsito em julgado da decisão serão exigidas através de execução promovida pelo Ministério Público, nos mesmos autos, facultada igual iniciativa aos demais legitimados. Enquanto o fundo não for regulamentado, o dinheiro ficará depositado em estabelecimento oficial de crédito, em conta com correção monetária (art. 214 e §§ 1º e 2º).

O juiz poderá conferir efeito suspensivo aos recursos, para evitar dano irreparável à parte (art. 215). Com o trânsito em julgado da sentença que impuser condenação ao Poder Público, o juiz determinará a remessa de peças à autoridade competente, para apuração da responsabilidade civil e administrativa do agente a que se atribua a ação ou omissão (art. 216).

f.8. Responsabilidade por crimes praticados contra o menor

Os crimes, por ato comissivo ou omissivo, cometidos contra criança e adolescente, de ação pública incondicionada (Lei n. 8.069/90, arts. 225 a 227), foram definidos pelo Estatuto da Criança e do Adolescente (arts. 228 a 244-B), que estabelece graves penas ao infrator, ao prescrever:

"Art. 228. Deixar o encarregado de serviço ou o dirigente de estabelecimento de atenção à saúde de gestante de manter registro das atividades desenvolvidas, na forma e prazo referidos no art. 10 desta Lei, bem como de fornecer à parturiente ou a seu responsável, por ocasião da alta médica, declaração de nascimento, onde constem as intercorrências do parto e do desenvolvimento do neonato:

Pena — detenção de seis meses a dois anos.

Parágrafo único. Se o crime é culposo:

Pena — detenção de dois a seis meses, ou multa.

Art. 229. Deixar o médico, enfermeiro ou dirigente de estabelecimento de atenção à saúde de gestante de identificar corretamente o neonato e a parturiente, por ocasião do parto, bem como deixar de proceder aos exames referidos no art. 10 desta Lei:

Pena — detenção de seis meses a dois anos.

Parágrafo único. Se o crime é culposo:

Pena — detenção de dois a seis meses, ou multa.

Art. 230. Privar a criança ou o adolescente de sua liberdade, procedendo à sua apreensão sem estar em flagrante de ato infracional ou inexistindo ordem escrita da autoridade judiciária competente:

Pena — detenção de seis meses a dois anos.

Parágrafo único. Incide na mesma pena aquele que procede à apreensão sem observância das formalidades legais.

Art. 231. Deixar a autoridade policial responsável pela apreensão de criança ou adolescente de fazer imediata comunicação à autoridade judiciária competente e à família do apreendido ou à pessoa por ele indicada:

Pena — detenção de seis meses a dois anos.

Art. 232. Submeter criança ou adolescente sob sua autoridade, guarda ou vigilância a vexame ou a constrangimento:

Pena — detenção de seis meses a dois anos.

Art. 233. (*Revogado pela Lei n. 9.455, de 7-4-1997.*)

Art. 234. Deixar a autoridade competente, sem justa causa, de ordenar a imediata liberação de criança ou adolescente, tão logo tenha conhecimento da ilegalidade da apreensão:

Pena — detenção de seis meses a dois anos.

Art. 235. Descumprir, injustificadamente, prazo fixado nesta Lei em benefício de adolescente privado de liberdade:

Pena — detenção de seis meses a dois anos.

Art. 236. Impedir ou embaraçar a ação de autoridade judiciária, membro do Conselho Tutelar ou representante do Ministério Público no exercício de função prevista nesta Lei:

Pena — detenção de seis meses a dois anos.

Art. 237. Subtrair criança ou adolescente ao poder de quem o tem sob sua guarda em virtude de lei ou ordem judicial, com o fim de colocação em lar substituto:

Pena — reclusão de dois a seis anos, e multa.

Art. 238. Prometer ou efetivar a entrega de filho ou pupilo a terceiro, mediante paga ou recompensa:

Pena — reclusão de um a quatro anos, e multa.

Parágrafo único. Incide nas mesmas penas quem oferece ou efetiva a paga ou recompensa.

Art. 239. Promover ou auxiliar a efetivação de ato destinado ao envio de criança ou adolescente para o exterior com inobservância das formalidades legais ou com o fito de obter lucro.

Pena — reclusão de quatro a seis anos, e multa.

Parágrafo único (acrescentado pela Lei n. 10.764/2003). Se há emprego de violência, grave ameaça ou fraude:

Pena — reclusão, de seis a oito anos, além da pena correspondente à violência.

Art. 240 (com a redação da Lei n. 11.829/2008) Produzir, reproduzir, dirigir, fotografar, filmar ou registrar, por qualquer meio, cena de sexo explícito ou pornográfica, envolvendo criança ou adolescente:

Pena — reclusão, de quatro a oito anos, e multa.

§ 1º (com a redação da Lei n. 11.829/2008) Incorre nas mesmas penas quem agencia, facilita, recruta, coage, ou de qualquer modo intermedeia a participação de criança ou adolescente nas cenas referidas no *caput* deste artigo, ou ainda quem com esses contracena.

§ 2º (com a redação da Lei n. 11.829/2008) Aumenta-se a pena de um terço se o agente comete o crime:

I — no exercício de cargo ou função pública ou a pretexto de exercê-la;

II — prevalecendo-se de relações domésticas, de coabitação ou de hospitalidade; ou

III — prevalecendo-se de relações de parentesco consanguíneo ou afim até o terceiro grau, ou por adoção, de tutor, curador, preceptor, empregador da vítima ou de quem, a qualquer outro título, tenha autoridade sobre ela, ou com seu consentimento.

Art. 241 (com a redação da Lei n. 11.829/2008). Vender ou expor à venda fotografia, vídeo ou outro registro que contenha cena de sexo explícito ou pornográfica envolvendo criança ou adolescente:

Pena — reclusão de quatro a oito anos, e multa.

Art. 241-A (acrescentado pela Lei n. 11.829/2008). Oferecer, trocar, disponibilizar, transmitir, distribuir, publicar ou divulgar por qualquer meio, inclusive por meio de sistema de informática ou telemático, fotografia, vídeo ou outro registro que contenha cena de sexo explícito ou pornográfica envolvendo criança ou adolescente:

Pena — reclusão de três a seis anos, e multa.

§ 1º Nas mesmas penas incorre quem:

I — assegura os meios ou serviços para o armazenamento das fotografias, cenas ou imagens de que trata o *caput* deste artigo;

II — assegura, por qualquer meio, o acesso por rede de computadores às fotografias, cenas ou imagens de que trata o *caput* deste artigo.

§ 2º As condutas tipificadas nos incisos I e II do § 1º deste artigo são puníveis quando o responsável legal pela prestação do serviço, oficialmente notificado, deixa de desabilitar o acesso ao conteúdo ilícito de que trata o *caput* deste artigo.

Art. 241-B (acrescentado pela Lei n. 11.829/2008). Adquirir, possuir ou armazenar, por qualquer meio, fotografia, vídeo ou outra forma de registro que contenha cena de sexo explícito ou pornográfica envolvendo criança ou adolescente:

Pena — reclusão, de um a quatro anos, e multa.

§ 1º A pena é diminuída de um a dois terços se de pequena quantidade o material a que se refere o *caput* deste artigo.

§ 2º Não há crime se a posse ou o armazenamento tem a finalidade de comunicar às autoridades competentes a ocorrência das condutas descritas nos arts. 240, 241, 241-A e 241-C desta Lei, quando a comunicação for feita por:

I — agente público no exercício de suas funções;

II — membro de entidade, legalmente constituída, que inclua, entre suas finalidades institucionais, o recebimento, o processamento e o encaminhamento de notícia dos crimes referidos neste parágrafo;

III — representante legal e funcionários responsáveis de provedor de acesso ou serviço prestado por meio de rede de computadores, até o recebimento do material relativo à notícia feita à autoridade policial, ao Ministério Público ou ao Poder Judiciário.

§ 3º As pessoas referidas no § 2º deste artigo deverão manter sob sigilo o material ilícito referido.

Art. 241-C (acrescentado pela Lei n. 11.829/2008). Simular a participação de criança ou adolescente em cena de sexo explícito ou pornográfica por meio de adulteração, montagem ou modificação de fotografia, vídeo ou qualquer outra forma de representação visual:

Pena — reclusão, de um a três anos, e multa.

Parágrafo único. Incorre nas mesmas penas quem vende, expõe à venda, disponibiliza, distribui, publica ou divulga por qualquer meio, adquire, possui ou armazena o material produzido na forma do *caput* deste artigo.

Art. 241-D (acrescentado pela Lei n. 11.829/2008). Aliciar, assediar, instigar ou constranger, por qualquer meio de comunicação, criança, com o fim de com ela praticar ato libidinoso:

Pena — reclusão de um a três anos, e multa.

Parágrafo único. Nas mesmas penas incorre quem:

I — facilita ou induz o acesso à criança de material contendo cena de sexo explícito ou pornográfica com o fim de com ela praticar ato libidinoso;

II — pratica as condutas descritas no *caput* deste artigo com o fim de induzir criança a se exibir de forma pornográfica ou sexualmente explícita.

Art. 241-E (acrescentado pela Lei n. 11.829/2008). Para efeito dos crimes previstos nesta Lei, a expressão 'cena de sexo explícito ou pornográfica' compreende qualquer situação que envolva criança ou adolescente em atividades sexuais explícitas, reais ou simuladas, ou exibição dos órgãos genitais de uma criança ou adolescente para fins primordialmente sexuais.

Art. 242 (com a redação da Lei n. 10.764/2003). Vender, fornecer ainda que gratuitamente ou entregar, de qualquer forma, a criança ou adolescente arma, munição ou explosivo:

Pena — reclusão de três a seis anos.

Art. 243 (com a alteração da Lei n. 13.106/2015). Vender, fornecer, servir, ministrar ou entregar, ainda que gratuitamente, de qualquer forma, a criança ou adolescente, bebida alcoólica ou, sem justa causa, outros produtos cujos componentes possam causar dependência física ou psíquica:

Pena — detenção de dois a quatro anos, e multa, se o fato não constitui crime mais grave.

Art. 244. Vender, fornecer ainda que gratuitamente ou entregar, de qualquer forma, a criança ou adolescente fogos de estampido ou de artifício, exceto aqueles que, pelo seu reduzido potencial, sejam incapazes de provocar qualquer dano físico em caso de utilização indevida:

Pena — detenção de seis meses a dois anos, e multa.

Art. 244-A (acrescentado pela Lei n. 9.975/2000). Submeter criança ou adolescente, como tais definidos no *caput* do art. 2º desta Lei, à prostituição ou à exploração sexual.

Pena — reclusão de quatro a dez anos, e multa.

§ 1º Incorrem nas mesmas penas o proprietário, o gerente ou o responsável pelo local em que se verifique a submissão de criança ou adolescente às práticas referidas no *caput* deste artigo.

§ 2º Constitui efeito obrigatório da condenação a cassação da licença de localização e de funcionamento do estabelecimento.

Art. 244-B (acrescentado pela Lei n. 12.015/2009). Corromper ou facilitar a corrupção de menor de 18 (dezoito) anos, com ele praticando infração penal ou induzindo-o a praticá-la:

Pena — reclusão, de 1 (um) a 4 (quatro) anos.

§ 1º Incorre nas penas previstas no *caput* deste artigo quem pratica as condutas ali tipificadas utilizando-se de quaisquer meios eletrônicos, inclusive salas de bate-papo da internet.

§ 2º As penas previstas no *caput* deste artigo são aumentadas de um terço no caso de a infração cometida ou induzida estar incluída no rol do art. 1º da Lei n. 8.072, de 25 de julho de 1990".

O revogado art. 233 prescrevia: "Submeter criança ou adolescente sob sua autoridade, guarda ou vigilância a tortura:

Pena — reclusão de um a cinco anos.

§ 1º Se resultar lesão corporal grave:

Pena — reclusão de dois a oito anos.

§ 2º Se resultar lesão corporal gravíssima:

Pena — reclusão de quatro a doze anos.

§ 3º Se resultar morte:

Pena — reclusão de quinze a trinta anos".

A Lei n. 9.455/97, que revogou expressamente o art. 233, prescreve, no art. 1º, II, em caso de tortura, pena de reclusão: *a*) de 2 a 8 anos a quem submeter pessoa, que esteja sob sua guarda, a ato de violência ou grave ameaça; *b*) de 4 a 10 anos, se desse ato resultar lesão corporal grave ou gravíssima; e *c*) de 8 a 16 anos, se causar morte. Essas penas aumentam-se de 1/6 até 1/3 se cometido contra criança, gestante, deficiente, adolescente ou maior de 60 anos[105].

---

105. As Leis n. 12.015/2009 e 12.978/2014, alterando o Código Penal, contemplam crimes que envolvem menores, tais como:

a) "Estupro

Art. 213. Constranger alguém, mediante violência ou grave ameaça, a ter conjunção carnal ou a praticar ou permitir que com ele se pratique outro ato libidinoso:

Pena — reclusão, de 6 (seis) a 10 (dez) anos.

§ 1º *Se da conduta resulta lesão corporal de natureza grave ou se a vítima é menor de 18 (dezoito) ou maior de 14 (catorze) anos*:

Pena — reclusão, de 8 (oito) a 12 (doze) anos.

§ 2º Se da conduta resulta morte:

Pena — reclusão, de 12 (doze) a 30 (trinta) anos."

b) Assédio sexual (art. 216-A, § 2º) contra menor de 18 anos, com aumento em até 1/3 da pena, se constrangê-lo para obter favorecimento sexual, prevalecendo-se de ascendência em função do cargo, emprego ou função.

c) Indução de menor de 14 anos a satisfazer a lascívia de outrem, punida com reclusão de 2 a 5 anos (art. 218).

d) "Favorecimento da prostituição ou outra forma de exploração sexual

Art. 228. Induzir ou atrair alguém à prostituição ou outra forma de exploração sexual, facilitá-la, impedir ou dificultar que alguém a abandone:

Pena — reclusão, de 2 (dois) a 5 (cinco) anos, e multa.

§ 1º Se o agente é ascendente, padrasto, madrasta, irmão, enteado, cônjuge, companheiro, tutor ou curador, preceptor ou empregador da vítima, ou se assumiu, por lei ou outra forma, obrigação de cuidado, proteção ou vigilância:

Pena — reclusão, de 3 (três) a 8 (oito) anos."

e) "Rufianismo

Art. 230. Tirar proveito de prostituição alheia, participando diretamente de seus lucros ou fazendo-se sustentar, no todo ou em parte, por quem a exerça:

Pena — reclusão, de 1 (um) a 4 (quatro) anos e multa.

§ 1º Se a vítima é menor de 18 (dezoito) e maior de 14 (catorze) anos ou se o crime é cometido por ascendente, padrasto, madrasta, irmão, enteado, cônjuge, companheiro, tutor ou curador, preceptor ou empregador da vítima, ou por quem assumiu, por lei ou outra forma, obrigação de cuidado, proteção ou vigilância; punido com reclusão, de 3 (três) a 6 (seis) anos e multa."

f) "Tráfico internacional de pessoa para fim de exploração sexual

Art. 231. Promover ou facilitar a entrada, no território nacional, de alguém que nele venha a exercer a prostituição ou outra forma de exploração sexual, ou a saída de alguém que vá exercê-la no estrangeiro.

Pena — reclusão, de 3 (três) a 8 (oito) anos.

§ 1º Incorre na mesma pena aquele que agenciar, aliciar ou comprar a pessoa traficada, assim como, tendo conhecimento dessa condição, transportá-la, transferi-la ou alojá-la.

§ 2º *A pena é aumentada da metade se*:

I — *a vítima é menor de 18 (dezoito) anos;*

II — a vítima, por enfermidade ou deficiência mental, não tem o necessário discernimento para a prática do ato;

III — *se o agente é ascendente, padrasto, madrasta, irmão, enteado, cônjuge, companheiro, tutor ou curador, preceptor ou empregador da vítima, ou se assumiu, por lei ou outra forma, obrigação de cuidado, proteção ou vigilância;* ou

IV — há emprego de violência, grave ameaça ou fraude.

§ 3º Se o crime é cometido com o fim de obter vantagem econômica, aplica-se também multa."

g) "Tráfico interno de pessoa para fim de exploração sexual

Art. 231-A. Promover ou facilitar o deslocamento de alguém dentro do território nacional para o exercício da prostituição ou outra forma de exploração sexual:

Pena — reclusão, de 2 (dois) a 6 (seis) anos.

§ 1º Incorre na mesma pena aquele que agenciar, aliciar, vender ou comprar a pessoa traficada, assim como, tendo conhecimento dessa condição, transportá-la, transferi-la ou alojá-la.

§ 2º *A pena é aumentada da metade se*:

I — *a vítima é menor de 18 (dezoito) anos;*

II — a vítima, por enfermidade ou deficiência mental, não tem o necessário discernimento para a prática do ato;

III — *se o agente é ascendente, padrasto, madrasta, irmão, enteado, cônjuge, companheiro, tutor ou curador, preceptor ou empregador da vítima, ou se assumiu, por lei ou outra forma, obrigação de cuidado, proteção ou vigilância;* ou

IV — há emprego de violência, grave ameaça ou fraude."

h) "Estupro de vulnerável

Art. 217-A. *Ter conjunção carnal ou praticar outro ato libidinoso com menor de 14 (catorze) anos:*

Pena — reclusão, de 8 (oito) a 15 (quinze) anos.

(...) § 3º Se da conduta resulta lesão corporal de natureza grave:

Pena — reclusão, de 10 (dez) a 20 (vinte) anos.

§ 4º Se da conduta resulta morte:

Pena — reclusão, de 12 (doze) a 30 (trinta) anos."

i) "Satisfação de lascívia mediante presença de criança ou adolescente

Art. 218-A. *Praticar, na presença de alguém menor de 14 (catorze) anos, ou induzi-lo a presenciar, conjunção carnal ou outro ato libidinoso, a fim de satisfazer lascívia própria ou de outrem:*

Pena — reclusão, de 2 (dois) a 4 (quatro) anos."

j) "Favorecimento da prostituição ou outra forma de exploração sexual de criança ou adolescente ou de vulnerável

Art. 218-B. *Submeter, induzir ou atrair à prostituição ou outra forma de exploração sexual alguém menor de 18 (dezoito) anos ou que, por enfermidade ou deficiência mental, não tem o necessário discernimento para a prática do ato, facilitá-la, impedir ou dificultar que a abandone:*

Pena — reclusão, de 4 (quatro) a 10 (dez) anos.

---

§ 1º Se o crime é praticado com o fim de obter vantagem econômica, aplica-se também multa.

§ 2º Incorre nas mesmas penas:

I — *quem pratica conjunção carnal ou outro ato libidinoso com alguém menor de 18 (dezoito) e maior de 14 (catorze) anos na situação descrita no* caput *deste artigo;*

II — o proprietário, o gerente ou o responsável pelo local em que se verifiquem as práticas referidas no *caput* deste artigo.

§ 3º Na hipótese do inciso II do § 2º, constitui efeito obrigatório da condenação a cassação da licença de localização e de funcionamento do estabelecimento."

A Lei n. 13.441, de 8 de maio de 2017, altera a Lei n. 8.069, de 13 de julho de 1990 (Estatuto da Criança e do Adolescente), para prever a infiltração de agentes de polícia na internet com o fim de investigar crimes contra a dignidade sexual de criança e de adolescente. Para tanto, o Capítulo III do Título VI da Parte Especial da Lei n. 8.069, de 13 de julho de 1990 (Estatuto da Criança e do Adolescente), passa a vigorar acrescido da seguinte Seção V-A:

"Seção V-A. Da Infiltração de Agentes de Polícia para a Investigação de Crimes contra a Dignidade Sexual de Criança e de Adolescente".

"Art. 190-A. A infiltração de agentes de polícia na internet com o fim de investigar os crimes previstos nos arts. 240, 241, 241-A, 241-B, 241-C e 241-D desta Lei e nos arts. 154-A, 217-A, 218, 218-A e 218-B do Decreto-Lei n. 2.848, de 7 de dezembro de 1940 (Código Penal), obedecerá às seguintes regras:

I — será precedida de autorização judicial devidamente circunstanciada e fundamentada, que estabelecerá os limites da infiltração para obtenção de prova, ouvido o Ministério Público;

II — dar-se-á mediante requerimento do Ministério Público ou representação de delegado de polícia e conterá a demonstração de sua necessidade, o alcance das tarefas dos policiais, os nomes ou apelidos das pessoas investigadas e, quando possível, os dados de conexão ou cadastrais que permitam a identificação dessas pessoas;

III — não poderá exceder o prazo de 90 (noventa) dias, sem prejuízo de eventuais renovações, desde que o total não exceda a 720 (setecentos e vinte) dias e seja demonstrada sua efetiva necessidade, a critério da autoridade judicial.

§ 1º A autoridade judicial e o Ministério Público poderão requisitar relatórios parciais da operação de infiltração antes do término do prazo de que trata o inciso II do § 1º deste artigo.

§ 2º Para efeitos do disposto no inciso I do § 1º deste artigo, consideram-se:

I — dados de conexão: informações referentes a hora, data, início, término, duração, endereço de Protocolo de Internet (IP) utilizado e terminal de origem da conexão;

II — dados cadastrais: informações referentes a nome e endereço de assinante ou de usuário registrado ou autenticado para a conexão a quem endereço de IP, identificação de usuário ou código de acesso tenha sido atribuído no momento da conexão.

§ 3º A infiltração de agentes de polícia na internet não será admitida se a prova puder ser obtida por outros meios."

"Art. 190-B. As informações da operação de infiltração serão encaminhadas diretamente ao juiz responsável pela autorização da medida, que zelará por seu sigilo.

Parágrafo único. Antes da conclusão da operação, o acesso aos autos será reservado ao juiz, ao Ministério Público e ao delegado de polícia responsável pela operação, com o objetivo de garantir o sigilo das investigações."

"Art. 190-C. Não comete crime o policial que oculta a sua identidade para, por meio da internet, colher indícios de autoria e materialidade dos crimes previstos nos arts. 240, 241, 241-A, 241-B, 241-C e 241-D desta Lei e nos arts. 154-A, 217-A, 218, 218-A e 218-B do Decreto-Lei n. 2.848, de 7 de dezembro de 1940 (Código Penal).

Parágrafo único. O agente policial infiltrado que deixar de observar a estrita finalidade da investigação responderá pelos excessos praticados."

"Art. 190-D. Os órgãos de registro e cadastro público poderão incluir nos bancos de dados próprios, mediante procedimento sigiloso e requisição da autoridade judicial, as informações necessárias à efetividade da identidade fictícia criada.

Parágrafo único. O procedimento sigiloso de que trata esta Seção será numerado e tombado em livro específico."

"Art. 190-E. Concluída a investigação, todos os atos eletrônicos praticados durante a operação deverão ser registrados, gravados, armazenados e encaminhados ao juiz e ao Ministério Público, juntamente com relatório circunstanciado.

Parágrafo único. Os atos eletrônicos registrados citados no *caput* deste artigo serão reunidos em autos apartados e apensados ao processo criminal juntamente com o inquérito policial, assegurando-se a preservação da identidade do agente policial infiltrado e a intimidade das crianças e dos adolescentes envolvidos."

A Lei n. 12.978/2014 altera o art. 1º da Lei n. 8.072/1990, para classificar no inciso VIII, como *hediondo* o crime de favorecimento da prostituição ou de outra forma de exploração sexual de criança ou adolescente ou de vulnerável. Exploração sexual de criança é crime hediondo punido com 4 a 10 anos de reclusão. Incorrerá na mesma pena quem praticar sexo ou outro ato libidinoso com pessoa menor de 18 e maior de 14 anos. A pena imposta terá de ser cumprida inicialmente em regime fechado. Para progressão de regime, será exigido cumprimento de, no mínimo, dois quintos da pena aplicada, se o apenado for primário, e de três quintos, se reincidente.

Vide Código Penal, art. 111, V, acrescentado pela Lei n. 12.650/2012, que visa modificar normas sobre prescrição de crimes praticados contra crianças e adolescentes, sendo que a contagem do tempo prescritivo terá início na data em que a vítima fizer 18 anos, se o Ministério Público não abriu ação penal contra o agressor (art. 111). Tal prazo varia conforme a pena e pode chegar a 20 anos em caso de estupro contra menor. Essa novel lei dará maior tempo à investigação, beneficiando a denúncia, pois muitas vezes o crime é praticado por parente, e a vítima só o denuncia após completar a maioridade.

Há aumento de pena do crime de feminicídio praticado contra a menor de 14 anos (CP, 121, § 7º, II, com a redação da Lei n. 13.104/2015.

Ante o Decreto n. 99.710/1990 sobre proteção de criança contra todas as formas de exploração e abuso sexual, a 3ª Turma do TRF da 1ª Região, em decisão do Processo n. 0027165-13-2012.4.01.3500, entendeu que a Justiça Federal é competente para processar e julgar crime tipificado no ECA consistente na veiculação, via internet, de fotos contendo pornografia infantojuvenil.

A Resolução n. 162, de 28-1-2014, do CONANDA aprova o Plano Nacional de Enfrentamento da Violência Sexual contra Crianças e Adolescentes.

A Portaria n. 248, de 10-4-2014, da Secretaria de Direitos Humanos, altera o art. 2º da Portaria n. 127, de 11-3-2014 (com alteração da Portaria n. 638/2014 da Secreta-

f.9. Responsabilidade por infrações administrativas lesivas ao menor

As penalidades por infrações administrativas prejudiciais à criança e ao adolescente foram estabelecidas, exaustivamente, pela Lei n. 8.069/90, ao estatuir:

"Art. 245. Deixar o médico, professor ou responsável por estabelecimento de atenção à saúde e de ensino fundamental, pré-escola ou creche, de comunicar à autoridade competente os casos de que tenha conhecimento, envolvendo suspeita ou confirmação de maus-tratos contra criança ou adolescente:

Pena — multa de três a vinte salários de referência, aplicando-se o dobro em caso de reincidência.

Art. 246. Impedir o responsável ou funcionário de entidade de atendimento o exercício dos direitos constantes nos incisos II, III, VII, VIII e XI do art. 124 desta Lei:

Pena — multa de três a vinte salários de referência, aplicando-se o dobro em caso de reincidência.

Art. 247. Divulgar, total ou parcialmente, sem autorização devida, por qualquer meio de comunicação, nome, ato ou documento de procedimento policial, administrativo ou judicial relativo a criança ou adolescente a que se atribua ato infracional:

Pena — multa de três a vinte salários de referência, aplicando-se o dobro em caso de reincidência.

§ 1º Incorre na mesma pena quem exibe, total ou parcialmente, fotografia de criança ou adolescente envolvido em ato infracional, ou qualquer ilustração que lhe diga respeito ou se refira a atos que lhe sejam atribuídos, de forma a permitir sua identificação, direta ou indiretamente.

§ 2º Se o fato for praticado por órgão de imprensa ou emissora de rádio ou televisão, além da pena prevista neste artigo, a autoridade judiciária poderá determinar a apreensão da publicação ou a suspensão da programação da emissora até por dois dias, bem como da publicação do periódico até por dois números.

---

ria de Direitos Humanos) que institui no âmbito da Secretaria de Direitos Humanos da Presidência da República, o Grupo de Trabalho para a Proteção das Crianças e dos Adolescentes Vítimas de Violência Sexual.

A Lei n. 13.431/2017 estabelece o sistema de garantia de direitos da criança e do adolescente vítima ou testemunha de violência (física, psicológica e sexual).

O STF, na ADIn n. 869-2/1999, declarou a inconstitucionalidade da expressão "ou a suspensão da programação da emissora até por dois dias, bem como de publicação do periódico por dois números", constante deste parágrafo.

O art. 248 (ora revogado pela Lei n. 13.431/2017) prescrevia que: deixar de apresentar à autoridade judiciária de seu domicílio, no prazo de cinco dias, com o fim de regularizar a guarda, adolescente trazido de outra comarca para a prestação de serviço doméstico, mesmo que autorizado pelos pais ou responsável:

Pena — multa de três a vinte salários de referência, aplicando-se o dobro em caso de reincidência, independentemente das despesas de retorno do adolescente, se for o caso.

Art. 249. Descumprir, dolosa ou culposamente, os deveres inerentes ao poder familiar ou decorrentes de tutela ou guarda, bem assim determinação da autoridade judiciária ou Conselho Tutelar:

Pena — multa de três a vinte salários de referência, aplicando-se o dobro em caso de reincidência.

Art. 250 (redação da Lei n. 12.038/2009). Hospedar criança ou adolescente desacompanhado dos pais ou responsável, ou sem autorização escrita desses ou da autoridade judiciária, em hotel, pensão, motel ou congênere:

Pena — multa.

§ 1º Em caso de reincidência, a autoridade judiciária poderá determinar o fechamento do estabelecimento por até quinze dias.

§ 2º Se comprovada a reincidência em período inferior a 30 dias, o estabelecimento será definitivamente fechado e terá sua licença cassada.

Art. 251. Transportar criança ou adolescente, por qualquer meio, com inobservância do disposto nos arts. 83, 84 e 85 desta Lei:

Pena — multa de três a vinte salários de referência, aplicando-se o dobro em caso de reincidência.

Art. 252. Deixar o responsável por diversão ou espetáculo público de afixar, em lugar visível e de fácil acesso, à entrada do local de exibição, informação destacada sobre a natureza da diversão ou espetáculo e a faixa etária especificada no certificado de classificação:

Pena — multa de três a vinte salários de referência, aplicando-se o dobro em caso de reincidência.

Art. 253. Anunciar peças teatrais, filmes ou quaisquer representações ou espetáculos, sem indicar os limites de idade a que não se recomendem:

Pena — multa de três a vinte salários de referência, duplicada em caso de reincidência, aplicável, separadamente, à casa de espetáculo e aos órgãos de divulgação ou publicidade.

Art. 254. Transmitir, através de rádio ou televisão, espetáculo em horário diverso do autorizado ou sem aviso de sua classificação:

Pena — multa de vinte a cem salários de referência; duplicada em caso de reincidência a autoridade judiciária poderá determinar a suspensão da programação da emissora por até dois dias".

A Portaria n. 368/2014 do Ministério da Justiça regulamenta as disposições da Lei n. 8.069/90 relativas à classificação indicativa das diversões públicas.

"Art. 255. Exibir filme, *trailer,* peça, amostra ou congênere classificado pelo órgão competente como inadequado às crianças ou adolescentes admitidos ao espetáculo:

Pena — multa de vinte a cem salários de referência; na reincidência, a autoridade poderá determinar a suspensão do espetáculo ou o fechamento do estabelecimento por até quinze dias.

Art. 256. Vender ou locar à criança ou adolescente fita de programação em vídeo, em desacordo com a classificação atribuída pelo órgão competente:

Pena — multa de três a vinte salários de referência; em caso de reincidência, a autoridade judiciária poderá determinar o fechamento do estabelecimento por até quinze dias.

Art. 257. Descumprir obrigação constante dos arts. 78 e 79 desta Lei:

Pena — multa de três a vinte salários de referência, duplicando-se a pena em caso de reincidência, sem prejuízo de apreensão da revista ou publicação.

Art. 258. Deixar o responsável pelo estabelecimento ou o empresário de observar o que dispõe esta Lei sobre o acesso de criança ou adolescente aos locais de diversão, ou sobre sua participação no espetáculo.

Pena — multa de três a vinte salários de referência; em caso de reincidência, a autoridade judiciária poderá determinar o fechamento do estabelecimento por até quinze dias"[106].

---

106. Recomendamos a consulta: *Infância e juventude — interpretação jurisprudencial,* São Paulo, 2002, editado pelo Centro de Apoio Operacional das Promotorias de Justiça

Art. 258-A (acrescentado pela Lei n. 12.010/2009). Deixar a autoridade competente de providenciar a instalação e operacionalização dos cadastros previstos no art. 50 e no § 11 do art. 101 desta Lei:

Pena — multa de R$ 1.000,00 (mil reais) a R$ 3.000,00 (três mil reais).

Parágrafo único. Incorre nas mesmas penas a autoridade que deixa de efetuar o cadastramento de crianças e de adolescentes em condições de serem adotadas, de pessoas ou casais habilitados à adoção e de crianças e adolescentes em regime de acolhimento institucional ou familiar."

Art. 258-B (acrescentado pela Lei n. 12.010/2009). Deixar o médico, enfermeiro ou dirigente de estabelecimento de atenção à saúde de gestante de efetuar imediato encaminhamento à autoridade judiciária de caso de que tenha conhecimento de mãe ou gestante interessada em entregar seu filho para adoção:

Pena — multa de R$ 1.000,00 (mil reais) a R$ 3.000,00 (três mil reais).

Parágrafo único. Incorre na mesma pena o funcionário de programa oficial ou comunitário destinado à garantia do direito à convivência familiar que deixa de efetuar a comunicação referida no *caput* deste artigo.

Art. 258-C (acrescentado pela Lei n. 13.106/2015). Descumprir a proibição estabelecida no inciso II do art. 81:

Pena — multa de R$ 3.000,00 (três mil reais) a R$ 10.000,00 (dez mil reais).

Medida administrativa (acrescentada pela Lei n. 13.106/2015) — interdição do estabelecimento comercial até o recolhimento da multa aplicada".

---

da Infância e da Juventude do Estado de São Paulo; Claudete C. Canezin e Ana C. B. Perozim, Do crime de abuso sexual praticado contra crianças, adolescentes e o depoimento sem dano, *Revista IOB de Direito de Família*, *57*:118 a 138; Jadir C. de Souza, Crimes contra crianças e adolescentes: a necessária integração com o sistema criminal, *De Jure*, *26*:307-335. O Projeto de Lei n. 1.309/2003 (ora arquivado) previa pena de reclusão para o usuário de serviço de prostituição infantil; o Projeto de Lei n. 986/2003 (sem movimentação na Câmara desde 2006) pretende aumentar pena para tráfico de menores; a Emenda Constitucional n. 65/2010 garantirá a proteção dos direitos econômicos, sociais e culturais da juventude; e o Projeto de Lei n. 1.597/2003 (apensado ao PL n. 6.555/2002, ora arquivado) visava tornar hediondo crime sexual contra menor.

A Resolução n. 163/2014 do CONANDA dispõe sobre abusividade do direcionamento de publicidade e de comunicação mercadológica à criança e ao adolescente.

Sobre doações aos Fundos dos Direitos da Criança e do Adolescente: Lei n. 8.069/90, arts. 260, 260-A a 260-L, acrescentados pela Lei n. 12.594/2012.

QUADRO SINÓTICO

MEDIDAS DE PROTEÇÃO À CRIANÇA E AO ADOLESCENTE

1. GENERALIDADES	• A Lei n. 8.069/90, com as alterações das Leis n. 13.257/2016, 12.594/2012, 12.010/2009, 13.509/2017 e 8.242/91, veio proteger a criança até 12 anos e o adolescente entre 12 e 18 anos, e excepcionalmente a pessoa entre 18 e 21 anos de idade, assegurando-lhes direitos e medidas protetivas, sendo que aos jovens entre 18 e 29 anos aplicar-se-á, em regra, a Lei n. 12.852/2013 (Estatuto da Juventude), art. 1º, §§ 1º e 2º.
2. PROTEÇÃO À VIDA	• Lei n. 8.069/90, arts. 8º, 9º, 10. • CC, arts. 2º e 1.179 e parágrafo único.
3. PROTEÇÃO À SAÚDE	• Lei n. 8.069/90, arts. 11, 12, 14, 112, § 3º. • Lei n. 7.853/89.
4. PROTEÇÃO À LIBERDADE	• Lei n. 8.069/90, arts. 16, I a VII, 106, 110 e 111, I a VI.
5. DIREITO AO RESPEITO E À DIGNIDADE	• Lei n. 8.069/90, arts. 17 e 18.
6. PROTEÇÃO À CONVIVÊNCIA FAMILIAR	• Lei n. 8.069/90, arts. 19, 25 e 28.
7. DIREITO À EDUCAÇÃO, À CULTURA, AO ESPORTE E AO LAZER	• Lei n. 8.069/90, arts. 70 a 73, 58, 55, 53, I a V e parágrafo único, 54 e §§ 1º a 3º, 57, 59, 74 e parágrafo único, 76 e parágrafo único, 77 e parágrafo único, 75 e parágrafo único, 78 e parágrafo único, 79, 80, 81, VI, 82 a 85.
8. DIREITO À PROFISSIONALIZAÇÃO E À PROTEÇÃO NO TRABALHO	• Lei n. 8.069/90, arts. 69, I e II, 60, 62 a 67 e 68, §§ 1º e 2º.

9. POLÍTICA DE ATENDIMENTO AOS DIREITOS DO MENOR

- Será feita mediante um conjunto de ações governamentais ou não governamentais, que apresentarão, sem qualquer remuneração, programas de assistência socioeducativa, de serviços de identificação e localização e de prevenção e atendimento médico-psicossocial (Lei n. 8.069/90, arts. 86, 87, 88, 89, 90, 91, 92, 93, 94, 95, 96, 97, 191 a 193).

10. MEDIDAS ESPECÍFICAS DE PROTEÇÃO AO MENOR

- As relativas aos arts. 98, I a III, 99, 100 e 101, I a IX e §§ 1º a 12, 102, §§ 1º a 6º da Lei n. 8.069/90.
- Medidas socioeducativas impostas pela prática de ato infracional pelo menor (art. 112) que são: *advertência* (arts. 115 e 114, parágrafo único); *obrigação de reparar o dano* (art. 116 e parágrafo único); *prestação de serviços à comunidade* (art. 117 e parágrafo único); *liberdade assistida* (arts. 118 e 119); *inserção em regime de semiliberdade* (art. 120, §§ 1º e 2º); *internação em estabelecimento educacional* (arts. 123 e parágrafo único, 121 e parágrafos, 122, 124, I a XVI e § 2º).
- Remissão (Lei n. 8.069/90, arts. 126 a 128).
- Medidas aplicáveis aos pais ou responsável (Lei n. 8.069/90, arts. 129 e 130).
- Conselho Tutelar (Lei n. 8.069/90, arts. 131, 137, 134, 139, 132, 133, 135, 140 e parágrafo único, 262, 13, 56, 136, I a XII e parágrafo único, 138 e 147).
- Acesso à Justiça (Lei n. 8.069/90, arts. 141, § 1º, 142, parágrafo único, 206, parágrafo único, 207, §§ 1º a 3º, 143, 144, 145, 146, 147, §§ 1º, 2º e 3º,148, 171 a 190, 194, §§ 1º e 2º, 195, 196, 197 e parágrafo único, 149, 198, 199, 200 a 205.
- Responsabilidade civil por ofensa aos direitos e interesses assegurados à criança e ao adolescente, individuais, difusos e coletivos (Lei n. 8.069/90, arts. 208, I a X, 209, 210, I a III, §§ 1º e 2º, 211, 212 e § 2º, 213 e §§ 1º a 3º, 214 e §§ 1º e 2º, 215, 216, 220 e 221).
- Responsabilidade por crimes praticados contra o menor (Lei n. 8.069/90, arts. 225 a 244-A e B; CP, arts. 213, 216-A e § 2º, 217-A, 218, 218-A e 218-B, 228, 230, 231 e 231-A).
- Responsabilidade por infrações administrativas lesivas ao menor (Lei n. 8.069/90, arts. 245 a 258-C).

Bibliografia

ALBALADEJO GARCIA. *El reconocimiento de la filiación natural.*

ALIENDE, Aniceto L. *Questões sobre alimentos.* São Paulo, Revista dos Tribunais, 1986.

ALMEIDA, Estêvão. *Manual do Código Civil.* v. 6.

ALMEIDA, Flávio R. Correia de. Da revelia na ação de perda ou suspensão de pátrio poder. In: *Direito de família.* São Paulo, Revista dos Tribunais, 1996.

ALMEIDA, Maria de Lourdes R. Vaz de. O DNA e a prova na ação de investigação de paternidade. In: *Direito de família.* São Paulo, Revista dos Tribunais, 1996.

ALMEIDA JÚNIOR, A. *Paternidade.*

ALVES, João Luis. *Código Civil.* v. 1.

ALVES MOREIRA. *Instituições de direito civil português.* v. 1.

ALVIM, Agostinho. Da equidade. *RT,* ano 30, *132*(494):3 e s., 1941.

AMADO FERREIRA, Arnaldo. *Determinação médico-legal da paternidade.*

AMARAL NETO, Francisco dos Santos. A relação jurídico-matrimonial. *Revista de Direito Comparado Luso-Brasileiro,* v. 2, 1983.

AMATO, Diana. *Gli alimenti.* Milano, Giuffrè, 1973.

AMERICANO, Jorge. *Comentários ao Código de Processo Civil brasileiro.* 2. ed. v. 3.

AMORIM, Sebastião Luiz. Os companheiros. *Tribuna do Direito,* n. 51.

AMORIM, Sebastião; OLIVEIRA, Euclides de. *Separação e divórcio — Teoria e prática.* São Paulo, LEUD, 1999.

ANCEL, Marc. *Les droits et les devoirs des époux selon la Loi du 22 septembre 1942.*

______. *L'adoption dans les législations modernes.* Paris, Sirey, 1958.

ANTUNES VARELA. *Noções fundamentais de direito civil.* 3. ed. v. 2.

______. A inseminação artificial e a filiação perante o direito português e o direito brasileiro. *Rev. Brasileira de Direito Comparado,* n. 15.

ARÍAS, José. *Derecho de familia.* 2. ed. Buenos Aires, 1952.

ASSIS, Araken de. *Da execução de alimentos e prisão do devedor*. 3. ed. São Paulo, Revista dos Tribunais.

AUBRY e RAU. *Cours de droit civil français*. 4. ed. Paris, 1869, v. 5 e 7.

AZEVEDO, Antonio Junqueira de. Retrocesso no direito de família. *Tribuna do Direito*, n. 65.

AZEVEDO, Luiz Carlos de. Aspectos jurídico-penais da inseminação artificial. *RT*, v. 404.

AZZARITI, Giuseppe. Figli adulterini e incestuosi. In: *Novissimo Digesto Italiano*. Torino, UTET, 1957. v. 1.

AZZARITI e MARTINEZ. *Diritto civile italiano*. Padova, CEDAM, 1943. t. 1.

AZZOLINA. *La separazione personale dei coniugi.*

BAPTISTA, Sílvio Neves. Guarda e direito de visita. In: *A família na travessia do milênio*. Belo Horizonte, IBDFAM/Del Rey, 2000.

BAPTISTA LOPES, M. *Filhos ilegítimos*. Coimbra, Livr. Almedina, 1973.

BARASSI. *La famiglia legittima nel nuovo Codice Civile*. 3. ed.

BARBIER. L'examen du sang et le rôle du juge dans les procès rélatifs à la filiation. *Revue Trimestrielle de Droit Civil*, 1949.

BARBOZA, Heloisa H. O princípio do melhor interesse da criança e do adolescente. *A família na travessia do milênio*. Belo Horizonte, IBDFAM/Del Rey, 2000.

BARROS, Eliane O. *Aspectos Jurídicos da inseminação artificial heteróloga*. Belo Horizonte, Fórum, 2010.

BARROS MONTEIRO, Washington de. *Curso de direito civil*; direito de família. 19. ed. São Paulo, Saraiva, 1980. v. 2.

BATTAGLINI. Fecondazione artificiale e adulterio. In: *Giustizia penale*, 1959. v. 1.

BAUDRY-LACANTINERIE. *Précis de droit civil*. v. 1, n. 466.

BEDAQUE. A curadoria de incapazes. *Justitia*, n. 148.

BENJAMIN, Peter. *Le divorce, la séparation de corps et leurs effets en droit international privé français et anglais*. Paris, 1955.

BERTOLA, Arnaldo. *Il matrimonio religioso nel diritto canonico e nell'ordinamento concordatario italiano*. Torino, UTET, 1966.

BESSELAAR. *Introdução aos estudos históricos*. São Paulo, Herder, 1968.

BEUCHER. *La notion actuelle du concubinage, ses effects à l'égard des tiers*. Paris, Sirey, 1932.

BEUDANT. *Cours de droit civil français*. Paris. v. 1.

BEVILÁQUA, Clóvis. Adoção de filho adulterino no direito brasileiro. *RT*, *33*:264.

______. *Código Civil comentado*. 10. ed. São Paulo, Francisco Alves, 1954, v. 1 e 2.

BITTAR, Carlos Alberto *et alii*. *O direito de família e a Constituição de 1988*. São Paulo, Saraiva, 1989.

BITTENCOURT, Frederico. Casamento putativo. *Cadernos de Direito Privado da Universidade Federal Fluminense*, 1979, v. 2.

BO, Giorgio. *Il diritto degli alimenti*. 2. ed. Milano, Giuffrè, 1935.

BONNECASE, Julien. *Traité de droit civil, de Baudry-Lacantinerie*. Supplément. v. 4, n. 366 e s.

______. *La philosophie du Code Napoléon appliquée au droit de famille*.

BORDA. *Tratado de derecho civil argentino*. Buenos Aires, Abeledo-Perrot, 1969. v. 1.

BORGES CARNEIRO. *Direito civil de Portugal*. Lisboa, 1851. v. 2.

BORGHI, Hélio. *Divórcio — 20 anos — valeu a pena?* São Paulo, Ed. Juarez de Oliveira, 1998 (col. Saber Jurídico).

BOSSERT. *Concubinato*. Rosario, 1968.

BRANDÃO, Wilson de Andrade. *Divórcio e separação judicial*. São Paulo, Freitas Bastos, 1996.

BREITMAN, Nei. Da possibilidade de registro de pacto patrimonial em face da união estável. *Livro de Estudos Jurídicos*, n. 9.

BRITO, Nágila Maria Sales. *Concubinato e seus efeitos econômicos*. Belo Horizonte, 1998.

BRITTO, Carlos Ayres. *O problema da lacuna jurídica no direito constitucional brasileiro*. Trabalho apresentado no Curso de Mestrado da PUCSP, 1981.

BRUGI, Biagio. *Istituzioni di diritto civile italiano*.

BUENO, Ruth. *Regime jurídico da mulher casada*.

CAHALI, Francisco José. *União estável e alimentos entre companheiros*. São Paulo, Saraiva, 1996.

CAHALI, Yussef Said. Alimentos. In: *Enciclopédia Saraiva do Direito*. v. 6; Casamento civil. In: *Enciclopédia Saraiva do Direito*. v. 13.

______. Casamento religioso com efeitos civis. In: *Enciclopédia Saraiva do Direito*. v. 13.

______. Casamento fiduciário, fictício ou simulado. In: *Enciclopédia Saraiva do Direito*. v. 13.

______. Casamento nuncupativo. In: *Enciclopédia Saraiva do Direito*. v. 13.

______. Alimentos. In: *Enciclopédia Saraiva do Direito*. v. 6.

______. *Divórcio e separação*. 2. ed. São Paulo, Revista dos Tribunais, 1981.

CALLIOLI, Eugênio Carlos. Aspectos da fecundação artificial "in vitro". *Revista de Direito Civil*, n. 44.

CAMARA, Edilson de Arruda. Investigação de paternidade. *Consulex*, n. 26.

CAMARGO, Jo Machado de. Guarda e responsabilidade. In: *Repertório de doutrina sobre direito de família*. v. 4.

CAMPOS, Diogo Leite de. Ascensão e declínio da instituição jurídica do matrimônio. *Revista Brasileira de Direito Comparado*, n. 8.

CANDIDO, Raymundo. Das relações interjurisdicionais no casamento religioso com efeitos civis. *Revista do Curso de Direito da Universidade Federal de Uberlândia*, n. 14.

CARBONNI. Inseminazione artificiale e delitto di adulterio. *Rivista di Diritto Matrimoniale*.

CARBONNIER. *Droit civil*. Paris, PUF, 1955. v. 1 e 2.

CARDOSO, Fabiana D. *Regime de bens e pacto antenupcial*. São Paulo, Método, 2010.

CARLUCCI, Aída K. de. *Protección jurídica de la vivienda familiar*. Buenos Aires, Depalma, 1995.

CARNEIRO, Athos G. Ação de alimentos e prisão civil. *RT*, v. 516.

CARNEIRO, Nelson. *Divórcio e anulação do casamento*. Rio de Janeiro, 1951.

______. *A nova ação de alimentos*. n. 19 e 20.

______. Os aspectos jurídicos da inseminação artificial e a disciplina dos bancos de esperma. *Rev. de Dir. Comparado Luso-Brasileiro*, n. 7.

CARVALHO, Ivan Lira de. Adoção — enfoque multidisciplinar do instituto. In: *Direito de família*. São Paulo, Revista dos Tribunais, 1996.

CARVALHO SANTOS. *Código Civil brasileiro interpretado*. 3. ed. Rio de Janeiro, Freitas Bastos, 1942. v. 4.

______. *Código Civil comentado*, 1952. v. 2.

CASSEB, Paulo Adib. Anulabilidade do casamento: hipóteses em que é admitida. *Revista do Instituto de Pesquisas e Estudos*, Bauru, n. 23, 1998.

CASSETTARI, Christiano. *Multiparentalidade e parentalidade socioafetiva*. São Paulo, Atlas, 2014.

______. (coord.). *10 anos de vigência do Código Civil brasileiro 2002*. São Paulo, Saraiva, 2013.

CASTRO, Amílcar de. *Direito internacional privado*, 1977.

CASTRO NUNES. *Soluções de direito aplicado*.

CECCONI. Separazione consensuale e potere del giudice. In: *Sulla riforma del diritto di famiglia*, seminário dirigido por Santoro-Passarelli.

CELIDONIO, Jorge Louro. Inconstitucionalidade da Lei 8.971/94. *Informativo Dinâmico IOB*, n. 92/95.

CENEVIVA, Walter. *Lei dos Registros Públicos comentada*. São Paulo, Saraiva, 1979.

CHAVES, Antônio. *Lições de direito civil*. São Paulo, Revista dos Tribunais, 1975. v. 3.

______. Esponsais. In: *Enciclopédia Saraiva do Direito*. v. 33.

______. Impedimentos matrimoniais. In: *Enciclopédia Saraiva do Direito*. v. 42.

______. Casamento religioso. In: *Enciclopédia Saraiva do Direito*. v. 13.

______. *Lições de direito civil*. 2. ed. São Paulo, Revista dos Tribunais, 1975. v. 2.

______. *Direito de família*. Revista dos Tribunais, 1975. v. 2.

______. Filiação adotiva. In: *Enciclopédia Saraiva do Direito*. v. 37.

______. Adoção. In: *Enciclopédia Saraiva do Direito*. v. 4.

______. Filiação incestuosa. In: *Enciclopédia Saraiva do Direito*. v. 37.

______. Filiação ilegítima. In: *Enciclopédia Saraiva do Direito*. v. 37.

______. Filiação legítima. In: *Enciclopédia Saraiva do Direito*. v. 37.

______. Filiação espúria. In: *Enciclopédia Saraiva do Direito*. v. 37.

CHINELATO E ALMEIDA, Silmara J. de A. *Do nome da mulher casada*. Rio de Janeiro, Forense Universitária, 2001.

______. Direito do nascituro a alimentos; do direito romano ao direito civil. *Revista da Procuradoria-Geral do Estado de São Paulo*, n. 34.

CHIRONI. *Istituzioni di diritto civile italiano*. 2. ed. v. 2.

CICCO, Cláudio de. *Direito: tradição e modernidade*. São Paulo, Ícone, 1993.

CICU, Antonio. *La filiazione*. Torino, UTET, 1968.

______. La natura giuridica dell'obbligazione alimentare tra coniugi. In: *Scritti minori*. v. 1, t. 2.

______. *Il diritto di famiglia*.

CLARK, George. *Summary of american law*. v. 1.

COELHO DA ROCHA. *Direito civil português*. v. 1.

COHENDY. Des intérêts de la distinction entre l'inexistence et la nullité d'ordre public. *Revue Trimestrielle de Droit Civil*. 1911.

COLACE. *La fecondazione artificiale e delitto di adulterio*, 1959. v. 2.

COLIN e CAPITANT. *Cours élémentaire de droit civil français*. 9. ed. Paris, 1939.

COLL e ESTIVILL. *La adopción y instituciones análogas*. Buenos Aires, Ed. Argentina, 1947.

COLLINS. *Résumé de la philosophie de Herbert Spencer*. n. 314.

COLTRO, Antonio Carlos Mathias. A união estável: um conceito. In: *Direito de família*. São Paulo, Revista dos Tribunais, 1996.

COLTRO, Antonio Carlos Mathias; DELGADO, Mário Luiz (orgs.). *Guarda compartilhada*. São Paulo, Método, 2009.

CONSOLI. La simulazione assoluta nell'ordinamento matrimoniale italiano. *Rivista del Diritto Matrimoniale*, v. 1, 1958.

CORNU, G. *La famille unilinéaire*. Paris, Dalloz, 1985.

CORREA, Alícia B. Pucheta de. Derecho de visita de los abuelos. *Revista de la Facultad de Derecho y Ciencias Sociales de la Universidad Nacional de Asunción*, n. 1, 1995.

CORRÊA JR., Luiz Carlos de Azevedo. *Direito do menor*. São Paulo, Atlas, 1991.

COSATTINI. *Il riconoscimento del figlio naturale*.

COSENTINI. *Le droit de famille*.

COSTA, Tarcísio José Martins. Adoção internacional: aspectos jurídicos, políticos e socioculturais. In: *A família na travessia do milênio*. Belo Horizonte, IBDFAM/Del Rey, 2000

CRISAFULLI. *Matrimonio putativo*. n. 75.

CRUZ, João Claudino Oliveira e. *Dos alimentos no direito de família*, Rio de Janeiro, Forense, 1956.

CUNHA GONÇALVES, Luiz da. *Tratado de direito civil*. São Paulo, Max Limonad, 1957. v. 2 e v. 6.

CURET, Albin. *Code du divorce et de la séparation de corps*. Paris, Durant-Pedone, 1893.

CURY, Munir. *Temas de direito do menor*. São Paulo, Revista dos Tribunais, 1987.

DANELUZZI, M. Helena M. Braceiro. *União estável*. Dissertação de Mestrado apresentada na PUCSP em 1995.

DANTAS, San Tiago. *Direito de família e das sucessões*. Rio de Janeiro, Forense, 1996.

DAOUN, Alexandre Jean. O adultério virtual e sua conotação jurídica. *Tribuna do Direito*, ago. 2000.

DEGNI. *Il diritto di famiglia nel nuovo Codice Civile italiano*. Padova, CEDAM, 1943.

DEL BONO. *Rivista Trimestrale di Diritto*, 1951.

DEMAIN, Bernard. *La liquidation des biens des concubins*. Paris.

DEMOLOMBE. *Cours de Code Napoléon*. v. 4, n. 52.

DE PAGE. *Traité élémentaire de droit civil belge*. 2. ed. Bruxelles, E. Bruylant, 1948. v. 1.

DIAS, Adahyl L. *A concubina e o direito brasileiro*. São Paulo, Freitas Bastos, 1961.

______. *A concubina e o direito brasileiro*. São Paulo, Saraiva, 1975.

DIAS DE AZEVEDO, Armando. A inseminação artificial humana em face da moral e do direito. *Rev. Fac. Direito de Porto Alegre*, 1958.

DINIS, Joaquim José de S. Filiação resultante da fecundação artificial humana. In: *Direitos de família e do menor* (coord. Sálvio de F. Teixeira). Belo Horizonte, Del Rey, 1993.

DINIZ, Almacchio. *Nulidades e anulações de casamento*.

______. *O casamento dos divorciados e desquitados no Brasil*. São Paulo, Nacional, 1935.

DINIZ, Maria Helena. *As lacunas do direito*. Revista dos Tribunais, 1980, p. 208 e s.

______. *Conceito de norma jurídica como problema de essência*. São Paulo, Revista dos Tribunais, 1977.

______. *O estado atual do biodireito*. São Paulo, Saraiva, 2001.

______. *Norma constitucional e seus efeitos*. São Paulo, Saraiva, 1989.

______. *Curso de direito civil brasileiro*. São Paulo, Saraiva, 1983. v. 1.

______. *O estado atual do biodireito*. São Paulo, Saraiva, 2001; Reflexões sobre a problemática das novas técnicas científicas de reprodução humana assistida e a questão da responsabilidade civil por dano moral ao embrião e ao nascituro. *Livro de Estudos Jurídicos*, v. 8.

______. A ectogênese e seus problemas jurídicos. *Direito*, v. 1.

DOLTO, Françoise. *Quand les parents se séparent*. Paris, 1988.

DORNELLES DA LUZ, Aramy. *O divórcio no Brasil*. São Paulo, Saraiva, 1978.

DOWER, Nelson G. B. *Curso renovado de direito civil*. São Paulo, Ed. Nelpa, v. 4.

DUPRAT. *Le bien familial*.

DUSI, Bartolomeo. *Della filiazione e dell'adozione*. 2. ed. Napoli, Marghieri, 1924.

______. *Istituzioni di diritto civile*. 5. ed. v. 1.

DYVANDRE. *Le bien de famille*. Paris, 1911.

ELIAS, Roberto João. *Pátrio poder*. São Paulo, Saraiva, 1999.

ENNECCERUS, KIPP e WOLFF. *Tratado de derecho civil*; derecho de familia. v. 1.

ESPÍNOLA, Eduardo. *A família no direito civil brasileiro*. Rio de Janeiro, Ed. Conquista, 1957.

FACHIN. *Estabelecimento da filiação e paternidade presumida*. Porto Alegre, Fabris, 1992.

______. Contribuição crítica à teoria das entidades familiares extramatrimoniais. In: *Direito de família*. São Paulo, Revista dos Tribunais, 1996.

FARIA, Cristiano Chaves de. Guarda e tutela no direito brasileiro. *Ciência Jurídica*, n. 78.

FARIA COELHO, Vicente. *Nulidade e anulação de casamento*. Rio de Janeiro, 1957.

FEDOZZI. *Il diritto internazionale privato*.

FERNANDES, Antonio S. As três formas de adoção. *O Estado de S. Paulo*, 18 fev. 1986.

FERNANDES, Milton. A família na Constituição de 1988. *RT*, v. 654.

FERNANDES, Tycho Brahe. O termo inicial dos alimentos na ação de investigação de paternidade. *Estudos jurídicos*, n. 6.

FERRARA. *Trattato di diritto civile italiano*. v. 1.

FERRAZ, Carolina V.; LEITE, George Salomão; LEITE, Glauber Salomão (org.). *O novo divórcio no Brasil*. Salvador, Jus Podivm, 2011.

FERRAZ JR., Tercio Sampaio. *Teoria da norma jurídica*. Rio de Janeiro, Forense, 1978.

FERREIRA PINTO, Fernando Brandão. *Causas do divórcio*. Coimbra, Almedina, 1980.

FEU ROSA, Antonio José M. Casamento. *Consulex*, n. 27.

FIDA e ALBUQUERQUE. *Investigação de paternidade*. São Paulo, 1996.

FILOMUSI-GUELFI. *Enciclopedia giuridica*. 7. ed., 1971.

FINOCCHIARO, Francesco. *Del matrimonio*. Roma, 1971.

FORNARI. *Dell'obbligo degli alimenti*, p. 28 e s.

FRANÇA, Genival Veloso de. O vínculo genético da filiação pelo DNA: sua aplicação nos tribunais. *Panorama da justiça*, n. 25.

FRANCIULLI, Paulo Oriente. Comunhão de aquestos no regime de separação legal de bens. *Revista Literária de Direito*, n. 15.

FRANZI, Massimo. *Trascrivibilità e trascrizione del matrimonio commodatario*. Napoli, Jovene, 1951.

FRIAS, Jorge A. *El matrimonio, sus impedimentos y nulidades*. Córdoba, Ateneo, 1941.

FRIEDMANN. *Law in a changing society*. Preface.

FRIGINI, Ronaldo. O concubinato e a nova ordem constitucional, *RT*, v. 686.

FROSSI, Luigi. Concubinato. In: *Dizionario pratico del diritto privato*, de Scialoja. v. 2.

FUEYO LANERI, F. *Derecho de familia*. Valparaíso, Ed. Universo, 1959.

GALLARDO. *Le rôle et les effets de la bonne foi dans l'annulation du mariage*.

GALLOUX. L'empreinte génétique: la preuve parfaite? *La semaine juridique*, n. 3.497, 1991.

GAMA, Guilherme Calmon Nogueira da. *O companheirismo, uma espécie de família*. São Paulo, Revista dos Tribunais, 1998.

GANGI, Calogero. *Il matrimonio*. Milano, Giuffrè, 1947.

GARCÍA CANTERO. *El vínculo de matrimonio civil*.

GEVAERD, Luiz Fernando. A união estável e a ordem jurídica vigente. *Livro de Estudos Jurídicos*, n. 7.

GEVERS, Madeleine. Droits et devoirs respectifs des époux. *Revue Critique de Législation et de Jurisprudence*. v. 54.

GIGLIOTTI, Alcy. Suprimento de idade para casamento. *Revista de Direito Civil Imobiliário, Agrário e Empresarial*. v. 5.

GIMÉNEZ FERNANDEZ. *La institución matrimonial según el derecho de la Iglesia Católica*. Madrid, 1943.

GISMONDI. Il matrimonio e la società civile. *Rivista Trimestrale di Diritto e Procedura Civile*. 1957.

GLANZ, Semy. União estável. *Revista Brasileira de Direito Comparado*, n. 11.

GOMES, Luiz Flávio. Prisão civil por dívida alimentar. *RT*, v. 582.

GOMES, Orlando. *Direito de família*. 3. ed. Rio de Janeiro, Forense, 1978.

______. *Memória justificativa do anteprojeto de reforma do Código Civil*. Rio de Janeiro, 1963.

GONÇALVES, Wilson José. *União estável e as alternativas para facilitar sua conversão em casamento*. Tese de Doutorado apresentada na PUCSP em 1998.

GONTIJO, Juliana. Partilha contenciosa. *A família na travessia do milênio*. Belo Horizonte, IBDFAM/Del Rey, 2000.

GONZAGA, João Bernardino. Do crime de abandono de família. *Revista da PUCSP*. 1966. v. 30.

GOODRICH, Herbert. *Handbook of conflicts of laws*.

GOZZO, Débora. *O procedimento de interdição*. São Paulo, Saraiva, 1986 (col. Saraiva de Prática do Direito, n. 19).

______. Estatuto da Juventude. *Letrado* — IASP, *105*:34-5.

GRASETTI. *Il matrimonio fiduciario*. Ed. Temi, 1951.

GRASSI. *La legge sul divorzio*. Napoli, Jovene, 1970.

GRISARD FILHO, Waldyr. Guarda compartilhada. In: *Repertório de doutrina sobre direito de família*. v. 4.

GUIMARÃES, José L. Alfredo. Adoção de crianças por estrangeiro não residente no Brasil. *JB*, n. 162.

GUIMARÃES, Luiz Paulo Cotrim. *A paternidade presumida no direito brasileiro e comparado*. Rio de Janeiro, Renovar, 2001.

GUIMARÃES, Marilene Silveira. Adultério virtual — infidelidade virtual. *A família na travessia do milênio*. Belo Horizonte, IBDFAM/Del Rey, 2000.

HAURIOU. *Principes de droit publique*.

HERRERA. *Anotaciones sobre derecho de familia*. Caracas, Sucre, 1970.

HIRONAKA, Giselda Maria F. Novaes. Dos filhos havidos fora do casamento e se eu soubesse que ele era meu pai. In: *Direito civil — estudos*.

HOFMEISTER, Maria Alice C. *Efeitos patrimoniais da dissolução do concubinato*. São Paulo, Saraiva, 1985.

______. *Uma contribuição para o estudo do direito dos tribunais: análise da experiência jurisprudencial do concubinato*. Dissertação de Mestrado apresentada na PUCRJ em 1980.

HUMBLET, Léon. *Traité des noms*. ns. 158 e 159

IHERING. *O espírito do direito romano*. Trad. de Banaion. Rio de Janeiro, 1943. v. 1.

JACOBINA, Paulo V. A alteração do regime de bens na constância do casamento. *Revista do Ministério Público do Estado da Bahia*, v. 3.

JEMOLO, Arturo Carlo. *Il matrimonio*. Torino, UTET, 1961.

JENKS, Edward. *The book of English law*. Ed. rev. by D. J. L. L. Davies, 1952.

KANT. Die Metaphysik der Sitten. In: *Kant's desammelt Schriften*. v. 6.

KELSEN, Hans. *Teoria pura do direito*. 2. ed.

KIPP e WOLFF. *Tratado de derecho civil*. t. 4.

KRUSCHEWSKY, Gabino. Novos aspectos do direito de família. *Ciência Jurídica*, n. 73.

LAGRASTA NETO, Caetano. Guarda conjunta. *Tribuna da Magistratura*. out. 1998.

LAURENT. *Principes de droit civil français*. 5. ed. Paris. v. 2 e 3.

LAZZARINI, Alexandre Alves. *A "causa petendi" nas ações de separação judicial e de dissolução da união estável*. São Paulo, Revista dos Tribunais, 1999.

LE BRAS, Gabriel. *Divorce et séparation de corps dans le monde contemporain*. Paris, 1952.

LEHMANN. *Derecho de familia*. Madrid, Ed. Revista de Derecho Privado, 1953.

LEHR, Ernest. *Droit civil des États Unis*, 1906.

LEITE, Eduardo de Oliveira. *Temas de direito de família*. São Paulo, Revista dos Tribunais, 1994; O direito (não sagrado) de visita. In: *Direito de família*. São Paulo, Revista dos Tribunais, 1996.

______. *Procriações artificiais e o direito*. São Paulo, Revista dos Tribunais, 1995.

______. O exame de DNA. Reflexões sobre a prova científica da filiação. In: *Repertório de doutrina sobre direito de família*. São Paulo, Revista dos Tribunais. v. 5.

LENNER. *Matrimonio, fedeltà coniugale e inseminazione artificiale*. 1959. Cap. III.

LETELIER. *De la disolución del matrimonio*. Santiago, Ed. Jurídica de Chile, 1973.

LEVENHAGEN, Antônio José de S. *Do casamento ao divórcio*. São Paulo, 1978.

LEVY, Édouard. *Traité pratique de la légitimation*. n. 15.

LIBERATI, Wilson D. *Adoção internacional*. São Paulo, Malheiros Ed., 1996.

LIMA, Domingos S. B. Casamento. In: *Enciclopédia Saraiva do Direito*. v. 13.

______. Inseminação artificial. In: *Enciclopédia Saraiva do Direito*. v. 44.

______. *Desquite amigável*; doutrina, legislação e jurisprudência. 2. ed. Rio de Janeiro, Borsoi, 1972.

______. O abandono do lar conjugal como causa de dissolução matrimonial. *Revista do Curso de Direito da Universidade Federal de Uberlândia*, n. 9, 1980.

LIMONGI FRANÇA, R. Do matrimônio como fato jurídico. *RT, 389*:21, n. 6.

______. Divórcio. In: *Enciclopédia Saraiva do Direito*. v. 29.

______. *A Lei do Divórcio*. São Paulo, 1978.

______. Direito do concubinato. In: *Enciclopédia Saraiva do Direito*. v. 26.

______. *Manual de direito civil*. São Paulo, Revista dos Tribunais, 1972. v. 2, t. 1.

LISBOA, Sandra Maria. *Adoção no Estatuto da Criança e do Adolescente — doutrina e jurisprudência*. Rio de Janeiro, Forense, 1996.

LOBÃO. *Obrigações recíprocas*. § 38.

LÔBO, Paulo Luiz Netto. Princípio jurídico de afetividade na filiação. *Revista de Direito Privado*, n. 3.

______. Exame de DNA e o princípio da dignidade da pessoa humana. *JSTJ*, n. 6.

LOPES DEL CARRIL. *Legitimación de los hijos extramatrimoniales*. n. 82 e 83.

MACEDO, Elaine Hârzheim. Tentativa de justificação do instituto da adoção segundo o agir moral no sistema do direito liberal. *Revista do Advogado*, Rio Grande do Sul, n. 19.

MACHADO, Manuel Cabral. Singularidade do direito de família. *Revista de Direito Civil, 5*:50 e s., 1978.

MADALENO, Rolf. A *disregard* nos alimentos. In: *Repertório de doutrina sobre direito de família*. São Paulo, Revista dos Tribunais. v. 4.

MADEIRA FILHO, Ibrahim F. de C. *Conversão da união estável em casamento*. São Paulo, Saraiva, 2013.

MALUF, Adriana Caldas do Rego Freitas Dabus. *Novas modalidades de família na pós-modernidade*. São Paulo, Atlas, 2010.

______. *Curso de bioética e biodireito*. São Paulo: Atlas, 2010.

MARCHESINI JR., Waterloo. *Instituição do divórcio no Brasil*. Curitiba, Juruá, 1978.

MARENSI, Voltaire. Concubinato — legado e seguro de vida em face da nova ordem constitucional. *Ciência Jurídica*, n. 35.

MARTY e RAYNEAUD. *Droit civil*. v. 1.

MATOS, Edísio Gomes de. *Teoria e prática do divórcio*. São Paulo, Saraiva, 1978.

MATTIA, Fábio M. de. Direito de visita. *RF, 273*:101-9.

______. Modificações introduzidas no direito de família pela Lei n. 6.515. *Justitia*, v. 101

MATTOS FILHO, João Lélio Peake de. O DNA e a busca da verdade. *Jornal do Advogado*, n. 164.

MAZEAUD e MAZEAUD. *Leçons de droit civil*. Paris. v. 1.

MAZZILLI, Hugo Nigro. *Curadoria de ausentes e incapazes*. São Paulo, 1988.

______. *A defesa dos interesses difusos em juízo*. São Paulo, Saraiva, 1995.

______. *Manual do Promotor de Justiça*. São Paulo, Saraiva, 1991.

MEDEIROS DA FONSECA, Arnoldo. *Investigação de paternidade*. 2. ed. Rio de Janeiro, 1947, n. 18 e 161.

______. A incomunicabilidade das obrigações por ato ilícito no regime da comunhão universal de bens. *RF*, *77*:232.

______. *O concubinato no direito*. 2. ed. Rio de Janeiro, Ed. Jurídica e Universitária, 1969. v. 1.

MELLO ALMADA, Ney de. Doação de imóvel aos filhos do casal na separação consensual. *Revista Literária do Direito*, n. 12.

______. *Manual de direito de família*. São Paulo, Hemeron, 1978.

______. Separação de fato. *RJTJSP*, n. 135.

______. Concubina. In: *Enciclopédia Saraiva do Direito*, v. 17.

MELO JUNIOR, Samuel Alves de. Breves considerações sobre o Estatuto da Criança e do Adolescente. *Revista da Faculdade de Direito da FMU*, n. 13, série internacional, IV, 1995.

MEULDERS-KLEIN. Les empreintes génétiques et la filiation: la fin d'une énigme ou la fin des dilemmes? *L'analyse génétique à des fins de preuve et les droits de l'homme*.

MIRANDA, Darcy Arruda. *Anotações ao Código Civil brasileiro*. São Paulo, Saraiva, 1981. v. 1.

MORAES, Walter. Conjecturas acerca do nome da mulher casada: aquisição e perda do nome. *Revista da Escola Paulista de Magistratura*, n. 1, 1996.

______. Adoção. In: *Enciclopédia Saraiva do Direito*. v. 4.

MOTA, Octanny Silveira da. Inseminação artificial humana e direito penal brasileiro, *RF*, v. 191.

MOTTA, Maria Antonieta Pisano. Guarda compartilhada, uma solução possível. *Revista Literária de Direito*, n. 9.

______. Atribuição da guarda; a sentença não basta. *Revista Literária do Direito*, n. 10.

______. Oitiva da criança. Instrumento valioso para o magistrado. *Revista Literária do Direito*, n. 13.

MOURA BITTENCOURT, E. de. *Família*. Rio de Janeiro, Ed. Alba, 1970.

______. *O concubinato no direito*. 2. ed. Rio de Janeiro, Ed. Jurídica e Universitária, 1969. v. 1.

MOURLON. *Répétitions écrites*. n. 739.

NADER, Natal. O direito de família na Constituição de 1988. *RF*, v. 305.

NALIN, Paulo R. Ribeiro. Informalidade no direito de família: breves ponderações acerca do divórcio. *JB*, n. 170.

NAPPI, Giambattista. *Trattato di diritto matrimoniale concordatario e civile*. Milano, Ed. Libreria, 1940. v. 2.

NAVES, Rubens; GAZONI, Carolina. *Direito ao futuro — desafios para efetivação dos direitos das crianças e dos adolescentes*. Imprensa Oficial do Estado de São Paulo, 2010.

NAZO, Georgette Nacarato. Casamento confessional. In: *Enciclopédia Saraiva do Direito*. v. 13.

______. Doações antenupciais. In: *Enciclopédia Saraiva do Direito*. v. 29.

______. Convenção interamericana sobre conflitos de leis em matéria de adoção de menores. Separata da *Revista Trimestral de Jurisprudência dos Estados*, n. 97.

______. Adoção transnacional e os atos plurilaterais de que o Brasil participa. *A família na travessia do milênio*. Belo Horizonte, IBDFAM/Del Rey, 2000.

______. Die familie in der neuen brasilianischen Verfassung. In: *FamRZ*, 1990.

______. Igualdade de direitos nas relações familiares: lei e a prática no Brasil. *Cadernos Liberais*, Instituto Tancredo Neves, n. 95, 1990.

NERY JUNIOR, Nelson *et al*. *Estatuto da Criança e do Adolescente comentado*. São Paulo, Ed. Malheiros, 1992.

NOGUEIRA, Paulo Lúcio. *Estatuto da Criança e do Adolescente comentado*. São Paulo, Saraiva, 1991.

______. *Ação de investigação de paternidade*. São Paulo, Saraiva, 1986 (col. Saraiva de Prática do Direito).

______. *Adoção e procedimento judicial*. São Paulo, Saraiva, 1988 (col. Saraiva de Prática do Direito).

______. *Alimentos, divórcio e separação*. São Paulo, Saraiva, 1994.

NOVARA, Giampaolo. *La promessa di matrimonio*. Genova, LUPA, 1950.

OLIVEIRA, Cândido de. Direito de família. In: *Manual do Código Civil brasileiro*, de Paulo Lacerda. Rio de Janeiro, 1918. v. 4 e 5.

OLIVEIRA, Euclides. Efeitos materiais da separação judicial e do divórcio. *Revista do Instituto dos Advogados de São Paulo*, n. 5.

______. Efeitos da revelia na separação judicial. *A Tribuna do Direito*, jan. 1995.

______. *União estável*. São Paulo, Paloma, 2000.

______. Do concubinato à união estável. *Revista do Instituto dos Advogados de São Paulo*, n. 2.

OLIVEIRA, Euclides de; RIBEIRO, Benedito Silvério. Concubinato e família. *JB*, n. 164.

OLIVEIRA, João Claudino de. *A nova ação de alimentos*. Rio de Janeiro, Forense, 1969.

OLIVEIRA DEDA, Artur O. de. Direito matrimonial. In: *Enciclopédia Saraiva do Direito*. v. 27.

PACHECO, Angela M. da Motta. Regime de comunhão parcial, comunicabilidade de frutos de bens particulares dos cônjuges, especificamente dos frutos civis: dividendos e ações bonificadas. *Revista da Associação dos Pós-Graduandos da PUCSP*, n. 3.

PACIFICI-MAZZONI. *Istituzioni di diritto civile*. v. 7.

PAINI, Reynaldo José C. *Reconhecimento de paternidade e união estável*. São Paulo, Saraiva, 1996.

PAPA DOS SANTOS, Regina Beatriz T. da Silva. *Dever de assistência imaterial entre cônjuges*. Rio de Janeiro, Forense Universitária, 1990.

_____. Causas culposas da separação judicial. In: *Direito de família*. São Paulo, Revista dos Tribunais, 1995.

_____. *Reparação civil na separação e no divórcio*. São Paulo, Saraiva, 1999.

PATARO, Oswaldo. Inseminação artificial. In: *Enciclopédia Saraiva do Direito*. v. 44.

PAULINO, Analdino R. (org.). *Síndrome da alienação parental e a tirania do guardião: aspectos psicológicos, sociais e jurídicos*. Porto Alegre, Equilíbrio, 2008.

PENA, Sérgio D. J. Determinação de paternidade pelo estudo direto do DNA. In: *Direitos de família e do menor* (coord. Sálvio de F. Teixeira). Belo Horizonte, Del Rey, 1993.

PEREIRA, Áurea P. *Divórcio e separação judicial*. Rio de Janeiro, 1990.

PEREIRA, Caio Mário da Silva. *Instituições de direito civil*. 3. ed. Rio de Janeiro, Forense, 1979. v. 5.

PEREIRA, Rodrigo da Cunha. *Direito de família — uma abordagem psicanalítica*. Belo Horizonte, Del Rey, 2000.

_____. *Concubinato e união estável*. Belo Horizonte, Del Rey, 1995.

PIÉRARD, Arthur. *Divorce et séparation de corps*. Bruxelles, E. Bruylant, 1928.

PINHEIRO, Eduardo Bezerra de Medeiros. Guarda: dos requisitos da sua concessão e outros temas. *Lex*, n. 77.

PINTO, Antônio José Azevedo. A adoção no Código Civil vigente e no Projeto — um estudo comparativo. *Cadernos de Direito Privado da Universidade Federal Fluminense*, n. 2.

PINTO FERREIRA. Divórcio no Brasil. In: *Enciclopédia Saraiva do Direito*. v. 29.

PITHAN, Morávio V. N. *Ação de anulação de casamento*. São Paulo, Saraiva, 1986 (col. Saraiva de Prática do Direito, n. 12).

PIZZOLANTE, Francisco E. O. Pires e Albuquerque. *União estável no sistema jurídico brasileiro*. São Paulo, Atlas, 1999.

PLANIOL, RIPERT e BOULANGER. *Traité élémentaire de droit civil français*. Paris, 1926. v. 1.

PLANIOL, RIPERT e ROUAST. *Traité pratique de droit civil français*. v. 2, n. 905.

POLACCO. *Delle successioni*. v. 1.

PONTES DE MIRANDA. *Tratado de direito de família*. 3. ed. São Paulo, 1947. v. 1 e 2.

______. *Tratado de direito privado*. v. 7 e 8.

PORTUGAL, Altino. Adoção e a Lei n. 3.133/57. In: *Enciclopédia Saraiva do Direito*. v. 4.

POTHIER. *Traité du mariage*. n. 308 e 509.

PUGLIATTI. Tutela e curatela. In: *Nuovo digesto italiano*.

PUIG PEÑA, Federico. *Compendio de derecho civil español*. 2. ed. Pamplona, Ed. Aranzadi, 1972. t. 5.

QUARTARONE. *Diritto e azioni alimentari*. n. 119.

RAMÓN, F. B. *Compendio de derecho civil*. Madrid, Ed. Rev. de Derecho Privado, 1960. t. 4.

RAMOS, José Saulo. *Divórcio à brasileira*. Rio de Janeiro, 1978.

RÁO, Vicente. *Direito da mulher casada sobre o produto de seu trabalho*.

RAYMOND, Guy. *Le consentement des époux au mariage*.

REALE, Miguel. O bebê de proveta e o direito. *Folha de S.Paulo*, 4 ago. 1978.

REIS, Nilza. O concubinato, a união estável e o Anteprojeto do Código Civil. In: *Estudos de direito*. São Paulo, LTr, 1998.

RICCI. *Corso teorico-pratico di diritto civile*. v. 1, n. 285.

ROCHA, Virgílio C. B. *Pátrio poder*. 1960.

RODRIGUES, Maria Stella V. Souto Lopes. *A adoção na Constituição Federal*. São Paulo, Revista dos Tribunais, 1994.

______. Da adoção de crianças brasileiras por estrangeiros não domiciliados. *JB*, n. 156.

RODRIGUES, Silvio. *O divórcio e a lei que o regulamenta*. São Paulo, Saraiva, 1978.

______. *Dos defeitos dos atos jurídicos*. São Paulo, 1962. v. 2.

______. *Direito civil*; direito de família. São Paulo, Saraiva, 1980. v. 6.

RODRIGUES DE ALMEIDA, Dimas. *Repertório de jurisprudência do Código Civil*; direito de família. São Paulo, 1954. v. 1.

RODRIGUES PEREIRA, Lafayette. *Direito de família*. Rio de Janeiro, Freitas Bastos, 1956.

ROGERS. *El concubinato y sus efectos jurídicos*. p. 40 e s.

ROGUIN, Ernest. *Traité de droit civil comparé*; le régime matrimonial.

ROMERA, Mário. O instituto da guarda no Estatuto da Criança e do Adolescente. *Advogado*, Rio Grande do Sul, n. 19.

ROQUE, Sebastião José. *Direito de família*. São Paulo, Ícone, 1994.

ROSSEL e MENTHA. *Manuel de droit civil suisse*. v. 1.

ROTONDI. *Istituzioni di diritto privato*. Milano, 1965.

RUGGIERO, Roberto de. *Instituciones de derecho civil*. Madrid, Reus, v. 2.

______. *Instituições de direito civil*. 3. ed. São Paulo, Saraiva, 1972. v. 2.

RUGGIERO e MAROI. *Ist uzioni di diritto privato*. v. 1.

SÁ PEREIRA, Virgílio de. *Lições de direito de família*. 2. ed. Rio de Janeiro, Freitas Bastos, 1959.

SALEILLES. La distinction entre l'inexistence et la nullité du mariage. In: *Bulletin de la Société d'Études Législatives*, 1911.

SALVAT. *Tratado de derecho civil argentino*. v. 11.

SAMPAIO, Pedro. *Divórcio e separação judicial*. Rio de Janeiro, Forense, 1978.

SANTOS, Lucy R. Alimentos provisionais. In: *Enciclopédia Saraiva do Direito*. v. 6.

SANTOS NETO, José Antonio de Paula. *Do pátrio poder*. São Paulo, Revista dos Tribunais, 1994.

SANTOSUOSSO. Il matrimonio e il regime patrimoniale della famiglia. In: *Giurisprudenza sistematica civile e commerciale*. Torino, UTET, 1965.

______. *La fecondazione artificiale nella donna*. Milano, 1961.

SARAVIA, Guillermo Alberto. *La adopción*. Buenos Aires, Depalma, 1943.

SAVATIER. La recherche de la paternité. In: *Le droit, l'amour et la liberté*. n. 44 e s.

______. *Les métamorphoses économiques et sociales du droit civil d'aujourd'hui*.

______. *Cours de droit civil*. 2. ed. Paris, Libr. Générale, 1947.

______. *L'insémination artificielle devant le droit positif français*. Lethieleux, 1947.

SAYAG, Alain. Les grands-parents dans le droit de la famille. *Revue Trimestrielle de Droit Civil*, 1969.

SCARDULLA, Francesco. *La separazione personale dei coniugi*. Milano, Giuffrè, 1967.

SCARPARO, Monica S. *Fertilização assistida*. Rio de Janeiro, 1991.

SCIALOJA. *Dizionario del diritto privato*. v. 1.

SEREJO, Lourival. *Direito constitucional de família*. Belo Horizonte, Del Rey, 2000.

SEVÁ, José. *Manual de prática forense civil*. 1989.

SILVA, Evani Marques da. *Paternidade ativa na separação conjugal*. São Paulo, Ed. Juarez de Oliveira, 1998.

SILVA, José Luiz Mônaco da. *A família substituta no Estatuto da Criança e do Adolescente*. São Paulo, Saraiva, 1996.

SILVA, Regina Beatriz T. da; CAMARGO NETO, Theodureto de A. (coords.). *Grandes temas de direito de família e das sucessões*. São Paulo, Saraiva, 2014.

SILVA FILHO, Artur Marques da. *O regime jurídico da adoção estatutária*. São Paulo, Revista dos Tribunais, 1997.

SILVA LOPES, José F. *O divórcio no Brasil*. São Paulo, 1978.

SILVEIRA, Alípio. *Desquite e anulação de casamento*. São Paulo, 1972.

______. *Erro essencial na anulação do casamento*, 1969.

SIMAS FILHO, Fernando. *A prova na investigação da paternidade*. Curitiba, Ed. Juruá.

SINAY, Helène. Les conventions sur les pensions alimentaires. *Revue Trimestrielle de Droit Civil*, n. 24.

SIQUEIRA, Liborni. Adoção no Estatuto e no Código Civil. In: *Direitos de família e do menor* (coord. Sálvio de F. Teixeira). Belo Horizonte, Del Rey, 1993.

SOARES, Danielle M. Concubinato — sociedade de fato e união estável. *JB*, n. 170.

SOLUS. Mari et femme selon la loi du 22 septembre 1942. In: *Revue Trimestrielle de Droit Civil*. 1943.

SOUZA, Aélio Paropat de. Da irrenunciabilidade dos alimentos na separação judicial consensual. *Livro de Estudos Jurídicos*, n. 7.

SOUZA, Myrian V. de. Adoção *intuitu personae* à luz do Estatuto da Criança e do Adolescente. In: *Direito de família*. São Paulo, Revista dos Tribunais, 1996.

STOLFI, Nicola e Francesco. *Il nuovo Codice Civile commentato*. Liv. 1.

STRENGER, Guilherme G. *Guarda de filhos*. São Paulo, LTr, 1998.

SZNICK, Valdir. *Adoção*. Ed. Universitária de Direito, 1994.

TARRAGATO, Eugênio. *La afinidad*.

TAVARES, José de Farias. *Comentários ao Estatuto da Criança e do Adolescente*. Rio de Janeiro, Forense, 1995.

TEDESCHI. *Il regime patrimoniale della famiglia*. Torino, 1956.

TEIXEIRA, Sálvio de Figueiredo. O direito e a justiça do menor. In: *Direitos de família e do menor*. Belo Horizonte, Del Rey, 1993.

TEIXEIRA DE FREITAS, Augusto. *Consolidação das leis civis*.

TENÓRIO, Oscar. *Direito internacional privado*, 1966. v. 2.

TEPEDINO, Maria Celina B. M. A caminho de um direito civil constitucional. *Revista de Direito Civil*, São Paulo, v. 65.

THERY, René. Le concubinage en France. *Revue Trimestrielle de Droit Civil*, 1960.

TRABUCCHI. *Istituzioni di diritto civile*. Padova, CEDAM.

TROPLONG. *Des donations entre-vifs et des testaments*. 3. ed. v. 1.

______. *Donations entre-vifs et des testaments*. 3. ed. v. 2.

TUCCI, José Rogério Cruz e. Dano moral e juízo de família. *Tribuna do Direito*, out. 2000.

VAMPRÉ, Spencer. *Manual de direito civil brasileiro*. Rio de Janeiro, Briguiet, 1920. v. 1.

______. *Do nome civil*. Rio de Janeiro, F. Briguiet e Cia., 1935.

VASSALI. *Lezioni di diritto matrimoniale*. v. 1, n. 27 a 36, Padova, 1932.

______. *Del matrimonio*, Bologna, 1919.

VELOSO, Zeno. *Emendas ao Projeto de Código Civil*. Belém, 1985.

______. Investigação de paternidade e socialização do DNA. *Revista Jurídica*, n. 7.

VENEZIAN. *Usufructo, uso y habitación*. t. 1.

VENZI. *Manuale di diritto civile italiano*. 7. ed.

VERCELLONE, Paolo. As novas famílias. *JB*, n. 156.

VERNIER. *American family laws*, 1995. v. III.

VIANA, Marco Aurélio S. *Ação de alimentos*. São Paulo, Saraiva, 1986 (col. Saraiva de Prática de Direito, n. 29).

______. Tutela da criança e do adolescente. In: *Direitos de família e do menor* (coord. Sálvio de F. Teixeira). Belo Horizonte, Del Rey, 1993.

VILLAÇA AZEVEDO, Álvaro. Dever de coabitação. In: *Enciclopédia Saraiva do Direito*. v. 24.

______. *Bem de família*. São Paulo, Bushatsky, 1974.

______. Direitos do concubinato. In: *Enciclopédia Saraiva do Direito*. v. 26.

______. *Estatuto da família de fato*. São Paulo, Ed. Jurídica Brasileira, 2001.

______. *Do concubinato ao casamento*. Belém, Cejup, 1986.

______. *Prisão civil por dívida*. São Paulo, 1992.

VILLELA, João Baptista. O reconhecimento da paternidade entre o pós-moderno e o arcaico: primeiras observações sobre a Lei n. 8.560/92. *Repertório IOB de Jurisprudência*, n. 4.

______. Sobre a igualdade dos direitos entre homem e mulher. In: *Direito de família e do menor* (coord. Sálvio de F. Teixeira). Belo Horizonte, Del Rey, 1993.

______. Alimentos e sucessão entre companheiros: apontamentos críticos sobre a Lei n. 8.971/94. *Repertório IOB de Jurisprudência*, n. 7, 1995.

VINEY, Geneviève. Du droit de visite. *Revue Trimestrielle de Droit Civil*, 1965. v. 63.

VISEU JR., Júlio Cesar. O estatuto da relação concubinária. In: *O direito de família e a Constituição de 1988* (coord. Bittar). São Paulo, Saraiva, 1989.

VON TUHR. *Teoría general del derecho civil alemán*. t. 1.

WALD, Arnoldo. A união estável (evolução jurisprudencial). In: *Direitos de família e do menor* (coord. Sálvio de F. Teixeira). Belo Horizonte, Del Rey, 1993.

WEISS. *Manuel de droit international privé*. 9. ed.

WELTER, Belmiro Pedro. Obrigatoriedade do exame genético de DNA. *RT*, v. 747.

WETTER. *Pandectes*. v. 5.

YARSHELL, Flávio L. Tutela jurisdicional dos conviventes em matéria de alimentos. In: *Direito de família*. São Paulo, Revista dos Tribunais, 1996.

ZANNONI. *El concubinato*. Buenos Aires, 1970.

______. *Inseminación artificial y fecundación extrauterina*. Buenos Aires, 1978.